Josef Schönegger

Innsbruck im historischen Kartenbild von den Anfängen bis 1904

VERÖFFENTLICHUNGEN DES INNSBRUCKER STADTARCHIVS
NEUE FOLGE, BAND 60

VERÖFFENTLICHUNGEN DES TIROLER LANDESARCHIVS
BAND 21

Josef Schönegger

Innsbruck im historischen Kartenbild

von den Anfängen bis 1904

Universitätsverlag Wagner

In enger Kooperation mit der Bibliothek und den
Historischen Sammlungen des Tiroler Landesmuseum Ferdinandeum

Gefördert von

Dieses Buch wurde durch Mittel aus der Erbschaft nach GR Marianne Barcal ermöglicht.

Bibliographische Information der Deutschen Nationalbibliothek
Die Deutsche Nationalbibliothek verzeichnet diese Publikation in der Deutschen Nationalbibliographie;
detaillierte bibliographische Daten sind im Internet über http://dnb.dnb.de abrufbar.

ISBN 978-3-7030-0972-3

© 2018 by Universitätsverlag Wagner, Erlerstraße 10, A-6020 Innsbruck
E-mail: mail@uvw.at
Internet: www.uvw.at

Umschlaggestaltung und Satz: Karin Berner
Umschlagabbildungen: „Plan de la Ville et des Environs d'Innsprug Capitale du Tyrol", 1750 (Österreichisches Staatsarchiv); Carl Ludwig Friedrich Viehbeck: „Plan der Haupt und Res. Stadt Innsbruck mit einem Theil der umliegenden Gegend", 1804 (Stadtarchiv/Stadtmuseum Innsbruck); Philipp Miller: Regulierung des Inn von Völs bis Volders (Inn-Karte VI), 1822 (Tiroler Landesarchiv); Philipp Miller: Innsbruck und Umgebung, um 1840 (Tiroler Landesarchiv); Digitaler Franziszeischer Kataster 1856 (*tiris*-Kartendienste des Amtes der Tiroler Landesregierung); „Plan von Innsbruck und Hötting 1903" (Stadtarchiv/Stadtmuseum Innsbruck)

Gedruckt auf umweltfreundlichem, chlor- und säurefrei gebleichtem Papier.

Das Werk ist urheberrechtlich geschützt. Die dadurch begründeten Rechte, insbesondere die der Übersetzung, des Nachdruckes, der Entnahme von Abbildungen, der Funksendung, der Wiedergabe auf fotomechanischem oder ähnlichem Wege und der Speicherung in Datenverarbeitungsanlagen, bleiben, auch bei nur auszugsweiser Verwertung, vorbehalten.

Inhalt

Vorwort 7

Landvermessung als Grundlage der Planerstellung 9

I. Die Vorläufer – die Stadtpläne bis 1800 11

II. Genealogische Studien 23

    1. Vom Grund-Plan von Joseph Duile 1802 abgeleitete Pläne 23
    2. Mumb/Perger und zwei Nachahmer 34
    3. Der Plan von k. k. Oberlieutnant Viehbeck und von diesem abgeleitete Pläne 38
    4. Die Innstromkarte und die davon abgeleiteten Pläne von Innsbruck 46
    5. Der Franziszeische Kataster 68
    6. Die Geländedarstellung 73
    7. Zusammenfassung 75
    8. Sonstige Karten und Pläne 78
    9. Panoramaansichten 89

III. Im Zeitraffer ins 20. Jahrhundert – die Pläne von 1860 bis zur Eingemeindung von Wilten und Pradl 1904 101

IV. Plan und Wirklichkeit 147

    1. Altstadt – Neustadt – Innrain – Marktplatz 147
        Altstadt 148
        Neustadt 150
        Innrain 154
        Marktplatz und Fleischbank 159
        Die Pläne 162
    2. Innbrücke – Herzog-Otto-Ufer – Rennweg – Hofgarten 166
        Die Innbrücke 167
        Herzog-Otto-Ufer und Rennweg 169
        Hofgarten 175
        Die Pläne 184
    3. Klosterkaserne – Untere Sillgasse 208
        Klosterkaserne 209
        Untere Sillgasse 211
    4. Kohlstatt – Dreiheiligen 212
        Das bürgerliche Bräuhaus 217
        Die Pläne 218
    5. Sill (Bereich Pradler Brücke bis zur heutigen Friedensbrücke) 221
        Die Pläne 226
    6. Stadterweiterung im Angerzell (Museumstraße und Umgebung) 233
        Die Pläne 244
    7. Pradl und Reichenau 252
        Der Pradler Militärfriedhof 259
        Die Pläne 260
    8. Amras – Schloss Ambras 261
        Der Amraser See 262
        Schloss Ambras 265
        Der Tummelplatz 269
        Die Pläne 270
    9. Wilten 277
        Wilten 1700–1856 278
        Der Bereich südlich der Triumphpforte (nördliche Leopoldstraße) 284
        Das Adambräu und das Kloster der Karmelitinnen 286
        Der Hauptfriedhof (Westfriedhof) 288
        Die Entwicklung von Wilten bis zur Eingemeindung nach Innsbruck 1904 289
        Mentlberg – Sieglanger 294
        Die Pläne 298

10. St. Nikolaus – Mariahilf – Hötting – Höttinger Au – Kranebitten	306
Anpruggen	308
Die Innfähre	309
Höttinger Riedgasse – Bäckerbühelgasse	310
Der Friedhof an der Mariahilfkirche und der Landesschießstand	311
Hötting	312
Die städtische Schwimmschule am Gießen	318
Die Höttinger Au und der Tiergarten	319
Kranebitten	324
Die Pläne	326
11. Mühlau	336
Innsbrucker Trinkwasserversorgung durch die Mühlauer Quelle	341
Die Mühlauer Brücke	342
Der Judenfriedhof am Judenbichl	343
Die Pläne	344
12. Saggen	346
13. Arzl	356
14. Vill und Igls	362
Der Viller See	364
Vill	365
Igls	367
Die Mittelgebirgsbahn Wilten – Igls	371
15. Die Eisenbahn kommt in Innsbruck an	372
Der Bahnhof	377
Die Pläne	378
16. Innsbrucks Gemeindegrenzen im 19. Jahrhundert	386

V. Die Zeichner und ihre Karten und Pläne ... 390

Zeittafel	397
Verzeichnis der Karten, Pläne und Panoramen	398
Großmaßstäbige Pläne von Innsbruck	398
Ausschnitte aus kleinmaßstäbigen Kartenwerken (Militärische Landesaufnahmen)	402
Sonstige Karten und Pläne	402
Eisenbahnpläne	402
Panoramen	406
Verwendete Abkürzungen	407
Verzeichnis der Abbildungen	407
Die Quellen	408
Glossar	409
Literaturverzeichnis	410
Dank	412

Vorwort

„Die Identifizierung von Karten, also ihre personelle Zuschreibung und Datierung, gehört nicht nur zu den aufregensten intellektuellen Sportarten, sondern ist ein unabweisbarer analytischer Schritt, der überhaupt erst eine sinnvolle und erschöpfende Interpretation und Einordnung dieser ‚Dokumente' erlaubt."

Karl Schlögel, Im Raum lesen wir die Zeit, 2003

Das ursprüngliche Ziel der Studie war der Versuch, die zeitliche Einordnung aller bekannten gezeichneten und gedruckten Pläne Innsbrucks in der ersten Hälfte des 19. Jahrhunderts sowie ihre Abhängigkeiten voneinander und ihre Fehler zu erforschen. Obwohl noch nicht zum damaligen Stadtgebiet gehörig, wurden auch die heute eingemeindeten Gebiete von Wilten, Amras–Pradl, Hötting, Mühlau, Arzl, Vill und Igls miteinbezogen. Die besondere Berücksichtigung gerade dieses Zeitraumes der Kartographiegeschichte Tirols rührt von der zunehmenden Bedeutung von Karten für die zivile und militärische Verwaltung und Planung im ausgehenden 18. Jahrhundert. Zur Erstellung von aktuell benötigten Plänen von Hand – sogenannten Manuskriptkarten – brauchte es viele Zeichner und Kopisten, gedruckte Karten bildeten noch die Ausnahme und wurden ausschließlich kommerziell genutzt. Von den bisher bekannten von Hand gefertigten Stadtplänen von Innsbruck bis 1900 stammen über 80 % aus der Periode zwischen 1800 und 1850, denn mit der Erstellung des Franziszeischen Katasters 1856 war endgültig die Zeit der gedruckten Karten, vornehmlich Lithographien, angebrochen, die inzwischen wesentlich einfacher und kostengünstiger als topographische Grundlage für Planungs- und Verwaltungsaufgaben verwendet werden konnten als die handgezeichneten und -kolorierten Karten.

Das Problem der zeitlichen Zuordnung beruht vor allem darauf, dass Karten und Pläne bei der Archivierung auf Grund ihrer Übergröße schon frühzeitig von den dazugehörigen Schriftstücken getrennt aufbewahrt wurden und im Laufe der Jahrzehnte der Zusammenhang zwischen Akt und dazugehörigem Plan verloren gingen.

Dieser Zeitraum von Biedermeier und Vormärz war geprägt von schwerwiegenden gesellschaftlichen und politischen Veränderungen: die Freiheitskämpfe 1809, die zweimalige Angliederung an Bayern und darauf folgende Rückführung an Österreich 1806 bis 1809 und 1810 bis 1814, die in der Landes- und Stadtverwaltung naturgemäß nicht ganz ohne Probleme ablaufen konnte, der beginnende Tourismus, der zu den ersten gedruckten Plänen führte, und eine auf Grund des wirtschaftlichen Aufschwungs notwendige Erweiterung der Stadt, die erstmals am Reißbrett geplant wurde und die größte Erweiterung Innsbrucks seit seiner Gründung darstellte. Den Abschluss des Zeitraumes stellt der Beginn des Eisenbahnzeitalters in Tirol dar, das für die Stadtgeographie Innsbrucks neue, im buchstäblichen Sinn auch einschneidende Veränderungen brachte. Den kartographischen Endpunkt bildet die neue Vermessung und Kartierung Innsbrucks durch den Franziszeischen Kataster 1856. Damit war ein bis weit ins 20. Jahrhundert gültiger Maßstab der Planerstellung geschaffen worden.

Die nähere Erforschung dieser Pläne brachte es mit sich, auch den Beginn der Innsbrucker Stadtkartographie im 18. Jahrhundert in die Betrachtung miteinzubeziehen, da die amtliche Erstellung von Plänen bereits ab dem zweiten Drittel des 18. Jahrhunderts neben Anderen mit *Franz Anton Rangger* und seinen Mitarbeitern in der Landesverwaltung begonnen hatte. Neben den schon bekannten Innplänen *Ranggers*, in denen als Nebenprodukt auch die Stadt Innsbruck mitkartographiert wurde, konnte ein für die damalige Zeit ungewöhnlich exakter Innsbruckplan aus dem Jahre 1750 aus dem Österreichischen Kriegsarchiv, der in Tirol bisher noch nicht bekannt war, in diese Studie miteinbezogen werden.

Ab dem Erscheinen des Franziszeischen Katasters gab es einen deutlichen Rückgang händisch gezeichneter Karten. Planungsvorhaben wurden vermehrt auf den vorhandenen gedruckten Katasterplänen eingetragen. Die Pläne erschienen nun meistens als Beilagen zu Reiseführern, Adressbüchern oder im städtischen Auftrag als Inhalt von Neujahrsentschuldigungskarten. Als zeitlicher Endpunkt der Betrachtungen wurde das Jahr 1904 gewählt, in dem die Gemeinde Wilten und Pradl als Fraktion von Amras in Innsbruck eingemeindet wurden.

Burgklechner, Tirolische Tafeln, 1611, Ausschnitt Innsbruck und Umgebung (K92)

Die vergleichende Untersuchung von Karten und Plänen bedingte eine intensivere Beschäftigung mit den Veränderungen der Stadttopographie durch Natur und Mensch im Laufe dieses Zeitabschnittes: Verbauungen von Inn und Sill, neue Straßenführungen sowie die beginnende Verdichtung zwischen Innsbruck-Neustadt, der heutigen Maria-Theresien-Straße, Wilten im Bereich der Leopoldstraße und vor allem die Stadterweiterung im Angerzell (Museumstraße bis Bozner Platz), später auch in Wilten und im Saggen.

Aber auch räumlich kleinere bauliche Veränderungen spiegeln sich im Kartenbild wider, und können so bei einer zeitlichen Einordnung der Pläne behilflich sein. Zu diesen punktuell bemerkenswerten Veränderungen im Stadtbild gehörten etwa bauliche Änderungen am Marktplatz, der Herzog-Otto-Straße, am Rennweg, der Klosterkaserne, der äußeren Universitätsstraße, der Mühlauer Brücke und dem Karmelitinnenkloster, ja sogar zwei Brauhäuser konnten einen Beitrag zur zeitlichen Einordnung liefern.

Diese unter dem Oberbegriff „Plan und Wirklichkeit" zusammengestellten Detailuntersuchungen zeigen dabei auch immer wieder die Ambivalenz des Begriffes Plan als grafische Darstellung, die einerseits die aktuelle Wirklichkeit des städtischen Raumes in zumindest zwei Dimensionen wiedergibt. Andererseits wird unter „Plan" sinngemäß auch Idee, Konzept oder Vorhaben verstanden, wobei dem Betrachter bewusst sein muss, dass beide Inhalte ineinander übergehen können. Zu beachten ist, dass immer die selektive Wirklichkeit des Zeichners dargestellt wird, sodass für ihn wichtige Elemente hervorgehoben, unwichtige aber oft vernachlässigt werden. Manche Karten haben neben Informations- auch Repräsentationsaufgaben, wie die Pläne der Neujahrsentschuldigungskarten zeigen. Darstellungsfehler können zu Fehlinterpretationen führen, wie eine besonders eindrückliche Diskrepanz zwischen Plan und Wirklichkeit am Beispiel des Tiergartens in der Höttinger Au zeigt, die bewirkte, dass der Pulverturm in der kunsthistorischen Literatur Jahrzehnte lang nicht mehr als Umbau des Lustschlosses Ferdinands II., sondern als Neubau angesehen wurde.

Für eine bessere Interpretation der auf zwei Dimensionen beschränkten Darstellung der Karten wurden auch zeitgenössische Ansichten und Panoramen – also Grund-, Auf- und Schrägrisse – verwendet, sodass sich am Ende ein Kartenwerk in allen Dimensionen von Raum und Zeit ergeben hat. Der Historiker erhält hier erstmals eine umfassende Sammlung der Karten und Pläne Innsbrucks aus allen verfügbaren Archiven für den bearbeiteten Zeitraum, wie es sich der jahrzehntelange Doyen der historischen Kartographie, *Fridolin Dörrer* bereits 1972 wünschte, aber auch der historisch Interessierte erlebt mehr als nur eine Zeitreise durch seine Stadt. Der Leser und Betrachter ist dabei aufgefordert, Gemeinsames und Unterschiedliches, Bekanntes und Neues selbst zu erforschen. Die begleitenden Texte sind meist von kundigen Autoren formuliert, in einigen Fällen wird allerdings auch Widersprüchliches aufgezeigt.

Josef Schönegger

Die folgende Grafik zeigt die Anzahl der für den Gesamtbereich von Innsbruck von Hand gezeichneten (Manuskriptkarten) und gedruckten (Kupfer-, Stahlstiche bis um 1840, danach Lithographien) Karten und Pläne für den Zeitraum von 1700 bis 1904. Nicht enthalten sind die Pläne von Teilbereichen der Stadt. Deutlich sichtbar ist die große Menge der produzierten Pläne – vor allem Manuskriptkarten – zwischen 1800 und 1856, dem Jahr der Herstellung des Franziszeischen Katasters. Das Buch widmet sich daher vor allem auch diesem Zeitraum.

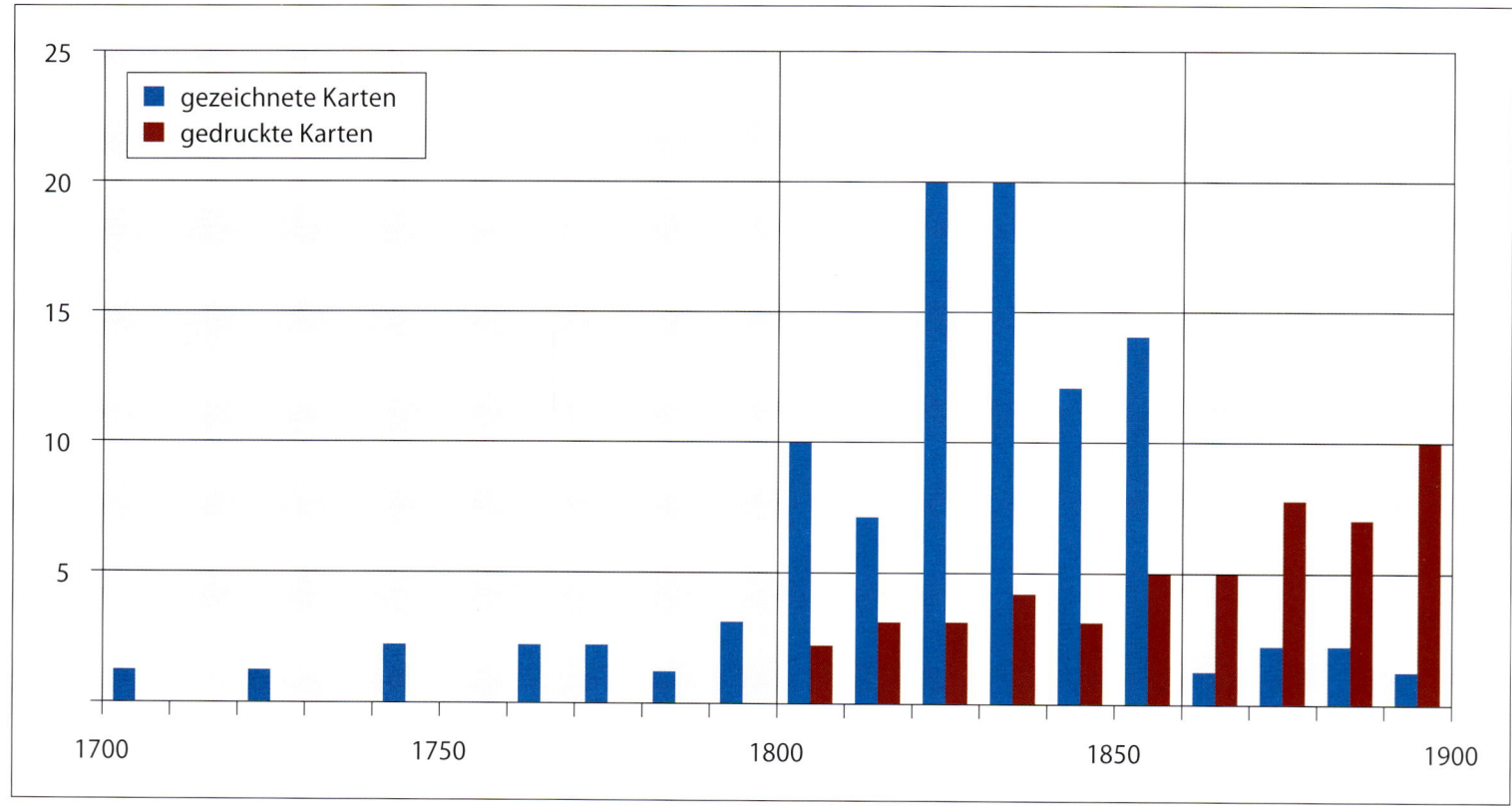

Ein wichtiger Hinweis:
Der Erhaltungszustand der originalen gedruckten oder von Hand gezeichneten Karten ist sehr unterschiedlich. Zur besseren Lesbarkeit der Pläne sind die einzelnen Abbildungen grafisch nachbearbeitet worden, einerseits um dem Originalzustand näher zu kommen, andererseits um die Lesbarkeit zu verbessern.

Landvermessung als Grundlage der Planerstellung

Der ursprüngliche Zweck der Landesvermessung war die graphische Dokumentation von Eigentums- und Landesgrenzen. Ab der Mitte des 18. Jahrhunderts war auf Grund des Bedarfs an genaueren topographischen Grundlagen für Grenz- und Flussregulierungen (Archen), Straßenbauten, Abwasserplanungen (Ritschen) in städtischen Bereichen etc. von den Landes- und städtischen Behörden ein deutlicher Anstieg der Herstellung von Karten und Plänen, sogenannte Manuskriptkarten festzustellen, In Tirol war dieses Amt die „k. k. Provinzial-Baudirection" im Gebäude der jetzigen Landesbaudirektion.

Begünstigt wurde dies durch die neuen technischen Möglichkeiten der Landvermessung. Herausragende Kartographen und Vermesser in Tirol waren Georg Anton GUMPP (1682–1754), Karl PRIMISSER vom Stift Stams (1735–1771), Peter ANICH (1723–1776) und Blasius HUEBER (1735–1814), im großmaßstäbigen Bereich Franz Anton RANGGER.

Grundlage war ein rein grafisches, nicht mathematisches Verfahren, die Messtischaufnahme: Richtung und Neigung – später dann auch die Distanz – von Objekten in der Natur wurden dabei mittels Dreiecksvermessung relativ maßstabsgetreu auf ein Blatt übertragen. Die geometrische Basis dazu bildete die seit der Antike bekannte Dreiecksvermessung, also das Aufteilen einer Fläche in Dreiecke und deren Ausmessung.

Die unmittelbare Verbindung des Kartenentwurfes mit den Messungen gestattete es, fehlende oder fehlerhafte Messpunkte leicht zu erkennen und zu beseitigen. Es entstand also unmittelbar im Feld eine verkleinerte grafische Abbildung des aufgenommenen Geländes.

Abb. 1: Messtischverfahren, schematische Darstellung

Erfunden wurde der Messtisch vom Nürnberger Mathematiker Johann PRAETORIUS (1537–1616) um 1590, der für beinahe 300 Jahre das wichtigste Hilfsmittel für Landvermesser bleiben sollte.

Entscheidenden Einfluss auf das Messtischverfahren in Österreich hatte der aus Norditalien gebürtige Hofmathematiker Johann Jakob MARINONI (1670–1755) als Leiter der Militär-Ingenieurakademie in Wien. Seine grundlegenden wissenschaftlichen Veröffentlichungen wirkten sich auf mindestens zwei Generationen von Kartographen direkt oder indirekt ganz entscheidend aus. Auf ihn gehen wesentliche Verbesserungen der Messinstrumente, namentlich des Messtisches, zurück.

An dieser Stelle seien kurz die Grundzüge des Verfahrens an Hand einer Lehrskizze Marinonis erläutert:

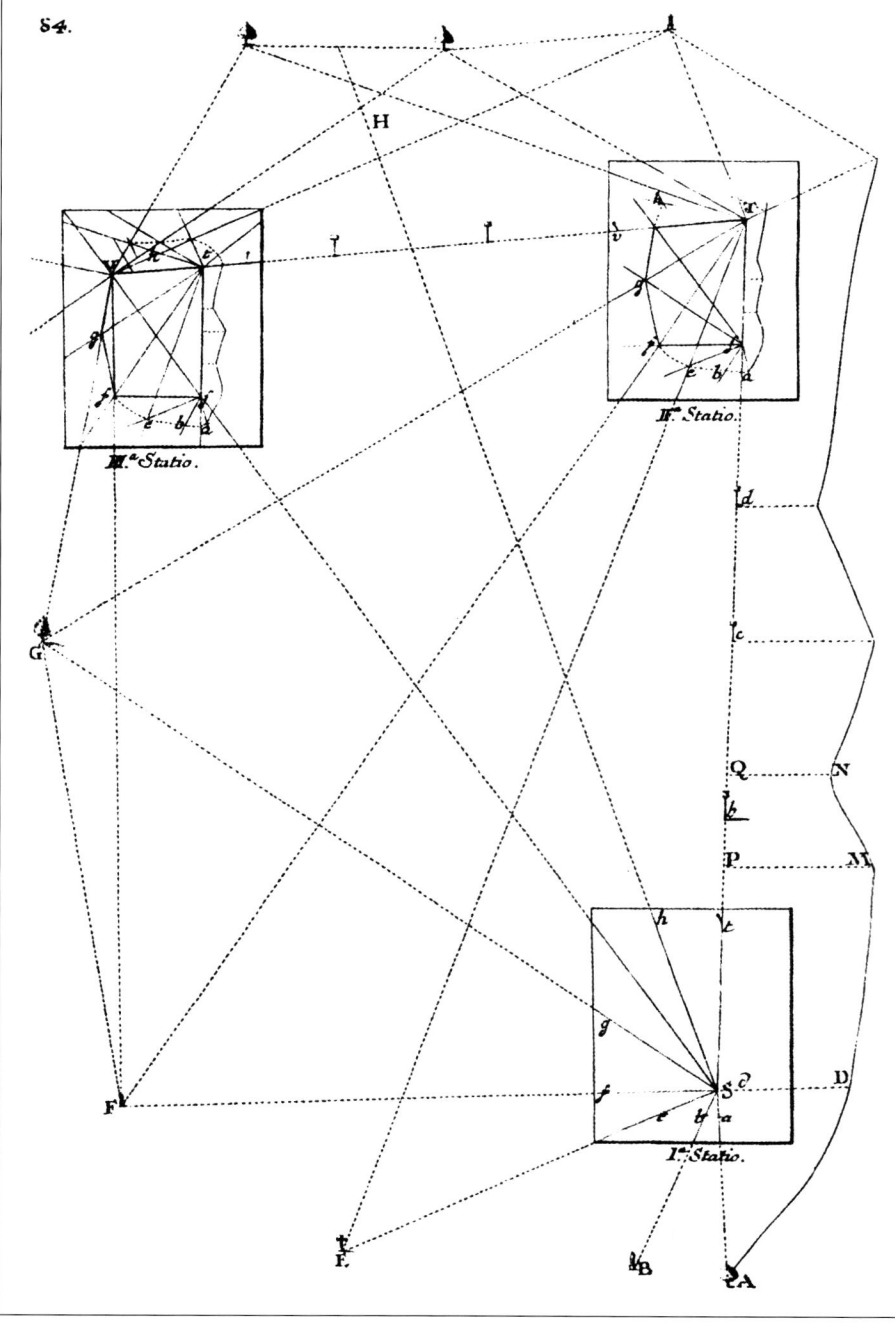

1. Bestimmung der Länge einer Grundlinie (ST) mit der Messkette.

2. „I^a Statio": Aufstellung des Messtisches am 1. Endpunkt der Basis (S), Anvisierung (mit dem Diopterlineal) des 2. Endpunktes (T) und Einzeichnung der Grundlinie auf dem am Messtisch befestigten Blatt. Dann Anvisierung der zu fixierenden Geländepunkte – E (Wegkreuz), F (Wegsäule), G (Baum), V (Grenzstein) und H – und Einzeichnung der Richtungslinien.

3. „II^a Statio": Aufstellung des Messtisches am 2. Endpunkt der Basis (T) und Ausrichtung der gezeichneten Basis (sT) auf den 1. Endpunkt (S); Eintragung der Basislänge im gewählten Maßstabverhältnis. Dann Anvisierung der gleichen Geländepunkte – also E, F, G, V, H – und Einzeichnung der Richtungslinien. Die Schnittpunkte mit den am 1. Endpunkt aufgetragenen Visierlinien ergeben die maßstabgetreue Lage der entsprechenden Geländepunkte (e, f, g, v, h auf dem Messtisch-Blatt).

4. „III^a Statio": Durch die Aufstellung des Messtisches auf einem 3. Punkt (bei diesem Beispiel auf Punkt V) und mit der Wiederholung des geschilderten Vorganges – Anvisierung der Punkte H, T, S, E, F, G – können die Messungen überprüft und – durch Anvisierung weiterer Punkte (etwa der nicht bezeichneten Bäume und des Türmchens am oberen Rand der Skizze) – neue Geländepunkte fixiert werden. Die Eintragung der topographischen Details in dieses Dreiecksnetz von vermessenen Punkten erfolgte mit dem Schrittmaß, mit der Bussole oder ganz einfach nach dem Augenmaß. (*Dörflinger* [12], S. 29)

Abb. 2: *Marinoni*, Skizze zum Messtischverfahren, 1751

Maßgeblich für die technische Entwicklung der Landvermessung war vor allem der gesteigerte Bedarf des Militärs an präziseren Kartengrundlagen.

1747 wurde in Österreich ein eigenes k. k. Geniecorps gegründet, in dem alle Ingenieuroffiziere zusammengefasst waren. In dessen Reglement von 1748 war ausdrücklich festgehalten, dass „*die Unterlieutenants und Conducteurs [angehalten sind], ein mathematisches Besteck, Compass, Farben, Pinsel zu haben, ander[e] aber, welche Vermög ihres Charakters eine Direktion verwalten oder verlangen können, […] wenigstens mit einem Astrolabio, Messtischel usw. versehen sein*" müssen und dass „*die geometrische, anstatt der perspectivischen Zeichen-Methode*" anzuwenden sei! Demgemäß waren die Militäringenieure nun verpflichtet, das Gelände im Grundriss, d.h. mittels Bergstrichen (mit und ohne Lavierung) wiederzugeben, was bereits längere Zeit üblich war. Damit ging die Ära der perspektivischen Geländedarstellung (Maulwurfshügel, individuelle Bergformenzeichnung, Bergformenmanier) in der österreichischen Militärkartographie (Manuskriptkartographie) auch offiziell zu Ende.

Während die Karten des 18. und frühen 19. Jahrhunderts noch auf Grund einer einfachen Messtischtriangulierung entstanden sind, konnten mittels Basislinien, wie jene von Mühlau nach Hall (siehe S. 68) als Ausgangspunkte für die Dreiecksmessungen, die Präzision der Karten und Pläne wesentlich verbessert werden. Ab 1873 wurden auch die Höhen systematisch durch Präzisionsnivellements gemessen, was wiederum erstmals zur korrekten Darstellung von Höhenschichtlinien führte. (*Dörflinger* [12], [12a], *Fasching* [17a])

I. Die Vorläufer – die Stadtpläne bis 1800

Der Stadtplan, definitionsgemäß die relativ großmaßstäbige kartografische Darstellung einer städtischen Siedlung zum Zweck der Orientierung, war in seinen Anfängen in der Antike grundrisslich orientiert. Im Mittelalter und bis ins 18. Jahrhundert hinein wurden Stadtpläne dagegen eher als Aufrisszeichnung oder perspektivisch als Vogelschaudarstellung gezeichnet und gedruckt. Erst im Laufe des 18. Jahrhundert entwickelten sie sich wieder zur Grundrissdarstellung, wie sie auch heute noch üblich sind. (*Lexikon zur Geschichte der Kartographie* [78])

Beispiele für den Übergang von der Aufrisszeichnung zur Vogelschaudarstellung in der Stadtansicht zeigen die Kupferstiche von *Merian* und *Bodenehr*.

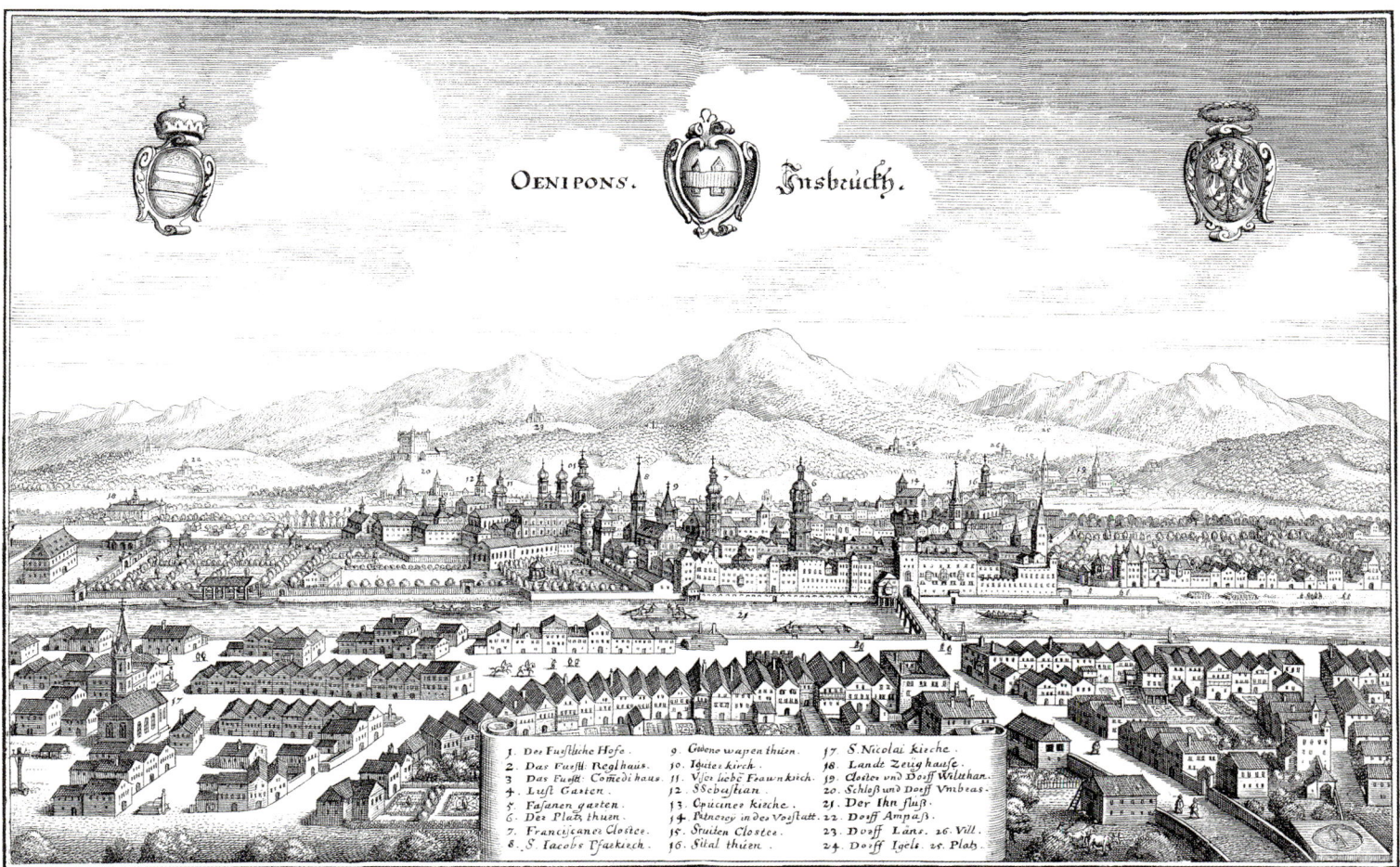

Abb. 3: *M. Merian*, 1649

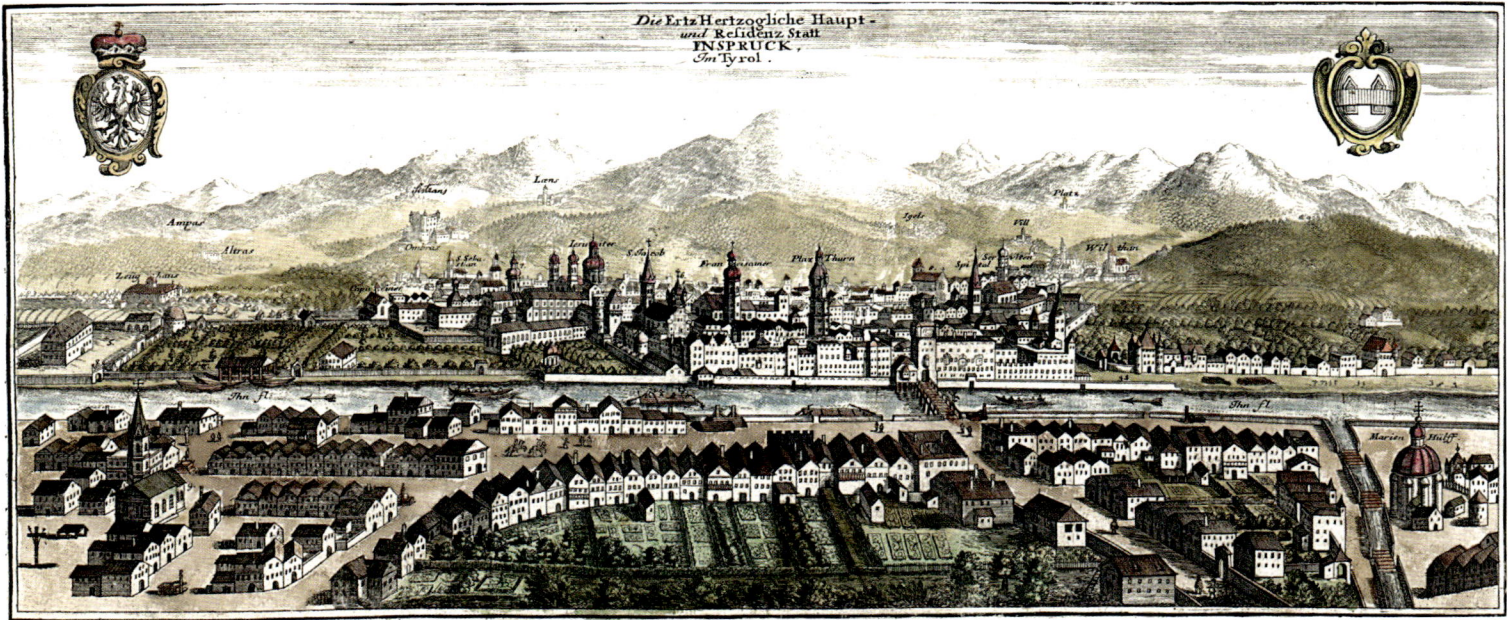

Abb. 4: *G. Bodenehr*, 1703

Klar ersichtlich ist bei *Bodenehr* die seit dem Aufkommen der Drucktechnik verbreitete Methode des „Abkupferns", der Herstellung einer Kopie also, wobei er allerdings die falsch zugeordnete Legende zu Serviten- und Spitalskirche korrigiert und rechts unten die bei Merian noch nicht vorhandene und 1648 erbaute Mariahilfkirche neu einfügt hat. Beschriftungen und eine über Ziffern oder Buchstaben zugeordnete Legende zeigen den Informationscharakter der auch künstlerisch ansprechenden Ansichten. Den späteren Panoramen (siehe Kap. II/9) fehlt dieses Orientierungsziel, deren Zweck die künstlerisch ansprechende oder auch nur illustrative Darstellung der Stadt und ihrer Umgebung ist.

Franz Hieronymus RINDLER: **„Firstliche Haupt und Residenz Stat Ynsprug in der gefirstete Grafshaft Tyrol ligent"**, 1712
(Kartenverzeichnis P1)

Im Gegensatz zu den vorhergehenden, eher der Aufrisszeichnung nahe stehenden Stadtansichten, ist diese perspektivische Darstellung von einem sehr viel höheren Blickpunkt aus gewählt und lässt den Übergang zur Grundrissdarstellung bereits erahnen.
„Die Rindlerschen Vogelschauansichten sind für die kunstgeschichtliche Topographie Innsbrucks vom großen Wert, weil sie uns zum ersten Mal den ganzen Baubestand der Stadt überblicken lassen. Der Zeichner war bestrebt, von den wichtigeren Gebäuden wenigstens andeutungsweise ein individuelles Bild einzuzeichnen, und er ermöglicht uns so nicht nur die Identifizierung mit den erhaltenen, sondert überliefert uns von manchen nicht erhaltenen Bauten ihr einstiges Ansehen." (H. Hammer [39], S. 97)
Diese Möglichkeit der Gebäudedarstellung gibt es auf den späteren Grundrissdarstellungen nur mehr im eingeschränkten Maße.

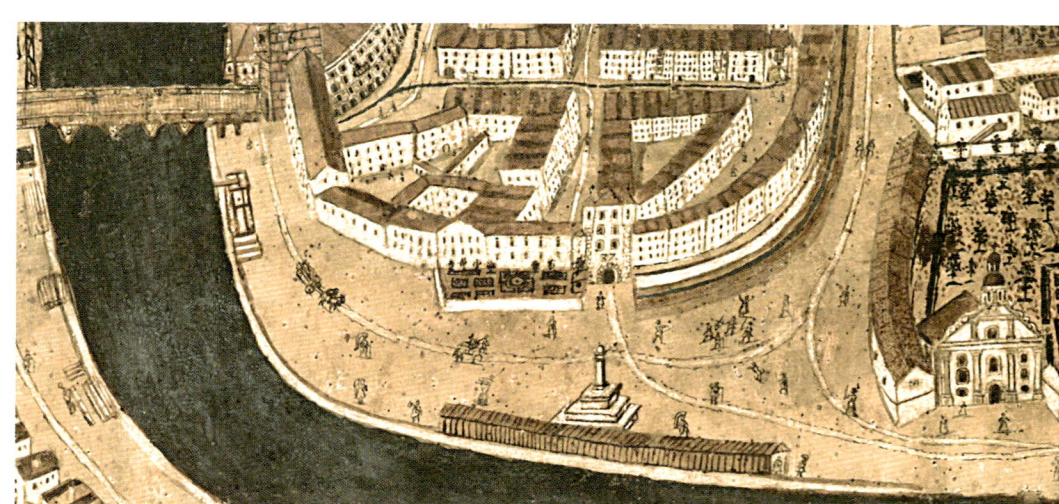

Dieser Ausschnitt zeigt den Bereich am Marktplatz mit dem Pranger im Vordergrund, der 1681 von der „Vorstadt" (Maria-Theresien-Straße) auf den freien Platz vor dem Picken- oder Frauentor verlegt worden ist. (*Hörtnagl* [30], S. 59)

Franz Hieronymus RINDLER: „**Ware Abbildung der kaiserlichen Haubt und Residenz Stat Ynsprugg in der gefÿrsten Grafshaft Tyrol ligent per Franc. Hieronymo Rindler p. Anno 1723**", 1723 (Kartenverzeichnis P2)

Ein Vergleich der beiden Rindler-Pläne zeigt eine wichtige bauliche Veränderung, und zwar die Stadtpfarrkirche St. Jakob vor und nach ihrem Umbau 1717 bis 1722:

F. H. Rindler, 1712 (P1)

F. H. Rindler, 1723 (P2)

„**Plan de la Ville et des Environs d'Innsprug Capitale du Tyrol**", **1750** (Kartenverzeichnis K2)
Maßstab ca. 1 : 1.500

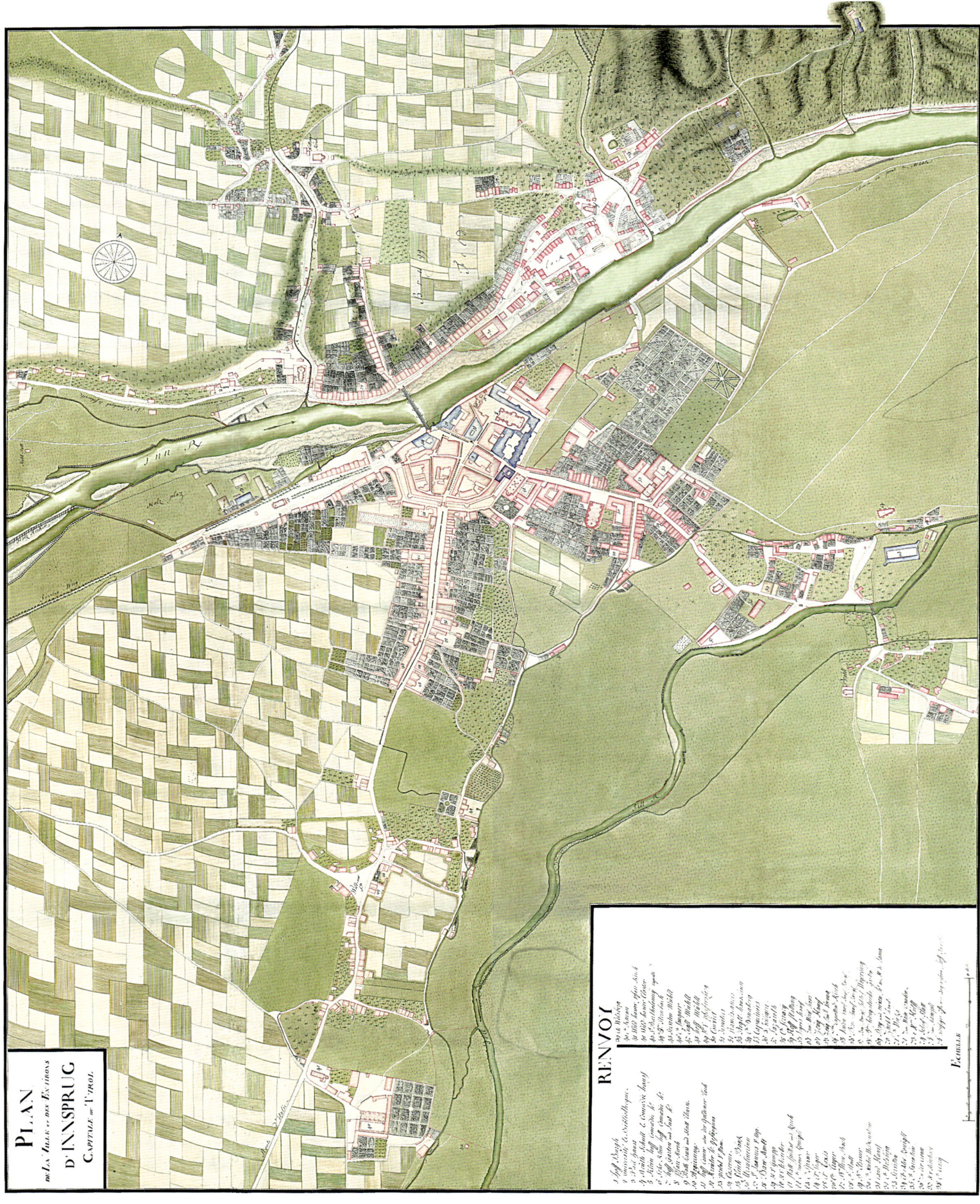

Nach der bisherigen Kenntnislage dürfte es sich bei diesem Plan, der bislang im Österreichischen Kriegsarchiv unter dem Bereich „Befestigungen in Tirol" schlummerte, um den ersten, auf Vermessungsmethoden beruhenden Stadtplan von Innsbruck handeln. Mit Ausnahme des späteren Planes von *Rangger* (K3) von 1763, der Innsbruck im Rahmen seiner Innstromkarten mit aufgenommen hat, ist dies der einzige explizit gezeichnete Stadtplan Innsbrucks im 18. Jahrhundert! Leider gibt es zur Entstehung dieses Planes im Österreichischen Kriegsarchiv keine näheren Angaben, da die Bestände des Genie- und Planarchivs erst nach dem Ersten Weltkrieg ins Kriegsarchiv übernommen wurden. Auf der Rückseite findet sich nur der Stempel des „Geniehauptarchivs" und ein handschriftlicher Vermerk „1750", worauf wohl die vorgenommene Datierung basiert, die mit der dargestellten Bausubstanz übereinstimmt (Wiltener Pfarrkirche im Grundriss von 1750 vor dem Neubau 1755/56 – siehe IV/9 Wilten).

Die Legende des Planes weist auf die wichtigsten Bauten in deutscher Sprache hin:

RENVOY

1. Hoff Burgh
2. Université & Bibliotheque
3. Pall hauss
4. Teuth=Schull & Comœdie hauss
5. Klein hoff=Comœdie h.
6. Schr. Klein hoff=Comœdie h.
7. hoff Garten und Lust=h.
8. Pfarr-Kirch
9. Rath hauss und Statt Thurn
10. Regierung
11. hoff Camer alias der Goldener Tach
12. Kreüter h. Gefängnus
13. Spital V. Stam.
14. Caserme
15. Fleisch-Bänk
16. Ursulinerinn
17. St. Joannes V. Nep.
18. Baw-Ambt
19. H. V. Gumpp
20. H. V. Schreiber
21. Statt-Spittal und Kirch
22. C.t innocenz Königll
23. C.t Spawr
24. C.t Sieger
25. C.t Taxis
26. C.t Troyer
27. B.n Stern-Bach
28. C.t Rott
29. B.n Elsasser
30. C.t Michel Wolkenstein
31. Land-Hauss
32. C.t Welsberg
33. Serviten
34. C.t edler Königll
35. C.t Sarentein
36. Zu der Cronn
37. H. v. Reinhard
38. C.t Clary
39. C.t Welsberg
40. C.t Kuenn
41. Wild=hawer Pfarr-Kirch
42. Wild=hawer Closter
43. St. Bartholomey Capelle
44. B.n Sternbach
45. Serviten Mühll
46. C.t Fouquer
47. Engll Mühll
48. Hoff Mühll
49. H. V. Pfeiffersberg
50. Convict
51. Jesuiters
52. Franciscaners
53. Regll-hauserinn
54. C.t Donaberg
55. Capuciners
56. 3. heiligen
57. Lazareth
58. C.t Ferrary
59. Hoff Stallung
60. Jegers hauss
61. Zum Weiss hauss
62. Zeug-Hauss
63. Zeug und P. Vonung
64. Zur Capellen Kirch
65. Löwen hauss Kayf. Königl.
66. Brey=hauss Königl.
67. Kayf. Königl. Schloss Weyerburg
68. B.n Sedregatsche Garten
69. Brey und Pixen h. an H. de Sama
70. Zucht hauss
71. C.t Wicka
72. Zum Wein-Trauben
73. M.ma Hülff
74. Schiff-Statt
75. Zum Lampll
76. allhiesiges Officiers angewisene hoff Quartier

ECHELLE

Im Folgenden möchte ich meine eigenen Überlegungen über Zweck und möglichen Werdegang des Planes darlegen.

Bei genauer Betrachtung fallen sofort die äußerst akkurat gezeichneten Wasserschutzbauten (die sogenannten Archen) an Inn und Sill auf. Es ist daher durchaus naheliegend, dass dies der eigentliche Zweck des Planes war: Eine genaue detaillierte Übersicht der Archen im Innsbrucker Stadtgebiet.

Ein Ausschnitt im Bereich der Sill soll dies verdeutlichen: Rot dargestellt sind hier die gemauerten Uferverbauungen, schwarz die geometrisch gezeichneten Kästen, die mit Steinen angefüllt sind:

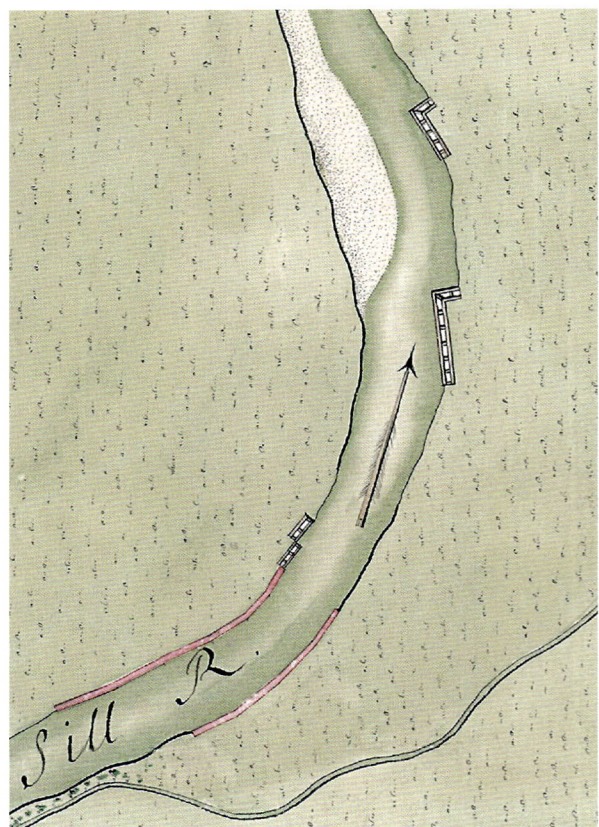

An diesem Archenplan der Sill im Bereich der Reichenau sieht man die damals angewandten Arten von Wasserschutzbauten:

Wasserschutzverbauungen an der Sill, 1751 (T37)

Ab 1739 trat Anton Rangger als zentrale Figur des Wasserbaus in Tirol in Erscheinung. Als Oberarcheninspektor, also als höchster Wasserbauinspektor im Lande, zeichnete er von 1739 bis 1747 einen „Plan des Yhn-Stroms" von der tirolisch-bayerischen Grenze bis etwas oberhalb von Völs in angeblich 20 Blättern, im Maßstab ca. 1 : 2.500. (*Dörrer* [13])

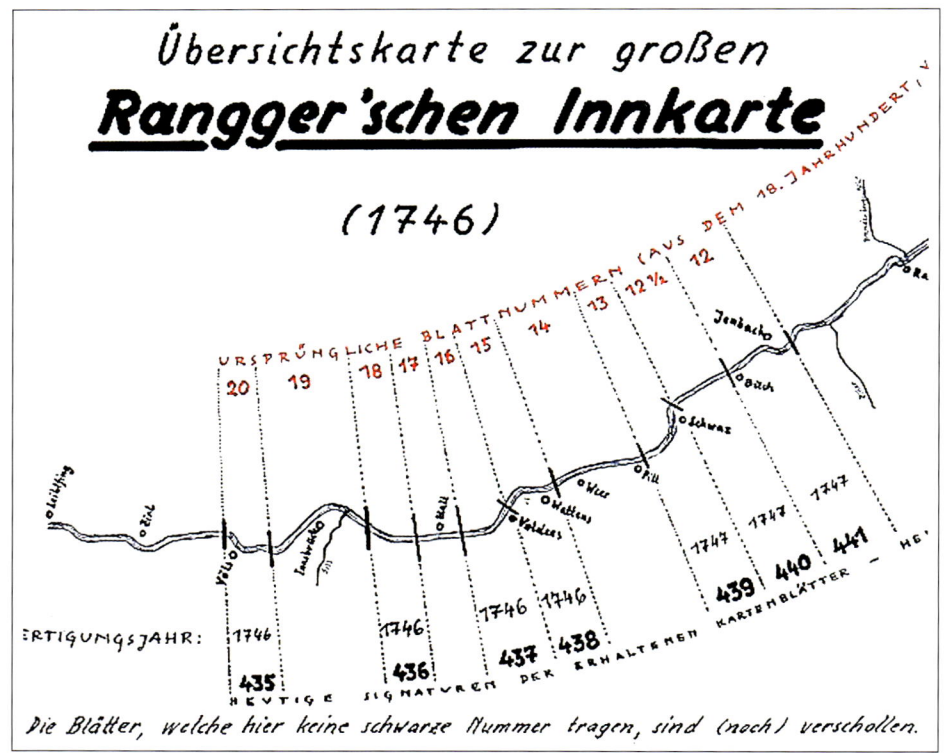

Auf einer von *Dörrer* gezeichneten Übersichtskarte ist allerdings ersichtlich, dass in diesem Werk neben zwei weiteren Plänen ausgerechnet der Plan 19, nämlich der Bereich Innsbruck verschollen ist.

Könnte es also sein, dass der Zeichner des französischen „Plan de la Ville" von Innsbruck die Rangger'sche Innkarte Nr. 19 von 1746 als Vorlage verwendet und nachgezeichnet hat, indem er zwar die Stadt und deren Umgebung nun als Hauptthema gestaltet, die Darstellung der Wasserschutzbauten aber mit übernommen hat. Es ist nämlich kaum vorstellbar, dass neben *Rangger* und seinen Mitarbeitern weitere externe Karten zum Wasserbau erstellt wurden.

Rangger selbst zeichnete den Bereich bis zum Löwenhaus noch einmal 1763. Damit ist ein Vergleich beider Pläne möglich.

Dörrer (K94)

Eigenständig ist die Darstellung der Äcker und Gärten als sprechende Flächensignaturen, wie sie in den französischen Plänen dieser Zeit üblich waren, wo die Gärten mit einem Flächensymbol versehen werden, das Zier- und Nutzgärten nicht unterscheidet.

Erstaunlich ist die Präzision des Planes: eine Genauigkeitsanalyse im Vergleich zum heutigen Katasterplan anhand von 30 ausgewählten identen Punkten ergibt eine mittlere Abweichung von nur ca. 12 Meter.

Neben der Orientierung tritt also ein neuer Aspekt in der Verwendung von Karten in den Vordergrund: Pläne als Basis für die Durchführung öffentlicher Bau- und Verwaltungsmaßnahmen.

Franz Anton RANGGER: **"Plan von der Situation des Yn-Strohms mit Anfang des Kayserlich Königlichen Thiergartens nebst der Stadt Ynsprugg bis Ende des Landsfürstlichen Lebenbrey Haus** *(= Löwenbräuhaus)* **daselbs"**, 1763 (Kartenverzeichnis K3)
Maßstab ca. 1 : 2.500

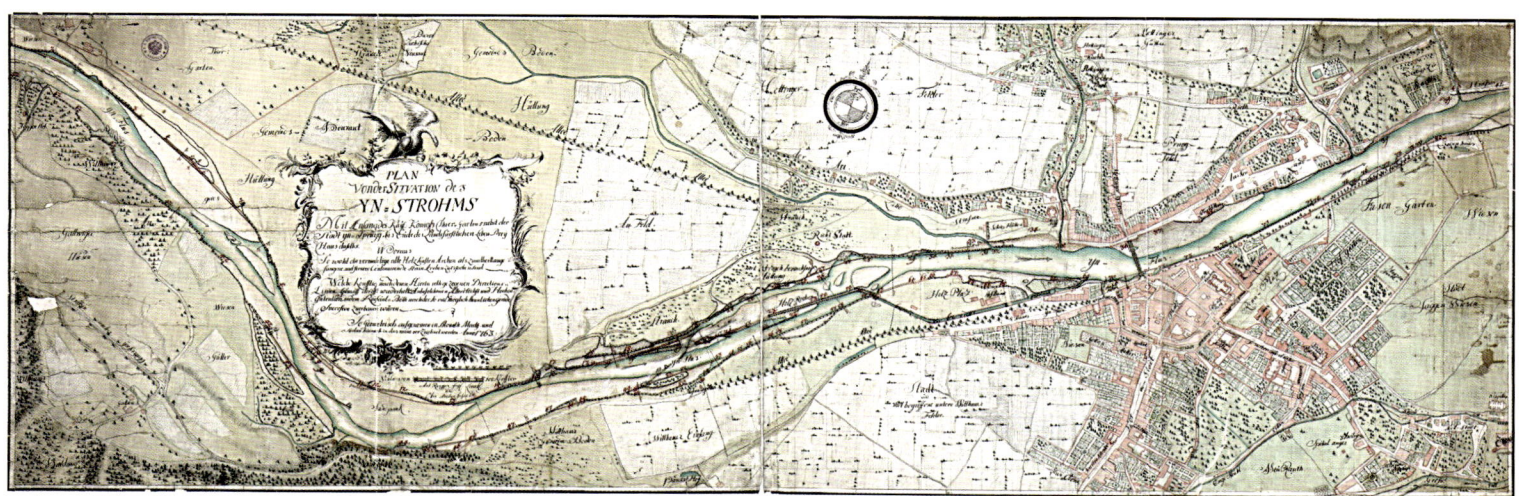

Deutlich erkennbar ist der sachliche Hintergrund der Karte, nämlich die Darstellung der Situation des Inns mit seinen Wasserschutzbauten als Plangrundlage für die Verbesserung des unbefriedigenden Zustandes der Archen. Kartographisch wird die Stadt Innsbruck dabei nur mitgenommen.

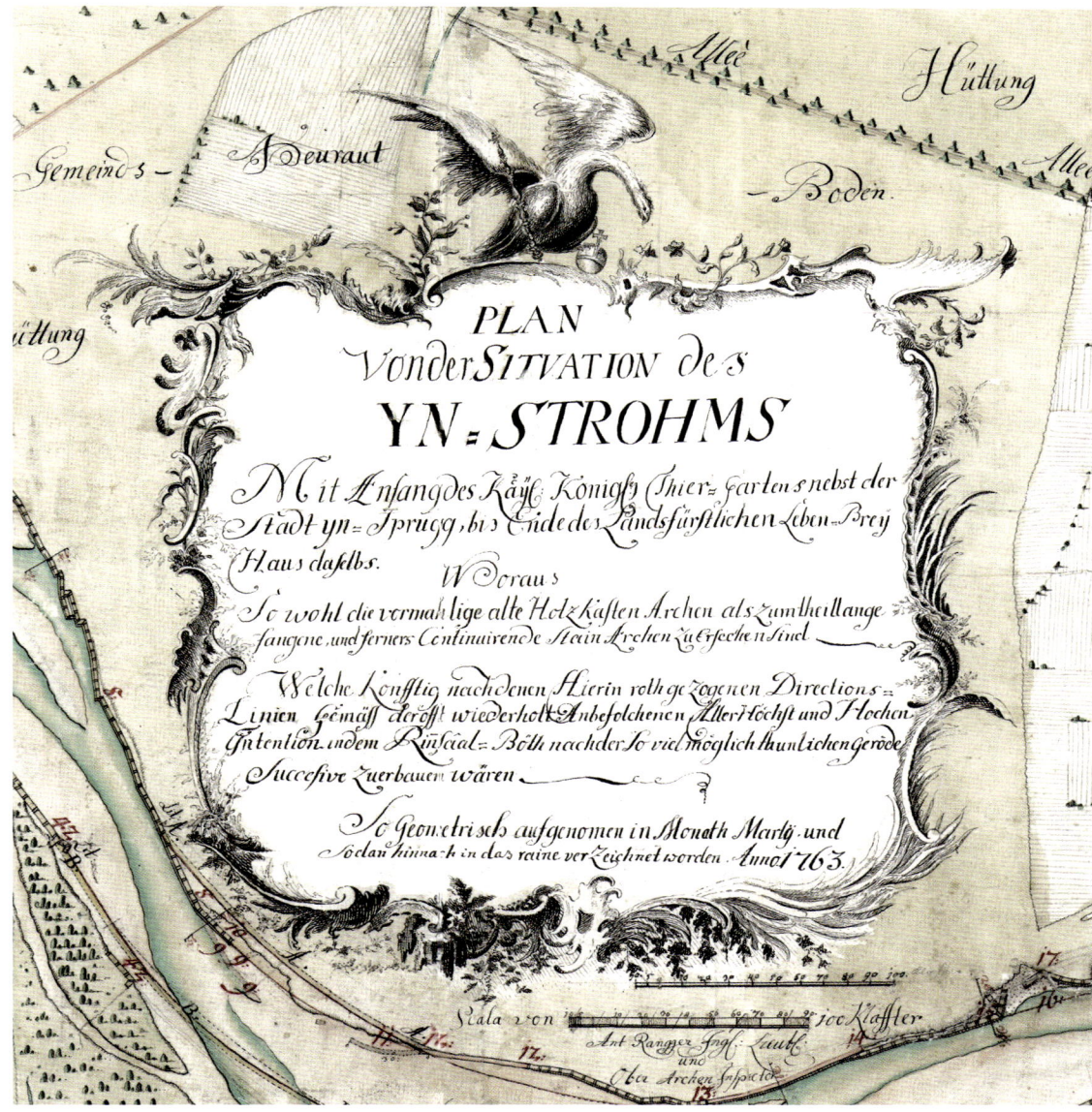

Trotz des rein planerisch-technischen Zweckes der Karte ließ es sich *Rangger* nicht nehmen, seine Pläne mit künstlerisch aufwendigen Titelkartuschen zu versehen, wie sie sonst nur mehr auf den repräsentativen Karten des Hochbarocks zu sehen waren. Ähnliches findet sich später nur mehr beim Plan von *J. Duile* 1802 (K11).
In der Kartusche ist in Anschluss an den Titel des Planes auch die Beschreibung der eingezeichneten Wasserschutzbauten zu lesen: *"Woraus sowohl die vormahlige alte Holzkasten Archen als zum theill angefangene, und ferners continuierende Stein Archen zu ersehen sind. Welche konfftig nach denen hierin roth gezogenen Directions-Linien gemäss der offt wiederholt anbefolchenen aller höchst und hochen Intention in dem Rinnsaal-Böth nach der so viel möglich thunlichen Geröde succesive zu erbauen wären. So geometrisch aufgenomen in Monath Marty und sodan hinnach in das raine verzeichnet worden. Anno 1763."*

Ausschnitt des Bereiches von Innsbruck:

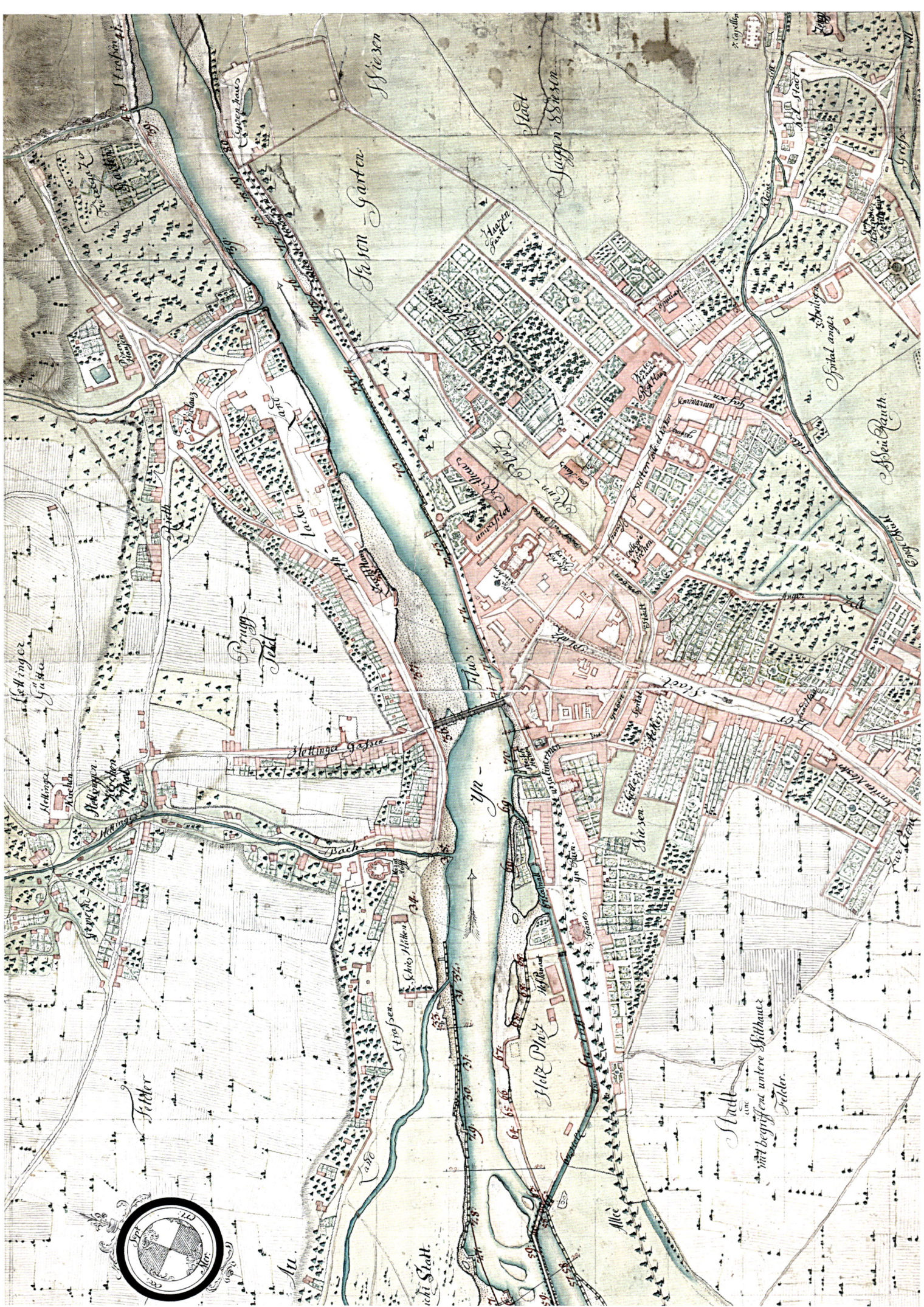

Ein Vergleich des Bereiches von der Innbrücke bis zum Löwenhaus zeigt die große Verwandtschaft der beiden Pläne:

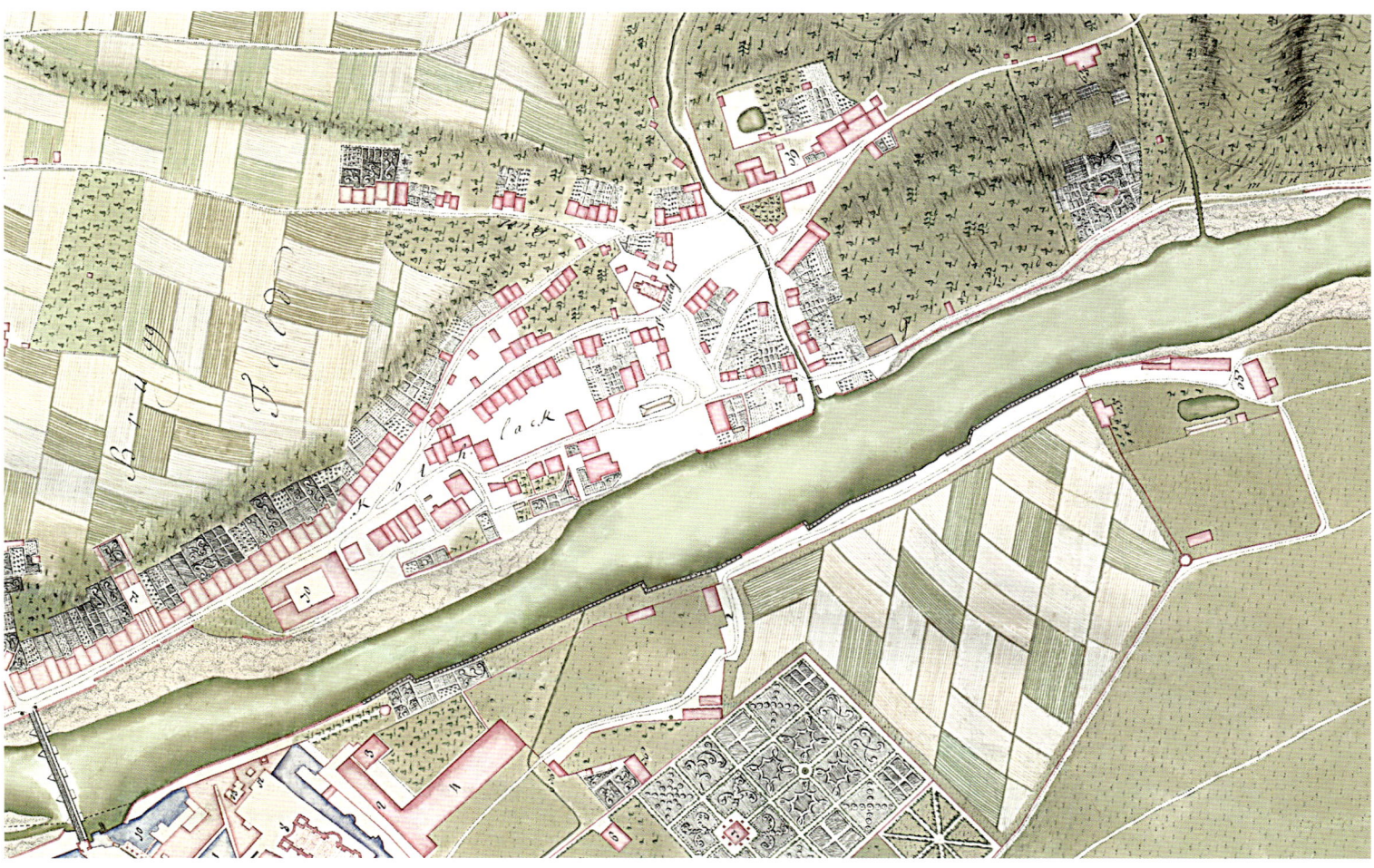

„Plan de la Ville et des Environs d'Innsprug", 1750 (K2), (um 10° nach rechts gedreht)

Rangger, 1763 (K3)

Auch bei *Rangger* entspricht die Parzelleneinteilung nicht der Wirklichkeit, sondern er zeichnet auf seinen Karten eine fingierte Parzellenstruktur mit angedeuteten Ackerfurchen als Flächensignatur.
Ein Vergleich der Wasserschutzbauten entlang des rechten Innufers verdeutlicht ebenso die Ähnlichkeit der beiden Pläne.

Mathias Perathoner: **Plan von Innsbruck, 1776** (Kartenverzeichnis K4)
Maßstab ca. 1 : 1.700

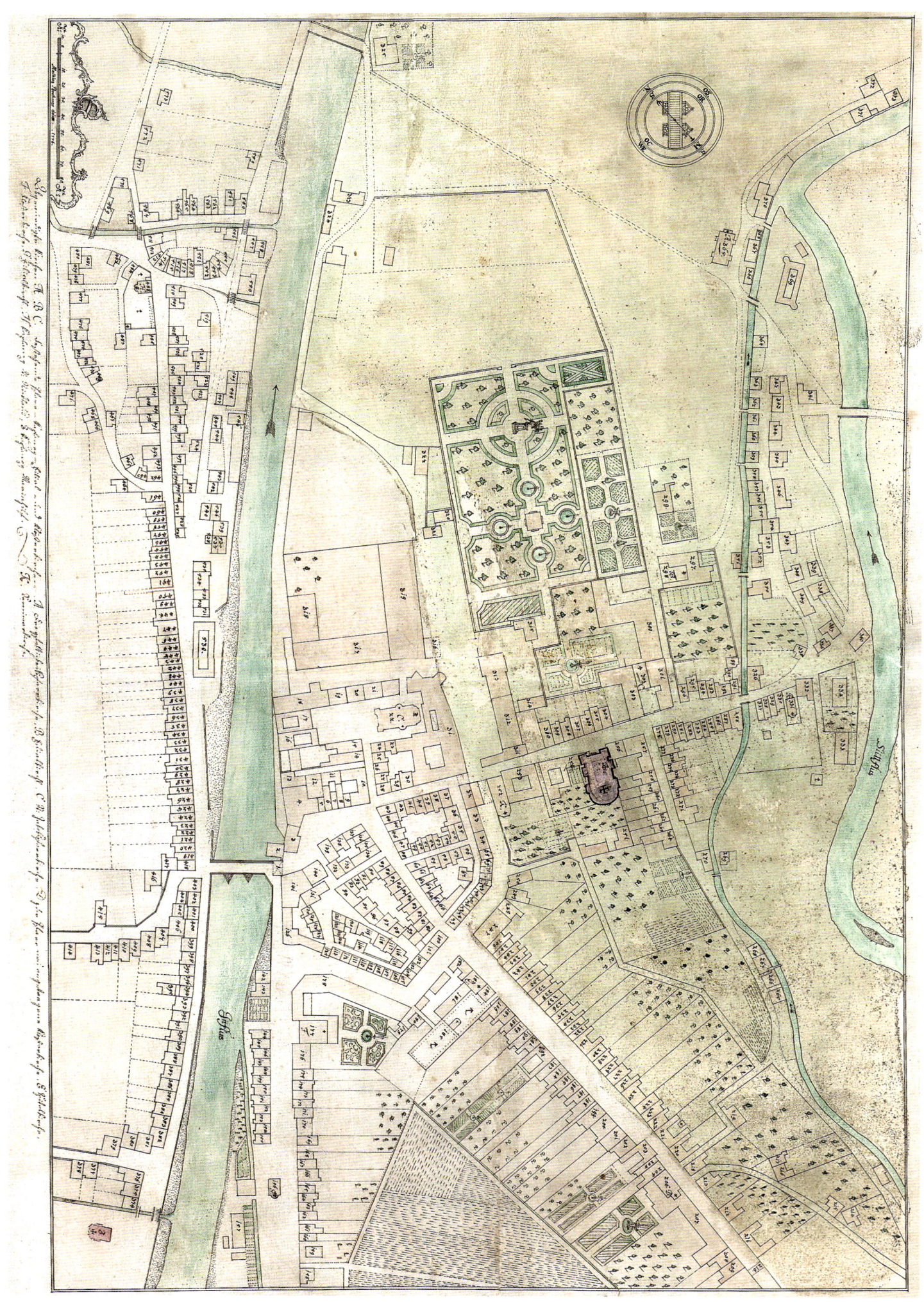

Die bei den einzelnen Häusern angeführten Nummern stimmen mit den Katasternummern des Maria-Theresianischen Steuerkatasters von 1775 überein. Man beachte die starke Verkürzung des Bereichs vom Löwenhaus bis zur Mühlauer Brücke.

Mathias Perathoner: **Plan von Innsbruck, ca. 1788** (Kartenverzeichnis K5)
Kopie des Planes von M. Perathoner von 1884 von D. I. Wieser?
Maßstab ca. 1 : 1.700

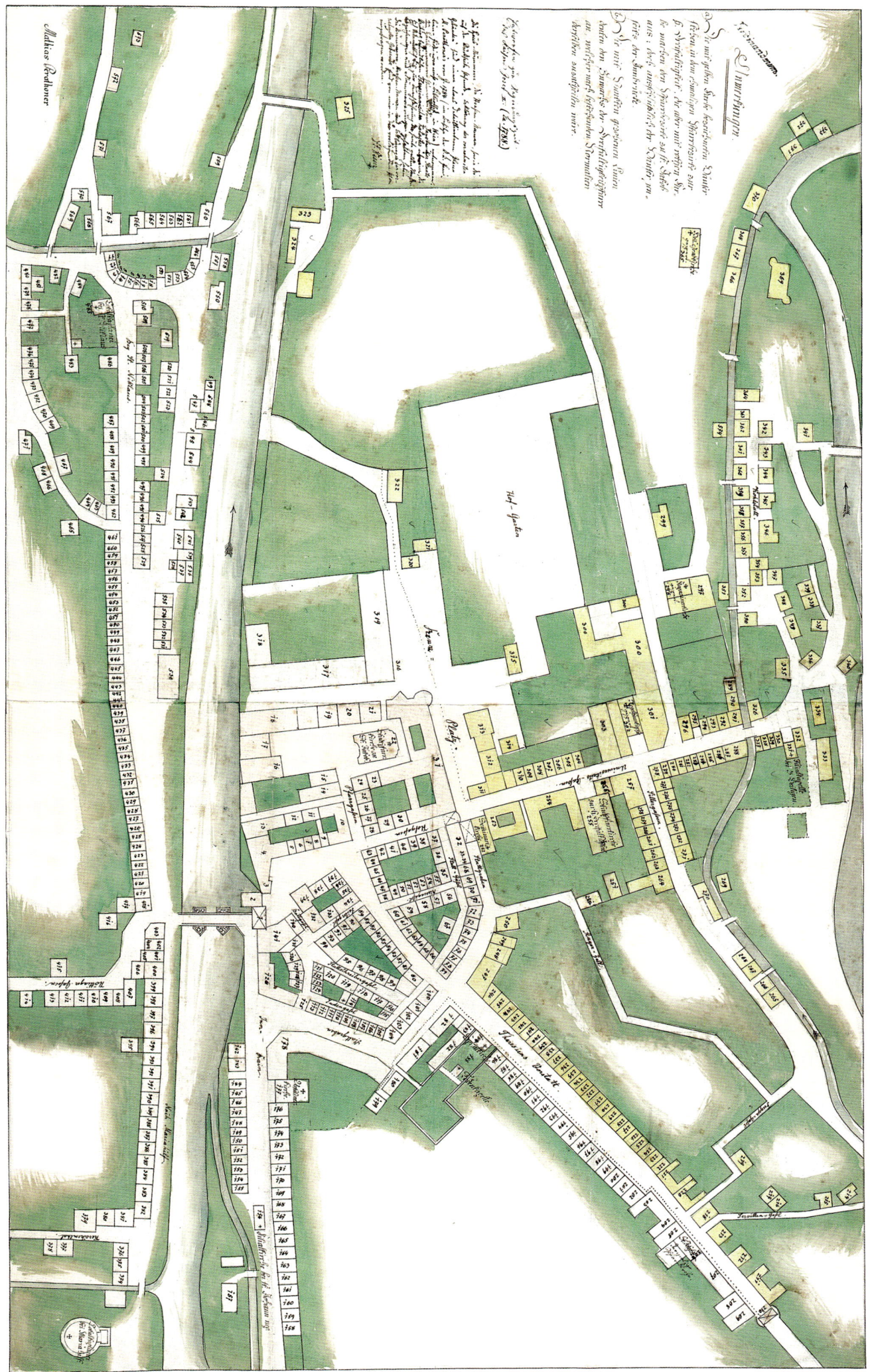

Johann ZIMMERMANN: **Innsbrucker Hofbrunnenkarte, 1796/1816** (Kartenverzeichnis K6)

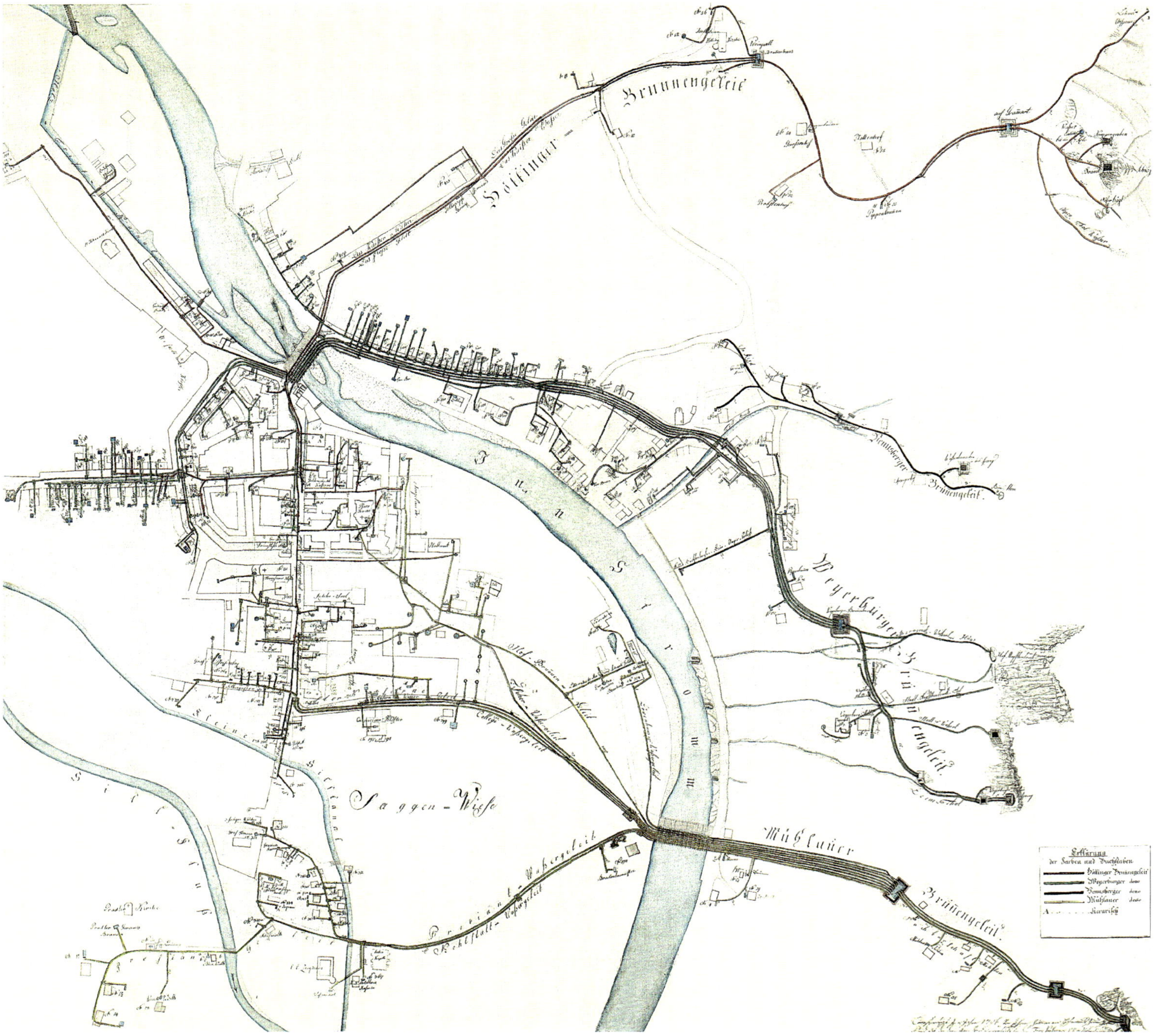

Der Plan der vier ärarischen bzw. Hofbrunnenwasserleitungen, verfasst 1796 vom Hofbauamtszimmerpolier Johann Zimmermann, wurde 1816 durch Einzeichnung der unterdessen erfolgten Neuanschlüsse ergänzt.

Die Höttinger Leitung wurde vermutlich als erste Hofleitung im Jahre 1490 angelegt. Die Venusberger Leitung verdankt ihre klingende Bezeichnung dem Venusbad am Fallbach, das mit dieser Leitung versorgt wurde. Bei der Mühlauer Leitung handelt es sich im Unterschied zu den anderen Leitungen nicht um Quellfassungen, sondern um eine offene Bachwasserentnahme mit Wasserreinigungskästen. Der Mühlauer Bach war schon damals der wichtigste Trinkwasserlieferant Innsbrucks. 1795/96 haben die vier Hofwasserleitungen insgesamt 257 Brunnen im Stadtgebiet gespeist. (*Hye* [37])

II. Genealogische Studien

1. Vom Grund-Plan von Joseph Duile 1802 abgeleitete Pläne

Joseph DUILE, Ing., k. k. Baudir. Prakt.:
„Grund-Plan der k. k. Haupt- und Residenzstadt Innsbruck mit ihrem Burgfrieden", 1802 (Kartenverzeichnis K11)
Maßstab ca. 1 : 1.100

Joseph Duile, Ing., k. k. Baudir. Prakt.:
"Grund-Plan der k. k. Haupt- und Residenzstadt Innsbruck", 1803 (Kartenverzeichnis K12)
Maßstab ca. 1 : 3.300

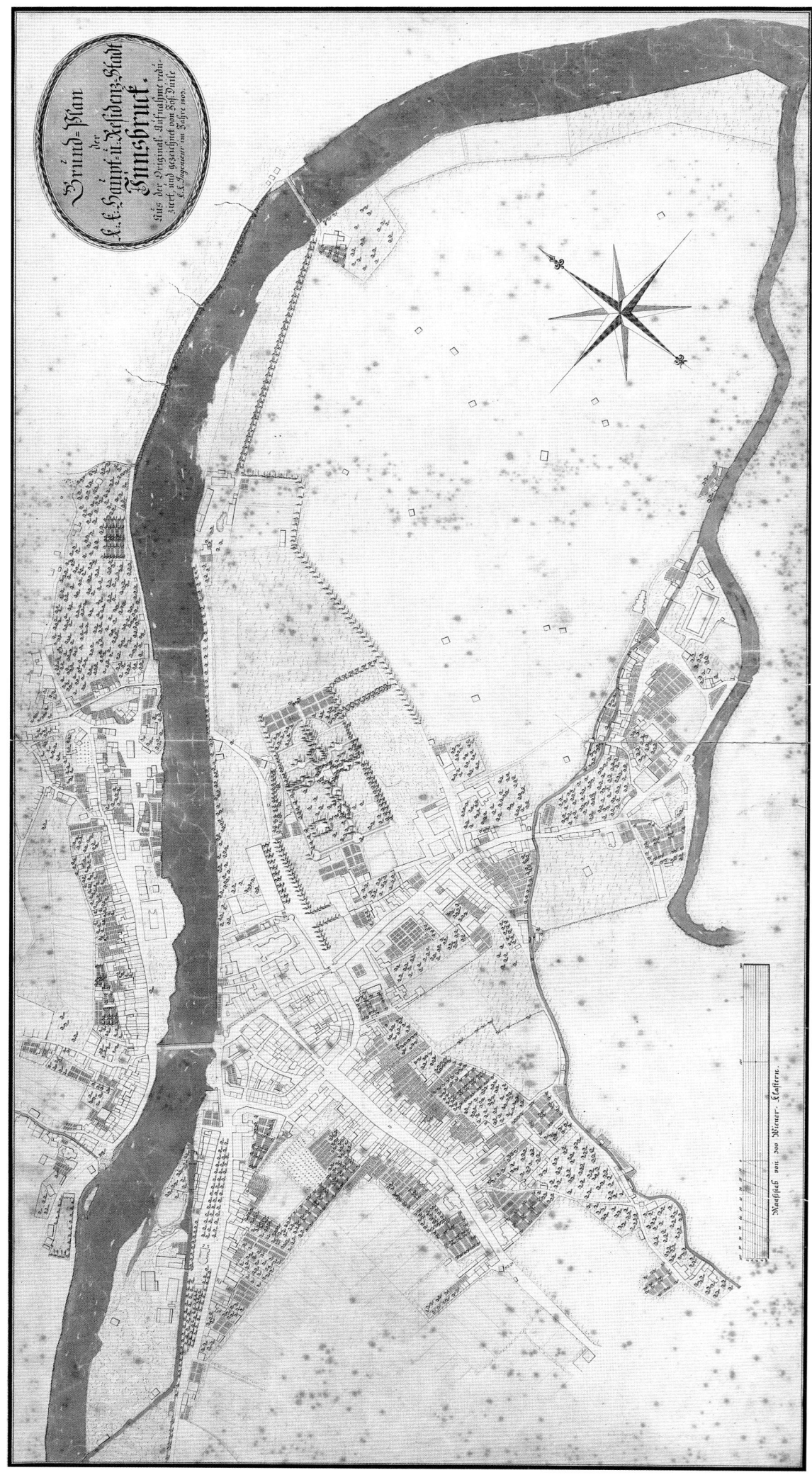

Theodor MACHARTH: „**Grund-Plan der Baierischen Haupt, und Residenz-Stadt Innsbruck des Inn-Kreises mit ihren Burgfrieden**", 1813 (Kartenverzeichnis K19)
Maßstab 1 : 1.100

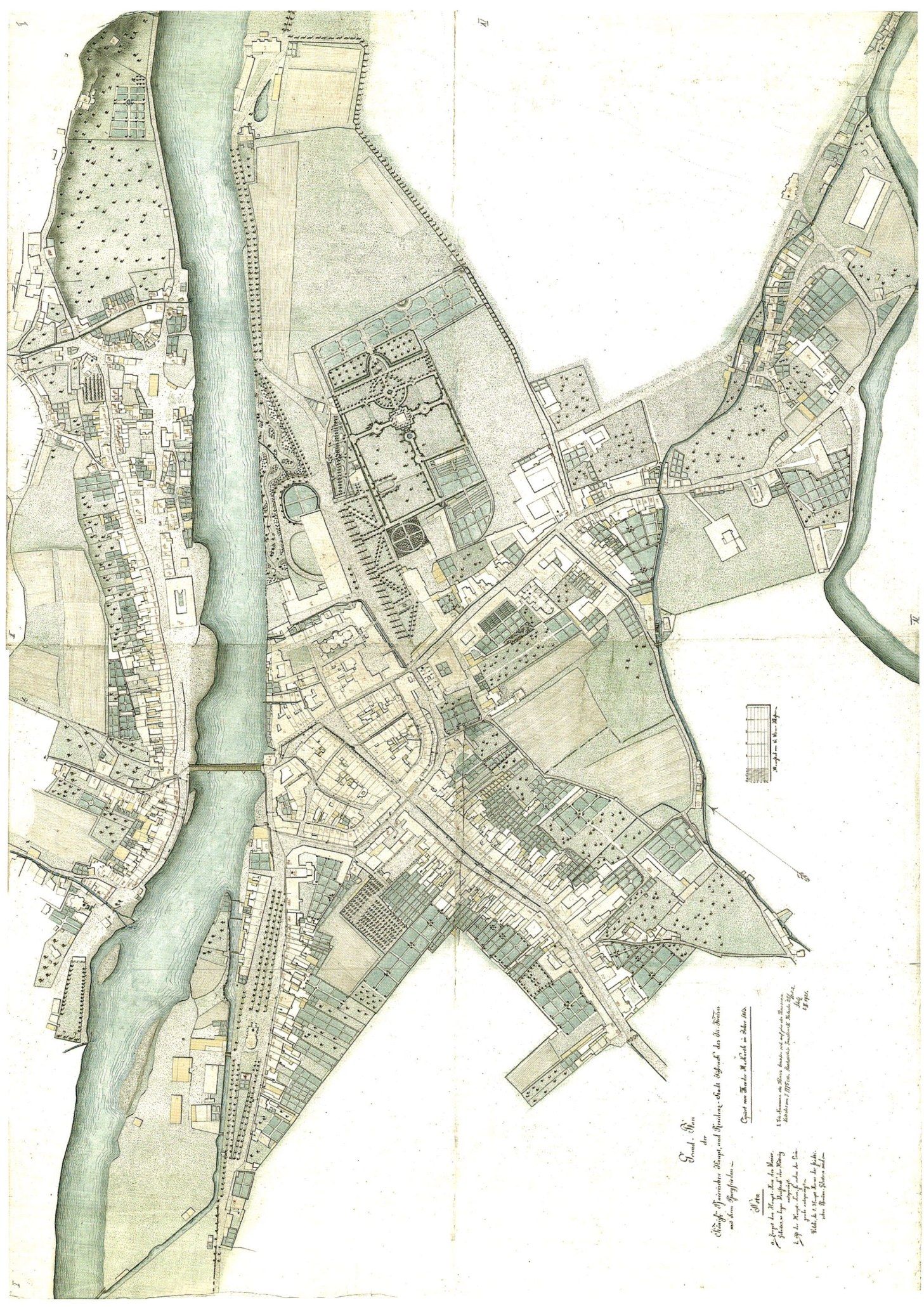

Die bayerische Neuauflage des Plans von *J. Duile* (1802)

Petrovitch: „**Grundplan der Königl. Bayerischen Haupt- und Residenz-Stadt Innsbruck aus dem Jahre 1813, copiert von der Copie Theodor Macharth Juli 1929**" (Kartenverzeichnis K20)
Maßstab ca. 1 : 1.100

Leonhard de Vaux: **"Grundplan des größeren Theils der Kaiserlich Königl. Haupt- und Residenz-Stadt Innsbruck"**, 1823 (Kartenverzeichnis K23)
Maßstab ca. 1 : 2.200

Der Situationsplan zeigt die heutige Altstadt, den Bereich Universtätsstraße und den Hofgarten. In der Unteren Sillgasse stehen noch die 1829 abgebrochenen Maultierstallungen (Nr. 15).

Philipp MILLER: „**Grundplan des größeren Theils der Kaiserlich Königlichen Haupt und Residenz Staadt Innsbruck**", um 1825 (Kartenverzeichnis K24)
Maßstab ca. 1 : 2.200

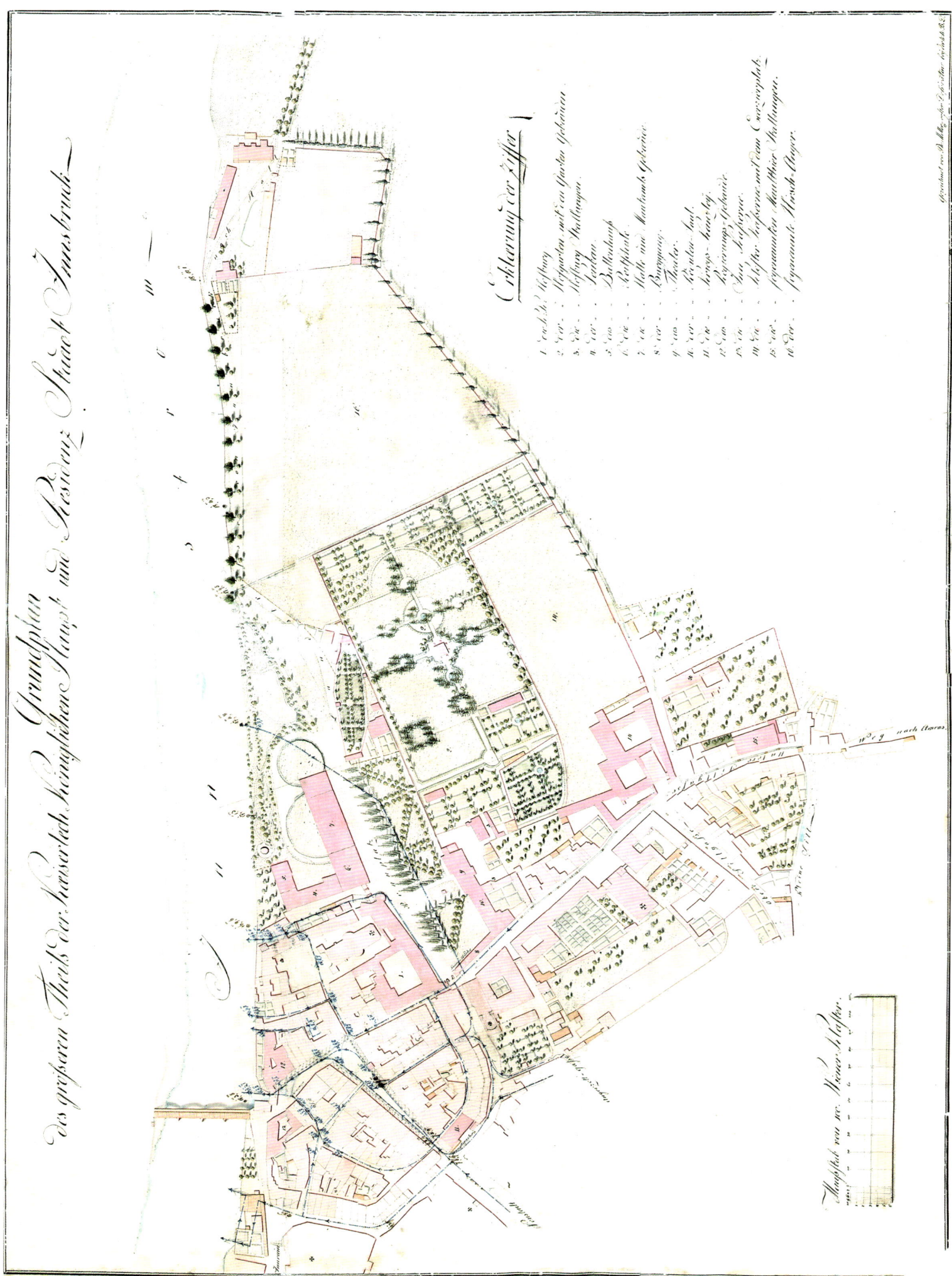

Exakte Kopie des vorherigen Planes von *de Vaux* (K23) mit der Darstellung der Ritschen im Altstadtbereich.

Johann von Liebe, Carl Prissmann, k. k. Baudirektionspraktikanten:
Plankarte von Innsbruck, 1825 (Kartenverzeichnis K29) (von Liebe) (z. T. 1827 kopiert von Prissmann)
14 Blätter, Maßstab ca. 1 : 1.100

Blattschnitt und Jahr der Erstellung

	9 1827	14 1827
4 1825	8 1827	13 1827
3 1825	7 1827	12 1827
2 1825	6 1825	11 1827
1 1827	5 1825	10 1827

(unbekannter) Zeichner der k. k. Baudirektion Innsbruck: **Plankarte von Innsbruck, um 1830** (Kartenverzeichnis K34)
Maßstab ca. 1 : 3.300

Die Orientierung ist wie beim vorhergehenden Plan, aber auf einem Blatt gezeichnet.
Der Datenstand des Planes dürfte um 1830 sein, die zwei zusätzlichen Gebäude südlich der Triumphpforte sind 1829 errichtet, die Baulücke in der Unteren Sillgasse ist erst nach 1833 geschlossen worden. Die Regulierung der Sill ist abgeschlossen. Besonders auffallend ist der **Hofgarten,** der bereits in der Art englischer Parkanlagen gestaltet ist, allerdings hier nach einem Entwurf (T15), der in dieser Form nicht realisiert wurde (siehe Abschnitt IV/2 – Hofgarten). In der Karte ist die geplante Stadterweiterung (Museumstraße) ausgehend vom Burggraben bis zur kleinen Sill mit Bleistift bereits skizziert.

Johann Gintner und Carl Prissmann, k. k. Baudirektionspraktikanten: **Plankarte von Innsbruck, 1827** (Kartenverzeichnis K37)
Datenstand durch Ergänzungen um 1836, Bl. 6, 7 Kopie von C. Prissmann (wie K29)
13 Blätter, Maßstab ca. 1 : 1.100, hier der Ausschnitt bis zum Löwenhaus

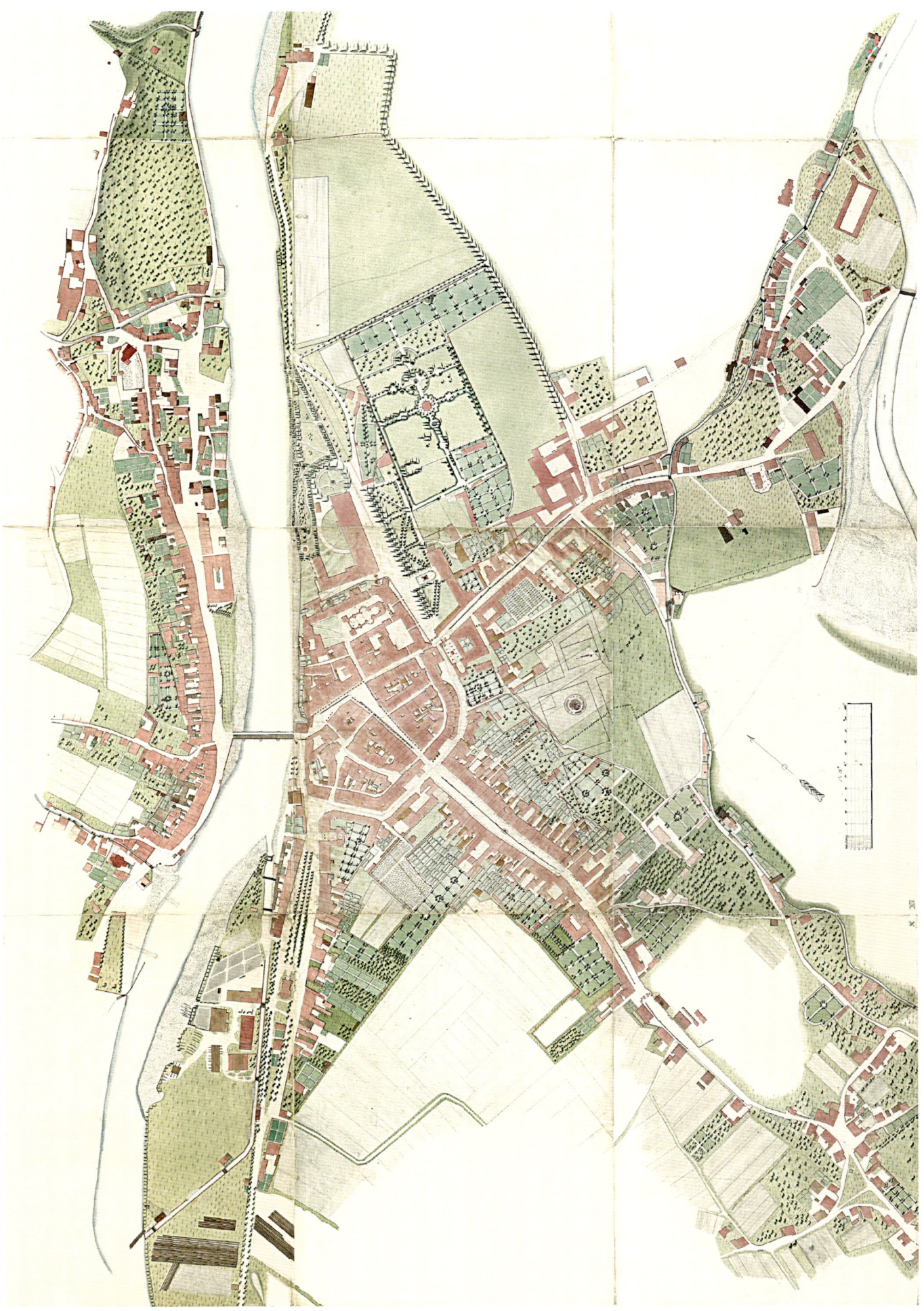

Die zwei Innenblätter sind eine Kopie von *Prissmann* (K29) mit Stand 1825/27, die Außenblätter von *Gintner* dagegen mit Stand 1836. Auf Grund von Überzeichnungen erkennbar: neue Gebäude östlich der Leopoldstraße und in der Unteren Sillgasse, der Erweiterungsbau des Bürgerlichen Bräuhauses 1835 zwischen Hofmühle und Dreiheiligenkirche sowie Umbauten entlang des Sillkanals. Auch hier ist die geplante Stadterweiterung (Museumstraße) mit Bleistift skizziert.

C. A. Czichna: **„Plan von Innsbruck 1851"** (Kartenverzeichnis K45)
Maßstab ca. 1 : 4.400

Gedruckte Karte – Orientierung und zum Teil auch der Ausschnitt sind mit den vorhergehenden Plänen identisch. Wie die später gezeigten Pläne von *Viehbeck* und Nachfolger dienten sie vor allem der Orientierung von Gästen.
Das 1846 gegründete Karmelitinnenkloster in Wilten ist noch nicht eingezeichnet.
Als Kuriosum sind auf dem Stadtplan, als „besonderes Service" für Einheimische und Fremde, die „Gasthöfe I. Ranges", „Gasthöfe II. Ranges", „Wirtschaftshäuser" und „Cafe-Häuser" durch verschiedene Farben gekennzeichnet. (*Pizzinini* [35])

Der Plan *Josef Duiles*, den er nach vierjähriger Tätigkeit als 26-jähriger Baudirektionspraktikant 1802 gezeichnet hat, weist gegenüber modernen Plänen bereits einen hohen Genauigkeitsgrad der reellen Topographie auf. Die Orientierung ergab sich wohl aus der Beschränkung der behördlichen Aufgaben auf das Stadtgebiet von Innsbruck ohne Hötting, Pradl und Wilten. Vorbild dürfte der Plan von *Mathias Perathoner* 1776 (K4) gewesen sein, der allerdings in einigen Bereichen noch starke Verzerrungen aufweist (z. B. der verkürzte Bereich vom Löwenhaus bis zur Mühlauer Brücke).

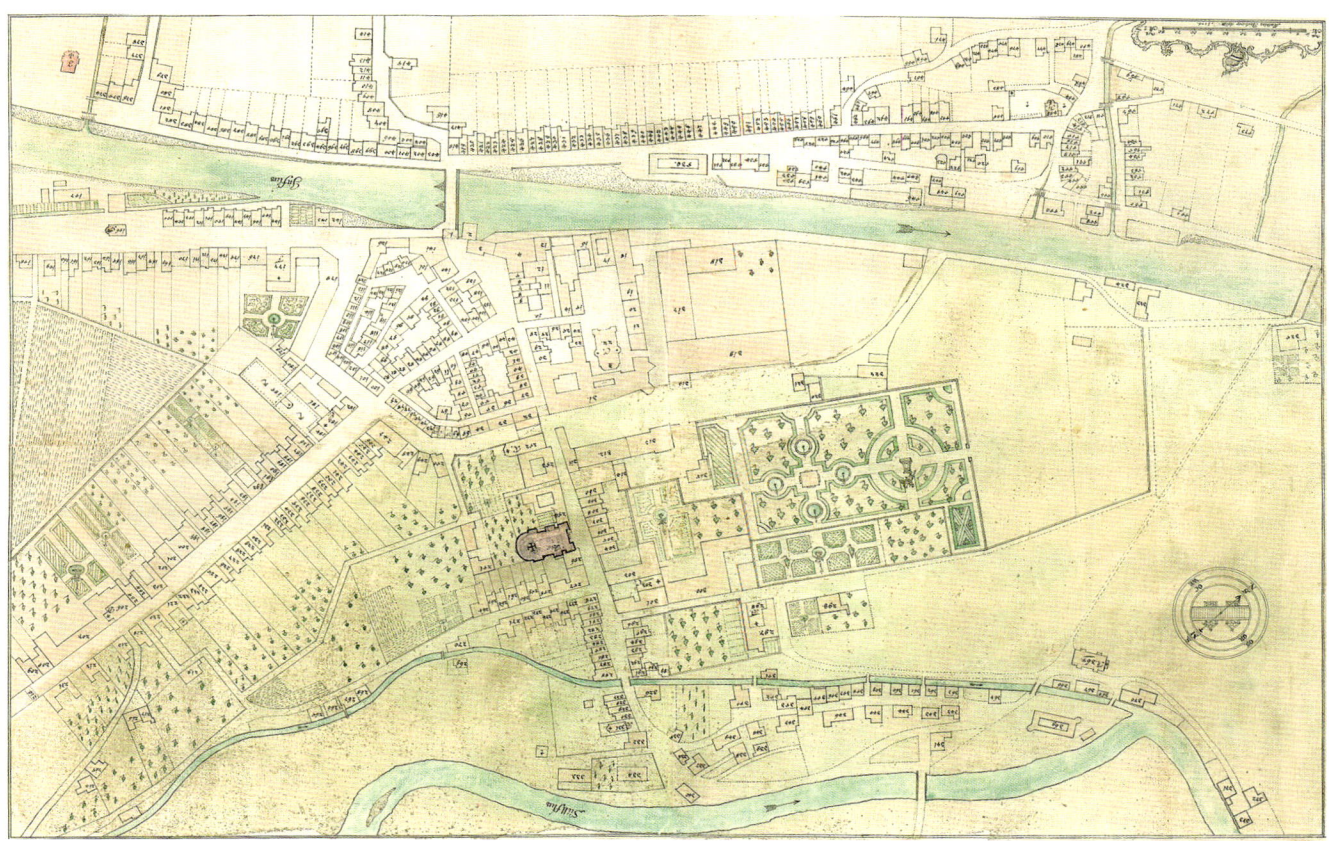

Mathias Perathoners Plan von Innsbruck 1776 (K4) (um 180° gedreht)

Die nachfolgenden Karten weisen nicht nur dieselbe Ausrichtung, sondern in weiten Bereichen auch exakte Nachzeichnungen einzelner topographischer Elemente wie Gebäude, Wege, Flussränder und andere auf. Der rechte Kartenrand reicht entweder bis zur Höhe des Löwenhauses oder bis zur Mündung der Sill. Die Maßstäbe verhalten sich zueinander 1 : 2, 1 : 3 oder 1 : 4. Bemerkenswert scheint auch die Kontinuität der Darstellungsart der Pläne zu sein, trotz wechselnder Zugehörigkeit Tirols zu Österreich beziehungsweise Bayern (1805–1814).

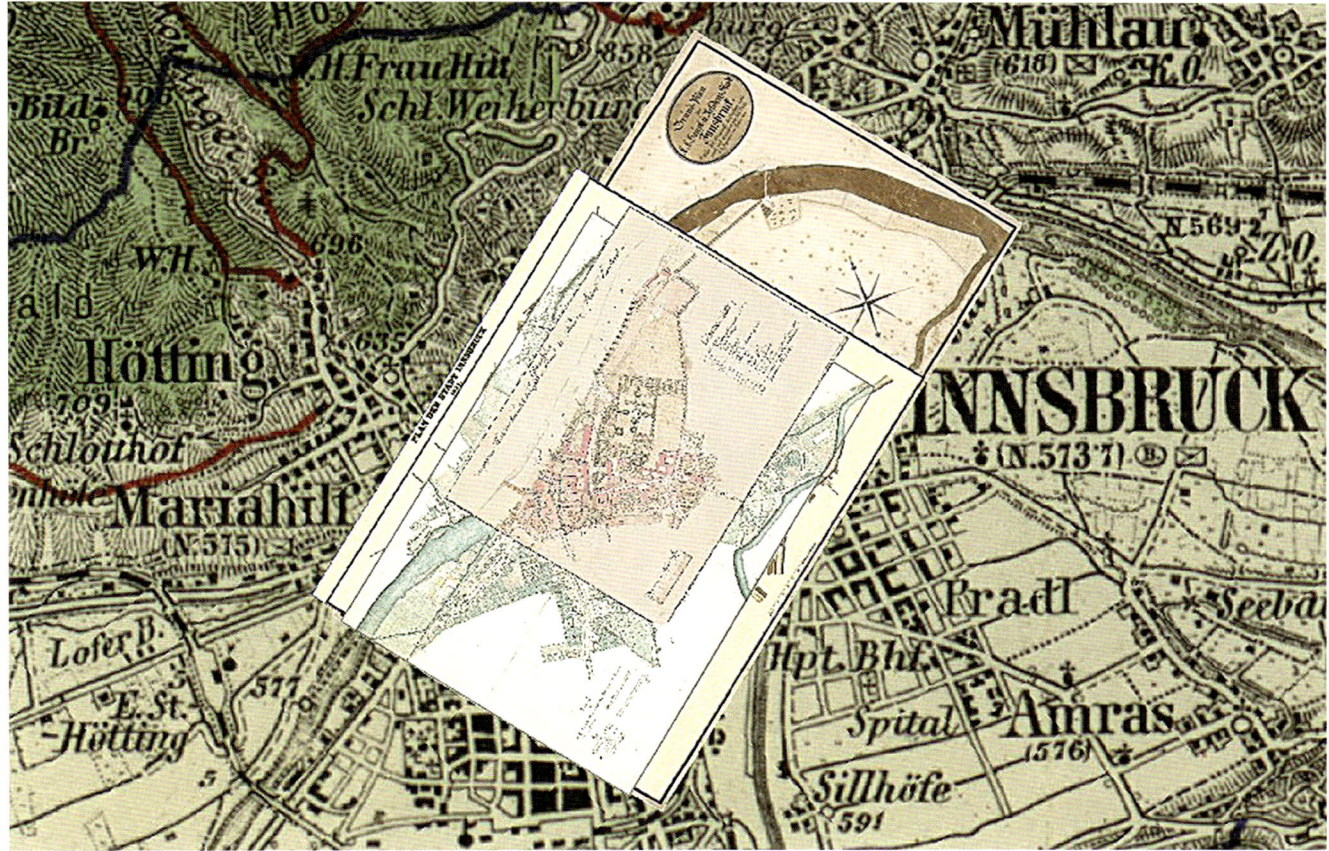

Die Überlagerung der Pläne (hier beispielhaft *Duile* 1802, *Macharth* 1813, *Miller* um 1825 und *Czichna* 1851) zeigt die einheitliche Ausrichtung aller Karten.

2. Mumb/Perger und zwei Nachahmer

Hyronimus MUMB, PERGER: **"Plan Der Kaiserlich Königlichen Haupt Stadt Innspruck in Tirol und der umliegenden Gegend welche im Sommer 1802 unter der Leitung des Herrn Hauptmann von Mumb durch Herrn Hauptmann von Kirn, Oberlieut. Graf Borell, Lieut. Metzen, Henrici, Perger von K. K. Feldjäger Rgt., dann durch Herrn Oberlieut. Schreiber und Fähnrich Minzel von Churprinz Würthenberg Inf. Regt. nebst mehreren Cadeten geometrisch aufgenommen, und durch obbenannten Lieut. Perger im Jahr 1803 gezeichnet worden"**, 1802/03 (Kartenverzeichnis K10)
Maßstab ca. 1 : 14.400

Der ursprüngliche Plan. Die Geländedarstellung entspricht der ersten (Josephinischen) Landesaufnahme (K86).

Jos. Zitterbergen: **"Dessein de la ville capitale royale de Baviere Innsbruck en Tirol"**, 1806 (Kartenverzeichnis K14)
Maßstab ca. 1 : 14.400

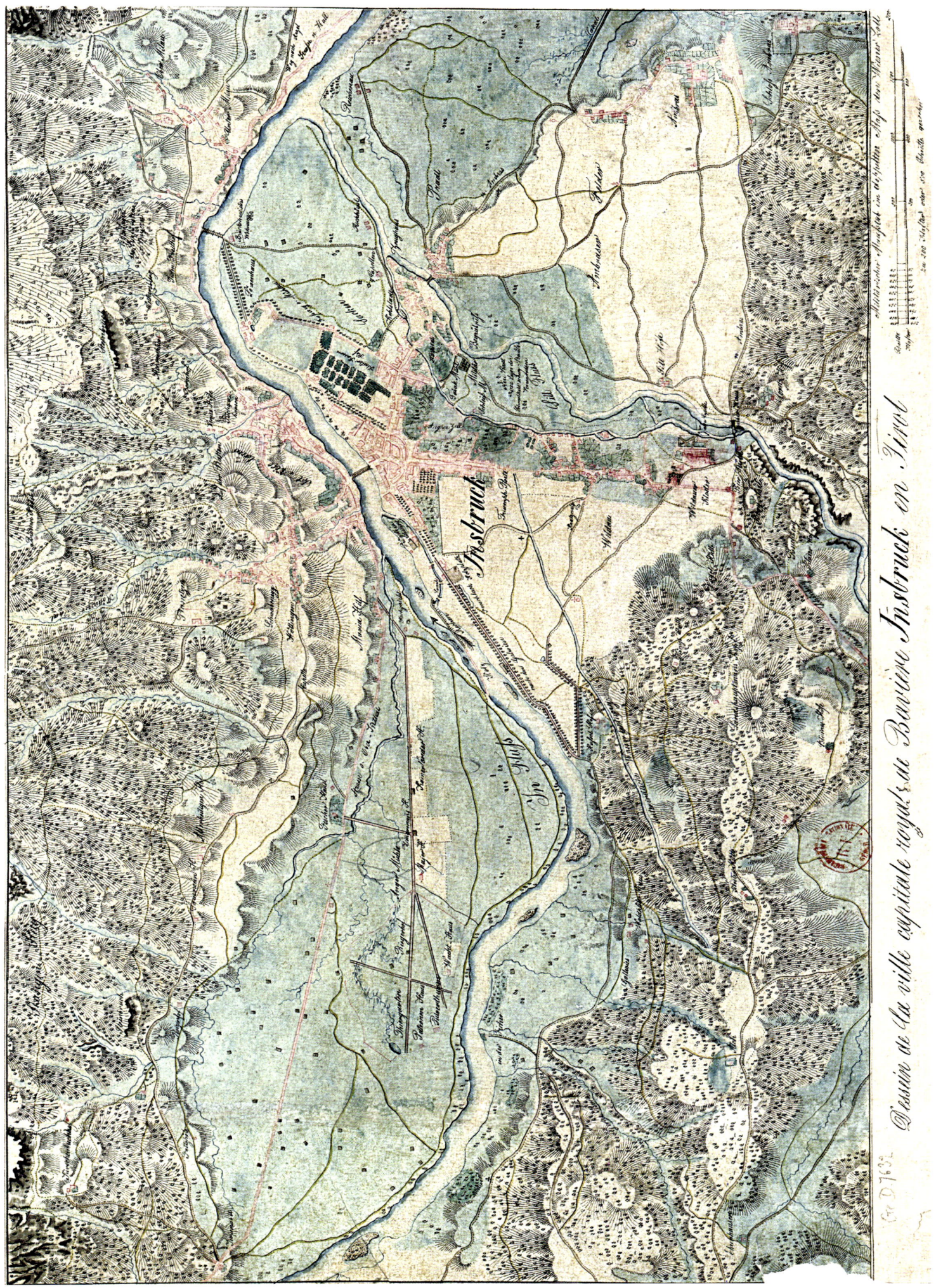

Die maßstabsgetreue Nachzeichnung des Planes von 1802/03 während der bayrischen Besatzungszeit liegt heute in der Französischen Nationalbibliothek.

HEIM, Hauptmann des k. k. Kaiser-Jaeger Regiments: „**Plan der Haupt- und Residenz Stadt Innsbruck mit denen nächsten, durch die Epoche des Sandwirths Hofer merkwürdig gewordenen Umgebungen am rechten Inn Ufer**", 1816/17 (Kartenverzeichnis K22)
Maßstab ca. 1 : 23.000

Übersicht über die räumliche Lage der drei Pläne (der Plan von *Haim* [K22] ist auf der linken Innseite transparent):

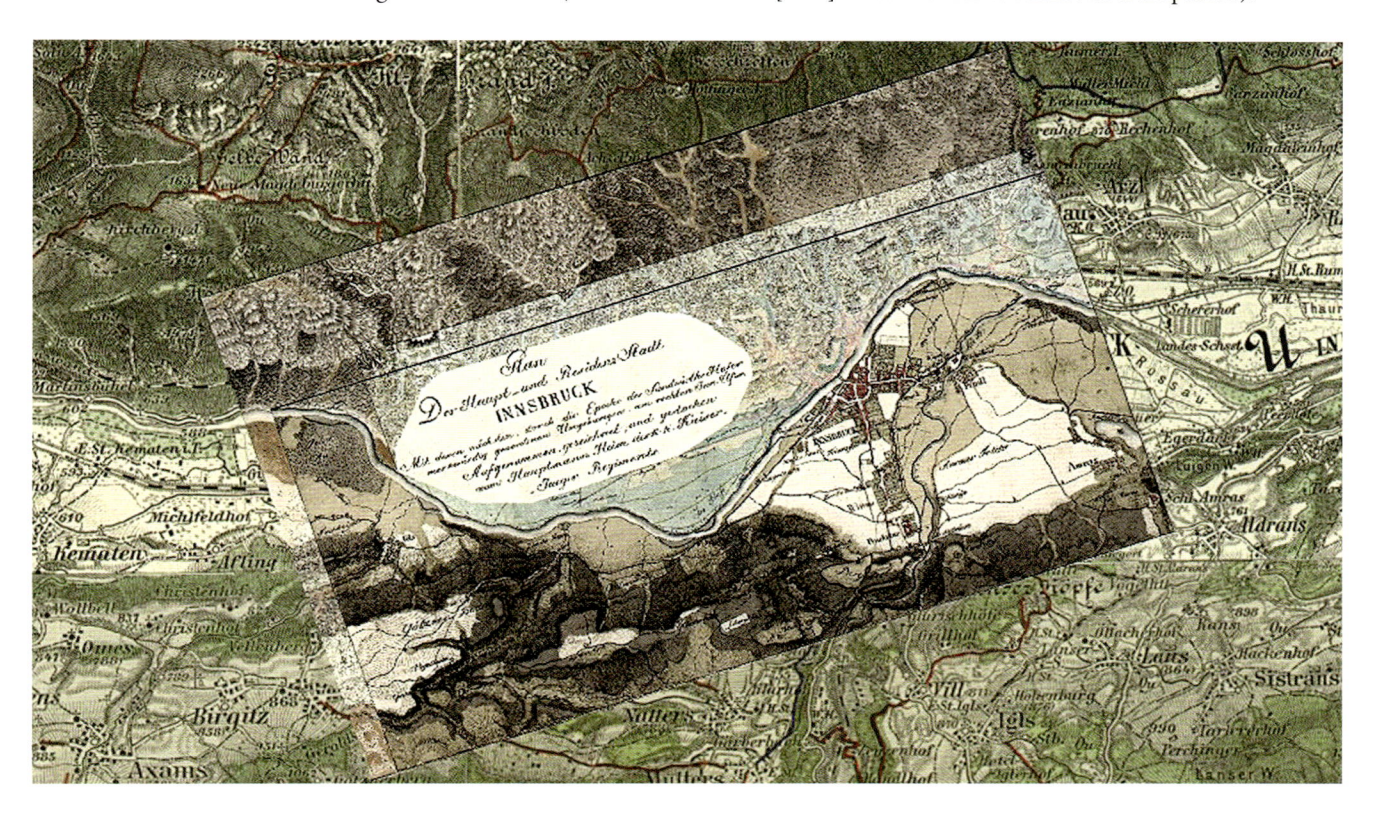

Beide Folgepläne stellen Ausschnitte des ersteren dar.
Zitterbergen (K14) übernahm auch den Großteil der Orts- und Flurnamen, im Detail zeigen sich aber Unterschiede:

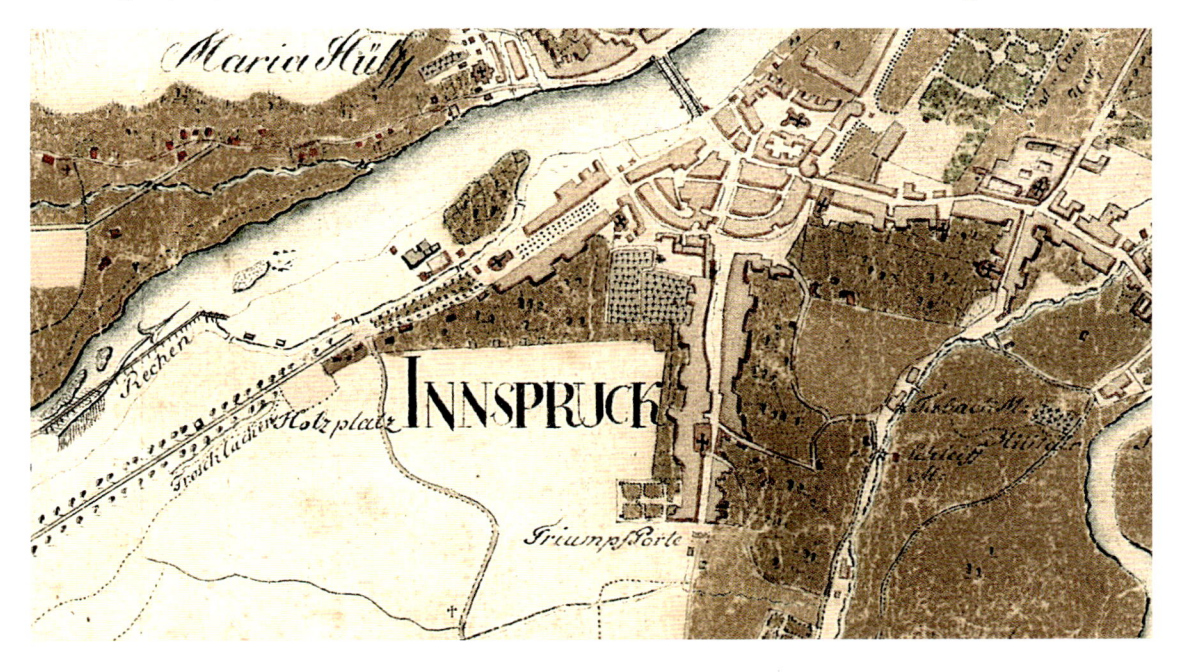

Maria Hü<u>l</u>ff

Froschlac<u>k</u>en   INNS<u>P</u>RUCK

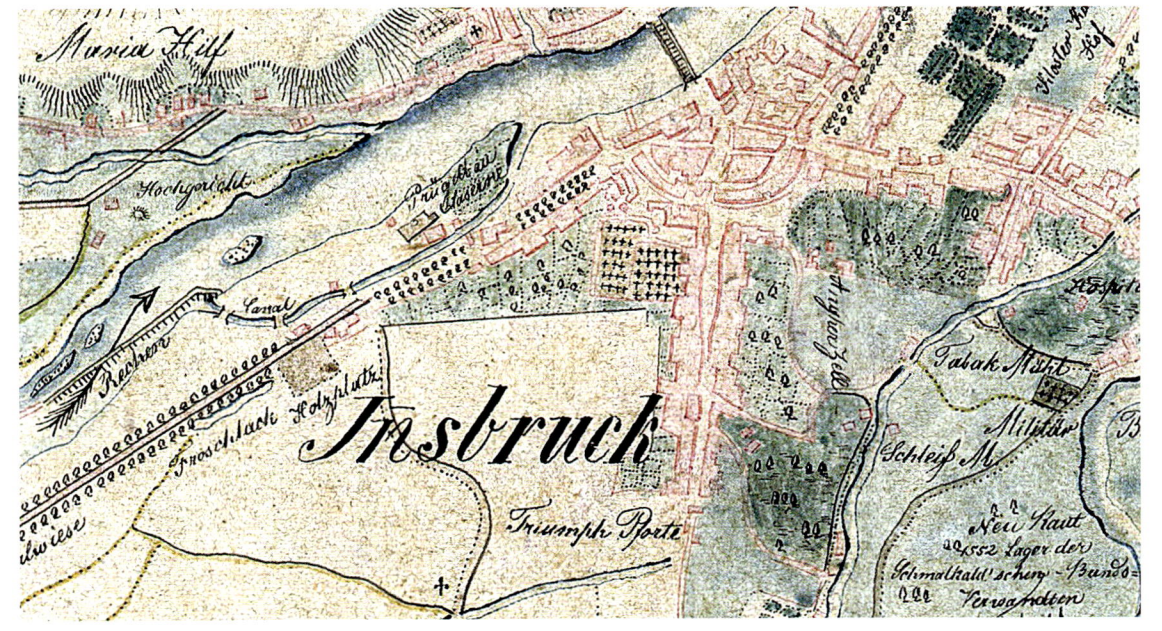

Triump<u>pf</u>porte

Maria Hilf

Froschlack   Ins<u>b</u>ruck

Triumphpforte   „*Neu Raut 1552 Lager der Schmalkald'schen Bundsverwandten*" (von *Viehbeck* 1804 [K13] übernommen!)

3. Der Plan von k. k. Oberlieutnant Viehbeck und von diesem abgeleitete Pläne

k. k. Ober Lieunant Carl Ludwig Friedrich VIEHBECK:
„Plan der Haupt und Res. Stadt Innsbruck mit einem Theil der umliegenden Gegend", 1804 (Kartenverzeichnis K13)
Maßstab 1 : 11.600

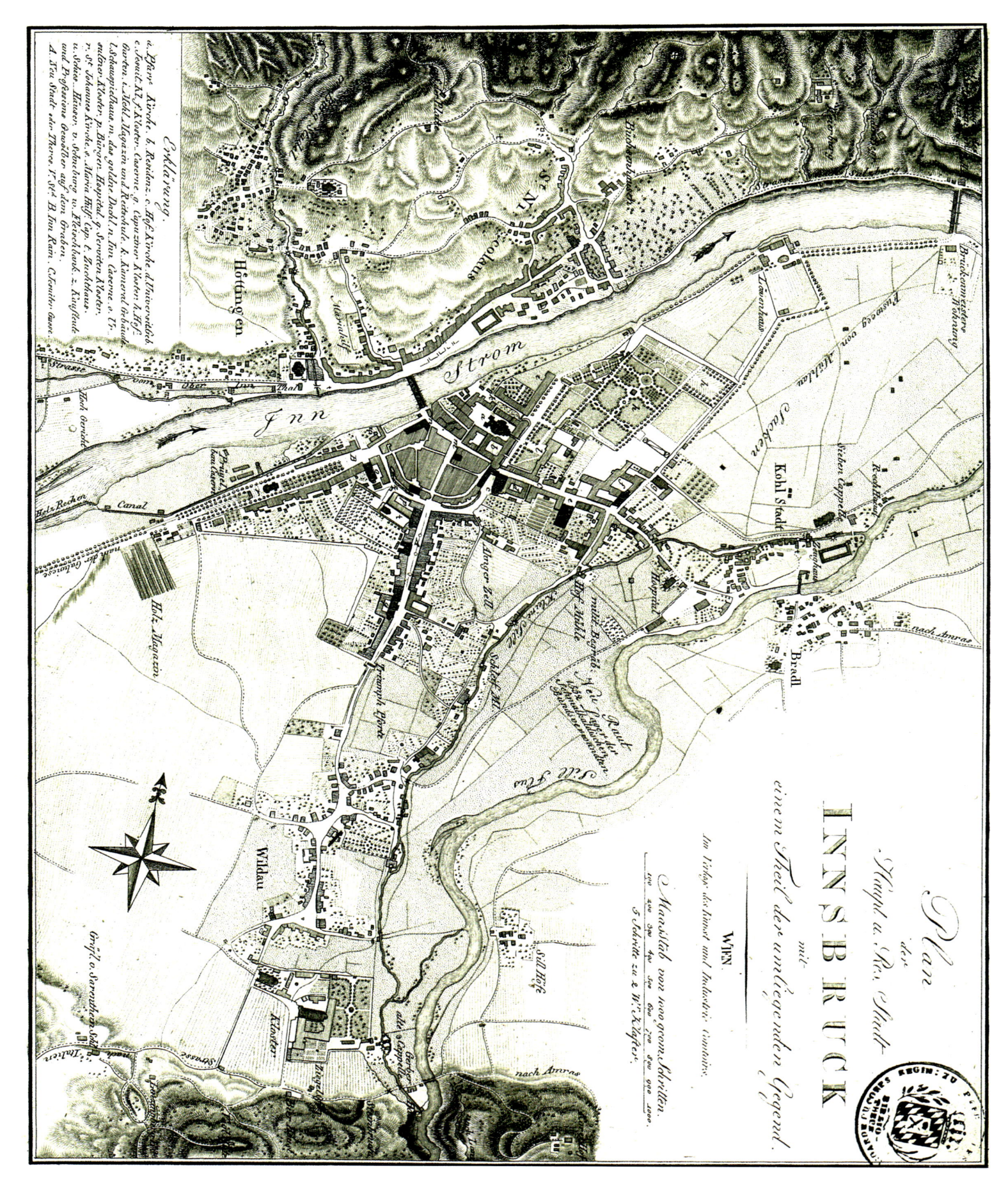

Es handelt sich bei dieser Karte um **den ersten gedruckten Plan von Innsbruck!**

Ein Kommentar zum Plan in „**Allgemeine geographische Ephemeriden, 18. Band, 2. Stück October 1805**", S. 221, Weimar, 1805:

„Der Verfasser dieses schönen und sauber gestochenen Plans ist der k. k. Oberlieut. Viehbeck, der ihn auch aufgenommen hat, wie unten unter dem Rande steht. Schade, dass die beigefügte Erklärung in einen zu beschränkten Raume angebracht ist, mithin mancher Gegenstand ohne Erläuterung geblieben ist. Daher fehlen die Namen der Gassen, und vielleicht ist Manches nicht erklärt, das zwar dem Verfasser und den Bewohnern dieser Stadt sehr bekannt ist, den Auswärtigen und mit dem Locale unbekannten Anschauer des Plans aber in Ungewissheit und Zweifel lässt. So ist auf dem einzigen etwas grossen Platze vor der Kloster-Caserne ein längliches Viereck abgezeichnet, welches, wie ein Corps Truppen gewöhnlich gezeichnet wird, mit einer Diagonallinie durchschnitten ist, an dessen beiden Enden sich noch zwei kleine dergleichen Vierecke befinden. Hier ist man ungewiss, durch diese Figur der gewöhnliche Exercier- und Paradeplatz des hier garnisonirenden Militärs angedeutet werden, oder ob darunter etwas anderes, ohne Erklärung gebliebenes, verstanden werden soll. Ausser diesem Platze fehlt es der Stadt gänzlich. an grossen öffentlichen Plätzen, denn der Rennweg ist mehr eine Strasse, als ein Platz zu nennen. Der Plan nennt nur eine Pfarrkirche, nämlich die zu St. Jakob; die auf dem Plane unter der Benennung der Hofkirche aufgeführte, ist gleichfalls eine Pfarrkirche zum Heil. Kreuze; die übrigen Kirchen find Klosterkirchen. Die Stadt an sich ist von geringem Umfange, nach dem, dem Plane beigefügten, Maassstabe 1550 Schritte; wahrscheinlich ist es ein Irrthum des Kupferstechers, dass über der Scala geometrische Schritte genannt werden, unter derselben aber steht, dass 5 Schritte zu 2 Wiener Klafter gerechnet seyen. Wären nun die letzteren geometrische Schritte, so müsste eine dergleichen Klafter 12 ½ Fuss betragen, woraus erhellet, dass statt geometrischer, gemeine Schritte stehen sollte.

Die Vorstädte sind beträchtlich, und enthalten sehr ansehnliche Gebäude. Drei derselben liegen , so wie die Stadt selbst, auf dem rechten Ufer des Innflusses, davon der Inn-Rain westlich mit dem Ufer des Flusses fast parallel läuft; die Neustadt hat eine südliche Richtung; an ihrem äussersten Ende ist eine Ehrenpforte zum Andenken der Vermählung des Kaiser Leopold II. Kaum 400 Schritte von derselben liegt das Dorf Wildau mit der Abtei gleiches Namens, und gleich hinter der letztern fangen die Gebirge an. Gegen Osten von der Stadt geht die Jesuiter-Gasse, an deren Ende, jenseits der kleinen Sill, einem bei oben genanntem Stifte Wildau abgeleiteten Arm dieses Flusses, welcher verschiedene Mühlen treibt, liegt die Kohlstatt mit dem Arsenale. Jenseits des Innflusses auf dem linken Ufer desselben, der Stadt gegenüber, liegt die Vorstadt St. Nicolaus mit dem Stift Mariahülf, gleich über diesen das Pfarrdorf Höttingen. Auf dieser Seite geht das Gebirge bis zum Ufer des Innflusses.

Noch sind auf diesem Plane zwei historische Begebenheiten bemerkt worden, nämlich das Lager der Schmalkaldischen Bundesgenossen im Jahre 1552, in einer Gegend, Neu-Raut genannt, zwischen der grossen und kleinen Sill; ingleichen das Lager des Kurfürsten von Baiern im Jahre 1703, am linken Ufer des Innflusses im Gebirge. Alles dieses zeigt dieser nur 11 Zoll rhein. lange, und 8 ¼ Z. breite Plan, durch dessen Bekanntmachung der Hr. Verfasser sich den Dank des Publicums erworben hat."

Orientierung der Pläne:

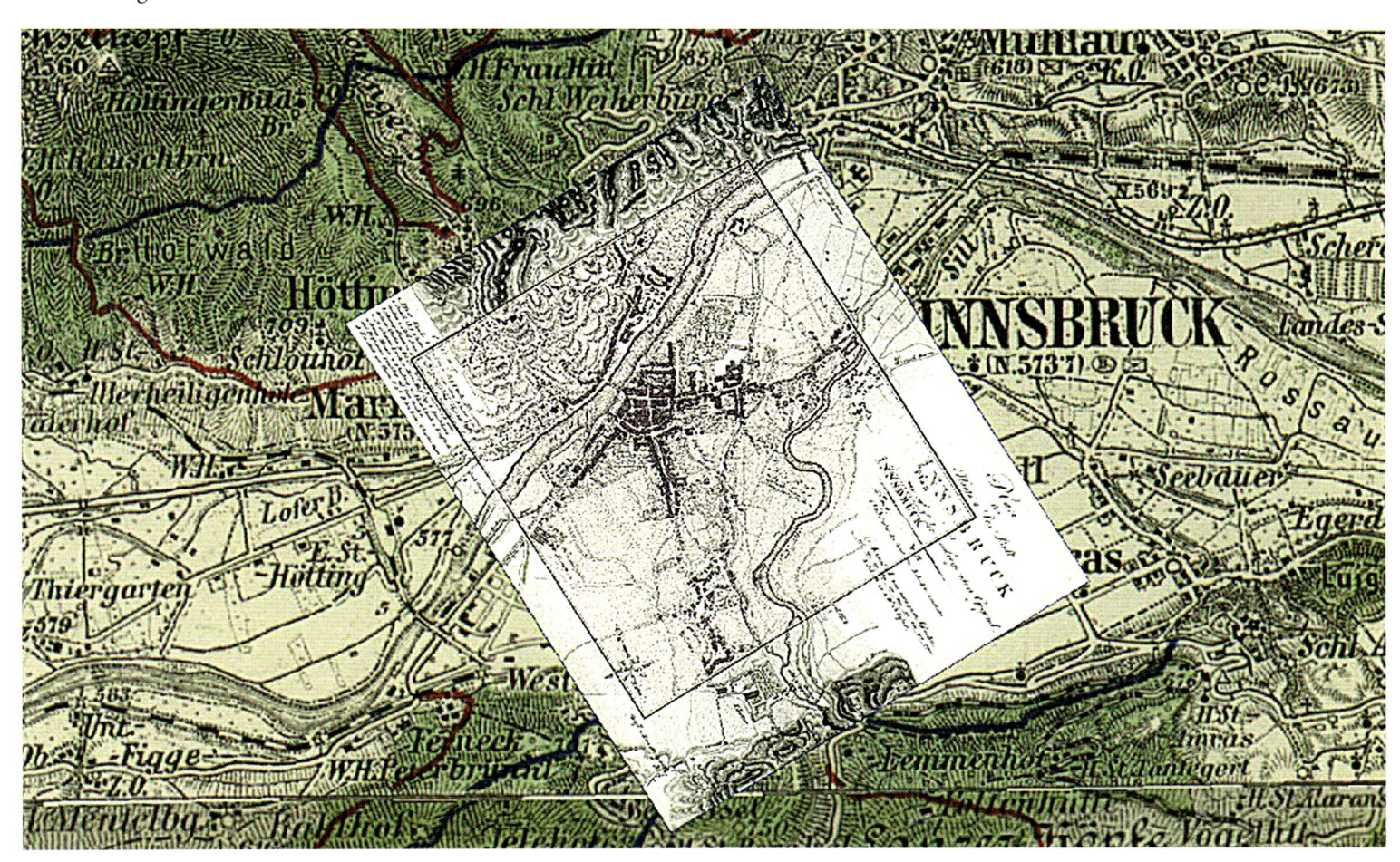

Bisherige Datierungen: *J. Felmayer*: um 1820 [19], *W. Pfaundler* um 1800 (handschriftlich geschrieben auf TLMF Dip. 1204).
Tatsächliche Datierung **1804**, wie beispielsweise aus dem **„Catalog zu den im k. k. Kriegsarchive befindlichen gestochenen Karten"**, Wien 1824, S. 77:

Plan der Haupt- und Residenz-Stadt Innsbruck mit einem Theile der umliegenden Gegend. Wien im Kunst- und Industrie-Comptoir, von Ober-Lieutenant Viehbeck aufgenommen und gezeichnet (1804.) 1" 400 Klafter. | Klein, aber gut und brauchbar. | 1

Der Viehbeck-Plan und seine Nachfolger:

C. L. F. VIEHBECK: **„Plan der Haupt und Res. Stadt Innsbruck mit einem Theil der umliegenden Gegend"**, 1804
Maßstab ca. 1 : 11.600

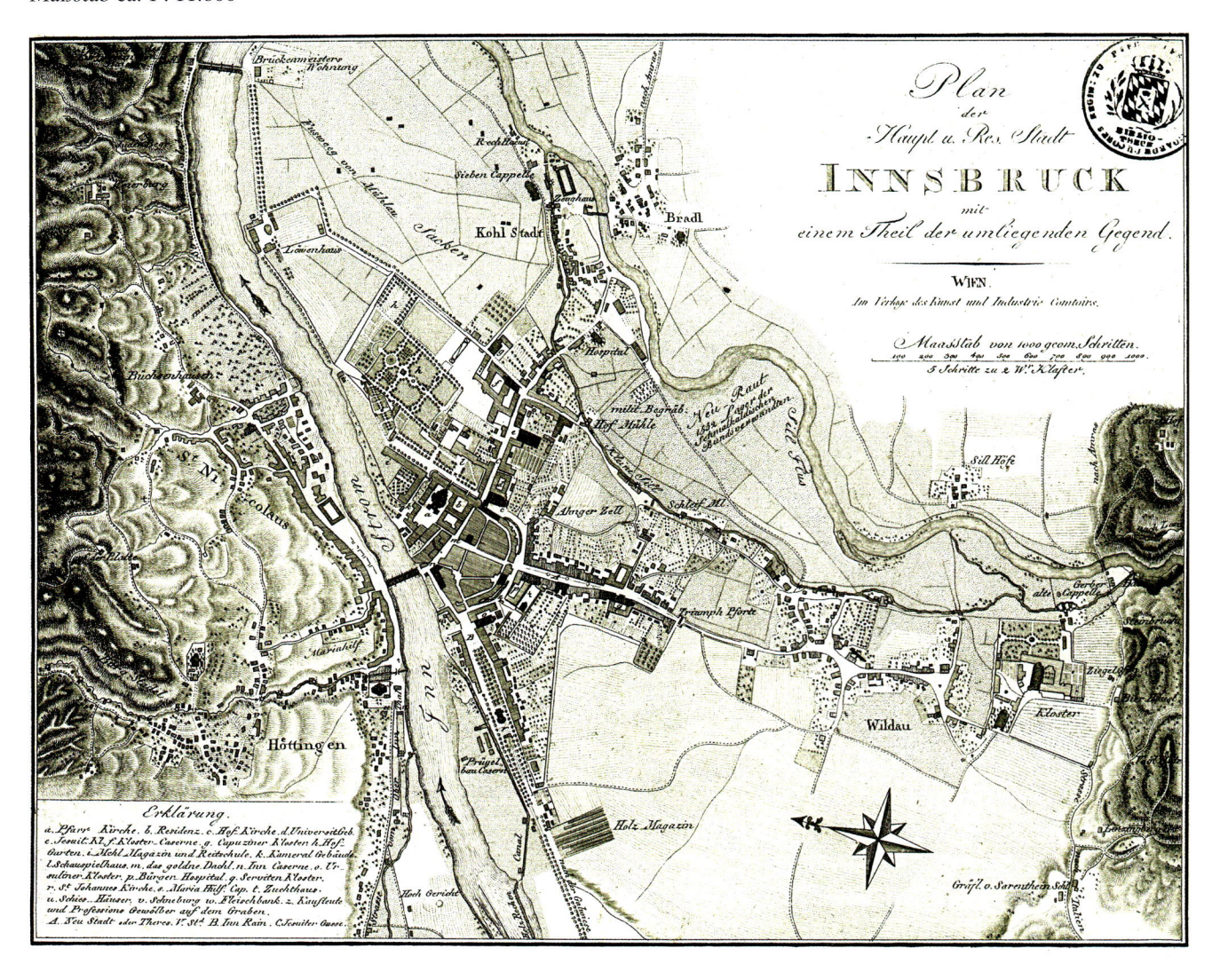

„Plan von Innsbruck", 1812, Weimar im Verl. des Geogr. Instituts (Kartenverzeichnis K16)
Maßstab ca. 1 : 11.600, in: „Neueste Kunde von dem Königreiche Baiern"

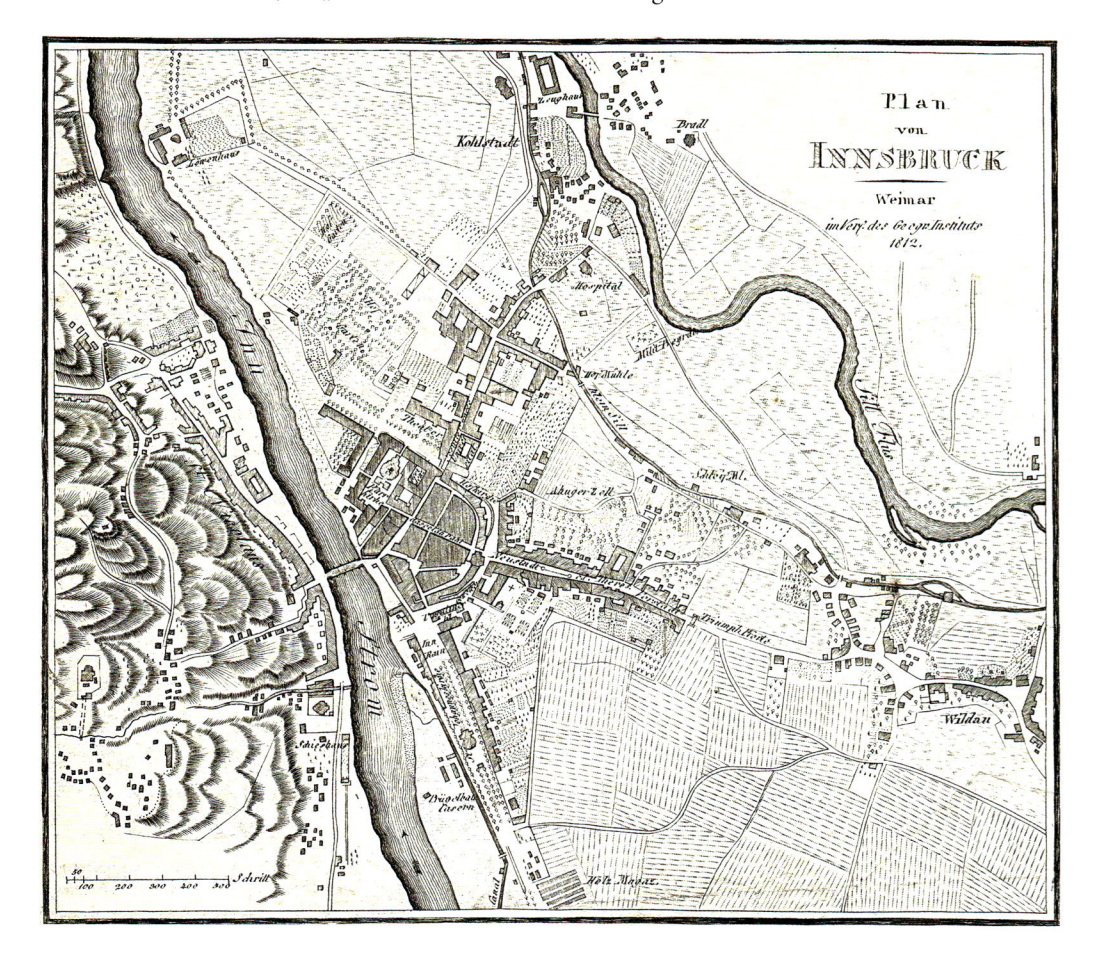

Inhaltlich etwas reduziert im Vergleich zum vorherigen Plan, der Ausschnitt ist auf allen Seiten beschnitten.

Jan van CALL: **"Plan von Innsbruck", 1813** (Kartenverzeichnis K17)
Maßstab ca. 1 : 11.600

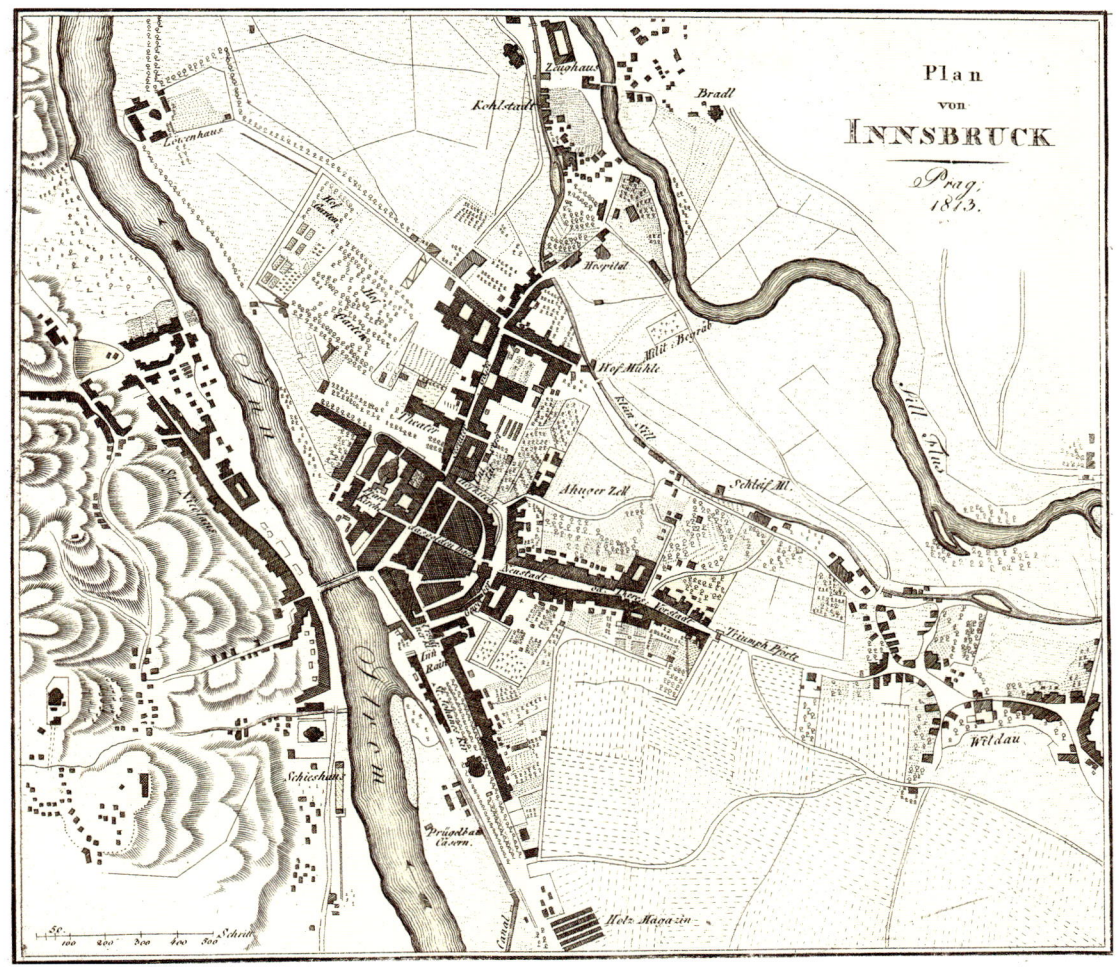

Wie Weimar 1812 (K13)

Jan van CALL: **"Plan von Innsbruck", 1813** (Kartenverzeichnis K18)
Maßstab ca. 1 : 11.600

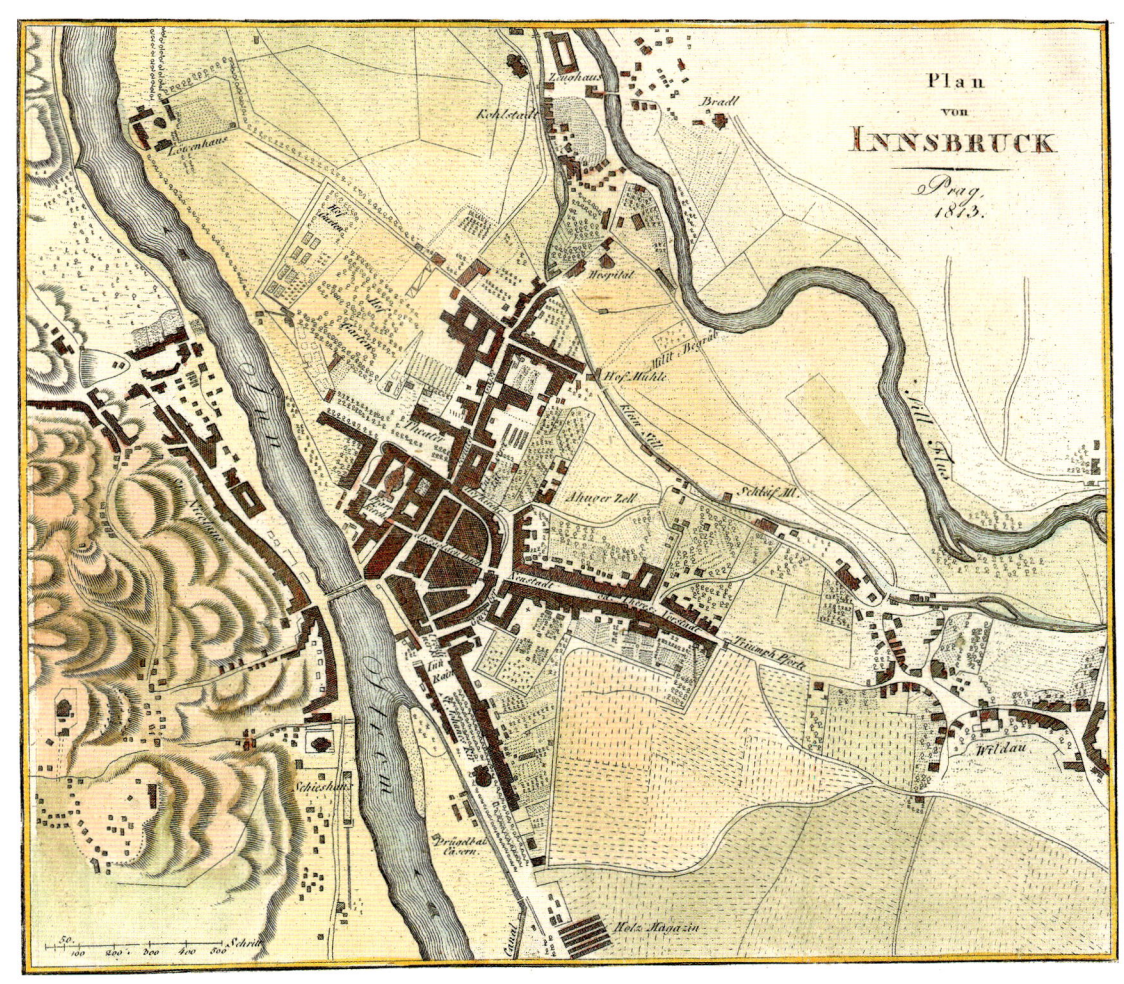

Kolorierte Version von (K17)

„**Plan der Provinzial Haupt Stadt Innsbruck**", 1815 (Kartenverzeichnis K21)
Maßstab ca. 1 : 11.600

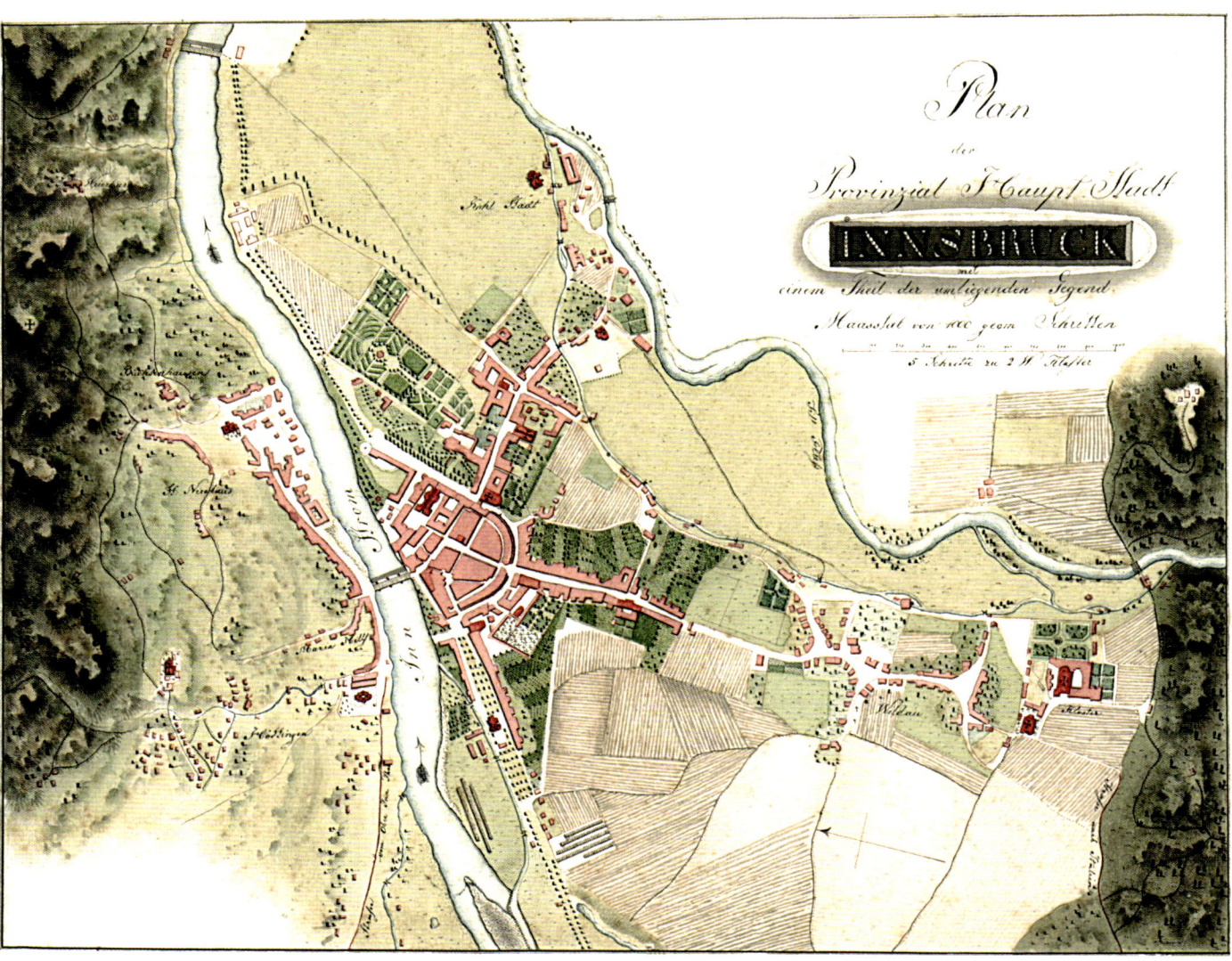

Kolorierte Federzeichnung, ohne Pradl

Christian Carl ANDRÉ: „**Plan von Innsbruck**", 1827 (Kartenverzeichnis K33)
Maßstab ca. 1 : 11.600

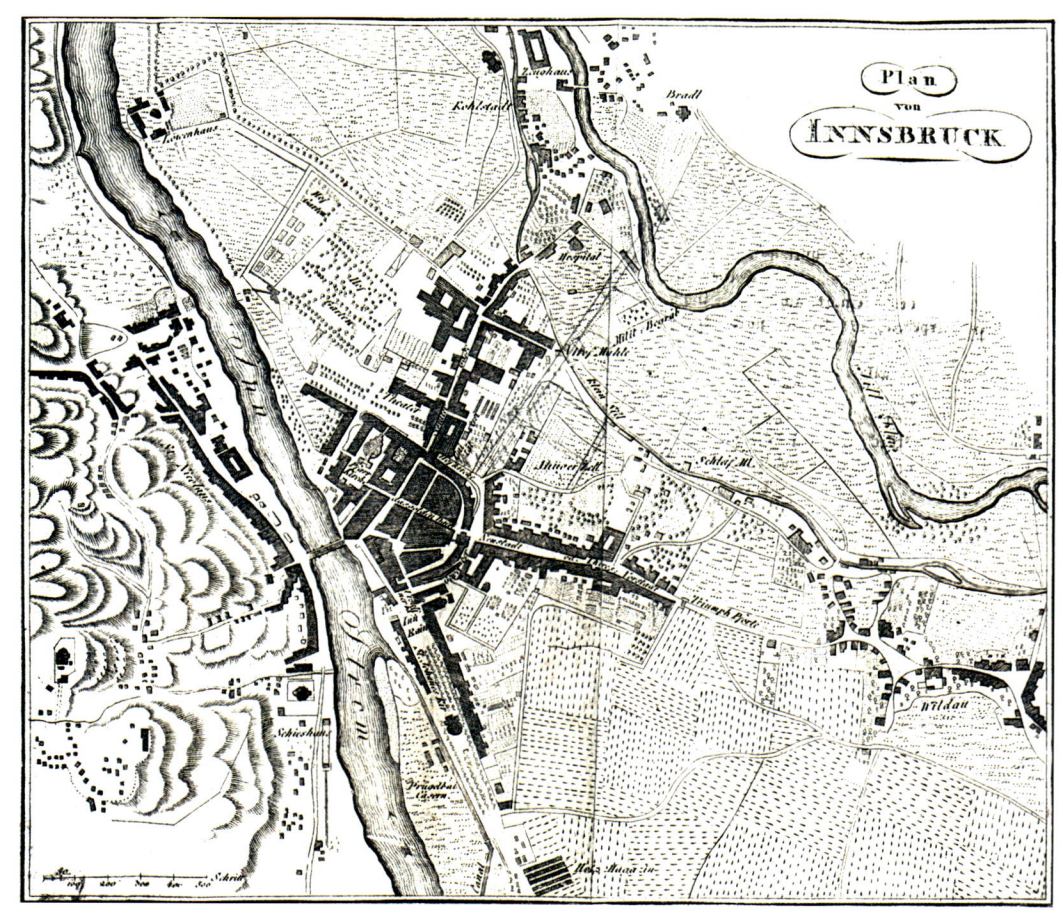

Unveränderte Kopie
von Weimar 1812 (K13)

Philipp MILLER: **„Plan der Provinzial Haupt Stadt Innsbruck mit einem Theil der umliegenden Gegend", 1822** (Kartenverzeichnis K31)
Maßstab ca. 1 : 11.600

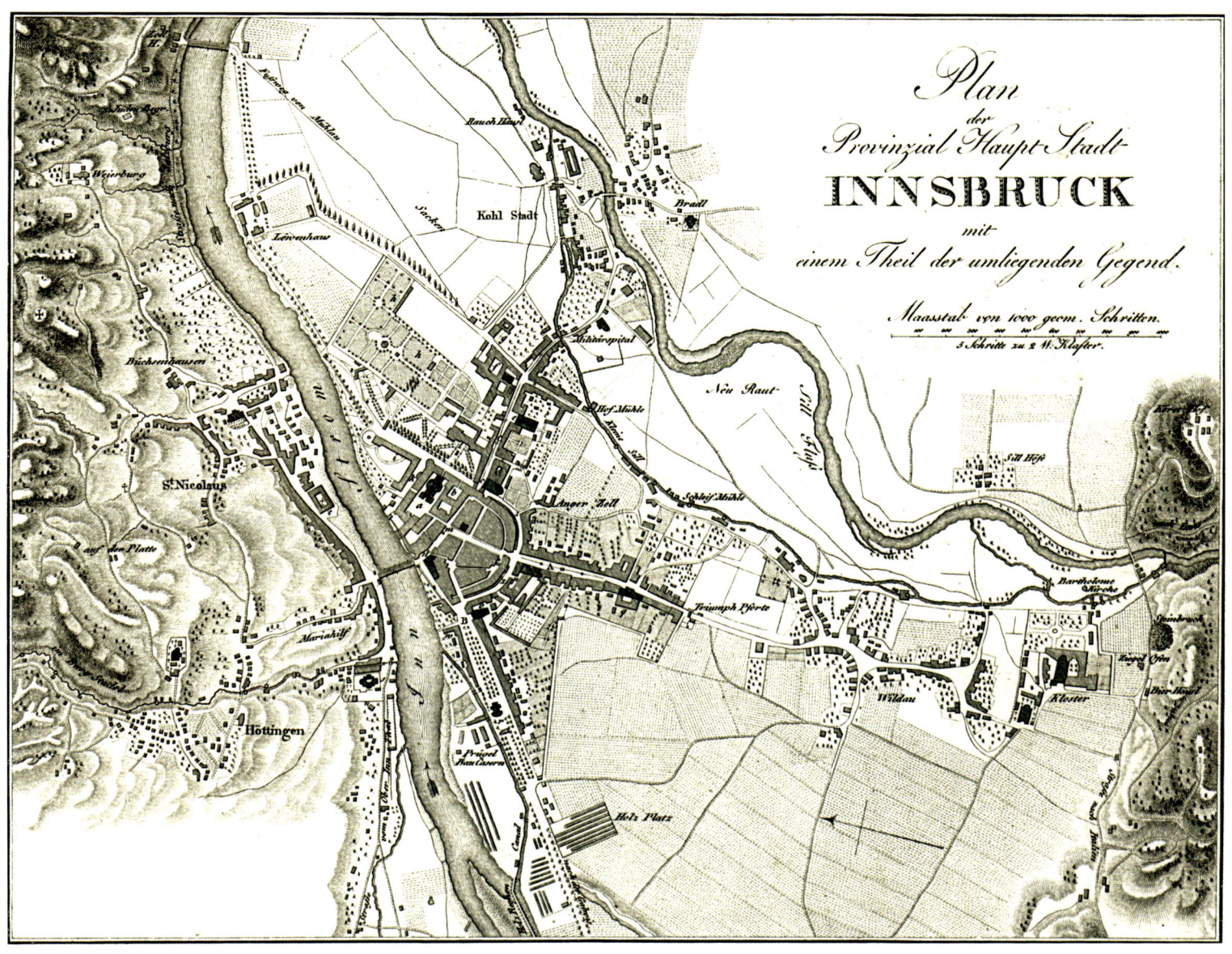

Gez. von Miller k. k. provb. B. D. D Josef Schleich sculpt.

Der Plan war eine Auftragsarbeit für die Wagner'sche Buchhandlung Innsbruck (dem heutigen Universitätsverlag Wagner) und erschien als Beilage im Druckwerk dieses Verlages „Allgemeiner National-Kalender für Tirol und Vorarlberg auf das gemeine Jahr 1822" zum Artikel „Topographisch, geographisch und statistischer Umriss von der Provinzial-Hauptstadt in Tirol" (zu dem in diesem Kalender vorgebundenen Hauptplan)". 1827 erfolgte eine Neuauflage als eigenständigen Plan.

Millers Stadtplan entspricht äußerlich dem Original von *Viehbeck*, wurde aber von ihm neu gezeichnet und von Josef *Schleich* neu gestochen. Im Vergleich zu *Viehbeck* wurde die Beschriftung geändert, die Situation ist aber im Wesentlichen von 1804. Der alte Militärfriedhof links der Sill fehlt, die Sillschleife ist breiter gezeichnet. Südlich der Triumphpforte stehen zwei neue Gebäude (siehe auch die detailliertere Betrachtung auf der folgenden Seite).

Derselbe unveränderte Plan diente auch noch 1838 als Kartenbeilage in Beda Webers Reiseführer „Innsbruck. Ein historisch-topographisch-statistisches Gebilde dieser Stadt, nebst Ausflügen in die nahen Umgebungen. Ein Wegweiser für Einheimische und Fremde", ebenfalls herausgegeben von der Wagner'schen Buchhandlung.

Beigefügte Legende der Ausgabe von 1827

Erklärung des Planes der Provinzial - Hauptstadt Innsbruck.

A. Die Neustadt oder Theresien-Vorstadt.
B. Der Innrain.
C. Die Universitäts- oder Jesuiten-Gasse.

a. Die St. Jakobs-Pfarrkirche.
b. Die kaiserliche Burg.
c. Die Kirche zum heil. Kreuz.
d. Das Universitäts-Gebäude mit dem National-Museums-Lokale.
e. Die heil. Dreieinigkeits- oder Universitäts-Kirche.
f. Die Kloster-Kaserne.
g. Das Kapuziner-Kloster.
h. Der Hofgarten.
i. Die Reitschule, das Mauthamts-Gebäude und die Postwagens-Expedition.
k. Das Neu-Gebäude.
l. Das Theater und der Redouten-Saal.
m. Das goldene Dachel-Gebäude.
n. Die Innbrücken-Kaserne.
o. Das Kloster der Ursulinerinnen.
p. Das Bürger-Hospital.
q. Das Serviten-Kloster.
r. Die St. Johannes-Kirche.
s. Die Maria-Hilf-Kirche.
t. Das Strafarbeitshaus.
u. Die bürgerliche Schießstätte.
v. Schneeburg.
w. Die Fleischbank.
z. Kaufleut- und Professions-Gewölbe auf dem Graben diefs- und jenseits der Neustadt.

Innsbruck, in der Wagner'schen Buchhandlung, 1827.

Eine von einem Militärschüler von Hand gezeichnete und kolorierte Kopie des Planes von *Miller* findet sich in der Österreichischen Nationalbibliothek:

Johann GANSER: **„Plan der Provinzial Haupt Stadt Innsbruck mit einem Theil der umliegenden Gegend", 1822** (Kartenverzeichnis K32)
Maßstab ca. 1 : 11.600

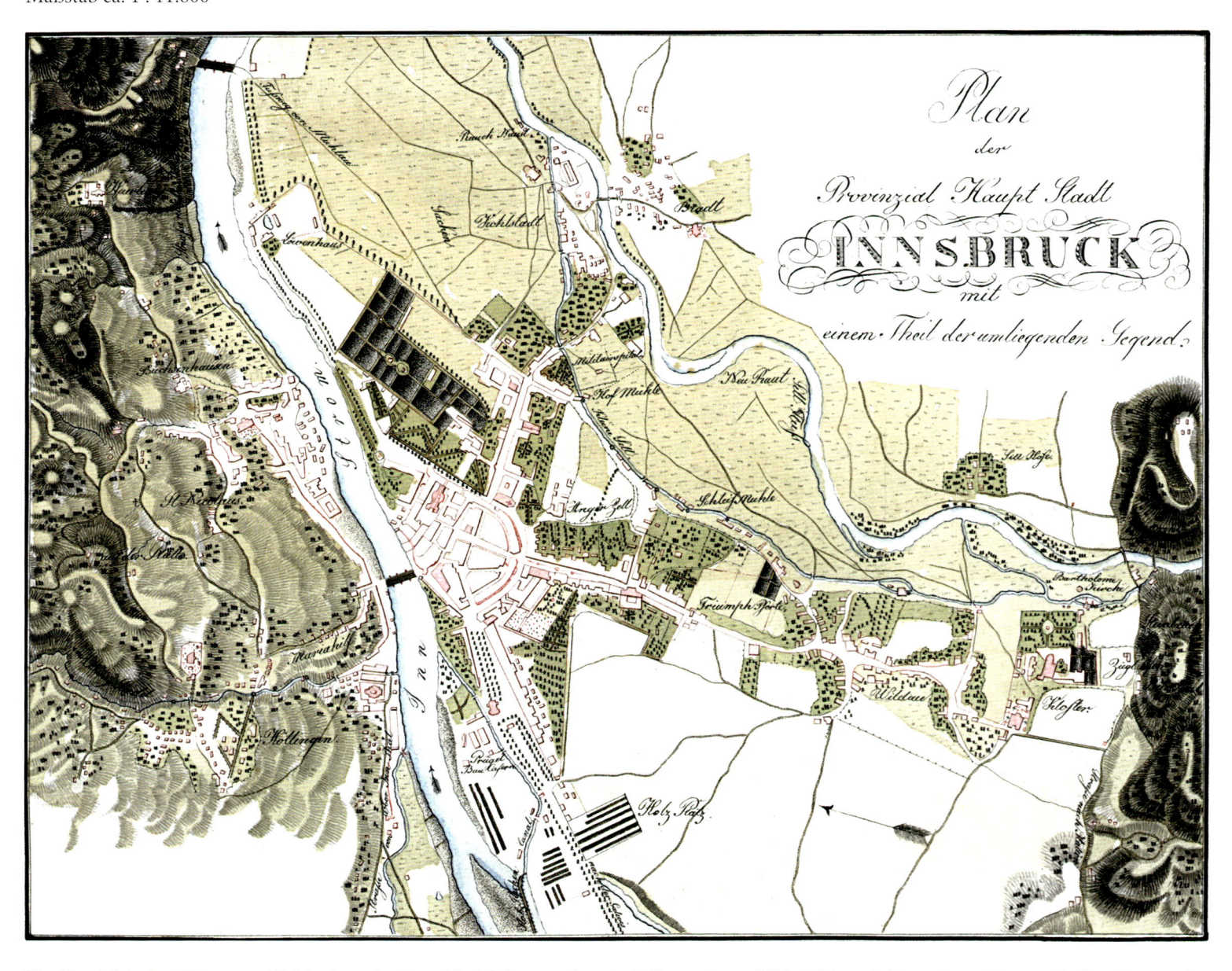

Ein Vergleich der Pläne von *Viehbeck* und seinen Nachfolgern zeigt ein differenziertes Bild. Während die meisten Karten direkte Kopien des Viehbeck'schen Planes sind, die nur an den Rändern beschnitten wurden, zeichnen sich drei Pläne in einigen Details durch geänderte Gebäudestrukturen und präzisere Darstellungen aus.

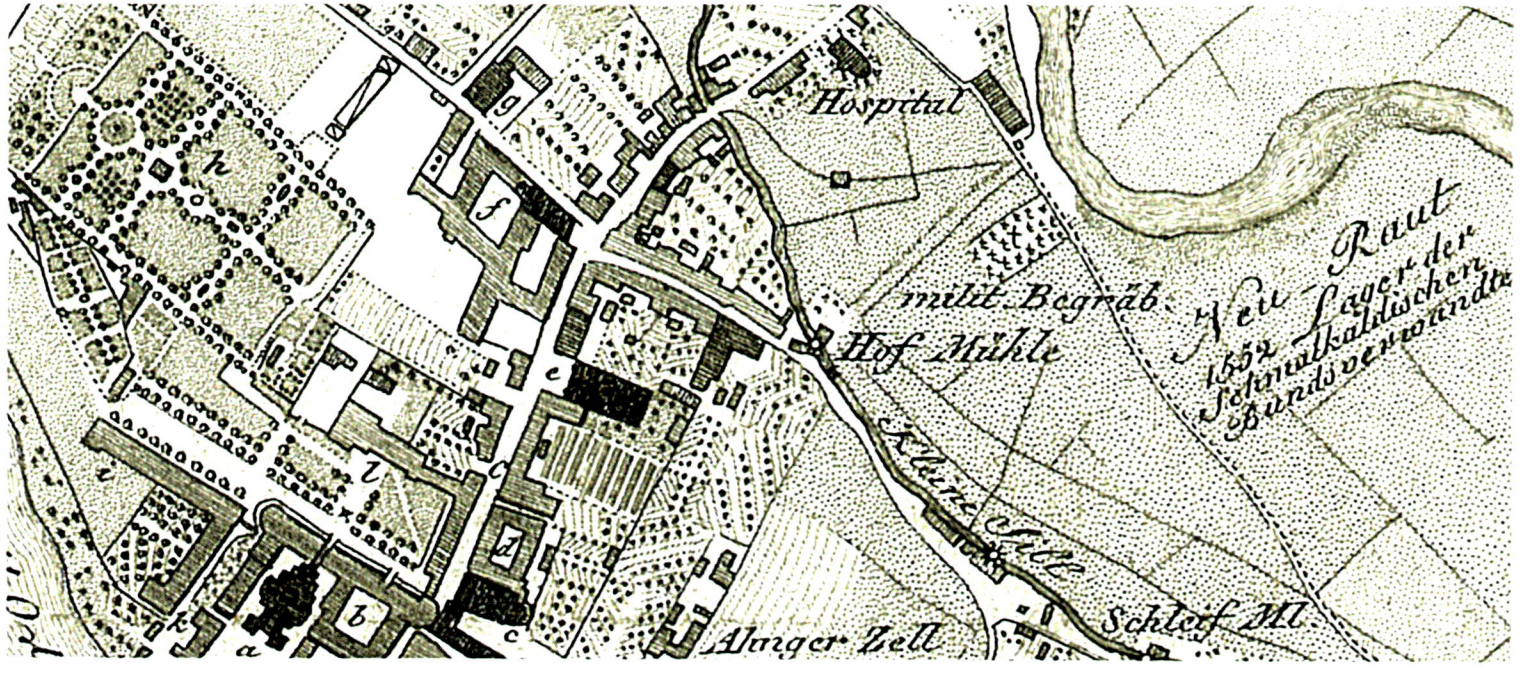

Ausschnitt *Viehbeck*, 1804 (K13)

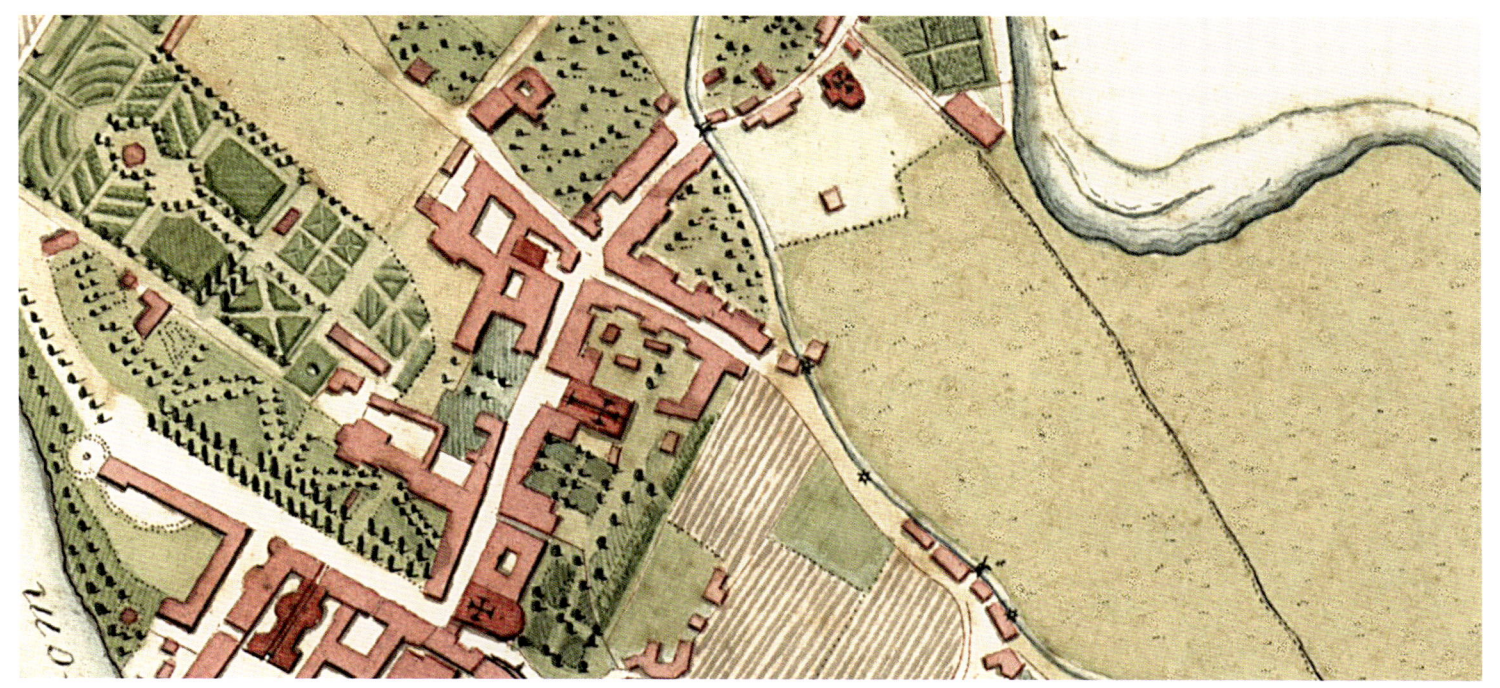

Ausschnitt „Plan der Provinzial Haupt Stadt Innsbruck", 1815 (K21)

Ausschnitt *Miller*, 1822 (K31)

Ausschnitt *Ganser*, 1822 (K32)

Man beachte zum Beispiel die korrektere Darstellung des Kirchengebäudes in der Klosterkaserne und der Gebäudestruktur der Unteren Sillgasse, des Theaters und der Redoutengebäude am Rennplatz wie auch die verbreiterte Zeichnung der Sillschleife.

4. Die Innstromkarte und die davon abgeleiteten Pläne von Innsbruck

Übersichtsplan der Innstromkarte ab 1820 (Ausschnitt):

SQUELETTE

der

Innstrom Karte von der Königl: Baierischen Graenze an bis Landeck

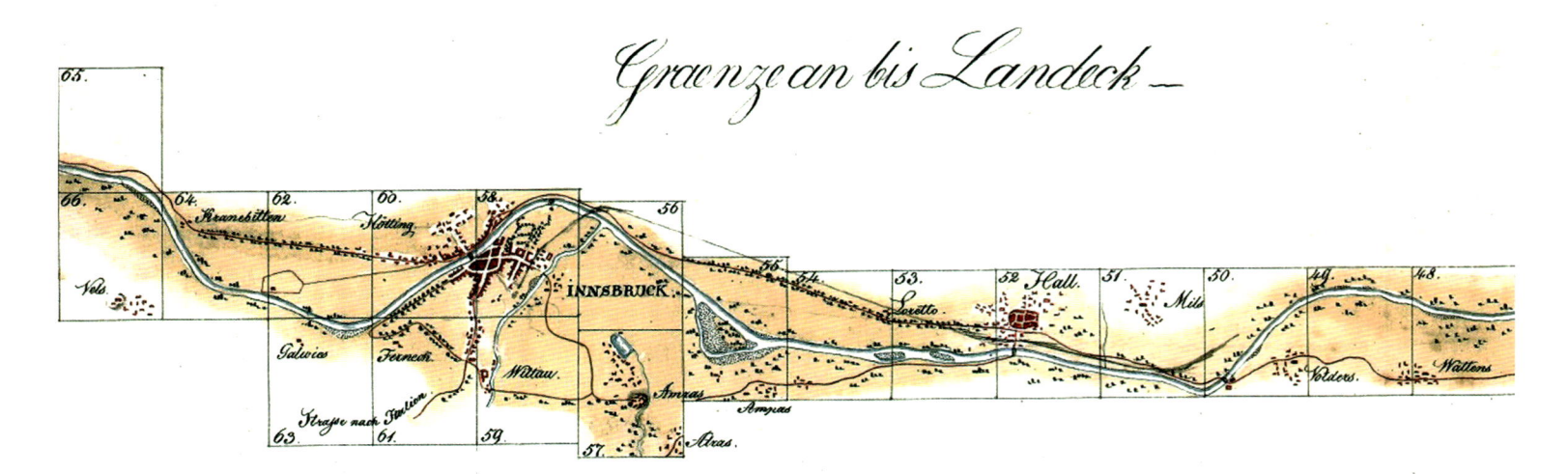

Detail im Bereich Innsbruck:

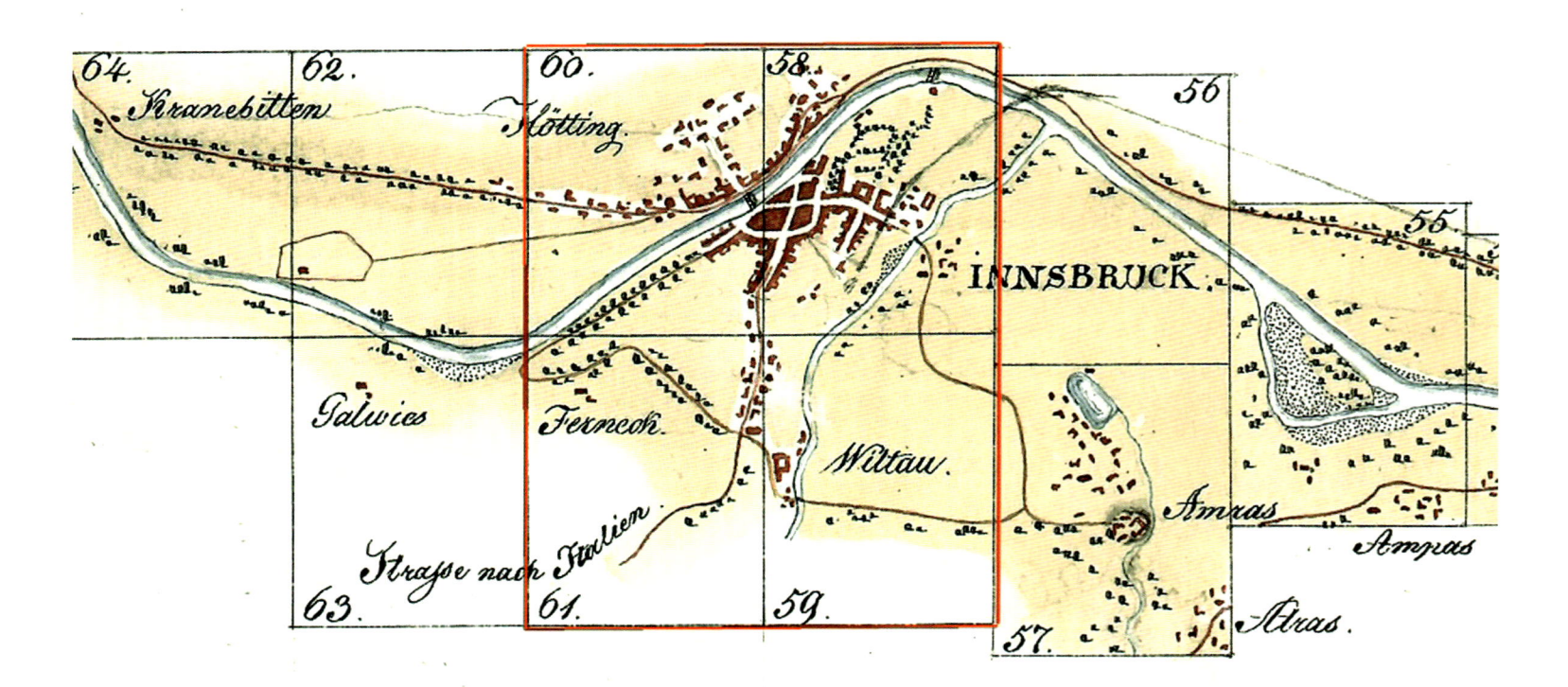

Innstromkarte

Die Innkarte verdanken wir dem Wasser- und Flussbau. Siedlungen und Fluren mittels Wasserschutzbauten oder Archen vor den Hochwassern des Inn zu schützen, ist lange Zeit einfach den angrenzenden Gemeinden überlassen worden. Erst in der zweiten Hälfte des 18. Jahrhunderts übernahm der Staat bei großen Flüssen, die wie Inn und Etsch zu den Hauptverkehrsadern Tirols zählten, diese Aufgabe. Durch die Landesbaudirektion des Guberniums für Tirol und Vorarlberg wurde die Regulierung und die Verbauung solcher Flüsse nun zentral geplant, finanziert und ausgeführt. Zu diesem Zweck wurde der Inn samt Ufergebieten systematisch vermessen und kartiert, zuerst 1800–1805 von Wattens bis zur bayerischen Staatsgrenze unterhalb von Kufstein. Diese Aufnahme wurde 1819/20 „rektifiziert", also aktualisiert, und zwischen 1820 und 1828 wurde der Inn auf der Strecke von Wattens bis Landeck aufgenommen. Bereits 1828 lag ein einheitliches und von Hand gezeichnetes Exemplar einer „Innstromkarte" vor, das Inngebiet zwischen Landeck und der bayerischen Staatsgrenze bestreichend. Ihr Maßstab ist ca. 1 : 3.600. Das Kartenwerk umfasst 138 Blätter im Format 57 x 46 cm (Zusatzblätter nicht mitgezählt) und ist im Besitz des TLA (Baudirektionspläne K3, K4 und K6). (Wilfried Beimrohr [6])

Von den **Originalblättern** sind für diesen Bereich nur die Blätter 58 und 59 vorhanden (Kartenverzeichnis K26).

Die dazugehörigen Signaturen für Blatt 58:

aufgenommen v. K. K. Wegmeister Fr. Schweighofer im Monat September 1820 und mit Bleistift der Vermerk: copiert 4 mal

Für Blatt 59:

aufgenommen und gezeichnet von Johann Piva K. K. Baudirections-Pract. im Oktober 1821

Innstromkarte, Baudirektionspläne K5, zeitgenössische Kopien (1822–1826) (Kartenverzeichnis K27)
Blätter 58–61, Maßstab 1 : 3.600

Hier sind einige Zeichner und „Kopisten" bekannt. Zu beachten ist, dass Erfassungs- und Kopierjahr für jedes Blatt unterschiedlich sind.

aufgenommen u. gez. Philipp Gasparini k. k. B. D. Prakt. im Okt. 1821. – cop. Carl Prismann k. k. B. D. Prakt. im August 1825.

aufgenommen und gezeichnet Johann Piva k. k. Bau Directions Prakt. im November 1821. – cop. Carl Priessmann k. k. Baudirektions Prakt. im August 1826.

Aufg. und gez. Alois M. Negrelli k. k. B. D. P. im Sept. 1820.
Cop. Carl Priessmann k. k. P. D. P. im Jänner 1826.

Alois M. Negrelli, der spätere Planer des Suezkanals, war als 19-Jähriger ab 1818 als unbezahlter Baupraktikant in der Baudirektion Innsbruck tätig, ab 1821 bis 1832 als besoldeter Ingenieur. (*Dultinger* [11])

Innstromkarte, Baudirektionspläne K3, zeitgenössische Kopien (1822–1826) (Kartenverzeichnis K28)
Blätter 58–61, Maßstab 1 : 3.600

Auch hier gilt, dass Erfassungs- und Kopierjahr für jedes Blatt unterschiedlich sind. Bei genauerer Betrachtung kann man aber bemerken, dass einzelne Objekte nachgetragen wurden. Wie bei den K5-Kopien ist die Sillregulierung (1823/24) bereits eingezeichnet, aber auch der alte, unregulierte Verlauf ist noch zu sehen. Dagegen steht bereits ein zweites Gebäude südlich der Triumphpforte!

Eine kleine Sensation auf dieser Kopie ist die deutlich sichtbare Überzeichnung zwischen Hofgarten und Löwenhaus. Es handelt sich dabei um eine von *Alois Negrelli* selbst gezeichnete kartographische Festlegung seiner Vision einer Eisenbahntrasse im Unterinntal *„Ueber den Zug und den Bau einer Eisenbahn von Innsbruck bis an die königl. Baierische Gränze unter Kufstein."* mit dem **Kopfbahnhof in Innsbruck** *„am unteren Ende des Hofgartens und der englischen Anlage"* von 1838. Bis heute war dazu nur die textliche Beschreibung des Projektes bekannt. (*Negrelli* [82]) In seiner Einleitung zum Gutachten schreibt er: *„Der Besitz einer vorzüglichen Stromkarte, welche ihm von der Seite der wohllöblichen k. k. Tiroler und Vorarlberger Provinzial-Baudirektion mit wohlwollender Zuvorkommenheit mitgeteilt wurde, verbunden mit der eigenen Kenntnis der Lage, erleichterten dem Unterzeichneten sein Geschäft wesentlich."* (*Schadelbauer* [83]) (Näheres dazu im Kapitel IV/15 „Die Eisenbahn kommt in Innsbruck an".)

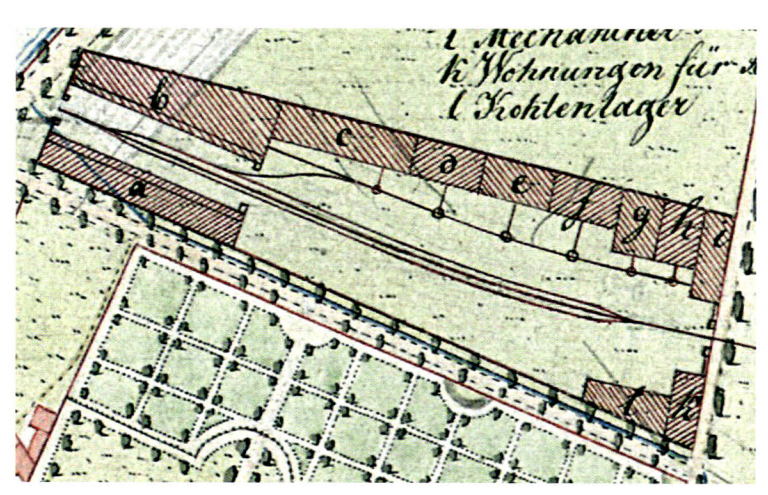

Philipp MILLER, 1826: **Regulierung des Inn von Völs bis Volders (Inn-Karte VI) – Bereich Innsbruck, 1822** (Kartenverzeichnis K30)
auf 4 Blätter gezeichnet
Maßstab 1 : 7.200

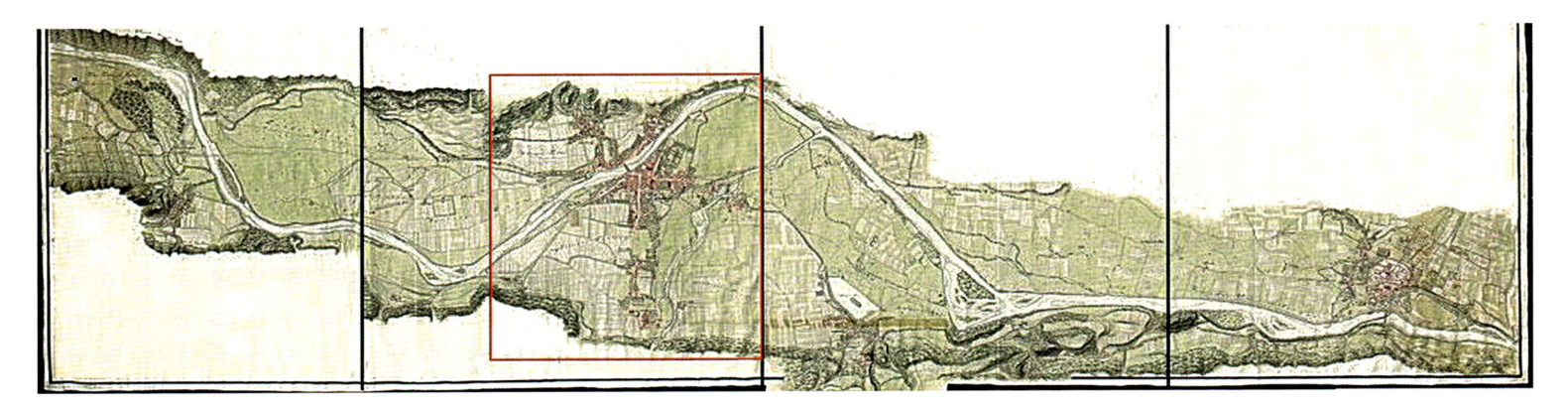

Ausschnitt:

Obwohl die Karte 1826 gezeichnet worden ist, ist der Datenstand tatsächlich von 1822, also eine verkleinerte Kopie der Originalpläne der Innstromkarten von 1820/21, und zwar um 50 % von 1 : 3.600 auf 1 : 7.200. Man erkennt dies sowohl an dem noch unregulierten Verlauf der Sill als auch an dem (fehlenden) zweiten Gebäude südlich der Triumphpforte.

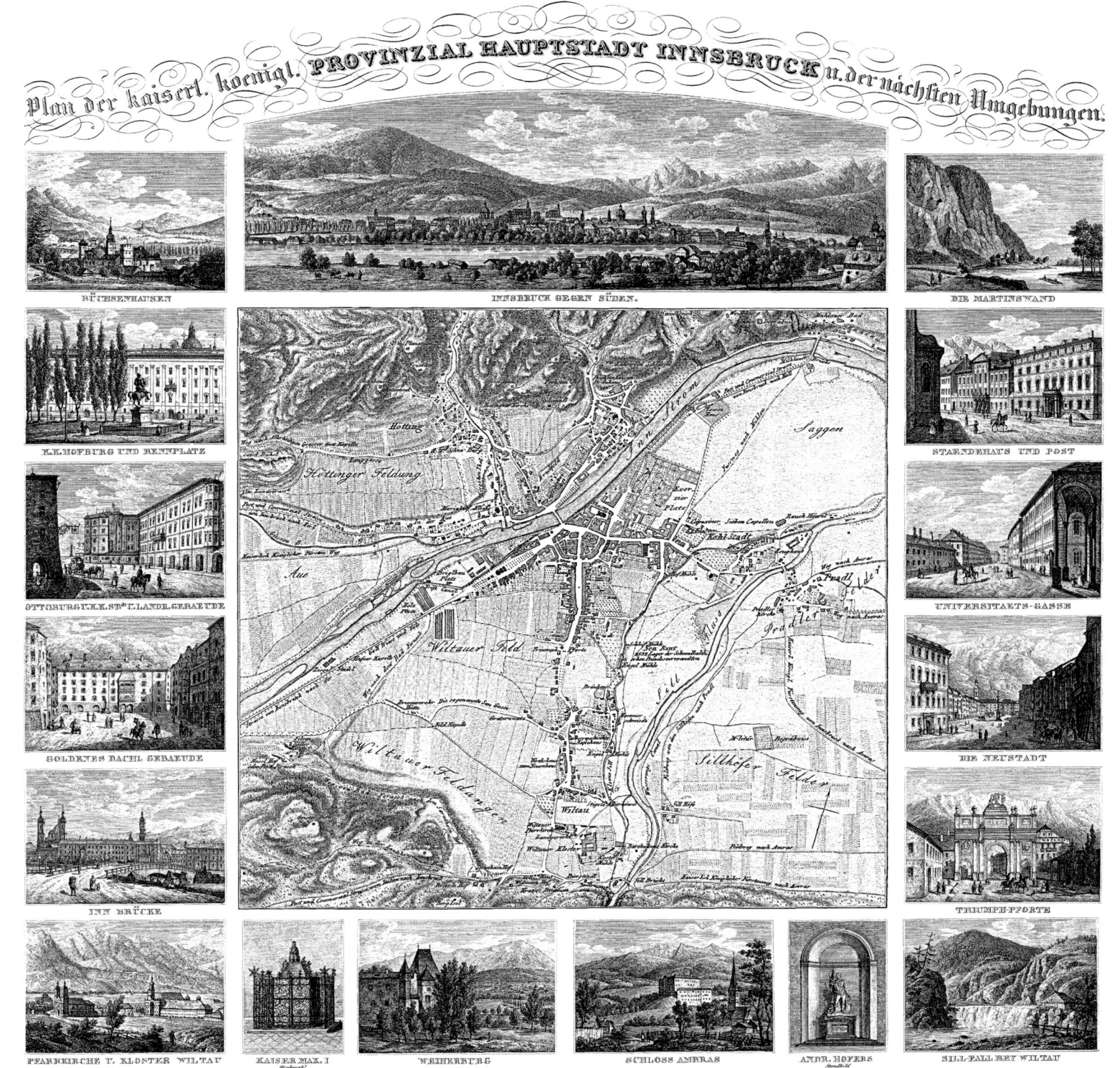

Verlag Johann Gross:
„Plan der kaiserl. königlich. Provinzial Hauptstadt Innsbruck u. der nächsten Umgebungen", 1835/1840

Die Karte dazu (Kartenverzeichnis K38)
Kartenmaßstab ca. 1 : 14.400

Der Maßstab von ca. 1 : 14.400 entspricht ziemlich genau einem Viertel des Maßstabs der Innstromkarten, bzw. des halben Maßstabs der Miller-Karte von 1826.

Bisherige Datierungen: *P. Adelsberger* [1] um 1835, *J. Felmayer* [16] um 1835, *F. H. Hye* [73], S. 197 um 1840.
Die Gebäudestruktur entspricht dem Zeitraum 1835 bis 1840, allerdings ist die Gestaltung des Marktplatzes in dieser Form erst ab 1844 mit der neuen Fleischbank gegeben. Pläne dazu gab es aber schon ab 1836. Daher erscheint eine Datierung auf **1835/1840** gerechtfertigt.

Oberst Baron Arthur Hübl: **"Innsbruck um 1809"** (Kartenverzeichnis K39)
tatsächlicher Stand wie Plan von *Johann Gross* **(1835/40)** mit einigen Korrekturen
Maßstab ca. 1 : 14.400

INNSBRUCK GEGEN SÜDEN. (um 1809.)

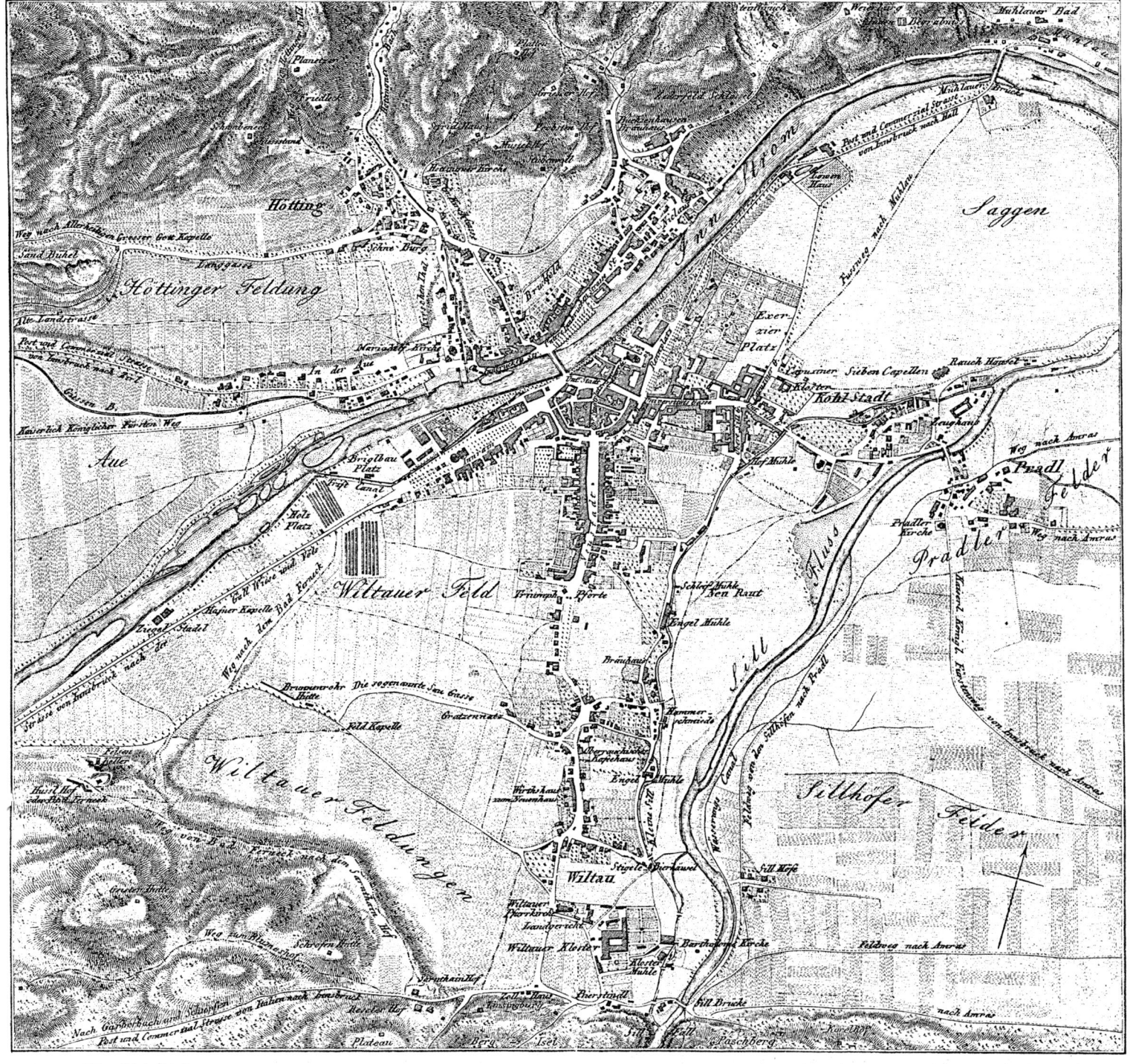

Beilage zu Hirn, Tirols Erhebung etc.

Photolithographie und Druck des k. u. k. Militärgeographischen Institutes.

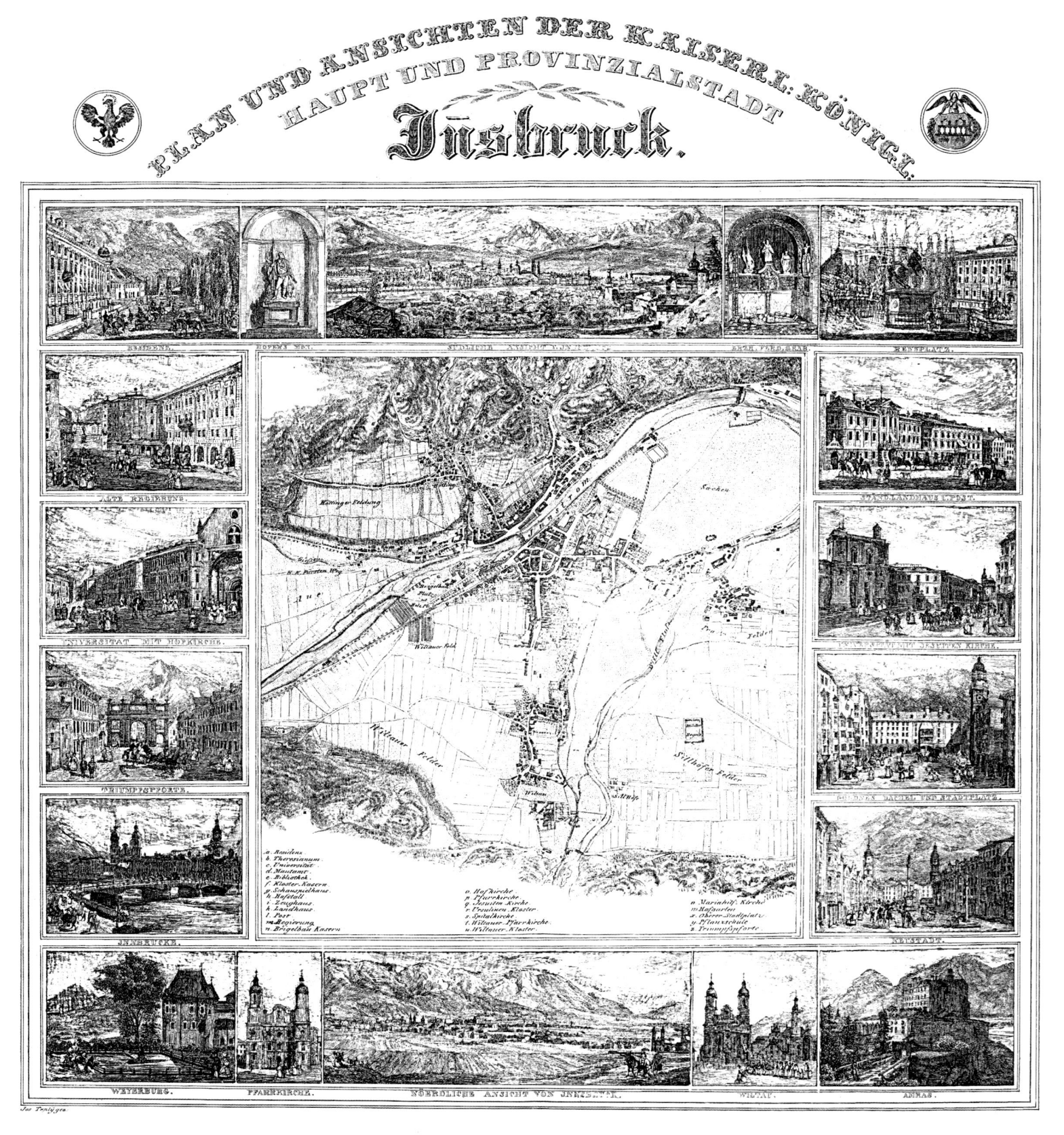

Josef TEPLÝ, Verlag Kunsthandlung Franz Unterberger:
"Plan und Ansichten der kaiserl. königlich. Haupt und Provinzialstadt Innsbruck", 1835/1842

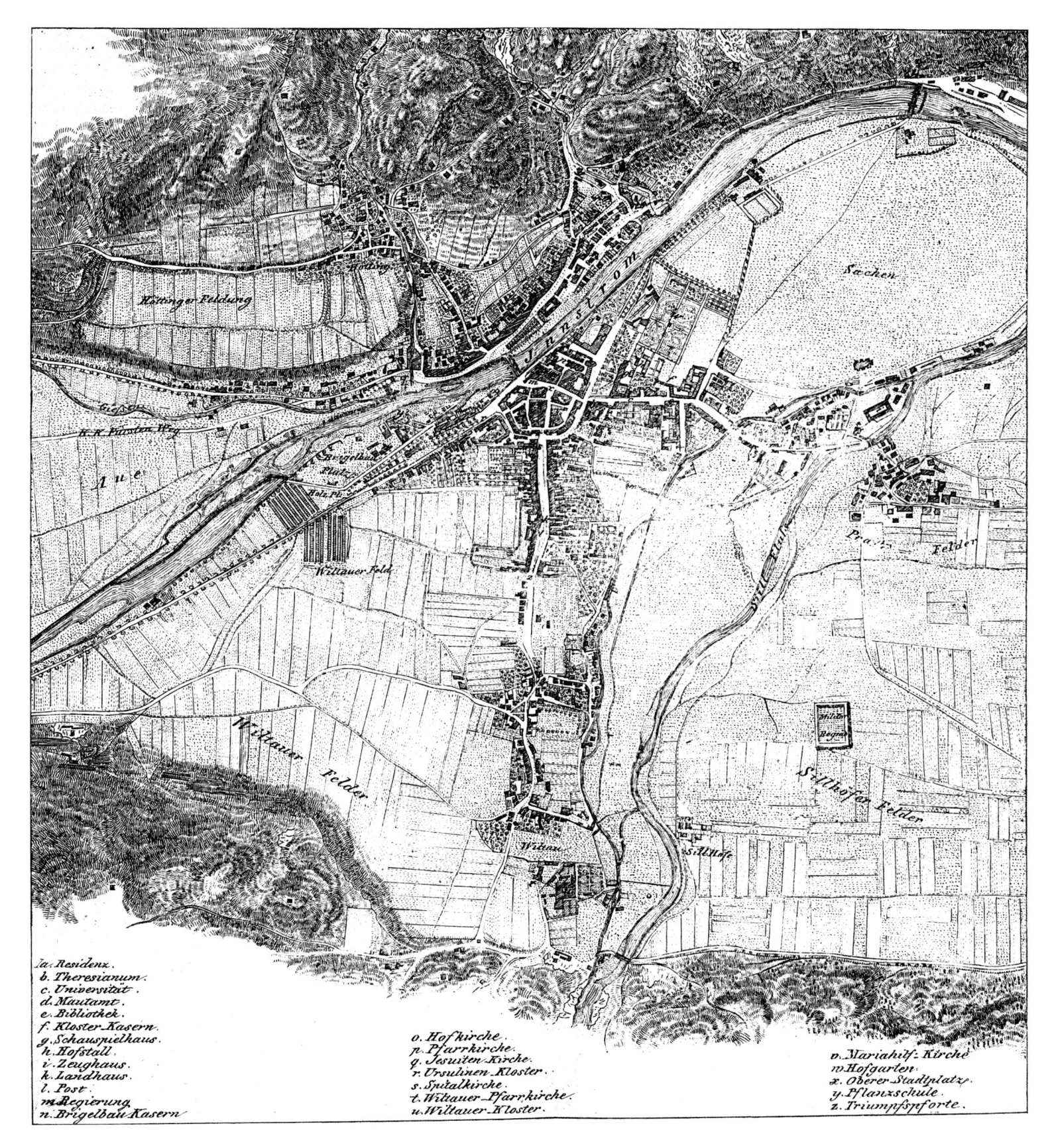

Die Karte (Kartenverzeichnis K40)
Kartenmaßstab ca. 1 : 14.400

a. Residenz.
b. Theresianum.
c. Universität.
d. Mautamt.
e. Bibliothek.
f. Kloster-Kasern.
g. Schauspielhaus.
h. Hofstall.
i. Zeughaus.
k. Landhaus.
l. Post.
m. Regierung.
n. Brigelbau-Kasern.
o. Hofkirche.
p. Pfarrkirche.
q. Jesuiten-Kirche.
r. Ursulinen-Kloster.
s. Spitalkirche.
t. Wiltauer-Pfarrkirche.
u. Wiltauer-Kloster.
v. Mariahilf-Kirche.
w. Hofgarten.
x. Oberer Stadtplatz.
y. Pflanzschule.
z. Triumpfspforte.

Der Maßstab von ca. 1 : 14.400 entspricht exakt dem Plan von *Gross*.

Die Gestaltung des Marktplatzes, der Unteren Sillgasse, der Leopoldstraße und anderer Stadtbereiche sowie der Mühlauer Brücke deuten auf eine Datierung dieses Planes vor 1840 hin. Sehr ins Auge stechend ist der deutlich ummauerte Militärfriedhof in Pradl (siehe auch *Armanis* Panorama von Innsbruck [P9], S. 97), den es in dieser Form erst ab 1842 gibt.

„Innsbruck", 1835 (Kartenverzeichnis K35)
Maßstab ca. 1 : 7.200

Diese Federzeichnung bildet die Vorlage zum nachfolgenden Plan. Dieser gezeichnete und der folgende gedruckte Plan sind ein um **90° gedrehter Ausschnitt** der vorhergehenden Pläne.

"**Plan und statistische Uibersicht der Provinzial Hauptstadt Innsbruck für das Jahr 1835**" (Kartenverzeichnis K36)
Maßstab ca. 1 : 7.200

Ohne Pradl und Wilten, die Sill ist reguliert. Auch die neuen Gebäude südlich der Triumphpforte sind bereits vorhanden.

Philipp MILLER: **Innsbruck und Umgebung, um 1840** (Kartenverzeichnis K41)
Maßstab ca. 1 : 3.600

Bisherige Datierungen: *F. Dörrer:* um 1840 [13], *J. Felmayer:* um 1845 [16]. Nachdem auf dem Plan verschiedene Datenstände gezeichnet sind, teilweise sogar übereinander, erscheint eine Datierung 1835–1845 für sinnvoll.

Die Ansicht von *Dörrer* [13], dass diese Karte auf eine Vergrößerung der vorhergehenden Karte Millers von 1826 beruht, kann nicht unwidersprochen bleiben. Die identische Blattaufteilung und der Maßstab sprechen eindeutig dafür, dass dieser Plan direkt auf den vier Blättern der Innstromkarten beruht. Wie vorher schon festgestellt, ist die Miller'sche Karte von 1826 (1 : 7.200) selbst nur eine Verkleinerung der Innstromkarten (1 : 3.600) um die Hälfte. Es ist schwer vorstellbar, dass Miller die Innstromkarten seiner Mitarbeiter zwar für eine neue Übersichtskarte 1826 maßstabsmäßig halbiert, dann aber für den Innsbruckplan (1 : 3.600) wieder verdoppelt hat. Auch die Details mussten nicht genauer kartiert, sondern konnten 1 : 1 übernommen werden.

Carl PRISSMANN: **„Innsbrucker Plan und dessen Umgebung"**, 1843 (Kartenverzeichnis K44)
Maßstab ca. 1 : 3.600

Dieser Plan war bis dato unbekannt.

Datierung unten rechts: *„cop. Carl Prissmann 1834"*, auf der Rückseite ein handschriftlicher Vermerk: *„reguliert nach 1843"*. Tatsächlich dürfte er von *Carl Prissmann,* einem Mitarbeiter *Philipp Millers,* als Folgeprodukt seines Planes gezeichnet worden sein. Er besteht ebenfalls aus den vier schon bekannten Teilblättern der Innstromkarte. Die Straßen und Gebäude sind aber vollständig auf den Stand von 1843 aktualisiert worden (Fleischbank, Neue Quai-Straße, Museumstraße, Spinnfabrik Ganahl-Rhomberg, Leopoldstraße und Verlängerung bis zur Brennerstraße). Das 1846 erbaute Karmelitinnenkloster ist bereits als Projekt eingetragen.

Die Orientierung ist bei allen Plänen identisch beziehungsweise um 90 ° gedreht. Bei ersteren ist die rechte Seite gleich, und die übrigen drei Seiten variieren nur leicht, bei den beiden letzteren ist der Ausschnitt aber auf allen Seiten beschnitten.

Orientierung und Ausschnitt lassen nur eine Annahme zu, dass nämlich die Autoren der gedruckten Karten entweder die vier Blätter der Innstromkarte (1 : 3.600) als Vorlage verwendet haben, was eine Reduktion um ein Viertel bedeutet, oder vielleicht noch wahrscheinlicher, den Ausschnitt der Karte von Miller 1826 (1 : 7.200) verwendeten, was eine Reduktion um die Hälfte bedeuten würde.

Ein Vergleich dieser Pläne mit der Karte von *Mumb/Perger* (K10) zeigt noch eine auffallende Ähnlichkeit in der Ausrichtung. Der Unterschied von weniger als 1° lässt vermuten, dass zumindest die Orientierung identisch ist. Die Innstromkarte geht allerdings weit über diesen Bereich hinaus. Ihr Blattschnitt ist auch bereits um 1800 festgelegt worden. Es könnte also auch sein, dass *Mumb* bereits die Orientierung der Innstromkarte übernommen hat.

Vergleich Innstromkarte K5 1822/26 und Plan J. Gross 1835/40

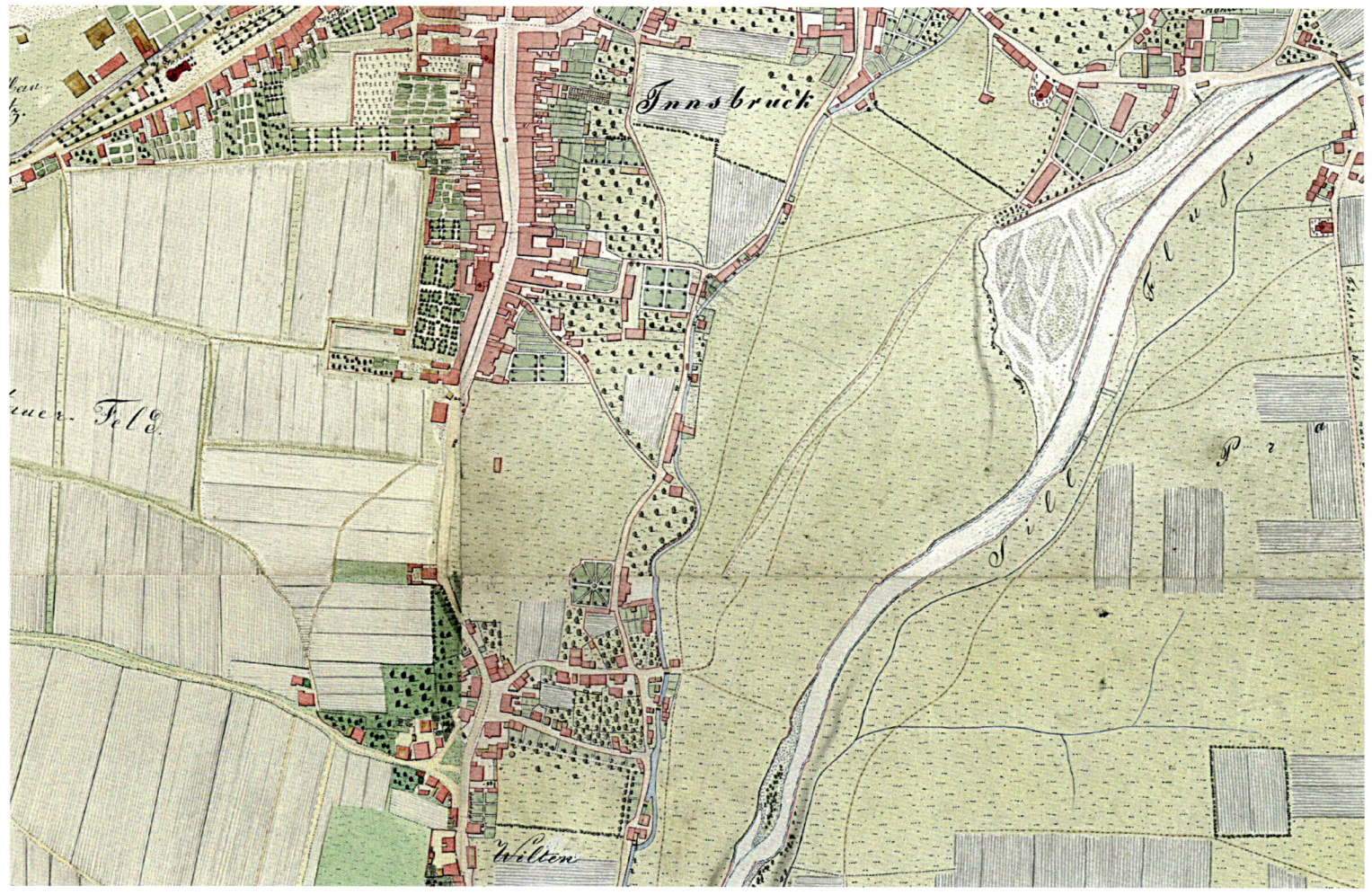

Ausschnitt Innstromkarte K5, Blätter 58–61 (K27)

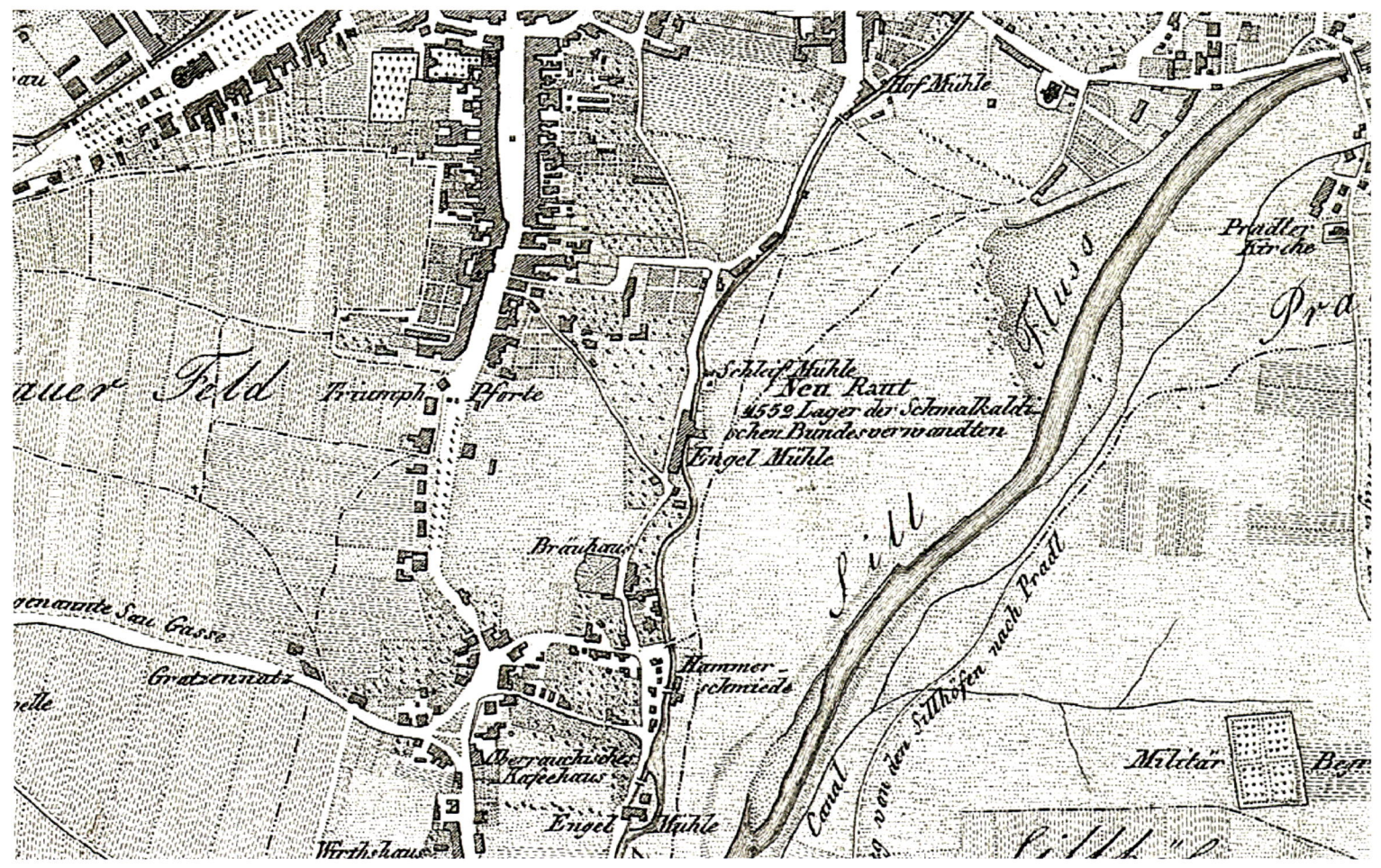

Identischer Ausschnitt Plan von *J. Gross* (K38)

Zu beachten ist der Militärfriedhof rechts unten sowie die Gebäude südlich der Triumphpforte.
Eine eingehendere Betrachtung erfolgt später.

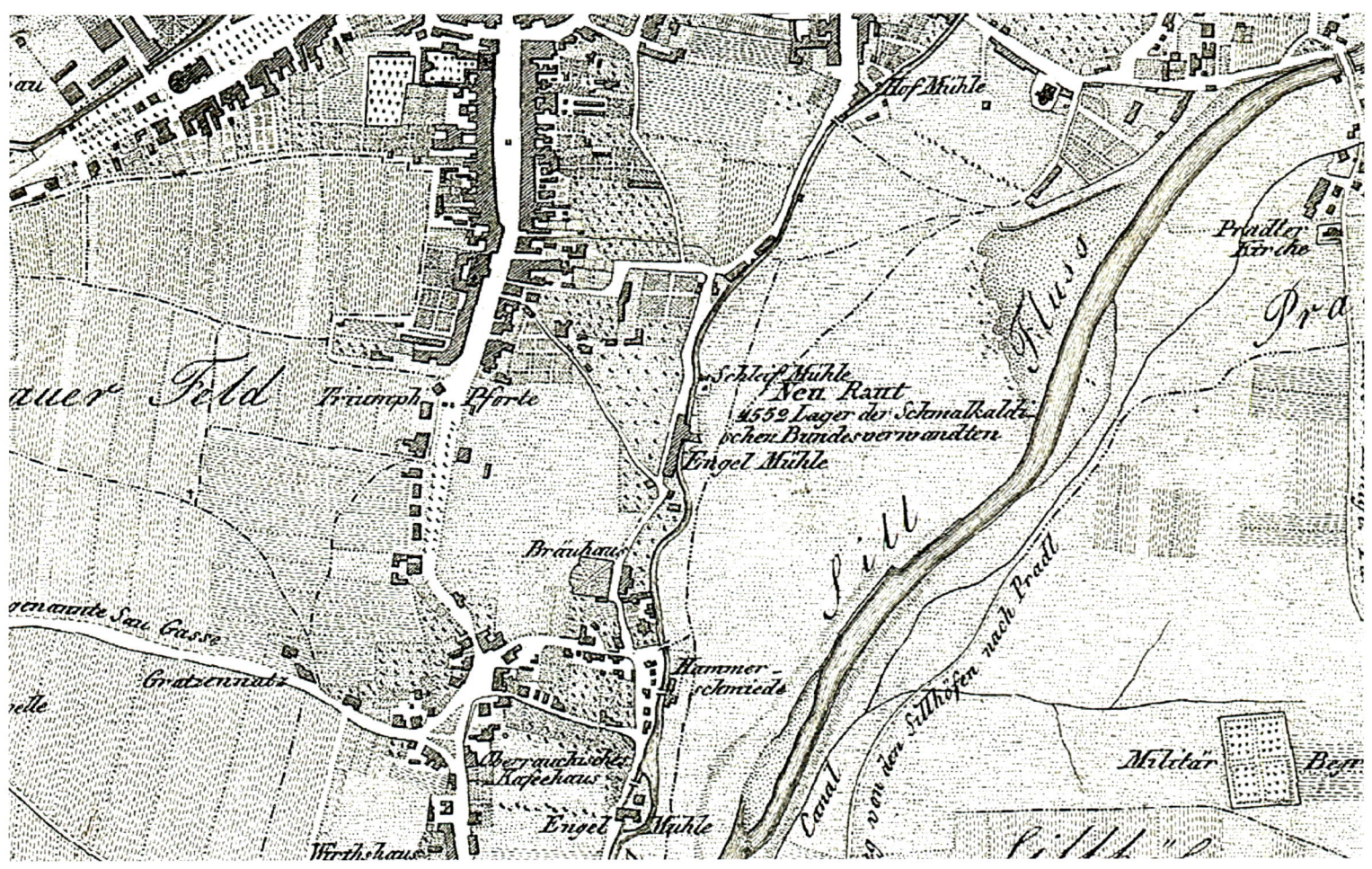

Vergleich Plan J. Gross 1835/40 und Beilage zu J. Hirn: Tirols Erhebung im Jahre 1809

J. Gross (K38)

A. Hübl (K39)

Auf der Karte von A. Hübl fehlt der Militärfriedhof rechts unten, einige Straßenbeschriftungen sind hinzugekommen, die historischen Bemerkungen wurden dagegen weggelassen.

Vergleich Plan J. Gross 1835/40 und J. Teplý 1835/42

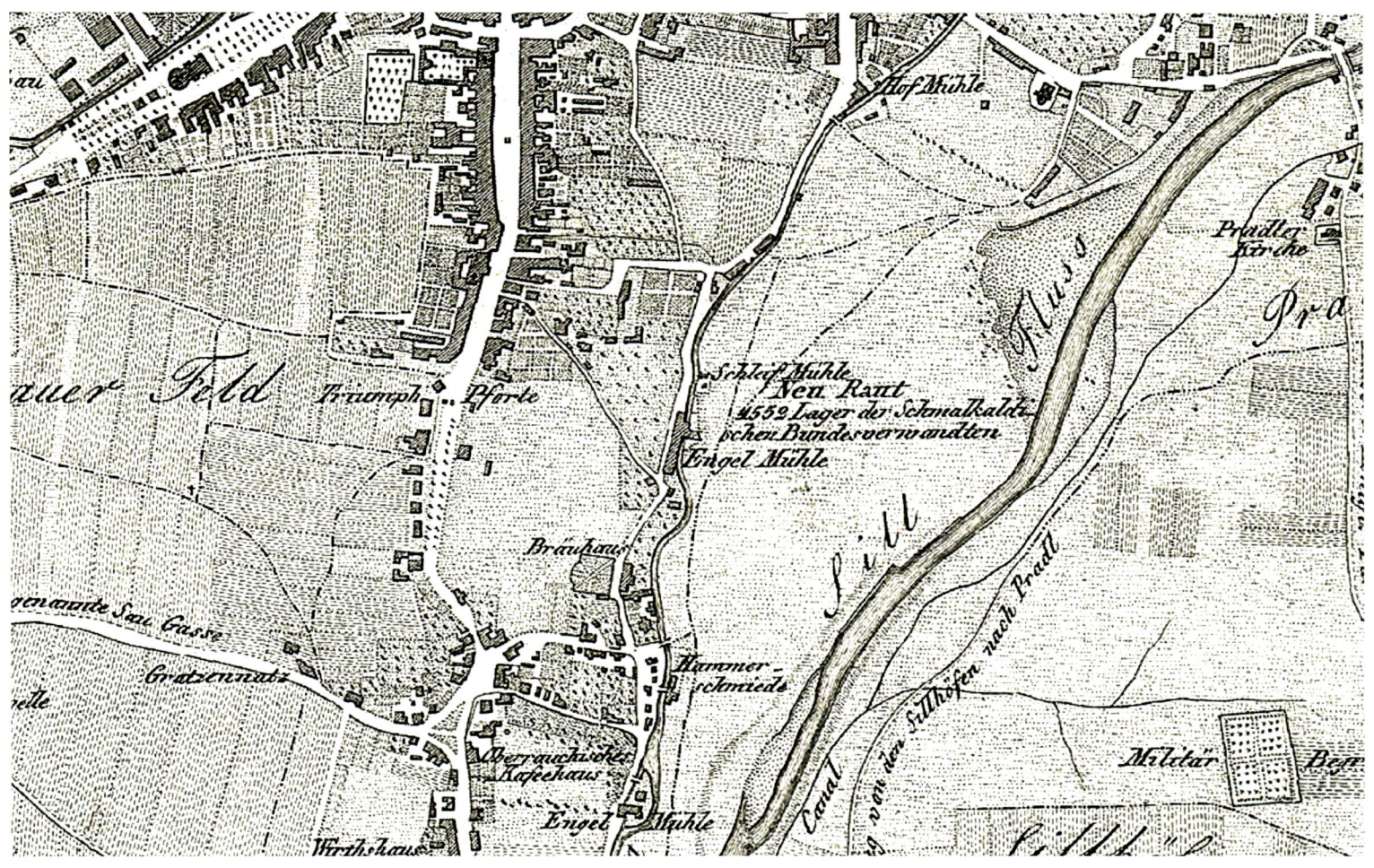

J. Gross (K38)

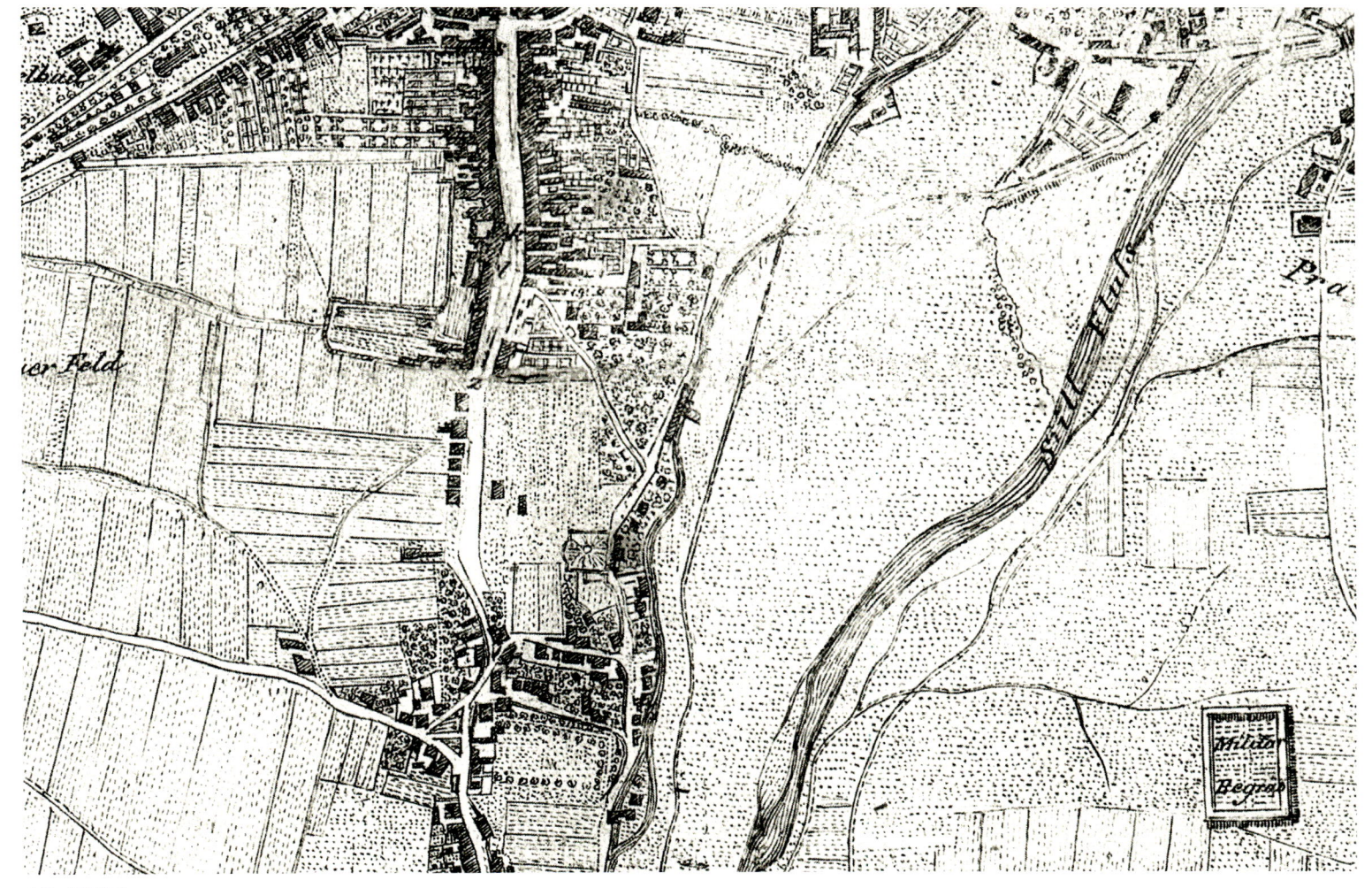

J. Teplý (K40)

Auffallend ist bei beiden Plänen die identische, aber unkorrekte Darstellung der Gebäude südlich der Triumphpforte (auf der westlichen Straßenseite sind zwei Gebäude zuviel!) sowie die deutlich unterschiedliche Zeichnung des Pradler Militärfriedhofes.

Vergleich Innstromkarte K5 1822/26 und Philipp Miller um 1840

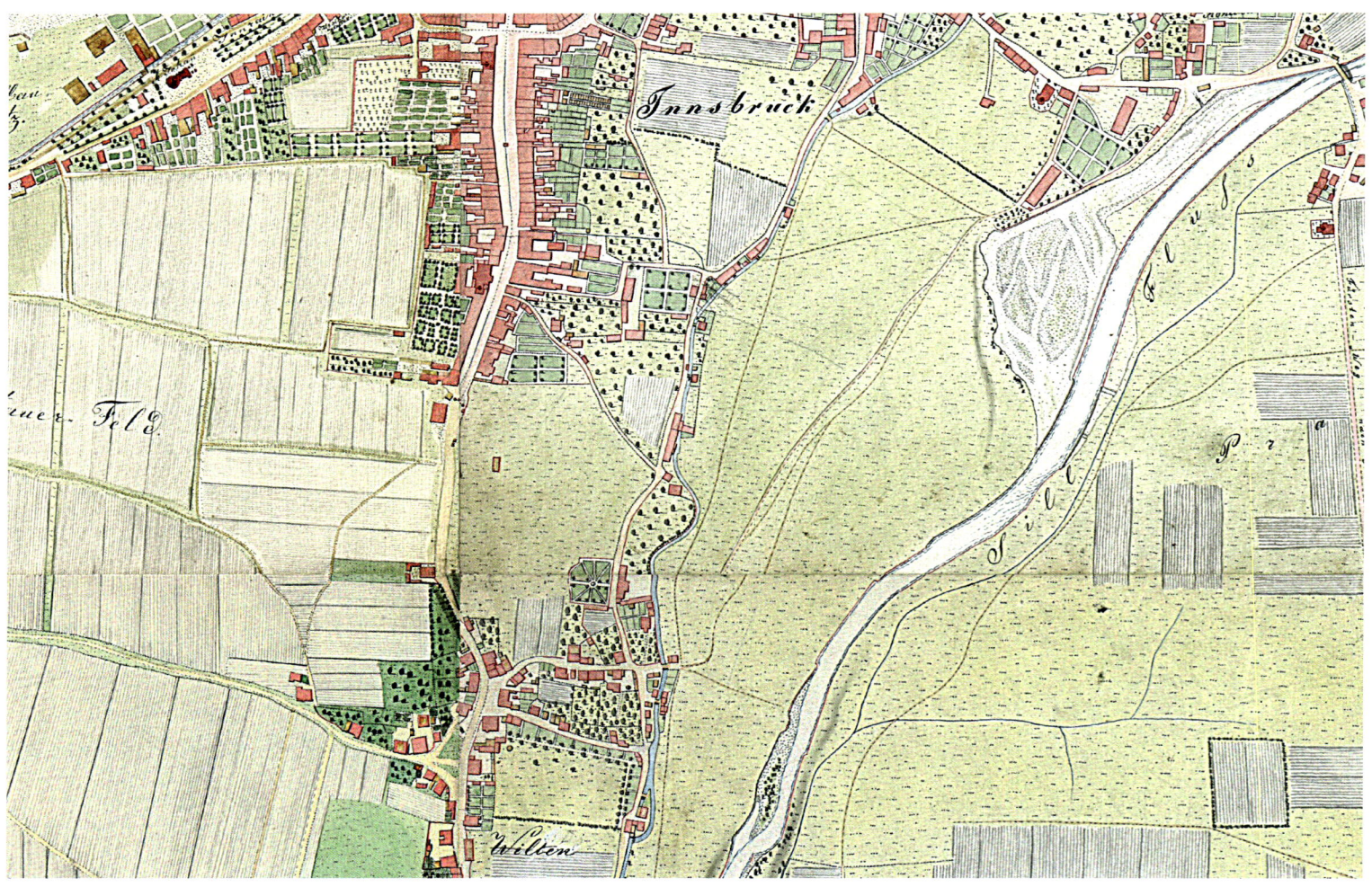

Ausschnitt Innstromkarte K5, Blätter 58–61 (K27)

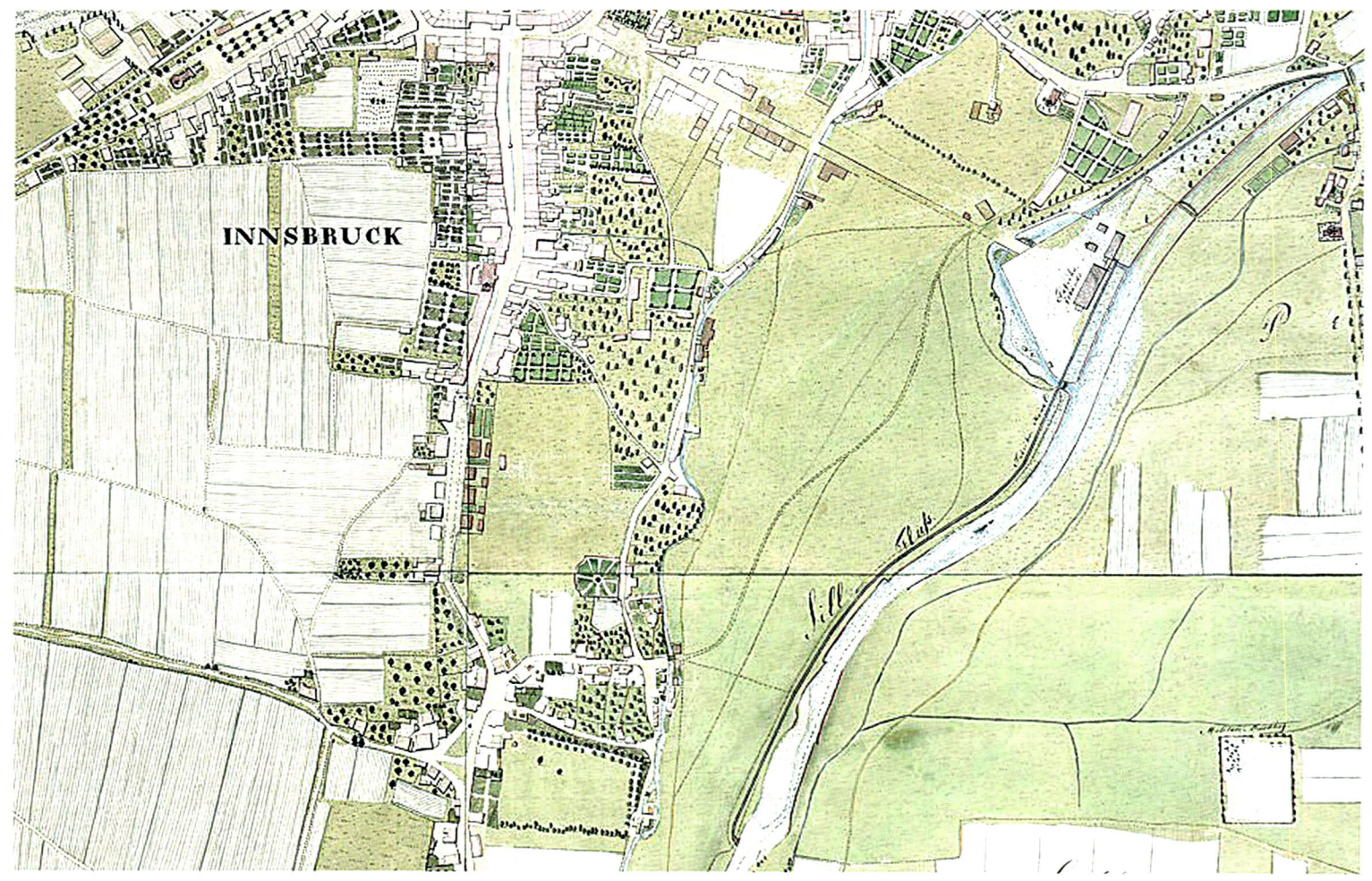

Philipp Miller (K41)

Vergleich Philipp Miller um 1840 und Carl Prissman 1843

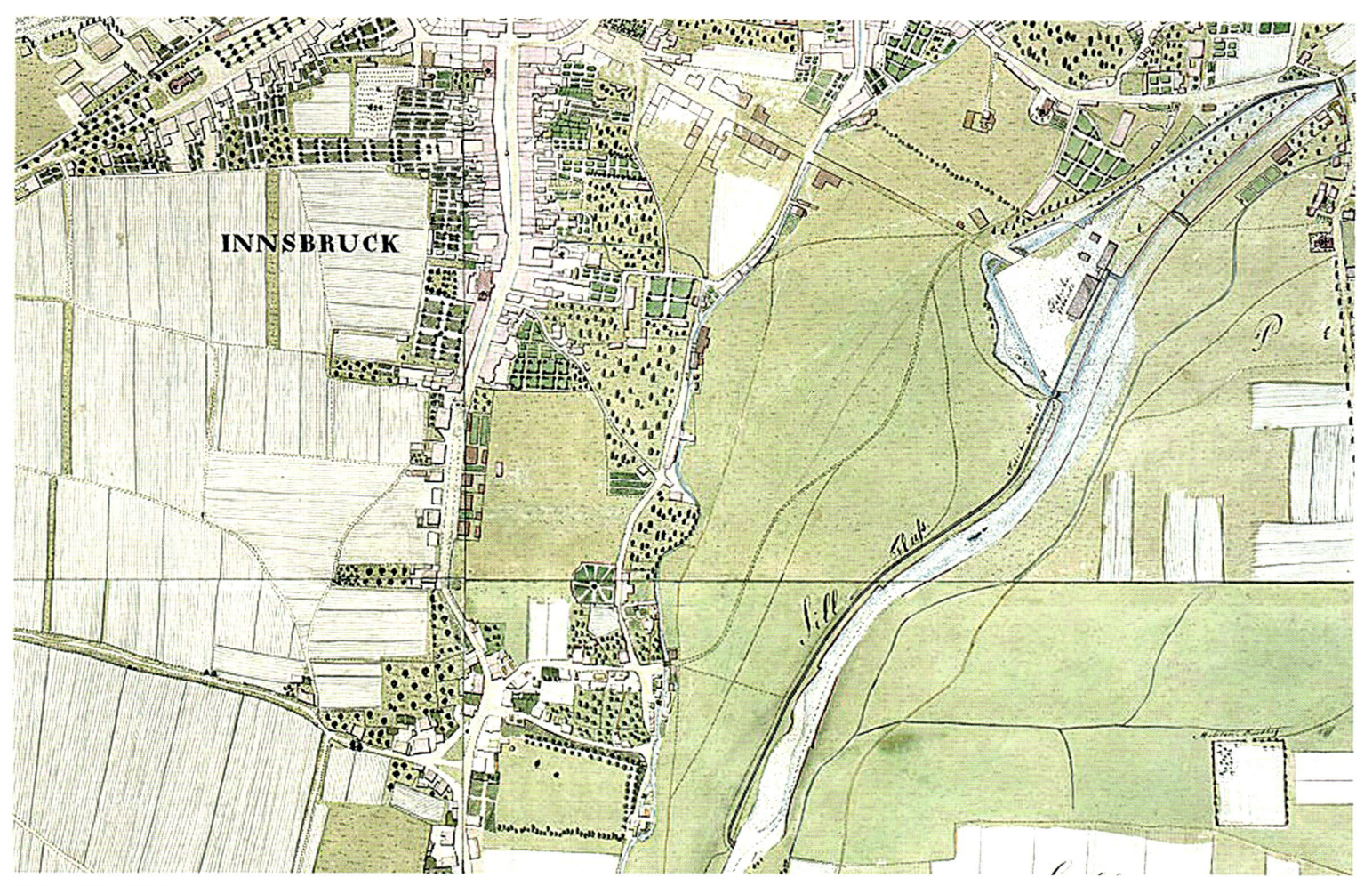

Philipp Miller (K41)

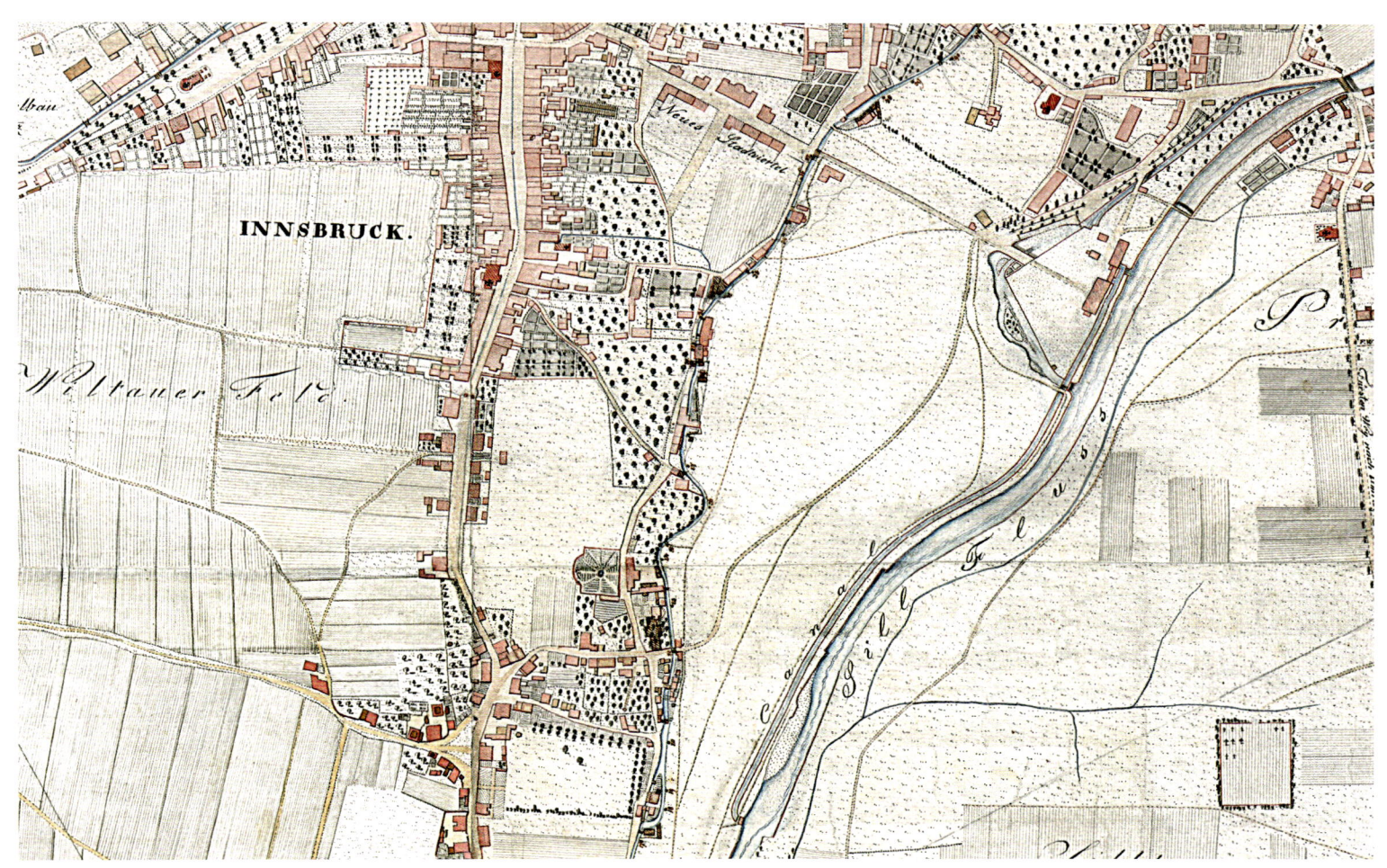

Carl Prissmann (K44)

Die im Miller'schen Plan laut *Dörrer* [13] als Übermalungen erkannten Objekte sind hier auf den tatsächlichen Stand von 1843 dargestellt worden. Deutlich erkennbare spätere Überzeichnungen (dunkelrot) gibt es allerdings wieder für neue Projekte wie das Karmelitinnenkloster in Wilten und bauliche Ergänzungen entlang des Sillkanals.

Vergleich J. Gross 1835/40 und Innsbruck 1835

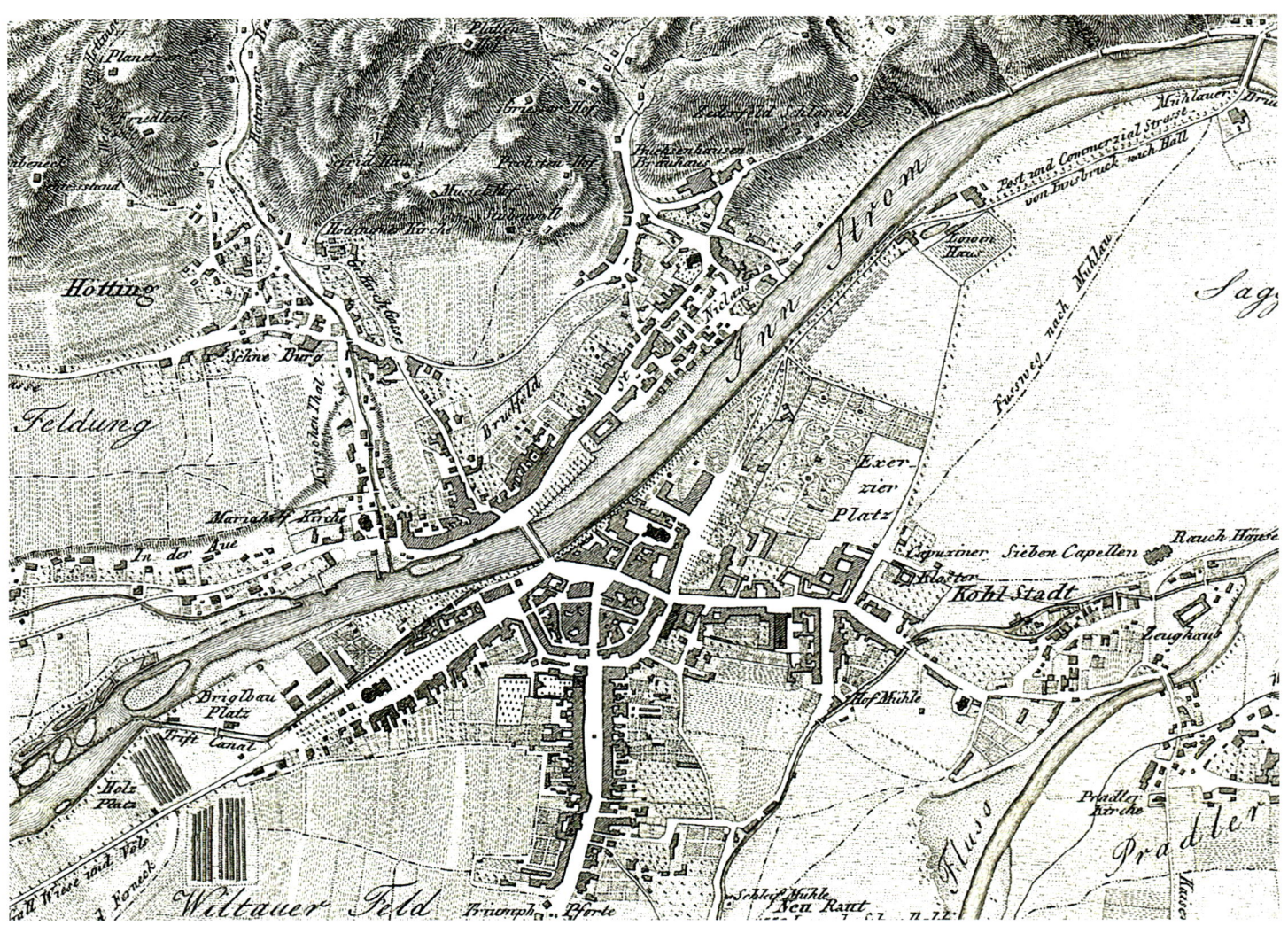

J. Gross (K38)

Plan und statistische Uibersicht der Provinzial Hauptstadt Innsbruck für das Jahr 1835 (K36) (um 90° gedreht)

Eine bemerkenswerte Verbindung zwischen dem Viehbeck- und dem Gross-Plan:

Viehbeck, 1804 (um 75° gedreht) (K13)

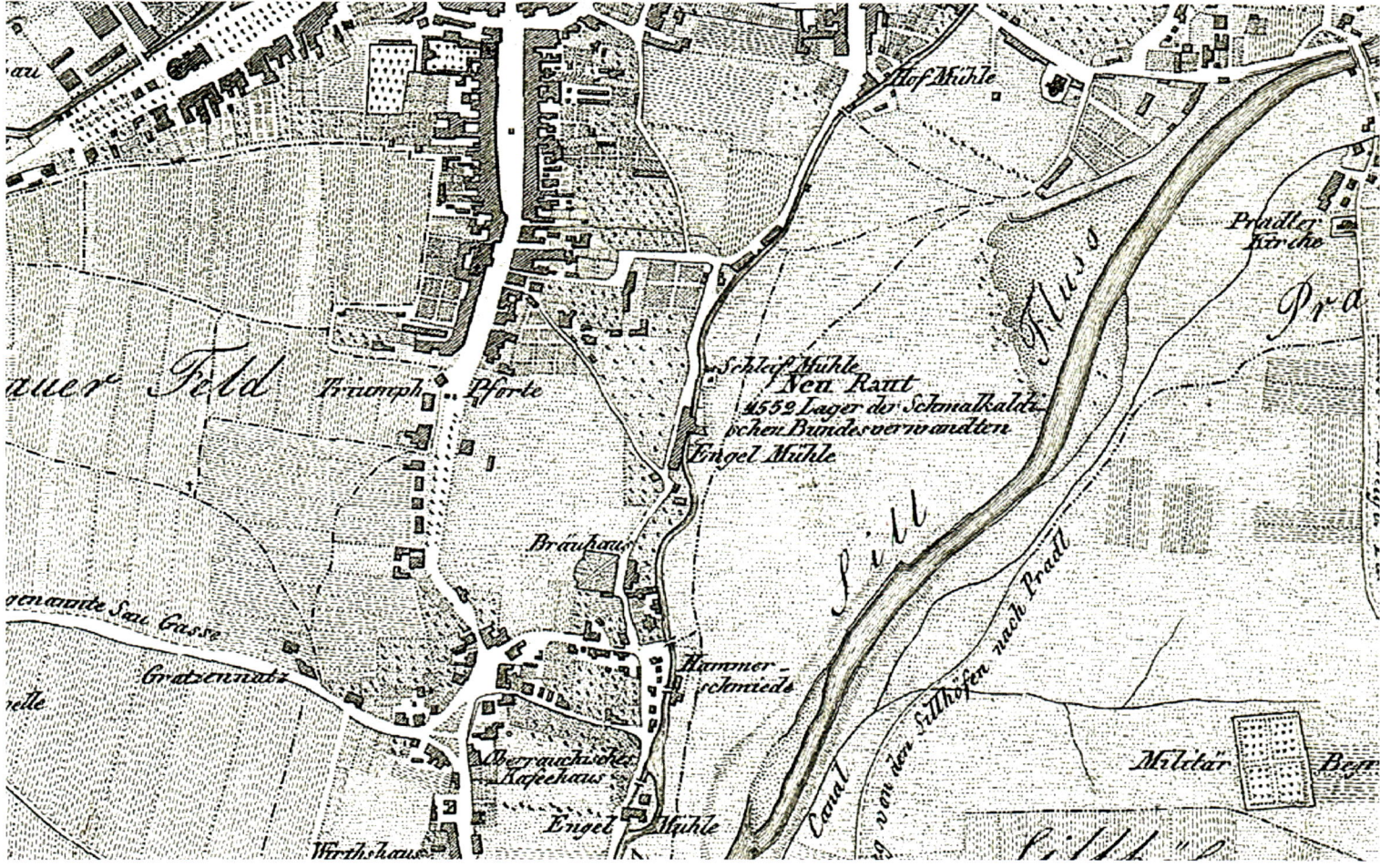

J. Gross, 1835/40 (K38)

Auf beiden befindet sich die historische Anmerkung („***Neu-Raut 1552 Lager der Schmalkaldischen Bundesverwandten***"), sie ist offensichtlich von *J. Gross* aus dem Viehbeck'schen Plan übernommen worden.

5. Der Franziszeische Kataster

Kaiser Franz I. (1792–1836) gab bereits im Jahre 1806 der Vereinigten Hofkanzlei den Auftrag, ein allgemeines, gleichförmig und stabiles Grundsteuerkatastersystem für die gesamte Monarchie auszuarbeiten. „Stabil" bezieht sich dabei auf die Steuerbemessung. Sie sollte erstmals nach Flächenausmaß und der Art der Nutzung eines Grundstücks erfolgen und nicht nach dem Ertrag der Ernte. Als Grundlage für diese Art der Besteuerung mussten erst genaue Aufzeichnungen über die Nutzung von Grund, Boden und Gebäuden geschaffen werden. An der Einbeziehung aller Grundstücke in die Vermessung, also auch der unproduktiven Flächen und ihre Darstellung in einem Mappenwerk, ist zu erkennen, dass der Grundsteuerkataster nicht nur der Grundsteuerbemessung, sondern allen Zwecken der staatlichen Planung und Verwaltung dienen sollte. Am 23. Dezember 1817 wurde durch das kaiserliche Grundsteuerpatent die Vermessung angeordnet.

Durch den großen Maßstab sind die Mappenblätter ein genaues und detailliertes Abbild jeder einzelnen Gemeinde, was auch der Zweck der Mappen war, der da lautete (Zitat aus Grundsteuerpatent 1817):

„Es ist also für jede Gemeinde eine Mappa verfasst, das heißt ein solches Bild, wie die Landkarte, auf welchem Alles zu sehen und zu bemerken seyn wird, wie dies ein Spiegel thut, der alles kleiner anzeigt. Jeder Acker, jede Wiese, jeder Bach, jeder Rain etc. wird zu sehen und auszunehmen sein."

Als Abbildungsmaßstab wurde 1 : 2.880 gewählt (1 Wr. Zoll : 40 Wr. Klafter), in Stadtgebieten wie Innsbruck sogar 1 : 1.440. Der Kataster ist in einem ebenen Koordinatensystem angelegt, in Tirol mit dem Nullpunkt beim Südturm des Domes St. Jakob in Innsbruck. Der Blattschnitt beträgt 20x25 Zoll. Die Detailvermessung erfolgte katastralgemeindeweise mittels Messtisch.

In Tirol und Vorarlberg begann man erst ab 1851 mit der Vermessung, in Innsbruck ab 1856. Das hatte einen nicht unwesentlichen positiven Nebeneffekt, denn im Laufe von mehr als drei Jahrzehnten hatten sich die Vermessungsmethoden um einiges verbessert, sodass die Genauigkeit der sogenannten Urmappe für Tirol bei einem mittleren Fehler von 80 cm liegt.

Als erste Maßnahme wurde eine Basislinie angelegt und ausgemessen, wofür man eine 5.671 Meter lange Strecke zwischen Mühlau, dem heutigen Stadtteil von Innsbruck, und Hall in Tirol wählte. Die mit äußerster Präzision durchgeführten Vermessungsarbeiten standen unter der Leitung von Oberst Johann von Marieni. Von der Grundstrecke aus wurde das trigonometrische Netz für ganz Tirol entwickelt. (*Fuhrmann* [34], *Pizzinini* [86], *V. Schönegger* [93])

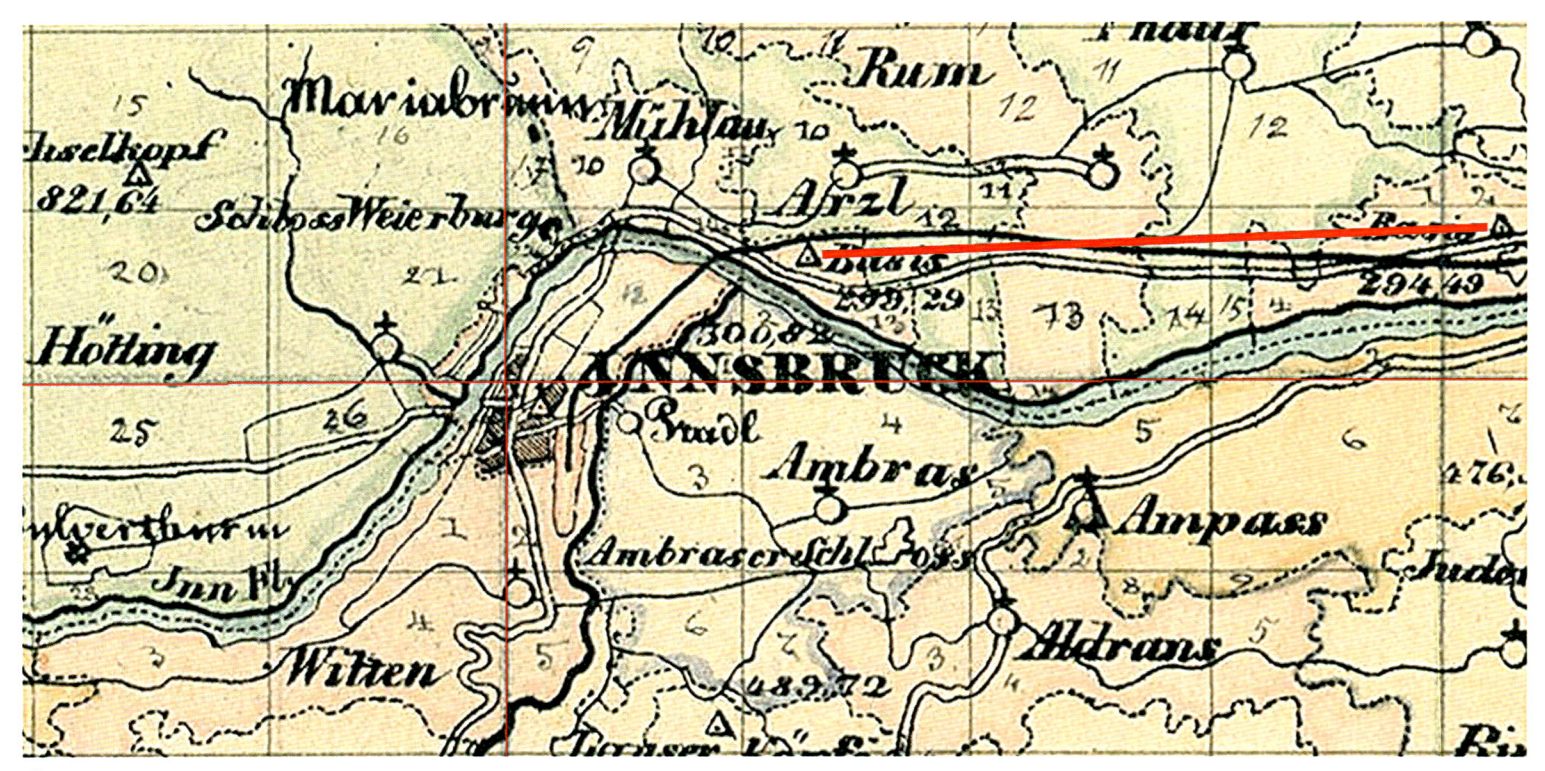

Abb. 5: Gedenktafel am Südturm des Innsbrucker Domes

„Übersicht der sämtlichen Catastral-Gemeinden in Tirol und Vorarlberg", 1861, Ausschnitt von Blatt 2 (K93)

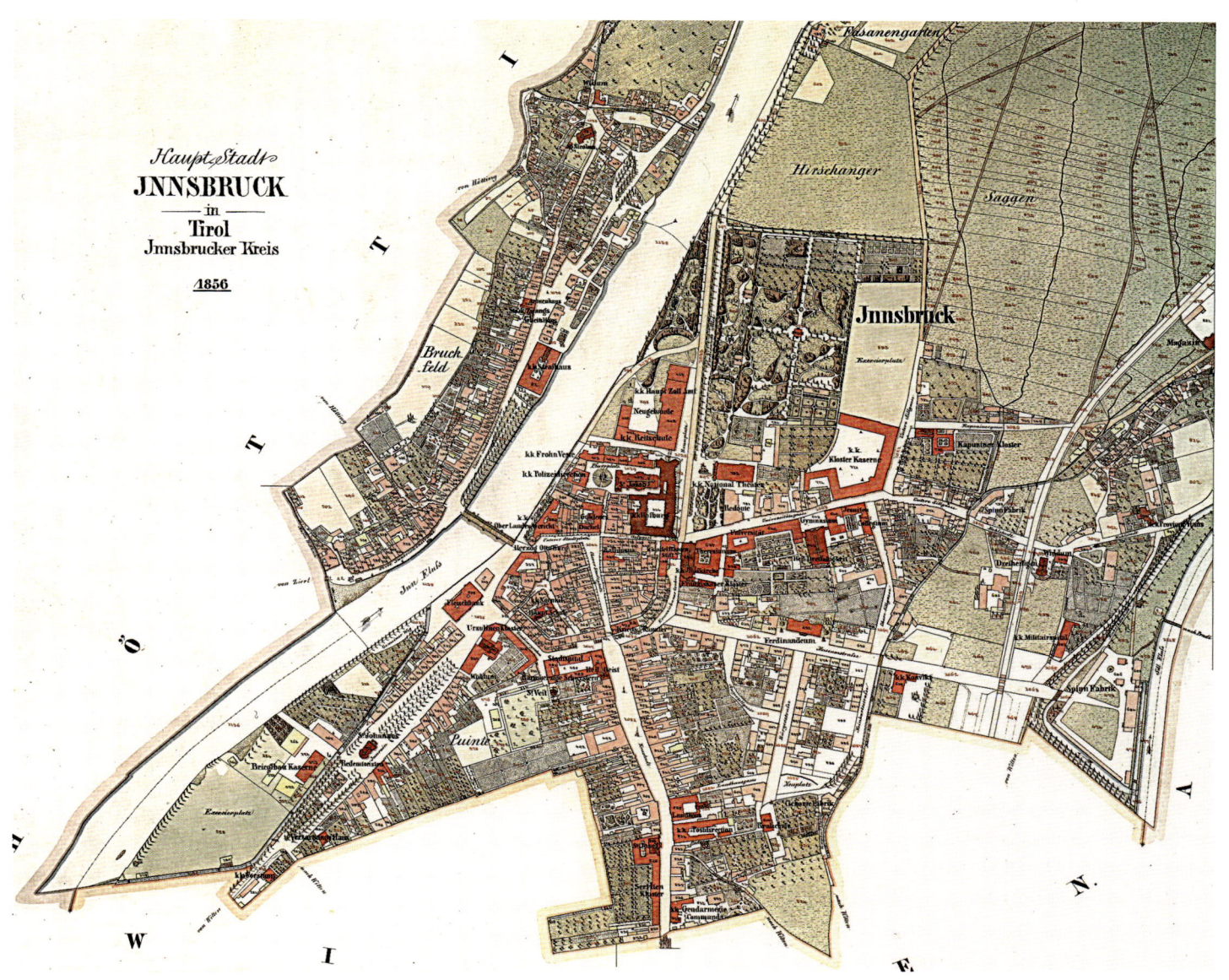

„Innsbruck in Tirol Innsbrucker Kreis 1856" (Kartenverzeichnis K47)
Maßstab 1 : 2.880

Franziszeischer Kataster der Katastralgemeinde Innsbruck, Blätter 4–8 der Aufnahme 1 : 1.440

Ein Ausschnitt:

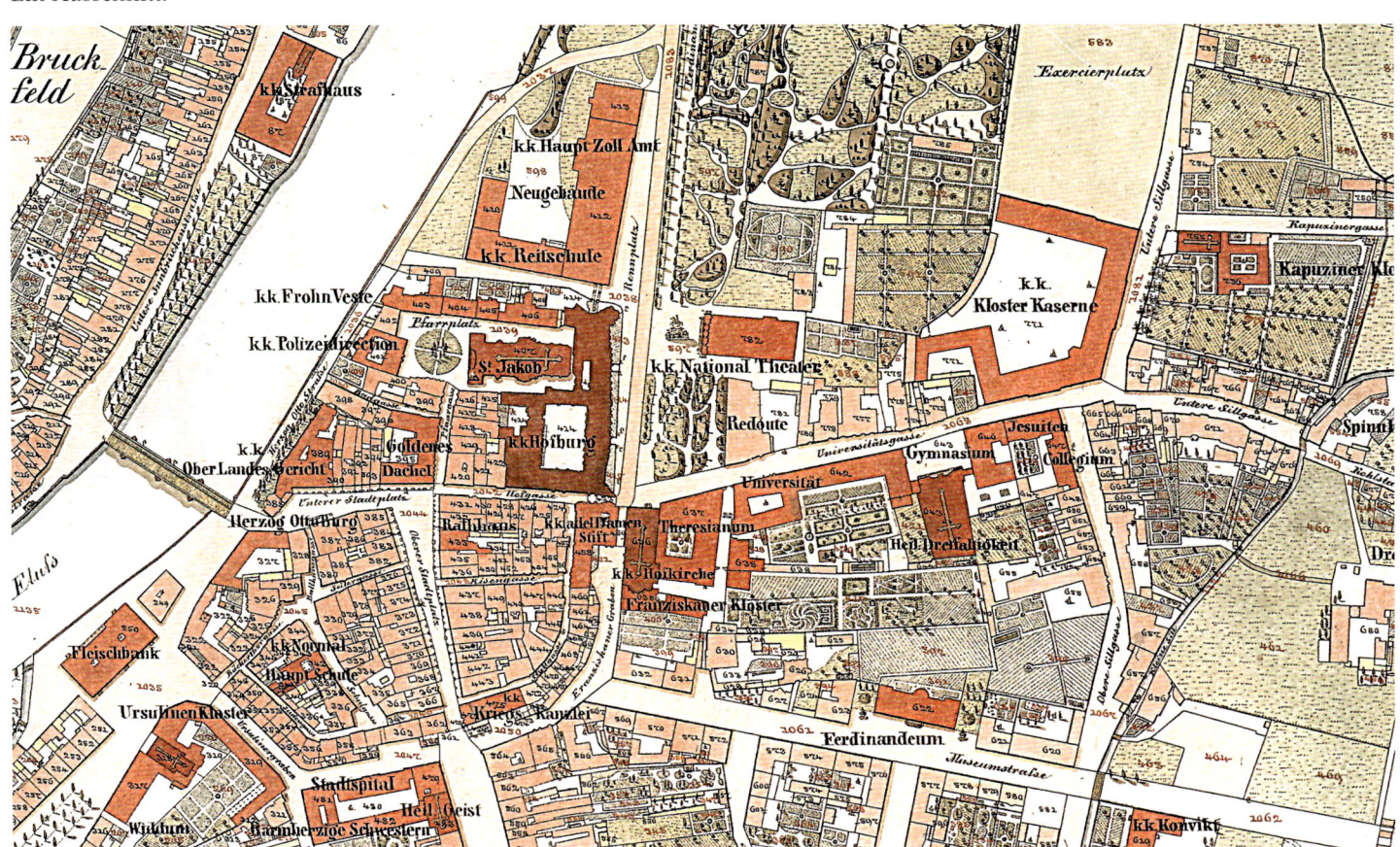

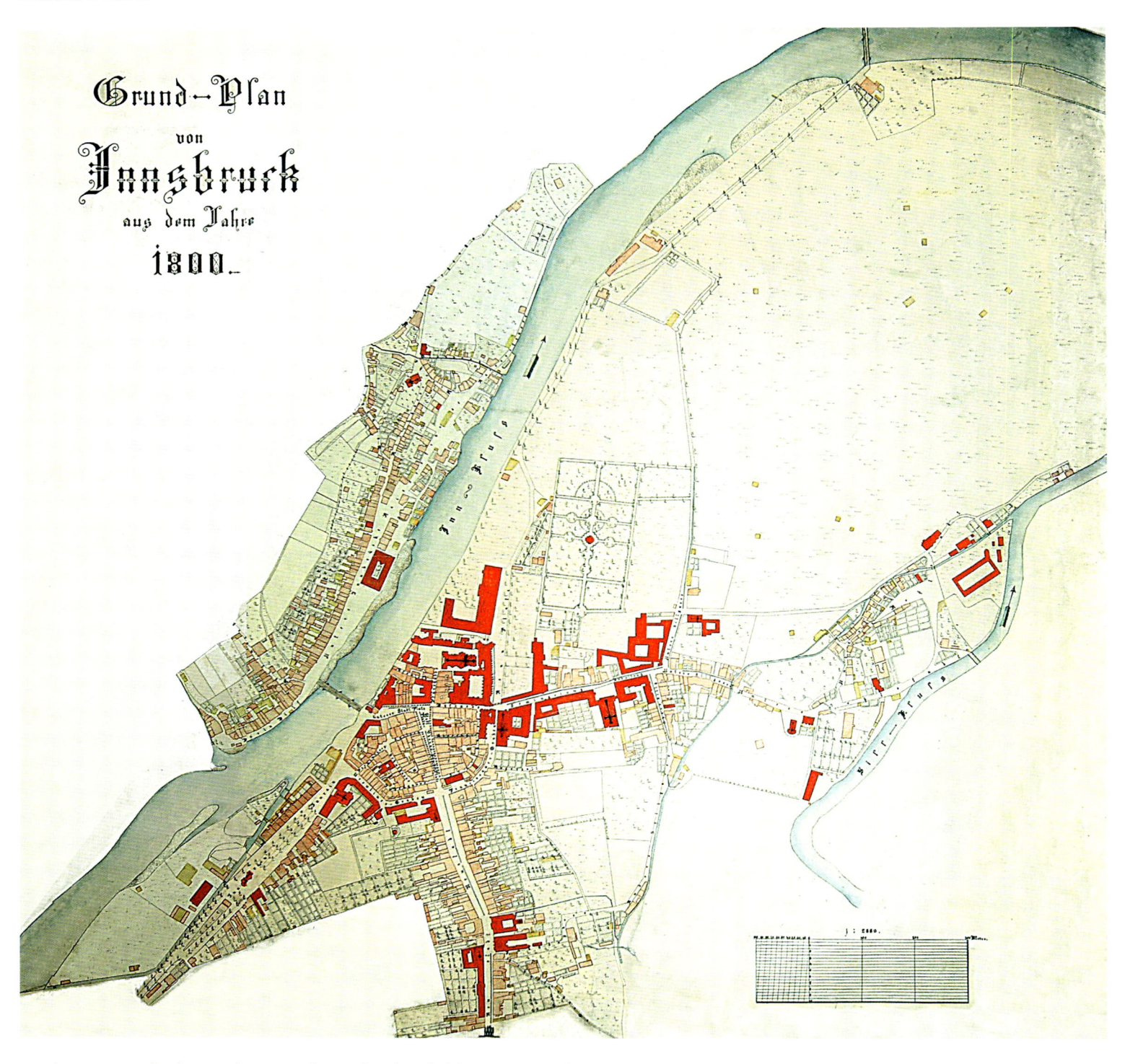

„Grund-Plan von Innsbruck aus dem Jahr 1800" (Kartenverzeichnis K8)
Maßstab 1 : 2.880

Bei dieser Karte dürfte es sich mit großer Wahrscheinlichkeit um einen historisierenden Plan für das Jahr 1800 handeln. Die Grundlage bildete dabei der Franziszeische Kataster von 1856, in dem der Gebäudebestand von 1800 nachgebildet wurde. Zum größten Teil stimmt er tatsächlich mit der Topographie um 1800 überein (Hofgarten, Gebäude am Rennplatz), nur im Bereich der Unteren Sillgasse gibt der Plan tatsächlich aber den Stand von nach 1840 wieder.

Ein Vergleich:

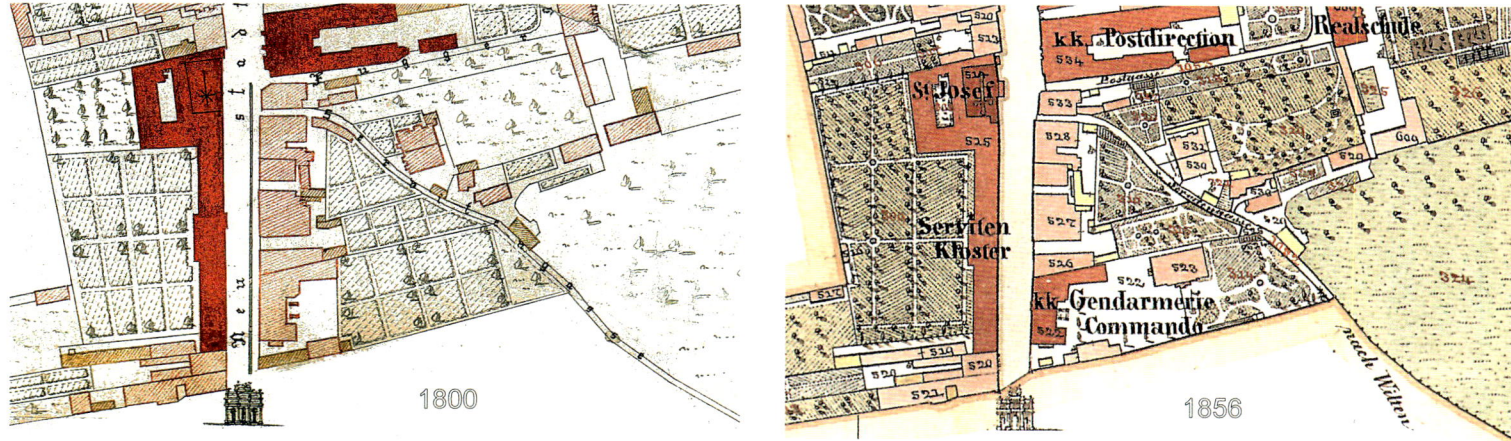

Südliche Theresienstraße ab dem Palais Taxis

Auffallend ist bei den Katasterplänen die akkurate Zeichnung der Gebäudefronten gegenüber der eher generalisierenden Darstellung in allen übrigen Plänen. – Ein Beispiel aus dem Bereich der Altstadt:

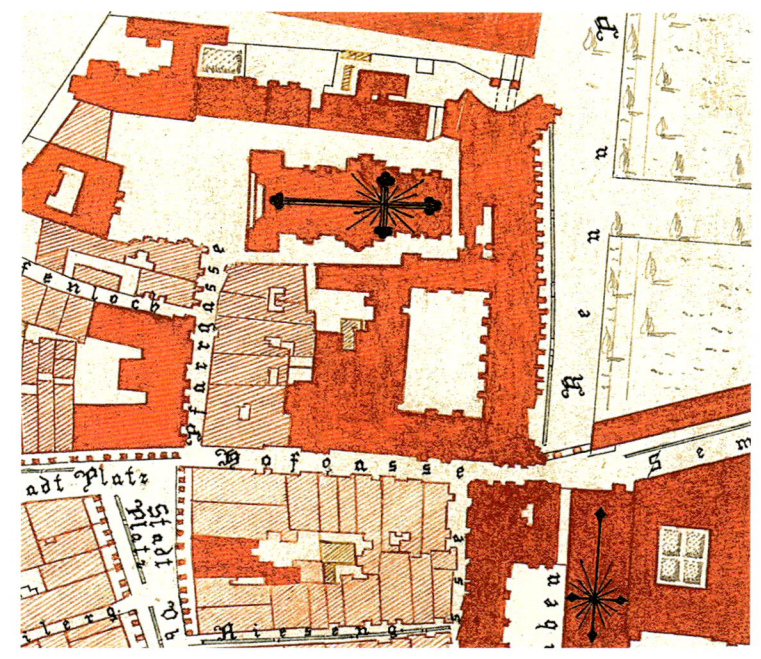

Grundplan, 1800 (K8)

Rechts sieht man den 1844 abgerissene Fröhlichsgang. Die Grünflächen sind stark schematisiert gezeichnet.

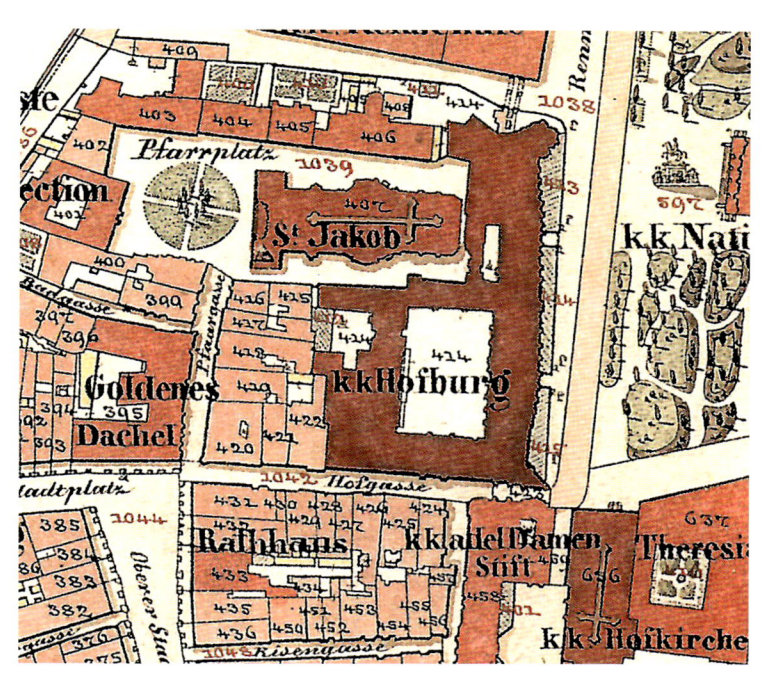

Franziszeischer Kataster, 1856 (K47)

Rechts oben ist noch die Vorderfront des 1846 eröffneten neuen Stadttheaters sichtbar.

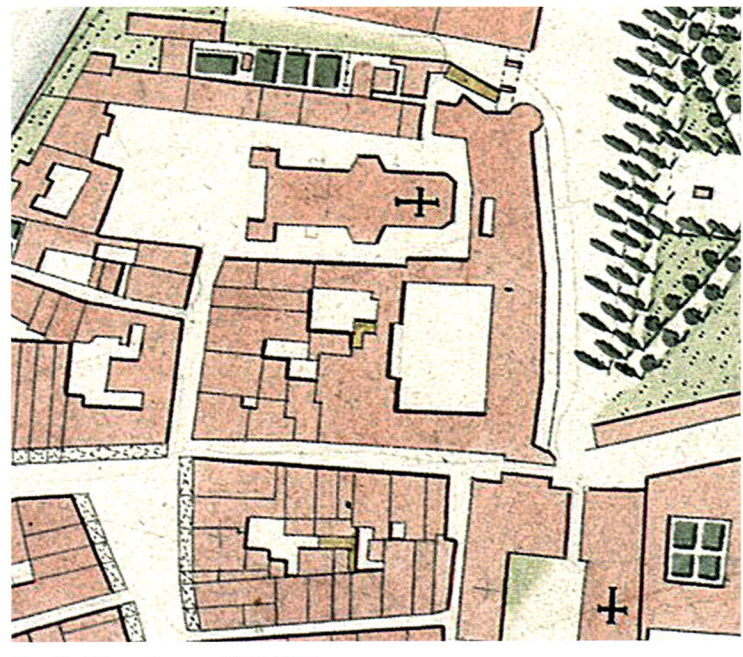

Baudirektionsplan, um 1830 (K34)

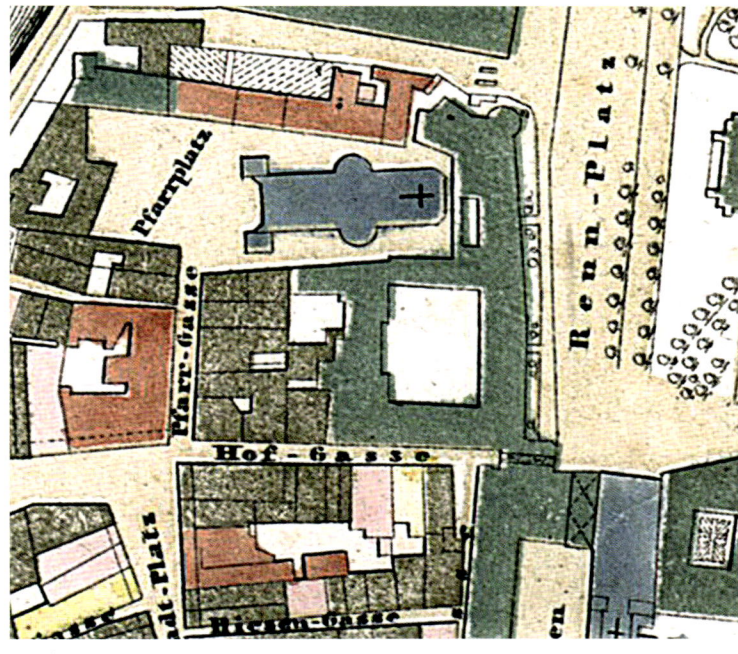

Czichna, 1851 (K45)

Der Bereich der Unteren Sillgasse:

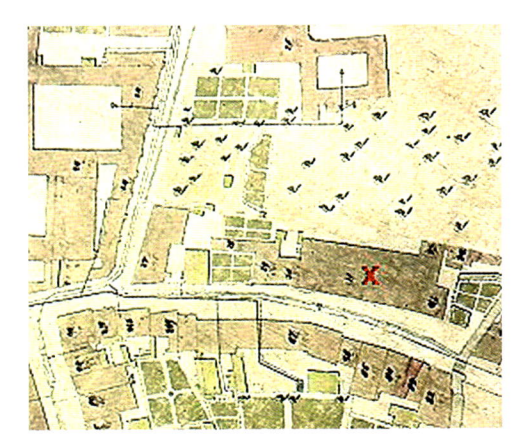

Duile, 1802 (K11)

Die Maultierstallungen (**X**) wurden erst 1829 abgerissen! (Siehe auch die ausführliche Darstellung in IV/3.)

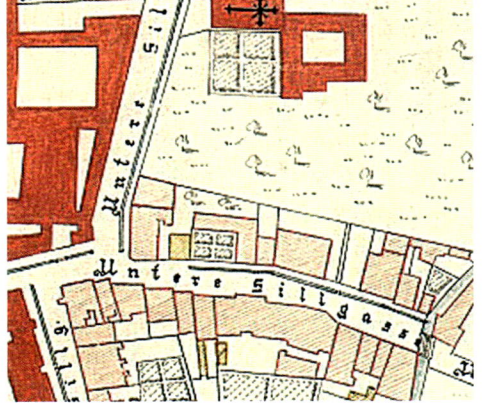

Grundplan, 1800 (K8)

An Stelle der Stallungen stehen hier aber bereits die Gebäude wie bei *Prissmann* 1843!

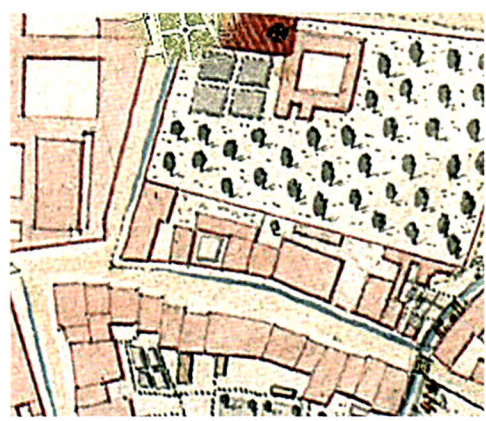

Prissmann, 1843 (K44)

Digitaler Franziszeischer Kataster 1856 (Kartenverzeichnis K48)
tiris – Kartendienste

Digitaler Franziszeischer Kataster (DFK): Die blattschnittfreie, die Gemeindegrenzen übergreifende, neu eingefärbte **digitale** Version des Franziszeischen Katasters von 1856, ist ein Projekt, das *tiris,* die GIS-Plattform des Amtes der Tiroler Landesregierung, gemeinsam mit dem Tiroler Landesarchiv 2002 begonnen hat. (*V. Schönegger* [93])

Zum Vergleich der originale Franziszeische Kataster und der digitale Franziszeische Kataster:

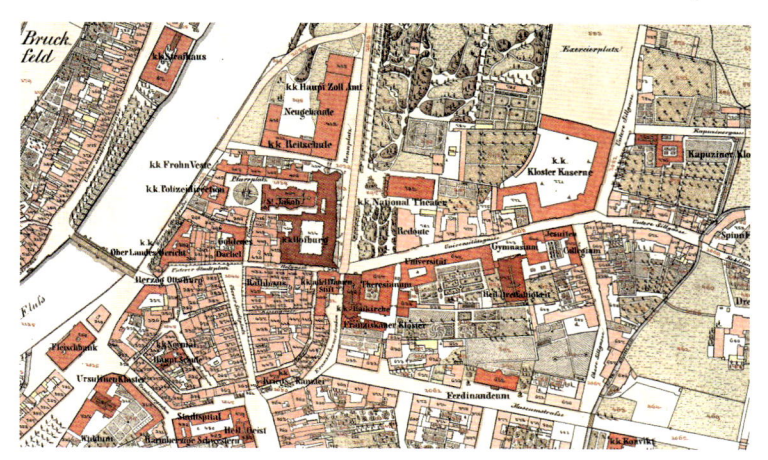

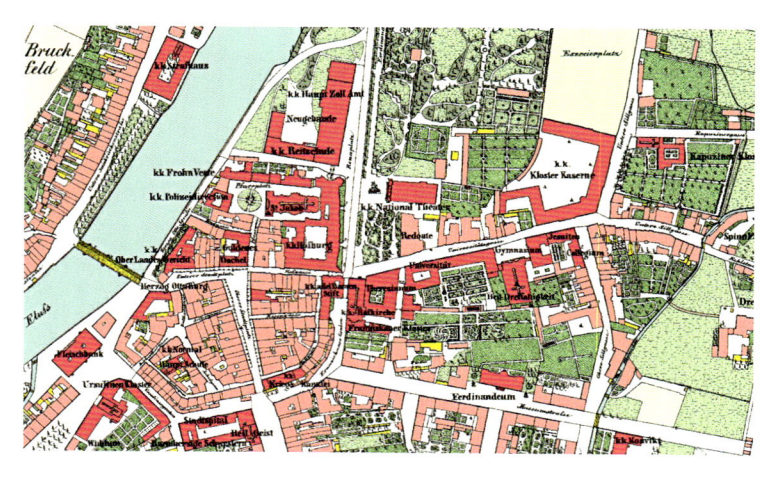

6. Die Geländedarstellung

Abgesehen von den militärisch unterstützten Karten von *Viehbeck* und *Mumb* gibt es im Gegensatz zur Topographie von Gewässern, Straßen und Gebäuden außer der Ersten (K86) und Zweiten Landesaufnahme (K87), die allerdings öffentlich nicht verfügbar waren, keine bekannte zeitgenössische Geländeaufnahme, die für gedruckte Pläne verwendet werden konnte. Die Karten der k. k. Baudirektion beschränken sich in der Topographie auf den besiedelten Raum. Sie zeigen daher an den Hängen eine eher schematisierte Darstellung des Geländes, die auch nicht sehr weit über das Talniveau hinausreicht. Die gedruckten Karten von *Gross* und *Teplý* weisen dagegen bereits die kompakte Schraffur ähnlich der des k. k. Militärgeographischen Instituts auf. – Hier einige Beispiele im Bereich Hötting:

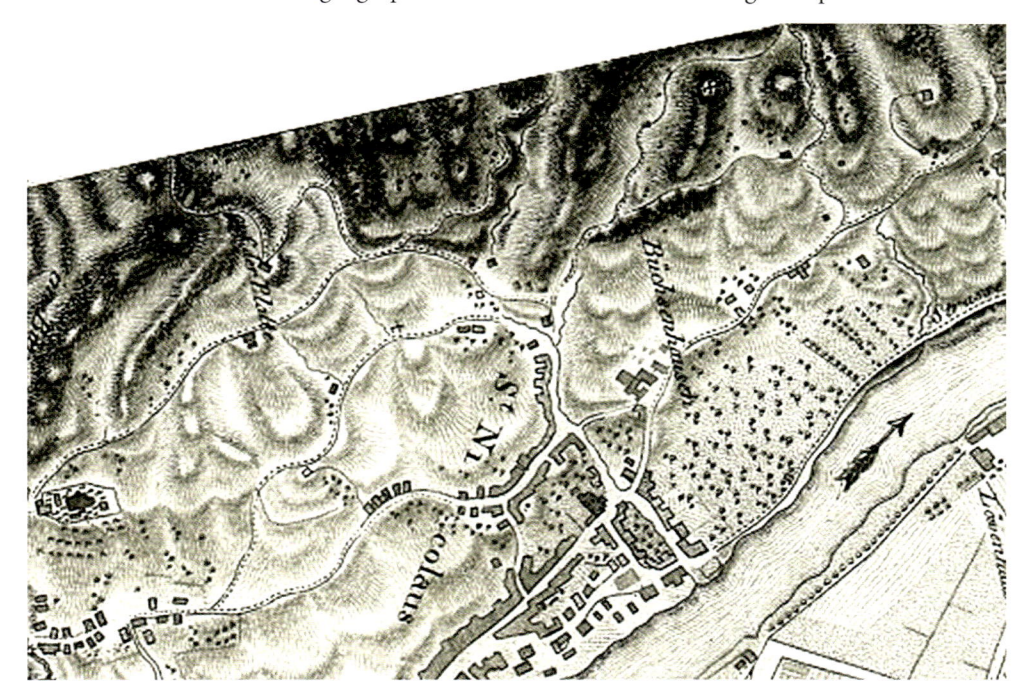

Viehbeck (K13), 1804

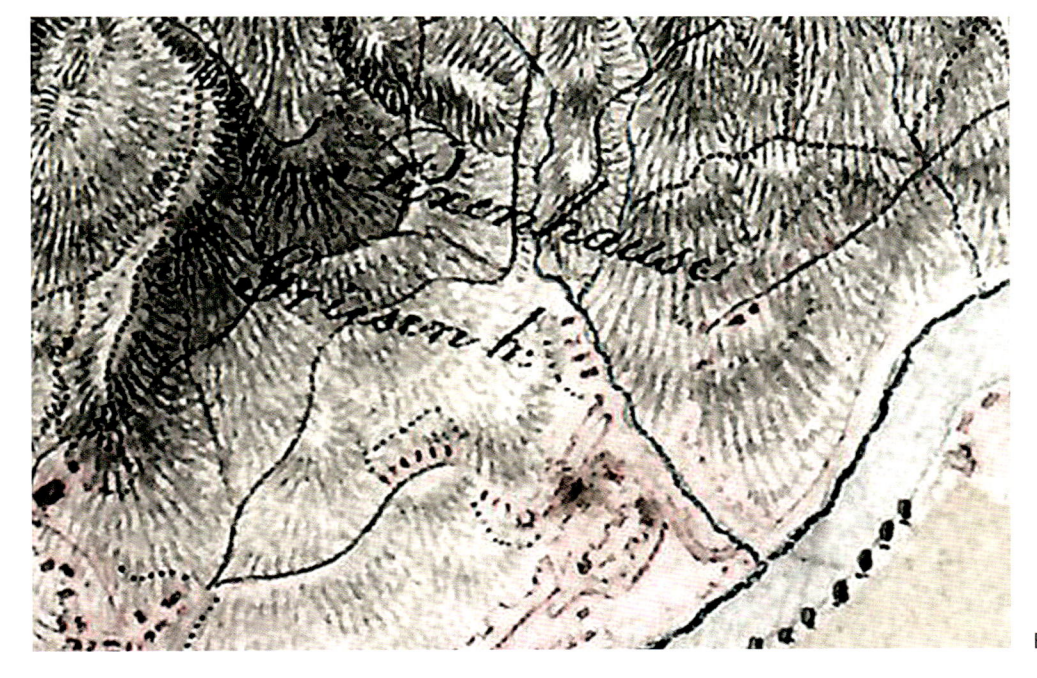

Erste Landesaufnahme (K87), 1805

Innstromkarte K5 (K27), 1822/26

Schmit (K25), um 1820

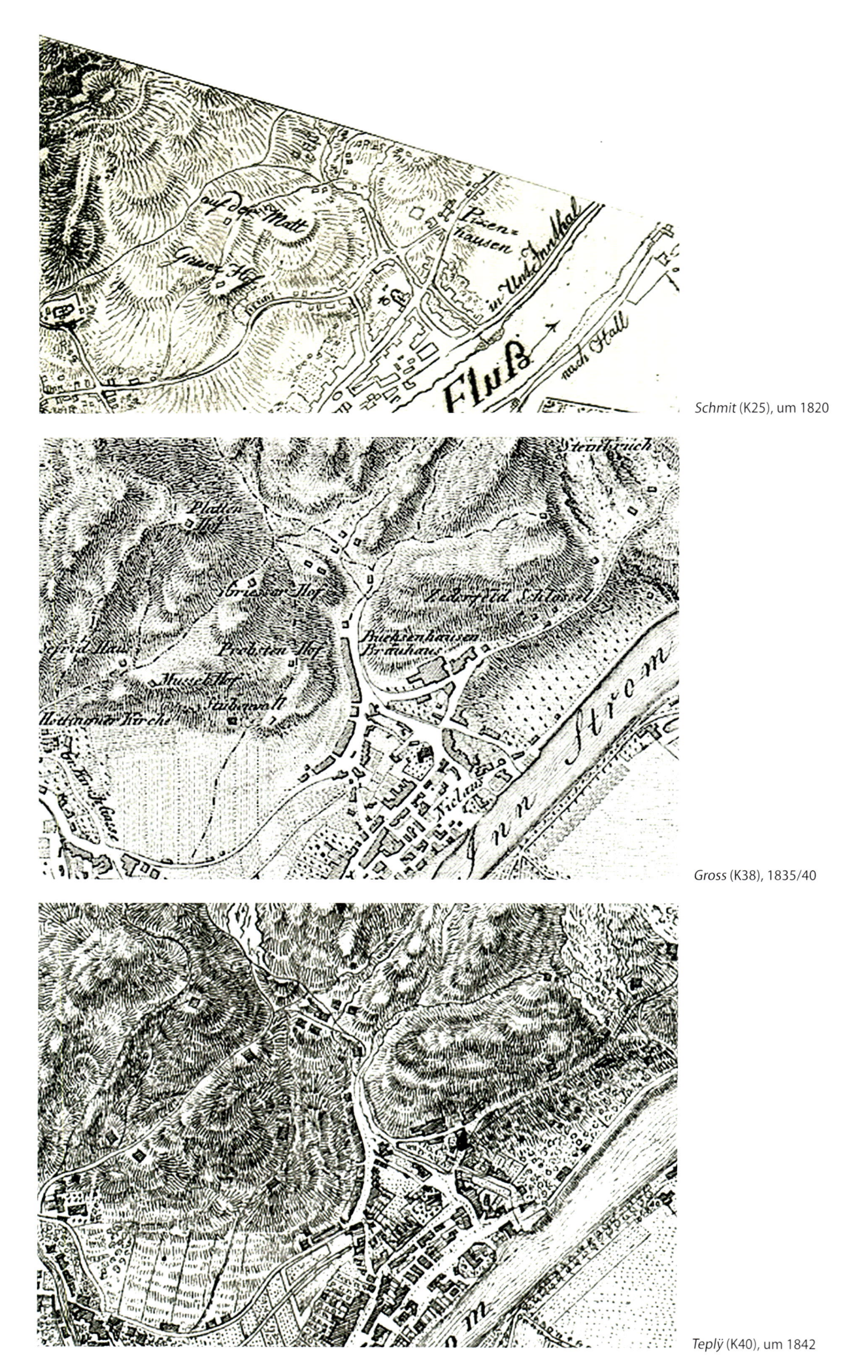

Gross (K38), 1835/40

Teplý (K40), um 1842

Die Geländedarstellung von *Gross* und *Teplý* gleichen einander sehr stark, ob und wer aber voneinander abgezeichnet hat, lässt sich nicht feststellen. Schon aus finanziellen Gründen ist eine eigene topographische Aufnahme eher unwahrscheinlich. Als Grundlage könnten daher Feldaufnahmen von *Viehbeck* oder *Mumb* gedient haben.

7. Zusammenfassung

Für die betrachteten Pläne von Innsbruck können vier genealogische Linien abgeleitet werden. Die erste und vierte Gruppe bilden Pläne, die ihren Ursprung in den **Arbeitskarten der k. k. Baudirektion** in Innsbruck haben. Dort wurden seit der 2. Hälfte des 18. Jahrhunderts unter der Führung von *Franz A. Rangger, Gottlieb S. Besser, Franz K. Zoller, Joseph Duile, Philipp Miller* und anderen für die Aufgaben des Wasser-, Siedlungs- und Straßenbaues von einer großen Anzahl von Ingenieuren, Praktikanten, Zeichnern *(„Dessinateuren")* und „Copisten" Karten und Pläne aufgenommen, gezeichnet und kopiert.

Wie schon früher ausführlicher diskutiert, nimmt die erste Gruppe ihren Ausgang vom exakten Plan von ***Joseph Duile*** 1802 (K10) und reicht bis zum kommerziellen Nachfolger im gedruckten Plan von *C. A. Czichna* 1851 (K45).

Die zweite Gruppe umfasst den Plan von *Mumb/Perger* 1802/03 und zweier Nachahmer: *Zitterbergen* 1806 und *Heim* 1816/17.

Vom ersten gestochenen und gedruckten Plan Innsbrucks von **Viehbeck** 1804 (K13) nimmt eine Reihe von Plänen ihren Ausgang, die vor allem für die neu aufkommenden Reiseführer verschiedener Verlage fast unverändert, das heißt ohne Berücksichtigung von baulichen Veränderungen, kopiert wurden. Diese stellen die dritte Gruppe dar. Ausnahmen sind eine kolorierte Federzeichnung von 1815 (K21) für einen unbekannten Zweck, sowie der Plan von Philipp Miller 1822 (K31), beide mit ähnlichen Abweichungen und zum Teil sogar topographisch aktualisiert.

Bei der vierten Gruppe – Pläne, die von der sogenannten **Innstromkarte** abgeleitet sind – zeigt sich dabei, dass die Kopien keine reinen Nachzeichnungen sind, sondern dass immer wieder auch aktuelle Gebäude, Straßen und Wasserbauten nachgetragen wurden. 1822 bis 1826 übernahm *Philipp Miller* die Aufgabe, die „große Haupt-Mappe des Inn-Stroms" von *Rangger* neu zu bearbeiten, und zwar in einem handhabbareren reduzierten Maßstab (1 : 7.200). Im Gegensatz zur Ansicht Dörrers [13] verwendete *Miller* aber nicht die Rangger'schen Karten (1 : 1.500) sondern die Innstromkarte 1 : 3.600, die 1822 bereits von der bayerischen Grenze bis nach Völs reichte. Dazu die inkorrekte Anmerkung *Dörrers* [13]:

„*Laut dem in den Blättern I–V graphisch (meist als Transversalskala) eingezeichneten Maßstab entspricht 1 Wiener Zoll in Millers Innplan 100 Wiener Klaftern in der Natur (1 cm : 72 m). Daß Miller Wiener Maß verwendete, ist nicht nur aus seinen Maßstabzeichnungen abzulesen (1 Zoll = 26,3 mm), er schrieb dies auch zudem ausdrücklich auf die Blätter II und III. Die nur ungefähre Reduzierung auf ein Drittel (Ranggers Plan ca. 1 : 2.500, Millers Plan 1 : 7.200) mag eine Folge der von den beiden Autoren benützten verschiedenen Maße sein. Vielleicht war Miller unbekannt, daß Rangger Innsbrucker Maß mit nur 328 mm Schuhlänge (statt 334 mm, wie im 19. Jahrhundert üblich) verwendete. Eindeutig* **irrig** *ist Millers Vermerk auf Blatt I: ‚Nach dem Original-Plan um* **die Helfte verkleinert** *durch dem Ph. Miller, erster Dissinateur, 1823', welche Reduzierungsangabe ‚um die Hälfte' er auch auf die Blätter II, III und V abschrieb (auf Blatt IV nur ‚verkleinert', Blatt VI ohne jede derartige Angabe).*"

Tatsächlich hat *Miller* die Blätter der Innstromkarte, wie angegeben, genau um die Hälfte verkleinert. Für die untersuchte Karte „**Regulierung des Inn von Völs bis Volders (Inn-Karte VI)**" (K30) hat *Miller* sogar die Originalpläne (1820/21), wie man am Beispiel des Bereiches der Sillregulierung sehen kann, und nicht die bereits vorliegenden aktuelleren Kopien verwendet.

Auch die Annahme *Dörrers* zur Millerkarte „**Plan von Innsbruck um 1840**" (K41), dass diese Karte auf eine Vergrößerung der vorhergehenden Karte Miller's von 1826 beruht, kann nicht unwidersprochen bleiben. Die identische Blattaufteilung und der Maßstab sprechen eindeutig dafür, dass dieser Plan direkt auf den vier Blättern (58–61) der Innstromkarten beruhen. Es ist schwer vorstellbar, dass Miller die Innstromkarten seiner Mitarbeiter zwar für eine neue Übersichtskarte 1826 maßstabsmäßig halbiert, dann aber für den Innsbruckplan (1 : 3.600) wieder verdoppelt hat. Auch die Details mussten nicht genauer kartiert, sondern konnten 1 : 1 übernommen werden.

Die Schlussfolgerung liegt nahe, dass *Dörrer* wohl keine Kenntnis von den Innstromkarten im Landesarchiv gehabt haben dürfte. Laut einer Anmerkung von *Wührer* [101] sind die Baudirektionspläne der Ersten (Josephinischen) Landesaufnahme (TLA A16) durch Zufall 1980 in der Landesbaudirektion entdeckt und dem Landesarchiv übergeben worden. Möglicherweise sind auch die Innstromkarten erst bei dieser Gelegenheit in den Besitz des Landesarchivs gelangt. Ein Indiz dafür ist auch die Tatsache, dass sowohl *Felmayer* [19]–[22] als auch *Frenzel* [19] bei ihren Quellstudien im Landesarchiv diese nicht vorgefunden haben.

Zur Datierung dieser Karte hat *Dörrer* schon alles gesagt. *Miller* selbst ist 1836 gestorben, das heißt, alle zeitlich späteren Veränderungen haben seine Mitarbeiter „*nachträglich überzeichnet (oder übermalt) ohne Tilgung des ursprünglichen Kartenbildes, mitunter aber auch nach sorgfältigen Rasuren vorgenommen.*" (*Dörrer* [13]) (Siehe auch den Kommentar zum entsprechen Plan im Sillbereich.) Der Plan von *Prissmann* 1843, der erst jetzt entdeckt worden ist, stellt eine vollständige Überarbeitung des Miller'schen Planes dar.

Generell ist zu bemerken, dass die Pläne der k. k. Baudirektion immer wieder für spätere Projektplanungen verwendet wurden, sodass die Datierung derselben oft zweifach vorgenommen werden muss, nämlich die der ursprüngliche Kopie und die der nachträglichen Überzeichnungen.

Ein interessantes Produkt ist auch der vom Franziszeischen Kataster abgeleitete historisierende „**Grund-Plan von Innsbruck aus dem Jahr 1800**", der zum größten Teil tatsächlich die Situation um 1800 wiedergibt.

Dass die Herkunft der **gedruckten Innsbruck-Pläne** von *Gross* (K38), *Hübl* (K39) und *Teplÿ* (K40), direkt von den Innstromkarten der k. k. Baudirektion ableitbar sind, ist bereits hinreichend belegt worden. Orientierung und Ausschnitt lassen wohl keine andere Interpretation zu. Die Zeichner der Baudirektion dürften ihre Pläne wohl auch zu kommerziellen Zwecken zur Verfügung gestellt haben. Ob nun entweder die vier Blätter der Innstromkarte (1 : 3.600) als Vorlage verwendet wurden, was eine Reduktion um ein Viertel bedeutet, oder der Ausschnitt der Karte von Miller 1826 (1 : 7.200), was eine Verkleinerung genau auf die Hälfte bedeutet, lässt sich nicht weiter nachverfolgen.

Inhaltlich sind die Pläne von *Teplỳ* und *Gross* relativ ähnlich und lassen eine zeitliche Nähe zueinander vermuten. Zum Beispiel gibt es nur auf diesen beiden Karten eine Sandbank zwischen Innbrücke und der Mariahilfer Kirche. Im Detail findet man aber doch einige gravierende Unterschiede, die vermuten lassen, dass der Plan von *Gross* nach 1835, jener von *Teplỳ* um 1842 entstanden ist. Grafisch sind die beiden Pläne von sehr unterschiedlicher Qualität. Im Plan von *Gross* sind die Flächensignaturen für Äcker, Wiese, Gärten und Gebäude sehr exakt ausgeführt, in dem von *Teplỳ* wesentlich schlampiger oder künstlerisch freier gestaltet. Auch die Lage und Grundrisse von Gebäuden sind oft ungenau, in Wilten fehlt beispielsweise überhaupt die Basilika!

Der **Plan von Hübl** (K39) hat wiederum eine eigene Geschichte. Er diente als Beilage im 1909 zum 100-Jahr-Jubiläum erschienenen Buch *Josef Hirns*: „Tirols Erhebung im Jahre 1809", um die geographische Situation zur Zeit Andreas Hofers darzustellen. Er schreibt dazu im Vorwort ([42] S. VIII):

„*Eine eigene Karte von Tirol beizugeben, durfte ich mir erlassen, da ausgezeichnetes kartographisches Material jedermann leicht erreichbar ist. Bei dem Umstande dagegen, dass die heutige Talsohle von Innsbruck infolge des Anwachsens der Stadt ein ganz anderes Bild zeigt als vor hundert Jahren, hielt ich es für geboten, einen Situationsplan des Feldes am Fusse des Iselberges, wo die meisten und bedeutendsten Kampfereignisse sich abspielten, dem Buche anzuhängen. Diese meine Absicht hat das militärgeographische Institut und dessen technischer Chef, Oberst Baron Hübl, in der entgegenkommendsten Weise unterstützt. Die Reproduktion beruht auf einem ziemlich gleichzeitigen, mehrfach richtig gestellten Stich.*"

Peter Adelsberger [1] dazu:

„*Die Gesamtansicht „Innsbruck gegen Süden" mit dem Zusatz „(um 1809)", sowie der Stadtplan wurden unter Hinweglassung der Randveduten als Photolithographie reproduziert und den beiden 1909 in Innsbruck erschienenen Ausgaben von Josef Hirns: „Tirols Edrhebung im Jahre 1809" als Beilage beigebunden.*"

Das heißt, die Kartenbeilage von *J. Hirn* beruht auf der Gross'schen Karte. Der Militärfriedhof sowie eine historische Beschriftung unterhalb der Schleifmühle („*1552 Lager der Schmalkaldischen Bundesverwandten*") wurden wegretuschiert, einige zusätzliche Straßenbeschriftungen eingefügt. Der Gebäudebestand bleibt aber unverändert (um 1835 bis 1840, Schlachthof!), ebenso der Verlauf der Sill nach der Regulierung 1823/24. (*Forcher* [27], S. 248) Der Datenstand entspricht daher wie bei *Gross* dem um 1835/1840.

Interessant sind noch die zwei Pläne von 1835 (K35) und (K36), die ebenfalls von den Innstromkarten ableitbar sind, allerdings einen um 90° gedrehten Ausschnitt ohne Pradl und Wilten darstellen.

Zur Verdeutlichung der verschiedenen Orientierungen und Ausschnitte der besprochenen Gruppen noch einmal eine vergleichenden Übersicht:

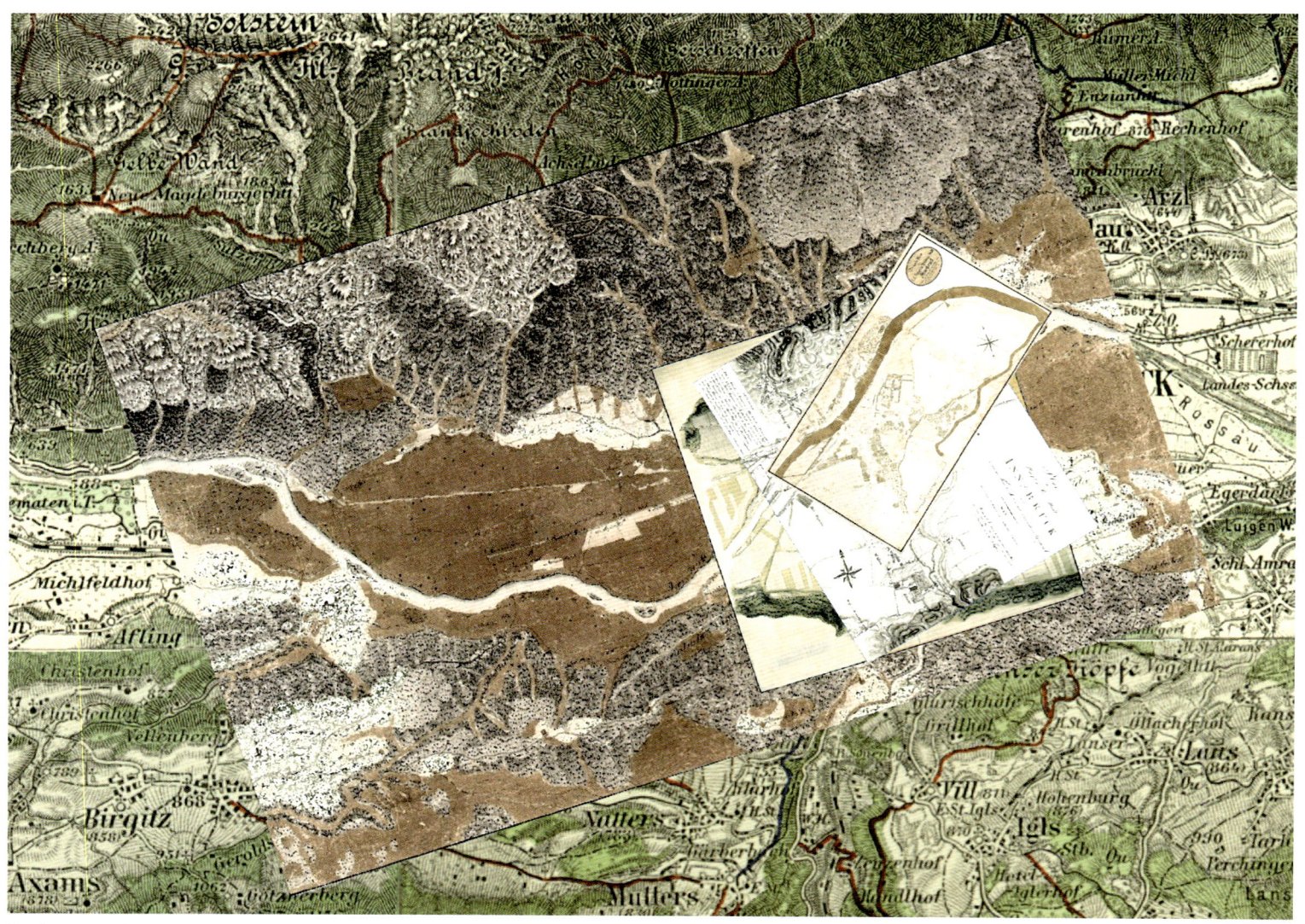

Von hinten nach vorn: Mumb/Perger – Innstromkarte Blatt 58–61 – Viehbeck – Duile

Bemerkenswerterweise können auch Beziehungen zwischen den Gruppen ausgemacht werden, zum Beispiel die historische Anmerkung, die *Zitterbergen* und *Gross* von *Viehbeck* übernommen haben *(„**Neu-Raut 1552 Lager der Schmalkaldischen Bund(e)sverwandten**")* und die Tatsache, dass *Philipp Miller* den Viehbeck'schen Plan von 1804 nur mit wenigen eigenen Nachträgen 1822 nachgezeichnet und als Druck kommerziell verwertet hat (K31).

Viehbeck, 1804 (K13) *Zitterbergen*, 1806 (K14) *Gross*, 1835/40 (K38)

Es zeigt sich im übrigen, dass eine zeitliche Einordnung auch der gedruckter Pläne wesentlich durch die Tatsache erschwert wird, dass entweder zeitlich zurückliegende bauliche Veränderungen nicht aktualisiert oder aber auch nur projektierte Planungen bereits in die Karten aufgenommen wurden.

8. Sonstige Karten und Pläne

MÜNZER, Fähnrich: **"Plan von Insbruck"**, um 1800 (Kartenverzeichnis K7)
Maßstab ca. 1 : 14.000

Der Ausschnitt entspricht dem des Planes von C. *Schmit* um 1820 (K25). Die Topographie und der Gebäudebestand sind eher oberflächlich und stark schematisiert gezeichnet. Es fehlen beispielsweise die Darstellung der Wiltener und der St. Nikolaus-Pfarrkirche. Die Sieben-Kapellen-Kirche ist übergroß eingezeichnet und hat die Dimension des benachbarten Zeughauses!

Philipp Miller: "**Situations-Plan der Haupt- und Residenz-Stadt Innsbruck in Tirol**", 1802 (Kartenverzeichnis K9)
Maßstab ca. 1 : 2.000

C. Schmit: **„Innsbruck und die umliegende Gegend"**, um 1820 (Kartenverzeichnis K25)
Maßstab ca 1 : 14.000

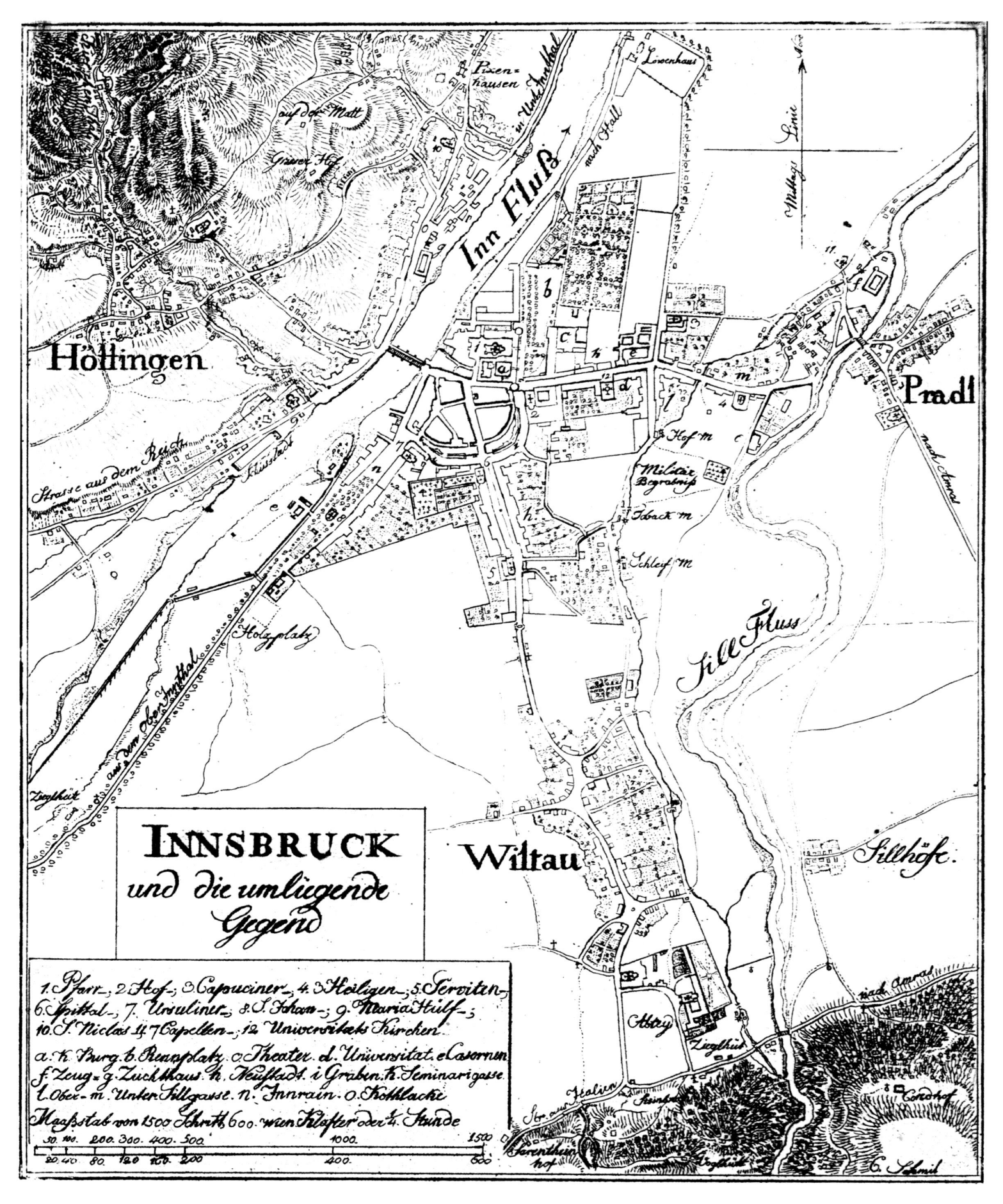

Wie schon bei der Handzeichnung von *Münzer* (K7) erwähnt, scheinen diese zwei Pläne sowohl von der Größe als auch vom dargestellten Ausschnitt her äußerst ähnlich zu sein. Im Detail sind sie allerdings sehr unterschiedlich und der Nordpfeil weicht um 11° ab. Identisch sind aber die eingezeichneten Mühlen entlang des Sillkanals. Die Datierung (um 1820) dürfte auf Grund der Gebäude südlich der Triumphpforte korrekt sein.

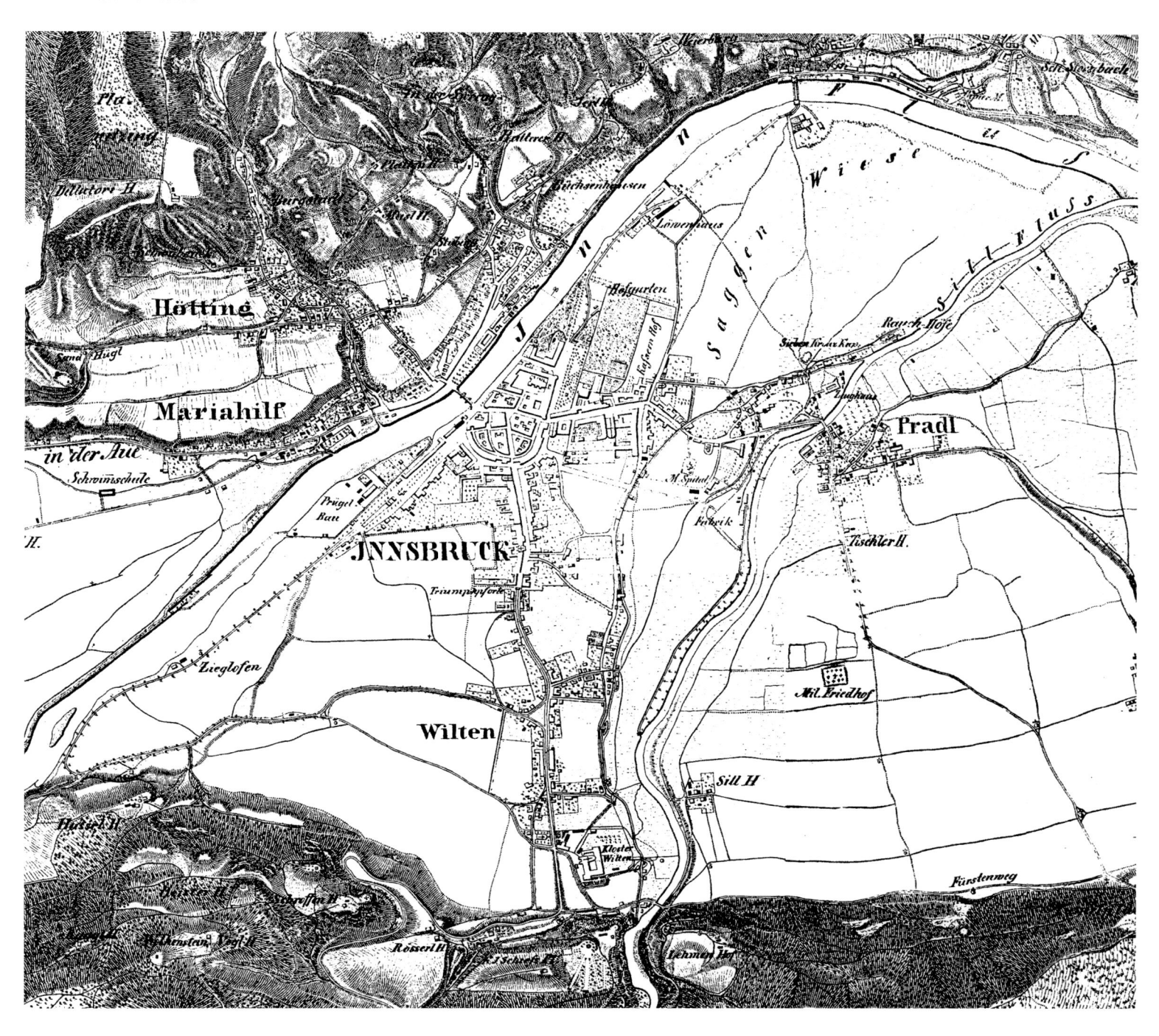

Hauptmann Carl URBAN, Eduard von GUTRATH, Anton MAYR:
„**Innthal von Zirl bis zur Brücke bei Volders**", 1840/43 (Kartenverzeichnis K42) (Ausschnitt)
Maßstab ca. 1 : 14.400

Detail:

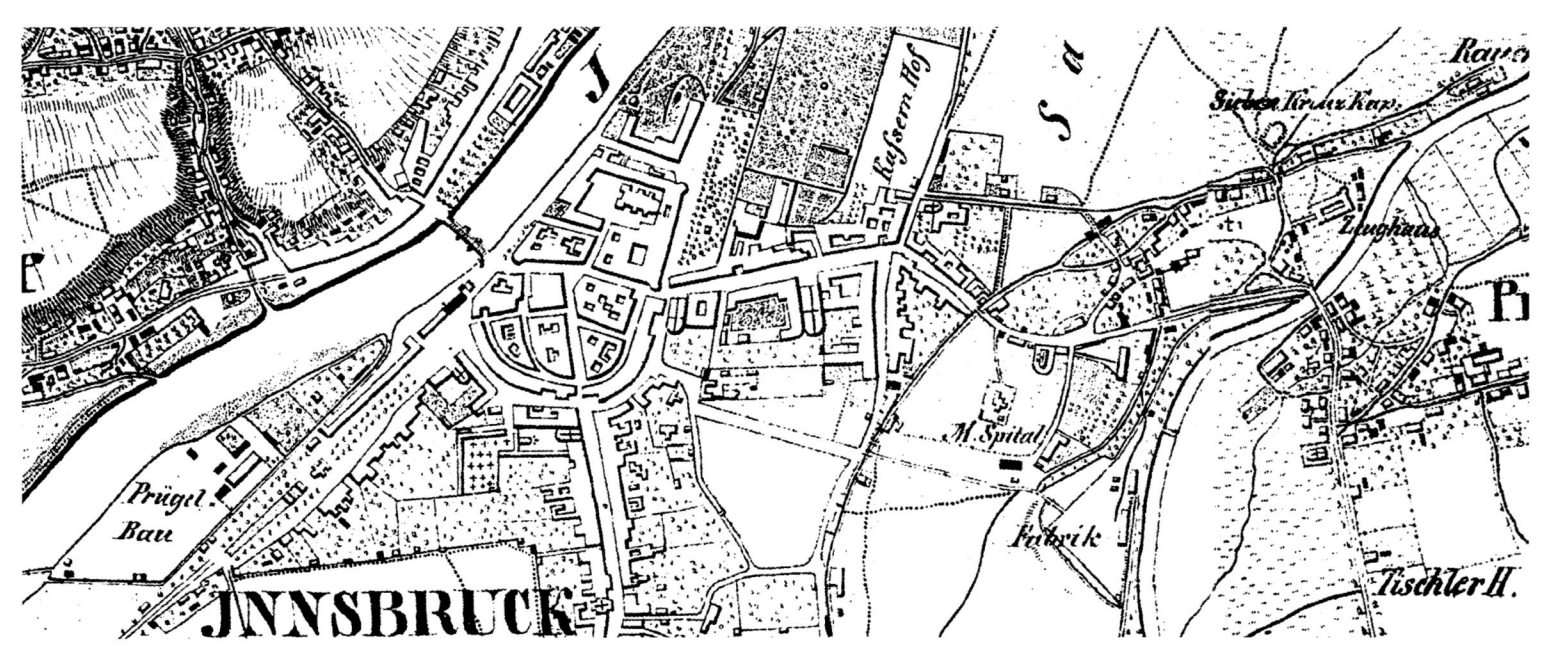

Hauptmann Carl Urban, Eduard von Gutrath, Anton Mayr:
„Innthal von Zirl bis zur Brücke bei Volders", 1840/43 (Kartenverzeichnis K43) (Ausschnitt)
Maßstab ca. 1 : 14.400

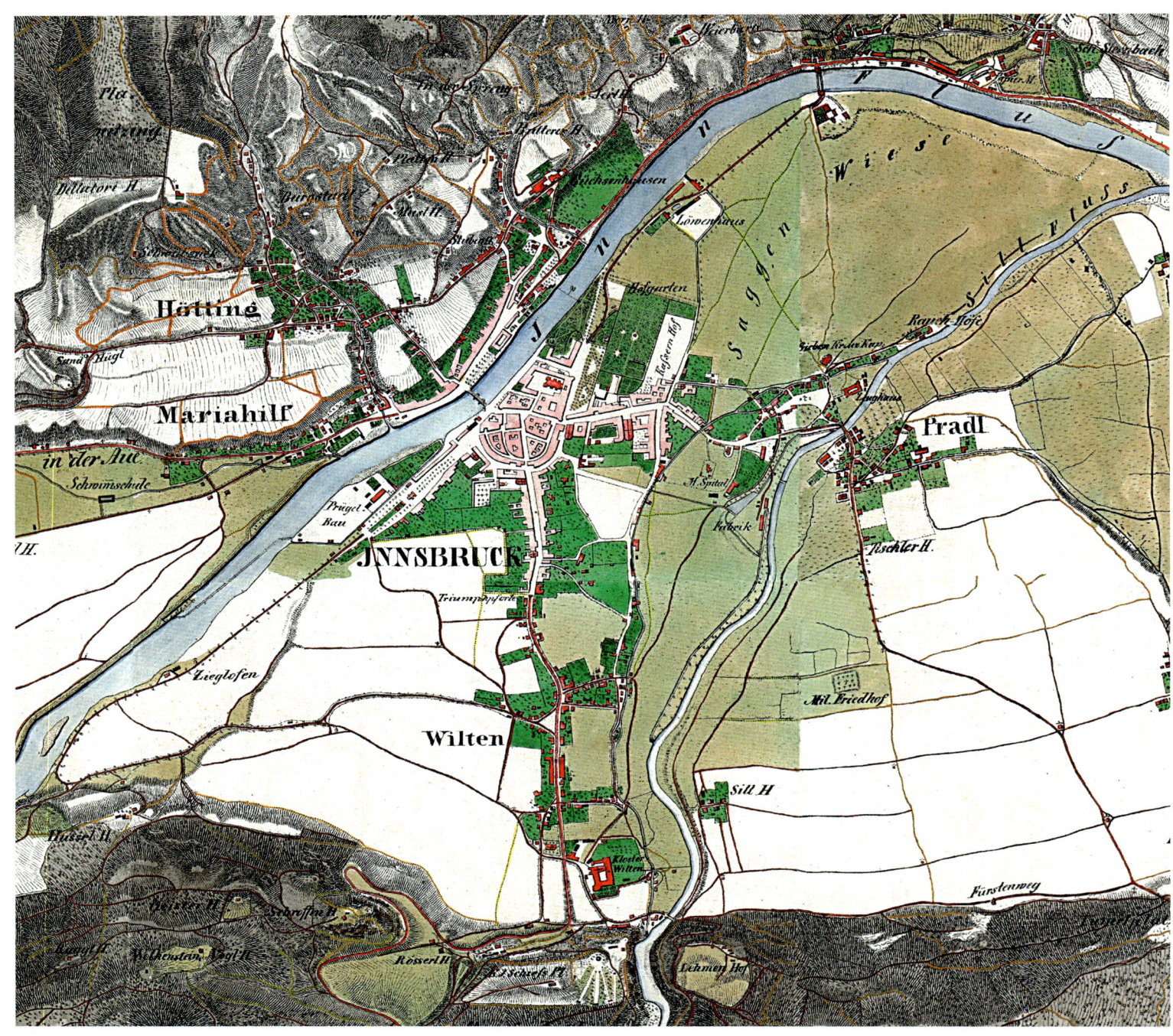

Kolorierte Version desselben Ausschnittes der vorherigen Karte von *Urban* (K42)

Detail:

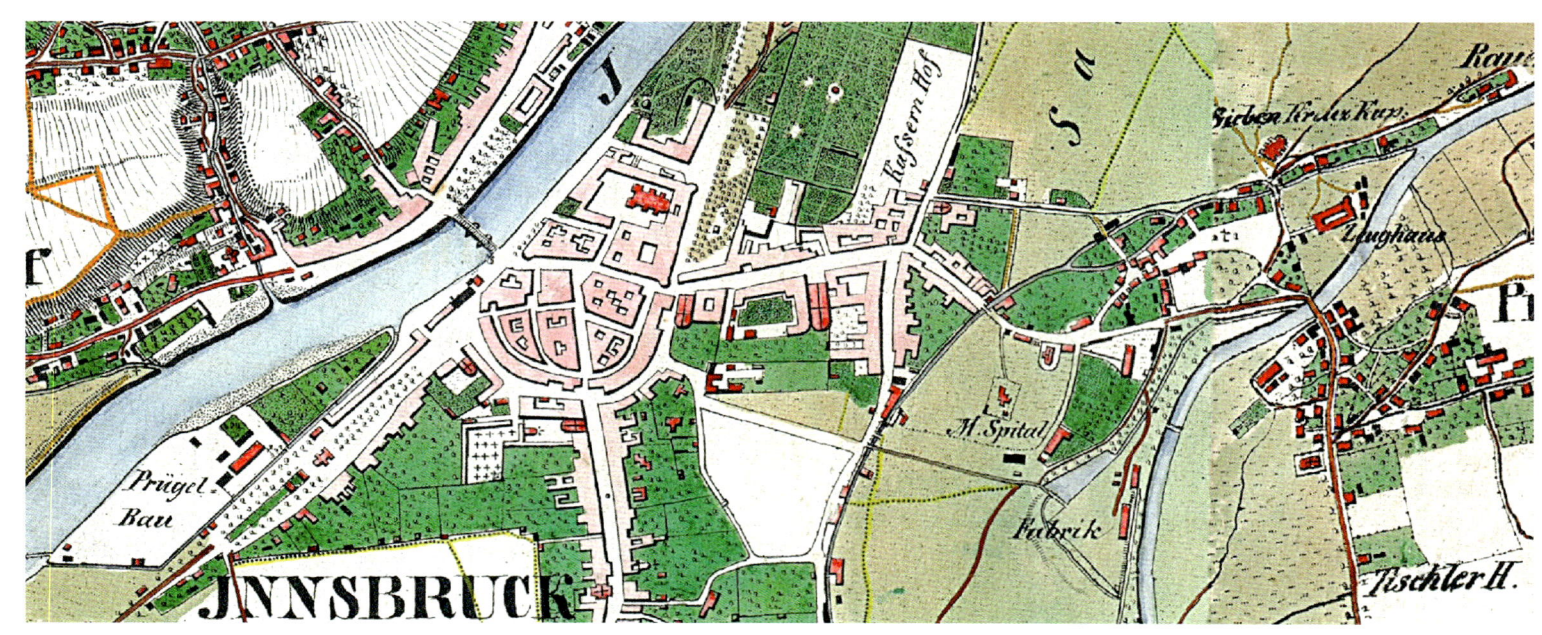

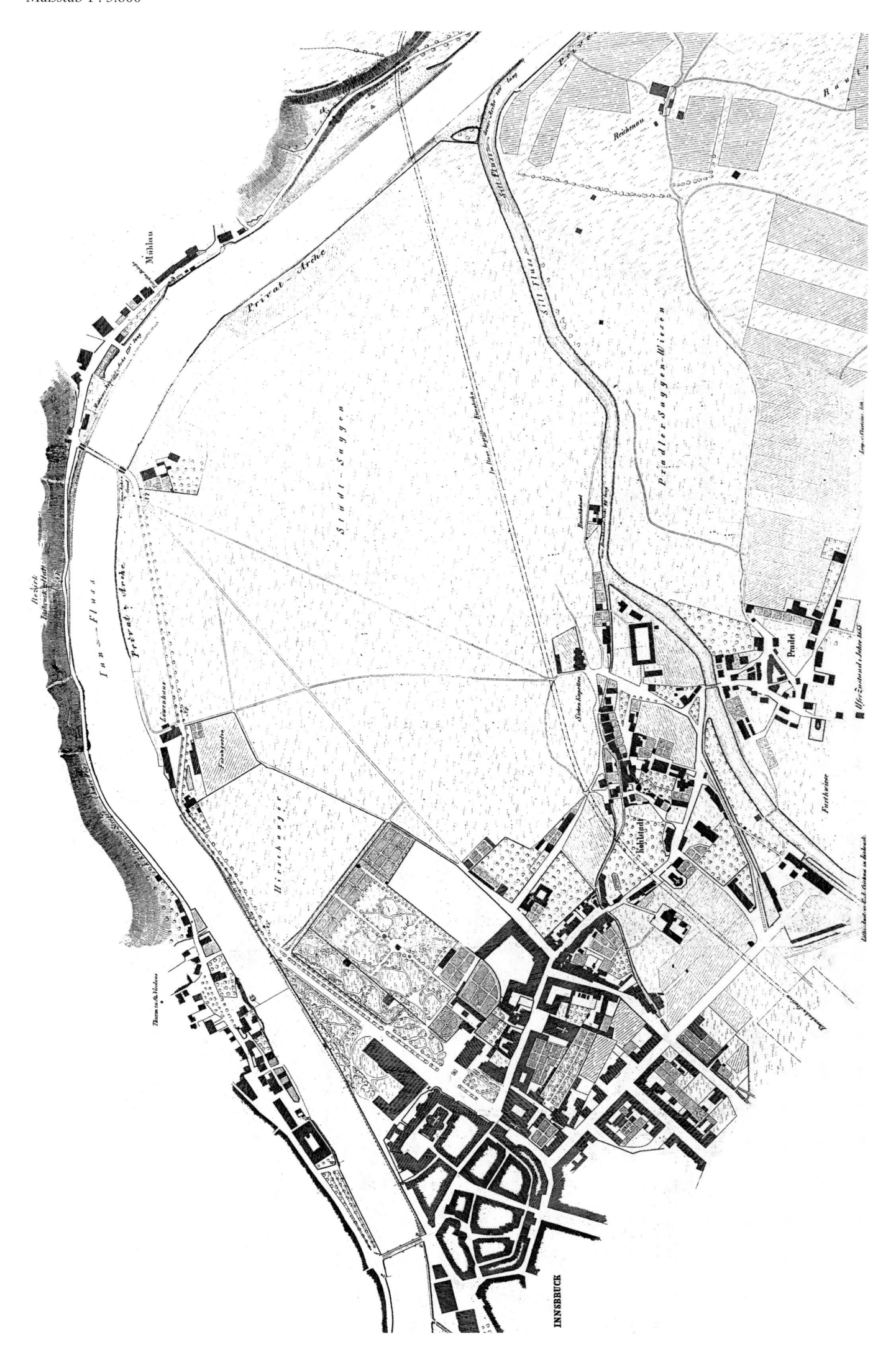

Leopold von CLARICINI, C. A. CZICHNA: **„Innstromkarte"**, 1855 (Kartenverzeichnis K46) (Ausschnitt)
Maßstab 1 : 3.600

Kleinmaßstäbige Kartenwerke der österreichischen Landesaufnahmen

Erste (Josephinische) Landesaufnahme, Blatt 33, 1801/05 (Kartenverzeichnis K87)
(Ausschnitt des Bereiches von Innsbruck)
Maßstab 1 : 28.800

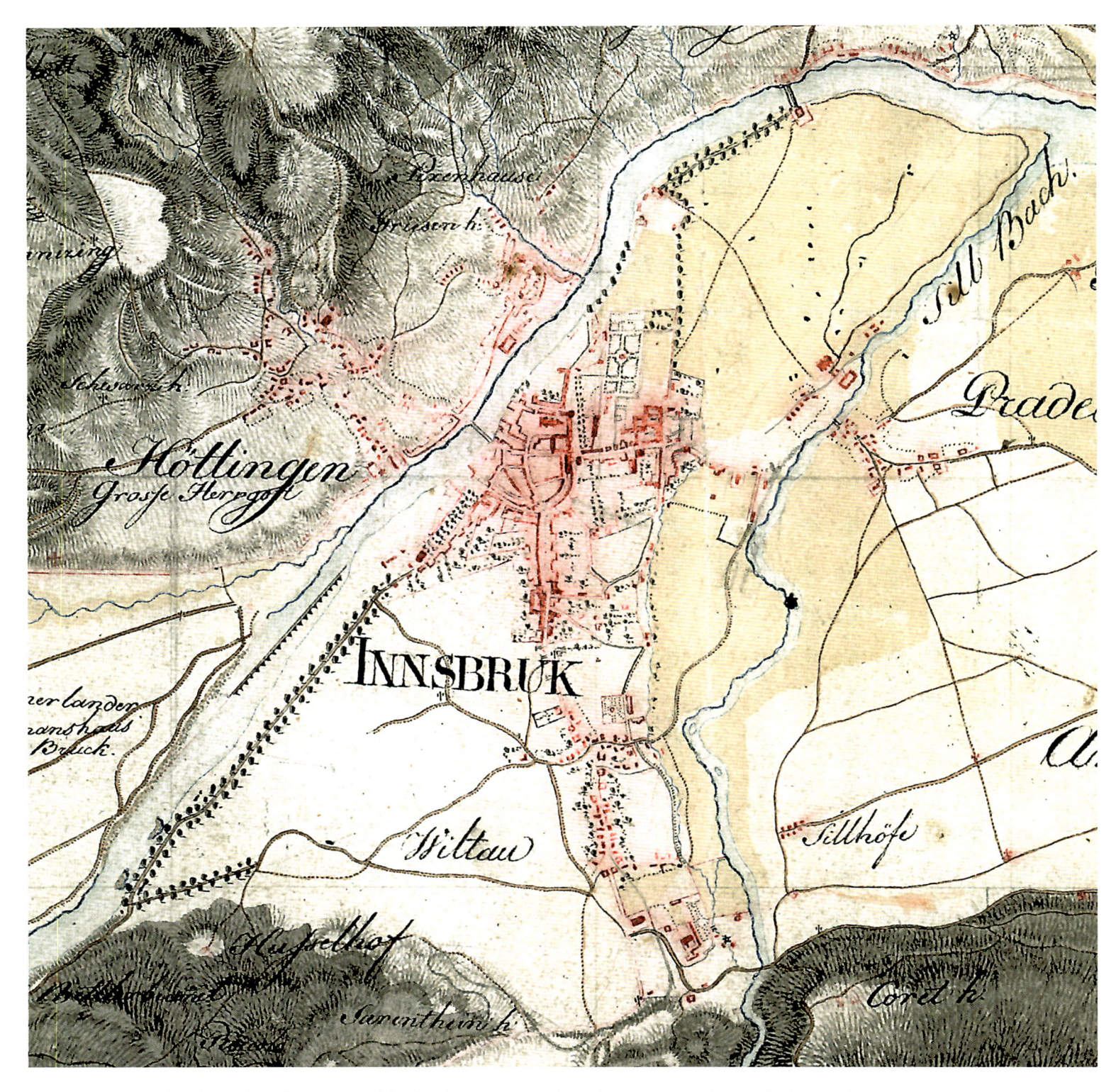

Das Kartenwerk, das als Nachzügler oder Nachläufer der Ersten Landesaufnahme anzusehen, jedoch unvollendet geblieben ist, musste nach der Besetzung Tirols durch das Königreich Bayern im Juli 1806 an das selbige ausgeliefert werden. Übergeben wurden eine Übersichtskarte und 72 Aufnahmeblätter, wobei davon auszugehen ist, dass nicht die Originale selbst, sondern originalgetreue Kopien ausgefolgt worden sind. Bayern gab das Kartenwerk erst nach jahrelangem Drängen im Sommer 1817 zurück. Dem Kartenwerk wurde aber offensichtlich keine weitere Beachtung geschenkt, denn es tauchte erst 1980 als verstaubte Mappe in der Vermessungsabteilung der Landesbaudirektion auf. (*Beimrohr* [7], *Währer* [101]) Diese Karten unterlagen damals strenger militärischer Geheimhaltung, waren daher öffentlich nicht verfügbar und konnten somit auch nicht als Vorlage für andere Karten und Pläne dienen.

Major von REININGER: **Zweite (Franziszeische) Landesaufnahme, Blatt 32, 1820** (Kartenverzeichnis K88)
(Ausschnitt des Bereiches von Innsbruck)
Maßstab 1 : 28.800

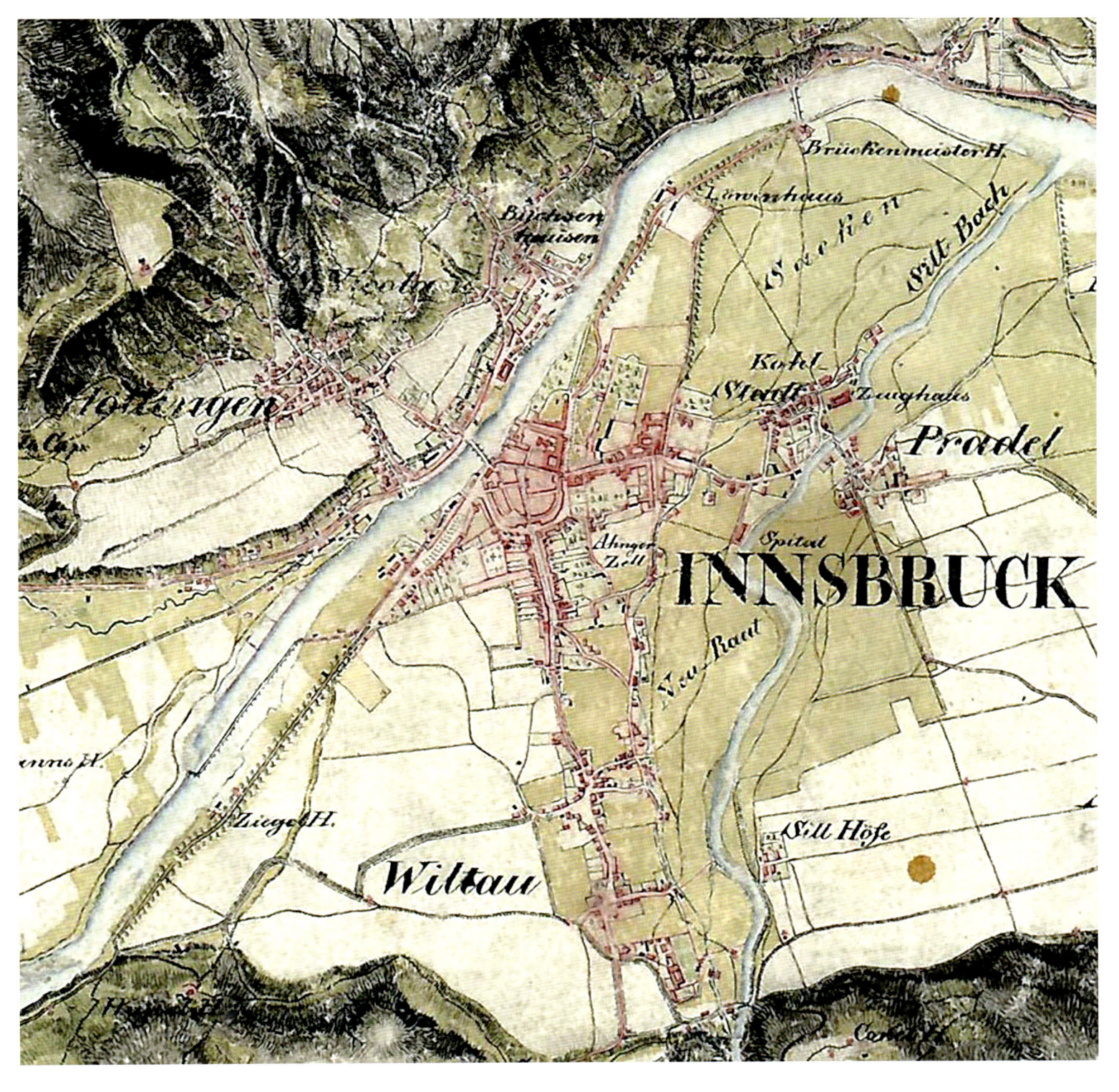

Wie die Karten der ersten Landesaufnahme unterlagen auch diese Karten strenger militärischer Geheimhaltung und waren daher öffentlich nicht verfügbar. Ebenfalls wie bei der ersten Landesaufnahme gab es von jedem Kartenblatt nur zwei Exemplare: eines für das Ministerium (Hofkriegsrat) und eines leihweise für den Feldherrn für die Dauer des Feldzuges. (*Fasching* [17])

Major Josef Skuppa, Major Ad. Fildler v. Isarborn: **Dritte (Franzisko-Josephinische) Landesaufnahme, Gradkartenblatt Zone 16 Colonne V Section SW, 1871/80** (Kartenverzeichnis K89)
(Ausschnitt des Bereiches von Innsbruck)
Maßstab 1 : 25.000

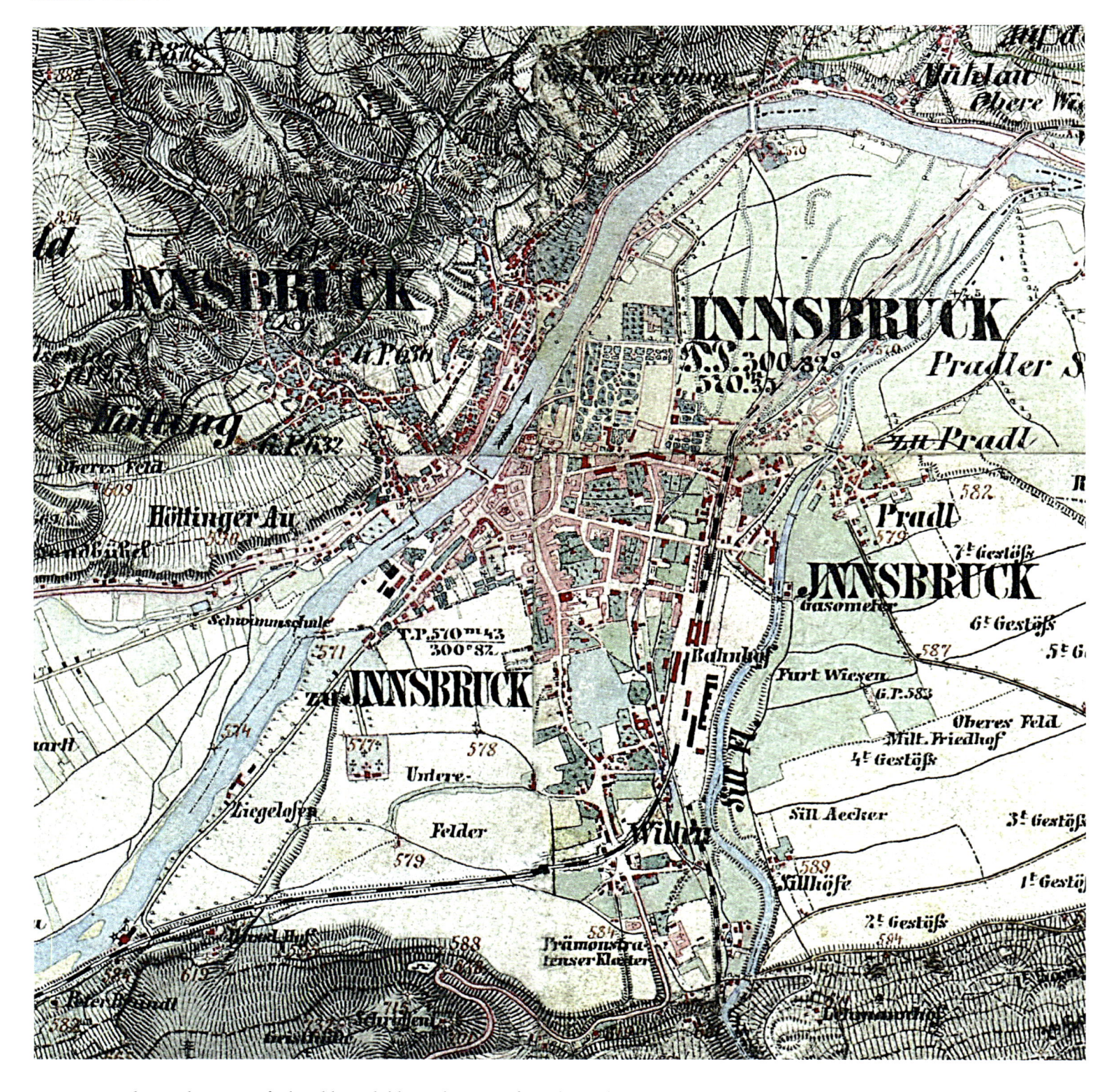

Die von Hand gezeichneten Aufnahmeblätter bildeten die Vorstufe zu den gedruckten Karten der dritten Landesaufnahme 1 : 75.000 und wurden nicht veröffentlicht. Ausgangsbasis war der ursprüngliche Blattschnitt des Franziszeischen Katasters mit dem Nullpunkt beim Südturm des Innsbrucker Domes zu St. Jakob. Die Beschriftungen auf dem Aufnahmeblatt waren noch nicht bereinigt. Aufnahmedatum war 1871/72, was auch dem Datenstand der Karte entspricht. Nur die Arlbergbahn (1880/83) wurde nachgetragen. Besonders hervorzuheben ist hier erstmalig die Darstellung des Geländes als Kombination von Schraffen mit Höhenschichtlinien.
Das Kartenwerk 1 : 75.000 der dritten Landesaufnahme war zum ersten Mal auch für die Öffentlichkeit bestimmt. Dieses erstmals im metrischen Maßsystem erschienene topographische Kartenwerk gilt bis heute als quantitative Meisterleistung der Militärkartographie.

Dritte (Franzisko-Josephinische) Landesaufnahme,
Blatt 5047/3, um 1890 (Kartenverzeichnis K90)
(Ausschnitt des Bereiches von Innsbruck)
Maßstab 1 : 25.000

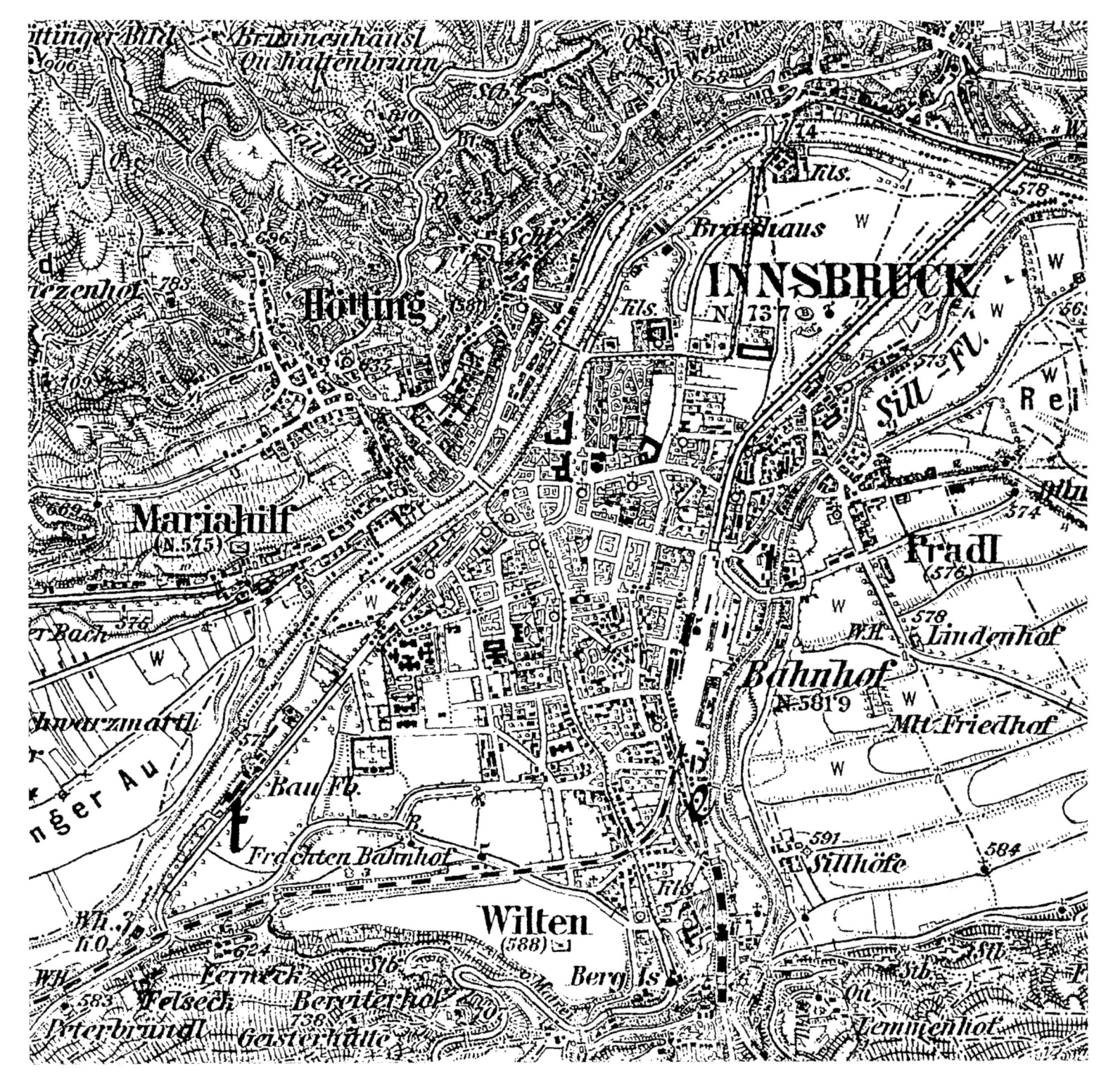

Dieser Schwarzdruck der reambulierten Version (nach Neuvermessung und Verdichtung der Höhenlinien) der ursprünglichen Aufnahmesektion wurde mit einer neuen Blattschnittnummerierung versehen und war nur für den internen Gebrauch in der öffentlichen Verwaltung bestimmt.

Situation 2013 und Digitaler Franziszeischer Kataster 1856 (Kartenverzeichnis K96)

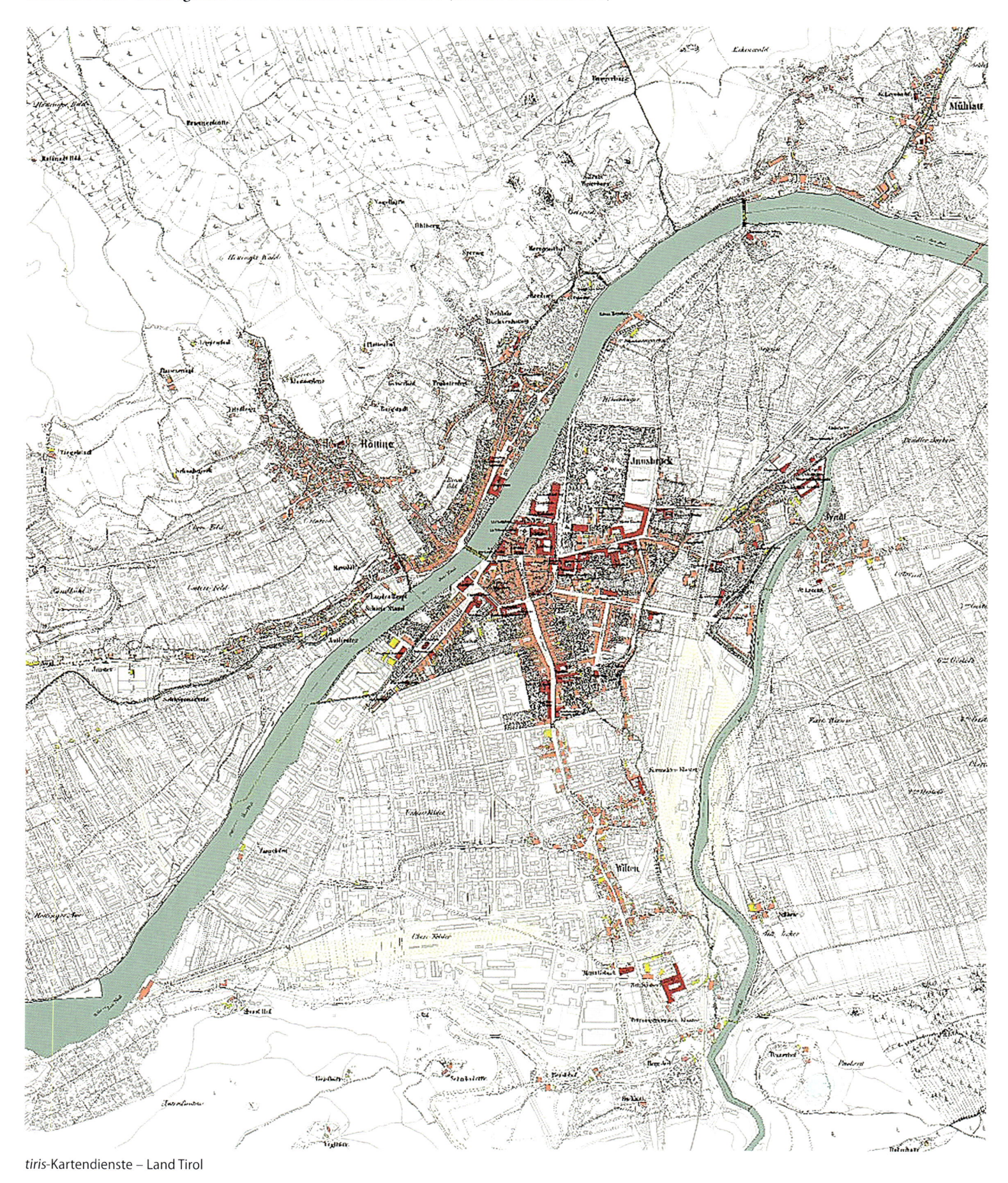

tiris-Kartendienste – Land Tirol

Diese Darstellung entsteht durch Überlagerung des *tiris*-Situations- und Lageplans von 2013 mit dem digitalen Franziszeischen Kataster von 1856.

9. Panoramaansichten

Panoramen sind ein wichtiges Hilfsmittel zur besseren Interpretation von Karten und Plänen. Besonders eignen sich dazu die sogenannten Realveduten, die porträthaft genau, wenn auch nicht mit dogmatischer Wirklichkeitstreue behaftet sind. Nur der Realvedute kommen daher der Charakter und die Funktion einer echten Geschichtsquelle in Bezug auf das dargestellte Motiv zu. Nachdem die Vedute nur das festzuhalten und wiederzugeben vermag, was dem Künstler besonders auffällt und welches er deshalb als darstellungswürdig empfindet, ist dieses Faktum bei der Betrachtung der Vedute als Geschichtsquelle stets zu berücksichtigen. (*Adelsberger* [1], S. 4 f.)

Johann Michael STRICKNER: **Innsbruck von Norden, 1755/56** (Kartenverzeichnis P4)

Die Zuweisung von Autor und Datierung stammt von *F. Hye*, der die starke Ähnlichkeit mit dem Deckenfresko in der Dreiheiligenkirche erkannte. Die Basilika von Wilten ist bereits mit zwei Türmen dargestellt (neu erbaut 1755), *Strickner* selbst starb 1759.

„**Die Haupt- und Residenz Stadt Innsbruck in Tyrol**", um 1780 (Kartenverzeichnis P5)

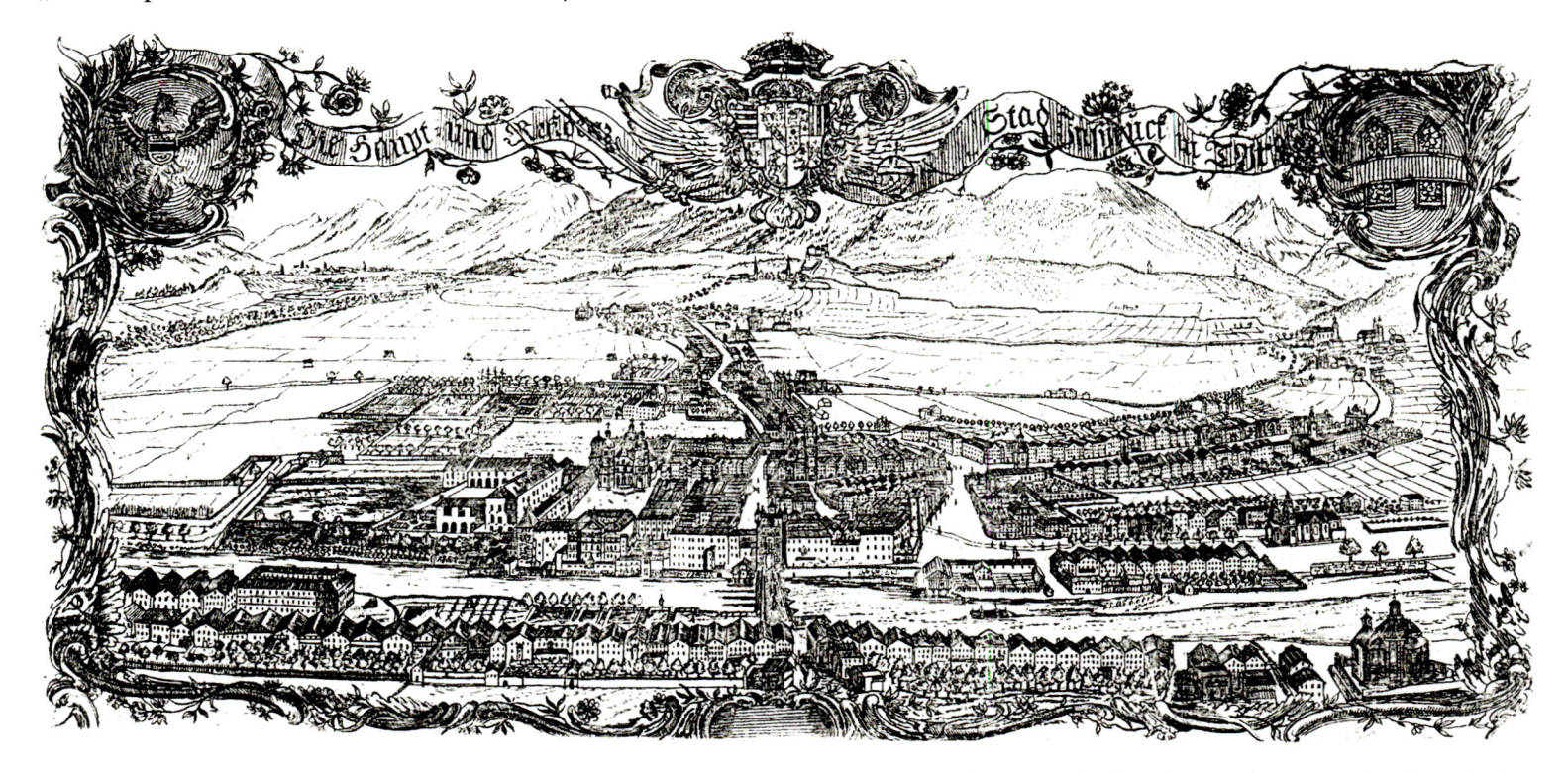

Die Vedute zeigt Innsbruck von Nordosten in seiner gesamten Ausdehnung. Als Vorlage hat mit Sicherheit die *Strickner* zugeschriebene Radierung gedient. Der Blickpunkt ist sichtbar höher gesetzt.

Ein Vergleich zwischen den beiden Panoramaansichten (P4) und (P5) anhand von Detailausschnitten zeigt einige wesentliche Unterschiede auf.

Bereich Dogana – Dom – Rennplatz – Hofgarten:

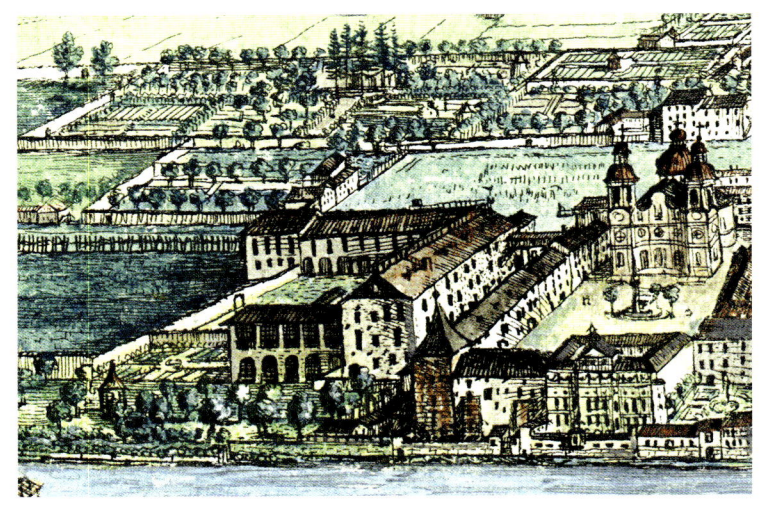

J. M. Strickner, 1855/56 (P4)

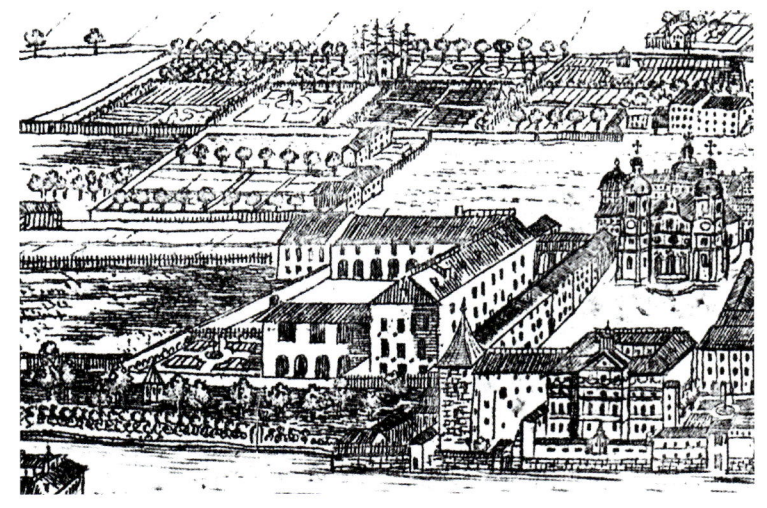

Panorama Innsbruck, um 1780 (P5)

Während der Hofgarten links noch als Ertragsgarten dargestellt wird, ist rechts im Mittelteil die Umwandlung zu einem barocken Ziergarten bereits erkennbar.

Bereich Innbrücke – Marktplatz:

J. M. Strickner, 1855/56 (P4)

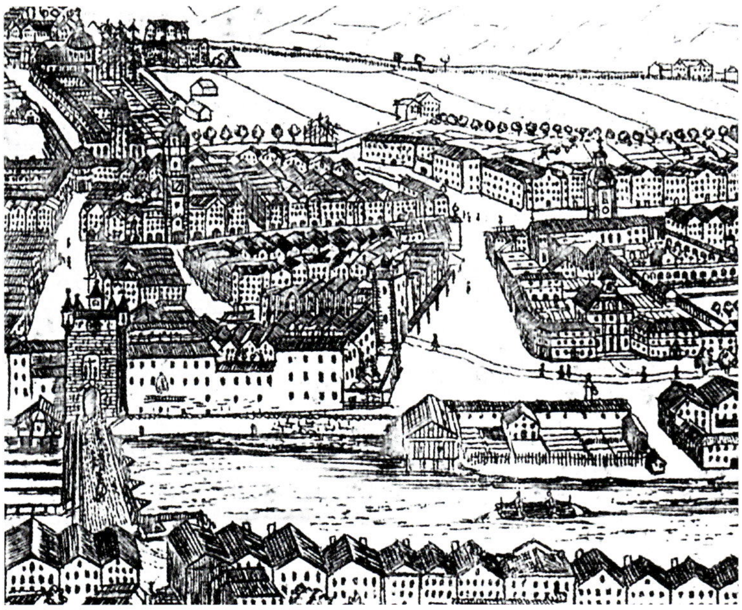

Panorama Innsbruck, um 1780 (P5)

Der Wappenturm nach Osten sowie das Vorstadttor zur Neustadt sind abgerissen, nur das Inntor nach Norden und das Pickentor zum Marktgraben hin stehen noch; 1780 bzw. 1790 sind auch diese entfernt worden. Die links noch begrünten Stadtgräben wurden aufgeschüttet.

Bereich Neustadt (Maria-Theresien-Straße) – Wilten:

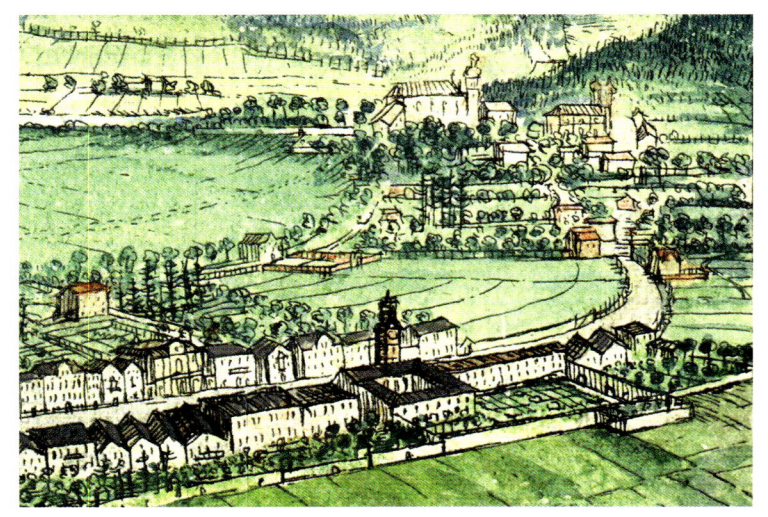

J. M. Strickner, 1855/56 (P4)

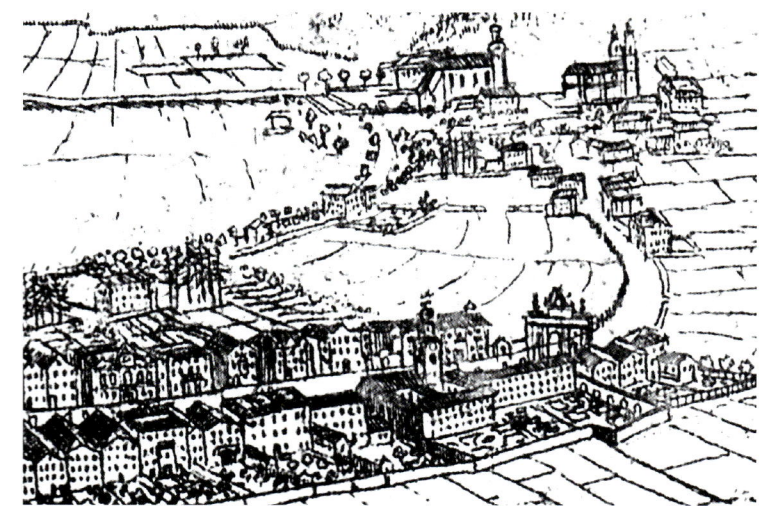

Panorama Innsbruck, um 1780 (P5)

Am Ende der Neustadt erkennt man die 1765 errichtete Triumphpforte.

Friedrich R. REHBERG, Franz X. SCHWEIGHOFER: **Panorama von Innsbruck, 1820** (Kartenverzeichnis P6)

Im Auftrag von Kaiser Franz I. zeichnete Friedrich *Rehberg* ein Panorama von Innsbruck in 5 Teilen. Die Blickrichtung geht beginnend von Süd (I) nach West (II), Nord (III), Ost (IV) und wieder Süd (V).

Blatt I: „*Das erste Blatt seines fünfteiligen Panoramas widmete er der Innsbrucker ‚Neustadt' bzw. der heutigen Maria-Theresien-Straße mit den Wiltener Kirchen und dem Bergisel-Sattel im Hintergrund. Namentlich an der Westseite dehnten sich damals unmittelbar hinter den Häusern der Neustadt sowie im Anschluss an den alten Stadtfriedhof beim Stadtspital (= das Gebäude mit 10 Fensterachsen gleich hinter der Spitalskirche) mit der 1869 abgerissenen St. Veits Kapelle die Wiltener Felder, während nahe am linken Bildrand bei der Baumgruppe noch das einstige Fuggerische Faktoramtsgebäude am Bozner Platz zu sehen ist, welches 1933 der Begradigung der Wilhelm-Greil-Straße weichen musste. Schließlich ist noch auf die offene Ritsche hinzuweisen, die die Maria-Theresien-Straße in ihrer ganzen Länge nordwärts durchzogen und selbst die Annasäule unterfahren hat.*" (Hye [73] S. 34)

Blatt II: „*Das zweite Blatt seines Innsbruck-Panoramas widmete Rehberg dem Blick nach Westen mit dem Innrain, dem ehemaligen Ursulinenkloster und der St. Johannes Nep.-Kirche, neben der man rechts die damalige Prügelbaukaserne (= heutiges Landesgendarmeriekommando) und den einstigen Innsbrucker Innrechen erkennen kann, an den heute nur noch der Name ‚Rechengasse' erinnert. Links des von zwei Flößen befahrenen Innflusses strahlen uns die Fassaden der Oberen Innbrücken- bzw. Mariahilfstraße mit der Kuppel der Mariahilfkirche entgegen, hinter der sich die unverbauten Felder und Wiesen von Hötting unter- und oberhalb der Schneeburggasse ausdehnen. Die Innbrücke präsentiert sich hier noch in ihrer letzten Gestalt als Holzbrücke, über der sich rechts an der Höttinger Gasse wie der Stumpf eines Turmes der markante Ansitz Ettenau erhebt. Nahe am rechten Bildrand sind bereits – östlich der schmalen Öffnung der Höttinger Gasse – die ersten Häuser von St.Nikolaus zu sehen.*" (Hye [73] S. 35)

Blatt III: „*Das dritte Blatt lässt den Blick über das ehemalige Stadtpalais des Klosters Stams (Bildmitte) und den einstigen sog. ‚Kräuterturm' (= das einstmalige Landesgefängnis), rechts davon, an der Nordwestecke des Domplatzes, hinübergleiten zu Innsbrucks ältestem Stadtteil St. Nikolaus, wo sich unterhalb von ‚Büchsenhausen' noch die kleine, barocke St. Nikolaus-Pfarrkirche erhebt. Das in den letzten Jahren gewaltsam umgebaute ‚k. k. Strafarbeitshaus' bzw. spätere ‚Turnusvereinshaus' hat hier noch seine ursprüngliche Gestalt, und an der Stelle des Walther-Parks dehnt sich im Bilde noch das Gelände der ehemaligen Floßlände. Knapp am rechten Bildrand schließlich vermag man noch unterhalb der damals noch völlig unverbauten Hungerburgterrasse die Weiherburg zu erkennen. Dominiert freilich wird dieses Blatt durch die beiden Türme der barocken Stadtpfarr- und heutigen Domkirche zu St. Jakob, in deren westlicher Nachbarschaft sich die alte Höttinger Pfarrkirche am linken Bildrand geradezu bescheiden ausnimmt.*" (Hye [73] S. 36)

Blatt IV: „*Das Blatt lässt den Blick vom Stadtturm über die Dächer der Hofburg gegen Osten schweifen. Bei genauem Hinsehen erkennt man hier (v. l. n. r.) den Giebelreiter des Kapuzinerklosters, das als Klosterkaserne verwendete, turmlose ehemalige Servitinnenkloster, das hölzerne Ersatztürmchen und die Kuppel der Jesuitenkirche.*" (Hye [73] S. 37)

Blatt V: *„Blatt V präsentiert im Vordergrund die Dächer der südostseitigen Häuser an der Stiftgasse und dahinter Dach und Turm der Hofkirche sowie den Ansitz Angerzell. Die mittlere Bildebene zieht sich vom Turm der Dreiheiligenkirche und dem Gebäude der ehemaligen Hofmühle im Zwickel Sillgasse/Klara-Pölt-Weg – dahinter zeigt sich das Zeughaus – entlang dem einstigen Sillkanal südwärts zu einigen Mühlengebäuden an der Meinhard- und quer über die Brixner-Straße bzw. an der Adamgasse, woran sich am rechten Bildrand die Sillhöfe anschließen. Im Hintergrund erkennt man die Pfarrkirchen von Amras, Aldrans und Lans, sowie den Paschberg und den Patscher Kofel mit den ostwärts anschließenden Bergen.** Ebenso eindrucksvoll wie das eingangs gezeigte erste Blatt dieses Panoramas erinnert auch dieses Blatt (V) daran, dass die Stadt Innsbruck noch zu Beginn des 19. Jahrhunderts beiderseits der Neustadt bzw. der Maria-Theresien-Straße noch fast gänzlich unverbaut war."* (Hye [73] S. 38)

Noch erwähnenswert sind die einzelnen Gebäude entlang des Sillkanals ab der Bildmitte: die Tabaksmühle (**A**), die Schleifmühle (**B**), die Engelmühle (**C**) im Anschluss, und rechts daneben der Ansitz Windegg (**D**), welcher ab 1825 die Bierbrauerei Adambräu beherbergte. Etwas verdeckt ist dann noch das Memminger Schlössl (**E**) zu erkennen, welches 1846 zum Karmelitinnenkloster umgebaut wurde (siehe auch Kapitel IV/9 – Wilten).

---

* Der Ansicht *Hyes* muss hier widersprochen werden: Das Gebäude hinter der Hofmühle ist nicht das Zeughaus, sondern das Militärspital an der Sill.

Frederic MARTENS: „**Ansicht von Innsbruck vom Berg Isel aufgenommen**", um **1846** (Kartenverzeichnis P7)

Christian STEINICKEN: „**Innsbruck aufgenommen vom Berge Isel**", um **1860** (Kartenverzeichnis P8)

Panorama-Ausschnitte:

F. Martens, um 1846 (P7)

Ansicht von der Gegend des Corethhofes aus mit Bartholomäuskirchlein und den Sillhöfen im Vordergrund. Im Hintergrund Innsbruck mit Innrain, Mariahilf bis Büchsenhausen und Schloss Weiherburg, darunter Dreiheiligen und das Militärspital.

Ch. Steinicken, um 1860 (P8)

Laut *Adelsberger* [1] basiert diese Ansicht auf der Vedute von Martens (P7), wobei der Standort des Betrachters näher an die Stadt und geringfügig östlicher angelegt wurde. Neu sind die Viaduktbögen der Eisenbahn neben der Dreiheiligenkirche in der Mitte rechts und der Gebäudekomplex des 1858 erbauten Bahnhofs. Die Ansicht von *Felmayer*, dass die Darstellung der Gebäude großteils missverstanden und konstruiert ist und die Übereinstimmung mit dem tatsächlichen Baubestand nur gering ist, stimmt wohl nur für den Bereich um Mariahilf. Die Gebäude im Vordergrund, wie z. B. die Kirche der Karmelitinnen oder der Bahnhofkomplex, sind auch im Detail exakt gezeichnet.

Ein Detailvergleich

Linke Seite: Wilten – Mariahilf – Hötting

F. Martens, um 1846 (P7)

Ch. Steinicken, um 1860 (P8)

Rechte Seite: Innsbruck – St. Nikolaus – Büchsenhausen – Hofgarten – Dreiheiligen – Weiherburg

F. Martens, um 1846 (P7)

Ch. Steinicken, um 1860 (P8)

Rechts neben der Dreiheiligenkirche erkennt man den Bahnviadukt, im Vordergrund stehen die Gebäude des neuen Bahnhofs (1858).

Basilio ARMANI: **Panorama von Innsbruck gegen Norden, um 1860** (Kartenverzeichnis P9)

Gesamtansicht:

Ausschnitt des mittleren Bereichs:

Detailansicht West:

Unterhalb des Kerschbuchhofes befindet sich die Höttinger Au, auf der rechten Innseite die Wiltener Felder mit dem 1858 neu errichteten Westfriedhof.

Detailansicht Mitte:

Innsbruck – Mariahilf – Hötting – St. Nikolaus, in der Bildmitte der 1858 errichtete Bahnhof mit einem einfahrenden Zug

Detailansicht Ost:

Der Bahnviadukt als beherrschendes Motiv, über der Bahnbrücke das Dorf Mühlau, rechts daneben das Dorf Arzl mit dem Kalvarienberg. Links neben der Dreiheiligenkirche im Sillzwickel die Spinnfabrik Ganahl-Rhomberg, daneben das Dorf Pradl, der Reichenauer Hof und am unteren Bildrand der Pradler Militärfriedhof neben der Fürstenallee.

Johanna Isser-Grossrubatscher: **„Innsbruck gegen Süden"**, **um 1860** (Kartenverzeichnis P10)

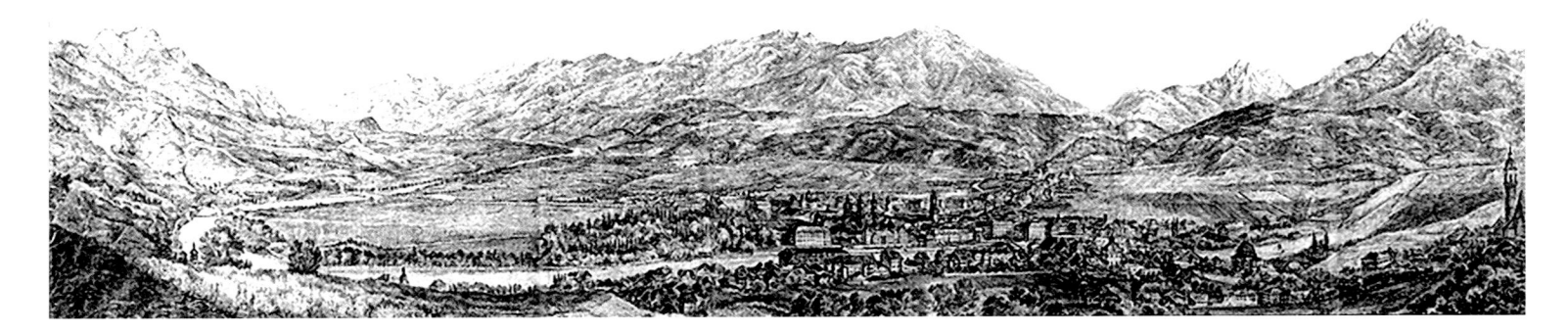

Neben den bereits gezeigten Detailansichten von Hötting und dem Bahnviadukt im Saggen drei weitere Ausschnitte:

Auf der gegenüberliegenden Seite des am Inn gelegenen Löwenbräuhauses ragt Büchsenhausen heraus, am linken Bildrand findet man die Weiherburg, auf halber Strecke weiter zum Dorf Mühlau erkennt man noch den erst 1880 eingeebneten Judenfriedhof, darunter die 1843 neu errichtete Kettenbrücke. Rechts oben ist auch noch Arzl mit dem Kalvarienberg sichtbar. (*Morscher* [40], S. 190)

Der Blick ist von St. Nikolaus aus auf den Hofgarten gerichtet. Südlich des Bahnviaduktes sieht man die Kohlstatt mit der Sieben-Kapellen-Kirche und dem Zeughaus. Im Inn zwischen St. Nikolaus und dem Hofgarten ist die Innfähre deutlich zu erkennen.

Dieser Ausschnitt des Mittelteils der Zeichnung zeigt von unten nach oben die Häuser von St. Nikolaus mit dem k. k. Strafarbeitshaus (dem späteren Turnusvereinshaus) in der Mitte, dem Inn gegenüber die k. k. Provinzial-Baudirektion mit dem k. k. Statthalterei-Archiv und der Dogana mit dem Hauptzollgebäude am nordöstlichen Ende. Detailgetreu sind auch die Stadtpfarrkirche zu St. Jakob, der Turm der Hofkirche sowie die Kuppel und der hölzerne Ersatzturm der Jesuitenkirche dargestellt. Hinter der Turmspitze der Hofkirche ist schemenhaft das 1858 in Betrieb genommene Bahnhofsgebäude zu erkennen. In der linken Bildmitte steht die 1849 neu gebaute Klosterkaserne, dahinter liegt Pradl mit seiner Kirche, die 1859 an Stelle des Zwiebelturmes ein Spitzdach erhielt. (*Morscher* [40], S. 192) Neben der Kirche erkennt man das Palais Ferrari, die Dreiheiligenkirche sowie den mächtigen Gebäudekomplex der Spinnfabrik Ganahl-Rhomberg im Sillzwickel. Inmitten der Pradler Felder erkennt man deutlich den Pradler Militärfriedhof. Die von Pradl ausgehende Allee stellt den Kaiserlich-Königlichen Fürstenweg nach Amras dar. Oberhalb von Amras erhebt sich das Schloss Ambras, darüber ist auch noch das Dorf Aldrans dargestellt.

Eine ausführliche Erörterung der Panoramazeichnung von Johanna ISSER-GROSSRUBATSCHER findet sich in *Morscher*, „Eine unbekannte Stadtansicht – Versuch der Datierung über Baudenkmäler" [40], damals noch ohne Kenntnis der Autorin.

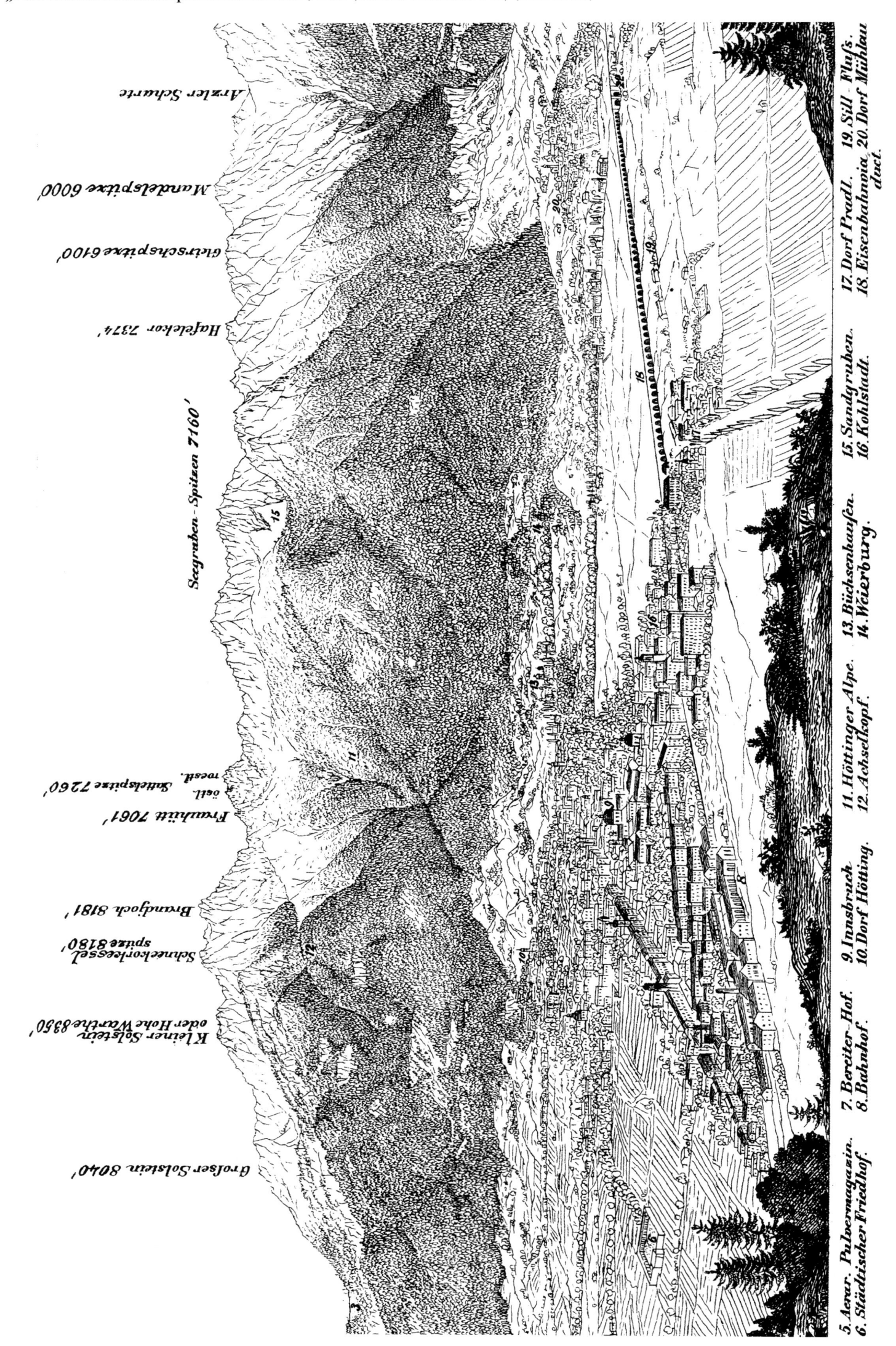

„Panorama des Lanserkopfes bei Innsbruck", 1872 (Kartenverzeichnis P11) (Ausschnitt)

Arzler Scharte
Mandelspitze 6000'
Gleirschspitze 6100'
Hafelekar 7374'
Seegruben-Spitzen 7160'
östl. Sattelspitze 7260' westl.
Frauhütt 7061'
Brandjoch 8181'
Schneiderkesselspitze 8180'
Kleiner Solstein oder Hohe Warthe 8350'
Großer Solstein 8040'

5. Aerar. Pulvermagazin.   7. Bereiter-Hof.   9. Innsbruck.   11. Höttinger Alpe.   13. Büchsenhausen.   15. Sandgruben.   17. Dorf Pradl.   19. Sill - Fluſs.
6. Städtischer Friedhof.   8. Bahnhof.   10. Dorf Hötting.   12. Achselzkopf.   14. Wöerburg.   16. Kohlstadt.   18. Eisenbahnviaduct.   20. Dorf Mühlau

III. Im Zeitraffer ins 20. Jahrhundert – die Pläne bis zur Eingemeindung von Wilten und Pradl 1904

A. GUBERNER, C. A. CZICHNA: „**Neuester Plan von Innsbruck und Umgebung**", 1864 (Kartenverzeichnis K49)
Maßstab 1 : 8.640

In der Mitte rechts findet sich ein Ausschnitt von Amras im gleichen Maßstab (siehe T55).

„Plan der Umgebung von Innsbruck", 1866 (Kartenverzeichnis K50) (Ausschnitt)
Maßstab 1 : 14.400

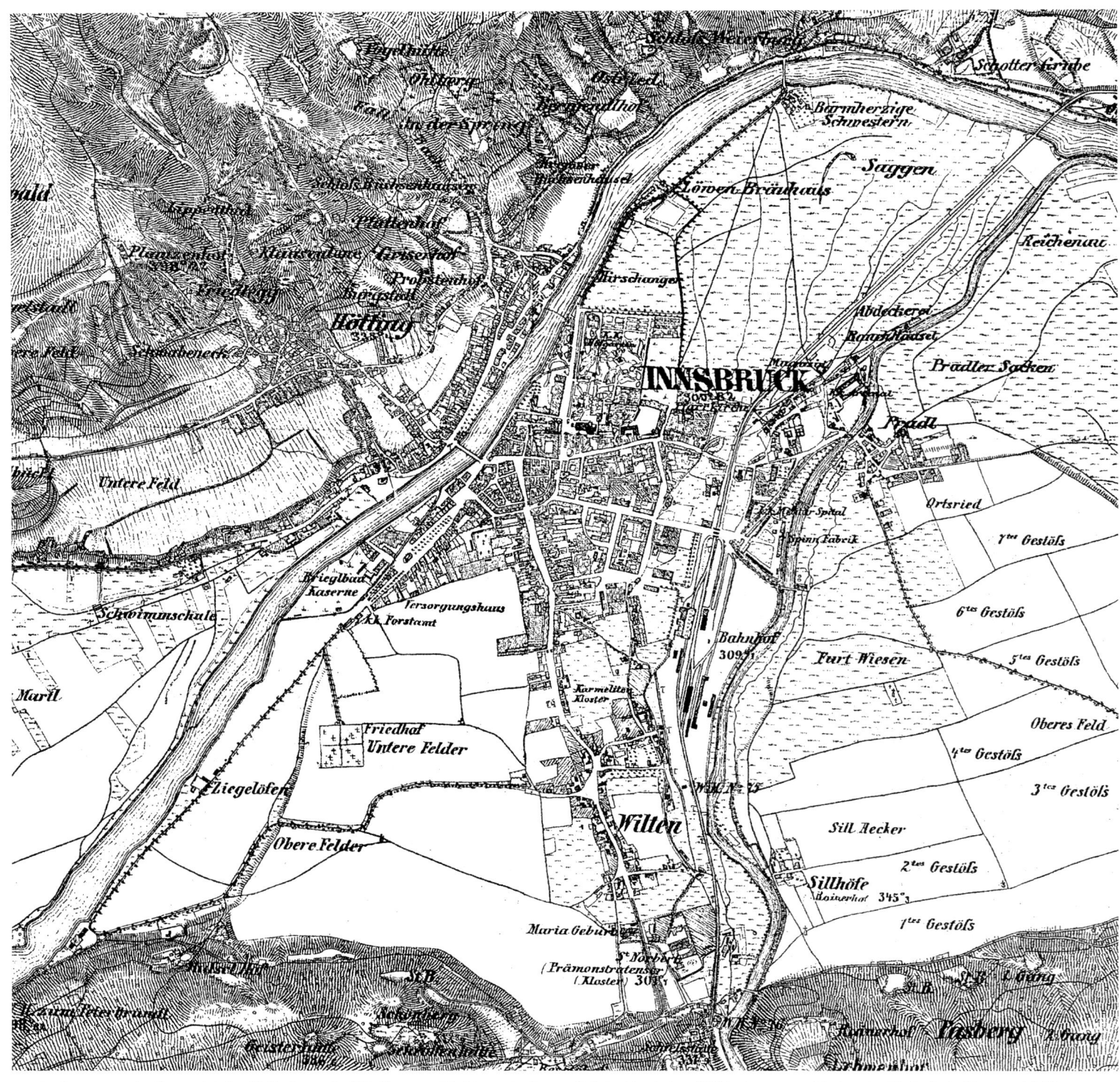

„nach einem von der Generalstabs-Abtheilung der VIII. Truppen-Division erhaltenen Original im k. k. militärisch geographischen Institut photolithographirt"

Die 1867 fertiggestellte Eisenbahntrasse über den Brenner ist hier erstmals kartographisch festgehalten (Ausschnitt):

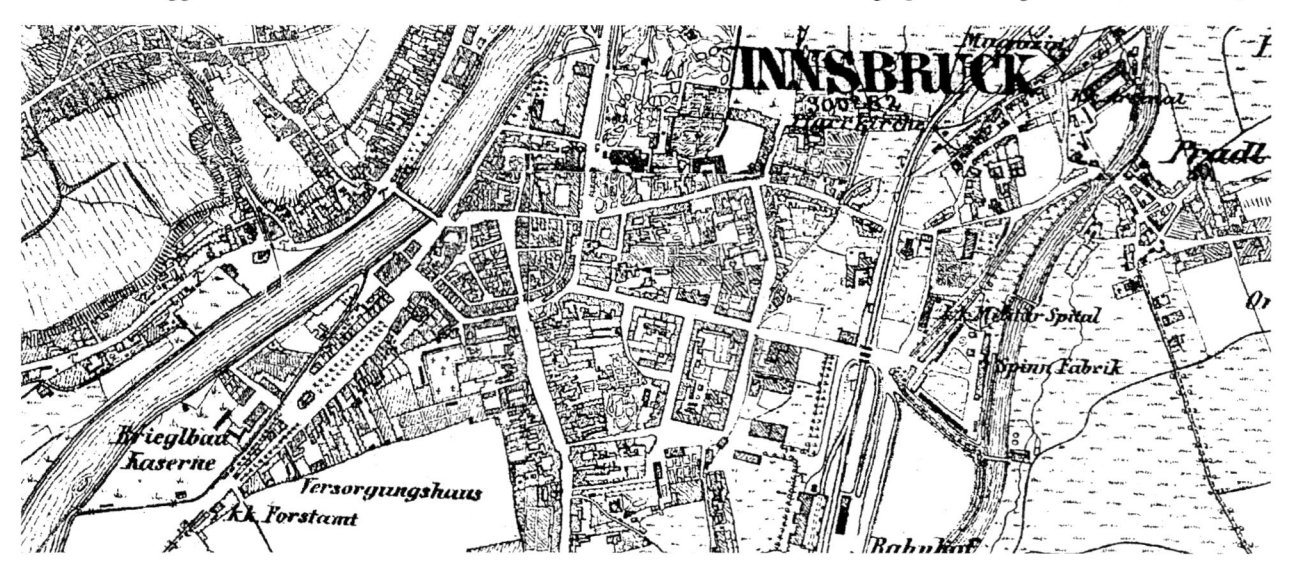

Johann BAUMGARTNER: „**Plan der Stadt Innsbruck nebst Theilen
der angränzenden Gemeinden Hötting, Mühlau, Ambras, Wilten**", 1866 (Kartenverzeichnis K52)
Maßstab 1 : 5.760 (reduziert vom Katasterplan 1 : 2.880)

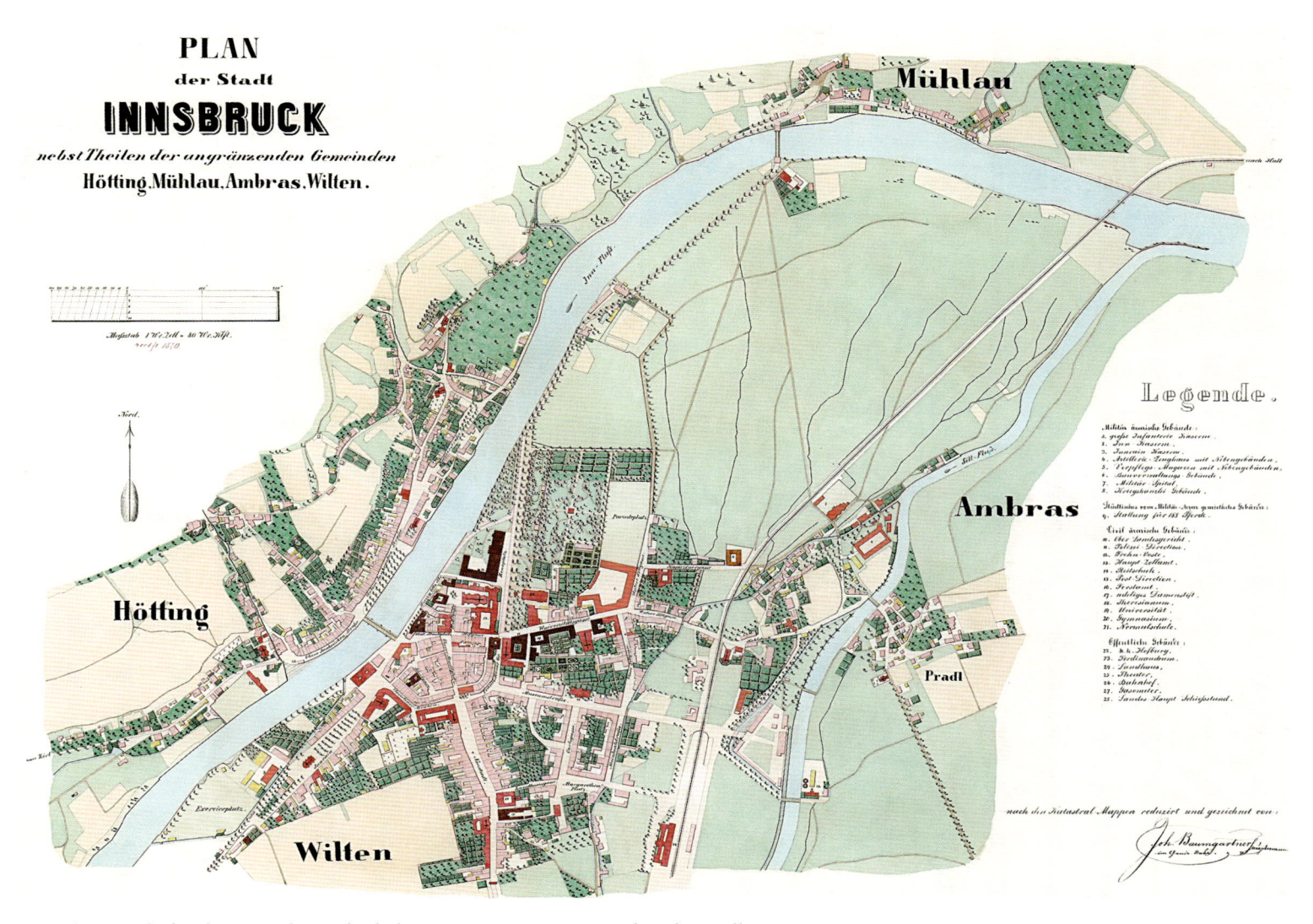

Der Plan wurde für die Verwaltung der k. k. Genie Direction zu Innsbruck erstellt.

Ausschnitt:

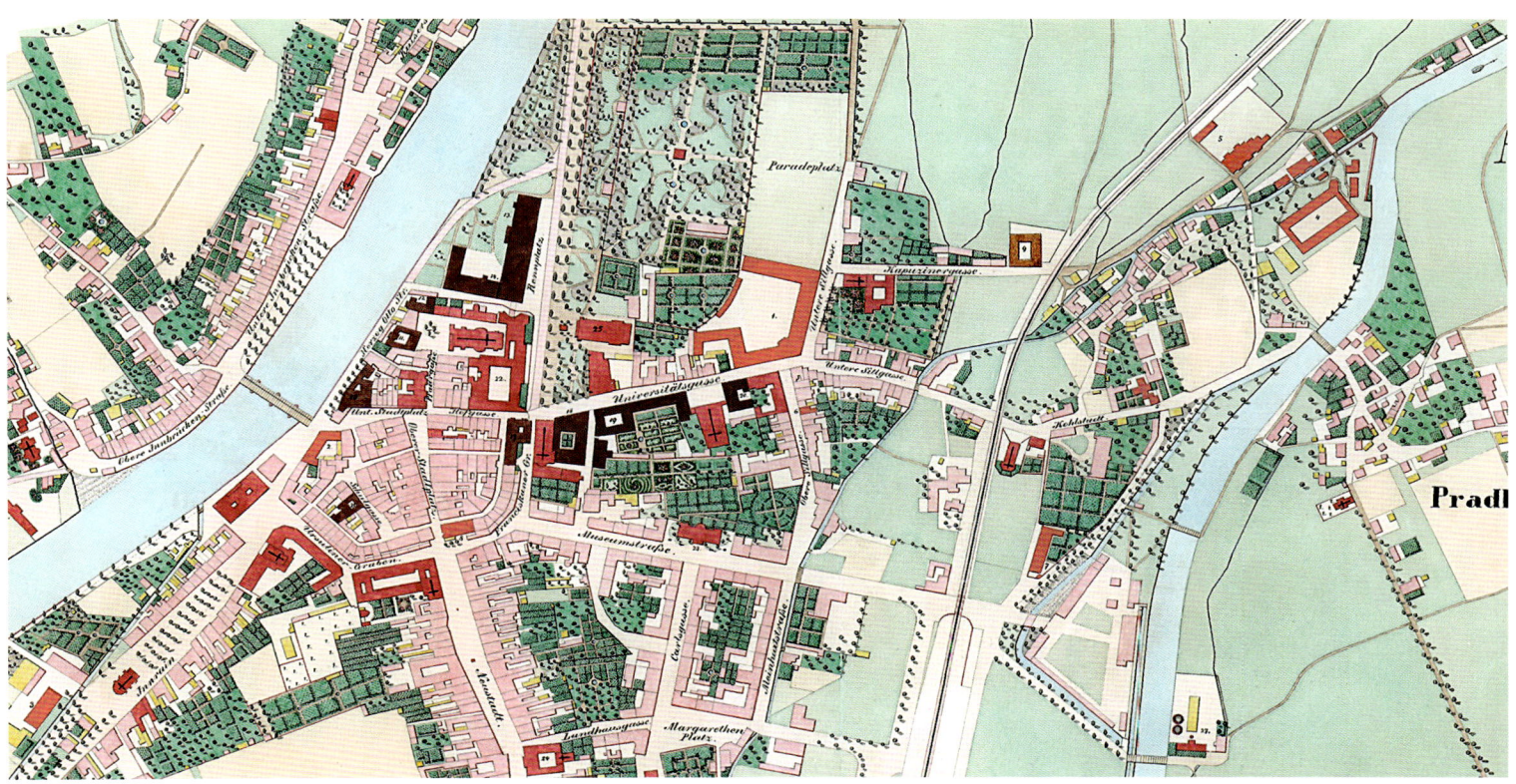

Auf beiden Plänen von 1866 ist der Hofgarten noch im Zustand von 1856 festgehalten, da beide auf dem Franziszeischen Kataster beruhen. Die 1864 neu errichtete städtische und vom Militär-Ärar gemietete Stallung für 188 Pferde am Bahnviadukt am Ende der Kapuzinergasse (heute Messehalle) ist auf dem gedruckten Plan nachträglich von Hand eingezeichnet worden. Am Bildrand unten rechts ist die 1859 errichtete Gasfabrik eingetragen.

Die Herstellung von kartographischen Grundlagen für die Verwaltung erfolgte ab 1870 vorwiegend durch Verwendung der nun vorliegenden vervielfältigbaren Katasterpläne. Stadtpläne finden sich fast nur in Fortsetzung der Tradition der Beilage von Karten zu Landesbeschreibungen und touristischen Führern, wie sie von *Carl Viehbeck* (1804), *Franz K. Zoller* (1816), *Philipp Miller* (1822) oder *Christian C. Andre* (1827) verwendet wurden. Im Gegensatz zu diesen frühen touristischen Karten, die einfach abgekupfert wurden, sind die im Folgenden besprochenen Pläne doch zum Großteil auf den aktuellen Stand der Stadttopographie gebracht worden. Beispiele hierfür sind die Reiseführer von Baedeker in Leipzig, von Eduard Amthor in Gera, aber auch von heimischen Verlagen und Litographie-Anstalten in Innsbruck. Daneben wurden aber auch im Rahmen der sogenannten Neujahrsentschuldigungskarten vermehrt hochwertige Ortspläne der Gemeinden Innsbruck, Wilten und Hötting gezeichnet und gedruckt.

Karl Baedeker: „**Innsbruck**", **um 1870** (Kartenverzeichnis K53)
Maßstab 1 : 21.400

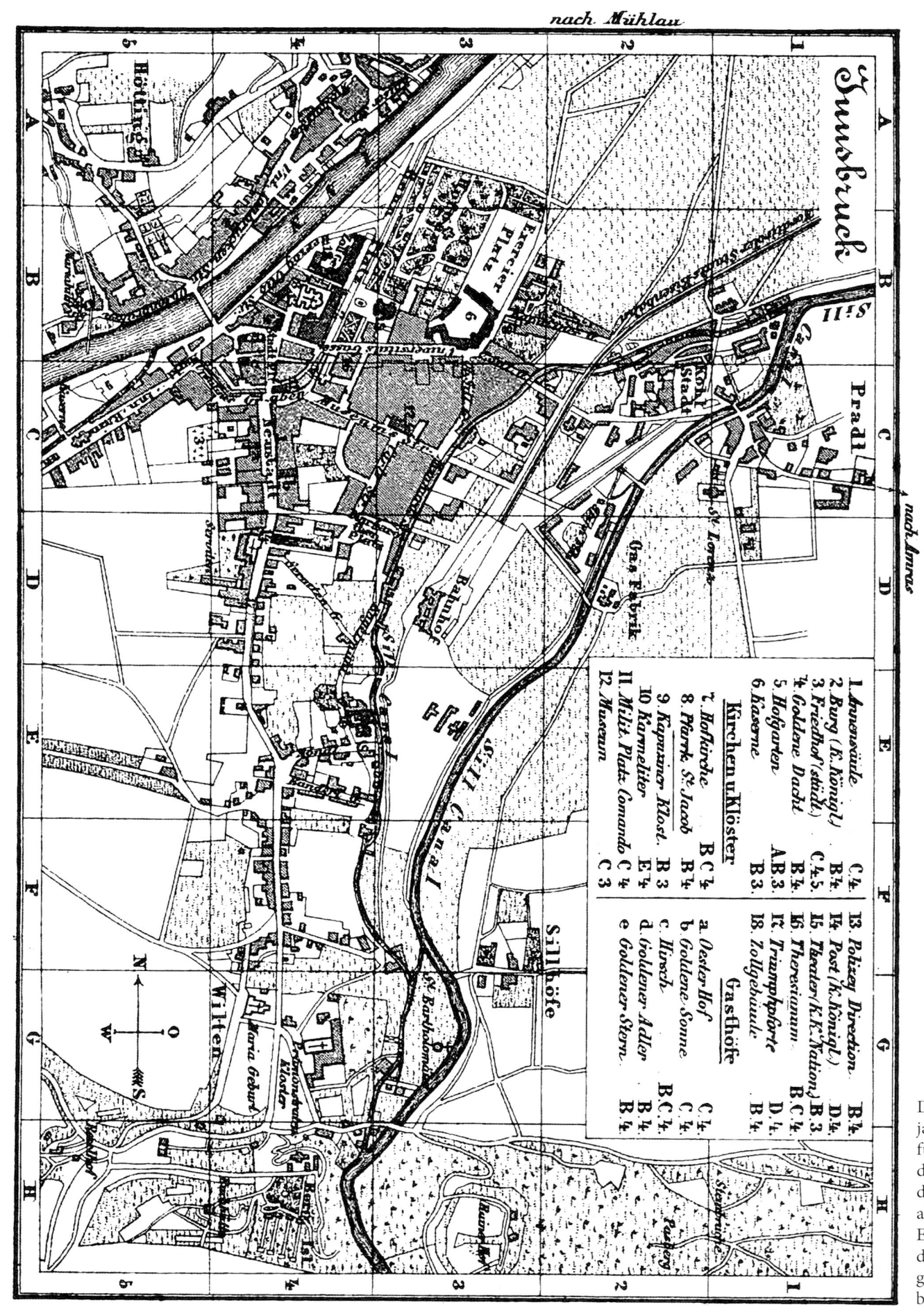

Das Erscheinungsjahr des Reiseführers ist 1872, der Datenstand dieses Planes ist allerdings ca. 1865. Es fehlt vor allem die 1867 fertiggestellte Brennerbahn.

E. Hettwer, Eduard G. Amthor: **"Stadtplan von Innsbruck"**, 1872 (Kartenverzeichnis K54)
Maßstab 1 : 9.360

STADTPLAN von INNSBRUCK
1800' über dem Meere.

SEHENSWÜRDIGKEITEN.

Kirchen
1. Franziskaner- od. Hofkirche.
2. Pfarrkirche.
3. Jesuiten- od. Universitätskirche.
4. Servitenkirche.
5. Kapuzinerkirche.
6. Spitalkirche.
7. Dreiheiligenkirche.
8. Ursulinerkirche.
9. St. Johanniskirche.
10. Pfarrkirche von Wilten.
11. Kloster-Kirche.

Baulichkeiten
12. K.K. Burg.
13. National Theater.
14. Reiterstatue d. Erzhzg. Leopold V.
15. Triumpfpforte.
16. Landhaus.
17. Goldenes Dachl.
18. Ottoburg.
19. Museum.
20. Universität.

Gasthäuser
21. Oesterreichischer Hof.
22. Sonne. 22.ᵃ Hotel de l'Europe.
23. Goldener Adler. 23.ᵃ Stadt München.
24. Goldener Stern.
25. Grauer Bär.
26. Goldenes Kreuz.
27. Rose.
28. Hirsch.
29. Mondschein.

Bierhäuser
30. Breinössel.
31. Hofgarten.
32. Bierwastl.
33. Adambräu.
34. Bierstiendl.

Kaffeehäuser
35. Deutsch. Kaffeeh. (Veranda.)
36. Café Grabhofer.
37. Café Katzung.
38. Café Alt.

Bad
39. Kaiserkrone.

40. **Postamt**
41. **Telegraphenamt**

ZEICHEN-ERKLÄRUNG.
- Gebäude aus Stein
- " " Holz
- Chaussee
- Landstrasse
- Fahrweg
- Karrenweg, Fusssteig
- Eisenbahn
- Tunnel
- Wiesen
- Äcker
- Bäume

„Fliegende Brücke" bis 1874, Kloster der ewigen Anbetung ab 1870

„Neuhausers Glasmalerei" in Wilten 1870

Eduard Gottlieb Amthor gründete 1866 in Gera eine Verlagsbuchhandlung, die sich unter anderem auf die Herausgabe alpiner Reiseliteratur spezialisierte und Bedeutung erlangte. Nach ihm ist seit 1905 die Amthorstraße in Pradl benannt. (*J. Justic* [77])

„Situations Plan der k. k. Provinzial Hauptstadt Innsbruck", um 1867/74 (Kartenverzeichnis K55)
Maßstab 1 : 3.600

Dieser erstmals 1856 und in den folgenden Jahren 1862, 1870, 1878 und zuletzt 1887 „rectificierte" militärische Plan der k. k. Geniedirektion ist mit Ausnahme der (später eingetragenen) **Brennerbahn** (1867) und des **Innstegs** (1873/75) auf dem Stand von ca. **1860**. Mit dunkelroter Farbe eingetragen sind alle militärischen Einrichtungen. Sogar ein Militär-Badhaus im Höttinger Kirschental ist verzeichnet (in der Legende als verkauft nachgetragen).

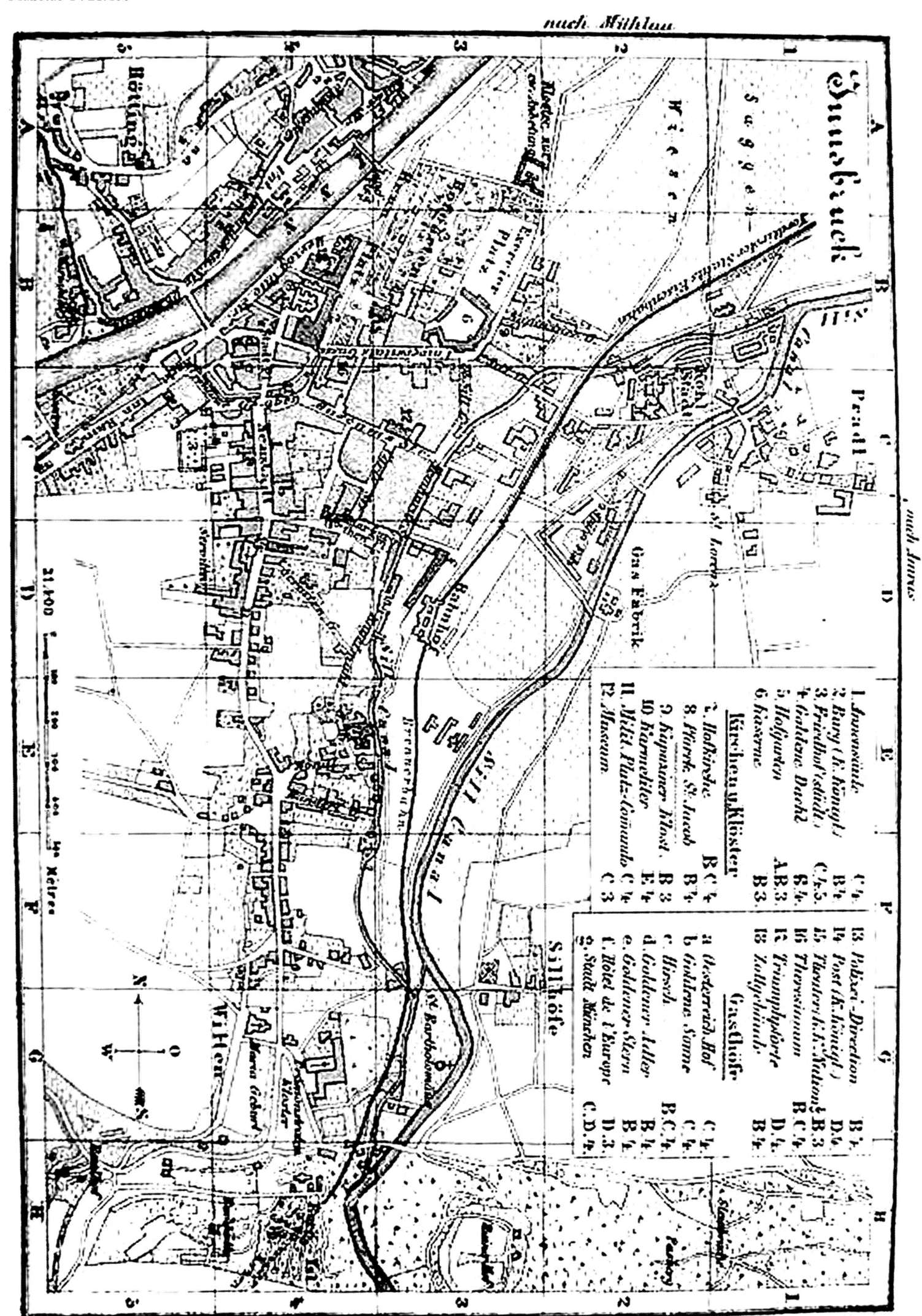

Karl Baedeker: **„Innsbruck"**, 1874 (Kartenverzeichnis K56)
Maßstab 1 : 21.400

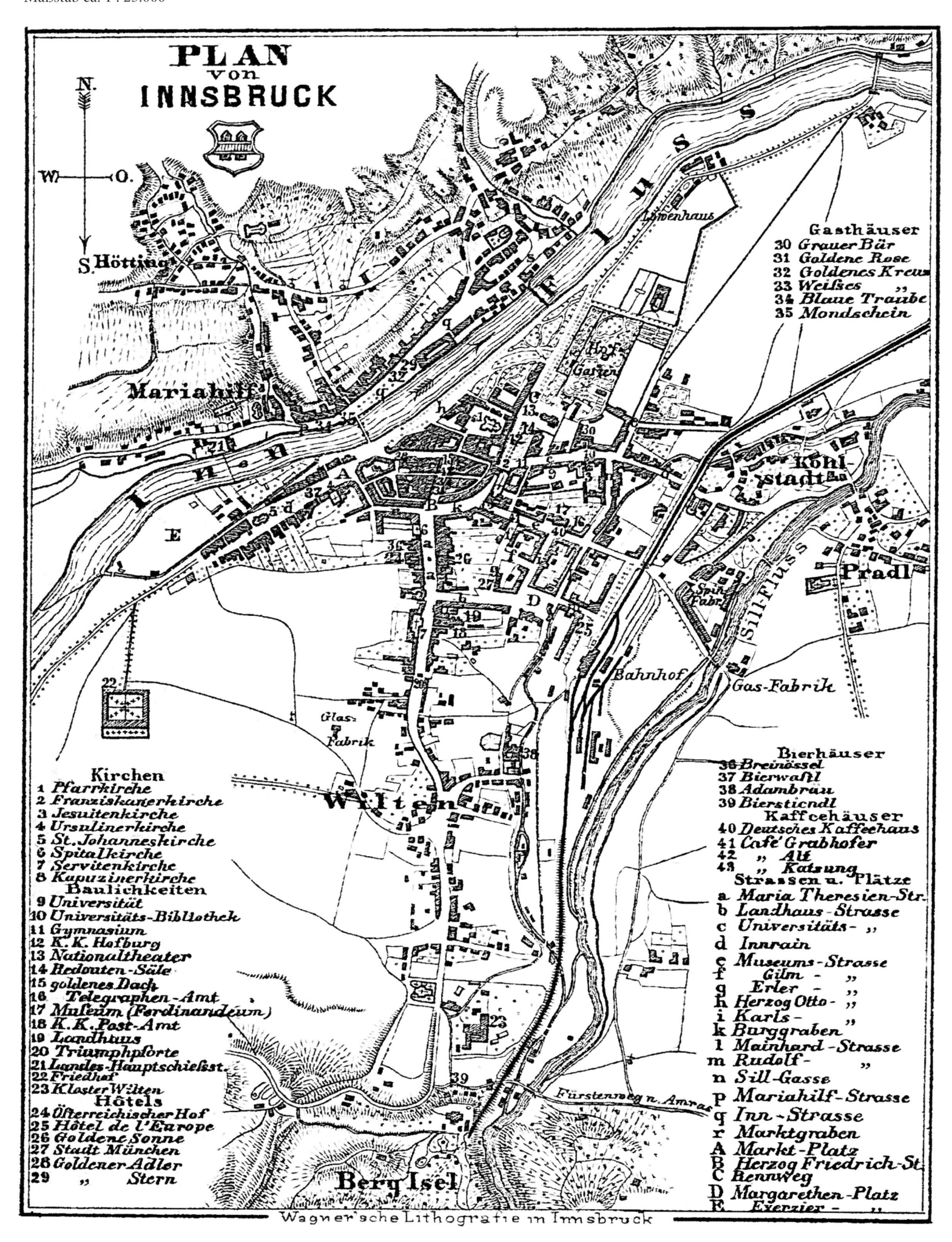

C. Redlich: **„Plan von Innsbruck"**, 1874 (Kartenverzeichnis K57)
Maßstab ca. 1 : 25.000

Auf dem Plan findet sich die erste kartographische Erwähnung der Glasfabrik in Wilten, allerdings vom tatsächlichen Standpunkt aus zu weit östlich gezeichnet. Sie wurde 1872 zur Herstellung der Kathedralgläser für die 1870 in der Müllerstraße erbaute Glasmalereianstalt errichtet. (R. Rampold [88])

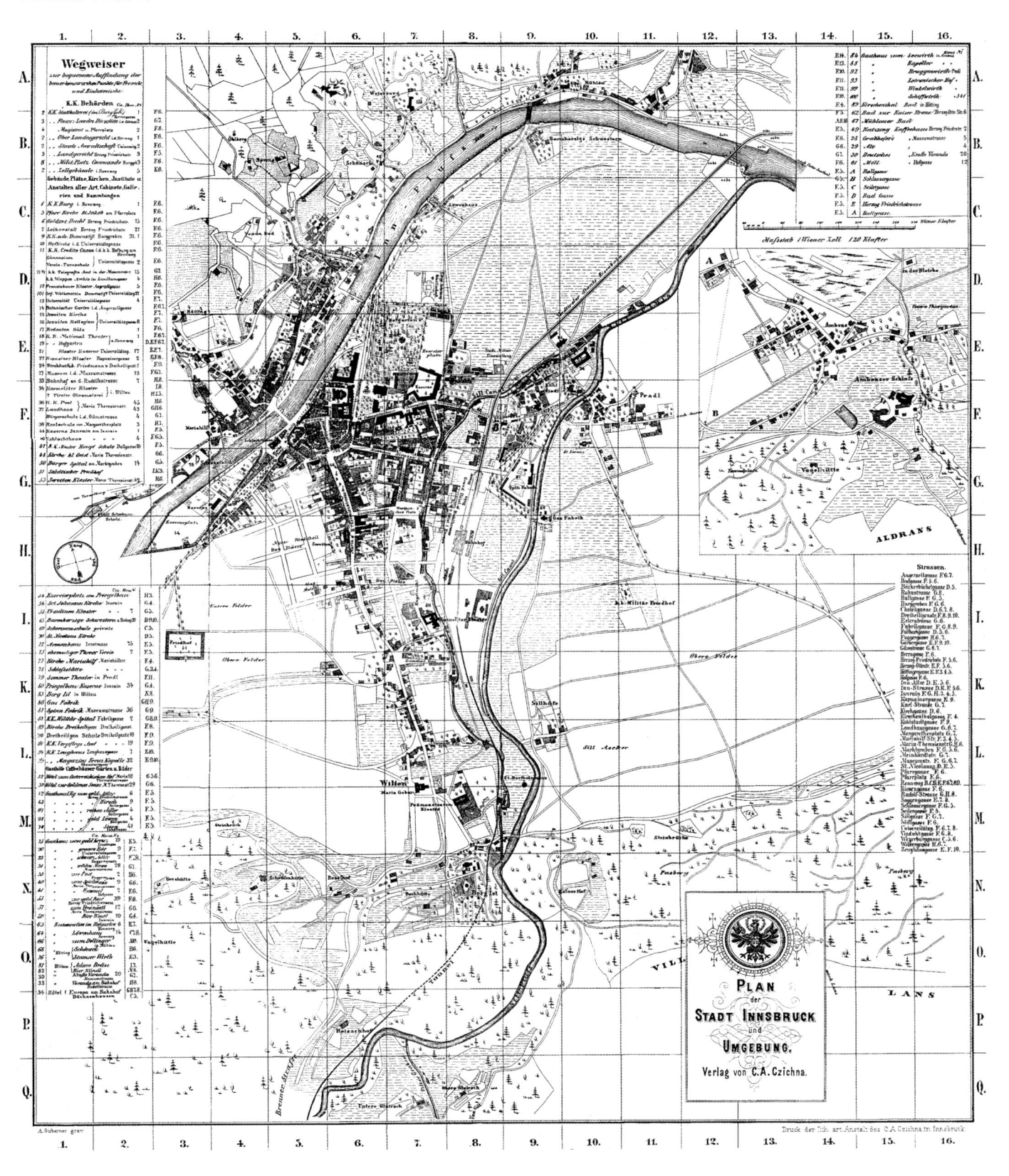

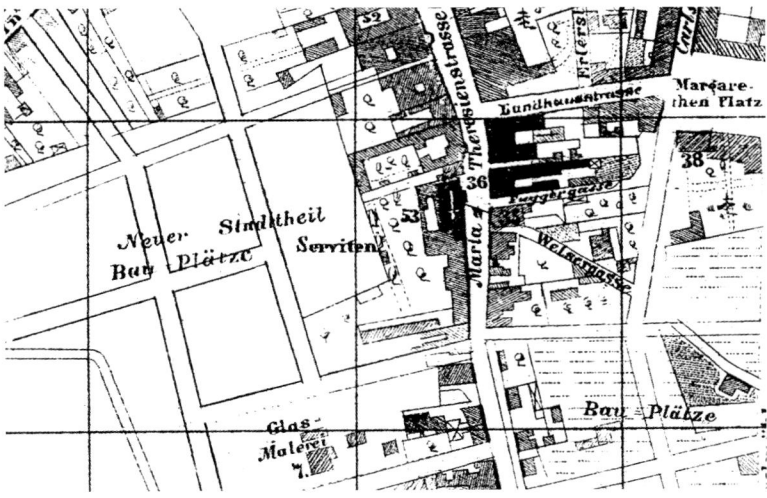

A. Guberner, C. A. Czichna: **"Plan der Stadt Innsbruck und Umgebung"**, 1874 (Kartenverzeichnis K58)
Maßstab 1 : 8.640

Dieser Plan ist die aktualisierte Version des Planes von *Guberner* 1864 (K49). Zum ersten Mal wird das Stadtentwicklungsprojekt westlich der Maria-Theresien-Straße dargestellt. Im *„Neuen Stadttheil"* und südöstlich der Triumphpforte werden Bauplätze ausgewiesen.

„**Lageplan Innsbruck um 1870**", tatsächlicher Datenstand **um 1877** (Kartenverzeichnis K59)
Maßstab 1 : 10.000

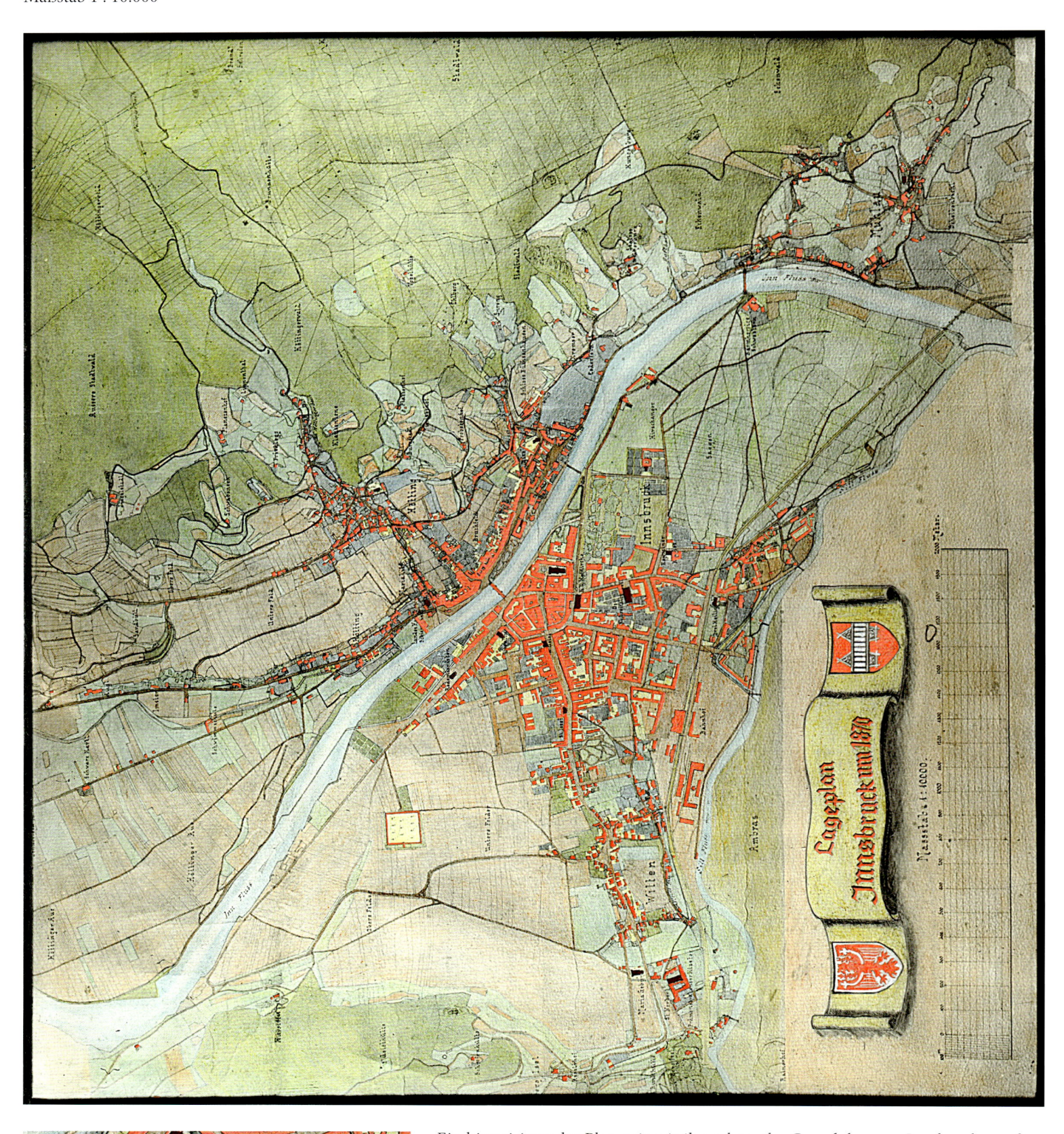

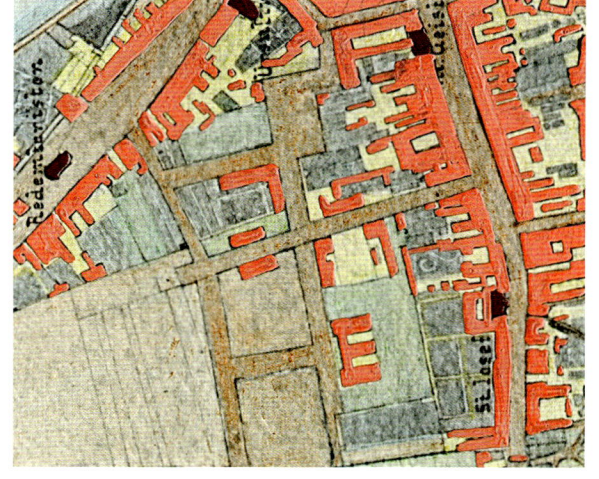

Ein historisierender Plan, wie wir ihn schon als „Grundplan von Innsbruck aus dem Jahre 1800" kennen. Der Titel lautet zwar „Lageplan Innsbruck um 1870", dargestellt ist aber die Situation um 1877.

1869 wurde der städtische Friedhof am heutigen Adolf-Pichler-Platz endgültig geschlossen. 1873 erfolgte die Eröffnung der Anichstraße, wobei die Öffnung zur Maria-Theresien-Straße erst 1877 durch den Abriss des Eckhauses Wirklichkeit wurde. 1876 wurden auch die Fallmerayerstraße und die Lehrerbildungsanstalt (damals noch auf Wiltener Gemeindegebiet) eröffnet. Auch die erst 1880 eröffnete Bürgerstraße ist hier bereits ansatzweise eingezeichnet. (*Hechenberger* [40])

Carl REDLICH: **"Plan der Stadt Innsbruck"**, 1878 (Kartenverzeichnis K60)
Maßstab ca. 1 : 6.400

Plan der Stadt Innsbruck.

a Margarethenplatz
b Carlsstrasse
c Meinhardsstrasse
d Rudolfsstrasse
e Bahnstrasse
f Museumstrasse
g Viaduktgasse
h Dreiheiligengasse
i Universitätsstrasse
k Rennweg u. Ferdinands-Allee
l Hofgasse
m Herzog Friedrich-Strasse
n Maria Theresienstrasse
o Landhausstrasse
p Erlerstrasse
q Burggraben
r Marktgraben
s Marktplatz
t Innrain
v Herzog Otto Strasse
w Mariahilfstrasse
x Höttingergasse
y Innstrasse
z Innallee

1 Ottoburg
2 Goldenes Dachl
3 K.K. Hofburg
4 Pfarrkirche
5 K.K. Statthalterei
6 K.K.u. Nationaltheater
7 Hofkirche
8 K.K. Obergymnasium
9 K.K. Universität
10 Universitätskirche
11 Infanteriekaserne
12 Landesschützenkaserne
13 K.K. Zeughaus
14 Maschinen u. Spinfabrik
15 Dreiheiligenkirche
16 Waisenhaus
17 Bahnhof
18 Ferdinandeum
19 Rudolfsbrunnen
20 Landhaus
21 Postdirektion
22 Triumphpforte
23 Servitenkirche
24 K.K. Militär Commando
25 Spitalkirche
26 Allgem. Krankenhaus
27 Ursulinenkirche
28 St. Johannes-Kirche
29 Städt. Schlachthaus
30 Innkaserne
31 Mariahilfkirche
32 K.K. Landeshauptschiessstand
33 Vereins-Kaserne
34 St. Nikolauskirche

Dieser lithographierte Stadtplan *Redlichs* bildete die Vorlage für die folgende Neujahrsentschuldigungskarte der Stadt Innsbruck für das Jahr 1879. Zum ersten Mal scheint auf dem Plan die 1878 beschlossene neue Grenzziehung zwischen Innsbruck und Wilten auf: die *"Neue Gränze"* als *"eine bei der Triumphpforte die Hauptstraße durchschneidende gerade Linie, welche östlich zur Sill und westlich zum Inn führt."* (Innsbrucker Nachrichten vom 1.9.1878)

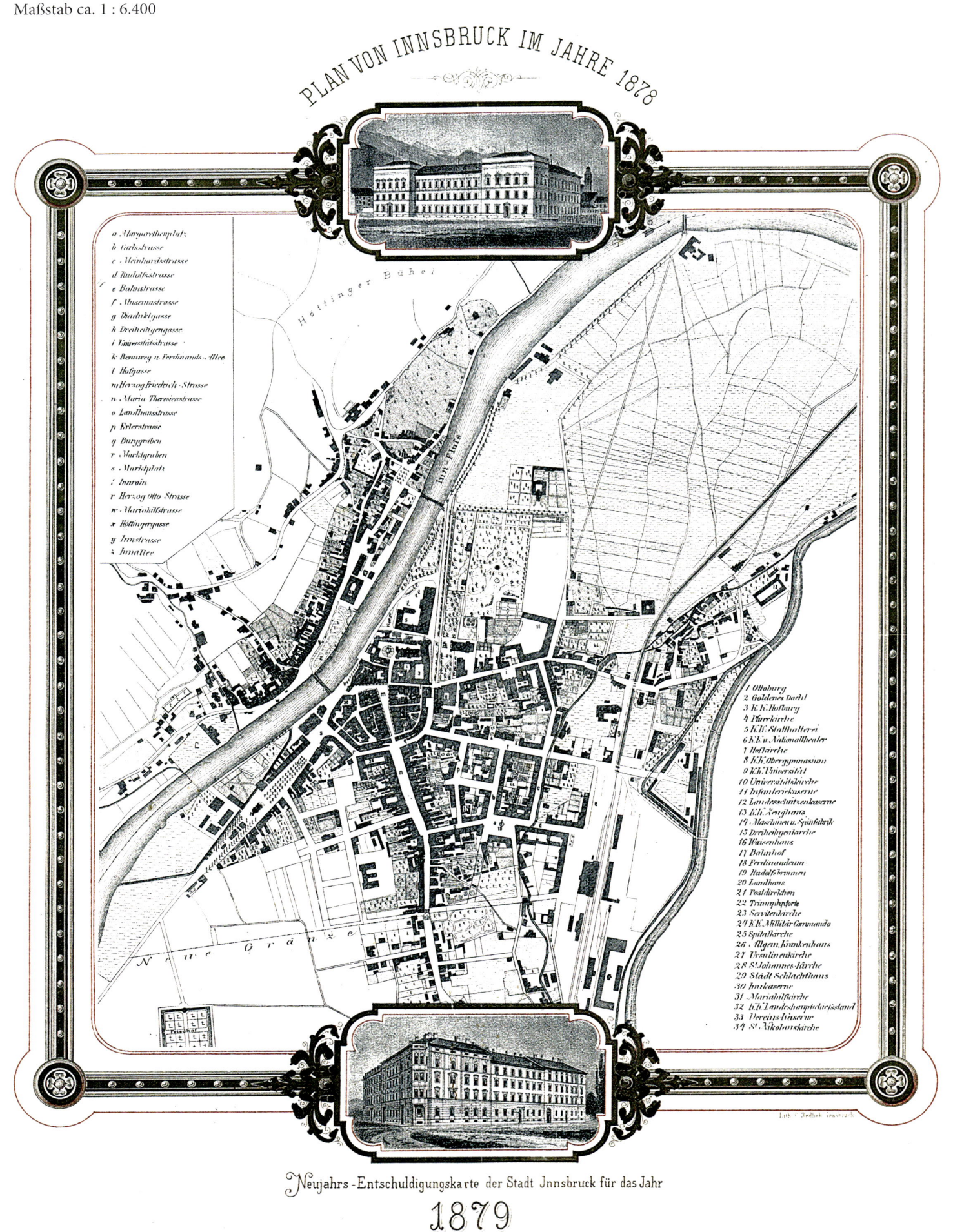

Carl REDLICH: **"Plan von Innsbruck im Jahre 1878"** (Kartenverzeichnis K61)
Maßstab ca. 1 : 6.400

Dazu die Innsbrucker Nachrichten vom 16.12.1878: *"Die in den nächsten Tagen zur Ausgabe gelangende Entschuldigungskarte wird nämlich einen bis auf die letzte Zeit ergänzten Plan von Innsbruck mit der neuen Gemeindegrenze gegen Wilten bieten. Der praktische Wert dieser Karte beim notorischen Mangel eines neueren und ausführlicheren Planes von Innsbruck liegt auf der Hand, und daß auch das Schöne beim Nützlichen nicht vernachlässigt werden wird, dafür bürgt wohl die lithographische Anstalt von Redlich, welche die Karte herstellt."*

Im oberen Bild ist die neue Lehrerbildungsanstalt – das „Pädagogium" – abgebildet, unten das Eckhaus Colingasse 3–5 / Fallmayerstraße 2, ein Zinshaus für die Sparkasse Innsbruck. Beide Gebäude wurden 1876 errichtet. (*Tiroler Kunstkataster* [105])

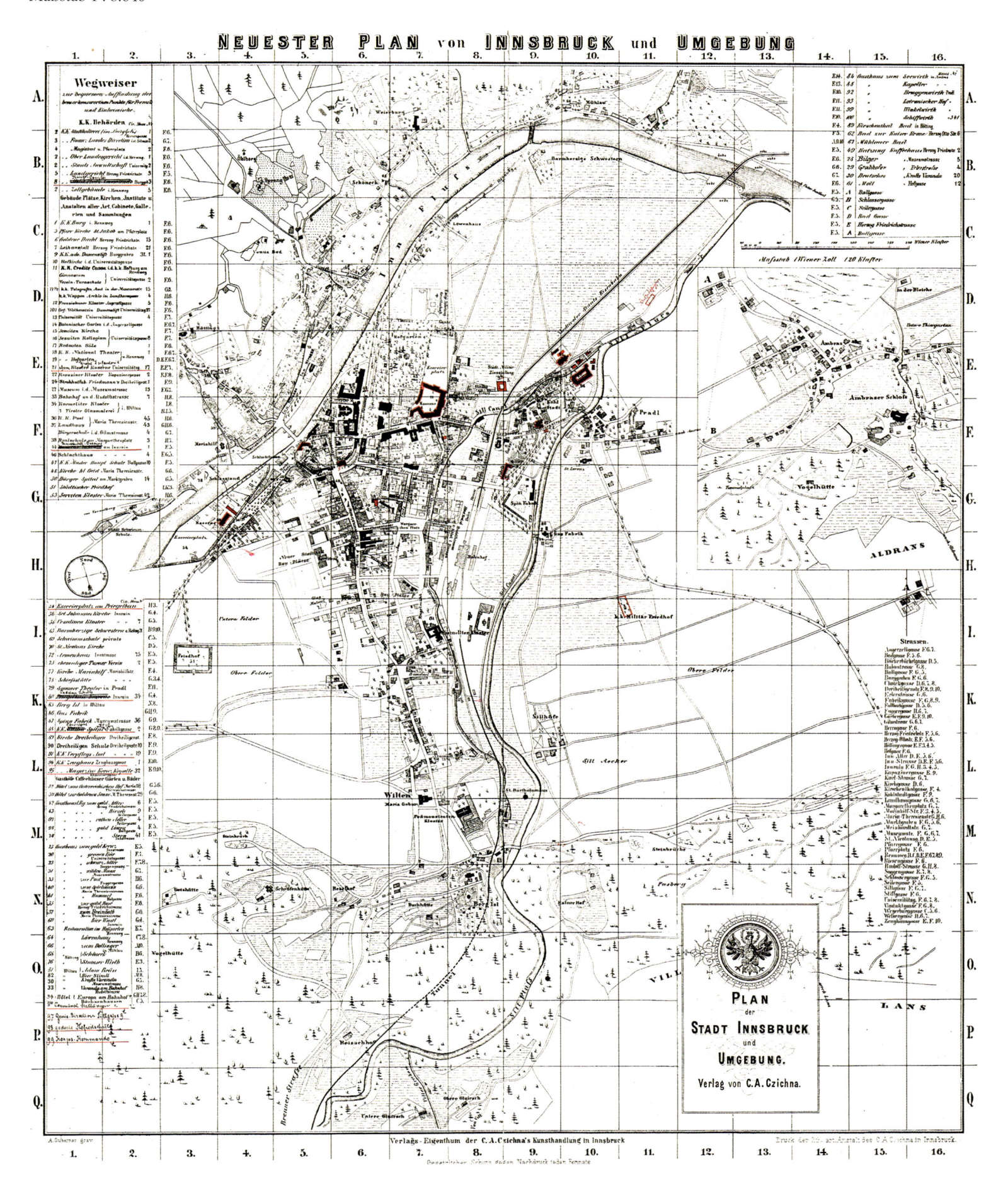

A. Guberner, C. A. Czichna: **„Neuester Plan von Innsbruck und Umgebung"**, 1880 (Kartenverzeichnis K62)
Maßstab 1 : 8.640

Der Plan ist eine aktualisierte Version von *Guberner/Czichna* 1874 (K58). Mit roter Tusche von Hand eingetragen sind sämtliche militärischen Einrichtungen in der Stadt Innsbruck.

Der folgende Ausschnitt zeigt die Richtung, in der die Stadtentwicklung in den folgenden Jahren ging:

Entlang der 1876 angelegten Templstraße südlich der Glasmalereianstalt stehen bereits einige Villen. Der westlich davon im freien Feld liegende längliche Bau ist die Glasfabrik, die nun an der korrekten Stelle eingezeichnet ist.

C. REDLICH: „**Plan von Innsbruck**", 1880 (Kartenverzeichnis K63)
Maßstab ca. 1 : 25.000

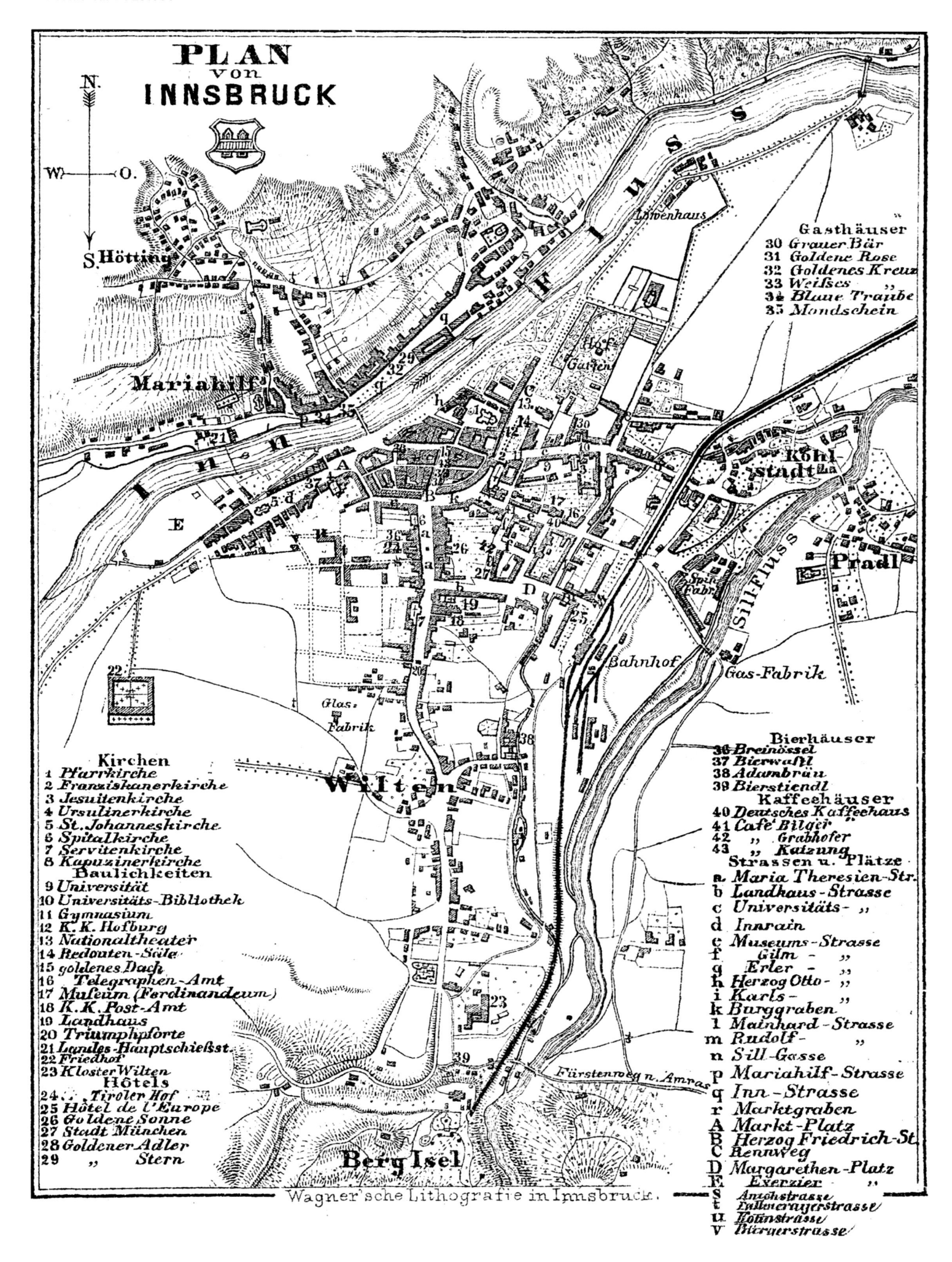

Gasthäuser
30 Grauer Bär
31 Goldene Rose
32 Goldenes Kreuz
33 Weißes
34 Blaue Traube
35 Mondschein

Kirchen
1 Pfarrkirche
2 Franziskanerkirche
3 Jesuitenkirche
4 Ursulinerkirche
5 St. Johanneskirche
6 Spitalkirche
7 Servitenkirche
8 Kapuzinerkirche

Baulichkeiten
9 Universität
10 Universitäts-Bibliothek
11 Gymnasium
12 K. K. Hofburg
13 Nationaltheater
14 Redouten-Säle
15 goldenes Dach
16 Telegraphen-Amt
17 Museum (Ferdinandeum)
18 K. K. Post-Amt
19 Landhaus
20 Triumphpforte
21 Landes-Hauptschießst.
22 Friedhof
23 Kloster Wilten

Hôtels
24 Tiroler Hof
25 Hôtel de l'Europe
26 Goldene Sonne
27 Stadt München
28 Goldener Adler
29 „ Stern

Bierhäuser
36 Breinössel
37 Bierwastl
38 Adambräu
39 Bierstiendl

Kaffeehäuser
40 Deutsches Kaffeehaus
41 Cafe Bilger
42 „ Grabhofer
43 „ Katzung

Strassen u. Plätze
a Maria Theresien-Str.
b Landhaus-Strasse
c Universitäts- „
d Innrain
e Museums-Strasse
f Gilm „
g Erler- „
h Herzog Otto- „
i Karls- „
k Burggraben
l Mainhard-Strasse
m Rudolf- „
n Sill-Gasse
p Mariahilf-Strasse
q Inn-Strasse
r Marktgraben
A Markt-Platz
B Herzog Friedrich-St.
C Rennweg
D Margarethen-Platz
E Exerzier „
s Anichstrasse
t Fallmerayerstrasse
u Kolinstrasse
v Bürgerstrasse

Wagner'sche Lithografie in Innsbruck.

Die Stadterweiterung im Bereich der Anichstraße ist durch das geplante Straßennetz angedeutet, die Straßenlegende rechts unten wurde um vier Namen erweitert (**s** Anich-, **t** Fallmerayer-, **u** Kolin- und **v** Bürgerstraße). Wie beim Plan *C. Redlichs* von 1874 (K57) ist die Glasfabrik in Wilten immer noch an der falschen Stelle eingezeichnet.

E. Hettwer, Eduard G. Amthor: **"Stadtplan von Innsbruck"**, 1883 (Kartenverzeichnis K64)
Maßstab 1 : 9.360

Der markanteste Unterschied zu den vorhergehenden Plänen ist die 1883 fertiggestellte Arlbergbahn. Wie bei allen Plänen von Amthor ist der ehemalige Stadtfriedhof am jetzigen Adolf-Pichler-Platz immer noch eingezeichnet, obwohl er bereits 1869 endgültig aufgelassen wurde. Die Stadterweiterung im Bereich der Anichstraße ist nur durch einige Gebäude erkennbar.

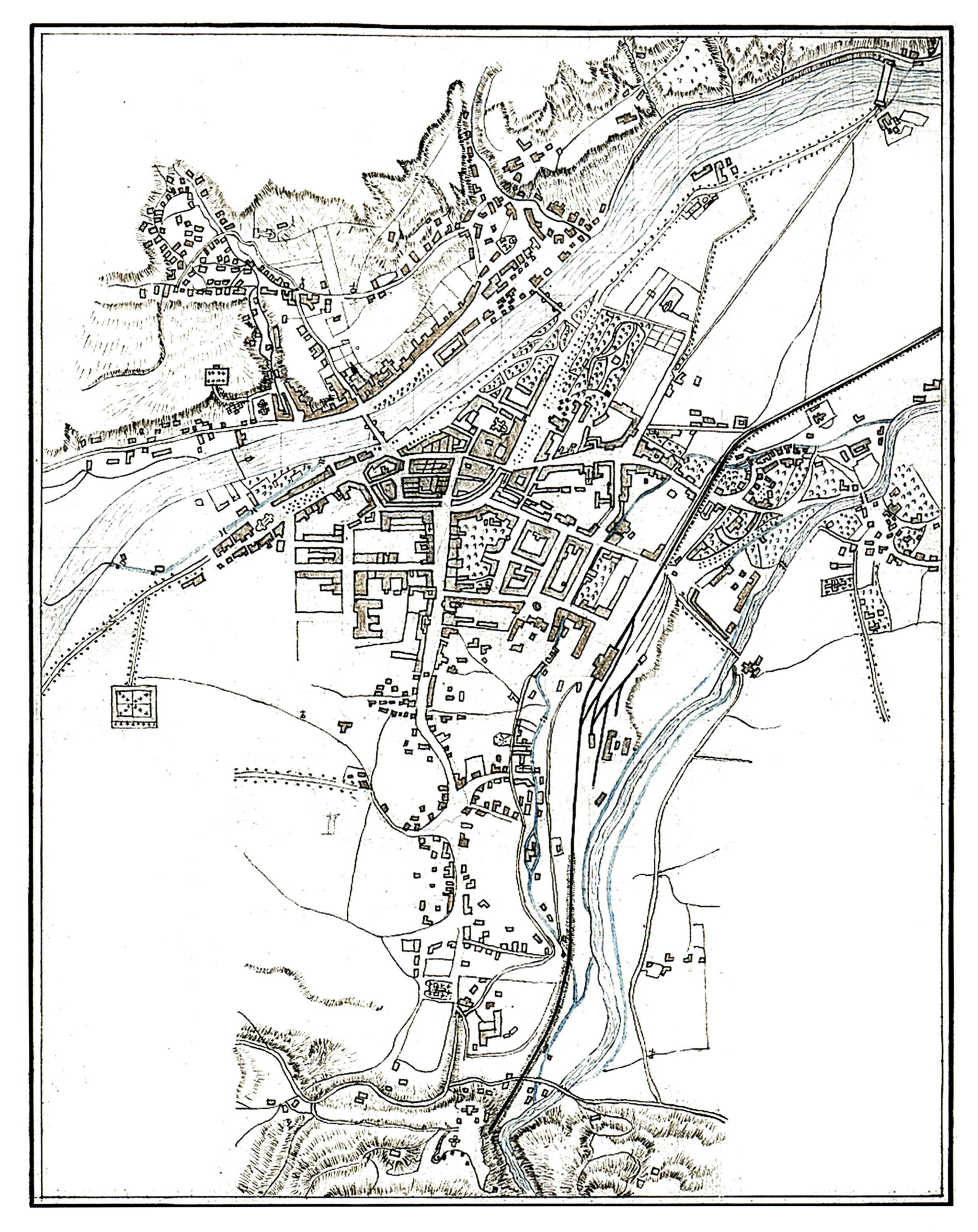

Plan von Innsbruck, 1883 (Kartenverzeichnis K65)
Maßstab ca. 1 : 13.000

Im Gegensatz zu vielen zeitgleichen Plänen ist auf dieser Handzeichnung der 1883 eingeweihte neue Mariahilfer Friedhof in Hötting korrekt situiert.

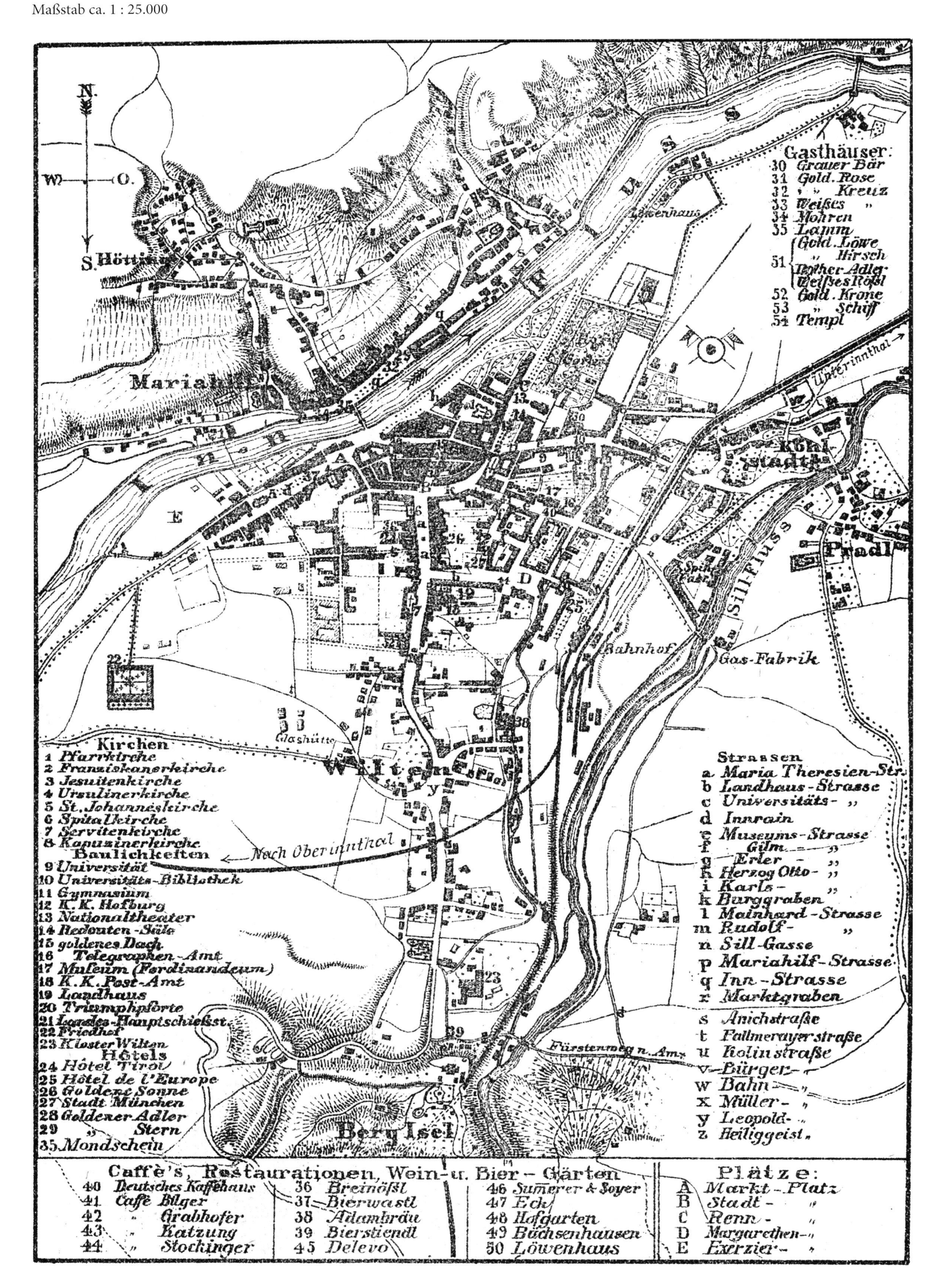

„Plan von Innsbruck", 1885 (Kartenverzeichnis K66)
Maßstab ca. 1 : 25.000

Gasthäuser:
30 Grauer Bär
31 Gold. Rose
32 „ Kreuz
33 Weißes „
34 Mohren
35 Lamm
   Gold. Löwe
   Hirsch
51 Rother Adler
   Weißes Rößl
52 Gold. Krone
53 „ Schiff
54 Templ

Kirchen
1 Pfarrkirche
2 Franziskanerkirche
3 Jesuitenkirche
4 Ursulinerkirche
5 St. Johanneskirche
6 Spitalkirche
7 Servitenkirche
8 Kapuzinerkirche

Baulichkeiten
9 Universität
10 Universitäts-Bibliothek
11 Gymnasium
12 K.K. Hofburg
13 Nationaltheater
14 Redouten-Säle
15 goldenes Dach
16 Telegraphen-Amt
17 Museum (Ferdinandeum)
18 K.K. Post-Amt
19 Landhaus
20 Triumphpforte
21 Landes-Hauptschießst.
22 Friedhof
23 Kloster Wilten

Hôtels
24 Hôtel Tirol
25 Hôtel de l'Europe
26 Goldene Sonne
27 Stadt München
28 Goldener Adler
29 „ Stern
35 Mondschein

Strassen
a Maria Theresien-Str.
b Landhaus-Strasse
c Universitäts- „
d Innrain
e Museums-Strasse
f Gilm „
g Erler- „
h Herzog Otto- „
i Karls- „
k Burggraben
l Mainhard-Strasse
m Rudolf- „
n Sill-Gasse
p Mariahilf-Strasse
q Inn-Strasse
r Marktgraben
s Anichstraße
t Fallmerayerstraße
u Kolinstraße
v Bürger- „
w Bahn „
x Müller- „
y Leopold- „
z Heiliggeist- „

Caffè's, Restaurationen, Wein- u. Bier - Gärten			Plätze:
40 Deutsches Kaffehaus	36 Breinößl	46 Sumerer & Soyer	A Markt-Platz
41 Caffè Bilger	37 Bierwastl	47 Eck	B Stadt- „
42 „ Grabhofer	38 Adambräu	48 Hofgarten	C Renn- „
43 „ Katzung	39 Bierstiendl	49 Büchsenhausen	D Margarethen- „
44 „ Stockinger	45 Delevo	50 Löwenhaus	E Exrzier- „

Die Entwicklung des neuen Stadtviertels um die Anichstraße schreitet zügig voran und ist hier im Gegensatz zu den Plänen von *Amthor* auch wesentlich exakter dargestellt. Die Kreuzung Fallmerayer-/Anichstraße ist vollständig verbaut, in der Verlängerung nach Westen steht die 1881 errichtete Gewerbeschule (spätere HTL). In der Fallmerayerstraße schräg gegenüber der Lehranstalt steht die neue Turnhalle (damals noch mit Handelsschule) und im Anschluss bereits die Andeutung des 1884 bis 1887 errichteten Gerichtsgebäudes. Templstraße und Heilig-Geist-Straße sind beidseitig bebaut. Die Gebäude neben der Glashütte bilden die Arbeitersiedlung der Glasmalerei und Glasfabrik. Der Mariahilfer Friedhof, 1883 auf seinem neuen Standplatz in Hötting eingeweiht, befindet sich hier noch an seiner alten Stelle.

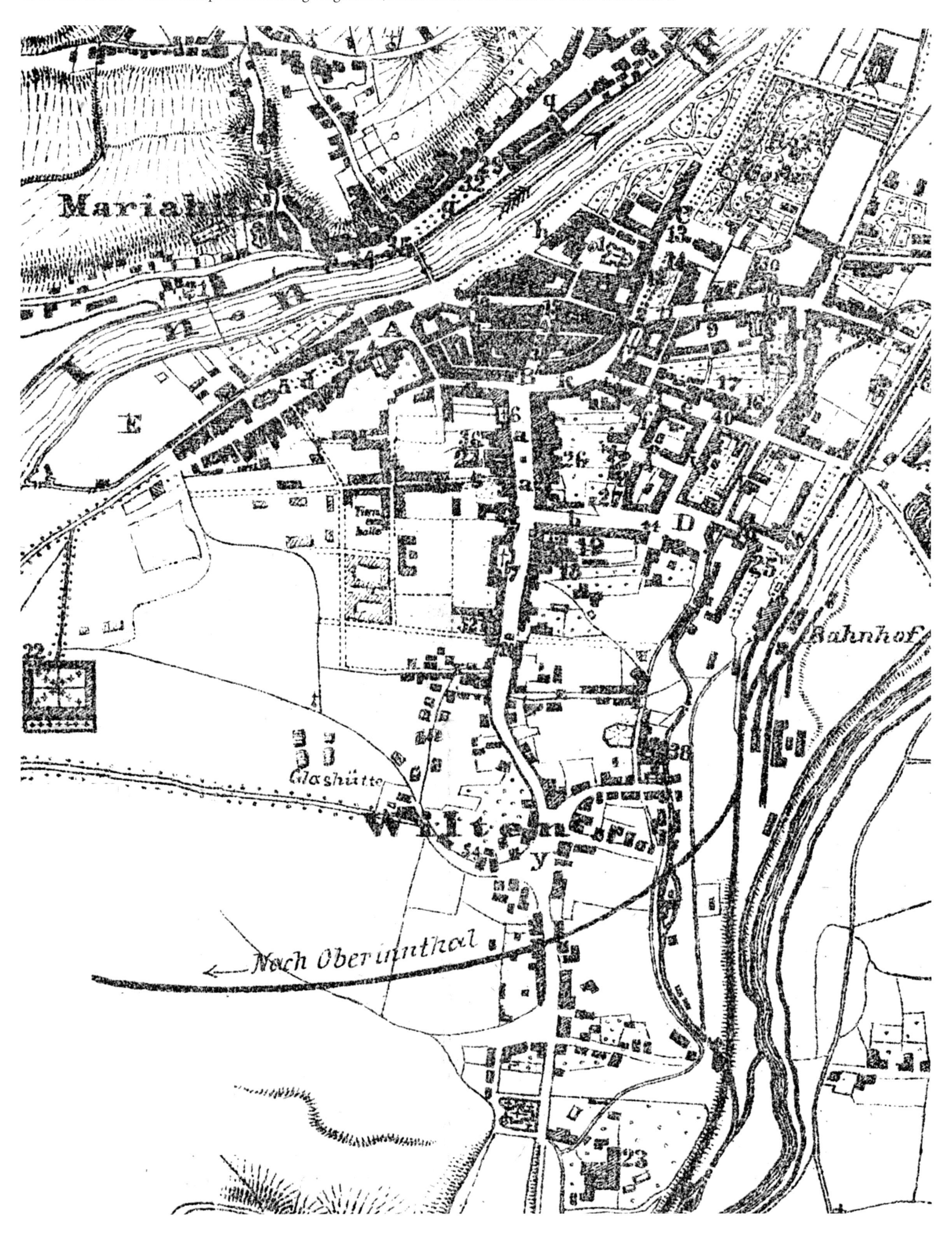

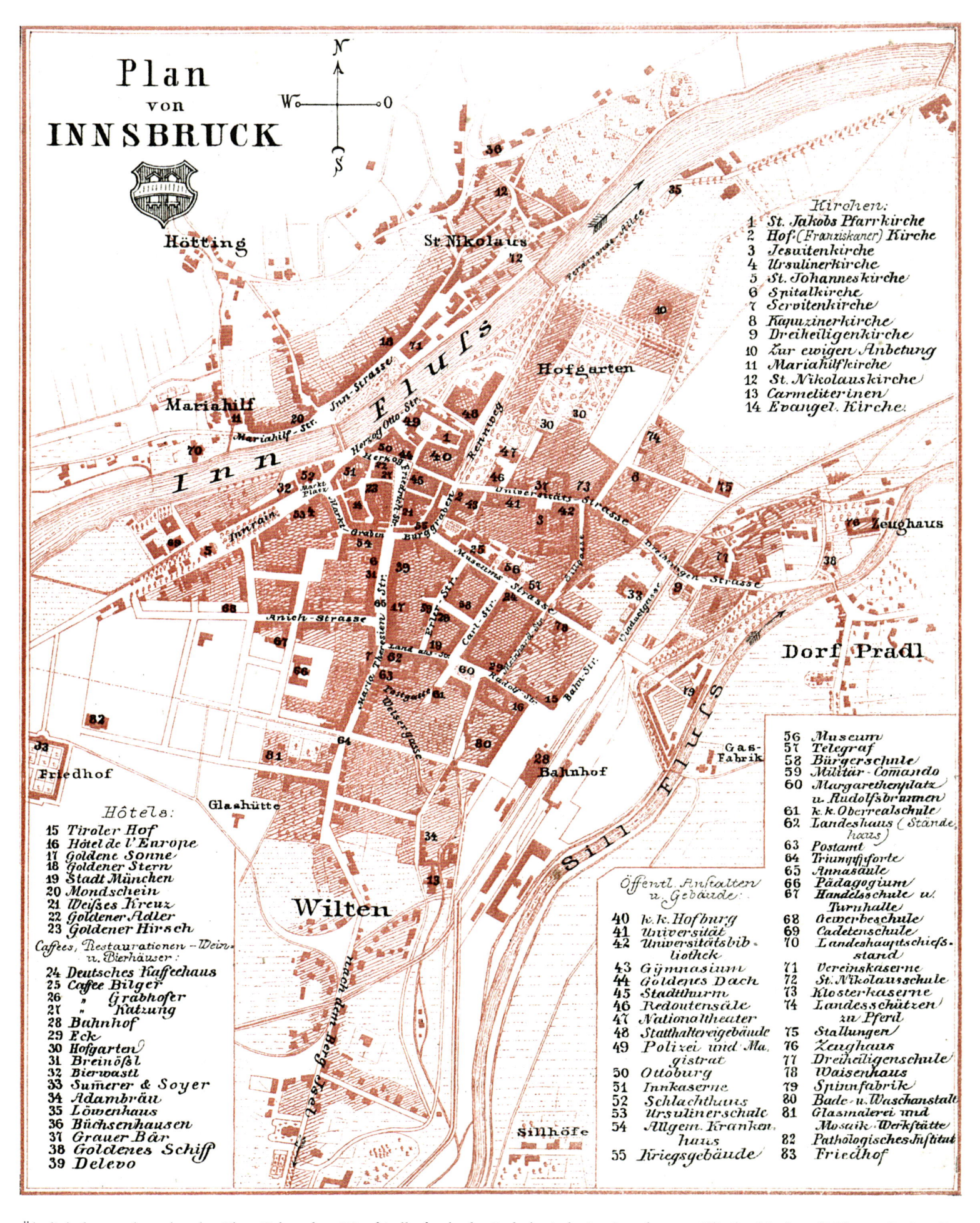

Carl REDLICH: „Plan von Innsbruck", um 1885 (Kartenverzeichnis K67)
Maßstab ca. 1 : 14.000

Ähnlich dem vorhergehenden Plan: Neben dem Westfriedhof steht das Pathologische Institut als erstes Klinikgebäude auf Wiltener Boden. Die neue Grenze zu Innsbruck ist strichliert angedeutet. Der Mariahilfer Friedhof ist auch hier noch an der alten Stelle neben der Kirche und nicht an seinem neuen Platz in den Höttiger Feldern. Die Glashütte ist wie auf den früheren Plänen von *C. Redlich* zu weit östlich eingezeichnet.

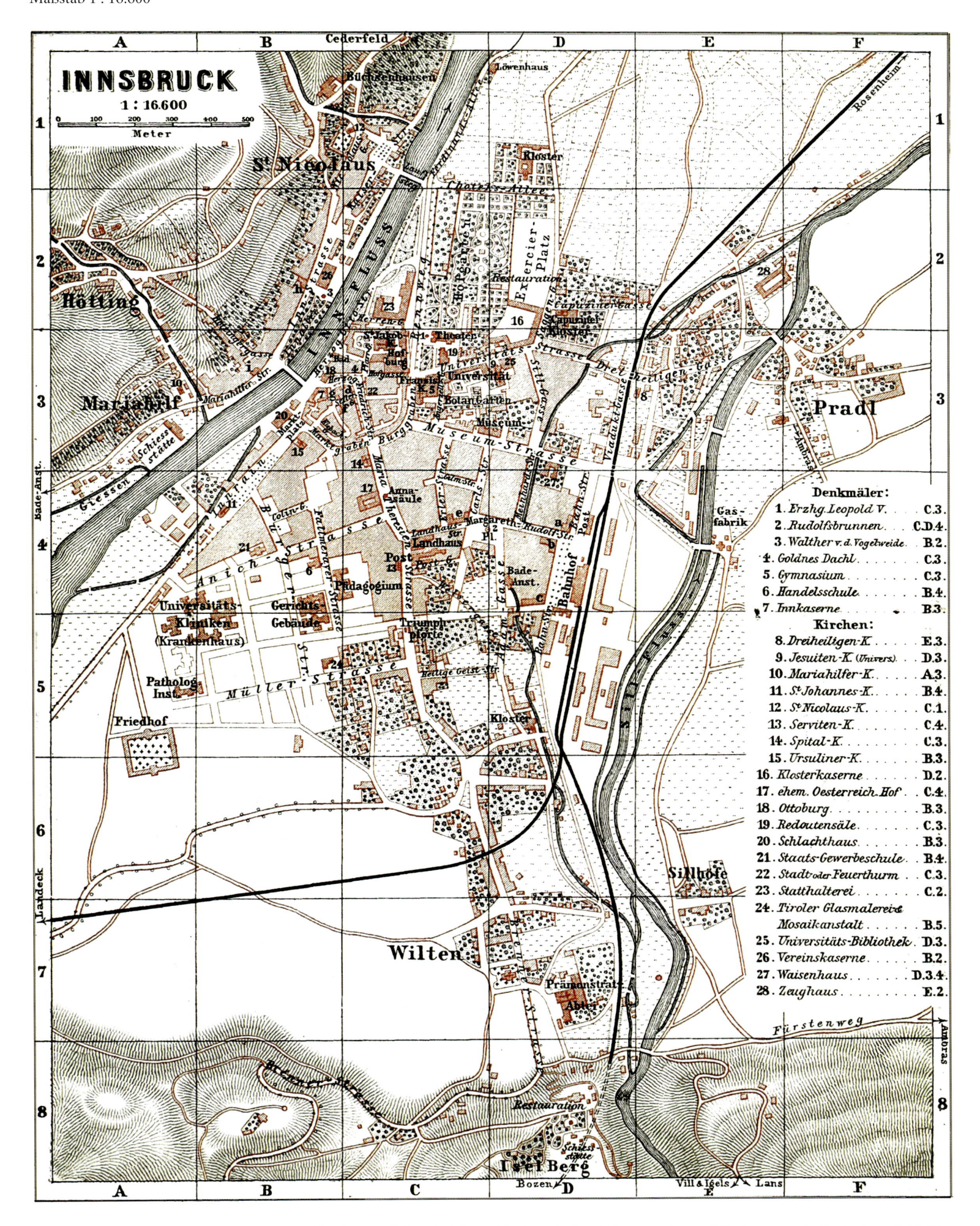

Karl BAEDEKER: „**Innsbruck**", 1887 (Kartenverzeichnis K68)
Maßstab 1 : 16.600

Denkmäler:
1. Erzhg. Leopold V. . . . . . C.3.
2. Rudolfsbrunnen . . . . . C.D.4.
3. Walther v. d. Vogelweide . . B.2.
4. Goldnes Dachl . . . . . . C.3.
5. Gymnasium . . . . C.3.
6. Handelsschule . . . . . . B.4.
7. Innkaserne . . . . B.3.

Kirchen:
8. Dreiheiligen-K. . . . . . . E.3.
9. Jesuiten-K. (Univers.) . . . D.3.
10. Mariahilfer-K. . . . . . . A.3.
11. St Johannes-K. . . . . . . B.4.
12. St Nicolaus-K. . . . . . . C.1.
13. Serviten-K. . . . . C.4.
14. Spital-K. . . . . C.3.
15. Ursuliner-K. . . . . B.3.
16. Klosterkaserne . . . . . . D.2.
17. ehem. Oesterreich. Hof . . C.4.
18. Ottoburg . . . . B.3.
19. Redoutensäle . . . . C.3.
20. Schlachthaus . . . . B.3.
21. Staats-Gewerbeschule . . . B.4.
22. Stadt- oder Feuerthurm . . C.3.
23. Statthalterei . . . . C.2.
24. Tiroler Glasmalerei- u. Mosaikanstalt . . . . . . B.5.
25. Universitäts-Bibliothek . . D.3.
26. Vereinskaserne . . . . . . B.2.
27. Waisenhaus . . . . D.3.4.
28. Zeughaus . . . . E.2.

1887 wurden die Pavillons der Universitätskliniken und das Gerichtsgebäude zwischen Bürgerstraße und Fallmerayerstraße fertiggestellt. Der Plan von Innsbruck in Baedekers Reiseführer für Österreich-Ungarn entstammt wohl derselben kartographischen Anstalt wie die späteren Pläne in den Innsbruck-Führern von *Carl Landsee* 1893 (K72) und *Heinrich Noë* 1903 (K82).

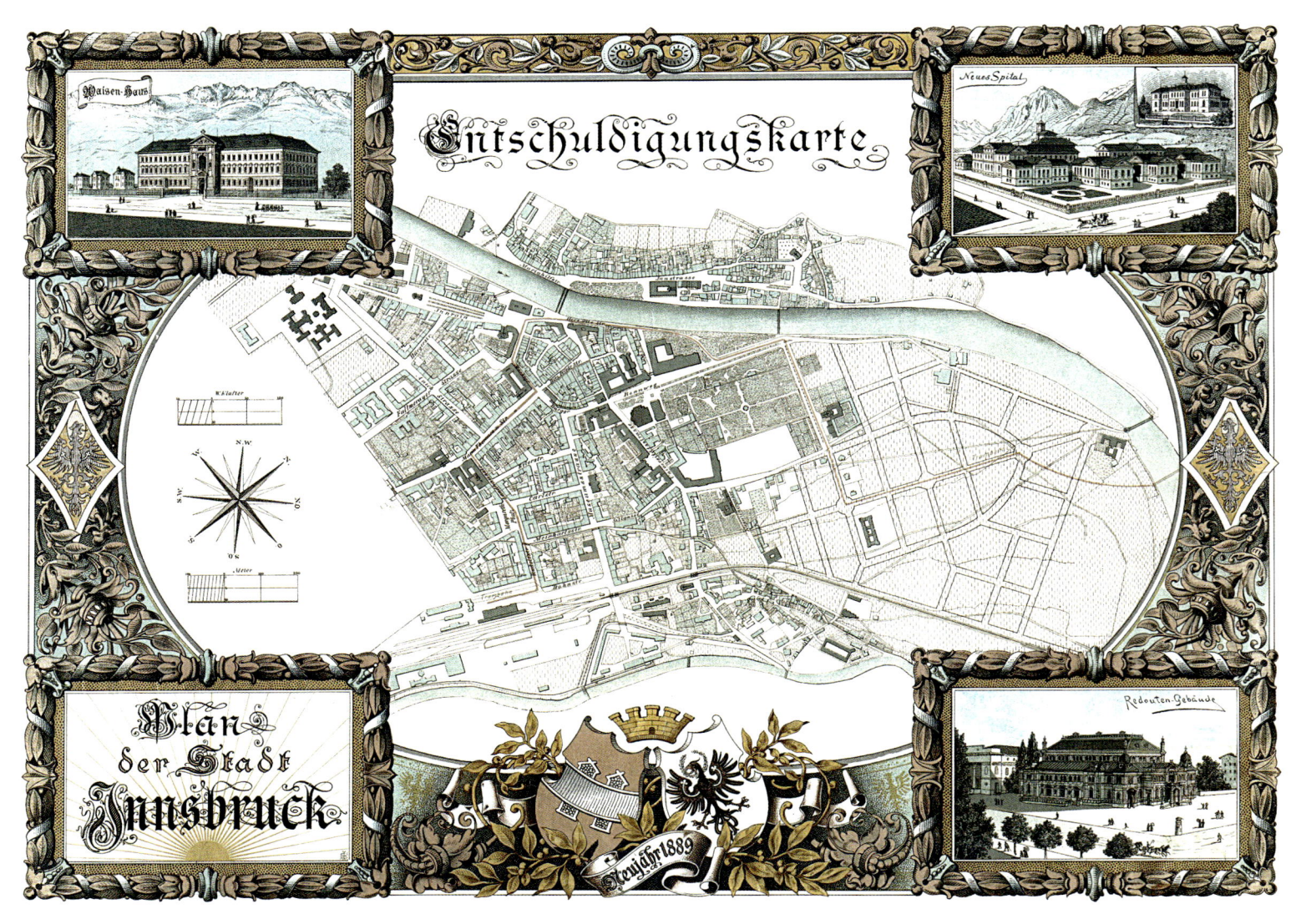

C. A. Czichna: **„Plan der Stadt Innsbruck"**, 1888/1889 (Kartenverzeichnis K69)
Maßstab ca. 1 : 8.000

Das Waisenhaus des Wohltäters *Johann von Sieberer* (heute Siebererschule), 1886 bis 1889 erbaut.

Die Klinikbauten im Pavillon-Stil, errichtet 1885 bis 1887.

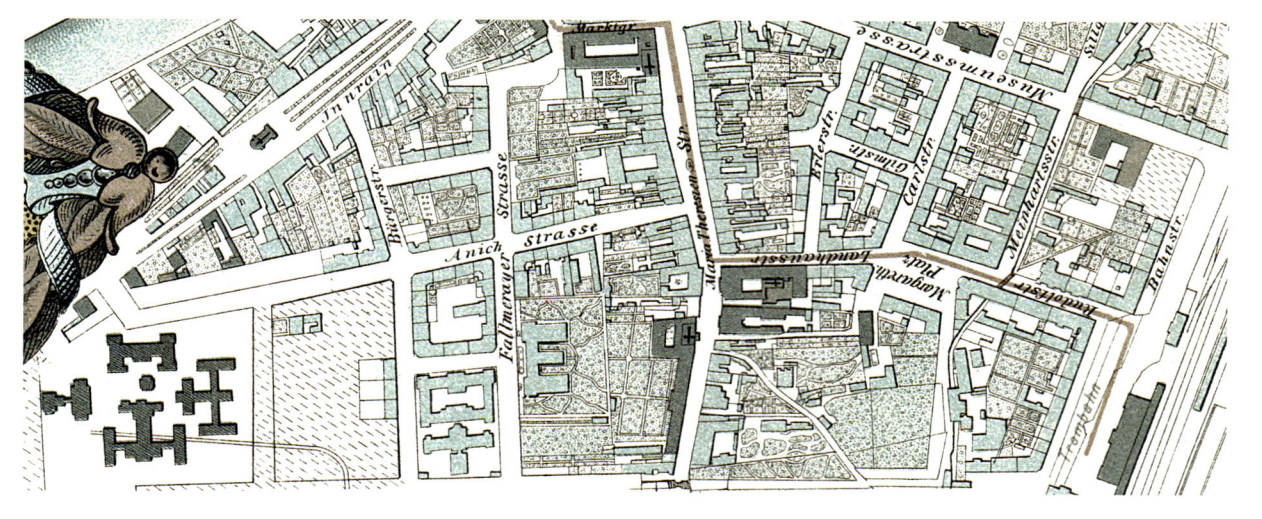

Das neue Stadtviertel um die Anichstraße und das „alte" um den Margarethenplatz (heutiger Boznerplatz) bis zur neuen Grenze nach Wilten.

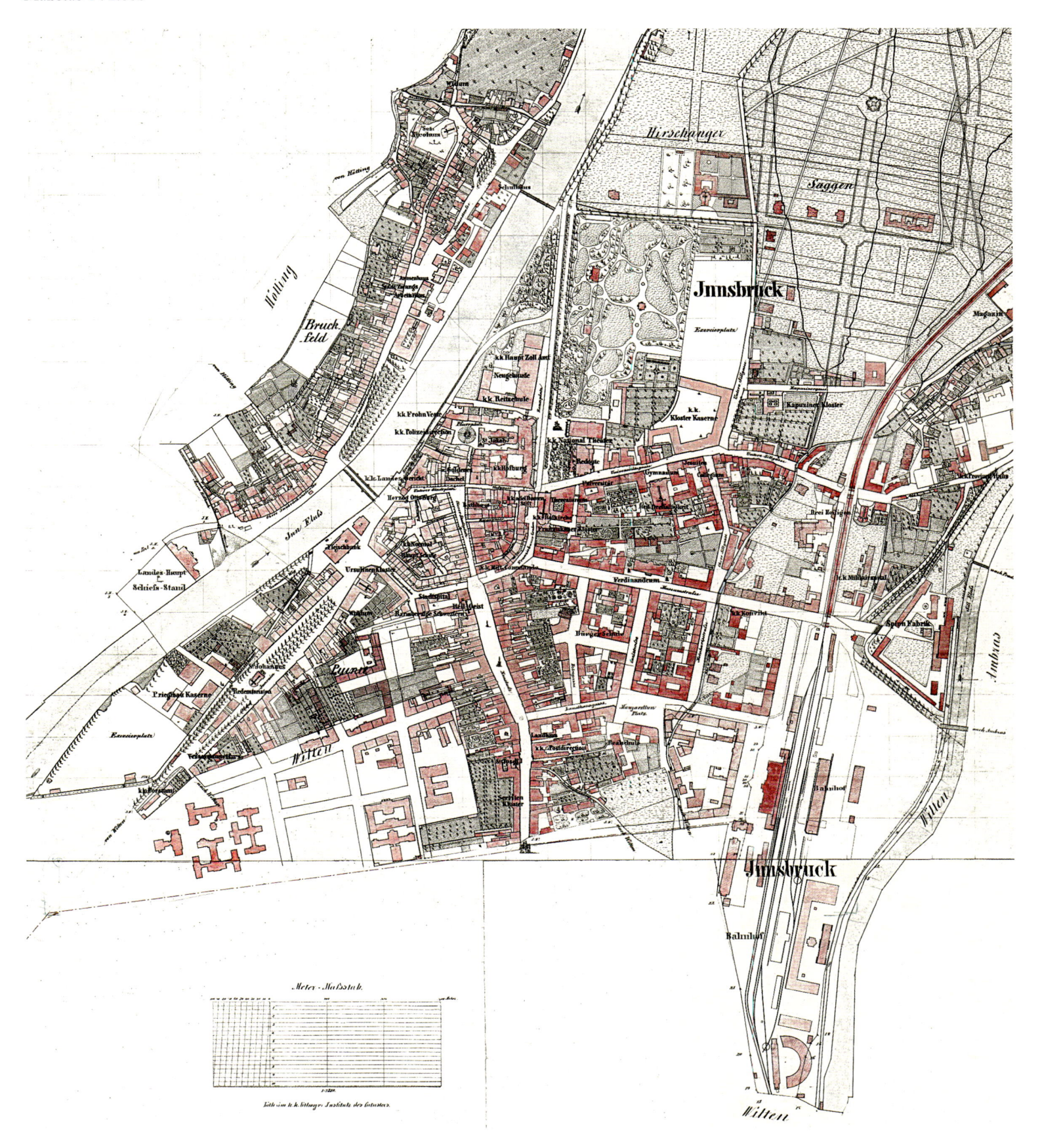

Katasterplan der Gemeinde Innsbruck, 1872/1889 (Kartenverzeichnis K70)
Maßstab 1 : 2.880

Dieser 1889 aktualisierte Katasterplan von 1872 wurde dazu verwendet, sämtliche baulichen Veränderungen bis 1889 durch Überzeichnungen einzutragen. Die von links unten schräg verlaufende, strichlierte Linie zeigt die neue, 1878 vereinbarte Gemeindegrenze zwischen Innsbruck und Wilten. Die alte Grenze ist ebenfalls noch sichtbar: die parallel zur nördlichen Seite der Anichstraße und westlich der Maria-Theresien-Straße verlaufende Linie. In der Anichstraße ist das Gebiet noch mit „Wilten" bezeichnet.

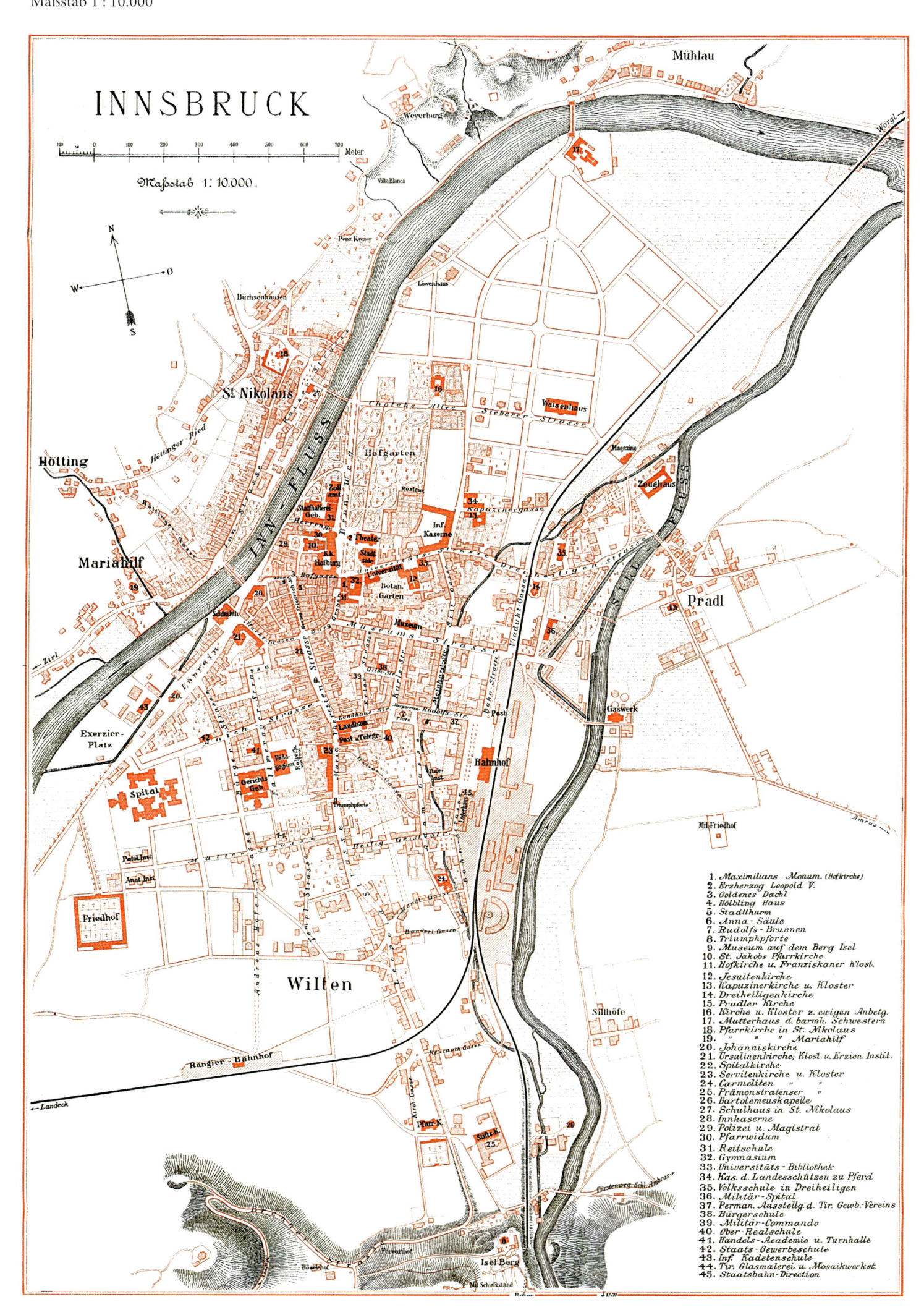

Carl REDLICH: „**Innsbruck**", 1889 (Kartenverzeichnis K71)
Maßstab 1 : 10.000

1887 bis 1890 wurde in der Michael-Gaismayr-Straße die Gebäranstalt errichtet.

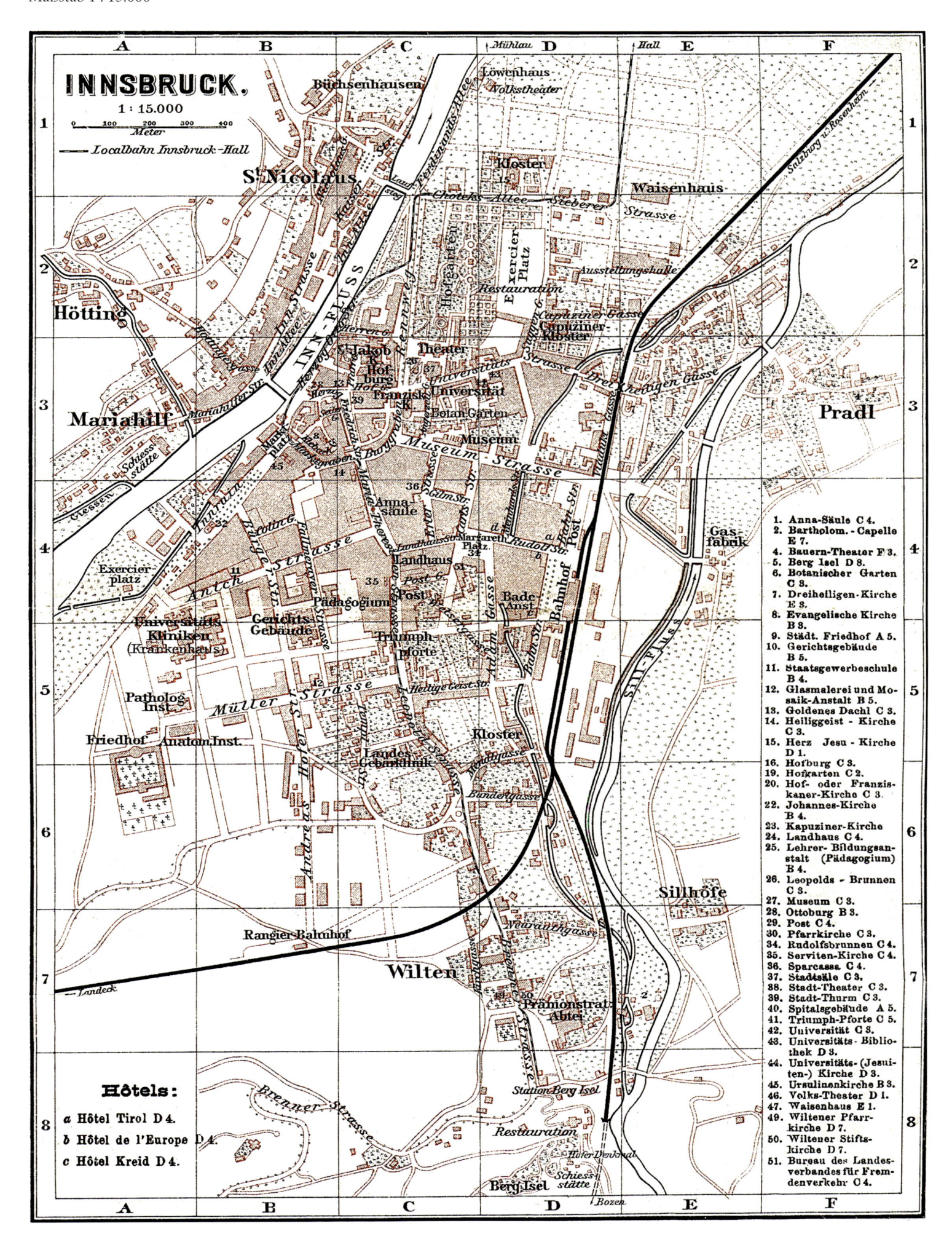

FREYTAG & BERNDT, CARL LANDSEE: „**Innsbruck**", 1893 (Kartenverzeichnis K72)
Maßstab 1 : 15.000

Beim Löwenhaus ist das 1892 errichtete Volkstheater am Rennweg eingezeichnet, in welchem u. a. die Exl-Bühne auftrat. Anlässlich der Tiroler Landesausstellung 1893 wurde am heutigen Messegelände die auch heute noch erhaltene Ausstellungshalle erbaut. Eingezeichnet ist auch die Lokalbahn Innsbruck–Hall ab der Station Berg Isel bis in den Saggen. Der Westfriedhof ist mit seiner Erweiterung nach Süden eingezeichnet. Detaillierte Angaben zu den Erweiterungen in Wilten werden im Kapitel IV/9 – Wilten beschrieben.

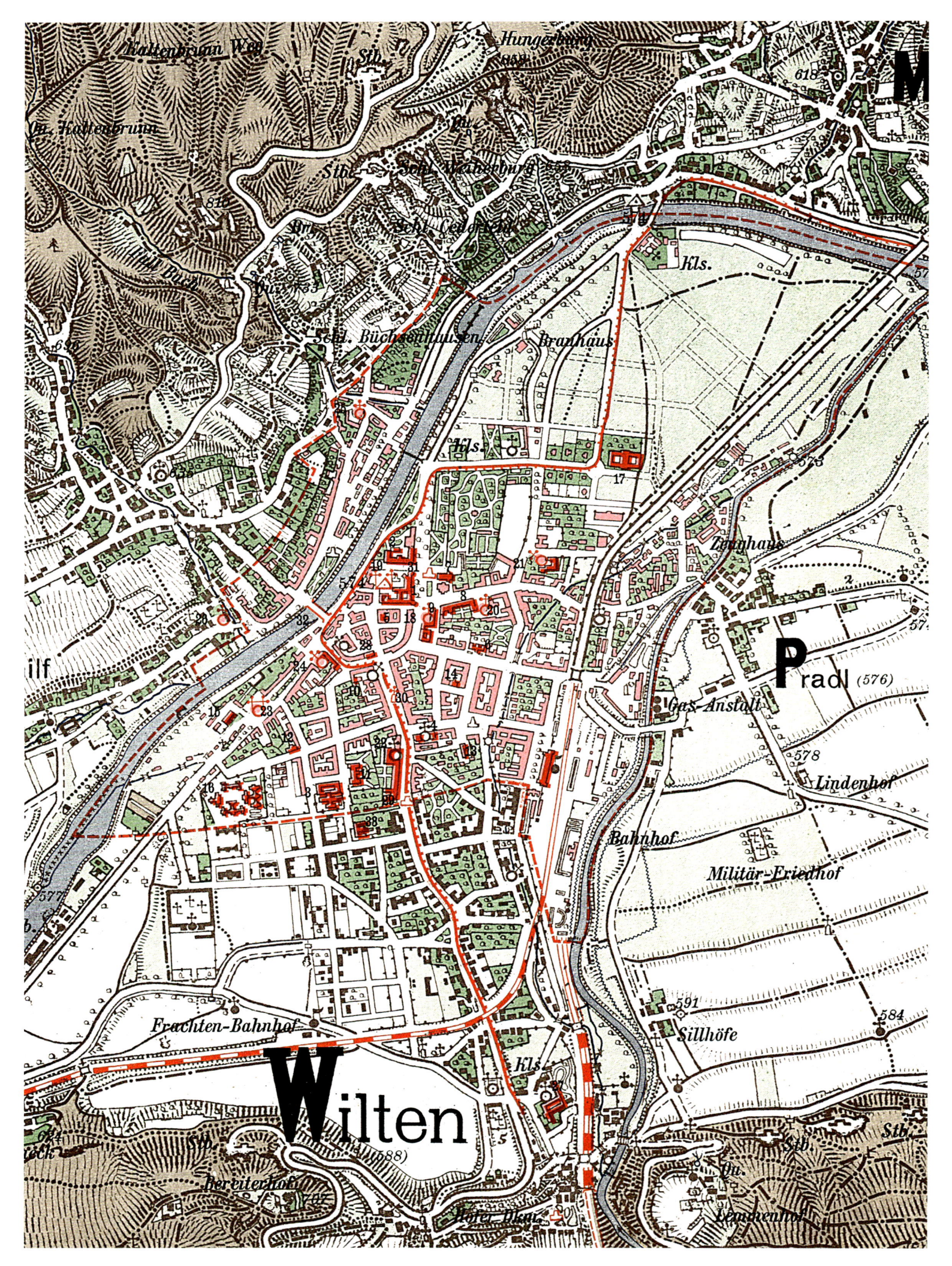

Karl Schober: **"Innsbruck und Umgebung", Stand 1893/94** (Kartenverzeichnis K73) (Ausschnitt)
Maßstab 1 : 15.000

Teilplan der „Schulwandkarte der gefürsteten Grafschaft Tirol mit dem Lande Vorarlberg" von 1899.

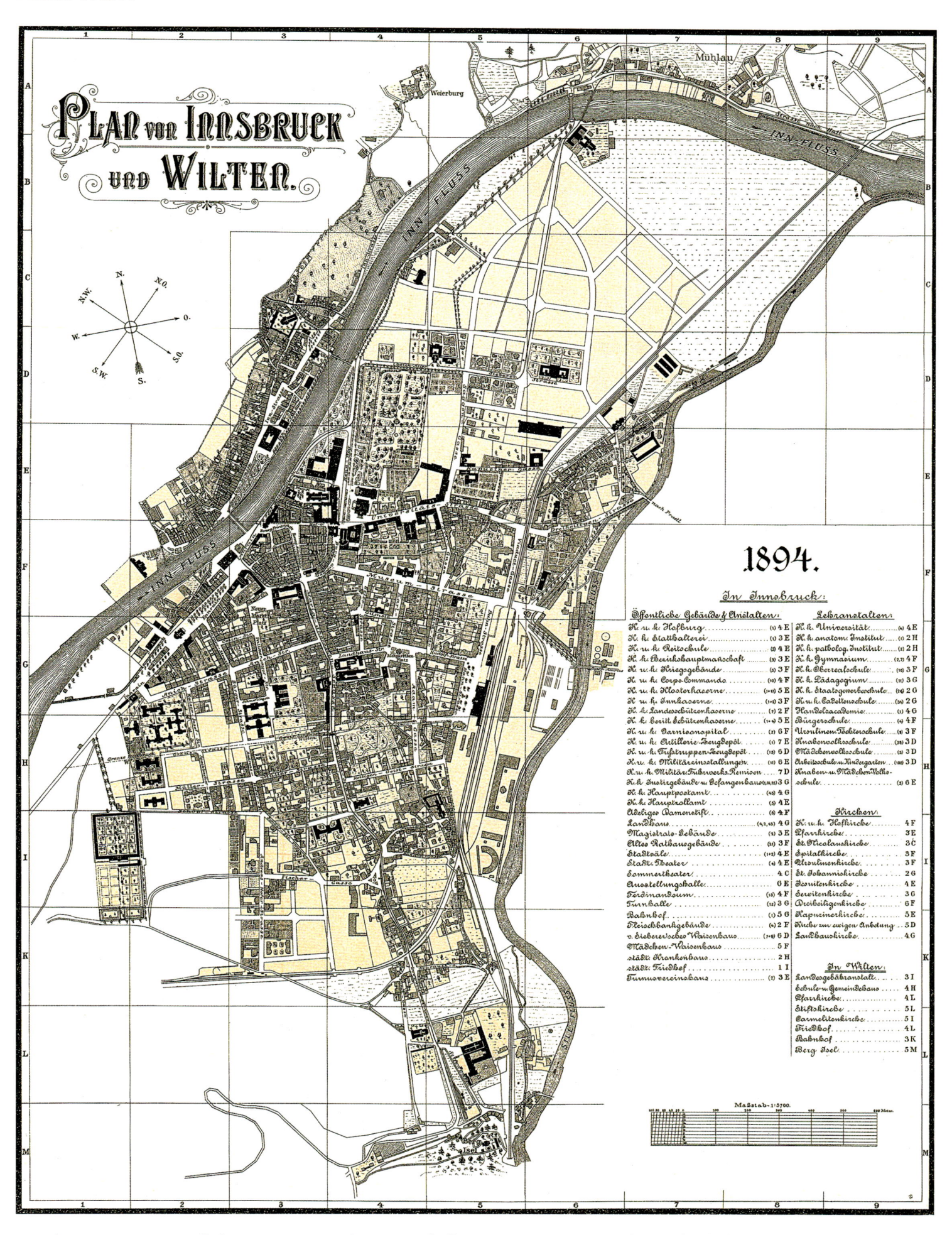

Josef REDLICH: **„Plan von Innsbruck und Wilten"**, 1894 (Kartenverzeichnis K74)
Maßstab 1 : 5.760

Der Plan ist zwar mit *K. Redlich* signiert, stammt aber, wie auch alle späteren, von seinem Sohn *Josef Redlich* (Arch [5]).
Die erste gemeinsame Neujahrsentschuldigungskarte der Gemeinden Innsbruck und Wilten ist ein Zeichen des immer stärkeren Zusammenwachsens. Die Gemeindegrenze in der Mitte der „Grenzstraße", die heutige Maximilian- und Salurnerstraße, ist strichliert dargestellt.
Der Plan zeigt zum ersten Mal die gesamte Strecke der Lokalbahn Innsbruck–Hall von der Berg Isel-Station in Wilten bis an die Kartengrenze in Mühlau mit der korrekten Innüberquerung bei der Kettenbrücke.

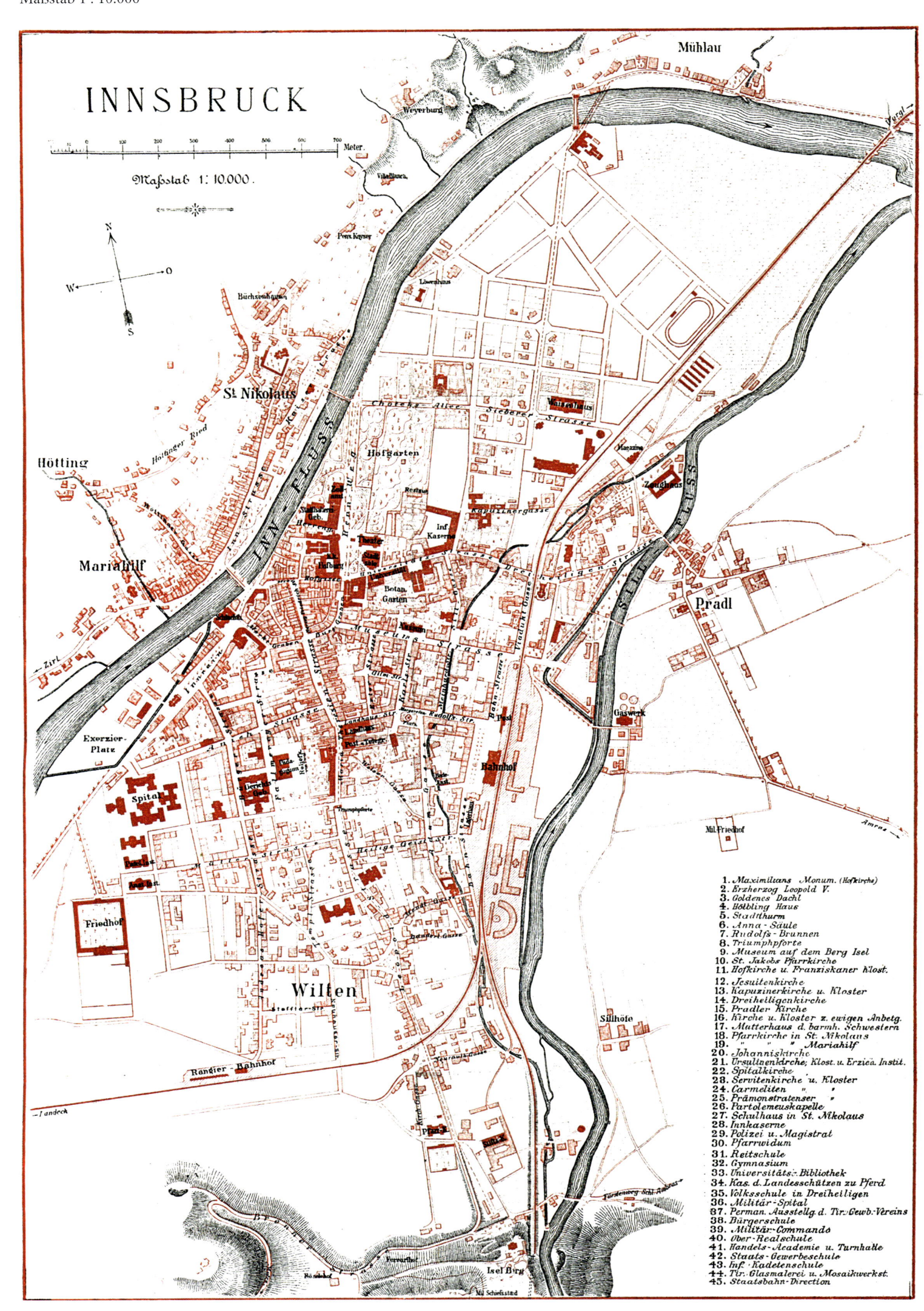

Josef Redlich: „**Innsbruck**", 1897 (Kartenverzeichnis K75)
Maßstab 1 : 10.000

1. Maximilians Monum. (Hofkirche)
2. Erzherzog Leopold V.
3. Goldenes Dachl
4. Hölbling Haus
5. Stadtthurm
6. Anna-Säule
7. Rudolfs-Brunnen
8. Triumphpforte
9. Museum auf dem Berg Isel
10. St. Jakobs Pfarrkirche
11. Hofkirche u. Franziskaner Klost.
12. Jesuitenkirche
13. Kapuzinerkirche u. Kloster
14. Dreiheiligenkirche
15. Pradler Kirche
16. Kirche u. Kloster z. ewigen Anbetg.
17. Mutterhaus d. barmh. Schwestern
18. Pfarrkirche in St. Nikolaus
19.   "   "   Mariahilf
20. Johanniskirche
21. Ursulinenkirche, Klost. u. Erzieh. Instit.
22. Spitalkirche
23. Servitenkirche u. Kloster
24. Carmeliten   "
25. Prämonstratenser "
26. Bartolemeuskapelle
27. Schulhaus in St. Nikolaus
28. Innkaserne
29. Polizei u. Magistrat
30. Pfarrwidum
31. Reitschule
32. Gymnasium
33. Universitäts-Bibliothek
34. Kas. d. Landesschützen zu Pferd
35. Volksschule in Dreiheiligen
36. Militär-Spital
37. Perman. Ausstellg. d. Tir. Gewb. Vereins
38. Bürgerschule
39. Militär-Commando
40. Ober-Realschule
41. Handels-Academie u. Turnhalle
42. Staats-Gewerbeschule
43. Inf. Kadetenschule
44. Tir. Glasmalerei u. Mosaikwerkst.
45. Staatsbahn-Direction

Max Schammler: **„Panorama von Innsbruck aus der Vogelschau"**, 1897 (Kartenverzeichnis P12)

Der obere Ausschnitt:

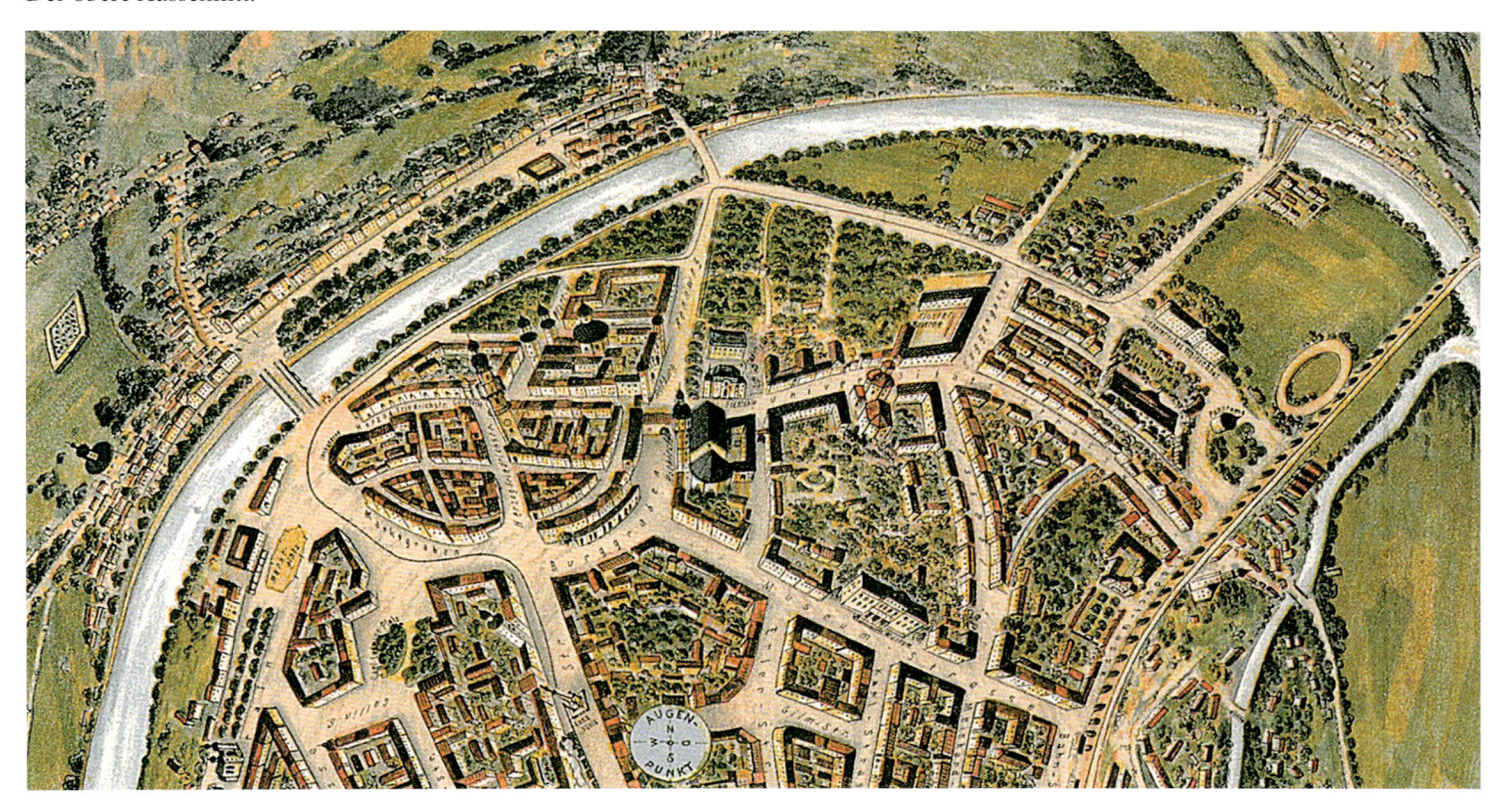

Links liegt der Mariahilfer Friedhof, darüber Hötting, rechts oben Mühlau, darunter der Saggen mit dem Oval der Innsbrucker Radrennbahn.

Der mittlere Ausschnitt:

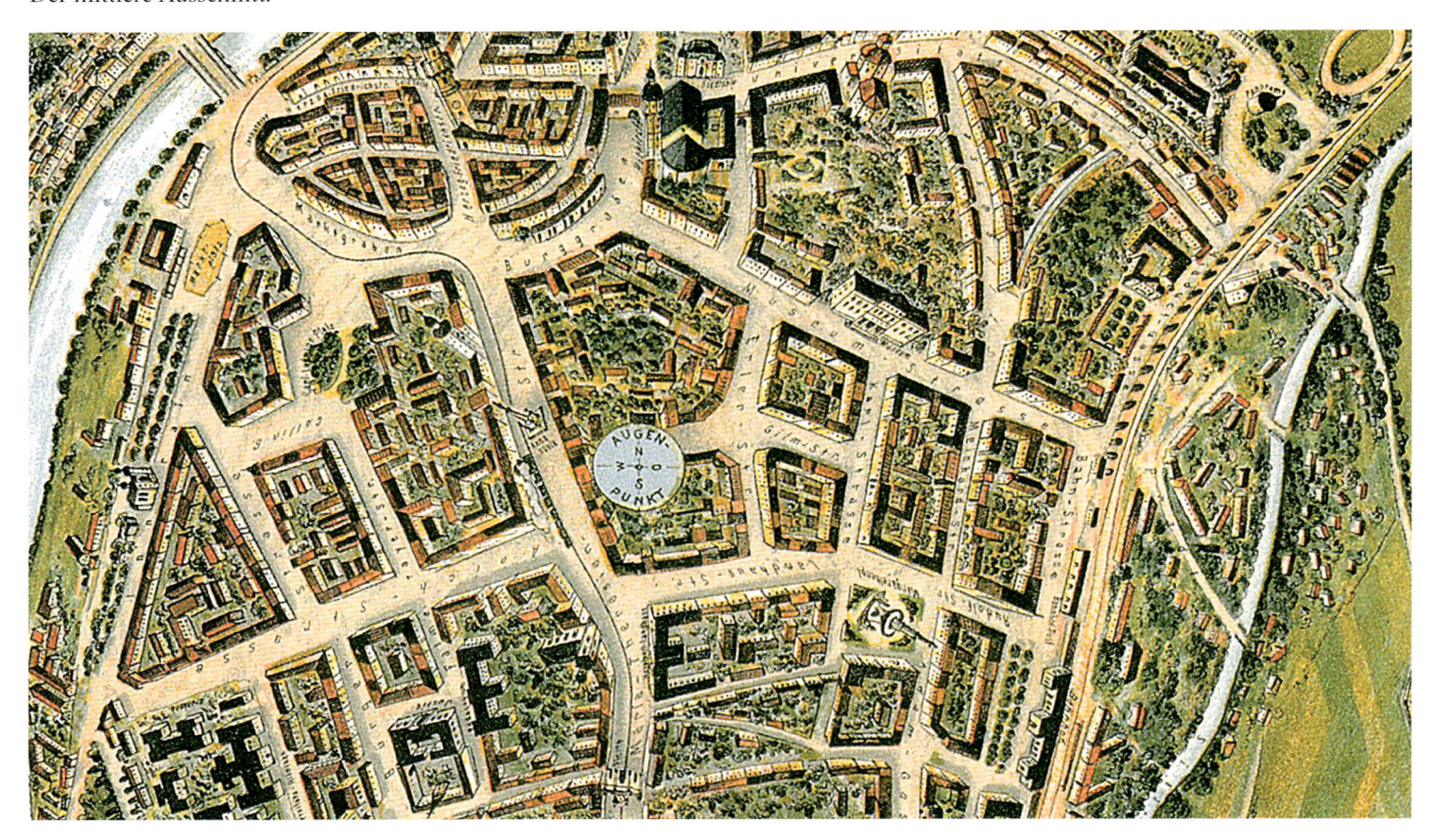

Der Blick reicht vom Innrain über das neue Stadtviertel um die Anichstraße bis nach Dreiheiligen und Pradl.

Der untere Ausschnitt:

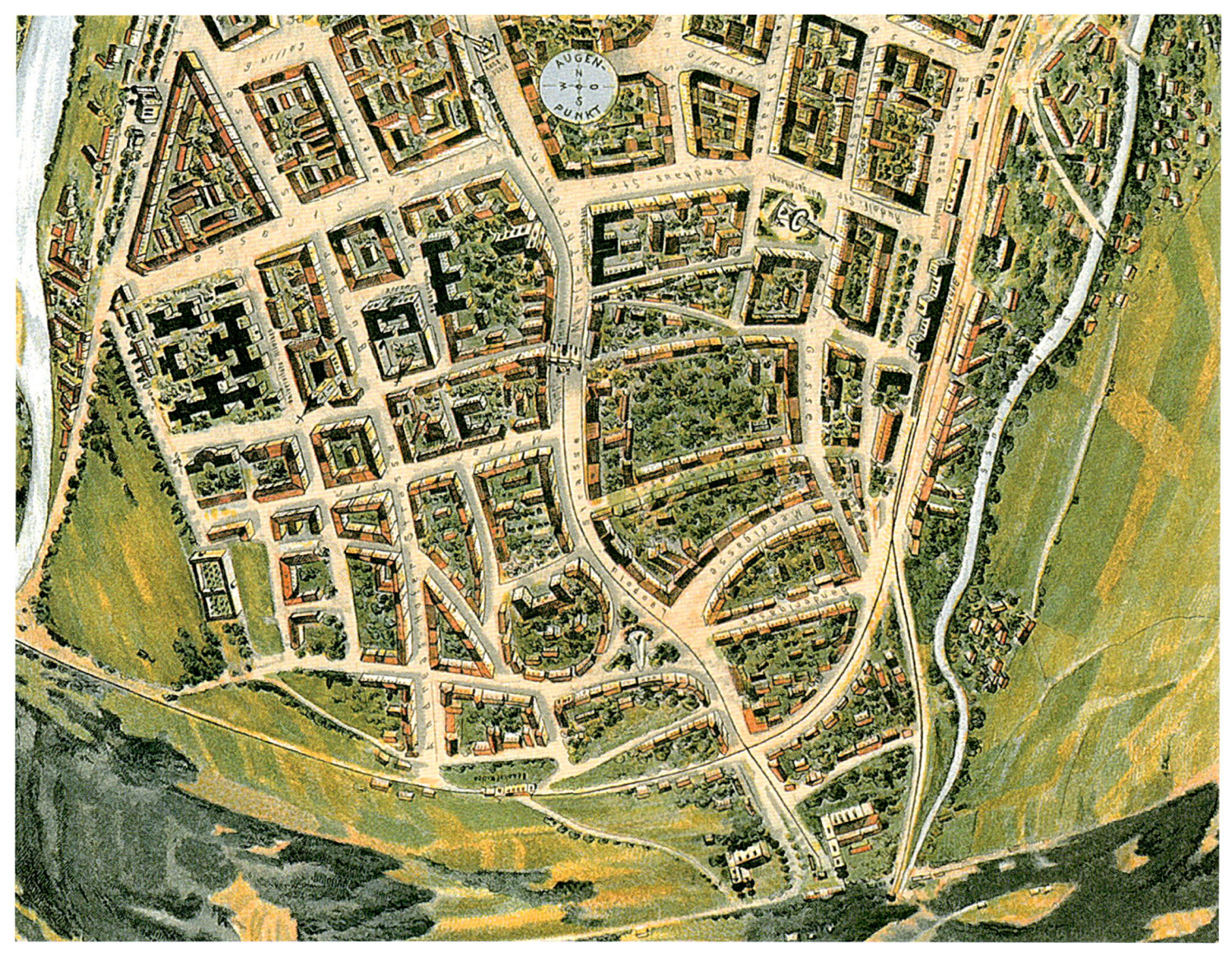

Hauptbestandteil dieses Blickes ist Wilten und das Bahnhofsareal.

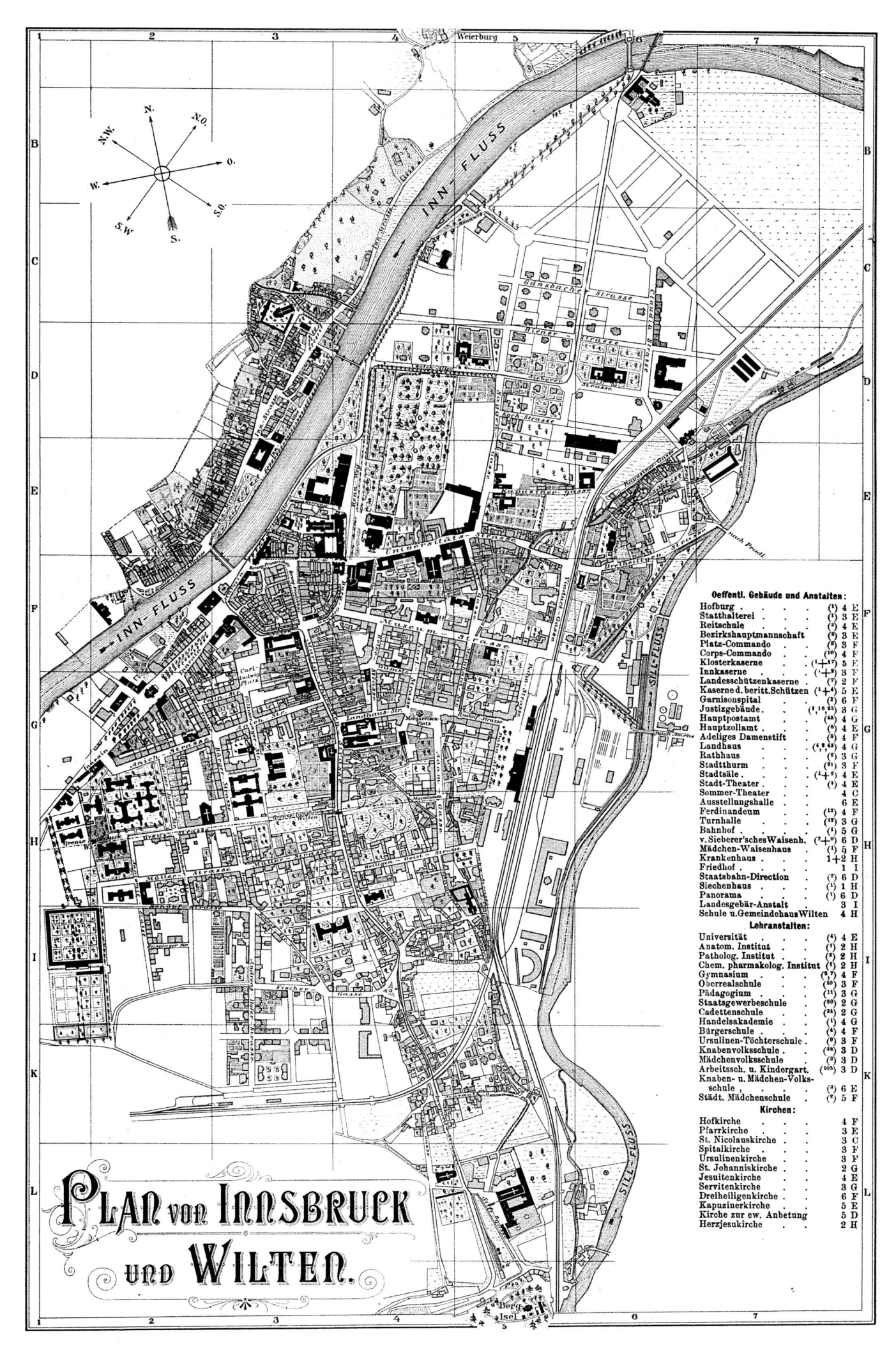

Josef REDLICH: **„Plan von Innsbruck und Wilten", 1898** (Kartenverzeichnis K76)
Maßstab 1 : 5.760

Es handelt sich hierbei um einen aktualisierten Ausschnitt der Neujahrsentschuldigungskarte von 1894.

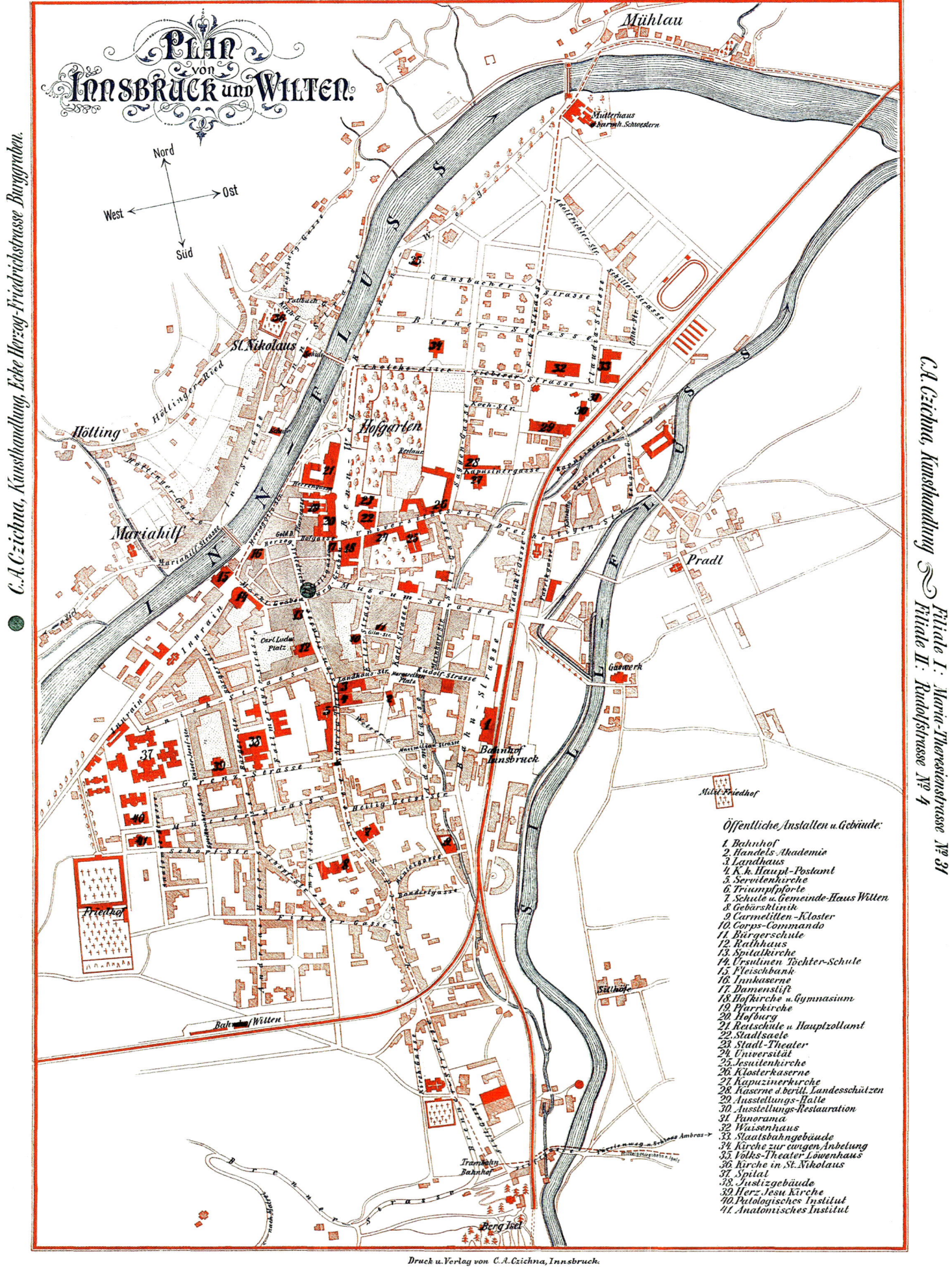

C. A. Czichna: **„Plan von Innsbruck und Wilten"**, 1899/1900 (Kartenverzeichnis K77)
Maßstab 1 : 10.000

Öffentliche Anstalten u. Gebäude:
1. Bahnhof
2. Handels-Akademie
3. Landhaus
4. K. k. Haupt-Postamt
5. Servitenkirche
6. Triumpfpforte
7. Schule u. Gemeinde-Haus Wilten
8. Gebärklinik
9. Carmeliten-Kloster
10. Corps-Commando
11. Bürgerschule
12. Rathhaus
13. Spitalkirche
14. Ursulinen Töchter-Schule
15. Fleischbank
16. Innkaserne
17. Damenstift
18. Hofkirche u. Gymnasium
19. Pfarrkirche
20. Hofburg
21. Reitschule u. Hauptzollamt
22. Stadtsaele
23. Stadt-Theater
24. Universität
25. Jesuitenkirche
26. Klosterkaserne
27. Kapuzinerkirche
28. Kaserne d. berit. Landesschützen
29. Ausstellungs-Halle
30. Ausstellungs-Restauration
31. Panorama
32. Waisenhaus
33. Staatsbahngebäude
34. Kirche zur ewigen Anbetung
35. Volks-Theater Löwenhaus
36. Kirche in St. Nikolaus
37. Spital
38. Justizgebäude
39. Herz Jesu Kirche
40. Patologisches Institut
41. Anatomisches Institut

Druck u. Verlag von C. A. Czichna, Innsbruck.

Dieser Plan liegt dem Reiseführer „Kleiner Führer durch Innsbruck u. Umgebung", herausgegeben von Fr. König's Hofbuchhandlung in Hanau bei. Ausschnitt und Orientierung sind identisch mit dem Plan von *J. Redlich* 1897 (K75).

Josef Schmidhuber: **„Umgebungskarte von Innsbruck", um 1900** (Kartenverzeichnis K78)
„im Auftrag des Stadtschulrathes in Innsbruck"
Maßstab 1 : 15.000

Ausschnitt des Stadtgebietes:

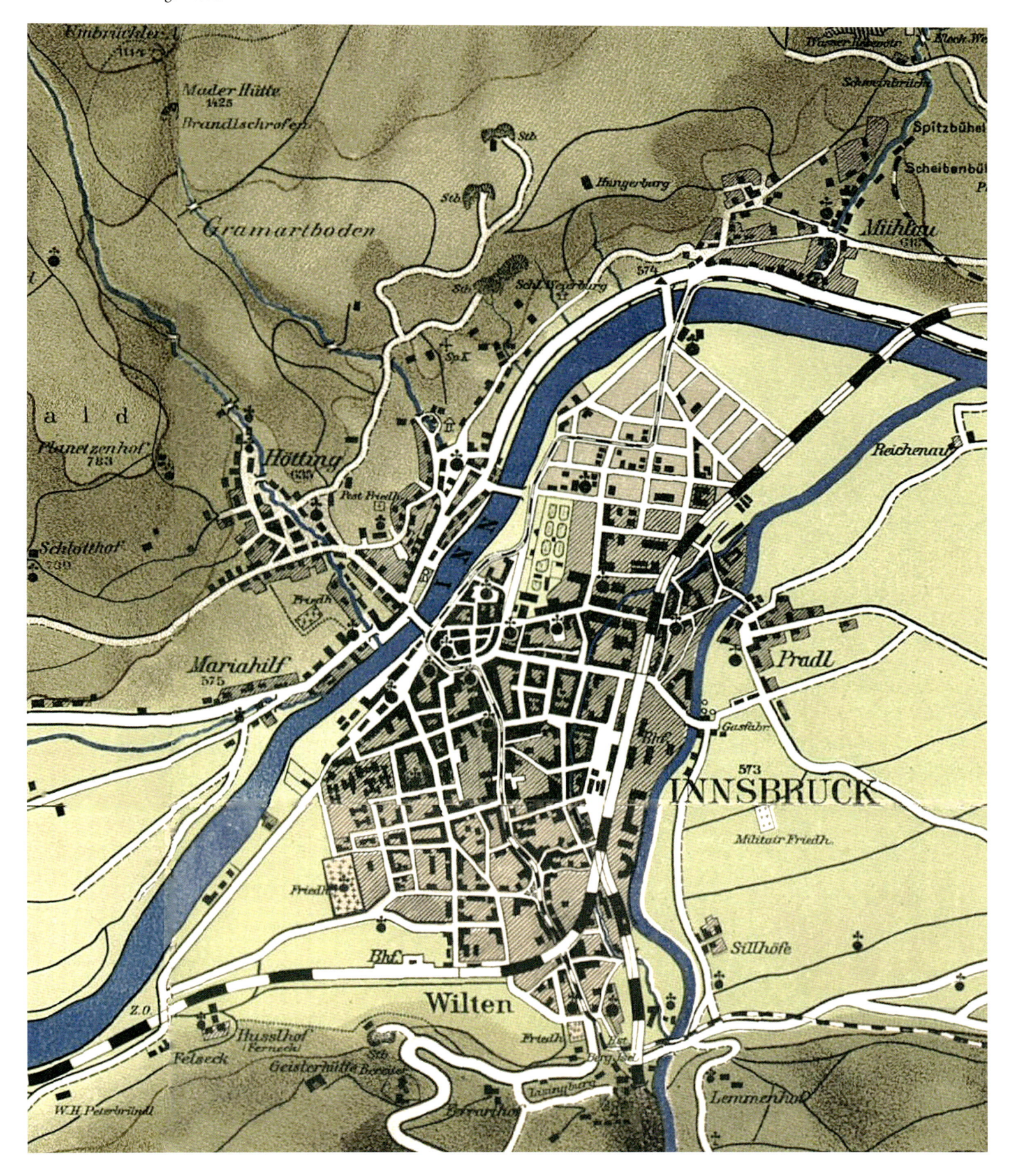

Diese Karte diente als Unterrichtsmittel für die Innsbrucker Schulen. Aus didaktischen Gründen ist die Darstellung der topographischen Situation wie Gebäude und Verkehrswege für diese Maßstabsebene (1 : 15.000) stark generalisiert.

FREYTAG & BERNDT: **"Übersichtsplan von Innsbruck", um 1900** (Kartenverzeichnis K79)
Maßstab 1 : 2.500

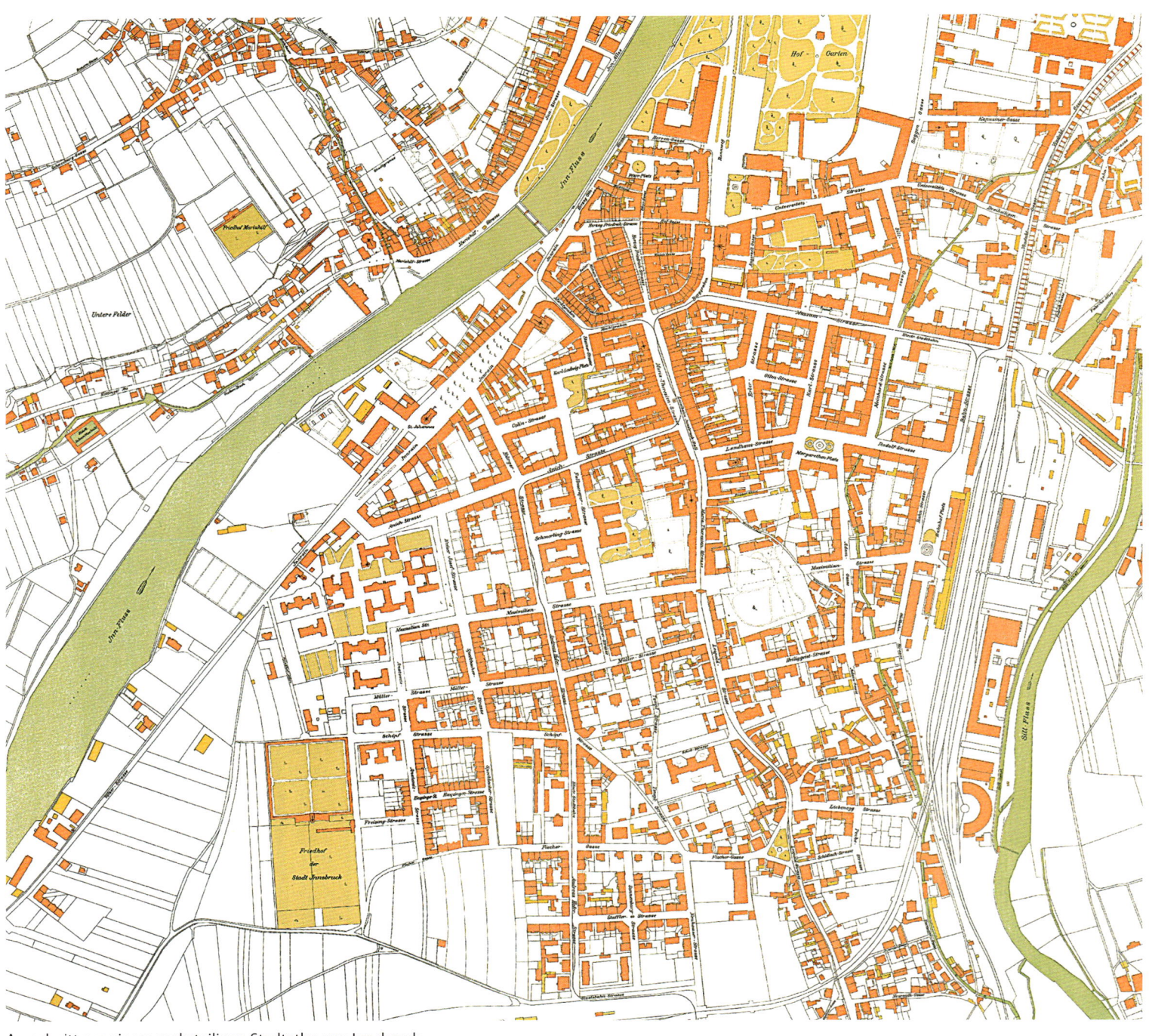

Ausschnitt aus einem mehrteiligen Stadtatlas von Innsbruck

Josef REDLICH: **„Plan von Innsbruck und Wilten"**, 1900 (Kartenverzeichnis K80)
Maßstab 1 : 5.760

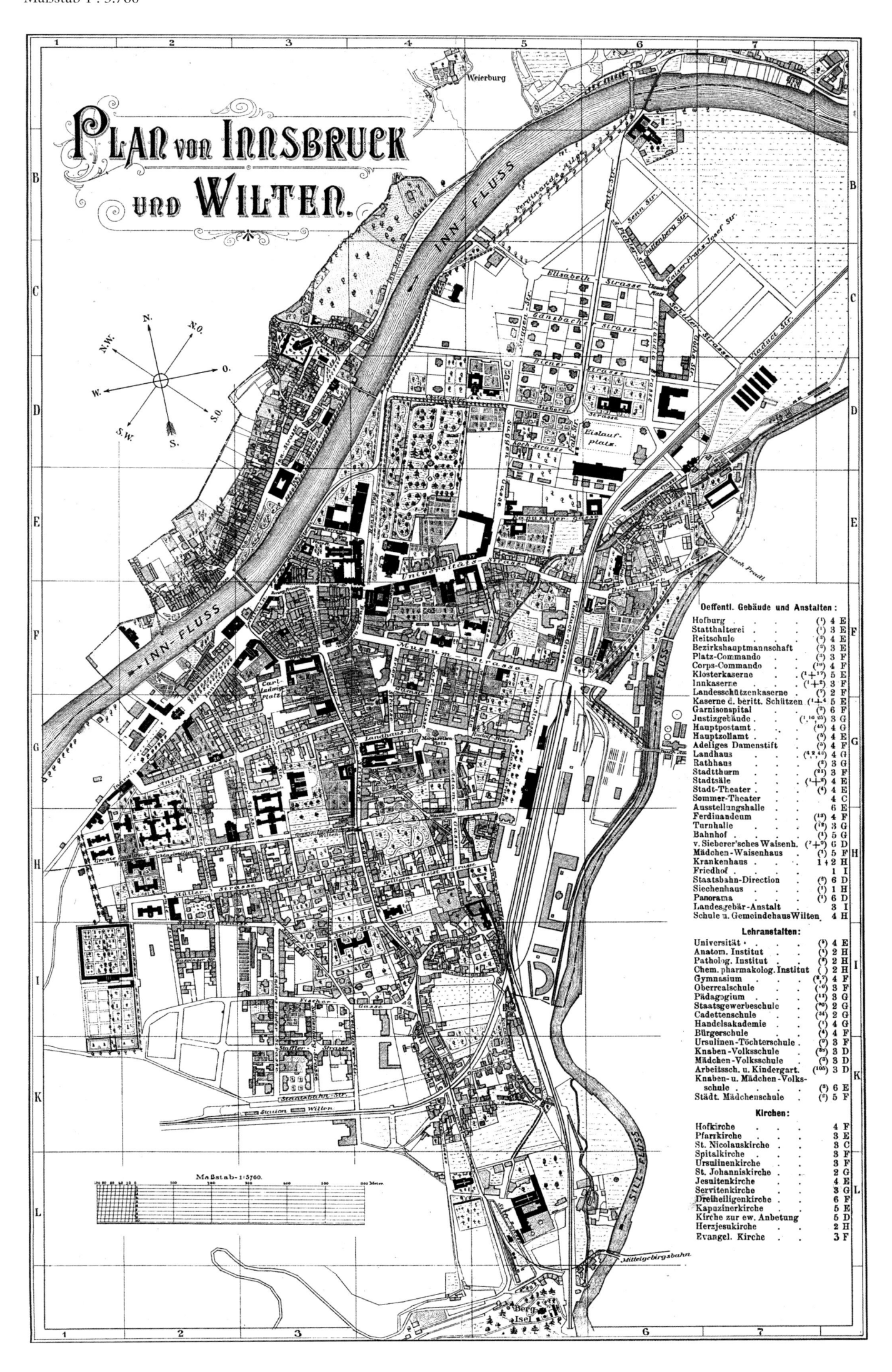

Josef REDLICH: **"Plan von Innsbruck und Wilten"**, 1902 (Kartenverzeichnis K81)
Maßstab 1 : 5.760

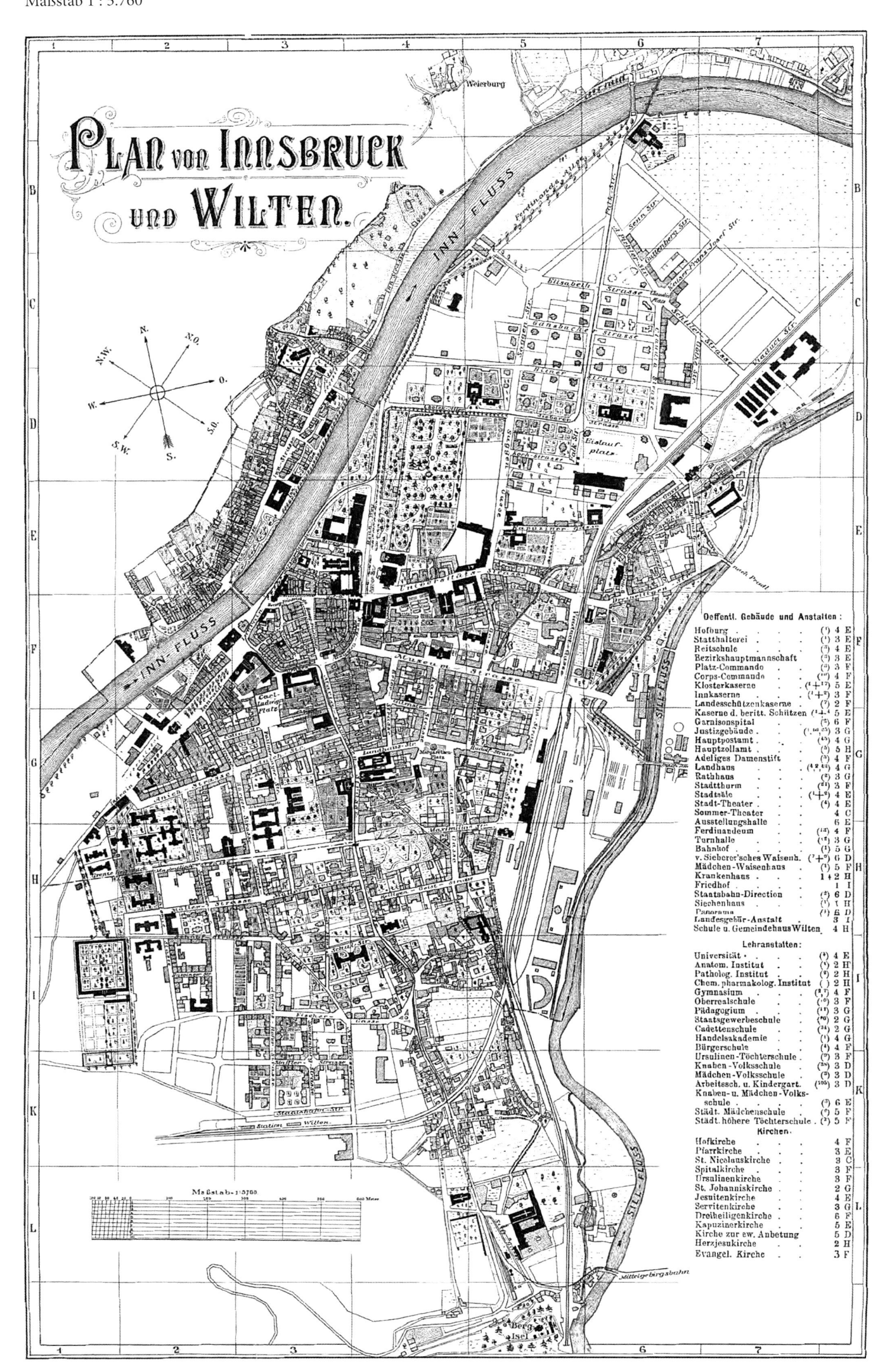

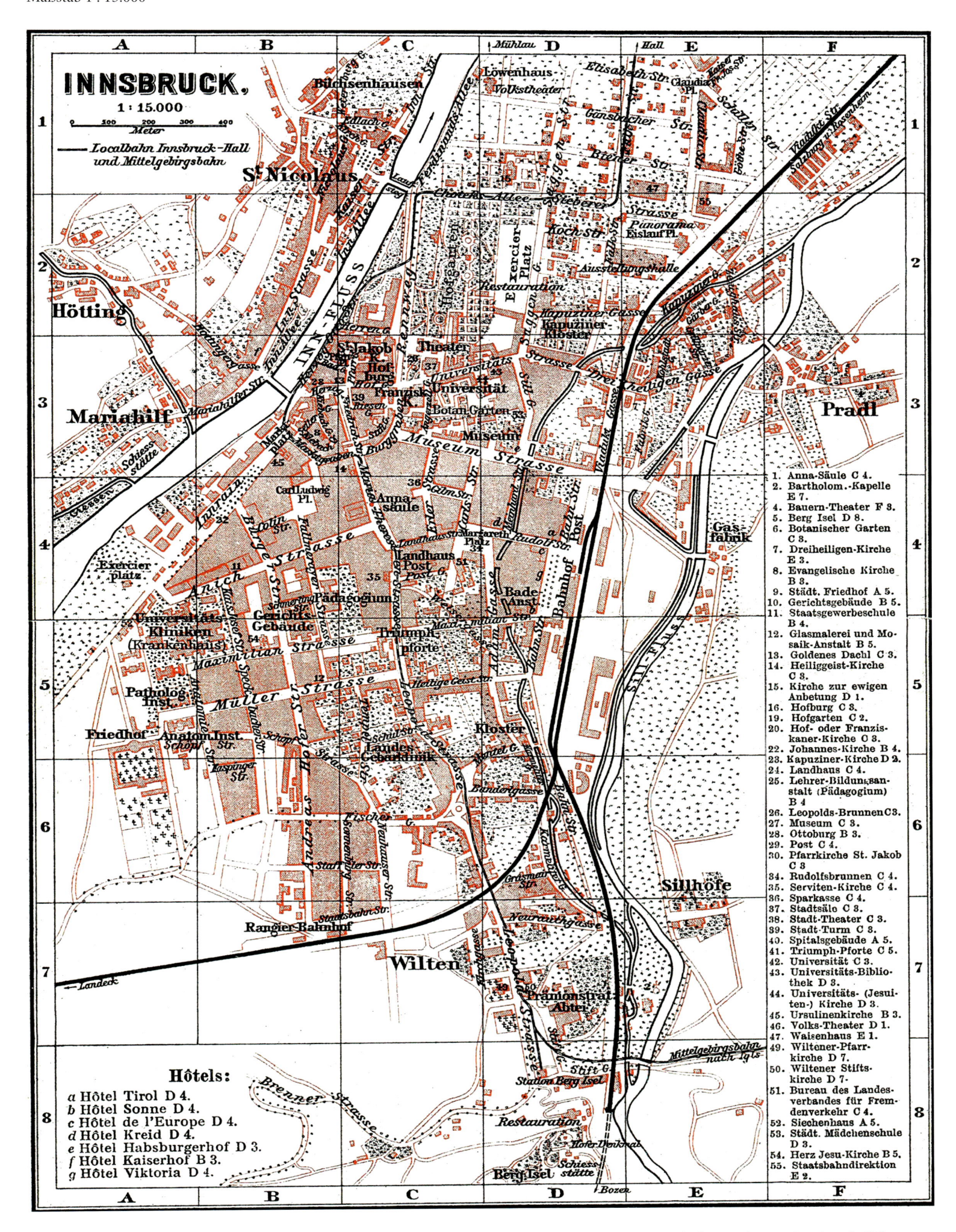

FREYTAG & BERNDT, Heinrich NOË: „**Innsbruck**", 1903 (Kartenverzeichnis K82)
Maßstab 1 : 15.000

Wie in den Reiseführern von *Karl Baedeker* 1888 (K68) und *Carl Landsee* 1893 (K72) entstammt auch dieser Plan im Innsbruck-Führer von *Heinrich Noë* derselben kartographischen Anstalt, wie Kartenausschnitt und grafische Ausführung zeigen.

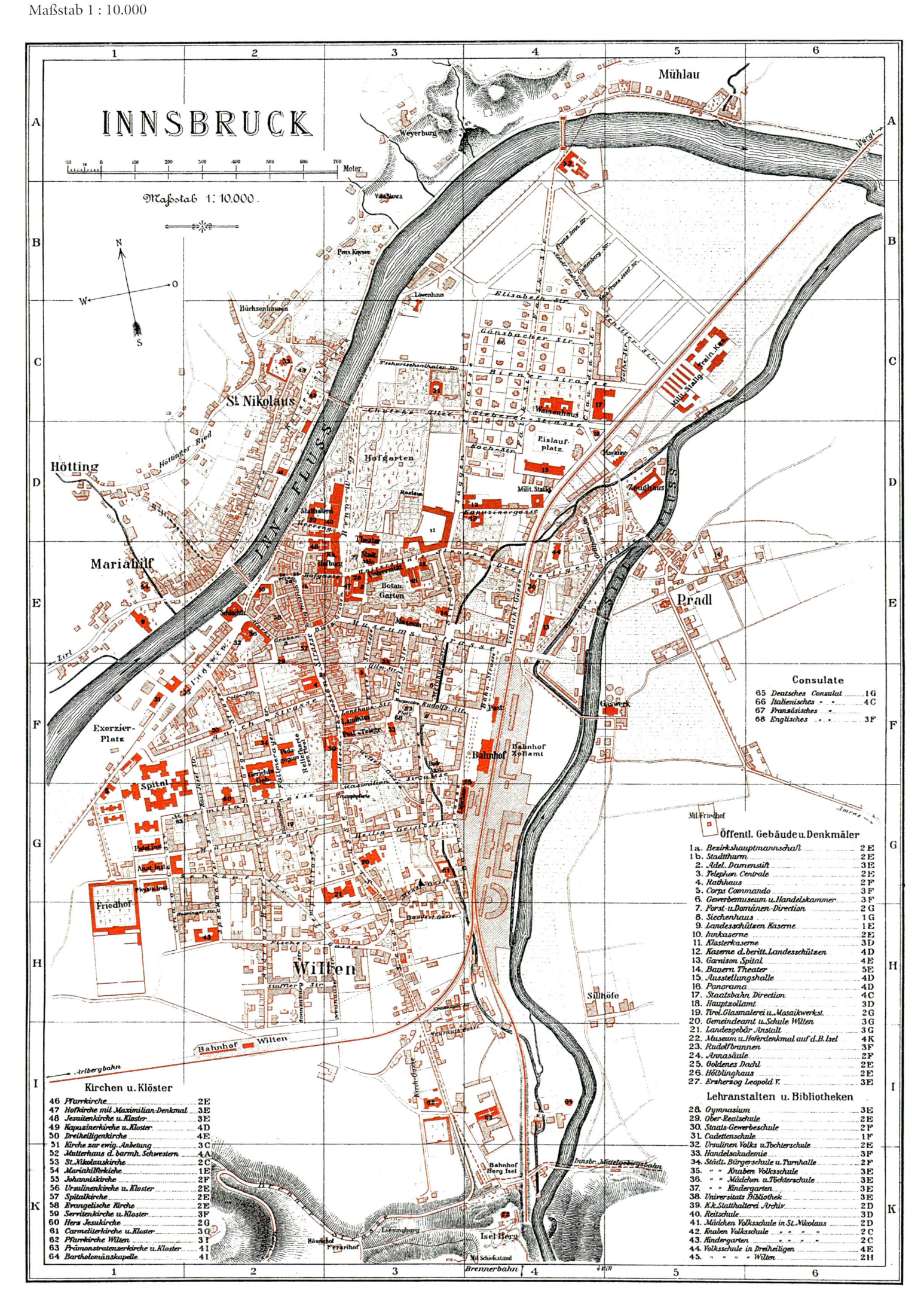

Josef REDLICH: „**Innsbruck**", **1903** (Kartenverzeichnis K83)
Maßstab 1 : 10.000

INNSBRUCK

Maßstab 1:10.000.

Consulate
65 Deutsches Consulat . . . 1G
66 Italienisches „ . . . 4C
67 Französisches „ . . . —
68 Englisches „ . . . 3F

Öffentl. Gebäude u. Denkmäler
1a. Bezirkshauptmannschaft . . . 2E
1b. Stadtthurm . . . 2E
2. Adel. Damenstift . . . 3E
3. Telephon Centrale . . . 2E
4. Rathhaus . . . 2F
5. Corps Commando . . . 3F
6. Gewerbemuseum u. Handelskammer . . . 3F
7. Forst- u. Domänen-Direction . . . 2G
8. Siechenhaus . . . 1G
9. Landesschützen Kaserne . . . 1E
10. Innkaserne . . . —
11. Klosterkaserne . . . 3D
12. Kaserne d. beritt. Landesschützen . . . 4D
13. Garnison Spital . . . 4E
14. Bauern Theater . . . 5E
15. Ausstellungshalle . . . 4D
16. Panorama . . . 4D
17. Staatsbahn Direction . . . 3F
18. Hauptzollamt . . . 3D
19. Tirol. Glasmalerei u. Mosaikwerkst. . . . 3D
20. Gemeindeamt u. Schule Wilten . . . 3G
21. Landesgebär Anstalt . . . 3G
22. Museum u. Hoferdenkmal auf d. B. Isel . . . 4K
23. Rudolfbrunnen . . . 3F
24. Annasäule . . . 2F
25. Goldenes Dachl . . . 2E
26. Hölblinghaus . . . 2E
27. Erzherzog Leopold V. . . . —

Lehranstalten u. Bibliotheken
28. Gymnasium . . . 3E
29. Ober-Realschule . . . 2F
30. Staats-Gewerbeschule . . . 3E
31. Cadettenschule . . . 1F
32. Ursulinen Volks u. Töchterschule . . . 2E
33. Handelsakademie . . . 3F
34. Städt. Bürgerschule u. Turnhalle . . . 2F
35. „ „ Knaben Volksschule . . . 3E
36. „ „ Mädchen u. Töchterschule . . . 3E
37. „ „ Kindergarten . . . 3E
38. Universitäts Bibliothek . . . 3E
39. K.k. Statthalterei Archiv . . . 2D
40. Reitschule . . . 3D
41. Mädchen Volksschule in St. Nikolaus . . . 2D
42. Knaben Volksschule . . . 2C
43. Kindergarten . . . 2C
44. Volksschule in Dreiheiligen . . . 4E
45. „ Wilten . . . 2H

Kirchen u. Klöster
46 Pfarrkirche . . . 2E
47 Hofkirche mit Maximilian-Denkmal . . . 3E
48 Jesuitenkirche u. Kloster . . . 3E
49 Kapuzinerkirche u. Kloster . . . 4D
50 Dreiheiligenkirche . . . 4E
51 Kirche zur ewig. Anbetung . . . 3C
52 Mutterhaus d. barmh. Schwestern . . . 4A
53 St. Nikolauskirche . . . 2C
54 Mariahilferkirche . . . 1E
55 Johanniskirche . . . 2F
56 Ursulinerkirche u. Kloster . . . 2E
57 Spitalkirche . . . 3F
58 Evangelische Kirche . . . 2E
59 Servitenkirche u. Kloster . . . 2G
60 Herz Jesukirche . . . 2G
61 Carmeliterkirche u. Kloster . . . 3G
62 Pfarrkirche Wilten . . . 3I
63 Prämonstratenserkirche u. Kloster . . . 4I
64 Bartholomäuskapelle . . . 4I

Verlag C. Lampe: **„Plan von Innsbruck und Hötting"**, 1903/04 (Kartenverzeichnis K84)
Maßstab 1 : 8.000

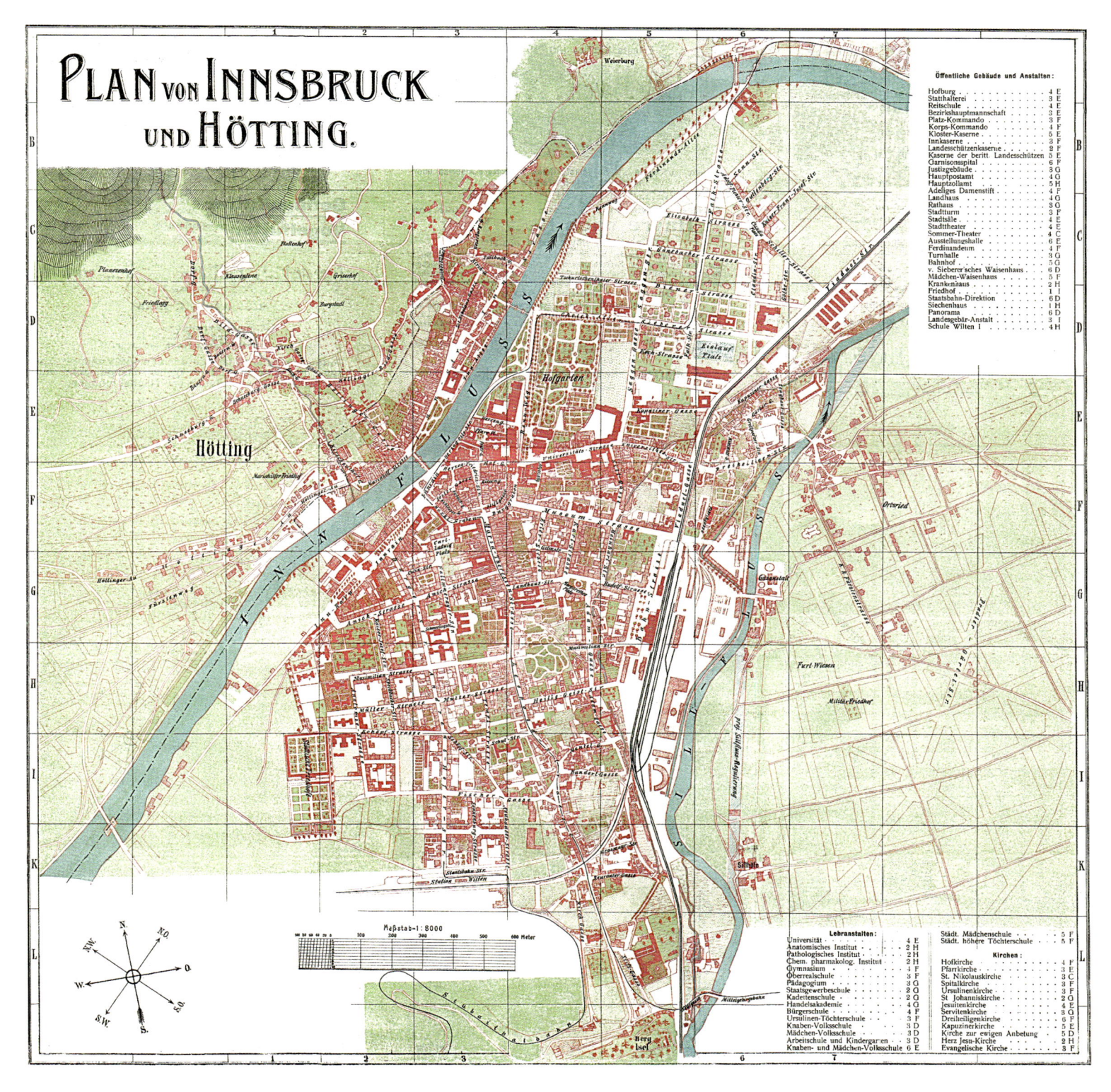

Auf dem Plan, der als Beilage zum Adressbuch von Innsbruck für 1904 auch Hötting und Pradl umfasst, ist zum ersten Mal die 1903–1904 errichtete Stubaitalbahn eingezeichnet. Wie im nächsten Plan von *J. Redlich* sind auch hier bereits Erweiterungsprojekte eingezeichnet, die schlussendlich nur zum Teil realisiert wurden. Am westlichen Ende der Maximilianstraße bis zum Inn ist noch die bis 1904 gültige Gemeindegrenze zwischen Innsbruck und Wilten eingetragen. – Als Kuriosum sei hier noch die Gebrauchsanweisung zum Öffnen des gefalteten Stadtplanes gezeigt:

AUTOMAT!

Einwurf [____] nichts!

Bitte nur hier anzuziehen! ➡

dann legt sich der Plan auseinander, und vor Ihren Augen entrollt sich ein

✲✲✲ herrliches Bild, ✲✲✲

das Bild von

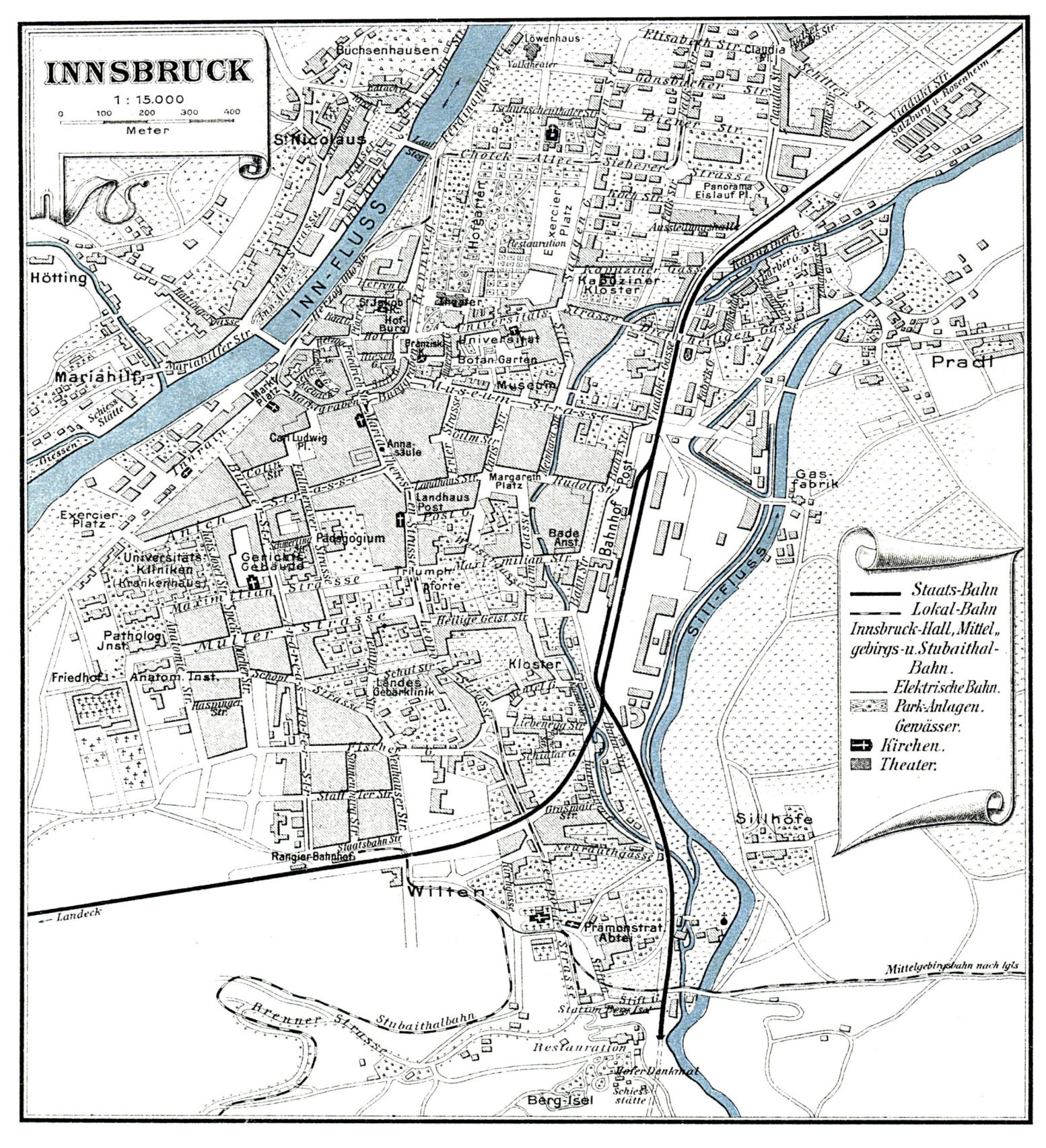

„Innsbruck", um 1904 (Kartenverzeichnis K85)
Maßstab 1 : 15.000

Maßstab, Ausschnitt und Generalisierung der Darstellung entsprechen dem Innsbruck-Plan von Freytag & Berndt 1893 (K72).

Josef Redlich: **„Plan von Innsbruck"**, 1904 (Kartenverzeichnis K86)
Maßstab 1 : 8.000

Wie schon beim vorhergehenden Plan wurden für Pradl, Hötting und dem Gebiet westlich des Westfriedhofes ein Straßennetz gezeichnet, das zum aktuellen Zeitpunkt gar nicht vorhanden war, aber auch in den weiteren Jahren nur zum Teil realisiert wurde. In den Kapiteln VI/7 – Pradl und IV/10 – Hötting wird dieser Sachverhalt noch näher erörtert. Auch die erst 1909 vorgenommene Sillbegradigung zur Erweiterung des Bahnhofgeländes ist als Projekt eingezeichnet.

Der nördliche Teil:

Die Entwicklung des Saggens wird noch ausführlich im Kapitel IV/12 – Saggen erörtert.

Derselbe Kartenausschnitt heute:

BaseMap-Tirol, 2016, Bereich Innsbruck nördlicher Teil (Kartenverzeichnis K97)

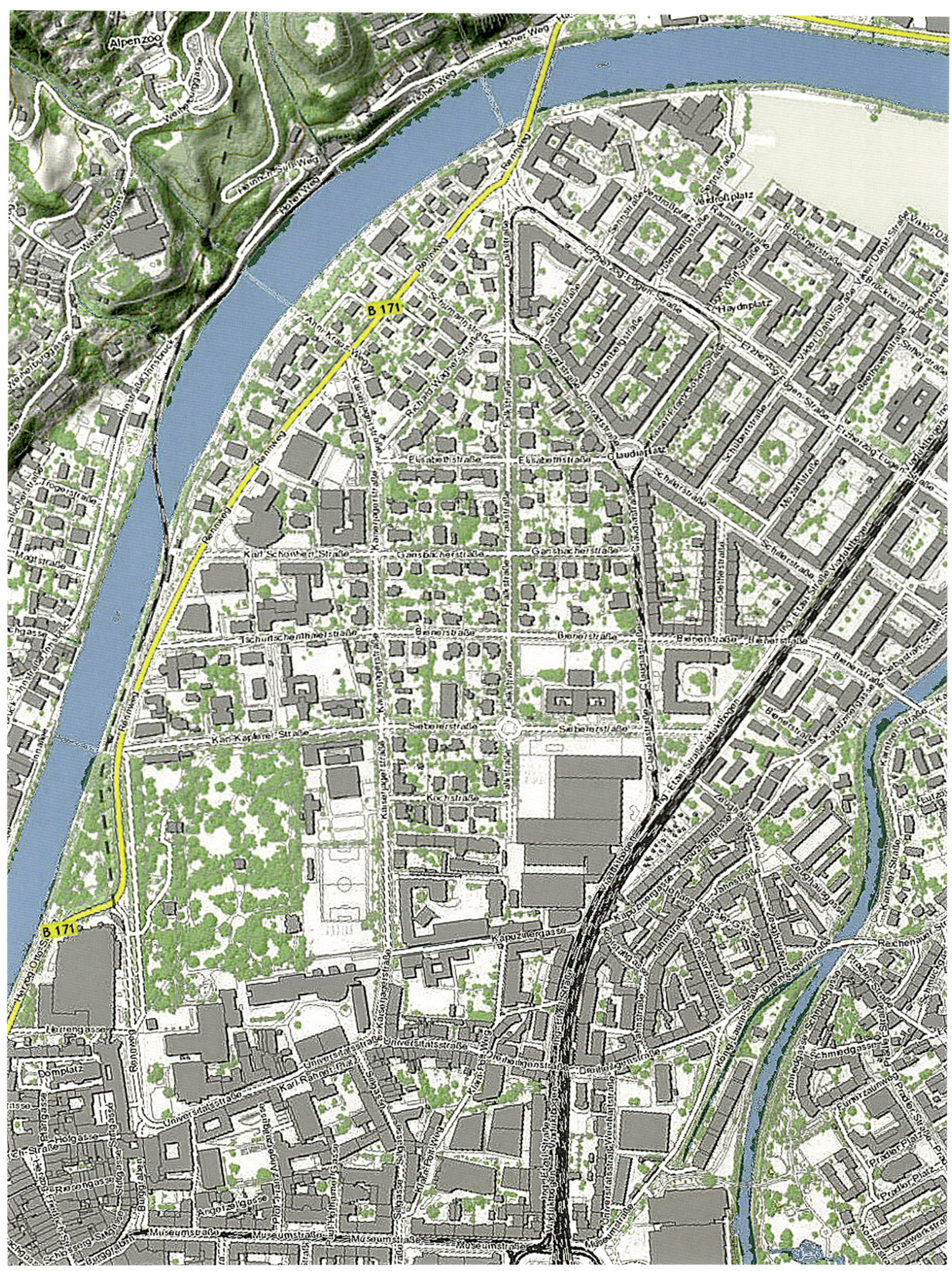

tiris-Kartendienste – Land Tirol

Der südliche Teil:

Zur Entwicklung von Wilten siehe auch Kapitel IV/9 – Wilten.

Derselbe Kartenausschnitt heute:

BaseMap-Tirol, 2016, Bereich Innsbruck südlicher Teil (Kartenverzeichnis K97)

tiris-Kartendienste – Land Tirol

Innsbruck heute:

Orthofoto, 2013, Bereich Innsbruck (Kartenverzeichnis K95)

tiris-Kartendienste – Land Tirol

IV. Plan und Wirklichkeit
1. Altstadt – Neustadt – Innrain – Marktplatz

tiris, Orthofoto 2013 (K95)

Altstadt

Die Zeit vor 1800:

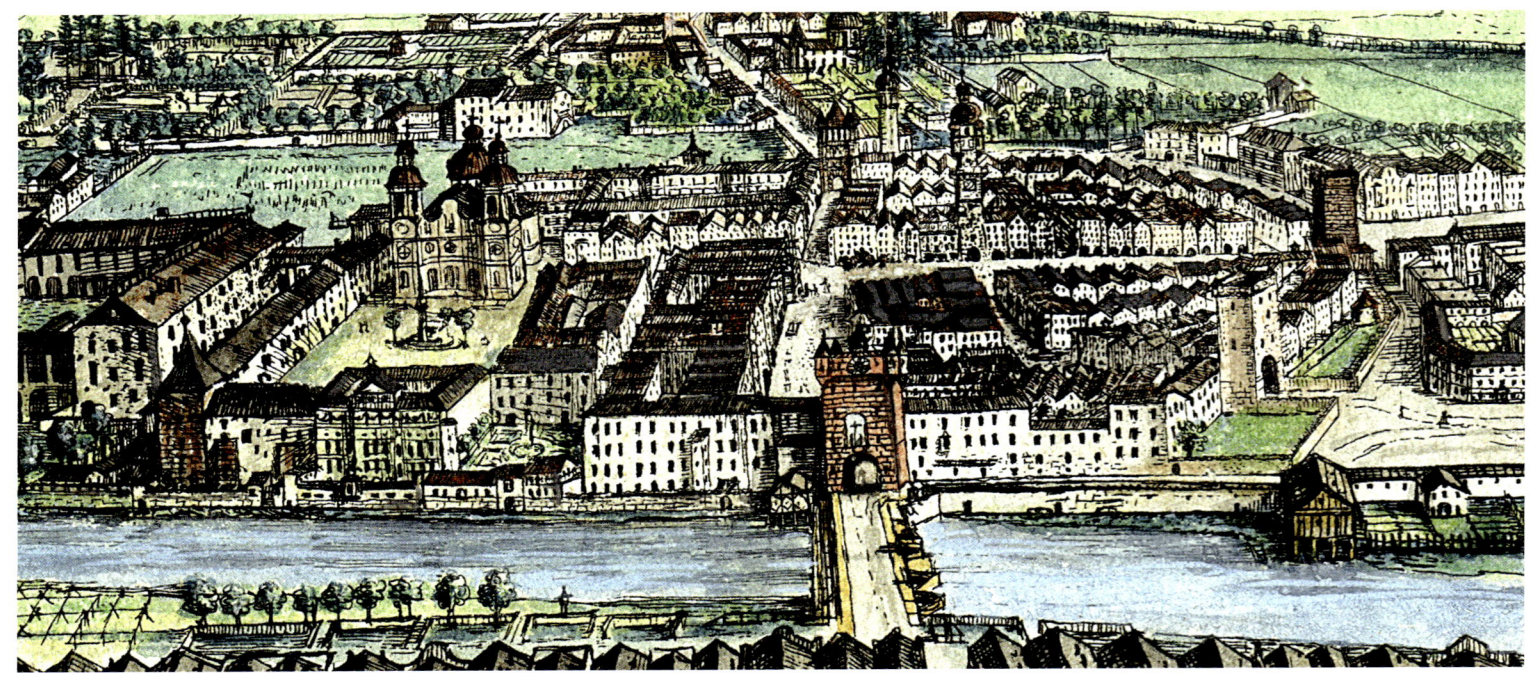

Johann Michael Strickner, 1855/56 (P4)

Um 1750 bietet Innsbrucks Altstadt das Bild einer typischen mittelalterlichen Stadt mit Stadtmauern, Gräben und Stadttoren: zur Innbrücke hin das Inntor, auf der gegenüberliegenden Seite vor der Hofkirche das Wappentor, zur Neustadt hin das Spital- oder Vorstadttor und zum Markt hin das Picken- oder Frauentor. Zur besseren Vergleichbarkeit sind die folgenden Pläne ähnlich dem Panorama von *Strickner* ausgerichtet.

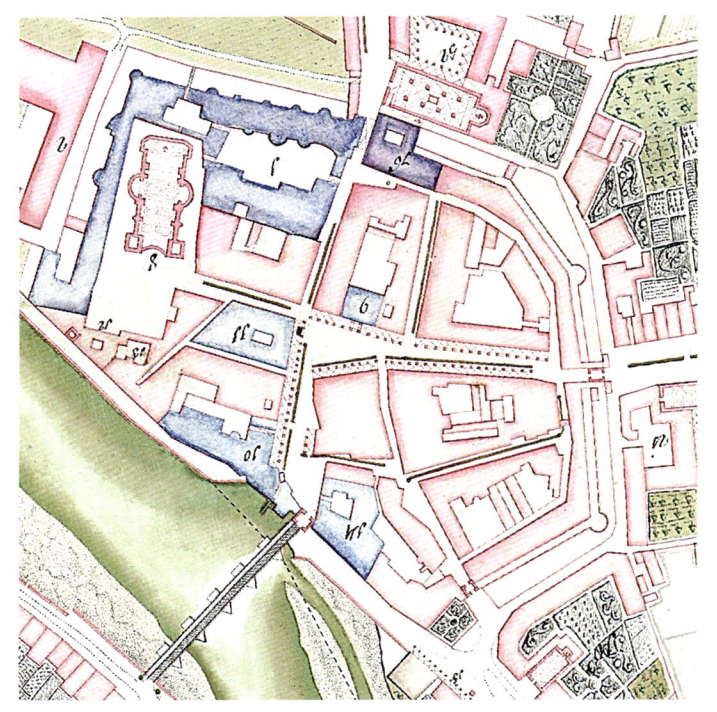

„Plan de la Ville et des Environs d'Innsprug", 1750 (K2) 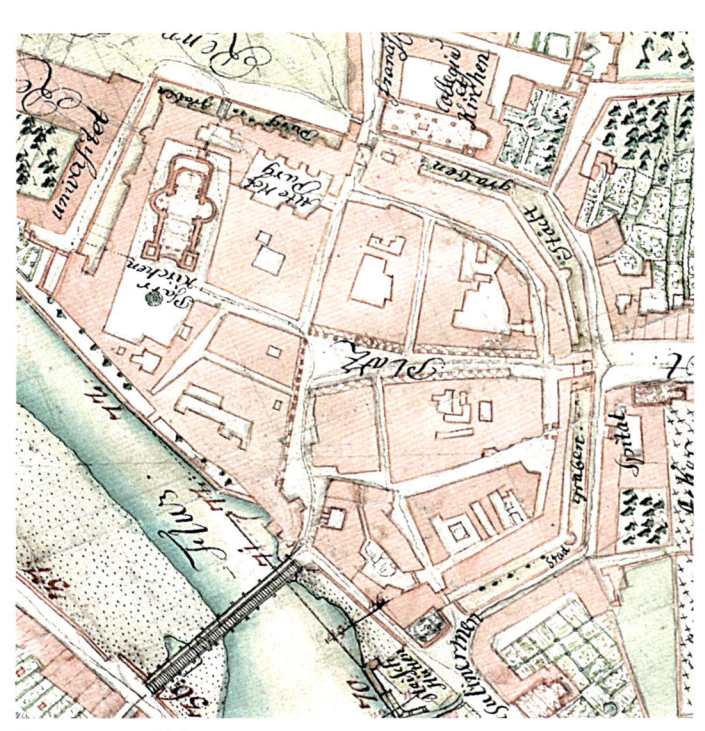   *Rangger, 1763 (K3)*

Deutlich erkennbar ist in beiden Plänen, dass die Stadt rundum als Festungsbau angelegt ist. Im Plan von *Rangger* sind die Gräben zusätzlich auch noch mit Stadt- bzw. Burggraben bezeichnet. Der Grundriss der Hofburg entspricht noch dem Renaissancebau Maximilians I:

Diese kolorierte Federzeichnung *Strickners* ist eine Nachzeichnung des von *Constantin Walter* um 1765 erstellten Planes der alten Hofburg.

Abb. 6: *J. L. Strickner,* um 1810

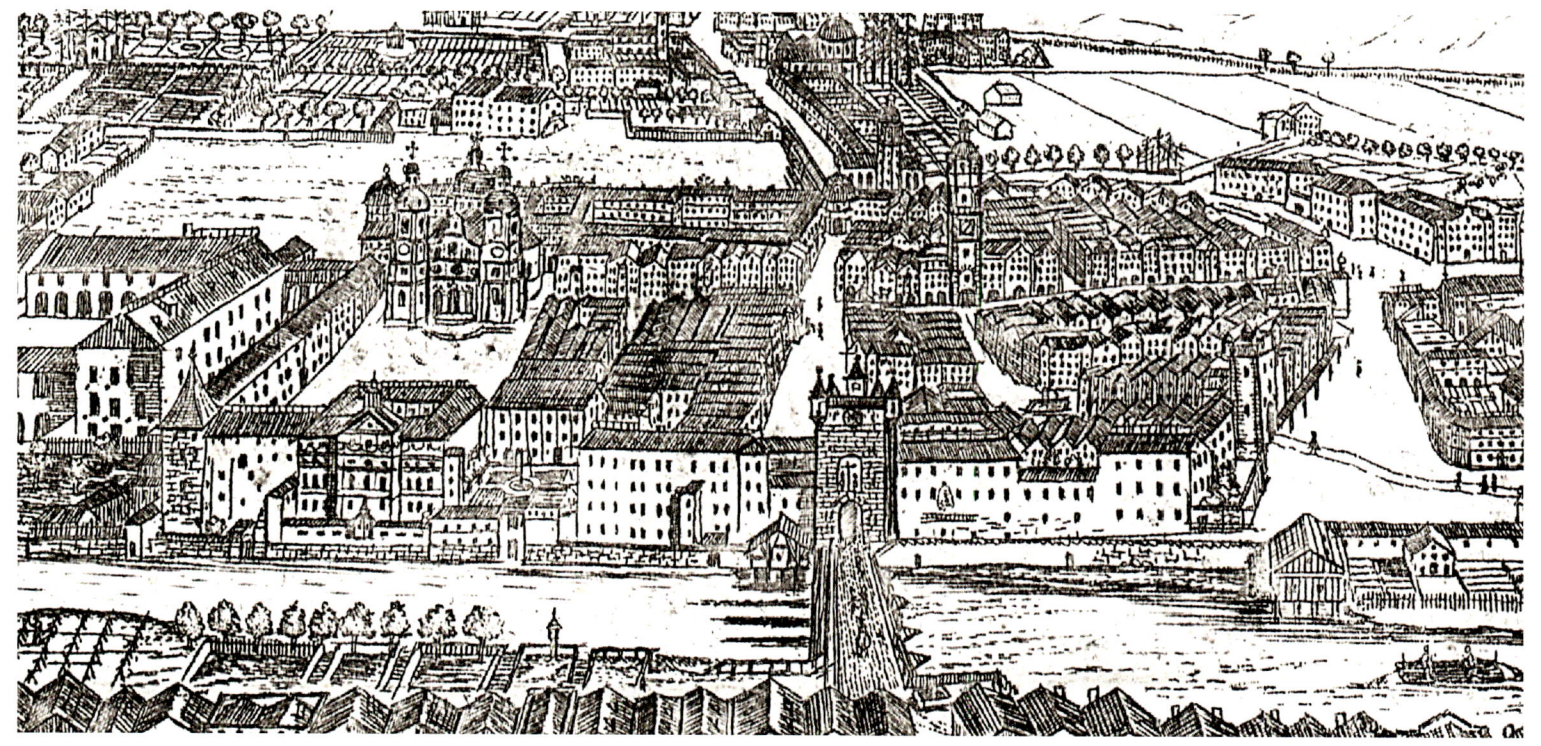

Panorama von Innsbruck, um 1780 (P5)

Das Erscheinungsbild der Stadt ist in der zweiten Hälfte des 18. Jahrhunderts bedeutend umgestaltet worden, wenn auch keine nennenswerte Vergrößerung des Umfanges erfolgte. 1766–1770 entsteht die neue Hofburg an der Stelle der alten, zum Teil noch aus Maximilians Zeit stammenden, und in den folgenden Jahrzehnten wird die längst nutzlos und zu eng gewordene Stadtmauer geschliffen, die Tortürme werden abgetragen und der Graben wird zugeschüttet. Im obigen Panorama ist das Spitalstor bereits abgetragen (1765) und der Wappenturm durch die südliche Rotunde der Hofburg ersetzt. Die Stadtgräben sind ebenfalls schon eingeebnet.

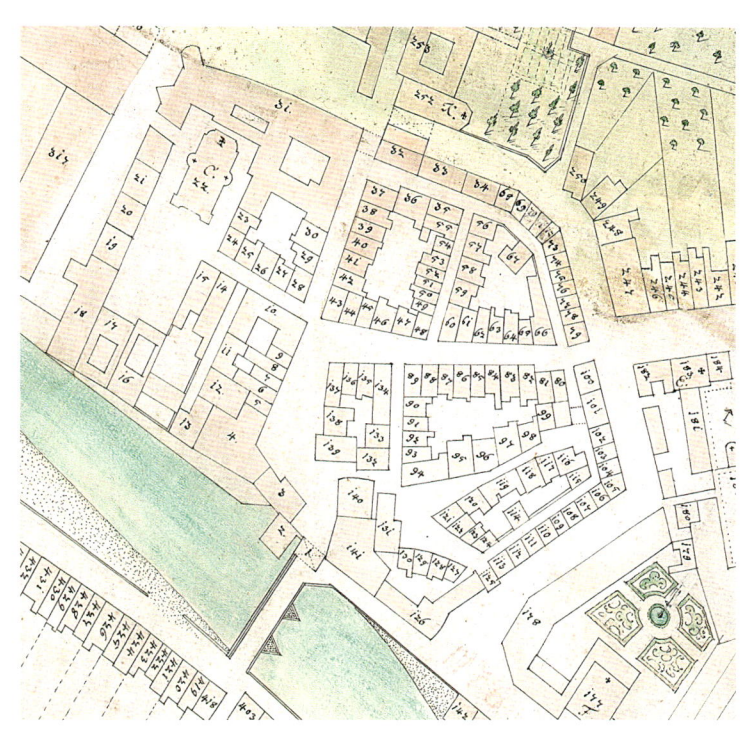

Perathoner, 1776 (K4)

Hier ist bereits der neue Grundriss der Hofburg ersichtlich, das Picken- und Inntor stehen noch.

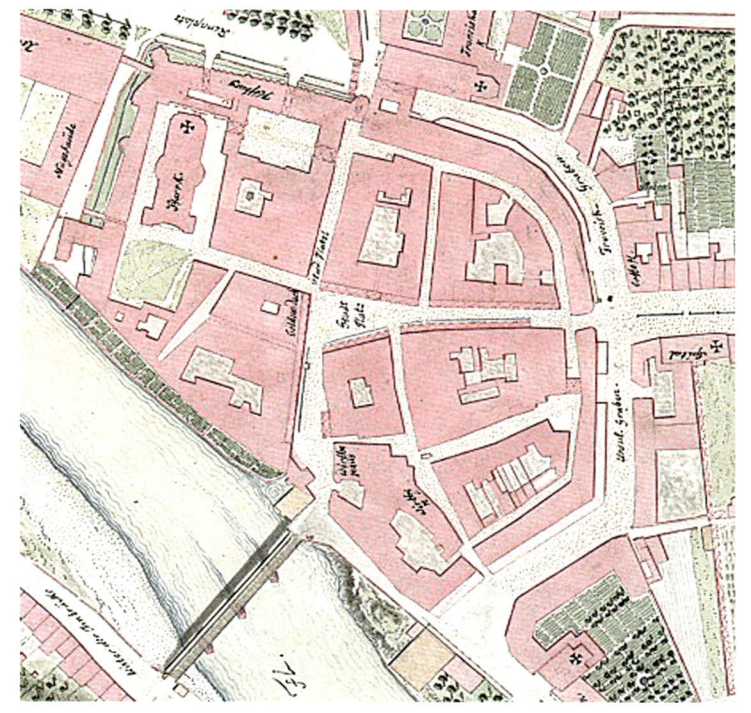

Miller, 1802 (K9)

1779 wurde das Pickentor, 1790 das Inntor abgerissen. Der Plan zeigt nunmehr die Altstadt, wie sie heute ist.

Die Fassade der Hofburg nach dem Umbau durch Baumeister C. J. Walter.

Abb. 7: Zeitgenössische Kopie von *A. Rangger* nach dem Original von *C. J. Walter,* 1773

Neustadt – Maria-Theresien-Straße

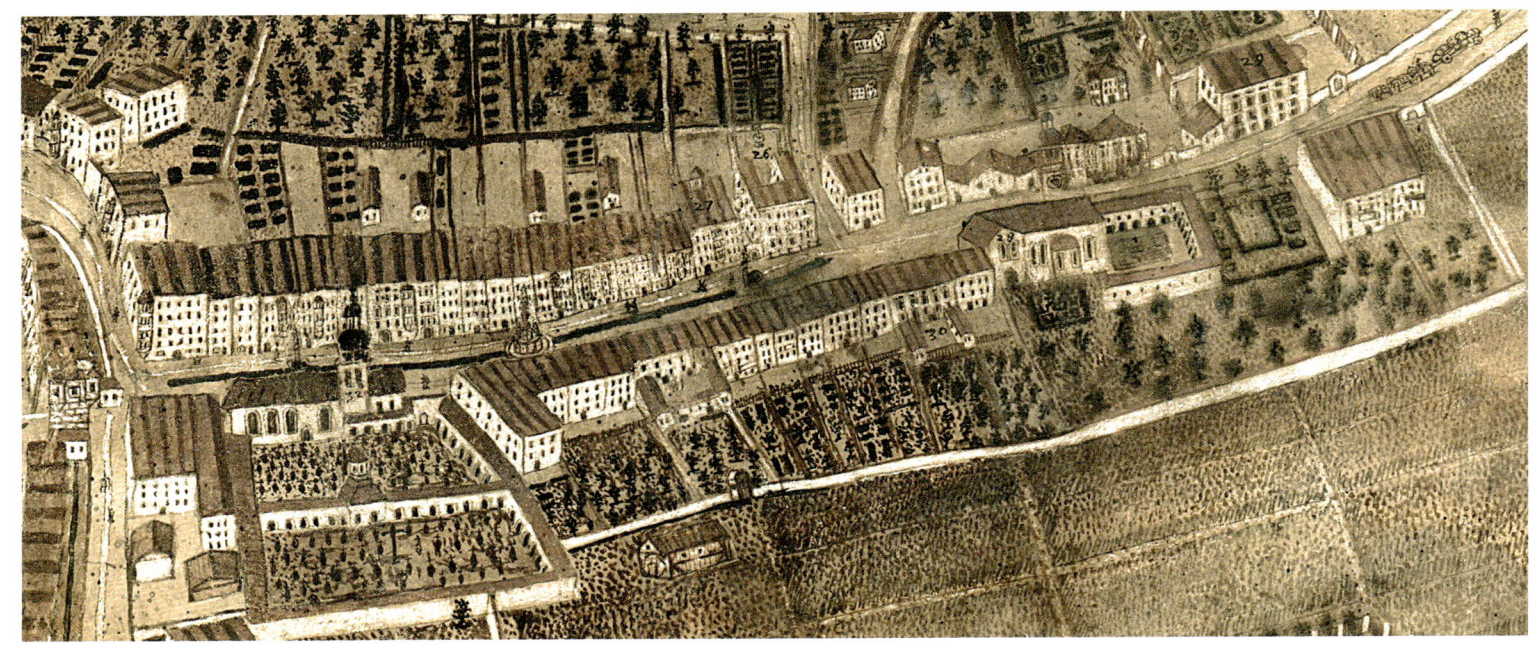

Rindler, 1712 (P1)

Der Plan zeigt in der Vogelschau die Neustadt: von links nach rechts ist neben dem Vorstadttor – auch Spitalstor genannt – das Bürgerspital und die Kirche zum Hl. Geist, dahinter der bis 1856 bestehende städtische Friedhof zu erkennen. Die dunkle Linie in der Straßenmitte deutet das Ritschensystem der Neustadt an. Zwischen zwei Brunnen, der erste hinter der Spitalskirche, der zweite vor dem Landhaus, erkennt man die 1706 errichtete Annasäule.

Fast zeitgleich mit der Gründung der Innsbrucker Altstadt wurde dieser Stadtteil vom Spitalstor aus entlang der nach Süden verlaufenden Straße nach Wilten errichtet. Bis zum ausgehenden Mittelalter bildete die Neustadt im Verhältnis zur Altstadt ein Wohnviertel mittlerer Qualität. Dies kam besonders dadurch zum Ausdruck, dass die Bürgerschaft im Jahre 1307 gerade hier, am nördlichen Anfang der Neustadt, und nicht in der Altstadt ihr Stadtspital zum Hl. Geist errichtete. Der Stadtteil war vor allem von Bauern und Handwerkern bewohnt. Unter der Regierung Ferdinands II. erfuhr die Neustadt eine gründliche Änderung, der an den Hof ziehende Adel nahm von dem Viertel Besitz und verdrängte die bürgerlichen Ansiedler (*Hye* [55], *Hörtnagl* [45] S. 194 f.)

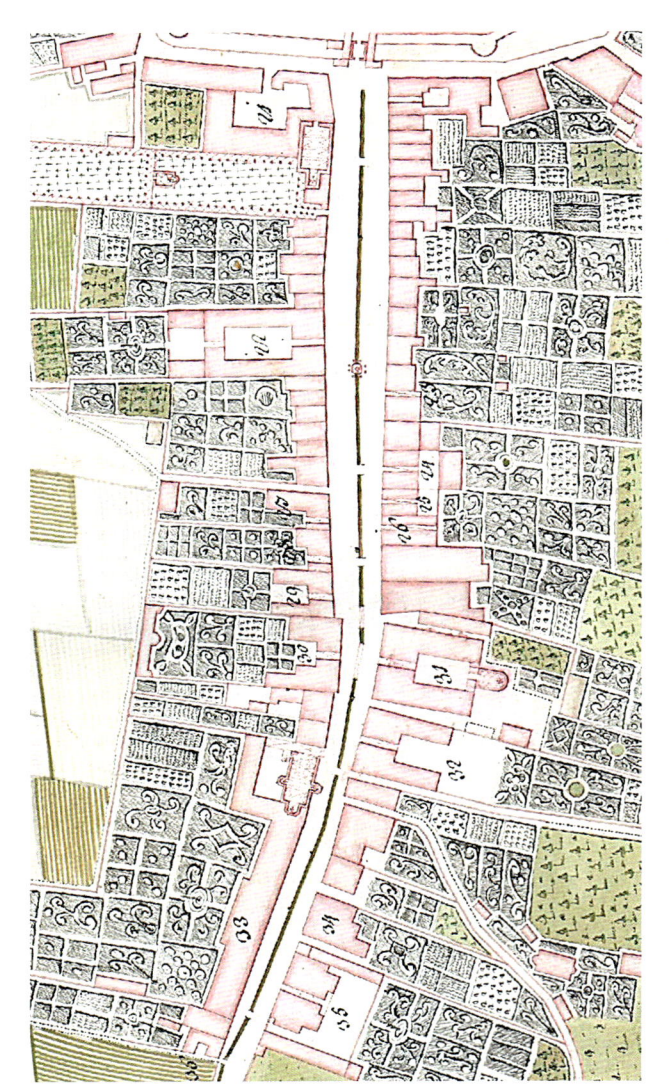

Legende:

21 Stadtspital und Kirche zum Hl. Geist
22 Palais Innozenz Künigl, das heutige Rathaus
23 Palais Spaur
24 Palais Sieger
25 Palais Taxis
26 Palais Troyer, später Troyer-Spaur
27 Baron Sternbach
28 Palais Rostt
29 Baron Elsasser
30 Palais Michel Wolkenstein, heute Palais Trapp
31 Altes Landhaus mit Georgskapelle, erbaut 1725/31 von Georg Anton Gumpp
32 Palais Welsberg, heute Taxispalais
33 Servitenkloster und Kirche
34 Palais Alexander Künigl
35 Palais Sarnthein
36 Hotel Krone

„Plan de la Ville et des Environs d'Innsprug", 1750 (K2)

Seit 1765 markiert die **Triumphpforte** die Südgrenze der Stadt Innsbruck gegen Wilten. Sie wurde anlässlich der Hochzeit des nachmaligen Kaisers Leopold II. mit der spanischen Infantin Maria Ludovica von der Stadtgemeinde Innsbruck zur Begrüßung der Festgäste errichtet, wobei als Baumaterial die Quadersteine des gleichzeitig abgerissenen Vorstadt-Tores am Südausgang der Herzog-Friedrich-Straße verwendet worden sind. Das im Sinne einer damaligen „Modernisierung" der Stadt abgetragene Mittelalter diente so im wahrsten Sinn des Wortes zum Aufbau eines neuen Zeitalters. (*Hye* [55])

Abb. 8: *G. Schädler*, um 1820

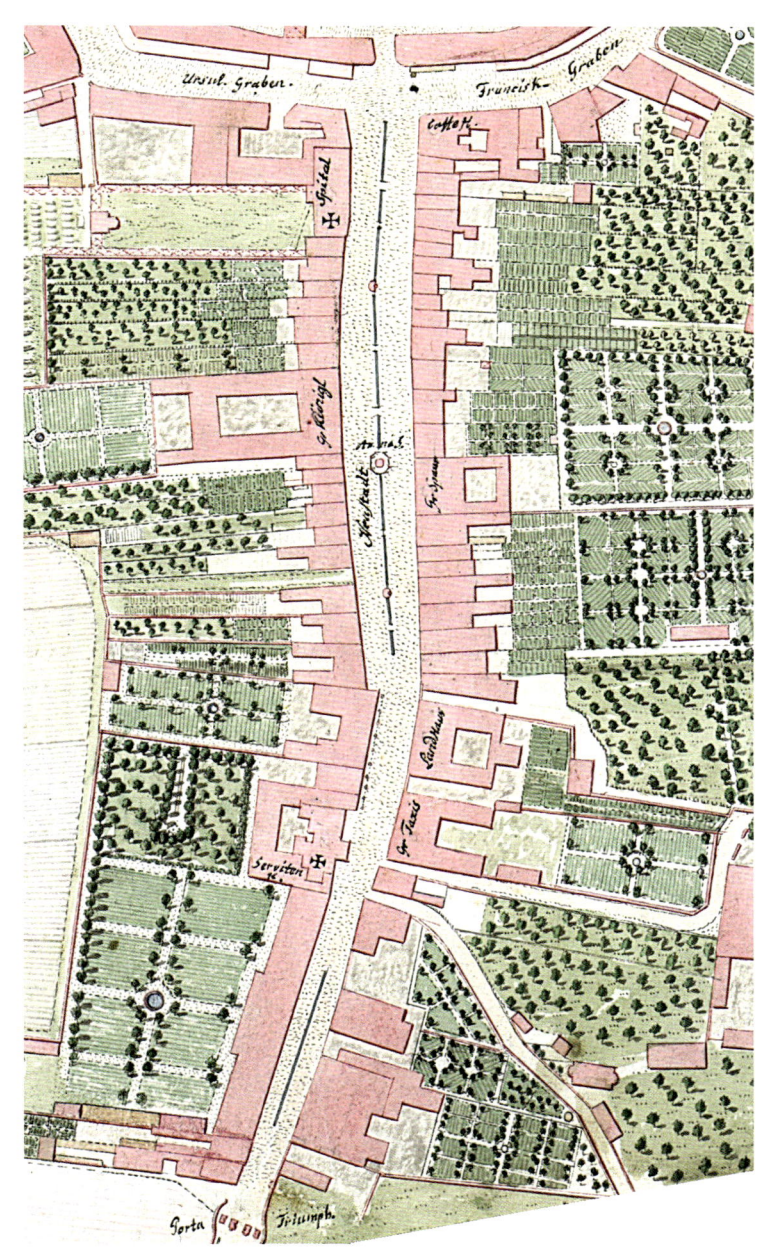

Ph. Miller, 1802 (K9)

Mit Ausnahme der Triumphpforte unten (Porta Triumph) sind zwischen dem Plan von 1750 und dem 50 Jahre späteren von Miller kaum topographische Unterschiede festzustellen.

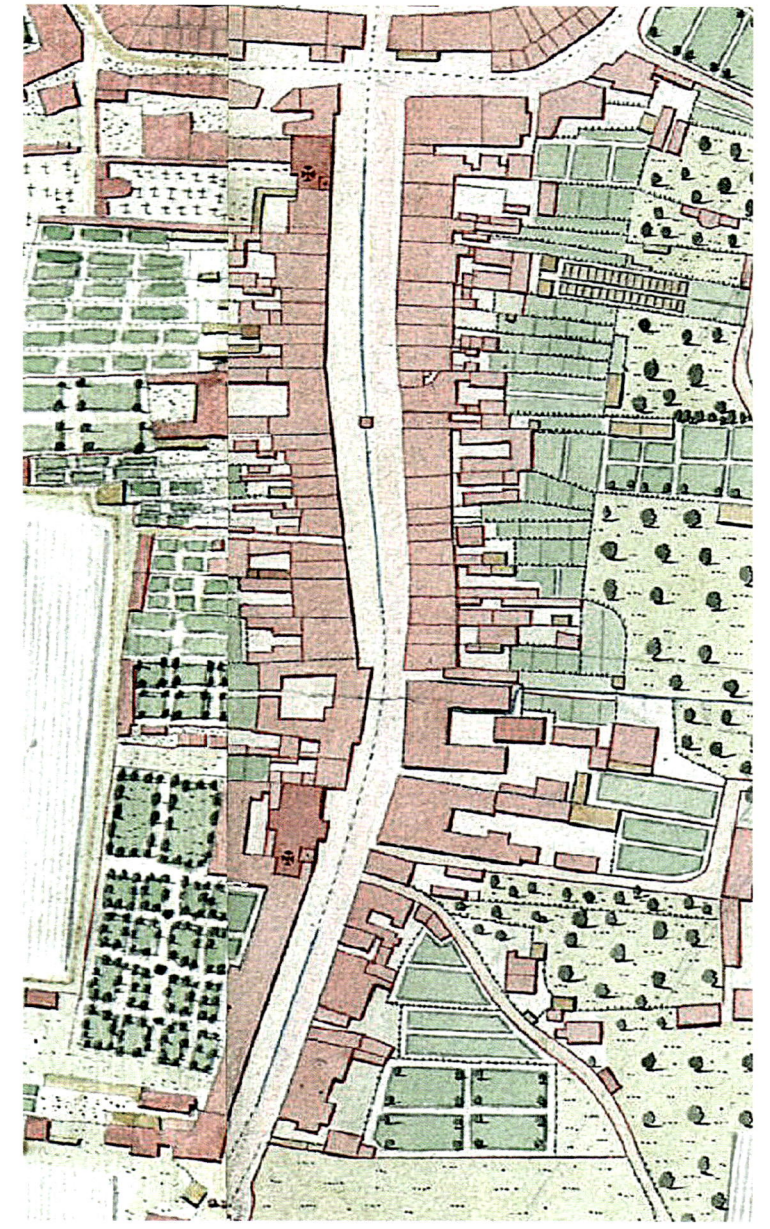

Innstromkarte K5, 1821/22 (K27)

Auffallend in der Grundrissdarstellung ist die starke Bautätigkeit in den Hinterhöfen. Im Laufe des 19. Jahrhunderts wurden insgesamt 23 **Stöcklgebäude** neu errichtet. (*V. Gruber* [37], S. 69)

Blick auf die westliche Häuserzeile der Maria-Theresien-Straße vom Palais Künigl bis zu den Oreillons am Eingang zur Altstadt. Im Vordergrund vor der Spitalskirche ist der Josefsbrunnen deutlich zu erkennen.

Abb. 9: *F. Furtbauer*, um 1820

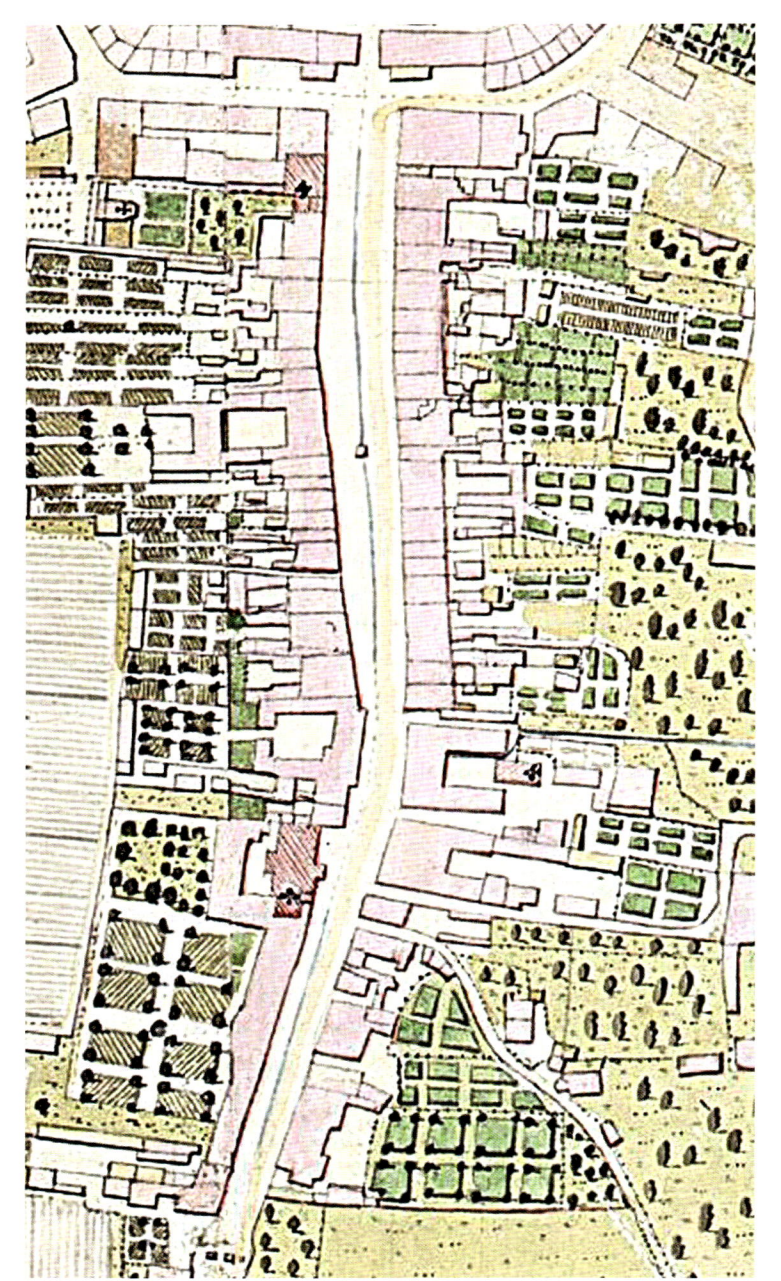

Ph. Miller, um 1840 (K41)

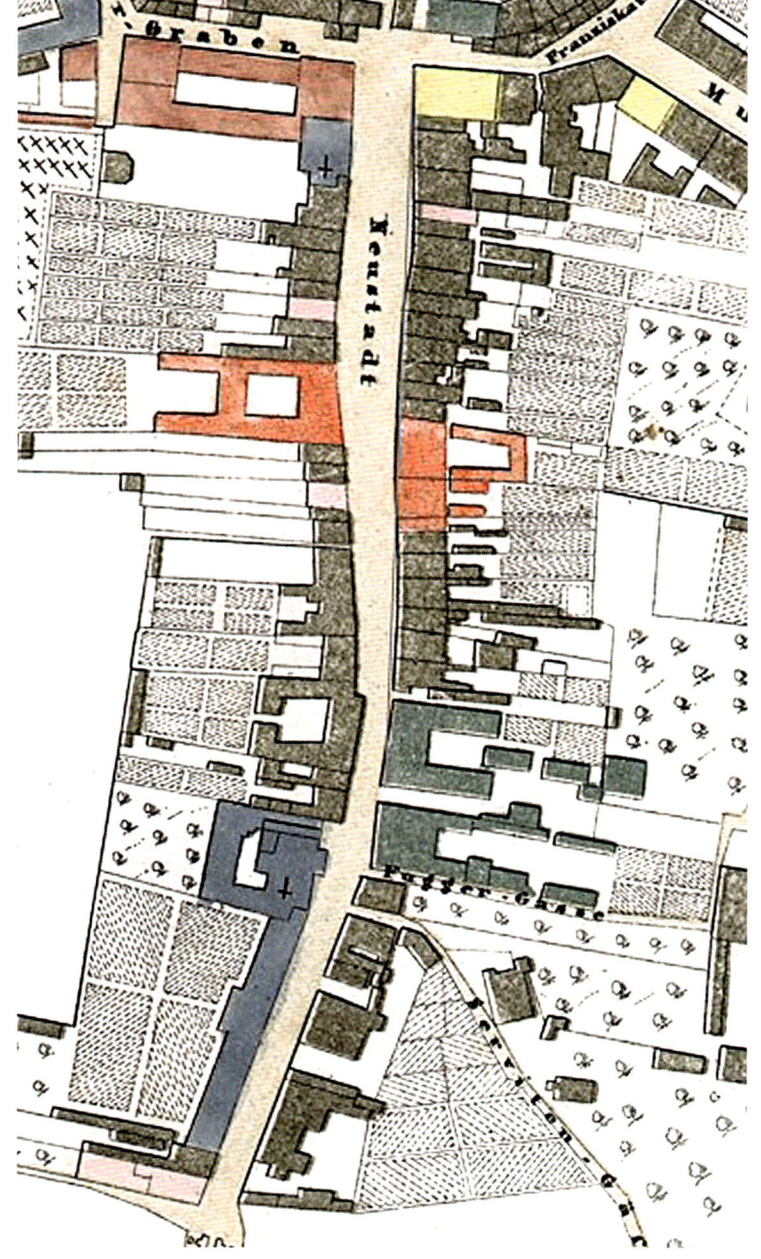

C. A. Czichna, 1851 (K45)

Das **Innsbrucker Stadtspital** hinter der Hl. Geist-Kirche, welches 1307 gegründet wurde, diente ursprünglich weniger der Krankenpflege, sondern vielmehr als Ort für Stadtarme, Kranke und Bedürftige. Zum Krankenhaus im heutigen Sinne wurde das Spital erst im Jahre 1817 umgewandelt. 1837/38 wurde der Trakt am Marktgraben bis zur heutigen Stainerstraße verlängert. (*Hye* [55])

Die beiden rot eingefärbten Gebäude sind links das **Hotel „d'Autriche"**, das frühere Palais Künigl, heute Teil des Innsbrucker Rathauses, und rechts das **Hotel „Sonne"**, damals die erste Adresse Innsbrucks, heute das Kaufhaus Tyrol.

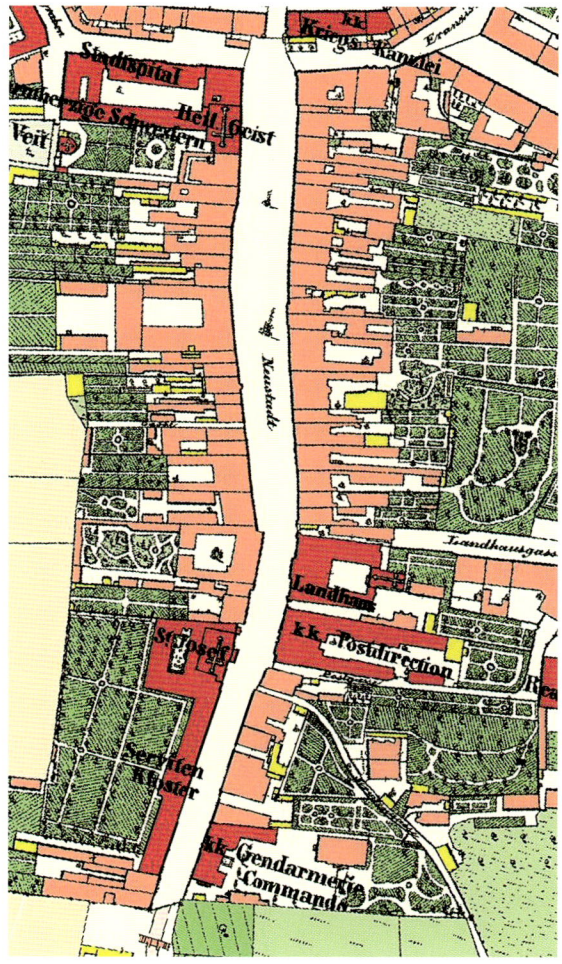

DFK, 1856 (K48)

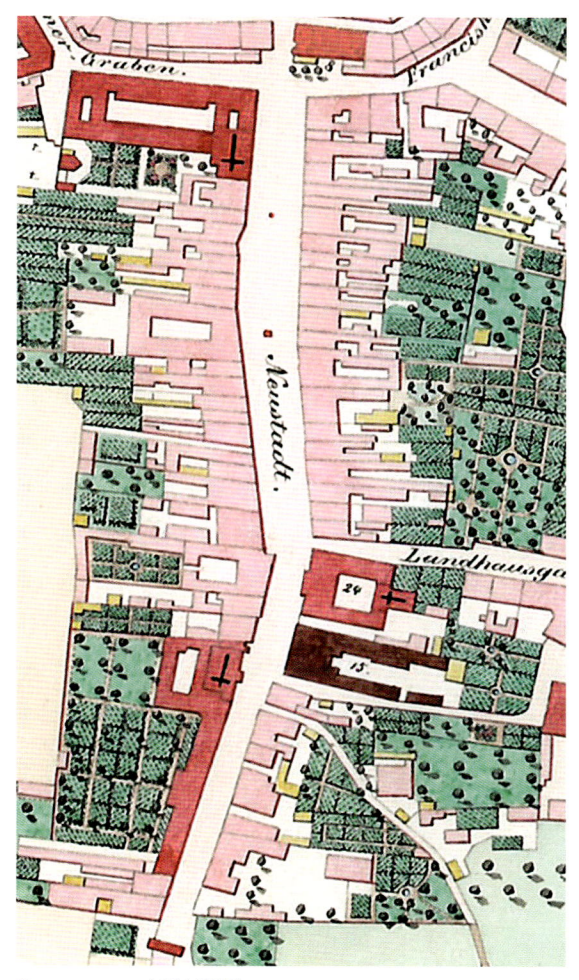

Baumgartner, 1866 (K52)

1869 erfolgte die endgültige Öffnung der Landhausgasse.

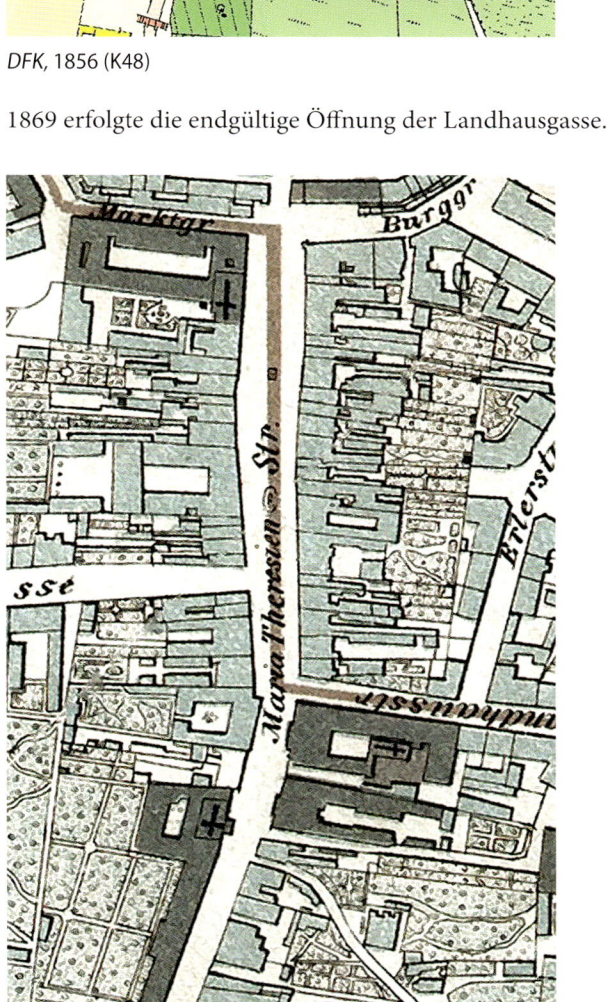

Czichna, 1888 (K69)

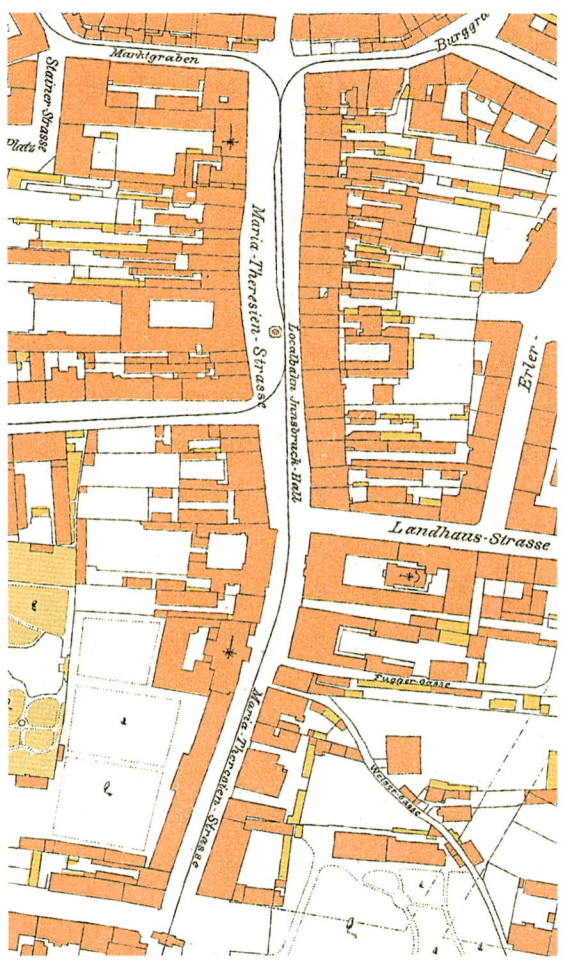

Freytag & Berndt, um 1900 (K79)

1868/70 wurde das Landhaus entlang der Landhausgasse erweitert. 1873 erfolgte die Umbenennung der Neustadt in Maria-Theresien-Straße. Vier Jahre später (1877) wurde die Anichstraße zur Maria-Theresien-Straße hin geöffnet. Die Übersiedelung des Spitals in seine Neubauten am westlichen Ende der Anich- und Maximilianstraße erfolgte 1889.

Innrain

Der Innrain bildet die wichtige Verbindungsstraße von Innsbruck nach Völs. Am westlichen Ende befanden sich im Inn ein Holzrechen und ein Holzlagerplatz. Vom Rechen zweigte der Triftkanal ab, der gegenüber Mariahilf wieder in den Inn einmündete.

Die Zeit vor 1800

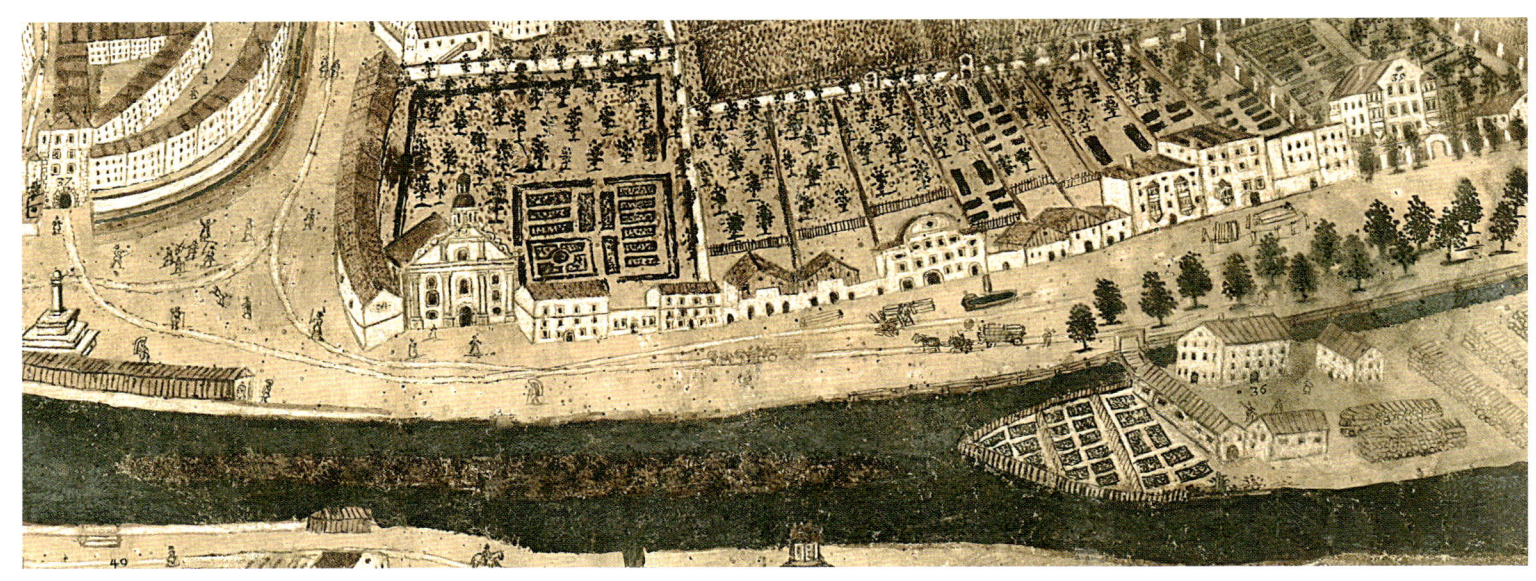

F. H. Rindler, 1712 (P1)

Wie auf dem Panorama von Rindler ersichtlich, gab es um 1712 nur eine südseitige Häuserzeile, beginnend beim 1705 erbauten Kloster und der Kirche der Ursulinen gegenüber dem Stadtgraben bis zum ganz im Westen stehenden, seit 1561 urkundlich belegten Ansitz Albersheim (bis 1995 „Nothburgaheim", heute: Galerie Nothburga). Zum Inn hin, auf der gegenüberliegenden Seite des Triftkanals stand als einziges Haus das alte Hofbauamtsgebäude, genannt Prügelbau, mit seinen Nebengebäuden (die heutige Landespolizeidirektion).

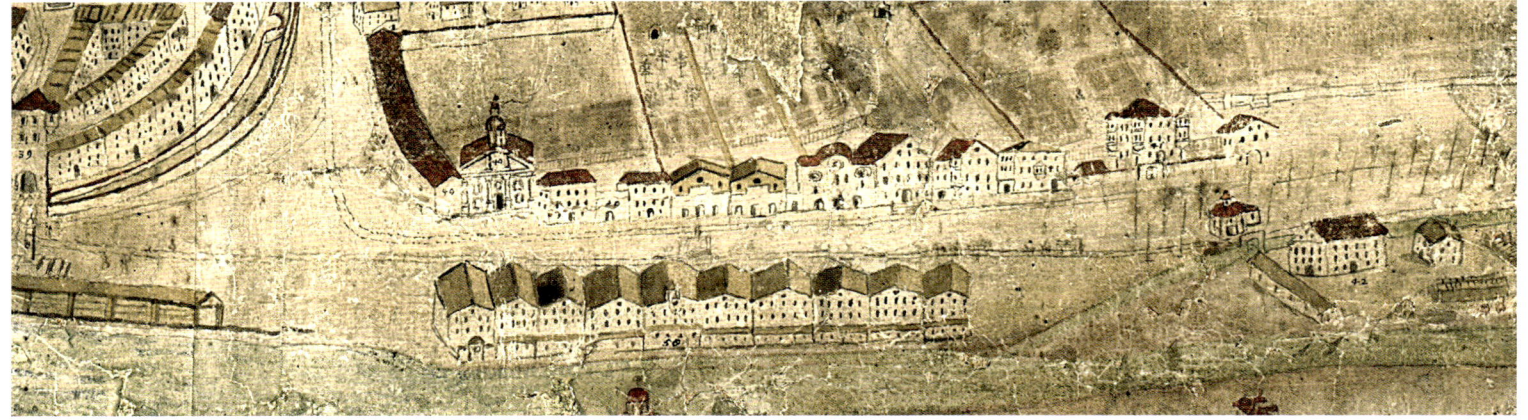

F. H. Rindler, 1723 (P2)

Erst 1717/19 wurde dem Wunsch mehrerer Hofhandwerker, Künstler, Beamten und anderer um Verleihung eines Baugrundes bzw. „umb eine Grundaussteckhung an dem sogenannten Yhnrain zu Erpauung einiger Heuser und Werkhstätten" von der hiesigen Hofkammer (= Landesfinanzbehörde) stattgegeben und die heute noch bestehende nordseitige Häuserzeile errichtet. (*Hye* [61]) Auf dem Rindler'schen Plan von 1723 ist zum ersten Mal auch die 1721 errichtete kleine Kapelle zu Ehren des heiligen Johannes von Nepomuk zu sehen. Die Darstellung dürfte auch die letzte sein, da bereits 1729 an derselben Stelle die Grundsteinlegung der 1735 fertig gestellten Johanneskirche erfolgte.

Johann M. Strickner, 1755/56 (P4)

Die folgenden Kartenausschnitte sind im Gegensatz zu den vorhergehenden Panoramaansichten in Nord-Süd-Richtung und gleichgerichtet orientiert.

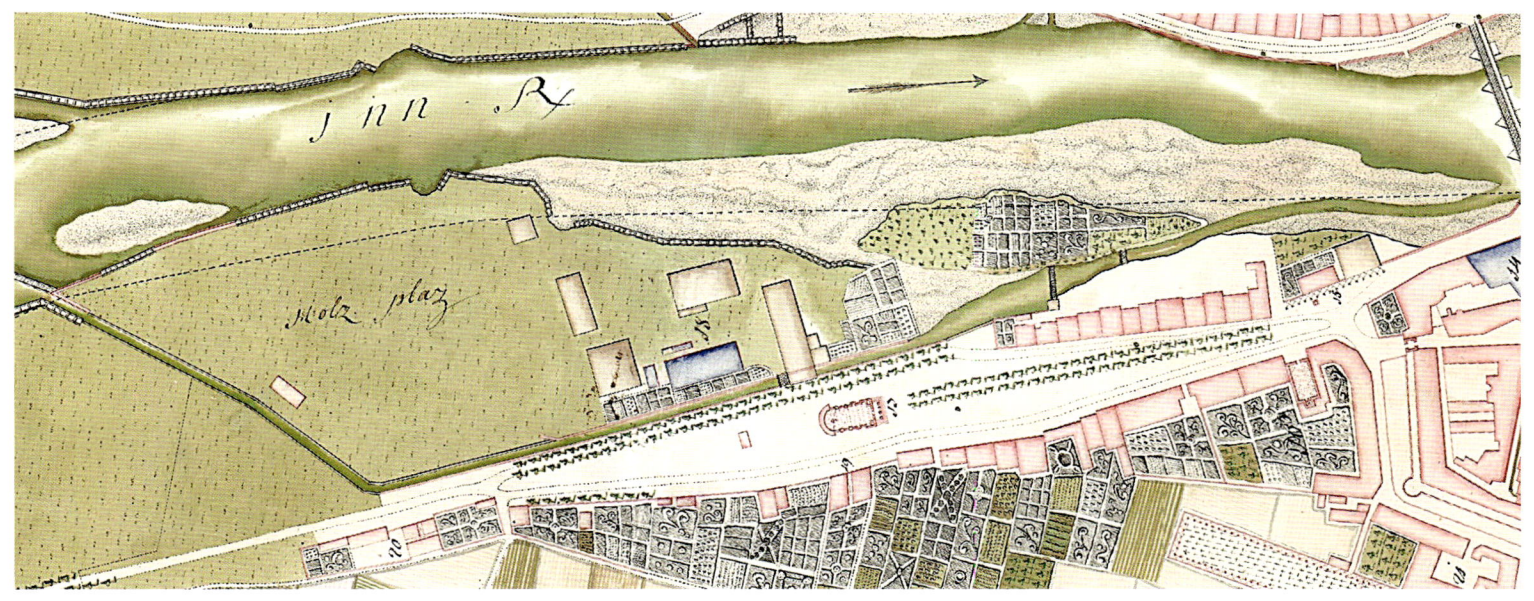

„Plan de la Ville et des Environs d'Innsprug", 1750 (K2)

Namentlich sind zwei Gebäude ausgezeichnet: **19** (südl. der Johanneskirche, heute Innrain 29) „*Haus von* **Gumpp**" (von Georg Anton Gumpp [1682–1754], u. a. Erbauer des Alten Landhauses, 1742 erworben) (*Fischnaler* [25] IV, S. 53) und **20** „*Haus von* **Schreiber**" (heute Innrain 47, auch auf dem Plan von *J. M. Neuner* 1768 verzeichnet).

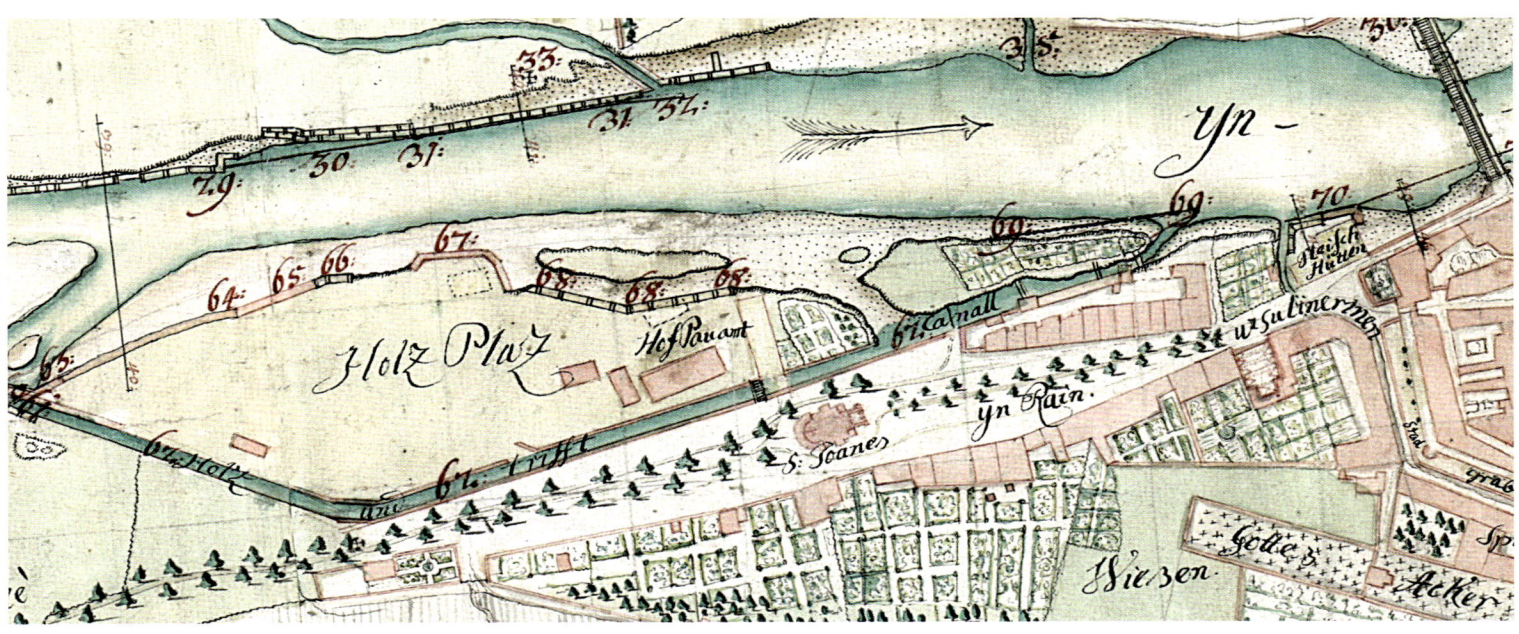

Franz A. Rangger, 1763 (K3)

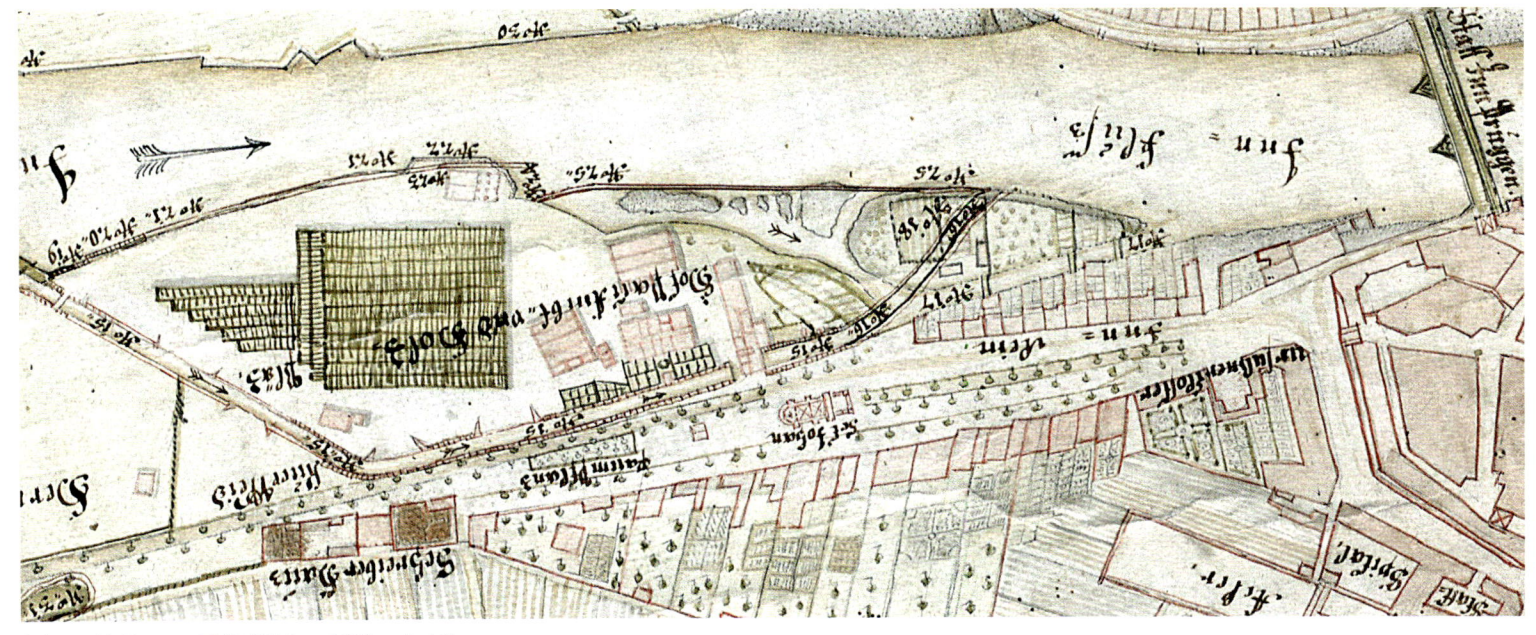

Johann M. Neuner, 1768 (T1) (um 180° gedreht)

J. Duile, 1803 (K12)

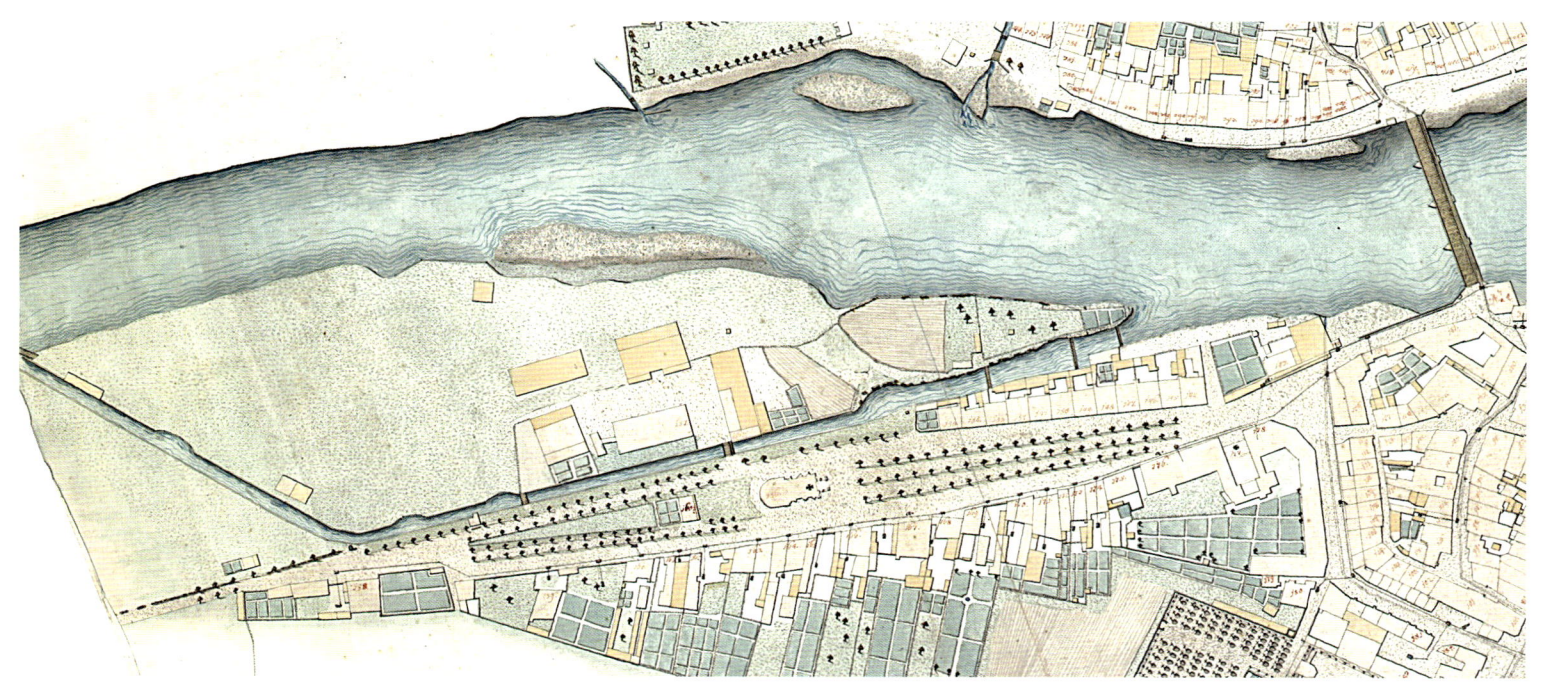

Th. Marcharth, 1813 (K19)

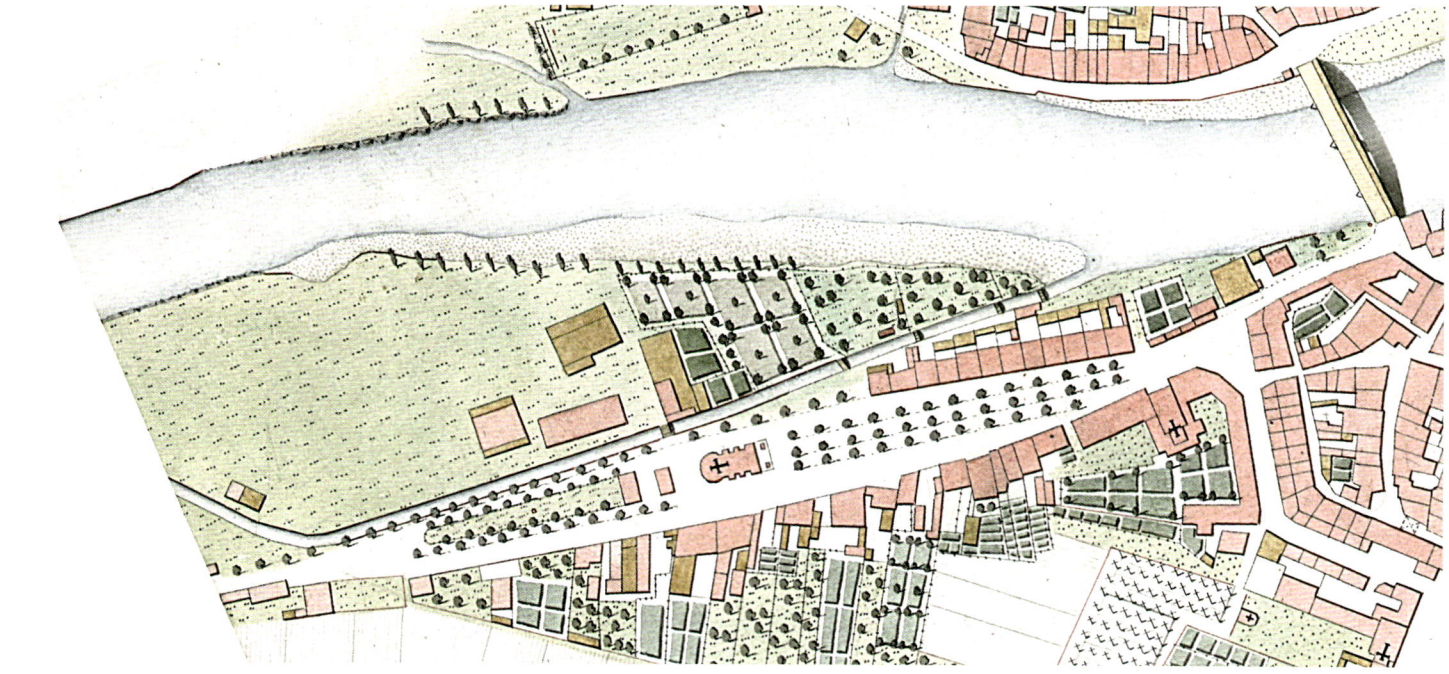

Plankarte von Innsbruck, um 1830 (K34)

C. Prissmannn, 1843 (K44)

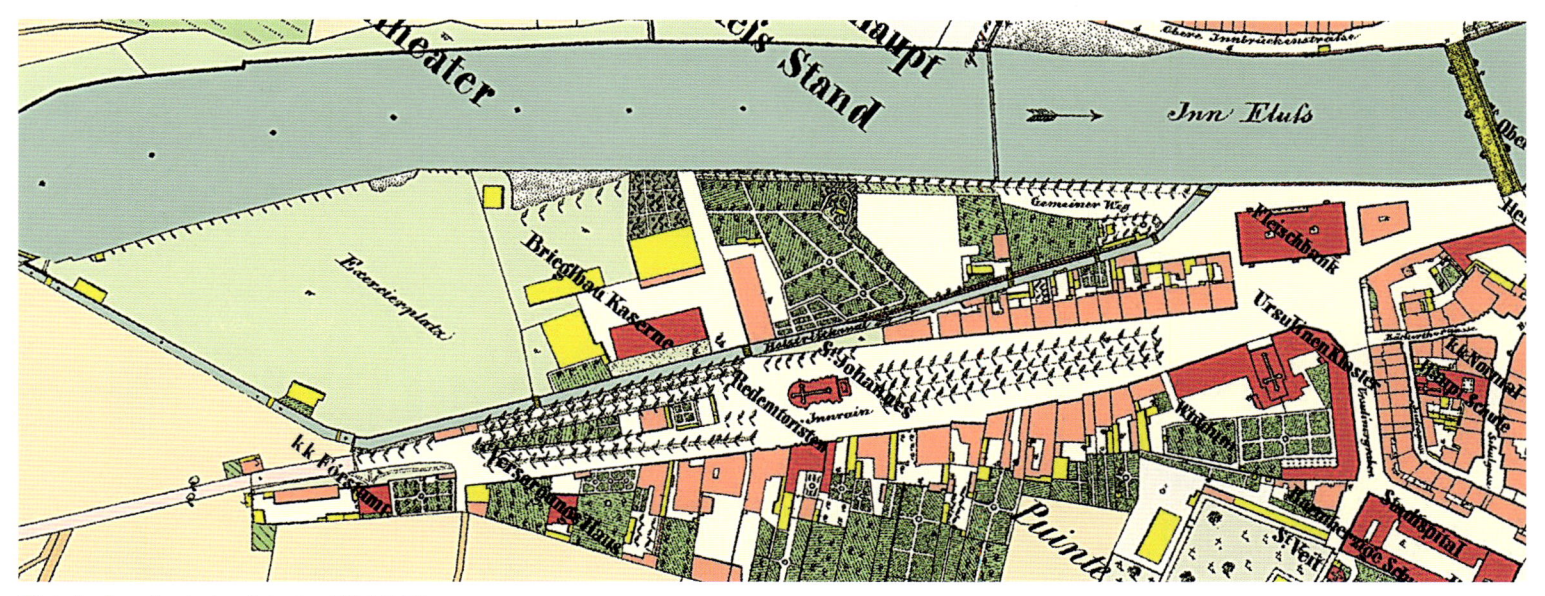

Digitaler Franziszeischer Kataster, 1856 (K48)

Der Brigelbauplatz ist dem **Exerzierplatz** gewichen. Im ehemaligen Gumpp-Haus sind ab 1848 die **Redemptoristen** eingezogen. (*Gruber* [37], S. 291) Der Ansitz Albersheim wird als **Versehrtenhaus** geführt (1938–1995 „Nothburgaheim", heute Galerie „Nothburga"). Das ehemalige Schreiberhaus beherbergt nun das **k. k. Forstamt**.

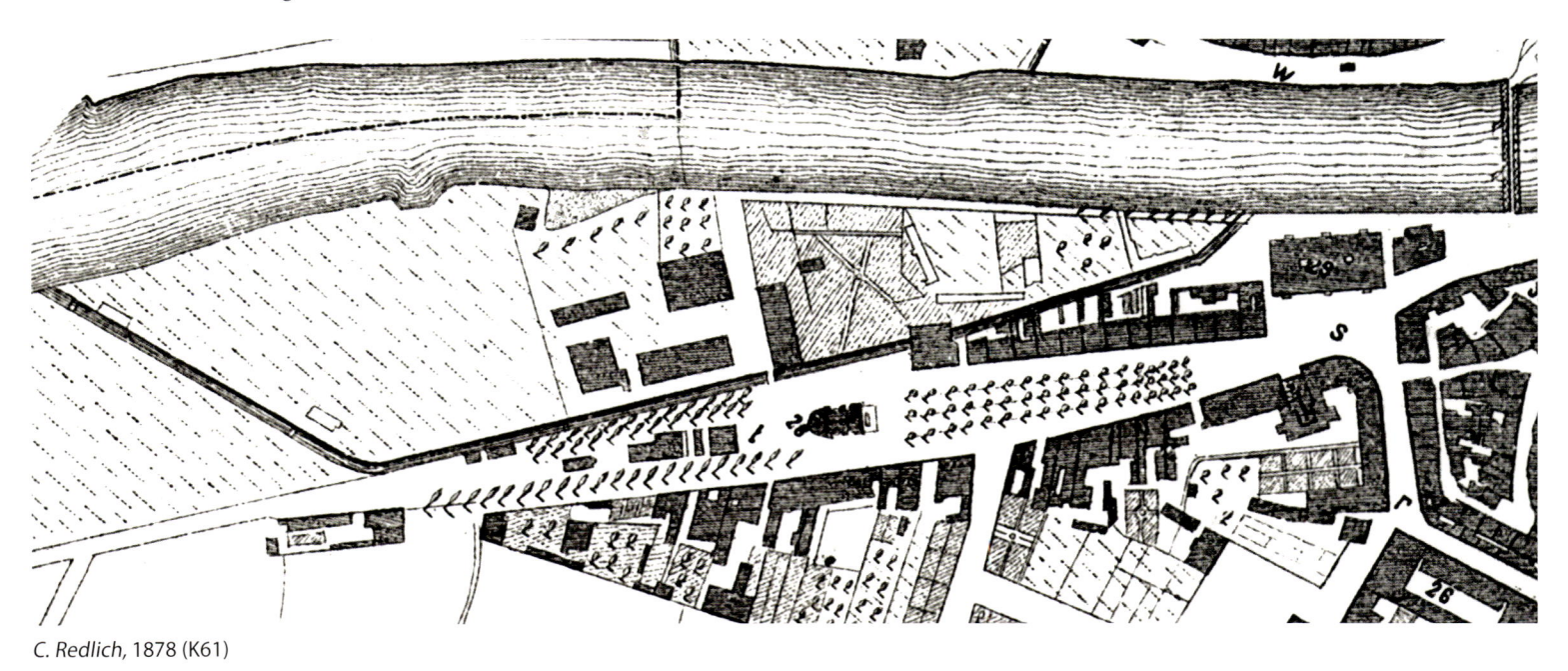

C. Redlich, 1878 (K61)

Durch die 1872 errichtete **Bürgerstraße** wird der Innrain an das neue Stadtviertel um die Anichstraße angeschlossen. 1873 wurde die zwei Jahre vorher durch ein Hochwasser zerstörte **Innbrücke** als eiserne Fachwerkbrücke mit 2 Pfeilern neu erbaut. Mit Ausnahme der anschließend noch zu besprechenden Änderungen am Marktplatz gab es von 1735 bis heute kaum bauliche Veränderungen, die sich im Grundrissplan des Innrains bemerkbar gemacht hätten.

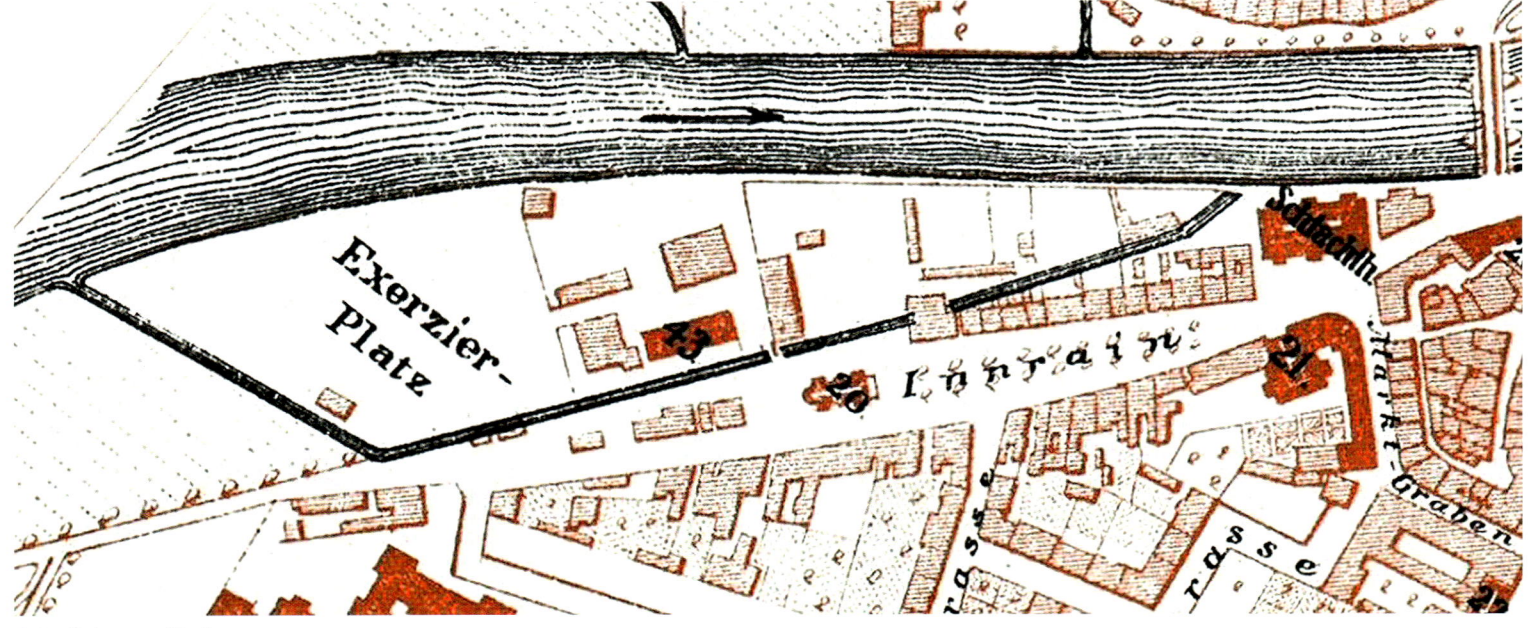

C. Redlich, 1889 (K71)

Der Anschluss der **Anichstraße** in der Nähe der 1885/87 errichteten Klinikbauten ist erreicht.

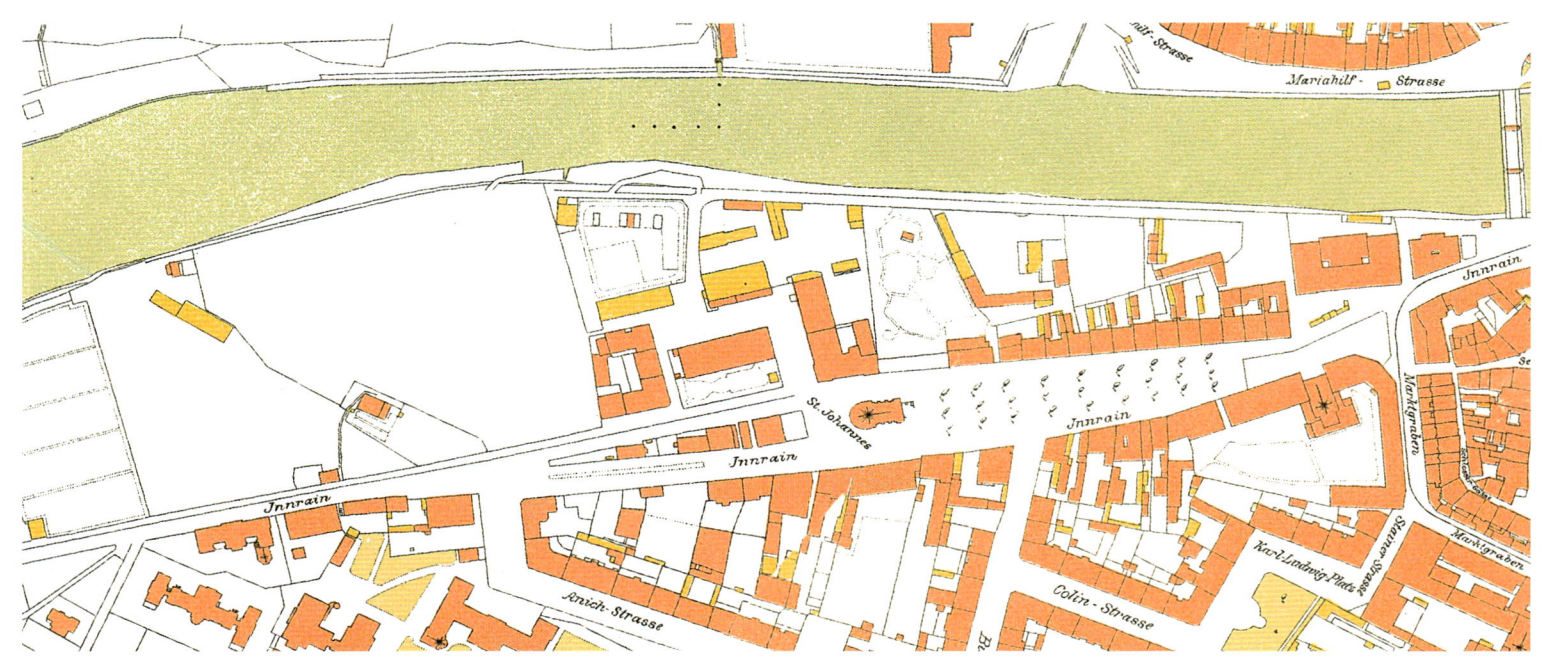

Freytag & Berndt, um 1900 (K79)

Mit der Jahrhundertwende gehört der Triftkanal der Vergangenheit an. Nach Westen wurde der Klinikkomplex erweitert.

BaseMap-Tirol, 2016 (K97)

Marktplatz und Fleischbank

Abb. 10: J. Teplý, „Der Markt am Innrain", um 1840

Seit der Mitte des 17. Jahrhunderts hatte der Innrain auch die Funktion eines Marktplatzes. Am Anfang dieser Entwicklung stand 1648 die Einführung eines offenen Viehmarktes am Gelände zwischen dem „Inneren Zeughaus" (= Innkaserne) und dem Inn. Diesem Viehmarkt folgte einigermaßen konsequent die Erneuerung der städtischen Fleischbank am Innrain, welche in den Stadtplänen von *Rindler* noch nicht eingezeichnet, im Jahre 1717 hingegen als „neue Fleischbanckh" angeführt wird. Eindeutig nachgewiesen ist der Bestand der dortigen bürgerlichen Fleischbank im 16. Jahrhundert. Damals gab es drei derartige Einrichtungen: eine Metzbank des Hofes am Innufer in der Gegend der Herrengasse, eine weitere für die landesfürstlichen Beamten an der Innbrücke und eben die Fleischbank für die Versorgung der Innsbrucker Bevölkerung am Innrain.

In der späteren Zeit scheint diese Metzbank aufgelassen und erst zwischen 1712 und 1717 wieder errichtet worden zu sein. Einen weiteren Anstoß erhielt dieser Werdegang durch den Bau der Verkaufsboutiquen auf dem 1765 zugeschütteten Stadtgraben, der damals und noch in der ersten Hälfte des 19. Jahrhunderts als der „Ursulinengraben" bezeichnet wurde. So also bewirkten mehrere Umstände und vor allem das überaus günstige Platzangebot, dass der Innrain ab ca. 1830/40 zum Innsbrucker Marktplatz schlechthin wurde. (*Hye* [61])

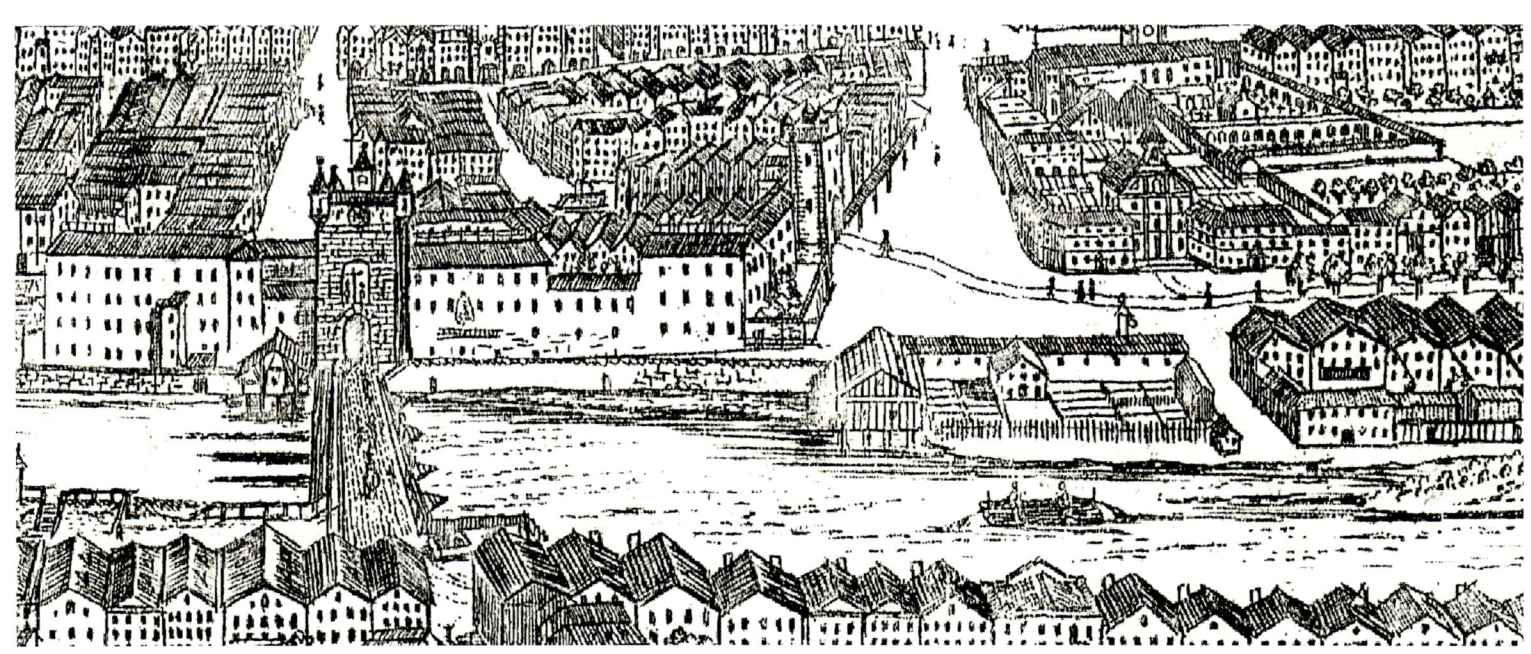

Panorama von Innsbruck, um 1880 (P5)

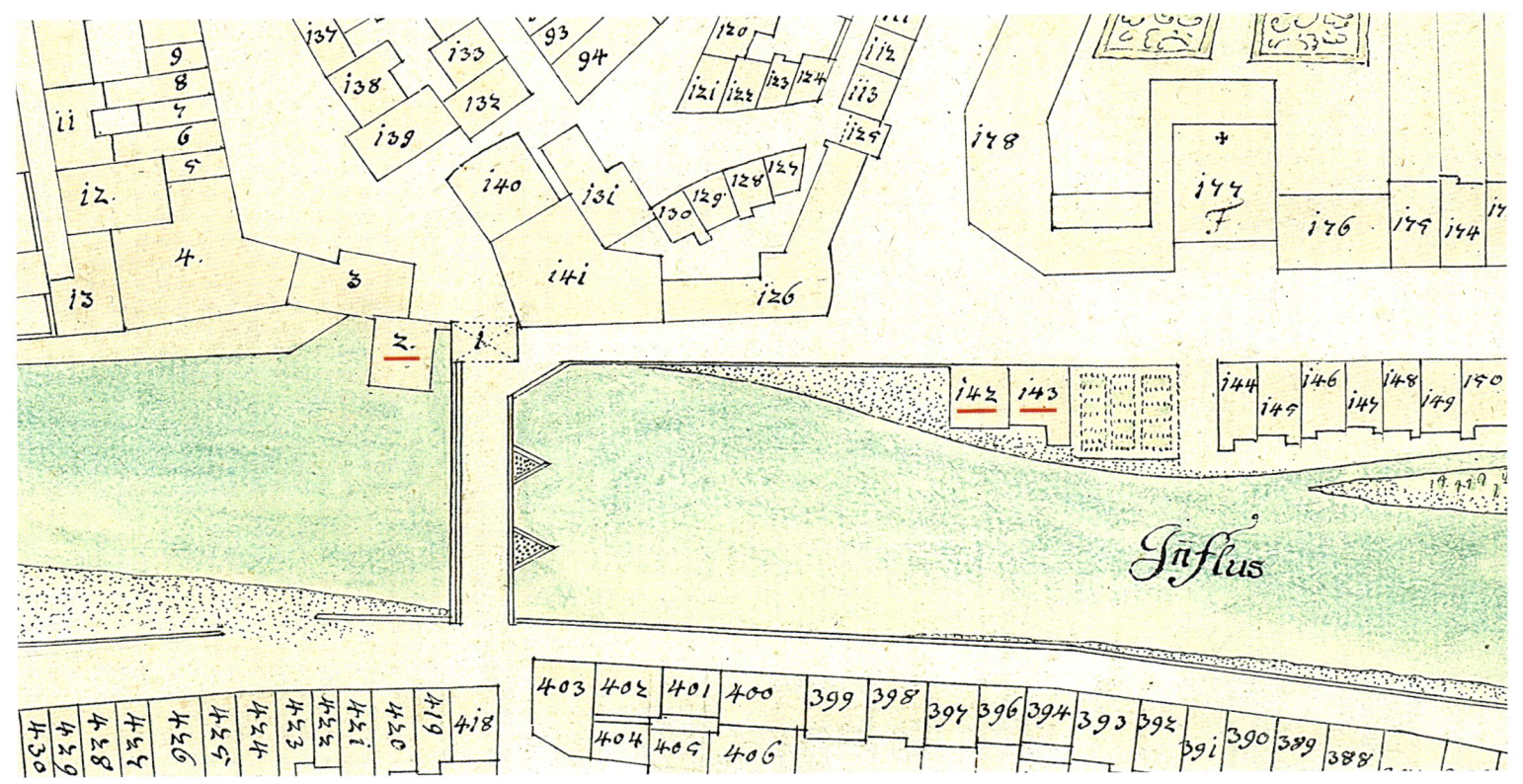

M. Perathoner, 1776 (K4)

Der Plan ist im Gegensatz zu den folgenden Süd-Nord orientiert.

Das niedere Holzhaus links der Brücke (**2**) über dem Wasser war die Fleischbank für die landesfürstlichen Beamten, in der das Lebendvieh geschlachtet wurde. Das zweite Holzhaus Inn aufwärts (**142**) war die Fleischbank für die Versorgung der Innsbrucker Bevölkerung. Die Fleischabfälle wurden direkt in den darunter fließenden Inn geworfen. Die Ziffern im Plan von *Perathoner*, 1776 (K4), beziehen sich auf den Maria-Theresianischen Kataster von 1775.

Abb. 11: *Schaffer, Innbrücke*, 1786 (Ausschnitt)

Fischnaler [11], schreibt dazu (IV, S. 113 f.), auch *Gruber* [37], S. 6 f.:

1833: Die letzten Reste der alten, als Fachwerk konstruierten, auf Pfählen ruhenden Fleischbank an der Innbrücke werden entfernt und das HNr. **143** des Spezereihändlers Jos. Dietrich am Innrain zum beabsichtigten Bau einer neuen erworben.
1835: erbittet sich die Stadt den Plan jener zu Augsburg als Muster.
1840: Ein großer Brand vernichtet die seit 1716 erwähnte Fleischbank (**142**).
1841: genehmigt das Gubernium, anstatt des alten Holzbaues ein „modernes Schlachthaus" zu errichten. Ein Wiener Vorbild wird befingerzeigt.
1842: Grundsteinlegung zu diesem einstöckigen Neubau nach dem Plan von A. Haas. Baumeister J. Mayr.
1842: Teilweiser Bezug.
1844: Vollständige Besiedelung nach Herstellung des Vorplatzes.

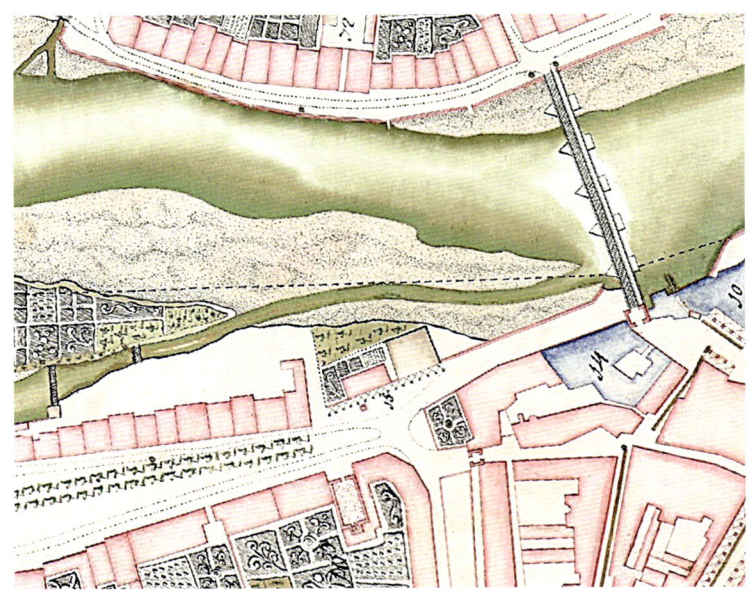

„Plan de la Ville et des Environs d'Innsprug", 1750 (K2)

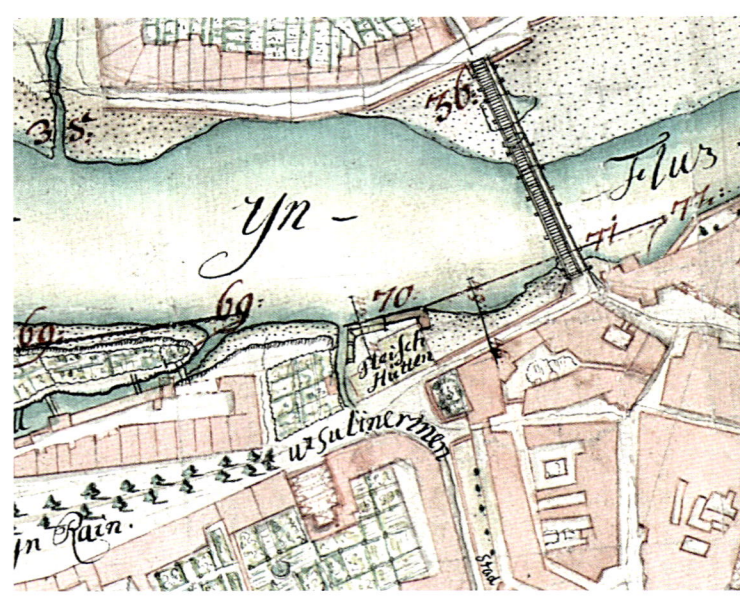

Franz A. Rangger, 1763 (K3)

Miller, 1802 (K9)

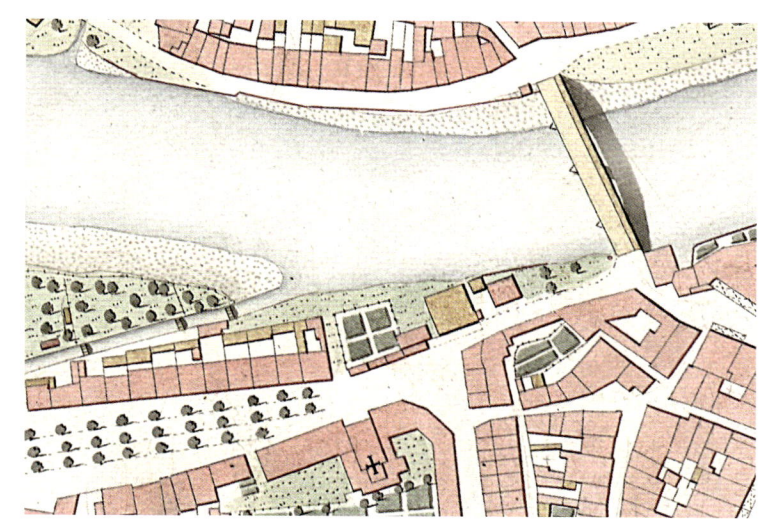

Plankarte von Innsbruck, um 1830 (K34)

Teplý, um 1835/1842 (K40)

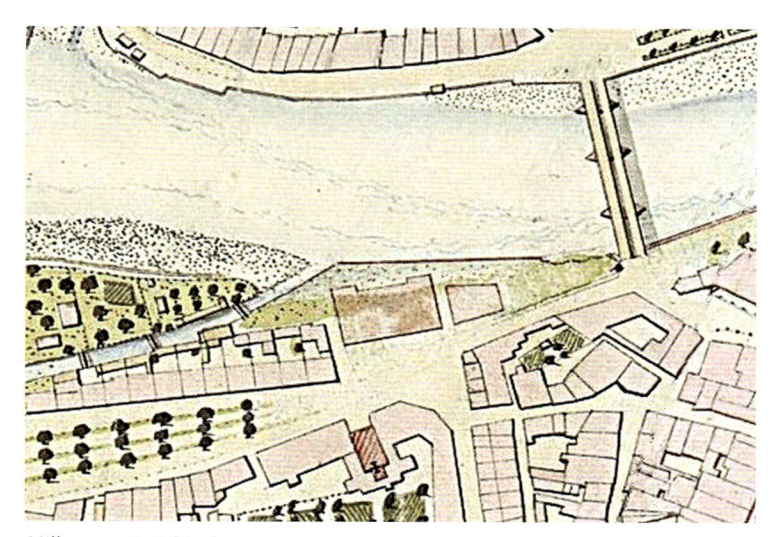

Miller, um 1840 (K41)

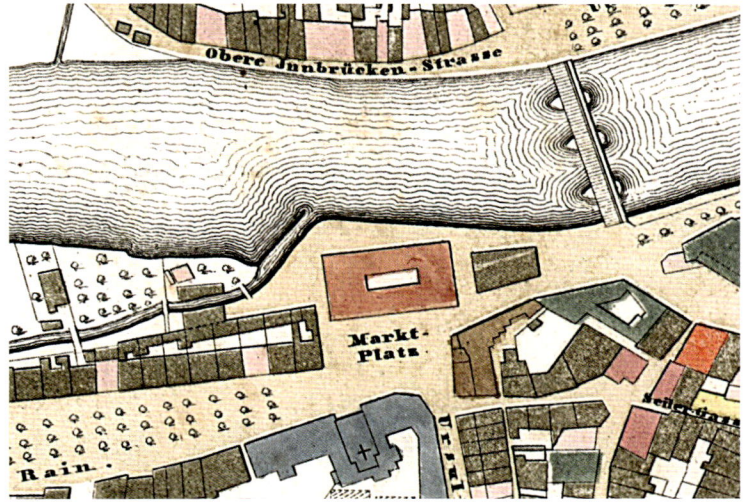

Czichna, 1851 (K45)

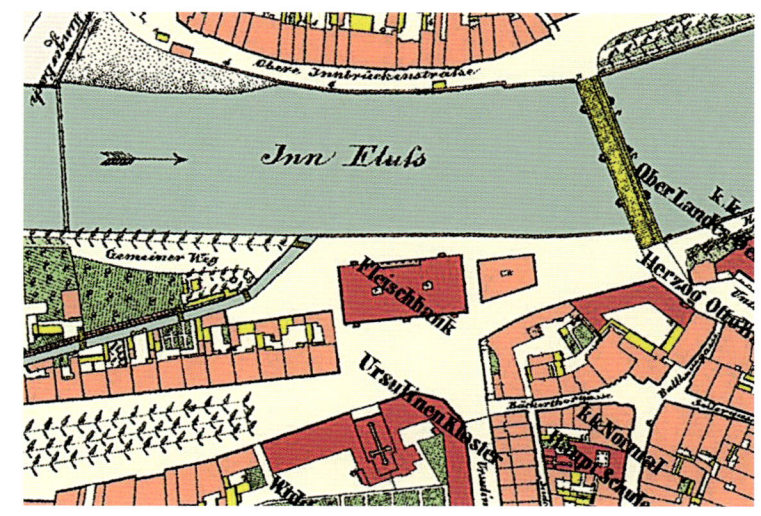

Digitaler Franziszeischer Kataster, 1856 (K48)

Beim Plan von *Miller* von 1802 fehlen noch die an der Altstadt vorgebauten Verkaufsboutiquen am Marktgraben.

Die alte Fleischbank (für die landesfürstliche Beamtenschaft) an der Innbrücke ist bei den Plänen bis 1835 noch zu sehen. Die 1840 abgebrannte zweite (bürgerliche) Fleischbank ist auf allen Plänen bis 1840 sichtbar, alle anderen zeigen bereits die – schon ab 1835 geplante, aber erst 1842 errichtete – neue Fleischbank. Auf der Millerkarte ist der alte Bestand wegretuschiert und der neue darüber gezeichnet worden.

Im Zweiten Weltkrieg teilweise zerstört, wurde das Gebäude bis zu seiner Räumung (1955) als Fleischbank zum Fleischverkauf genutzt. Danach wurde die Fläche als Parkplatz genützt, und letztlich entstand hier in den 1990er-Jahren die Altstadt-Tiefgarage.

Abb. 12: Die neue Fleischbank am Marktplatz

Die Pläne

Johann Michael NEUNER: **"Mappa Ciff A: Umb der Refier von Innspruk Anfang des Zucht Hauses bis Wiltauer Schrofen und Petler Prindl"**, 1768 (Kartenverzeichnis T1)

Joseph LENARDINI, von NEUGEBAUER: „**Situationsplan von einem Theil des sogenanten Innrainn**", 1798 (Kartenverzeichnis T2)

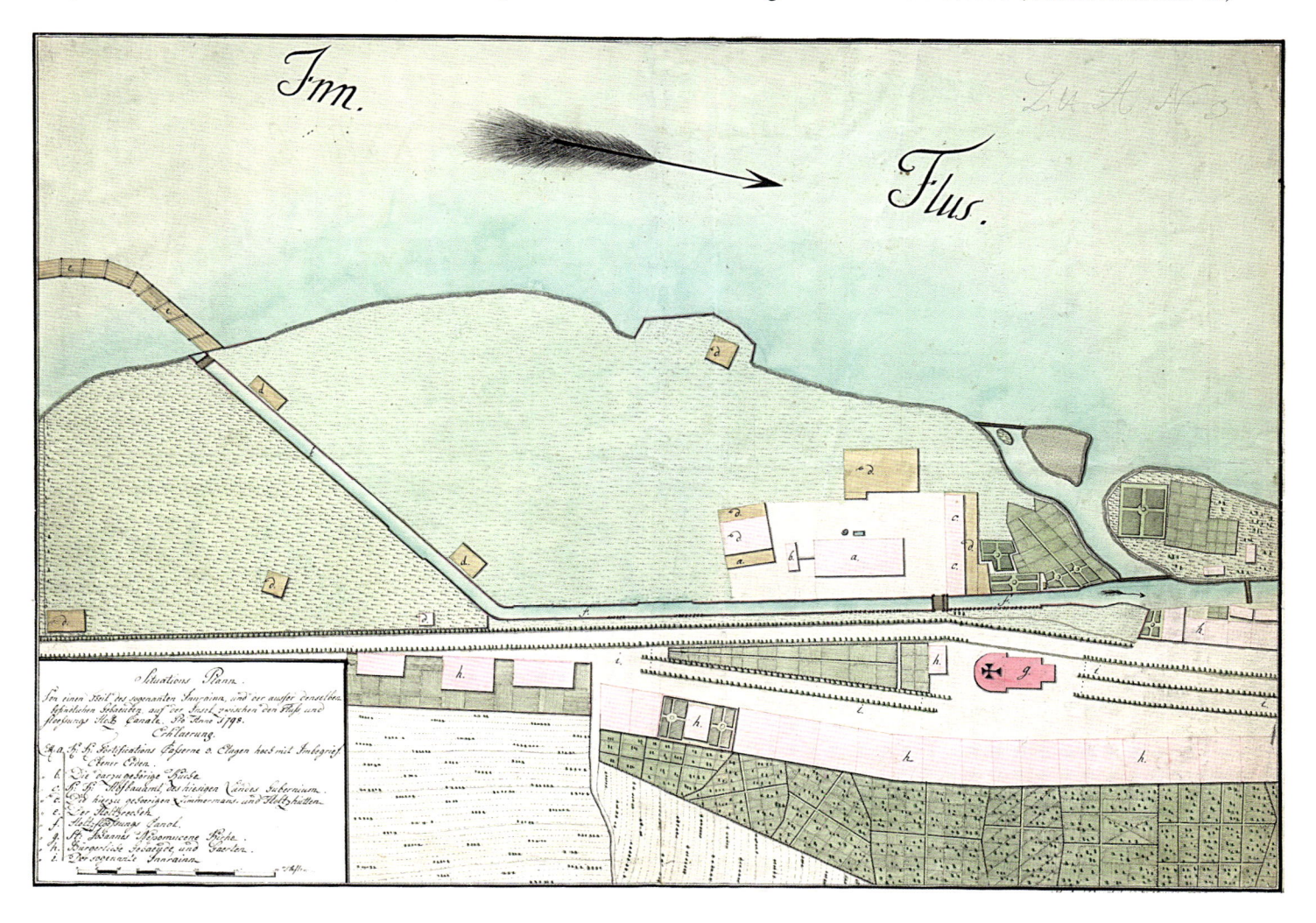

HÖRMANN: „**Situation des hofbauämtlichen Grundes**", 1824 (Kartenverzeichnis T3)

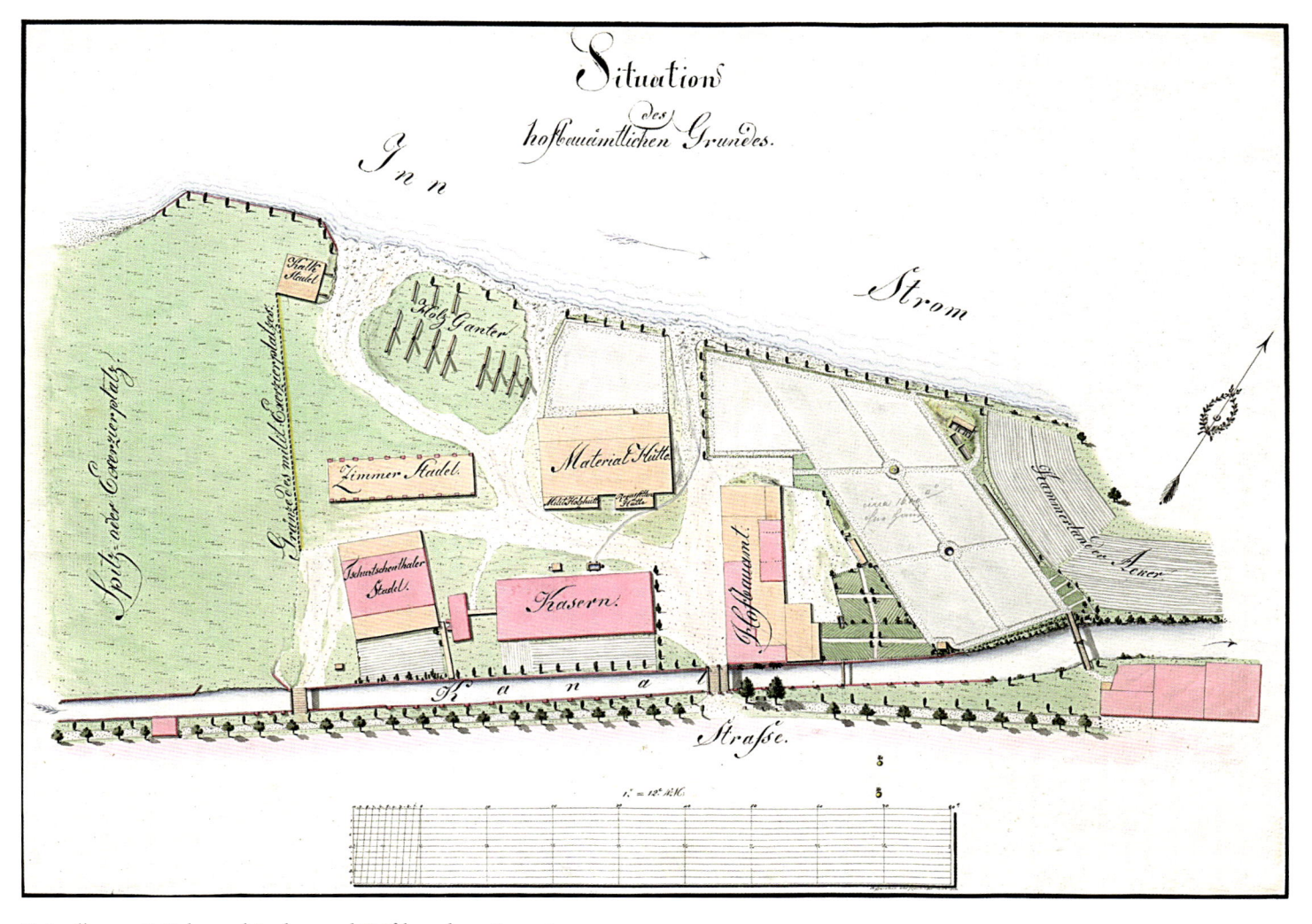

Prügelbau mit Nebengebäuden und Triftkanal am Innrain

Alois Haas: „**Situation Plan zum Spitalbau in Innsbruck**", 1838 (Kartenverzeichnis T4)

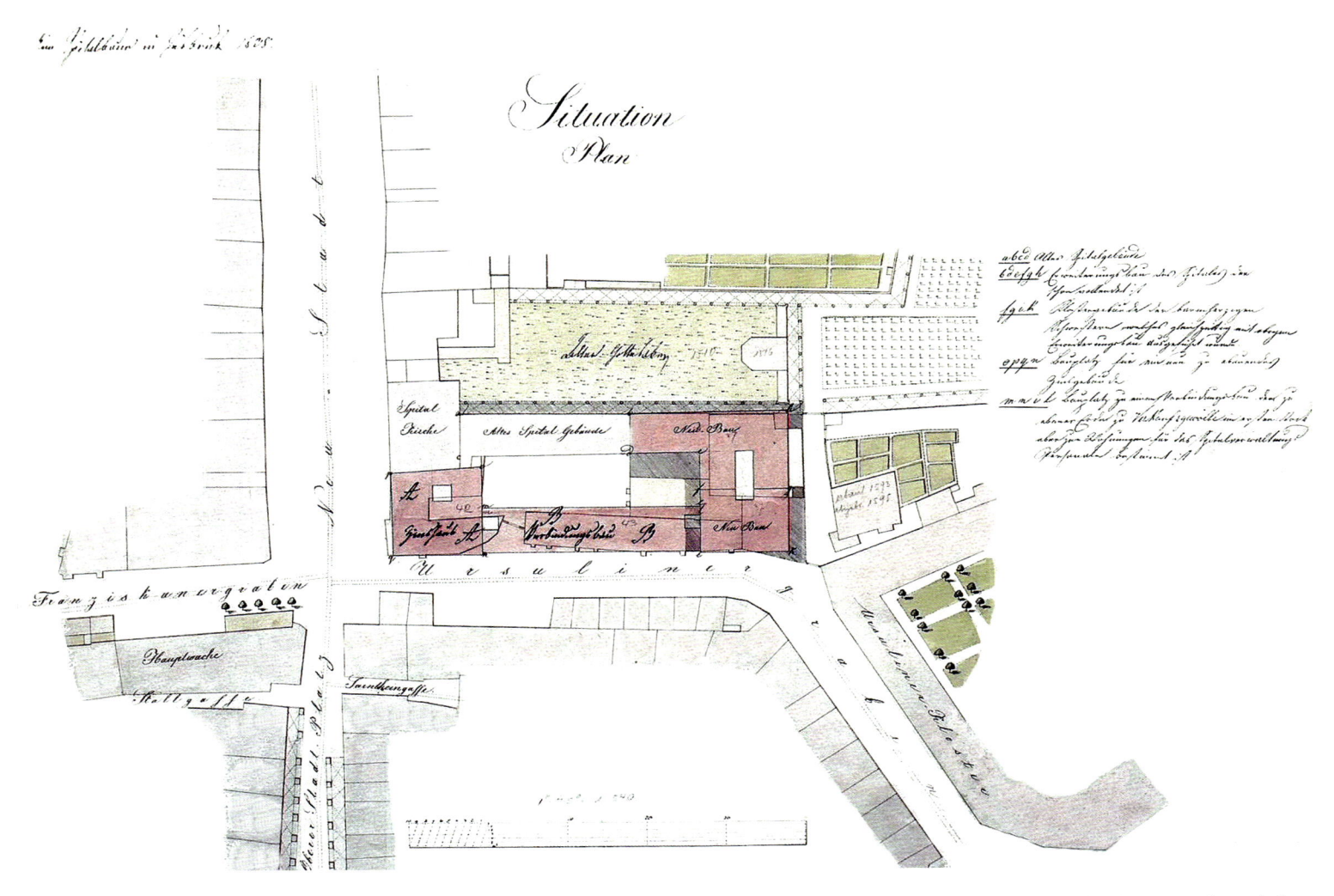

Der Plan verdeutlicht die bauliche Situation des Areals des Stadtspitals zwischen Ursulinengraben (heute Marktgraben), Neustadt und dem alten Friedhof (heute Adolf-Pichler-Platz) im Jahr 1838.

A. Lindenthaler: „**Situations-Plan des zum löbl. Stadtspital gehörigen Grundes**", 1861 (Kartenverzeichnis T5)

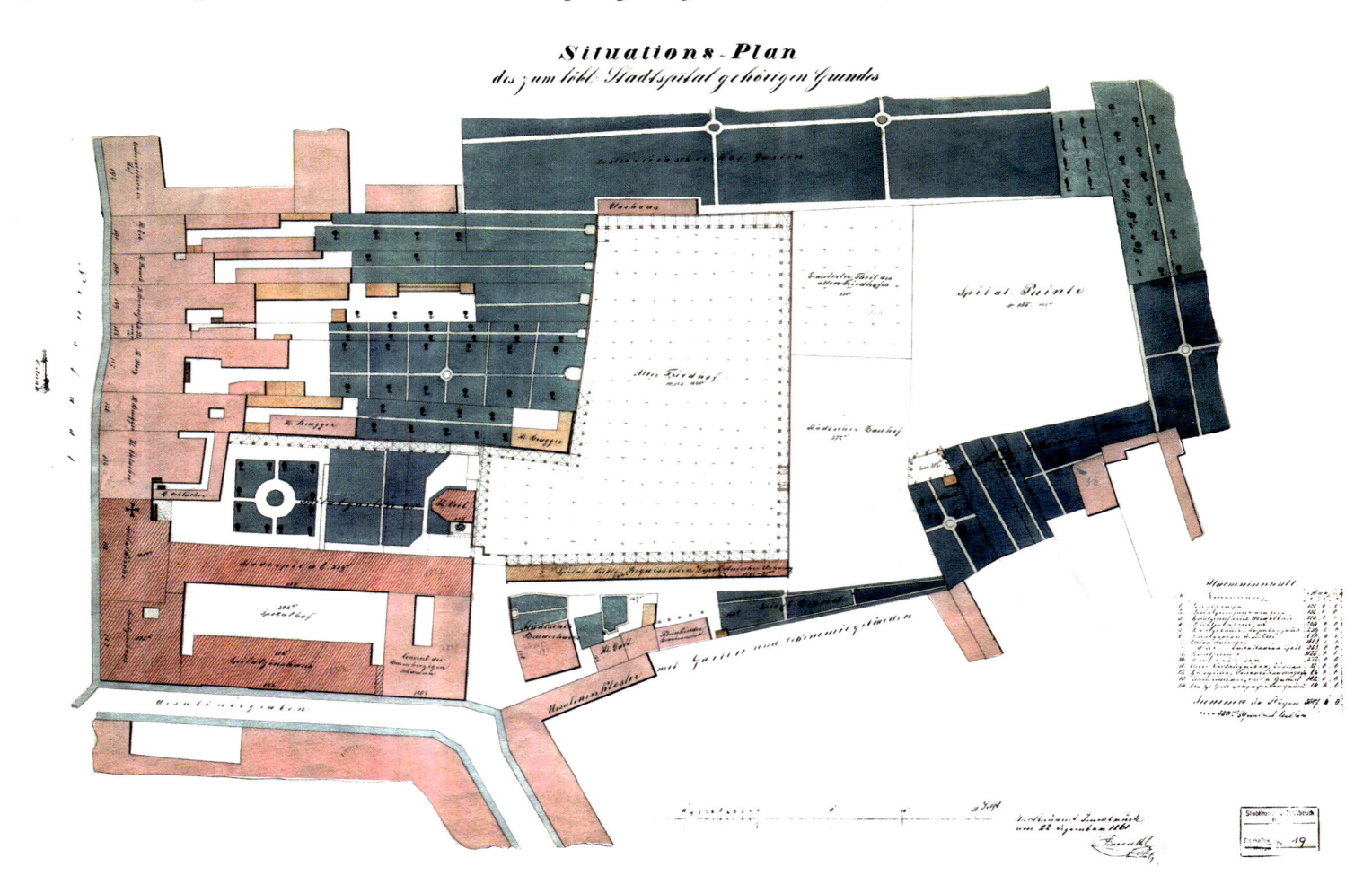

„Situations Plan", um 1860 (Kartenverzeichnis T6)

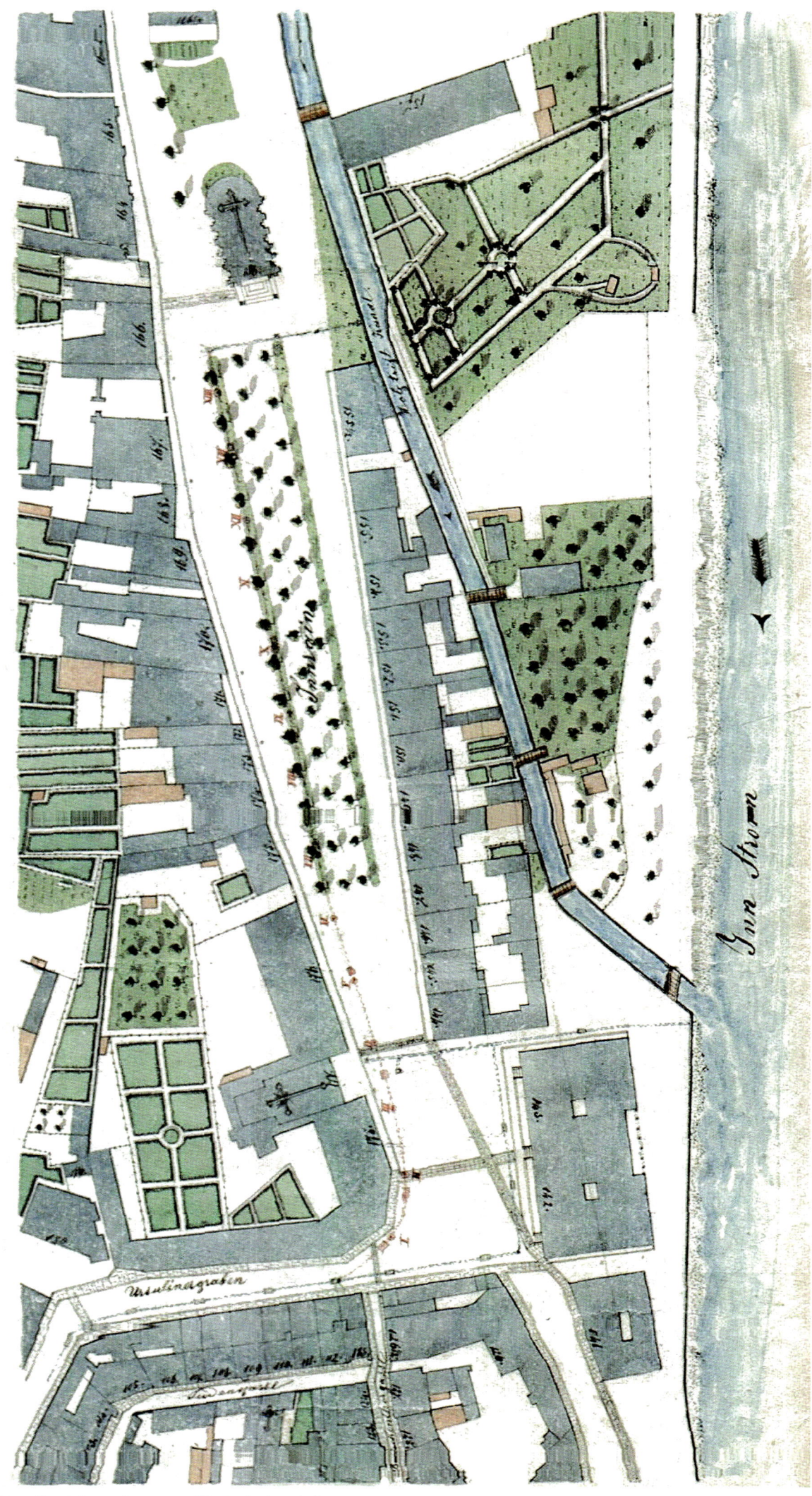

Ausschnitt des Plans *„Projekt zur Herstellung einer neuen Ritsche im Innrain"*

2. Innbrücke – Herzog-Otto-Ufer – Rennweg – Hofgarten

tiris, Orthofoto 2013 (K95)

Die Innbrücke

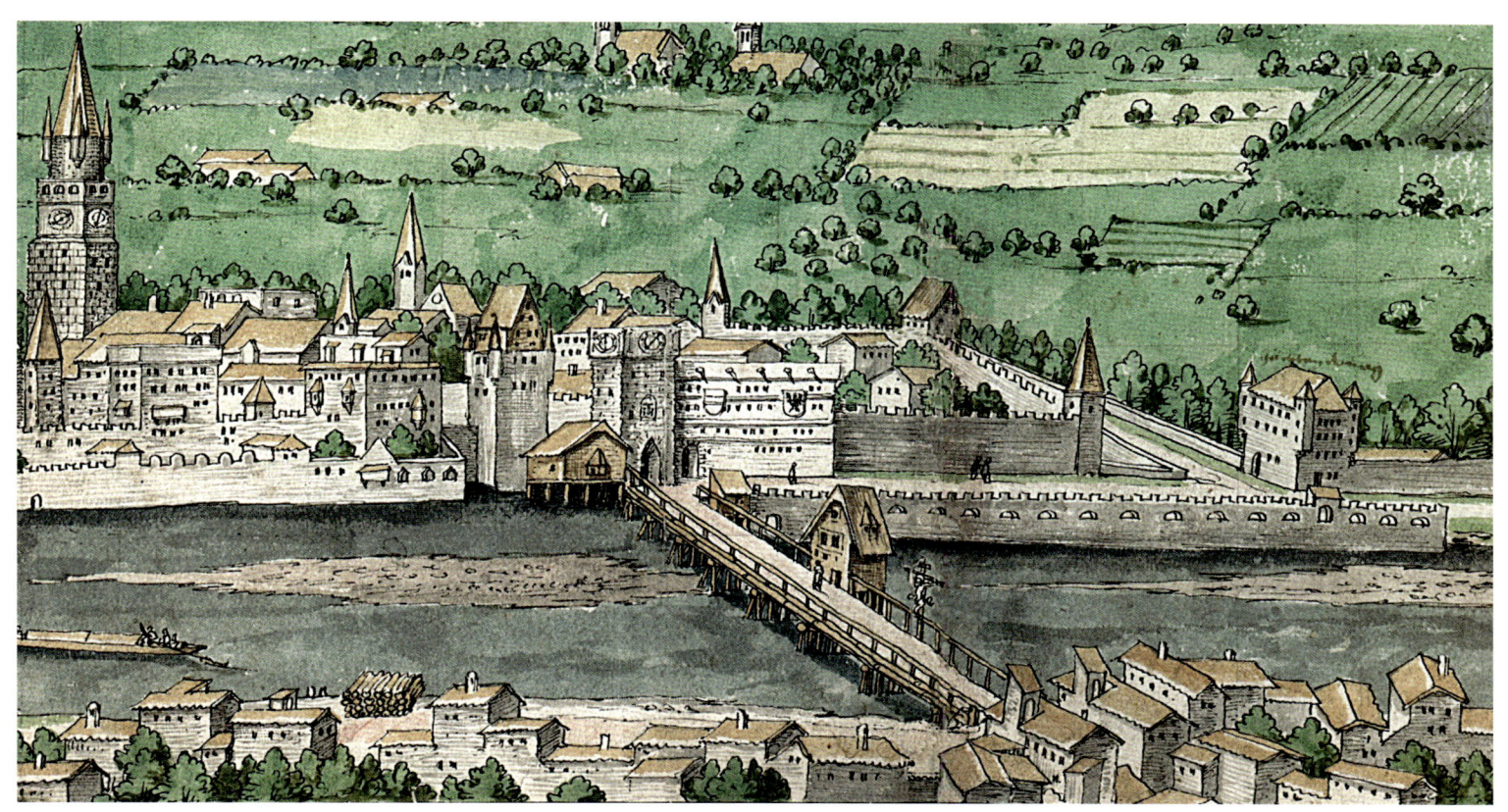

Abb. 13: L. *Lässl*, J. Kolber?, *Schwazer Bergwerksbuch*, 1556, Blatt 15: Innsbruck, Ausschnitt des Bereichs um die Innbrücke

Fischnaler [11], schreibt dazu (IV, S. 101 f.):

1180: *Nachricht von einer Brücke im heutigen I. unweit der jetzt bestehenden, neben welcher eine noch 1210 vom Stift Wilten betriebene Fähre allda beurkundet wird.*
1543: *Das „Sommerhäusl" auf der Innbrücke wird erwähnt. (Kaiser Maximilian I. ließ in der Mitte der Brücke ein „Sommerhäusl" errichten, um Almosen an die Armen zu verteilen. [J. Sch.])*
1762: *Die furchtbare Überschwemmung, welche den Stadtplatz mit mehr als 2' hohem Letten überschüttete, Innrain, Mariahilf und St. Nikolaus verheerte, erforderte einen kostspieligen Rekonstruktionsbau der Innbrücke, welcher am 28. September durch den Zimmermeister Miller begann; eine Überführ- und Notbrücke sorgten während der Unglückszeit für den Verkehr.*
1789: *Beginn des Abbruchs der alten Brücke; […] der Neubau erhält vier Brückenfelder von je 74' Spannbreite und erscheint 1792 Sept. 20 vollendet.*
1812: *Auf der Innbrücke wird ein eigener Steig für die Fußganger angelegt und die Fahrbahn beschottert.*
1868: *Verhandlungen zwischen Stadt und Regierung zu einer Brücke aus Eisen über den Inn.*
1870: *Beginn des Baues.*
1873: *Vollendung unter Leitung des Oberbaurates Wawra aus Wien.*

Die folgende Profil- und Aufsichtszeichnung zeigt die Hochwassersituation vom 7. Juli 1762 an der Innbrücke.

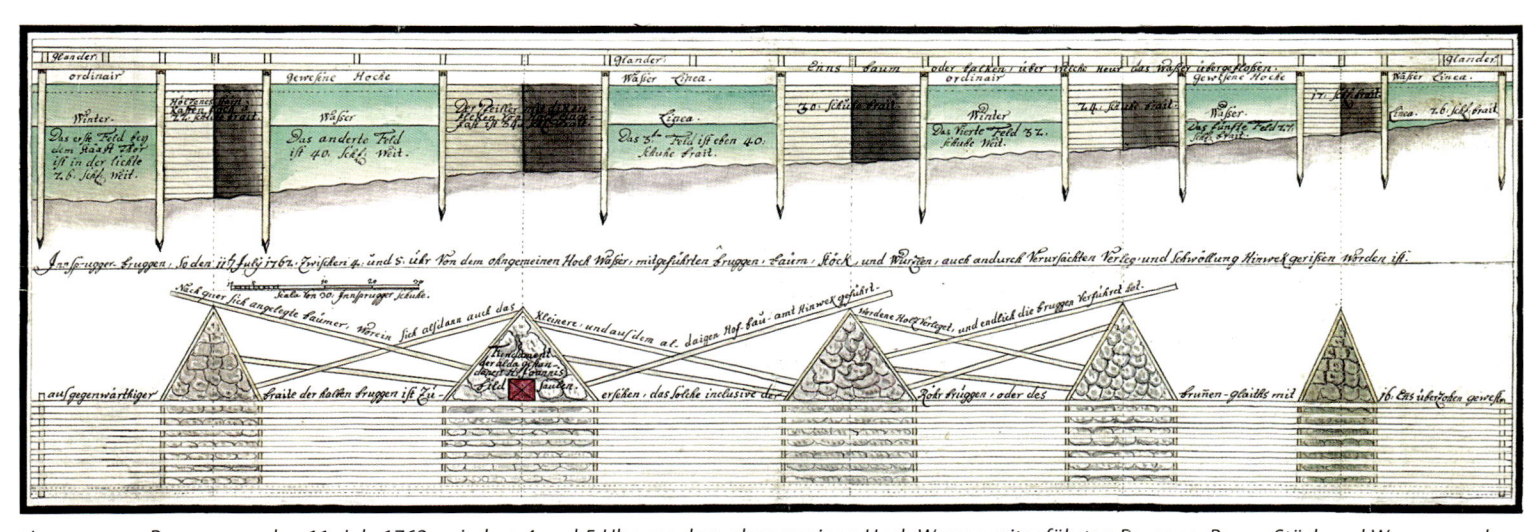

„Innsprugger-Bruggen, so den 11. July 1762 zwischen 4 und 5 Uhr von dem ohngemeinen Hoch Wasser, mitgeführten Bruggen, Baum, Stöck und Wurzen, auch an durch verursachten Verleg- und Schwöllung hinwek gerissen worden ist", 1762 (Kartenverzeichnis T1a)

Die obere Wasserlinie kennzeichnet die Hochwasserlinie am 11. Juli 1762, die untere die durchschnittliche Wasserhöhe im Winter. Die kreuz und quer liegenden Bäume stellen die Verklausung dar. Diese Verklausung entstand durch den innaufwärts gelegenen ärarischen Holzplatz. Durch die Abdrift wurden mehrere Tausend Klafter Brennholz bei der Brücke angeschwemmt. Die Um- und Neubauten der im Laufe der Jahrhunderte immer wieder vom Hochwasser zerstörten Brücke spiegeln sich sowohl in der graphischen Darstellung als auch in den Lageänderungen auf den Karten und Plänen wider.

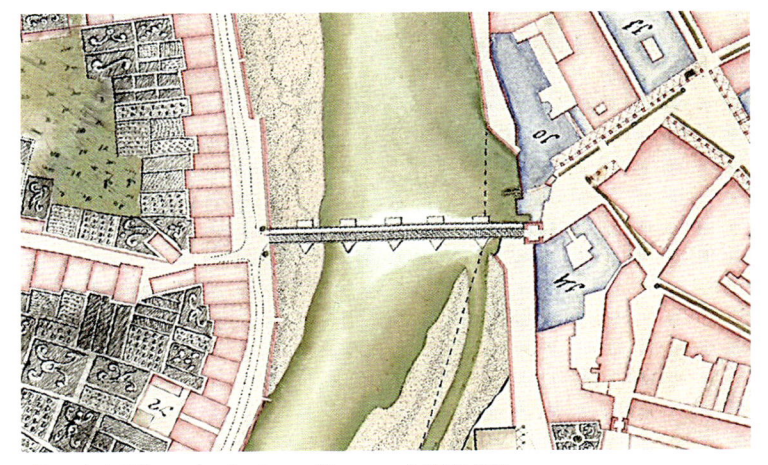

"Plan de la Ville et des Environs d'Innsprug", 1750 (K2)

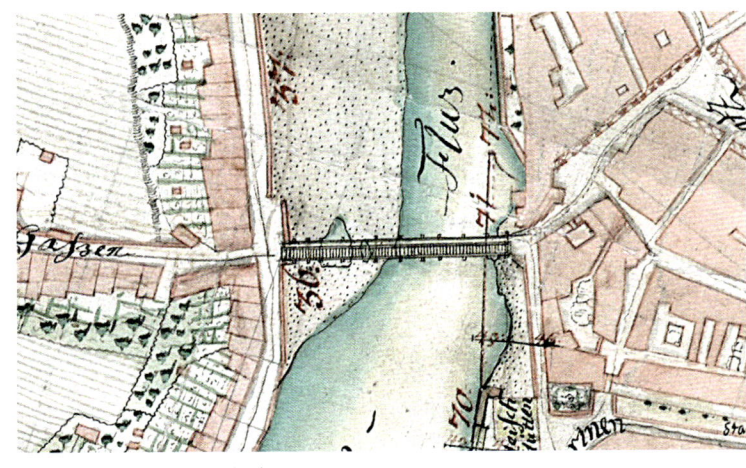

Franz A. Rangger, 1763 (K3)

Die restaurierte Brücke nach der Zerstörung von 1761.

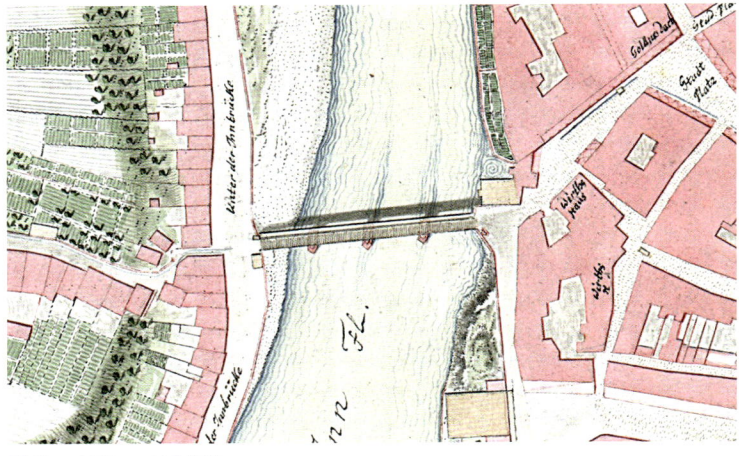

Philipp Miller, 1802 (K9)

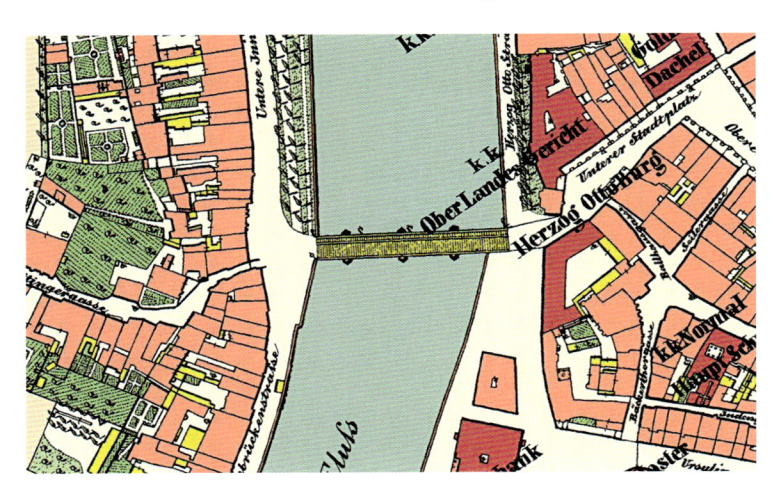

Digitaler Franziszeischer Kataster, 1856 (K48)

Nach der Zerstörung von 1789 wurde 1790 eine neue Brücke errichtet, welche aus drei Pfeilern und Hängewerk konstruiert war.

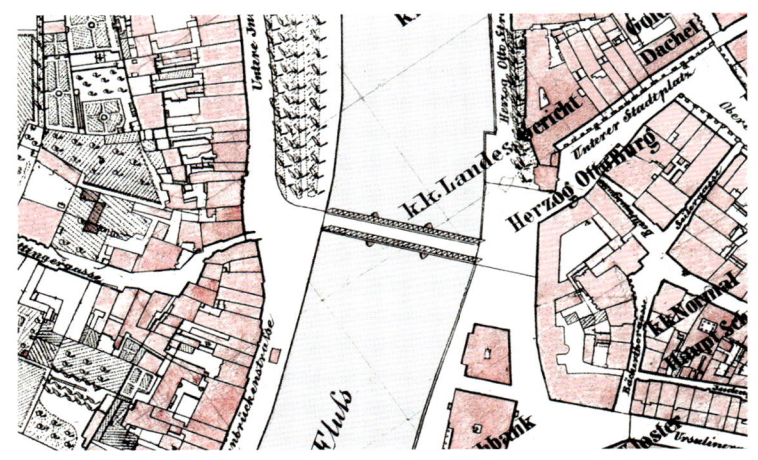

Katasterplan der Gemeinde Innsbruck, 1872/1889 (K70)

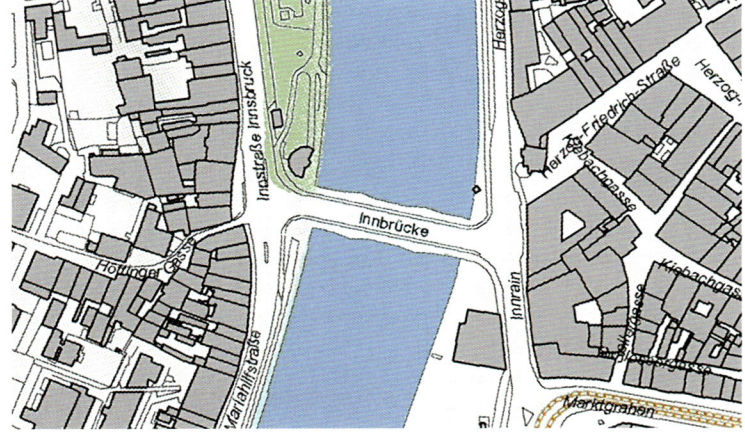

BaseMap-Tirol, 2013 (K97)

1870/73 entstand die neue eiserne Fachwerkbrücke mit zwei Flusspfeilern, stählernen Gitterträgern über der Fahrbahn und außen liegenden Gehwegen. Das altstadtseitige Widerlager wurde um ca. 25 Meter nach Westen versetzt.

Die heutige Innbrücke wurde in den Jahren 1980 bis 1982 errichtet. Sie besteht aus zwei Stahlbeton-Flusspfeilern, auf denen ein Spannbetontragwerk ruht.

Abb. 14: Innbrücke 1907

Herzog-Otto-Ufer und Rennweg

Der Bereich vor der Verbauung des Innufers ab der Innbrücke:

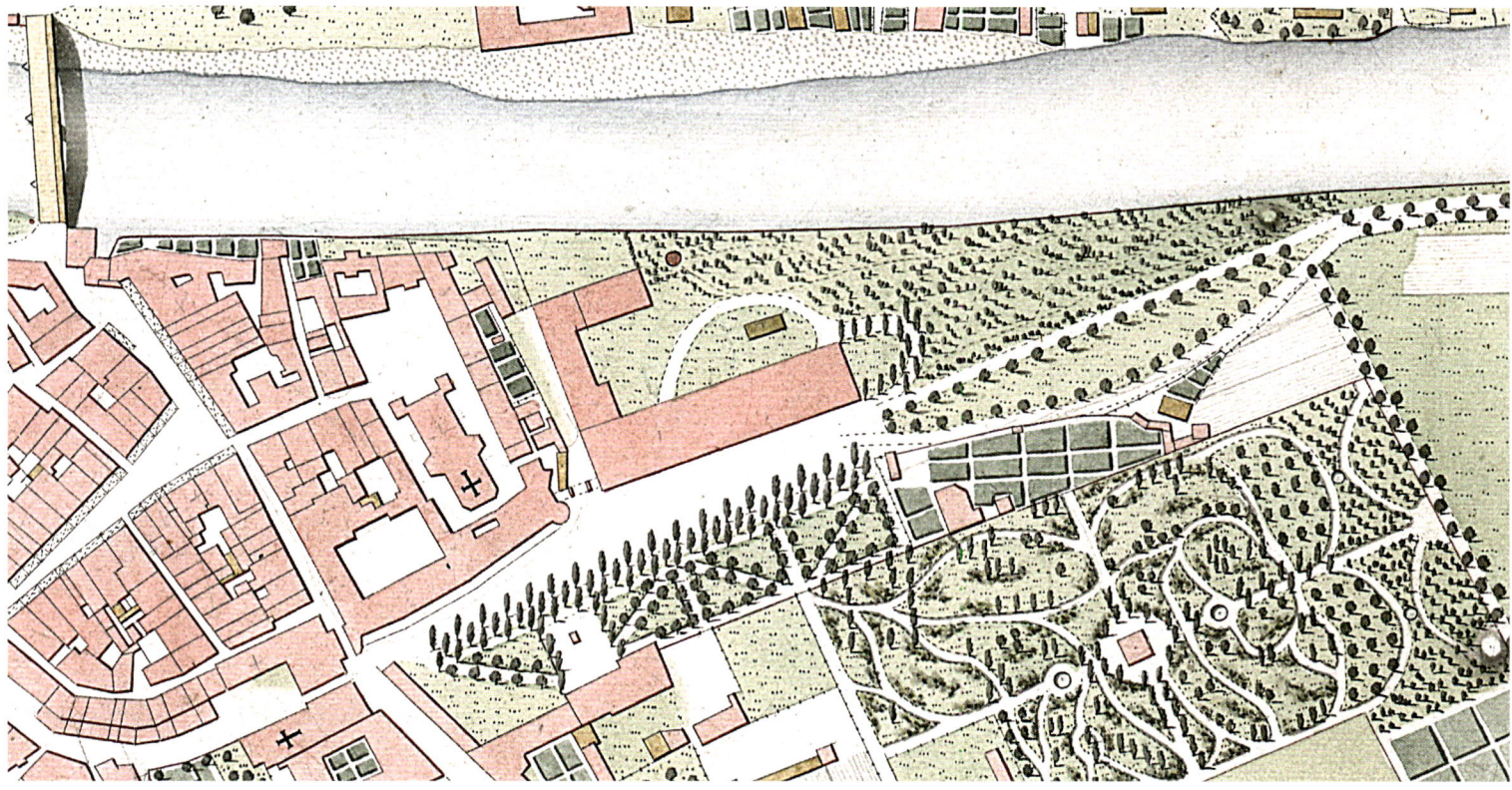

Baudirektionsplan, um 1830 (K34)

Mit Beginn der Uferverbauung ab 1830 wurde auch der Plan einer neuen Verkehrsanbindung am rechten Innufer aktuell.

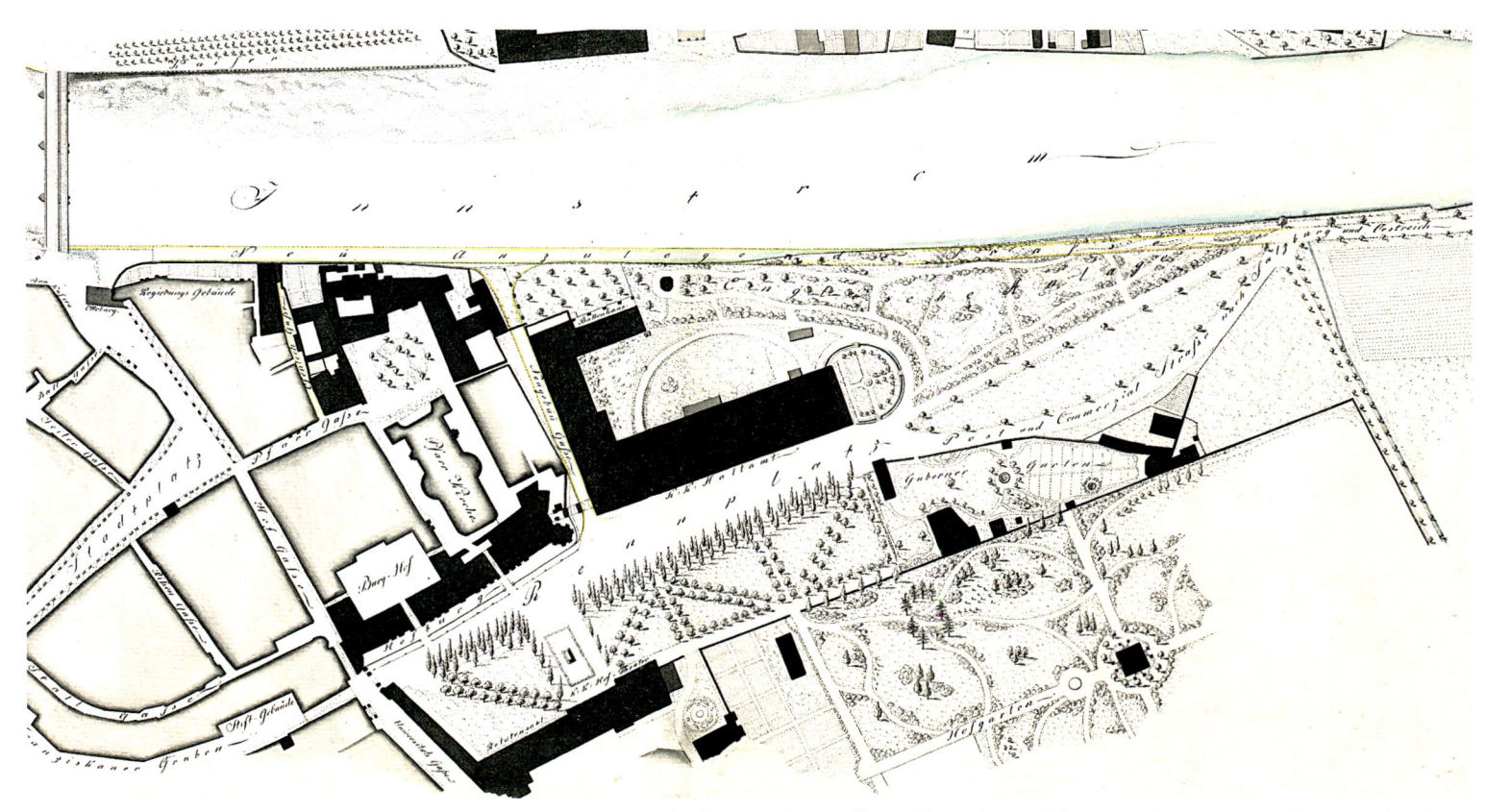

„*Plan von der Provinzial Haupt-Stadt Innsbruck mit dem Vorschlage zur Erleichterung des Handlungsfuhrwerkes und der innern Communication*", um 1830 (T18). Gelb umrandet findet sich der Planvermerk: „*neu anzulegende Straße*".

Mit der Uferverbauung (den „Quai-Mauern") hatte man an der Brücke 1830 begonnen und sie 1834–1836 von der heutigen Badgasse bis zu der im Plan ersichtlichen Stelle am Südwesteck der „Englischen Anlagen" verlängert. „*Die Zurückdrängung des Inn war Voraussetzung für den 1833 begonnenen Bau der heutigen Herzog-Otto-Straße, damals die ‚Neue Quai-Straße' genannt. Sie gedieh in dem Jahr bis zum ‚Ofenloch' (heute Badgasse), das man durch teilweisen Abbruch des Gebäudekomplexes beim jetzigen Stadtarchiv öffnete.*" (Dörrer [13], S. 34)

J. Kolp, Situationsplan Neue Quai-Straße, Rennweg und Hofgarten in Innsbruck, 1837 (T20)

1836 reichte die „Neue Quai-Straße" schon bis zur heutigen Herrengasse, womit die Verbindung mit dem Rennplatz hergestellt war.

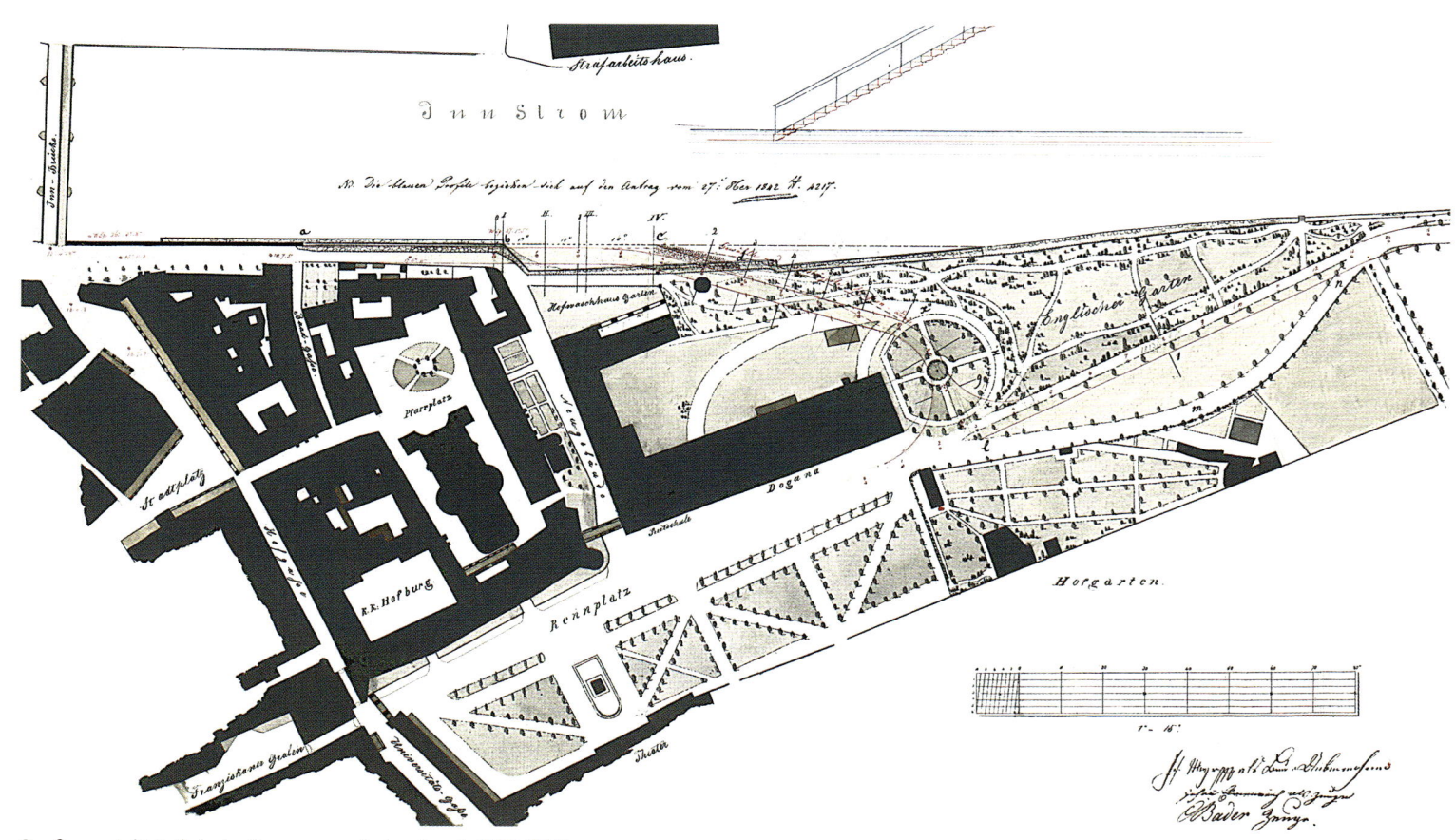

Straßenprojekt östlich der Herrengasse in Innsbruck, 1839 (T21)
Rot eingezeichnet ist die projektierte Fortführung der bisher fertiggestellten „Neue Quai-Straße" ab der Herrengasse.

„Am Nordende des Rennplatzes (nahe beim jetzigen Erzherzog-Eugen-Denkmal) stand damals noch das zum Hofgarten gehörige ‚Obere Lusthaus'. Auch fehlte noch seine breite, gerade Verlängerung entlang der ‚Reithalle' (Dogana), so daß der ‚Rennplatz' vor der Hofburg tatsächlich stärker als heute den Charakter eines geschlossenen Platzes aufwies. Die noch schmale ‚Straße nach Hall' – sie war gegenüber der ‚Kaiserstraße' (heute Innstraße) am linken Innufer noch ein Verkehrsweg zweiter Ordnung und man nannte sie auch noch nicht ‚Rennweg' – führte in großem Bogen durch den ‚Kleinen Hofgarten' und erreichte erst in der Nähe des jetzigen Innsteges das Flussufer." (Dörrer [13], S. 34)

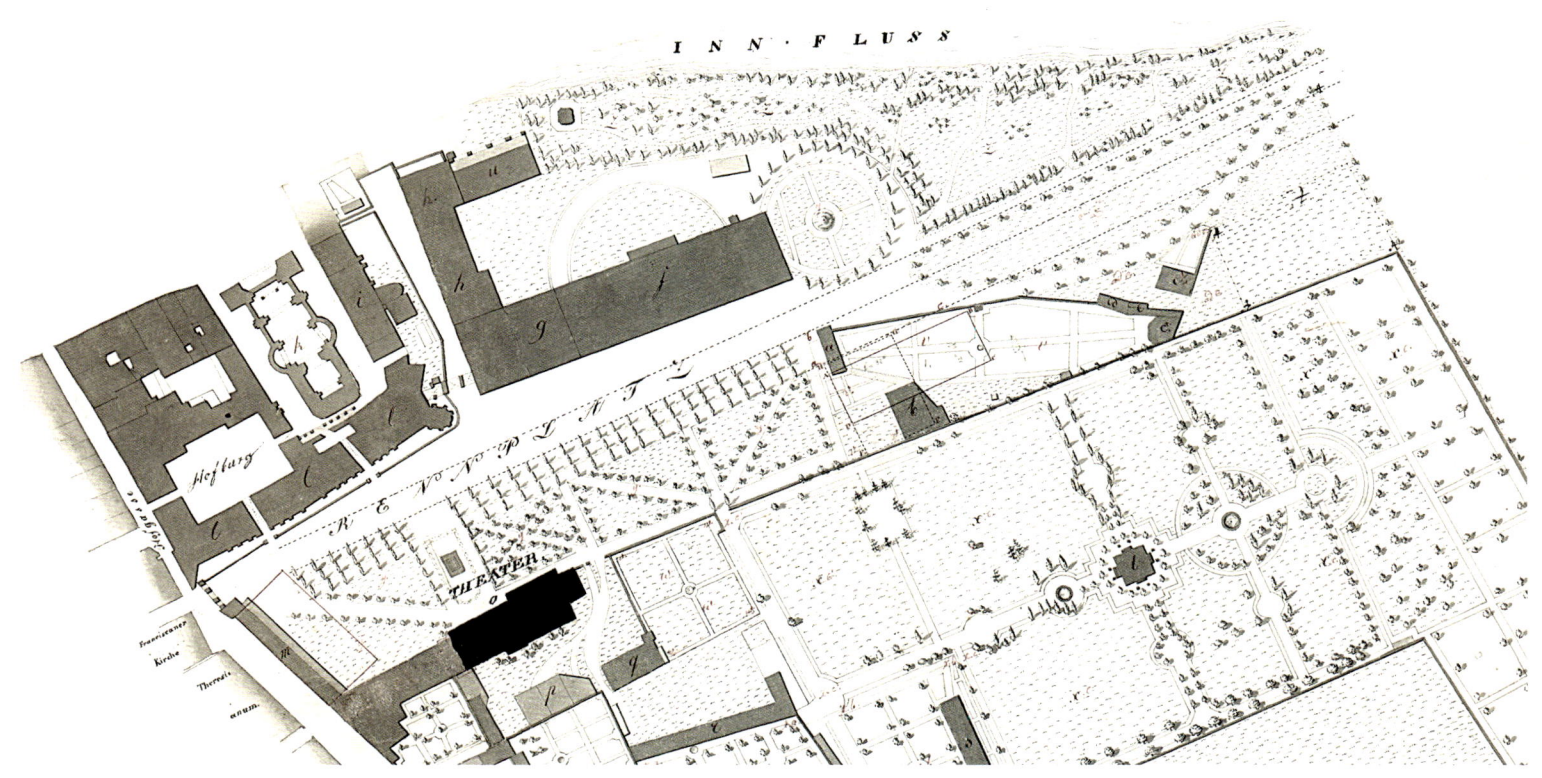

G. Hämmerle, „Plan eines Theils der Stadt Innsbruck", 1839 (T23)
Die geplante Verlängerung des Rennplatzes ist strichliert eingetragen.

Abb. 15: *J. Schedler,* um 1840,
„K. K. Burg zu Innsbruck"

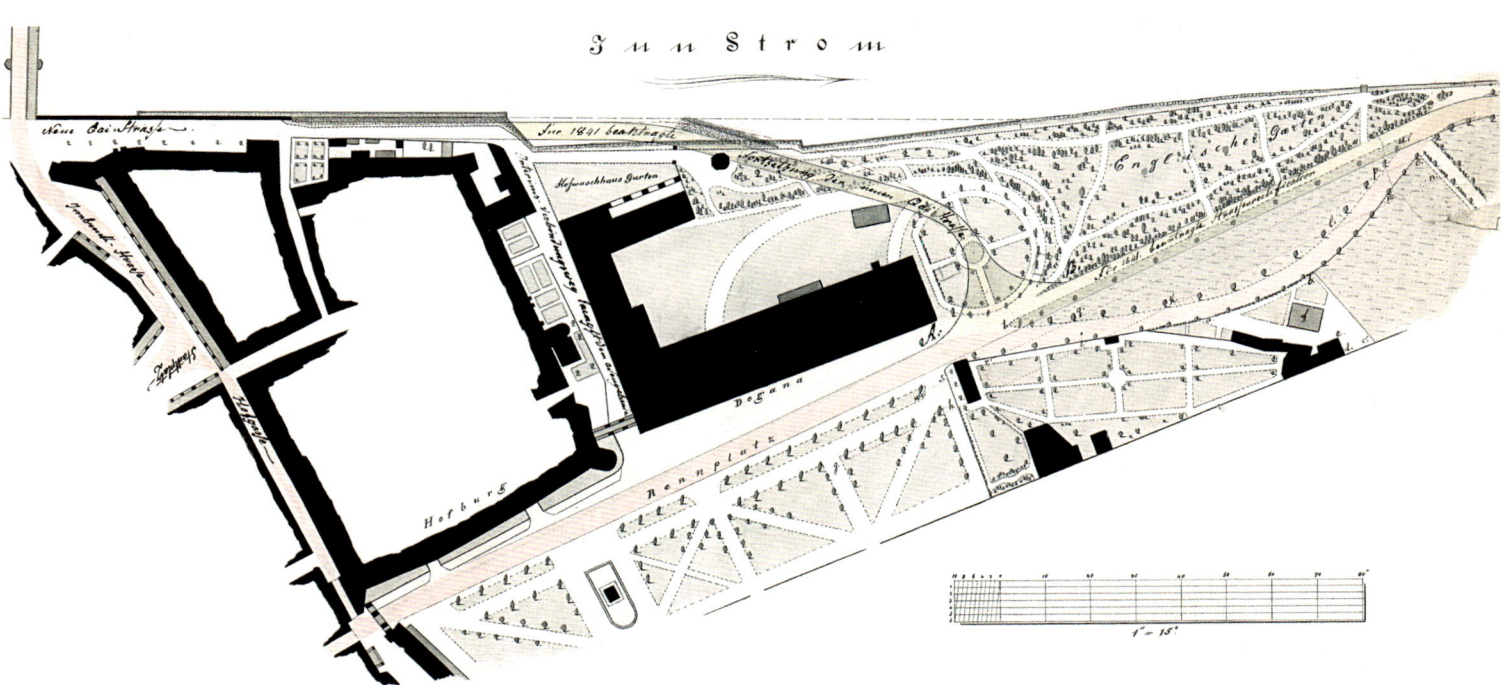

Straßenprojekt östlich der Herrengasse in Innsbruck, um 1840 (T22)

1844 wurde das alte, mit den „Redoutensälen" zusammenhängende und parallel zur Hofburg stehende Stadttheater abgerissen. Zwei Jahre später (1846) wurde das neue Theater, welches nunmehr um 90° versetzt gebaut wurde, eröffnet. Zeitgleich mit dem Abriss des alten Stadttheaters wurde auch der am Südende des Rennplatzes, gegenüber dem jetzigen Volkskunstmuseum befindliche sogenannte „Fröhlichsgang", ein Verbindungsgang zwischen Hofburg und Redoutensaal, abgetragen.

Abb. 16: „Fröhlichsgang"

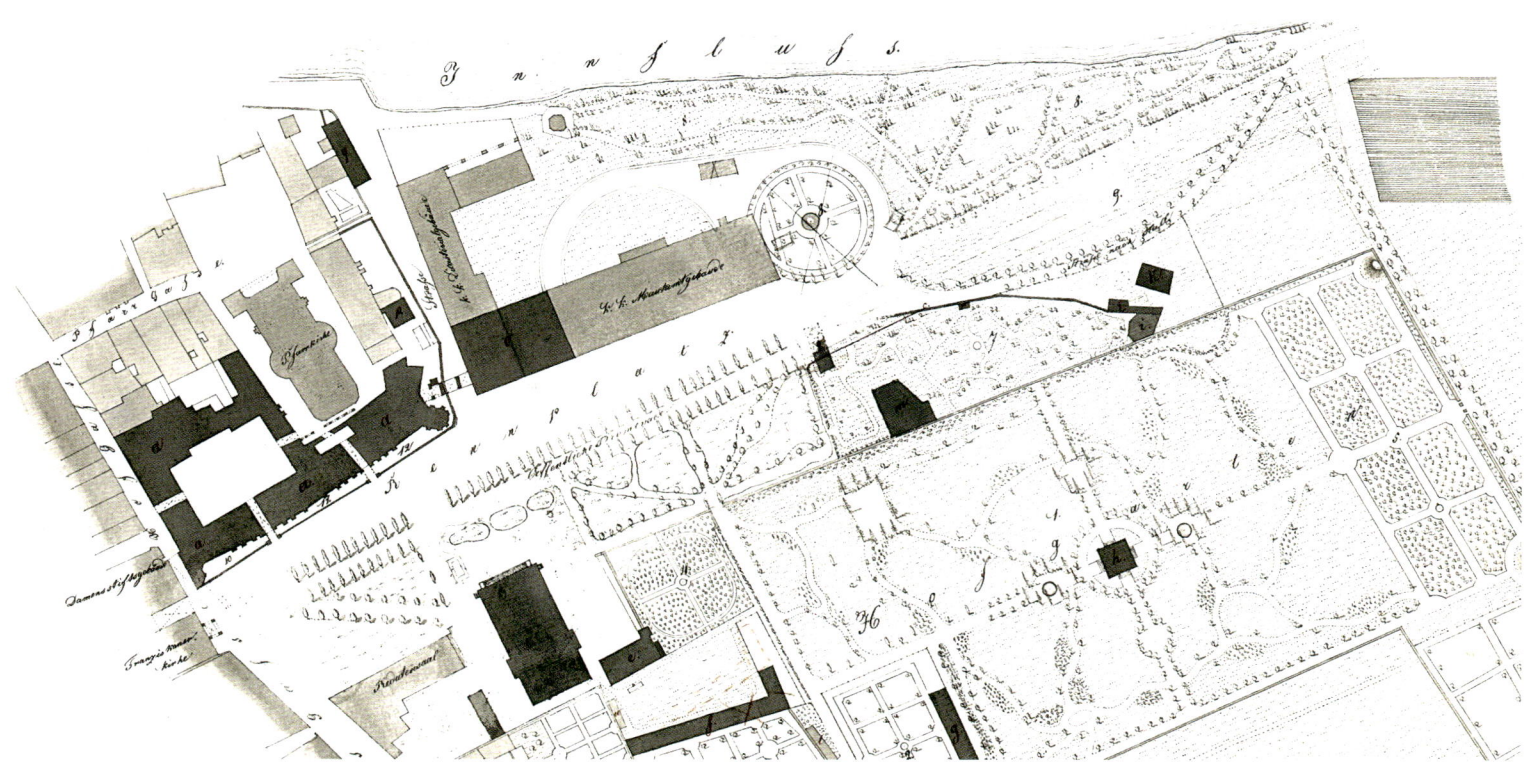

G. Müllbauer, „Situations-Plan der k. k. Hofgebäude zu Innsbruck", 1839/44 (T25)

Der Plan ist mit 1839 signiert. Die geplante Verlängerung des Rennweges ist nur angedeutet, das Rondell mit Bleistift durchgestrichen, der abgetragene „Fröhlichsgang" sowie das alte Theatergebäude wegrasiert und das ab 1844 neu errichtete k. k. Nationaltheater darüber gezeichnet. Das obere Gouverneurs-Gartenhaus (vorher oberes Lusthaus) ist nur zum Teil wegradiert.

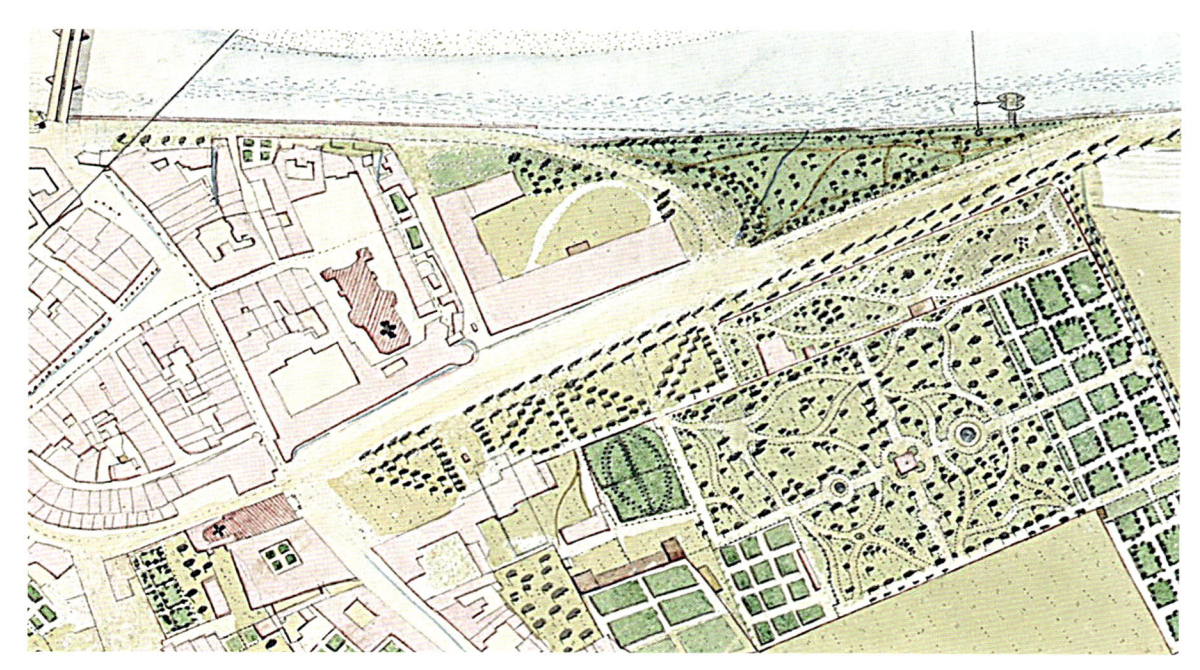

Die Verlängerung der Straße ab der Herrengasse ist noch im Projektstadium und strichliert eingezeichnet. Der Rennweg ist aber bereits ausgebaut. Im Millerplan ist sowohl der alte Zustand eingezeichnet als auch der Neubau des Theatergebäudes mit zartem Strich angedeutet. Der Fröhlichsgang ist ebenfalls wegradiert.

Miller, um 1840 (K41)

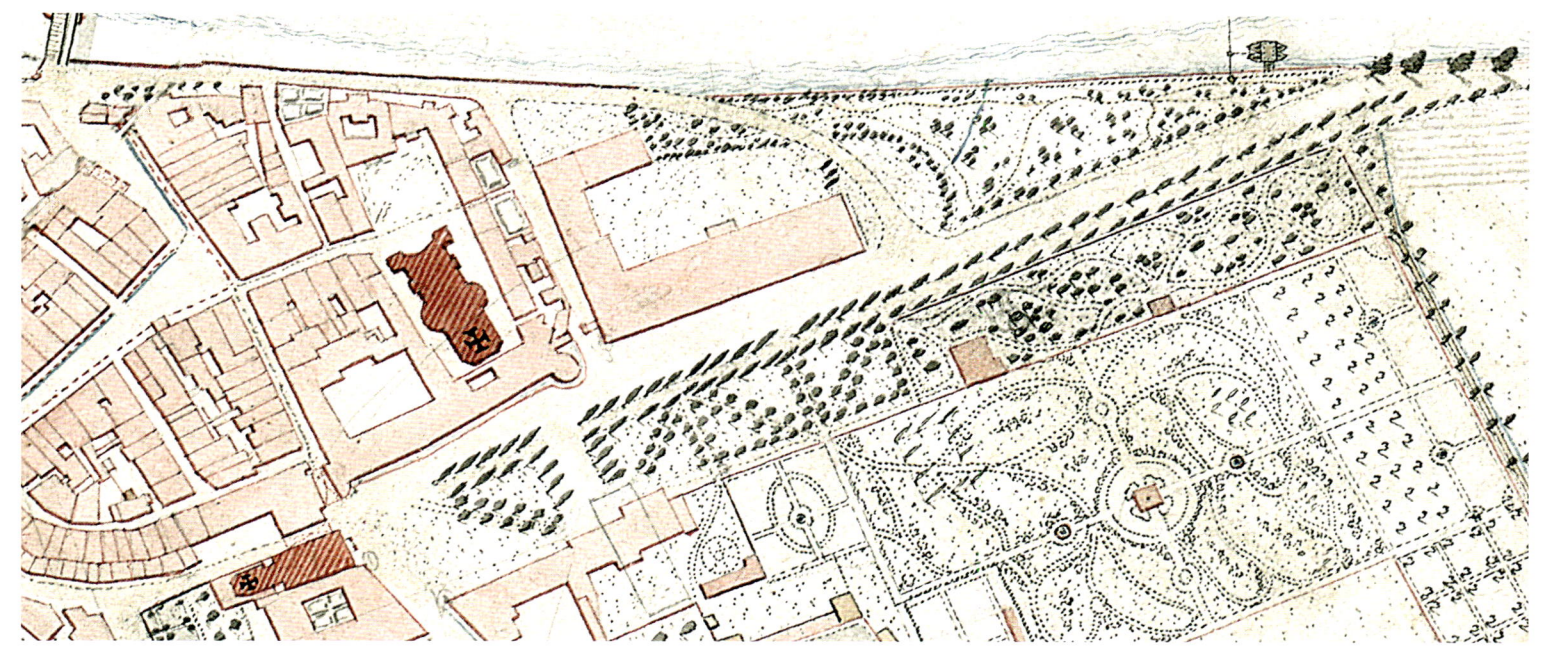

Prissmann, 1843 (K44)

Wie im Plan von *Miller* ist auch hier sowohl das alte Theater eingezeichnet als auch das neue bereits angedeutet. Auch der Fröhlichsgang wurde deutlich sichtbar wegradiert.

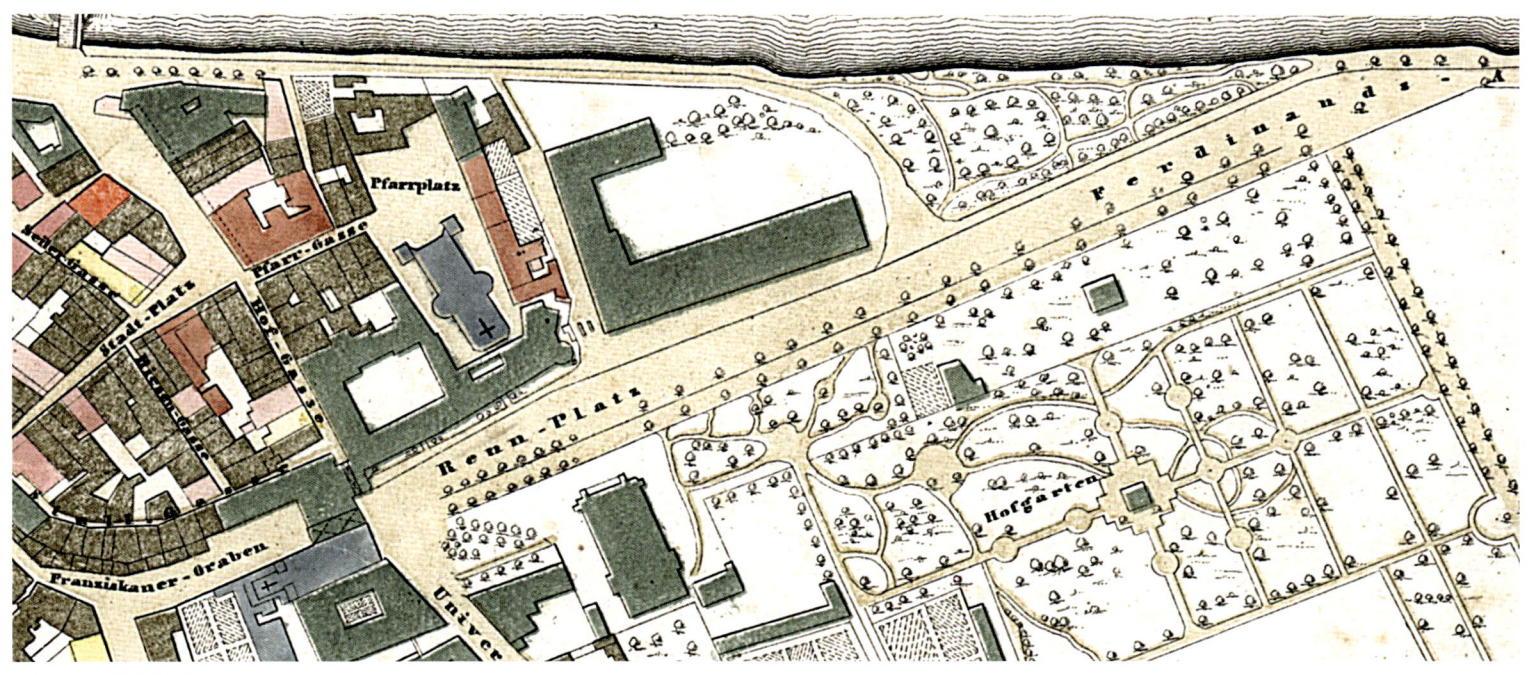

Czichna, 1851 (K45)

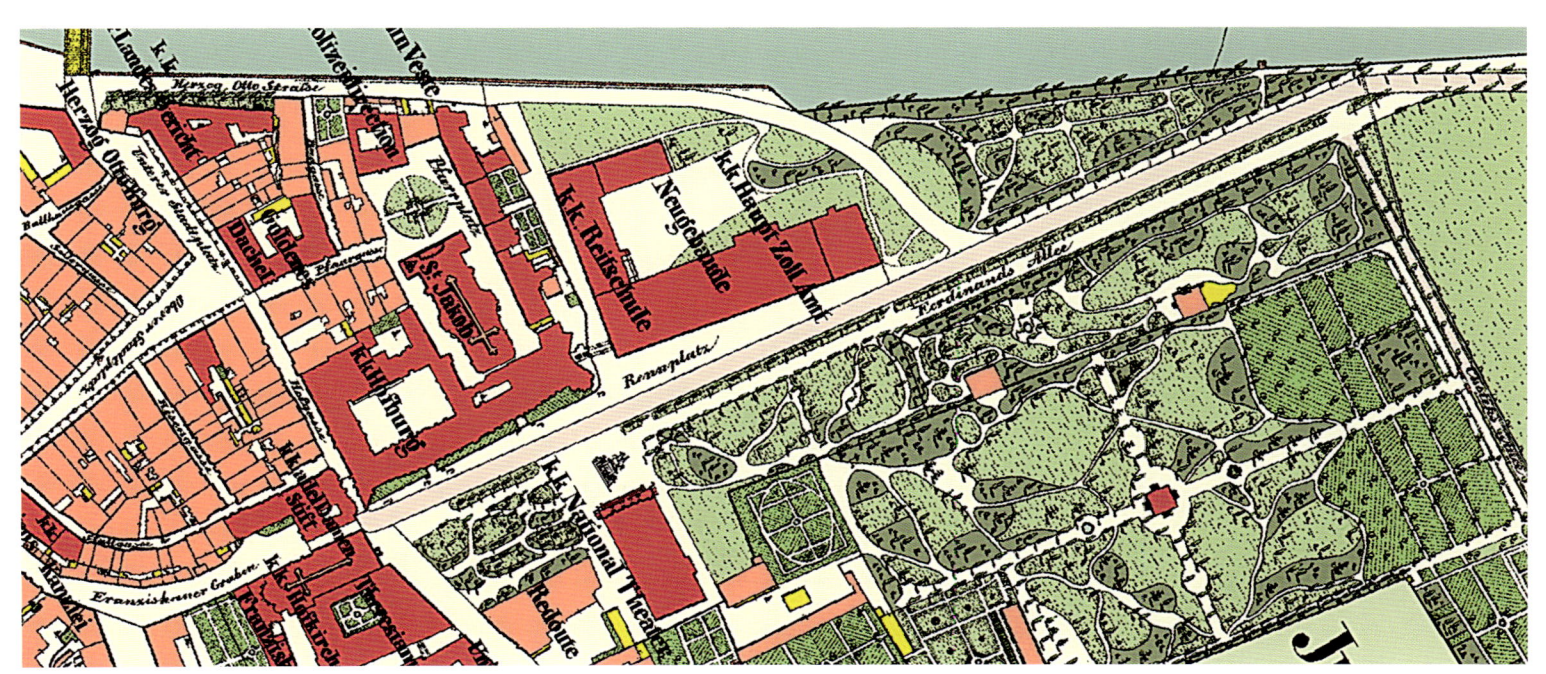

Digitaler Franziszeischer Kataster, 1856 (K48)

Die Landesbaudirektion

An der Nordseite der Herrengasse wurde um 1660 im Auftrag von Erzherzog Ferdinand Carl und unter der Bauleitung von Christoph Gumpp ein Saalgebäude und Ballhaus errichtet. Schon 1672 wies Kaiser Leopold I. das Gebäude der 1669 neu gegründeten Universität zu. Ab 1776 wurde das Gebäude von Kaiserin Maria Theresia als Amtsgebäude der k. k. Statthalterei eingerichtet, und ab 1805 beheimatete das Gebäude die **„k. k. Provinzial-Baudirektion"**. Hier arbeiteten die Planer und Zeichner, die den Großteil aller hier abgebildeten Karten und Pläne erstellten, wie Franz Karl Zoller, Philipp Miller, Josef Duile, Alois Negrelli oder Carl Prissmann. Und in diesem Gebäude, dem Pall- (in der Abb. **c**) oder Ballonhaus (im Plan **d**), wurde auch das **k. k. Statthaltereiarchiv** (das spätere Tiroler Landesarchiv) bis zur Übersiedelung 1995 untergebracht, in dem diese Pläne für die Nachwelt archiviert sind. (*Felmayer* [22], S. 480 f., *Aigner* [2], S. 8 f.)

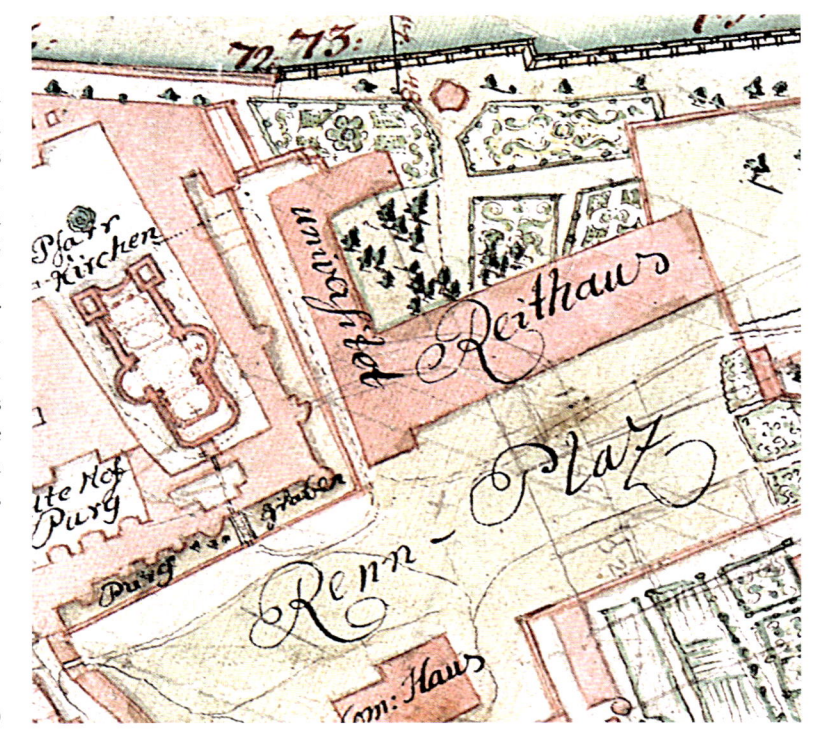

Rangger, Inn-Karte, 1763, „univerfitet" (K3)

Abb. 17: *J. Strickner, Statthaltereigebäude,* 1809

Voglsanger, Situationsplan im Bereich Rennweg und Hofgarten in Innsbruck, 1832 (T19)

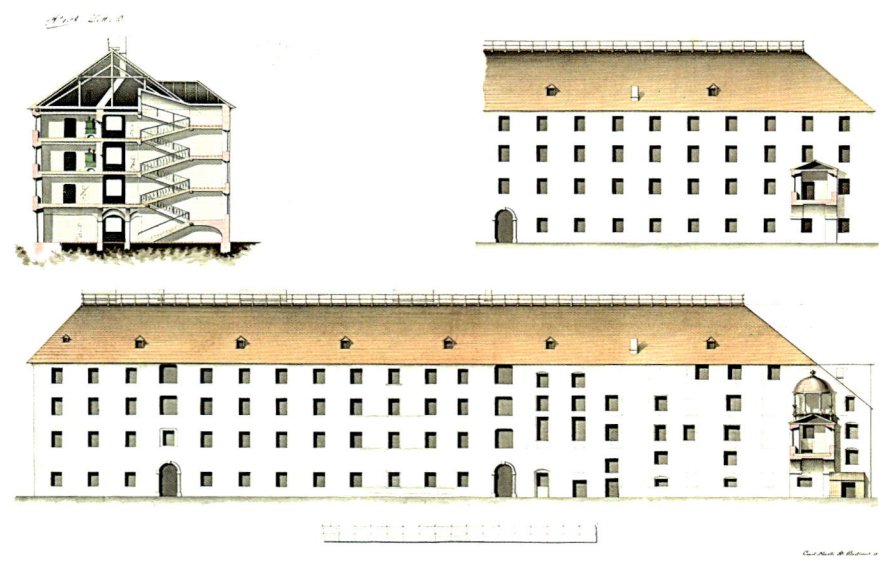

Abb. 18: *A. Negrelli, Aufriss der gesamten Front in der Herrengasse und Schnitt des nördlichen Treppenhauses,* 1819

Hofgarten

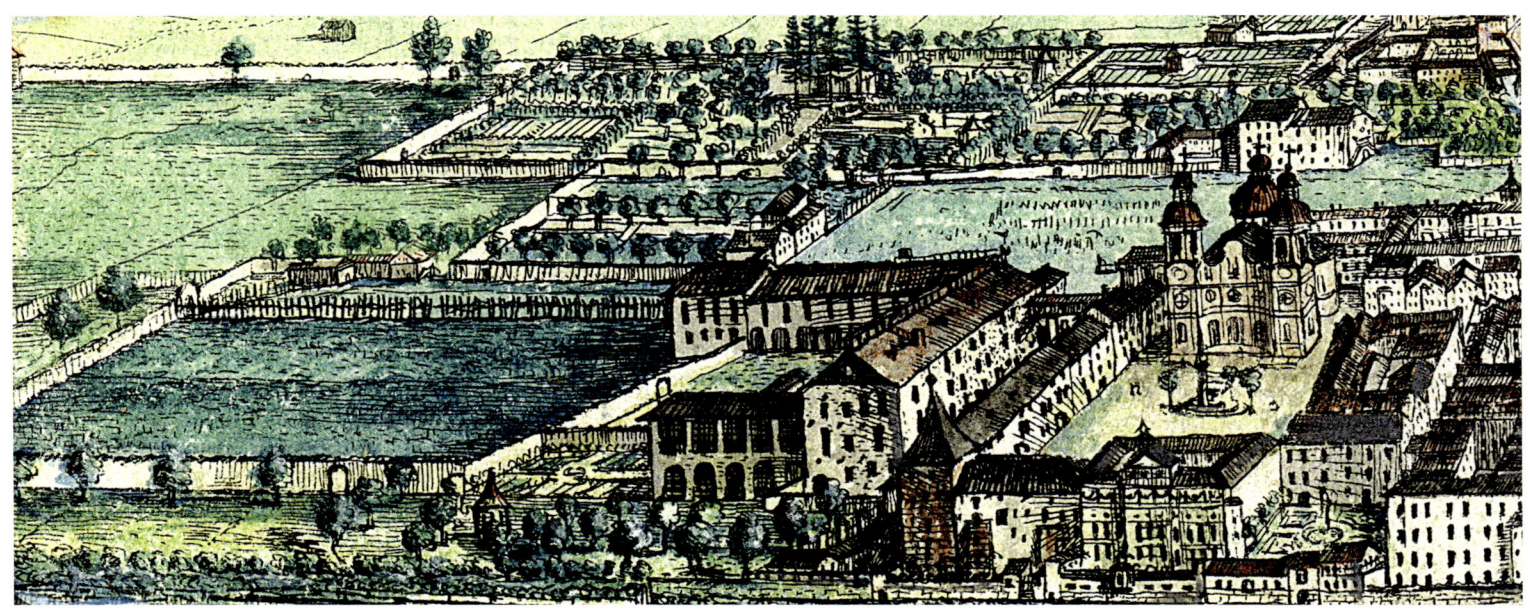

Strickner, Innsbruck gegen Süden, 1755/56 (P4)

Die folgenden Planausschnitte sind zur besseren Vergleichbarkeit, unabhängig von ihrer ursprünglichen Orientierung, in **Nord-Süd-Richtung** ausgerichtet. Die begleitenden Texte dazu sind zum großen Teil der Dissertation von *Monika Frenzel* von 1978, „Historische Gartenanlagen und Gartenpavillons in Innsbruck" [28], entnommen.

Die Vorgeschichte:

Der Hofgarten in Innsbruck wurde bereits im 15. Jahrhundert von Herzog „Friedrich mit der leeren Tasche" als Nutz- und Ziergarten mit angeschlossenem Wildgehege angelegt. Im 16. Jahrhundert, unter Erzherzog Ferdinand II., erwachte er als Renaissance-Hofgarten nach italienischem Vorbild zu voller höfischer Blüte. Im 17. Jahrhundert wegen Kriegsereignissen, Missernten und Hungersnöten zu einem **Ertragsgarten** umfunktioniert, erlebte er ab Mitte des 18. Jahrhunderts unter Kaiserin Maria Theresia als Ziergarten eine neue barocke Ausprägung.

Die ständigen Umgestaltungen stellen also ein besonderes Charakteristikum des Gartens dar und spiegeln sich natürlich auch in der kartographischen Wiedergabe.

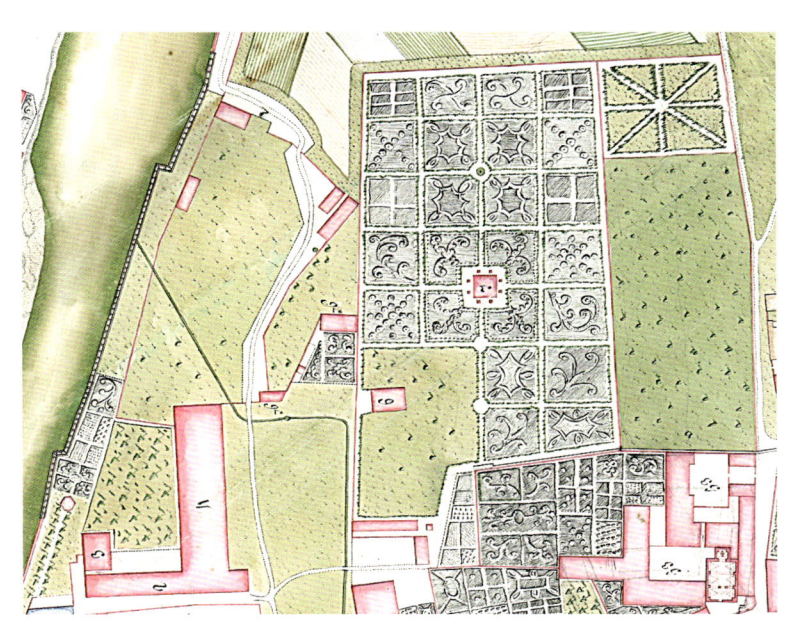

„Plan de la Ville et des Environs d'Innsprug", 1750 (K2)

„*Der bislang auf Ertrag ausgerichtete Zweckgarten ist, zumindest zum Teil, einem **barocken Ziergarten** gewichen: die in Nord-Süd-Richtung verlaufende Achse des Hofgartens, die in seiner nördlichen Hälfte durchgeführte Symmetrie der einzelnen Beete, die zu Rondellen erweiterten Plätze, welche jeweils einen zentralen Blickpunkt erfordern, die nach einem geometrischen Schema angelegten Rabatten und Wege, ein großer **Pavillon** als Mittelpunkt [...]. Der südliche Teil des Hofgartens scheint nach wie vor dem Ertrag gewidmet zu sein: er wird als Baumgarten, innerhalb einer eingefassten Fläche dargestellt.*" (Frenzel [28], S. 156 ff.)

Abgetrennt voneinander sind die vier Gartenbereiche zu erkennen (von links nach rechts): am Inn der **„Schießanger"** mit vereinzelt gruppierten Bäumen, daneben der **„Gouverneursgarten"**, anschließend der eigentliche **Hofgarten** sowie ganz rechts der **Regelhausgarten** (siehe auch den Abschnitt Klosterkaserne IV/3).

Rangger, 1763 (K3)

„*Der Hofgarten wird von Perathoner als eine achsiale Anlage, welche von zwei großen Plätzen beherrscht wird, wiedergegeben. Die eingefassten Grünflächen sind bei ihm nicht mehr kunstvoll ornamentierte Teppichbeete, sondern angedeutete Baumgärten. Der obere Teil des Hofgartens zeigt darauf eine viel stärkere Symmetrierung und Durchgestaltung als auf dem Plan Ranggers. Der Mittelpavillon steht nun auf einem quadratischen Platz inmitten eines Wegkreuzes, das seinerseits in vier Rondelle mündet.*" (*Frenzel* [28], S. 159)

„*Perathoner zeigt auf seinem Plan im nördlichen Drittel des Hofgartens, wo Rangger Beete skizzierte, ein großes Rondell, ebenfalls durch ein Wegkreuz geteilt und von einem im Kreis laufenden Weg umgeben. Den Mittelpunkt dieses Kompartiments bildet das Reiterstandbild Erzherzog Leopolds (heute am Vorplatz des Hauses der Musik). Im südlichen Abschnitt des Hofgartens befindet sich ein von vier Beeten umgebener Springbrunnen; dieser Gartenteil gehörte zum ‚Versperrten Kloster' der Servitinnen. Auch nördlich des Regelhauses erstreckt sich eine ähnliche Anlage. Dieser 6172 Quadratklafter messende Garten (= späterer Exerzierplatz) bestand aus acht ornamentierten Beeten, deren Mitte ebenfalls von einem Springbrunnen überragt wurde.*" (*Frenzel* [28], S. 161)

Perathoner, 1776 (K4)

Dieser von Erzherzogin Elisabeth, der sechsten Tochter Kaiserin Maria Theresias, neu gestaltete Gouverneursgarten zeigt bereits die nachtheresianische Gartenkultur, der Garten dient gegenüber dem unter Joseph II. dem Publikum zugänglich gemachten „Großen Hofgarten" als private Oase (*Frenzel* [29], S. 453].

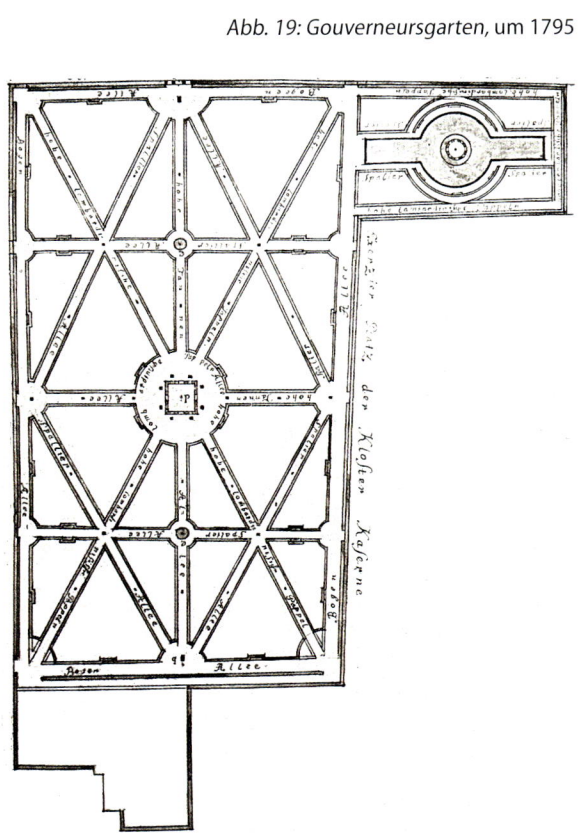

Abb. 19: Gouverneursgarten, um 1795

Der Plan verzeichnet die durch den Hofgarten führenden Alleen, wie die ‚Hohe Tannenallee', die ‚Hohe lombardische Allee' und die ‚Spalier- und Bogenallee'. Die streng symmetrische Anordnung beschränkt sich rein auf die Anlage von Alleen, Parterres und Rabatten bleiben unberücksichtigt. Da eine Gliederung des Hofgartens in dieser Form sonst an keiner Stelle in ähnlicher Weise belegt ist, und die Geometrie und die Symmetrie der Darstellung eher auf ein Gedankenspiel mit möglichen Formen weisen, ist wohl anzunehmen, dass dieser Plan so nie Realität wurde. (*Frenzel* [28], S. 177)

Hofgartenplan, um 1790/97 (T8)

„*Bei dem nur den Hofgarten betreffenden Plan fällt sofort die kundige Hand des Gärtners, der zugleich Gartenarchitekt war, auf. Besonderen Wert legte er auf die genaue Darstellung der Bepflanzung: entlang der mittleren Achse verzeichnet er Tannenbäume, auch die zwei großen Plätze um Mittelpavillon und Rondell sind mit solchen bepflanzt. Die südlichen Teile des Gartens (entlang der Mauer) zeigen Spalierbäumchen, ebenso der nördlichste, jeweils äußere Teil der Anlage. Prächtig sind die Rabatten in Form von Palmetten und Akanthus wiedergegeben. Die südliche Hälfte des Gartenplans zeigt eingefasste leere Flächen, Grasboden. Im Zentrum des Barockgartens steht der Mittelpavillon auf einem Wegkreuz, dessen Äste sich in gemessenen Abständen zu kleinen, runden Plätzen weiten (Anordnung wie bei Perathoner). Auf der Nord-Süd-Achse liegen kleine Springbrunnen, während auf den Plätzen der Ost-West-Achse Podeste für Statuen auszumachen sind.*

Die bei Perathoner deutlich sichtbare Reiterstatue Erzherzog Leopolds ist bei Trieth nicht mit Bestimmtheit zu lokalisieren. Im nördlichsten Teil des Plans befindet sich andeutungsweise eine Nutzpflanzung; östlich angrenzend das sogenannte ‚Hasengartl', dessen Mitte durch kunstvolles Rankenwerk und einen Springbrunnen betont wird. Als Novum und besondere Eigenart verwendet Trieth sowohl Nadel- als auch Laubbäume zur Betonung der Wegachsen. Dies in Form von Alleen oder einzelnen flankierenden Baumreihen. Zuvor noch waren solche Bäume in Form von symmetrischen Wäldchen angeordnet gewesen, so wie es Rangger und Perathoner zeigten." (Frenzel [28], S. 169 f.)

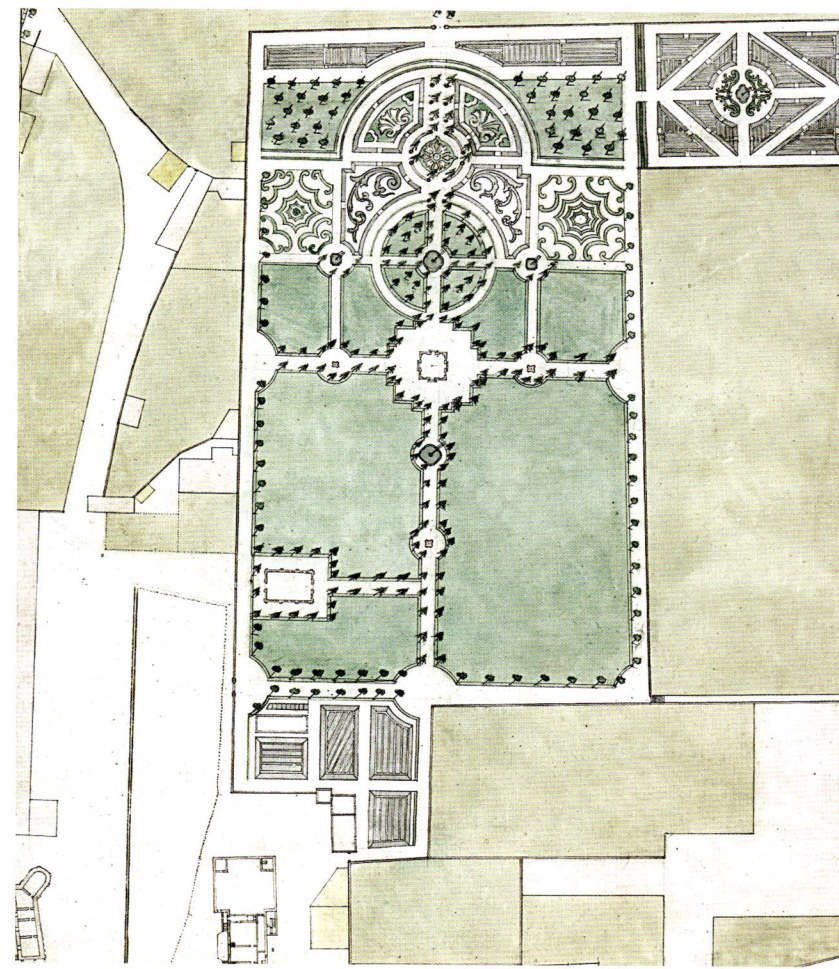

Trieth, 1793 (T7)
„stellet vor den Hofgarten wie er gewesen anno 1793"

Das 19. Jahrhundert:

1810 beauftragte König Maximilian I. von Bayern in der Zeit seiner Herrschaft über Tirol den Münchner Hofgartenintendanten Friedrich Ludwig von Sckell mit Entwürfen zur Umgestaltung des Hofgartens von einer barocken Gartenanlage in einen naturbelassenen Park im **„englischen Stil"**. Von diesen Entwürfen im landschaftlichen Gartenstil wurde vorerst nur die am Inn gelegene „Englische Anlage" westlich des eigentlichen Hofgartens umgesetzt. Im Hofgarten selbst wurde eine Obstbaumschule und eine Restauration errichtet.

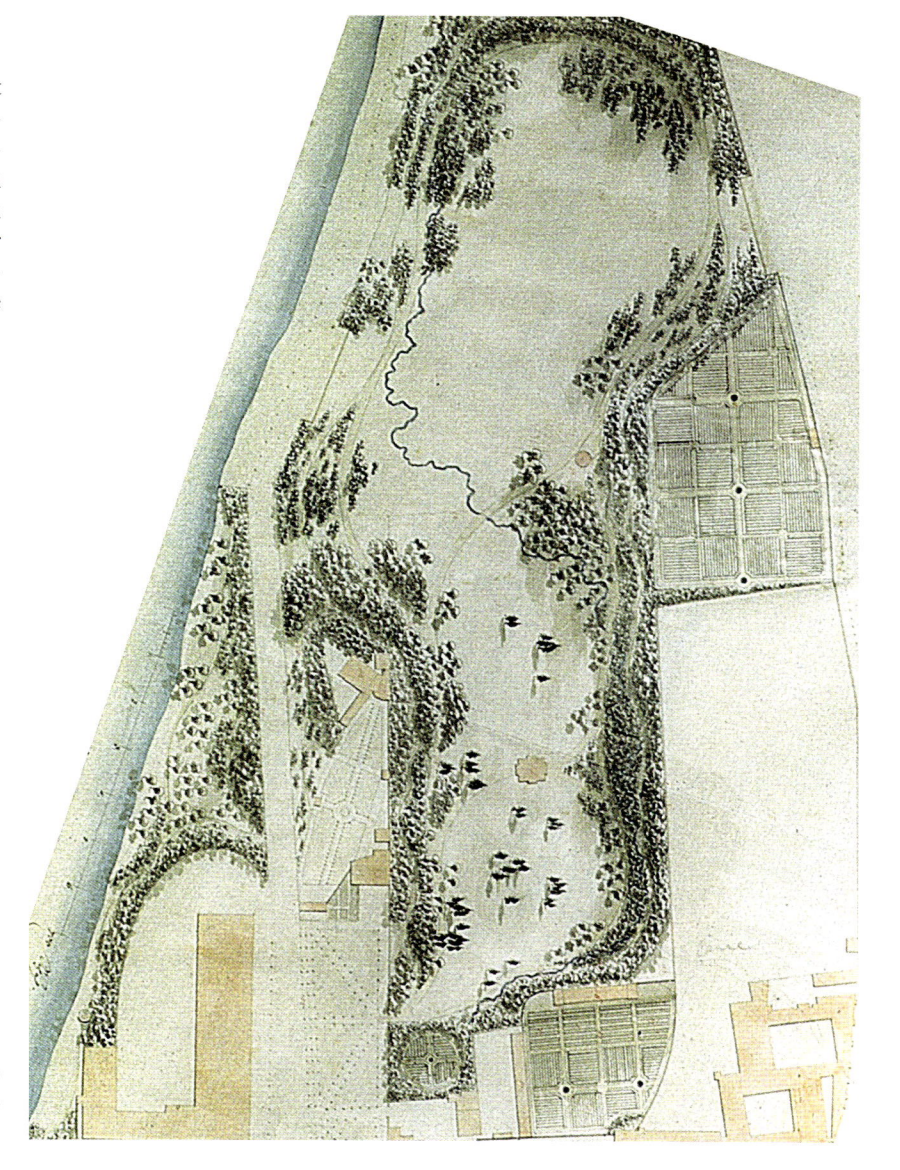

F. L. von Sckell, „Vorlaufige Skitze zu einer neuen natirlichen Anlage bei der Kaiserlich Königlichen Residenz zu Innsbruck", 1810 (T11)

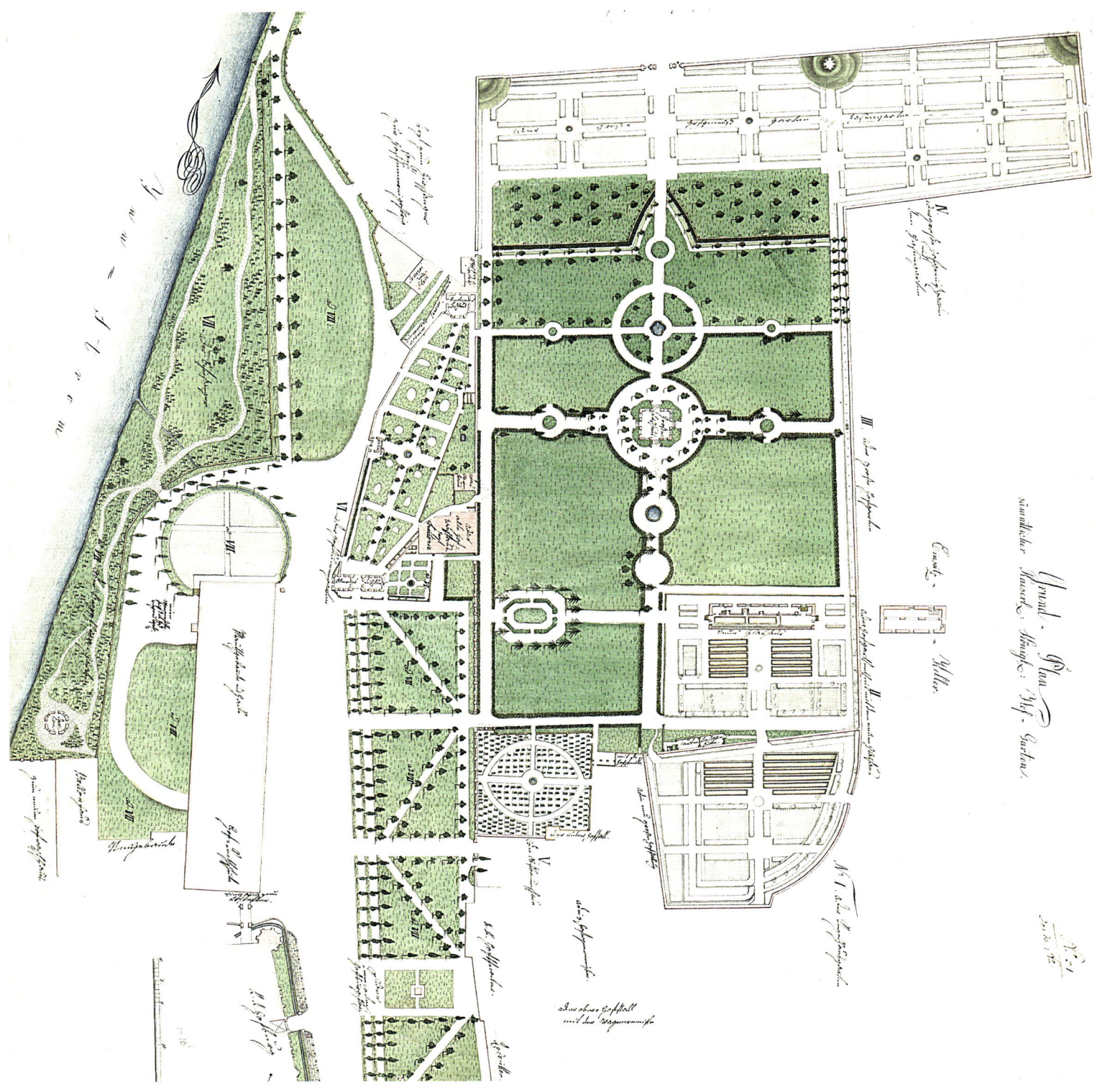

Engl, 1818 (T9)

„Alle Neuerungen, welche in die Zeit von 1805–1815 fallen, werden auf dem Plan von Engl aus dem Jahre 1818 ersichtlich, der nun eine durchgreifende Vereinfachung der ehemaligen barocken Prunkanlage zeigt. Die großen und die kleinen Rondelle mit den Brunnen sind, da sie ja über eine stabilere ‚Infrastruktur' verfügen, erhalten geblieben. Die Beete und Bepflanzungen, die sehr viel leichter einer Umwandlung unterzogen werden können, sind freien Grasflächen gewichen. Der Zeitpunkt, in dem diese Umgestaltung stattgefunden hat, ist nicht genau festzulegen. Es ist aber anzunehmen, daß die Auflassung der barocken Anlage durch die Kriegswirren von 1809 bedingt war. Danach folgte man dem allgemeinen Trend, der zu diesem Zeitpunkt schon längst englische Gartenanlagen vorschrieb.

Im Hofgarten selbst wurden die achsialen Linien noch beibehalten, im sogenannten ‚Schießanger', welcher beim Inn lag, wurde ein erster Gartenteil im englischen Stil errichtet, der somit Ausgangspunkt der später sukzessiv erweiterten Gartenanlagen war.

Diese Huldigung an den neuen Landschaftsstil, der sich in Innsbruck, wie schon die sehr spät einsetzende Barockisierung, ebenfalls nur zögernd durchsetzte, kommt auf dem Plan Engls als bedeutendste Neuerung zum Ausdruck. Geschwungene Wege und lockere Baumgruppen charakterisieren nun diesen englisch gestalteten Gartenteil des Hofgartens am Inn. Veraltet waren plötzlich kunstvoll beschnittene Bäume, ornamentierte Beete, bizarre Heckenfiguren und geometrisch ausgezirkelte Parterres; dem Gebot der ‚neuen' Mode folgend, durften die Bemühungen des Gärtners nicht mehr offenkundig werden, musste alles natürlich gewachsen erscheinen.

Der eigentliche Hofgarten zeigt nicht mehr diese Vielfalt an Baumpflanzungen, wie sie etwa noch Trieth verzeichnete. Bis auf das Weglassen der barocken Prunkbeete entspricht der Garten weiterhin der bisherigen Nord-Süd-Ausrichtung: in der Mitte auf einem runden Platz das mit Beeten eingefasste ‚große Lusthaus' (= Mittelpavillon), daran angrenzend ein zweites Rondell, welches durch ein Wegkreuz in vier Sektoren aufgegliedert wird. Brunnen und Fontänen sind im Mittelpunkt weiterer, zumeist runder Plätze eingezeichnet; in dieser Grundkonzeption hatten sich also keine Änderungen ergeben." (Frenzel [28], S. 181 ff.)

Der Hofgarten in den 1820er-Jahren:

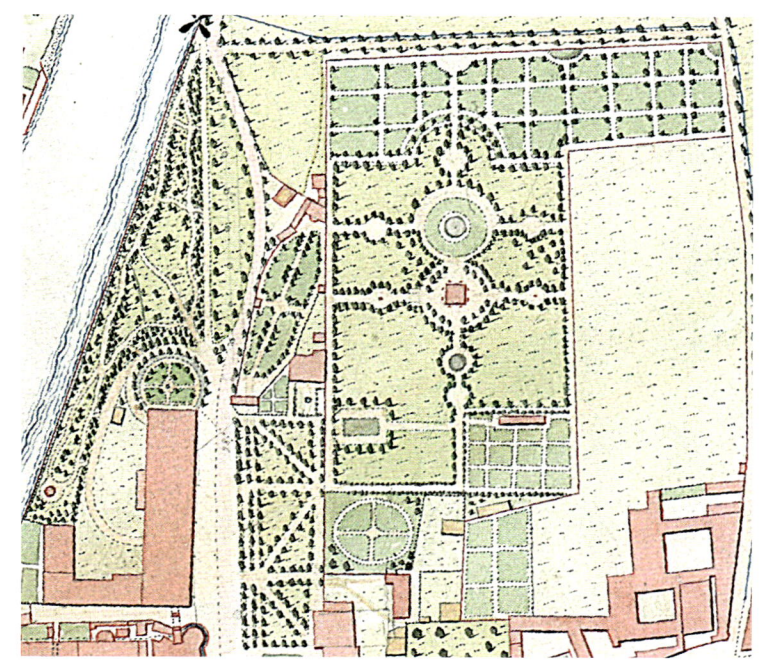

Innstromkarte, 1822/26 K5 (K27)

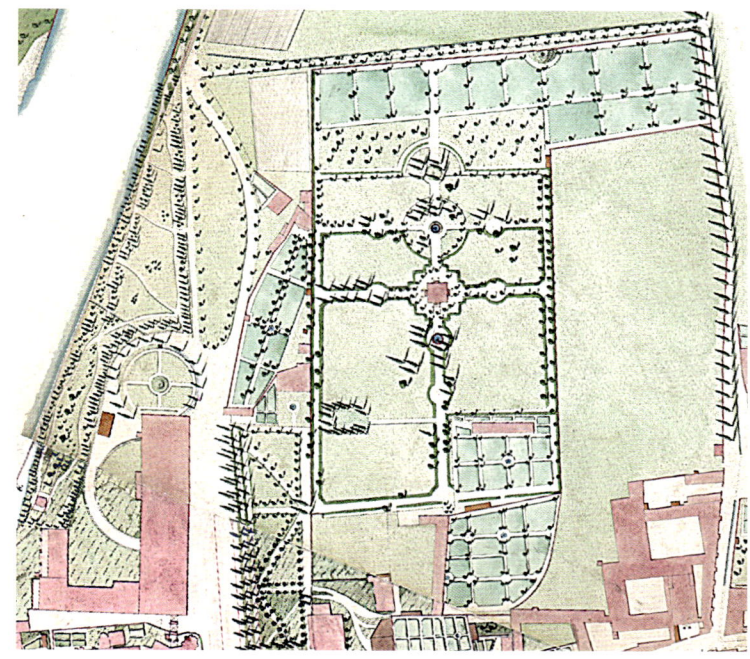

von Liebe/Prissmann, 1825/27 (K29)

Der Auftrag 1829 an *Philipp Miller*, den Plan von *Sckell* (T11) von 1810 zu kopieren, zeigte, dass es zu diesem Zeitpunkt bereits Änderungswünsche bezüglich der Umwandlung des gesamten Hofgartens in eine englische Anlage gab.

Ein 1828 vom Neffen *Sckells*, *Carl August Sckell* verfasster „*Plan zur Umwandlung des symmetrischen Schloßgartens zu Innsbruck in eine natürliche Anlage*" (T13) zeigt die Situation rund um den Mittelpavillon, aufgelöst in geschwungene Wege und unterschiedliche Baumgruppierungen. (*Frenzel* [28], S. 184 und [30])

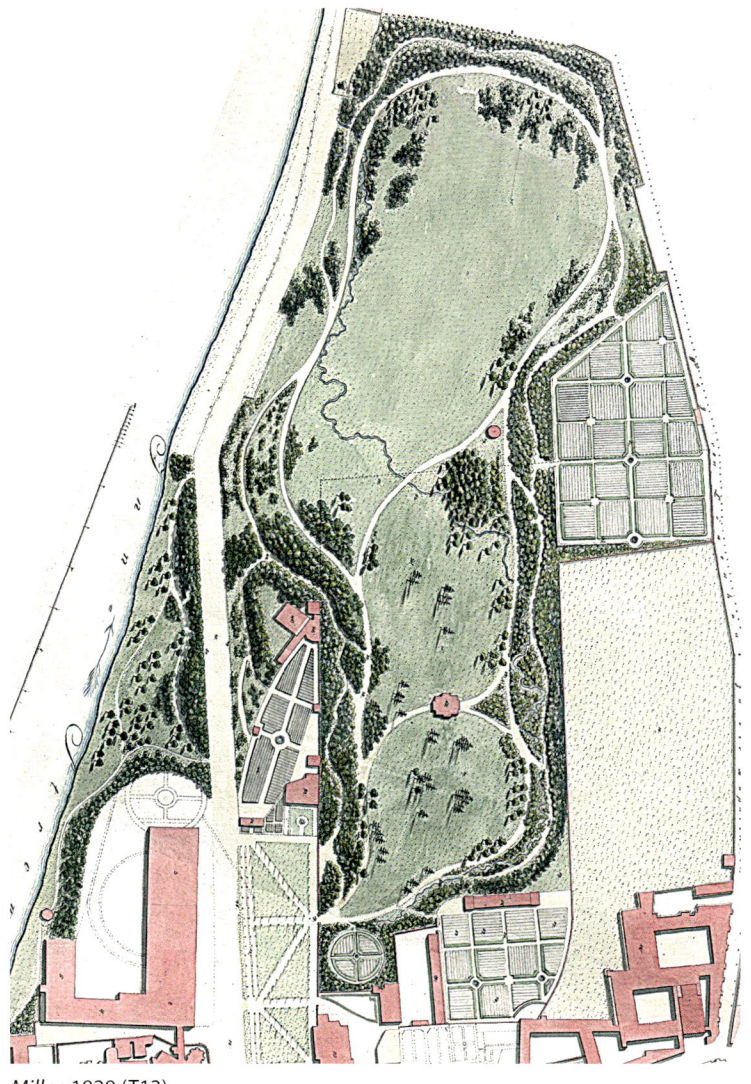

Miller, 1829 (T12)

Der Plan wurde nie realisiert.

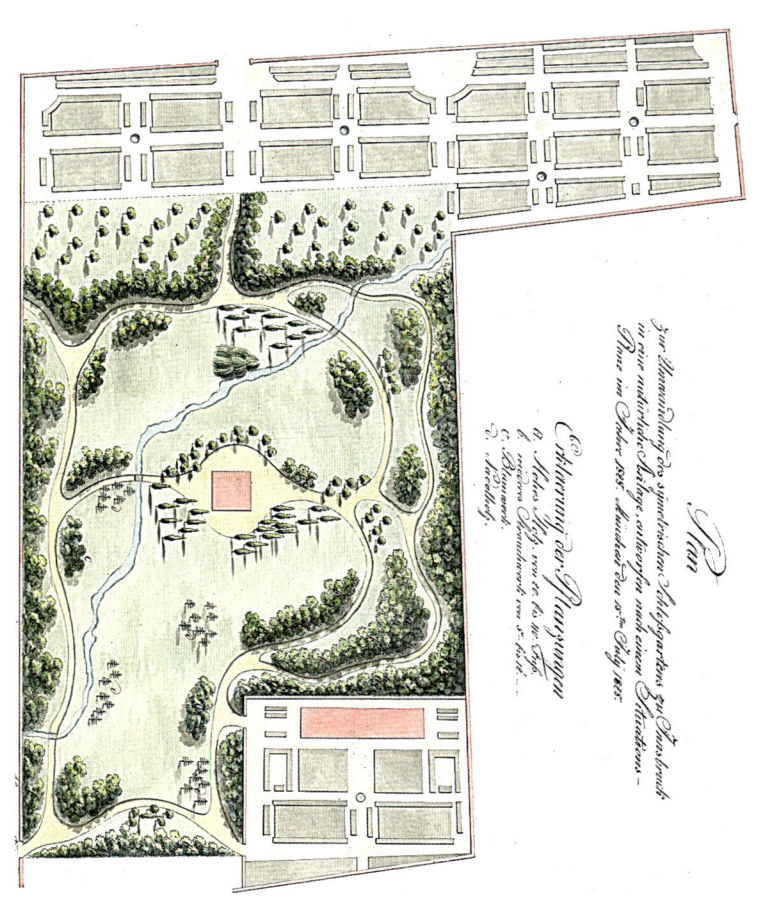

Tiroler Kopie (Ph. Miller?) des Planes von Carl A. Sckell (T14)

Zunächst kam auch dieser Plan nicht zur Ausführung, aber abgesehen vom Bächlein und den Kompartimenten im Nordbereich scheint er der endgültigen Topographie von 1859 am nächsten zu kommen.

Ab **1830** erfolgte der endgültige Umbau zu einem Landschaftsgarten im **englischen Stil**.

Dieser Entwurf einer englischen Anlage für den Hofgarten wurde 1:1 in den Stadtplan der Baudirektion von 1830 übernommen.

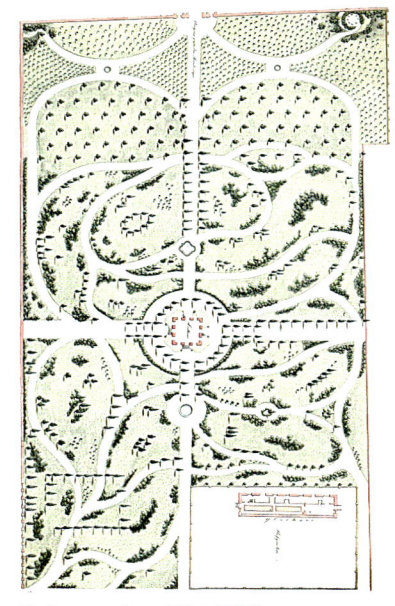

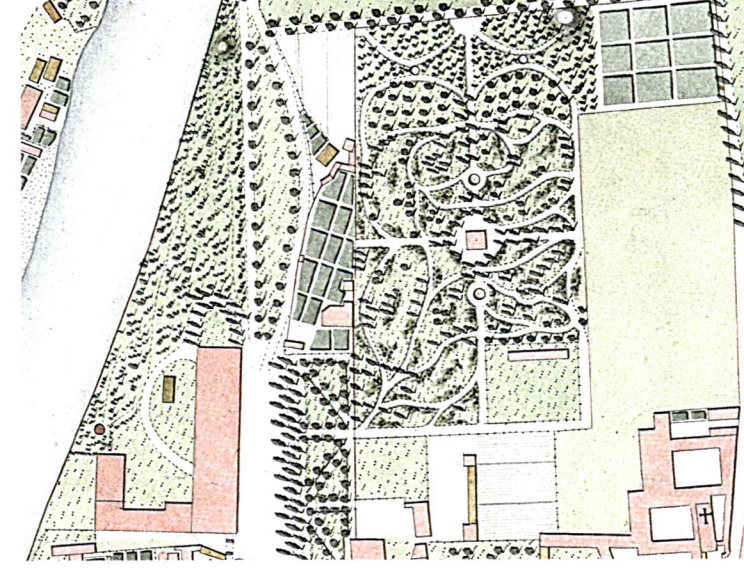

Hofgartenplan, 1829 (T15) Baudirektionsplan, um 1830 (K34)

Die dargestellten Kompartimente im Nordteil des Gartens dürften nicht realisiert worden sein, wie man auf den folgenden Plänen sieht.

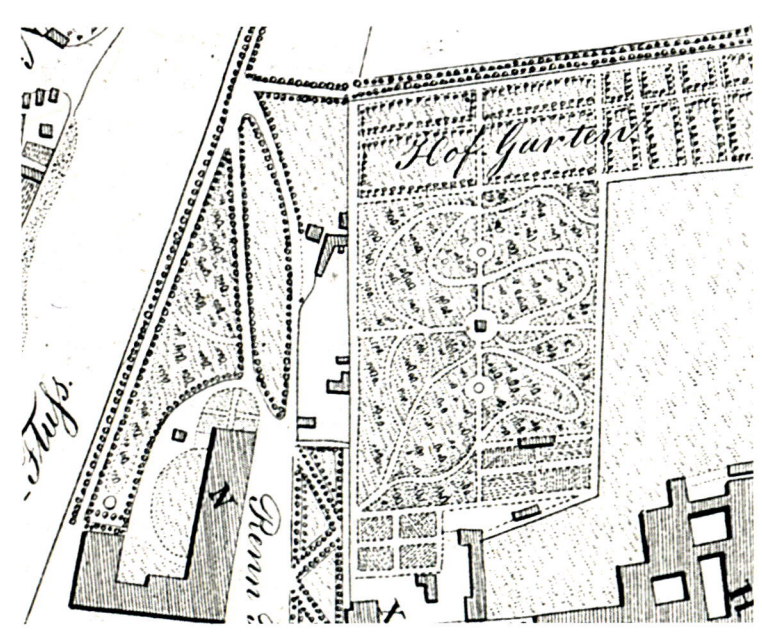

Plan von Innsbruck, 1835 (K36) *Gross*, 1835/40 (K38)

„Auf dem 1839 entstandenen ‚Situationsplan der k. k. Hofgebäude zu Innsbruck' von Anton Dossi scheinen weitere Neuerungen auf: Die freien Grasböden des Hofgartens wurden in geschwungene Wege umgewandelt, ein weiterer Schritt zum Landschaftspark vollzogen. Die Nord-Süd- und Ost-West-Achsen sind noch vorhanden, jedoch fehlen nun die im südlichen Teil des Gartens gelegenen Rondelle (unterhalb des Mittelpavillons). Eine lockere, teilweise mit Laub- und Nadelbäumen bepflanzte, der Natur nachempfundene Landschaft wird präsentiert. […] Der Hofblumen- oder Gouverneursgarten wurde ebenfalls in die englische Anlage miteinbezogen, die sich nun auf das gesamte Gartengebiet erstreckte." (Frenzel [28], S. 186 ff.)

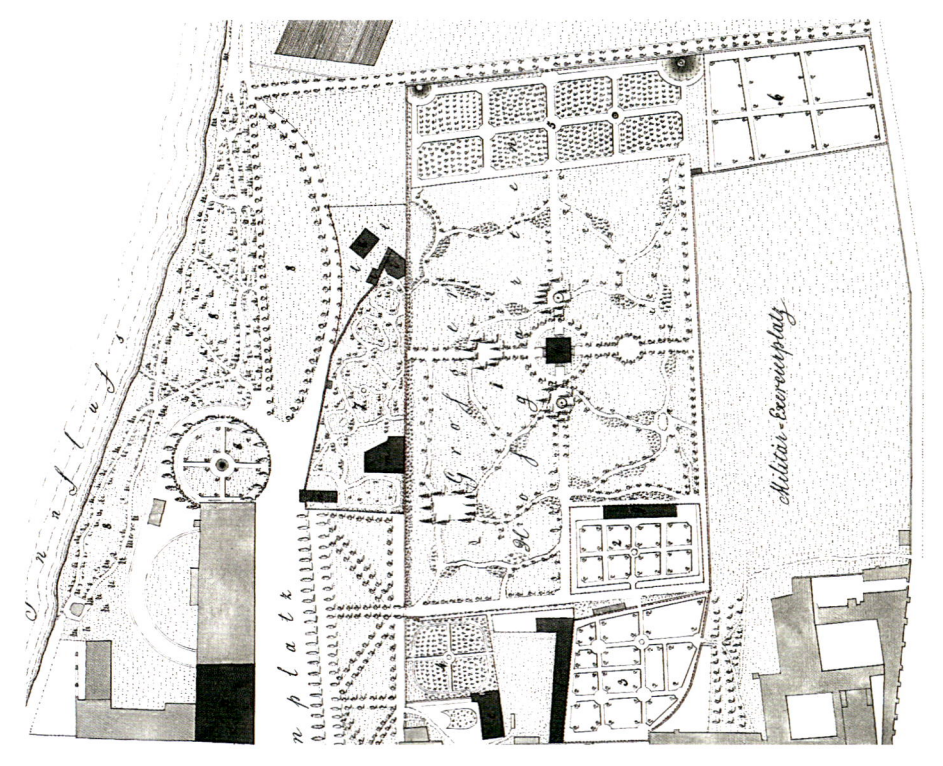

Dossi, 1839 (T24)

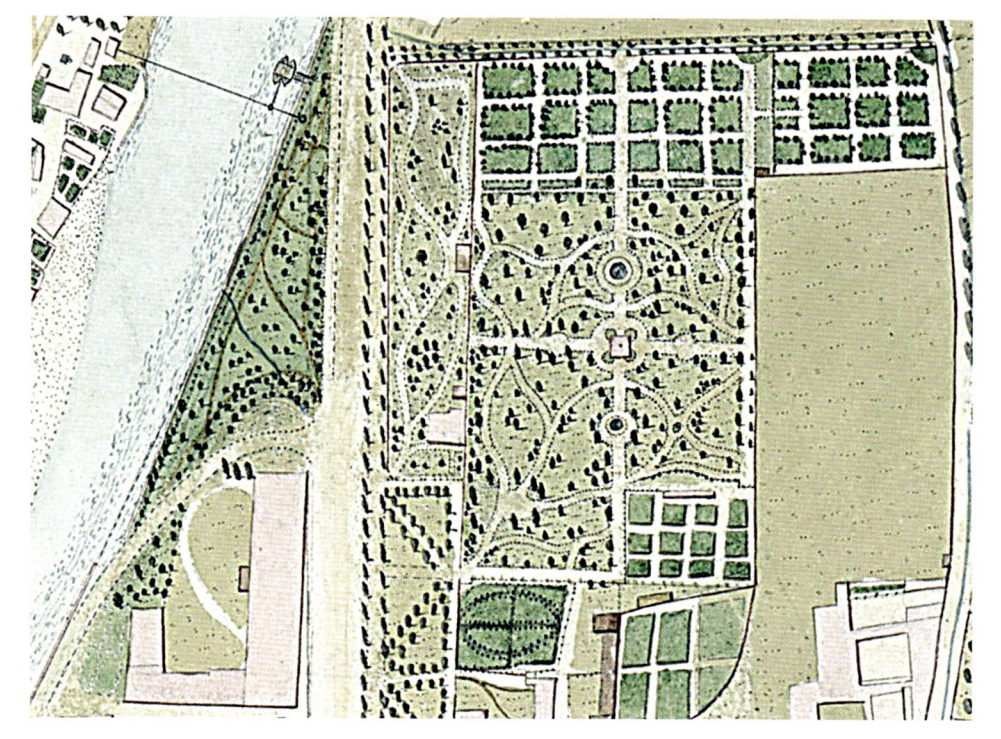

Durch den Ausbau des Rennwegs zur Straße änderte sich **1842** Grundlegendes. Ein im Gouverneursgarten bisher schräg nach Süden abfallender Teil wurde begradigt, die in der oberen Hälfte liegenden Baulichkeiten geschleift. Die neue Straße trennt nun die englischen Anlagen von den übrigen Teilen des Hofgartens.

Die grafische Darstellung der geschwungenen Wege ist eher frei gestaltet.

Miller, um 1840 (K41)

Die Nord-Süd- und Ost-West-Achsen sind nach wie vor vorhanden.

Die Gestaltung der geschwungenen Wege ähnelt der Darstellung von *Gross* 1835/40 und entspricht auch nicht dem realen Zustand zu dieser Zeit.

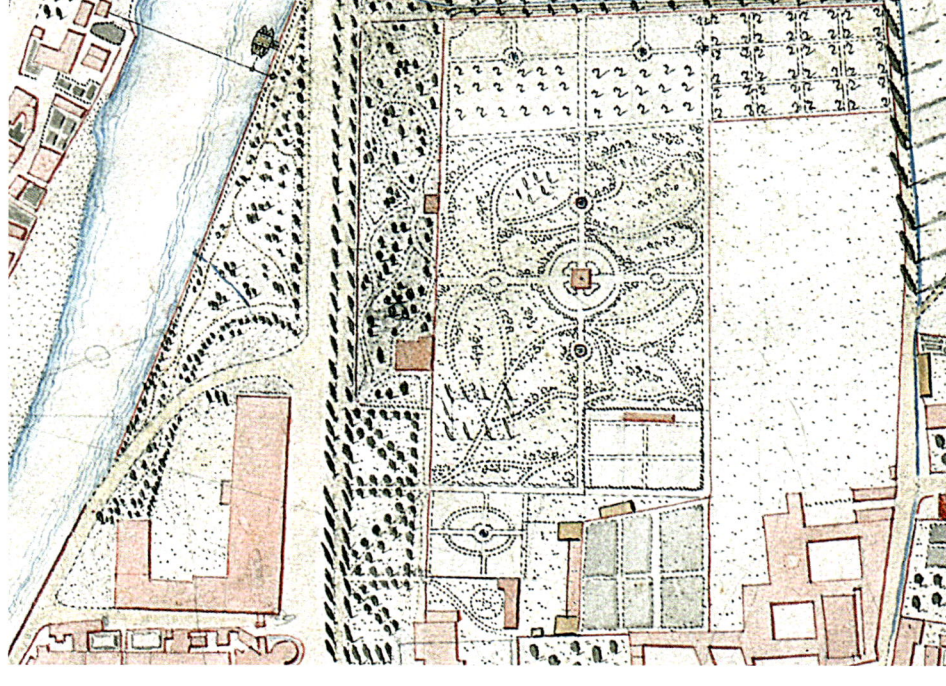

Prissnamm, 1843 (K44)

Erst diese zeichnerische Gestaltung der Wege, die im übrigen der von *Dossi* 1839 entspricht, kommt der damaligen Realität wieder am nächsten.

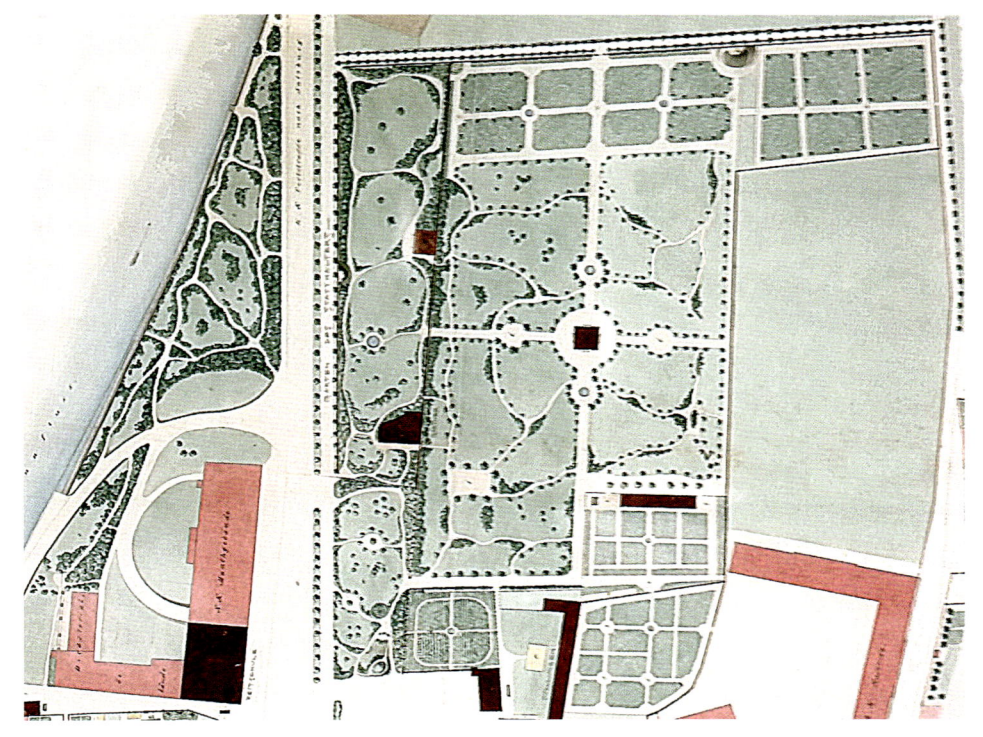

Soukup, 1846/49 (T26)

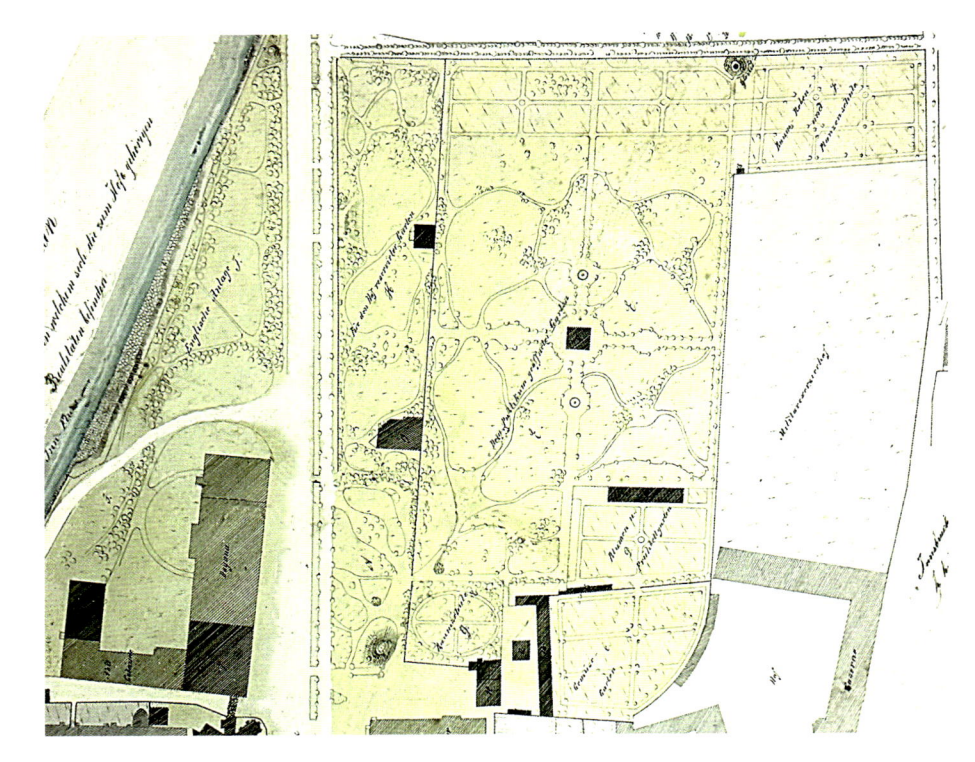

Auch dieser Plan zeigt eine korrekte Wiedergabe des Gartens.

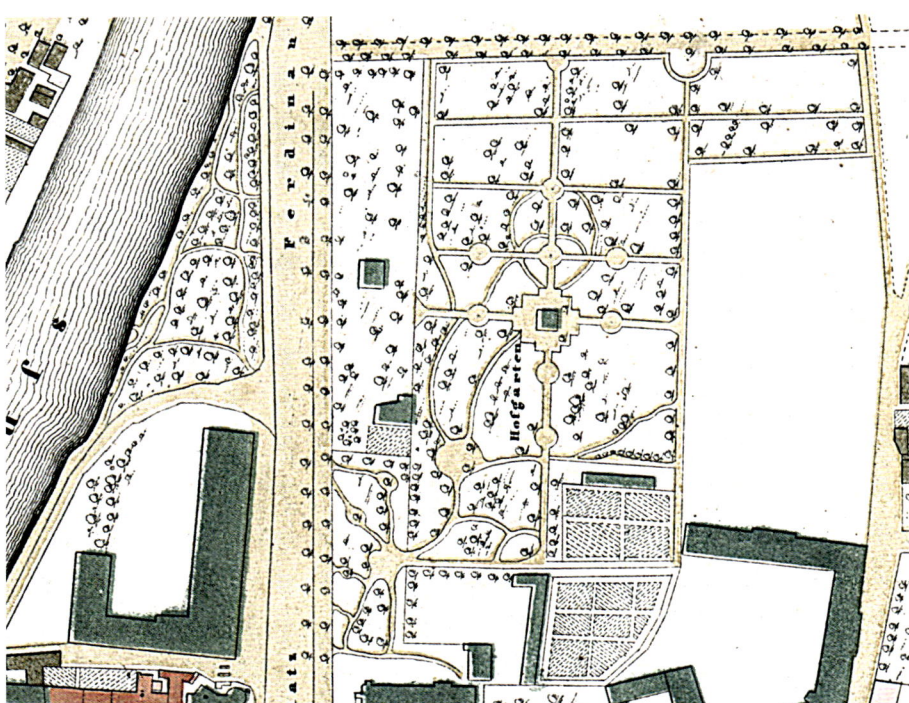

Hellrigl, 1851 (T27)

Im gedruckten Stadtplan von *Czichna* mutet die Darstellung des Hofgartens nördlich des Pavillons mit einer zusätzlichen Ost-West-Achse wie jene in den 1820er-Jahren an. Die geschwungenen Wege sind ebenfalls nicht korrekt ausgeführt.

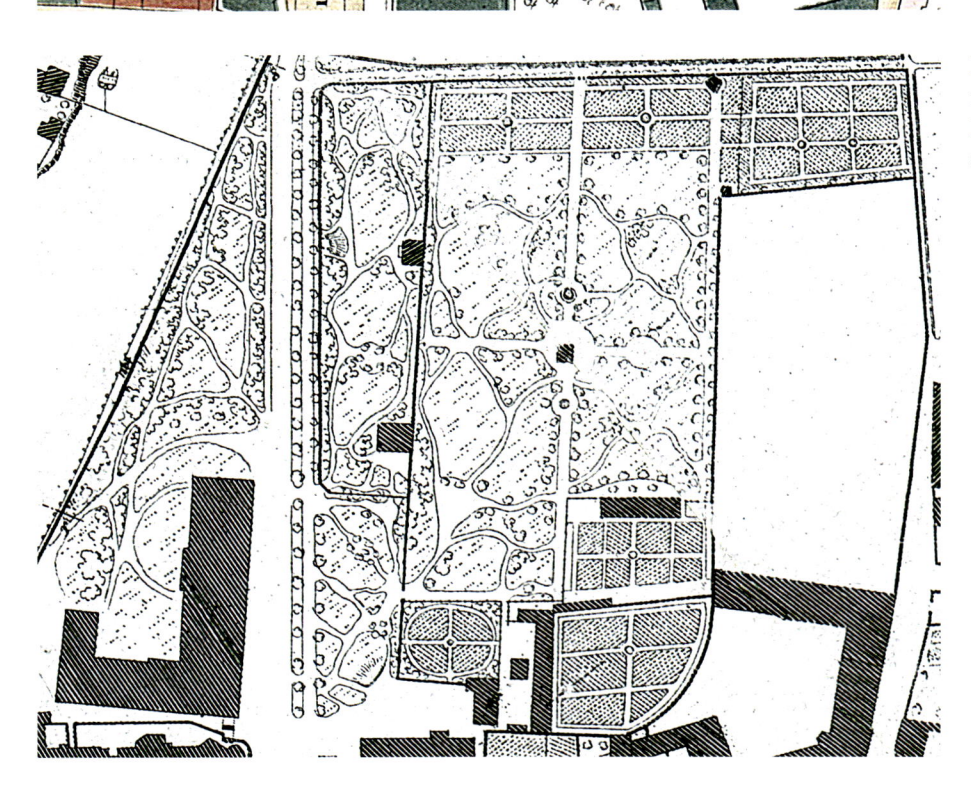

Czichna, 1851 (K45)

Der Plan von *Claricini* für die Innregulierung, ebenfalls von *Czichna* gestochen und gedruckt, zeigt den Hofgarten wieder korrekt in seiner damaligen Wegestruktur und entspricht dem Plan von *Hellrigl,* 1851.

Claricini/Czichna, 1855 (K46)

Auch im *Franziszeischen Kataster* von 1856 entspricht die Struktur des Hofgartens wieder den Plänen der 1840er-Jahre.

Die Einfärbung der Flächen unterscheidet zwischen den verschiedenen Kultivierungsarten:

- Wiese
- Ziergarten
- Garten mit Bäumen
- Mischwald

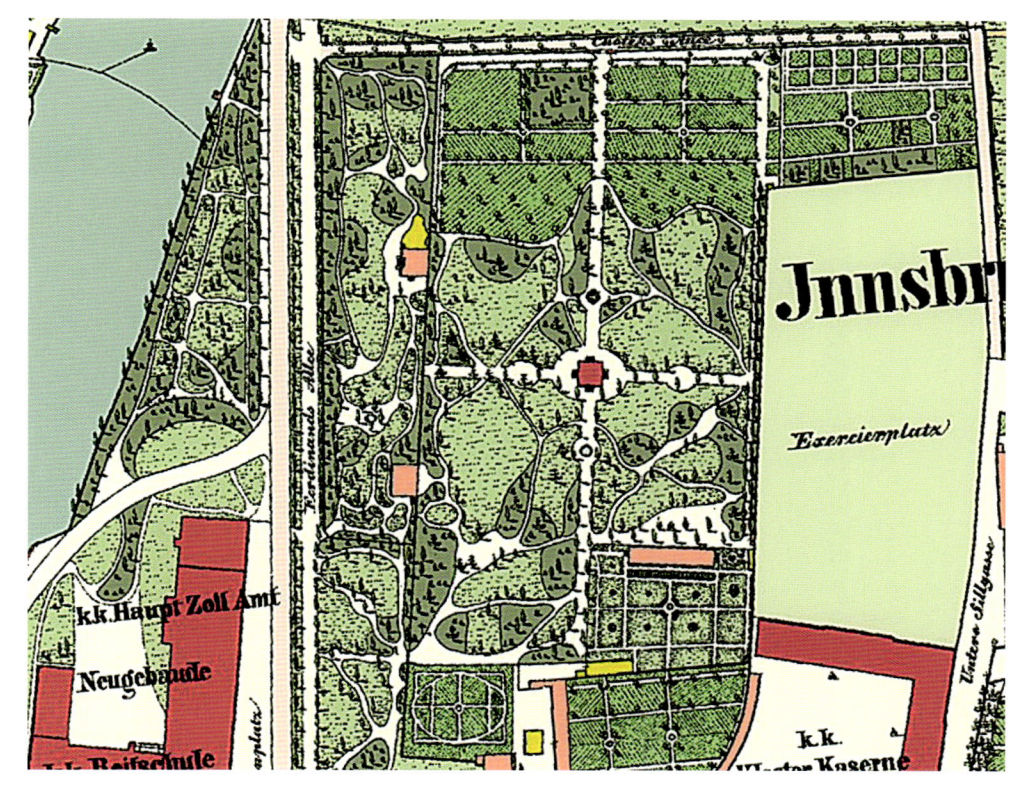

Digitaler Franziszeischer Kataster, 1856 (K48)

Erst **1857** wurden die Nord-Süd- und Ost-West-Achsen endgültig aufgelöst, ebenso die Kompartimente im nördlichen Bereich. Seit mehr als 150 Jahren entspricht die heutige Hofgartenanlage noch weitgehend der Topographie der 1850er-Jahre.

Plan des k. k. Hofgartens, 1857/58 (T30)

Innsbrucker Hofgarten, 2013 (T32)

Erstmals – am 1. April 1858 – wird der Hofgarten offiziell als „englischer Park" benannt. Die diesbezügliche Meldung in den Innsbrucker Nachrichten lautete:

Innsbrucker Nachrichten.

Fünfter Jahrgang.

Donnerstag N⁰ 71. 1. April 1858.

Innsbrucker Stadtpost.

In unserm k. k. Hofgarten ist die Zeit vom vergangenen Herbst bis jetzt energisch benützt worden, um aus dem im französischen Geschmacke angelegten Garten einen englischen Park zu gestalten, wodurch sogar die Größe des Gartens auf täuschende Weise zugenommen zu haben scheint, und der Mittelpavillon jetzt, da er nicht mehr rings von Kastanienbäumen verdeckt ist, nunmehr wirklich eine Zierde dieses neuen Parkes bildet, der mit seinen geschmackvoll gruppirten Baumparthieen, Blumenbeeten und Wiesenflächen dem Auge der Besucher die ergötzlichste Abwechslung bietet.

Die Pläne

Jakob Trieth: **Hofgarten, 1793** (Kartenverzeichnis T7)

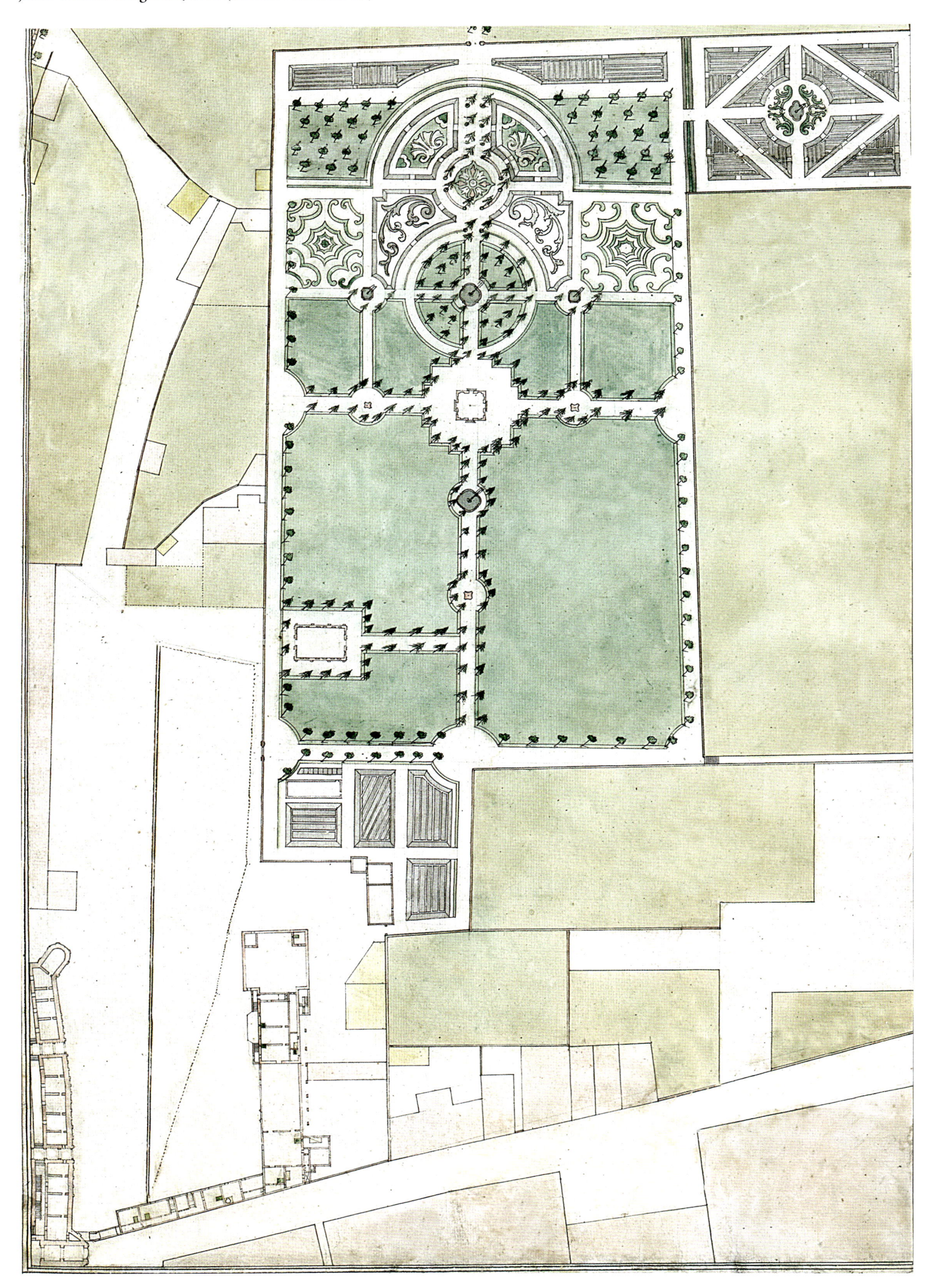

Hofgartenplan, 1790/97 (Kartenverzeichnis T8)

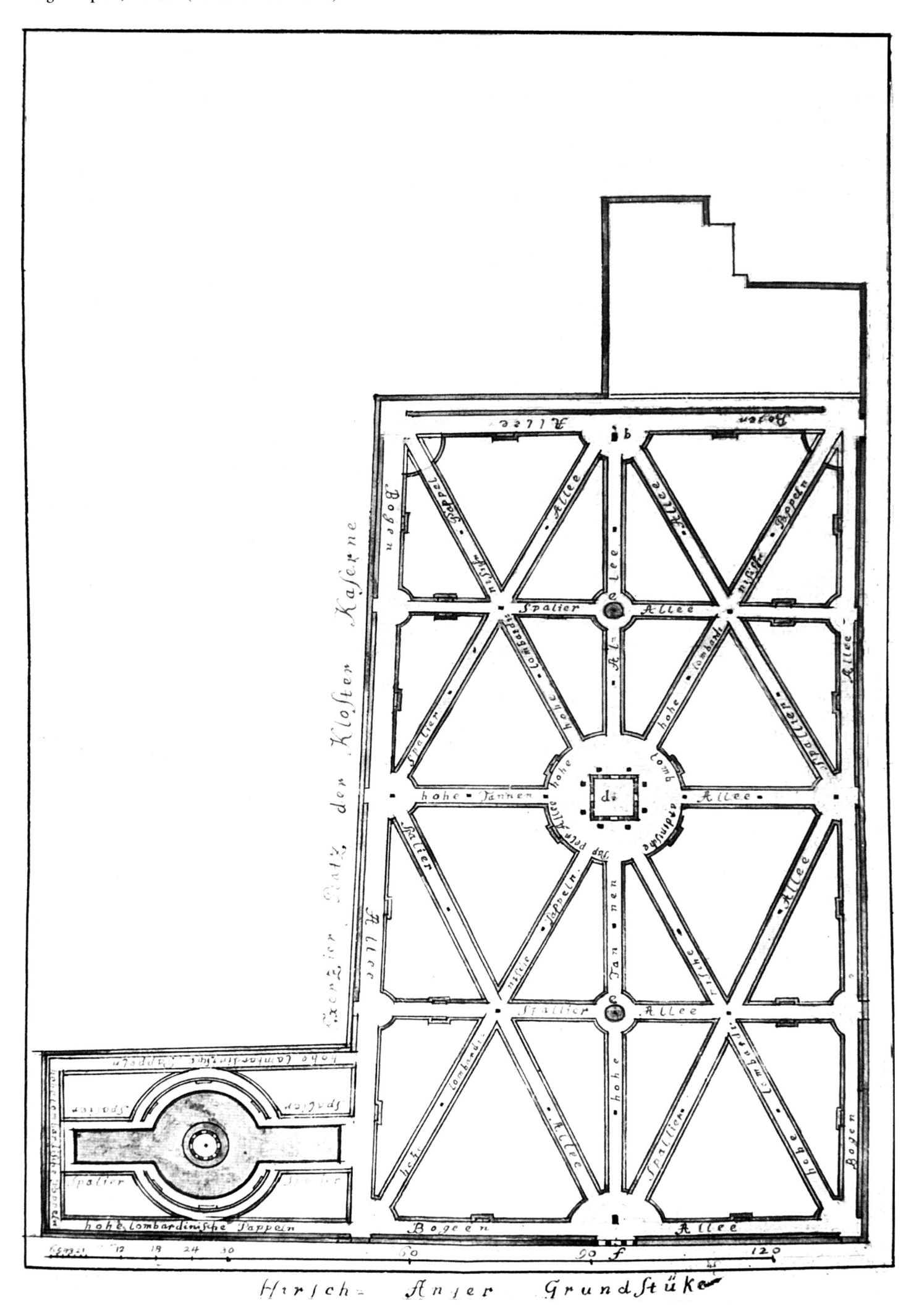

Der Plan ist Süd-Nord orientiert.

ENGL: „Grund – Plan sämtlicher Kaiserl. Königl. Hof – Garten", 1818 (Kartenverzeichnis T9)

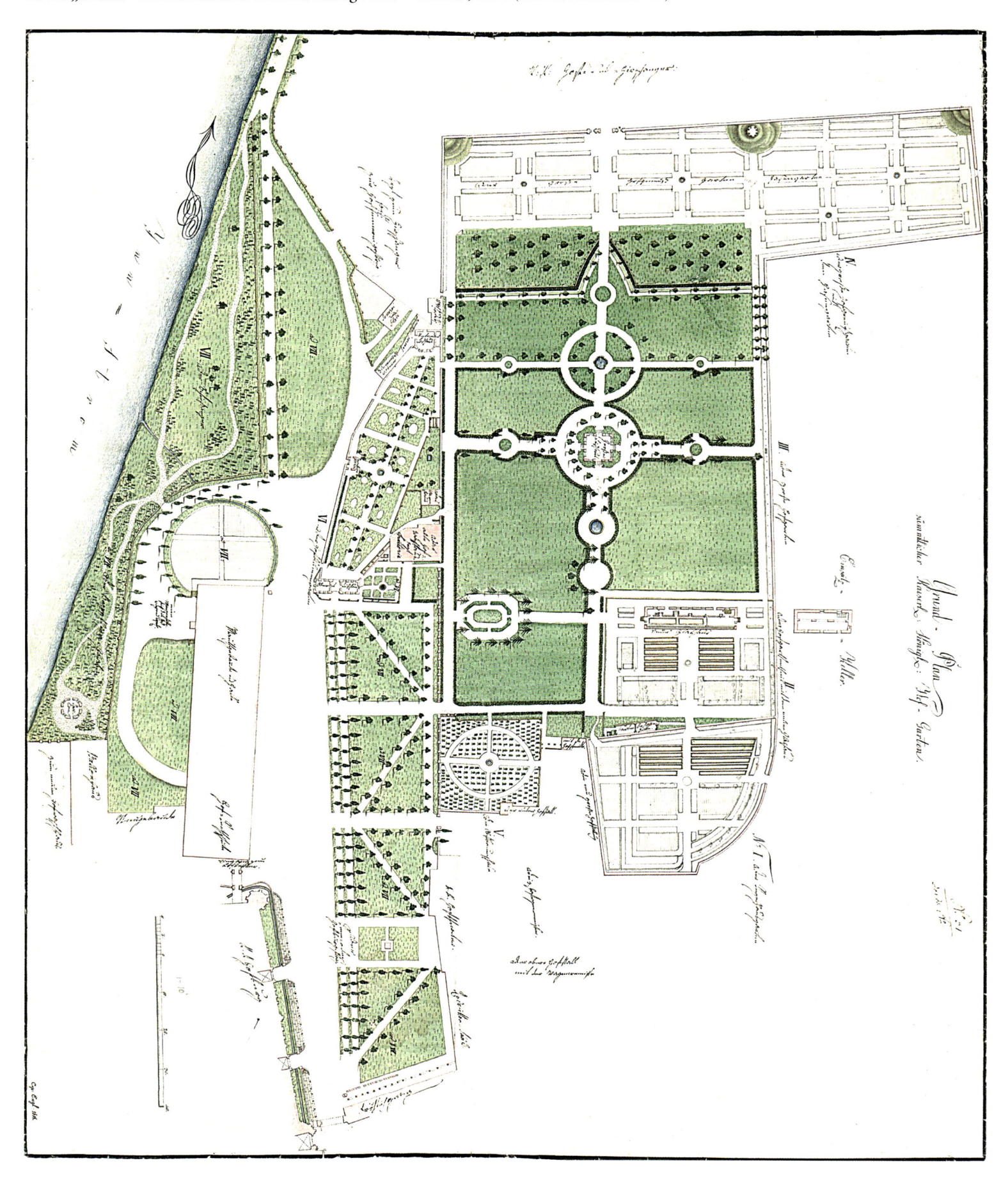

J. M. Galvagni: **Plankarte von Innsbruck, 1826** (Kartenverzeichnis T10)

Friedrich Ludwig von SCKELL: **"Vorläufige Skitze zu einer neuen natürlichen Garten-Anlage bei der Königlichen Residenz in Innsbruck"**, 1810 (Kartenverzeichnis T11)

Philipp MILLER: „**Vorlaufige Skitze zu einer neuen natirlichen Anlage bei der Kaiserlich Königlichen Residenz zu Innsbruck**",
Kopie des Planes von *Sckell* 1810, **1928** in München (Kartenverzeichnis T12)

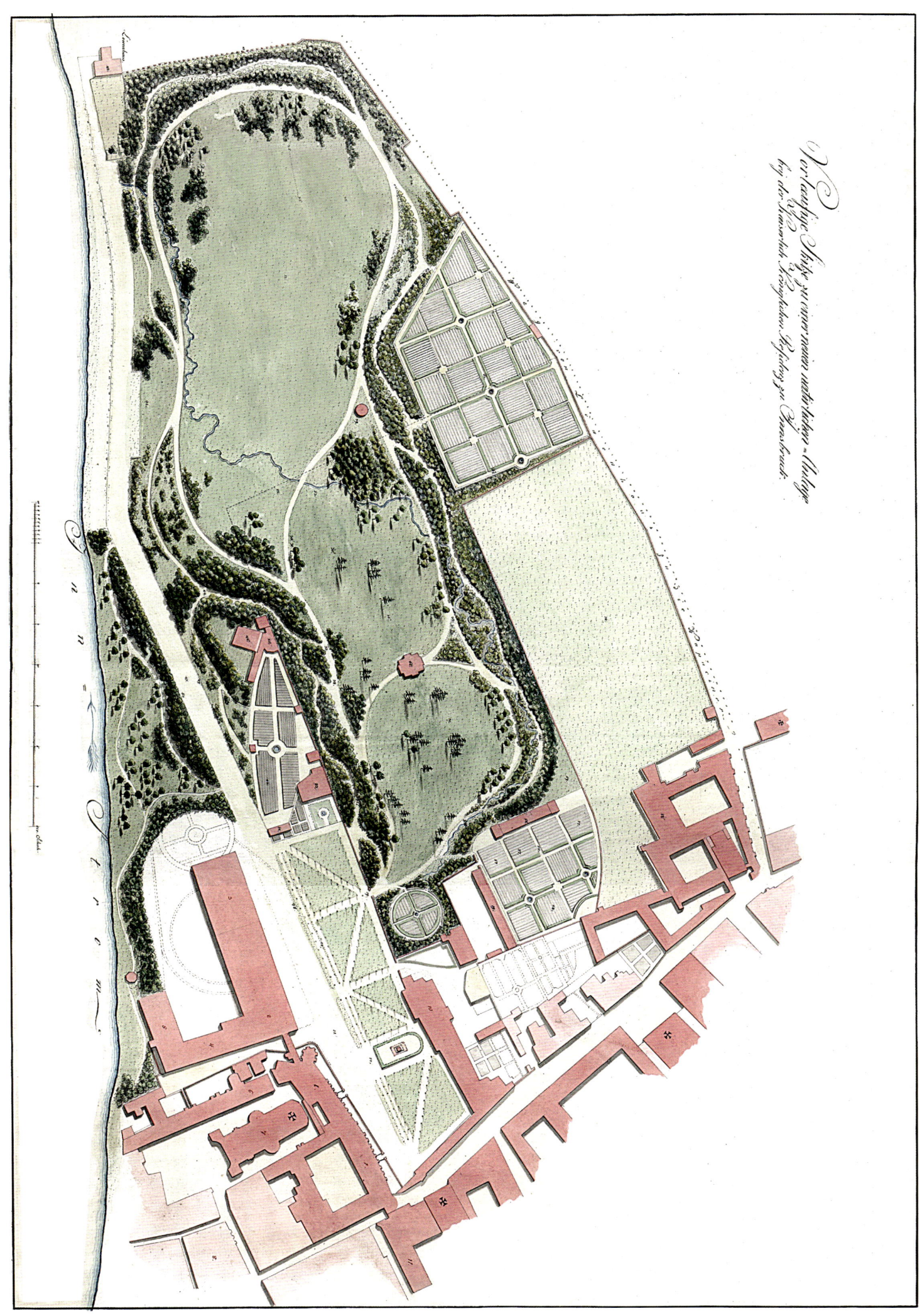

„*Copirt Miller den 28ten März 1829.*"

„**Plan zur Umwandlung des symmetrischen Schloßgartens zu Innsbruck in eine natürliche Anlage, entworfen nach einem Situationsplan im Jahre 1828**" (Kartenverzeichnis T14)

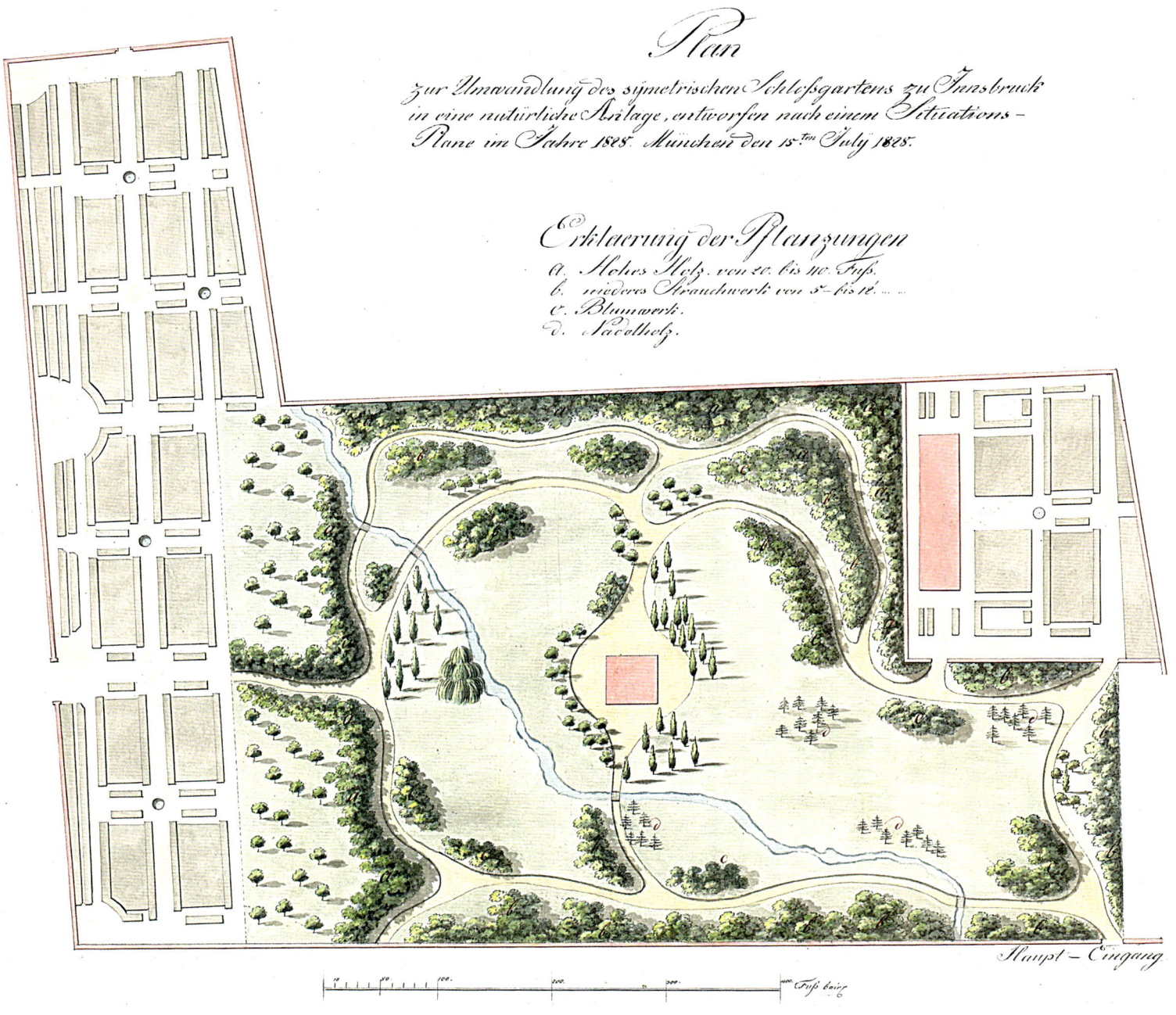

Der Plan stellt eine Kopie des Originalentwurfes des Neffen von Friedrich Ludwig v. Sckell, Carl August von Sckell, dar.

Carl August von SCKELL: „**Plan zur Umwandlung des symmetrischen Schloßgartens zu Innsbruck in eine natürliche Anlage, entworfen nach einem Situationsplan im Jahre 1828**" (Kartenverzeichnis T13)

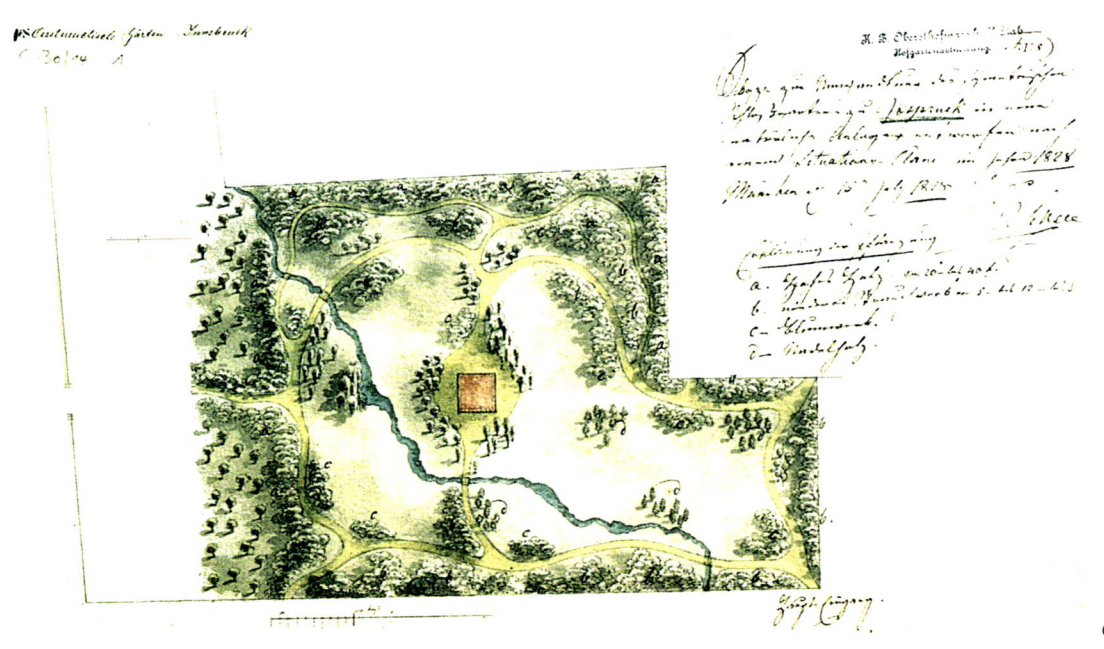

der Originalentwurf

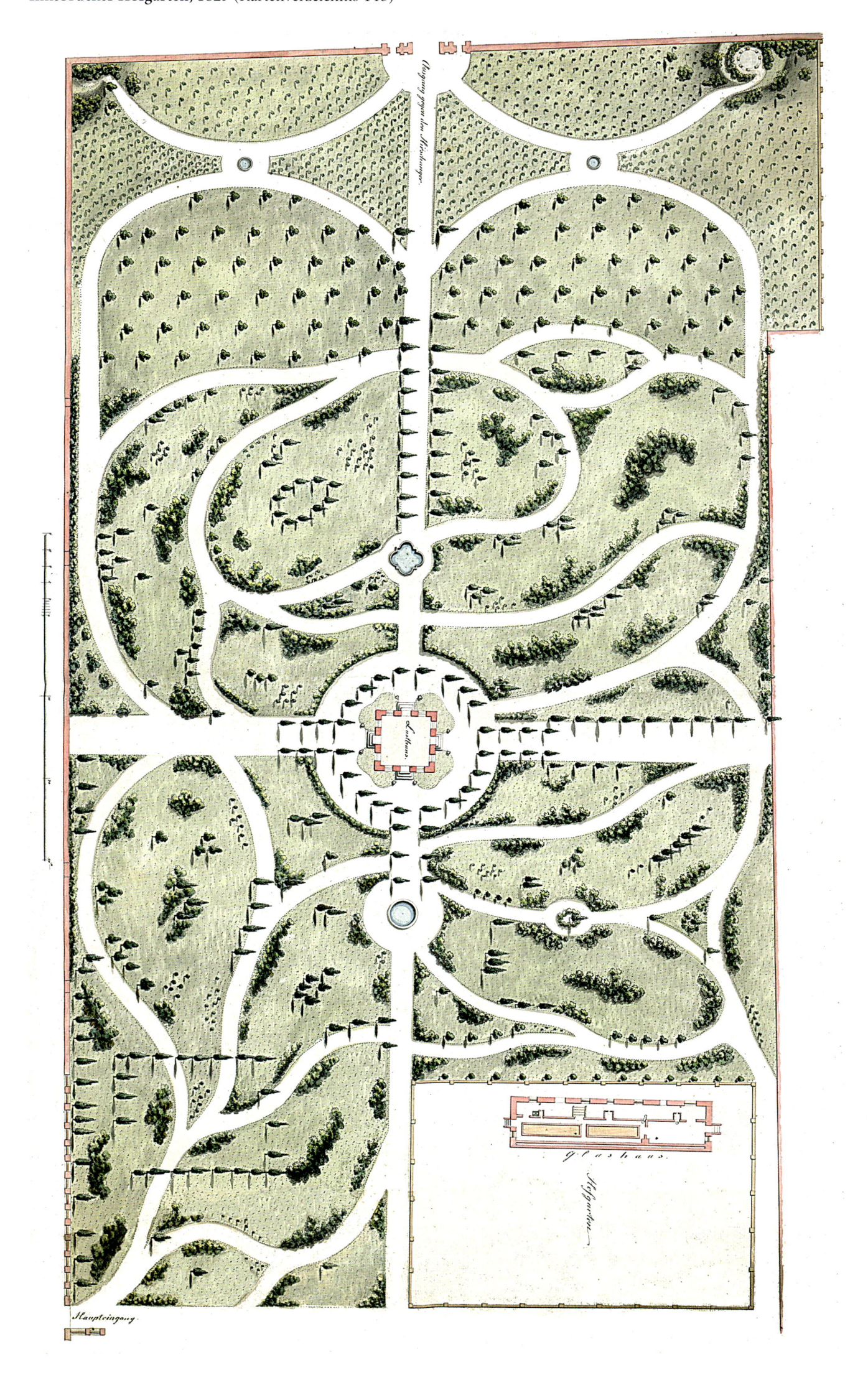

Innsbrucker Hofgarten, 1829 (Kartenverzeichnis T15)

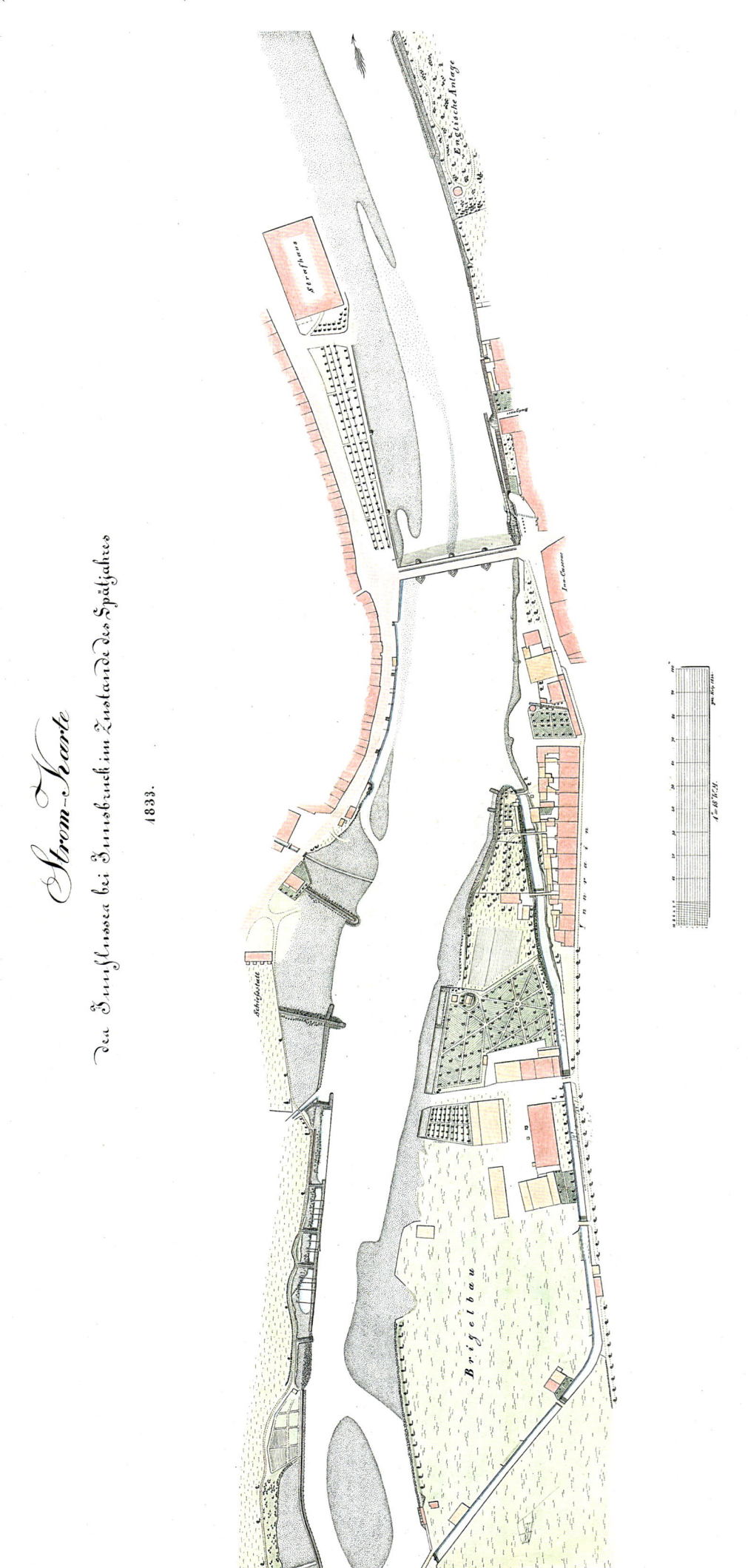

Johann KOLP: „Strom – Karte des Innflusses bei Innsbruck im Zustande des Spätjahres 1833"
(Kartenverzeichnis T16)

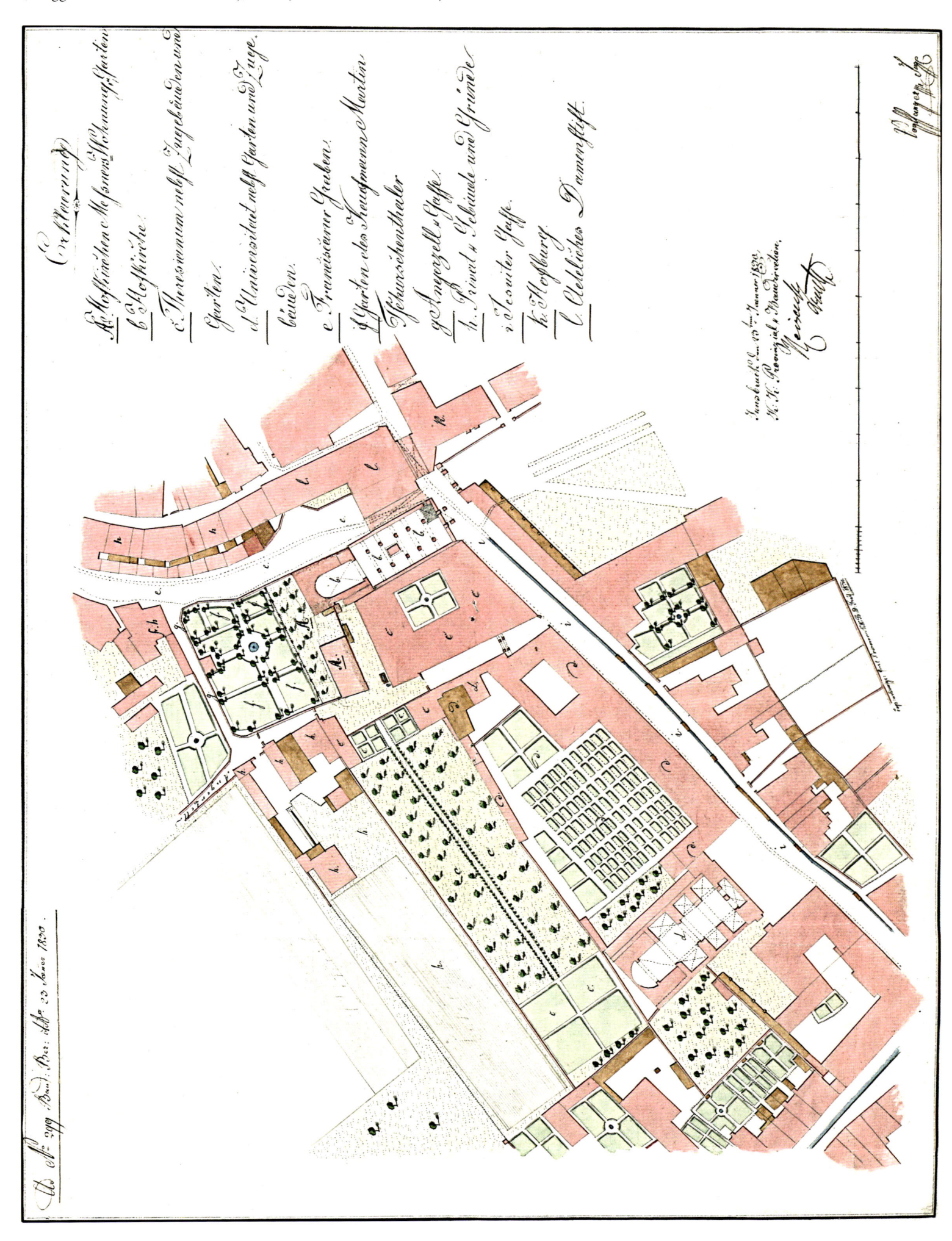

Franz VOGLSANGER, Carl PRISSMANN: **Innsbruck im Bereich zwischen Franziskanergraben und Jesuitengasse** (Burggraben – Universitätsstraße), **1830** (Kartenverzeichnis T17)

Eingetragen sind Namen und Eigentumsverhältnisse der Gebäude und Straßen.

„**Plan von der Provinzial Haupt-Stadt Innsbruck mit dem Vorschlage zur Erleichterung des Handlungsfuhrwerkes und der innern Communication**", um 1830 (Kartenverzeichnis T18)

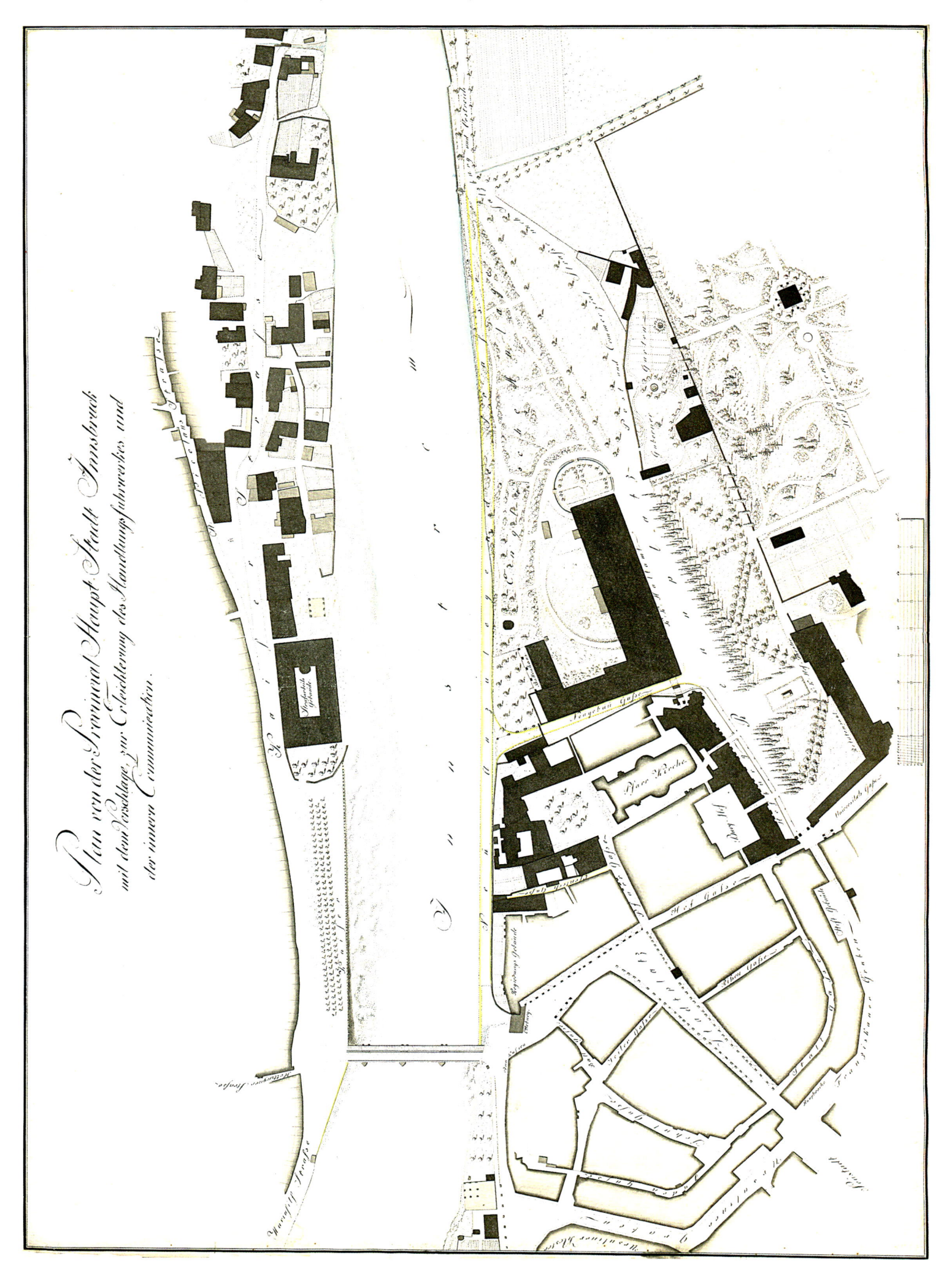

Im gelb gefärbten Bereich steht die Anmerkung: „*neu anzulegende Straße*". Das 1833 endgültig entfernte Fleischbankgebäude an der Innbrücke ist bereits weggelassen.

Johann Gruber: **Situationsplan der Ritschen im Bereich Rennweg und Hofgarten in Innsbruck, 1832**
(Kartenverzeichnis T19)

Joseph Kolp: **Situationsplan Neue Quai-Straße, Rennweg und Hofgarten in Innsbruck, 1837** (Kartenverzeichnis T20)

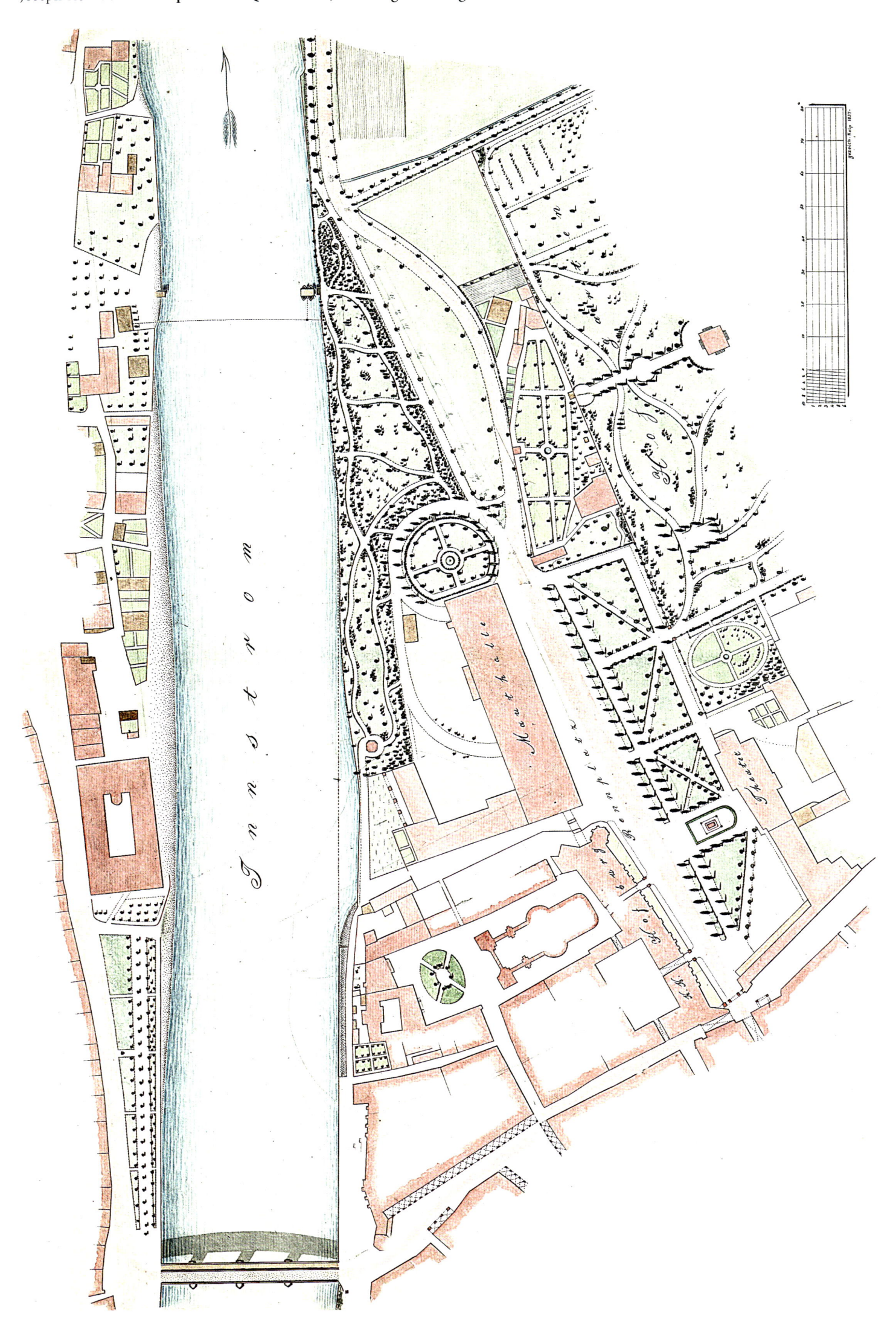

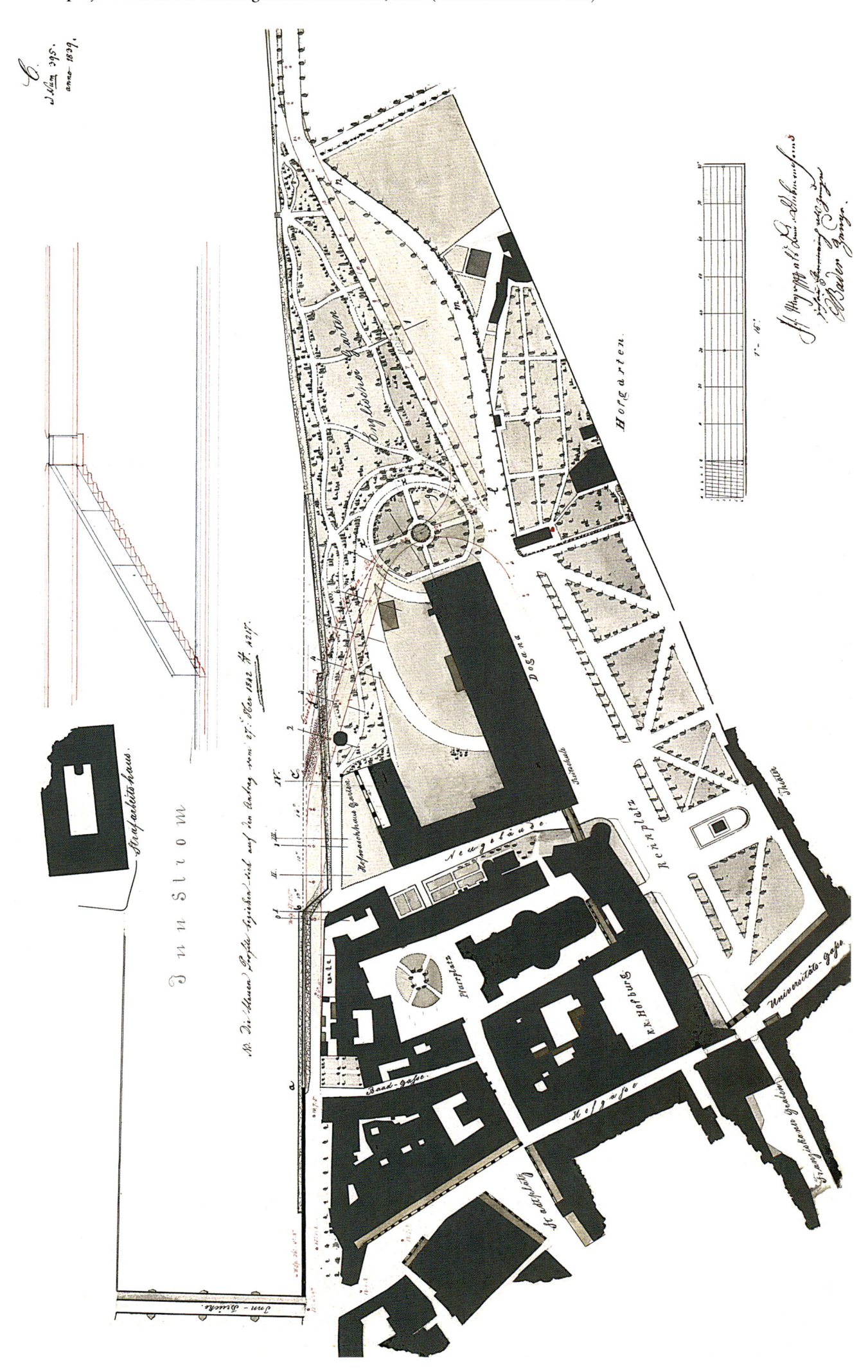

Straßenprojekt östlich der Herrengasse in Innsbruck, 1839 (Kartenverzeichnis T21)

Rot eingezeichnet ist die projektierte Fortführung der bisher fertiggestellten „Neue Quai-Straße" ab der Herrengasse.

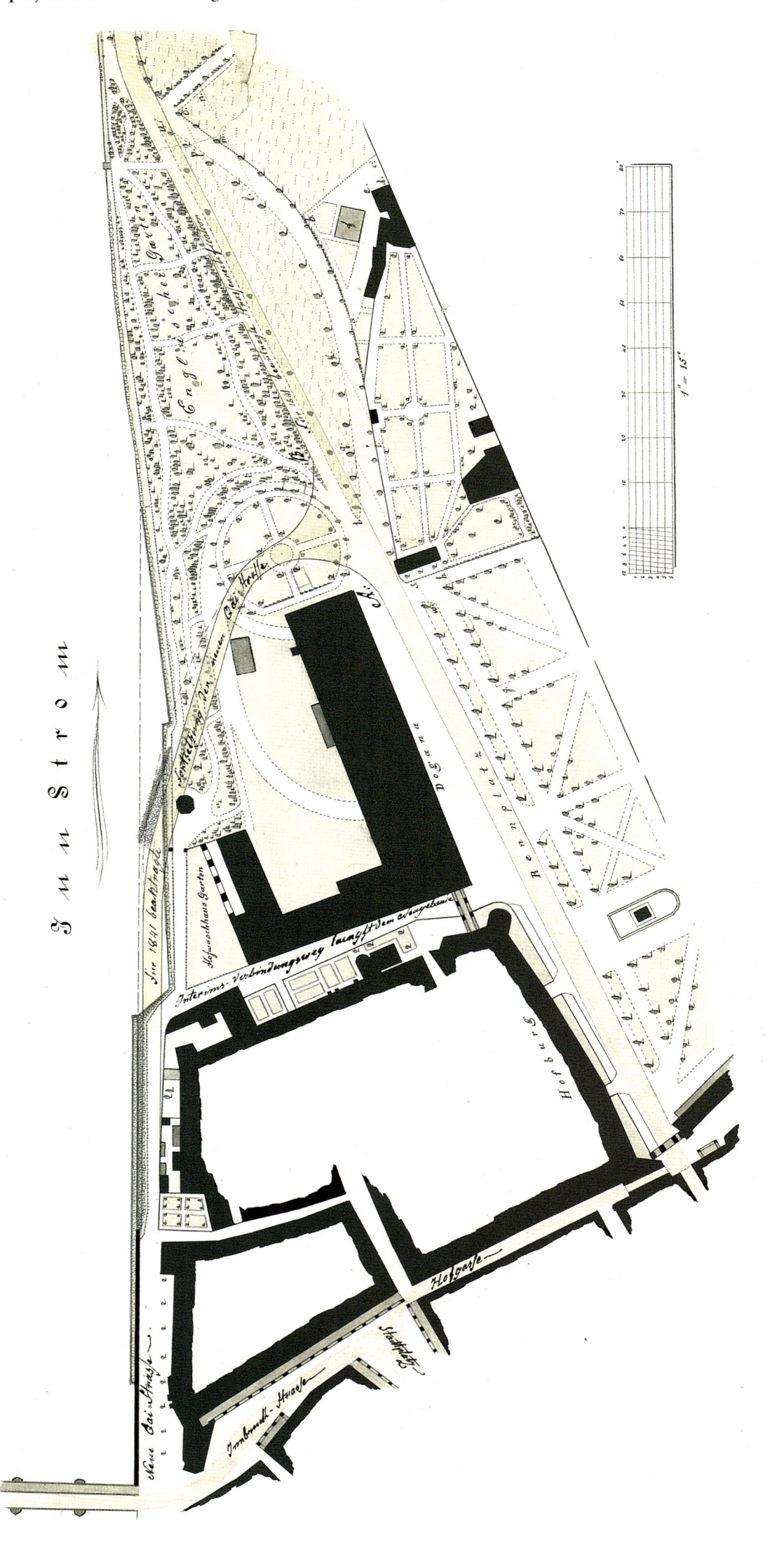

Straßenprojekt östlich der Herrengasse in Innsbruck, um 1840 (Kartenverzeichnis T22)

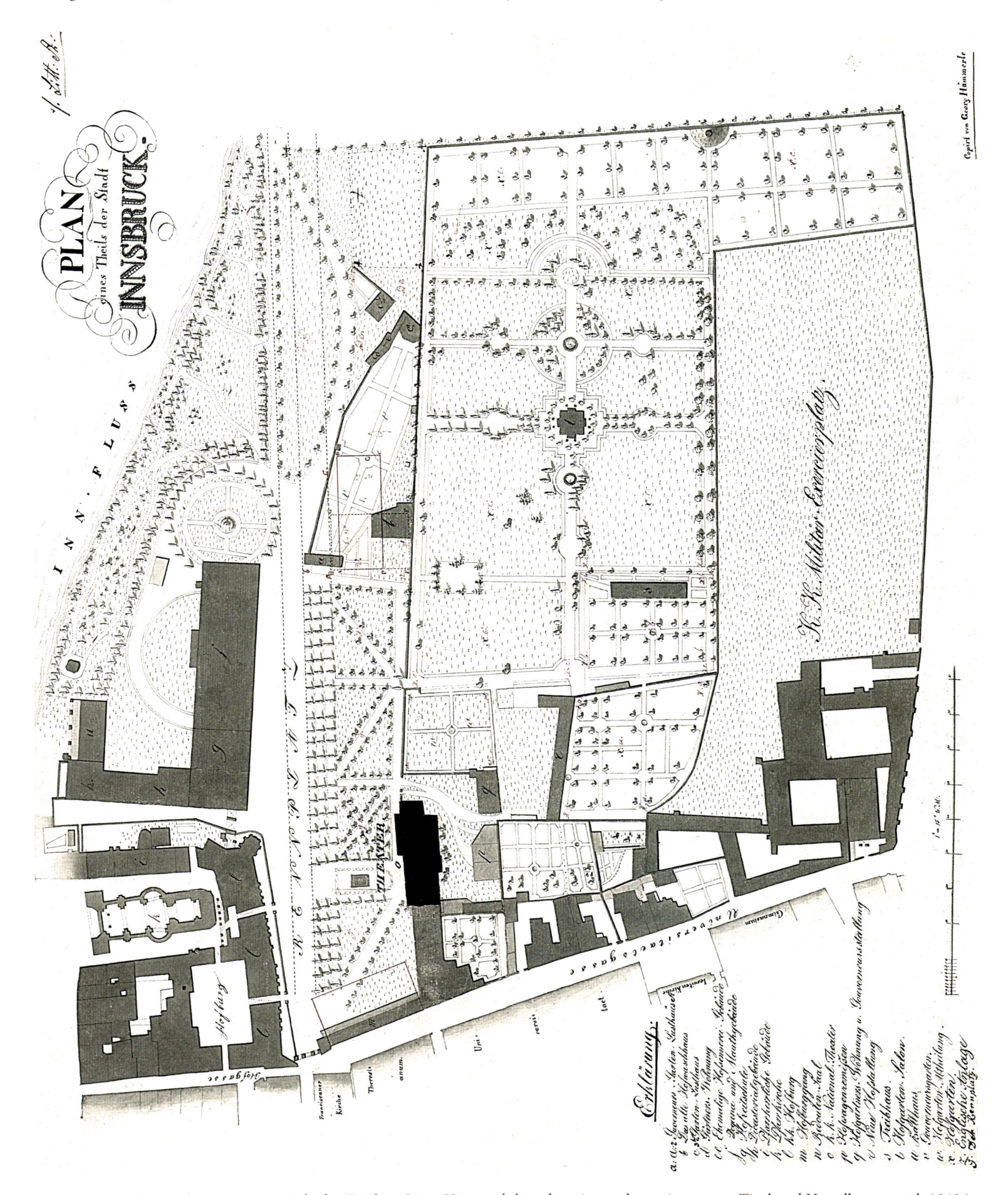

Georg Hämmerle: **„Plan eines Theils der Stadt Innsbruck"**, 1830/40 (Kartenverzeichnis T23)

Dörrer datiert diesen Plan mit ca. 1840, da der Zeicher *Georg Hämmerle* laut dem Amtsschematismus von Tirol und Vorarlberg erst ab 1840 in der k. k. Baudirektion als Praktikant aufscheint. Die barocke Gestaltung des Hofgartens spricht allerdings dafür, dass es sich um eine Kopie eines älteren Planes handelt, da er ab 1830 schrittweise in einen Park nach englischem Vorbild umgewandelt wurde, sichtbar auch im folgenden Plan von *Anton Dossi*. Die ab 1840 geplante Verlängerung des Rennweges ist mit strichlierten Linien eingetragen.

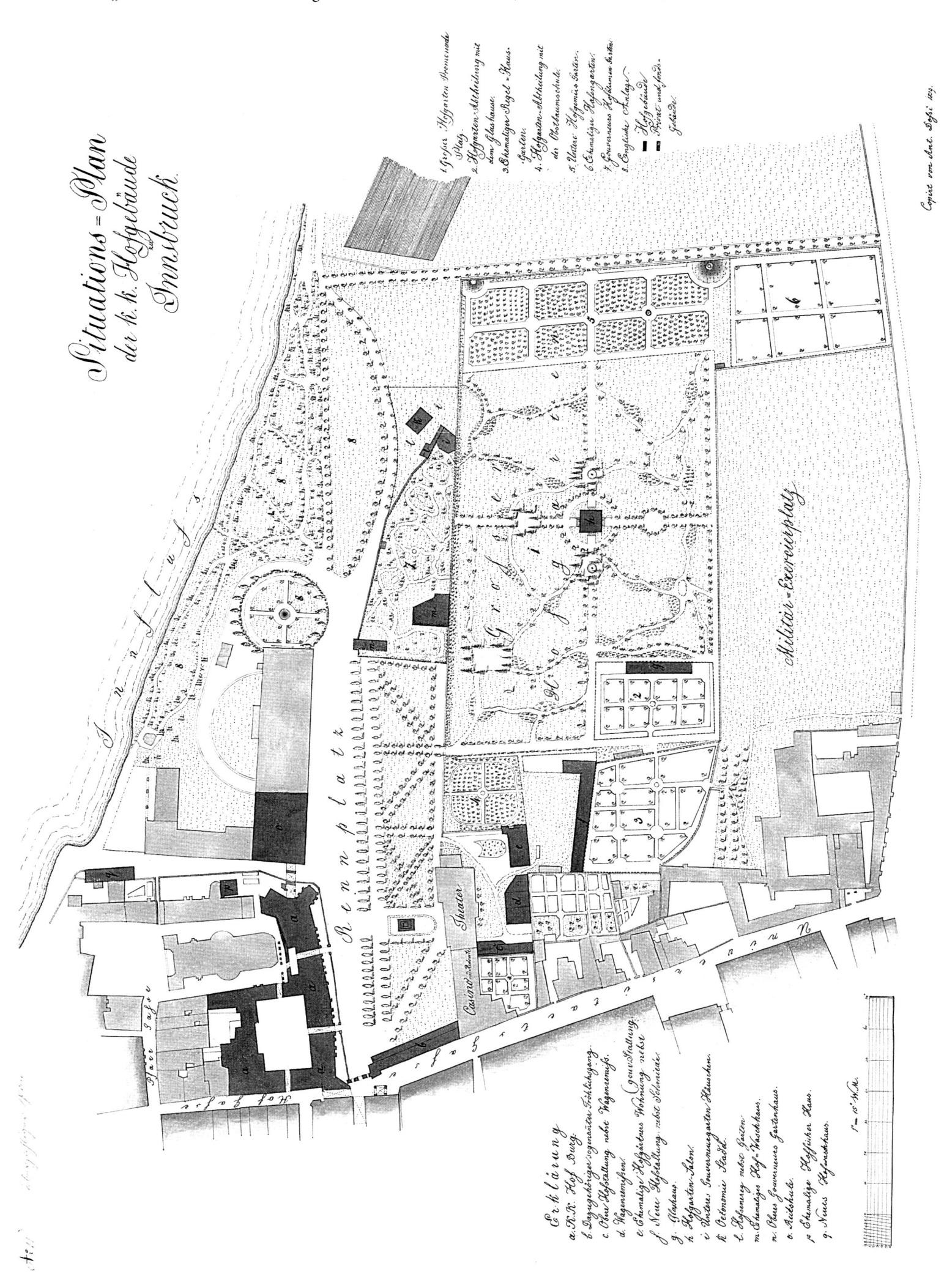

Anton Dossi: **"Situations-Plan der k. k. Hofgebäude zu Innsbruck"**, 1839 (Kartenverzeichnis T24)

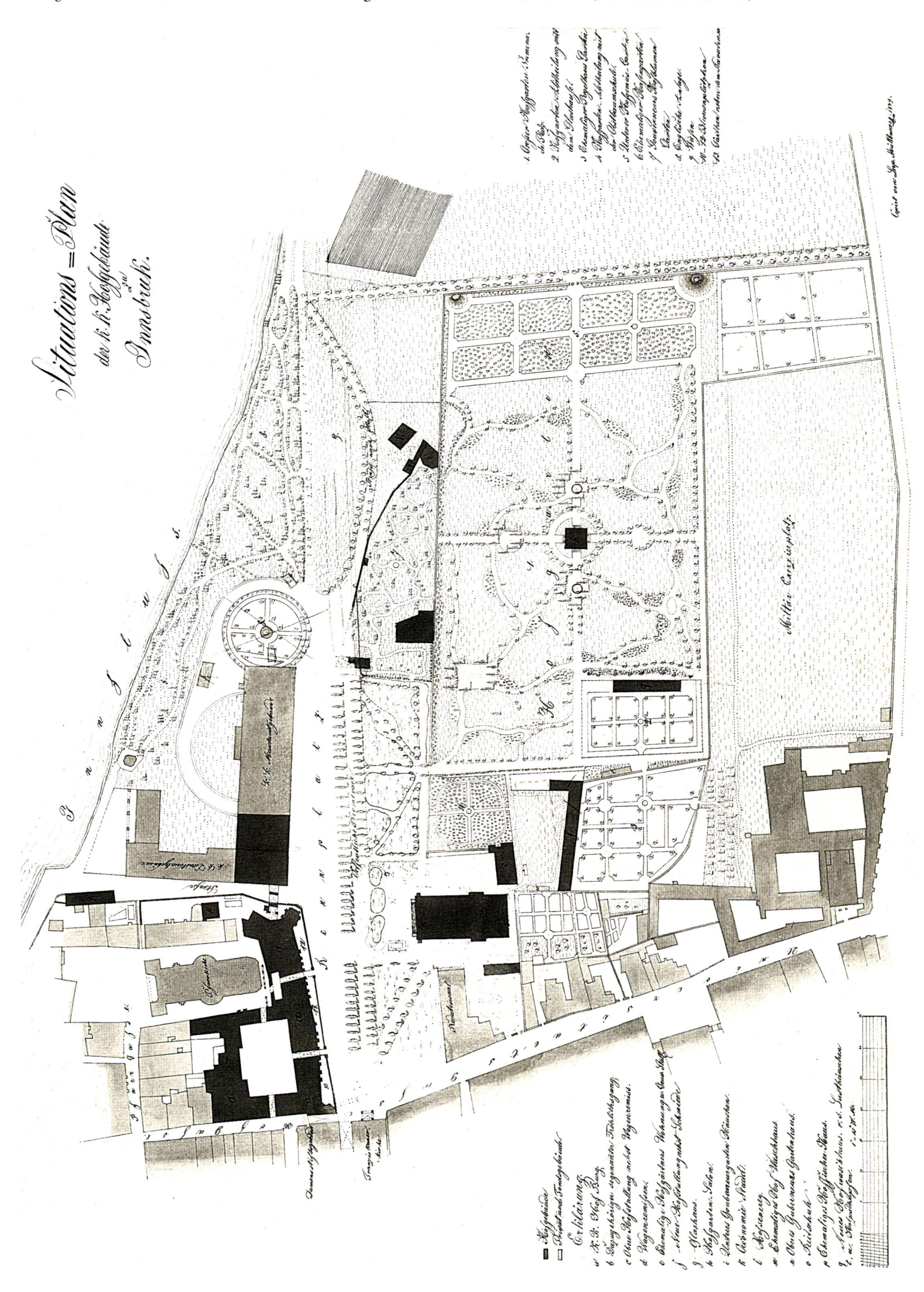

Georg Müllbauer: **„Situations-Plan der k. k. Hofgebäude zu Innsbruck"**, 1839/44 (Kartenverzeichnis T25)

Wie der Plan von *Dossi* mit 1839 signiert, allerdings ist der 1844 abgetragene „Fröhlichsgang" (gegenüber dem heutigen Volkskunstmuseum) sowie das alte Theatergebäude wegradiert und das neue, ab 1844 erbaute k. k. Nationaltheater darüber gezeichnet. Das obere Gouverneurs-Gartenhaus (vorher „oberes Lusthaus") ist nur zum Teil wegradiert, die geplante Verlängerung des Rennweges mit Bleistift angedeutet.

Johann SOUCUP: **"Situations-Plan der Kais. Königl. Hofgebäude zu Innsbruck"**, 1846/49
(Kartenverzeichnis T26)

HELLRIGL: "**Situations-Plan des Innsbrucker Stadttheiles, in welchem sich die zum Hofe gehörigen Realitäten befinden**", 1851
(Kartenverzeichnis T27)

„Situation eines Theiles der Stadt Innsbrucks", 1856 (Kartenverzeichnis T28)

Ritschenplan, Fleischbank – Neue Quai-Straße – Herrengasse – Renn-Platz – Eingang Museumstraße mit Stand 1856

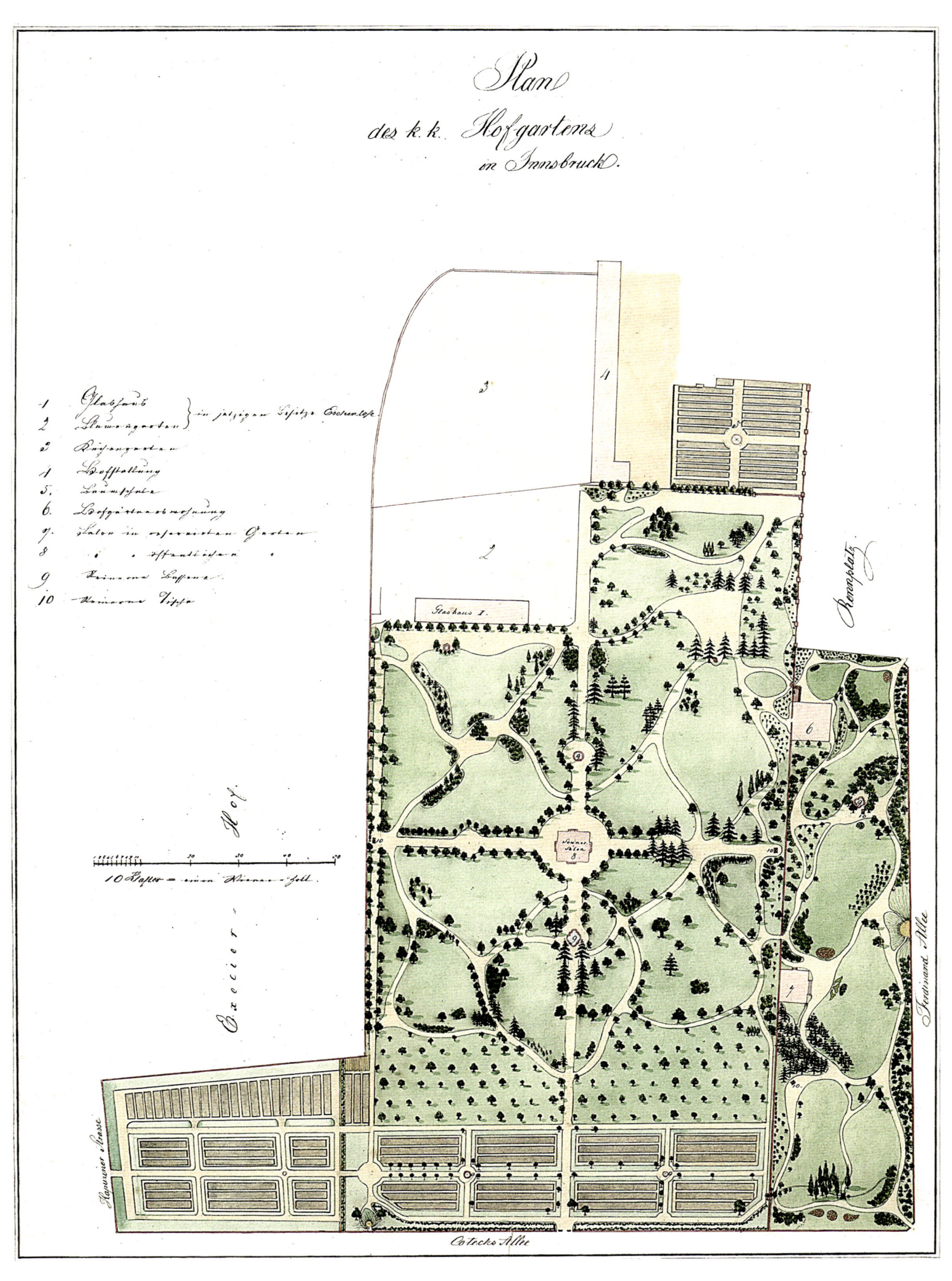

„**Plan des k. k. Hofgartens in Innsbruck**", 1856 (Kartenverzeichnis T29)

Der Plan ist Süd-Nord orientiert.

„Plan des k. k. Hofgartens in Innsbruck wie derselbe im Jahr 1857–58 angelegt wurde" (Kartenverzeichnis T30)

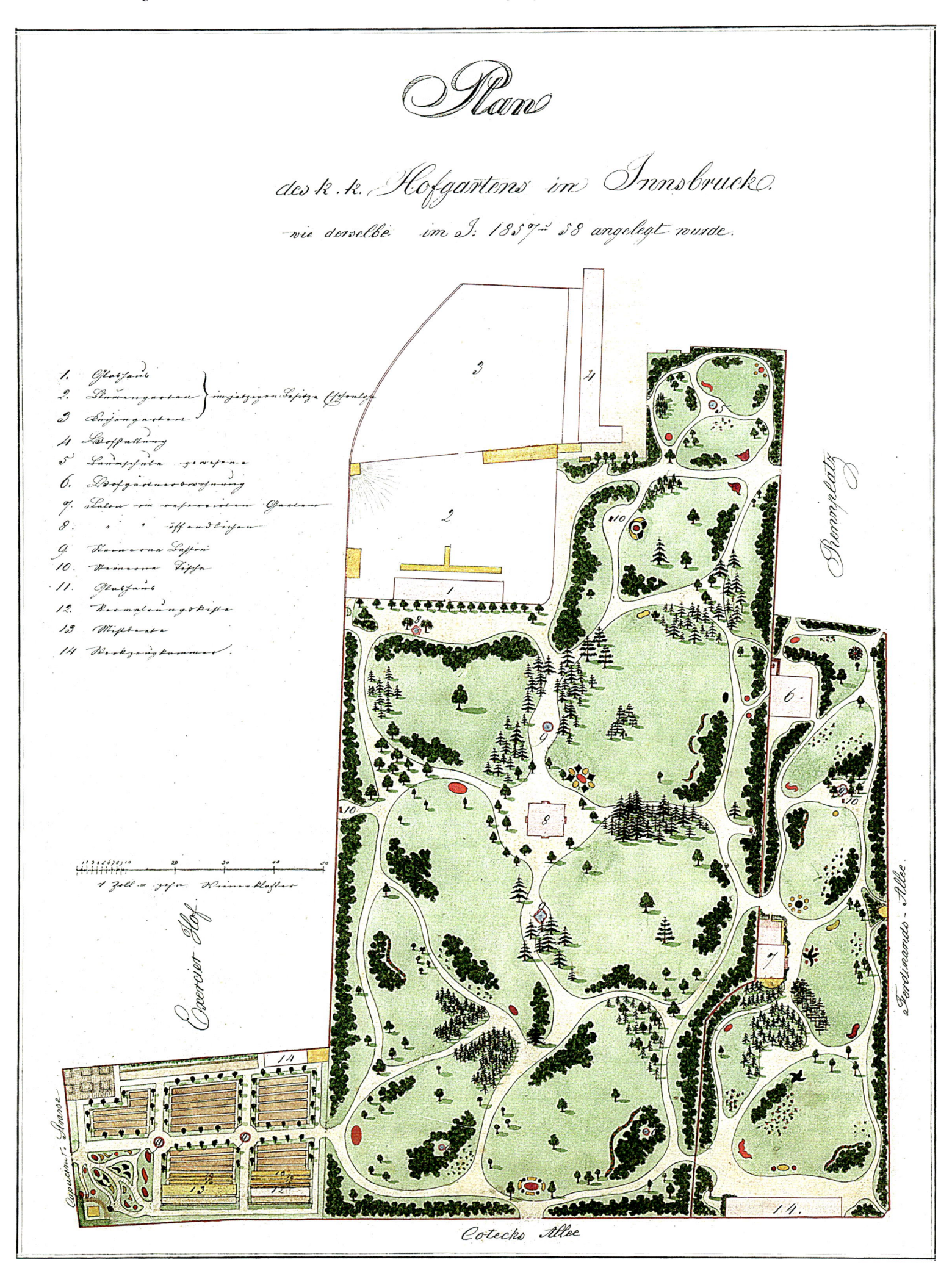

Der Plan ist Süd-Nord orientiert.

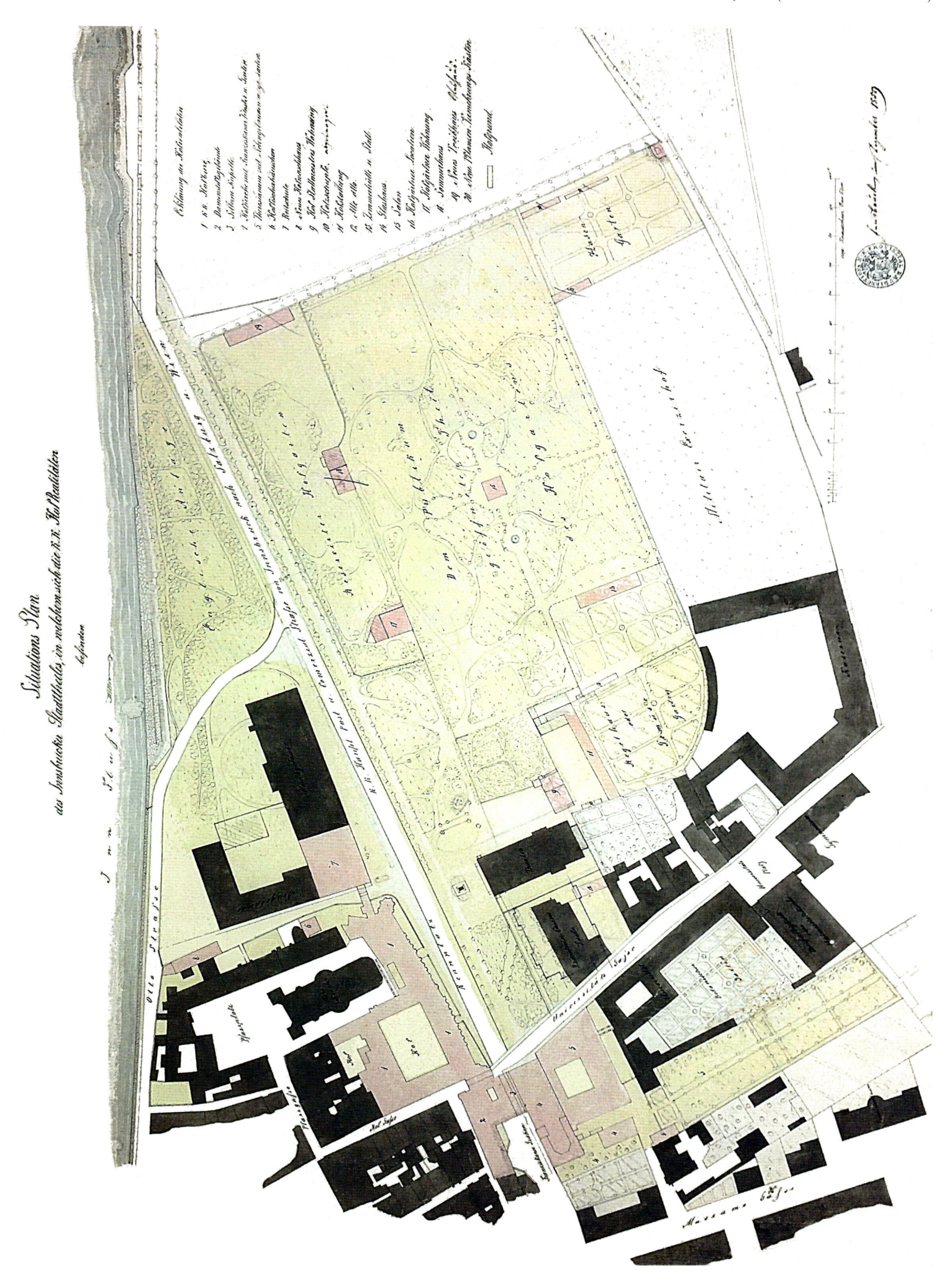

KNAUSCHNER: „Situations Plan des Innsbrucker Stadttheiles, in welchem sich die k. k. Hof Realitäten befinden", 1859 (Kartenverzeichnis T31)

3. Klosterkaserne – Untere Sillgasse

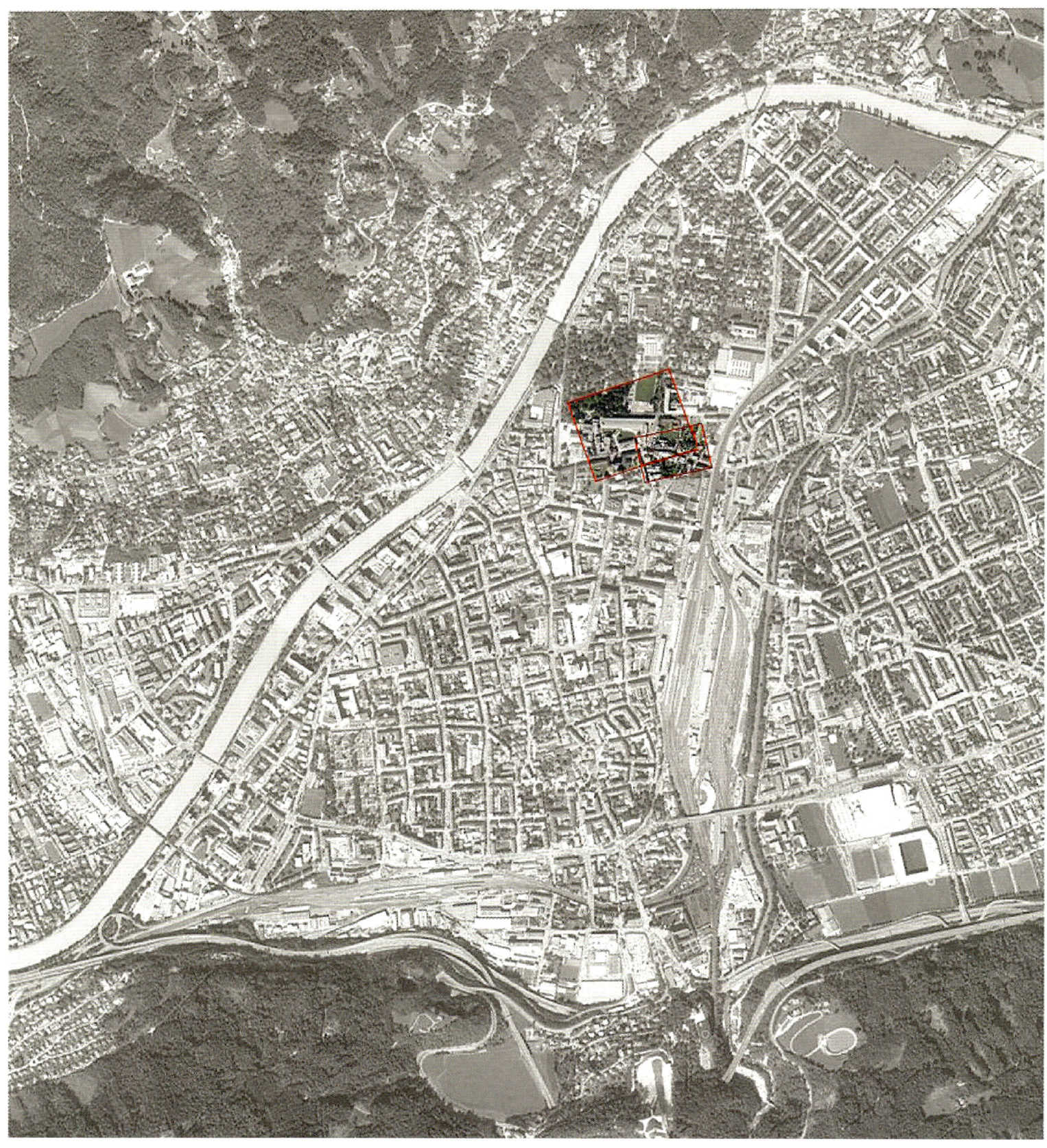

tiris, Orthofoto 2013 (K95)

Klosterkaserne

Zur Vorgeschichte schreibt *H. Hörtnagl* [45], S. 154: „*Erzherzogin Katharina Gonzaga, die zweite Gattin Erzherzog Ferdinands≈II., beschloß, ihren Witwenstand in klösterlicher Abgeschiedenheit zu verbringen. Sie beauftragte anno 1607 ihren Baumeister Hoffingott den Älteren, auf einen beträchtlichen Teil des zu ihrer Residenz ‚Ruhelust' gehörigen Gartens nach eigenen Entwürfen zwei Frauenklöster samt einer Kirche zu erbauen, wozu sie ihr ganzes Silber und ihr übriges Vermögen stiftete.*"

Abb. 20: Das Regelhaus mit der Kirche zu Maria Opferung und dem versperrten *Kloster nach 1612*

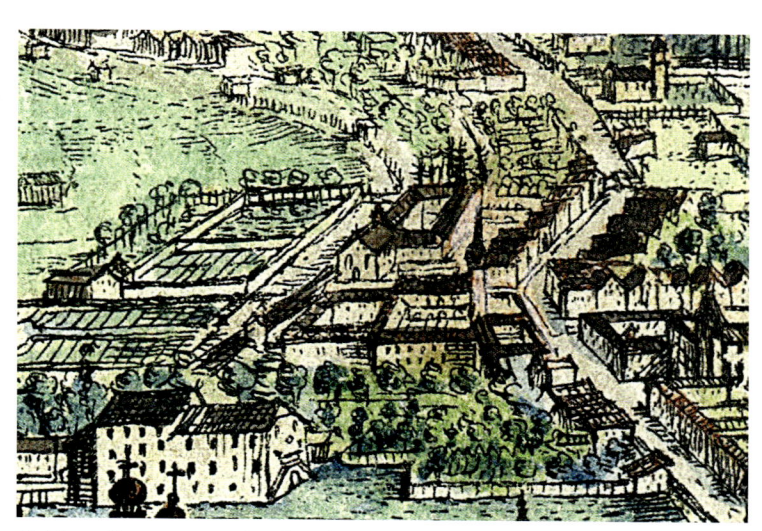

Strickner, Panorama von Innsbruck, 1755/56 (P4)
Ausschnitt Bereich Klosterkaserne – Kohlstatt

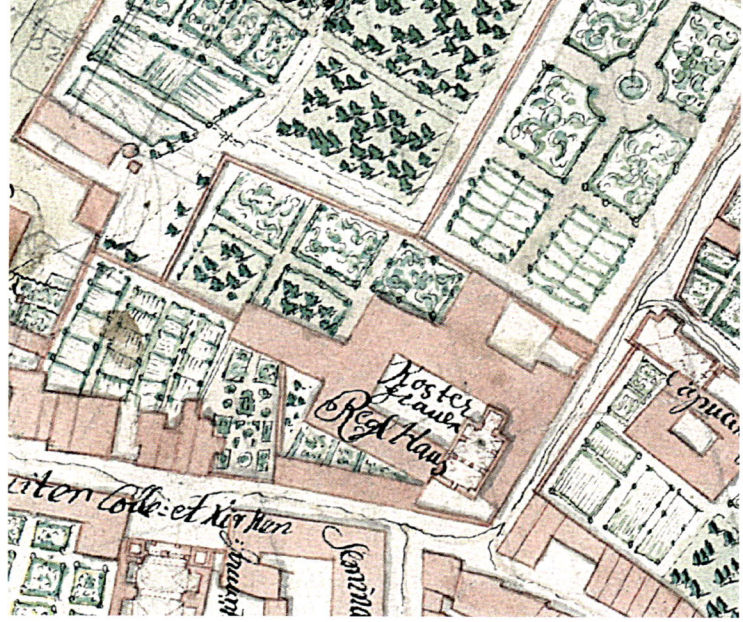

Rangger, Inn-Karte, 1763 (K3)

Das Regelhaus hat Rangger falsch zugeordnet., denn laut Katasterplan von *M. Perathoner* stand das Haus rechts neben der Kirche.

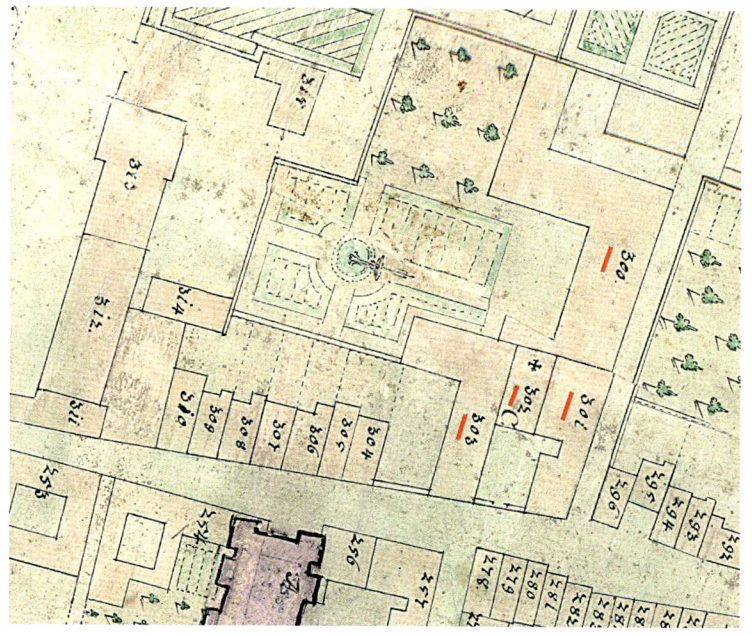

M. Perathoner, 1776 (K4)

laut Maria-Theresianischem Kataster 1775:
KN 300, 301 Regelhaus
KN 302 Kirche Maria Opferung
KN 303 Kloster der Versperrten

dazu auch *H. Hörtnagl* [45], S. 153 f.:

Das Gotteshaus war für den allgemeinen Besuch von der Ecke der heutigen Universitäts- und Saggengasse (heute Kaiserjägerstraße) aus zugänglich. Links vom Eingang mündete die Pforte der Versperrten, um die Ecke – den Kapuzinern gegenüber – betrat man das Regelhaus. Die einstöckigen Klostergebäude der Servitinnen dehnten sich gegen Westen aus, der Garten reichte bis zu den alten Redoutensälen.

Abb. 21: Regelhaus, versperrtes Kloster und Kirche Maria Opferung

1783 fiel das Kloster den josefinischen Verordnungen zum Opfer und wurde nach 170-jährigem Bestehen aufgehoben, ebenso wie 1784 das Regelhaus. Nach der Aufhebung sollte das Regelhaus und die Kirche als Militärdepot benutzt werden.

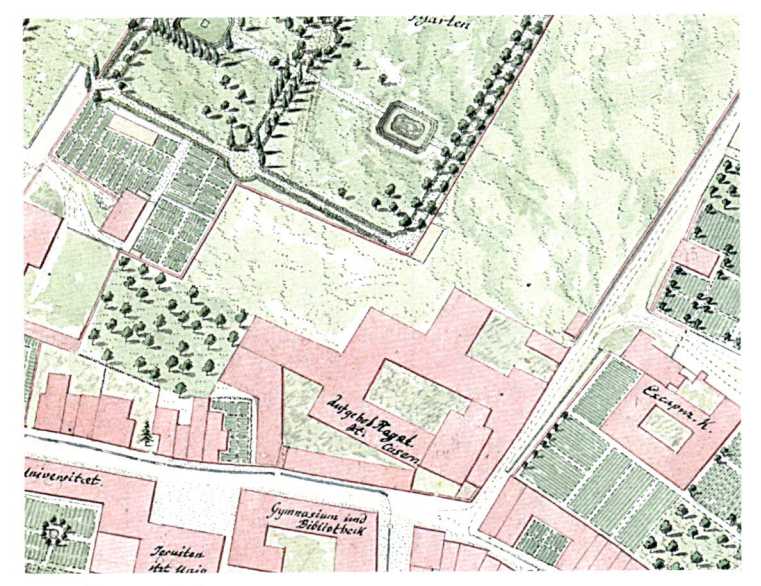

Ph. Miller, 1802 (K9)

Die Gärten mussten dem Exerzierplatz weichen.
Beschriftung am Kloster: „*Aufgehob.Regelh. dzt. Casern.*"

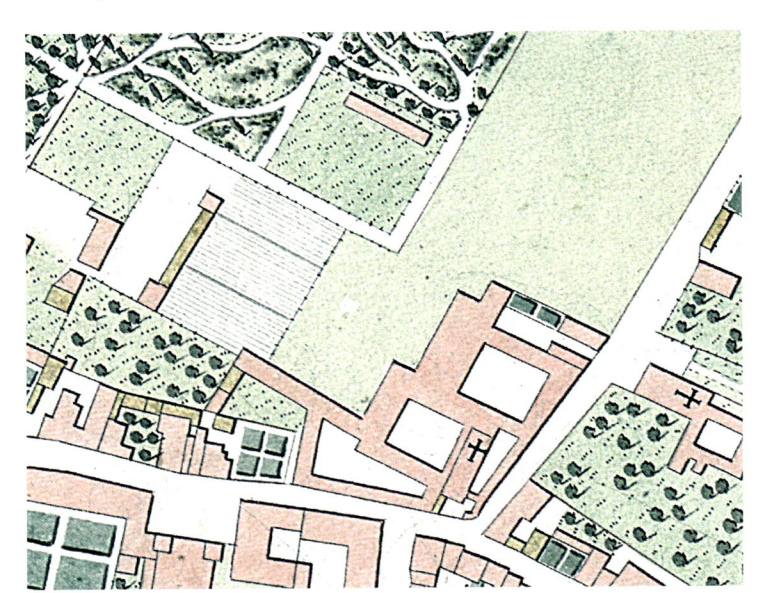

Baudirektionsplan, um 1830 (K34)

Die Kirche wird nach wie vor als solche ausgewiesen.

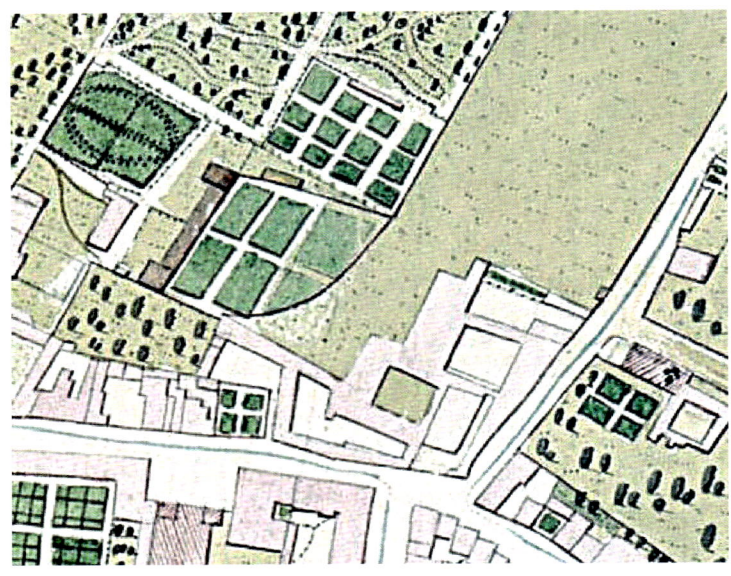

Ph. Miller, um 1840 (K41)

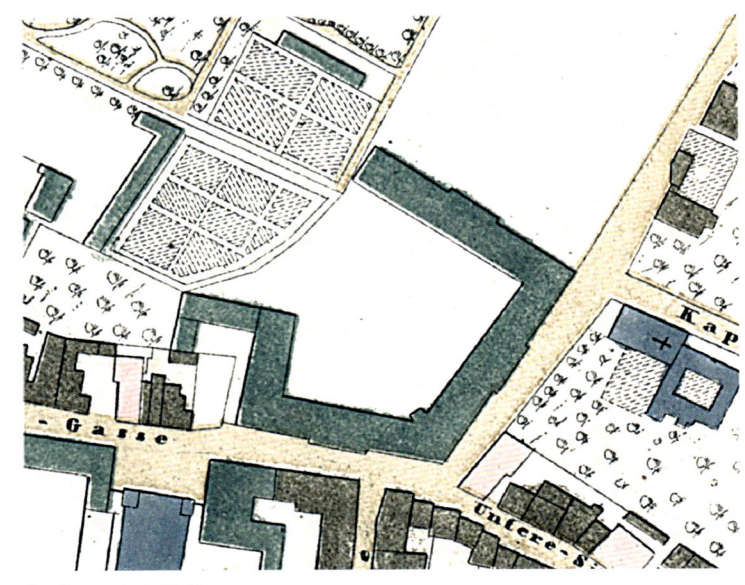

Czichna, 1851 (K45)

1844 begann man mit dem Abbruch der alten Gebäude. 1846 bis 1849 wurde der Neubau der in den einfachen Formen der Restaurationszeit gehaltenen Kaserne durch Baumeister J. Mayr errichtet und fertiggestellt.

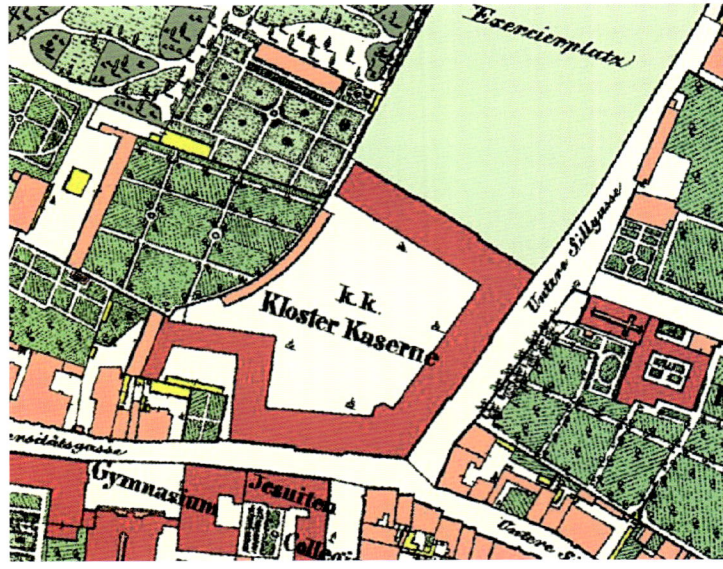

Digitaler Franziszeischer Kataster, 1856 (K48)

BaseMap-Tirol, 2016 (K97)

1996 wurde die Klosterkaserne abgerissen und an ihrer Stelle der neue Komplex der Sozial- und Wirtschaftswissenschaftlichen Fakultät sowie das Management Center Innsbruck (MCI) gebaut.

Untere Sillgasse (heute äußerer Bereich der Universitätsstraße)

Abb. 22: Aufriss der Maultierstallungen in der Unteren Sillgasse

Rangger, Inn-Karte, 1763 (K3)

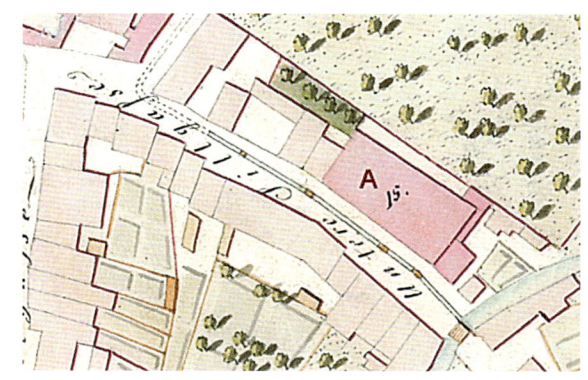

Miller, um 1825 (K24)

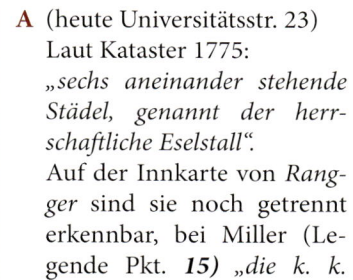

A (heute Universitätsstr. 23)
Laut Kataster 1775:
„sechs aneinander stehende Städel, genannt der herrschaftliche Eselstall".
Auf der Innkarte von *Rangger* sind sie noch getrennt erkennbar, bei Miller (Legende Pkt. **15**) *„die k. k. sogenannten Maulthierstallungen".*

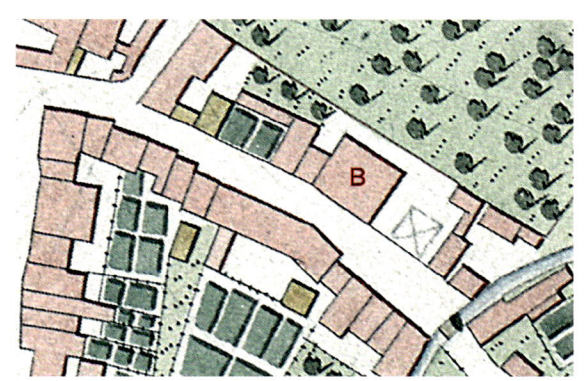

Baudirektionsplan, um 1830 (K34)

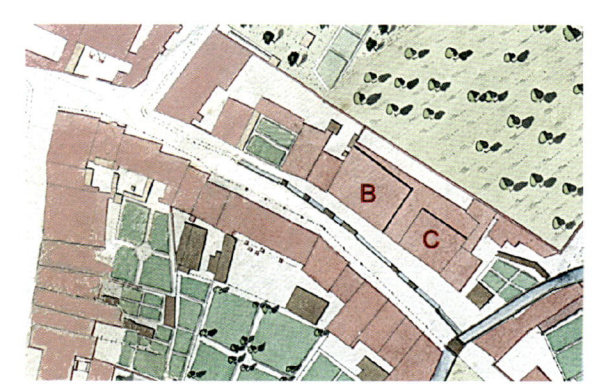

Gintner, um 1836 (K37)

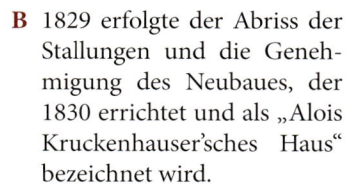

B 1829 erfolgte der Abriss der Stallungen und die Genehmigung des Neubaues, der 1830 errichtet und als „Alois Kruckenhauser'sches Haus" bezeichnet wird.
1859 erfolgte die Umwidmung in das „Wolkenstein'sche Damenstift" (heute Universitätsstr. 25).

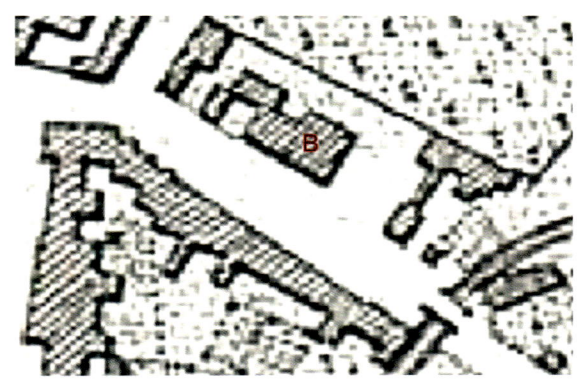

Gross, 1835/1840 (K38)

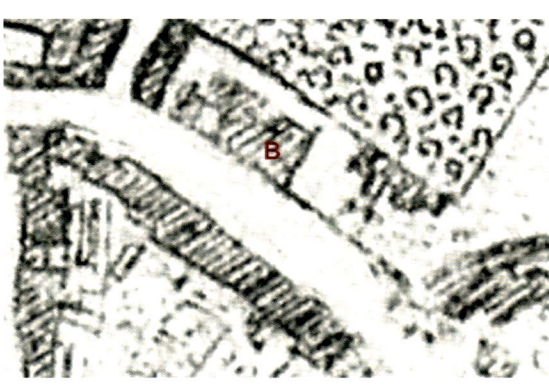

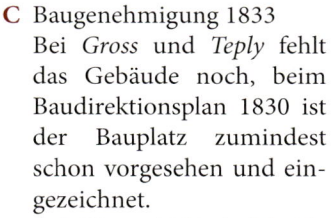

Teplý, um 1842 (K40)

C Baugenehmigung 1833
Bei *Gross* und *Teply* fehlt das Gebäude noch, beim Baudirektionsplan 1830 ist der Bauplatz zumindest schon vorgesehen und eingezeichnet.
Bei *Ginter* 1836 sind beide Gebäude über dem altem darüber gezeichnet.
(*J. Felmayer* [19], S. 442 f., *J. Felmayer* [20], S. 64, *V. Gruber* [37], S. 549 f., *Tiroler Kunstkataster* [105])

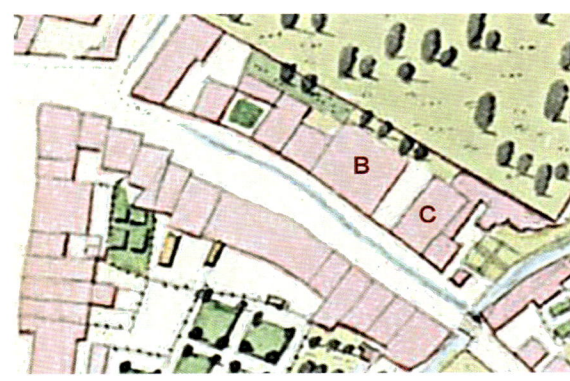

Miller, um 1840 (K41)

Franziszeischer Kataster, 1856 (K48)

4. Kohlstatt – Dreiheiligen

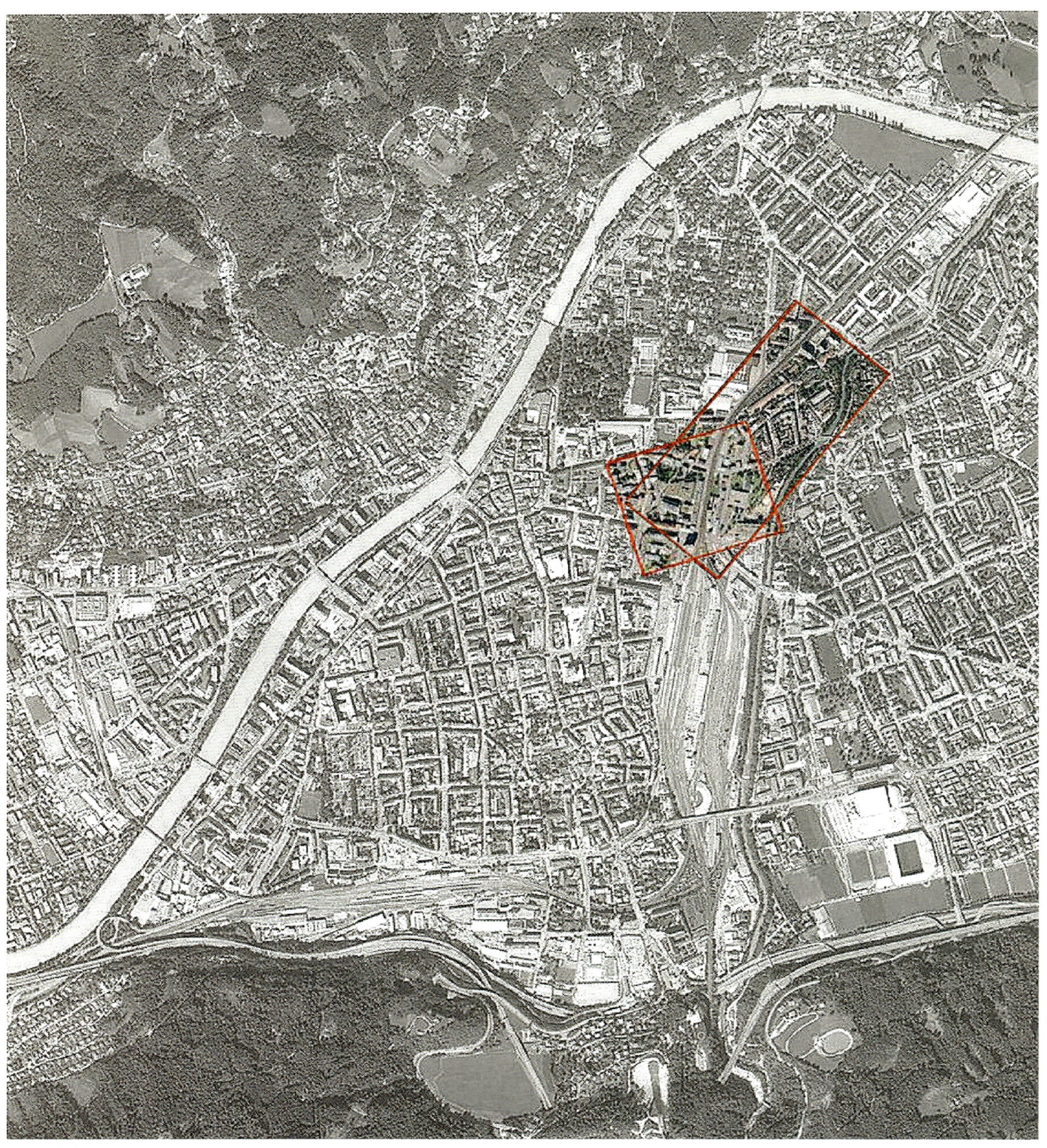

tiris, Orthofoto 2013 (K95)

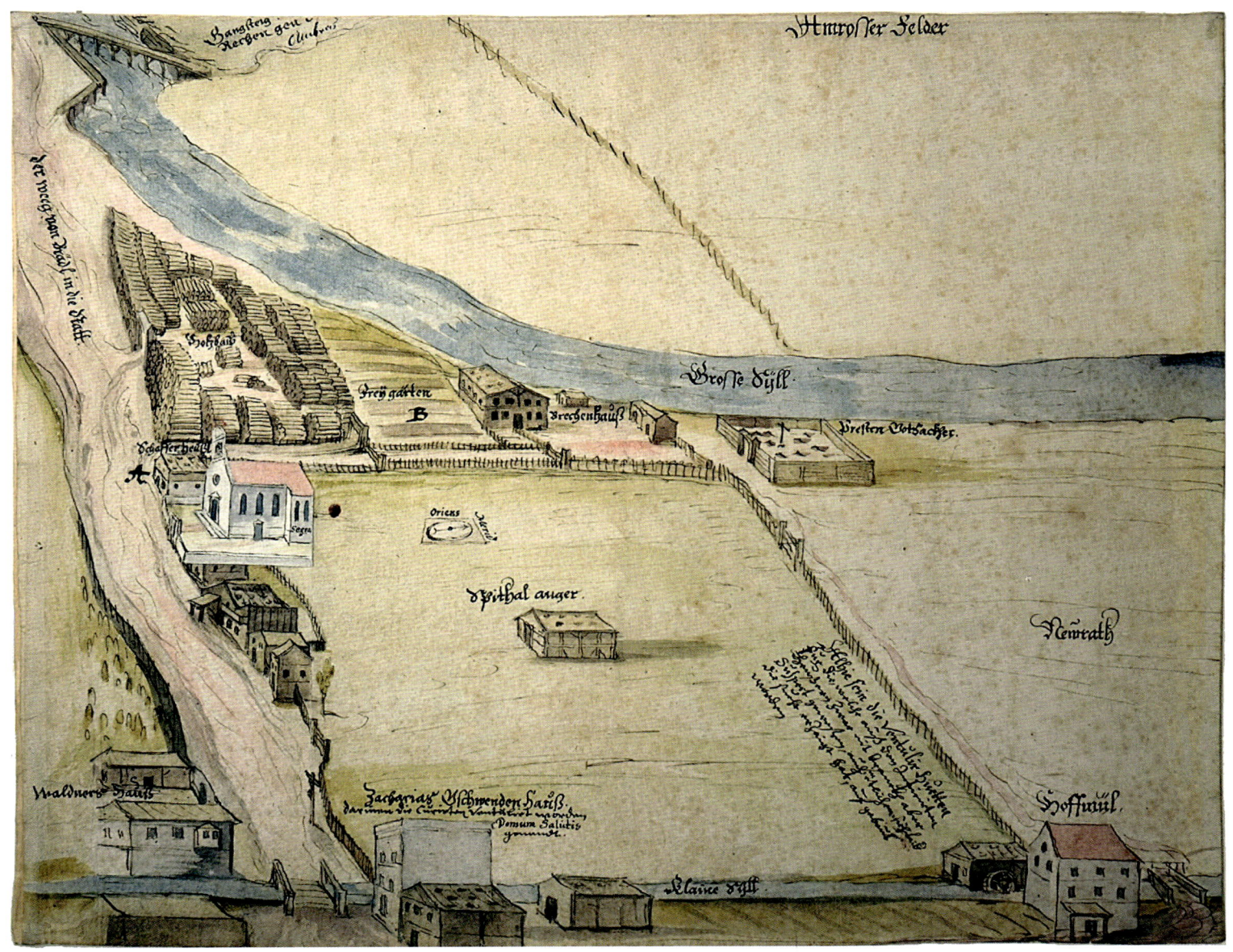

Planskizze für den Bau der Dreiheiligenkirche mit umliegenden Häusern, 1612 (T33)

Bereits seit dem 15. Jahrhundert bestand die landesfürstliche Gewerbezone der „Kohlstatt" zwischen Sillkanal und Sill. Die obige Planskizze aus dem Jahr 1612 zeigt den westlichen Teil der Kohlstatt, oben die „Grosse Sÿll" und unten den Sillkanal, welcher hier „Kleine Sÿll" genannt wird. Die in der Sill angetriftenen und südlich der Dreiheiligenkirche gelagerten Holzstämme dienten dem Betrieb der Köhlerei, die namensgebend für diesen Stadtteil war. Die Wasserkraft des Sillkanals diente zahlreichen Betrieben als Energiequelle, wie etwa für den Betrieb von Mühl-, Rühr-, Hammer- und Sägewerken.

Ein Beispiel dafür ist die Hofmühle, welche zwischen Sillgasse und Kleiner Sill (Sillkanal, heute Klara-Pölt-Weg) situiert war.

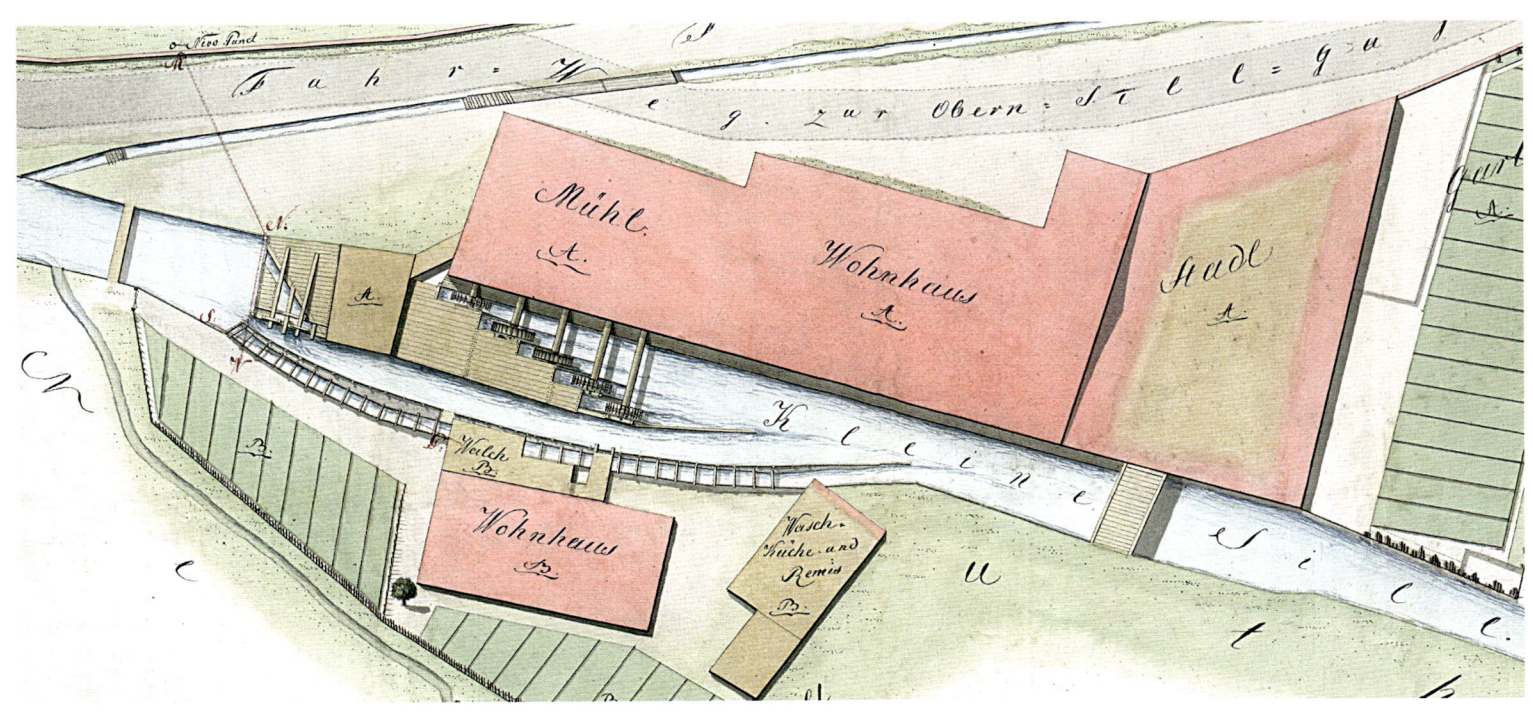

Praxmarer, „Situations Plan A. Dem Hofmühler And. Glatzl B. Dem Wohlenweber Math. Weyerer Gehörig …", 1840 (T36)

An Stelle des auf der Planskizze eingezeichneten Holztriftplatzes errichtete Graf Hieronymus Ferrari 1686–1692 ein Palais (die heutige „Ferrarischule"). *„Der einzige Adelspalast in der Kohlstatt nahm sich in dieser Umgebung fast wie ein Fremdkörper aus, was seinen Besitzern auch bewusst gewesen zu sein scheint. Die gewaltige Ringmauer, die Park und Palais umgibt, wirkt jedenfalls weniger wie eine nur grenzmarkierende Umfriedung als vielmehr wie ein Instrument der Abschirmung des adelig-höfischen Innenlebens des Palais gegen die Derbheit der übrigen Kohlstatt."* (Hye [54])

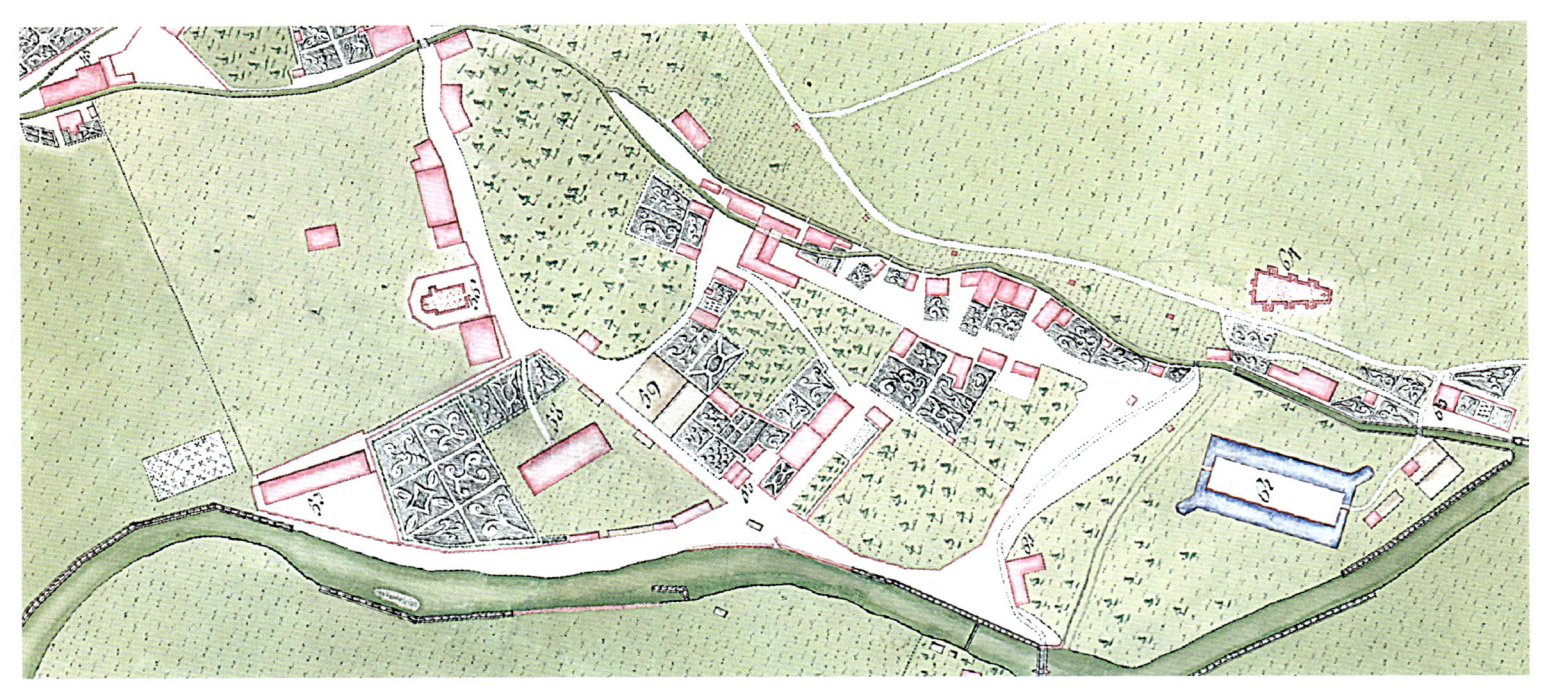

„Plan de la Ville et des Environs d'Innsprug", 1750 (K2)

Neben der vor allem gewerblichen Ausrichtung des Stadtteils gab es seit der Errichtung des **Zeughauses** (1500–1505) durch Kaiser Maximilian I. eine militärische Komponente in diesem Bereich, zumal bis ins 19. Jahrhundert auch weitere Gebäude militärisch genutzt wurden. Das auf dem Plan von 1750 noch eingezeichnete Rondell auf der Südwestecke wurde 1784 durch eine durch Blitzschlag ausgelöste Explosion des gelagerten Pulvers zerstört. (*Fischnaler* [25] I, S. 48)

Wie das Kloster der Servitinnen wurde auch die Sieben-Kapellen-Kirche unter Kaiser Joseph II. 1785 gesperrt und diente seither als Magazin. Im Südwesten an der Sill stand neben dem Ferrari-Palais das Pestlazarett, das ab 1811 dem Staat als Militärspital diente. Daneben lag der alte, erst 1831 aufgelassene Militärfriedhof. (*Felmayer* [21], S. 203 f.)

Abb. 23: *J. Kölderer, Das kaiserliche Zeughaus in Innsbruck*, um 1507

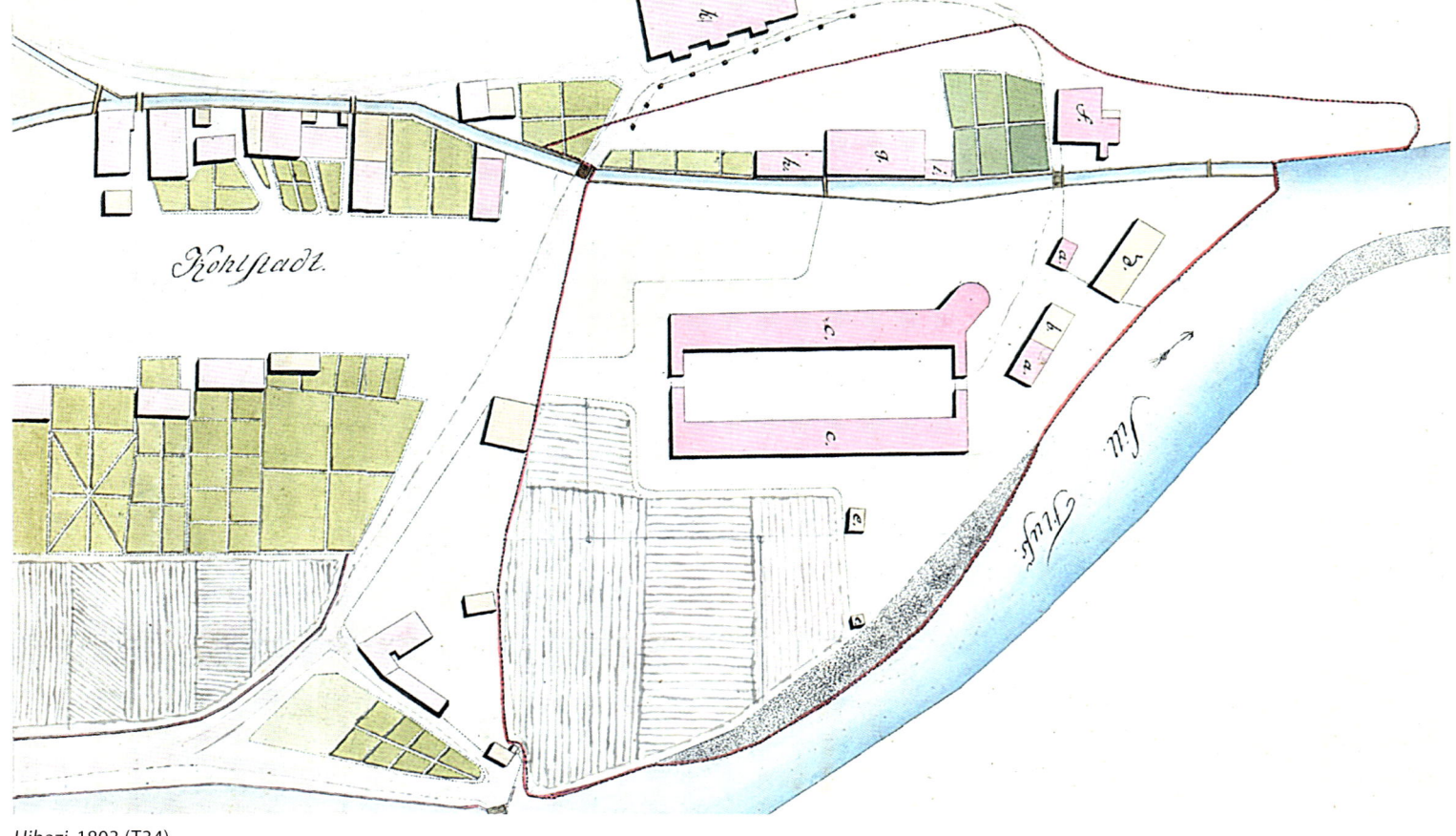

Ujhazi, 1803 (T34)

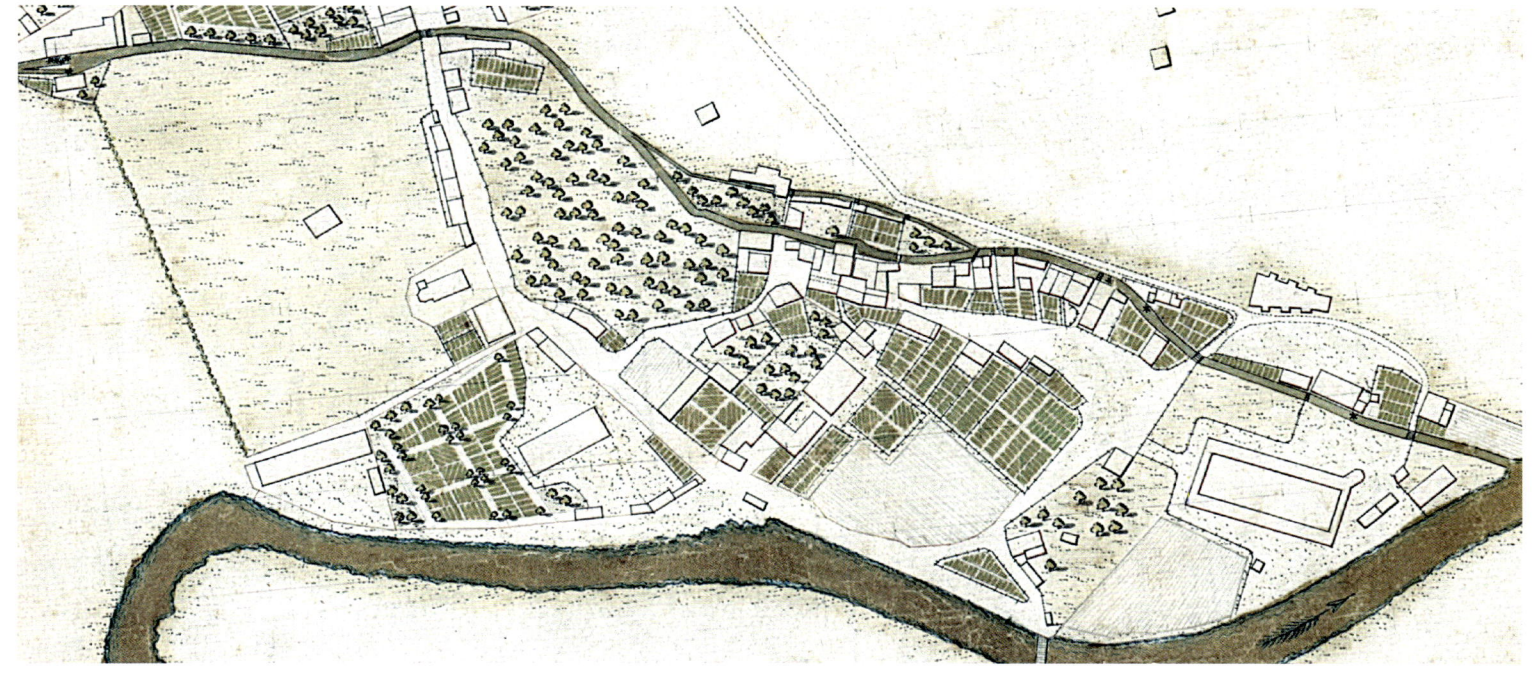

Duile, 1803 (K12)

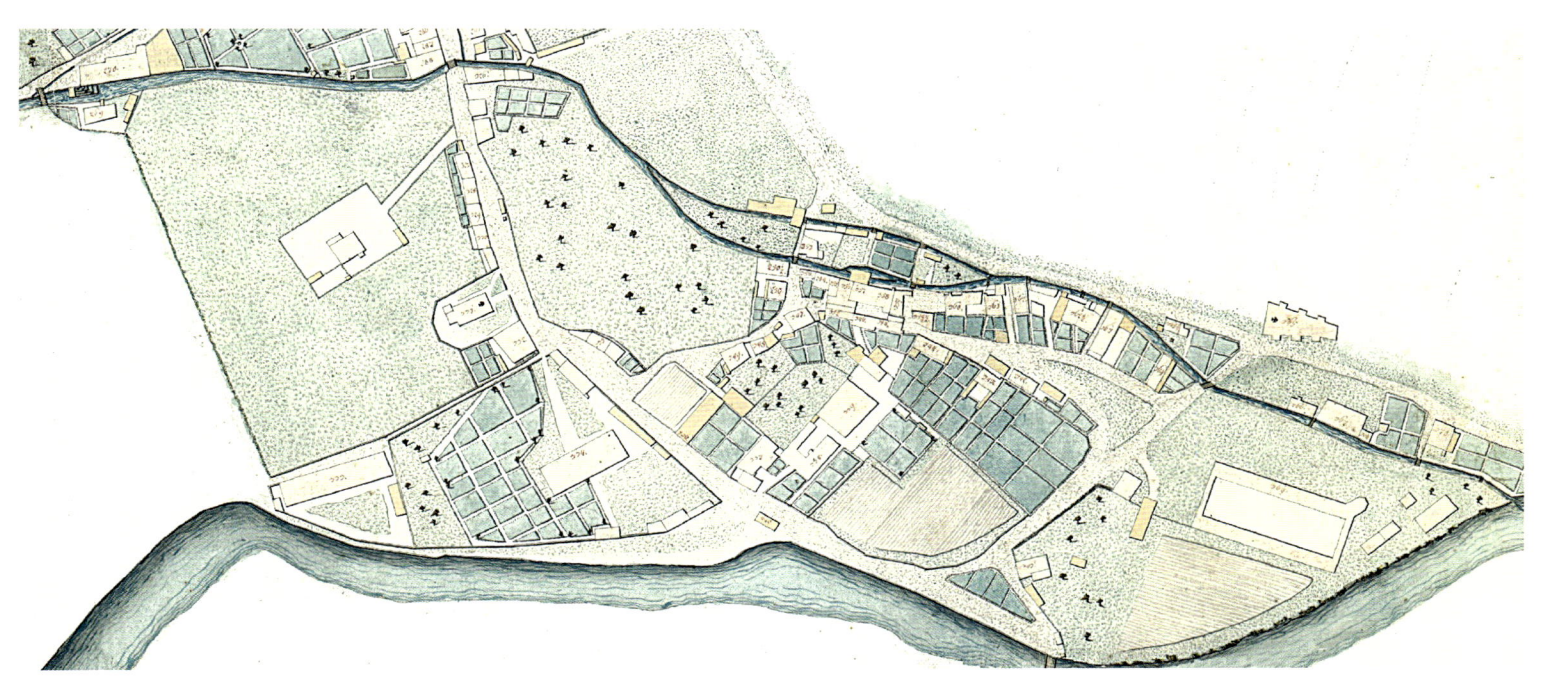

Macharth, 1813 (K19)

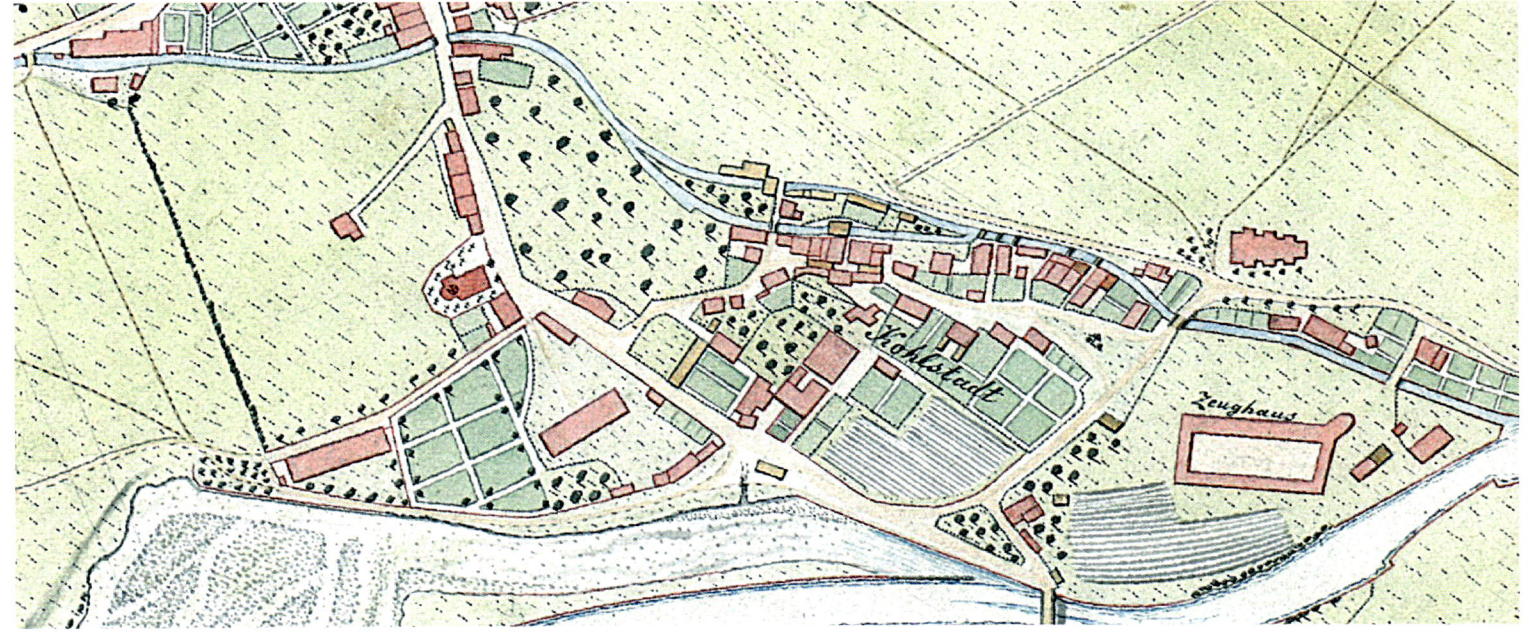

Innstromkarte K5, 1822 (K27)

Vergleicht man die Karten miteinander, so fällt auf, dass für das erste Viertel des 19. Jahrhunderts kaum topographische Veränderungen festzustellen sind, ein Sachverhalt, der schon im Gebiet von St. Nikolaus und Mariahilf aufgefallen ist.

Gintner, 1836 (K37)

Rund eineinhalb Jahrzehnte später sind bauliche Veränderungen im Bereich des bürgerlichen Bräuhaus neben der Dreiheiligenkirche und in der Kapuzinergasse festzustellen.

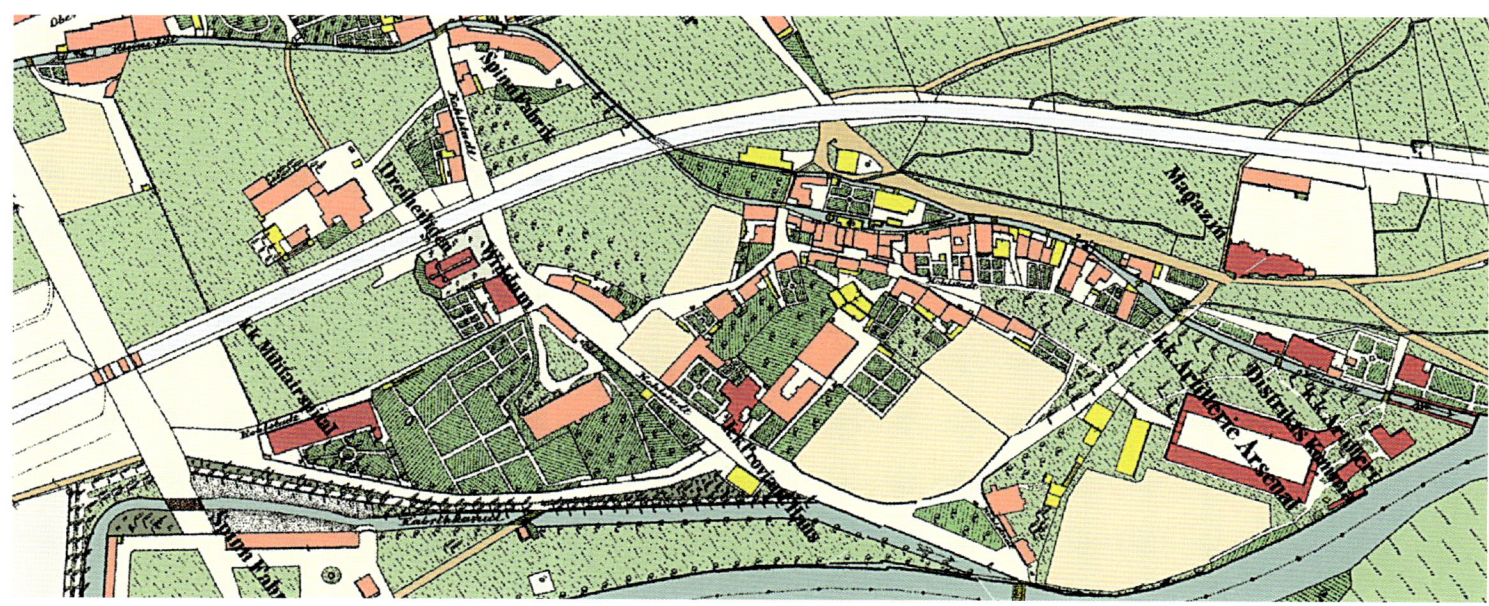

Digitaler Franziszeischer Kataster, 1856 (K48)

Der Bau des Viaduktes für die Eisenbahntrasse brachte eine im wahrsten Sinne des Wortes einschneidende Veränderung des Stadtteils mit sich: Der Bereich zwischen Hofmühle und Spinnfabrik wurde vom übrigen Teil getrennt, einige Gebäude im Umkreis der Dreiheiligenkirche wurden abgerissen.

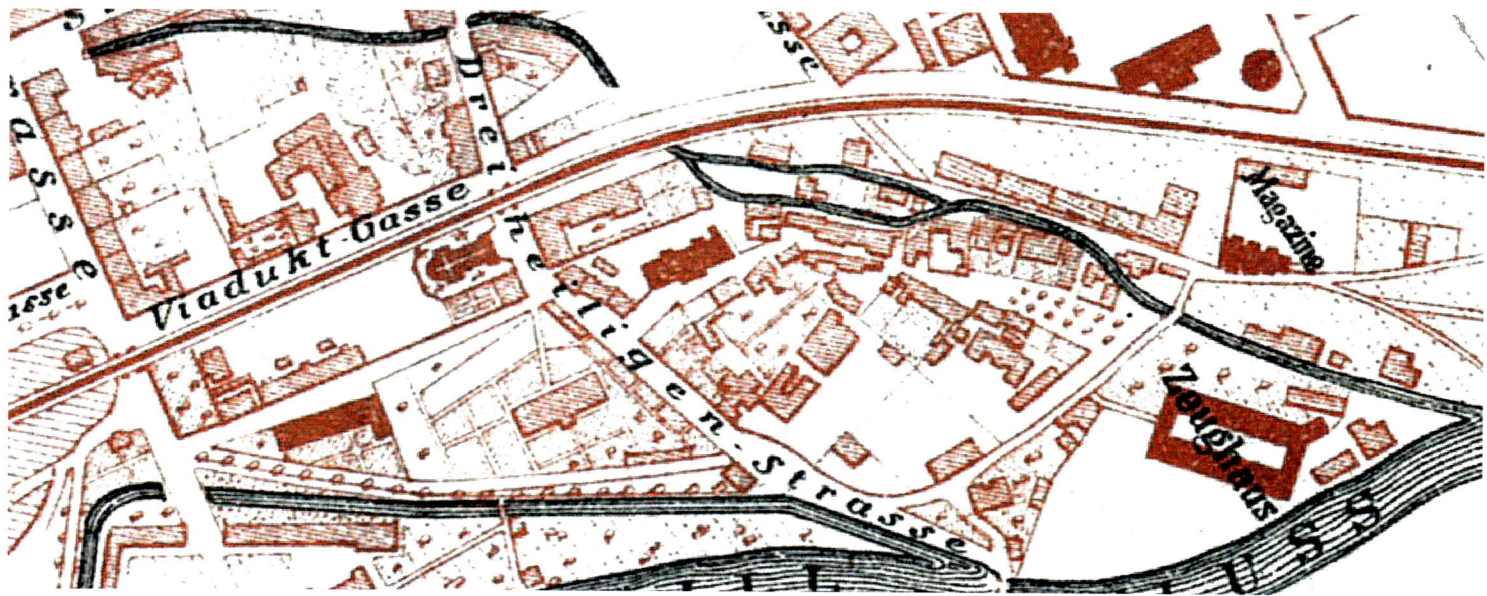

J. Redlich, 1897 (K75)

Augenfällige Veränderungen in der Stadtteiltopographie sind die Volksschule Dreiheiligen, erbaut 1875/76, sowie die ab 1896 errichteten Arbeiterhäuser des St. Vinzenz-Vereins entlang des Bahnviaduktes neben der Sieben-Kapellen-Kirche (*Magazine*). (*Fischnaler* IV, S. 57)

Das bürgerliche Bräuhaus

1825 bekam Innsbruck neben den damals bestehenden drei Bierbrauereien im Löwenhaus (1628), in Büchsenhausen (1640) und der des Johann Georg Tschurtschenthaler in der Altstadt (1651) ein viertes und fünftes Brauhaus. Das vierte, das „Adambräu" in Wilten, wird noch später behandelt. Die fünfte Brauerei im Stadtgebiet von Innsbruck beim Spitalanger, das **„Bürgerliche Bräuhaus"**, beantragte der Amtsrat Johann von Dietrich mit der Begründung, *„weil die anderen den Bierbedarf der damals rund 10.000 Einwohner nicht mehr decken konnten"*. Er erhielt sein Braurecht am 29. April 1825. (*Pizzinini* [85])

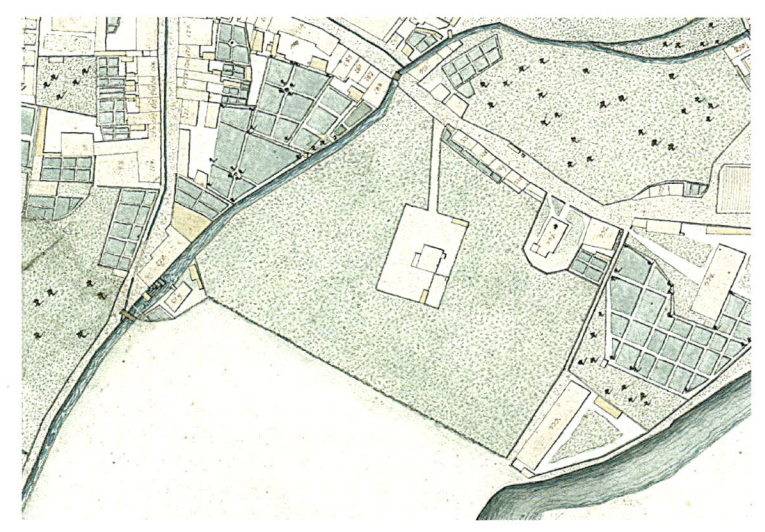

Macharth, 1813 (K19)

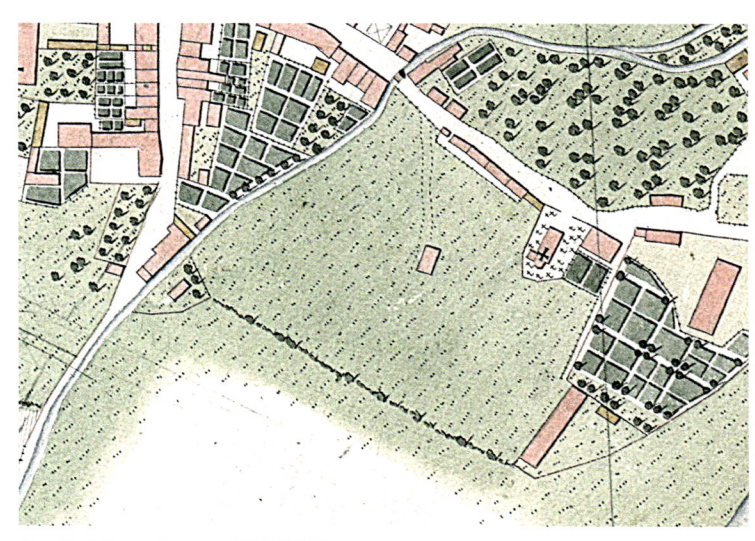

Baudirektionsplan, um 1830 (K34)

Das Gebäude zwischen Hofmühle und Dreiheiligenkirche vor und nach der Gründung des Bräuhauses 1825

Gintner, um 1836 (K37)

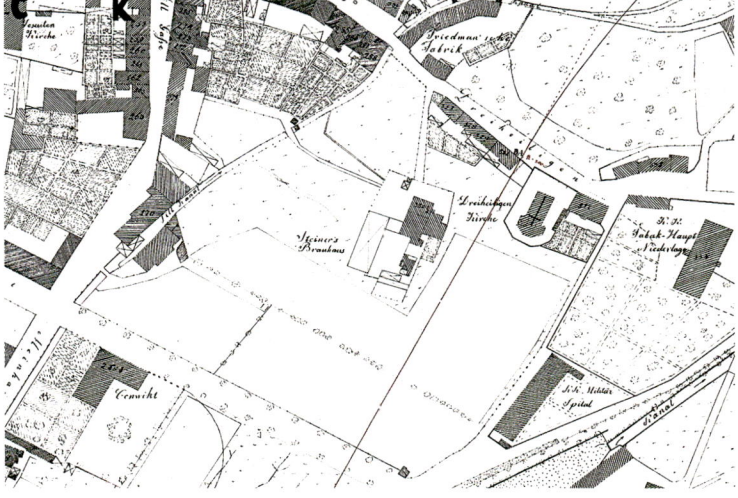

Situationsplan von Innsbruck, 1850 (T50)

1835 wurde die Genehmigung zur baulichen Erweiterung des Betriebes erteilt. (*V. Gruber* [37], S. 554)

Das Bräuhaus – jetzt *Steiners Brauhaus* genannt – liegt an der geplanten, durch eine rote Linie gekennzeichneten Eisenbahntrasse.

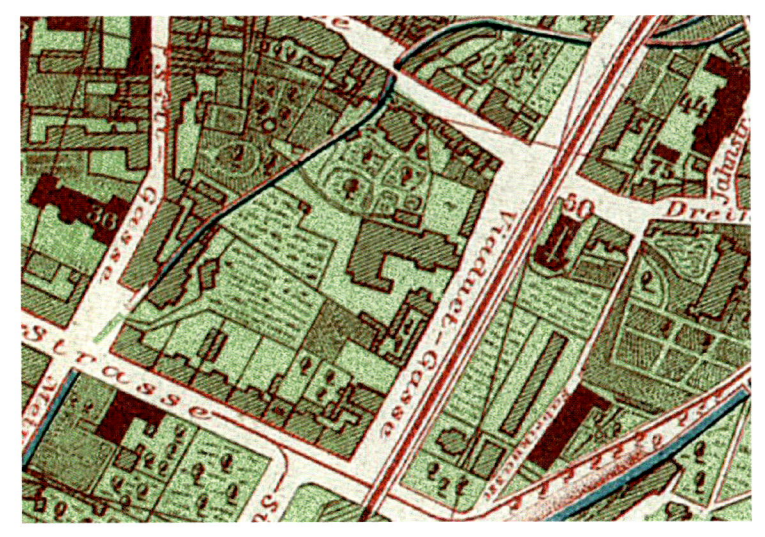

J. Redlich, 1904 (K86)

BaseMap-Tirol, 2016 (K97)

Das bürgerliche Bräuhaus an der Viaduct-Gasse (heute Ing.-Etzel-Straße)

2003 wurde der Betrieb in Innsbruck eingestellt, danach das Betriebsgebäude abgerissen und durch Neubauten ersetzt.

Die Pläne

Ujhazi Ing. Major: **„Situations Plan von der Gegend der Kohlstadt und Sieben Kapellen allwo sich gegenwärtig das Zeughaus nebst an dem Artillerie Gebäuden befindet"**, 1803 (Kartenverzeichnis T34)

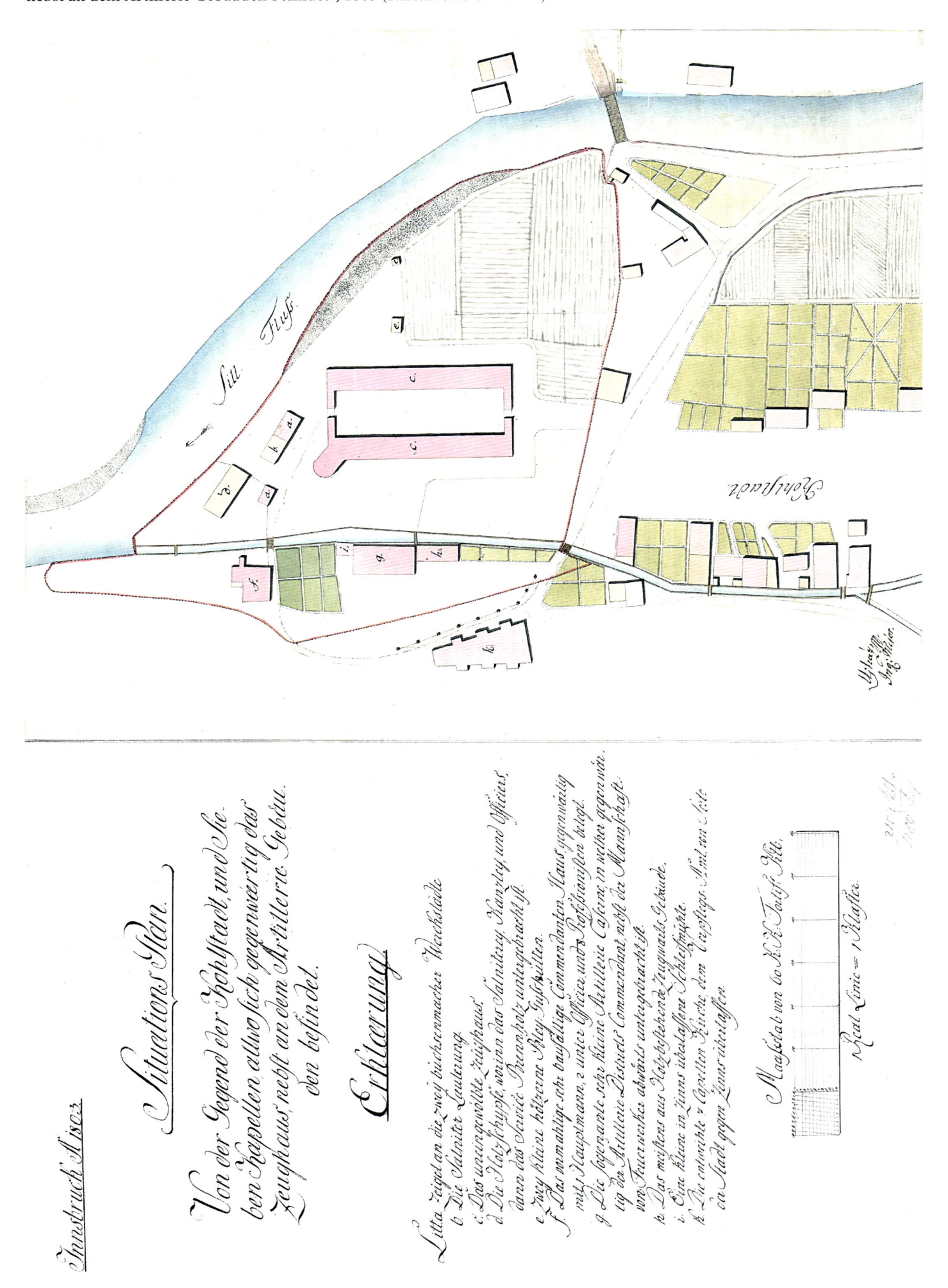

Innsbruck d. 1 ...

Situations Plan

Von der Gegend der Kohlstadt, und Sieben Kapellen allwo sich gegenwärtig das Zeughaus, nebst an dem Artillerie Gebäuden befindet.

Erklärung.

Litt a Zeigt an die zwey büchsenmacher Werkstätte
b. Die Salinitz Laudung
c. Das neuausgewölbte Zeughaus
d. Die Holzschuppe, worinn das Salinitzer Kanzley und Officiers, dann das Servic Pronstolz untergebracht ist.
e. Zwey kleine hölzerne Krieg Fußhütten.
f. Das nunmahlige sehr baufällige Commendanten Haus gegenwärtig mit 4 Hauptmann, 2 unter Officiers und Stabsoffiziere beleg.
g. Die sogenannte sehr kleine Artillerie Caserne, in welcher gegenwärtig der Artillerie Districts Commendant nebst der Mannschaft von Feuerwerker abseits untergebracht ist.
h. Das meistens aus Holzbestehende Zeugwaidts Gebäude.
i. Eine kleine in zimmer übelassene Schlachtstätte.
k. Die entworfene 7 Capellen Kirche, dem Verpflegs Amt zur Seite ein Stadt gegen Feuersrücksichten.

Maaßstab von 60 N.Ö. Teutsch Fts.

Real Linie = 1 Klafter.

Ujhazi, ein österreichischer Genie- bzw. Pionieroffizier, war im November 1805, als die Festung Kufstein den Bayern ausgefolgt werden musste, deren Festungskommandant. (Mündliche Mitteilung von Wilfried Beimrohr)

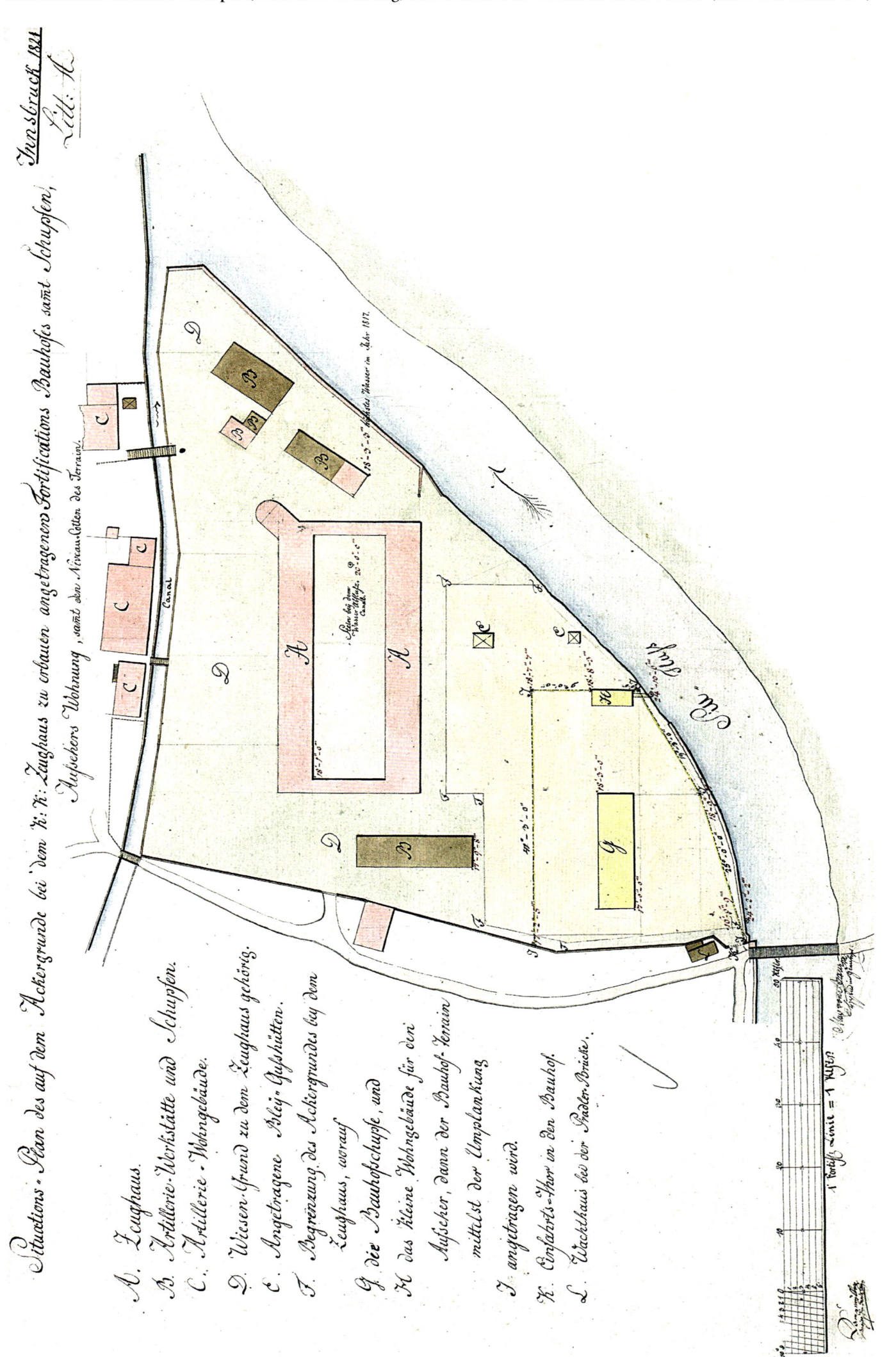

Max von BAUR, Hptm.: **"Situations-Plan des auf dem Ackergrunde bei dem k. k. Zeughaus zu erbauen angetragenen Fortifikations Bauhofes sammt Schupfen, Aufsehers Wohnung, sammt den Niveu-Cotten des Terrain"**, 1821 (Kartenverzeichnis T35)

PRAXMARER: „Situations Plan A. Dem Hofmühler And. Glatzl B. Dem Wohlenweber Math. Weyerer Gehörig und Bestimmung des Wasser Einlasses und der laut Protocollirten Puncten, nach dem Nivo Punct. o. Aufgenommen Niveliert und gezeichnet, zur Verhinderung aller seinerzeitig Entstehenden Streitigkeiten", 1840 (Kartenverzeichnis T36)

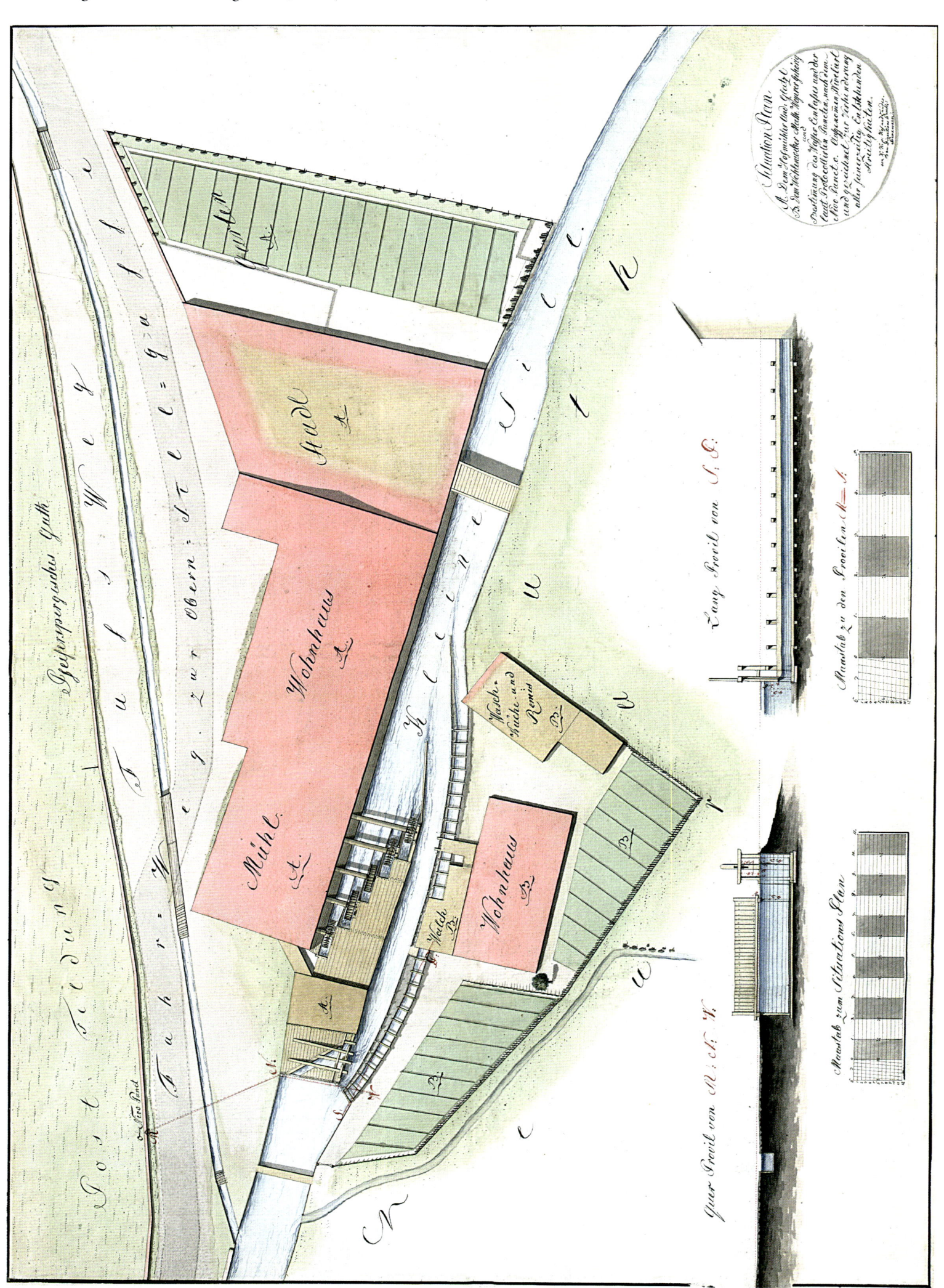

5. Sill (Bereich Pradler Brücke bis zur heutige Friedensbrücke)

tiris, Orthofoto 2013 (K95)

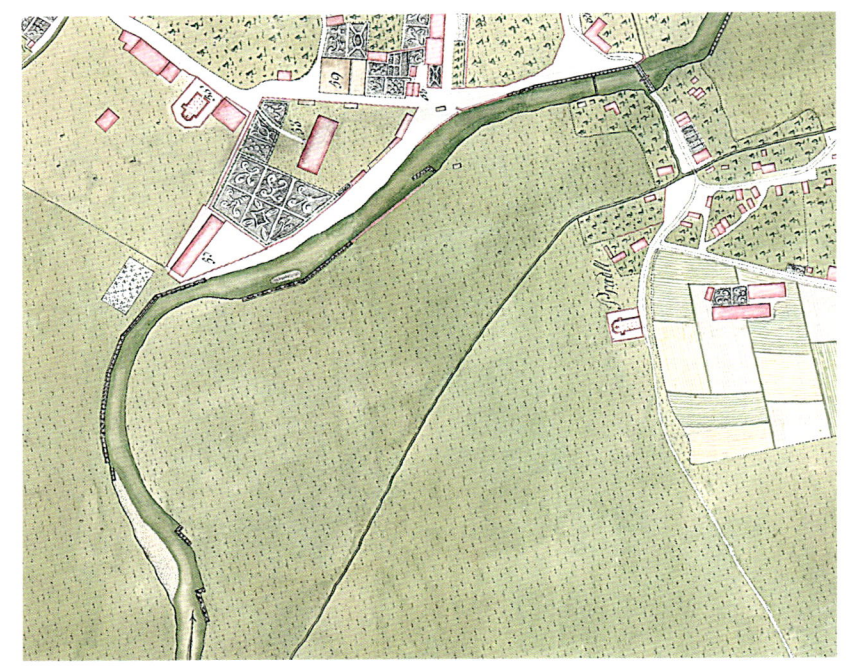

„Plan de la Ville et des Environs d'Innsprug", 1750 (K2)

Neben dem Inn ist die Sill auffälliger Bestandteil der Stadttopographie. Sie bildete lange Zeit die Grenze zwischen der selbständigen Gemeinde Amras mit ihren Fraktionen Pradl u. Sillhöfe und der Stadtgemeinde Innsbruck. Bis 1823 war die Sill im Bereich Pradler Brücke bis Friedensbrücke unreguliert.

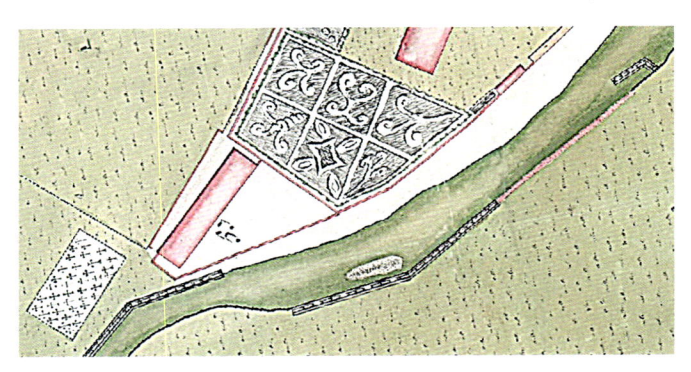

Zum Schutz der Gebäude und Felder gab es aber bereits seit dem 18. Jahrhundert Wasserschutzbauten. Bemerkenswert ist die exakte Darstellung der verschiedenen Verbauungsarten: rot = gemauert, schwarz = Holzkästen.

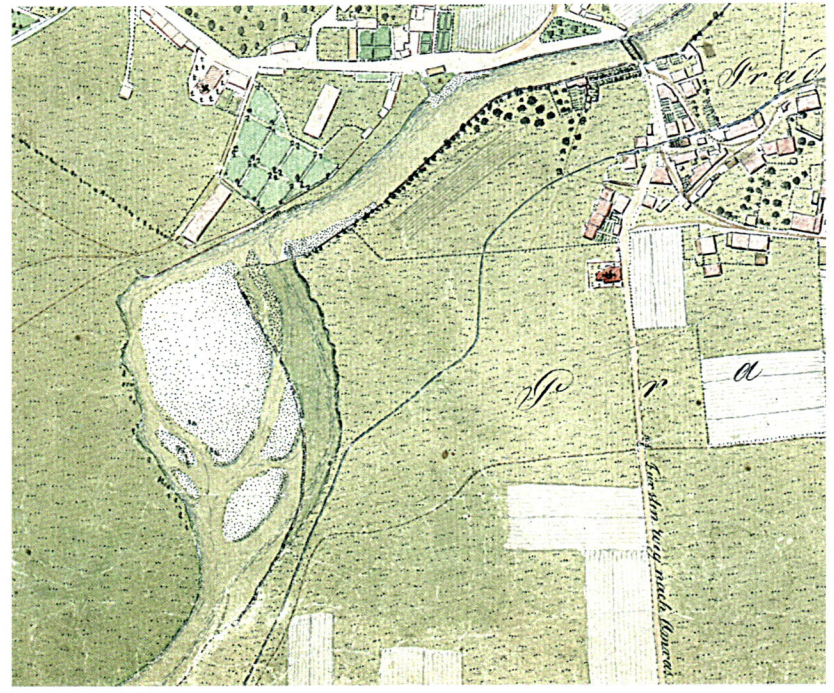

Innstromkarte, K4, 1820, Blatt 58 (K26)

Neben der Darstellung des noch unregulierten Verlaufes der Sill mit den dazwischenliegenden Sandbänken wird auch ein weiterer Flussarm eingezeichnet, der dem Verlauf der Sill nach dem Hochwasser vom Mai 1820 entspricht.

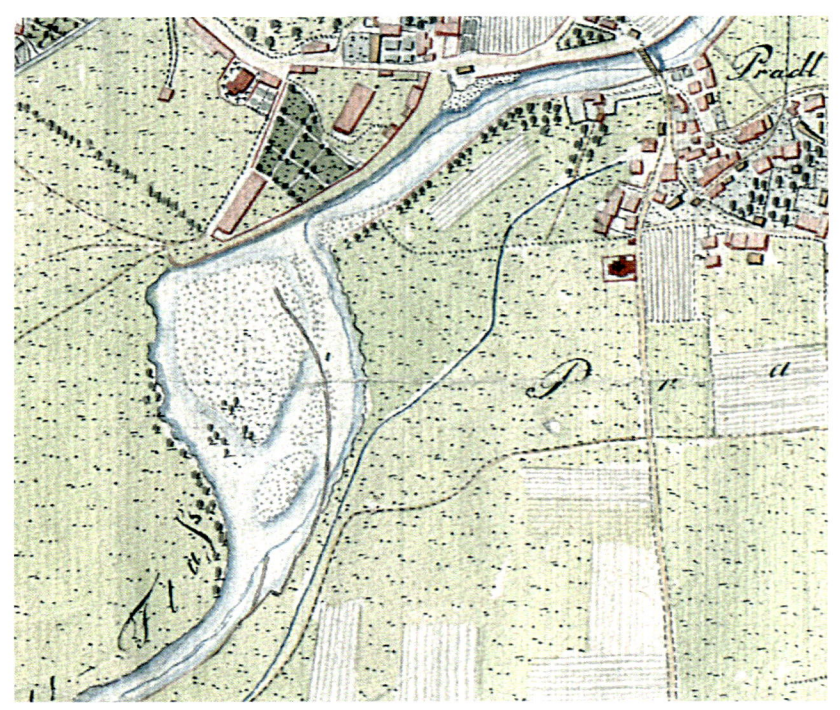

Miller, 1822 (K30)

Ähnlich dem Plan der Innstromkarte zeichnet *Miller* hier den Flussverlauf nach dem Zustand von 1820 mit einer geplanten Verbauung ein, obwohl zum Zeitpunkt der Erstellung der Karte bereits die neue Flusstrasse vorlag.
Anhand dieses Ausschnittes lässt sich zeigen, dass die Millerkarte tatsächlich auf einer Reduktion der originalen Innstromkarte von 1820 (K11) auf den halben Maßstab beruht. Die Sillregulierung, die auf den Plänen K3 und K5 bereits zu sehen ist, hat zur Zeit der Anfertigung der Innstromkarte noch *nicht* stattgefunden.

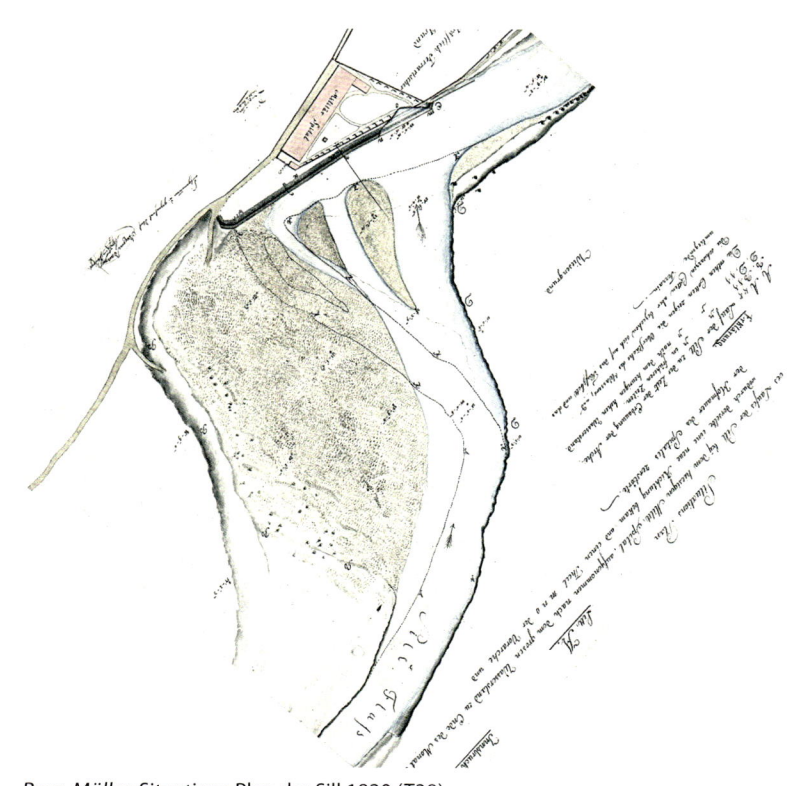

Dieser Situationsplan, aufgenommen nach dem Hochwasser Ende Mai 1820, bei dem die Sill eine neue Richtung nahm und einen Teil der Vorarche und der Hofmauer des Militärspitals zerstörte, macht deutlich, warum der gezeichnete Flussverlauf auf den Karten und Plänen vor der Regulierung 1823/24 ständig wechselte.

Die Erklärung auf dem Plan:
A (punktiert gezeichnet)
   Lauf der Sill zur Zeit der Erbauung der Arche.
B (Verlauf ganz links)
   Lauf der Sill in früheren Zeiten.
D (blau gefärbt, der breite rechte Ast)
   Lauf der Sill nach dem hohen Wasserstand Ende Mai 1820.

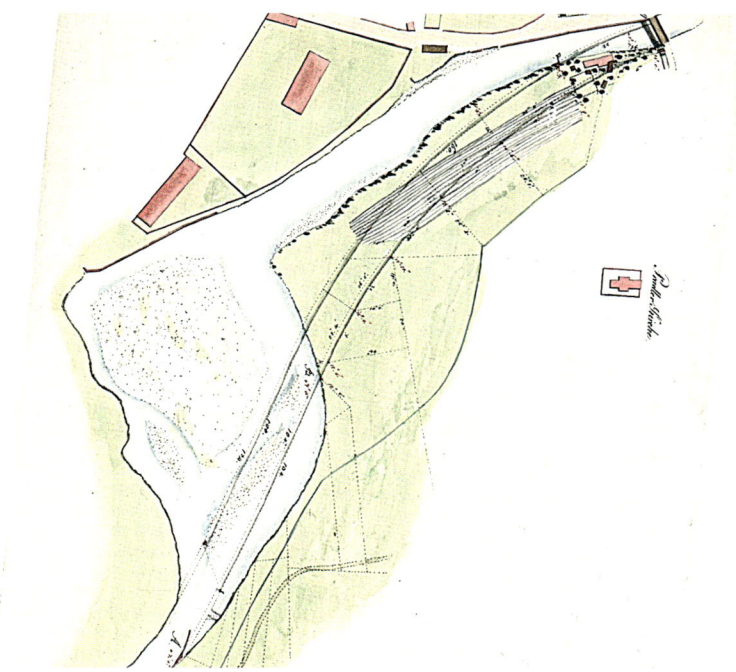

Baur, Müller, Situations Plan der Sill 1820 (T38)

Aufgrund der wiederholten Überschwemmungen und Verheerungen an den anliegenden Häusern bildeten die Anrainer um 1820 den Sillarchenverein zur Herstellung von Sicherungsbauten an den beiden Ufern.

H. Bruner [10]: *„Im Herbst 1823 begann man ein neues, zweckmäßiges und sanft gebogenes Rinnsal zu graben, das von oberhalb des ersten Einbruchs bei der Trappschen Wiese sich bis zur Pradler Brücke hinzog. Dem neuen Sillbette, das eine Länge von 351 und eine Breite von 14 Wr. Klaftern erhielt, stand aber das alte Hallergut als größtes Hindernis entgegen. Das Gut wurde nun vom Sillarchenverein kurzerhand angekauft und der Hof abgebrochen. […] Die Anlage des neuen Sillbettes war in wenigen Monaten vollendet. Am 24. April 1824 wurde in Gegenwart des Landesgouverneurs Grafen Karl v. Chotek […] in feierlicher Weise die Sill in das neue Bett eingeleitet."*

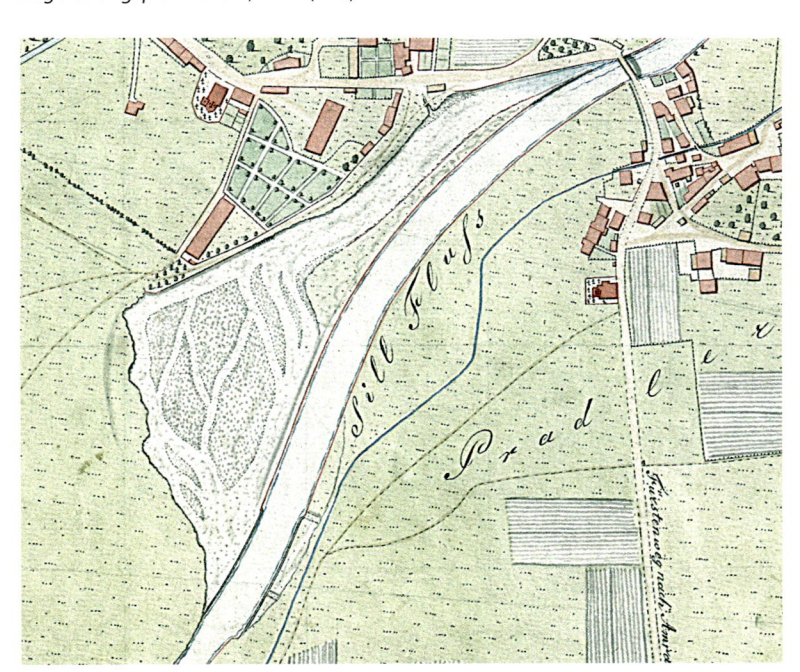

Regulierungsplan der Sill, 1823 (T40)

Hier sind sowohl der ursprüngliche als auch der nach der Regulierung erfolgte neue Verlauf der Sill gleichzeitig eingezeichnet.

Innstromkarte K3, 1825, Blatt 58 (K28)

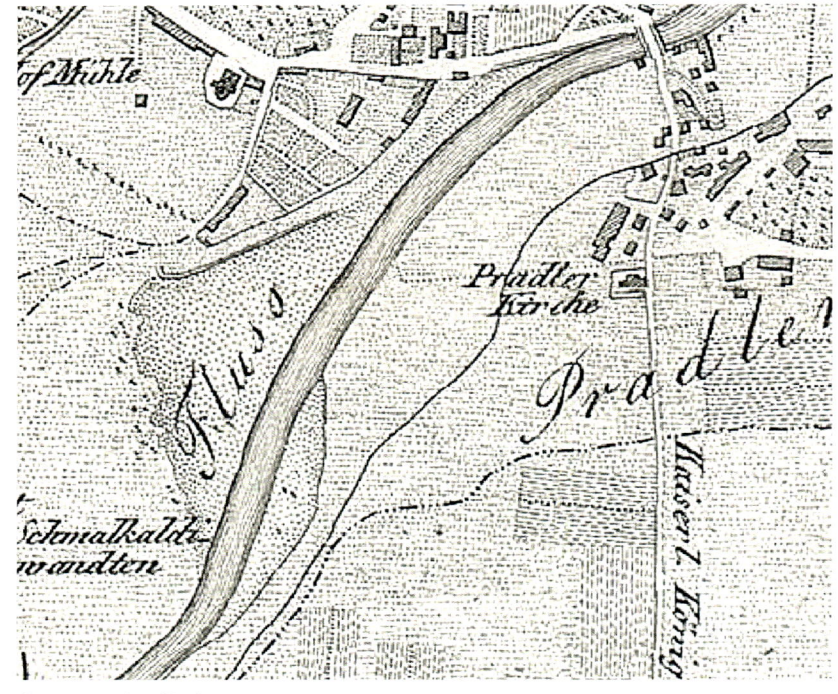

Gross, 1835/40 (K38)

Bei diesem Plan ist nur mehr die neu regulierte Sill zu sehen, der alte Verlauf ist noch als Sandbank gezeichnet.

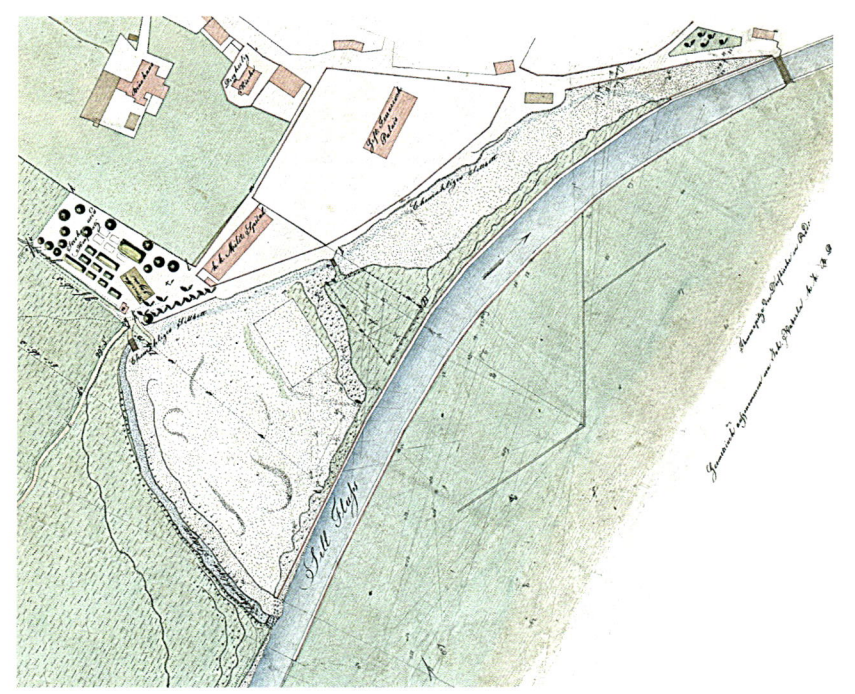

Haberla, „Situationsplan des alten und neuen Sillbettes", 1837 (T42)

Vermessungsplan des Sillzwickels vor Beginn der endgültigen Verbauung für das Fabriksareal der Spinnfabrik Ganahl-Rhomberg. Links oben sieht man den 1835 genehmigte Erweiterungsbau des Bürgerlichen Bräuhauses.

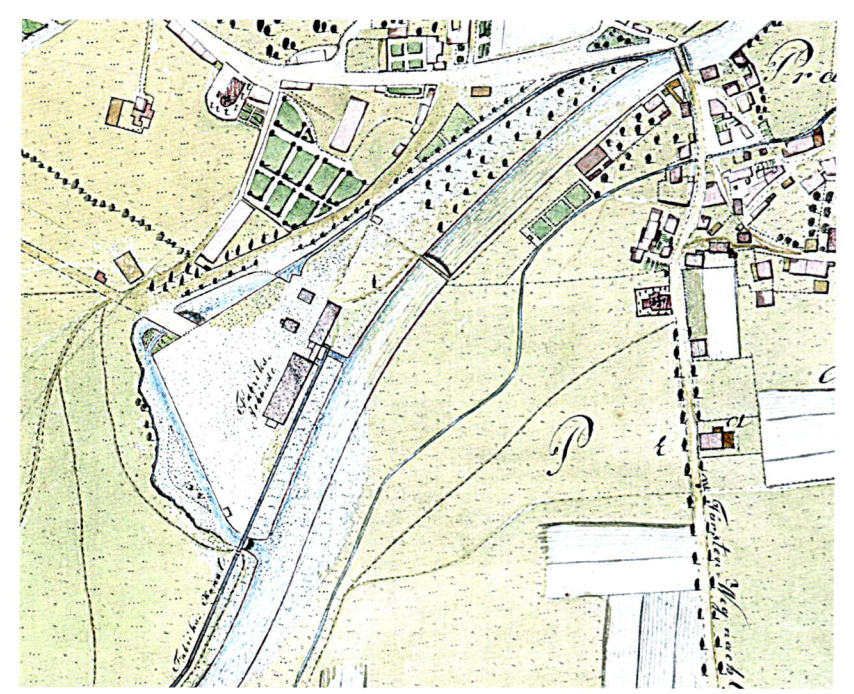

Miller, um 1840 (K41)

Obwohl dieser Plan zwischen 1835 und 1845 entstand, ist hier die räumliche Entwicklung im **gesamten Zeitraum von 1822 bis 1842** dargestellt.

Die Sill ist zweifach dargestellt: „*Einerseits bereits in ihrem regulierten Bett (rote Linien kennzeichnen die Ufermauern); darunter und daneben, obzwar blau übermalt, ist aber auch noch der unregulierte Flußlauf der dreißiger Jahre zu sehen. […] Eine riesige Schotterbank füllte das Dreieck zwischen der heutigen Gaswerkbrücke, der jetzigen Straßengabelung östlich der Eisenbahnunterführung und der Pradler Brücke. 1838 hat die Fabriksgesellschaft Ganahl-Rhomberg, an deren Stelle 1842 Herrburger-Rhomberg trat, dieses Stück des Sillbettes gekauft, 1838–1839 die Fabrik erbaut und 1840 eine Bandweberei eröffnet. Die Autoren (?) […] haben hier zuerst noch das alte Flußbett mit der Schotterbank eingezeichnet; darüber aber dann die neuen Fabriks- und Nebenanlagen gemalt, zu denen auch der neue, gerade Sillkanal und eine Brücke, die die Fabriksinsel mit dem Dorf Pradl verband, gehörten.*" (Dörrer [13])

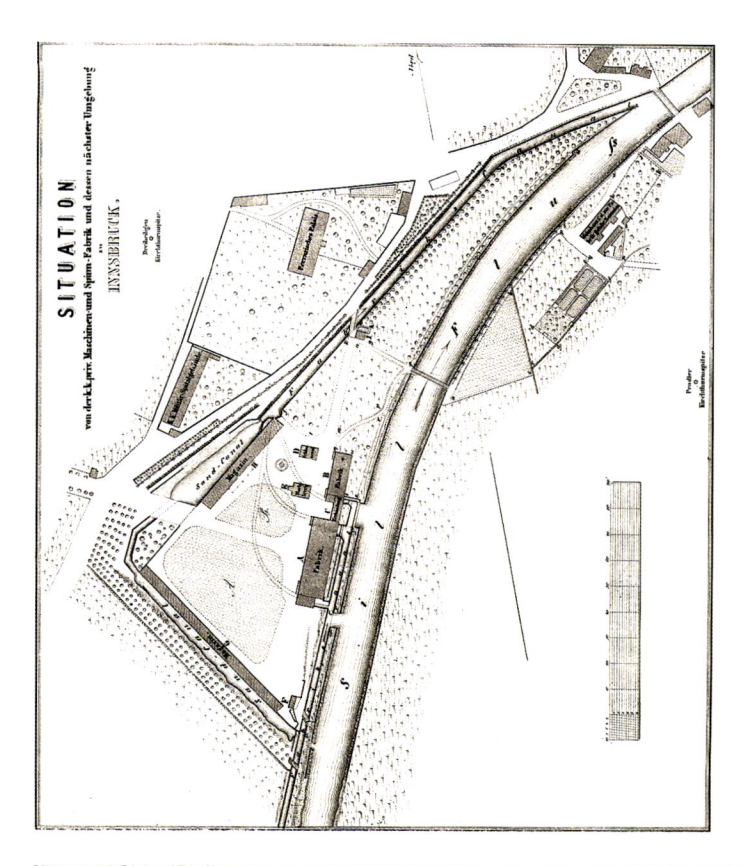

Abb. 24: Die Maschinen- und Spinnfabrik Ganahl-Rhomberg an der Sill als Briefkopf auf einem Vertragsformular; im Vordergrund ist der kleine Kanal, der das Firmengelände umschloss, erkennbar.

C. A. Czichna, „Situation von der k. k. priv. Maschinen- und Spinn-Fabrik und dessen nächster Umgebung zu Innsbruck", 1853 (T43)

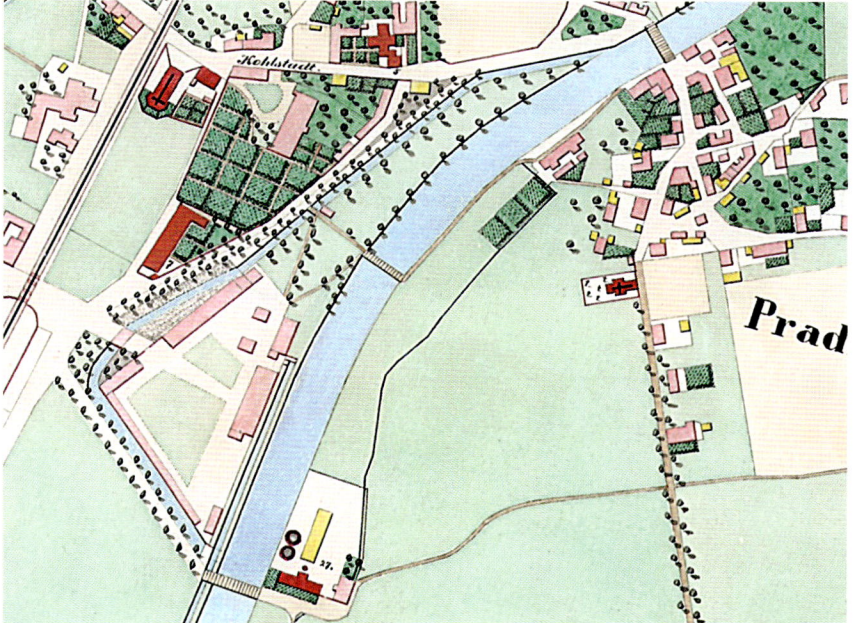

Die Sill und der sogenannte „Sillzwickel" 1866: Von links oben nach links unten ist die neue Eisenbahn zwischen dem bürgerlichen Brauhaus und der Dreiheiligenkirche trassiert. In der Bildmitte ist die Unterführung der Verlängerung der Museumstraße zum Fabriksbereich erkennbar. Am unteren Rand stehen das 1859 errichtete Gaswerk und die zu dessen Bau notwendig gewordene Holzbrücke, die spätere Gaswerkbrücke (heute Friedensbrücke).

Baumgartner, 1866 (K52)

BaseMap-Tirol, 2016 (K97)

1990 entstand an Stelle der bis 1983 bestehenden Textilfabrik das Einkaufszentrum „Sillpark". Das Gaswerk wurde 1974 abgerissen und sein Areal vergrößert nun den bis 1983 angelegten „Rapoldipark". Anstelle der Gebäude wurde bereits 1928/29 das Innsbrucker Hallenbad errichtet.

Die Pläne

Wasserschutzverbauungen an der Sill, 1751 (Kartenverzeichnis T37)

linker Abschnitt

rechter Abschnitt

Max von Baur / D. von Müller: „**Situations Plan des Laufes der Sill bey dem hiesigen Milit. Spital, aufgenommen nach dem grosen Wasserstand zu Ende des Monat Mai letzten Jahres, wodurch derselbe eine neue Richtung bekam und einen Theil m n o der Vorarche und der Hofmauer des Spitales zerstörte"**, 1821 (Kartenverzeichnis T38)

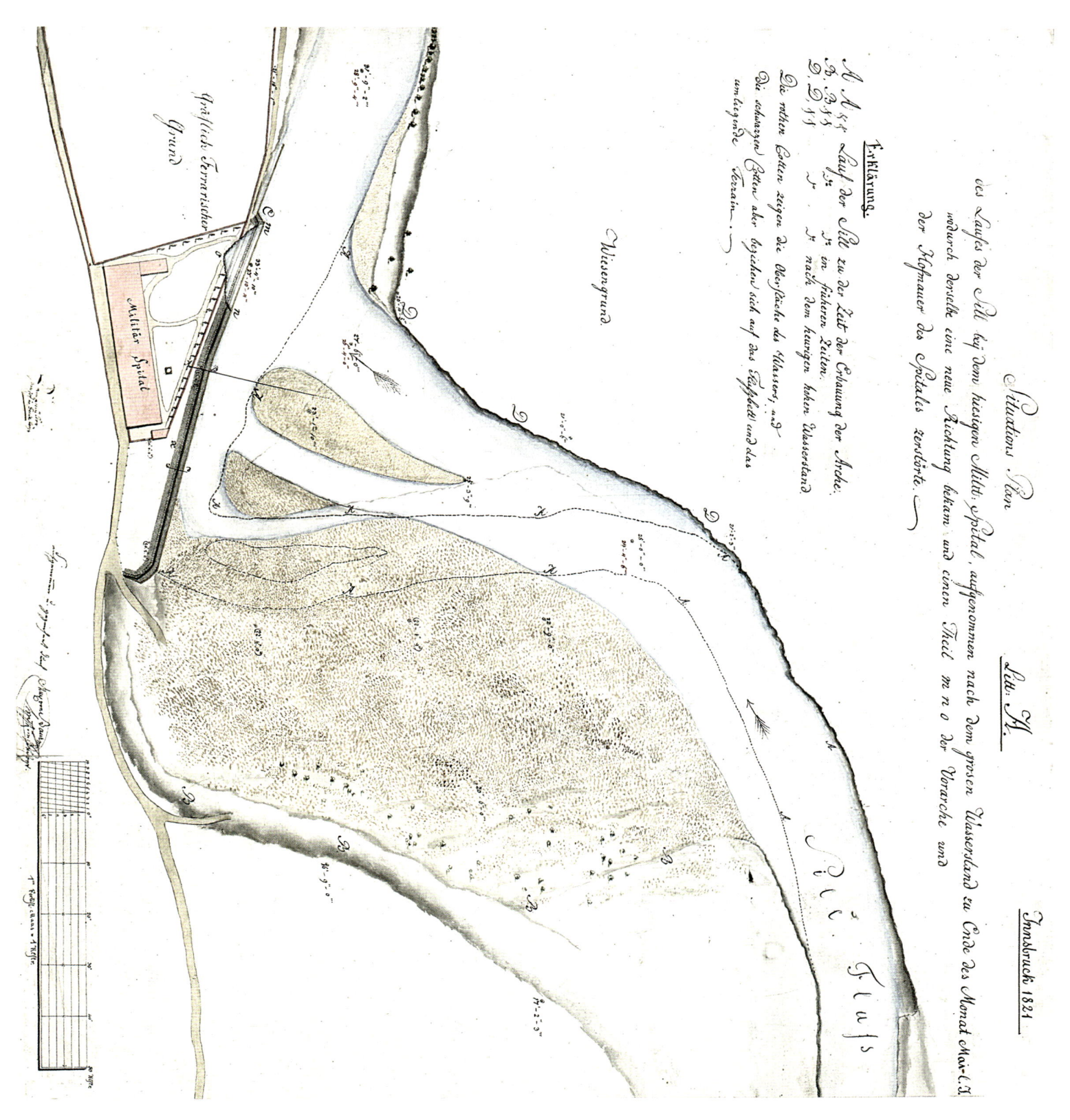

Dieser Plan wurde nach dem Hochwasser Ende Mai 1820 aufgenommen.

Erklärung:
A … Lauf der Sill zur Zeit der Erbauung der Arche.
B … Lauf der Sill in früheren Zeiten.
D … Lauf der Sill nach dem heurigen hohen Wasserstand.

Die roten Cotten zeigen die Oberfläche des Wassers; die schwarzen Cotten aber beziehen sich auf das Flussbett und das umliegende Terrain.

„Situation des Sillflusses zwischen der Wildauer und Pradler Brücke, mit den angrenzenden Gründen", 1822 (Kartenverzeichnis T39)

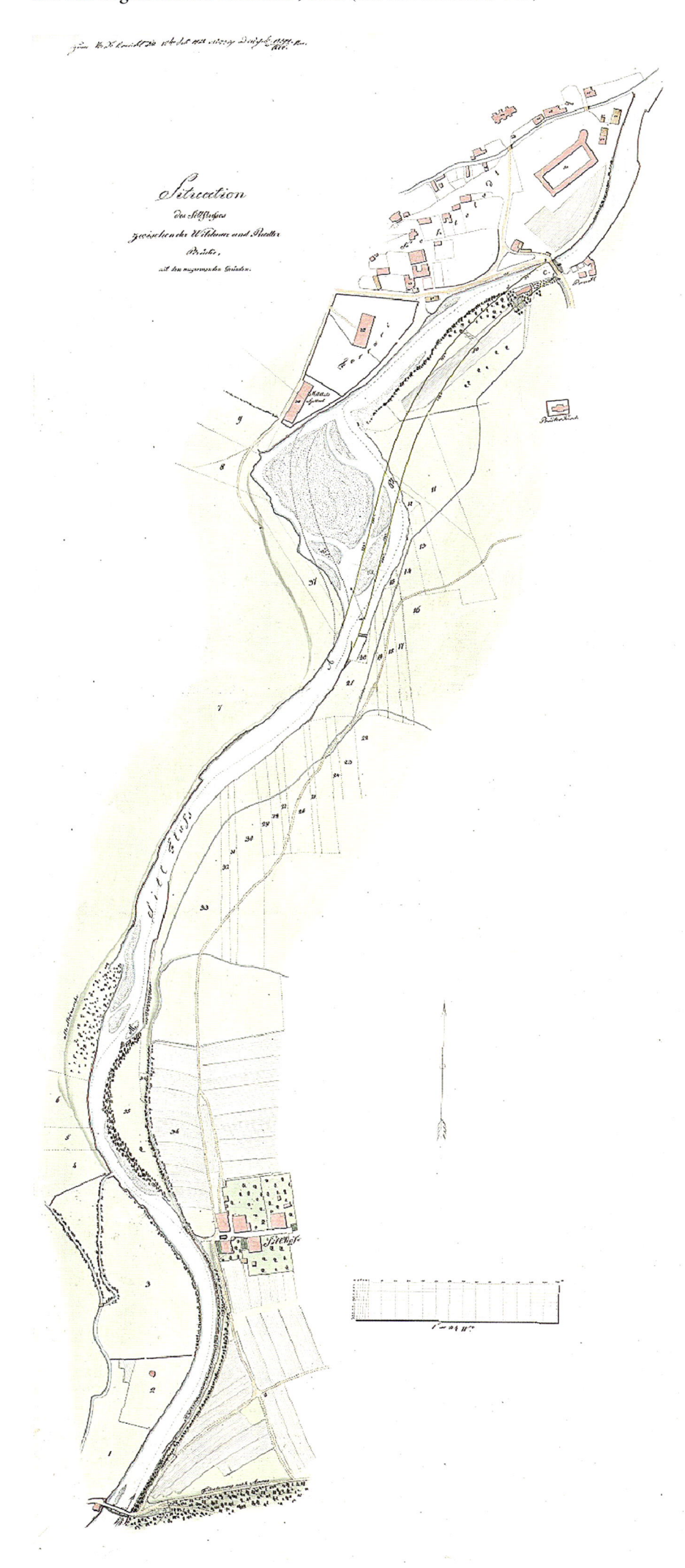

Der Plan
zur projektierten
Sillregulierung

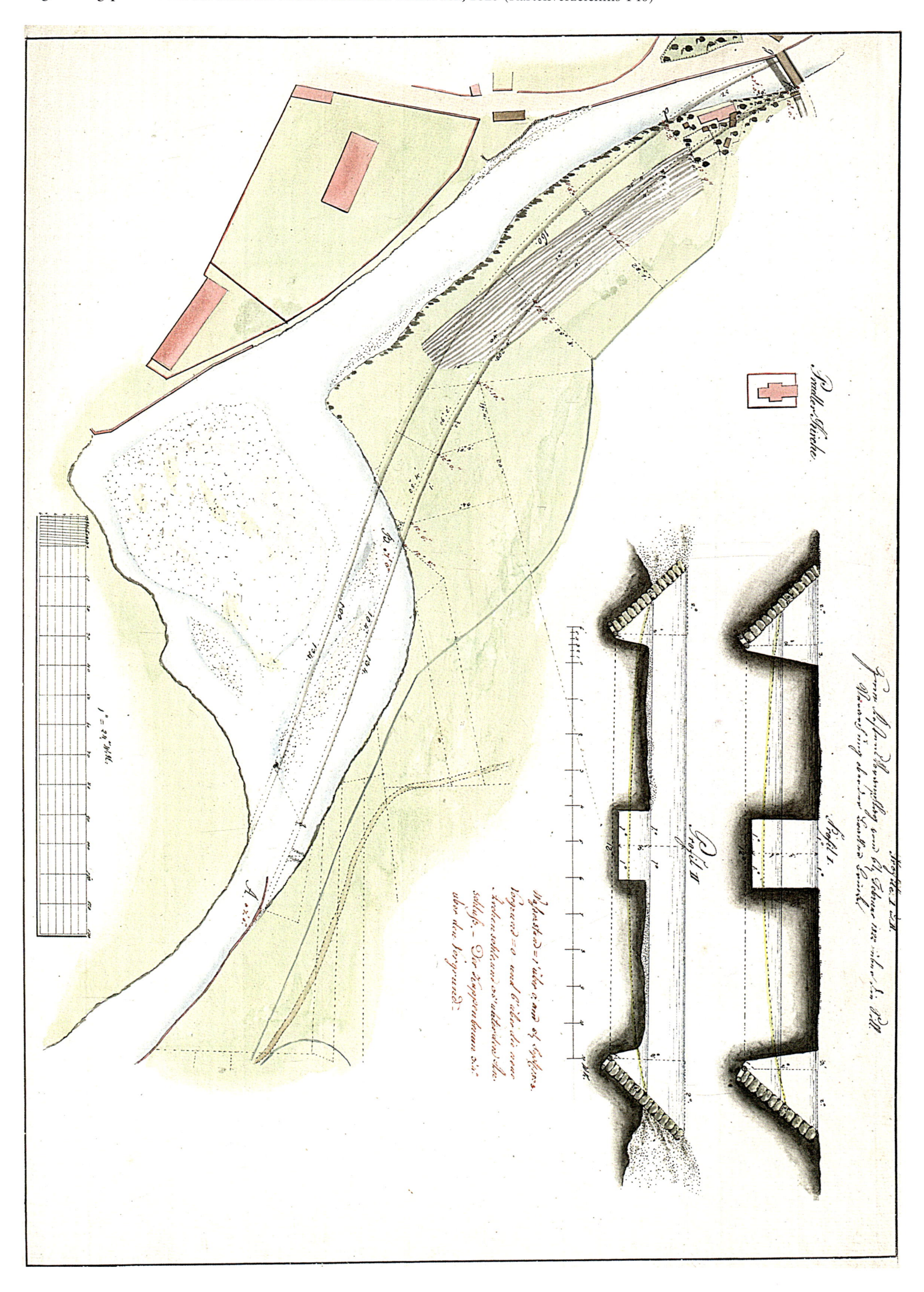

Regulierungsplan der Sill auf Höhe der Pradler Kirche in Innsbruck, 1823 (Kartenverzeichnis T40)

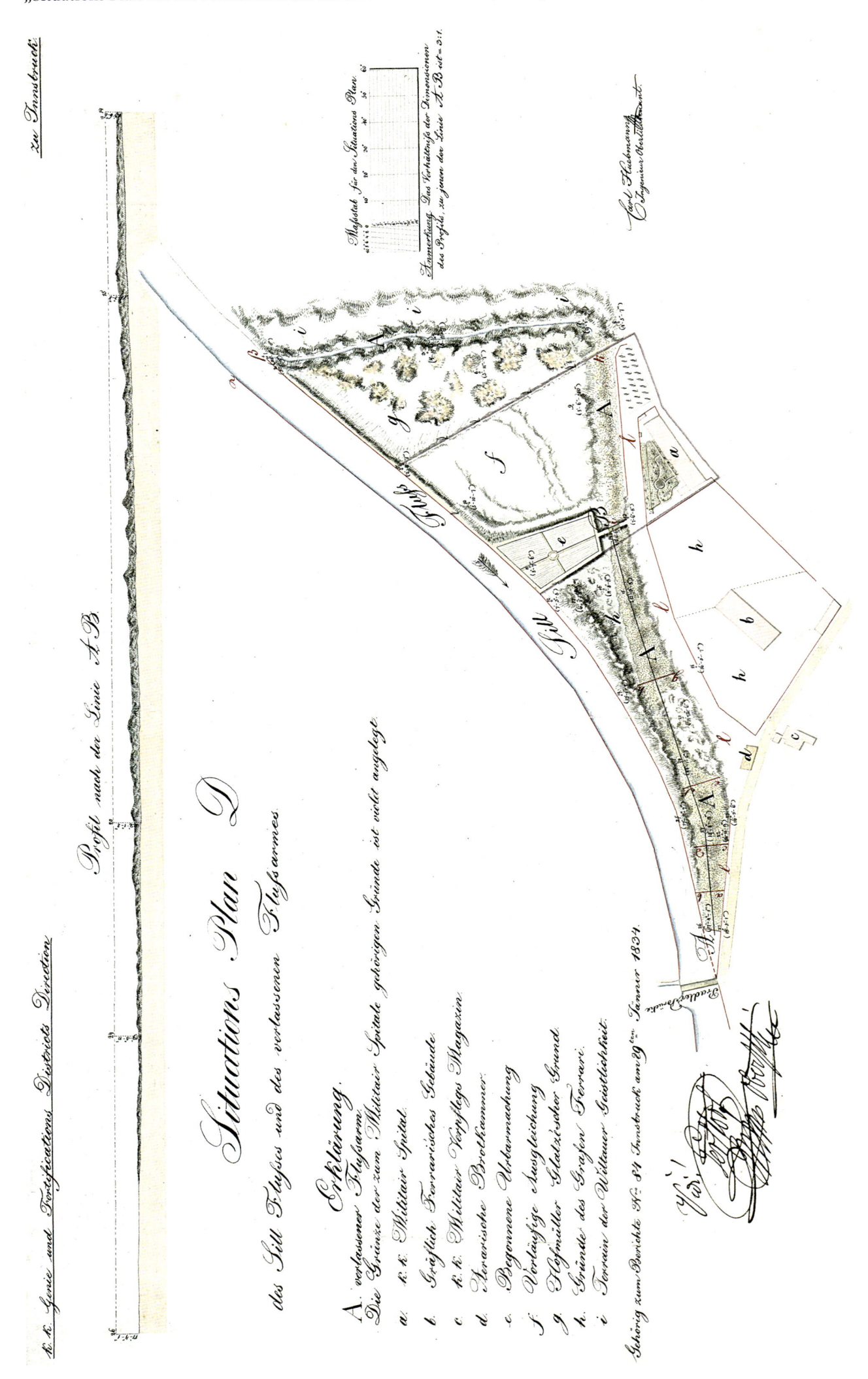

„Situations Plan des Sill Flusses und des verlassenen Flussarmes", 1834 (Kartenverzeichnis T41)

Situations Plan D

des Sill Flusses und des verlassenen Flussarmes.

Erklärung.

A. verlassener Flussarm.
Die Gränze der zum Militair Spitale gehörigen Gründe ist violett angelegt.

a. k.k. Militair Spital.
b. Gräflich Fervarisches Gebäude.
c. k.k. Militair Verpflegs Magazin.
d. Ferarische Brotkammer.
e. Begonnene Urbarmachung.
f. Vorläufige Ausgleichung.
g. Hofmüller Statzischer Grund.
h. Gründe des Grafen Ferrari.
i. Terrain der Wittauer Geistlichkeit.

Gehörig zum Berichte N° 84 Innsbruck am 19ten Jänner 1834.

Vor dem Projekt der Spinnfabrik Ganahl-Rhomberg gab es Pläne zur Urbarmachung des neu gewonnenen Terrains im Sillzwickel.

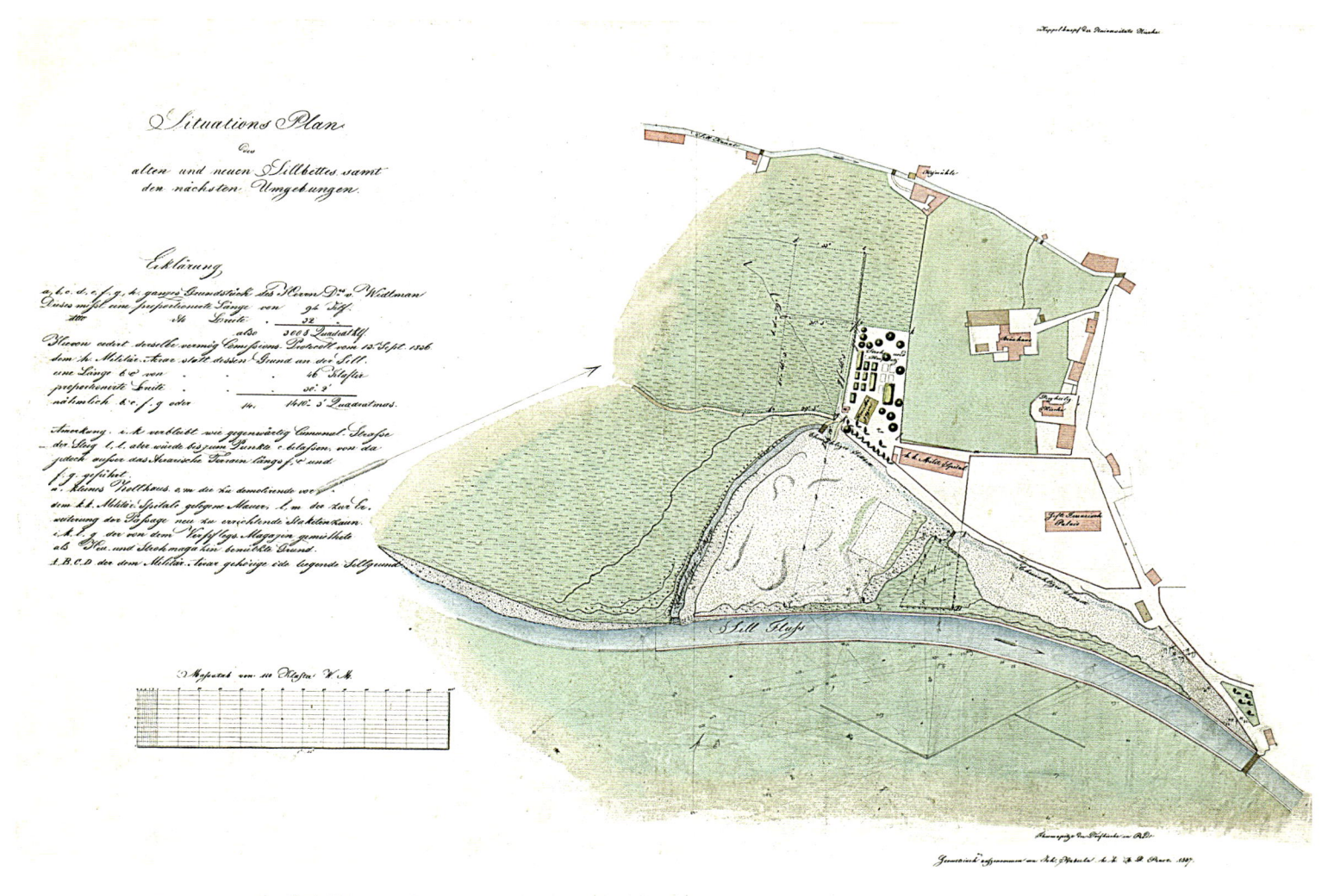

Johann Haberla: „Situationsplan des alten und neuen Sillbettes samt den nächsten Umgebungen", 1837 (Kartenverzeichnis T42)

Vermessungsplan des Sillzwickels vor Beginn der endgültigen Verbauung für das Fabriksareal.

C. A. Czichna: **„Situation von der k. k. priv. Maschinen- und Spinn-Fabrik und dessen nächste Umgebung zu Innsbruck"**, 1853
(Kartenverzeichnis T43)

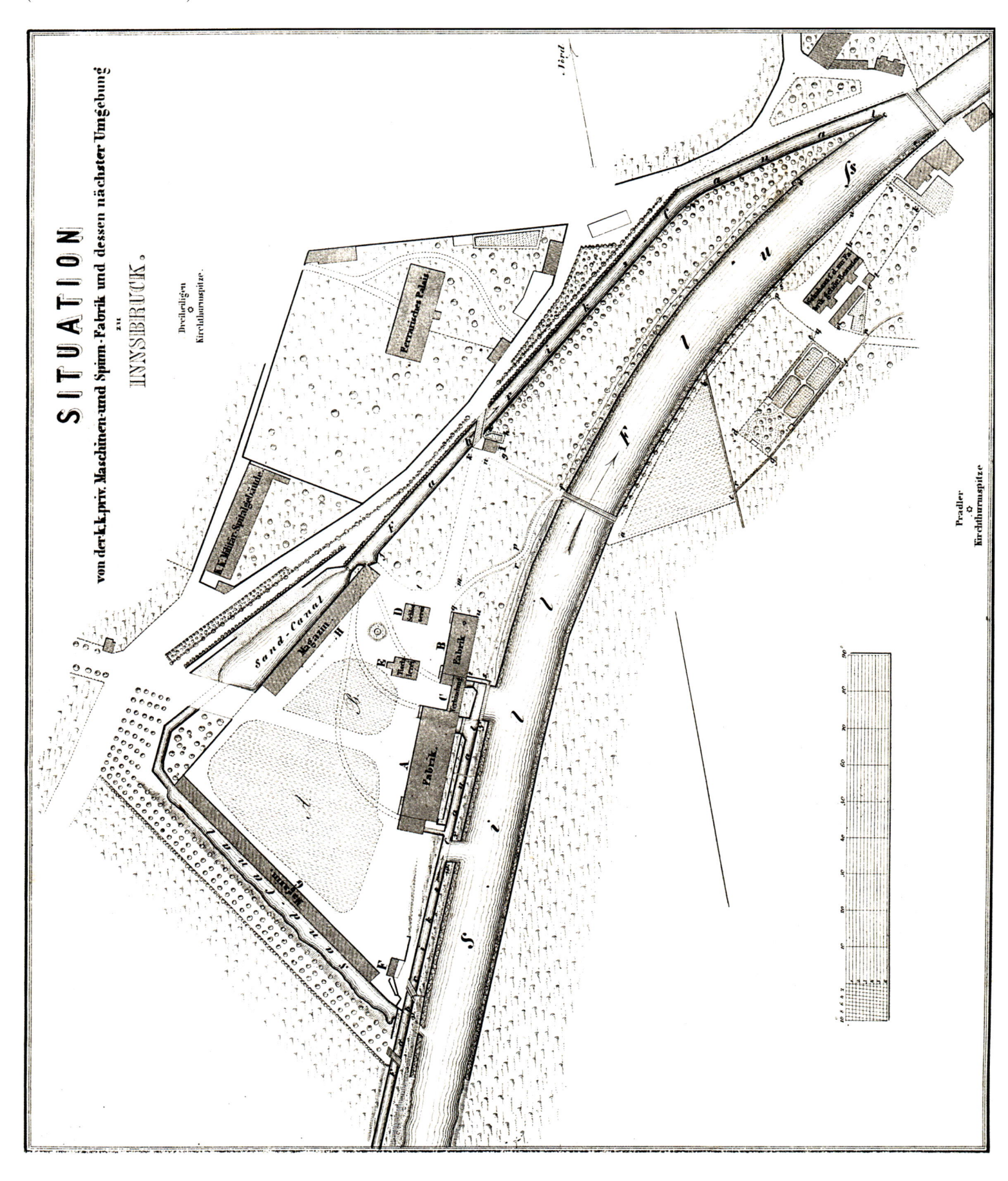

6. Stadterweiterung im Angerzell (Museumstraße und Umgebung)

tiris, Orthofoto 2013 (K95)

Die Stadterweiterung im Angerzell – ursprünglich das unbebaute Gebiet zwischen Hofgarten und den Wiltener Feldern, hier aber diese Felder miteinschließend – ab 1840 stellte die größte Veränderung des Stadtgrundrisses seit Jahrhunderten dar. „[…] wir sehen den Einbruch einer neuen Zeit, die erstmals nach Reißbrettplanung ins Grünland einbrach." (Dörrer [13])

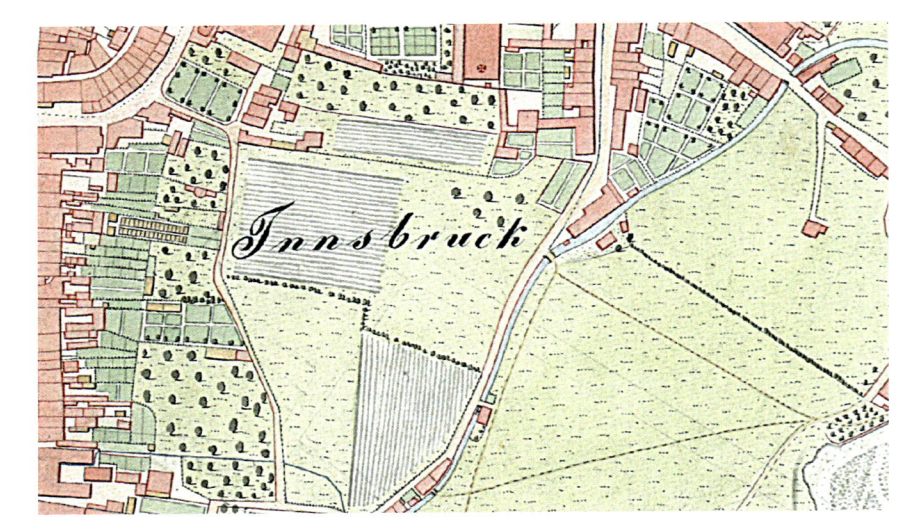

Der Kartenausschnitt zeigt den Zustand vor der geplanten Stadterweiterung im Angerzell.

Innstromkarte K5, 1821/22 (K27)

Im Baudirektionsplan um 1830 ist die projektierte Stadterweiterung ausgehend vom Franziskanergraben (Burggraben) bis zur kleinen Sill bereits mit Bleistift skizziert.

Baudirektionsplan, um 1830 (K34)

Auch bei *Ginter* ist die geplante Stadterweiterung skizziert, allerdings in deutlich geänderter Ausführung.

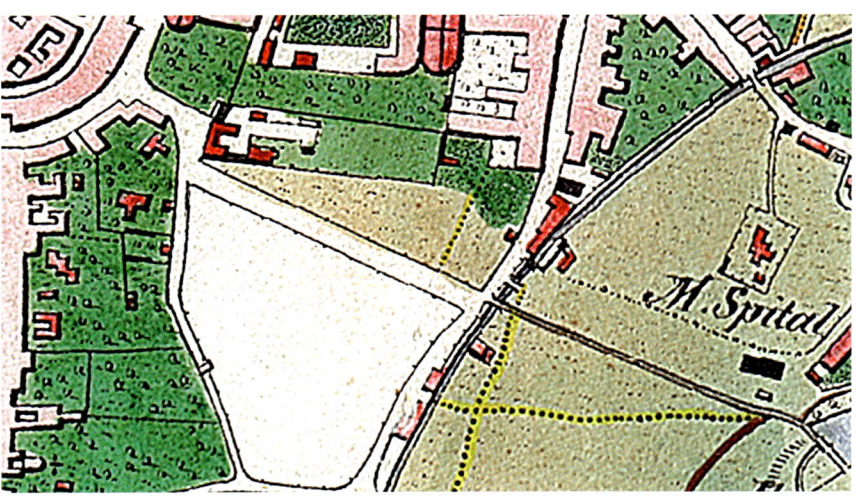

Gintner, um 1836 (K37)

Bei *Urban* ist das Projekt der Museumstraße bis zur kleinen Sill angedeutet, der Ausgangspunkt am Franziskanergraben und die Richtung der Straße stimmen allerdings nicht mit der projektierten bzw. endgültigen Trassenführung überein.

Urban, 1840/43 (K43)

V. Gruber [37] S. 37–38: „Die Museumstraße wurde nicht mit einem verkehrstechnischen Ziel gebaut (die Bahnhofsanlage war zu jenem Zeitpunkt noch nicht projektiert), sondern nur als Stadterweiterung geplant. Am 4.10.1839 genehmigte das Gubernium die Eröffnung der neuen Straße. Sie war als unmittelbare Verbindung zwischen Sillgasse und Franziskanergraben (heute Burggraben) gedacht. Die ursprünglich mit 8 Klaftern (d. s. 15,16 m) geplante Straßenbreite mußte aufgrund des Gubernialbeschlusses vom 4.10.1839 10 Klafter (d. s. 18,96 m) betragen.

Zur Anlage dieser Straße wurden von Fischnaller 870 Quadratklafter (d. s. 31,23 a) und vom Grafen Karl v. Spaur 365 Quadratklafter (d. s. 13,10 a), also insgesamt 1235 Quadratklafter (d. s. 44,33 a) Grund gekauft.

Damit eine unmittelbare Verbindung mit dem Franziskanergraben (heute Burggraben) hergestellt werden konnte, musste das Haus des J. Tschurtschenthaler (KN 250) abgebrochen werden. Da die Verhandlungen zwischen dem Besitzer und dem Stadtmagistrat ergebnislos waren, erkaufte A. Fischnaller im Vertrag vom 3.11.1845 das dreistöckige Gebäude „samt Zubehör und Garten" und verkaufte es am 10.2.1846 an die Stadtgemeinde weiter. Es wurde noch im gleichen Jahr abgebrochen. Zur Begradigung der Museumstraße wurden auch die Holzhütte und der Vorsprung der Gartenmauer der KN 249 (BP 655, Burggraben 6) abgebrochen (siehe einen Detalbericht dazu später).

Im Vertrag vom 27.2.1847 überließ der Handelsmann Peter v. Hellrigl der Gemeinde ein Stück Grund aus der KN 249, ‚welcher in die Museumstraße hineinfällt, wenn die gerade Linie der südlichen Häuserreihe bis zum Franziskanergraben verlängert wird', insgesamt 23 Quadratklafter (d. s. 82,57 qm).

In den Jahren 1846/47 wurde die Museumstraße in Richtung der Spinnfabrik Ganahl/Rhomberg verlängert. Dadurch wurde der Abbruch des im Jahre 1829 ‚für verzehrungssteuerämtliche Zwecke' gebauten Häuschens […] notwendig."

„Innsbruck Neue Angerzellstraße Öffnung", 1839 (14. September) (T44)
(der Plan ist Süd-Nord orientiert)

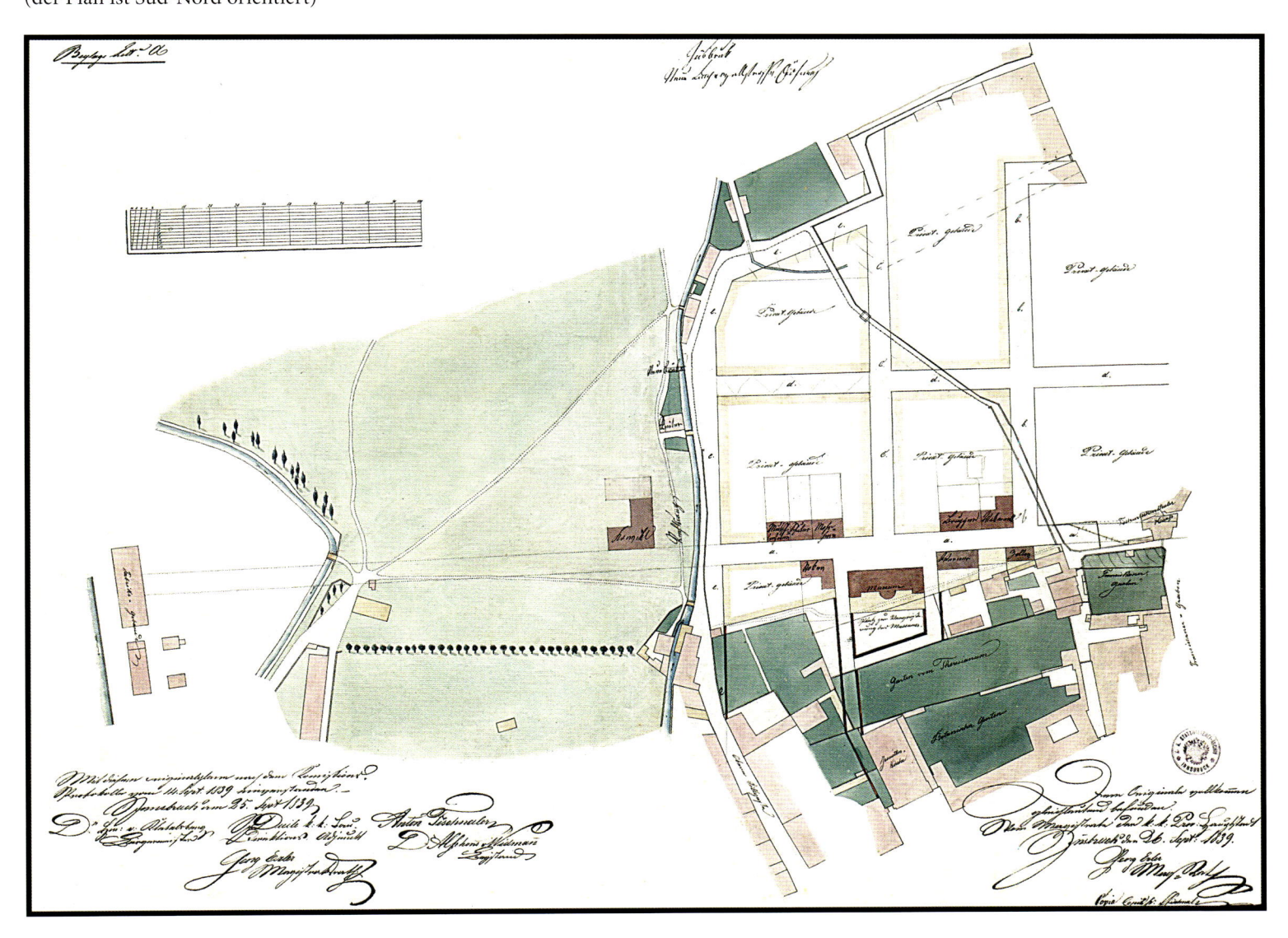

Bei diesem Plan handelt es sich um eine beglaubigte Kopie des Plans vom Projektstart der zukünftigen Museumstraße (zunächst „Neue Angerzellstraße", später auch „Neue Gasse" benannt), unterschrieben u. a. von Bürgermeister Dr. Hieronymus von Klebelsberg, k. k. Baudirektionsadjunkt Joseph Duile, Anton Fischnaler (Besitzer der meisten Gründe im Angerzell und Initiator des Projektes) sowie Magistratsrat Georg Erler.

Die Nachfrage nach der Errichtung privater Gebäude in der Museumstraße und Umgebung schien nicht ganz den erwünschten Erfolg zu haben, denn 1843 gab Anton Fischnaler folgenden Aufruf heraus:

Nachricht.

In der Provinzial-Hauptstadt Innsbruck wurde bei der gesteigerten Bevölkerung der Mangel an Quartieren und insbesondere an bequemen und anständigen Wohnungen für Beamte und Militärs höheren Ranges immer mehr fühlbar.

Der löbliche Stadtmagistrat, von regem Eifer und steter Sorgfalt für das Wohl der Einwohner geleitet, beschloß nun die Erweiterung des Stadtbezirkes durch die Anlegung einer neuen Straße in der sogenannten Angerzell, und durch die allmählige Gründung eines neuen Stadtviertels.

Das hohe k. k. Landesgubernium, als Oberkuratel der Kommune, von der Nützlichkeit dieses Unternehmens und von der Zweckmäßigkeit des gewählten Terrains überzeugt, genehmigte den Antrag des löblichen Stadtmagistrates und den Ankauf des Grundes zur Hauptstraße, die dann rasch zur Ausführung kam.

Es handelt sich nun um die Besetzung dieser neuen Hauptstraße sowohl, als der übrigen bereits ausgesteckten, das neue Stadtviertel durchkreuzenden Gassen mit geräumigen in gefälligem Style zu erbauenden Wohnhäusern.

Die durch Einwirken Seiner Excellenz des Herrn Landesgouverneurs Clemens Grafen und Herrn zu Brandis, obersten Vorstandes des Ferdinandeums, endlich zum Abschlusse gebrachte Bestimmung, daß das neue Museums-Gebäude in der eröffneten Angerzell-Straße, deren schönste Zierde es bilden wird, aufzuführen sey, — weckte die Baulust der hiesigen Bürger und Privaten.

Schon im Laufe des vorigen Jahres sind zwei Häuser an der bezeichneten Straße gebaut worden, und mehrere andere — so wie das Museum, wozu Herr Architekt A. Mutschlechner den Bauplan geliefert hat, erheben sich bereits aus dem Grunde, und werden heuer noch zur Endeckung kommen.

Aus dem vorliegenden Situations-Plane, dessen strafirte Stellen die verkauften Bauplätze anzeigen, ist zu entnehmen, daß noch viele Bauplätze zu vergeben sind, welche hiemit zu billigen Preisen ausgebothen werden.

Die Concurrenz mehrerer zum Theil vor Kurzem erst gegründeter Ziegelöfen und Kalkbrennereien und der vortrefflichen Steinbrüche in der Nähe von Innsbruck liefert eine große Auswahl von Materiale und eben diese Concurrenz dürfte dem baulustigen Publikum zur beruhigenden Ueberzeugung dienen, daß forthin Neubauten in Innsbruck eben so wohlfeil, als in den übrigen Theilen der Monarchie ausgeführt werden können.

Der unlängst zum Stadtbaumeister dahier ernannte Architekt Herr **Anton Mutschlechner**, welcher im Auslande durch viele öffentliche und Privatbauten achtungswerthen Ruf erworben und sich volles Zutrauen begründet hat, wird Beides um so mehr nun in seinem Vaterlande zu rechtfertigen wissen.

Er verfaßt nach Verlangen Baupläne und Kosten-Ueberschläge, für deren Richtigkeit er Bürge steht. Ueberdieß ist er bereit, die Bauten zu beaufsichtigen und bis zur Vollendung zu leiten.

Der unterzeichnete Eigenthümer der Bauplätze in der Angerzell glaubt diese günstige Gelegenheit zu Bauunternehmungen mit dem Bemerken zur allgemeinen Kenntniß bringen zu sollen, daß er die Vertheilung und die Veräußerung der Bauplätze dem erwähnten Herrn Stadtbaumeister **A. Mutschlechner** übertragen habe, an welchen sich daher die Kaufsliebhaber gefälligst wenden wollen.

Innsbruck, den 27. April 1843.

Anton Fischnaler
für sich, und als Gewalttrager seiner Kinder erster Ehe.

Auf der Rückseite findet sich der dazugehörige Bebauungsplan von *Anton Mutschlechner* mit dem Titel: **„Situationsplan des neuen Stadtviertels auf dem Fischnaller'schen Territorium in der sogenannten Angerzell in Innsbruck"** (T46)

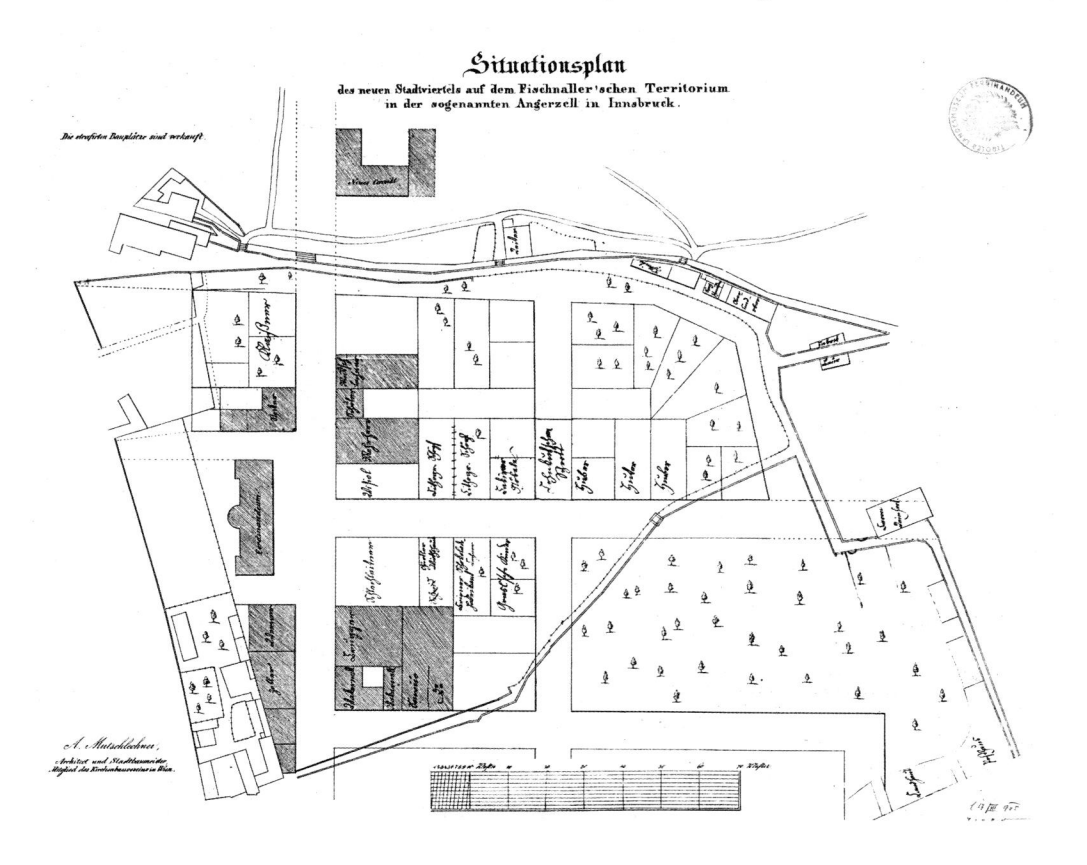

Der Plan ist gegenüber den übrigen Situationsplänen um 90° nach rechts gedreht. Anmerkung links oben: *„Die schrafirten Bauplätze sind verkauft."* Links unten signiert mit: *A. Mutschlechner, Architect und Stadtbaumeister, Mitglied des Kirchenbauvereins in Wien.* Die Namen in den Grundparzellen dürften vorgemerkte Interessenten bezeichnen.

Das den Eingang vom Franziskanergraben versperrende Haus Nr. 250 konnte erst Mitte Mai 1846 nach vielen Verzögerungen und Umwegen von der Stadt gekauft und abgerissen werden (*Riedmayr* [89]):

„*Einen Mißstand machte sich in der Museumstraße immer fühlbarer, je mehr in die Neuanlage regeres Leben kam, nämlich das quergestellte Tschurtschenthalerhaus Nr. 250 am Franziskanergraben, welches nicht nur die neue Straßenbreite empfindlich beengte, sondern auch einen Umweg bedingte – also eine direkte Verbindung der Altstadt mit den Neuanlagen unangenehm behinderte und durch den im Banne des Hauses gelegenen Garten, ein Verbauen der neuen Straße bis zum engen Angerzellgässchen unmöglich machte.*

Diesen großen Übelstand hatte man schon im Jahre 1839 bei der Straßenanlage erkannt und auch zum Ausdrucke gebracht, dessen Beseitigung musste jedoch auf einen günstigeren Zeitpunkt verschoben werden, sollte nicht das ganze Projekt in Gefahr kommen. Es traten zwar der Magistrat und der Haus-eigentümer Josef Tschurtschenthaler zeitweilig wieder in Fühlung, doch waren die Forderungen des letzteren – 30.000 Gulden – ‚so überspannt', daß eine Übereinstimmung nicht erzielt werden konnte, was endlich zwischen beiden Teilen eine gewisse Mißstimmung erzeugte, welche einer gedeihlichen Lösung der Angelegenheit absolut schädlich war. Da kam, als Retter in der Not, der als opferwillig bekannte und der Stadt Innsbruck wohlgesinnte Bürger Anton Fischnaller wieder zu Hilfe. Er verhandelte im eigenen Namen mit Josef Tschurtschenthaler und brachte das Haus Nr. 250 samt Zugehör am 3. November durch Ankauf in seinen eigenen Besitz. Am 6. November 1845 aber bot er sein neues Eigentum bereits dem Magistrat unter günstigen Bedingungen – Kaufpreis 27.000 Gulden und Bauplatz – zum Kaufe an. Diese Betätigung echten Gemeinsinnes fand allgemeine Anerkennung.

Elf Tage später versammelte der Bürgermeister Dr. v. Klebelsberg die Magistratsräte und Mitglieder des großen Bürgerausschusses um sich und erstattete über die gepflogenen Verhandlungen und zum Gegenstande folgenden Vortrag:

Schon bei der mit Beistimmung des großen städt. Ausschusses geschehenen Eröffnung des neuen Stadtviertels in der Angerzell wurde berücksichtigt, und allgemein anerkannt, daß das Tschurtschenthaler'sche Haus, welches die Hauptstraße des neuen Viertels durch die ganze Breite von der inneren Stadt geradezu abschneidet, und welches daher seitwärts umgangen werden mußte, früher oder später weggeräumt werden müße, wenn anders das neue Stadtviertel eine allgemein entsprechende Anlage erhalten soll. [...]

Der Magistrat bringt daher den Antrag, daß der große städische Ausschuß unter Vorbehalt der höheren Genehmigung das Offert des Herrn Fischnaller annehme.

Durch den Ankauf des Hauses Nr. 250 auf Abbruch wurden fünf Bauplätze gewonnen, wovon einer dem Fischnaller als Kaufpreis zugeschlagen wurde, währen vier der Stadt zur Verfügung standen. Diese vier Bauplätze kamen am 22. Jänner 1846 beim Stadtmagistrat zur öffentlichen Versteigerung.

Der Lithograph Schöpf, welcher in der heutigen Karlstraße (= Wilhelm-Greil-Straße) den Bau eines Doppelhauses in Angriff nahm, ersteigerte am 24. März 1846 das Abbruchmateriale des zu demolierenden Hauses. Im Monat Mai wurde nun endlich das Haus Nr. 250 niedergerissen. Mit dem Falle des Hauses war das letzte Hindernis zur weiteren Entwicklung der Museumstraße beseitigt und der beste Anschluß an die Altstadt erreicht. Der Weg war frei vom Franziskanergraben bis zur Spinnfabrik; die längste und modernste Straße Innsbrucks hatte ihre Kinderkrankheiten glücklich überstanden."

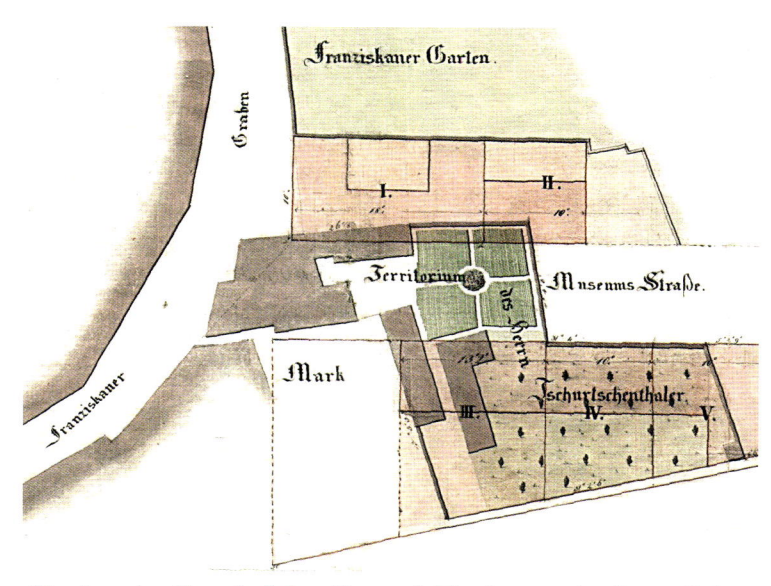

„Situationsplan über die 5 Bauplätze nach Wegräumung des Hauses Tschurtschenthaler nunmehr Fischnaller" (T47)

Einen Eindruck von der großzügigen Gestaltung der neuen Straße erhält man durch den Stich von *C. A. Czichna* für die Neujahrsentschuldigungskarte der Stadt Innsbruck von 1845.

Abb. 25: *C. A. Czichna*, Ansicht der Museumstraße mit der Front des Tiroler Landesmuseum Ferdinandeum, 1845

Wie man an folgenden beiden Plänen sieht, war 1846 die Bebauung des neuen Stadtteiles schon weiter fortgeschritten.

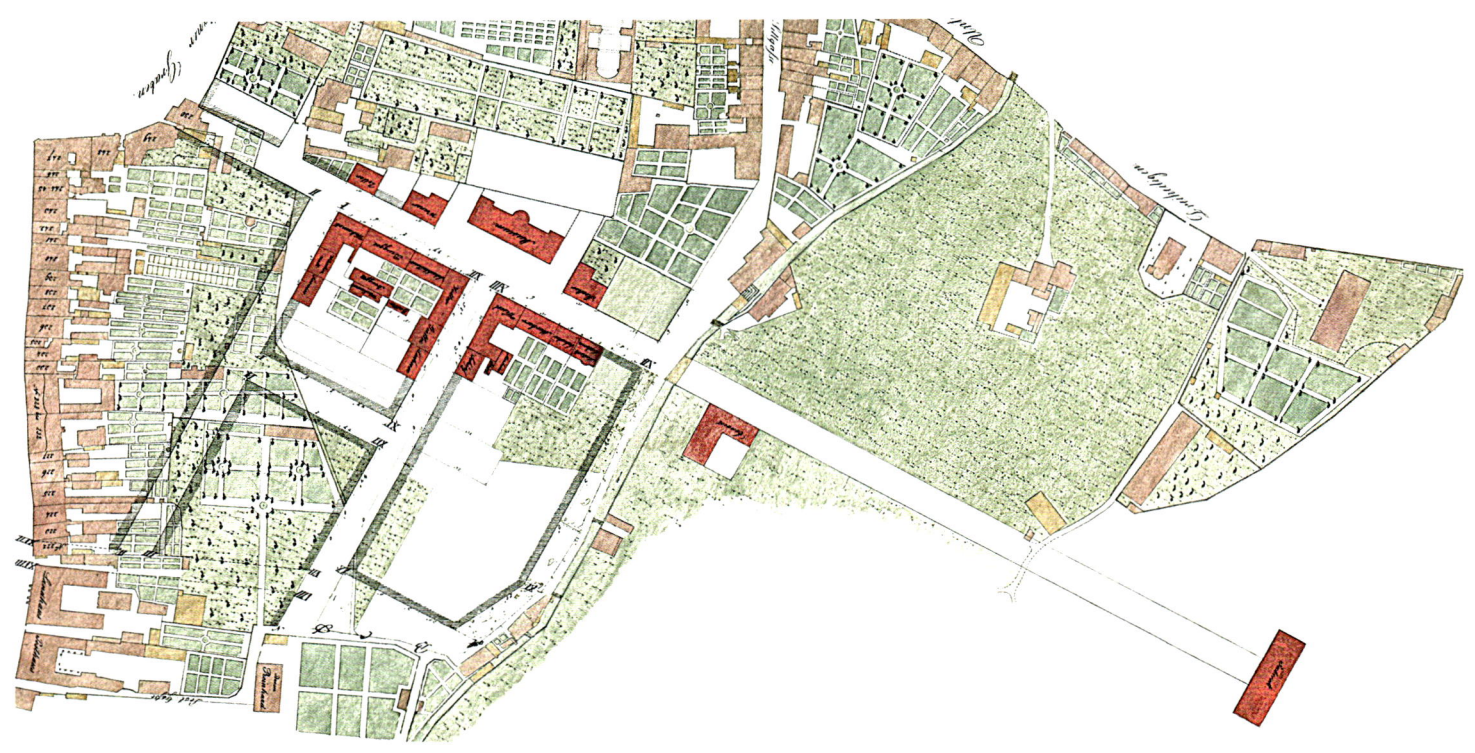

Eberle, „Situations Plan des neuen Stadt Theiles samt der nächsten Gassen in Innsbruck", 1846 (T48)

Im selben Jahr gibt es vom gleichen Zeichner einen weiteren Plan über das gesamte Areal:

Eberle, „Situationsplan des neuen Stadt Theiles samt der nächsten Gassen", 1846 (T49)

Dieser Plan zeigt in der Mitte eine Blockverbauung mit bereits eingetragenen Namen der Besitzer. Die bauliche Ausführung erfolgte erst Anfang der 1860er-Jahre, wie man anhand des Baubestandes im Franziszeischen Kataster 1856 sehen kann. Auch das Bahnhofsgebäude (Baubeginn 1857) unten steht bereits, obwohl das endgültige Bahnprojekt erst mit 1851 beginnt. Dafür gibt es noch immer das vorhin erwähnte, Mitte 1846 abgerissene, Tschurtschenthalerhaus am Beginn der Museumstraße. Der ums Eck geführte Eingang wird aber bereits verbaut.

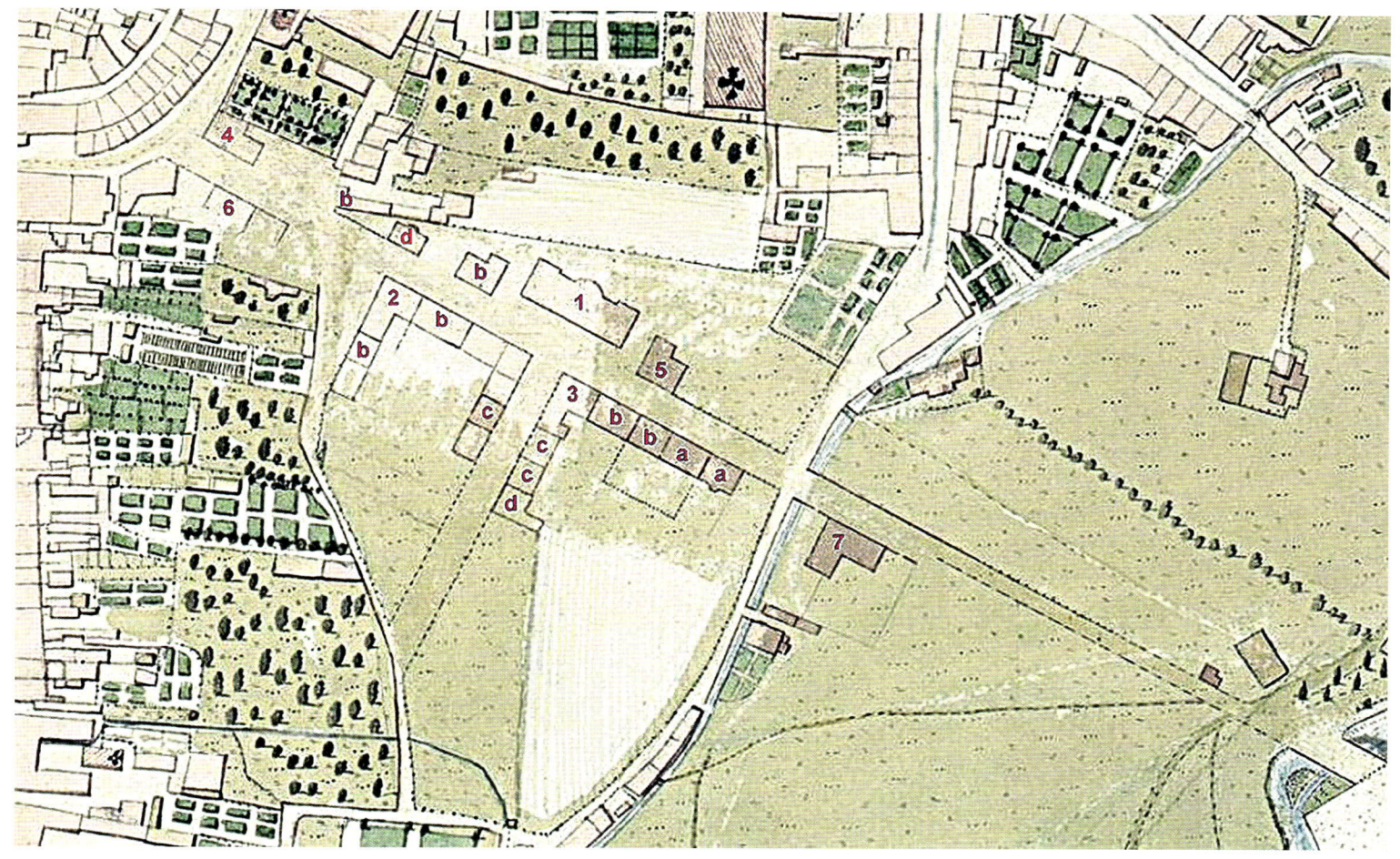

Miller, um 1840 (K41)

Dörrer [13] schreibt dazu (1972!): „*Unser Plan führt uns mitten in diese städtebauliche Zeitenwende, zu den Anfängen der ‚Gründerzeit'. Noch sind – in erster Schicht – die Wiesen und Felder gezeichnet und gemalt; aber darüber mit markanten roten Strichen schon die neue Straße und die Ansätze ihrer südlichen Querstraßen, der heutigen Erler- und Wilhelm-Greil-Straße (dagegen von der Meinhard-, Gilm- und Meraner Straße noch keine Spur!). Manche Gebäude sind rot flächenkoloriert, waren also offenbar zur Zeit der Nachtragung bereits fertig. Von anderen sind nur die wohl schon bekannten Grundrisse, von weiteren nur punktiert die wahrscheinlich erst ungefähr geplanten eingezeichnet. So sind, um ein paar Beispiele herauszugreifen, das 1842–1843 erbaute, 1845 eröffnete Museum Ferdinandeum* **1**, *das 1842 als erstes Bürgerhaus im neuen Stadtviertel aufgeführte Eckhaus Museumstrasse -Erlerstraße* **2** *(Museumstraße 12, heute Geschäftshaus Haas), das 1844–1845 errichtete heutige Länderbankhaus* **3** *(Museumstraße 20, Eckhaus Wilhelm-Greil-Straße) und andere schon als fertig eingezeichnet, merkwürdigerweise auch das erst 1846 erbaute Unterbergerhaus* **4** *(Museumstraße 1) und das erst 1850 aufgeführte Eckhaus östlich des Museums* **5** *(Museumstraße 19), wogegen das doch schon 1843 begonnene Schumacher-Hittmair-Haus* **6** *(Museumstraße 4) erst im Grundriss dargestellt ist. Mit dem 1843 als Jesuiten-Konvikt errichteten späteren Scheuchenstuel'schen Waisenhaus* **7** *[…] endete damals die noch recht schüttere Verbauung. Von da an war die Straße erst ein schmaler, schnurgerader, neuer Weg. So gewährt uns diese Zone des Planes einen Blick in das Werden des ersten ‚modernen' Stadtviertels Innsbrucks vor 130 Jahren.*"

Für einige weitere Gebäude bezeichnen die Buchstaben das Jahr der Baubewilligung:
a … 1842, **b** … 1843, **c** … 1844, **d** … 1845
Felmayer [19], Gruber [37], Tiroler Kunstkataster [105]

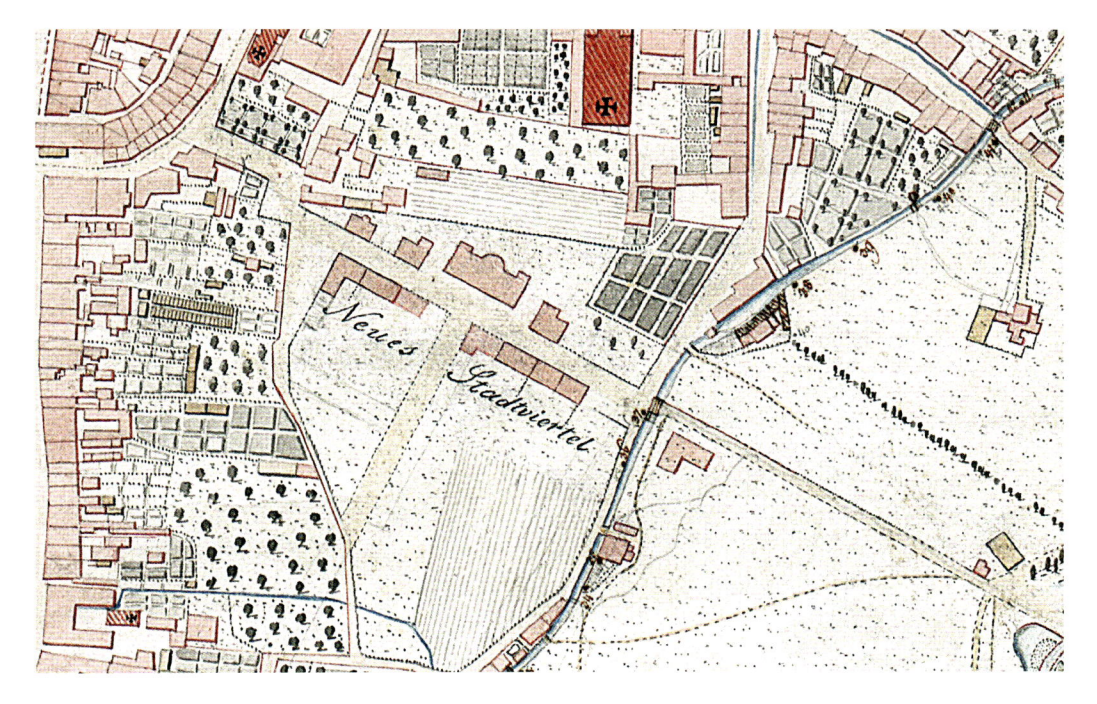

Tatsächlicher Stand von 1843

Beachtenswert ist der Eingang zum Franziskanergraben, der aber im Gegensatz zum obigen und zeitlich früheren Plan von *Miller* das erst 1846 abgerissene Tschurtschenthalerhaus umgeht. Gleiches findet sich auch im Plan von Urban 1840/43.

Prissmann, 1843 (K44)

Legende:

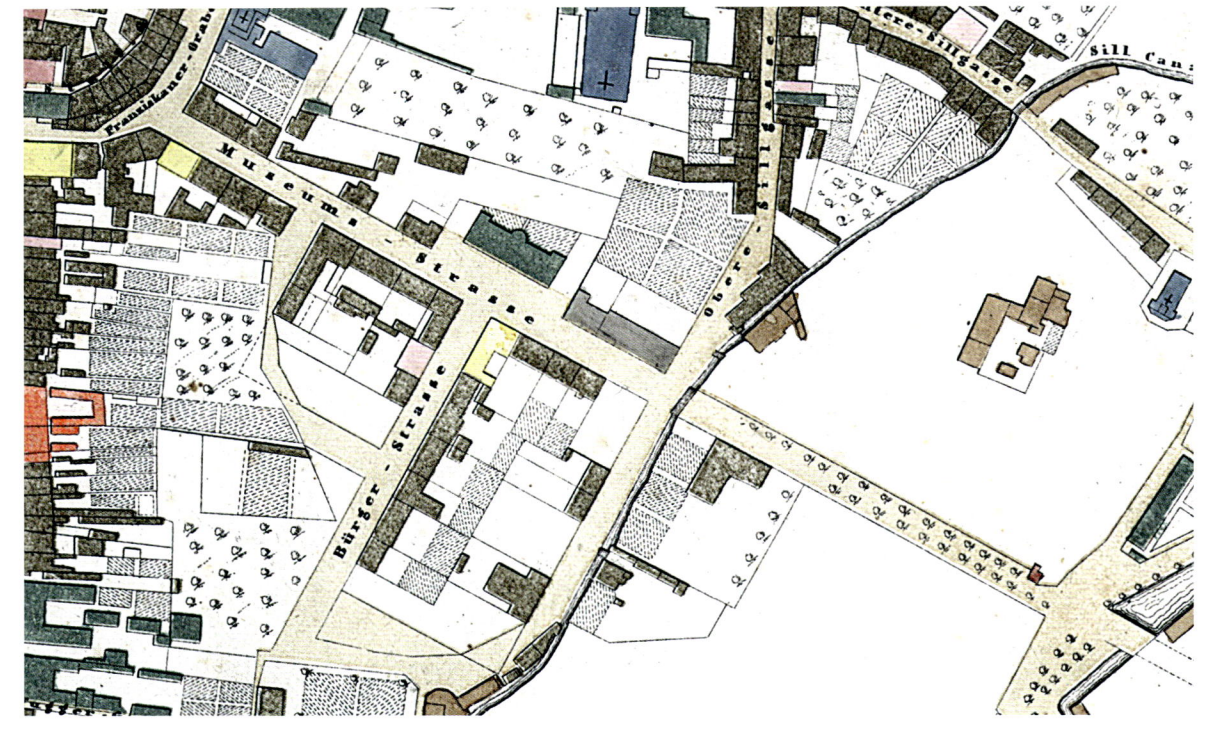

- ▨ **Staats-Gebäude**
- ▨ **Communal-Gebäude**
- ▨ **Klöster und Kirchen**
- ▨ **Gasthöfe I.Ranges**
- ▨ dto.   **II.Ranges**
- ▨ **Wirthshäuser**
- ▨ **Fabriken**
- ▨ **Caffe-Häuser**
- ▨ **Privatgebäude**

Czichna, 1851 (K45)

Rechts ist die im Bau befindliche Eisenbahntrasse eingezeichnet.

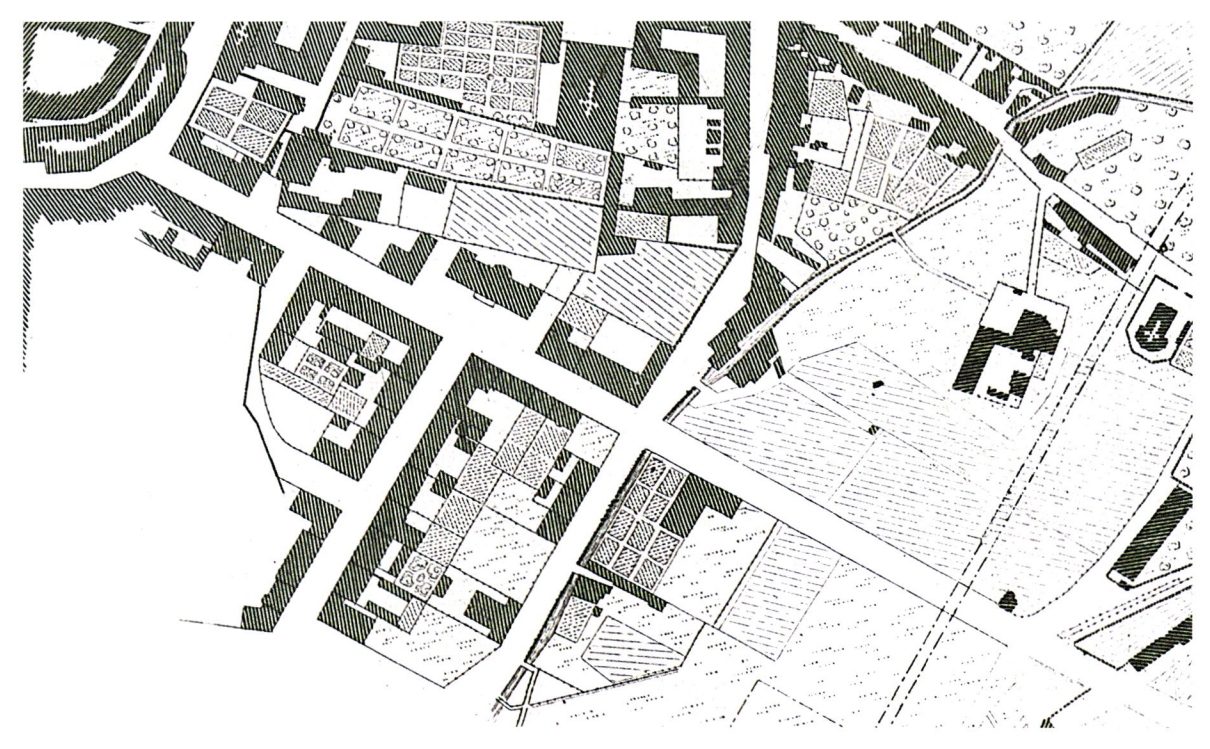

Claricini/Czichna, 1855 (K46)

Carl Unterkircher [98], 2904:
„*Im August 1853 wird durch Magistratsbeschluss für die betreffenden Gassen und Plätze die Bezeichnung **Meinhardstraße**, **Landhausstraße**, **Neuplatz** und **Angerzellstraße** festgesetzt.*"
Am Katasterplan findet man allerdings noch die Bezeichnungen Landhausgasse und Angerzellgasse.

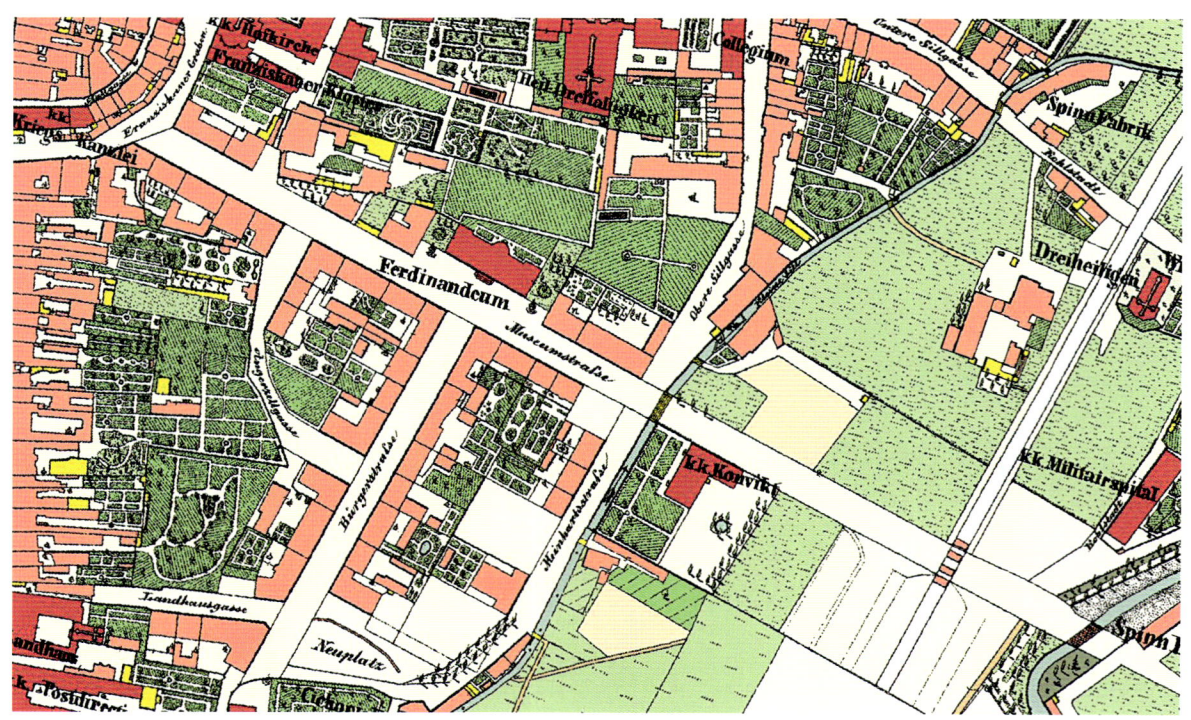

Digitaler Franziszeischer Kataster, 1856 (K48)

1858 beschließt der Bürgerausschuss, den Neuplatz in „Margarethenplatz" (heute Boznerplatz) und die Bürgerstraße in „Karlstraße" (heute Wilhelm-Greil-Straße) umzubenennen. (*Unterkircher* [98], 3104)

„Situation des neuen Stadt Theiles nach der beantragten Reform", 1858 (T51)

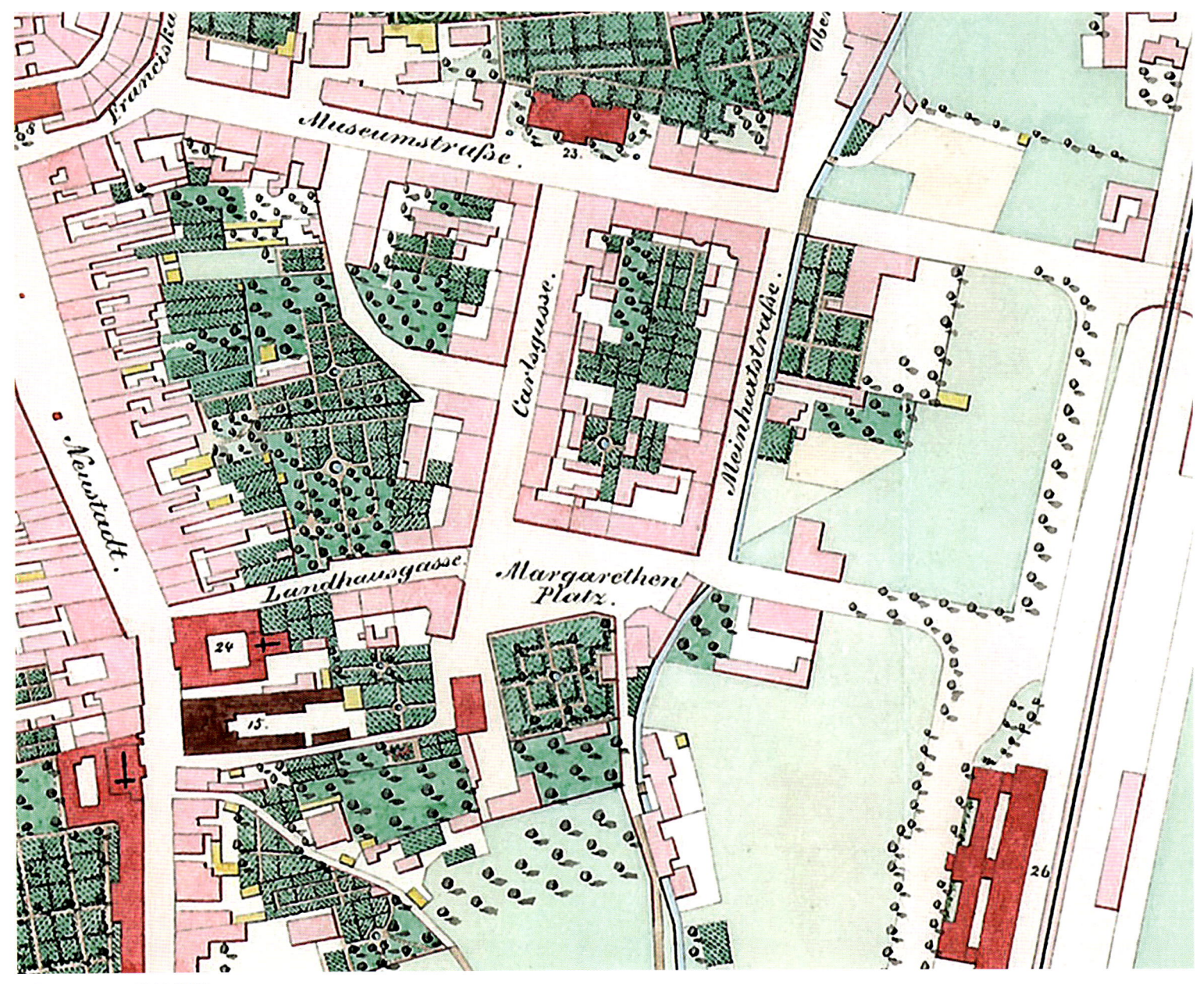

J. Baumgartner, 1866 (K52)

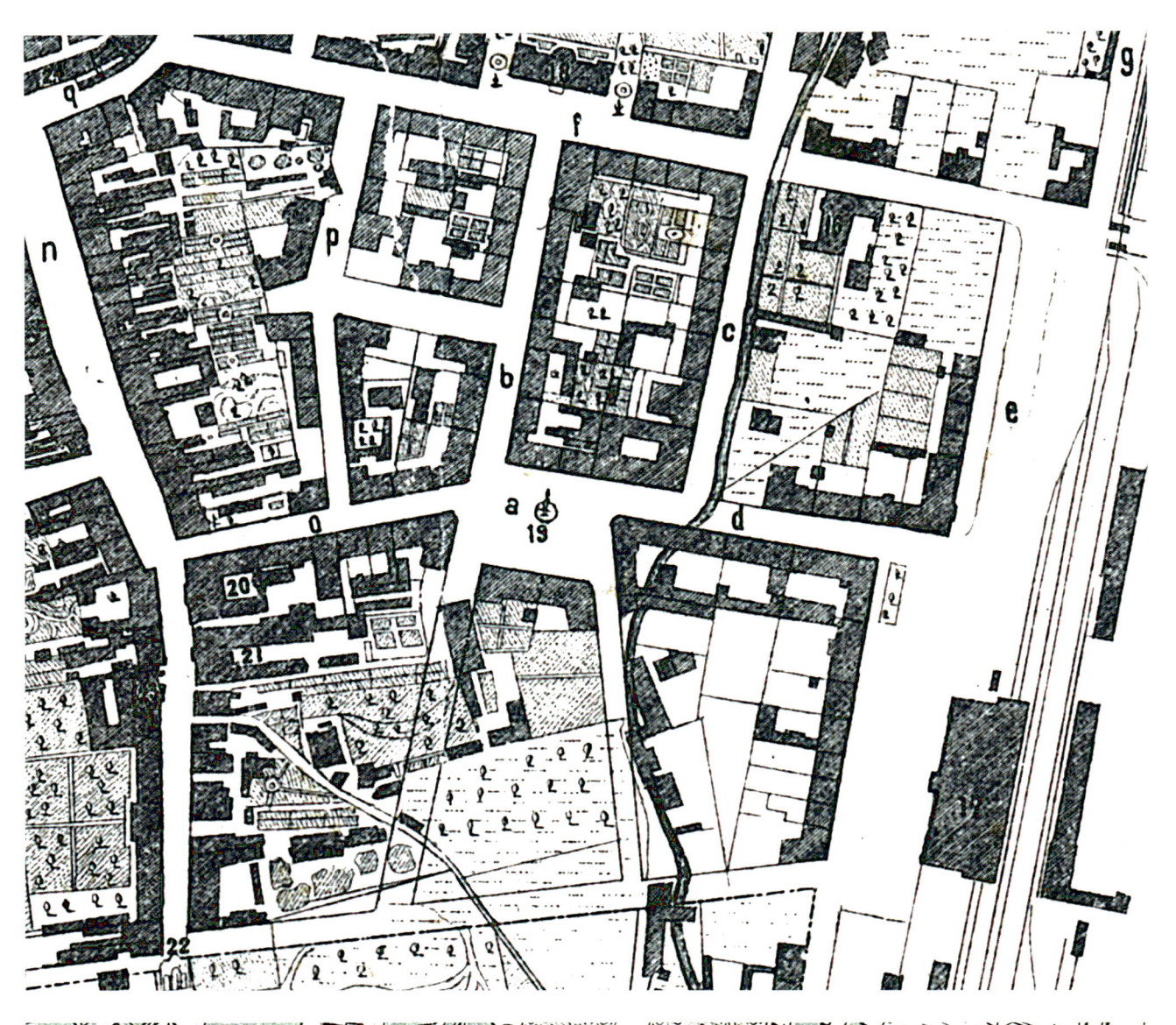

C. Redlich, 1879 (K61)

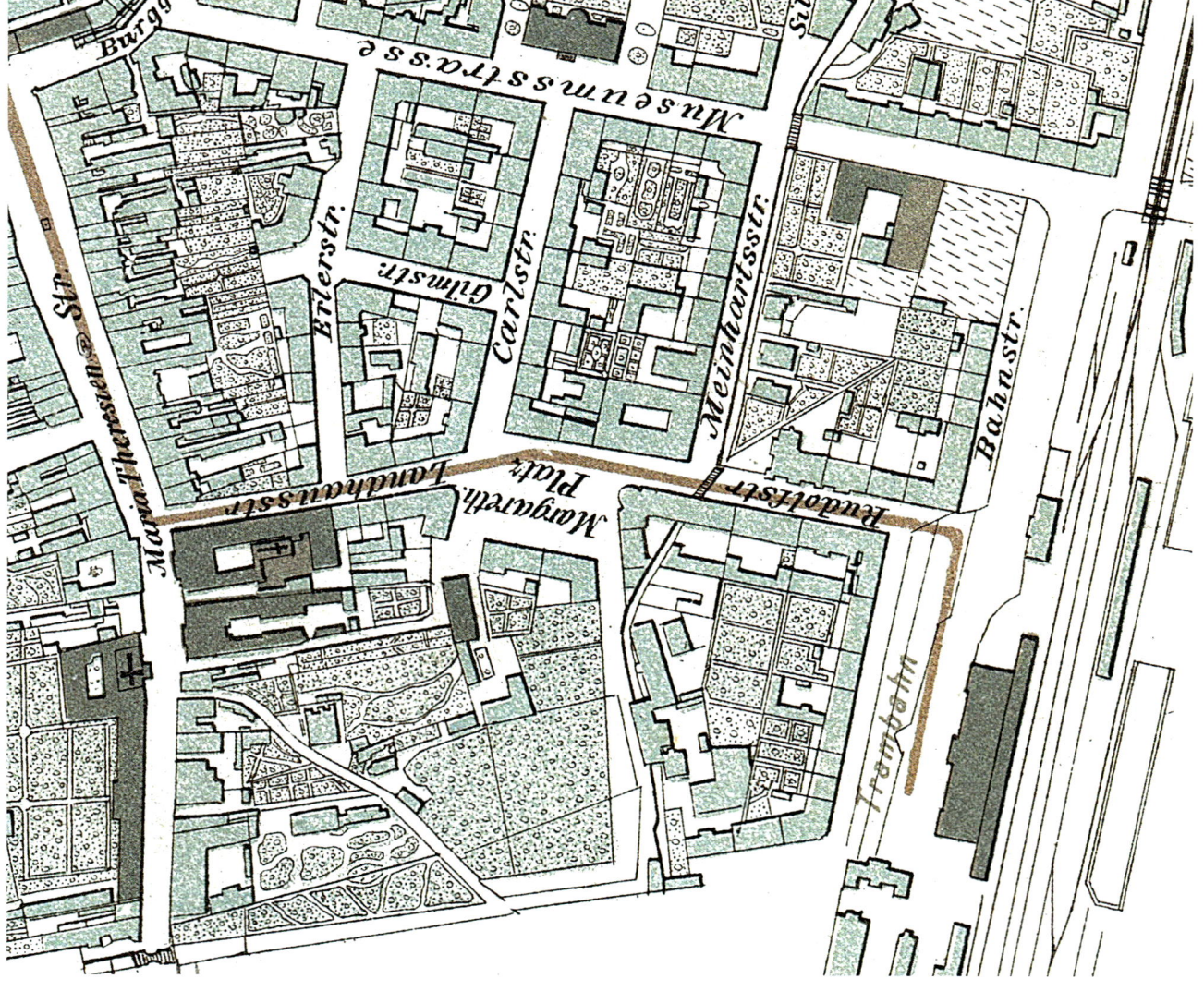

Czichna, 1889 (K69)

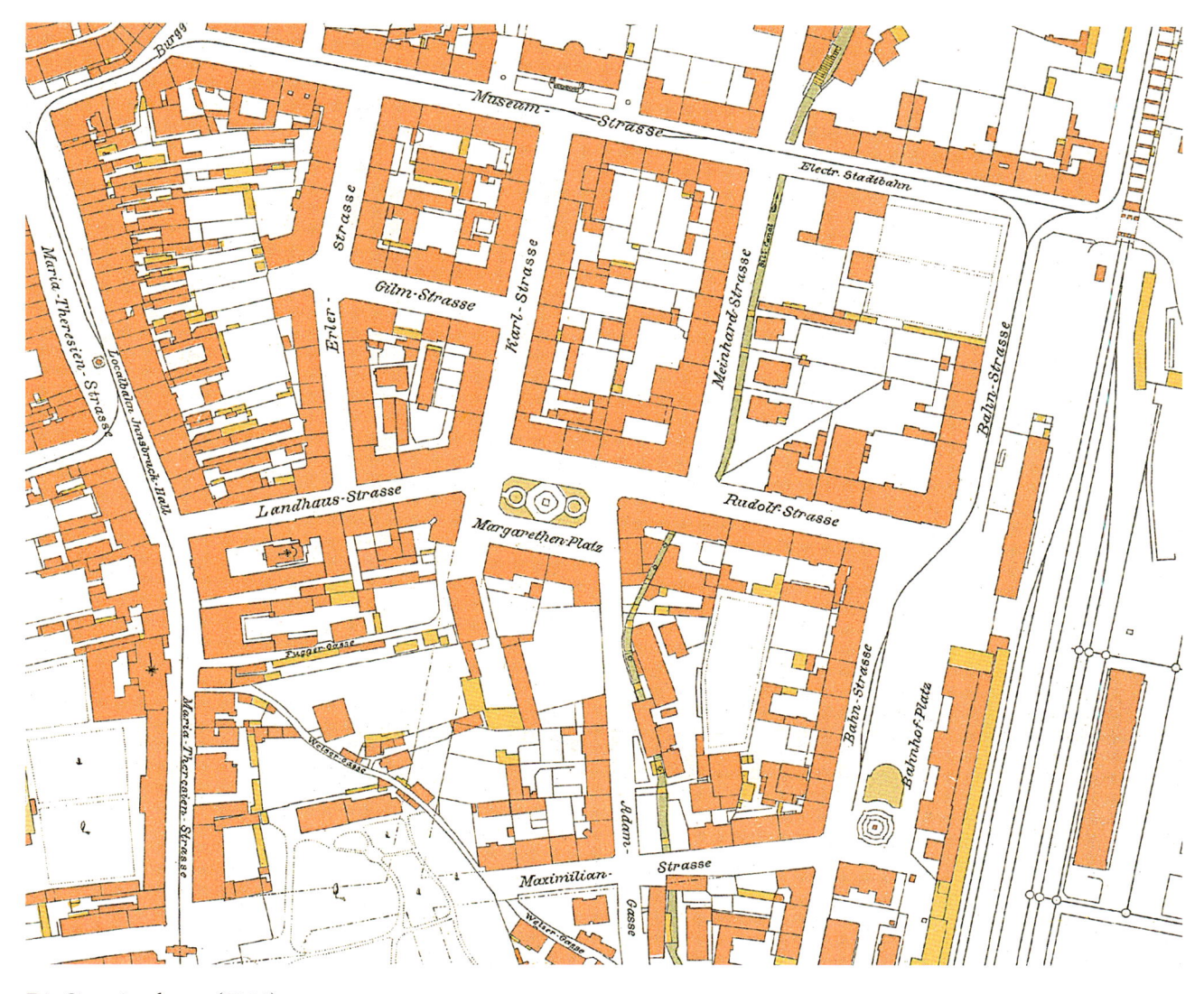

Freitag & Berndt, um 1900 (K79)

Die Situation heute (2016):

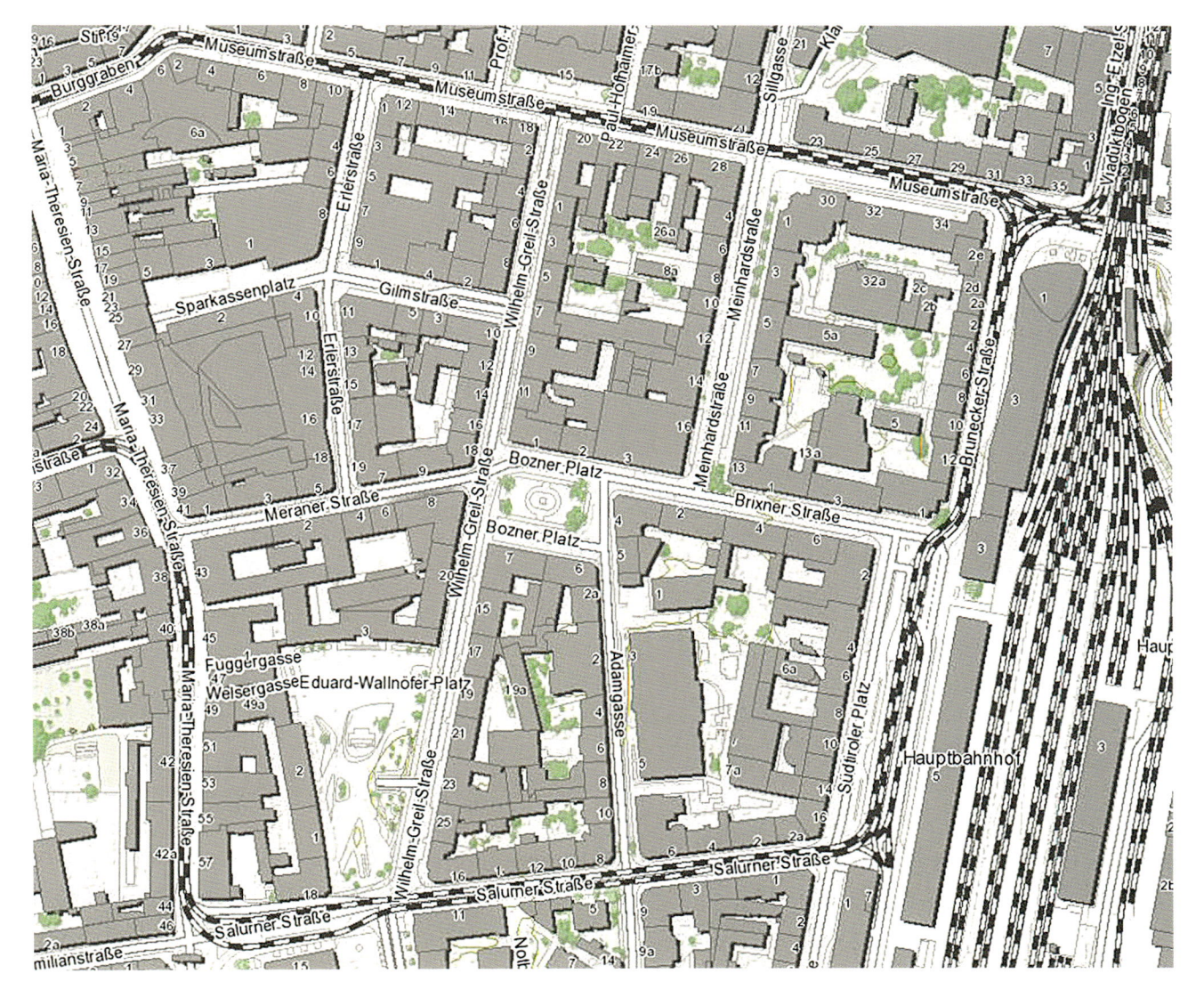

BaseMap-Tirol, 2016 (K97)

Die Pläne

"Innsbruck neue Angerzellstraße Öffnung", 1839 (14. September) (Kartenverzeichnis T44)

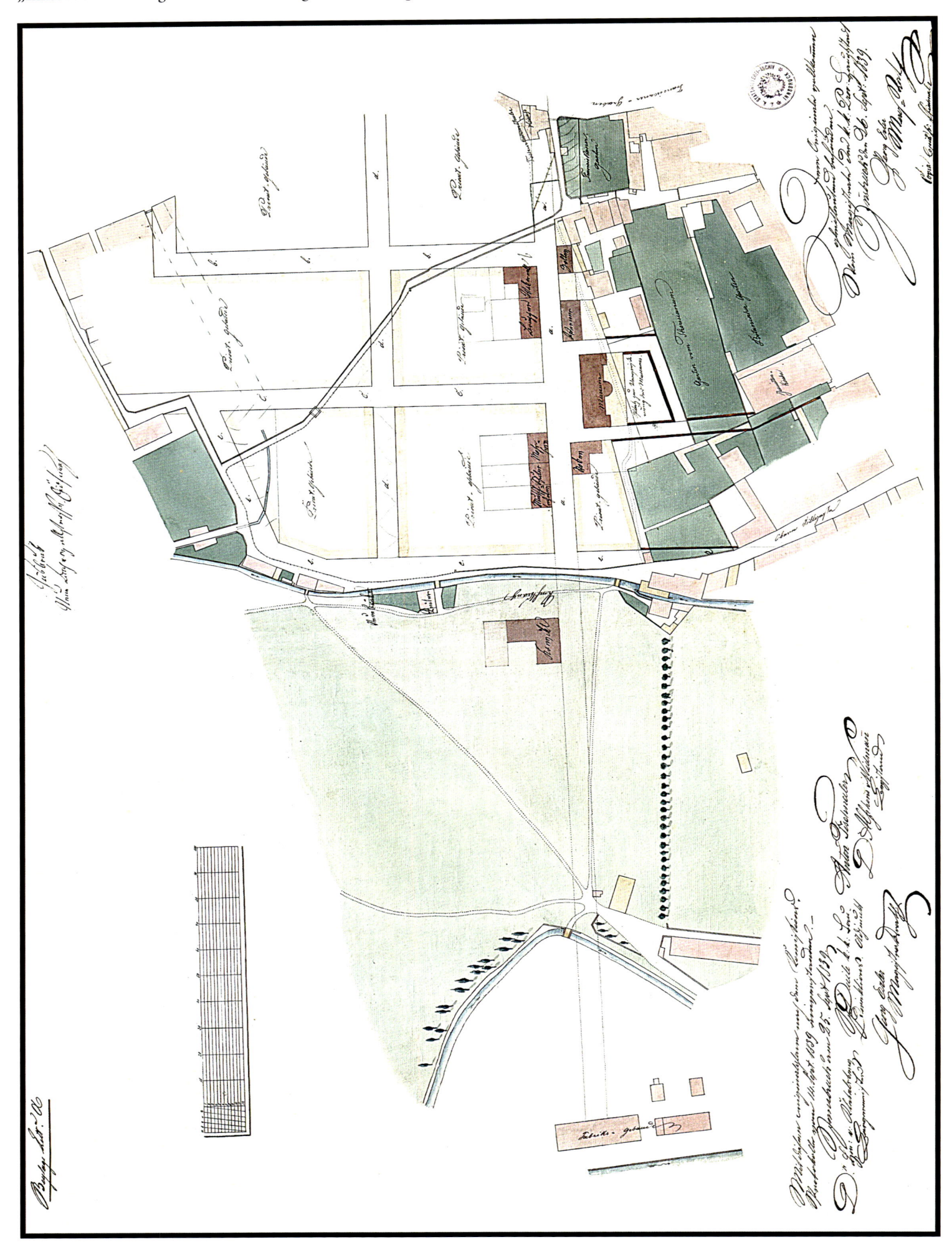

Hier dürfte es sich um den Plan des Projektstartes der Museumstraße handeln, Arbeitstitel „Neue Angerzellstraße", unterschrieben u. a. von Bürgermeister Dr. Hieronymus von Klebelsberg, k. k. Baudirektionsadjunkt Joseph Duile, Anton Fischnaler (Besitzer der meisten Gründe im Angerzell und Initiator des Projektes) sowie Magistratsrat Georg Erler.

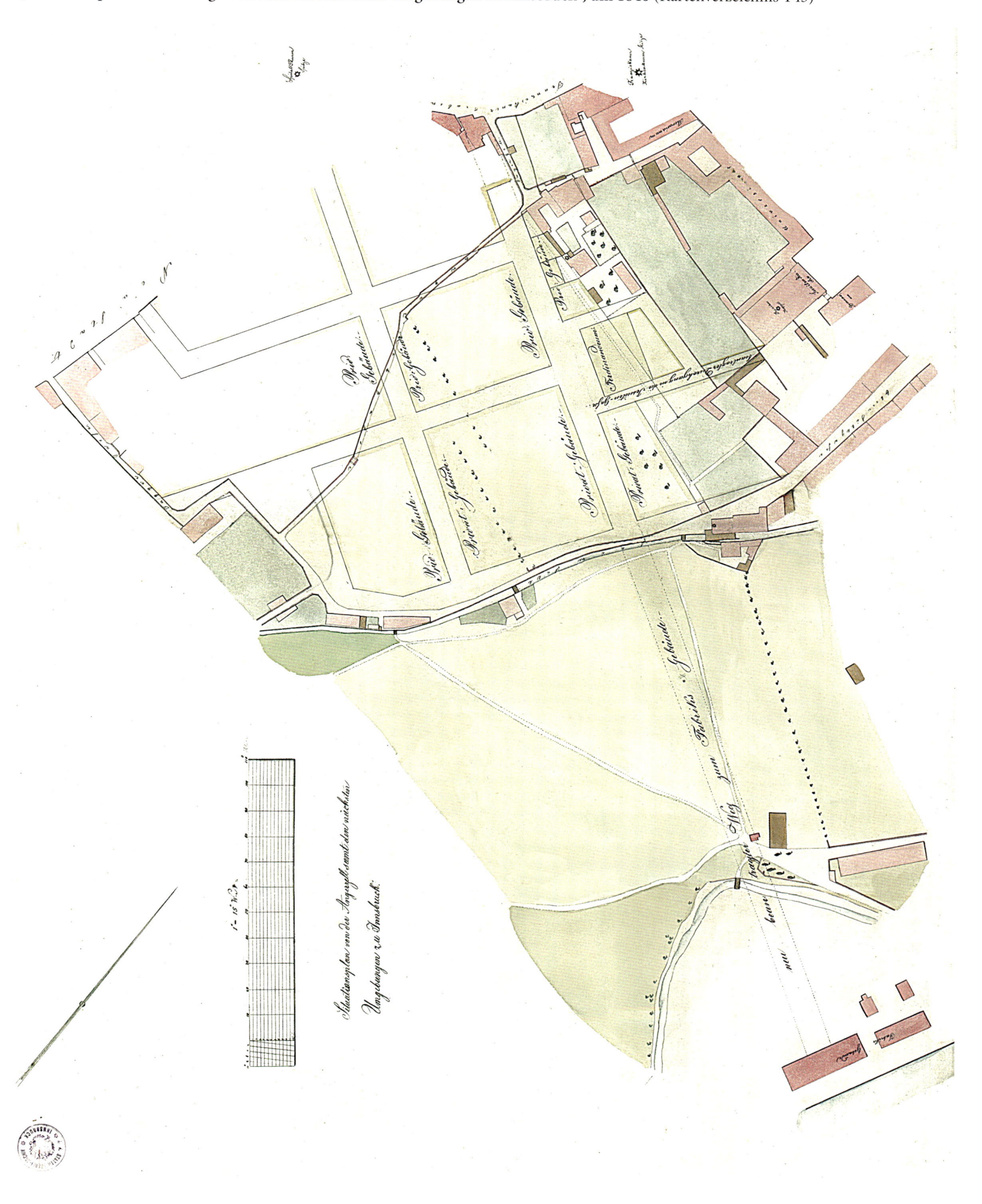

„Situationsplan von der Angerzell samt den nächsten Umgebungen zu Innsbruck", um 1840 (Kartenverzeichnis T45)

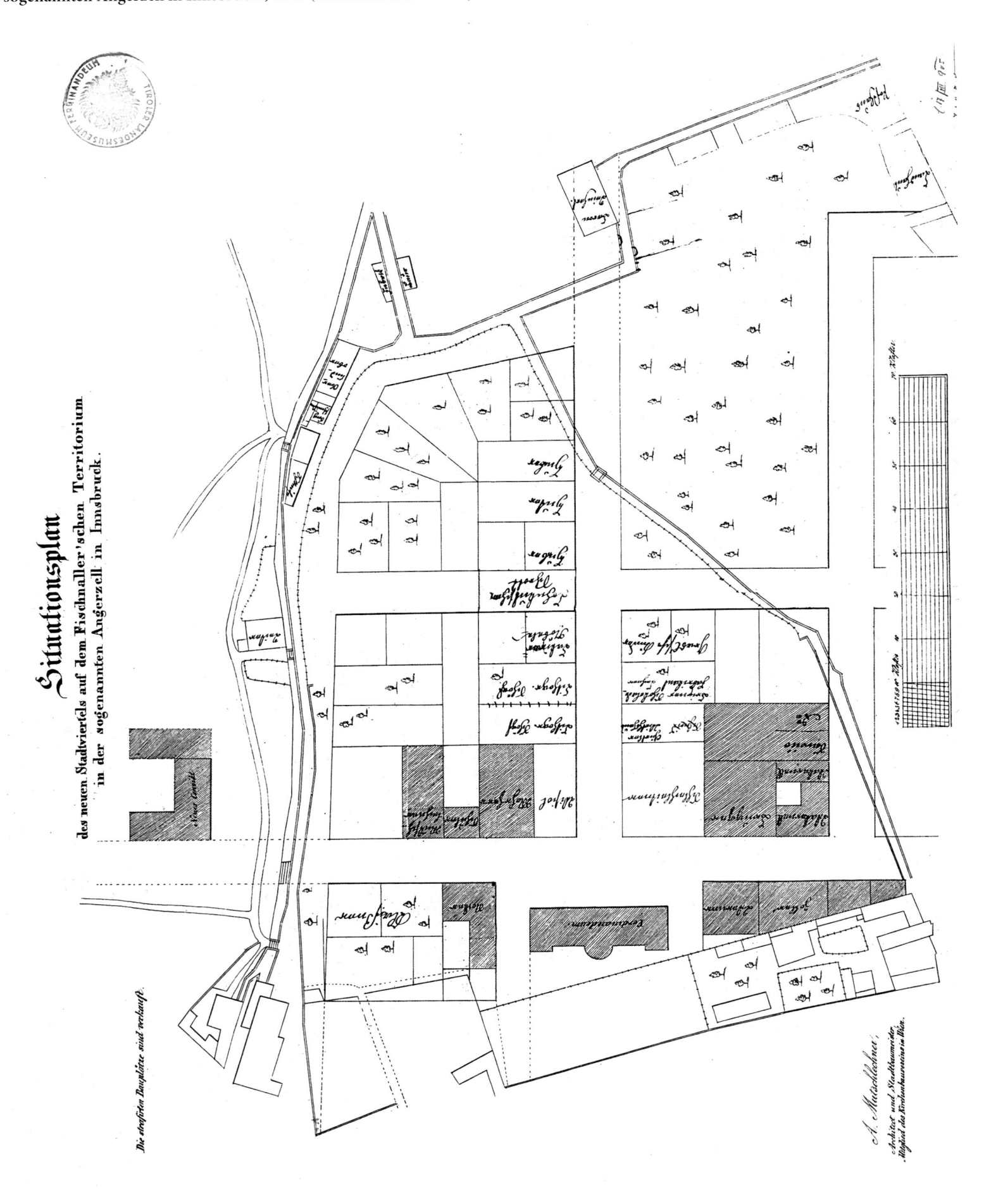

A. Mutschlechner, Architect und Stadtbaumeister: „**Situationsplan des neuen Stadtviertels auf dem Fischnaller'schen Territorium in der sogenannten Angerzell in Innsbruck**", **1843** (Kartenverzeichnis T46)

Anmerkung: „*Die schrafirten Bauplätze sind verkauft.*"
Die mit Namen versehenen Grundparzellen sind Vormerkungen der zukünftigen Besitzer.

A. Mutschlechner: „**Innsbruck 1845 Situationsplan über die Bauplätze nach Wegräumung des Hauses Tschurtschenthaler nunmehr Fischnaller**" (Kartenverzeichnis T47)

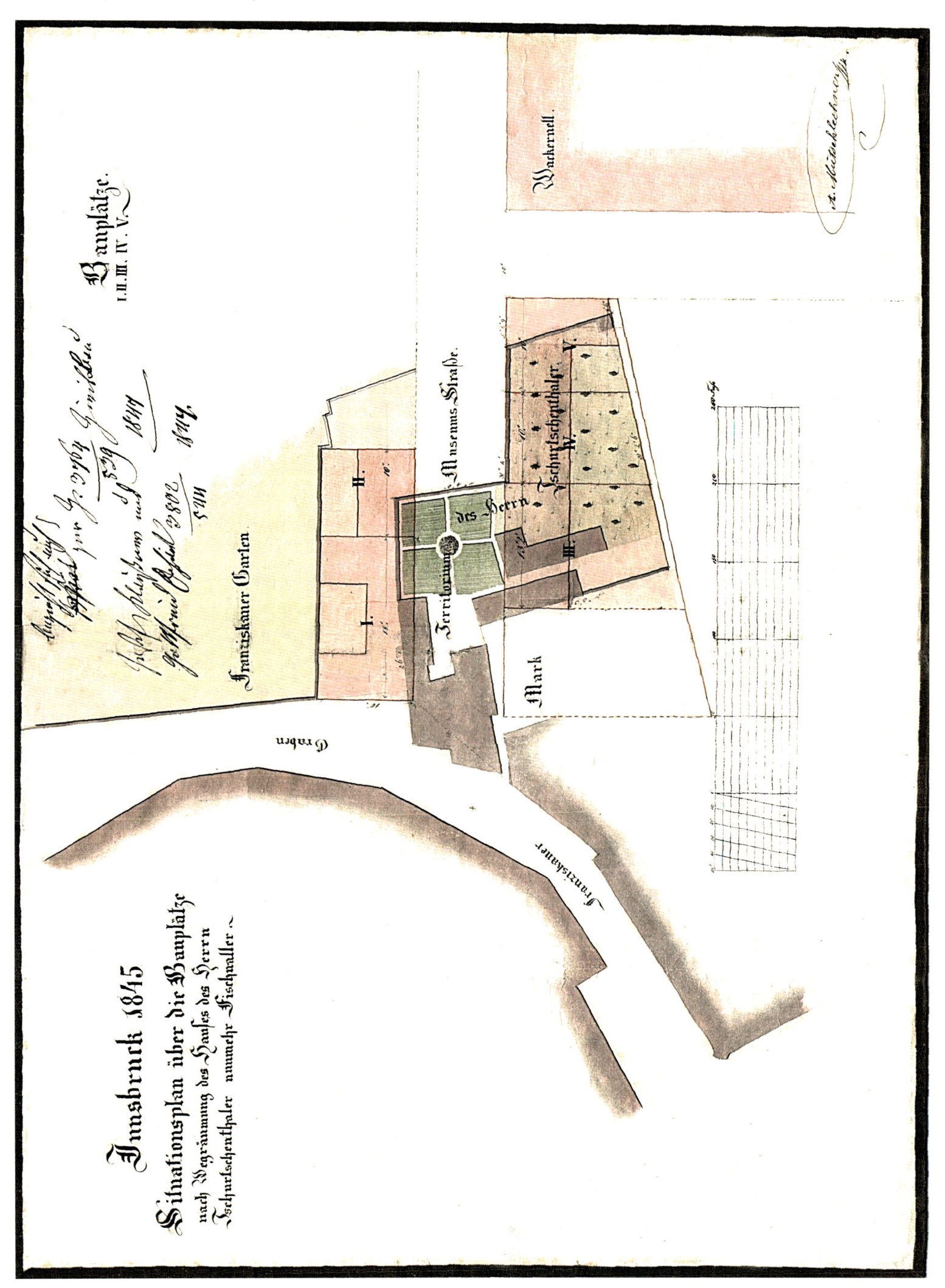

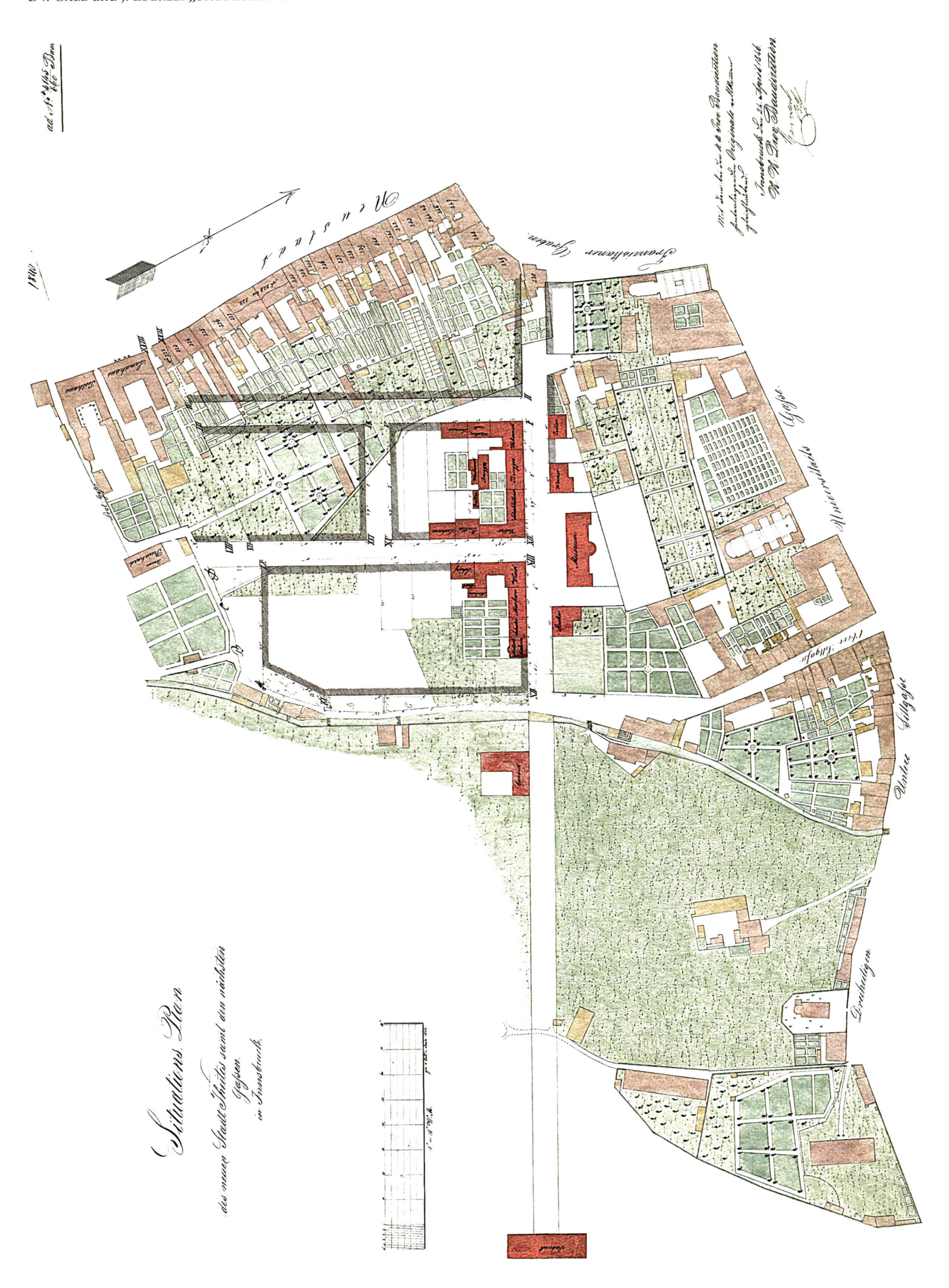

L v. Call und J. Eberle: **"Situations Plan des neuen Stadt Theiles samt der nächsten Gassen in Innsbruck"**, 1846 (Kartenverzeichnis T48)

J. Eberle und Paulas: **„Situationsplan des neuen Stadt Theiles samt der nächsten Gassen"**, 1846 (Kartenverzeichnis T49)

Obwohl 1846 gezeichnet, zeigt der Plan in der Mitte eine Blockverbauung mit bereits eingetragenen Namen der Besitzer, die erst Anfang der 1860er-Jahre realisiert wurde (siehe den Baubestand im Franziszeischen Kataster 1856). Auch das Bahnhofsgebäude (Baubeginn 1857) unten steht bereits, obwohl das endgültige Bahnprojekt erst ab 1851 beginnt. Dafür gibt es noch immer das Mitte Mai 1846 abgerissene Tschurtschenthalerhaus am Eingang der Museumstraße.

„Situationsplan von Innsbruck östlich der heutigen Maria-Theresien-Straße bis Universitätsstraße und Sillgasse, um 1850"
(Kartenverzeichnis T50)

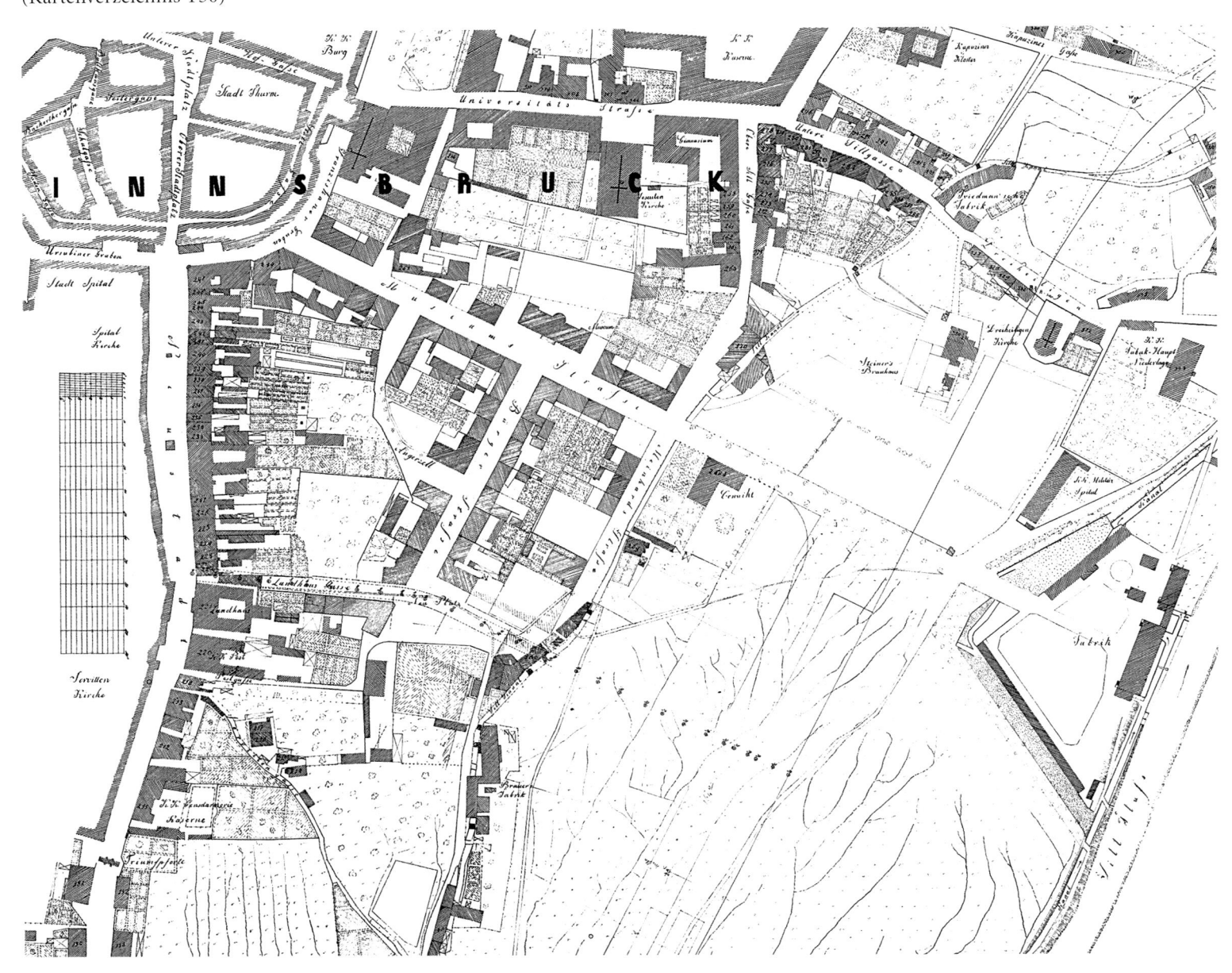

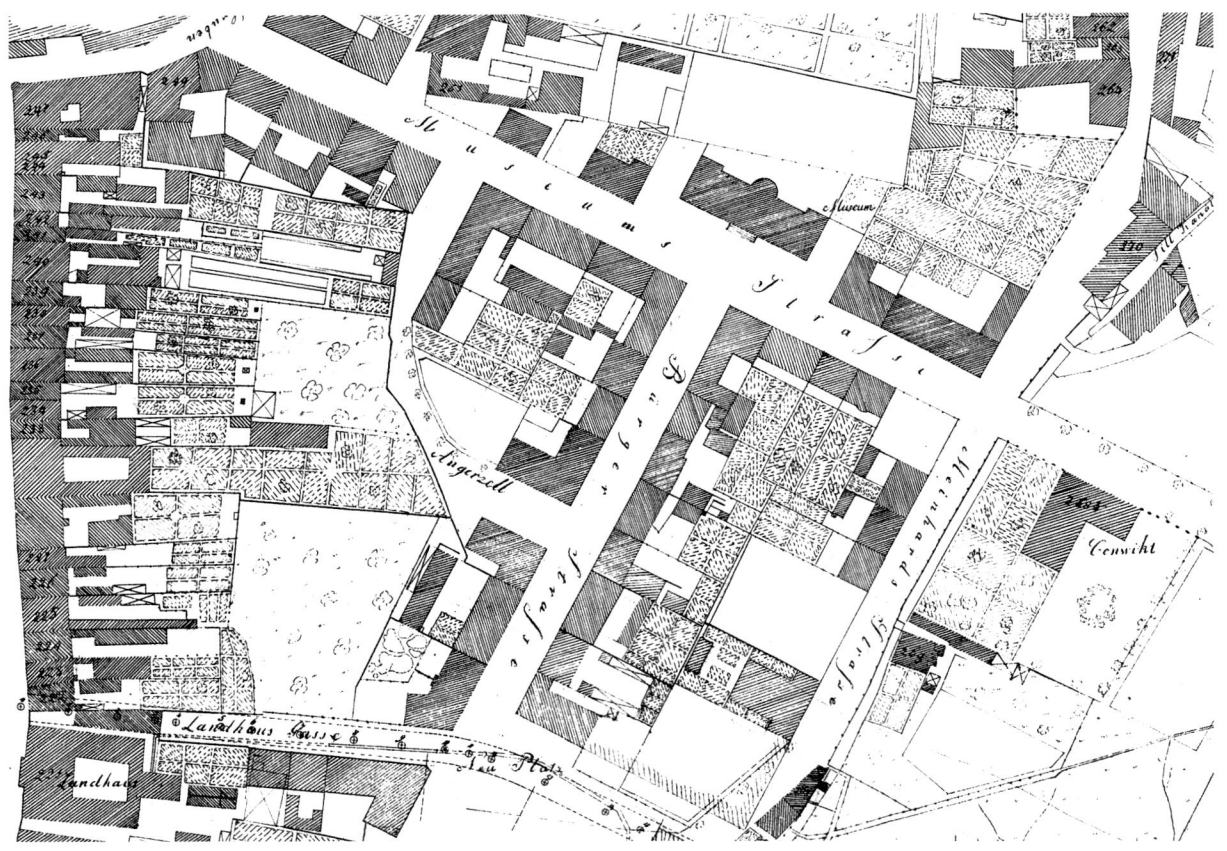

Der vergrößerte Ausschnitt zeigt die bis 1850 fertig gestellte Verbauung des neuen Stadtteils am Angerzellareal.

C. A. Czichna: **„Situation des neuen Stadt Theiles nach der beantragten Reform"**, 1858
(Kartenverzeichnis T51)

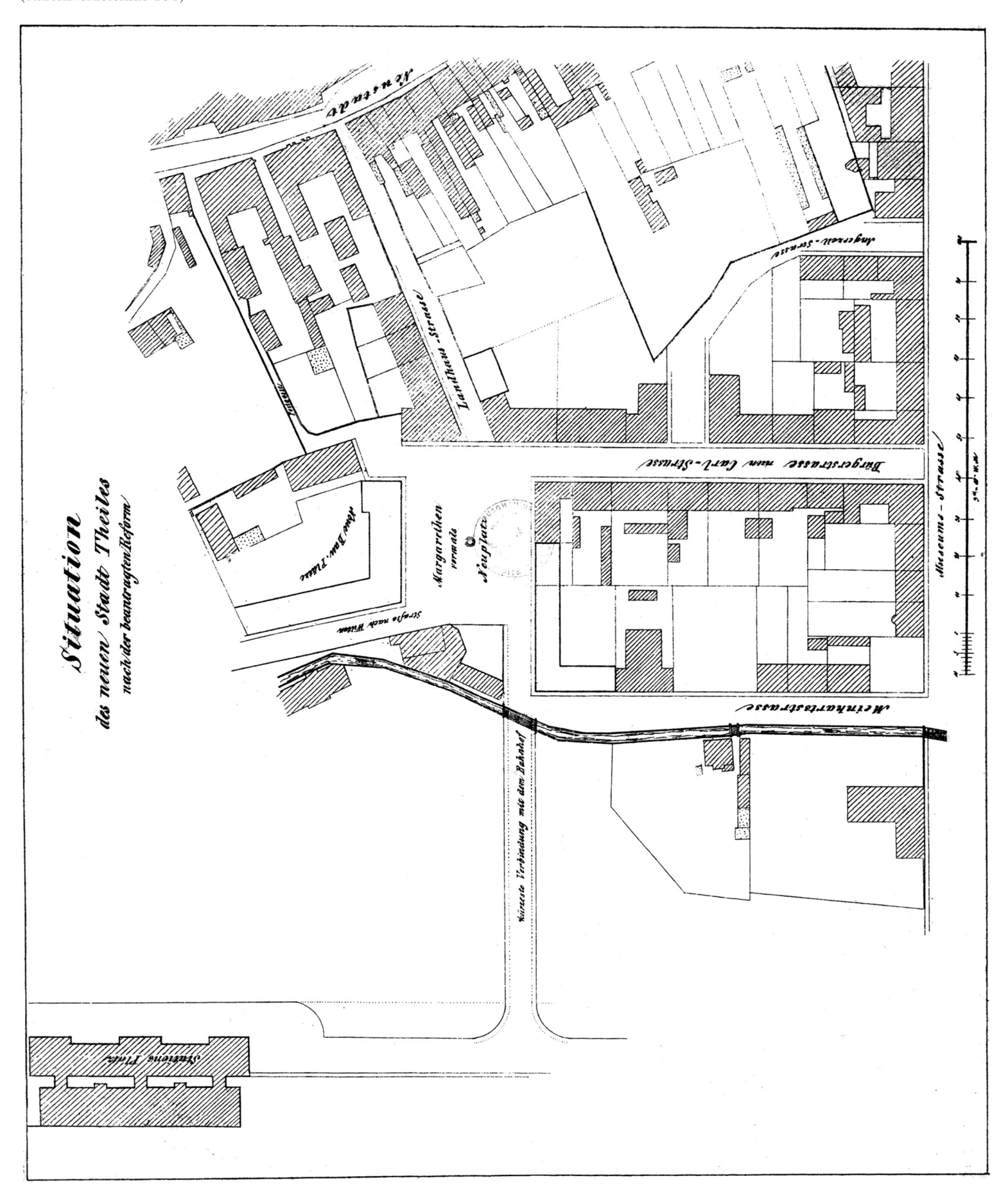

7. Pradl und Reichenau

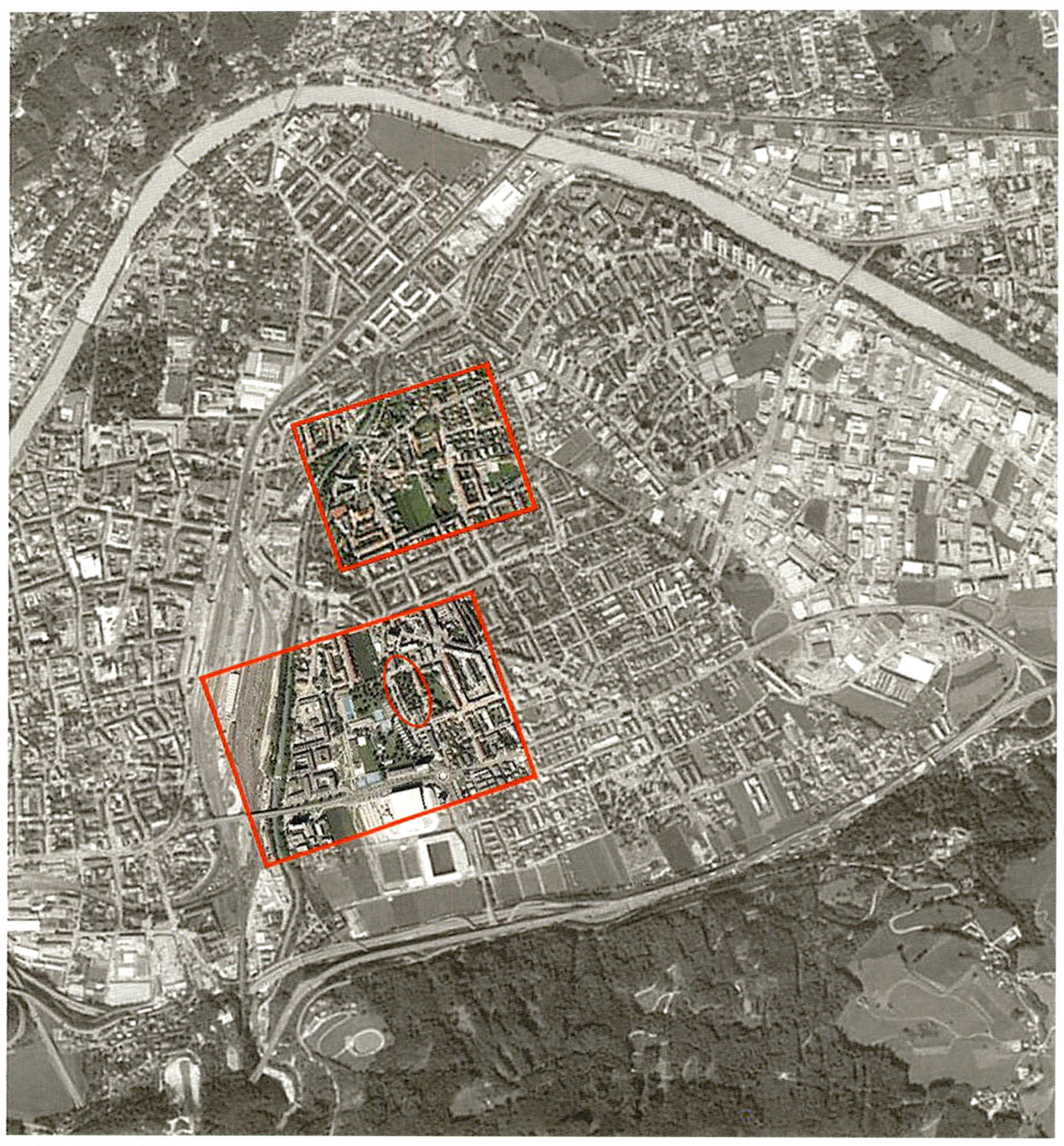

tiris, Orthofoto 2013 (K47)

Armani, um 1860 (P9)

Pradl, namentlich erstmals 1173 als „Predele" erwähnt, seit 1490 als eigener Ortsteil von Amras genannt, war eine ausgesprochene Brückensiedlung am Weg von Amras nach Innsbruck. Auf dem Panoramabild von *Basilio Armani* liegt die Ortschaft südöstlich des 1855 erbauten Eisenbahnviaduktes und der an der Baumreihe erkennbaren Sill. Die nach rechts unten führende Allee ist der auf den Plänen (z. B. *Gross* 1835/40) gar nicht so eindrucksvolle „Kaiserlich-Königliche Fürstenweg" nach Amras, erstmals unter Ferdinand II. angelegt, mit der unter der bayerischen Herrschaft von Kronprinz Ludwig gepflanzten Pappelallee. Links unten liegt der Pradler Militärfriedhof. Rechts in der Mitte, am Inn gelegen, erstreckt sich die Reichenau mit dem seit 1510 erstmals erwähnten landesfürstlichen Reichenauer Gutshof, der erst im Jahre 1970 abgerissen wurde. (*F. Hye* [47])

1837 schreibt Beda Weber: „*Die Brücke über die Sill am Ende der Kohlstadt bildet die Gränze des Stadtgebiethes von Innsbruck und des Landgerichtes Sonnenburg. Gleich dahinter breitet sich das Dorf Pradl aus, seiner natürlichen Lage nach gleichsam die südöstliche Vorstadt von Innsbruck, übrigens ein Bestandtheil der Gemeinde Ambras, mit 464 Einwohnern in 42 zerstreuten, mitunter hübschen Häusern. Der Name stammt aus dem mittellateinischen pratellum (schöne Wiese), und deutet auf die Zeit der römischen Ansiedelung auf dem Erdwinkel, welcher sich von Wilten zwischen dem Inn und der Sill an die Mühlauerbrücke hinunter streckt. Daraus erklärt sich das Alter des Ortes und der Sillbrücke in dieser Gegend. Zeitig siedelten sich hier mächtige Edle an und nannten sich von ihrem Besitzthume Herren von Pradl. […] Die Ortskirche steht am Ende des Dorfes am Wege nach Wilten, klein, aber schmuck und freundlich. Den Gottesdienst in derselben besorgt ein Priester des Stiftes Wilten, wohnhaft im Kloster, seit dem Jahre 1678, wo Pradl in seelsorglicher Beziehung von Ambras getrennt worden ist. Die Kinder besuchen die Schule zu den Dreiheiligen in Innsbruck.*" (*Beda Weber* [100], S. 341)

Abb. 26: *v. Pfaundler, Reichenauer Gutshof,* um 1820

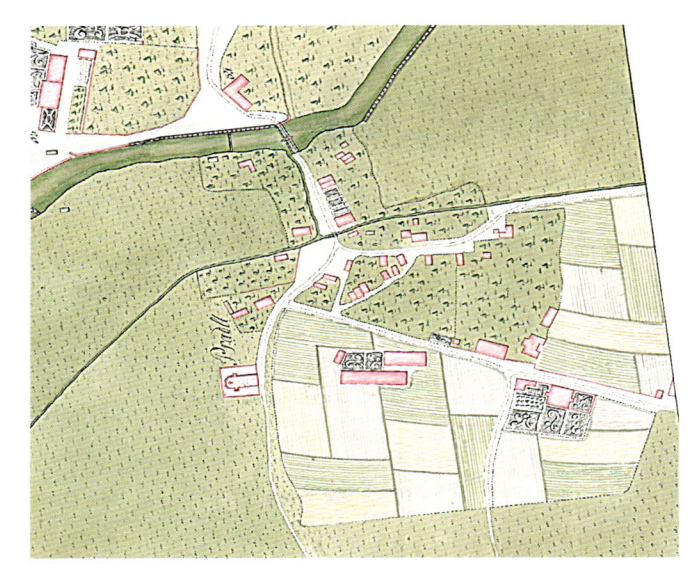

„Plan de la Ville et des Environs d'Innsprug", 1750 (K2)

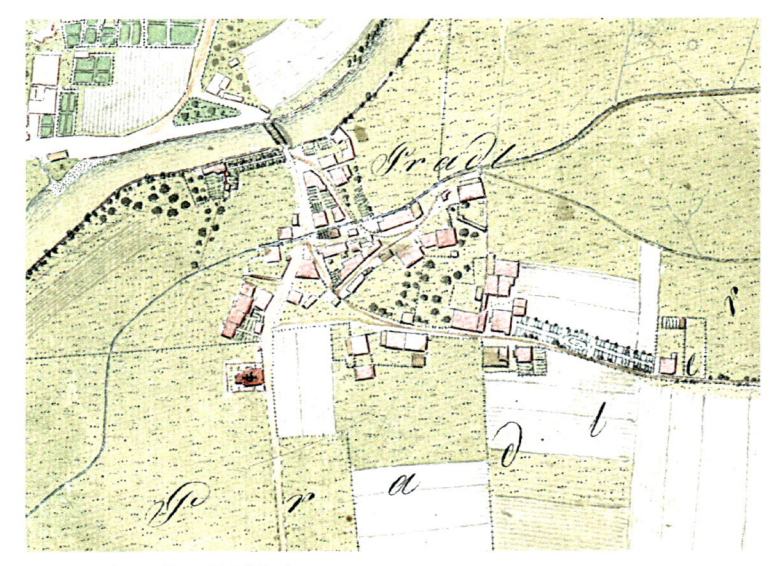

Innstromkarte K4, 1820 (K26)

Das Gebäude an der Sillbrücke musste 1823 wegen der Sill-Regulierung geschleift werden.

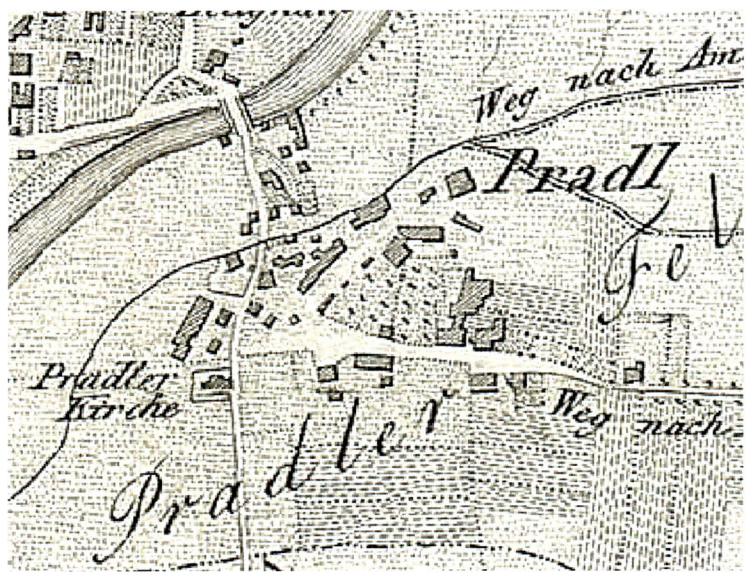

Gross, 1835/40 (K38)

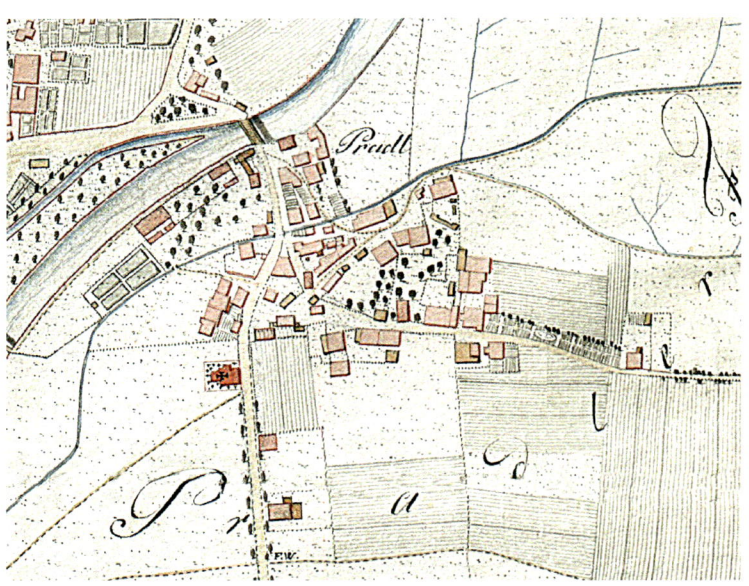

Prissmann, 1843 (K44)

Neue Gebäude entstanden an der Sill und südlich der Kirche entlang der Pradlerstraße.

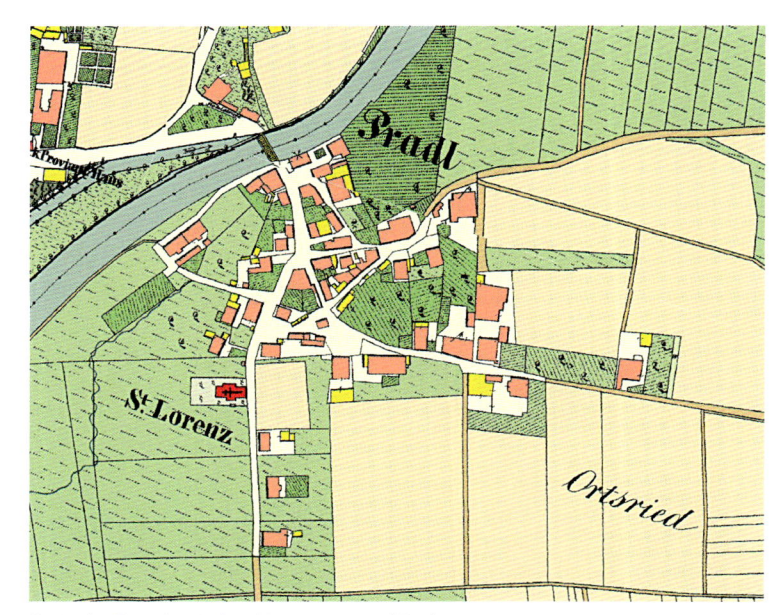

Digitaler Franziszeischer Kataster, 1856 (K48)

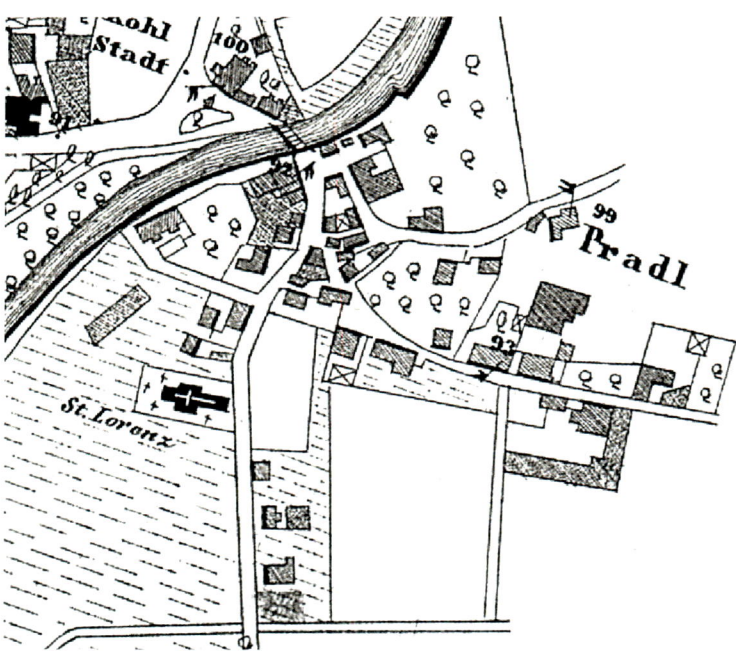

A. Guberner, 1864 (K49)

Die Nummern sind Hinweise auf drei Gasthäuser: **92** „Bruggenwirth", **93** „Lotronischer Hof", **99** „Winkelwirth". In dem hölzernen Gebäude hinter dem „Lotronischen Hof" befand sich das sogenannte „Pradler Bauerntheater".

Pradl und Reichenau 1856 und heute:

Franziszeischer Kataster, 1856 (K48)

Bis weit ins 20. Jahrhundert hinein blieb die Reichenau unbebautes Grün- und Ackerland, abgesehen vom Innsbrucker Flughafen, der 1925 in der Nähe des Reichenauer Gutshofes angelegt wurde und bis 1947 bestand.

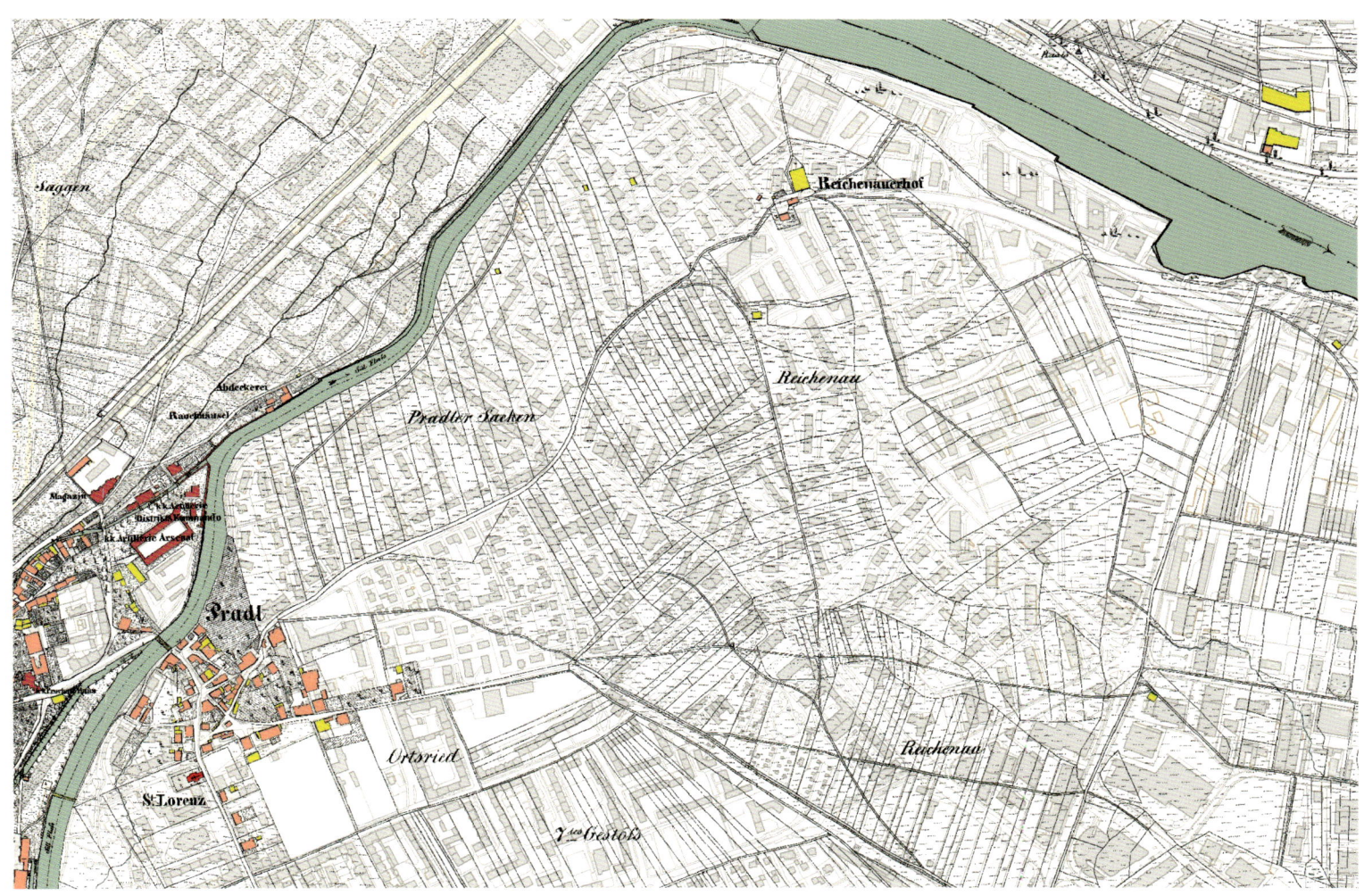

Digitaler Franziszeischer Kataster unterlegt mit dem Lageplan 2013, *tiris*-Kartendienste – Land Tirol (K96)

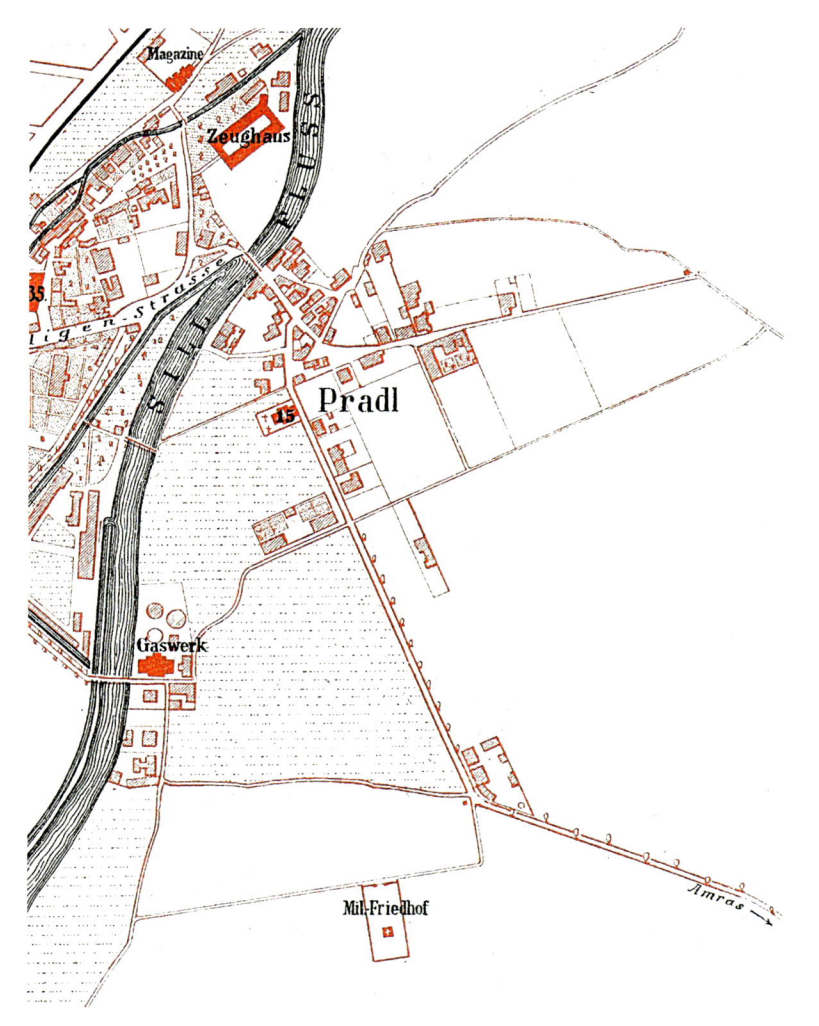

Bis zur Eingemeindung von Pradl 1904 änderte sich an der Bausubstanz und dem kartographischen Bild des Dorfes nur wenig. Lediglich das 1859 errichtete Gaswerk mit seinen Nebengebäuden sowie der Lindenhof (1880, *Hye* [47]) an der Kreuzung Pradlerstraße/Amraserstraße, der erstmals in diesem Plan von 1889 aufscheint, erweitern das Kartenbild Pradls.

Lindenhof

Gaswerk

Carl Redlich, 1889 (K71)

Dieser am 31. März 1903 von der k. k. Statthalterei genehmigte Baulinienplan zeigt die dramatischen Veränderungen die für das Dorf nach seiner Eingemeindung vorgesehen waren. Es war die Geburtsstunde von **Neupradl**.

Der bestehende Gebäudebestand ist grau eingezeichnet, die bereits geplanten Neubauten mit roter Farbe. Der vorgesehene Neubau der Pfarrkirche (1908), aber auch die für die Verbreiterung des Bahnhofkomplexes notwendig gewordene Verlegung der Sill, sind bereits eingetragen.

Der Grundriss dieser am Reißbrett entworfenen Stadterweiterung ist überwiegend orthogonal zu den bestehenden Flurgrenzen. Bereits vorhandene Wege und Straßen werden in das geplante Straßennetz miteinbezogen.

Nicht unerwähnt soll bei all diesen modernen Plänen zur Stadterweiterung die Kritik *H. Hammers* bleiben: „*Die jungen Stadtteile unterscheiden sich von allen früheren, daß ihre Straßen nach vorabgestecktem, behördlich beschlossenem Plane angelegt wurden. Die Blässe des geometrischen Schemas liegt denn auch erkältend über ihnen; die mit dem Richtscheit gezogenen, fast duraus rechtwinklig sich schneidenden Straßen der modernen Stadtbauweise atmen die ertötende Langeweile aus, die uns achtlos durch sie schreiten lässt.*" (Hammer [38], S. 108)

„*Baulinienplan für die Fraction Pradl*", 1903

Auch auf dem „Plan von Innsbruck" von *Josef Redlich*, der 1904 nach der Eingemeindung von Pradl erstellt wurde, ist der projektierte Baulinienplan eingezeichnet.

J. Redlich, 1904 (K86)

BaseMap-Tirol, 2016, Bereich Pradl (K97) überlagert mit dem **„Baulinienplan für die Fraction Pradl"**, 1903 (T53)

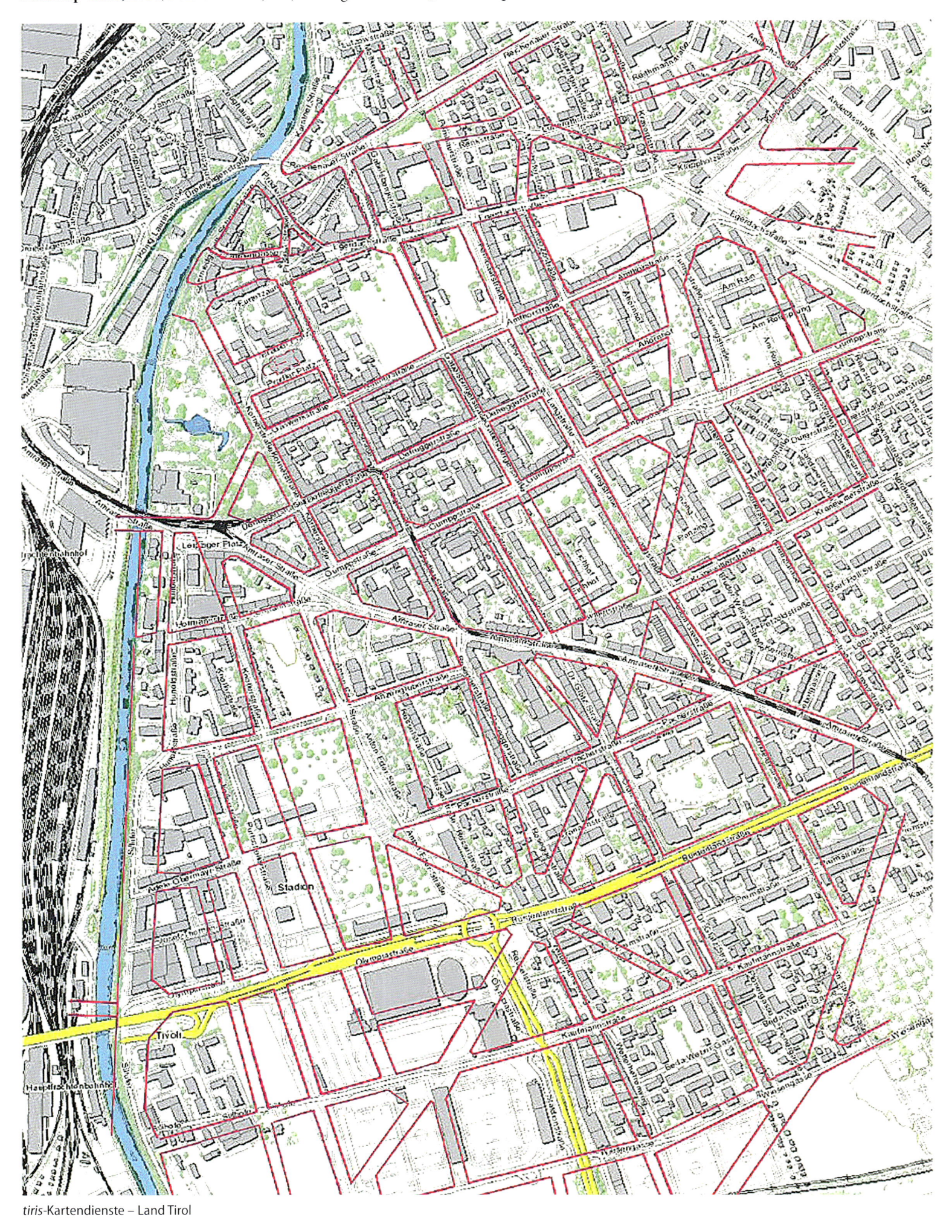

tiris-Kartendienste – Land Tirol

Wie am Plan zu sehen ist, entsprechen große Teile des Projektes dem heutigen Stadtbild. Die geplante Diagonalstraße, die „Pradler-Gürtel-Straße", ausgehend von der heutigen Kreuzung Egerdachstraße/Klappholzstraße bis zum Kreisverkehr am Südring wurde allerdings nie realisiert. Die hier bereits projektierte Brücke über Bahnhof und Sill im Süden mit anschließender Straße nach Osten – die heutige Olympiabrücke und Südring – ist erst 60 Jahre später anlässlich der Olympischen Winterspiele 1964 genau dem Plan entsprechend gebaut worden.

Der Pradler Militärfriedhof

Konrad Fischnaler schreibt in der Innsbrucker Chronik [25] (II, S. 65):
1769 Jän. 21.: *Infolge der Überbesetzung des Militärfriedhofes in Hötting wird dem Militär der Pestfriedhof an der Sill eingeräumt.*
1830 *wird diese, dem alten Militärspital am Südbahnviadukt gelegene Begräbnissätte aufgelassen.*
1831 Okt. 23.: *Errichtung eines neuen Militärfriedhofes in den Pradler Feldern. Dekan Habtmann weiht diesen bloß mit Wall umzogenen Gottesacker.*
1842 Aug. *erfolgt die Ummauerung.*

Viehbeck, 1804 (K13)

Bis 1830 lag der Militärfriedhof an der linken Sillseite.

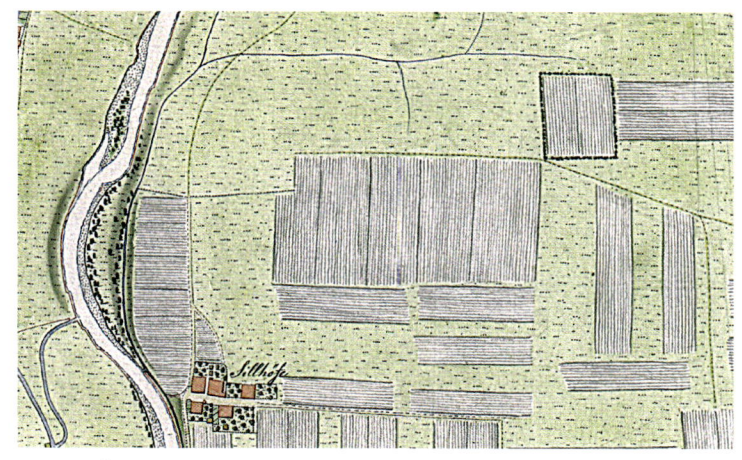

Innstromkarte K5, 1825 (K27)

Das für die neue Begräbnisstätte ausgewählte Grundstück war hier bereits sichtbar von einer Hecke umgeben.

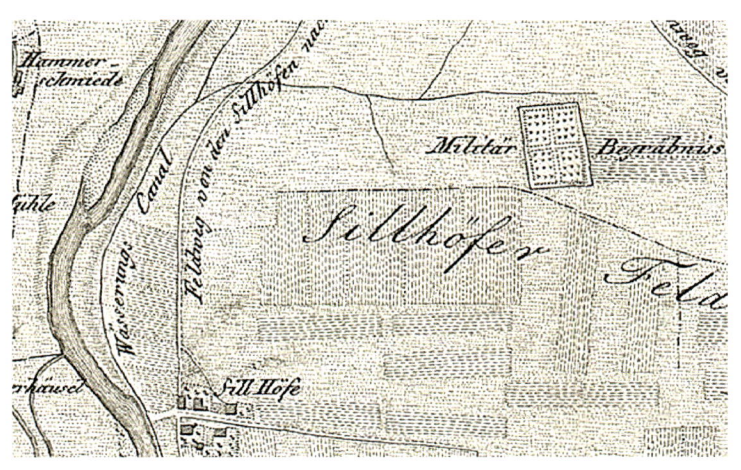

Gross, 1835/1840 (K38)

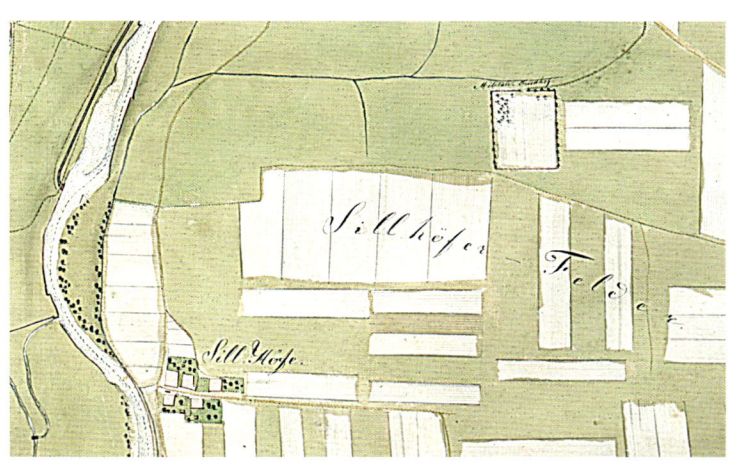

Miller, um 1840 (K41)

Der Friedhof ist zu einem Teil belegt.

Teplý, um 1842 (K40)

Teplý zeichnet auf seinem Plan die ab 1842 bestehende Friedhofsmauer.

Digitaler Franziszeischer Kataster, 1856 (K48)

Erst im Katasterplan ist die korrekte Ausdehnung des Friedhofes erkennbar.

Auch bei *Armani* ist die Ummauerung des Pradler Militärfriedhof deutlich zu sehen.

Armani, um 1860 (P9)

Die Pläne

„Baulinienplan für die Fraction Pradl", 1903 (Kartenverzeichnis T53)

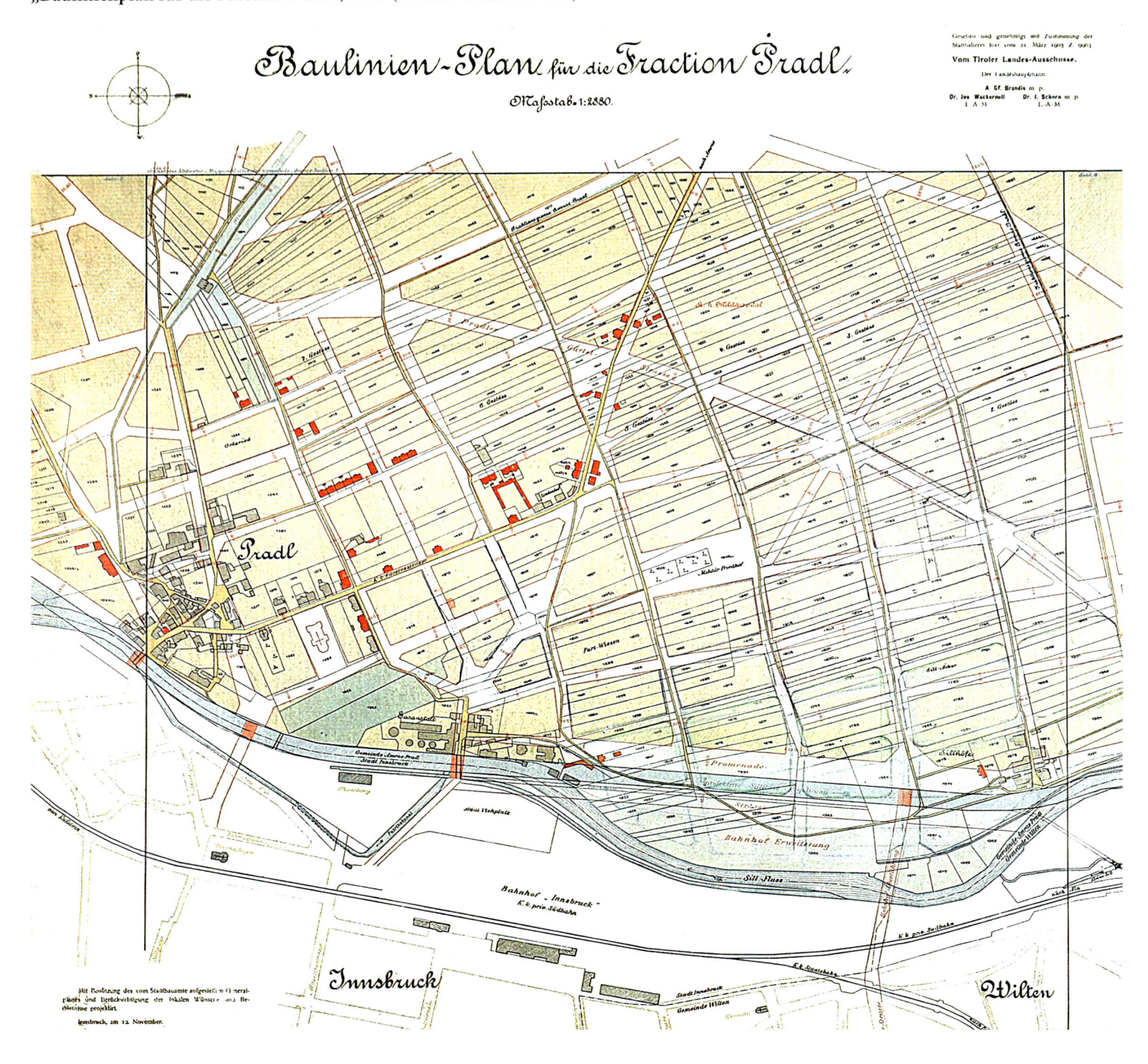

8. Amras – Schloss Ambras

tiris, Orthofoto 2013 (K95)

Abb. 27: *J. Schädler*, „Schloss Amras nächst Innsbruck in Tirol", 1806

Diese Radierung von *Johann Schädler* zeigt Amras am Beginn des 19. Jahrhunderts: ein Dorf am Rande der Stadt Innsbruck zwischen Schloss Ambras und dem Amraser See. Die Schreibweisen **Amras** und **Ambras** sind mindestens bis ins 16. Jahrhundert belegbar und wurden für das Dorf und den Herrschaftsansitz gleichermaßen verwendet. Erst im späten 19. Jahrhundert erfolgte die eindeutige orthografische Zuordnung. Zur Gemeinde gehörten neben dem Dorf Amras auch die Fraktionen Pradl (bis 1904) und Sillhöfe.

Der Amraser See

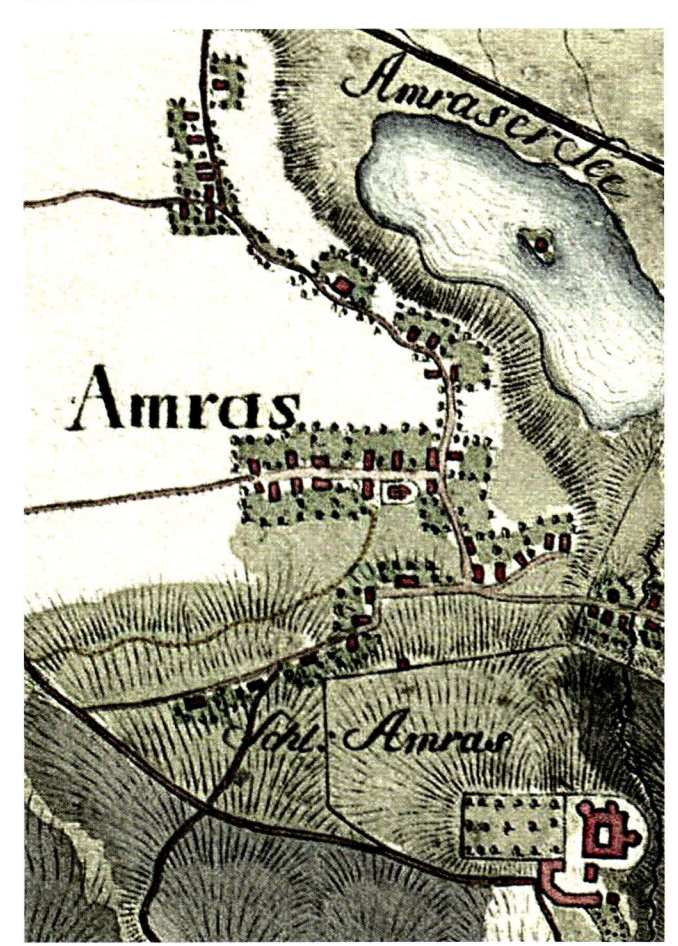

Heim, 1816/17 (K22)

I. See zu Ombras (Ambras).

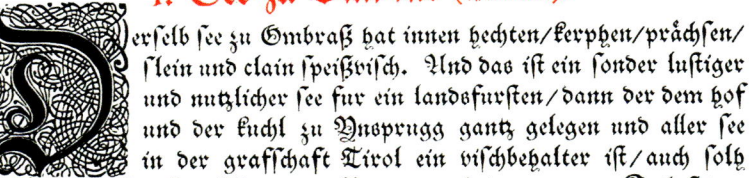

Derselb see zu Ombraß hat innen hechten/kerphen/prächsen/flein und clain speißvisch. Und das ist ein sonder lustiger und nutzlicher see fur ein landsfursten/dann der dem hof und der kuchl zu Ynsprugg gantz gelegen und aller see in der graffschaft Tirol ein vischbehalter ist/auch solh visch[a] von disem see allstund gen Ynsprugg bringen mag. So besetzen sich auch die hechten selber darinn und ein landsfürst mag zu seiner kuchl visch genug daraus haben/dann der see gueter vischbehalter drei hat. (f. 9). Auch ein landsfurst sonder lust dabei haben mag/dann die hirschen gern an denselben see laufen/und dartzu den albeg am andern jar zu herbstzeiten zu lust ablassen/oder ime sonst mit der segen darauf vischen und kurtzweilen lassen.

Abb. 28: *W. Hohenleiter*, „See zu Ombras", 1504

Die erste ausführliche Nachricht über den „*See zu Ombras*" gibt uns das Fischereibuch Kaiser Maximilians I. von 1504. Darin wird mitgeteilt, dass es im Amraser See „*Hechten, Karpfen, Prachsen, Schleien und klein Speisvisch*" gebe, weshalb er als ein dem Landesfürsten „*sonder lustiger und nutzlicher See*" bezeichnet wird. Dies vor allem auch deshalb, weil er „*dem Hof und der Kuchl zu Ynsprugg ganz nahe gelegen*" und man die „*Visch von diesem See all Stund gen Ynsprugg bringen mag*" noch als besonders rühmlich nachgesagt, dass er „*aller Seen in der Grafschaft Tirol Vischbehälter*" sei. Noch zu Beginn des 18. Jahrhunderts wurden dem Amraser See jährlich 4000 bis 6000 Karpfensetzlinge entnommen und in anderen Seen ausgesetzt. (*O. Stolz* [96], S. 209)

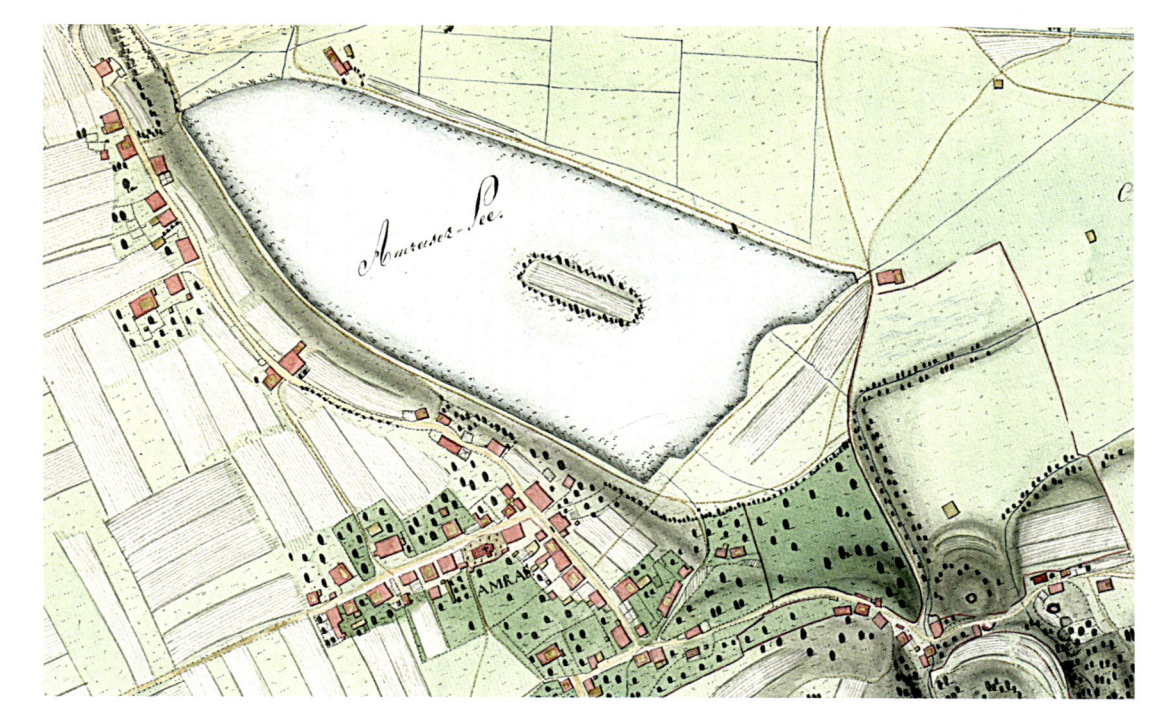

Ende des 18. Jahrhunderts wurde der im landesfürstlichen Besitz stehende See an eine Interessentschaft von überwiegend adeligen Gutsbesitzern verkauft. Ihnen wurde freigestellt, den See wie bisher zur Fischzucht zu nutzen oder auch „*auszutrocknen und fruchtbar zu machen*". Die Ausdehnung des Sees betrug damals ca. 20 ha. In der Mitte befand sich eine Insel von der Größe eines halben Jauchs (ca. 1.800 m²). (*O. Stolz* [96], S. 209)

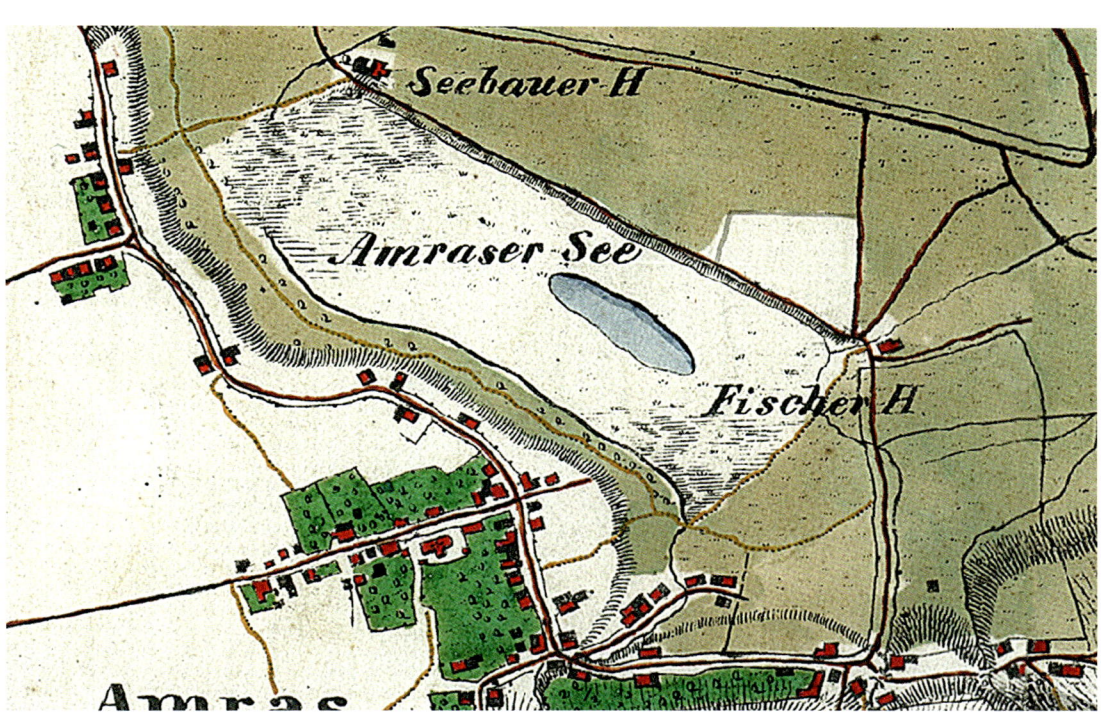

Innstromkarte, 1822/26 (K27)

Um 1840 ist der See schon deutlich als Sumpf gekennzeichnet.

„*Unter dem Schlosse in der Tiefe liegt der Ambrasersee, kaum dieses Namens werth, im Winter als Eisbahn Schlittschuhläufern willkommen. Rings umher sind die Gründe unbenützter Torf […].*" (*Beda Weber* [100], S. 344)

Der Zeichner hat allerdings, wohl in Unkenntnis der örtlichen Gegebenheiten, an Stelle des Sees die Insel blau eingefärbt!

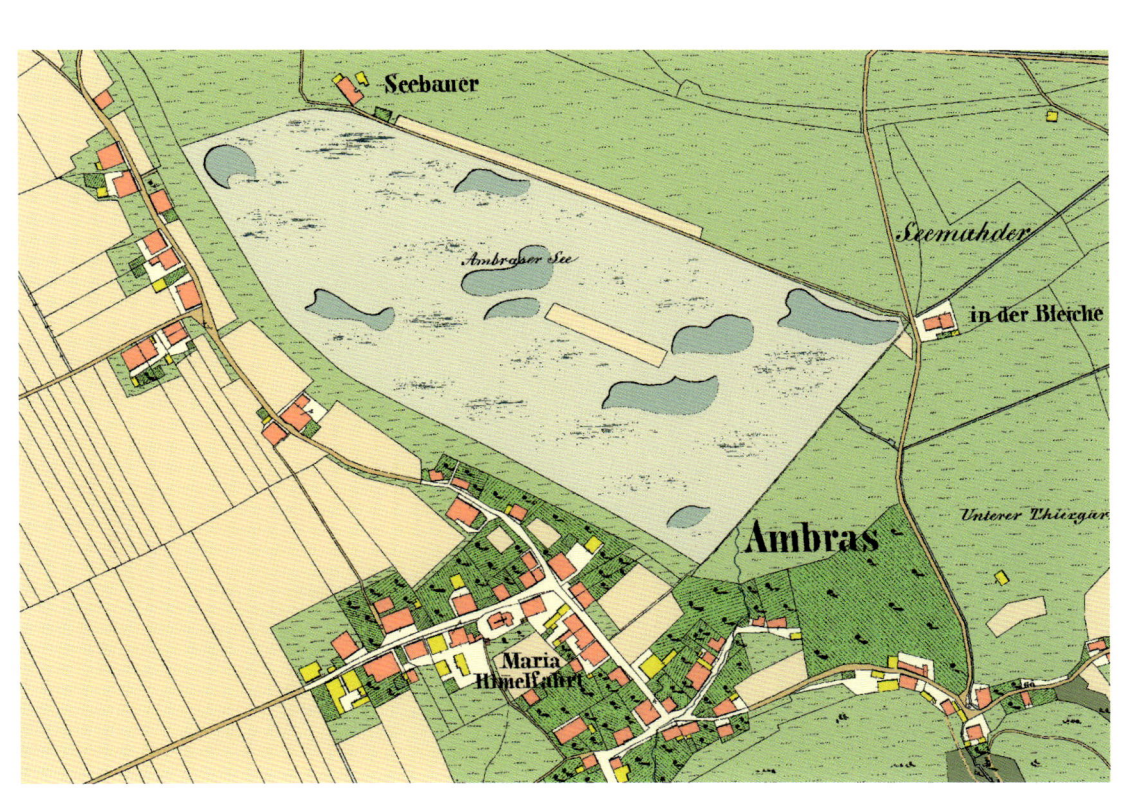

C. Urban, 1840/43 (K43)

In der Katastermappe von 1856 wird der Amraser See als „*Sumpf mit Rohrwuchs*" mit einer Fläche von 16 ha angegeben. Der See musste also damals bereits das Gepräge eines – wenn auch wasserreichen – Sumpfes angenommen haben. Ein Grund dafür liegt wohl darin, dass der bisherige Zufluss von Frischwasser aus der Sill unterbunden wurde. (*O. Stolz* [96], S. 209)

Digitaler Franziszeischer Kataster, 1856 (K48)

Amras 1856 und heute (2013):

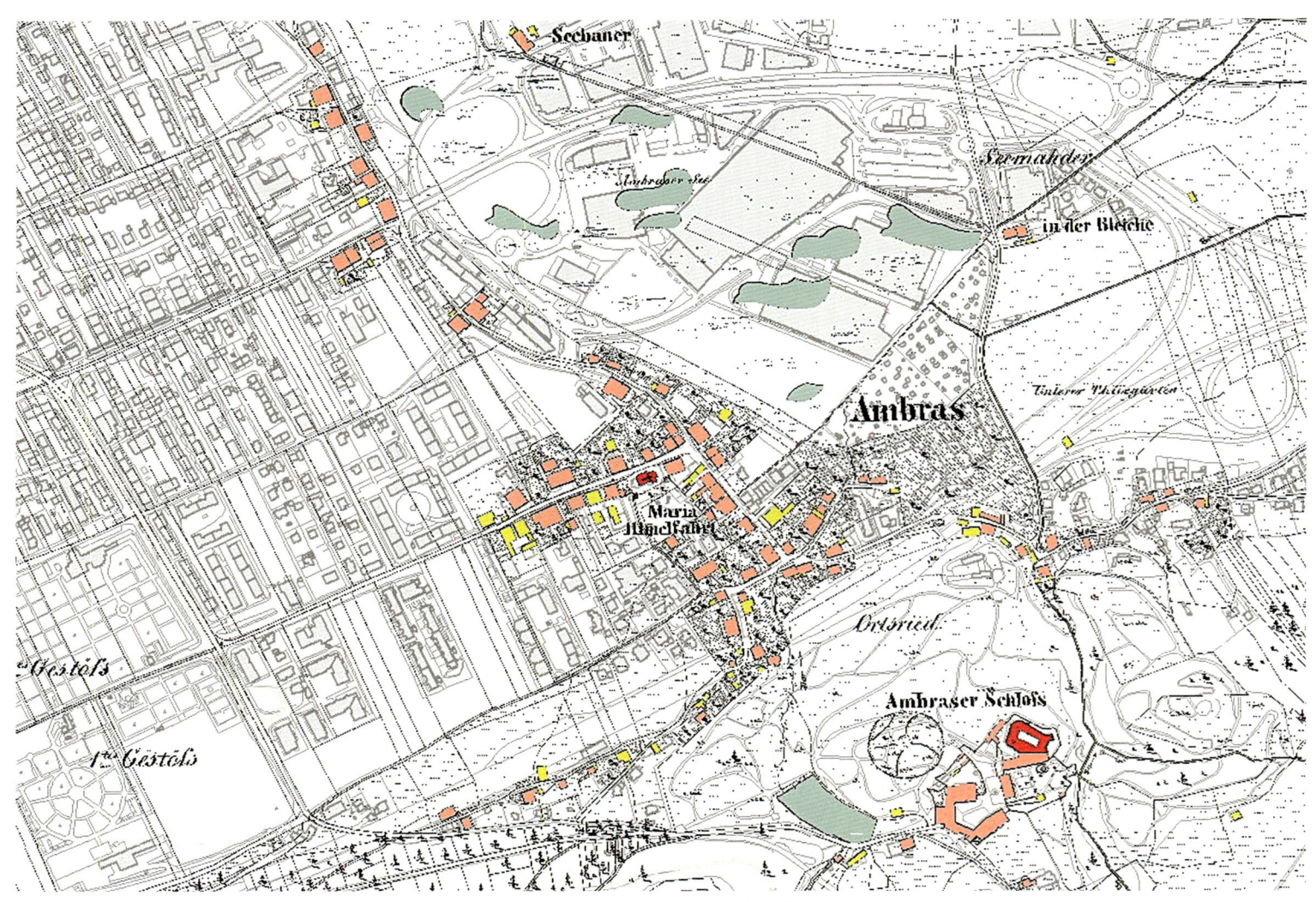

Digitaler Franziszeischer Kataster unterlegt mit dem Lageplan 2013, *tiris*-Kartendienste – Land Tirol (K96)

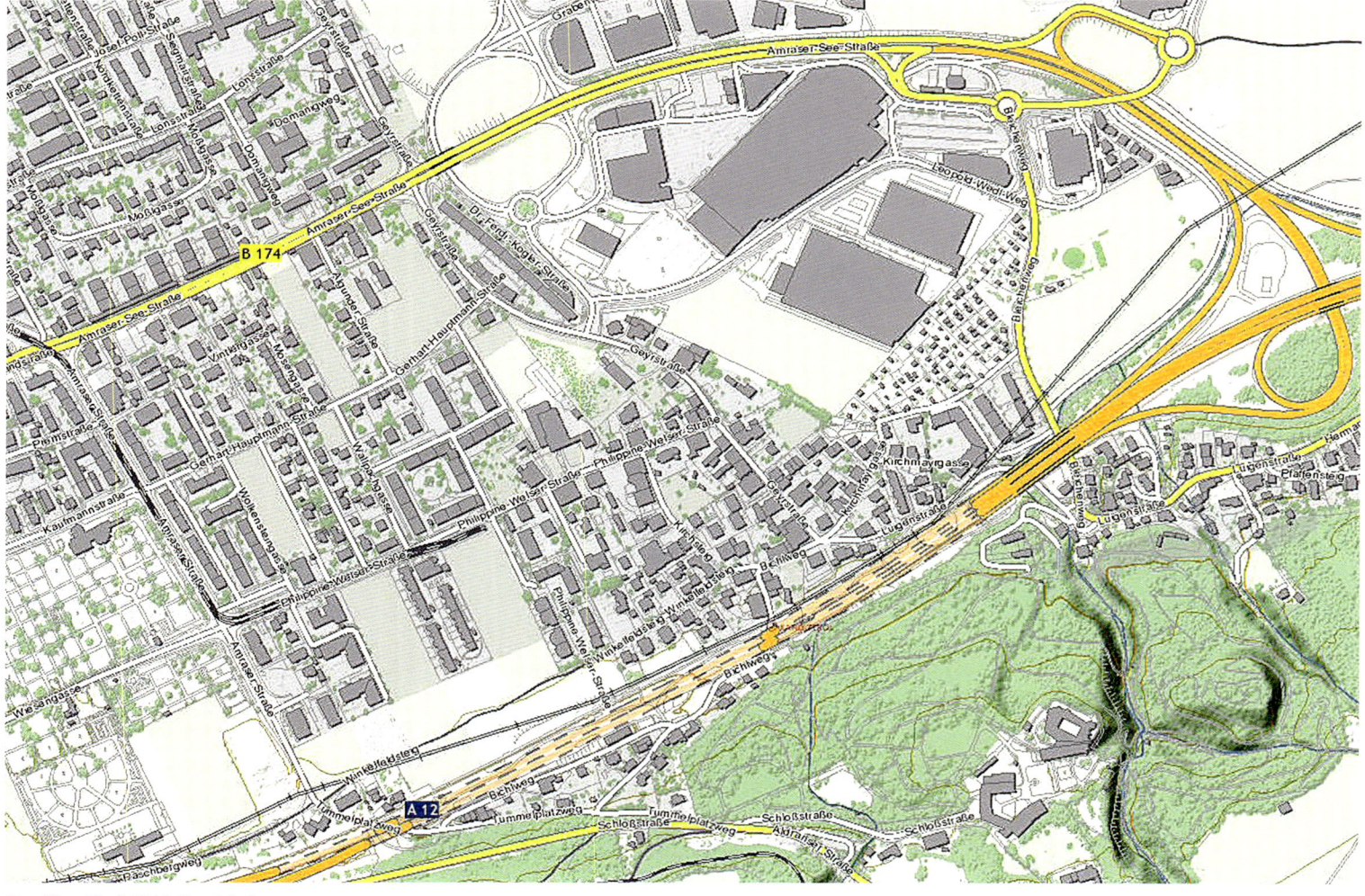

BaseMap-Tirol, 2016, Bereich Amras

Schloss Ambras

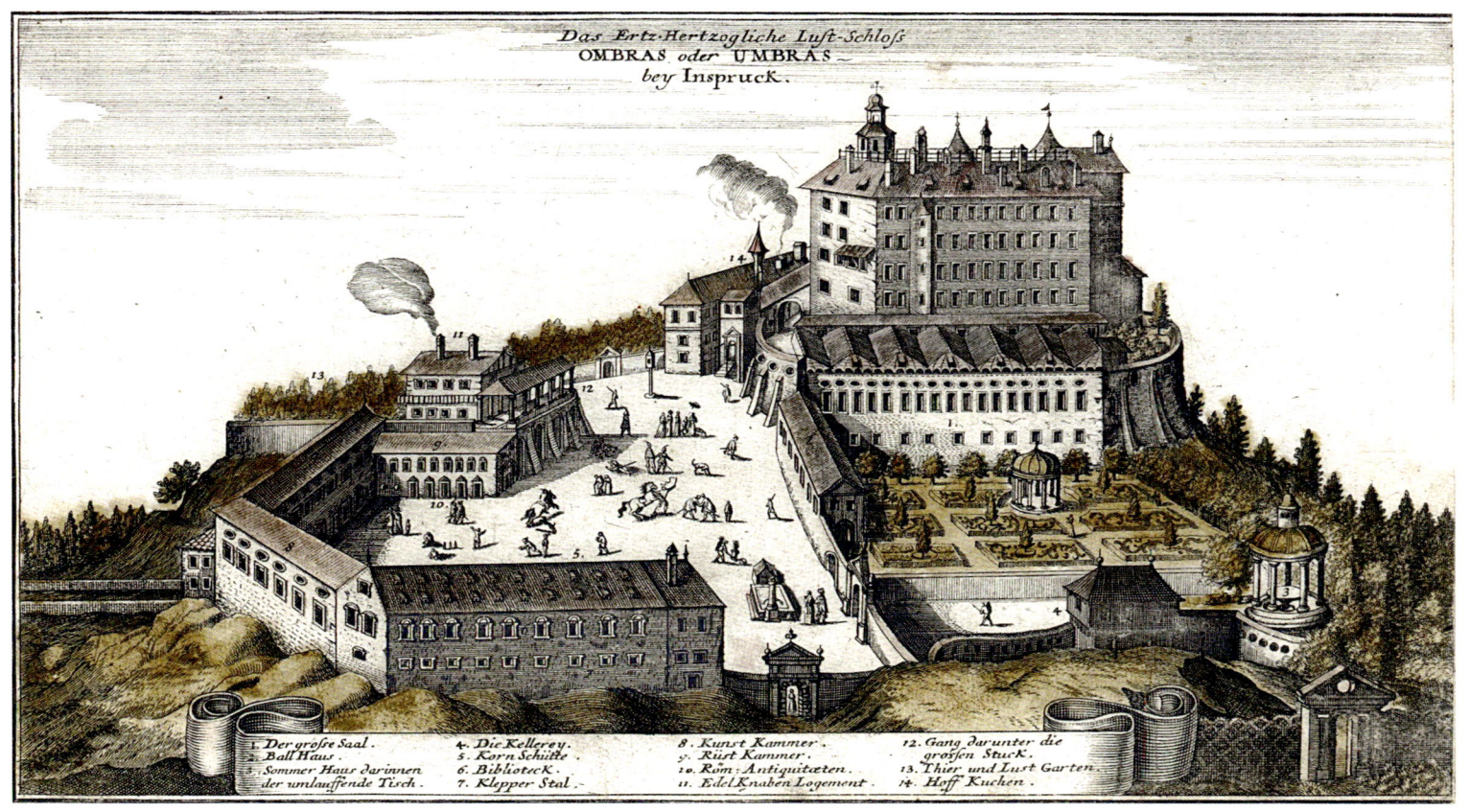

Abb. 29: *G. Bodenehr: „Das Ertz-Herzogliche Lust-Schloss OMBRAS oder UMBRAS bey Inspruck",* 1703

Bodenehrs Grafik, eine Kopie des bekannteren Kupferstichs von *Merian* von 1649, zeigt nicht den zeitgemäßen Zustand des Schlosses um 1703. Vielmehr gewährt sie einen Rückblick in die Glanzzeit des Anwesens als Renaissanceprunkschloss unter Erzherzog Ferdinand II. und Philippine Welser in der zweiten Hälfte des 16. Jahrhunderts. Ende des 18. Jahrhunderts schien es sogar dem Verfall preisgegeben worden zu sein: Es gab Pläne, die Gebäude als Kaserne oder sogar als Zuchthaus zu verwenden (T54). Während des Italienfeldzugs Napoleons 1796/97, der auch Tirol berührte, wurde das Schloss als Lazarett geführt, wovon die Gräber am nahegelegenen Tummelplatz zeugen.

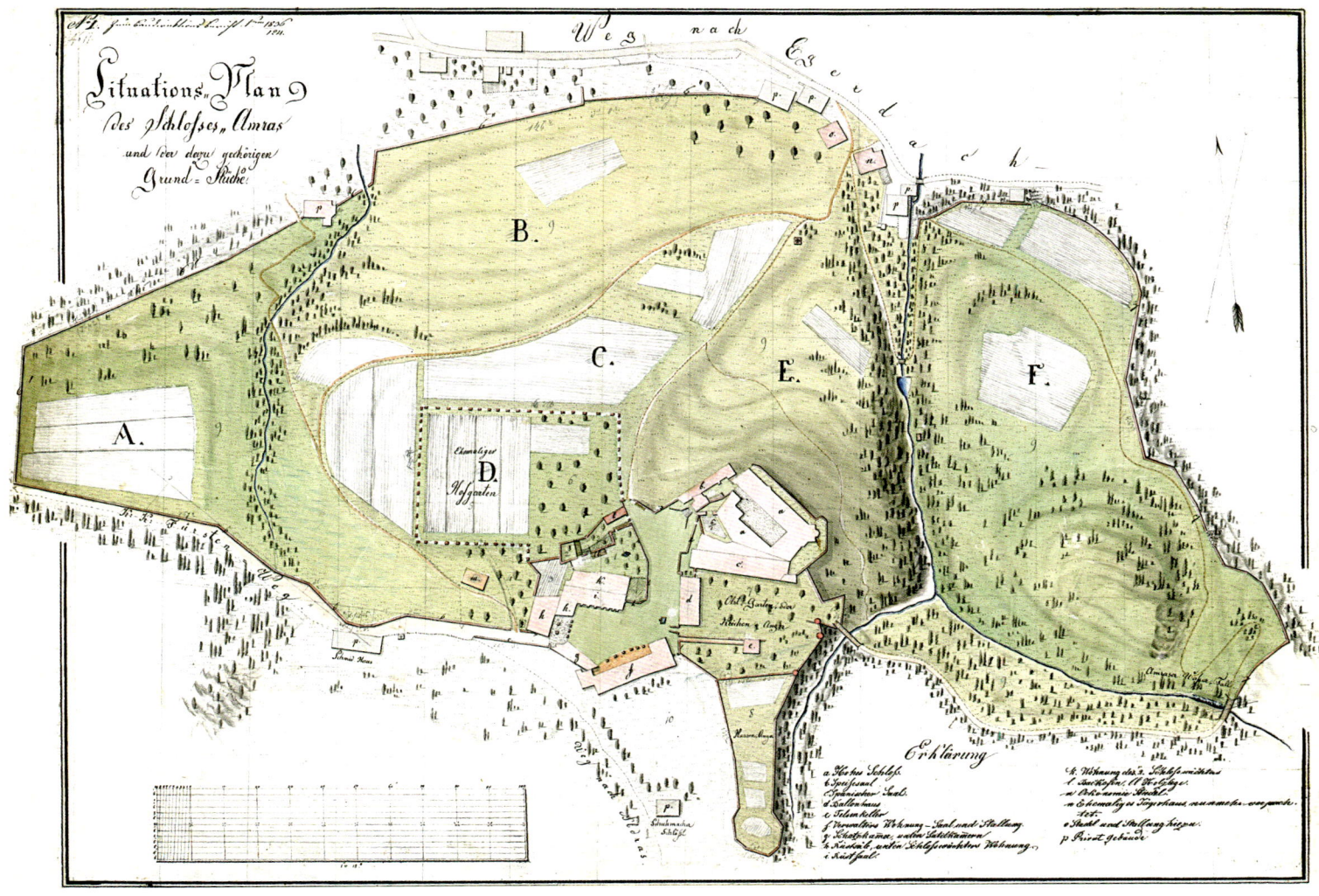

A. Negrelli, 1821 (T55)

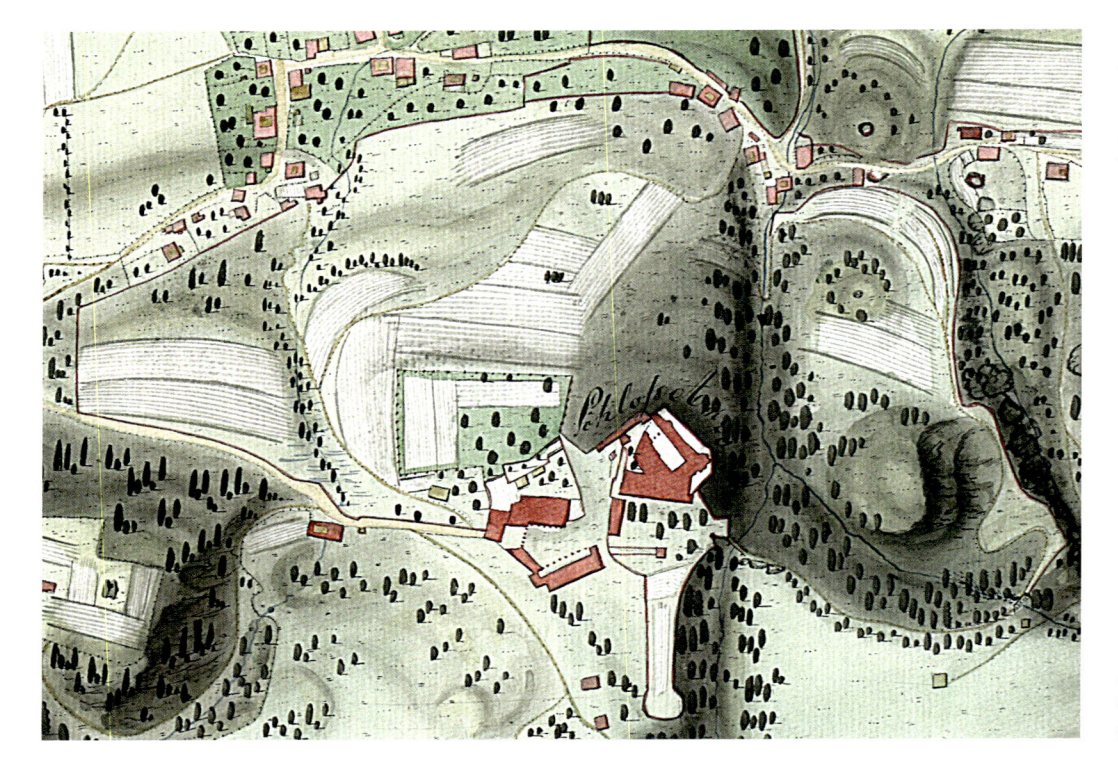

In der ersten Hälfte des 19. Jahrhunderts wurden die Gebäude des Schlosses als Kaserne benutzt. Sie verfielen danach immer mehr, an eine Wiederherstellung war erst nach Räumung durch das Militär 1842 zu denken.

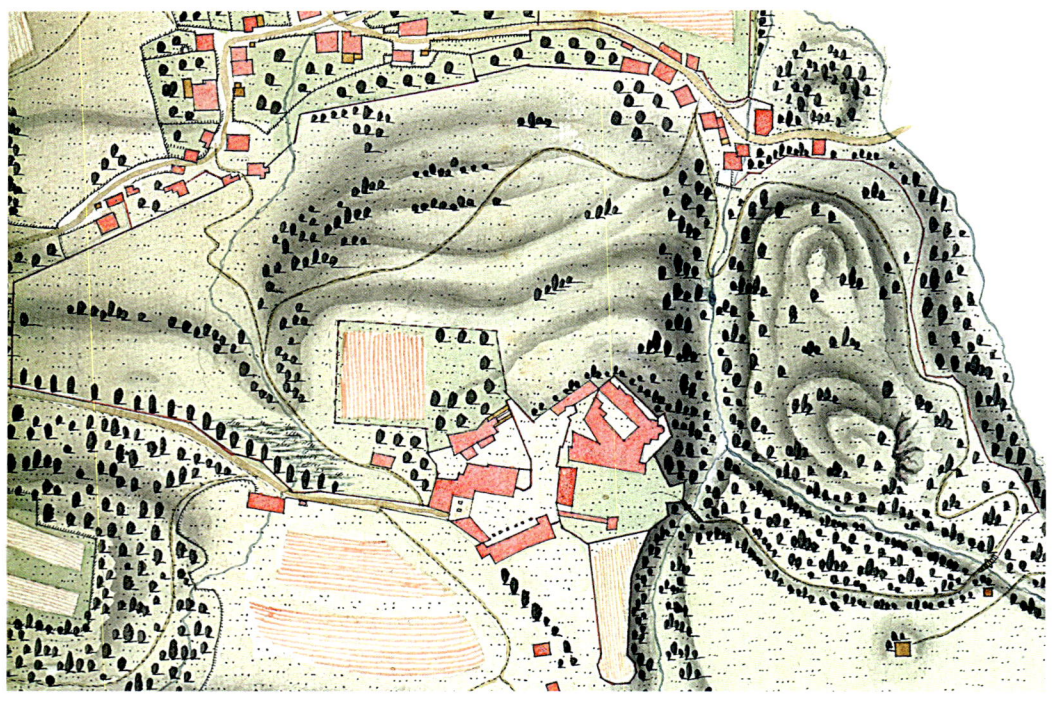

Innstromkarte K5, 1822 (K27)
(Kopie des von *A. Negrelli* 1820 aufgenommenen Blattes 57 der Serie K4)

Der weitläufige Schlosspark wurde vor allem landwirtschaftlich genutzt, aber auch der Ziergarten im Schlosshof fand seine Verwendung als Obstanger. Im Vergleich zum vorhergehenden Plan erkennt man die wechselnde Bodennutzung von Wiese zu Ackerland und von Obstgarten zu Wiese sehr deutlich. Der spätere Schlossteich ist bereits als sumpfiges Gelände ausgewiesen.

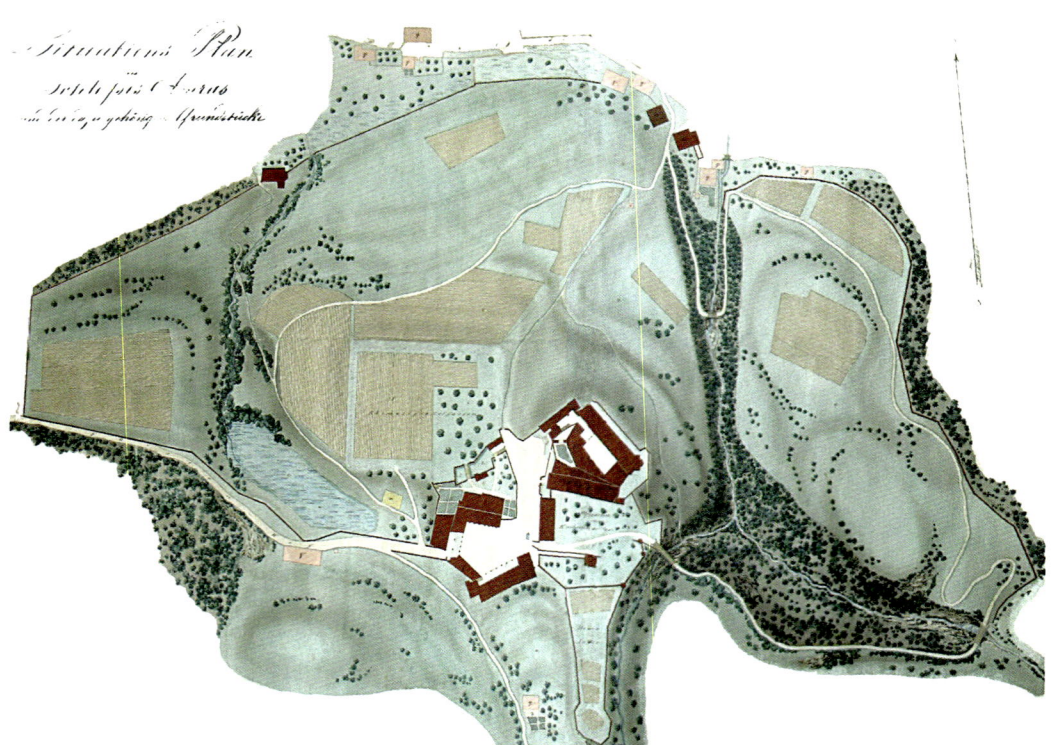

Baudirektionsplan A4, 1830 (T56)

Auch auf dem „Situations Plan" von *Johann Soucup* ist die wechselnde landwirtschaftliche Nutzung erkennbar. Der Keuchengarten (Ziergarten) südlich des Schlosses dient wieder als Obstgarten. Der Teich hat bereits seine endgültige Größe erreicht. Die kartographische Signatur lässt annehmen, dass es sich immer noch um ein eher sumpfiges Gewässer handelt.

J. Soucup, 1845/55 (T57)

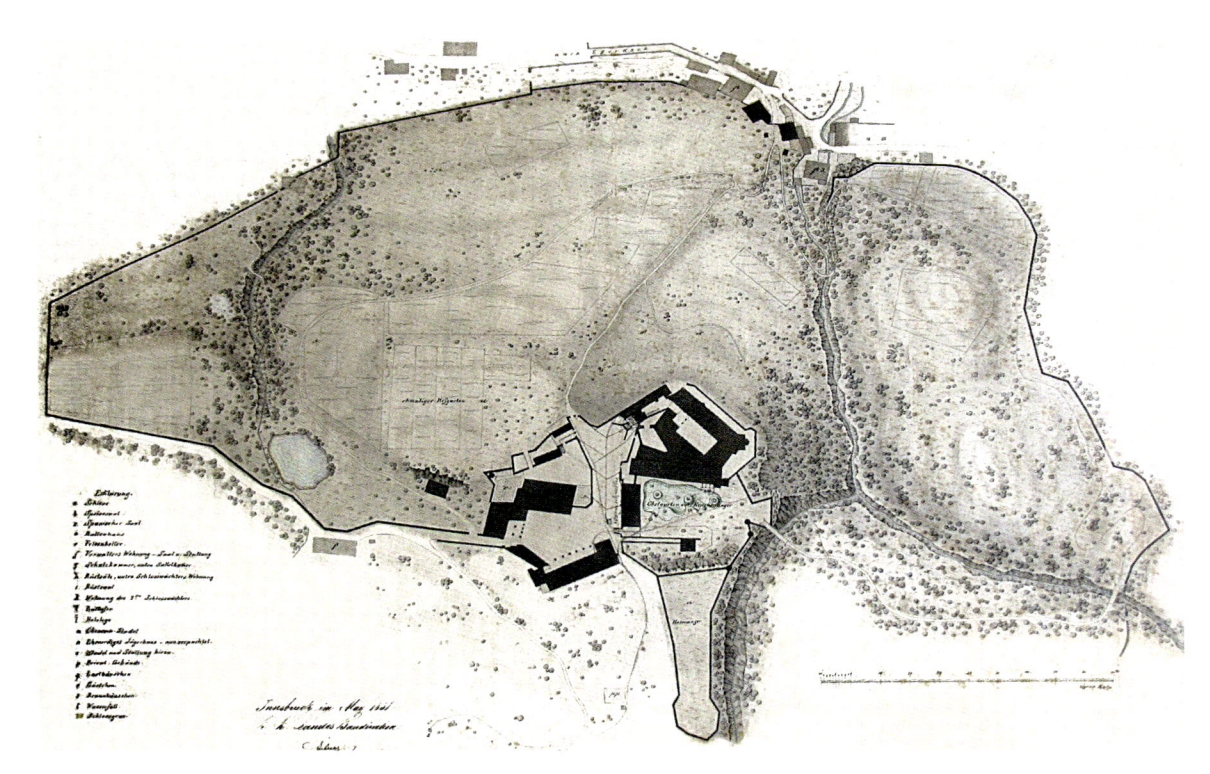

Auf einem weiteren Plan von *Joseph Kolp* ist der Teich nun auch als solcher gekennzeichnet. Im Keuchengarten südlich des Schlosses war ein Schwimmbassin geplant, das in dieser Größe allerdings nicht realisiert worden ist.

J. Kolp, 1851 (T58)

Erst unter Erzherzog Karl Ludwig, der als Statthalter von Tirol ab 1855 das Schloss vom bekannten Wiener Ringstraßenarchitekten Heinrich Förster zu seiner Sommerresidenz adaptieren ließ, erfolgten einschneidende Eingriffe in Schloss und Park. Auf diesem Plan von *Heinrich Förster* sind die Umwandlungen während der Regierungszeit Karl Ludwigs bereits verzeichnet. „*Statt der bei Merian festgehaltenen geometrisch-symmetrisch angelegten Parterres schmücken nun geschwungene Wege das Gartenstück. Drei miteinander korrespondierende, nierenförmige Gartenteile, wovon der mittlere als Teich angelegt war, entsprechen einer ‚natürlichen Umgebung'.*" (Frenzel [28], S. 86)

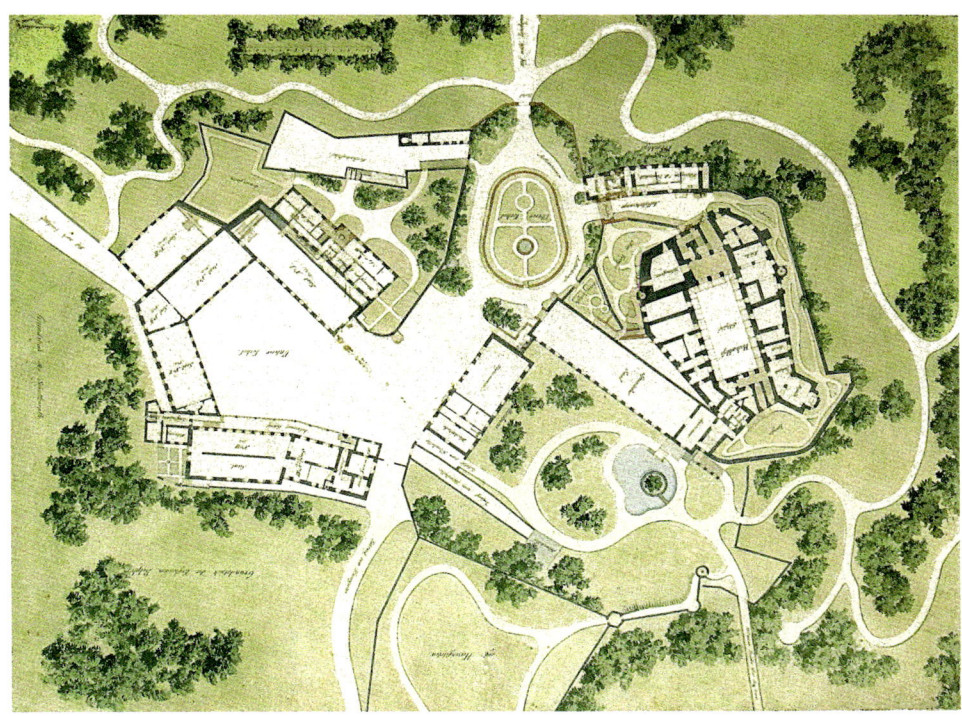

H. Förster, 1858 (T59)

Ein zweiter Plan *Försters* zeigt einen alternativen Entwurf für die Auffahrt zum Hochschloss, der mit gewissen Abänderungen ausgeführt wurde, und in ähnlicher Ausführung auch heute noch existiert.

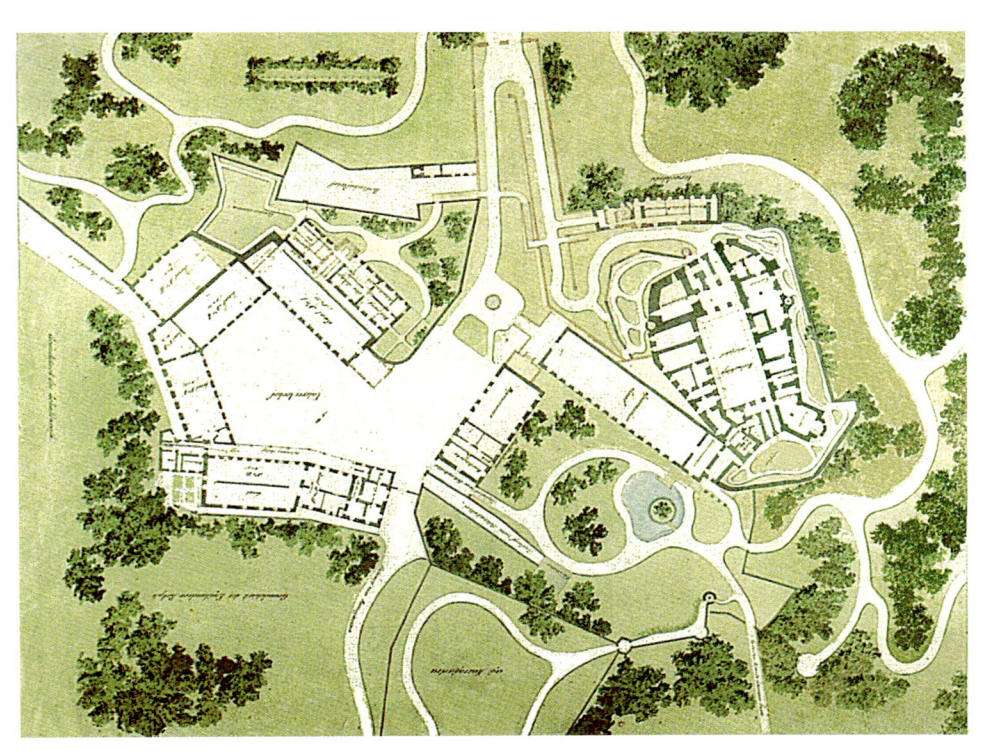

H. Förster, 1858 (T60)

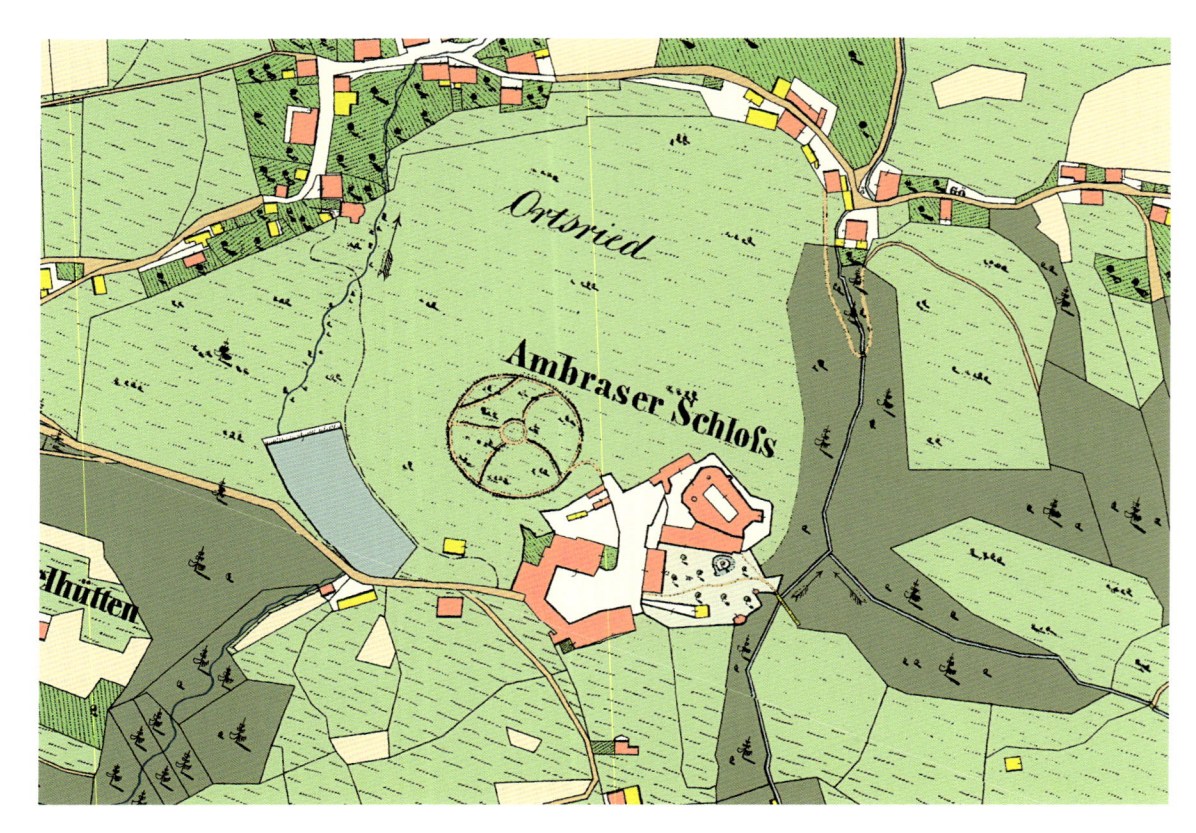

Digitaler Franziszeischer Kataster, 1856 (K48)

Westlich des Schlosses ist auf dieser Abbildung von *Armani* eine geometrische Struktur erkennbar, eine parkförmige Anlage, die in ähnlicher Form auch im Franziszeischen Kataster eingezeichnet ist.

B. Armani, um 1860 (P9)

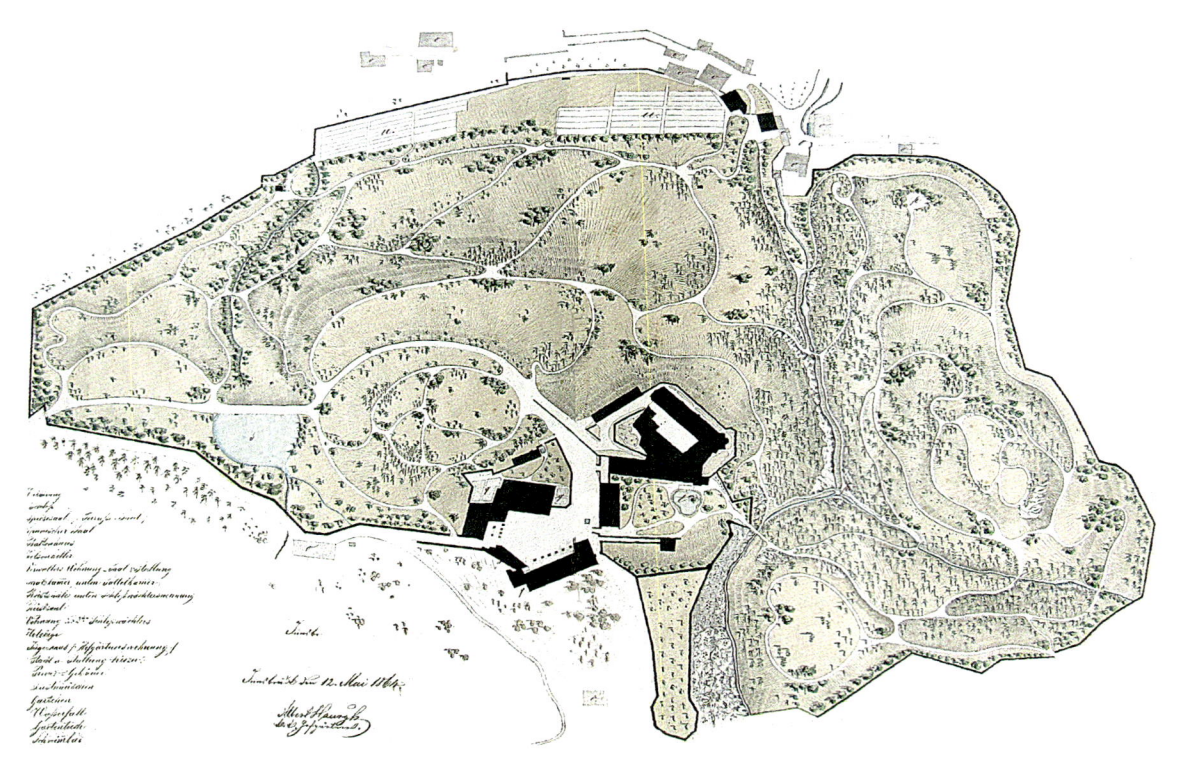

1861, am Ende der Regierungszeit Erzherzog Karl Ludwigs als Statthalter von Tirol, war der Umbau des Parks im Sinne eines englischen Landschaftsparks abgeschlossen. Die Darstellung von *Hauryk* aus dem Jahr 1864 verdeutlicht das sehr eindrücklich. Bis heute hat sich an der äußeren Form des Parks nur mehr wenig geändert.

A. Hauryk, 1864 (T61)

Der Tummelplatz

Abb. 30: *„Titelvignette des Spendenaufrufes für den Bau der großen Kreuzkapelle anlässlich des 100jährigen Bestehens des Tummelplatzes"*, 1896

„[…] Es ist ja bekannt, daß Ende 1796 das Schloß Amras zu einem Militärspitale hergerichtet und Anfangs 1797 der Tummelplatz, einst den herumtummelnden Ritterspferden dienlich, zur Begräbnißstätte der Gefallenen oder an Wunden und Krankheit verstorbenen Krieger bestimmt wurde. Seit diesem Jahre sah man zu jeder Kriegszeit täglich die traurigen Leichenwägen dahin ziehen und die in der Blüthe ihres Alters Hingeschiedenen – Freund und Feind vereint – zu 10 bis 40 ohne Sang und Klang in tiefe Gruben werfen. Der Tummelplatz erhielt besonders nach den blutigen Berg Isel-Schlachten im April, Mai, August und November 1809 eine äußerst betrübliche Mehrung, da ein Leichenwagen dem andern dahin folgte […]."
(Begleittext zum obigen Spendenaufruf 1896)

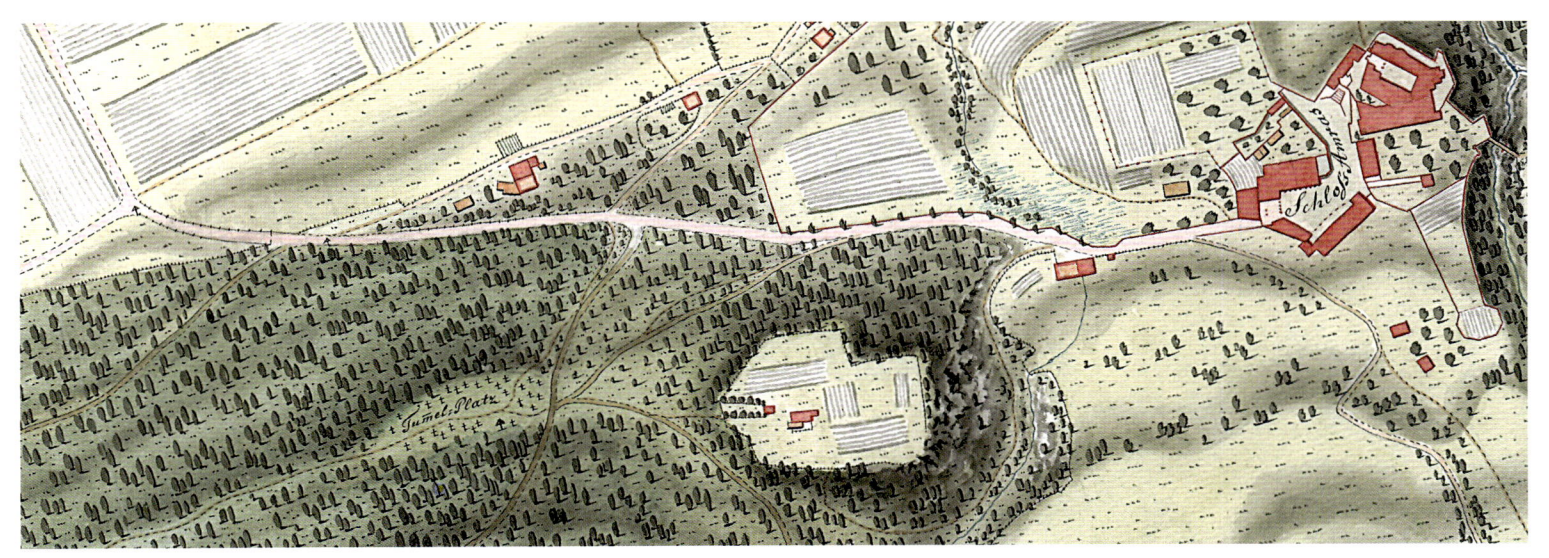

Innstromkarte K3, 1822 (K28)

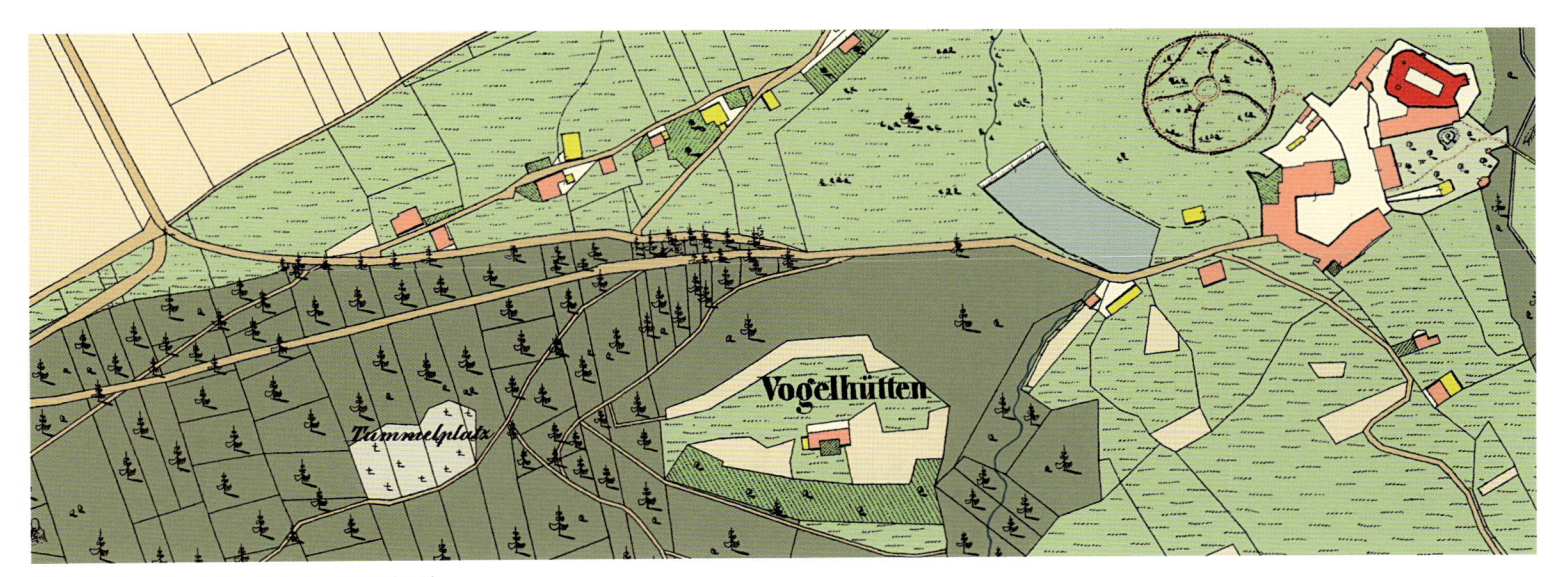

Digitaler Franziszeischer Kataster, 1856 (K48)

Die Pläne

„Grund Riß von Schloß Amraß" (zwecks Adaptierung als Zuchthaus), **um 1780** (Kartenverzeichnis T54)

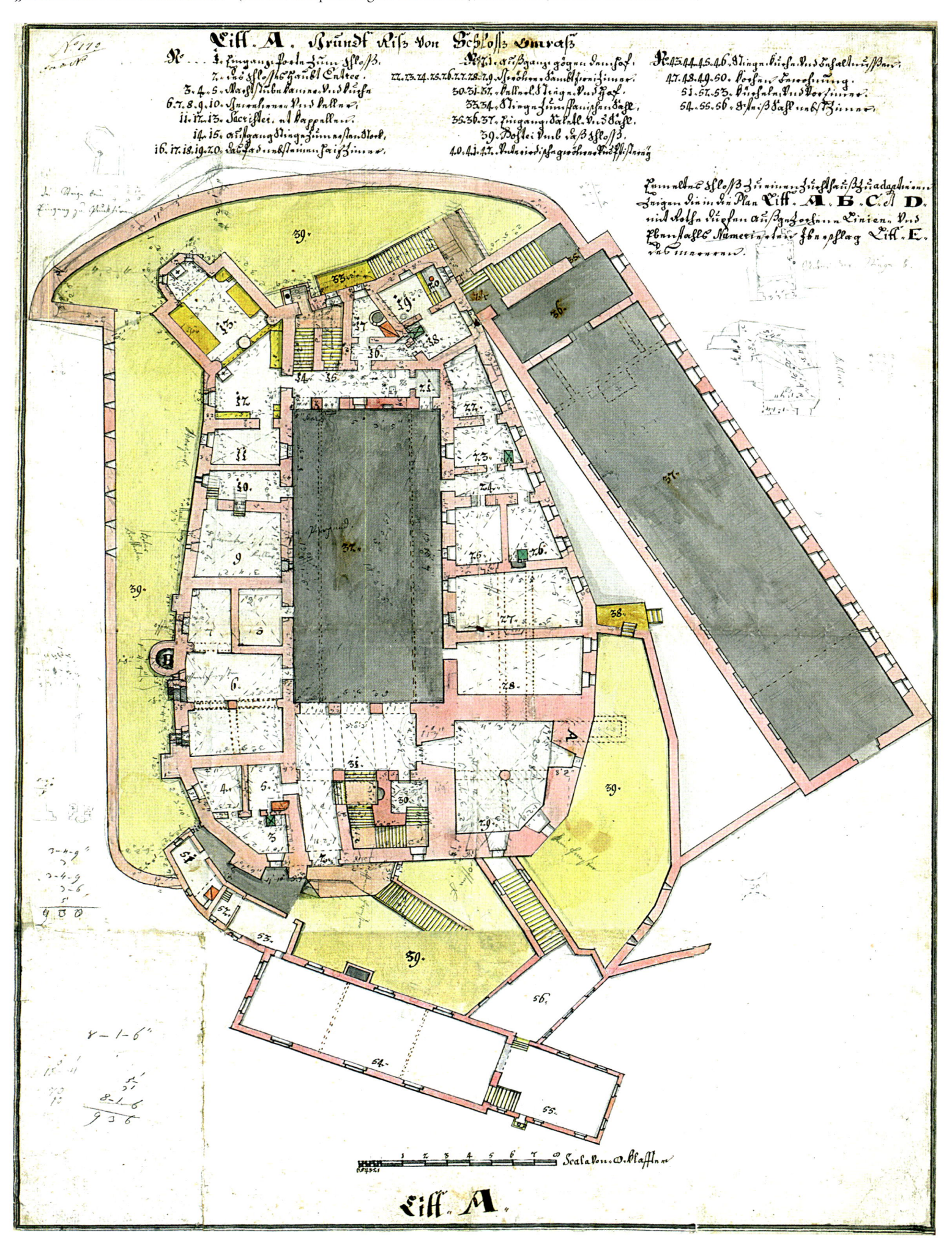

Im vierten Textblock lesen wir Näheres über das Vorhaben zur Umwidmung als Zuchthaus: *„Ermeltes Schloß zu einem Zuchthaus zu adaptieren zeigen die in den Plänen Lit. A, B, C et D mit Rothe Dupfer ausgezogene Linien."*

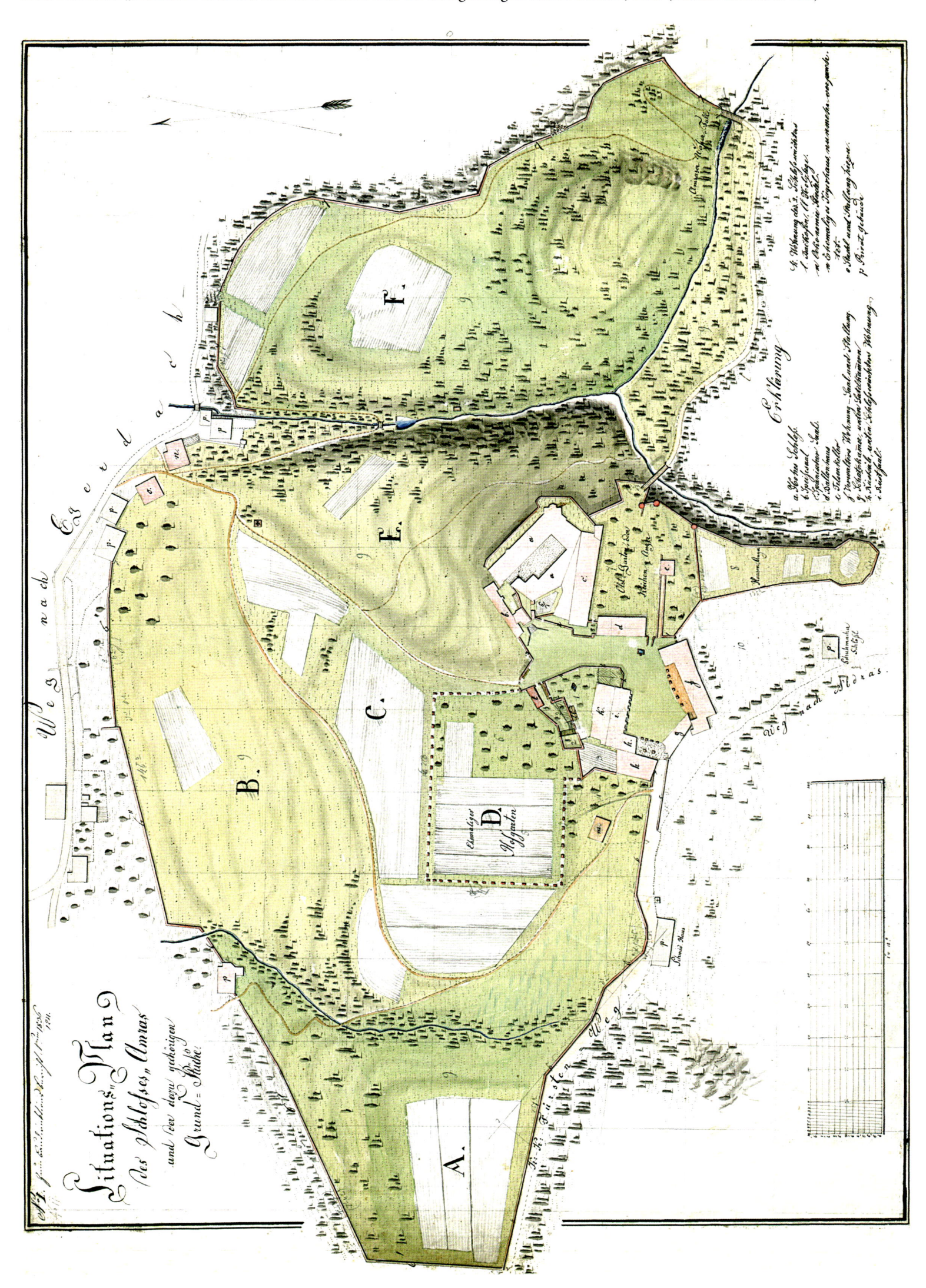

Alois Negrelli: „**Situations Plan des Schlosses Amras und der dazugehörigen Grund-Stücke**", 1821 (Kartenverzeichnis T55)

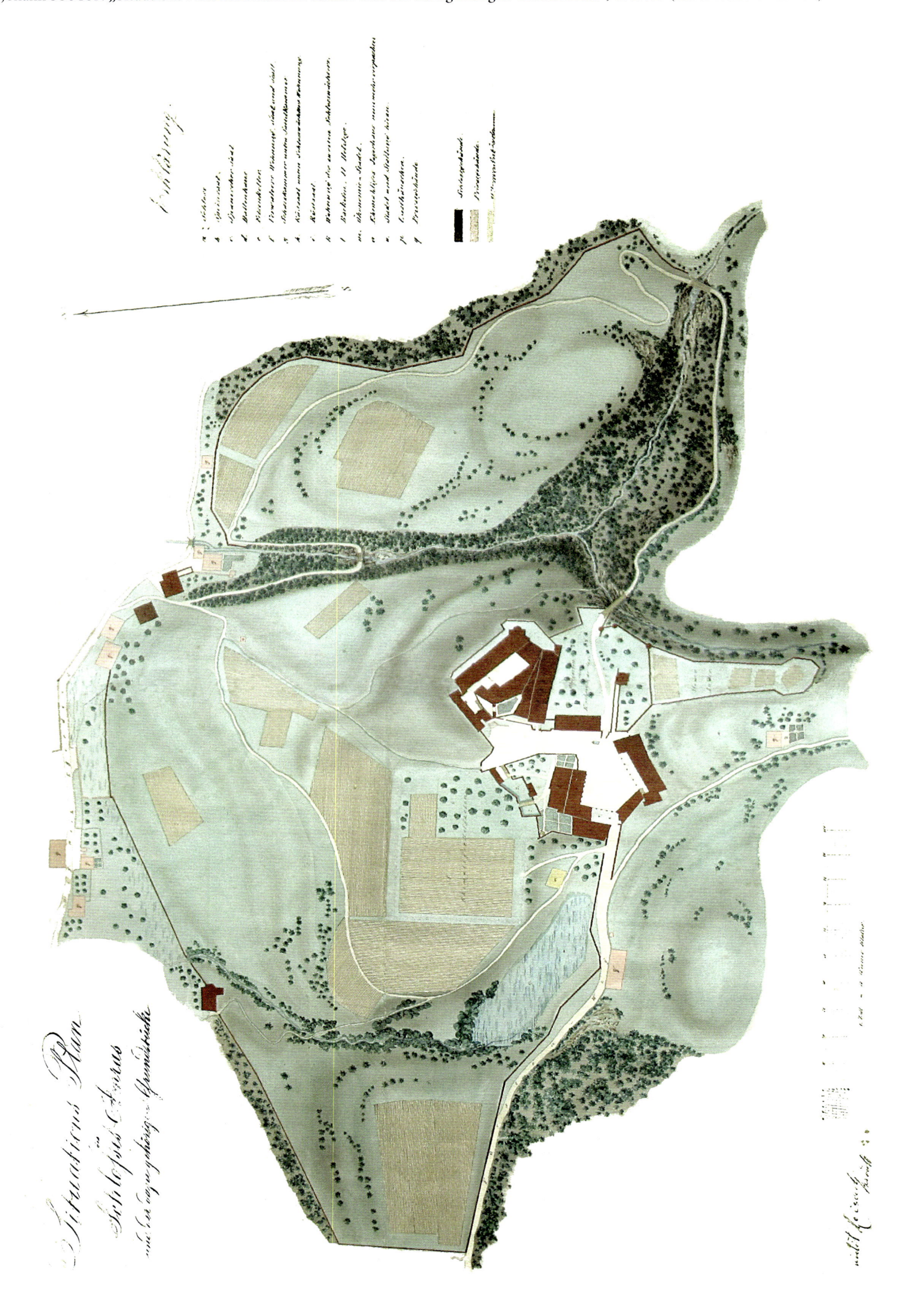

Johann Soucup: „**Situations Plan des Schlosses Amras und der dazugehörigen Grundstücke**", 1845/55 (Kartenverzeichnis T57)

Joseph KOLP: **„Situations Plan des Schlosses Amras und seiner dazugehörigen Grundstücke", 1851** (Kartenverzeichnis T58)

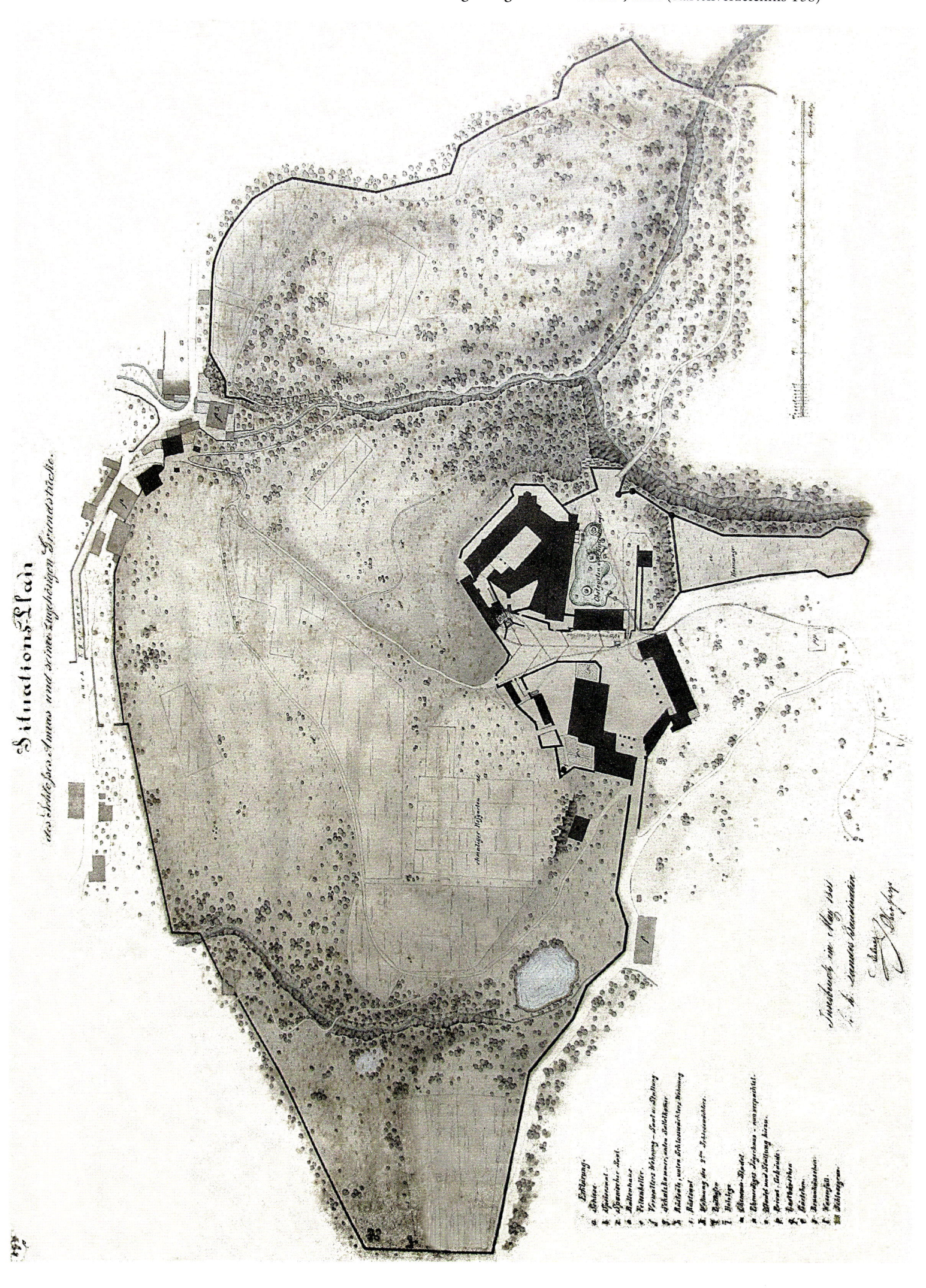

Heinrich FÖRSTER: „**K. K. Schloss Amras Situationsplan**", 1858 (Kartenverzeichnis T59)

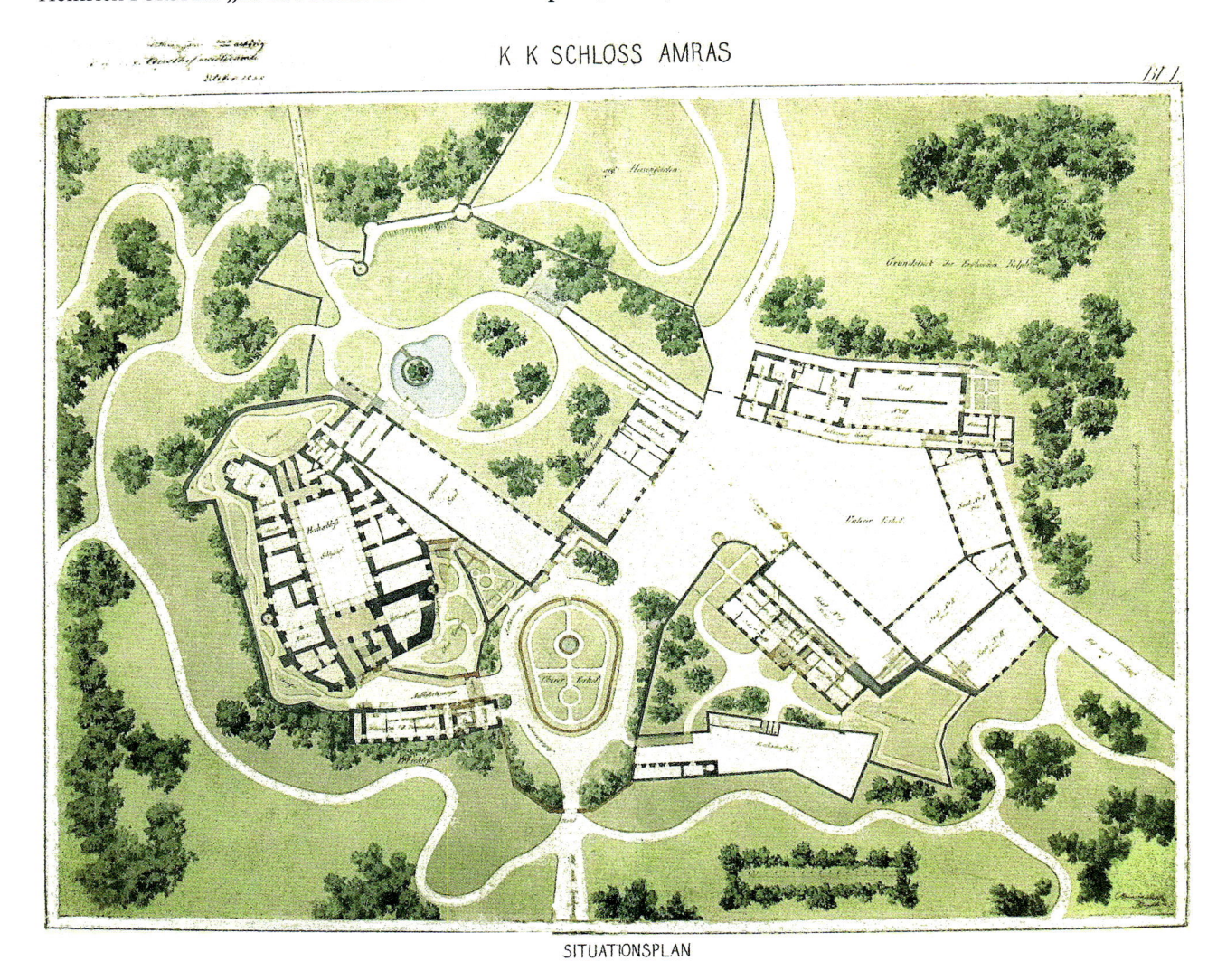

Heinrich FÖRSTER: „**K. K. Schloss Amras Situationsplan**", 2. Variante, 1858 (Kartenverzeichnis T60)

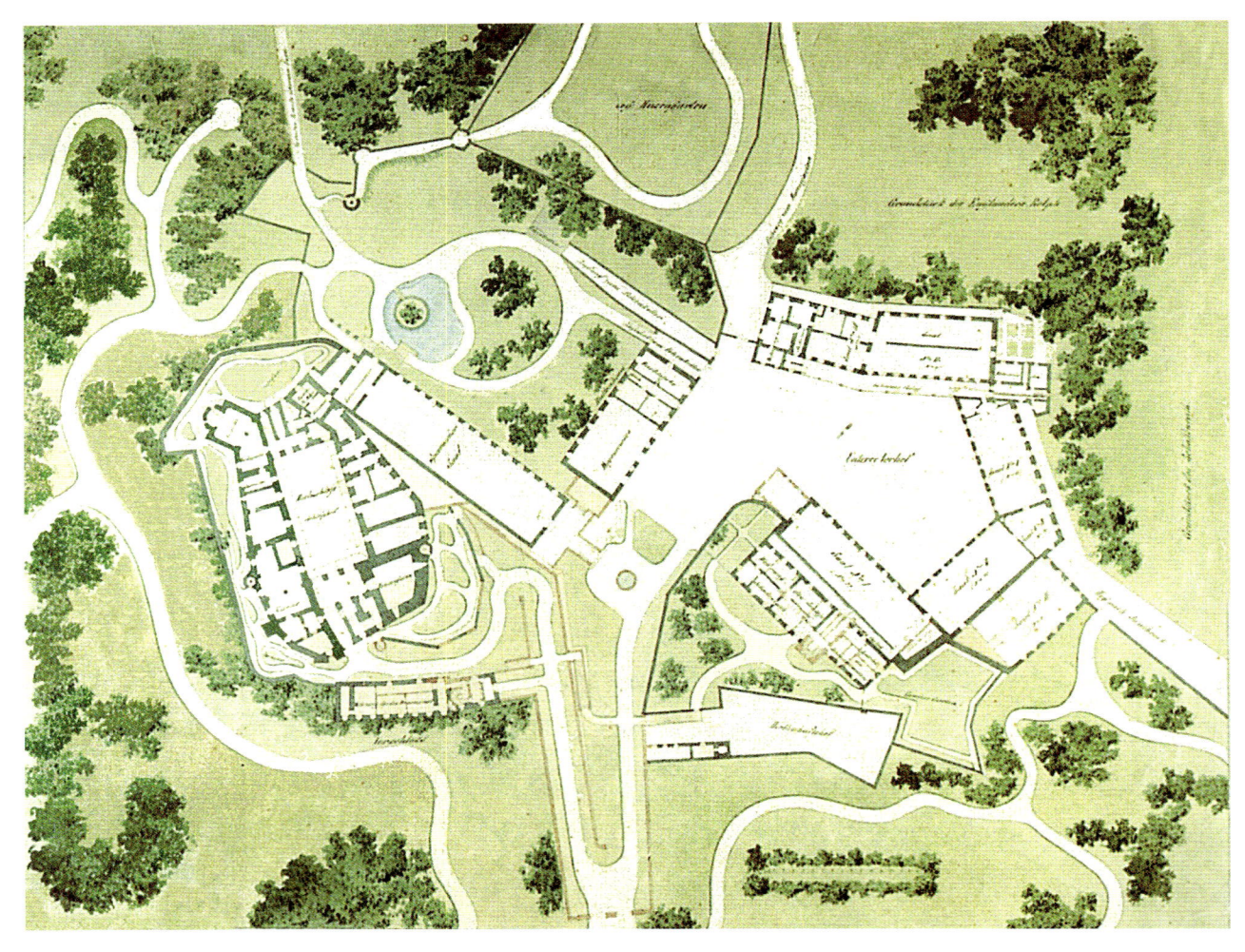

Die beiden hier gezeigten Pläne sind Süd-Nord orientiert. Sie zeigen zwei unterschiedliche Varianten der Schlossauffahrt.

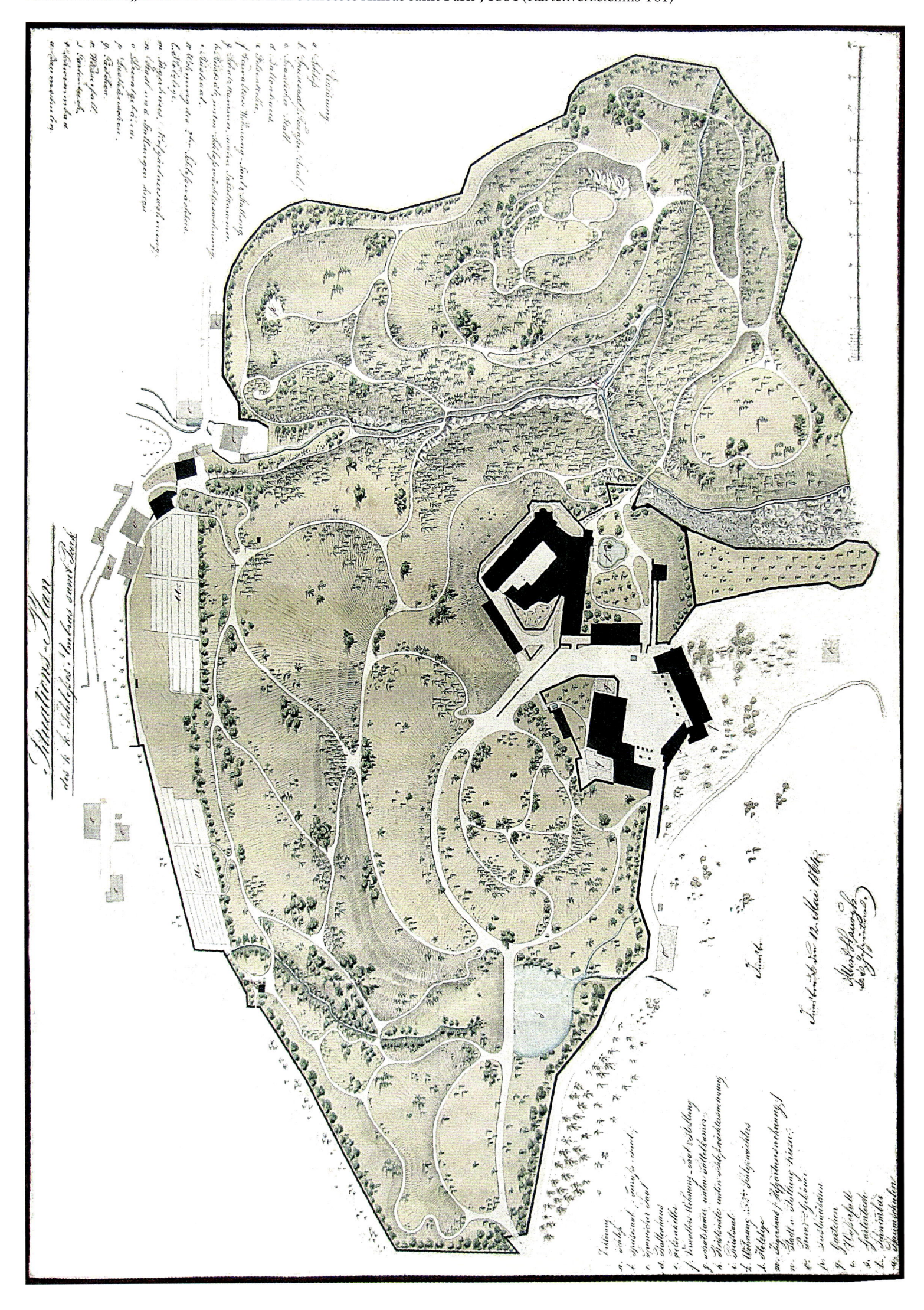

Albert HAURYK: **"Situations Plan des k. k. Schlosses Amras samt Park", 1864** (Kartenverzeichnis T61)

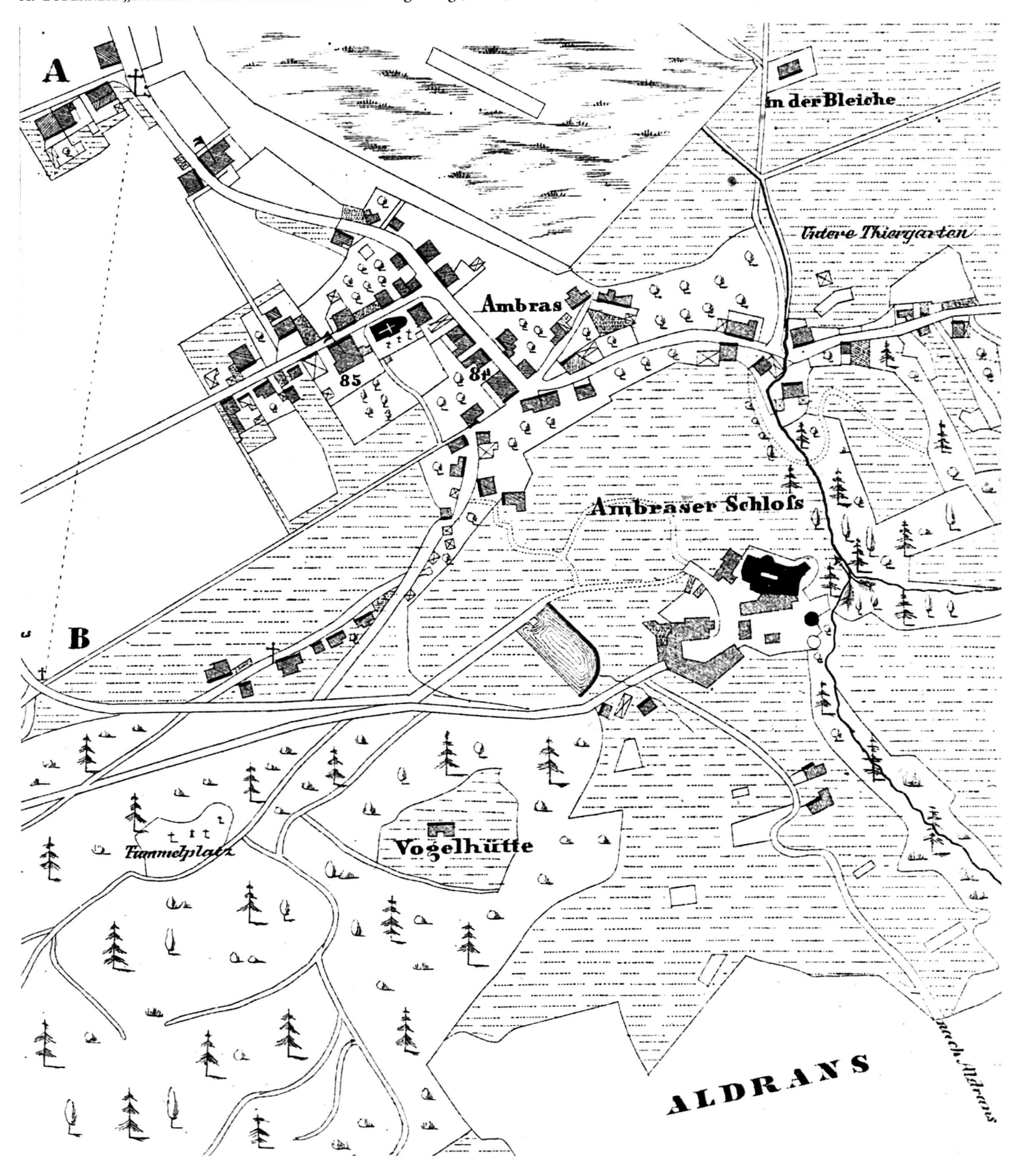

A. Guberner: **"Neuester Plan von Innsbruck und Umgebung"**, 1864, Ausschnitt (Kartenverzeichnis T62)

9. Wilten

tiris, Orthofoto 2013 (K95)

Wilten 1700–1856

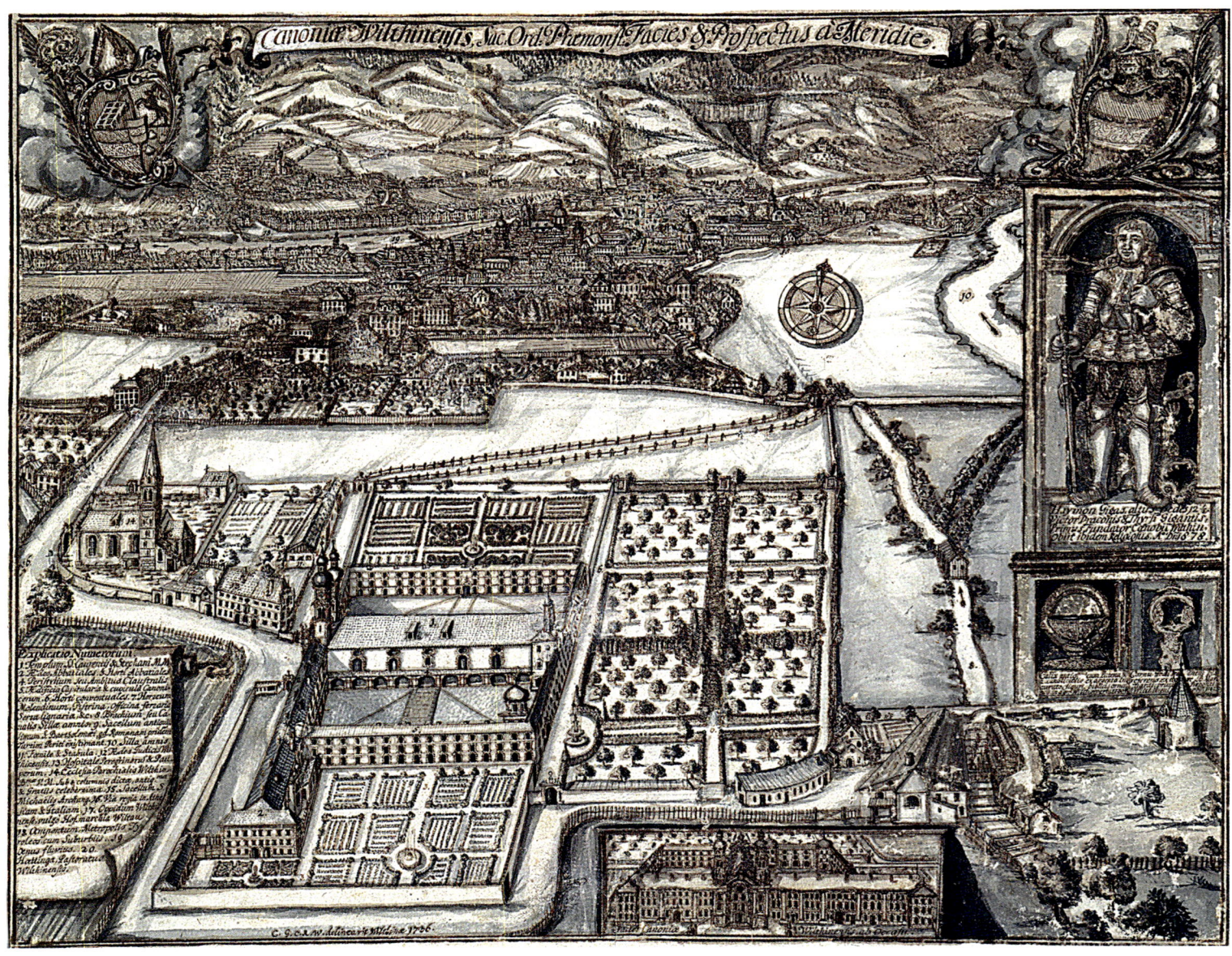

Kasimir Grustner, Das Klosterareal von Wilten mit Panoramablick gegen Innsbruck, 1736 (Kartenverzeichnis P3)

Bis ins 19. Jahrhundert präsentierten sich Wilten und Innsbruck in etwa so, wie sie hier auf der Federzeichnung von Kasimir Grustner von 1736 dargestellt sind. Eine Ausnahme bildete die auf der Panoramaansicht noch gotische Wiltener Pfarrkirche, die 1750 eingestürzt war und 1756 im Rokokostil mit zwei Türmen neu erbaut und zur Basilika erhoben wurde. Links neben der Windrose erkennt man die Ansitze „Memminger Schlössl" und „Windegg", die im Folgenden noch eine bedeutende Rolle spielen werden (siehe Seite 286). Oberhalb befindet sich die Hofmühle, daneben, in der freien Wiese, steht ein kleines Häuschen, das 1825 das Bürgerliche Brauhaus werden sollte (siehe Seite 217). Südlich der Dreiheiligenkirche liegt an der Sill der alte Militärfriedhof.

„925 wurde ‚Vuiltina' erstmals urkundlich erwähnt, wobei in dieser Urkunde auch eine Laurentuskirche genannt wird. Dieses Gottehaus war Zentrum der Urpfarre Wilten, welche zu dieser Zeit von einem Kollegialstift aus Weltpriestern betreut wurde. 1128 wurde vom Brixener Bischof Reginbert der Prämonstratenser Orden nach Wilten gerufen, der die Aufgaben des weltlichen Kollegialstiftes übernahm. […] Das Heimatkloster der Prämonstratenser war das Kloster Rott am Inn, welches aufgrund von Schenkungen und Legaten reiche Besitztümer erworben hatte. Wilten konnte ebenso durch Schenkung binnen kürzester Zeit beinahe das gesamte mittlere Inntal erwerben. Da das Kloster die niedere Gerichtsbarkeit über sein Territorium ausüben durfte, wurde der Sitz des Richters von Wilten eingerichtet und das heute so genannte ‚Leuthaus' zu seinem Amtsgebäude gemacht. 1180 wurde die Errichtung der Stadt Innsbruck erst durch ein Geschäft des Grafen Berchtold von Andechs ermöglicht, der das Gebiet der Altstadt vom Stift erwarb. Das Dorf Wilten bildete bereits zu dieser Zeit eine eigene Gemeinde im Bereich der Stiftsherrschaft. Diese setzte sich aus der Ansiedlung am Wiltener Platz, Häusern entlang der Brennerstrasse bis zur Pfarrkirche und Einzelhöfen zusammen. Ebenfalls zum Gemeindegebiet gehörte der Sieglanger." (M. Fritz [32])

„Das Dorf Wilten erstreckt sich von hier theils an der Heerstrasse, theils am mühlentreibenden Sillarm fast an die Neustadt von Innsbruck hinunter, mit einer Bevölkerung von 1115 Einwohnern in 132 Häusern, die in einem Umkreise von einer halben Stunde ringsumher zerstreut sind. Darunter zeichnen sich die Edelsitze Strassfried und Liebeneck, beide jetzt Privaten zuständig, ferner die Graf Wolkensteinische, Lichtenthurnische und Kaufmann Mairische Behausung aus. Die Feldgründe der Wiltener Gemeinde umfassen 132 Jauch Aecker 336 Morgen Wiesen, 92 Morgen Gärten und 90 Morgen Oeden und Hutweiden; der Viehstand 20 Pferde, 6 Ochsen, 300 Kühe, 88 Schafe und Ziegen, und 20 Schweine. Das erste und vorzüglichste Felderzeugnisse ist hier der Mais, der besonders gut gedeiht, und weite Strecken der Ebene einnimmt. Auch die für den Berg Isel nöthige Vorspann schwerer Frachtwagen lässt manche Geldsummen im Orte liegen." (Beda Weber [100], S. 350)

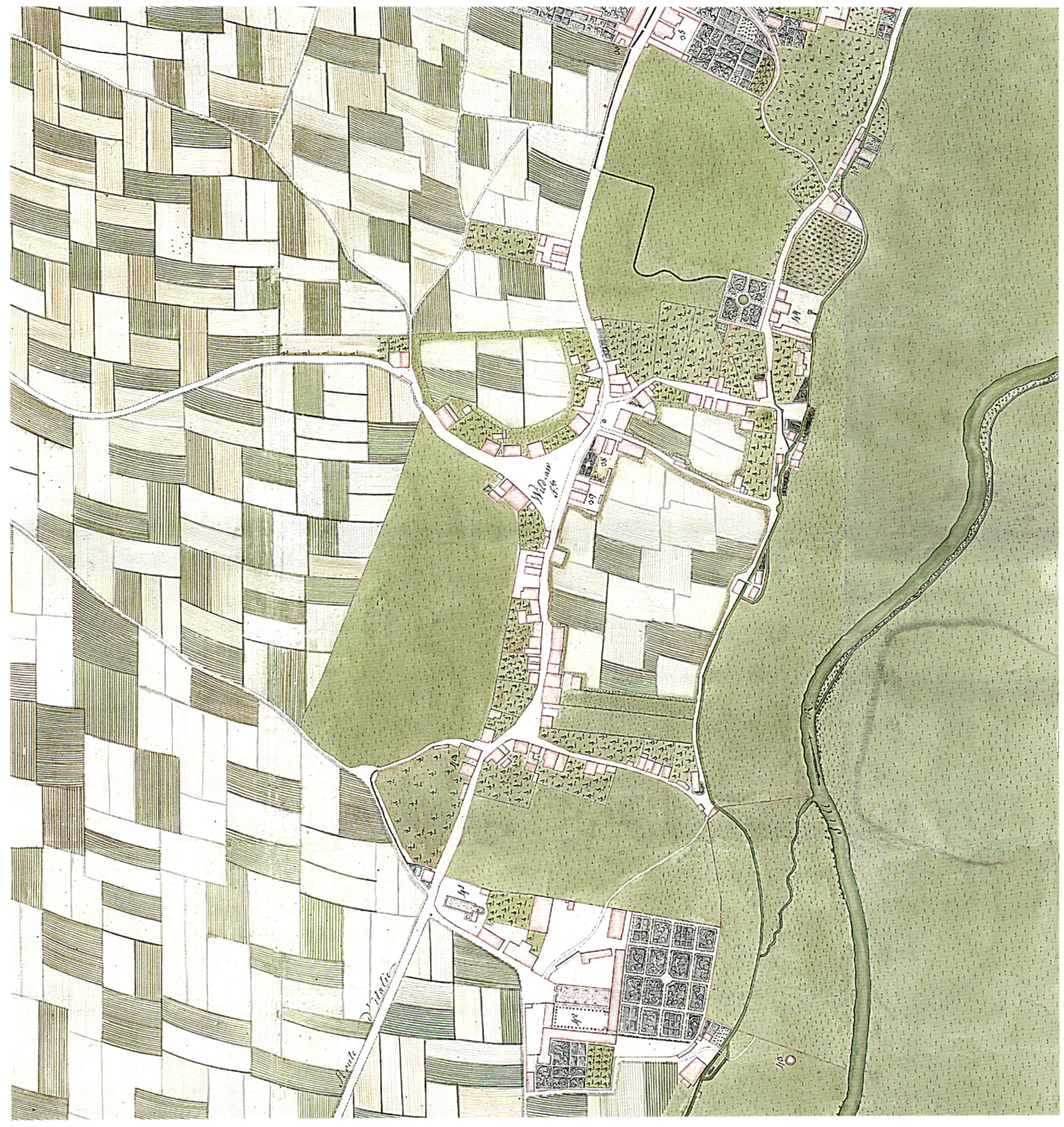

„Plan de la Ville et des Environs d'Innsprug Capitale du Tyrol", 1750 (K2)

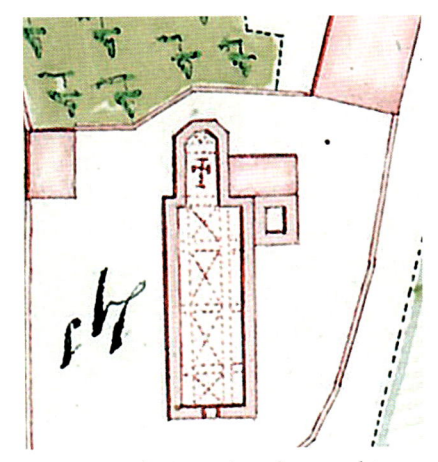

Der Ausschnitt zeigt den exakt gezeichneten Plan der Wiltener Pfarrkirche bis zum Einsturz 1750.

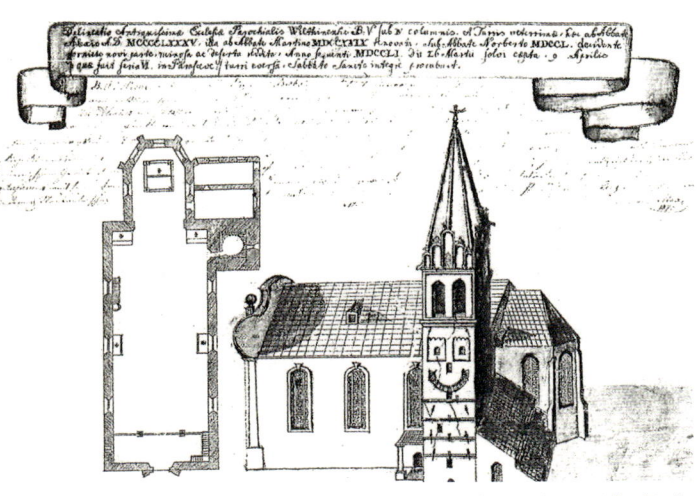

Abb. 31: *Burglechner,* Grundriss und Südansicht der alten Wiltener Pfarrkirche, 1750

Die Wiltener Pfarrkirche nach dem Neubau 1756.

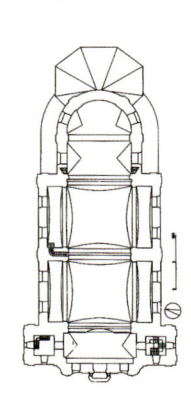

Abb. 32: Grundriss der neuen Pfarrkirche von 1756

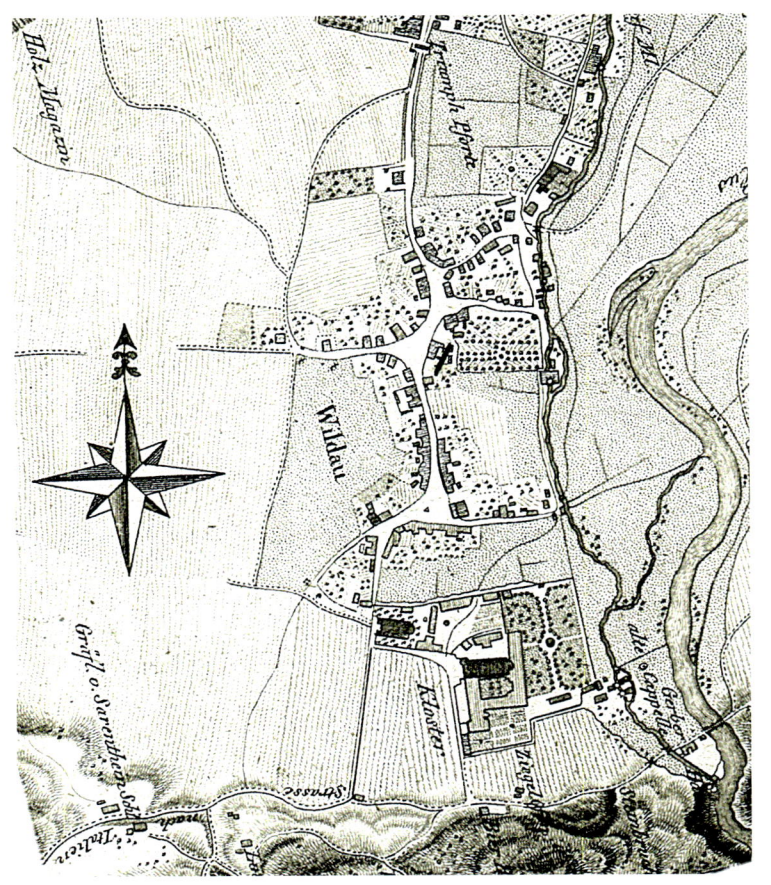

Viehbeck, 1804 (K13)

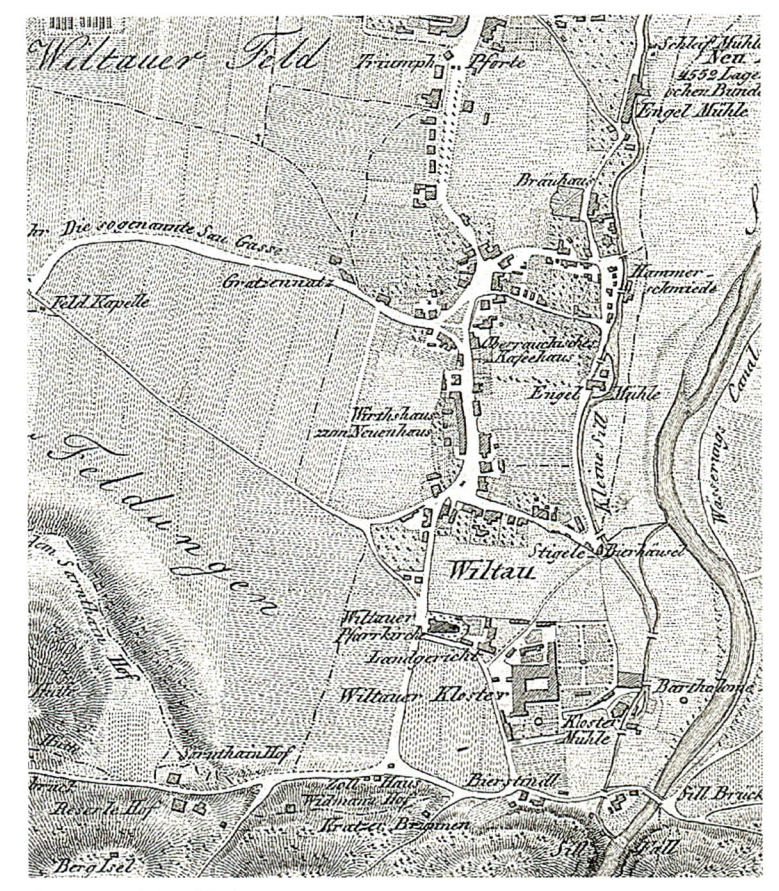

Heim, 1816/17 (K22)

Innstromkarte K5, 1820/25 (K27)

Gross, 1835/1840 (K38)

Vergleicht man verschiedene Karten und Pläne von Wilten aus den ersten Jahrzehnten des 19. Jahrhunderts, so lassen sich Veränderungen im Gebäudebestand nur südlich der Triumphpforte (entlang der heutigen Leopoldstraße) feststellen.

Teplý, um 1842 (K40)

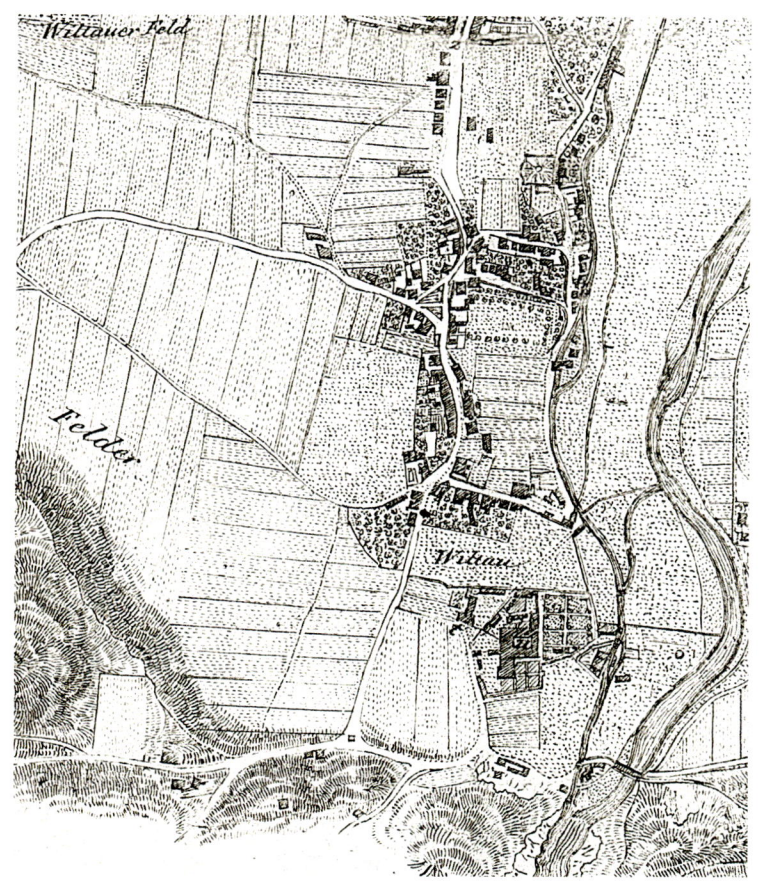

Eine Kuriosität offenbart der Kupferstich von *Josef Teplý*: **Die Wiltener Basilika fehlt!**

Miller, um 1840 (K41)

Vom Kaiserschützenplatz (der dreieckförmige Platz in der oberen Bildmitte) Richtung Süden ist bereits die Anfang der 1840er Jahre gebaute Verlängerung der Leopoldstraße trassiert. In Fortsetzung ist auch der Beginn der neuen Brennerstraße bis unterhalb der Spitzkehre westlich der Ferrariwiese eingezeichnet.

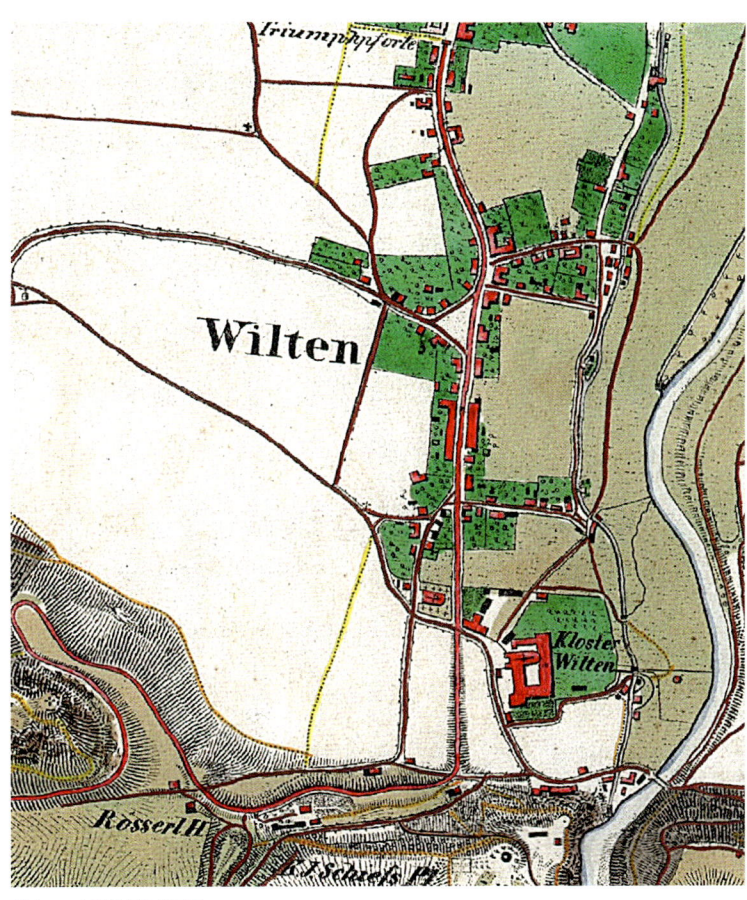

Urban, 1840/43 (K43)

Die neue Brennerstraße führt nun bereits über die Ferrariwiese hinaus.

Digitaler Franziszeischer Kataster, 1856 (K48)

„*1840 – Vollendung der neuen Straße von Wilten über den Berg Isel bis zum Sonnenburger Eck*" (Bote für Tirol, Jg. 1842 Nr. 70)

Leopoldstraße

Plankarte von Wilten und Umgebung, 1815 (Kartenverzeichnis T52)

Zur besseren Orientierung wurde der Ausschnitt um 180° Richtung Norden gedreht. Im Zentrum Wiltener Platzl und Kaiserschützenplatz.

F. Martens, um 1830 (P7), Ausschnitt – Bereich von Wilten

Deutlich erkennbar auf der Radierung von Frederic Martens ist das Palais Liebenegg neben den Bürgerhäusern am Wiltener Platzl. Die ein- bis zweistöckigen Häuser in der Bildmitte stellen die Kleingewerbegebäude entlang des Sillkanals dar. Im Vordergrund links der Sill steht das Bartholomäuskirchlein, auf der rechten Seite liegen die Sillhöfe.

Ch. Steinicken, um 1860 (P8), Ausschnitt – Bereich von Wilten

Die Häuser im Vordergrund in der rechten Bildhälfte stellen die 1858 neu erbauten Bahnhofsgebäude dar.

Wilten – 1856 und heute:

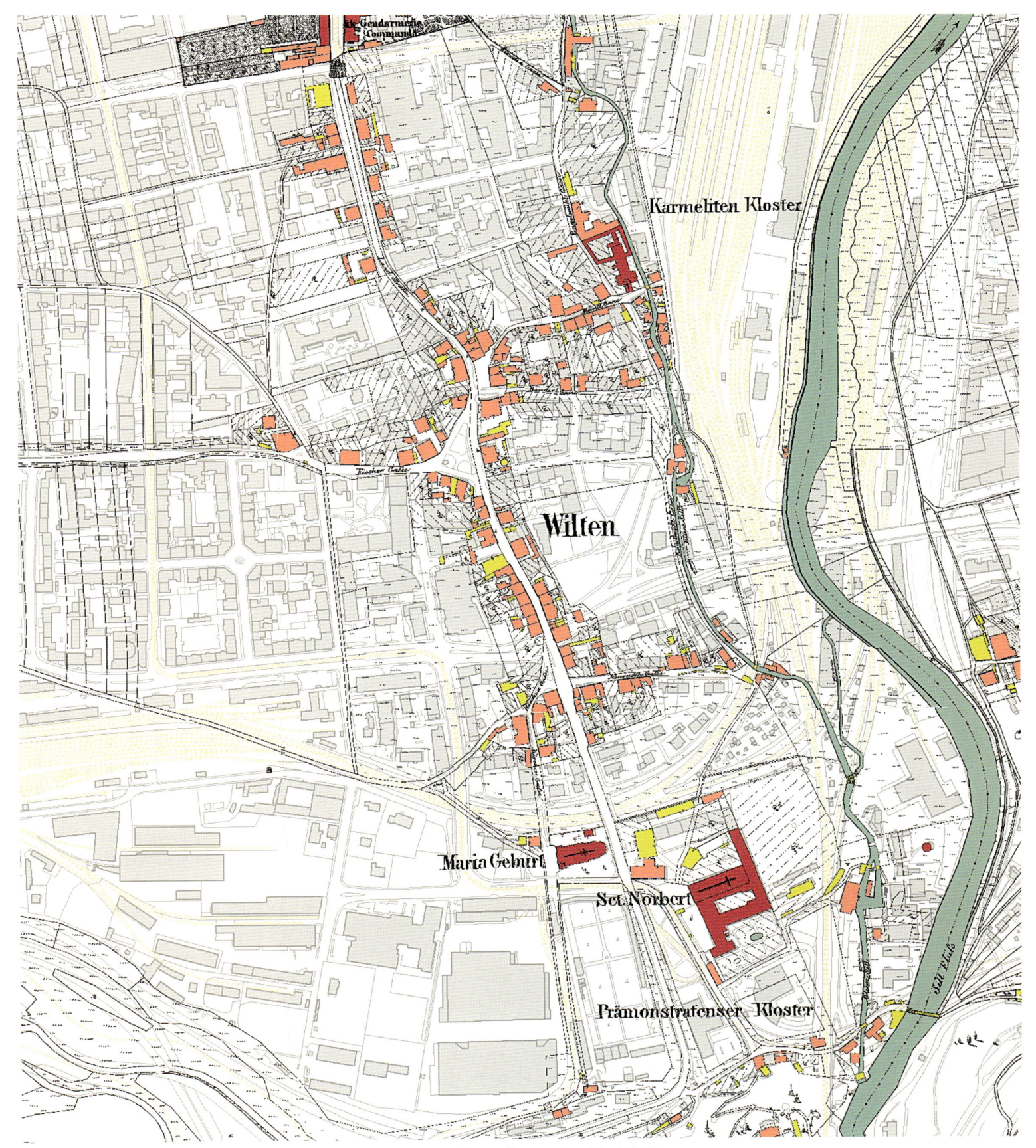

Digitaler Franziszeischer Kataster unterlegt mit dem Lageplan 2013, *tiris*-Kartendienste – Land Tirol (K96)

Der Bereich südlich der Triumphpforte (nördliche Leopoldstraße)

Bis 1815 befand sich im Bereich der nördlichen Leopoldstraße mit Ausnahme des Aczishäusls an der Triumphpforte nur die „Steidlevilla". (*J. Felmayer* [21])

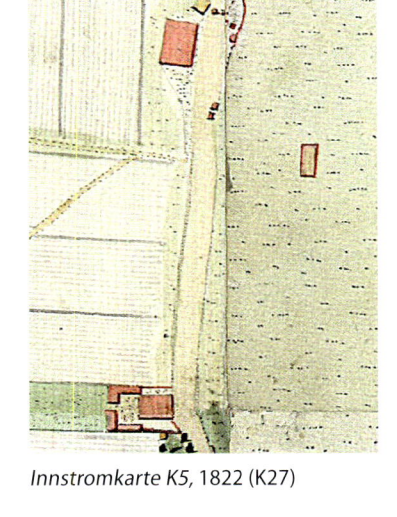

Viehbeck, 1804 (K13)

Abb. 33: *Schädler, „Ansicht ausser der Triumphpforte",* 1824

Die beiden Gebäude südlich der Triumphpforte wurden um 1820 gebaut. Vier weitere Häuser westlich sowie eines östlich der Straße wurden zwischen 1825 und 1829 errichtet.

Innstromkarte K5, 1822 (K27)

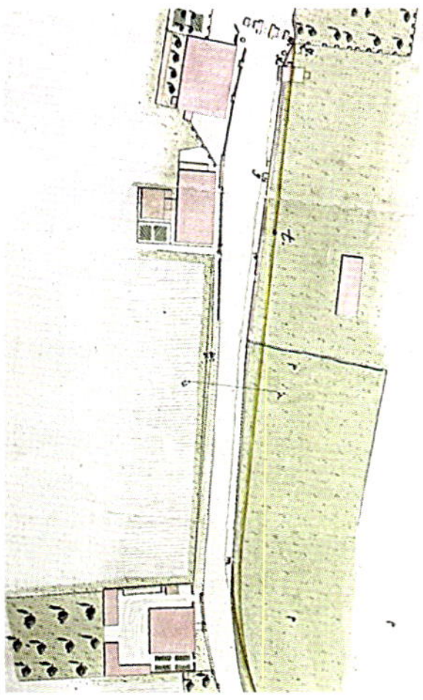

Miller, 1825 (T63)

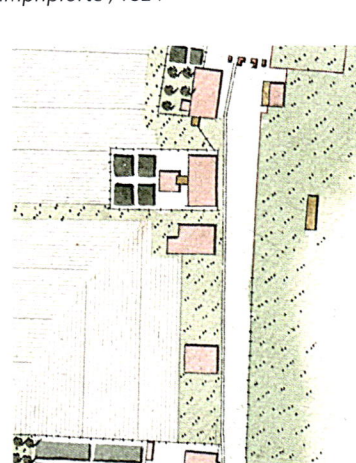

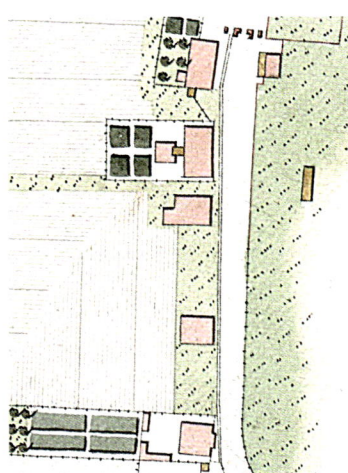

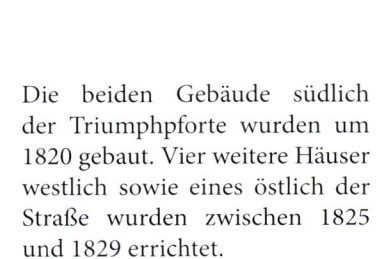

Baudirektionsplan, 1830 (K34)

Bei *Gintner* sind östlich der Straße neue Gebäude ein- bzw. überzeichnet, bei *Gross* und *Teplý* hingegen fehlen sie. Die Zeichnung von *Teplý* erscheint in Bezug auf die Lage wie auch die Grundrisse sehr oberflächlich. Bei beiden sind zudem, wie auch bei *Miller* um 1840, auf der westlichen Seite zwei Gebäude zu viel eingezeichnet!

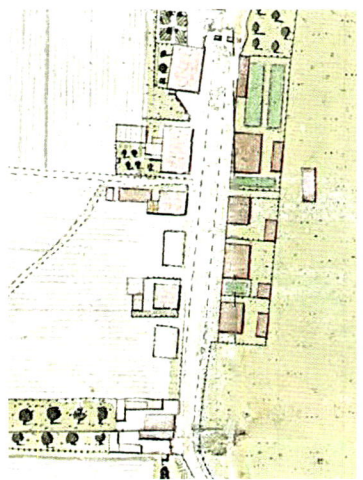

Gintner, um 1836 (K37)

Gross, 1835/1840 (K38)

Teplý, um 1842 (K40)

Beim Plan von *Miller* sind einige Gebäude nachträglich hineingezeichnet worden, die nachweislich erst nach 1840 gebaut wurden. Zwei davon sind auch im Franziszeischen Kataster noch nicht vorhanden, sie wurden erst 1867 bzw. 1875 errichtet. (*Tiroler Kunstkataster* [105])

Miller, um 1840 (K41)

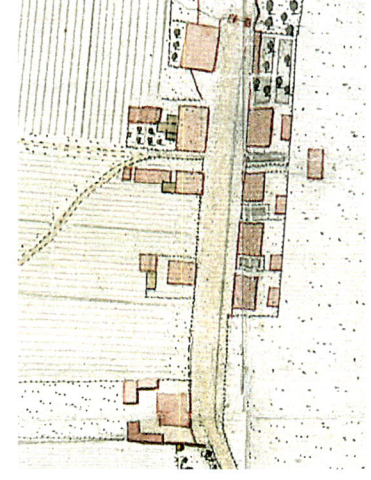

Prissmann, 1843 (K44)

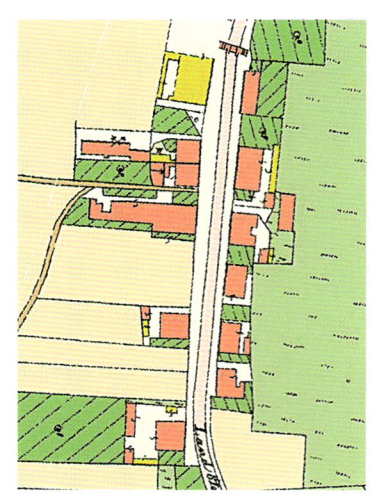

Franziszeischer Kataster (K48)

Auf dieser Karte von Wilten – auf Grund des Baubestandes ist sie auf 1825 bis 1830 zu datieren – ist auf beiden Seiten der heutigen Leopoldstraße mit Bleistift ein Bauprojekt eingezeichnet, das nie verwirklicht wurde. Dasselbe gilt auch für den Plan der Verbreiterung der Straße bei der „Steidlevilla" und der geradlinigen Fortführung Richtung Süden.

Situationsplan von Wilten, 1825/30 (T64)

Das System von Abzugsrinnen, den sogenannten **Ritschen**, ist auf der Detailansicht des Plans besonders anschaulich dargestellt. Sie verlaufen ab der Maria-Theresien-Straße bis unter die Triumphpforte und weiter in Richtung Süden. Ritschen wurden sowohl ober- als auch unterirdisch angelegt. Gebäudeeingänge und Wegeinmündungen waren über Brücken zugänglich.

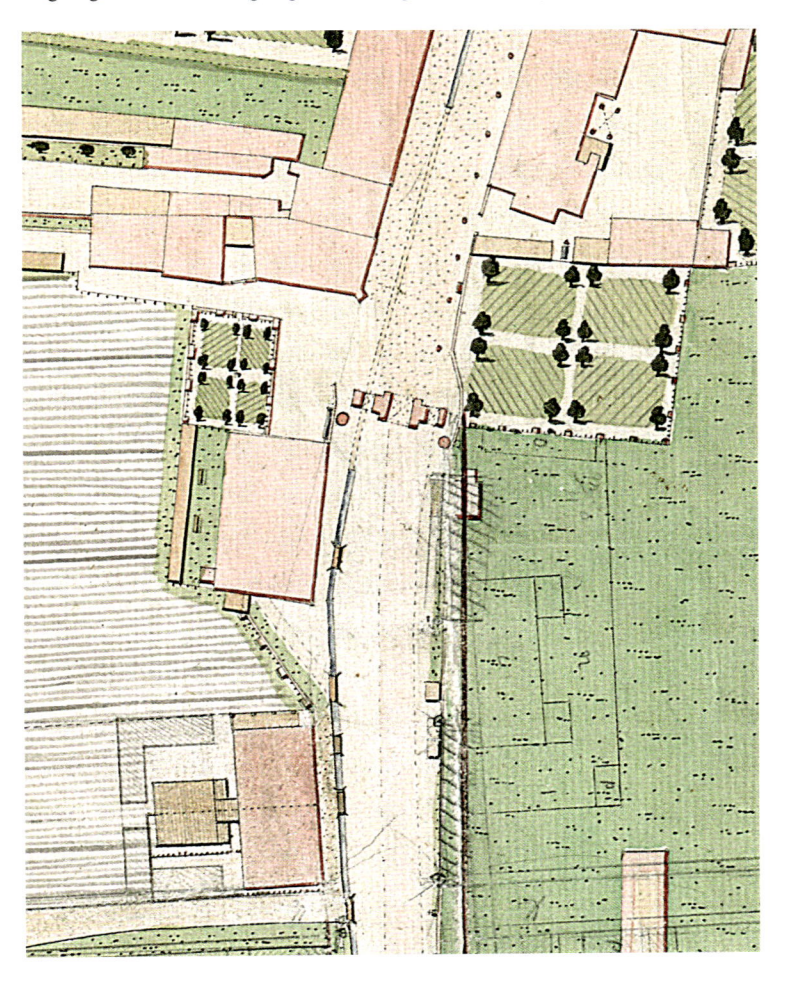

Rehberg, Panorama von Innsbruck, Blatt I, 1820 (P6)

Auf diesem Stich sieht man die offene Ritsche, die die Maria-Theresien-Straße in ihrer ganzen Länge durchzogen hatte.

Das Adambräu und das Kloster der Karmelitinnen

Ähnlich wie in der Kohlstatt bestand auch in Wilten entlang des Sillkanals ein Gewerbegebiet. Im Herzen dieses Gebiets wurde 1825 die vierte Brauerei Innsbrucks eingerichtet: das Adambräu. Nach seinem Gründer Franz Josef Adam benannt, war die Brauerei vorerst im historischen Ansitz „Windegg" und seinen Nebengebäuden untergebracht. Sein Ansuchen um die Braurechte begründete Adam damit, *„daß bei der gegenwärtigen schlechten Qualität des hiesigen Bieres und bei der immer zunehmenden Consumtion desselben die Errichtung einer vierten Braustätte gewünscht sein müsse".* Die Genehmigung erfolgte am 11. März 1825. (*Vorderwinkler* [99])

A Der Stachelburg'sche Ansitz **„Windegg"**, ab 1825 Adambräu
B Das **„Memminger Schlössl"** mit Garten, das 1846 zum Karmelitinnenkloster umgebaut wurde.

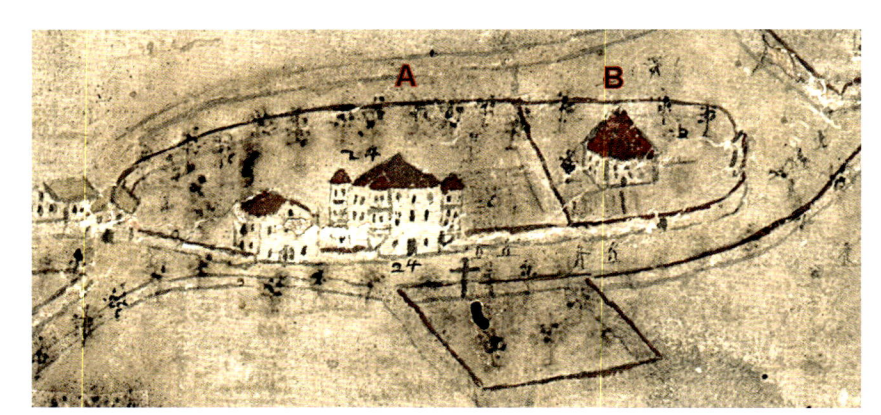

Rindler, 1723 (P2)

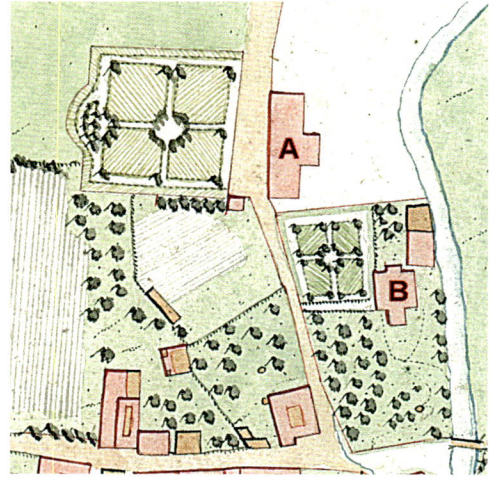

Panorama von Innsbruck, um 1780 (P5)

Plankarte von Wilten, 1815 (T52)

Nach der Gründung des Brauhauses 1825 mit den ersten Erweiterungen

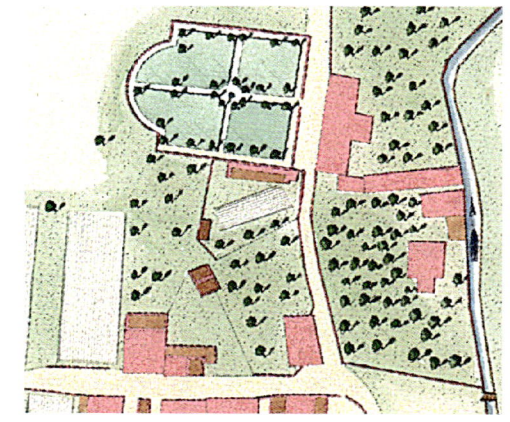

Prissmann, 1825/27 (K29)

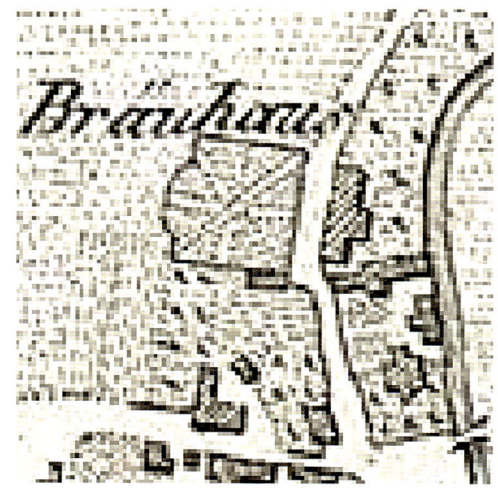

Gross, um 1835/40 (K38)

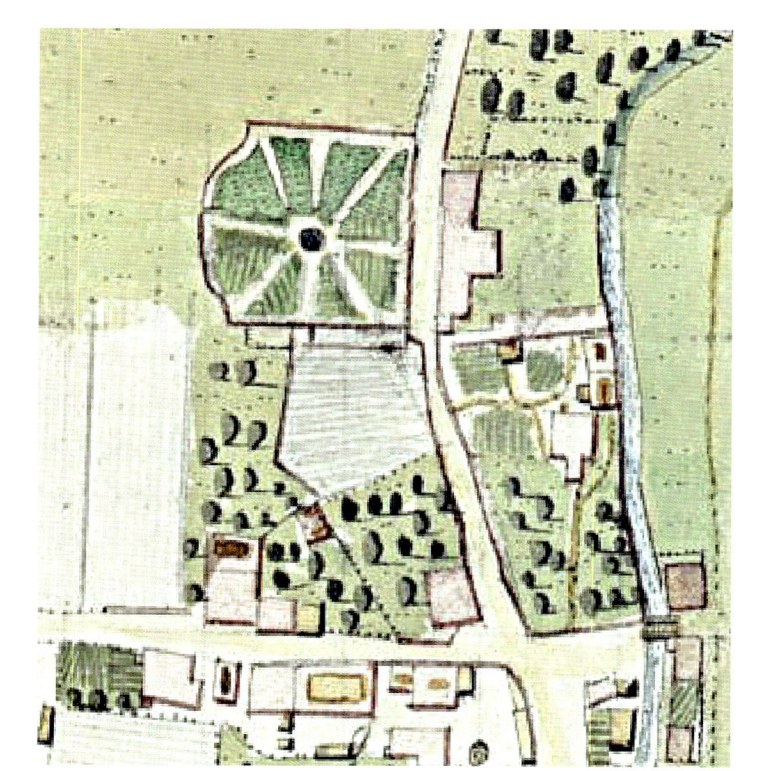

Miller, um 1840 (K41)

Abb. 34: Das Adambräu mit seinen Nebengebäuden, um 1900

1994 wurde der Betrieb des Adambräu in Innsbruck eingestellt.

Johann Georg Kravogl, ein Lithograf aus Innsbruck, hatte den Wunsch, ein Frauenkloster in Tirol zu gründen, damit seine beiden Töchter in dieses eintreten könnten. Nach längerem Suchen erwarb er 1844 das „Memminger Schlössl" in Wilten, das durch seine exponierte Lage und Größe ideal für ein Kloster geeignet schien. Nach vielen Einwänden, vor allem von kirchlicher Seite, wurde Ende 1845 von Kaiser Ferdinand I. die Genehmigung für die Gründung erteilt. Der Ansitz wurde vorerst als Interimskloster adaptiert, wobei laut Nachricht des damaligen Abtes von Wilten die letzten Reste der einstigen Stadtmauer für die Anlage des Klostergartens weichen mussten. (*Zeindl* [103], S. 50)

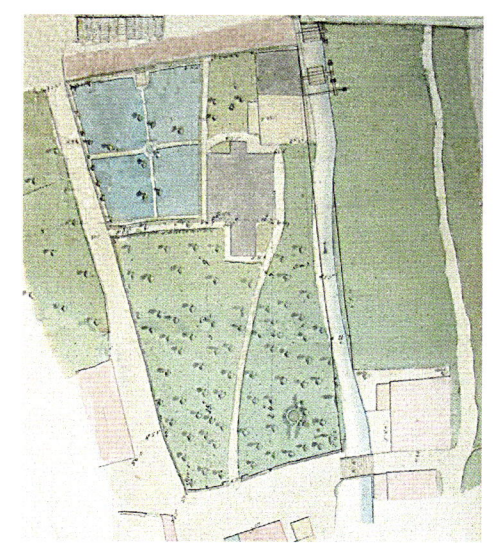

J. Mayr, 1844 (T66)

Das „Memminger Schlössl" vor der Klostergründung. Zum Schlössl gehörte am Nordostende des Gartens eine Tabakmühle, die zweite Mühle gehörte zum Adambräu.

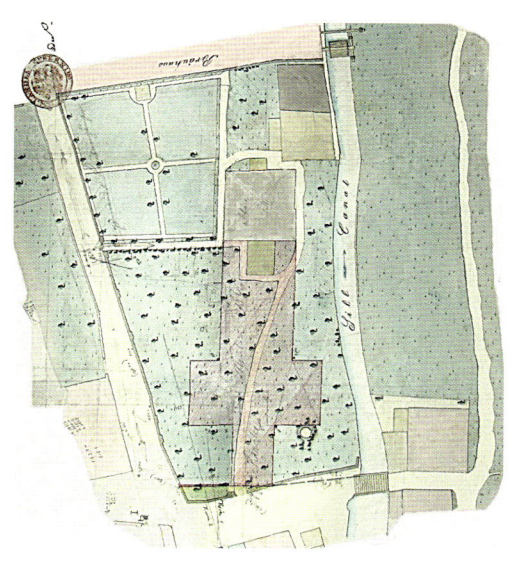

J. Kravogl, 1846 (T67)

Kravogl zeichnet hier selbst den Entwurf des Baumeisters Josef Mayr für das von ihm gestiftete Kloster. Die Tabakmühle wurde unmittelbar nach dem Ankauf abgerissen.

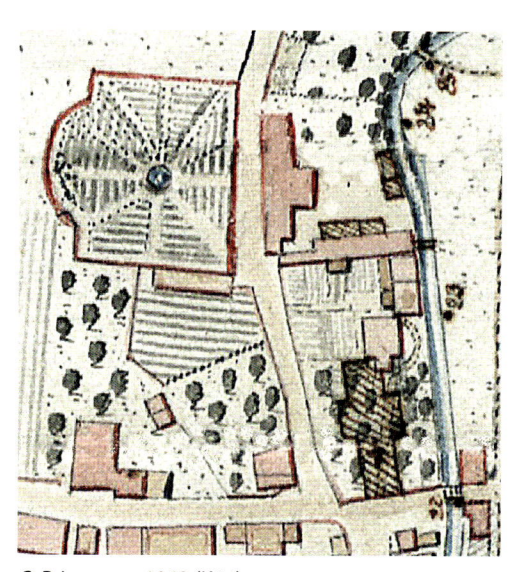

C. Prissmann, 1843 (K44)

Auch am Plan von Prissmann wurden ergänzende Eintragungen entlang des Sillkanals vorgenommen, wie Erweiterungen des Adambräus oder das geplante Karmelitinnenkloster.

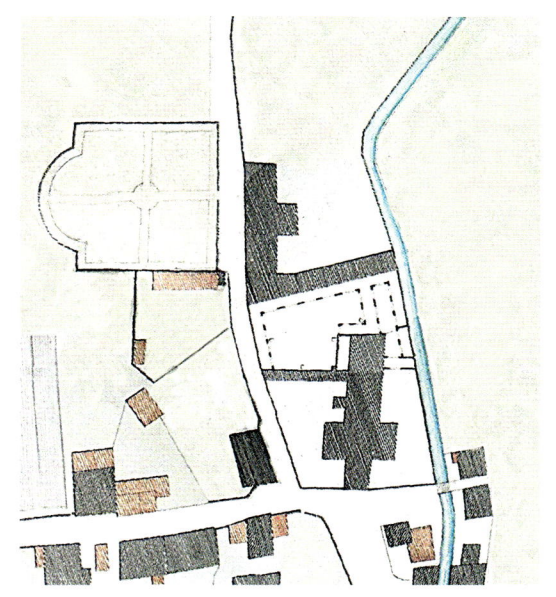

J. Mayr, um 1850 (T68)

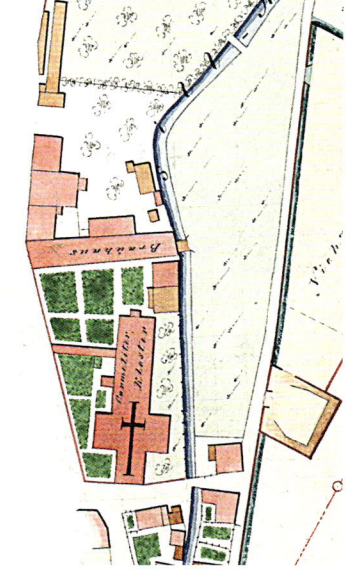

Mittig, 1855 (T96)

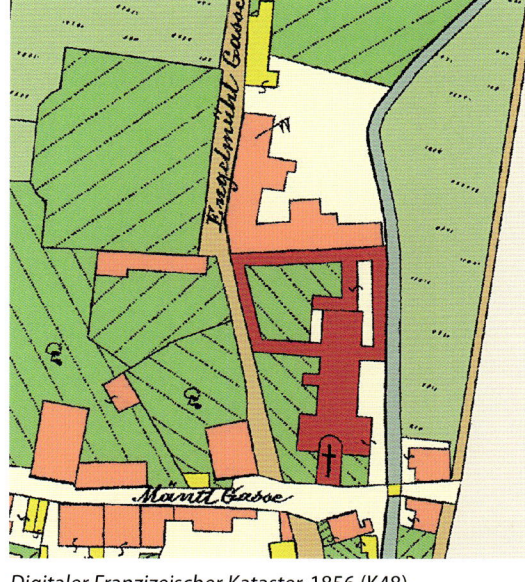

Digitaler Franzizeischer Kataster, 1856 (K48)

Bereits im Juli 1848 wurde die Kirche des neuen Klosters vom Wiltener Abt Alois Röggl eingeweiht und das Kloster bezogen. Ein Problem stellte neben dem bereits bestehenden Adambräu auch die unmittelbare Nähe zur vorher nicht absehbaren Eisenbahn dar: 1858 war das Bahnhofsgelände fertiggestellt und 1867 bestand bereits die Fortsetzung bis zum Brenner. Das ursprünglich vorgesehene beschauliche Klosterleben in der Einöde, wie es im Sinne der Reformatorin des Karmels, Teresa von Avila entsprach (*„Unsere Lebensweise soll nicht bloß von Nonnen, sondern von Einsiedlerinnen sein […]"*), konnte nur durch die Errichtung immer höherer Klostermauern und anderer baulicher Maßnahmen aufrechterhalten werden. Der Bau hoher Häuser in der Umgebung des Klosters nötigte die Schwestern sogar dazu, nur mehr mit dem großen Schleier den Klosterhof zu betreten. (*Sr. M. Annuntiata v. Kreuz OCD* [3], S. 42 f., [4], S. 7 f., *Fischnaler* [25] II, S. 49 f., *Zeindl* [103], S. 53 f., *Tiroler Kunstkataster* [105])

2003 wich das Kloster einer Wohnanlage und übersiedelte in einen Neubau nach Mühlau.

Ch. Steinicken, um 1860 (P8)

Der Hauptfriedhof (Westfriedhof)

Konrad Fischnaler ([25] II, S. 60):
1852 Dez. 22: *Die Notwendigkeit der Erbauung eines neuen Friedhofes aus sanitären Gründen ausserhalb des Weichbildes der Stadt, wird vom Stadtrat erwogen; der alte beim Spital, ein sechseckiger Fleck mit fünf ungleichen Grabfeldern und verwahrlosten Arkaden mit Flach- oder Spitzbogen-Gewölben, letztere zwei Fuß unter dem Grabfeldniveau gelegen und stets von Regen- und Schneewasser überspült, wird als auflassungswürdig erkannt.*
1854 Febr. 7: *Projekt für einen neuen Friedhof, ausserhalb des Innrain.*
1855 Mai 25: *Der Gemeinderat beschließt die Neuanlage.* ***Dez. 28:*** *politische und kirchliche Zustimmung.*
1856 Aug. 8: *Plan des Gottesackers, Beginn der Grabstättenarbeiten und Hilfsbauten.*

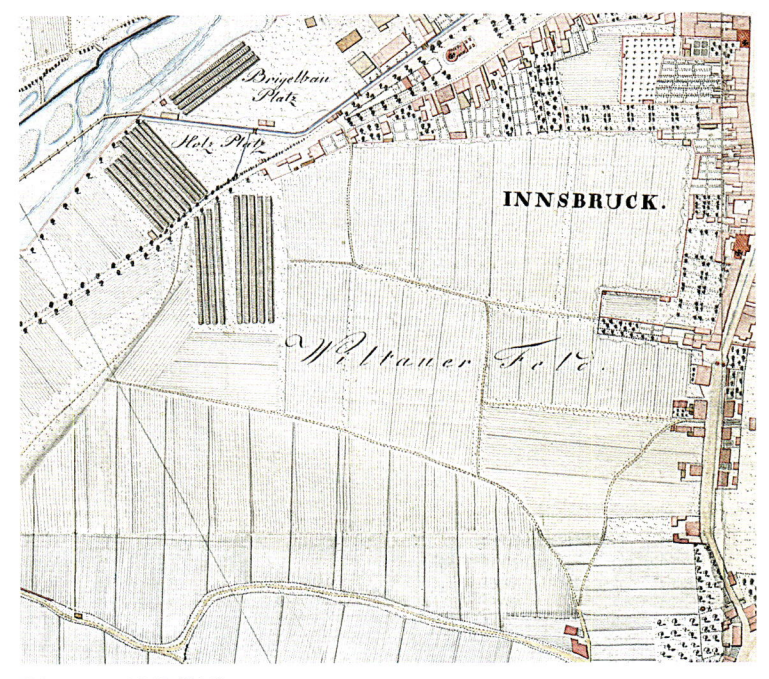

Prissmann, 1843 (K44)

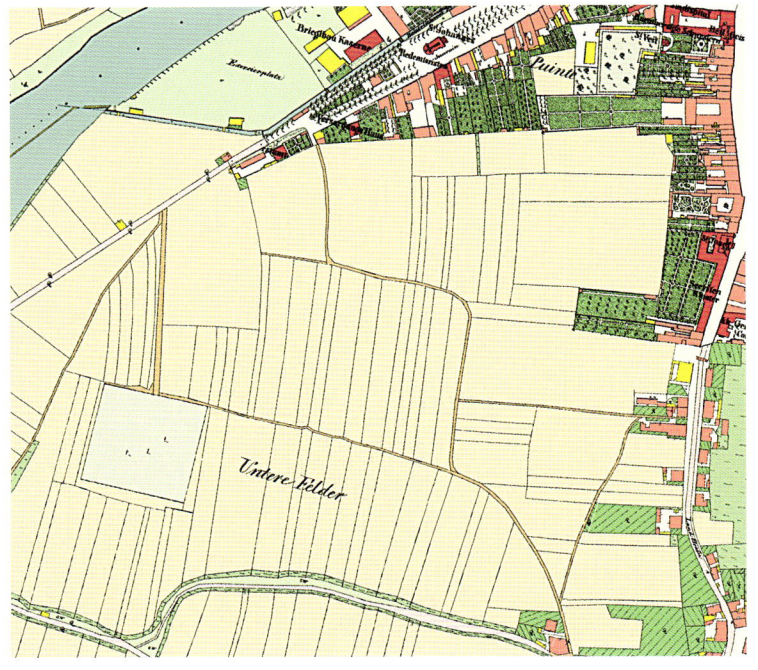

Digitaler Franziszeischer Kataster, 1856 (K48)

Rechts oben ist der Spital-Friedhof zu erkennen (der heutige Adolf-Pichler-Platz).

Der Spital-Friedhof wurde erst 1869 endgültig aufgelassen. Halb links unten ist der neue Hauptfriedhof mit dem Zufahrtsweg vom Innrain zu sehen.

Armani, um 1860 (P9)

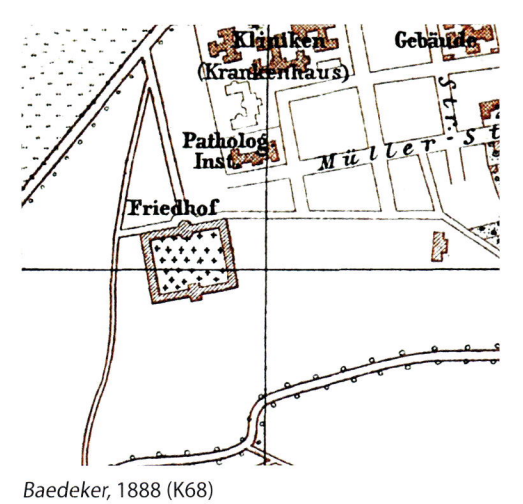

Baedeker, 1888 (K68)

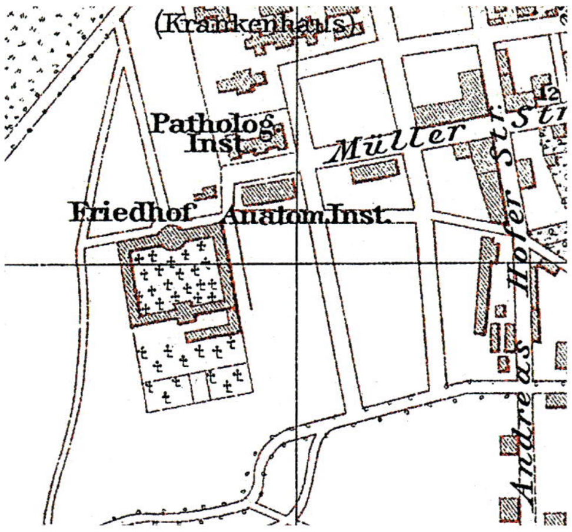

Landsee, 1893 (K72), nach der Erweiterung 1889

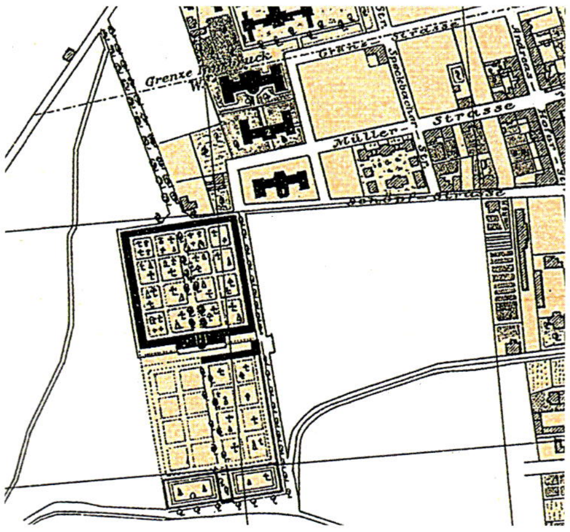

Redlich, 1894 (K74)

Die Entwicklung von Wilten bis zur Eingemeindung nach Innsbruck 1904

Während bis 1860 – mit Ausnahme der bereits beschriebenen Gebäude der nördlichen Leopoldstraße – der dörfliche Charakter Wiltens erhalten blieb, begann mit der Verbauung in westlicher Richtung die Umformung in ein Gebiet mit rein städtischem Charakter.

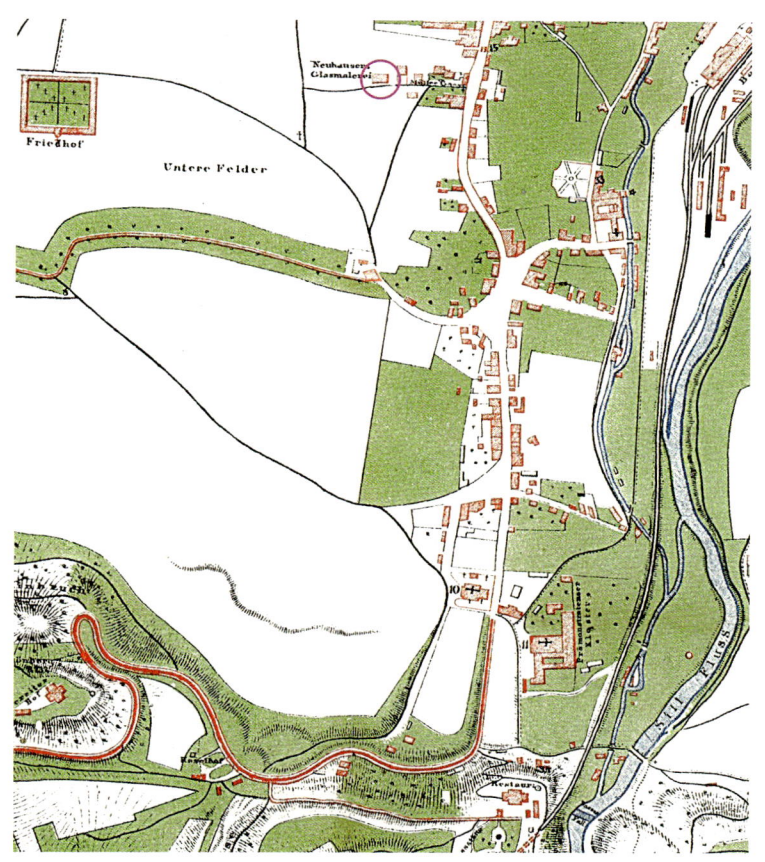

Hettwer /Amthor, 1872 (K54)

Von Osten beginnend erkennt man die Verbauung der Müllerstraße bis zur 1870 errichteten **Glasmalereianstalt**. Die 1872 erbaute dazugehörige Kathedral-Glasfabrik ist erst auf dem nächsten Plan eingezeichnet.

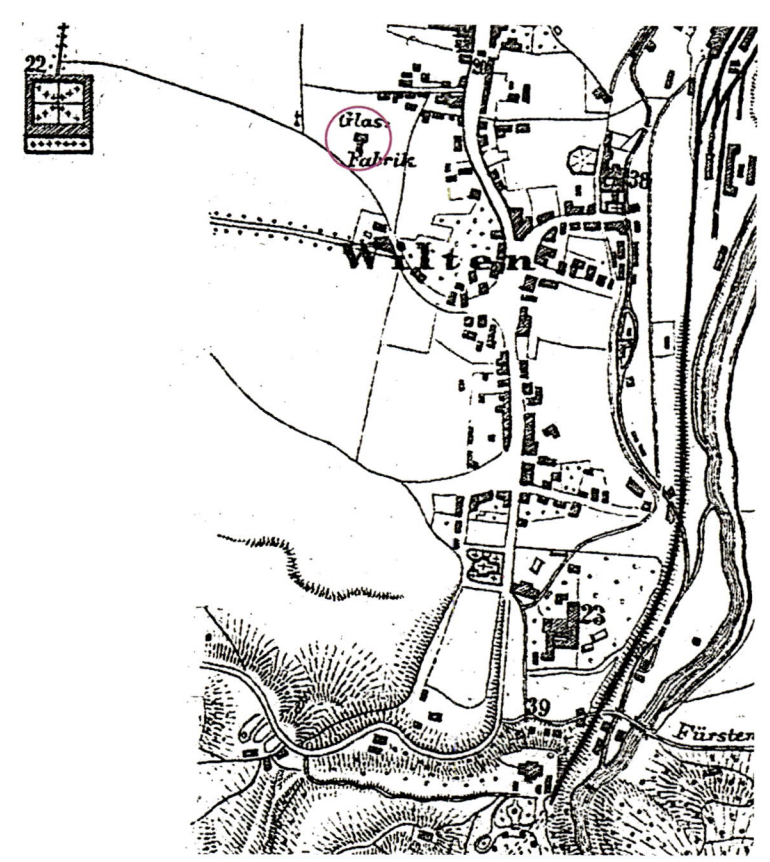

„Plan von Innsbruck", 1874 (K57)

Auch in Richtung Bahnhof wird eine Straße angelegt: die zukünftige Heilig-Geist-Straße. Die **Glasfabrik** war in Wirklichkeit weiter westlich und südlich des Wegkreuzes situiert, wie man am unteren Katasterplan erkennen kann.

Auf diesem Ausschnitt des Katasterplans von 1856 (T70) wurden sowohl die Müllerstraße mit den bis 1875 errichteten Gebäuden als auch die projektierte Heilig-Geist-Straße nachträglich eingetragen. Die Position der Glasfabrik in den „Unteren Feldern" ist korrekt eingezeichnet.

Abb. 35: Innsbruck von Nordosten, um 1875, Ausschnitt – Bereich von Wilten

Mit Ausnahme der bis zur Glasmalereianstalt bebauten Müllerstraße und der alleinstehenden Glashütte in der Bildmitte gab es zwischen Maria-Theresien-Straße und dem Westfriedhof nach wie vor nur Feldwege, Wiesen und Äcker.

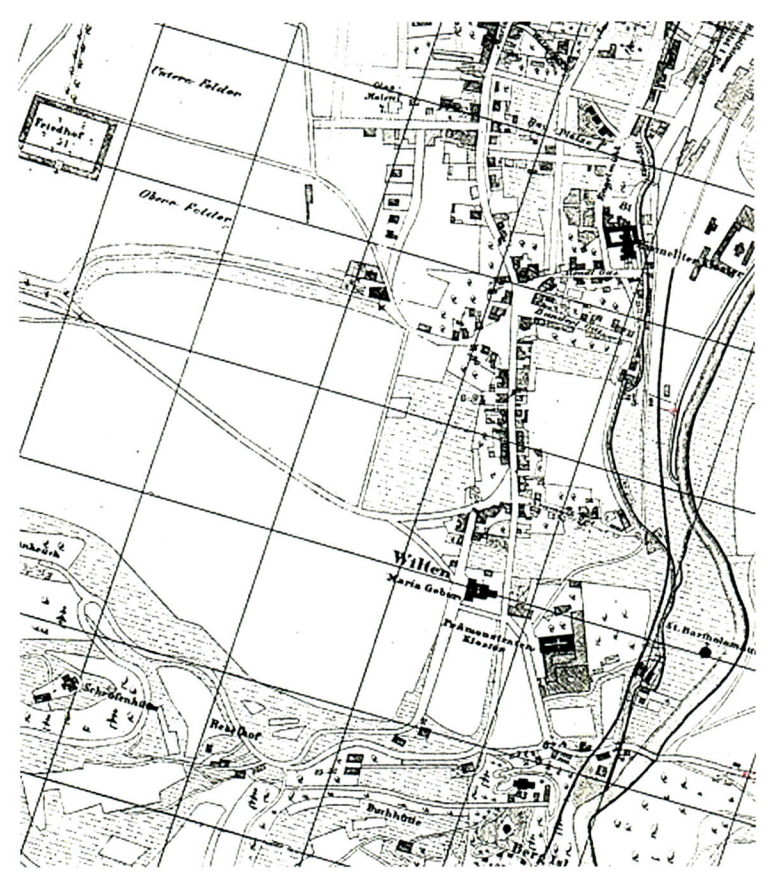

Guberner, 1880 (K62)

Von der Müllerstraße ausgehend nach Süden (in der Mitte des oberen Bilddrittels) entstehen einige Villen an der neuen **Templstraße**.

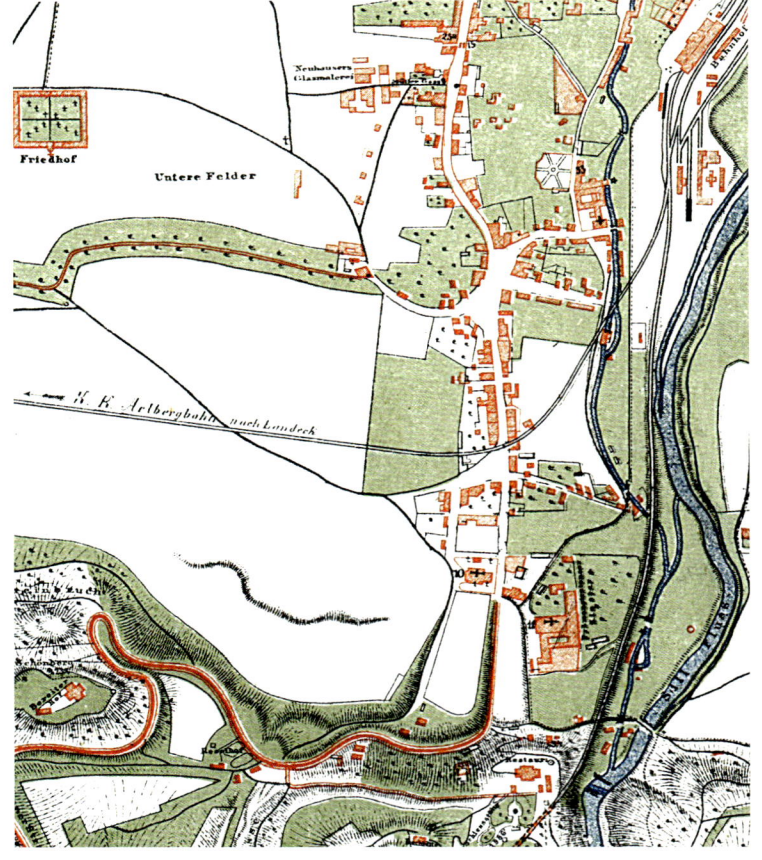

Hettwer / Amthor, 1883 (K64)

1884 wird die **Arlbergbahn** eröffnet.

Abb. 36: *Edmund von Wörndle, „Austritt der Arlbergbahn aus Innsbruck – Kreuzung der Wiltener Hauptstraße"*, um 1885

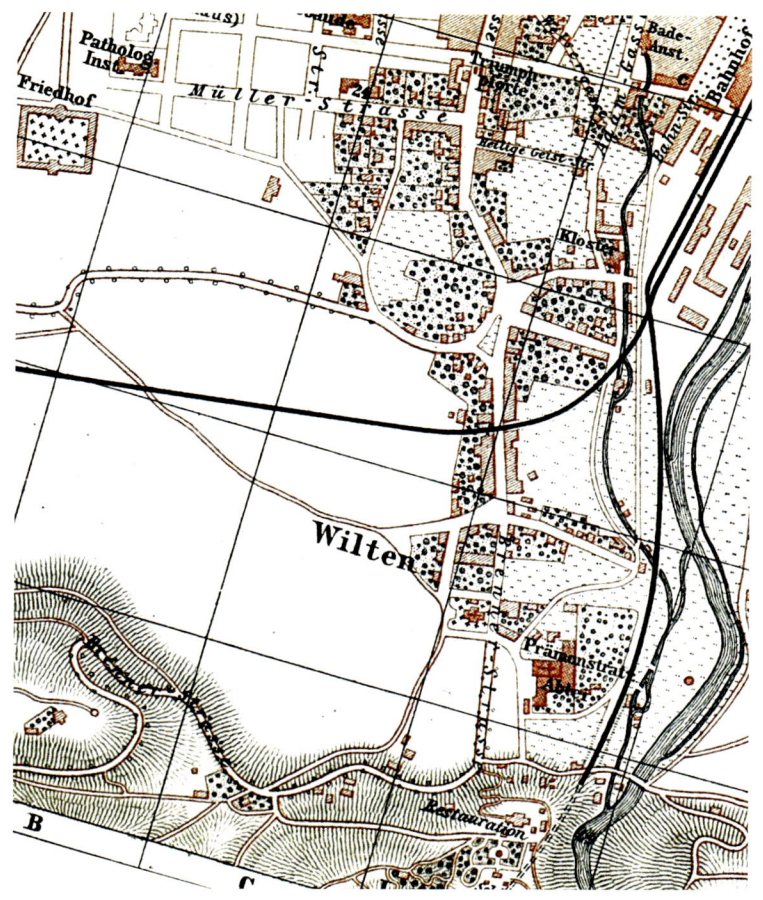

Baedeker, 1888 (K68)

Die Müllerstraße wird bis zu den 1885–1887 auf dem Wiltener Gemeindegebiet entstehenden **Klinikbauten** (im Plan links oben) verlängert. Auch nach Osten, in Richtung Bahnhofgelände, erfolgt eine Verbauung entlang der neuen **Heilig-Geist-Straße**.

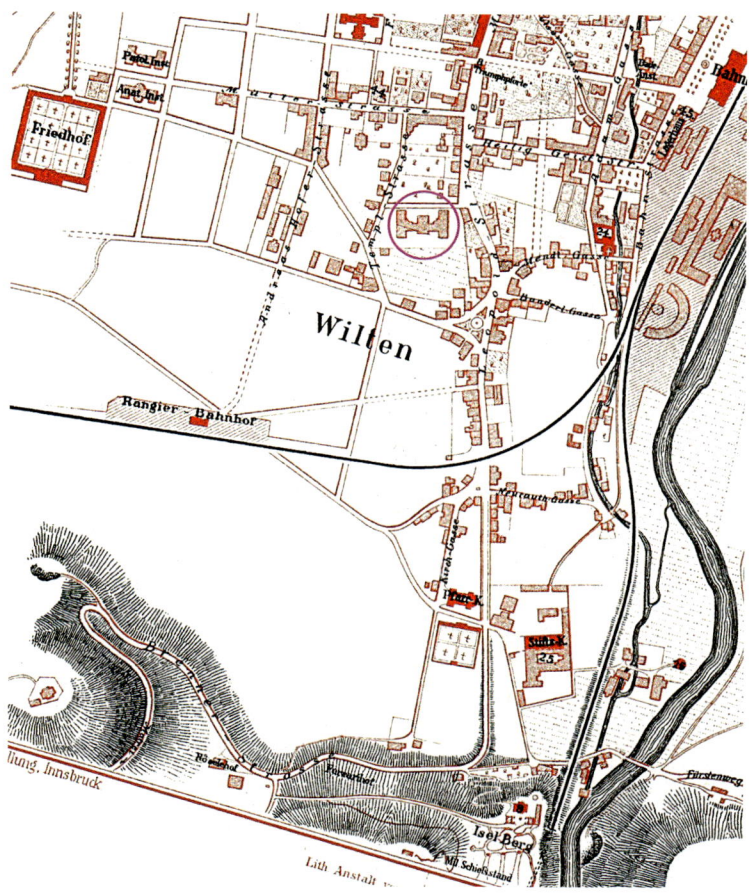

C. Redlich, 1889 (K71)

1890 wird in der Michael-Gaismair-Straße die **Gebäranstalt** errichtet, heute die Heimstätte des Tiroler Landesarchivs. An der Westbahn steht die als Rangier-Bahnhof bezeichnete **Wiltener Staatsbahnhaltestelle**, die 1906 zum Westbahnhof umgebaut wurde.

Bis zu diesem Zeitpunkt folgten die Straßenanlagen den alten Feldwegen. In den dazwischenliegenden Feldfluren ist nun zum ersten Mal das geplante Rastersystem ersichtlich, entlang dem die Blockverbauung einsetzte.

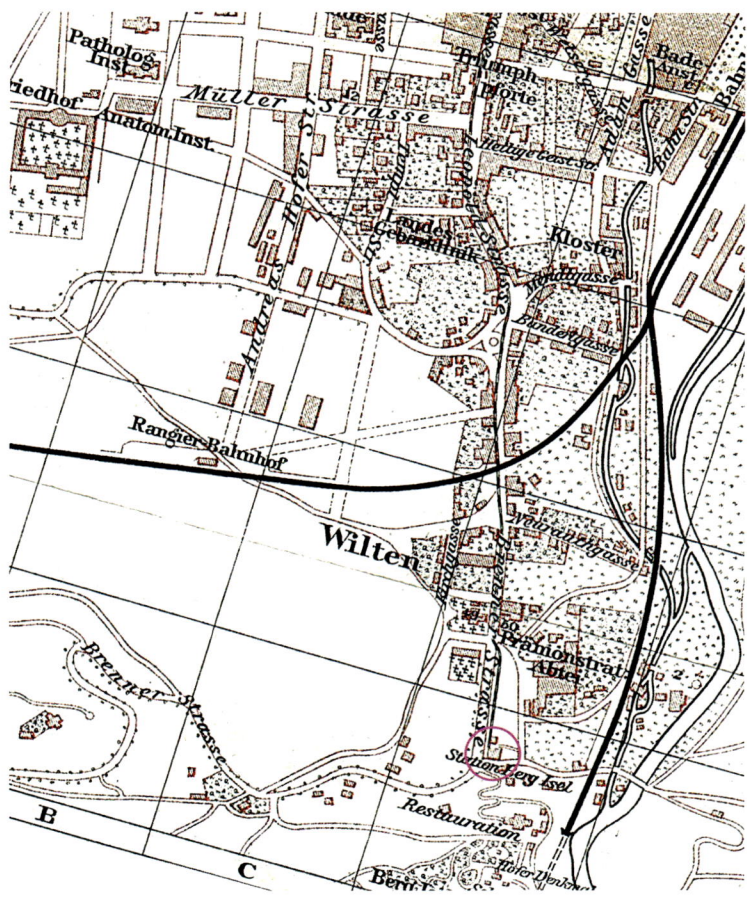

Freytag & Berndt, 1893 (K72)

1891 wurde der **Bergisel-Bahnhof** (Station Berg Isel) als Endstation der Lokalbahn Innsbruck–Hall errichtet.

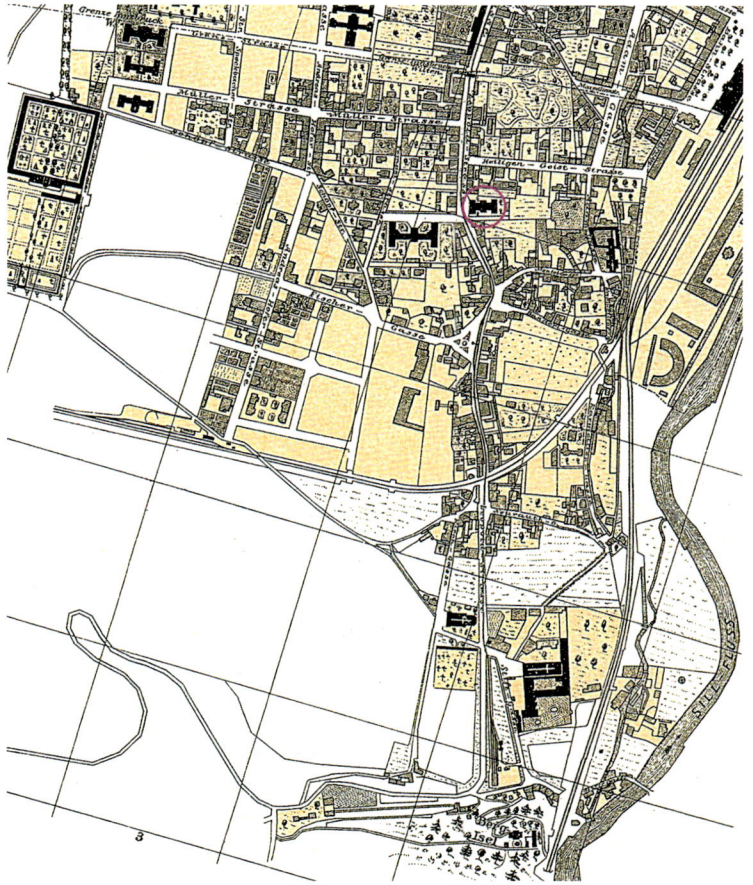

J. Redlich, 1894 (K74)

An der Kreuzung Leopoldstraße/Michael-Gaismair-Straße erkennt man die 1890 erbaute **Leopoldschule**.

Zwischen 1895 und 1904 erreichte die Bautätigkeit ihren Höhepunkt.

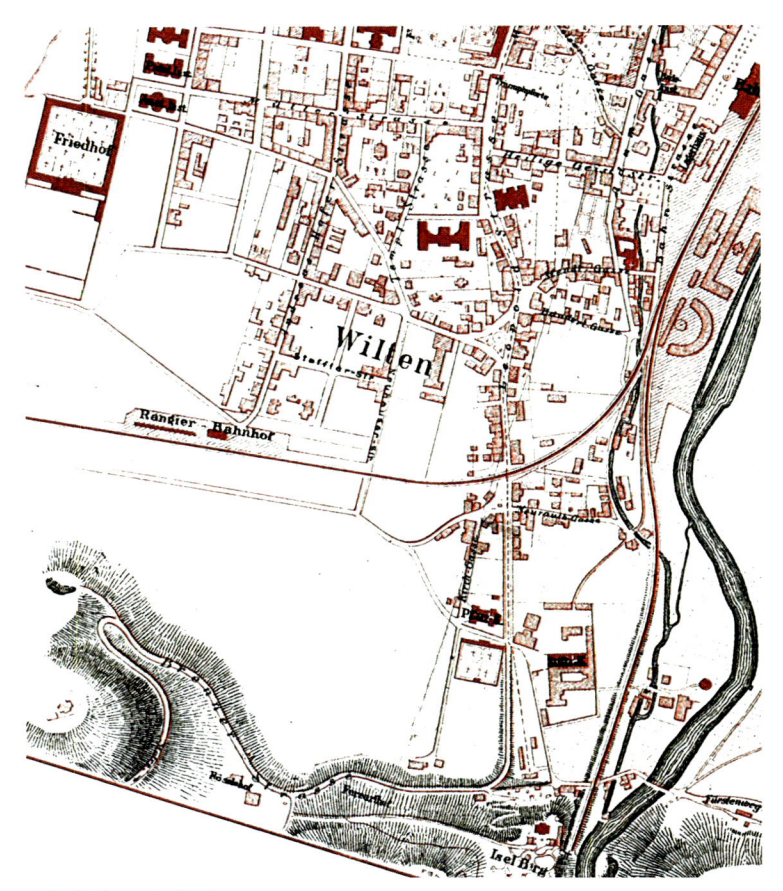

J. Redlich, 1897 (K75)

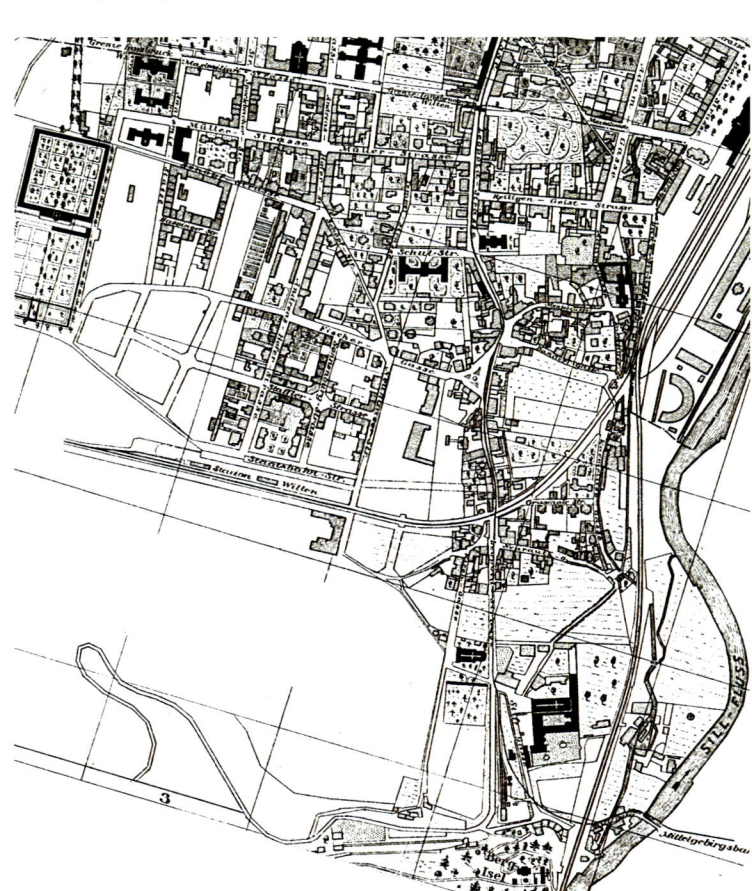

J. Redlich, 1898 (K76)

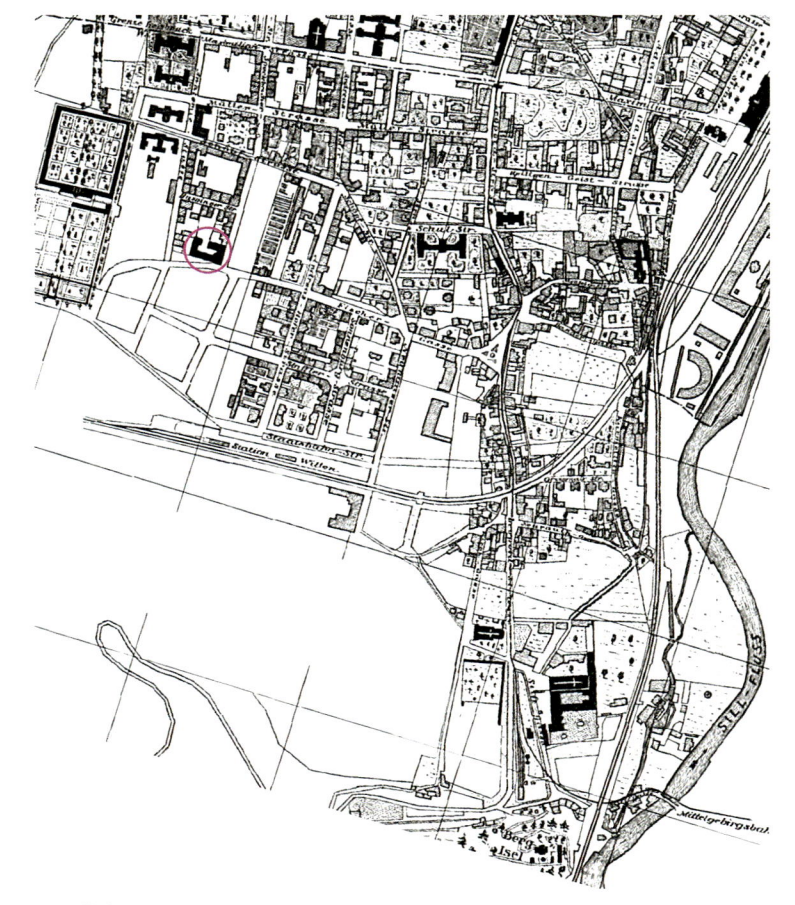

J. Redlich, 1900 (K80)

1900 wurde die **Mittelgebirgsbahn Wilten–Igls** eröffnet.

J. Redlich, 1902 (K81)

Neben dem Westfriedhof entstand mit dem **Physikalischen Institut** ein neues Gebäude der Medizinischen Fakultät. Südlich davon, in der Fischer-Straße, wurde die **Volksschule Wilten** errichtet.

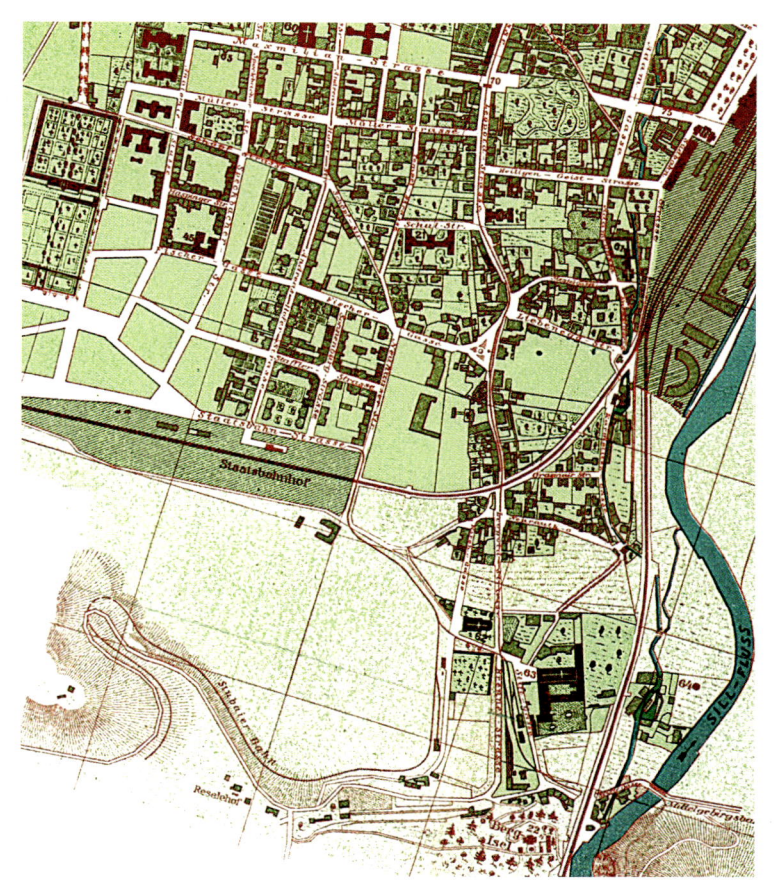

J. Redlich, 1904 (K86)

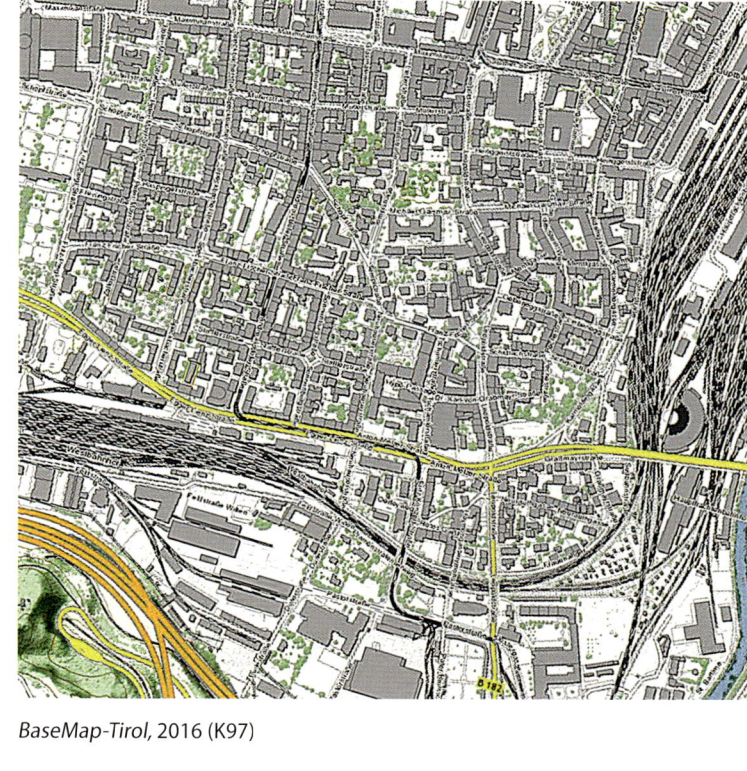

BaseMap-Tirol, 2016 (K97)

1956 wurde die bisher einspurige Eisenbahntrasse zwischen Haupt- und Westbahnhof nach Süden verlegt – die sogenannte Konzertkurve, benannt nach dem damaligen Baudirektor Fritz Konzert – und dreispurig, mit Anschluss an den Frachtenbahnhof, ausgebaut.

In den letzten zwei Jahrzehnten des 19. Jahrhunderts nahm Wilten eine Entwicklung wie keine andere Gemeinde des Landes. Von 1890 bis 1900 verdoppelte sich die Anzahl der Einwohner beinahe. Zwar standen bereits seit 1855 das ursprünglich zu Wilten gehörige Bahnhofsgebiet, der Westfriedhof, die Klinikgebäude und die Gebärklinik unter der Verwaltung Innsbrucks, man machte sich aber bereits Hoffnung, zur Marktgemeinde erhoben zu werden. (*IN* vom 18.9.1893) Tatsächlich wurde Wilten 1904 nach Innsbruck eingemeindet.

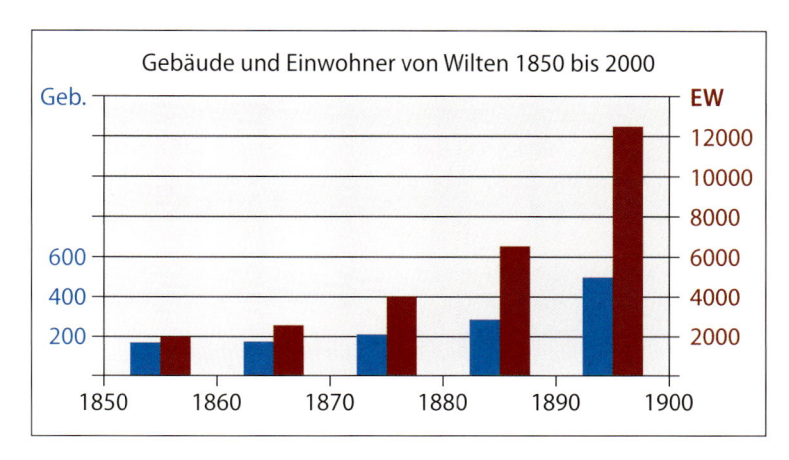

Gebäude und Einwohner von Wilten 1850 bis 2000

Ein Blick zurück:

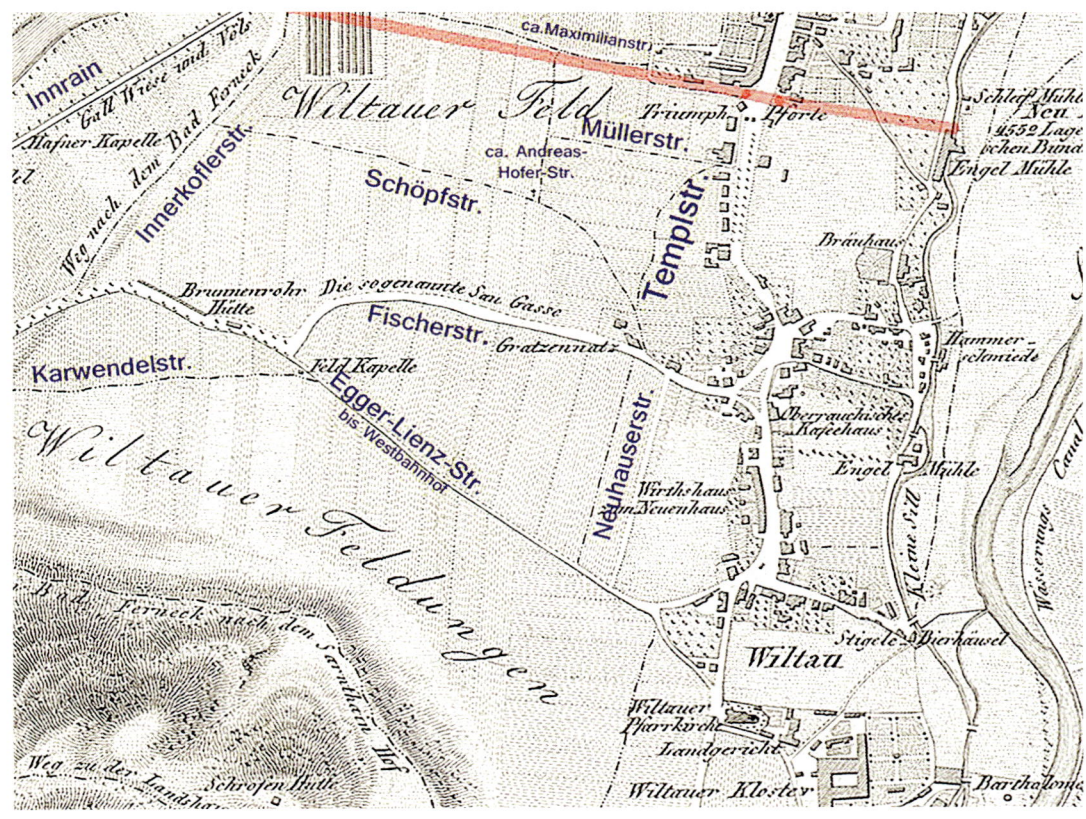

Wie schon erwähnt, folgte die Verbauung bis um 1890 den alten Feldwegen: Die rote Linie zeigt die Grenze zwischen den Gemeinden Innsbruck und Wilten, nach der neuen Grenzziehung von 1878 zuerst Grenzstraße genannt, heute Maximilianstraße.

Gross, 1835/40 (K38)

Die Straßenbeschriftungen wurden von *Bert Imsalz* [74] übernommen.

Mentlberg – Sieglanger

Abb. 37: Johann G. Schädler, Gallwiese mit Mentlberger Hof, um 1820

Als westlichster Teil von Wilten erstreckt sich das Gebiet von Mentlberg – Sieglanger zwischen dem Geroldsbach im Westen, dem Innufer im Norden, dem Mentlberger Wald im Süden und jener Engstelle im Osten, *„wo der durch den Bau der Autobahn erheblich zurückgedrängte Inn früher durch ein ausgeprägtes Knie dem Nordabfall des südlichen Mittelgebirges an der Nahtstelle vom Wiltener- zum Mentlberg hart zugesetzt hat"*. Noch bis zu Beginn des 20. Jahrhundert wurde dieses Areal fast ausschließlich landwirtschaftlich genutzt. *„Wollte man das Landschaftsbild dieses Stadtteiles am Ende des 18. Jahrhunderts beschreiben, so würde man dort den geschotterten Fahrweg von Wilten nach Völs und Götzens, oberhalb dieses Weges den Gallwieser- oder Mentlberger Hof samt seinem hübschen Kirchlein und der am Natterer-See-Weg (Nr. 6) liegenden kleinen Waldhüter-Behausung des Stiftes Wilten sowie weiter westlich unter dem Fahrweg jenseits des Geroldsbaches – hier überspringt die Innsbruck-Wiltener Gemeindegrenze gegen Völs den Bach – den alten (unteren) ‚Figgenhof' gesehen haben."* (Hye [63])

Auf den Karten findet sich der Flurname **Gallwiese** bis ins späte 19. Jahrhundert. *„Bereits im Urbare des Stiftes Wilten von 1305 wird der Hof zu Galbeins, in den späteren Gallwiesen genannt, ihn erwarb um 1400 der Innsbrucker Bürger Heinrich Mentlberger, und dessen Nachkommen erwirkten seine Erhebung zum Adelssitz mit dem Namen Mentlberg."* (O. Stolz [97a], S. 424)

Die älteste kartographische Darstellung des Gebietes findet sich auf der Innkarte von *Rangger* von 1746:

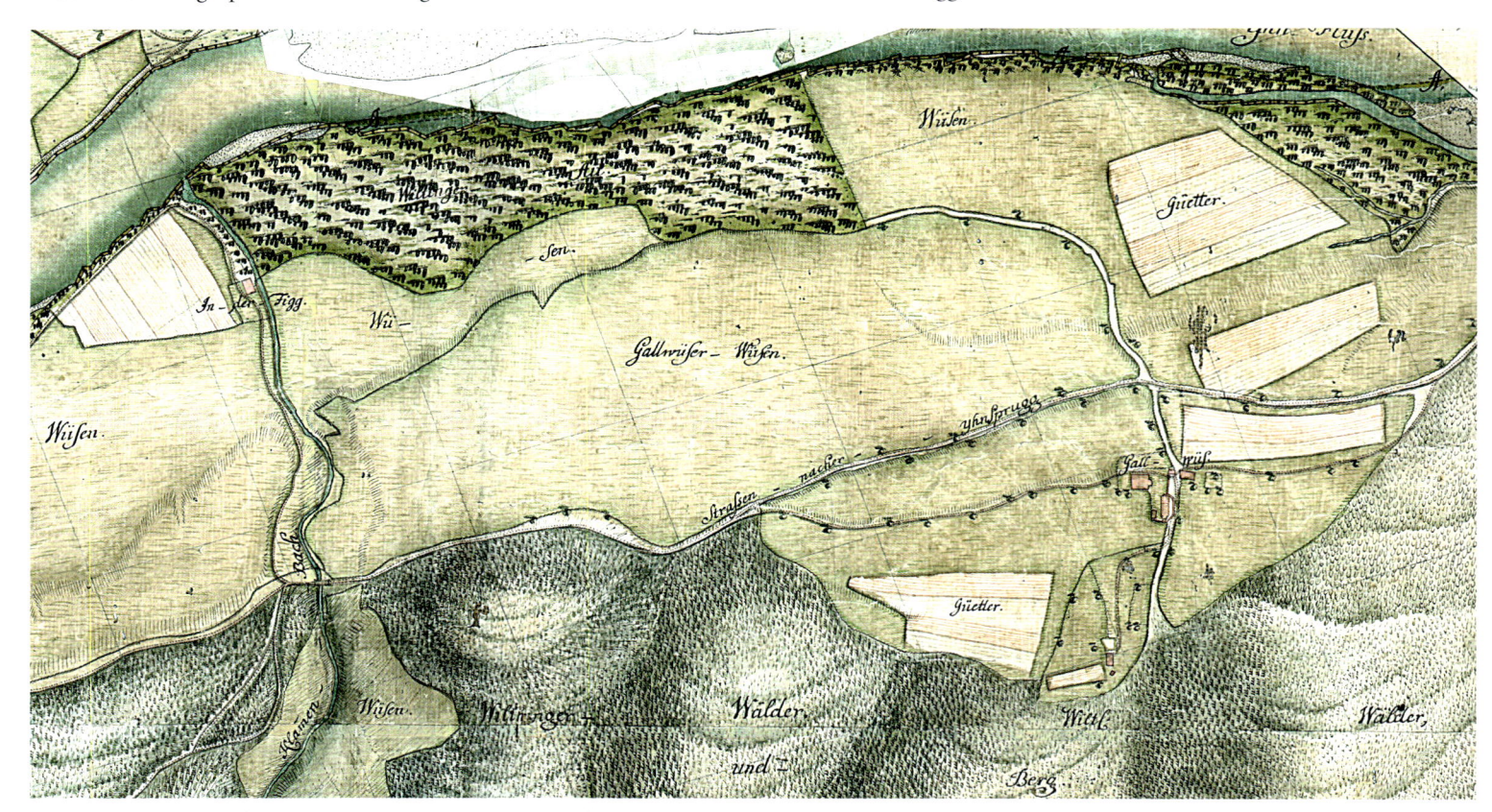

Franz A. Rangger, „Plan des Yhn-Stroms Nr. 20", 1746 (K1) (Ausschnitt mit dem Bereich der Gallwiese)

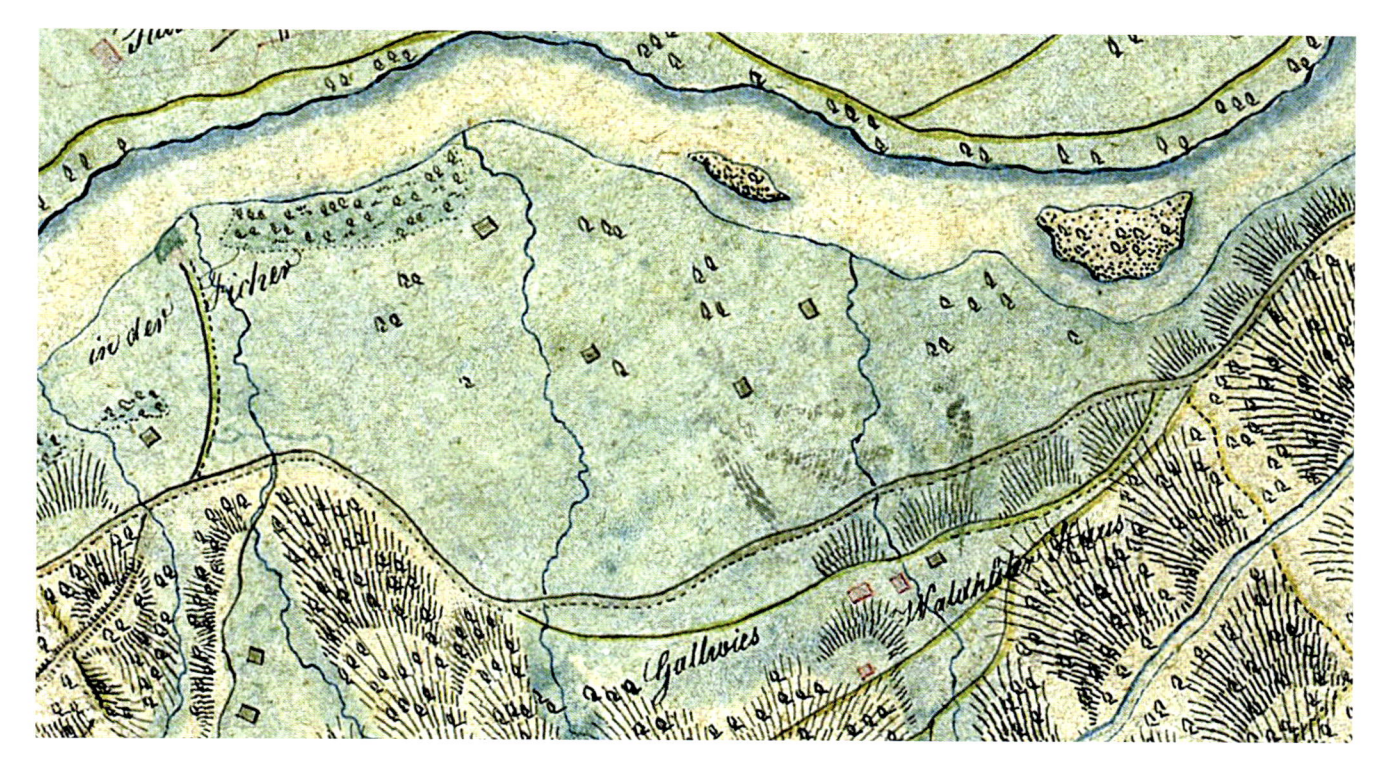

Zitterbergen, 1806 (K14)

Nach Aufhebung des Wiltener Klosters 1807 durch die königlich-bayerische Regierung kommt die Gallwiese mitsamt dem Ansitz Mentlberg in private Hände. (*Unterkircher* [98], 1747)

Digitaler Franziszeischer Kataster, 1856 (K48)

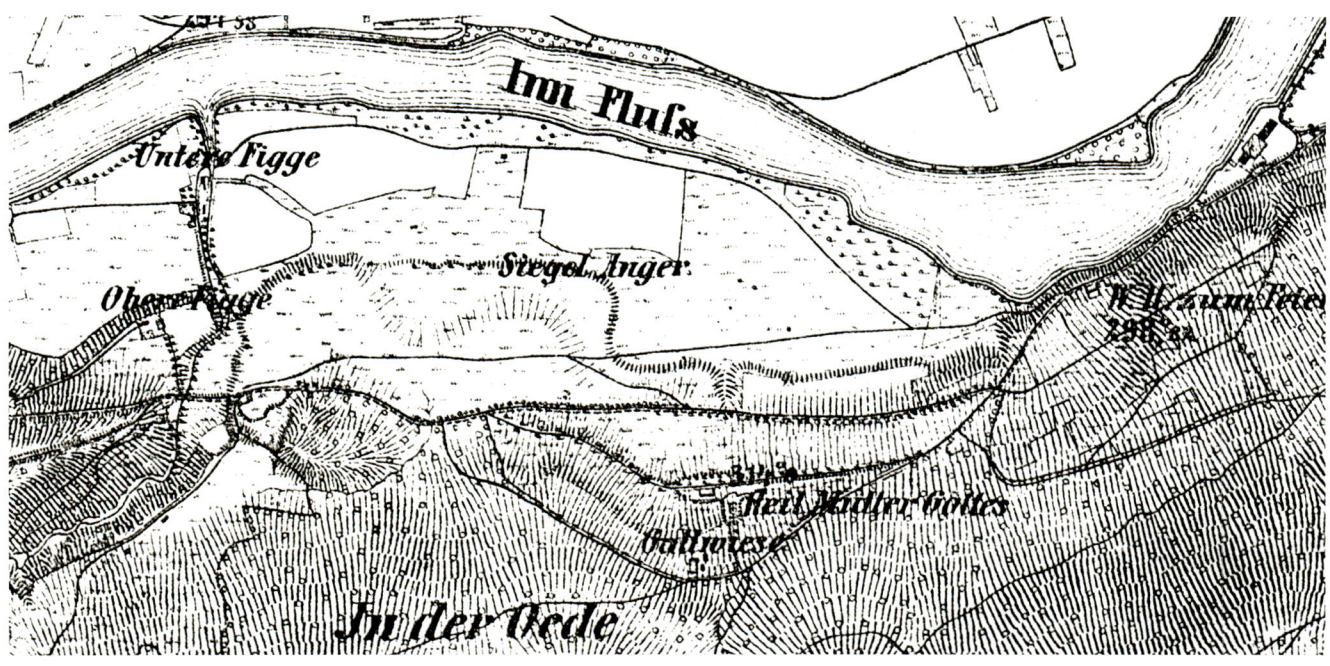

„Plan der Umgebung von Innsbruck", 1866 (K50)

„Die ‚Gallwiese' wird 1864 in ein herrschaftliches Schloß (‚Mentelsberg') umgewandelt und das Kirchlein daselbst restaurirt." (*Unterkircher* [98], 3325) Am rechten Rand ist bereits das Wirtshaus „Zum Peter Bründl" eingetragen.

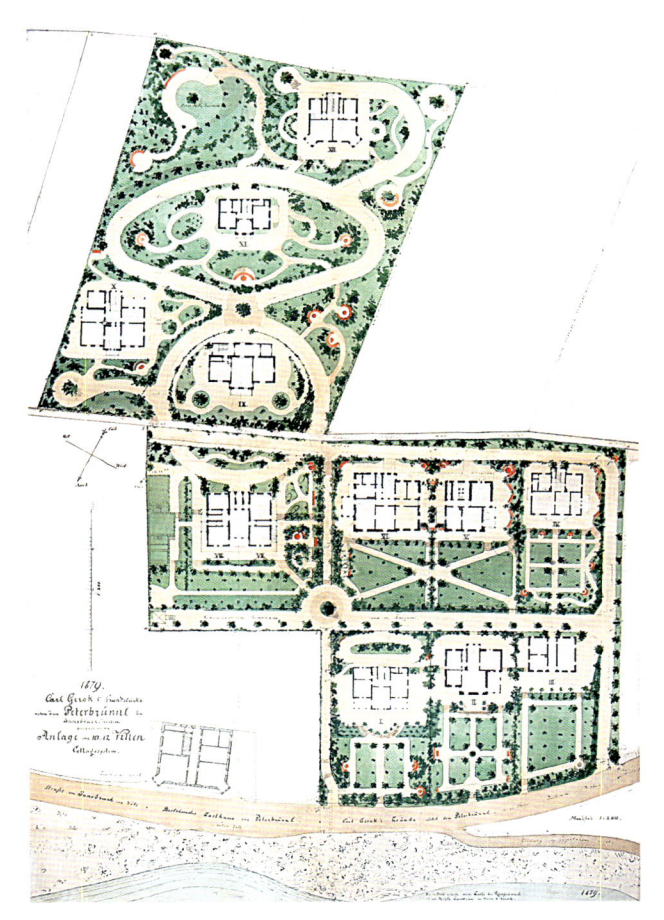

Abb. 38: Peterbründl mit projektierten Villen, 1879

Dieses Projekt wurde nicht realisiert.

Carl Gerok, „Plan für den Bau von 10–12 Villen neben dem Peterbrünnl", 1879 (Kartenverzeichnis T71)

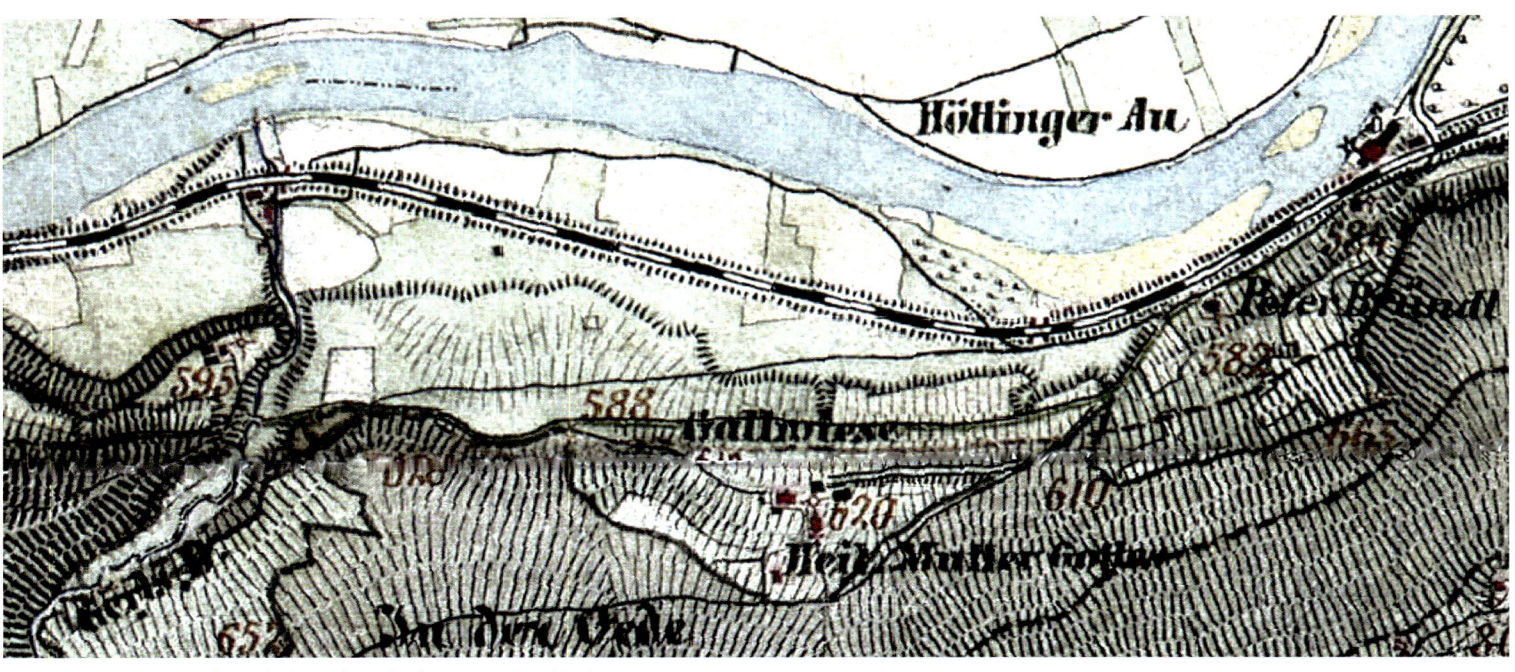

Dritte (Franzisco-Josephinische) Landesaufnahme, 1871/80 (K89)

„Den fundamentalsten Eingriff in die Entwicklung der Gallwiese bildete zweifellos der hier bereits eingezeichnete Bau der Arlbergbahn in den Jahren 1882/83. Einerseits wurde dadurch eine heute mehr als damals wirksame Teilung dieses Gebietes in das Areal oberhalb und unterhalb des Bahndammes bewirkt; für die Kommunikation zwischen Mentlberg und dem Sieglanger stellt der Bahndamm ein echtes Hindernis dar." (Hye [63])

Die Arlbergbahn durchschnitt den damals noch unbebauten Sieglanger. Auf der gegenüberliegenden Seite des Inns erkennt man die Höttinger Au mit dem Pulverturm.

Abb. 39: *Mayer*, Blick von Wiltenberg Richtung Höttinger Au, um 1885

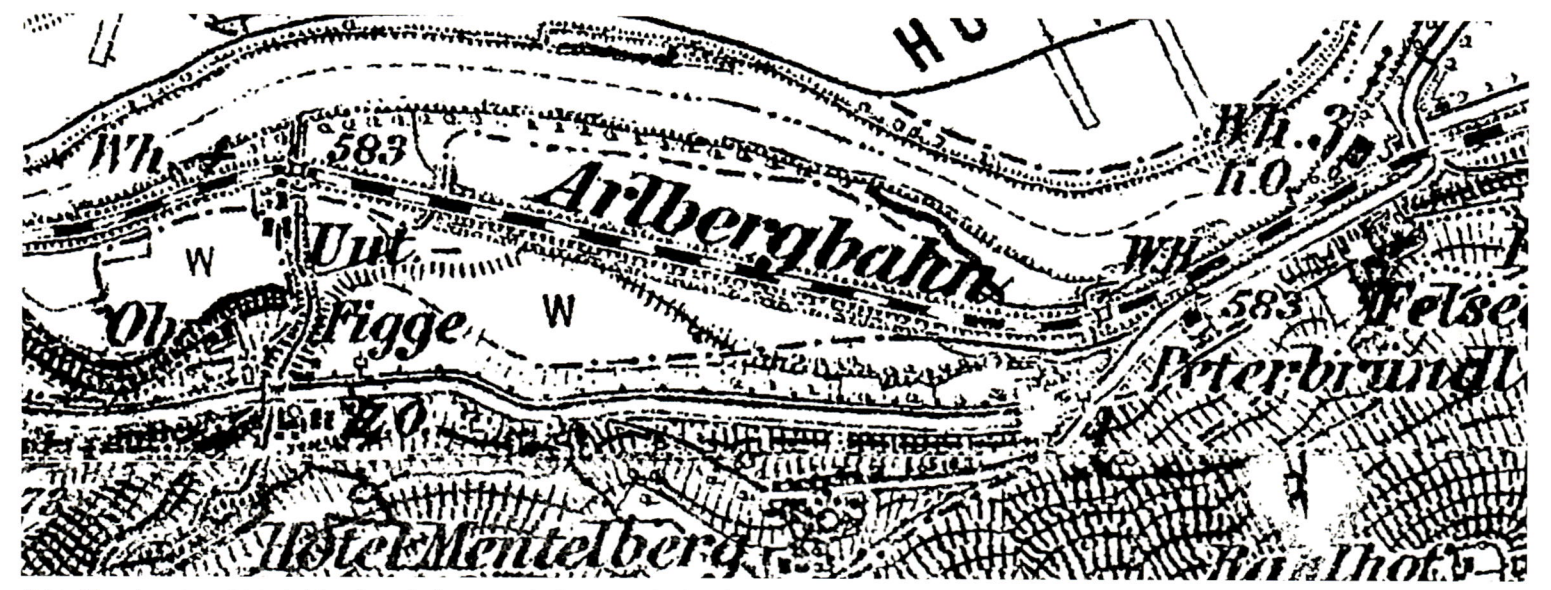

Dritte (Franzisco-Josephinische) Landesaufnahme, reambuliert, 1885/90 (K90)

1875 wurde an der Straße die Ziegelei (ZO) errichtet, an dessen Stelle heute der „Ziegelstadel" (Landesgefangenenhaus) steht. Mentlberg wird auf der Karte als Hotel geführt. 1890 kam Schloss Mentlberg in den Besitz des Herzogs von Alençon. Dieser ließ den alten Bau 1905 durch den Innsbrucker Baumeister Josef Retter „im Stil der Loire-Schlösser" in seinen heutigen Zustand versetzen.

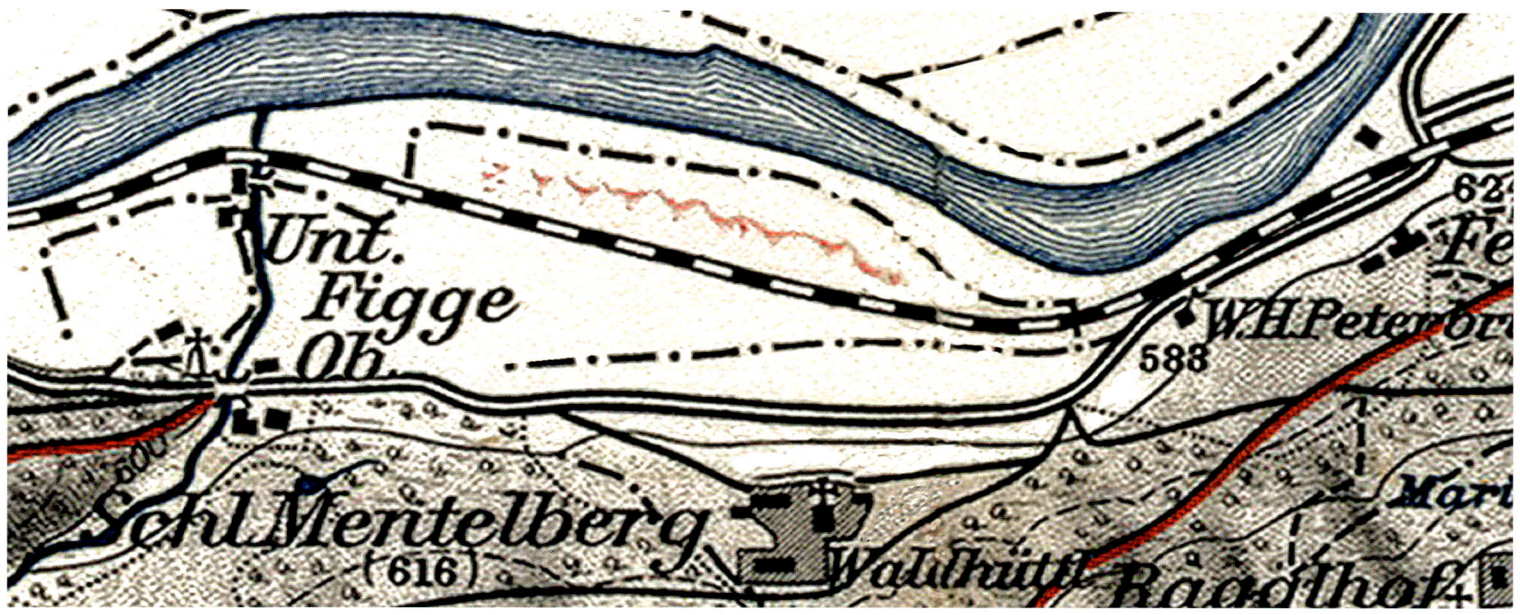

„Innsbruck und Umgebung", 1909 (K91)

Mentlberg und Sieglanger heute:

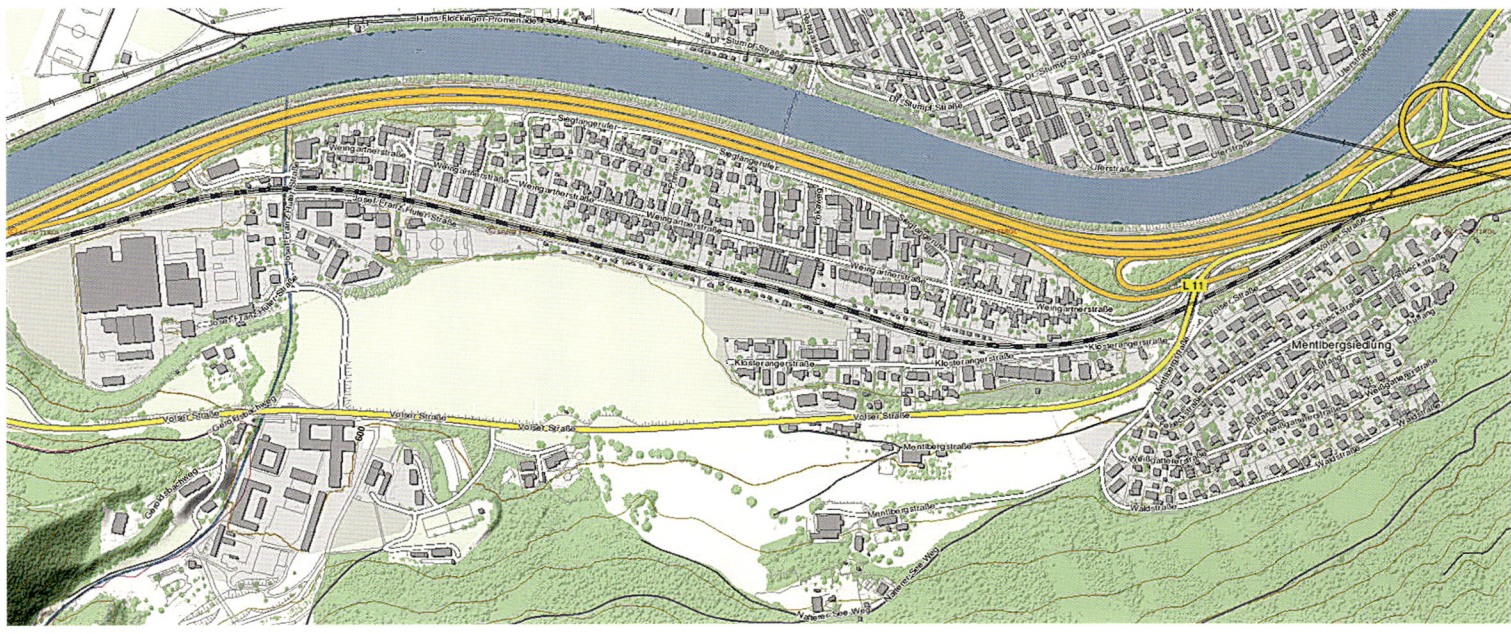

BaseMap-Tirol, 2016 (K97)

Die Siedlungen im Sieglanger und in Mentlberg wurden erst in den 1930er Jahren und später errichtet.

Die Pläne

Philipp MILLER: **"Situationsplan von der Umgebung Innsbruck ob der Triumphporte"**, 1825
(Kartenverzeichnis T63)

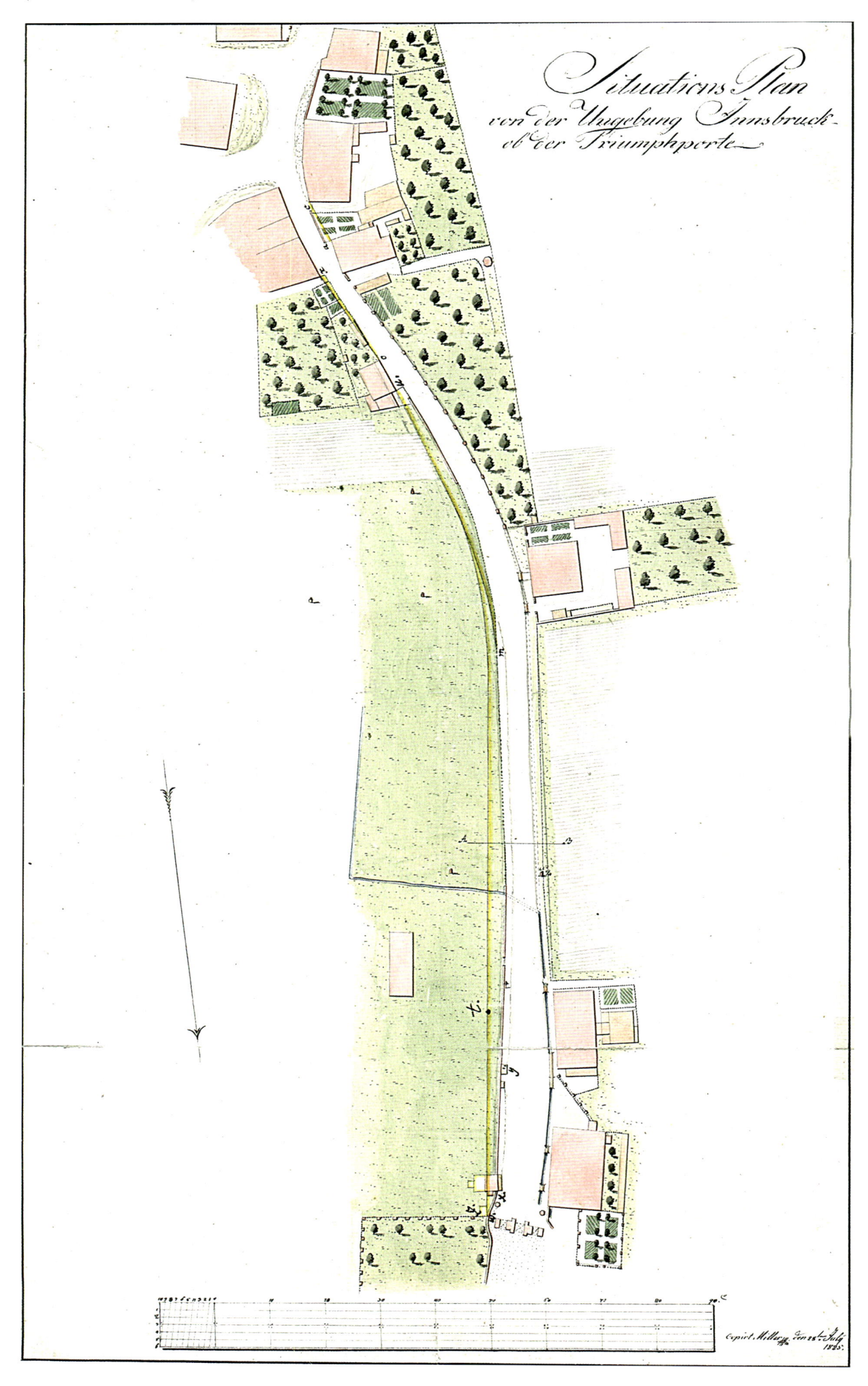

Die Orientierung ist Süd-Nord gerichtet, die Triumphpforte befindet sich am unteren Bildrand.

Situationsplan von Wilten, 1825/1830 (Kartenverzeichnis T64)

Dieser Plan dürfte auf Grund des Gebäudebestandes südlich der Triumphpforte zwischen 1825 und 1830 entstanden sein.

Situationsplan der Ritschen im Dorf Wilten, 1844 (Kartenverzeichnis T65)

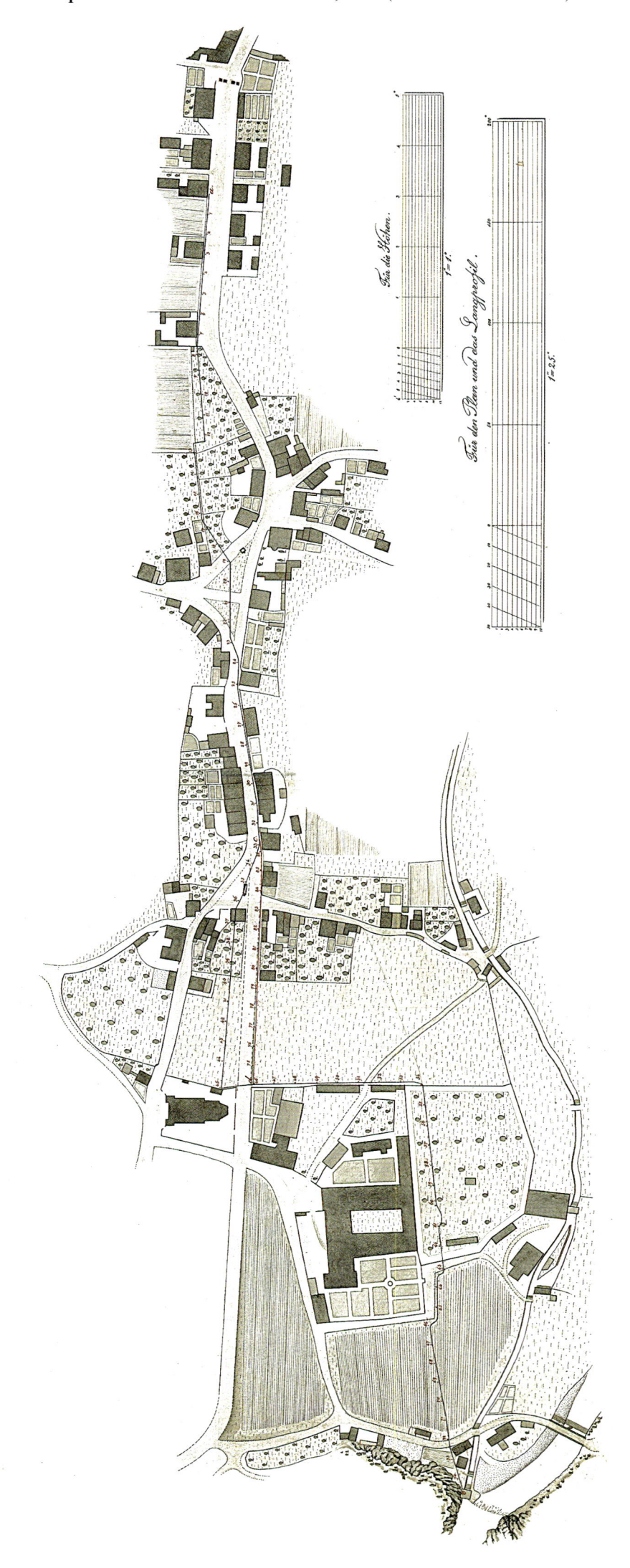

Auf diesem Plan von 1844 ist die weitere Entwicklung der Leopoldstraße an der Ostseite, die neu trassierte Verlängerung derselben ab dem Kaiserschützenplatz und in Fortsetzung der Beginn der neuen Brennerstraße erkennbar.

Josef MAYR: **Situationsplan vor Errichtung der Klosterbauten, 1844,** Ausschnitt (Kartenverzeichnis T66)

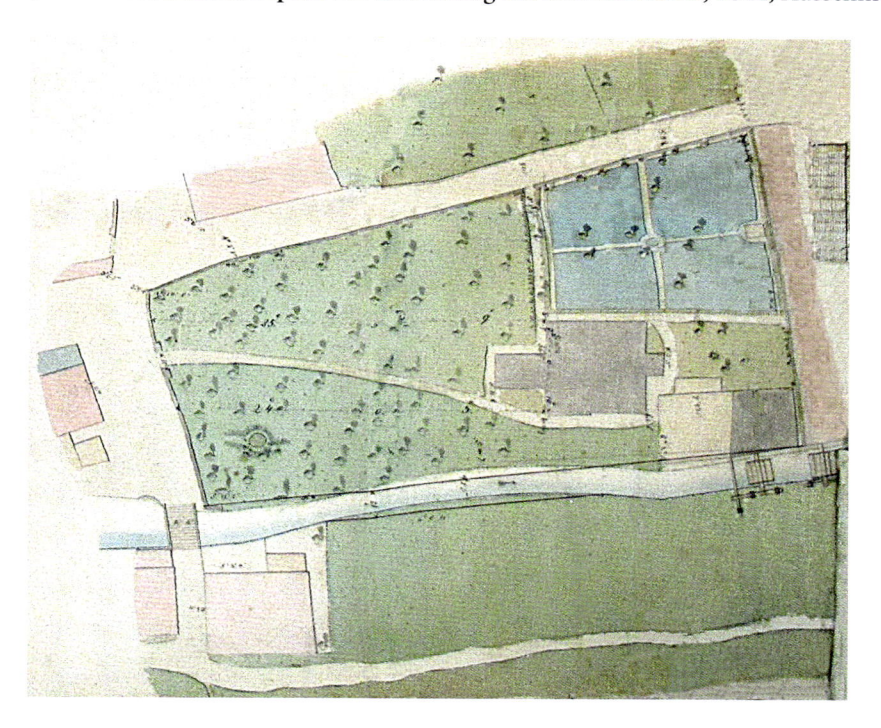

Johann N. KRAVOGL: „**Situationsplan mit der Erweiterung des Klosters der Carmelitterinnen im Dorfe Wiltau**", 1846 (Kartenverzeichnis T67)

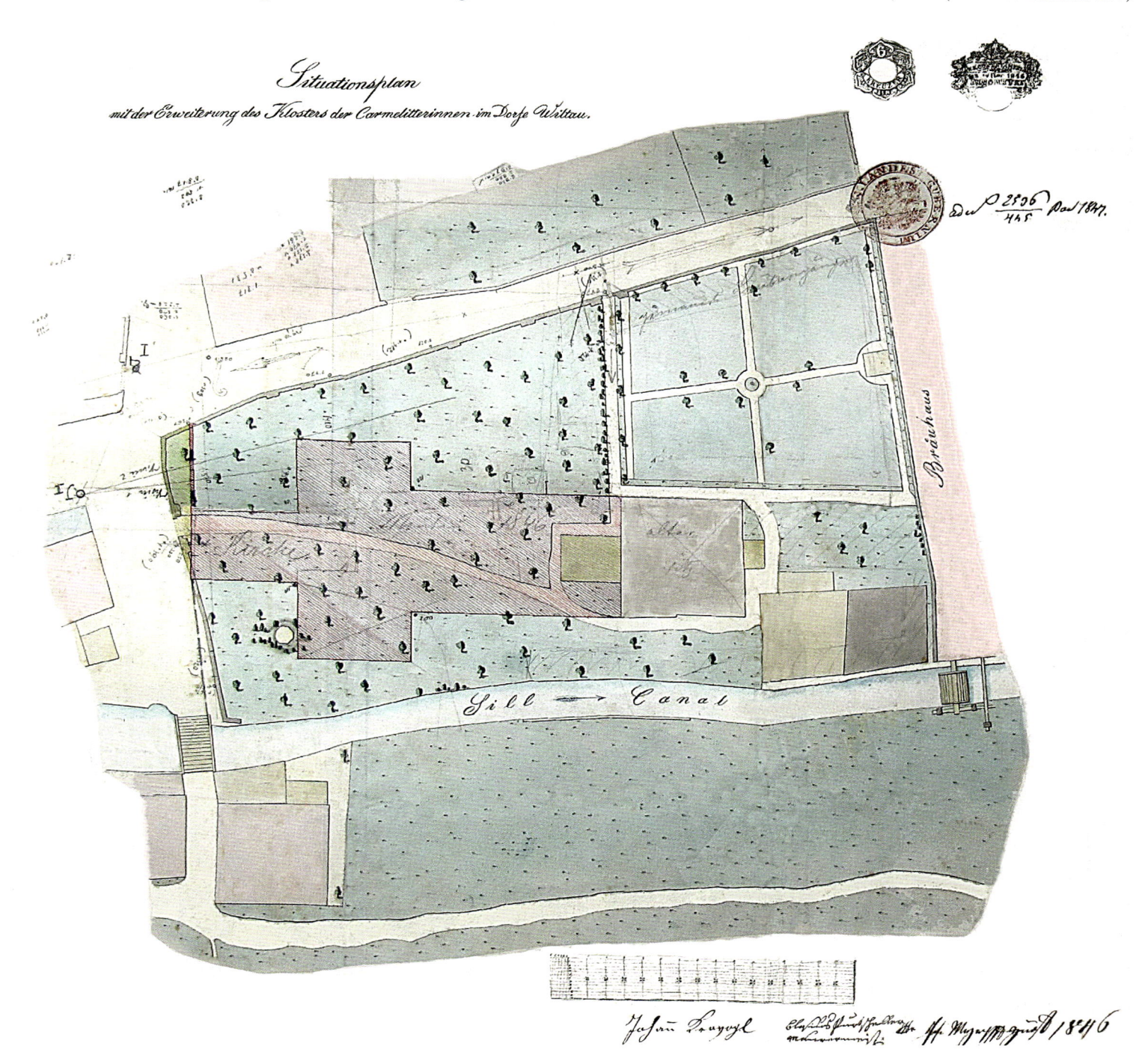

Josef MAYR: **Situationsplan von Wilten im Bereich des Karmelitinnenklosters, um 1850** (Kartenverzeichnis T68)

Karl ENGELBRECHT: „Situationsplan eines Theiles der Stadt Innsbruck und der Gemeinde Wilten", um 1861 (Kartenverzeichnis T69)

1861 hatte Innsbruck das Bahnhofsareal von Wilten erworben (siehe Kapitel IV/16, Innsbrucks Gemeindegrenze im 19. Jahrhundert).

Rudolf Tschamler: „**Wilten im Jahre 1880**", 1893 (Kartenverzeichnis T72)

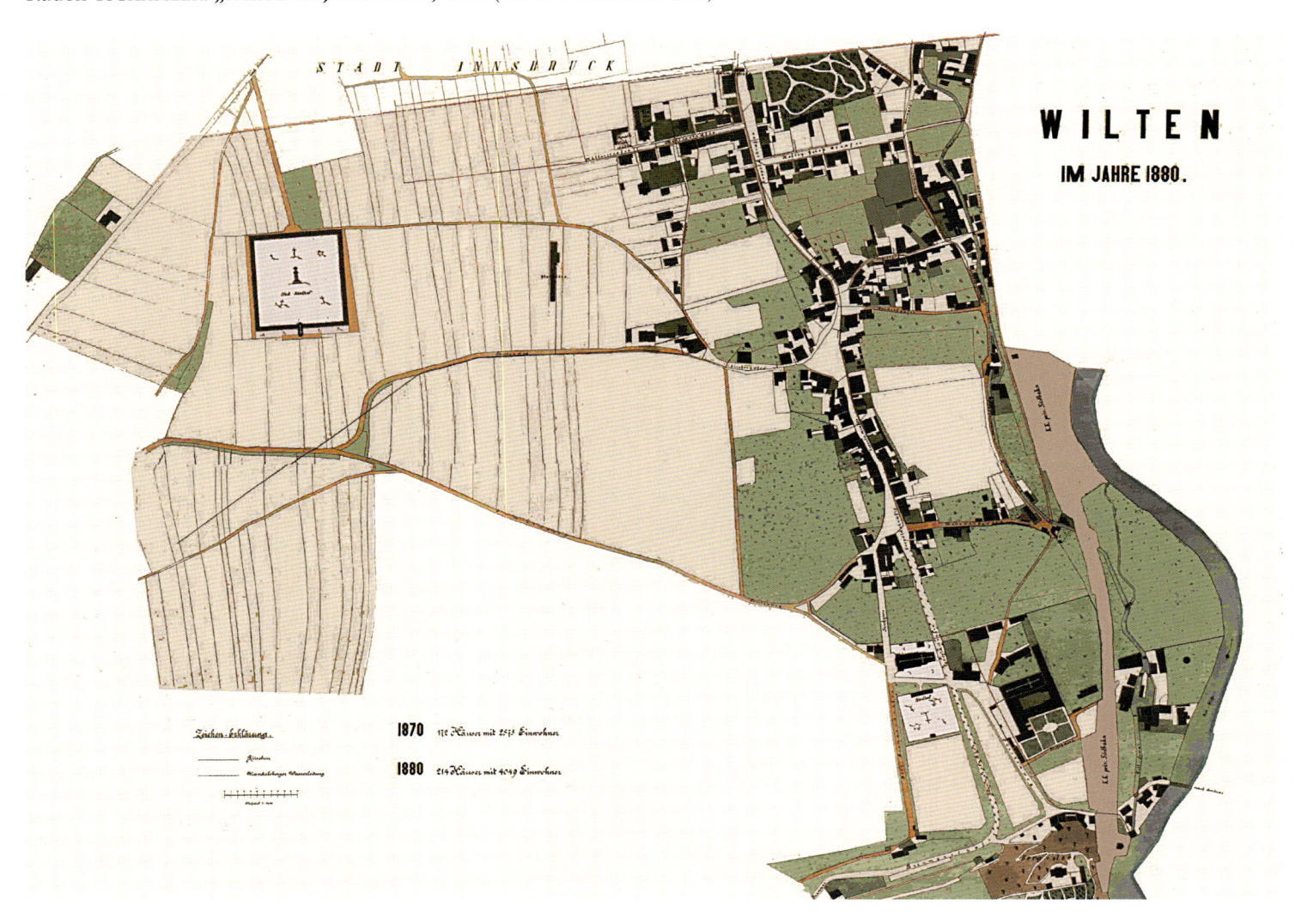

Rudolf Tschamler: „**Wilten im Jahre 1893**", 1893 (Kartenverzeichnis T73)

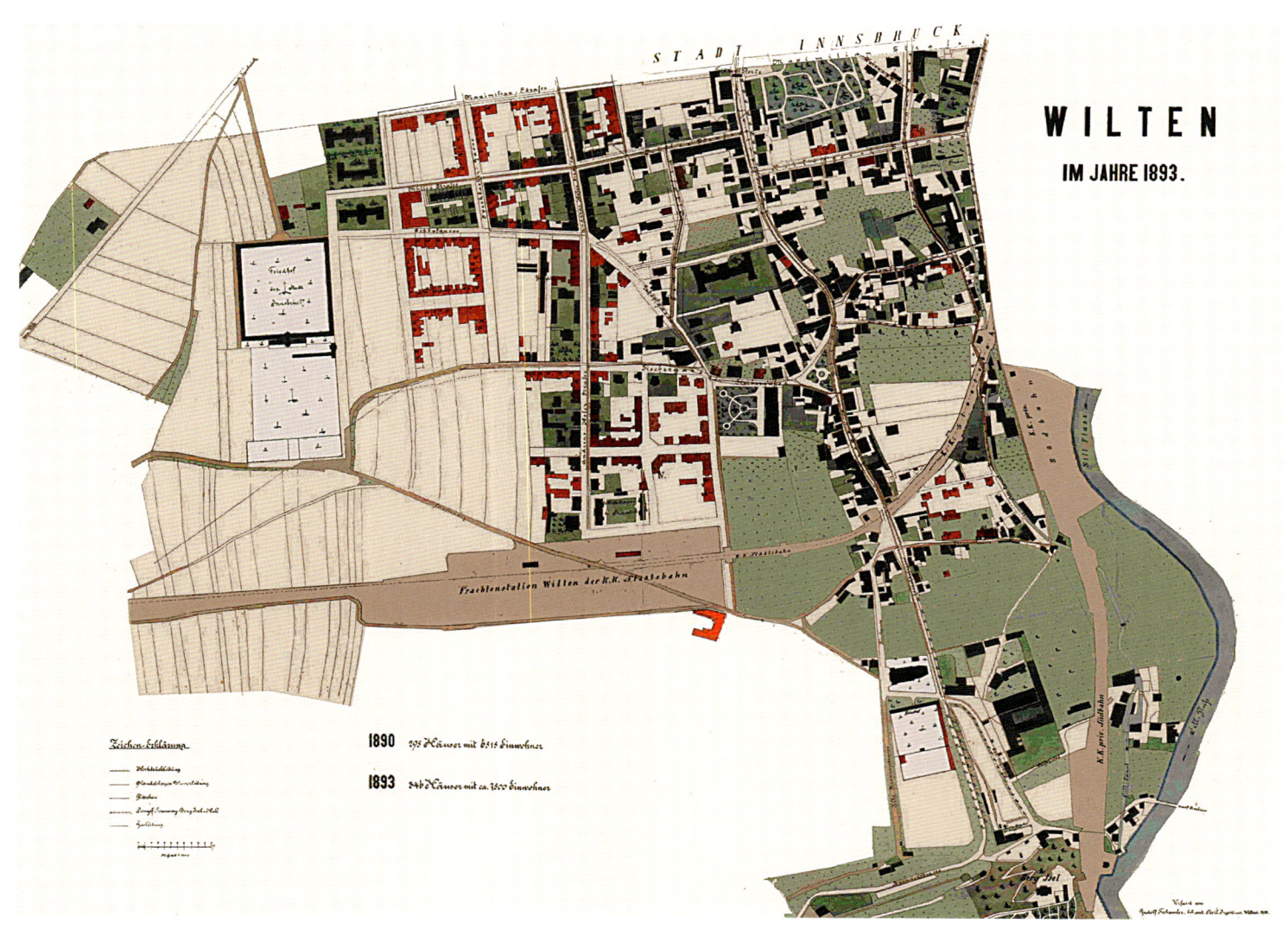

Carl LAMPE Verlag: „**Neujahrs-Entschuldigungskarte der Gemeinde Wilten 1897**", 1896 (Kartenverzeichnis T74)

10. St. Nikolaus – Mariahilf – Hötting – Höttinger Au – Kranebitten

tiris, Orthofoto 2013 (K95)

Abb. 40: Panorama von Innsbruck (Ausschnitt), um 1820

Der an der linken Innseite gelegene Innsbrucker Stadtteil St. Nikolaus-Mariahilf, das damalige An- bzw. Ynbruggen und heute wiederbelebte „Anpruggen" zwischen Höttingerbach im Westen und Fallbach im Osten, wurde schon um 1130, also ein halbes Jahrhundert vor der Stadterhebung Innsbrucks als Marktplatz errichtet. Ungefähr zur selben Zeit fand auch das darüberliegende Dorf Hötting seine erste Erwähnung. Obwohl beide wirtschaftlich und verwaltungsmäßig getrennte Einheiten darstellten, waren sie im geographischen Sinn miteinander verbunden und sollten daher auch gemeinsam betrachtet werden.

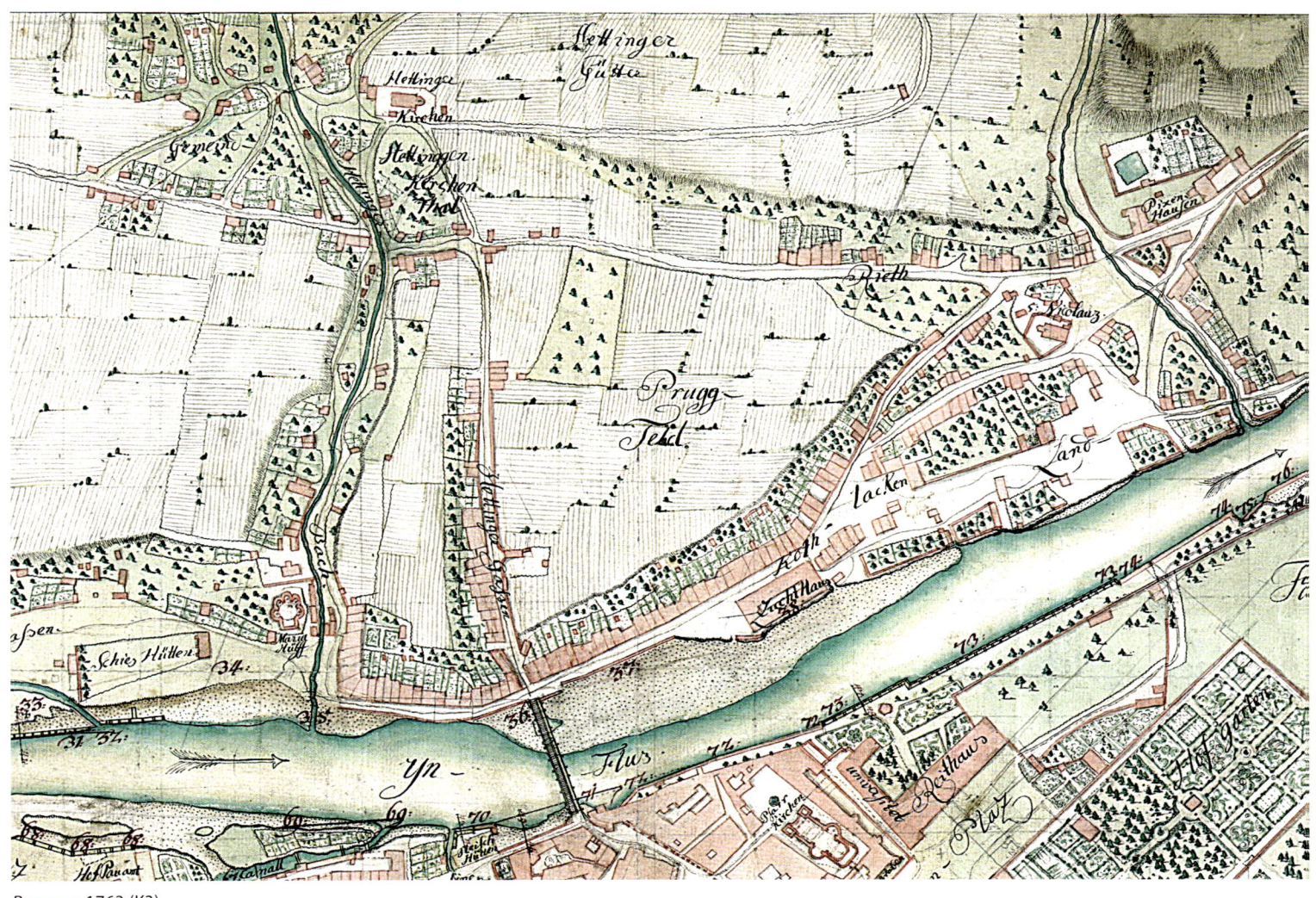

Rangger, 1763 (K3)

Auf dem Plan findet sich immer noch die wenig schmeichelhafte Bezeichnung für die alte Hauptstraße **„Koth-Lacken"**, die heute noch im Spitznamen „Koatlåckn" für ganz St. Nikolaus weiterlebt.

Anpruggen

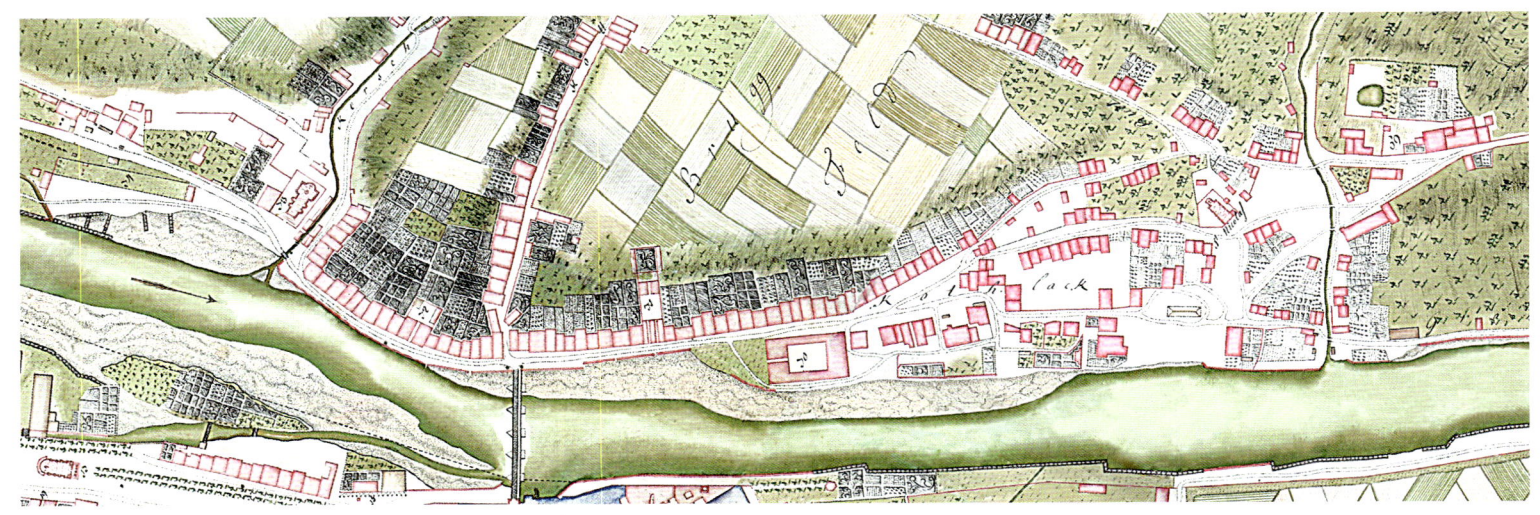

„Plan de la Ville et des Environs d'Innsprug Capitale du Tyrol", 1750 (K2)

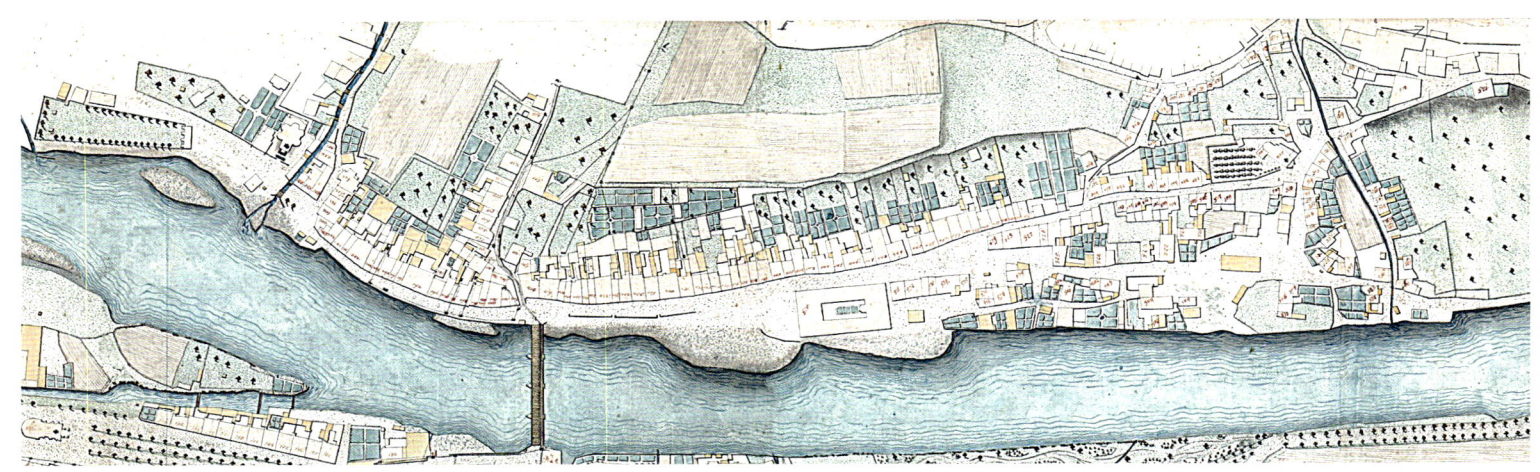

Macharth, 1813 (K19)

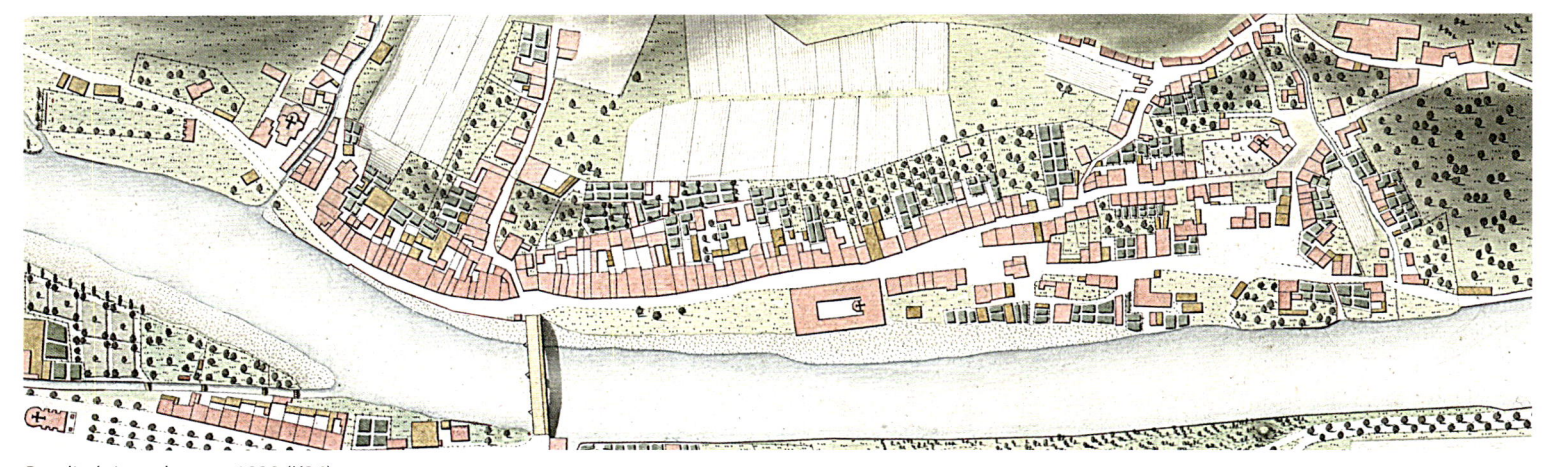

Baudirektionsplan, um 1830 (K34)

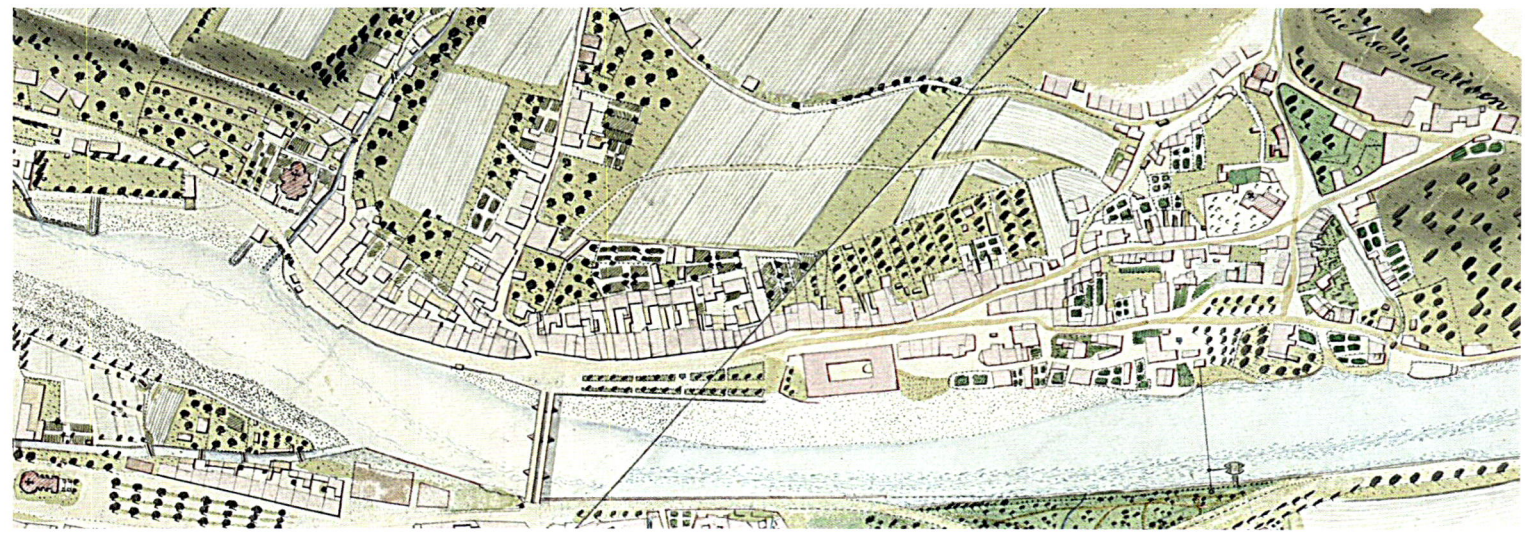

Miller, um 1840 (K41)

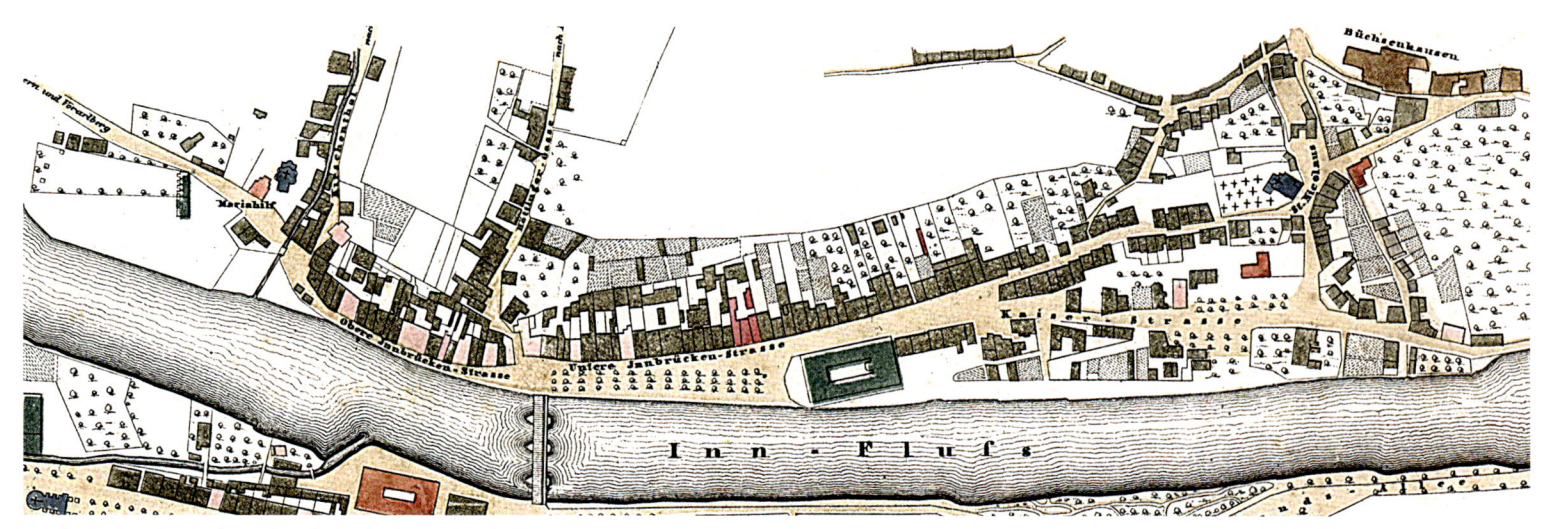

Czichna, 1851 (K45), die Gebäude sind entsprechend ihrer touristischen Nutzung eingefärbt (die Legende dazu siehe S. 240)

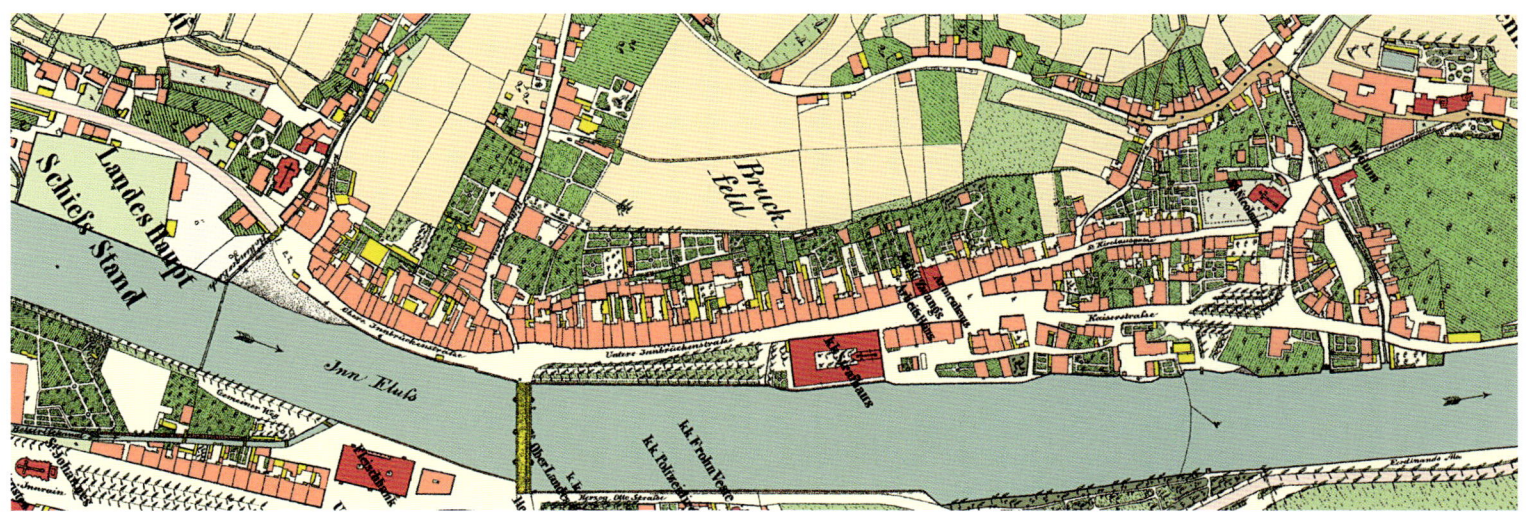

Digitaler Franziszeischer Kataster, 1856 (K48)

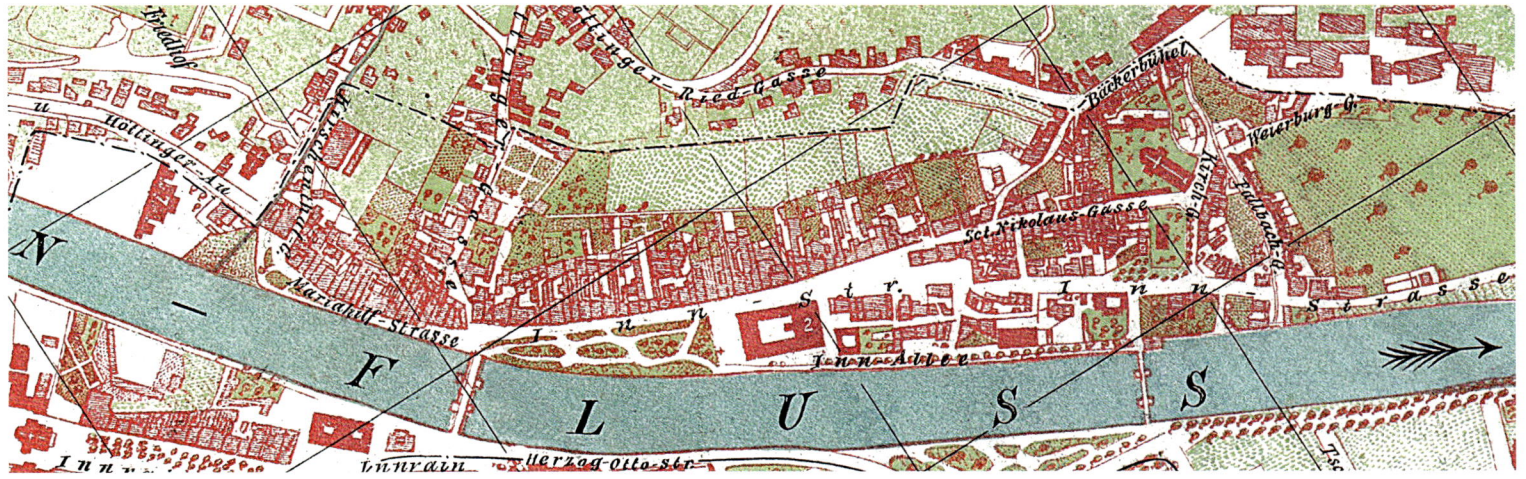

Lampe, 1903/04 (K86)

Die Innfähre

Kolp, 1837 (T20)

Abb. 41: „Die Innüberfuhr in Innsbruck"

Wo sich heute der 1873–75 erbaute Innsteg befindet, verband ab 1836 eine Fähre die beiden Innufer. Zwei gekoppelte Schiffchen liefen an einem über den Fluss gespannten Seil. (*Dörrer* [13], *Unterkircher* [98] 2346, *Morscher* [80], S. 190)

Höttinger Riedgasse – Bäckerbühelgasse

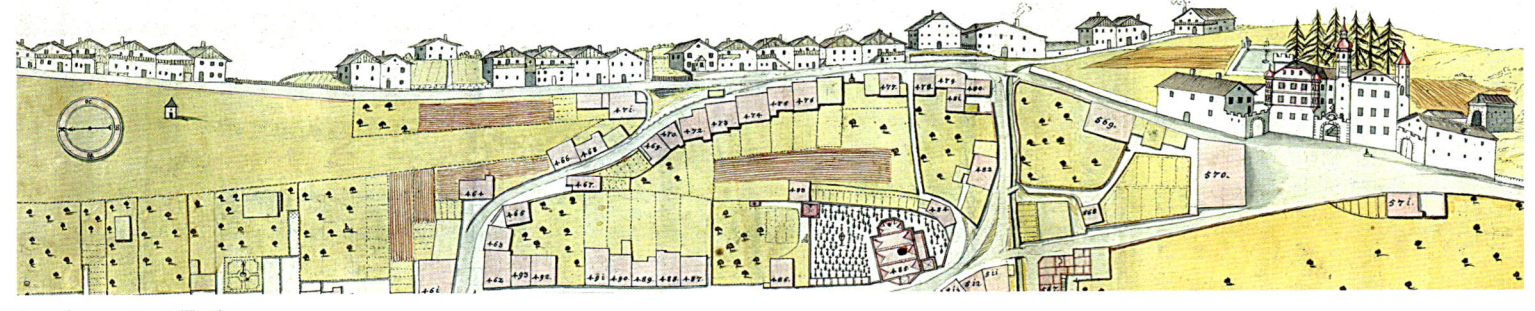

Perathoner, 1772 (T78)

Die Höttinger Riedgasse bildet zusammen mit ihrer Verlängerung durch die St. Nikolauser Bäckerbühelgasse die nordöstliche Grenze zwischen dem Dorf Hötting und dem Stadtteil St. Nikolaus. Auf dem Plan von *Perathoner* sind die zu Hötting gehörenden Gebäude aufrecht, die zu St. Nikolaus – dem Burgfried Innsbruck – dagegen liegend als Katasterplan dargestellt.

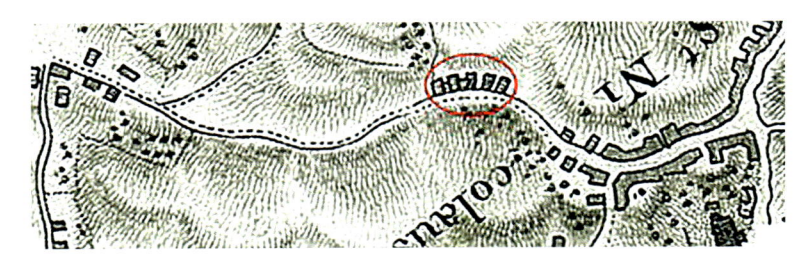

Die markierte Ansammlung von Gebäuden ist bei *Viehbeck* zu weit westlich eingezeichnet. Alle Gebäude nördlich der Ried- bzw. Bäckerbühelgasse gehörten zum Gemeindegebiet von Hötting.

Viehbeck, 1804 (K13)

Die Gebäude im östlichen Bereich bestehen bereits seit dem 15. Jahrhundert. Rechts oben befand sich das vom Kaiser Maximilian 1496 bewilligte „Venusbad", das mit dem Trinkwasser aus dem „Venusberger Geleit" versorgt wurde und noch bis 1957 in Betrieb war. (*Hye* [67])

Innstromkarte K5, 1820 (K27)

Mitte der 1820er Jahre begann auch die Bebauung von westlicher Seite her.

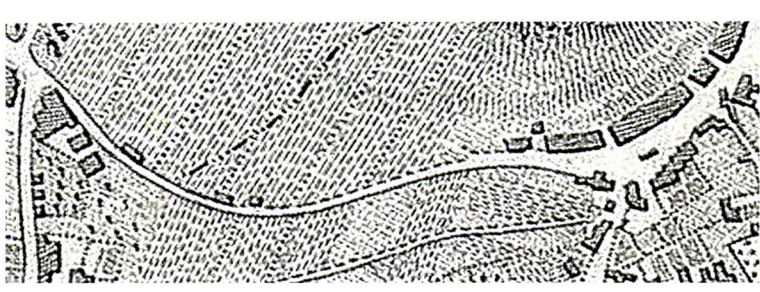

Innstromkarte K3, 1822/26 (K28)

Ein bereits bei *Viehbeck* eingezeichneter, nordwärts führender Feldweg in der Mitte der Riedgasse ist hier wieder als Hofzufahrt zu finden.

Gross, 1835/1840 (K38)

Die rot strichlierte Linie zeigt die damalige Gemeindegrenze zwischen Hötting und St. Nikolaus. Das markierte Gebäude wurde 1853 als Heim für obdachlose Dienstboten eingerichtet, ab 1952 war es Teil des Priesterseminars der Diözese Innsbruck. (*Fritz* [31])

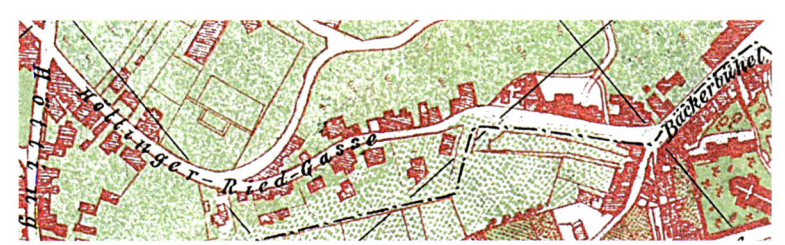

Digitaler Franziszeischer Kataster, 1856 (K48)

In den Feldern unterhalb der Riedgasse entstehen die ersten bürgerlichen Wohnhäuser.

Lampe, 1903/04 (K86)

Der Friedhof an der Mariahilfkirche und der Landesschießstand

1786 wurde hinter der „verlobten" Mariahilfkirche der von der „Landschaft" und aus Kirchenmitteln errichtete Friedhof eingeweiht. Der Landesschießstand westlich der Kirche existiert bereits seit Mitte des 16. Jahrhunderts. (*Fischnaler* [25] II, S. 64 und 104)

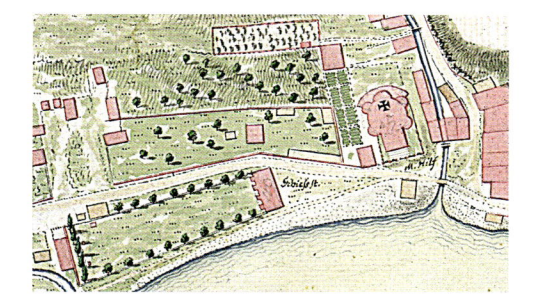

Miller, 1802 (K9)

Viehbeck, 1804 (K13)

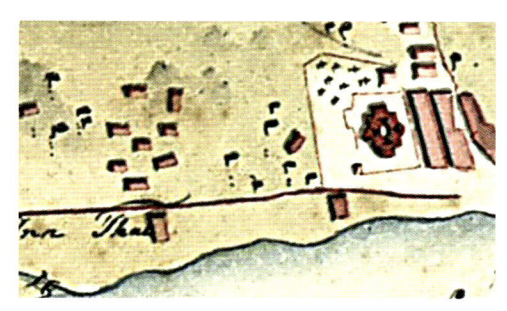

„Plan d. Provinzialhauptstadt", 1815 (K21)

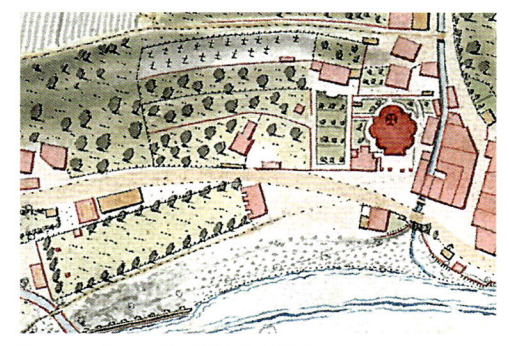

Innstromkarte K3, 1822/26 (K28)

Miller, um 1840 (K41)

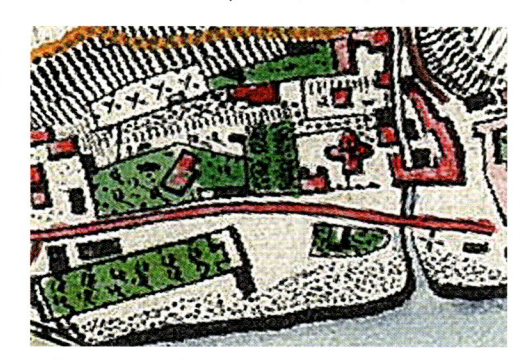

Urban, 1840/43 (K43)

1849 wird der neue und vergrößerte Friedhof eingeweiht.
1851 erfolgt die Eröffnung der neu gebauten Arkaden. (*Fischnaler* [25] II, S. 64)

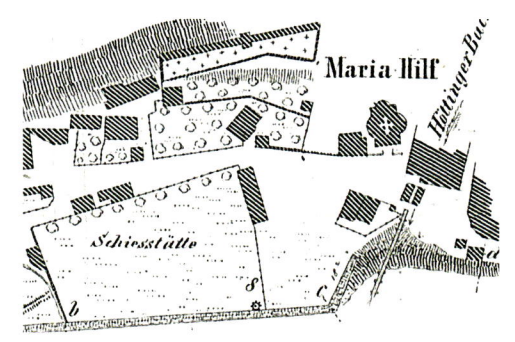

v. Claricini, 1855 (K46)

DFK, 1856 (K48)

Armani, um 1860 (P9)

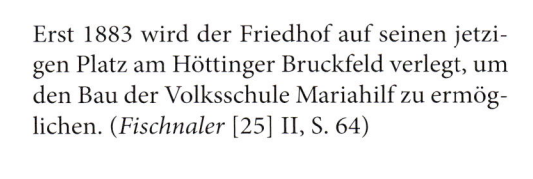

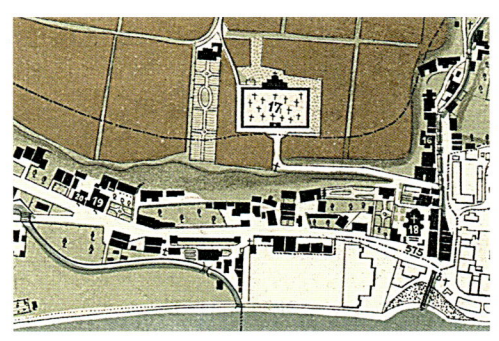

Erst 1883 wird der Friedhof auf seinen jetzigen Platz am Höttinger Bruckfeld verlegt, um den Bau der Volksschule Mariahilf zu ermöglichen. (*Fischnaler* [25] II, S. 64)

Röck, 1898 (T85)

Schammler, 1897 (P12)

Der Landesschießstand wird im Mai 1855 anlässlich des sog. Kaiserschießens adaptiert und zum Inn hin erweitert. (*Morscher* [80], S. 191 f.)

Abb. 42: v. Pfaundler: „Der Schießstand zu Mariahilf", 1852

Isser-Großrubatscher, um 1860 (P10)

1893 wurde der Landesschießstand in Mariahilf aufgelassen und in Neu-Arzl neu errichtet. Das Gebäude diente danach als Landesschützenkaserne.

Hötting

Abb. 43: *Georg v. Pfaundler, Hötting von Süden*, 1834

Beda Weber gibt 1837 einen kleinen Einblick in das noch stark landwirtschaftlich geprägte Leben in Hötting: „*Das Dorf Hötting begreift mit Einschluss aller zerstreuten Wohnungen 271 Häuser, und darin 2394 Einwohner, pfarrpflichtig nach Wiltau. […] Die Nachbarschaft von Innsbruck verschafft den Höttingern Gelegenheit, alle ihre Erzeugnisse auf das Beste abzusetzen, die reitzende Ortslage gibt ihren Häusern den Werth der Vorliebe für Miethleute, welche die Einsamkeit und Stille der lauten Stadt vorziehen; ihre Gärten, 2–1 Morgen weit ausgedehnt, sind an Obst und Gemüse besonders einträglich. Die Aecker der Gemeinde halten ungefähr 412 Jauch 500 Quadratklafter, die Wiesen 440, die Hutweiden 1526 Morgen. Der Viehstand besteht aus 220 Kühen, 30 Pferden, 12 Ochsen, 54 Schafen und Ziegen, und 10 Schweinen. Westlich von der Ortskirche erhebt sich das Schloss Lichtenthurn. […] Unweit davon im sogenannten Kirschenthale findet man eine aus uralter Zeit bestehende Badanstalt, im 14. und 15. Jahrhundert der Familie Böham und andern Bürgern von Innsbruck angehörig, jetzt ein Staatsgut. Die Quelle führt erdige Salztheile, Alaun und viel Kohlensäure, und äussert gegen Missstände der Galle, Hautausschläge, Verstopfungen und dergleichen Wehen heilsame Wirkung (heute Kirschentalgasse 19–21).*" (*Beda Weber* [100] S. 366 f.)

Isser-Großrubatscher, Innsbruck, um 1860 (P10) – Detail Hötting von Norden

Die folgenden beiden Pläne belegen, dass sich der Bestand an Gebäuden in Hötting vom 17. bis ins 19. Jahrhundert kaum verändert hat.

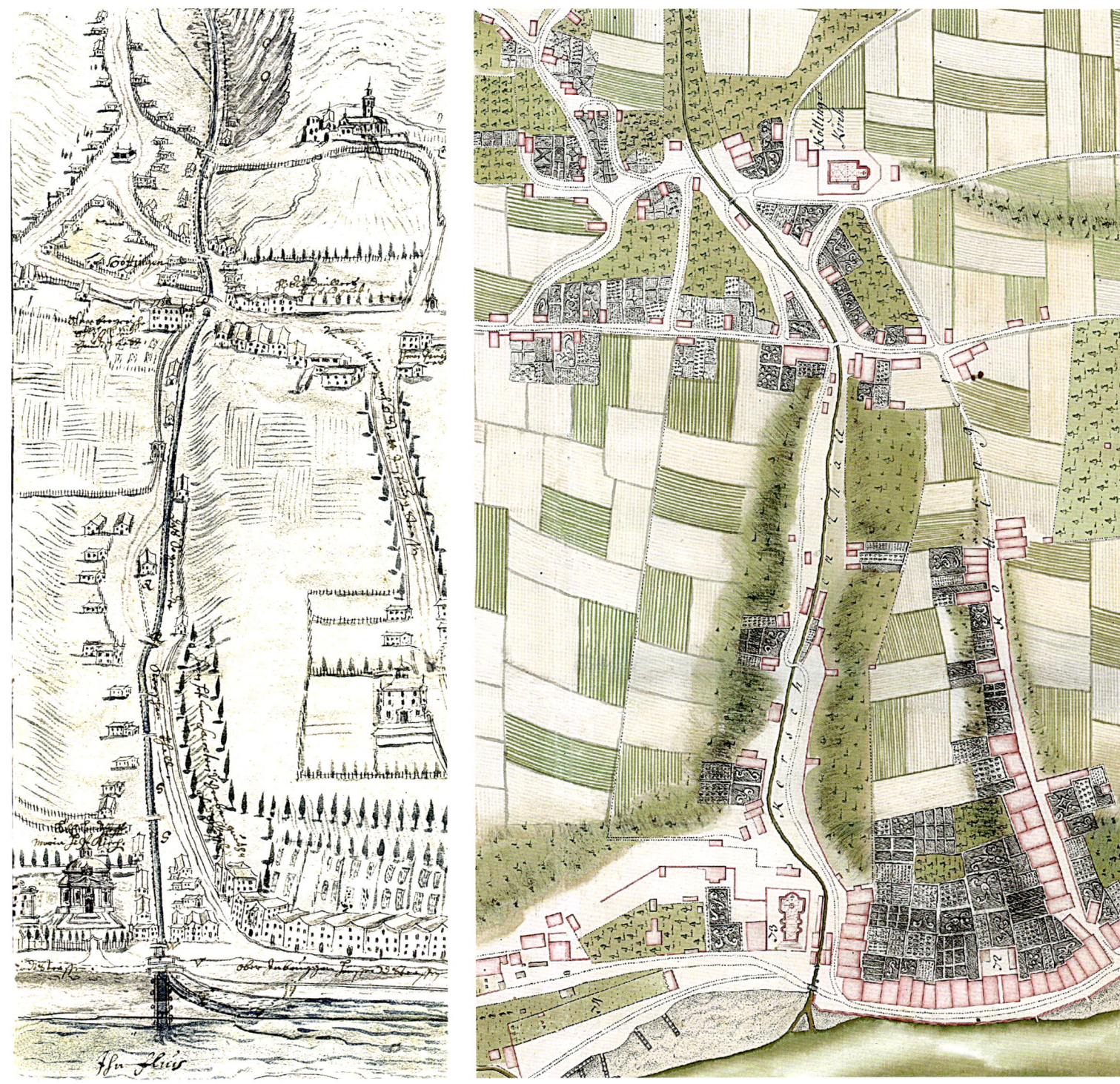

Gumpp, um 1690 (T75), Ausschnitt

„Plan de la Ville et des Environs d'Innsprug Capitale du Tyrol", 1750 (K2)

Der Siedlungskern des Dorfes Hötting befand sich unterhalb und westlich der alten Höttinger Kirche entlang des Verlaufs des Höttinger Baches (Dorfgasse, Bachgasse, Kirschentalgasse), dann Richtung Osten entlang der Höttinger Riedgasse und Richtung Westen entlang der Schneeburggasse. Als alte Landstraße, die von Innsbruck heraufführte und über die Höttinger Gasse nach Zirl und schließlich weiter nach Augsburg reichte, kam diesem Verkehrsweg eine besondere Bedeutung zu. Es handelte sich dabei um eine der wichtigsten Transitrouten in den Alpen. Bedingt durch die wichtige Straße war Hötting nicht nur ein Dorf im klassischen Sinn mit landwirtschaftlicher Nutzung, sondern auch eine Straßensiedlung. Der Dorfkern war kleinteilig verbaut. Die Gebäude waren nur zum Teil Bauernhäuser, es gab auch Knappenhäuser, bedingt durch den Höttinger Bergbau, der bis zum Ende des 18. Jahrhunderts betrieben wurde. Daneben gab es noch Gasthäuser und Werkstätten. Ein wichtiger Wirtschaftszweig war von jeher das Müllergewerbe entlang des Höttiger Baches. Im Theresianischen Kataster von 1775 findet man acht Mühlen: vier im Kirschental im Unterlauf, drei im Mittellauf westlich der alten Kirche und eine ganz oben am bergseitigen Ende der zusammenhängenden Siedlung. Die wichtigsten davon sind im nächsten Plan von *Viehbeck* eingezeichnet (✼). (*Felmayer* [21], S. 462, *Grimm* [35], S. 64 f., *V. Schönegger* [94])

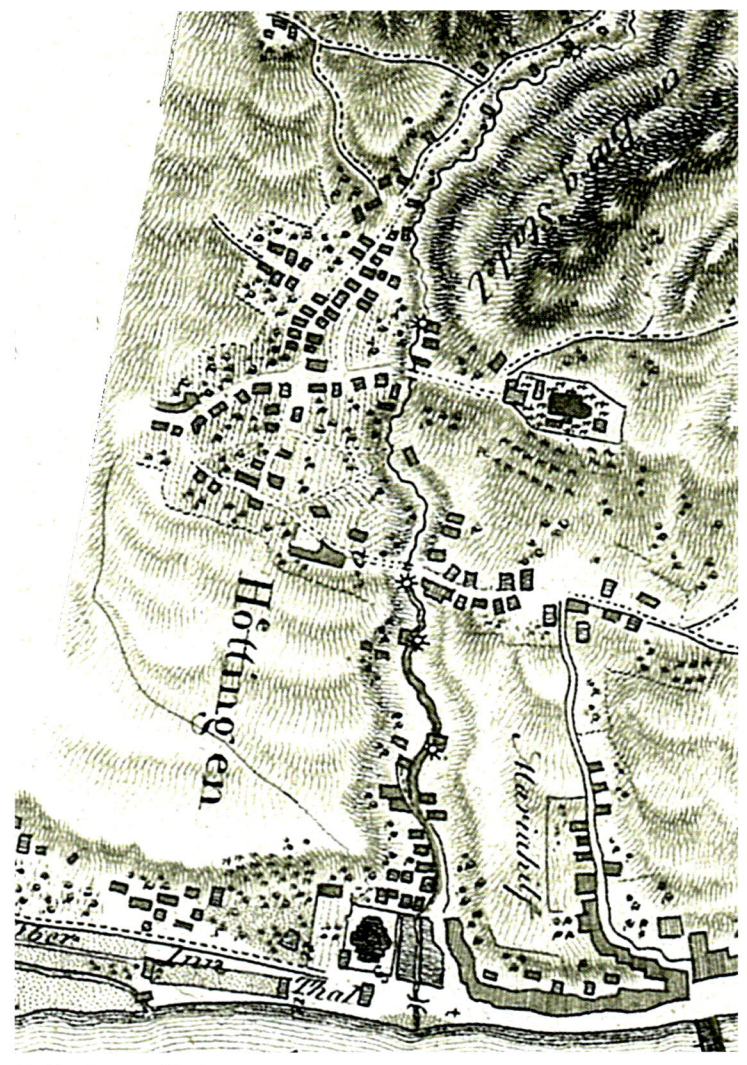

Viehbeck, 1804 (K13)

„Plan der Provinzialhauptstadt Innsbruck", 1815 (K21)

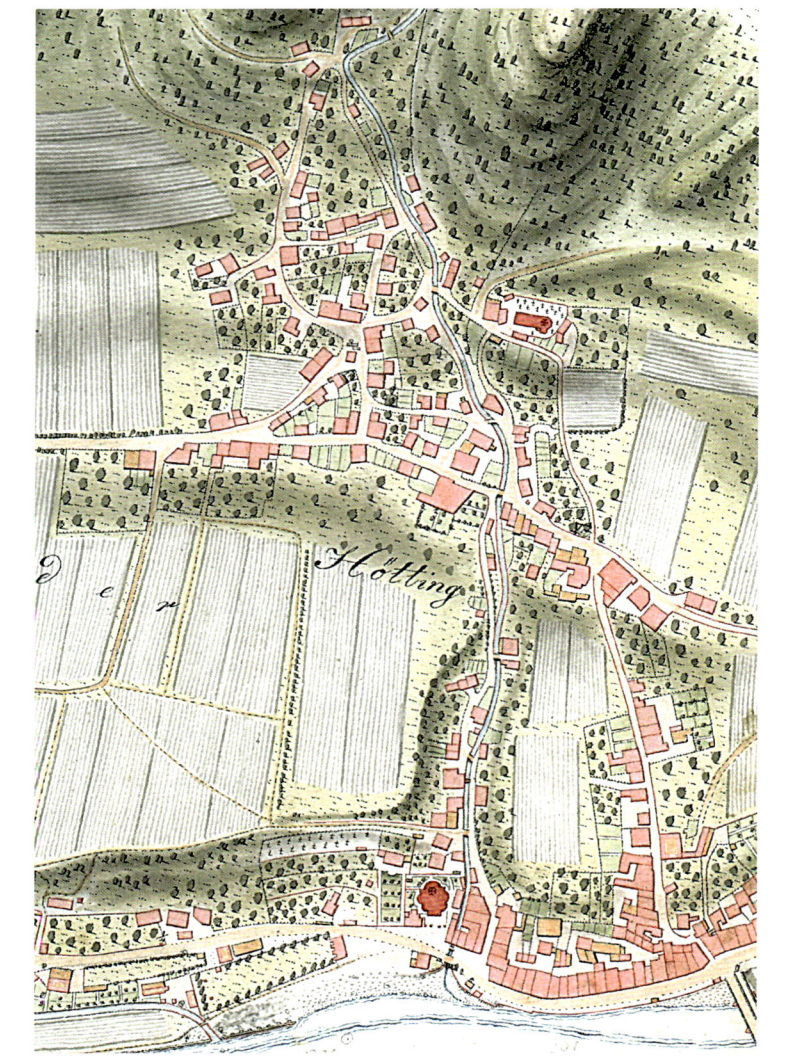

Innstromkarte K3, 1822/26 (K28)

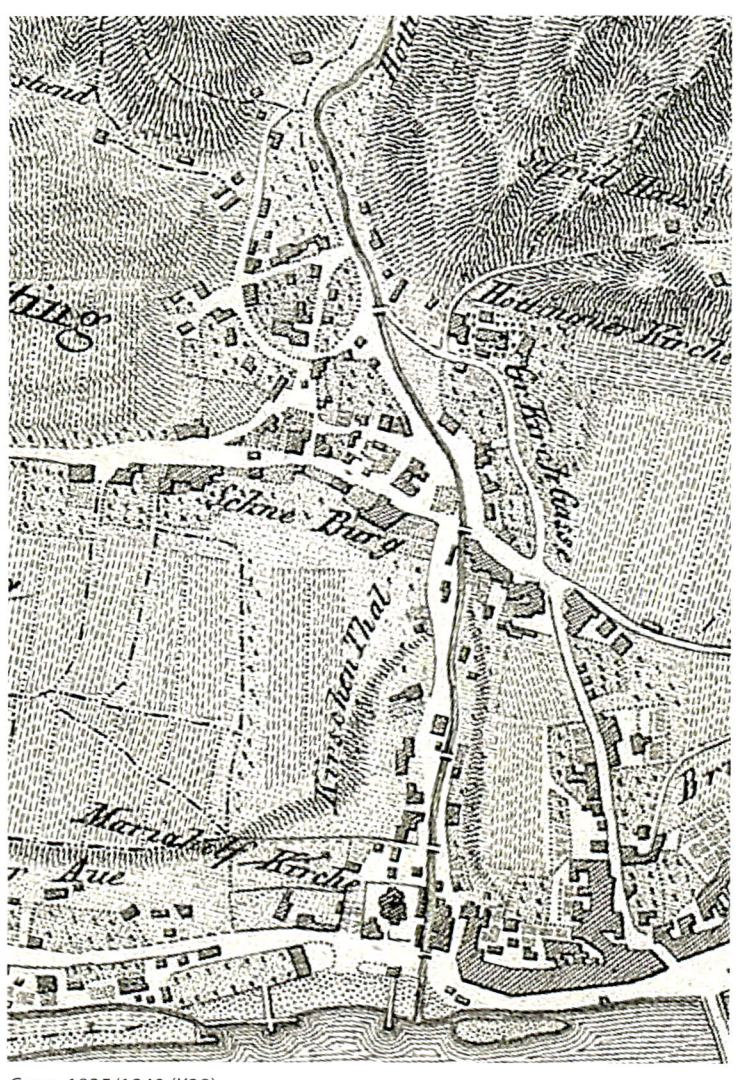

Gross, 1835/1840 (K38)

Miller, um 1840 (K41)

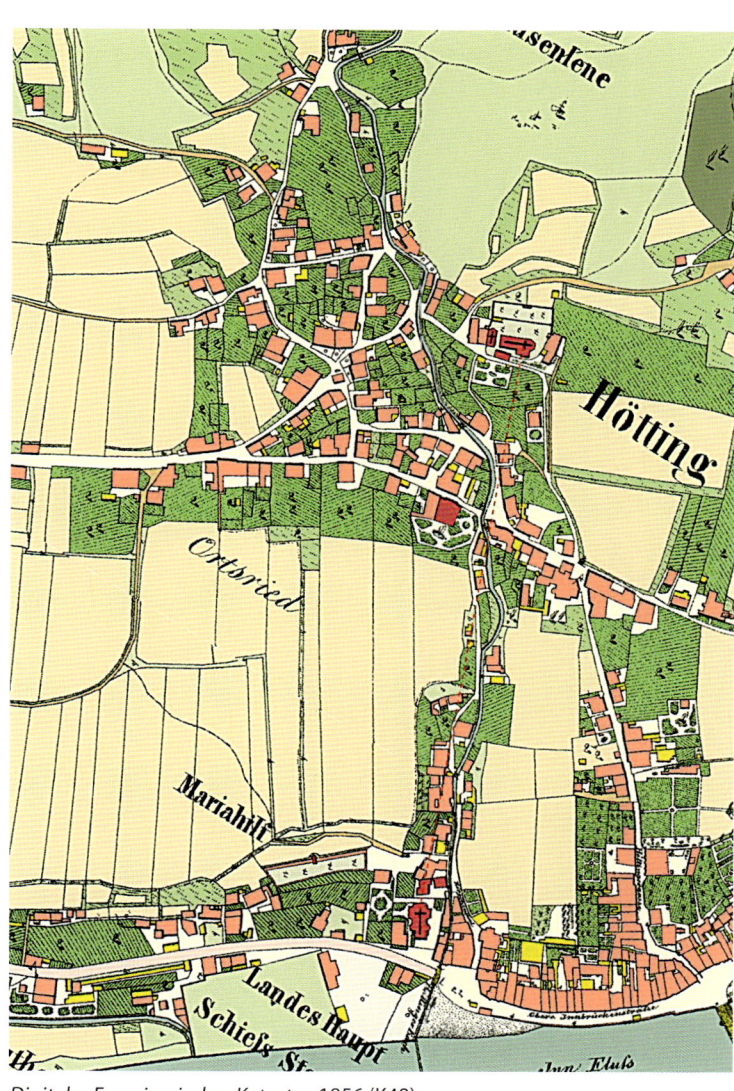

Digitaler Franziszeischer Kataster, 1856 (K48)

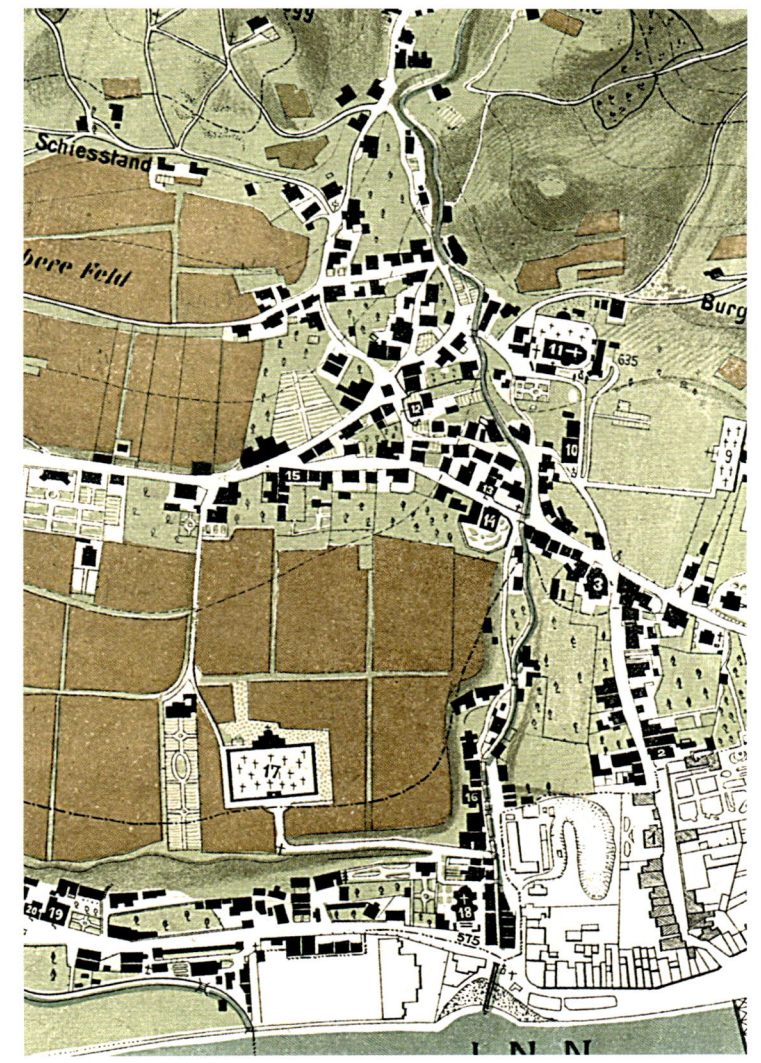

Röck, 1898 (T85)

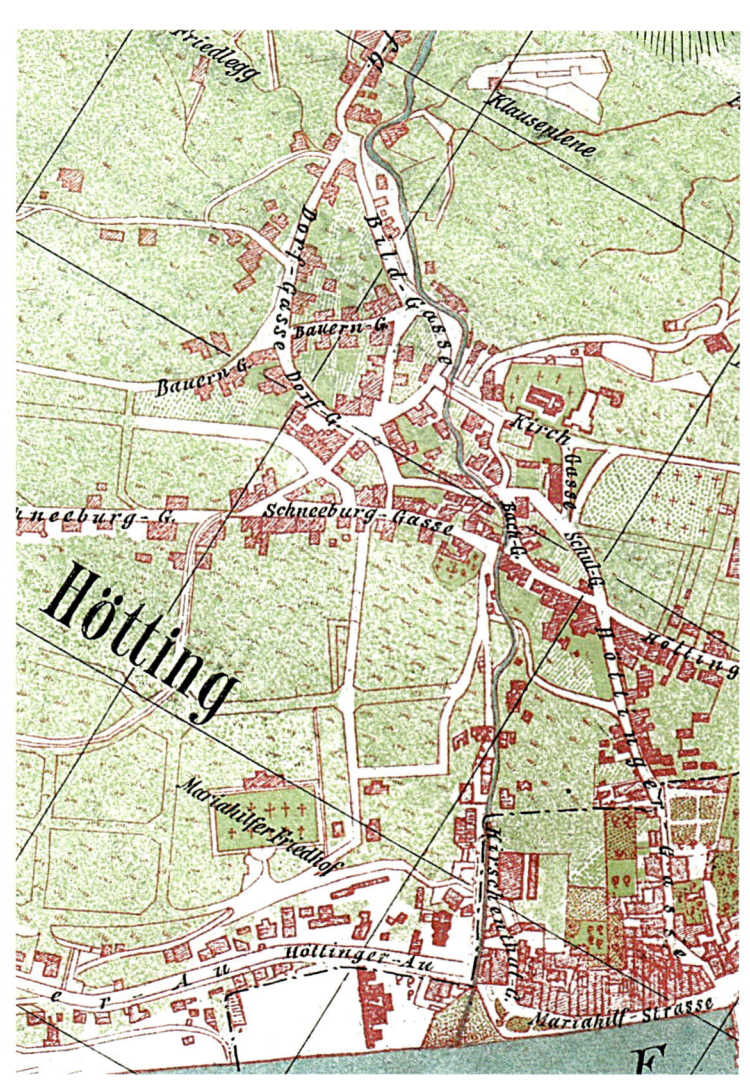

Lampe, 1903/04 (K84)

Hötting 1856 und heute:

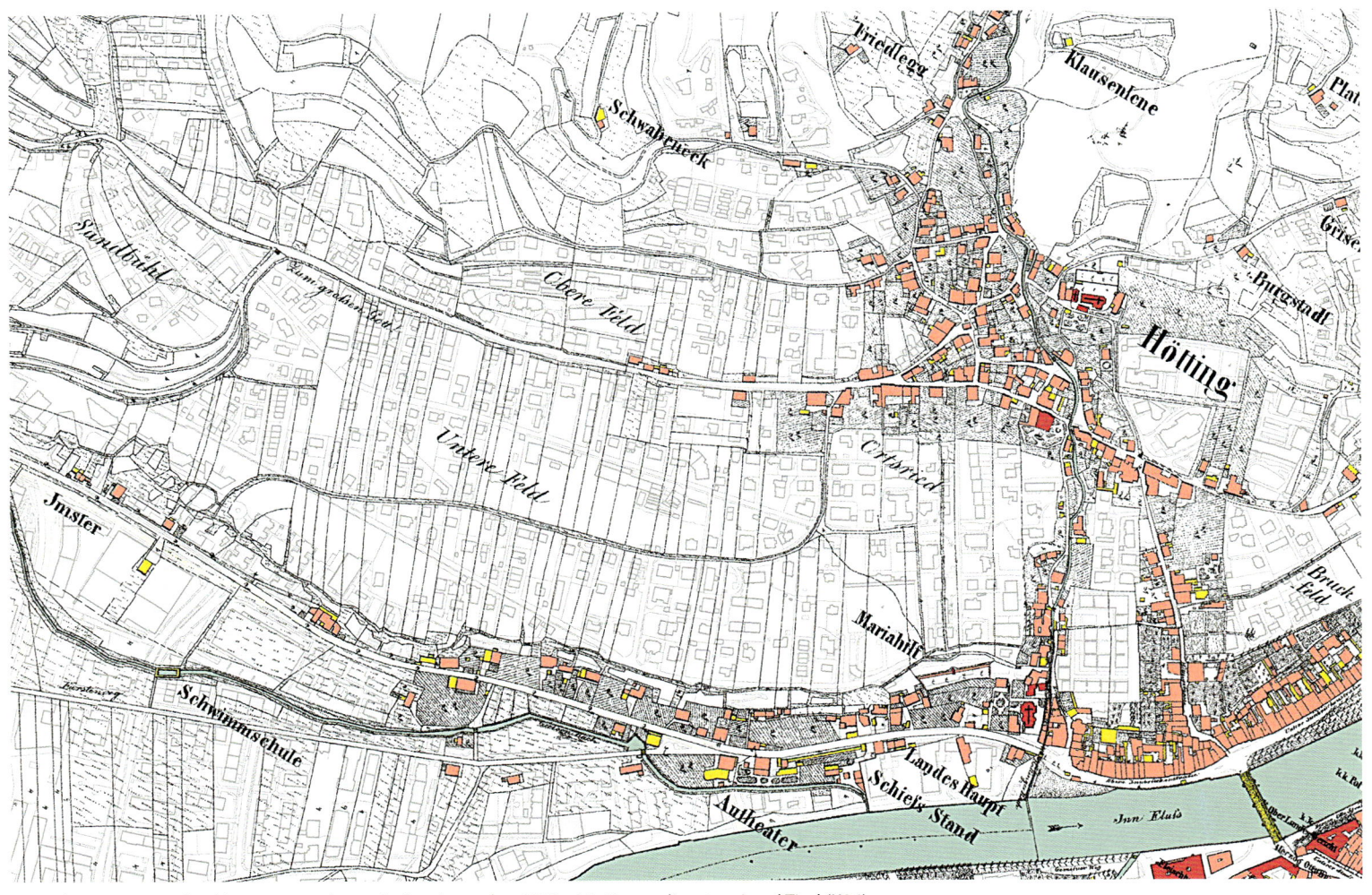

Digitaler Franziszeischer Kataster unterlegt mit dem Lageplan 2013, *tiris*-Kartendienste – Land Tirol (K96)

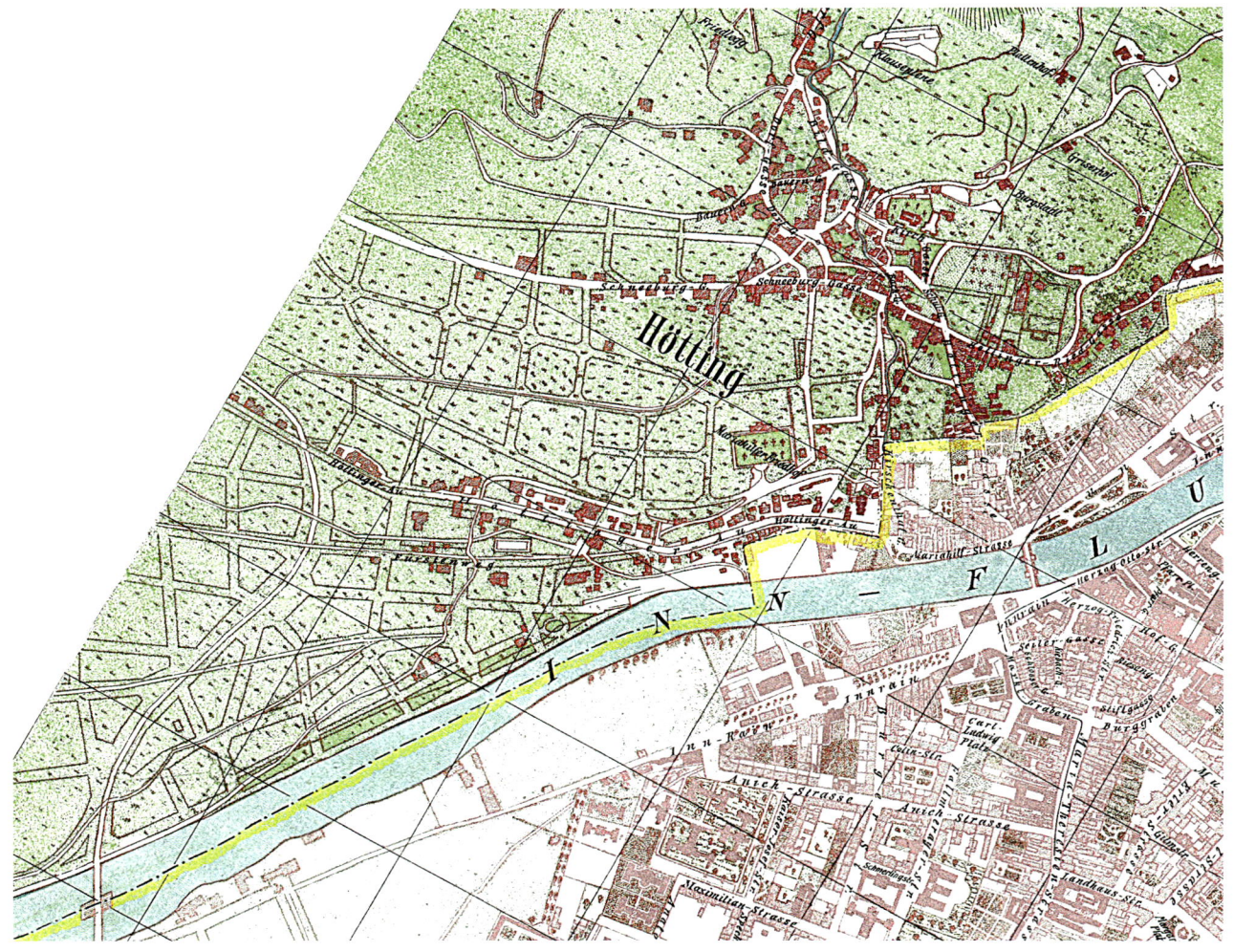

„*Plan von Innsbruck und Hötting*", 1903 (K84)

Auf diesem Plan, der eigentlich nur zur Orientierung für das Adressbuch des Stadtmagistrats diente, sind wie im Baulinienplan für Pradl oder dem Parzellierungsplan für Hötting 1903 Straßenprojekte eingezeichnet, die in dieser Form nie realisiert wurden. Sogar in der Nähe der späteren Karwendelbrücke für die Mittenwaldbahn ist hier eine Straßenbrücke vorgesehen (auf dem Plan links unten).

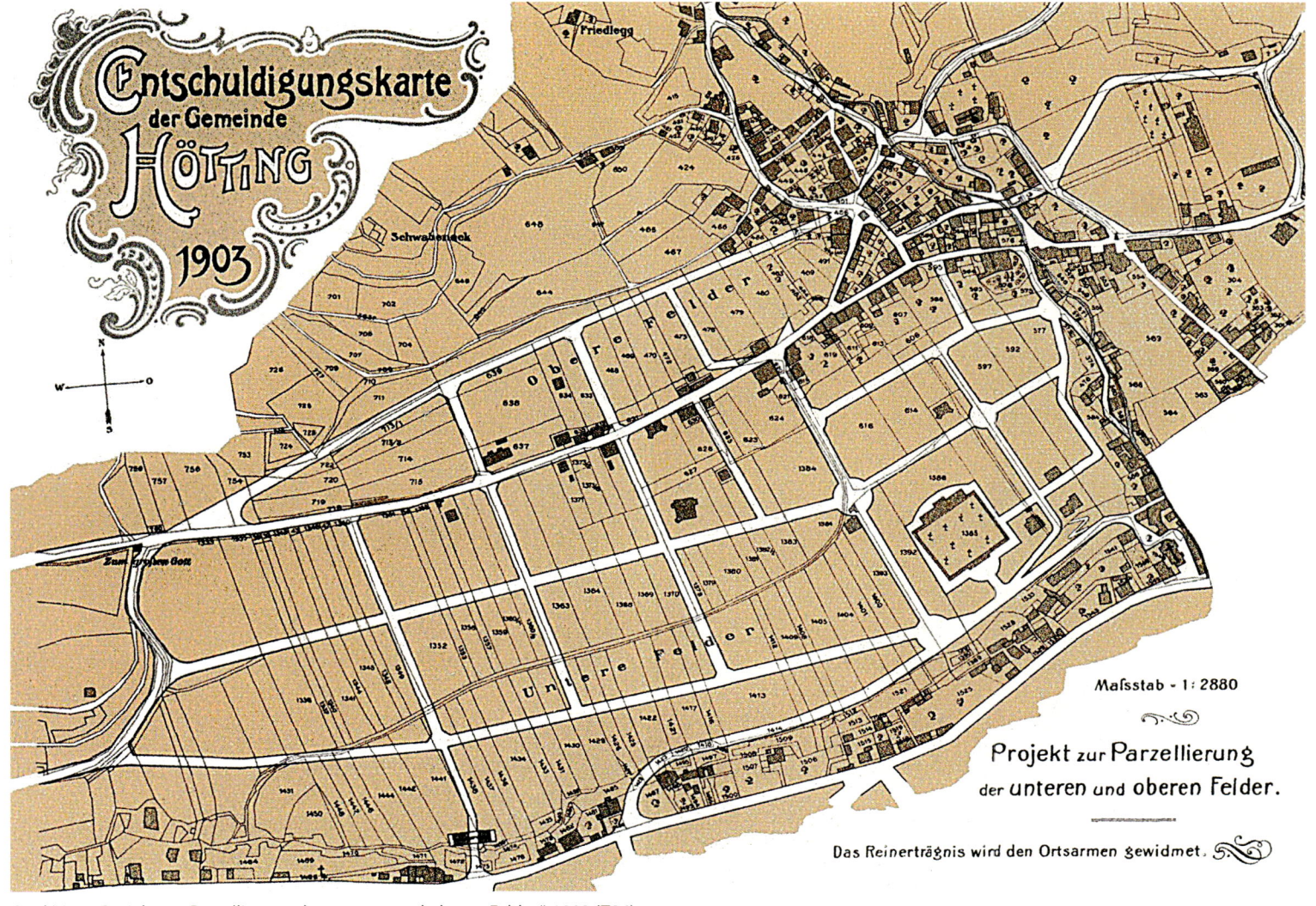

Gogl/Heis: „Projekt zur Parzellierung der unteren und oberen Felder", 1903 (T86)

Ähnlich dem Baulinienplan der k. k. Statthalterei für Pradl projektierte auch die Gemeinde Hötting zur selben Zeit eine rasterförmige Aufteilung und Erschließung der unteren und oberen Felder. Tatsächlich realisiert wurden die heutige Hinterwaldnerstraße etwas oberhalb der geplanten Trasse, allerdings nicht durchgängig bis zur Schneeburggasse, sowie die Sternwartestraße, ebenfalls nicht durchgängig vom Kirschental bis zum Speckweg.

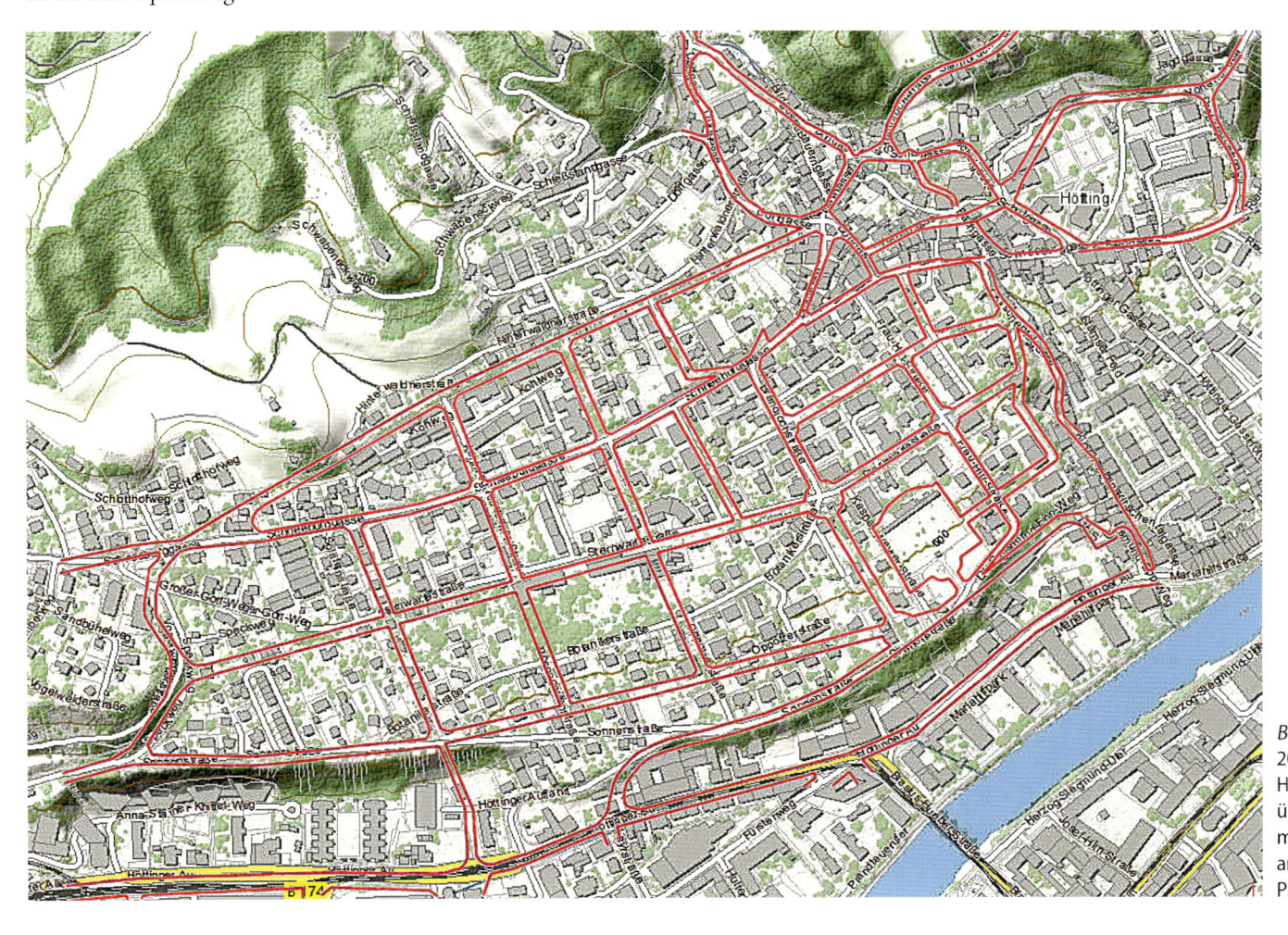

BaseMap-Tirol, 2016, Bereich Hötting (K97) überlagert mit dem oben angesprochenen Projektentwurf

Die städtische Schwimmschule am Gießen

Am Gießenbach in der Höttinger Au wurde 1833 die erste städtische Schwimmschule Innsbrucks errichtet. Es war jedoch nicht mehr als *„eine mit Brettern verschlagene Bude auf Privatgründen"*. Ein Schwimmbecken im heutigen Sinn suchte man damals vergebens – die Stadtgemeinde hatte lediglich die Grundeigentümer für die Benützung des Wassergrabens entschädigt, bestellte einen Aufseher und sorgte für die Schwimmhosen. (*J. Justic* [76])

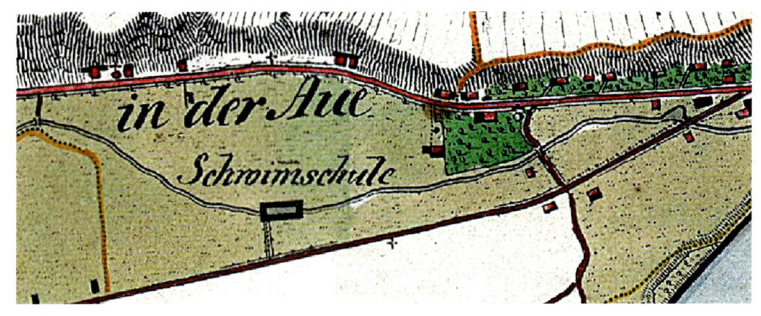

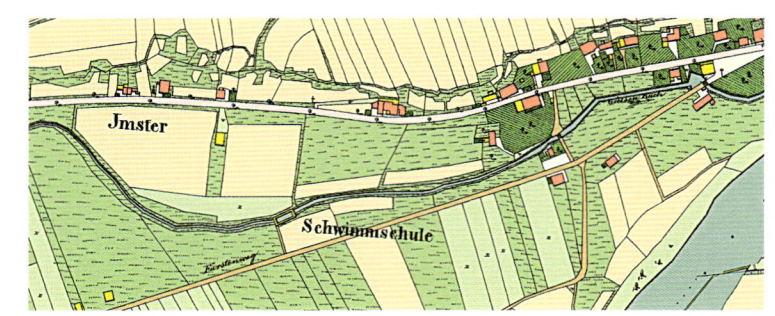

Urban, 1840/43 (K43)

Digitaler Franziszeischer Kataster, 1856 (K48)

Heute wäre die Schwimmschule in der Bachlechnerstraße im Bereich zwischen Höttinger Au und Fürstenweg zu finden. Eine treffende Beschreibung des Bades liefert dazu eine Petition des Innsbrucker Turnvereines 1867: *„Für's Erste hat der Wassergraben* (gesprochen wird von der 1833 errichteten Badeanstalt) *so geringe Dimensionen, daß, wenn sechs oder acht Schwimmer sich darin bewegen, bei der größten Vorsicht und Kunst empfindliche Zusammenstöße gar nicht zu vermeiden sind. Man denke sich also die Annehmlichkeit dieses Badeplatzes, wenn er z. B. am Sonntage von der schwimmkundigen Schuljugend und von dem reinigungsbedürftigen Nachwuchs des städtischen Gewerbestandes belebt wird! Ferner ist ein Wasser, dessen Temperatur selbst im wärmsten Sommer mit hartnäckiger Consequenz in der bescheidenen Höhe zwischen 9 und 13 Grad sich bewegt, zwar von vorzüglicher Frische, aber nicht für Jedermann gesund und zuträglich. Innsbruck erfreut sich zwar eines kräftigen Menschenschlages, aber die spartanischen Naturen, welche im Gießenwasser mit Behagen herumplätschern, gehören doch zu den Ausnahmen."* Wegen der in der Petition beschriebenen Zustände erkannte auch der Gemeinderat die Notwendigkeit, Zweckmäßigkeit und Dringlichkeit des Baus einer neuen Schwimm- und Badeanstalt für die Innsbrucker Bevölkerung. Im folgenden Jahr wurden die Verhandlungen über Wasser- und Uferrechte am Gießenbach, und zwar in dem bereits von Bürgermeister Neuner dafür vorgesehenen Bereich, positiv abgeschlossen. In der Sitzung am 5. Februar 1869 wurde der Ankauf des notwendigen Grundes gegenüber dem Gasthof *„Rößl in der Au"* vom Bürgerausschuss einstimmig beschlossen. Am 19. Juni 1870 fand die feierliche Eröffnung der **neuen städtischen Schwimmschule** am Gießen *„in der Nähe des Rößlwirthes in der Au"* statt. (*J. Justic* [76])

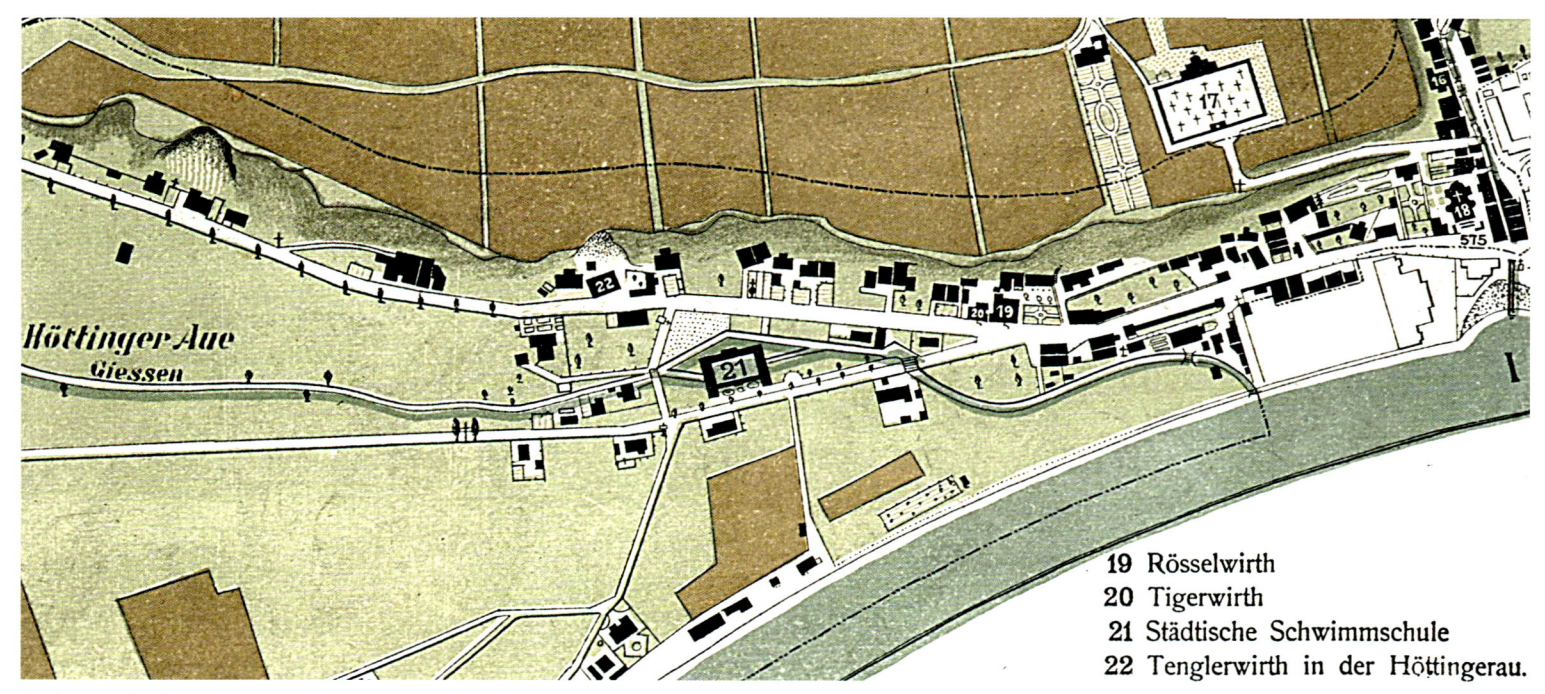

Röck, 1898 (T85)

19 Rösselwirth
20 Tigerwirth
21 Städtische Schwimmschule
22 Tenglerwirth in der Höttingerau.

In den Innsbrucker Nachrichten vom 27. Juni 1870 ist folgende Beschreibung zu finden: *„Der Stadt zur Zierde und zum Ruhme gereicht die neue Schwimmschule in der Höttingeraue. Wir besitzen in ihr eine schöne große sehr elegante und praktische Schwimmschule, wie man sie in wenigen Städten 1. Ranges finden wird, mit einer musterhaften Einrichtung. Nur der Zugang zu ihr durch das heiße und staubige Mariahilf und die noch staubigere Höttingeraue bietet gewaltige Incommoditäten, die den Wunsch nach einer Ueberführ am Prügelbau oder einem Stellwagenverkehre von der Innbrücke zur Schwimmschule rechtfertigen, und welchen Schwierigkeiten sollte der Schwimmschulebesuch darunter nicht leiden, auf die eine oder andere Art abgeholfen werden muß. Man wandle nur um Mittag zur angenehmsten Schwimmzeit nach genommenen Bade herein, so wird man ungeachtet der etwas kühlen Temperatur des Wassers (13–14°R) vom Bade wenig mehr verspüren, sobald man zu Hause wieder angekommen ist. Man möchte glauben, es würde sich vielleicht sogar eine Stellwagenfahrt zu den Tageszeiten an denen die Meisen schwimmen oder baden gehen, wie Mittags oder Abends rentiren. Wie man hört, soll jetzt zwischen den beiden Trampulinen eine Kanzel aufgestellt werden um auch den Bedürfnissen der Springlustigen möglichst Rechnung zu tragen. Um denselben aber vollends gerecht zu werden wäre zu dem sogenannten ‚freien Barieresprüngen' einem schönen und viel Vergnügen gewährenden Sprunge die Herstellung eines Holzbodens oder noch besser eines breiten Podiums sehr angezeigt, da auf dem Cementpflaster es unmöglich ist, den erforderlichen Schwung zum Sprunge zu gewinnen. Da der Magistrat mit anerkennenswerthester Bereitwilligkeit auch den Wünschen des springelustigen Schwimmpublikums nachzukommen bemüht ist, so dürfen wir vielleicht in Folge dieser Anregung die Herstellung eines solchen Podiums gewärtigen."*

Die Höttinger Au und der Tiergarten

Amthor, 1872 (P11) – Bereich der Höttinger Au bis zur Martinswand

Die erste größere Anlage in der Höttinger Au bildete der unter Erzherzog Ferdinand II. errichtete weitläufige und von einer Ringmauer umgebene Tiergarten mit seinem zentralen Jagdschloss, dem späteren „Pulverturm" (bei *Amthor* Punkt 5).

Die Vorgeschichte

Hörtnagl schreibt 1923 [44]: „Der Name Höttingerau ist uralt. Er verrät den einstigen Bestand von Erlenauen entlang des Inns, die bis zu den Toren der Stadt reichten, und deren Spuren vor 150 Jahren noch ersichtlich waren." – „In dem Fischereibuche Kaiser Maximilians ist der ‚Weiher auf der langen Wiesen' samt dem Weiherhäusl – heute Fischerhäusl – abgebildet; da beides unmittelbar vor dem Tiergarten liegt und mit seiner Geschichte verwoben ist, soll es hier Erwähnung finden. Es lag die Vermutung nahe, dass der ‚Weiher' sowohl, als das ‚Weiherhäusl' Schöpfungen des Erzherzog Sigismund sind, da der Fürst zu solchen Anlagen eine besondere Neigung besaß." – „In dem Bild erblicken wir den Kaiser Maximilian in einem Nachen als eifriger Fischer inmitten des Weihers, ferners das hölzerne Weiherhäusl, dann die Allerheiligenkirche, den Galgenbichl mit dem Galgen, den Kerschbuchhof und die beiden Giesen, die hier zusammenfließen."

Erst 1570 unter Ferdinand II. entstand der Tiergarten in der Höttinger Au mit seiner Umzäunung. Ein weiterer wurde bei Schloss Ambras angelegt.

Abb. 44: J. Kölderer, „Der Weiher auf der Langen Wiesen", 1504

Der Tiergarten

Die älteste Abbildung des Tiergartens mit dem Jagdschloss gibt es in *Burgklechners „Tirolische Landtafeln"*.

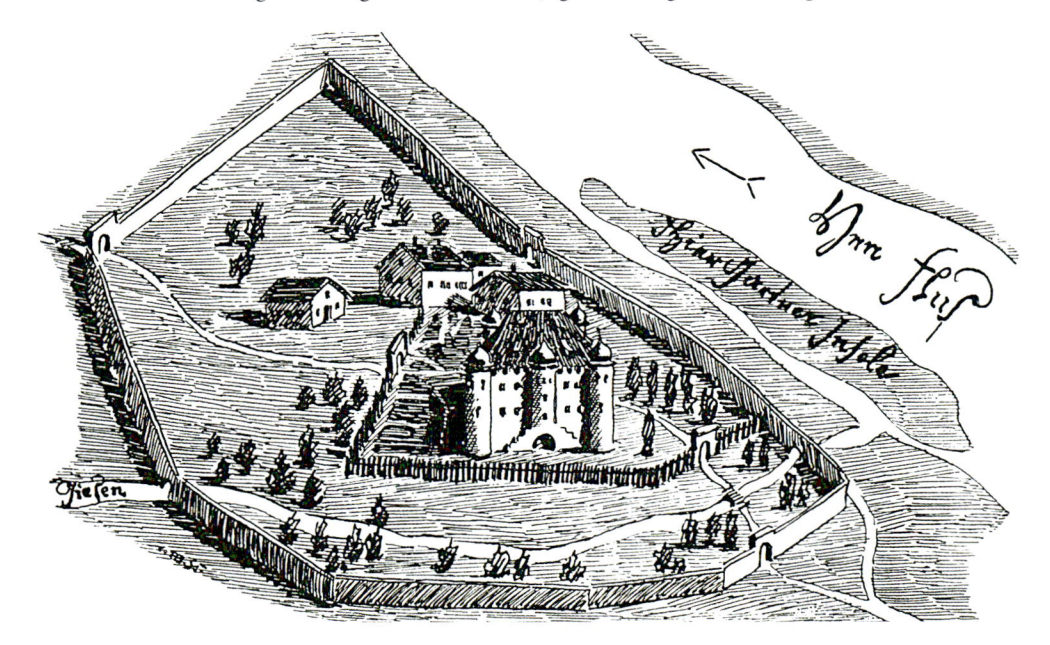

Burgklechner, 1611 (K92)

Konrad Fischnaler:
Der Tiergarten nach 1676 (Kartenverzeichnis T76)

Ansicht von Nordwest

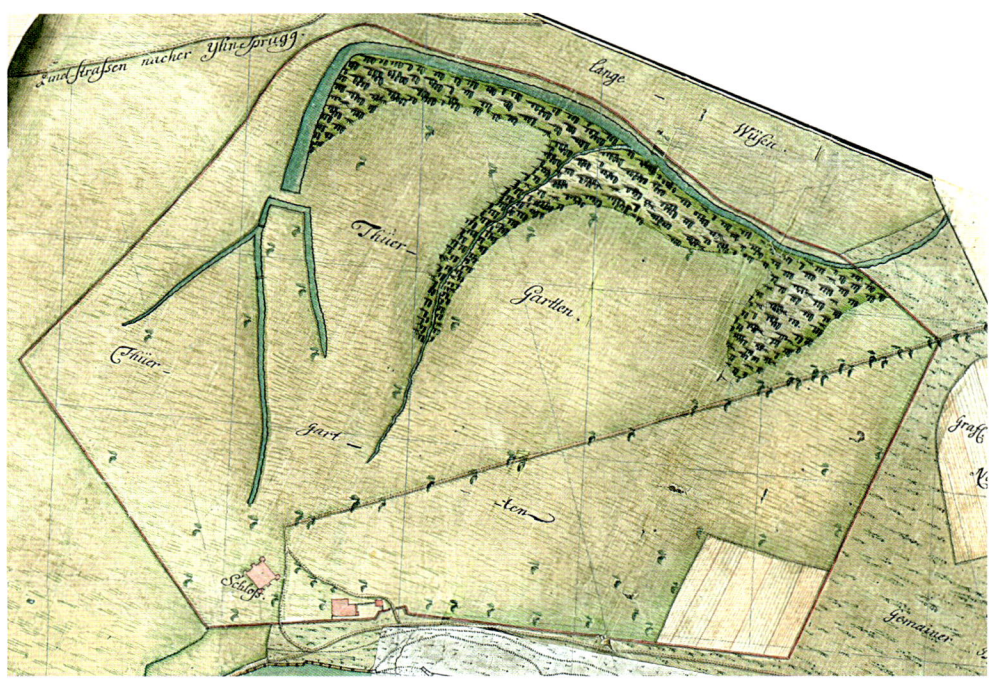

Die erste großmaßstäbige Darstellung des Tiergartens findet sich auf der Innkarte Nr. 20 von *Rangger*, 1746 (K1).

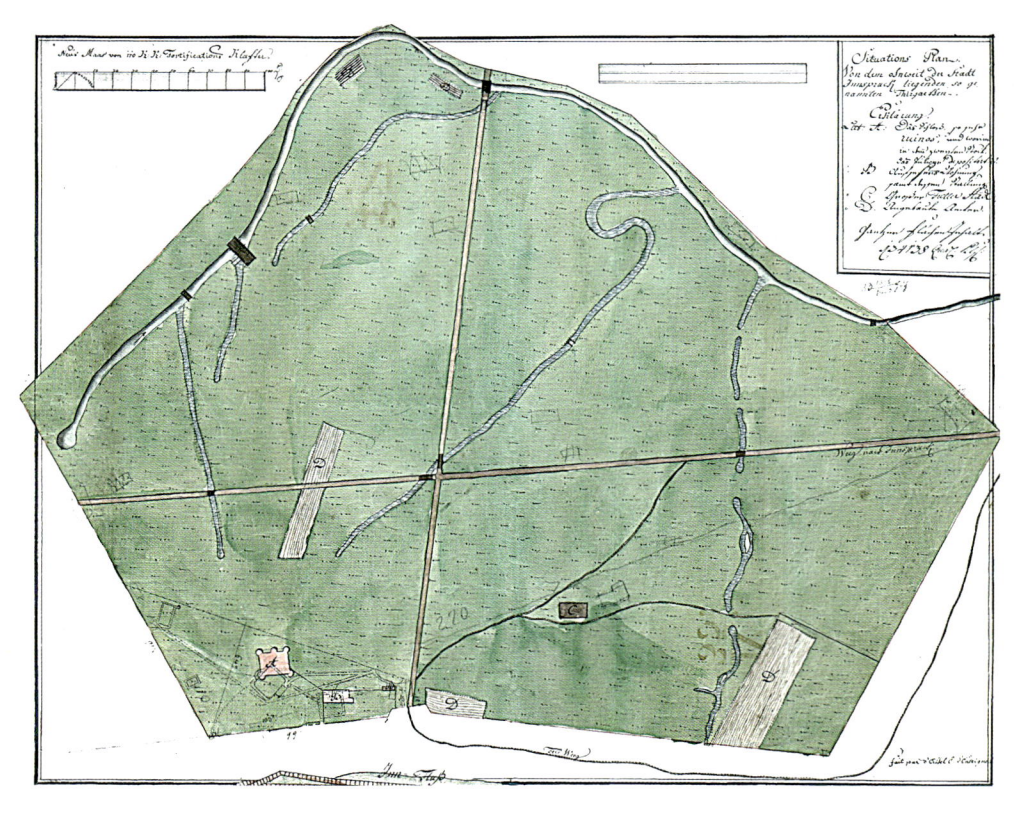

d'Ertsel, 1783/86 (T80)

Die Bleistiftskizze *Pfaundlers* zeigt den Tiergarten von Osten in Richtung Sellraintal. Von links führt der Fürstenweg zum östlichen Tor des Tiergartens, im Vordergrund liegt der Mayerhof, rechts hinter dem Tor der Falterhof (erbaut um 1800, heute Fürstenweg 166) und im Hintergrund zwischen Mayerhof und Falterhof steht der Pulverturm.

Abb. 45: Pfaundler, *"Thiergarten und Pulverthurm bei Innsbruck"*, 1820

Der Pulverturm

Rangger, 1746 (K1)

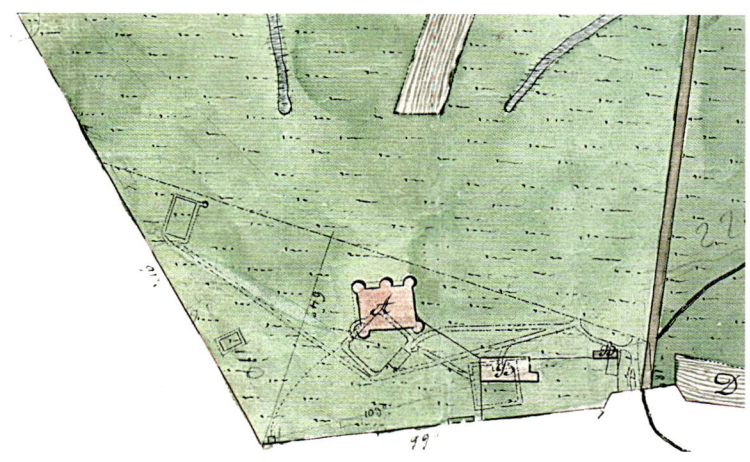

d'Ertsel, 1783/86 (T80)

„1783 ging das Schloss mit seinen Nebengebäuden in den Besitz des Militärärars über. Es wurde zu einem Pulvermagazin hergerichtet und hieß von dieser Zeit an ‚der Pulverturm'." (Hörtnagl [45], S. 133) Wie auf dem linken Plan von 1746 ersichtlich, ist die Lage des Schlosses am Plan von 1786 nicht korrekt eingezeichnet. In Unkenntnis dieses Fehlers und der Tatsache, dass im Nachhinein in Form von gestrichelten Linien der genaue und lagegerechte Grundriss der heute bestehenden Bauten und der Begrenzungswand nördlich des Pulverturmes eingezeichnet wurde, folgerten *Hye* ([56], [58]) und in der Nachfolge auch *Felmayer* (DEHIO Tirol [20]) u. a., dass der Pulverturm kein Bau Erzherzog Ferdinands II. gewesen sei. Vielmehr seien *„die alten, zum Teil ‚ruinösen' Gebäude nach 1786 abgerissen und durch die bestehenden Neubauten ersetzt worden"*. Hye und Felmayer widersprechen damit auch der oben angeführten Beschreibung von Hörtnagl. Der Vergleich des Planes von *Rangger* mit den nachfolgenden Plänen zeigt aber, dass sich die Lage des Schlossgebäudes nie änderte, was bedeutet, dass entgegen der Ansicht von *Hye* der Bau nicht neu-, sondern unter Entfernung der vier Ecktürme umgestaltet wurde. (*J. Schönegger* [92])

Abb. 46: der Pulverturm heute, gesehen von Nordnordost

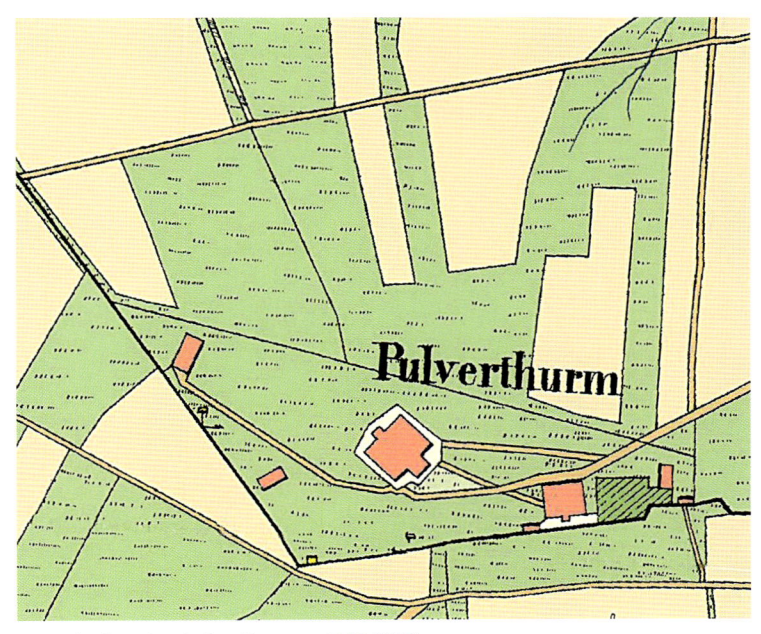

Digitaler franziszeischer Kataster, 1856 (K48)

Luftbildaufnahme, 1940 (T87)

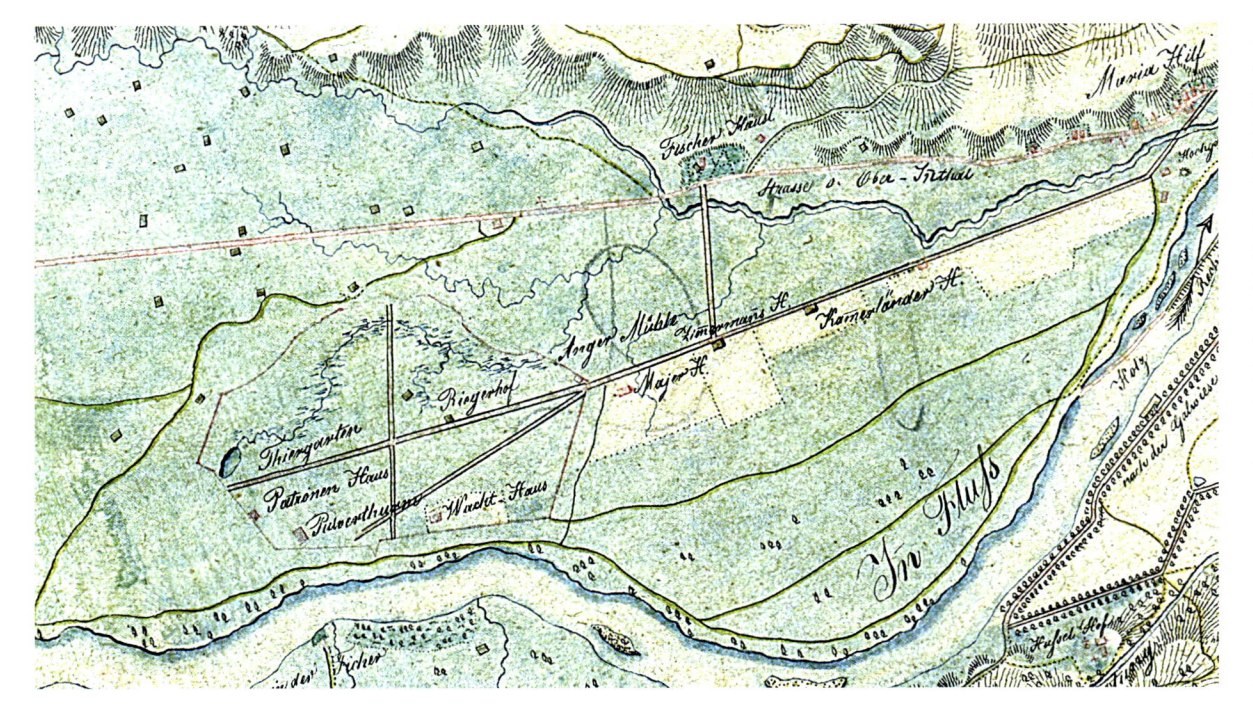

Ausgehend von der „*Strasse v. Ober-Innthal*" zweigt rechts oben der auch heute noch so genannte **„Fürstenweg"** ab. Er ist einer der beiden „Fürstenwege", die Erzherzog Ferdinand II. zur besseren Erreichbarkeit des Tiergartens und von Schloss Ambras (heute Amraserstraße) anlegen ließ. Die südlich davon verlaufenden Feldwege entsprechen genau dem heutigen **Mitterweg** bzw. der **Dr. Stumpf-Straße**.

Zitterbergen, 1806 (K14)

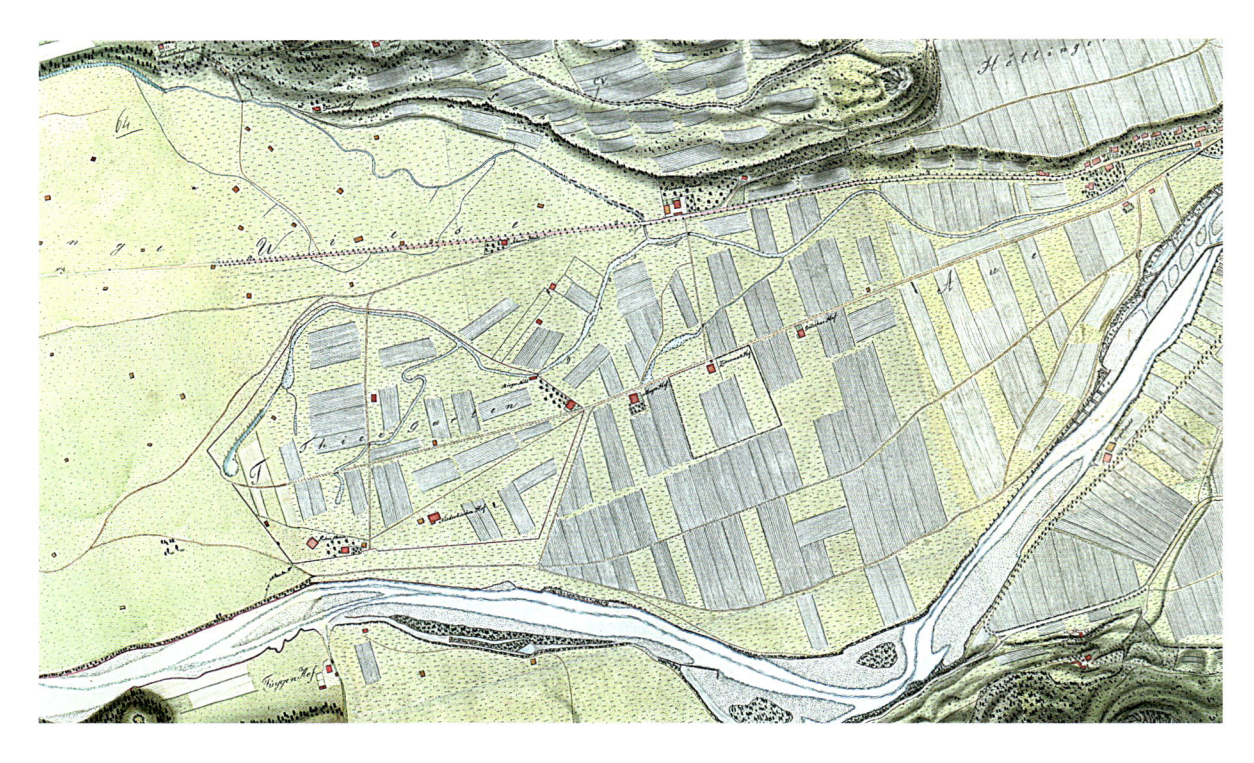

Innstromkarte K3, 1822 (K28)

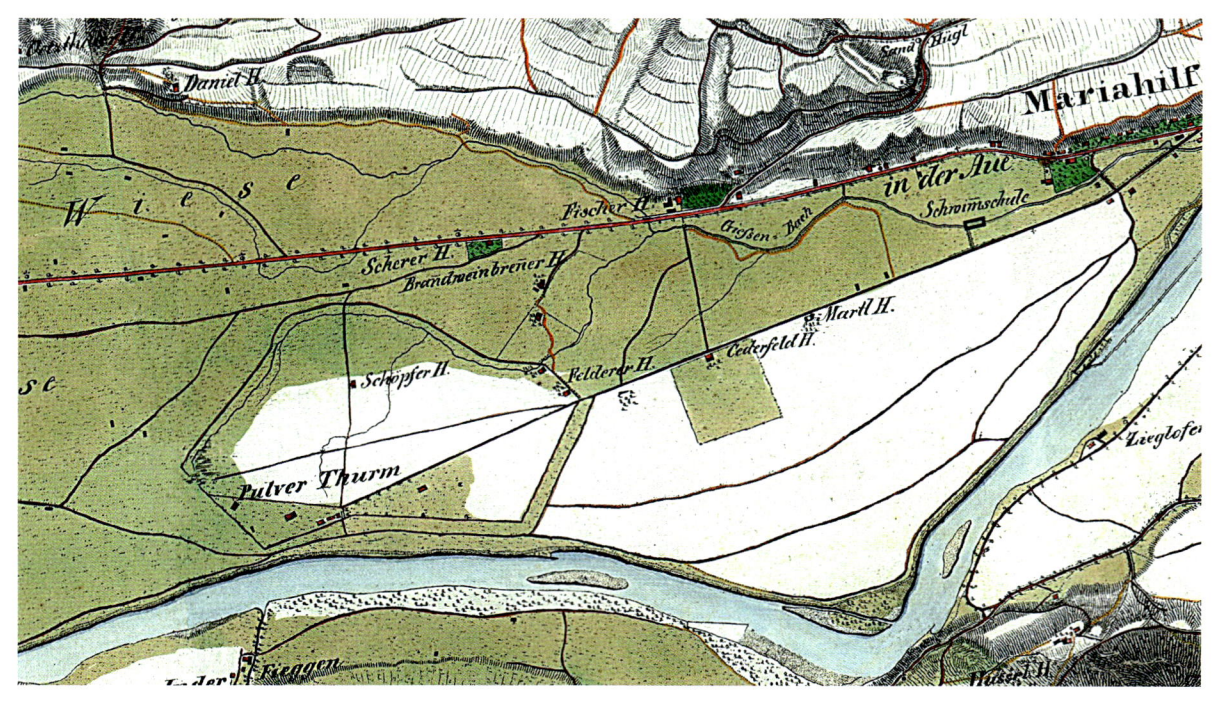

Urban, 1840/43 (K43)

Digitaler Franziszeischer Kataster, 1856 (K48)

Bis weit ins 19. Jahrhundert wurde das Gebiet der Höttinger Au noch ausschließlich landwirtschaftlich genutzt. Im Bereich des Tiergartens sind auch 90 Jahre nach dem Katasterplan von 1856 bis zur Erbauung des Flughafens 1948 kaum topographische Veränderungen festzustellen.

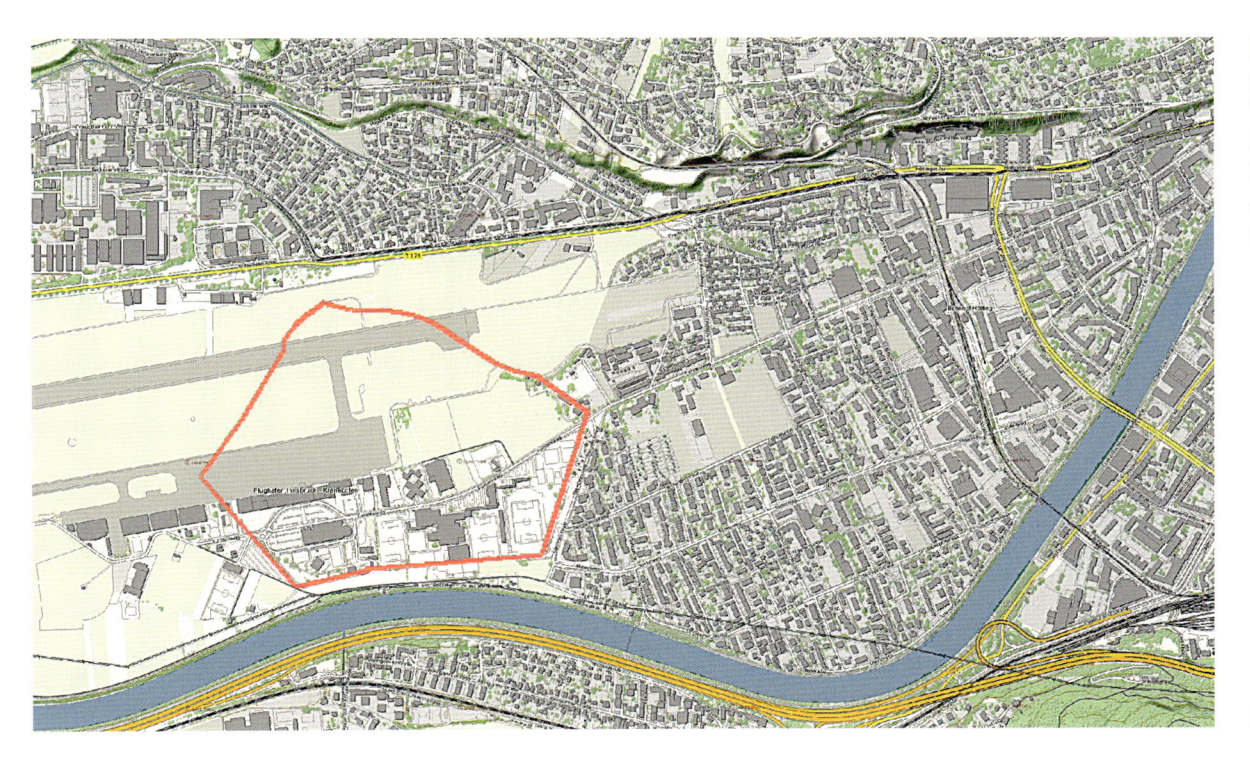

Luftbildaufnahme 1940 (T87)

Die rote Linie deutet die ehemalige Begrenzung des Tiergartens auf dem Gelände des heutigen Innsbrucker Flughafens und des Sportinstituts der Universität Innsbruck an.

BaseMap-Tirol, 2016 (K97)

Kranebitten

„*Verfolgen wir den Weg nach Innsbruck zurück, so erreichen wir […] das einsam an der Strasse gelegene Wirthshaus Kranebitten (aus: Zu den Kranebitten = zu den Wacholderstauden, vom provinziellen Kranewitte oder Wacholder) mit einer kleinen Kapelle, eine sehr besuchte Stellungsgelegenheit für schwer befrachtete Fuhrleute, und im Winter manchmal das Wanderziel der Schlittschuhliebhaber aus Innsbruck.*" (Beda Weber [100] S. 362 f.)

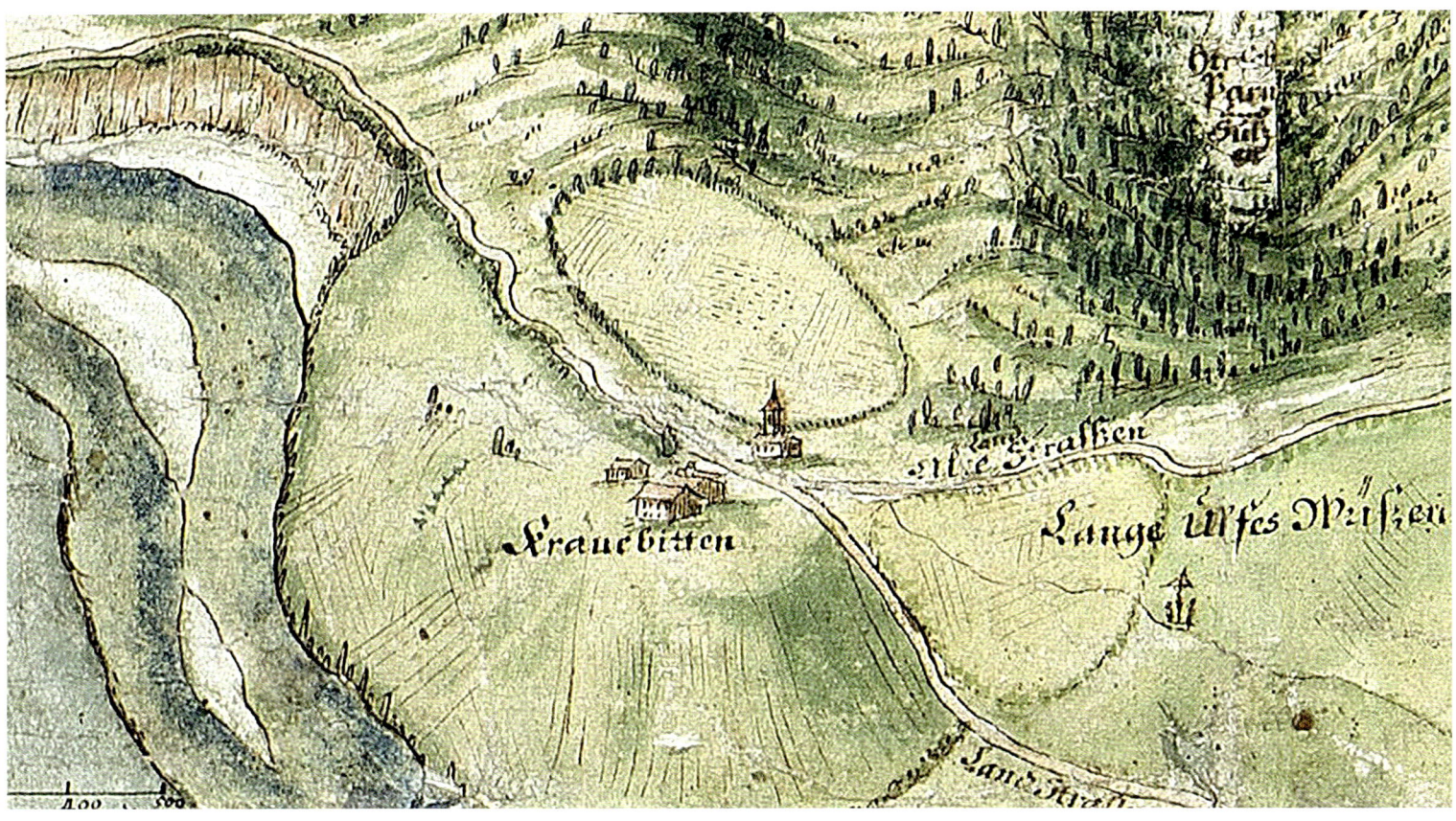

Höttinger Hofwaldplan, 1714 (T77), Ausschnitt

Bemerkenswert ist die Beschriftung „*alte Strassen*" für die ehemalige Verbindung aus dem Tiroler Oberland über Allerheiligen nach Hötting, sowie die als „*Landstrasse*" bezeichnete neue Straße durch die Höttinger Au nach Mariahilf (die heutige Kranebitter Allee).

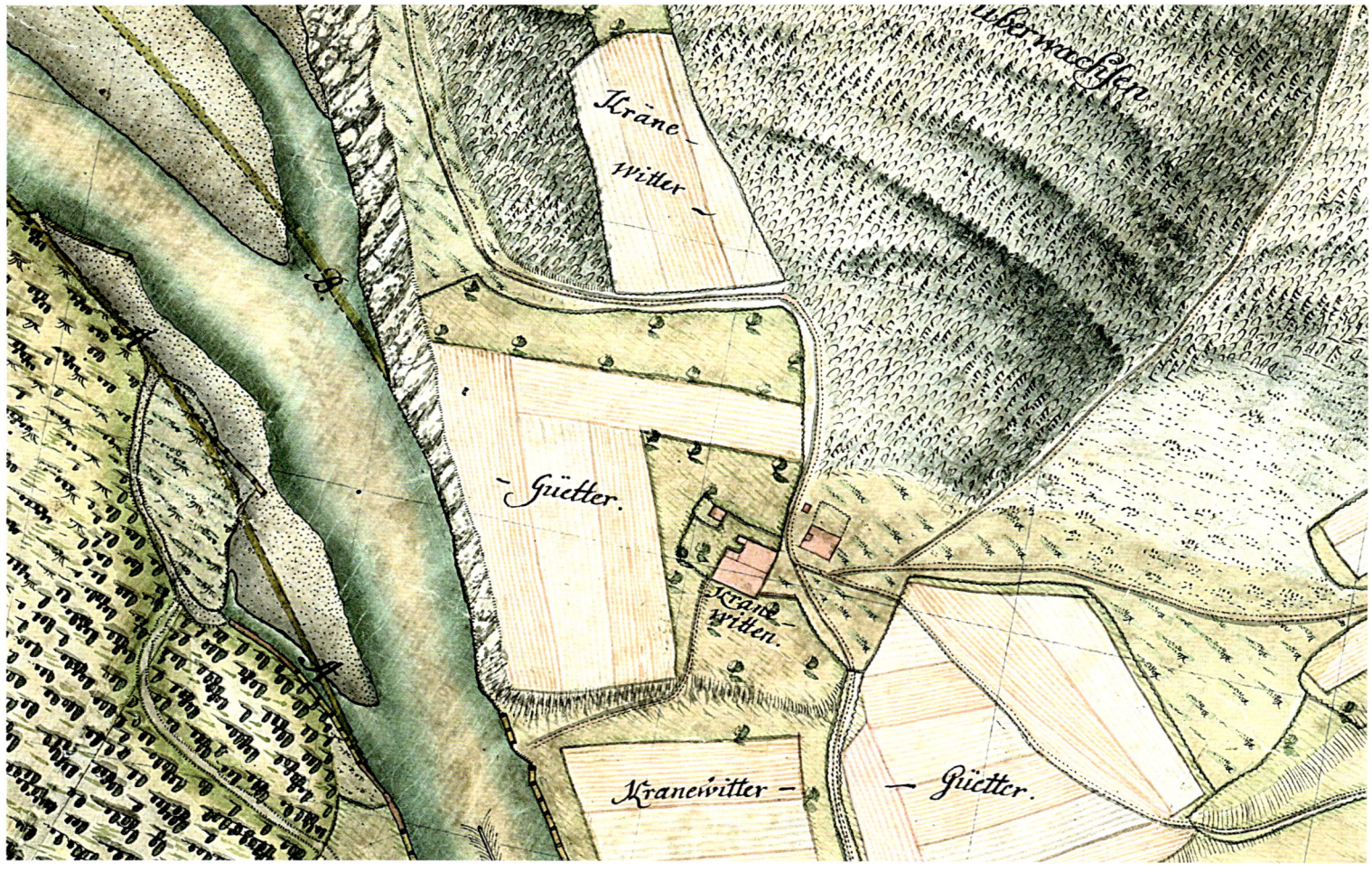

Rangger, 1764 (K1)

Schweighofer, 1825 (T81)

Kranebitten 1856 und heute:

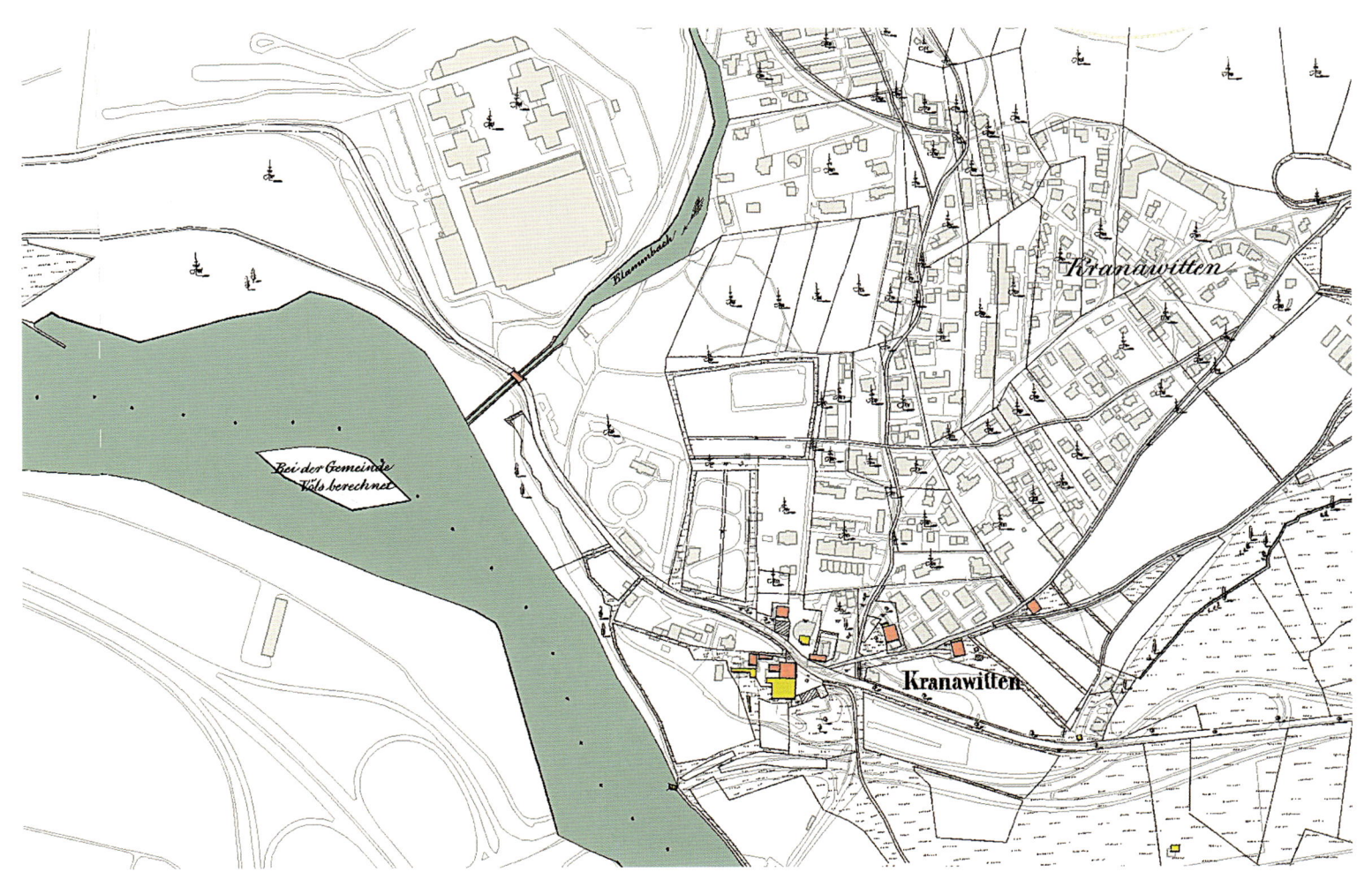

Digitaler Franziszeischer Kataster unterlegt mit dem Lageplan 2013, *tiris*-Kartendienste – Land Tirol (K96)

Die Pläne

Höttinger Hofwaldplan, 1714 (Kartenverzeichnis T77)

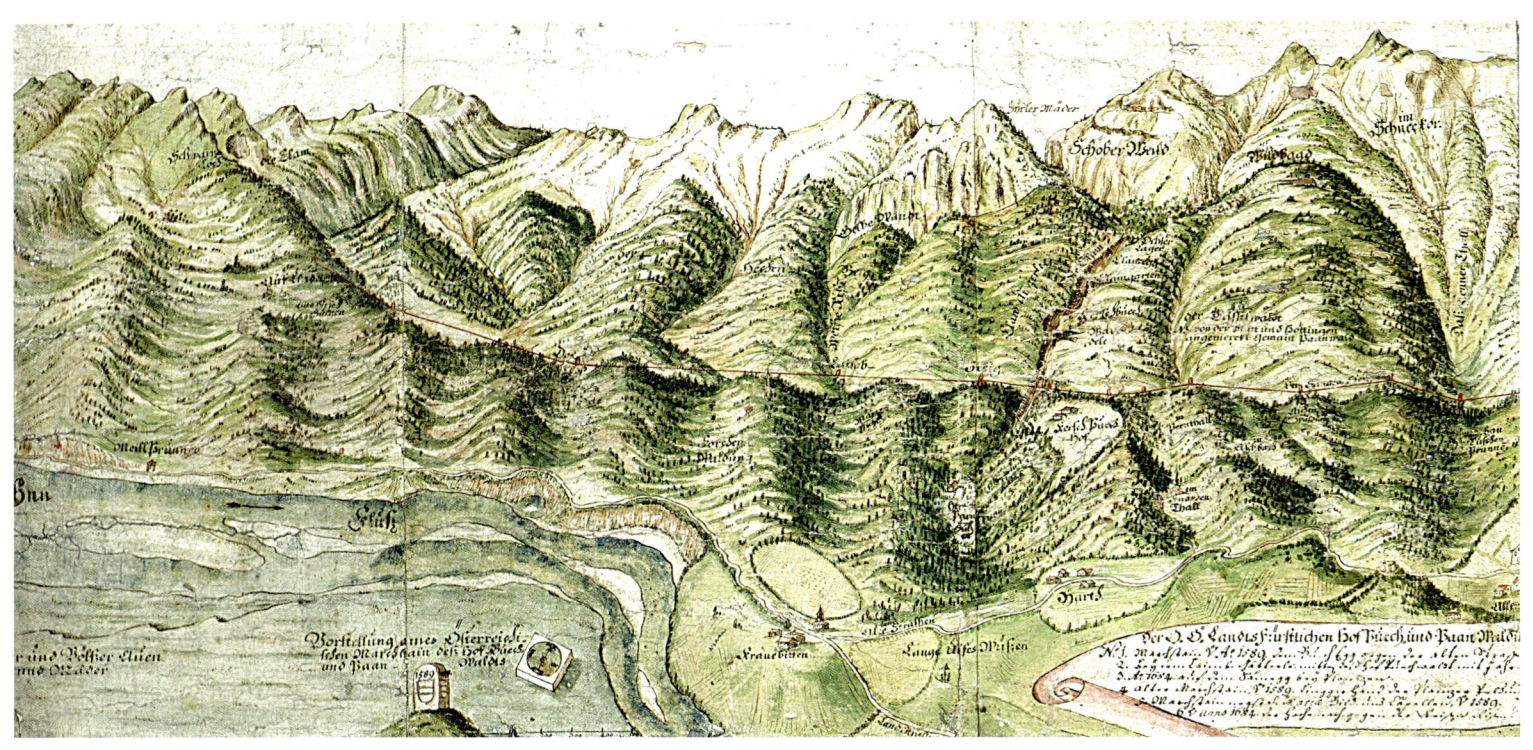

Linker Abschnitt

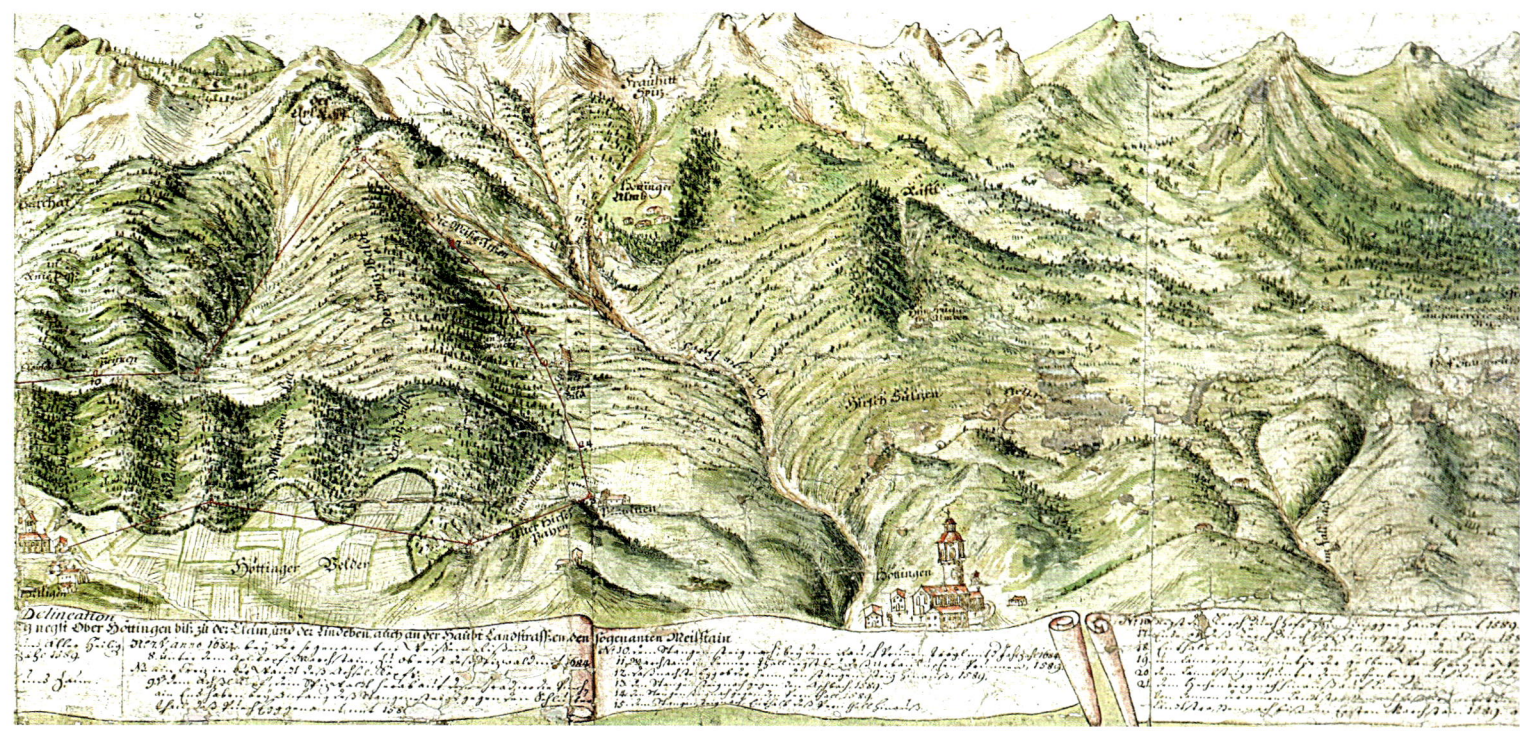

Rechter Abschnitt

Der Hofwaldplan zeigt den landesfürstlichen Waldbestand zwischen „*Ober Hötting bis zu der Clam und der Lindeben und der Haubt Landstrassen den sogenannten Meilstain*". Die Stadt Innsbruck besaß für ihren Bedarf an Brenn- und Werkholz in der Gemeinde Hötting ein Weide- und Waldnutzungsrecht. Da dieses aber nicht ausreichte, wurde viel Holz aus dem Oberinntal und dem Wipptal herbeigeflößt. Noch 1858 wird das Gebiet um die Umbrüggler Alm als Stadtwald bezeichnet.

Zwei Detailansichten:
links Allerheiligen,
rechts Höttinger Pfarrkirche

Antoni WÜRTENBERGER: „Diese Mappa zeiget an dem Landesfürstlichen Ulfis-Wüsen Thiergarten welcher wie zu sechen in 114½ Jauch die Jauch zu 1000. quadra(t) Clafftern auf gemessen worden", 1774
(Kartenverzeichnis T79)

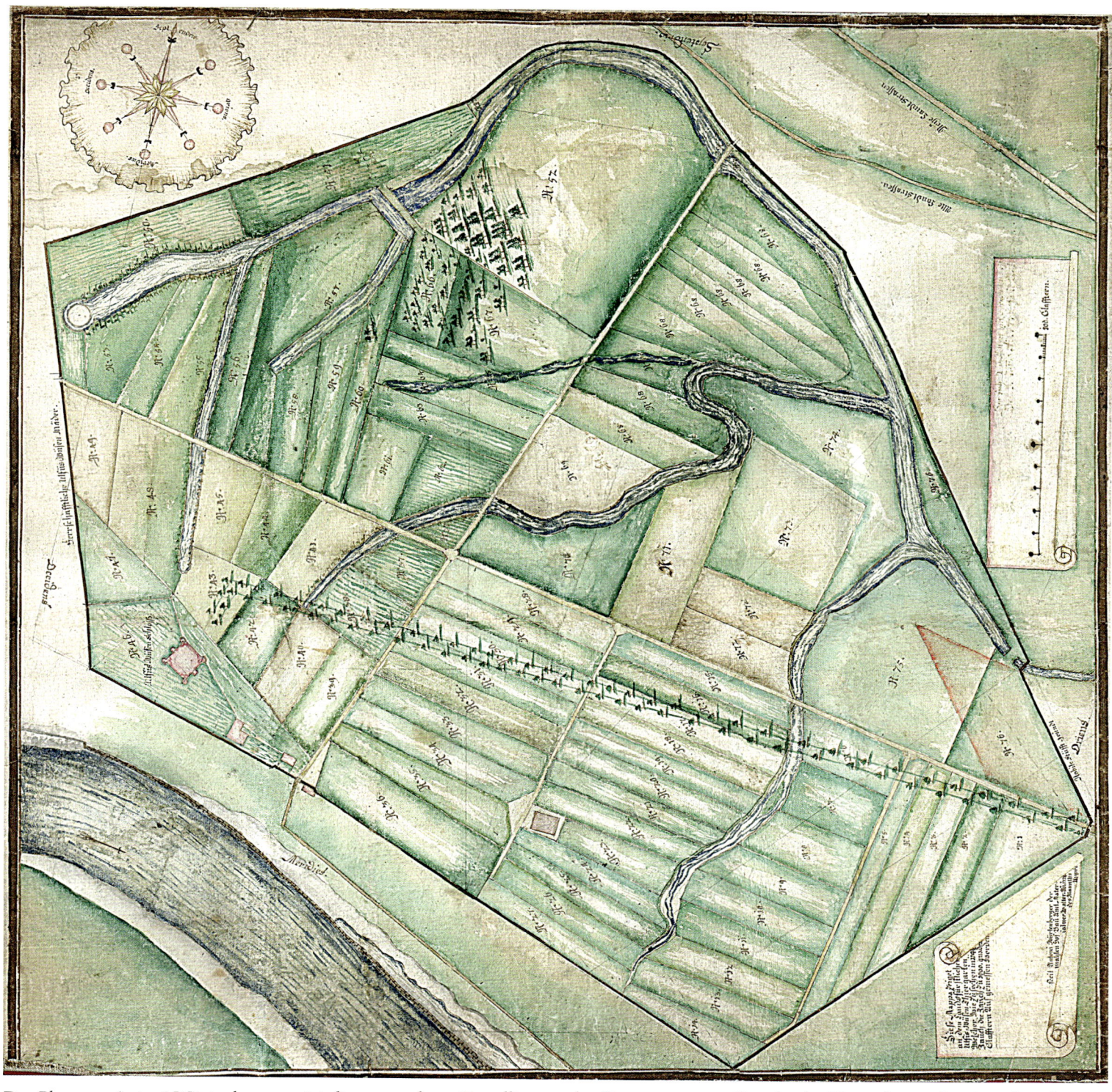

Der Plan von Antoni Würtenberger zeigt die vorgesehene Parzellierung des Tiergartens zum Zwecke der Verpachtung der Grundstücke. Das Ferdinandeische Lustschloss wird hier als *Ulfüs Wüsen Schloß* bezeichnet.

Der Titel der Karte mit der Berufsbezeichnung des Zeichners, der „Hof Bau Amt Materialverwalter" war.

D'Ertsel: „Situations Plan. Von dem ohnweit der Stadt Innspruck liegenden, so genannten Thirgarthen", 1783/86 (Kartenverzeichnis T80)

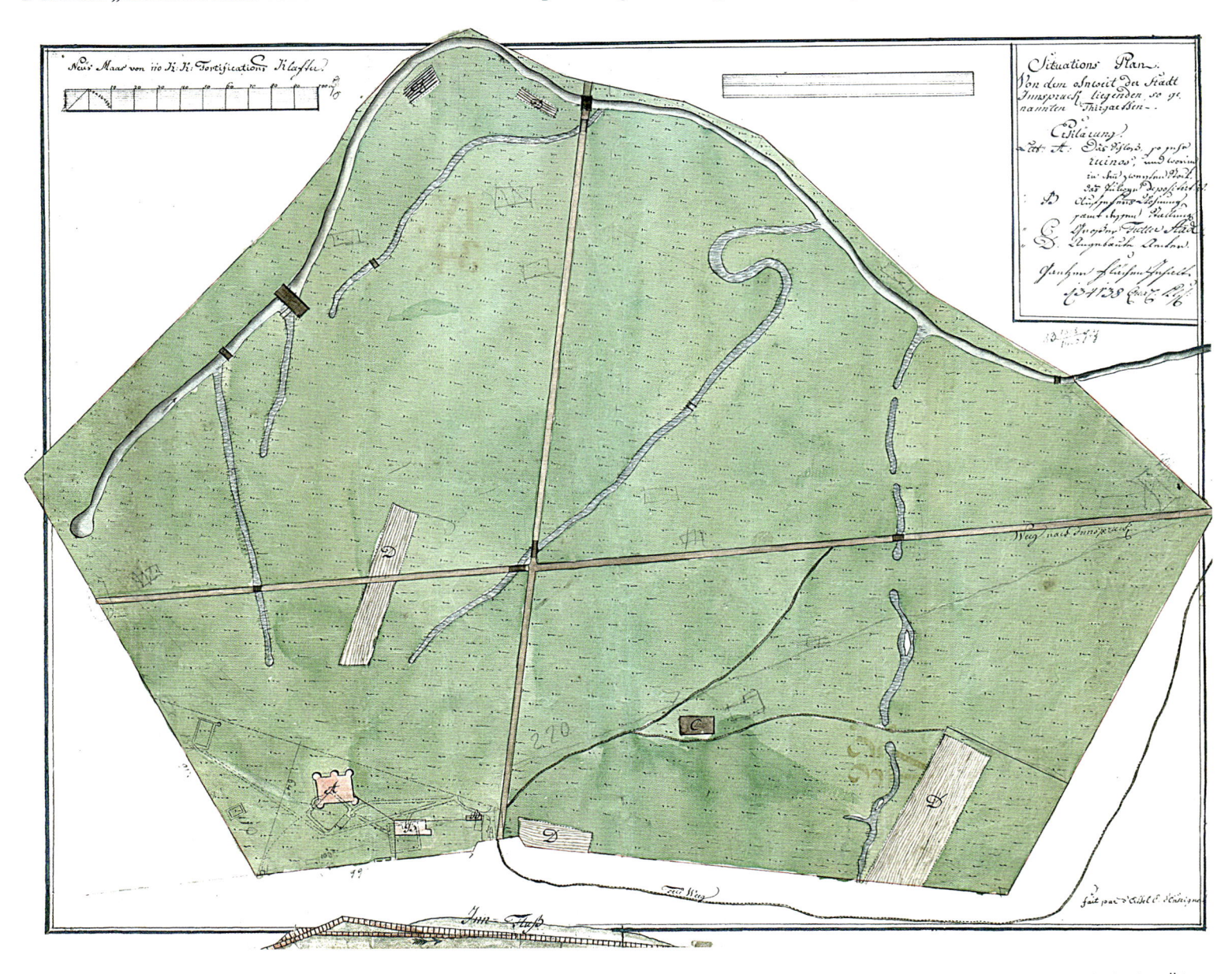

Der Plan dürfte vor 1786, wahrscheinlich im Jahr 1783 anlässlich der Übernahme des Areals durch das Militärärar, erstellt worden sein. Schon vorher war das Jagdschloss (A) auf Grund seines desolaten Zustands nur mehr als Pulverdeponie in Verwendung. Die um das Schlossareal am linken Bildrand gezeichneten schwarzen Linien dürften mit dem im Nachhinein von anderer Hand auf der Planrückseite geänderten Kartentitel **„Situations-Plan von den Thür-Garten zu Jnspruck nach der Beföstigung 1786"** in Zusammenhang stehen. Diese Überzeichnungen stellen den projektierten Umbau des Schlosses und des rechts daneben gelegenen Aufseherhauses (B) bzw. des Neubaues der übrigen Nebengebäude dar.

Erklärung.

*Litt. A: Das Schloss, so sehr ruinös,
    und worin in dem zweyten Stock das Pulver depositirt ist.*
–»– B: Aufsehers Wohnung samt dessen Stallung
–»– C: Großen Futterstadel
–»– D: Angebaute Acker

*Ganzer Flächeninhalt.
134138 Quadrat-Klafter*

Dieser Plan führte *F. Hye* und in Folge *J. Felmayer, J. Justic* und andere zur irrigen Ansicht, dass es sich beim Pulverturm um keinen Umbau des Ferdinandeischen Lustschlosses, sondern um einen Neubau handelt. (*F. Hye* [56], *J. Felmayer* [20], *J. Schönegger* [92])

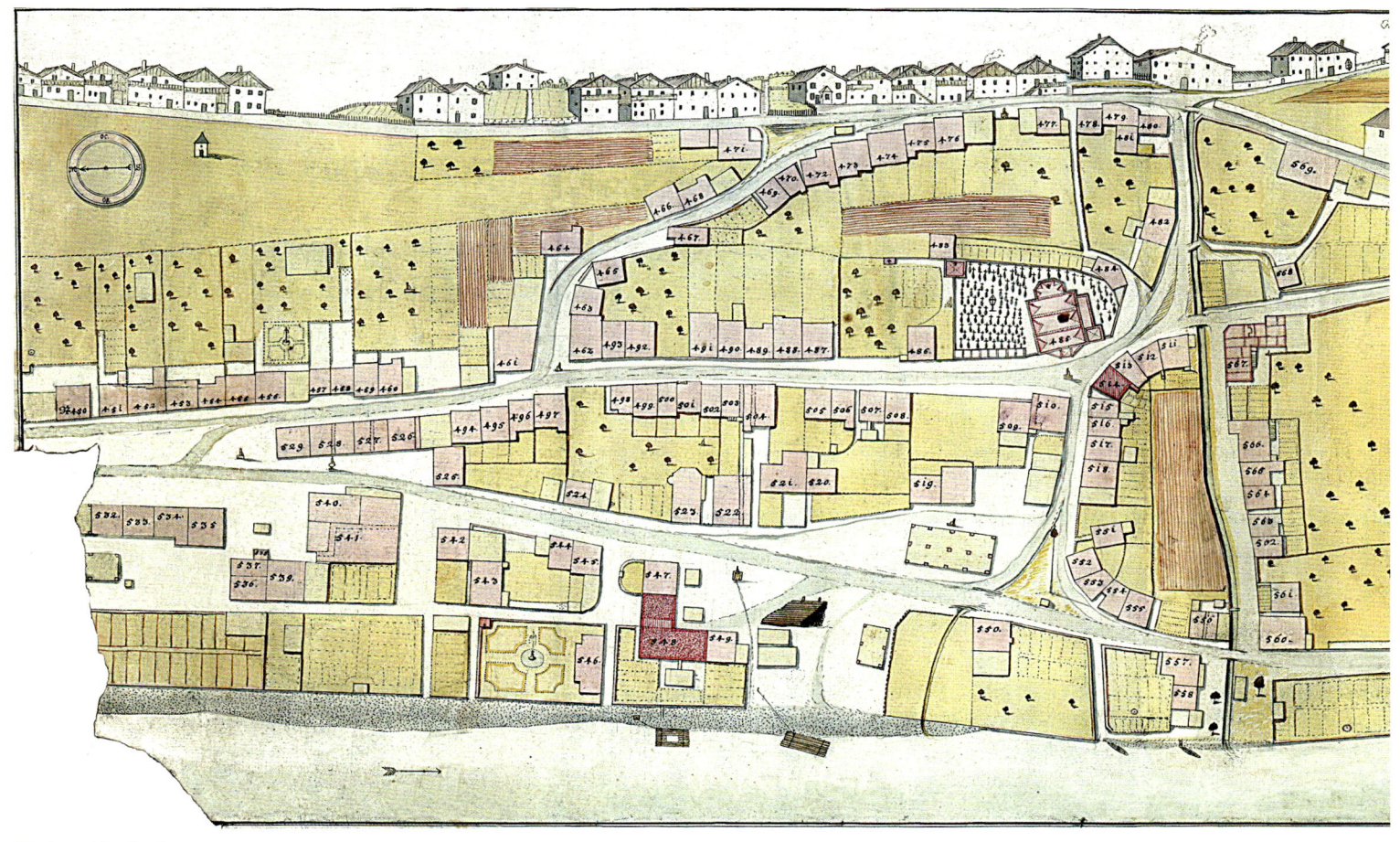

Matthias Perathoner: **Plankarte des Stadtteils St. Nikolaus in Innsbruck, 1772** (Kartenverzeichnis T78)

Linker Abschnitt

Rechter Abschnitt

SCHWEIGHOFER: „**Situations Plan der Kranewitter Senke bey Innsbruck**", 1825 (Kartenverzeichnis T81)

Philipp MILLER: „**Situationsplan von St. Nikolaus in Innsbruck**", 1829 (Kartenverzeichnis T82)

Hier ist ein Projekt zum Ritschenbau vom Fallbach durch die Nikolausgasse zum Inn dargestellt.

Cassian v. JENNER: „**Situationsplan des berühmten Schlosses Weyerburg**", 1834 (Kartenverzeichnis T83)

Der Plan der Weiherburg wurde zur Erinnerung an die Anwesenheit der Kaiserin Karoline und ihres Bruders Prinz Karl von Bayern im Juli 1832 angefertigt. Er beruht auf genauen geometrischen Vermessungen und zeigt die land- und forstwirtschaftliche Nutzung des an die Weiherburg angeschlossenen Besitzes.

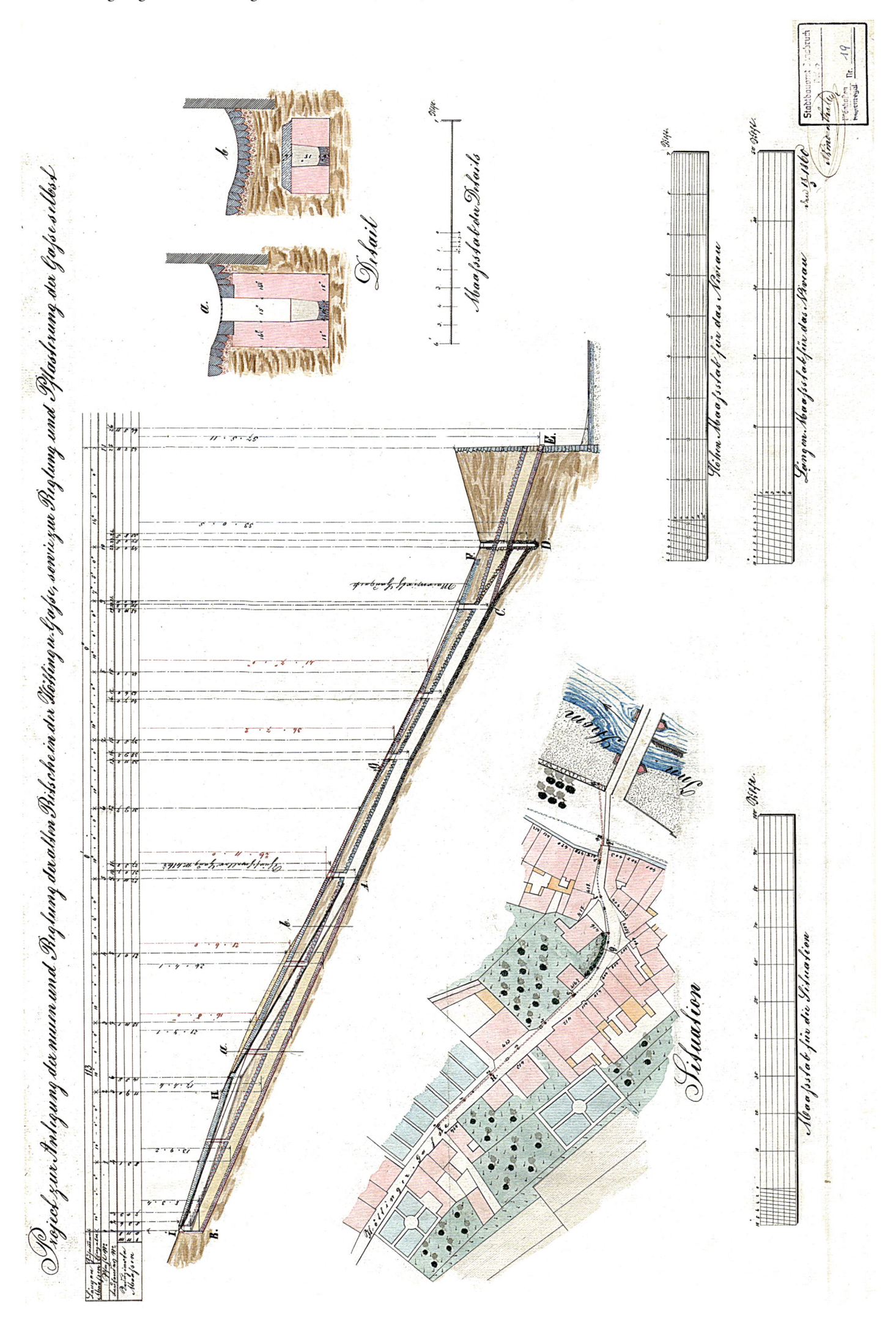

A. Lindenthaler: **„Projekt zur Anlegung der neuen und Reglung der alten Ritsche in der Höttiger Gasse, sowie zur Reglung und Pflasterung der Gasse selbst"**, 1860 (Kartenverzeichnis T84)

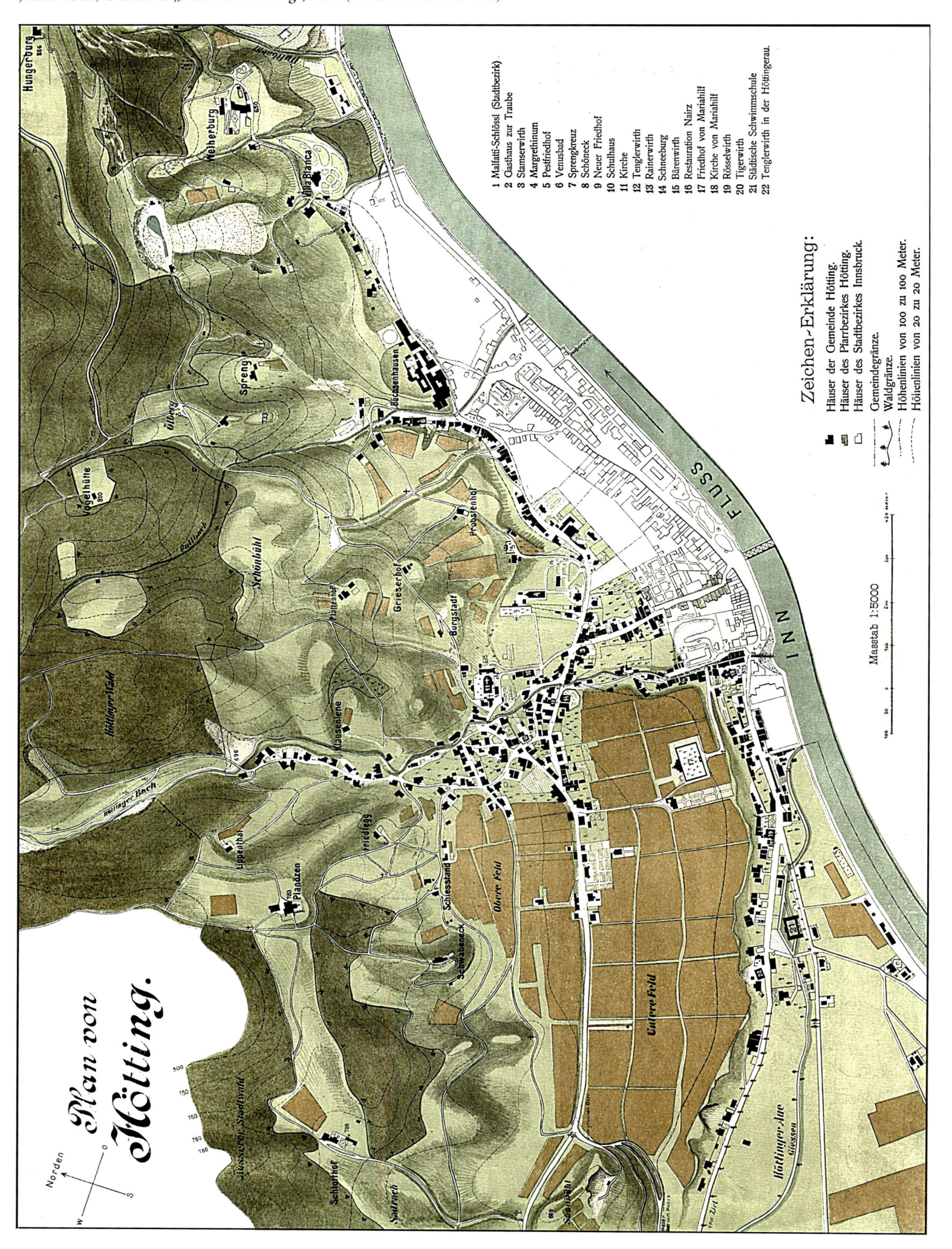

Julius Röck, C. Lampe: **"Plan von Hötting"**, 1898 (Kartenverzeichnis T85)

Neujahrsentschuldigungskarte der Gemeinde Hötting für das Jahr 1899

E. Gogl, L. Heiss: **"Projekt zur Parzellierung der unteren und oberen Felder", 1903** (Kartenverzeichnis T86)

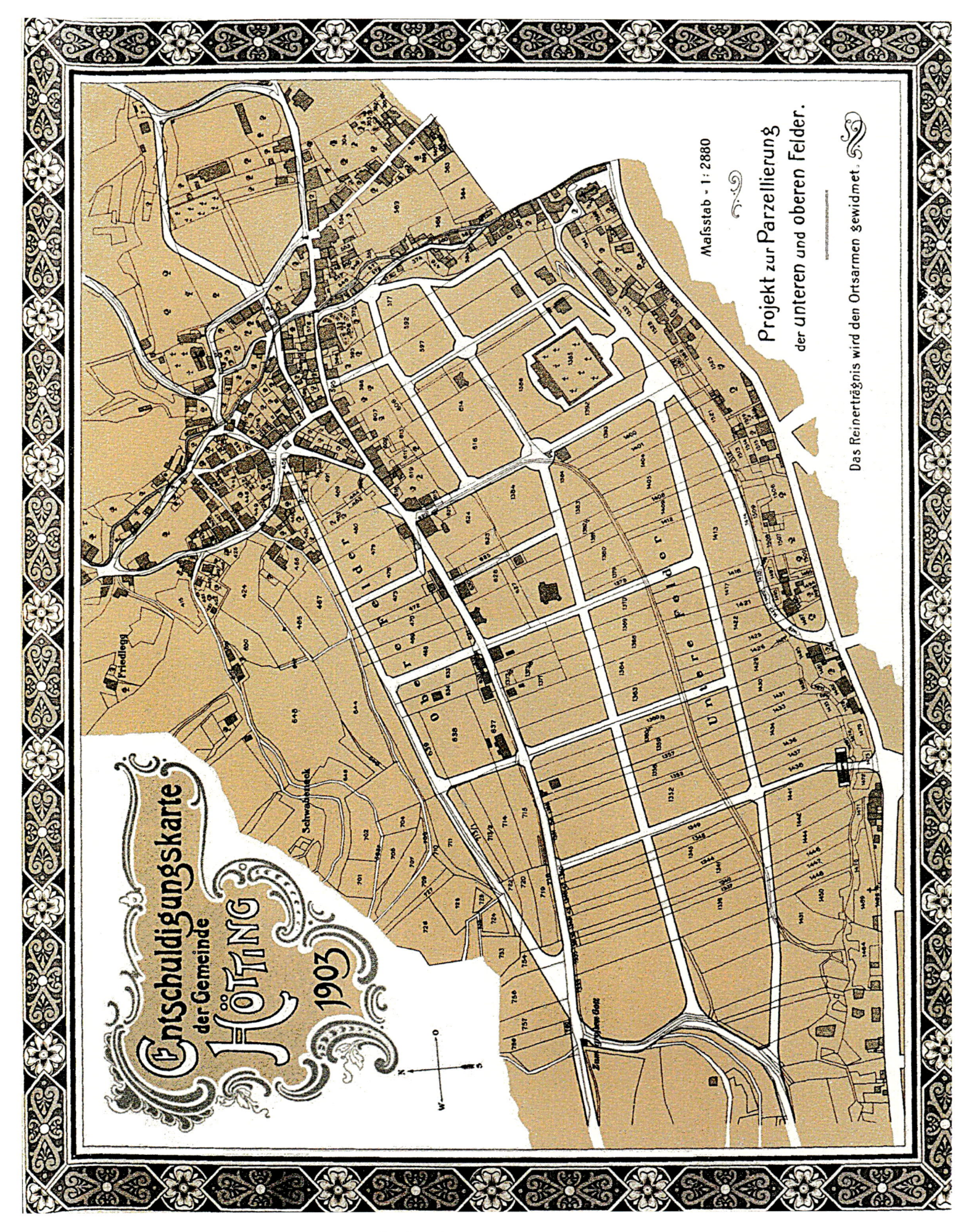

Neujahrsentschuldigungskarte der Gemeinde Hötting für das Jahr 1903

11. Mühlau

tiris, Orthofoto 2013 (K40)

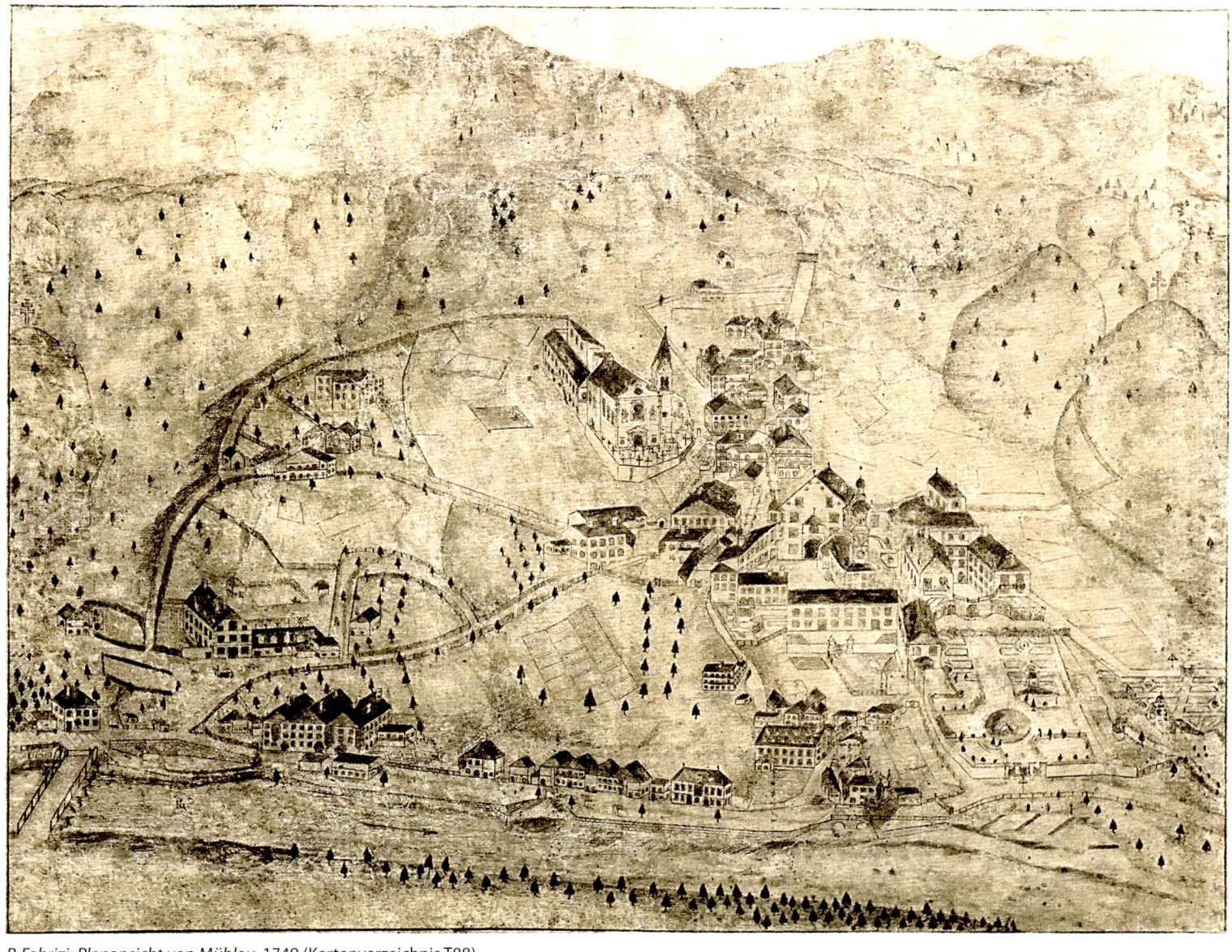

P. Fabrizi: Planansicht von Mühlau, 1749 (Kartenverzeichnis T88)

Mit dem Plan von Fabrizi können wir deutlich die verschiedenen Etappen der Besiedlung von Mühlau nachvollziehen: Entlang des energiespendenden Baches begann die Ansiedlung und setzte sich dann an der 1589 angelegten neuen Landstraße durch die Au fort. Bis zur Mitte des 18. Jahrhunderts entstanden einzelne Bauten am Rande des Eggenwaldes, während das gesamte lawinengefährdete Schlossfeld bis hinunter zum „Koreth" noch lange Zeit unverbaut blieb. Der Plan zeigt am unteren linken Bildrand die Mühlauer Innbrücke. An deren Nordende ist ein Zollschranken und das Haus des k. k. Brückenzöllners zu sehen. Östlich davon, ebenfalls am Inn, steht der seit 1650 bekannte Gasthof „Dollinger". Auf dem Weg zur Kirche sieht man das Haus des ehemaligen Fischmeisteramtes von Tirol sowie den Fischbehälter an der Ostseite. An dessen Stelle wurde 1786 die Scherer'sche Badeanstalt, das so genannte „Badhaus" errichtet. Am Ende der (heutigen Anton-Rauch-)Straße erkennt man den seit dem 16. Jahrhundert bestehenden Gasthof „Koreth". Darüber erblicken wir die Pfarrkirche St. Leonhard und den Ortskern am Mühlauer Bach. Den größten Teil nehmen die zum Schloss Sternbach vereinigten Ansitze Grabenstein und Rizol auf der Ostseite des Baches ein. (*F. Hye* [52], [53])

Abb. 47:
Mühlau, 1834
(Ausschnitt)

1837 schreibt Beda Weber über Mühlau: „*512 Bewohner in 67 zerstreuten Häusern zählend, höchst malerisch am Bergesabhang gelegen, erhielt [Mühlau] seinen Namen von den Mühlen am Dorfbache, deren Zahl jetzt auf zehn gestiegen ist. […] Die Bewohner haben für den Absatz ihrer Felderzeugnisse und ihres Viehnutzens den Vortheil der nahen Hauptstadt. Ihre Ackergründe schlägt man auf 200 Jauch, die Wiesen auf 212 Morgen, und ihren Viehstand auf 24 Pferde, 14 Ochsen, 90 Kühe 20 Schafe und 60 Schweine an. Unter den Gebäuden zeichnen sich das Graf von Lodronische und das Baron von Sternbachische Schloss aus. Das letztere bewohnt Freiherr Karl von Sternbach zu Stock und Luttach, Erblandfalkenmeister der gefürsteten Grafschaft Tirol. Für die Innsbrucker ist Mühlau das Ziel der Abendspaziergänge; zu ihrer Erfrischung steht ein Wirthshaus mit einem Bade und Tischen im Freien am Westende des Dorfes bereit. Die erdig-kalische Heilquelle wird weniger ihres Gehaltes, als der bequemen Lage und Einrichtung wegen, namentlich als Bad schlechtweg, benützt. Die eigentlichen Badgäste, grösstentheils Frauen aus der nahen Stadt, halten sich in der Regel daselbst nur so lange auf, als es die Badnothdurft erfordert, und fahren dann jedesmal wieder in ihre Häuser zurück. Die gute Bedienung des damit verbundenen Gasthauses zieht im Sommer viele Gäste in die ländliche Frische des lieblichen Dörfleins.*" (Beda Weber [100] S. 373–375)

J. Isser-Großrubatscher, um 1860 (P10)

Diese Beschreibung von Beda Weber entsprach allerdings nur bedingt den damaligen Verhältnissen in Mühlau. Im 18. Jahrhundert noch „Mühlen" genannt, war Mühlau vor allem dank der vorhandenen Wasserkraft ein bedeutender Industriestandort. Um 1800 gab es zehn Mahlmühlen zur Verarbeitung von Getreide, drei Hammer- und drei Handschmieden, drei Schleif- und Poliermühlen, einen Sägebetrieb mit drei Sägemühlen, eine Beinmehlmühle mit Ölschlag, eine Schlosserwerkstätte, drei Gerbereien, eine Färberei, zwei Gasthäuser (der „Koreth" an der alten und der „Dollinger" an der neuen Landstraße) sowie einen Wein- und Bierausschank beim „Zapfler", ebenfalls an der neuen Landstraße (heute: Haller Straße).

Im 19. Jahrhundert wurden einige Mühlen in größere Betriebe umgewandelt: 1825 wurde die alte Gerberwalke mit zwei vom Mühlbach angetriebenen „Wellbäumen" in eine Papierfabrik umgebaut; 1831 bildete die „Riegermühle" den Grundstock der damals gegründeten und seither gewaltig vergrößerten Rauchmühle (laut Mitteilung von Andreas Rauch war die „Kindlmühle" die erste „Rauchmühle"); 1849 wurde ein Spinnereibetrieb zur Tuchfabrik des Franz Baur umgebaut; ein uralter Sägemühlenbetrieb fand 1850 in der an seiner Stelle errichteten Lodenfabrik des Johann Mathias Weyrer seinen Nachfolger.

Mühlau stand in den letzten Jahren des 19. Jahrhunderts nun ganz im Zeichen der Industrialisierung. 1888 errichtete Anton Rauch, der Besitzer der schon oben erwähnten Rauchmühle das erste Elektrizitätswerk samt Kraftübertragungseinrichtung in Tirol, das den Betrieb mit Strom versorgte. Bis 2006 war das Werk in Betrieb. Von 1900 bis 1919 verkehrte die erste mit elektrischem Strom angetriebene Schienenbahn Tirols, die den bisherigen langsamen An- und Abtransport des Getreides bzw. des Mehls durch Pferde- oder Ochsenfuhrwerke ersetzte. Sie verband die Mühle durch eine 1,12 km lange Schmalspurbahn mit einer Verladerampe an der Bahnstrecke Kufstein–Innsbruck und damit mit dem internationalen Eisenbahnnetz. Die Trasse dieser aus einem kleinen Triebwagen mit Rollenbügel und einem vierachsigen Güterwaggon bestehenden Material- bzw. Schleppbahn ist noch heute gut in der Landschaft zu erkennen. (*Hye* [53], S. 1797 f. sowie mündliche Mitteilung von Andreas Rauch)

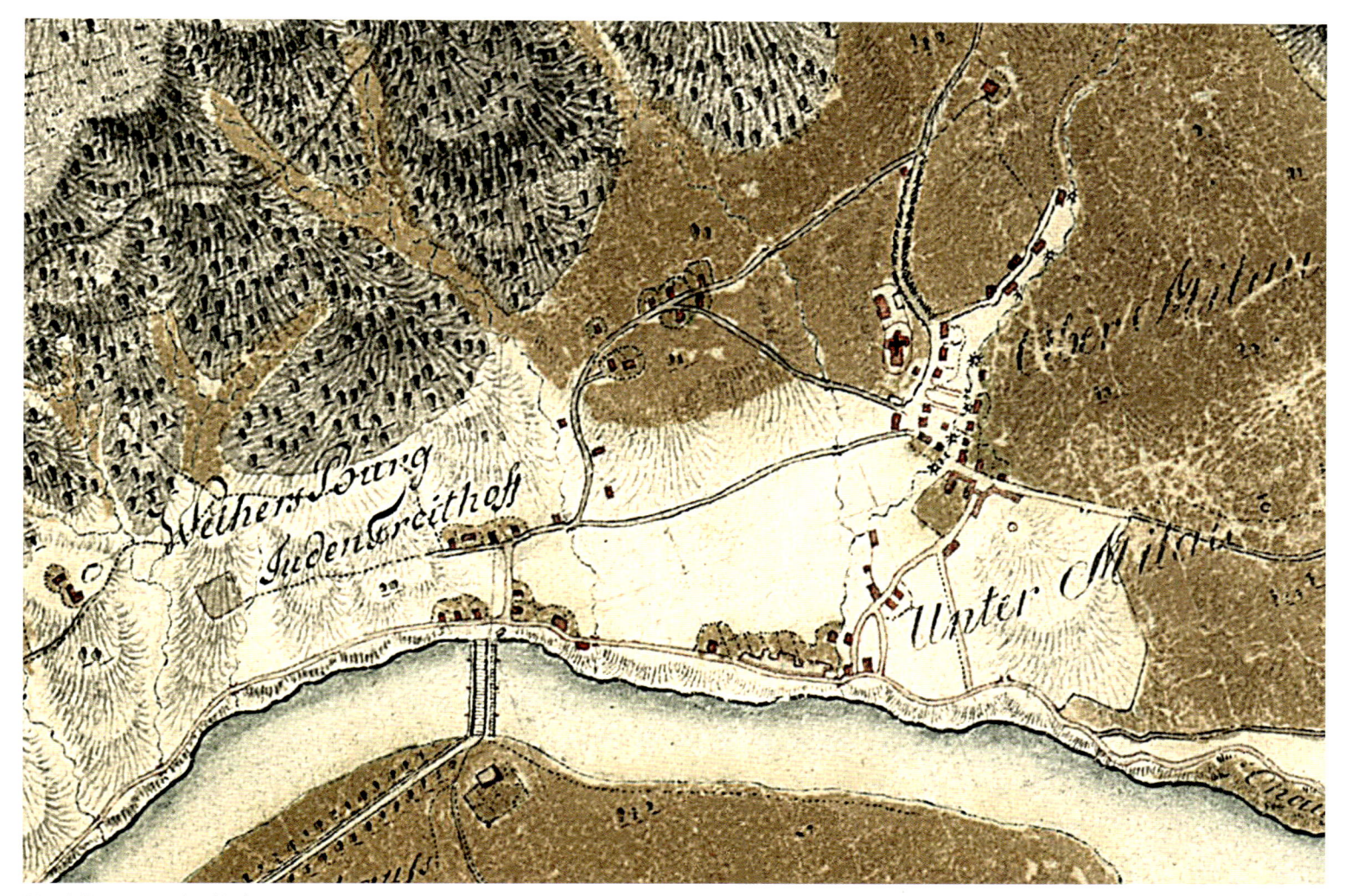

Mumb/Perger, 1802/03 (K10)

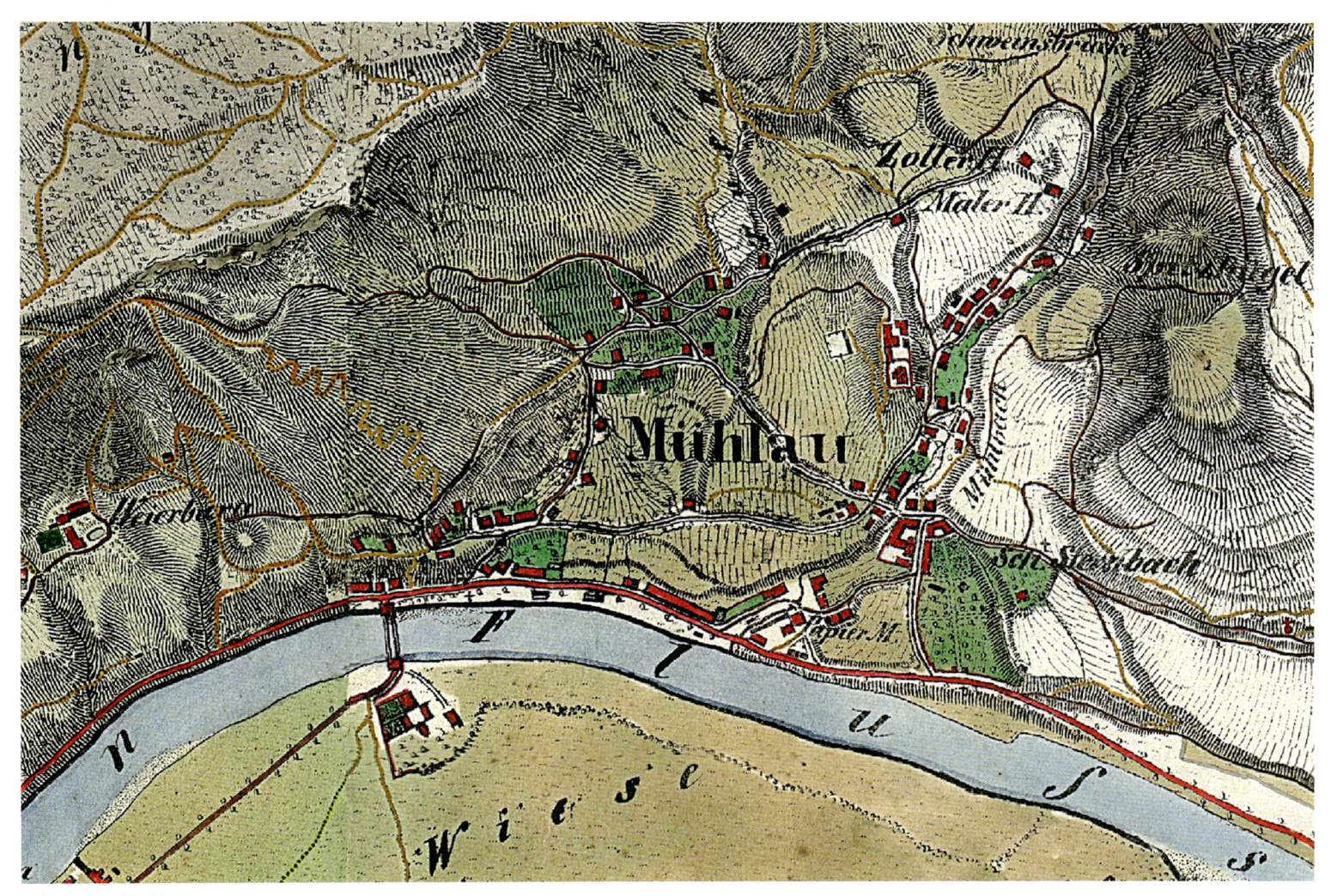

Urban, 1840/43 (K43)

Gegenüber der Planansicht von *Fabrizi* aus dem Jahr 1749 lassen sich in einem Zeitraum von nahezu 100 Jahren kaum Änderungen am Gebäudebestand von Mühlau feststellen.

Mühlau 1856 und heute:

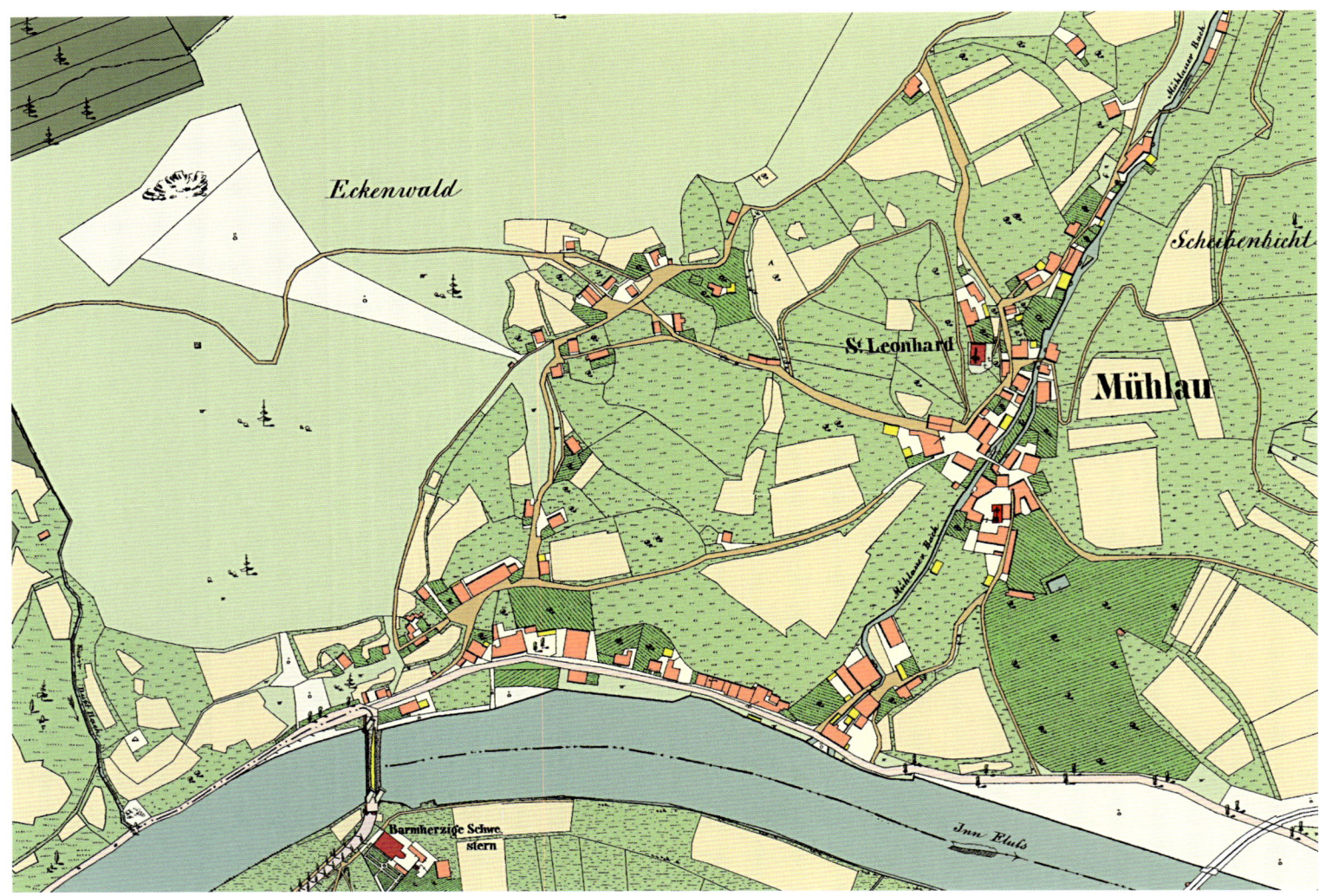

Digitaler Franziszeischer Kataster, 1856 (K48)

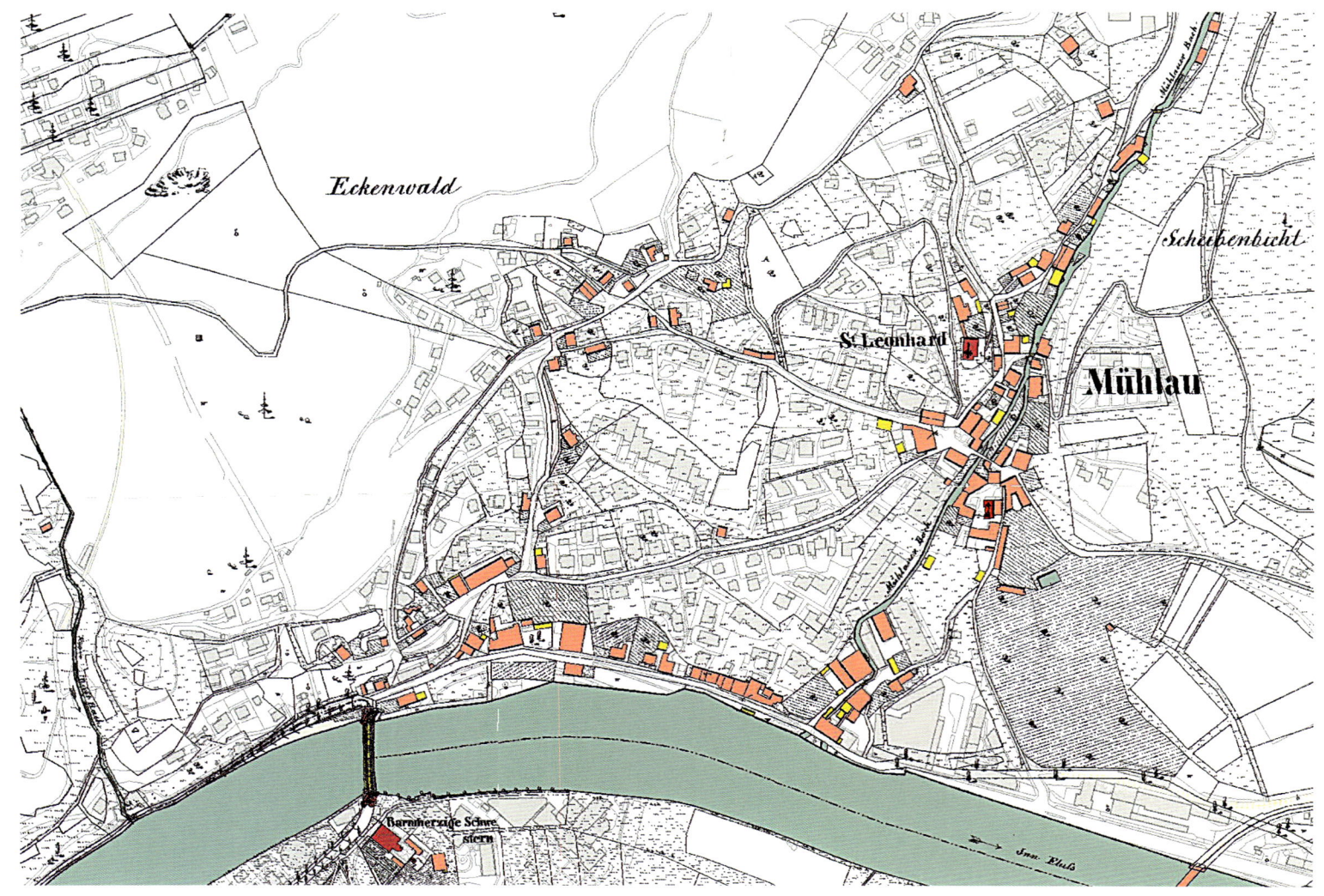

Digitaler Franziszeischer Kataster unterlegt mit dem Lageplan 2013, *tiris*-Kartendienste – Land Tirol (K96)

Innsbrucker Trinkwasserversorgung durch die Mühlauer Quelle

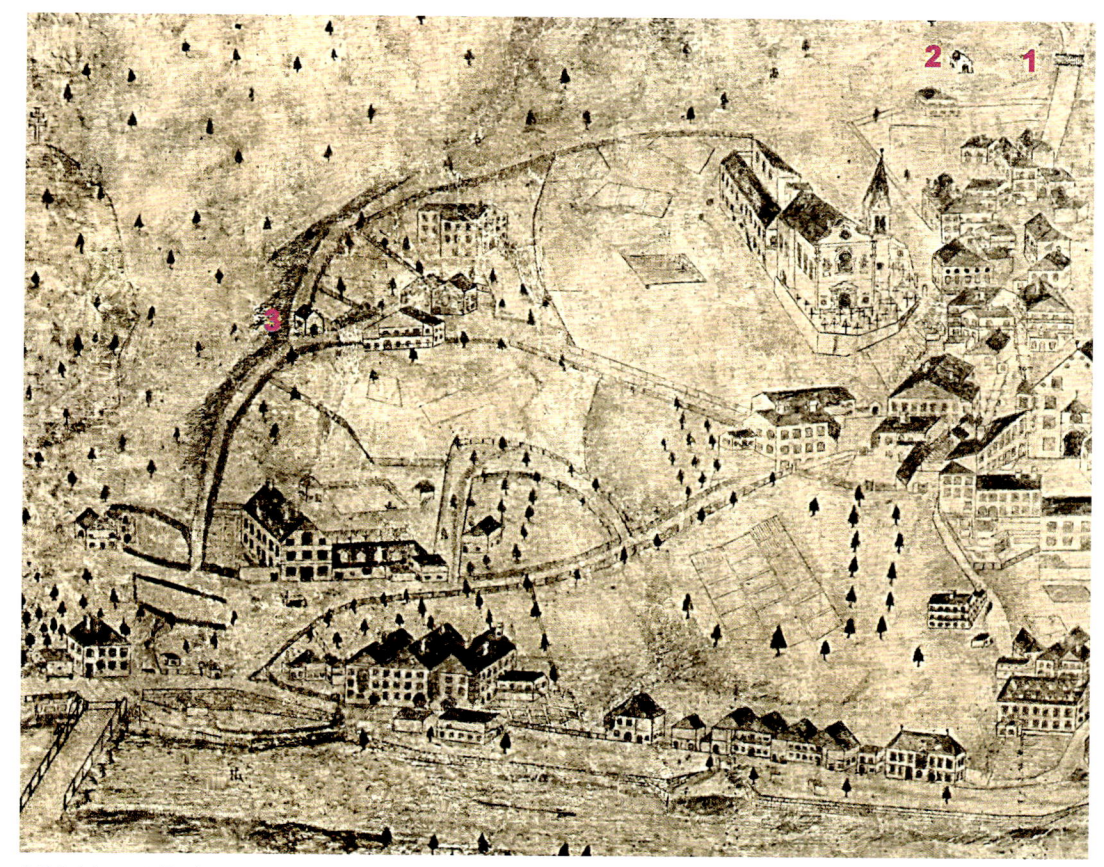

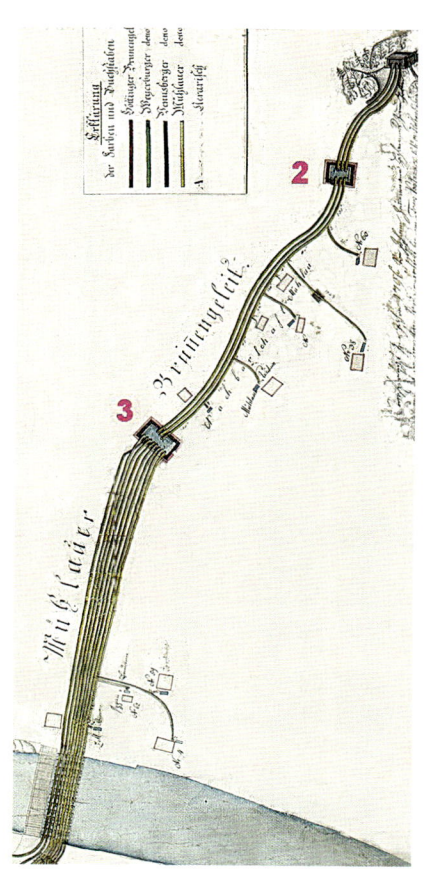

P. Fabrizi, 1749 (T88)

Hofbrunnenkarte, 1796 (K6)

Das für die Trinkwasserversorgung Innsbrucks wichtige „Mühlauer Brunnengeleit" speiste sich nicht direkt aus einer Quelle, sondern aus einem offen fließenden, der Witterung, Vermurung und Verschmutzung ungleich stärker ausgesetztem Bachlauf. In treffender Weise wurde diese Leitung daher auch als „*Prunnenglait von Müllauer Pach geen Ruelust*" bezeichnet. Die Bachwasserentnahme erfolgte knapp oberhalb der Schweinsbrücke (**1**). Zunächst wurde das Wasser in einer offenen Holzrinne zu einem mit Steinen gefüllten Kasten geführt und darin gefiltert. Dann floss es in drei Rohren in das heute noch bestehende, gemauerte Brunnenhaus (**2**). Von hier bis zum nächsten, erheblich größeren Leitungskasten (**3**) (heute Kreuzung Josef-Schraffl-Straße/Holzgasse) verlief die Leitung immer noch in drei Rohren. Ab dem größeren Kasten bis über den Inn umfasste das Mühlauer Geleit fünf Rohrleitungen. (*F. Hye* [73], S. 104)

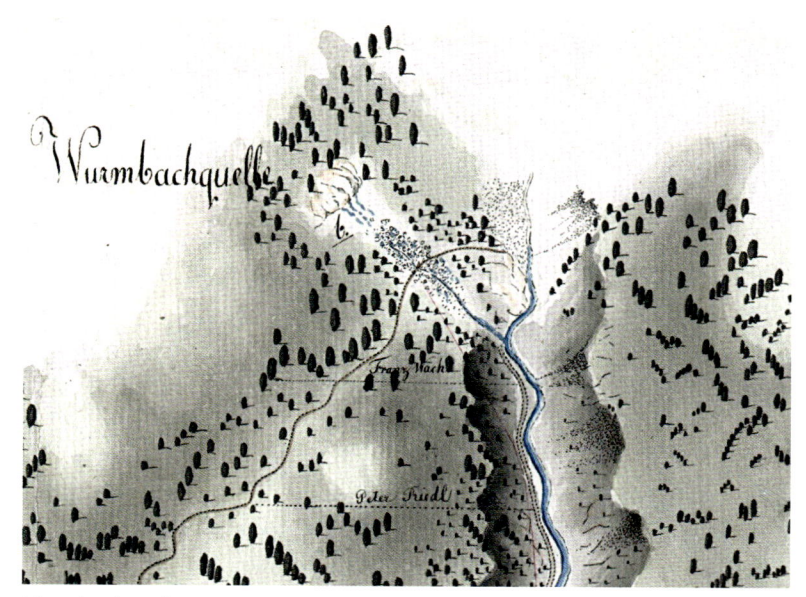

Wurmbachquelle, 1838 (T90)

Mühlauer Bachtalgegend, 1838 (T90)

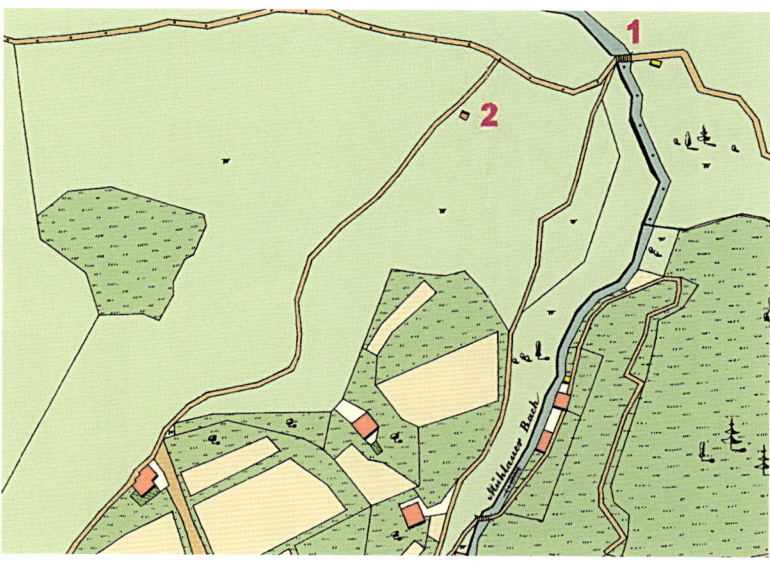

Digitaler Franziszeischer Kataster, 1856 (K48)

Die Mühlauer Brücke

Die alte Mühlauer Holzbrücke über den Inn bestand bereits seit 1581.

„*Ansicht der unteren Innbrücke nach Mühlau mit dem Gutshof ‚Sillend' (Kink-Kapferer-Haus nahe der Sillmündung), der seit 1848 als Kloster den Barmherzigen Schwestern diente und 1910 dem Neubau eines Sanatoriums weichen musste. Die Mühlauer Innbrücke wurde seit 1643 für den Straßenverkehr benützt, 1843 durch eine freitragende Kettenbrücke und 1939 durch die jetzige Betonbrücke ersetzt. Im Hintergrund rechts der Stadtteil Pradl mit der Sieben-Kapellenkirche, links das Dorf Amras, ganz außen der Gutshof Reichenau.*" (*Pfaundler* [83])

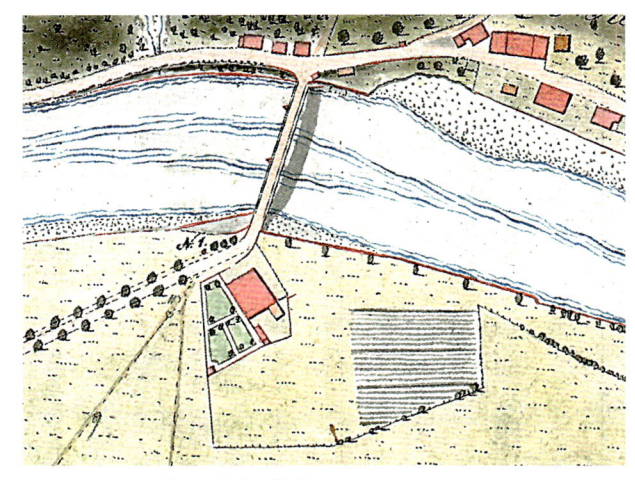

Abb. 48: J. Schaffer, „Ansicht der untern Innbrücke und des Guts Sil(l)end ohnweit Innsbruck", 1810

Die alte Mühlauerbrücke wurde 1842 abgerissen. Eine neue, den Anforderungen der Zeit entsprechende Brücke war bereits in Planung.

Innstromkarte K3, 1822/26 (K28)

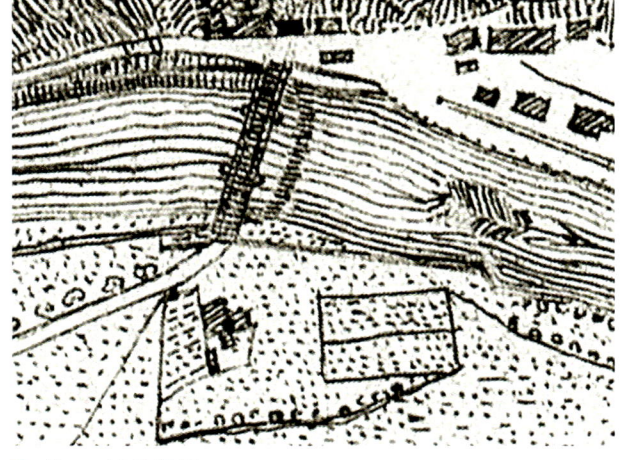

Teplý, um 1842 (K40)

1843 wurde die neue Brücke – die „Kettenbrücke" – von Josef Duile erbaut. Bei *Miller* und *Urban* ist sie schon samt der neuen Uferverbauung eingetragen.

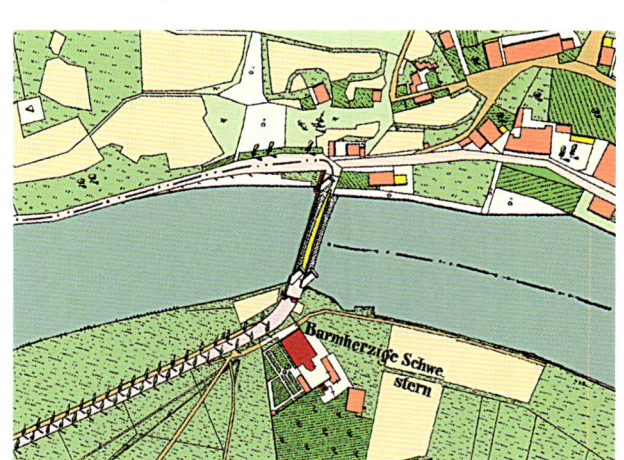

Miller, um 1840 (K41)

Urban, 1840/43 (K43)

Digitaler Franziszeischer Kataster, 1856 (K48)

Abb. 49: C. A. Czichna, Kettenbrücke, um 1845

Der Judenfriedhof am Judenbichl

Konrad Fischnaler [25] (II, S. 66–67): **1598 Sept 7:** *Samuel May erhält von der Erzh. Anna Katharina die Erlaubnis, seine Nachkommen auf dem Bühel unterhalb des Schlosses Weiherburg, wo der Juden alte Grabstätte war, beerdigen zu lassen. –* **1864 Juli 20:** *Die israelitische Gemeinde ersucht um einen eigenen Friedhof. 1873 wird derselbe hinter der Totengräberwohnung im Hauptfriedhof (= Westfriedhof) bewilligt.*

Mumb/Perger, 1802/03 (K10)

Südöstlich der „WeihersBurg" und bereits außerhalb der alten Stadtgrenze gelegen befindet sich der **Juden Freithof**.

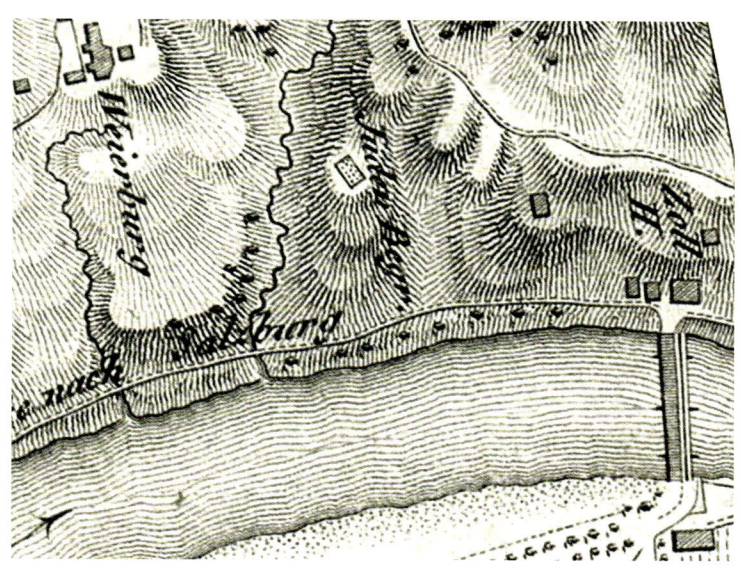

Miller, 1822 (K31)

Die **Juden Begr.**(äbnisstätte) lag bereits in der Zuständigkeit des Landgerichts Thaur.

v. Jenner, 1834 (T83)

Der **Juden Friedhof** am Südabhang des „Spitz Bühels" (= Judenbichl) an der alten Landstraße gelegen.

Digitaler Franziszeischer Kataster, 1856 (K48)

Der Duft Bach (= Tuffbach) bildete die Grenze der ehemaligen Gerichte Sonnenburg und Thaur. Der Judenfriedhof ist mit einer Dreiecksignatur gekennzeichnet.

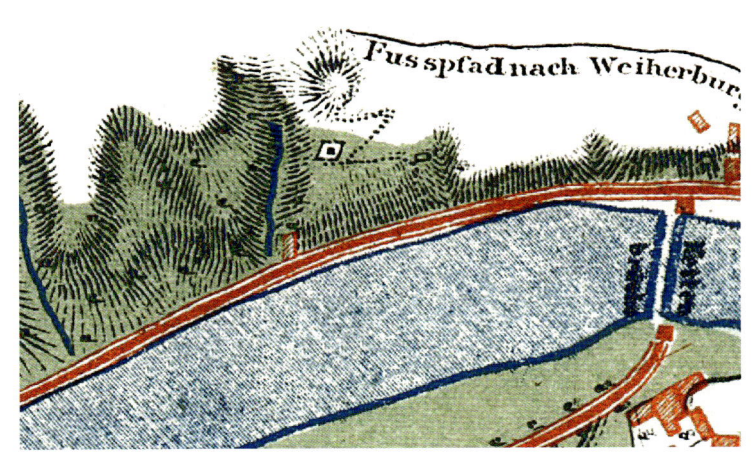

Hettwer/Amthor, 1883 (K64)

Der seit 1864 aufgelassene Friedhof am Südabhang des Judenbichls ist bei Hettwer/Amthor 1883 noch klar erkennbar.

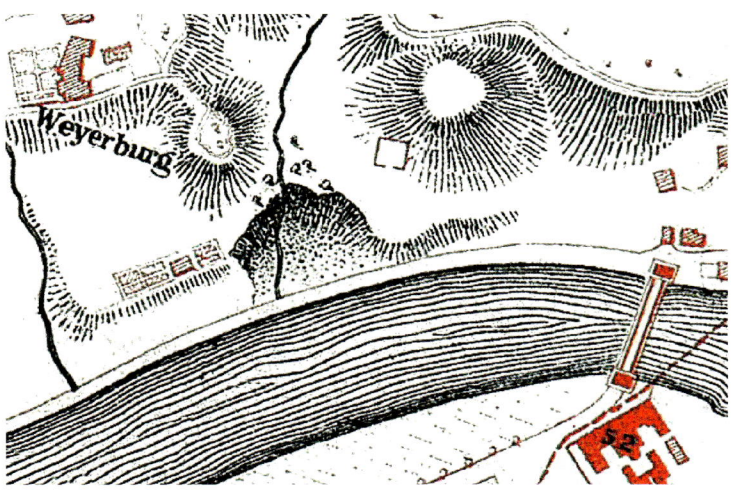

Redlich, 1903 (K83)

Die Begrenzungsmauer des ehemaligen Judenfriedhofs ist bei Redlich immer noch deutlich markiert.

Die Pläne

Jörg KÖLDERER: **Plan der Gebäude entlang des Mühlauer Baches, 1534** (Kartenverzeichnis T89)

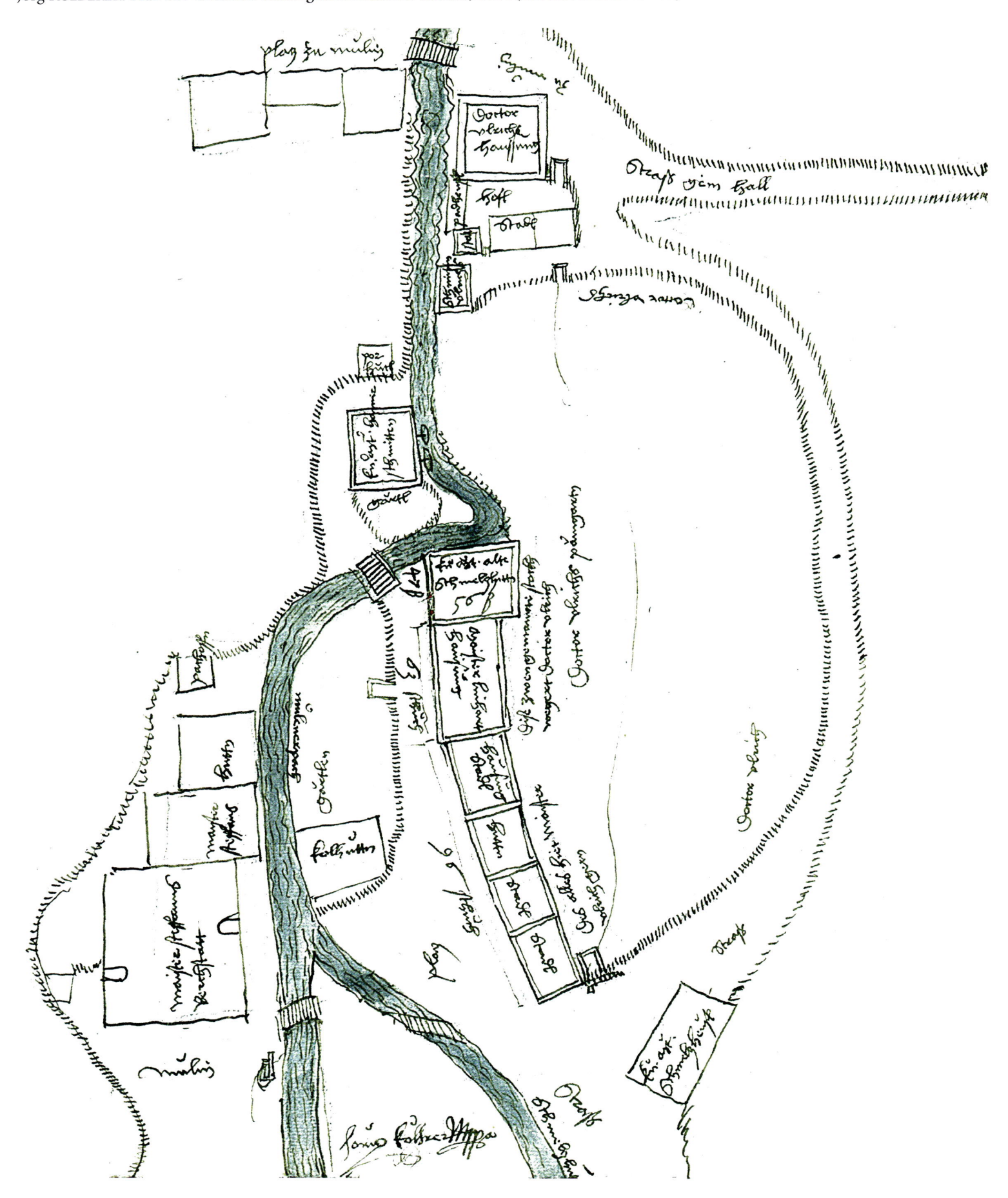

Der hier gezeigte Plan liegt einem Schreiben *Jörg Kölderers* an die Regierungsstellen in Innsbruck bei. Kölderer war mit der Inspektion der Schmelzhütten in Mühlau beauftragt worden. Dargestellt sind der Mühlauer Hauptplatz (oben) bis zur Kreuzung mit der Haller Straße über zwei Brücken (unten); die Straße rechts entspricht der heutigen Ferdinand-Weyrer-Straße. *Kölderers* Schreiben im Originalwortlaut: „*Gnedig gebiettend herrn, auf Eur gnaden begern mich zu Mulin* [Mühlau] *erkundigt von wegen der grundt und zuegehorung der alten Schmelzhutten, wie ain grundt dem andern dienstlich sein mechte, wo man der ennden wydrum schmelzen wurde und zu merern underricht und erkundigung solichs hab hie bei aufgerissen und anzaigt hab. Auch solt eur gnaden ingedennckh sein solich grundt zum tail maister Steffan sambt seinen mitverbanten* [Mitverwohnten] *und arbaittern zugesagt und verschriben, dieweil sy in Kay(serlicher) M(ajestä)t dienst des Grabgiessens verpflicht sein. Und wir Eur gnaden vormalen ain rattschlag geben haben, dem selbigen nachzukumen nach Eur gnaden gevallen und gnedigem willen.*"

„Situationsplan der Mühlauer Bachthalgegend bis zur Wurmbach-Quelle", 1838 (Kartenverzeichnis T90)

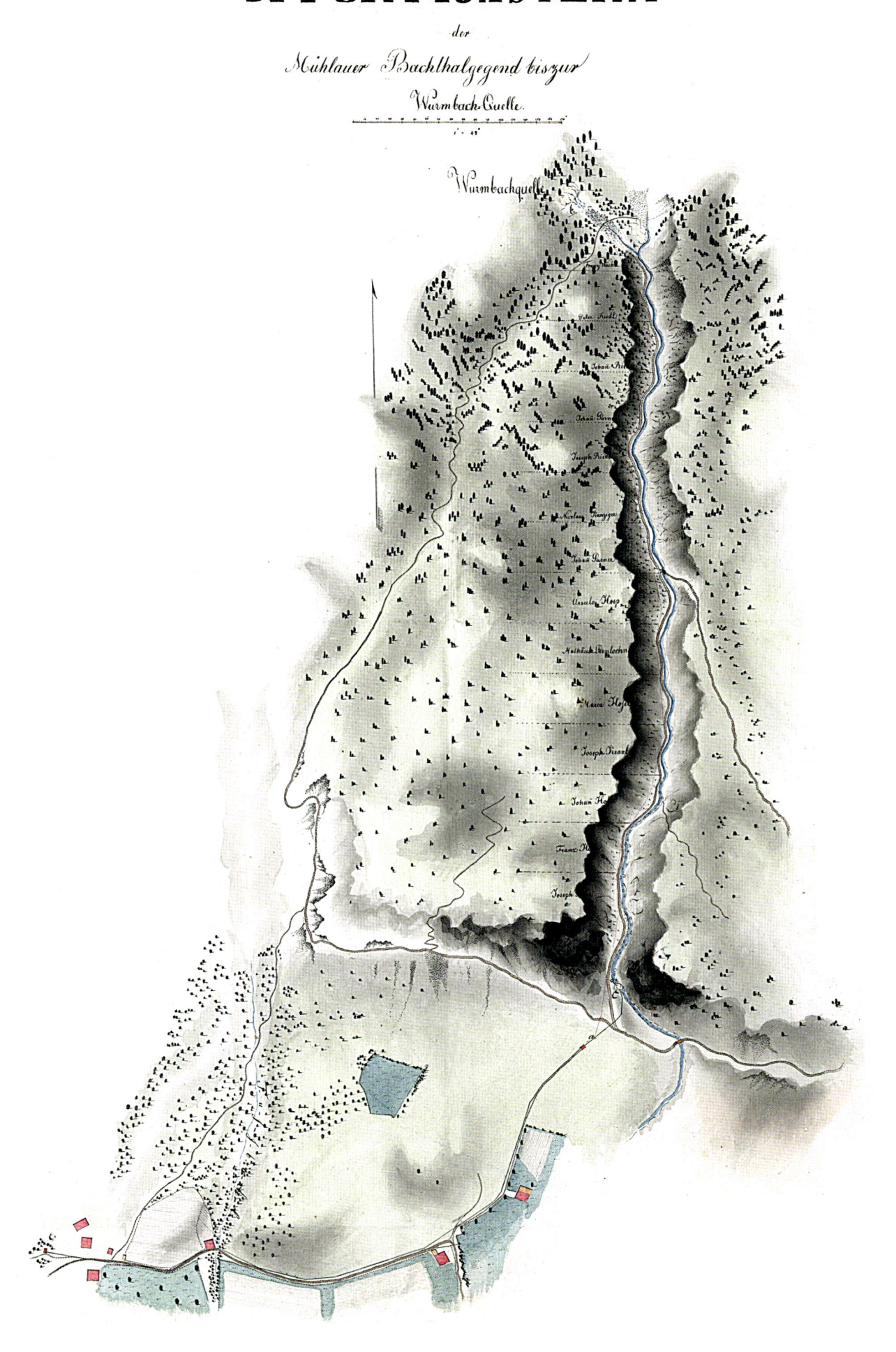

12. Saggen

tiris, Orthofoto 2013 (K95)

Abb. 50: Saggen von Mühlau aus gesehen, 1834 (Ausschnitt)

Vom Acker- und Weideland der Innsbrucker Stadtbürger zum Siedlungsgebiet der Gründerzeit

„Entsprechend seiner damaligen Erscheinungsform und Nutzung wird der Saggen von Hans Georg Ernstinger, einem gebürtigen Innsbrucker, um 1579 folgendermaßen beschrieben: ‚Insbrugg … ist in ainem schönen Tal … glegen, umbgeben mit hohen Bergen … in der Ebne des Thals hat es herumb vil schöner Traitfelder (= Getreidefelder) weites Umbfangs, als das Ombraser- und Wilthenerfeld, wie auch herenterhalb des In das Hettinger Traitfeld, item ain grosses Feld oder Wismat, der Saggan genant, darauf gute Waid für das Vieh der Statt und Vorstatt wechst. Dises weite, lustige Feld wiert beseiht (= bewässert) mit dem Fluss Sell (= Sill), so daran hinrint und durch gemachte Canal hin und wider gelait wiert.' – Soweit Ernstinger um 1579/80, also vor rund 400 Jahren, als auch das übrige Innsbruck noch ganz anders ausgesehen hat. Verwunderlich und kaum fassbar für den Menschen unserer Tage wird es erst, wenn er in dem vor erst rund hundert Jahren (1880) erschienenen Handbuch *Franz Gwerchers* über Innsbruck eine ähnliche Schilderung findet, wenn der Autor berichtet, dass die Chotek-Allee (= Karl-Kapferer-Straße) vom Rennweg ‚in östlicher Richtung zu einer großen Wiesenfläche führt, die der Stadtsaggen genannt wird'.

Wenige Jahre später allerdings sollte sich dieses Bild vollständig ändern und anstelle dieser städtischen Weidefläche Alt-Innsbrucks jüngster Stadtteil entstehen. Der Betrieb einer eigenen Landwirtschaft zur Deckung des persönlichen Bedarfes der Bürger war nämlich spätestens um die Mitte des 19. Jahrhunderts eingestellt worden. Diese bürgerliche Landwirtschaft war ja nur so lange sinnvoll, als die hiefür aufzuwendenden Kosten einschließlich der Arbeitszeit für einen hauptberuflichen Handwerker oder Kaufmann etc. wirtschaftlich vertretbar waren. Von dem Zeitpunkt an, da man mit dem gleichen Zeitaufwand in Gewerbe und Handel dank der neuen technischen Errungenschaften mehr erwirtschaften und die notwendigen landwirtschaftlichen Produkte entweder aus den Dörfern der Umgebung oder mittels der 1858 eröffneten Unterinntaler Eisenbahn preisgünstig einführen konnte, von diesem Zeitpunkt an hatte der Städter keinen Bedarf mehr an landwirtschaftlichen Betriebsflächen, sondern betrachtete die betreffenden Grundstücke als neues Siedelland. Und dafür bestand in Innsbruck, das vor allem seit dem Bahnbau einen starken Bevölkerungszuzug zu verzeichnen hatte, großer Bedarf: gesundes Zeichen einer vitalen Stadt." (Hye [57])

Innstromkarte K5, 1822 (K27)

Abb. 51: *B. Weinmann*, Ausschnitt – Bereich von Saggen, um 1860

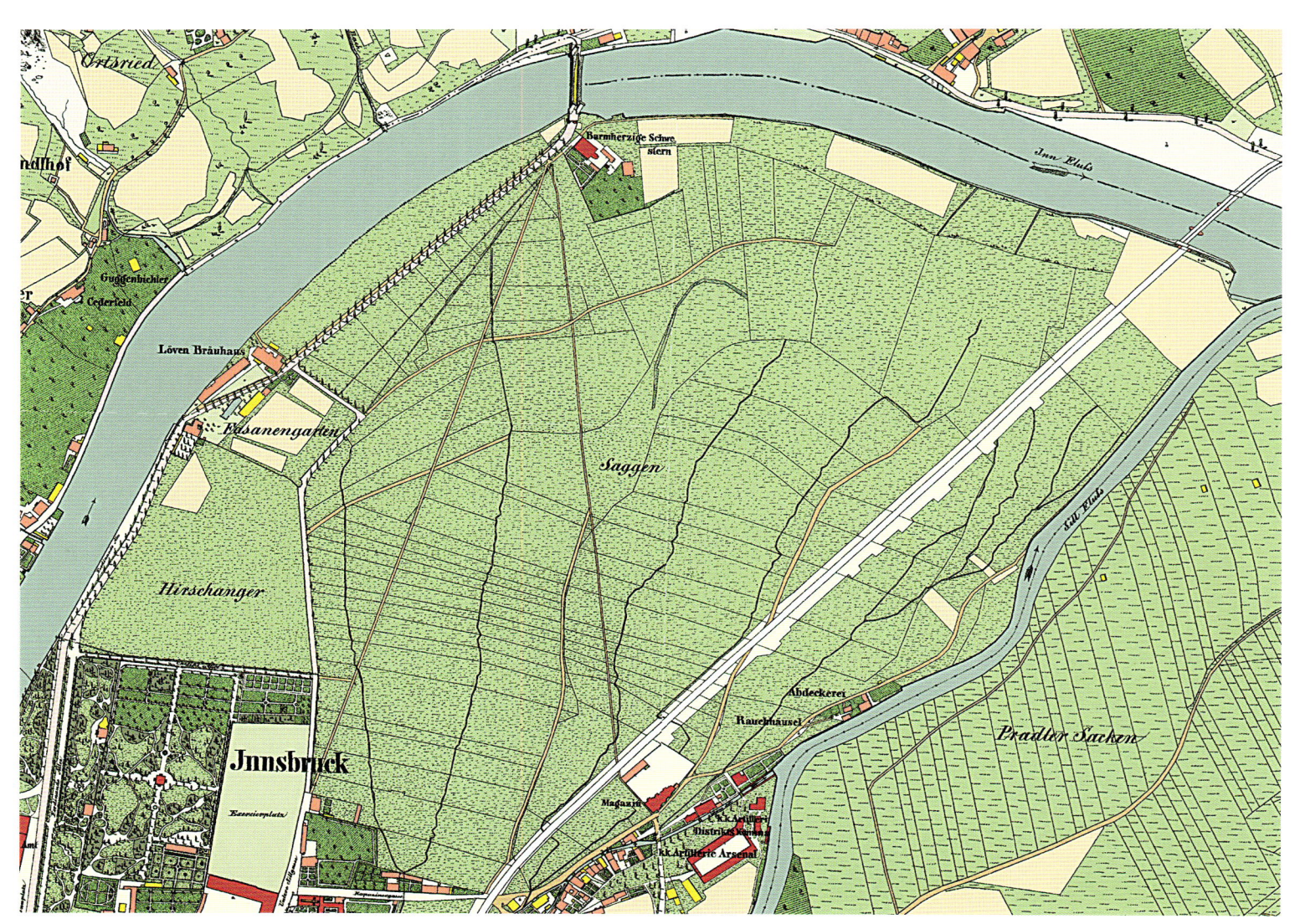

Digitaler Franziszeischer Kataster, 1856 (K48)

Von den auf dem Katasterplan von 1856 angeführten Altbauten nördlich des Hofgartens und der mit dem unteren Bildrand parallel verlaufenden Kapuzinergasse ist an erster Stelle das nicht mehr existierende Palais der Grafen Spaur zu nennen, welches mit seinen weitläufigen Gartenanlagen das Areal der heutigen Bundespolizeidirektion eingenommen hatte. Nachdem 1862 das Anwesen von Gebhard von Ingram an die Stadt verkauft worden war, nutzte es diese als Männerversorgungshaus. 1876 wurde das Anwesen an das Militär-Ärar verkauft, wo in der Folgezeit anstelle dieses malerischen Schlösschens 1884 eine Kaserne für die berittenen Tiroler Landesschützen entstand. 1954/58 mussten die Soldaten allerdings der neuen Bundespolizeidirektion (Kaiserjägerstraße 8) weichen. Als zweiter Altbau ist hier das nördliche Nachbarhaus des Spaur-Schlösschens (Kaiserjägerstraße 10) anzuführen. Dieses einstöckige, „kaisergelb" bemalte Gebäude wurde 1845 erbaut. Neben dem Haus in der Leopoldstraße 27 in Wilten stellt es das einzige erhaltene Biedermeierhaus in Innsbruck dar. Nördlich davon begann dann die weite, unverbaute Wiesen- und Weidefläche des Stadtsaggen, der im Westen von der Saggengasse (heute Kaiserjägerstraße) und den Hofgärten (einschließlich der Gebäudegruppe beim Löwenhaus), im Norden vom Inn und im Süden und Südosten von der Sill begrenzt wurde. Das einzige Gebäude, welches sich auf dieser weiten Flur erhob, war der stattliche Gutshof, den sich Joseph von Laicharding um 1770 am rechten Innufer neben der Mühlauer Brücke hatte erbauen lassen. Es handelt sich dabei um das heutige Mutterhaus der Barmherzigen Schwestern (Rennweg 40). Der seit 1839 in Innsbruck tätige Spital- und Schulorden hatte diese Liegenschaft 1847 vom Innsbrucker Kaufmann Joseph Kapferer gekauft. (*Hye* [57])

Franz WERNER: „**Projekt zur oestlichen Stadterweiterung am Saggen**", 1886 (Kartenverzeichnis T91)

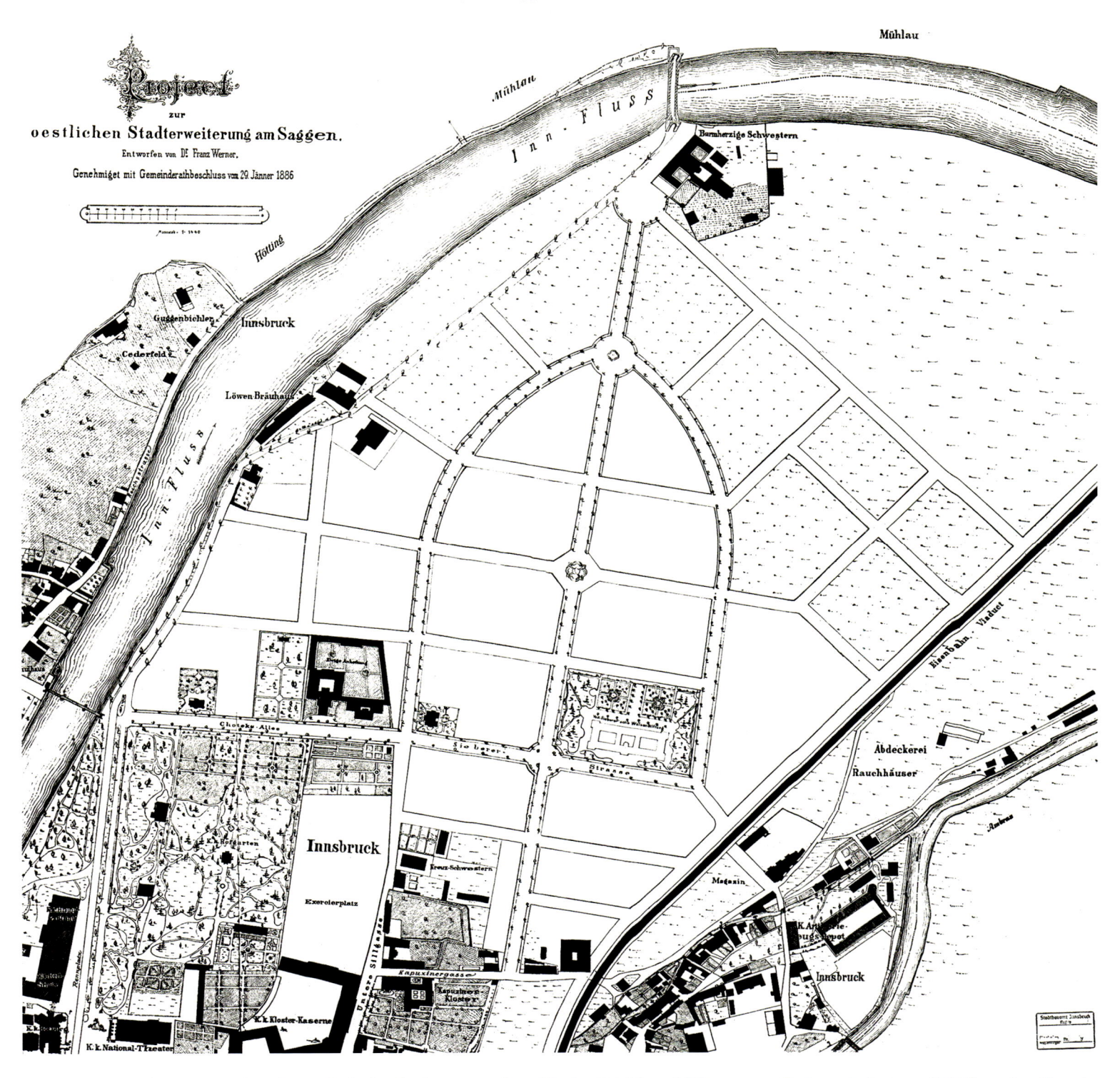

Bis 1886 waren die ersten Gebäude nördlich des Hofgartens neben **Kirche** (1868) und **Kloster zur Ewigen Anbetung** (1872) an der Chotek-Allee (heute Karl-Kapfererstraße), die **Kapferervilla** (1885) gegen den Inn hin, in der anschließenden Sieberer-Straße eine weitere Villa (1887) und vor allem aber das vom Wohltäter Johann von Sieberer gestiftete und 1889 fertiggestellte **Waisenhaus** noch im Bau- bzw. Planungsstadium.

1886 wurde ein Verbauungsplan nach einem Entwurf Dr. Franz Werners vom Gemeinderat genehmigt, der eine rasterartige Bebauung in Form einer Mitra vorsah. Die sogenannte „Werner'sche Bischofsmütze" steht auf der Basis der Siebererstraße und wird durch die Kaiserjägerstraße im Westen und die Claudiastraße im Osten begrenzt. Als Mittelachse und Hauptstraße dieses neuen Stadtviertels war die Falkstraße vorgesehen. In diese sollten am Platz vor der Mühlauer Brücke der Rennweg und die Erzherzog-Eugen-Straße als äußere Grenzstraßen des neuen Stadtteiles einmünden. Abgesehen von einigen Abänderungen wurde dieser Straßenplan auch verwirklicht. Ein Gedanke allerdings blieb auf der Strecke, es war die Ausgestaltung der Falkstraße zur „Saggen-Hauptallee". Dieses Vorhaben scheiterte unter anderem an der Unmöglichkeit, die Straße durch das Gelände der Landesschützenkaserne (heute Polizeidirektion) zumindest bis zur Kapuzinergasse hindurchzuführen. Die Falkstraße endet daher im Süden als Sackgasse und stellt somit ungewollt ein neues Namenssymbol für den Saggen dar. (*Hye* [57]) – Diese „Werner'sche Bischofsmütze" ziert auch das von *Hye* gestaltete Stadtteilwappen von Saggen. (*Hye* [68])

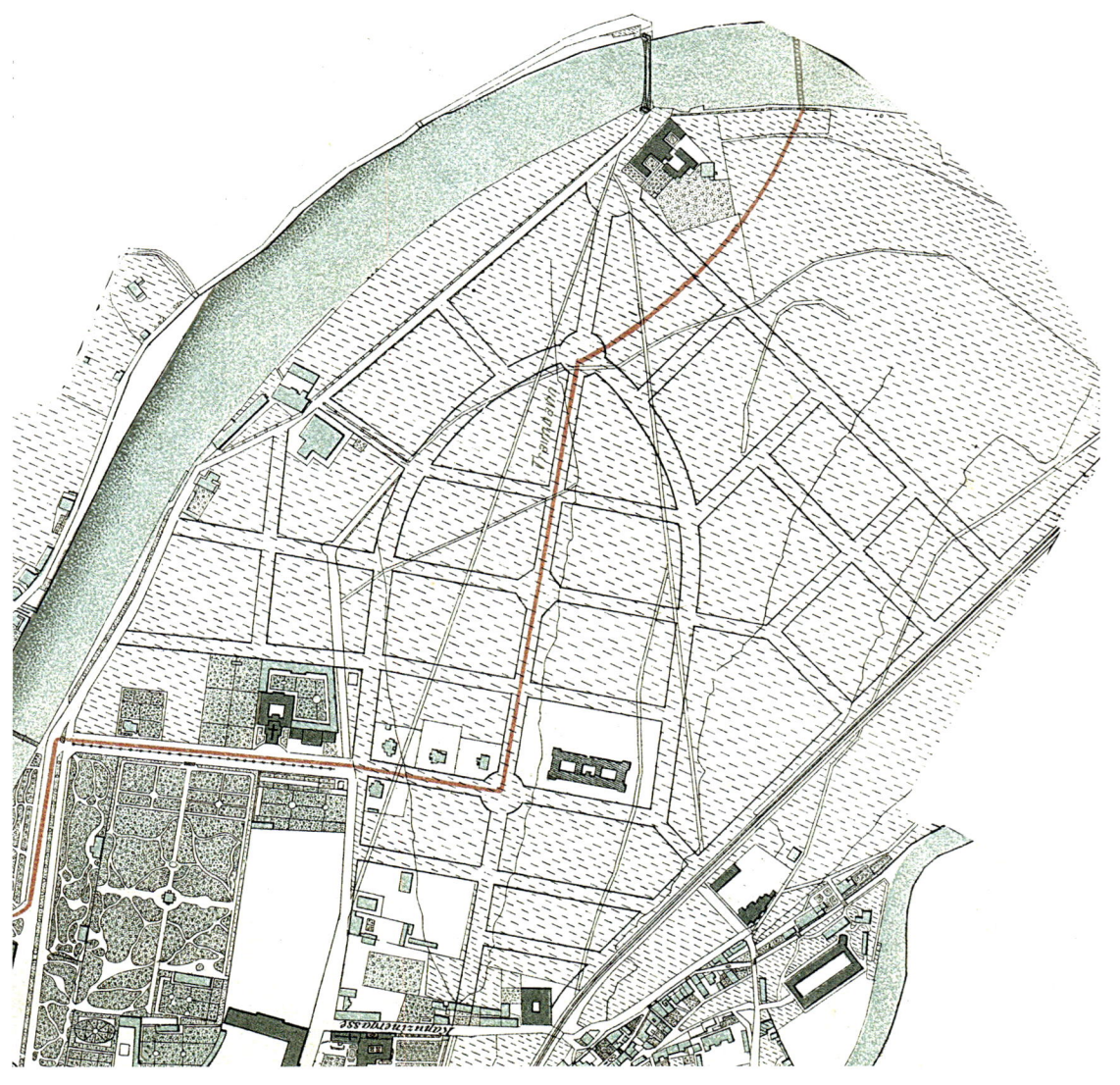

Auf der Neujahrsentschuldigungskarte von *Czichna* für das Jahr 1889 ist der projektierte Plan Werners bereits eingezeichnet. Allerdings erkennt man, dass seit der Genehmigung des Planes kaum noch weitere Bauten dazugekommen sind.

Der geplante, aber nie vollzogene Durchstich der Falkstraße durch die Landesschützenkaserne zur Kapuzinergasse ist noch eingezeichnet.

Mit roter Farbe eingetragen ist die vorgesehene Trasse der **Lokalbahn Innsbruck-Hall**. Seit 1878 geplant, wurde sie 1891 in Betrieb genommen. Die vorgesehene Streckenführung ab der „Mitraspitze" wurde allerdings gegenüber diesem Plan geändert.

A. Czichna, 1888 (K69)

Seit der Projekterstellung 1886 sind nur wenige Villen nördlich und südlich der Siebererstraße dazugekommen.

Der Plan zeigt nun die tatsächliche Trasse der Lokalbahn Innsbruck–Hall mit der Innüberquerung neben der Kettenbrücke.

Beim Löwenhaus ist das 1892 errichtete **Volkstheater** am Rennweg eingezeichnet, in dem unter anderem auch die Exl-Bühne auftrat.

Anlässlich der Tiroler Landesausstellung 1893 wurde am Messegelände die heute unter Denkmalschutz stehende **Ausstellungshalle** erbaut. Die Falkstraße endet nun endgültig bei dieser Halle.

Auf der gegenüberliegenden Seite des Bahnviaduktes stehen bereits die ersten drei Magazine der von der Stadt für die Kavallerie errichteten **Trainkaserne**.

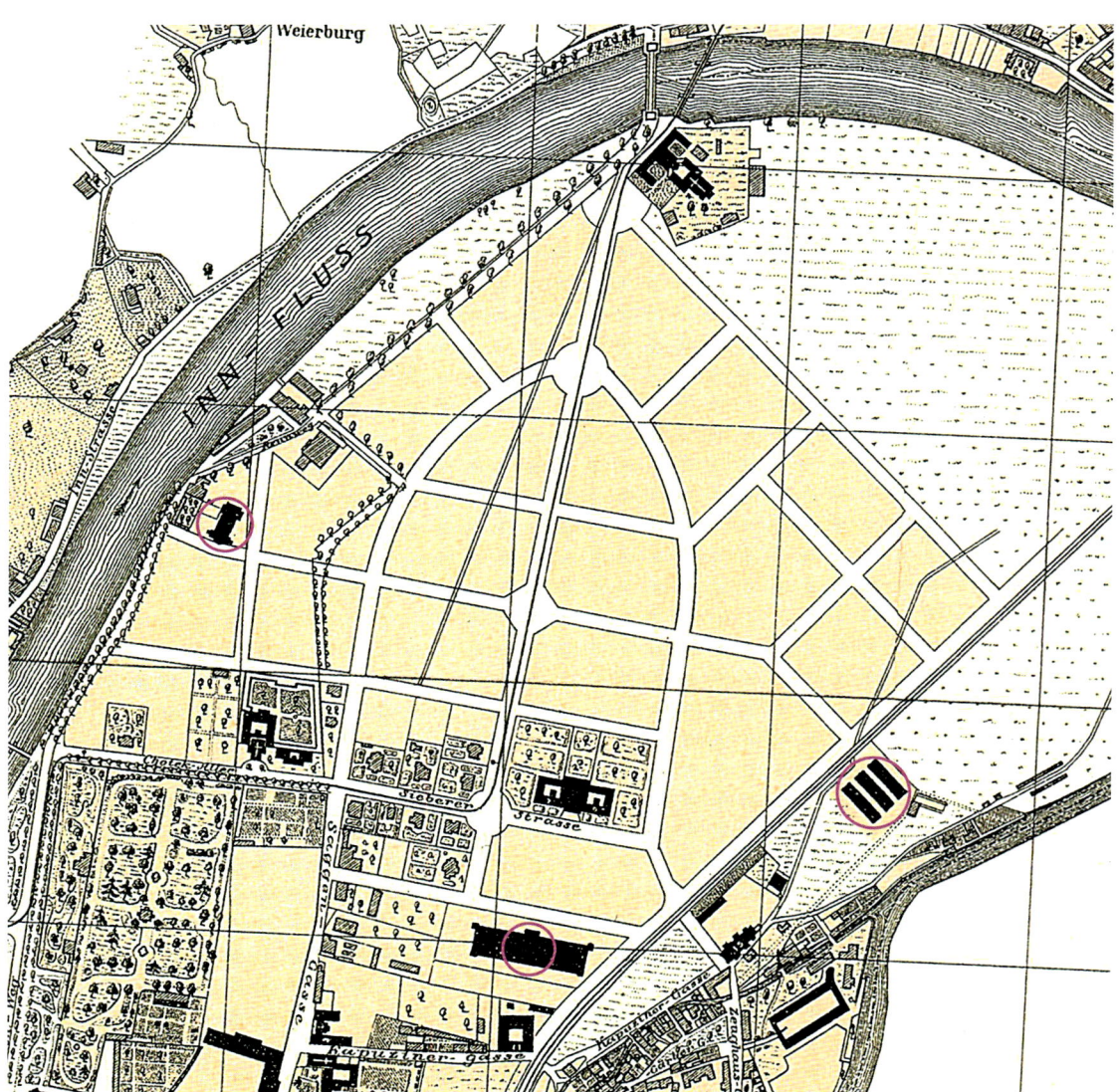

J. Redlich, 1894 (K74)

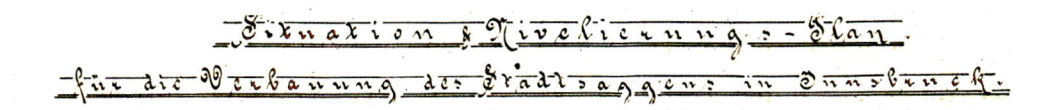

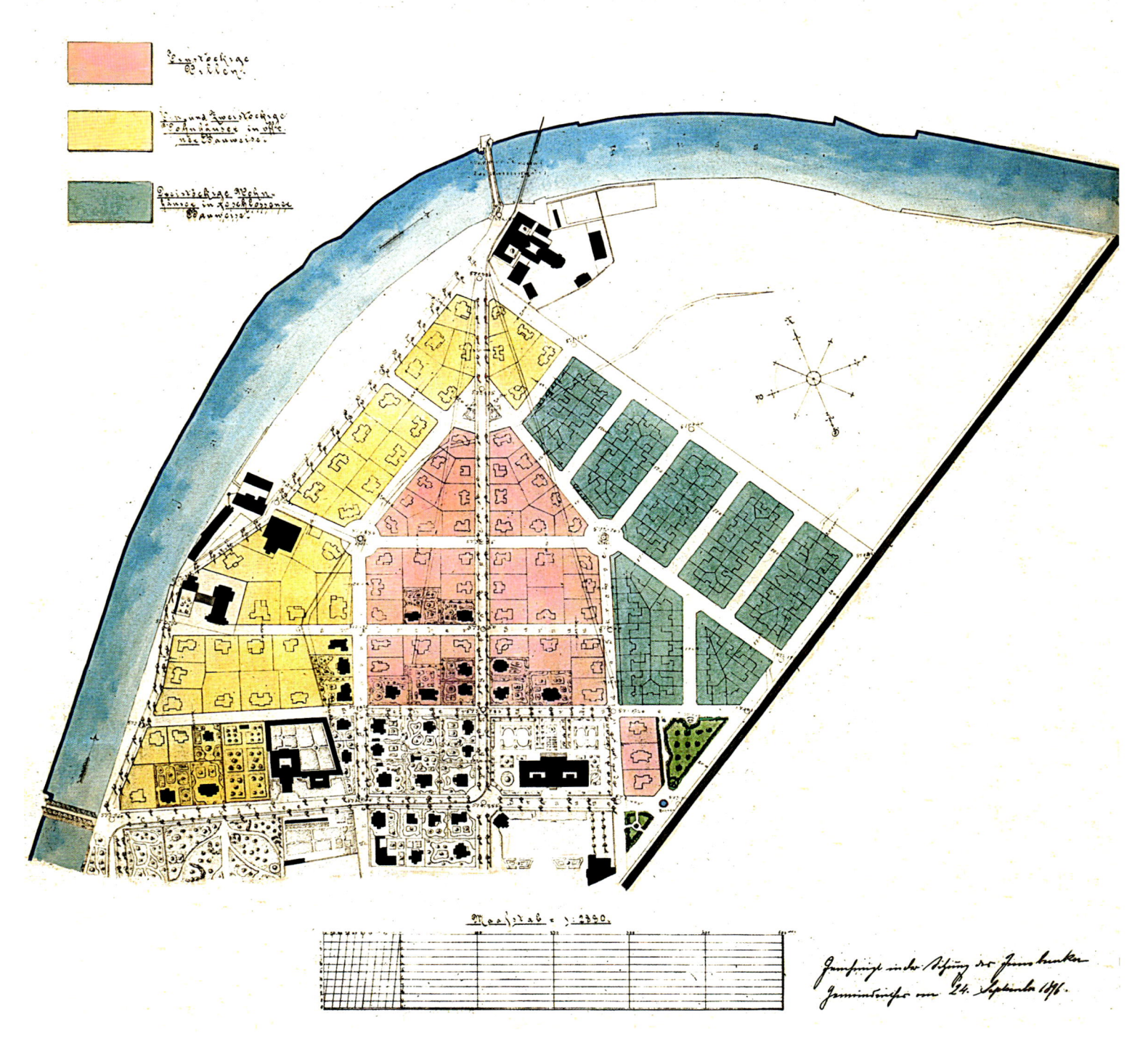

„Situations & Nivelierungs-Plan für die Verbauung des Stadtsaggens in Innsbruck", 1896 (Kartenverzeichnis T92)

Dieser Bebauungsplan für den Saggen (*„genehmigt in der Sitzung des Innsbrucker Gemeinderathes am 24. September 1896"*) legt die Bebauungsart und die Bauhöhen für den neuen Stadtteil fest.

Einstöckige Villen (Villensaggen)

Ein- und zweistöckige Wohnhäuser in offener Bauweise

Dreistöckige Wohnhäuser in geschlossener Bauweise (Blocksaggen)

Die bereits bestehenden Gebäude sind schwarz eingefärbt. Der blaue Punkt am Bahnviadukt rechts unten zwischen den beiden Grünflächen zeigt die Position des Panorama-Baues für *Michael Z. Diemers* **„Kolossal-Rundgemälde"** der Berg-Isel-Kämpfe von 1809, das 1895/96 hier errichtet wurde. Erst 1907 übersiedelte das Rundgemälde in den Neubau an der Kettenbrücke. Die nördlich davon liegende rote Fläche wurde später nicht mit den vorgesehenen drei Villen bebaut, sondern bildete den Baugrund für die 1898 errichtete k. k. Staatsbahndirektion. Von der elegant geschwungenen Form der „Bischofsmütze" ist nicht mehr viel zu sehen, sie weicht nun einer geradlinigen Straßenführung.

Die Verbauung des Villensaggens schreitet in den 1890er Jahren zügig voran. Ein erstes Gebäude der Blockverbauung entsteht an der Ecke Claudiastraße/Bienerstraße.

Auf diesem Plan steht der Panoramabau des Rundgemäldes im Messegelände. Entlang des Bahnviadukts, in der Mitte zwischen Messehalle und Zeughaus, sind die vom St. Vinzenzverein 1894 errichteten **Arbeitshäuser** eingezeichnet. Auffallend ist das Oval der im Juni fertiggestellten und am 23. August 1896 feierlich eröffneten **Radrennbahn** gegenüber den Magazinen der Trainkaserne.

J. Redlich, 1896 (K75)

Auf dem Lichtbild verfolgen die Zuschauer gerade das Duell zweier Radsportler. „*Die Innsbrucker Rennbahn, welche in Verbindung mit der internationalen Ausstellung (für körperliche Erziehung, Gesundheitspflege und Sport) noch im Laufe der nächsten Wochen eröffnet wird, erhält einen Umfang von 400 Metern bei einer Breite von 6 Meter; sie besteht aus zwei Ellipsen, die durch zwei gerade Strecken verbunden sind. Die Bahn, welche cementiert wird, ist für eine Geschwindigkeit von 16 Metern per Secunde berechnet und erhält in den schärfsten Bogen eine Ueberhöhung von 3.2 Metern. Die Velociped-Rennbahn wird eine der hervorragensten und besteingerichteten Radfahrbahnen des Continents sein.*" (Innsbrucker Nachrichten vom 5. Juni 1896)

Abb. 52: *Radrennen in Innsbruck*, um 1898

Neben der Messehalle, dem Panorama und dem Waisenhaus finden wir auch hier auf einer Darstellung von Max Schammler das Oval der Radrennbahn wieder. Die rechts neben dem Bahnviadukt liegenden Magazine der Trainkaserne sind allerdings viel zu weit südlich eingezeichnet.

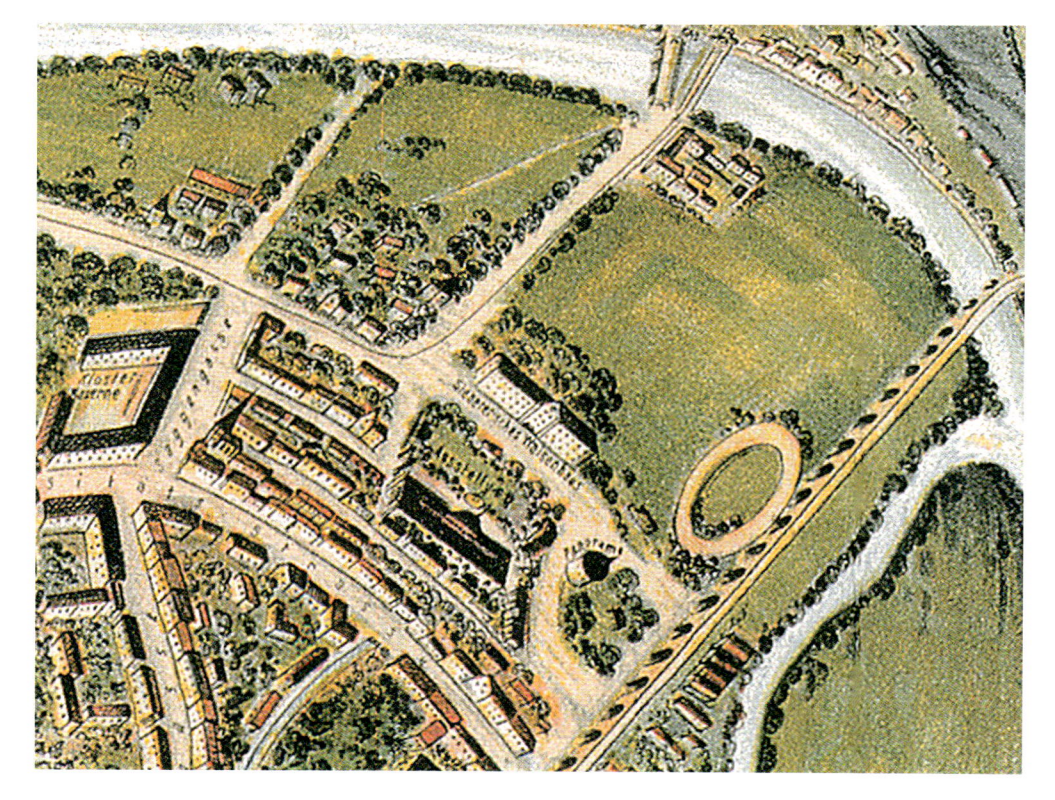

Max Schammler, 1897 (P12)

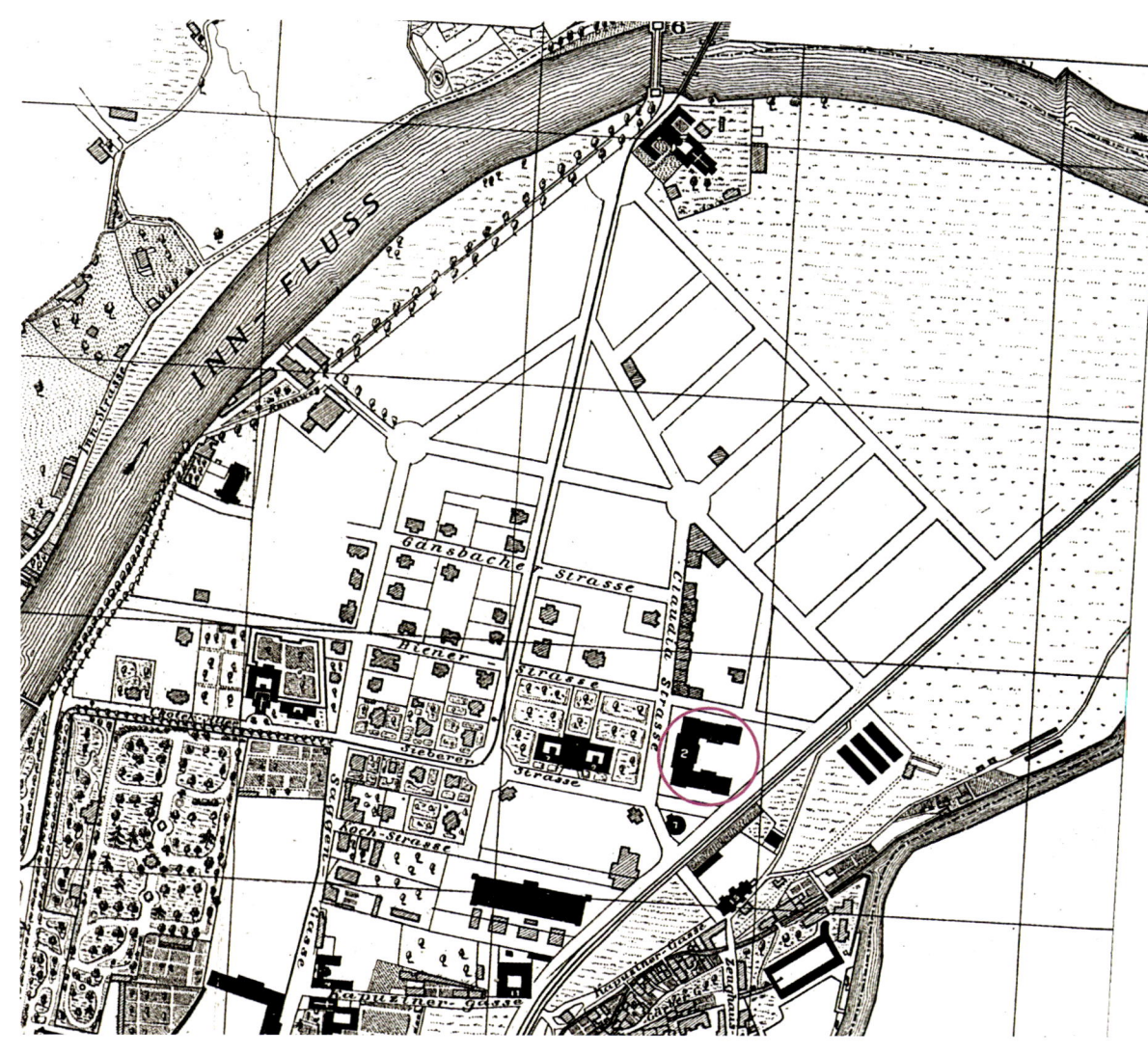

Das Straßennetz entspricht bereits dem heutigen Erscheinungsbild.
Die auf dem Plan namentlich erwähnte Gänsbacherstraße wurde 1896 angelegt. Das Villenviertel breitet sich allmählich nach Norden aus und an der Claudiastraße entstehen weitere Gebäude der **Blockverbauung** im Blocksaggen.
Das 1901 abgerissene Radstadion ist nicht mehr verzeichnet. Auf dem Plan fehlen auch die Arbeitshäuser des St. Vinzenzvereins entlang des Bahnviaduktes, wie sie noch auf dem Plan von 1896 zu sehen waren. Die Anzahl der Magazine der Trainkaserne hat sich wieder auf drei reduziert.
1898 wurde das Gebäude der **k. k. Staatsbahn-Direction** an der Kreuzung Sieberer-/Claudiastraße errichtet.

J. Redlich, 1898 (K76)

Die 1896 bis 1898 angelegten weiteren Straßen sind zum ersten Mal auch kartographisch erwähnt.
Die Verbauung im Blocksaggen schreitet ebenfalls voran. Der Villenbau erreicht die Elisabethstraße. Am Ausstellungsgelände wurde ein **Eislaufplatz** eingerichtet.

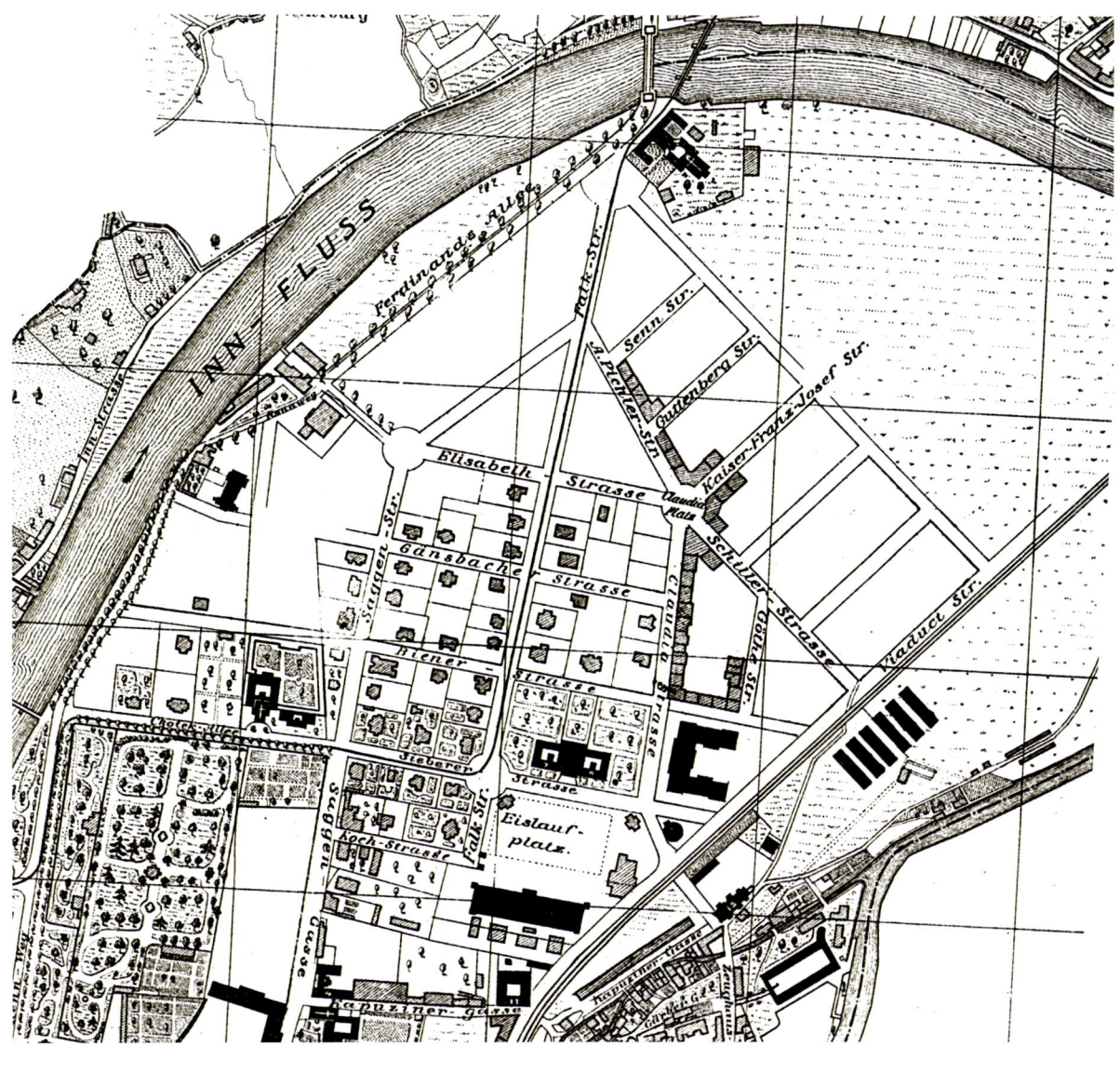

J. Redlich, 1900 (K80)

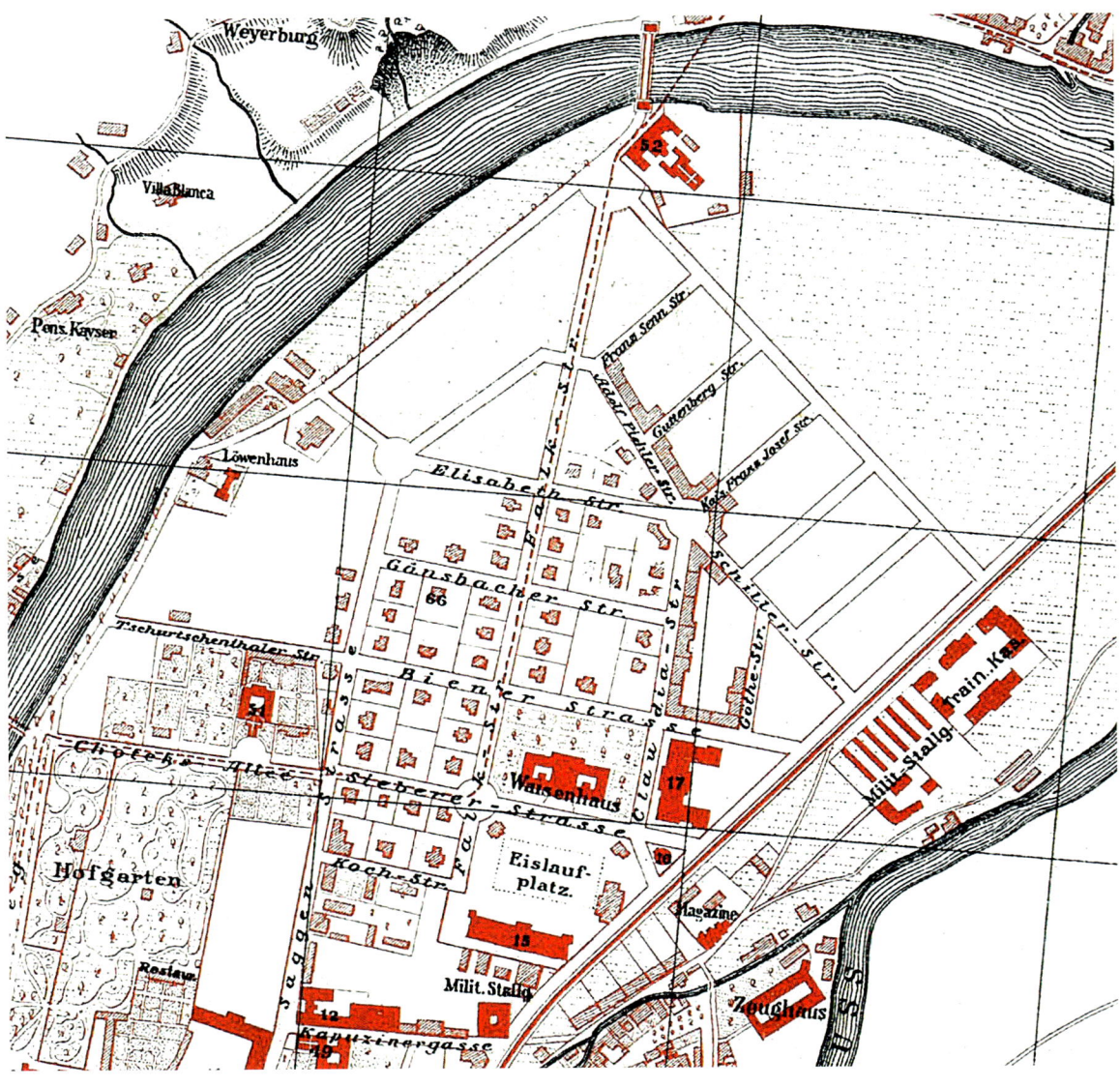

Auf dem Plan von *Redlich* von 1903 ist erstmals die gesamte Anlage der 1901 fertiggestellten **Train-Kaserne** abgebildet.

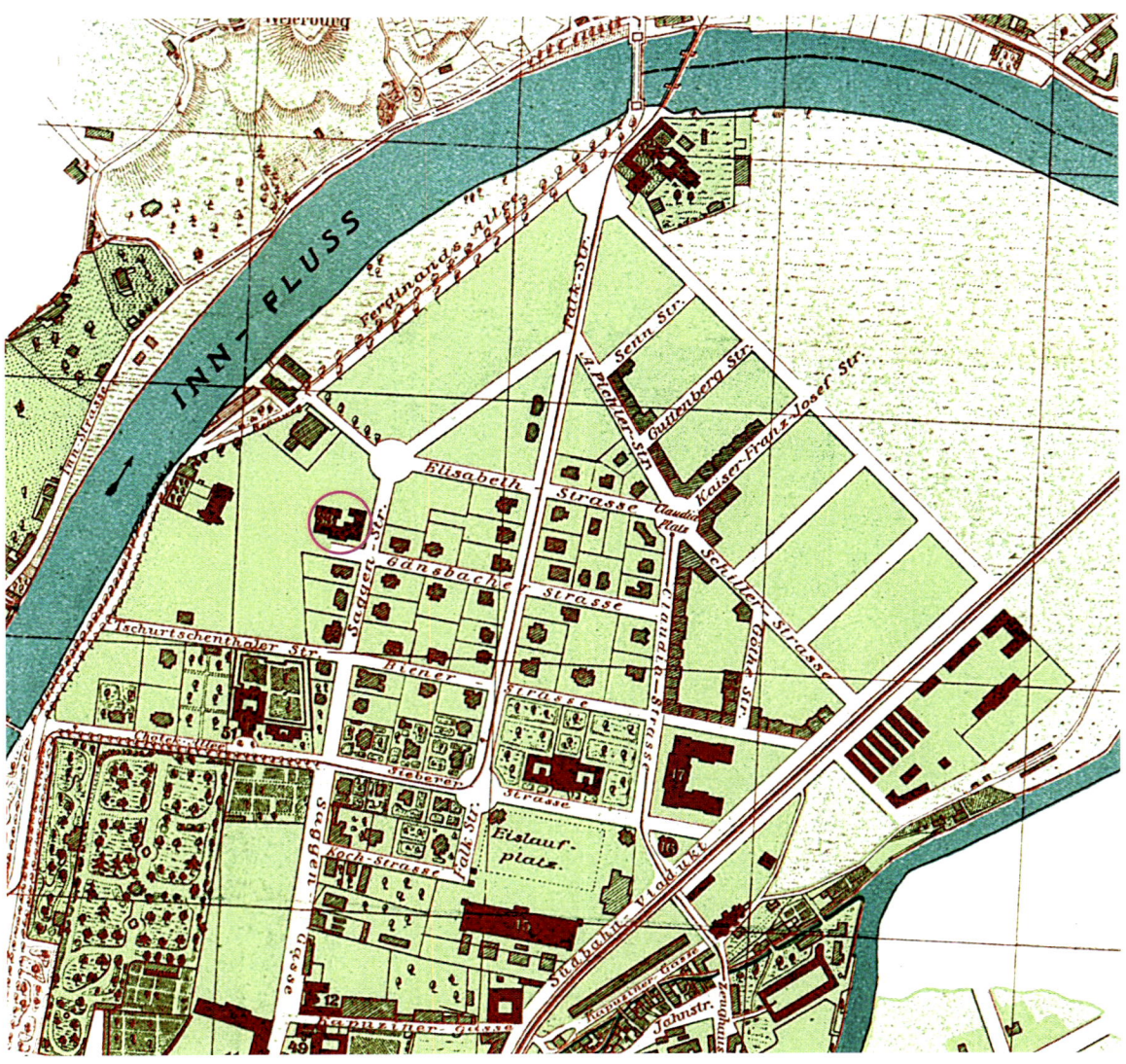

J. Redlich, 1903 (K83)

1903/04 wurde die **Handelsakademie** an der Saggengasse (heute Kaiserjägerstraße) erbaut.

J. Redlich, 1904 (K86)

Abb. 53: Saggen gegen Südwesten, von Mühlau aus gesehen, um 1900

Im Zentrum erkennt man das Waisenhaus an der Siebererstraße, dahinter das lange Gebäude der Messehalle. Schräg gegenüber erstreckt sich die Fassade der Arbeitshäuser des St. Vinzenzvereins, davor steht gut erkennbar der Panoramabau des Rundgemäldes. Links daneben befindet sich die k. k. Staatsbahndirektion. Ausgehend vom Claudiaplatz (vor dem roten Gebäude) ist die Elisabethstraße bis über die Falkstraße hinausgehend angelegt. Die Radrennbahn ist auf der linken Bildseite vor dem Bahnviadukt noch erkennbar.

Der Saggen heute:

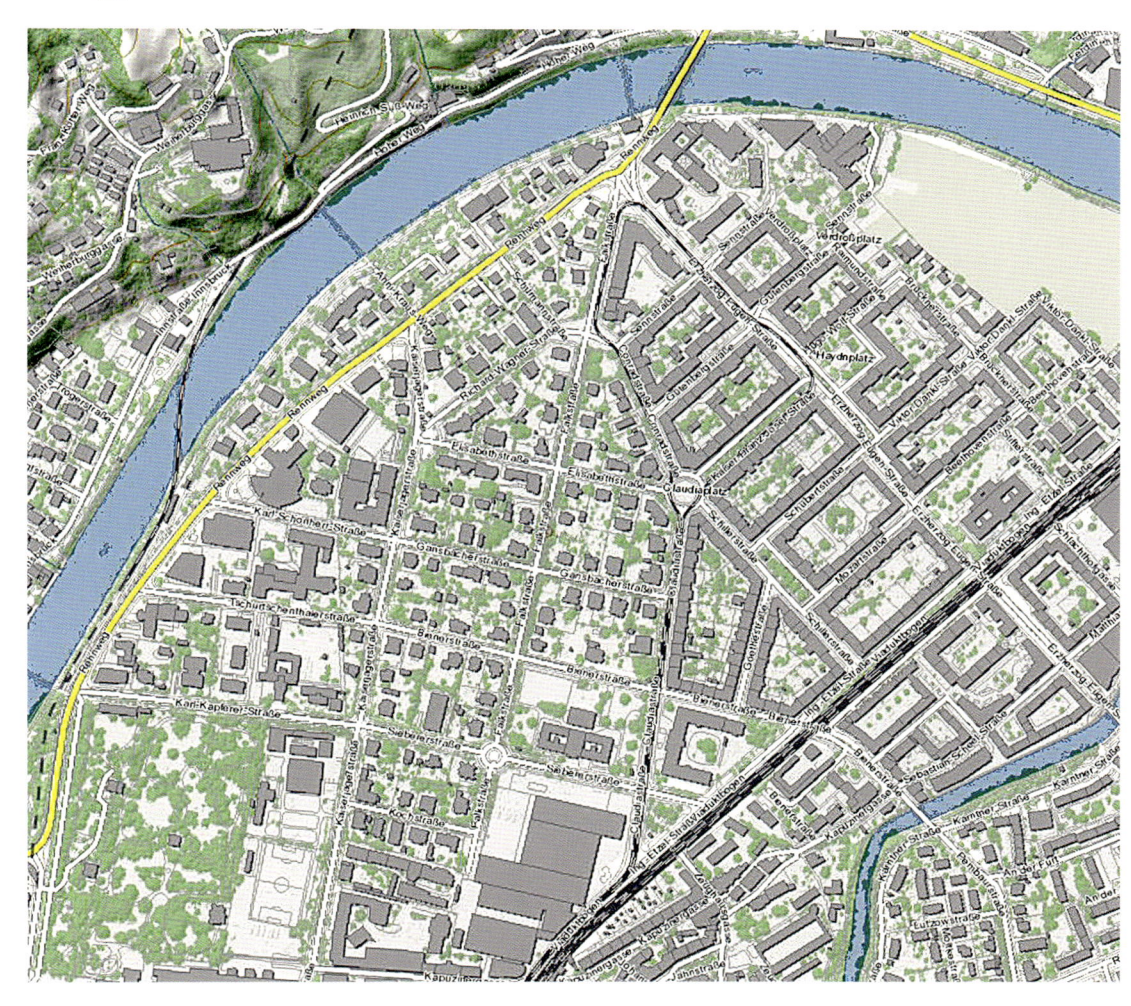

BaseMap-Tirol, 2016 (K97)

13. Arzl

tiris, Orthofoto 2013 (K95):

Abb. 54: Arzl, um 1700, Fresko am sogenannten Canisius-Haus, Canisiusweg Nr. 7

Aus dieser Ansicht von Arzl lässt sich erahnen, wie es im frühen 18. Jahrhundert nach der Errichtung der Kalvarienberg-Kirche 1664/65 und vor dem Kirchenumbau 1735/37 ausgesehen haben könnte. Die Inschrift lautet: „*Beteres Canisy haus und dorff gemein, dir maria hilff pefolchen sein, / Von shwerer Sind und Feürs gefahren, sie treulich wirst alzeit pewahren.*" Eine ausführliche Interpretation des Freskos findet sich in D. Feil [18].

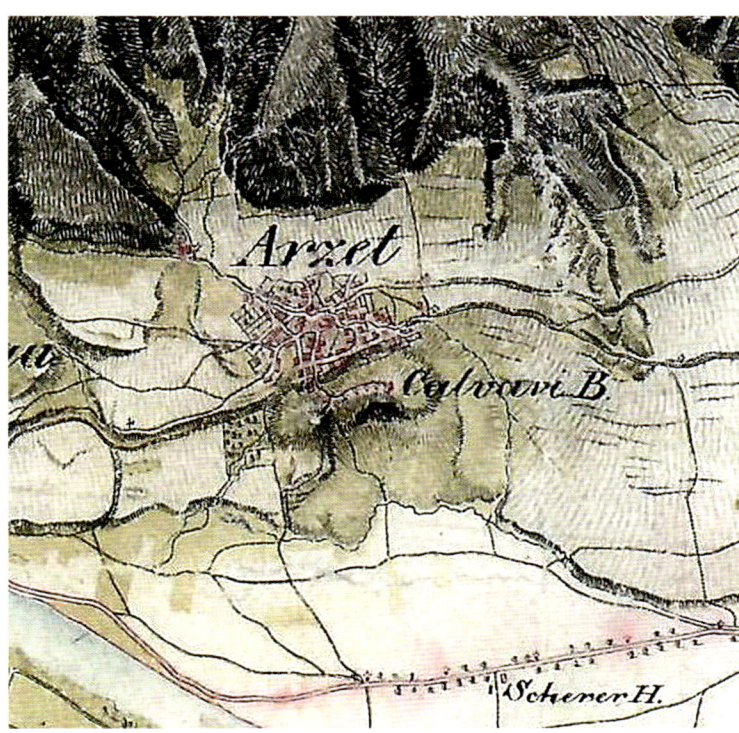

Erste (Josephiniche) Landesaufnahme, 1805 (K87)   *Zweite (Franziszeische) Landesaufnahme,* 1820 (K88)

Den östlichen Stadtrand der Landeshauptstadt Innsbruck nördlich des Innflusses bildet das Gebiet der im Jahre 1940 eingemeindeten Dorfgemeinde Arzl. Siedlungsmäßig zerfällt dieses Gebiet heute in das eigentliche alte Dorf am Talhang bzw. in der Mulde hinter dem Kalvarienberg, in die junge, vornehmlich aus kleinen Siedlungshäusern bestehende Siedlung „Neu-Arzl" am Talboden und schließlich in das südlich daran anschließende und fast bis zum Innufer reichende „Olympische Dorf". Ursprünglich bildete auch das im Graben und am Mündungsschuttkegel des Wurmbaches liegende Dorf Mühlau einen Teil der Gemeinde Arzl: Im Westen grenzte Arzl daher früher unmittelbar an Hötting, wie dies sogar noch einer Urkunde von 1712 zu entnehmen ist. Um 1740 löste sich Mühlau von Arzl und wurde zur eigenen Dorfgemeinde, wohl eine Folge der schon seit längerem zu beobachtenden unterschiedlichen Entwicklung der beiden Dörfer. Die stärkere landwirtschaftliche Ausrichtung von Arzl zeigt sich darin, dass der weit größere Teil des ehemals gemeinsamen Wald- und Almbesitzes bei Arzl blieb. (*Feil* [18], *Hye* [50])

Das Dorf umfasste um 1775 86 Häuser, um 1800 waren es 92, dazu kamen ein Wirtshaus, eine Schmiede, eine Säge und zwei Mühlen. Bis 1840 vermehrte sich die Häuserzahl auf 96, die 124 Familien beherbergten. Insgesamt lebten damals 551 Einwohner in Arzl. 1856 waren es schon 103 Häuser. Hinzugekommen waren ferner ein weiteres Gasthaus („Hirschen" seit 1843) und eine Mühle. Zusätzlich gab es nun auch einen Krämer, einen Schuster, drei Weber sowie als größeren Betrieb die Mayrsche Ziegelhütte an der Haller Straße. (*D. Feil* [18])

Arzl 1856 und heute:

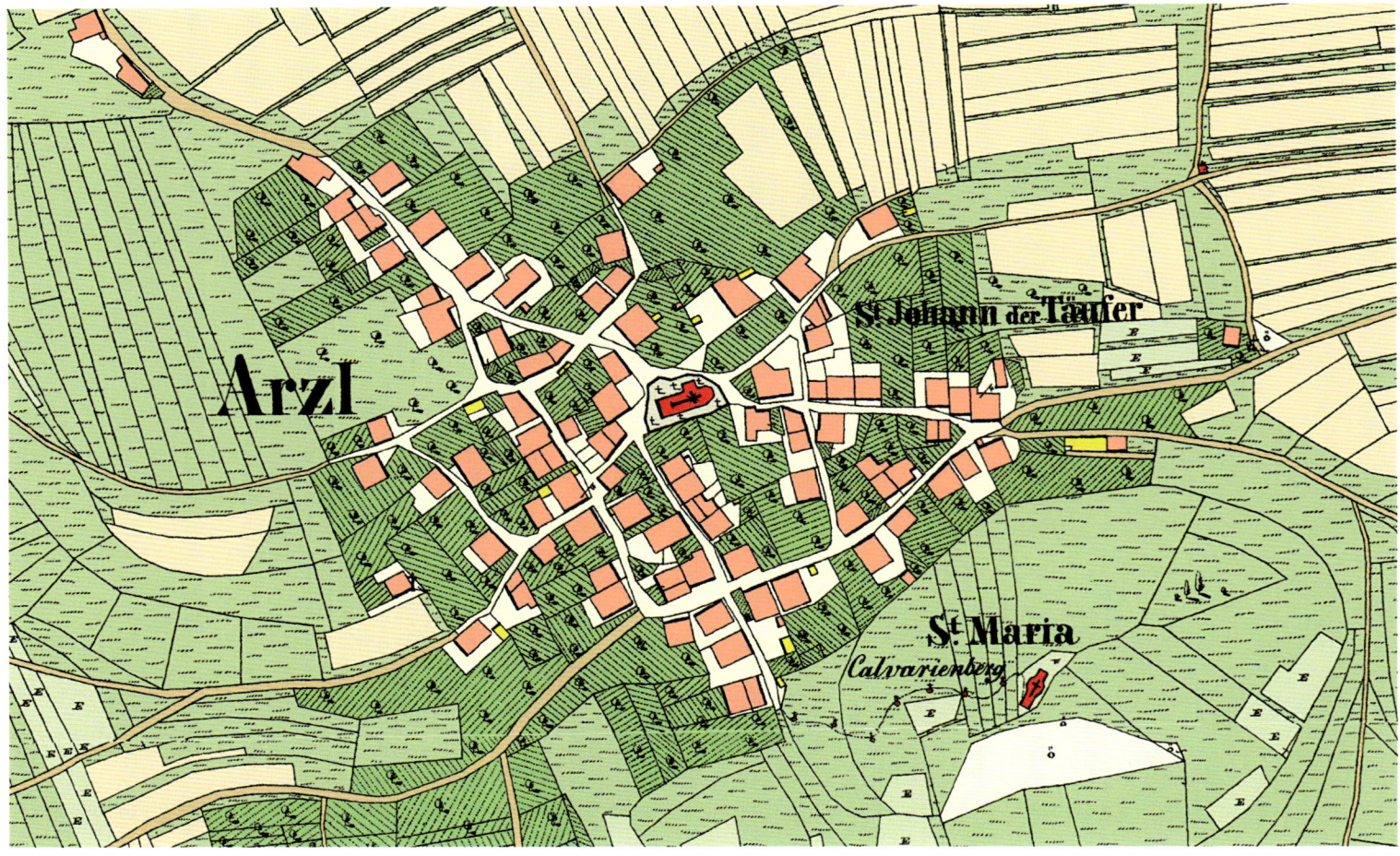

Digitaler Franziszeischer Kataster, 1856 (K48)

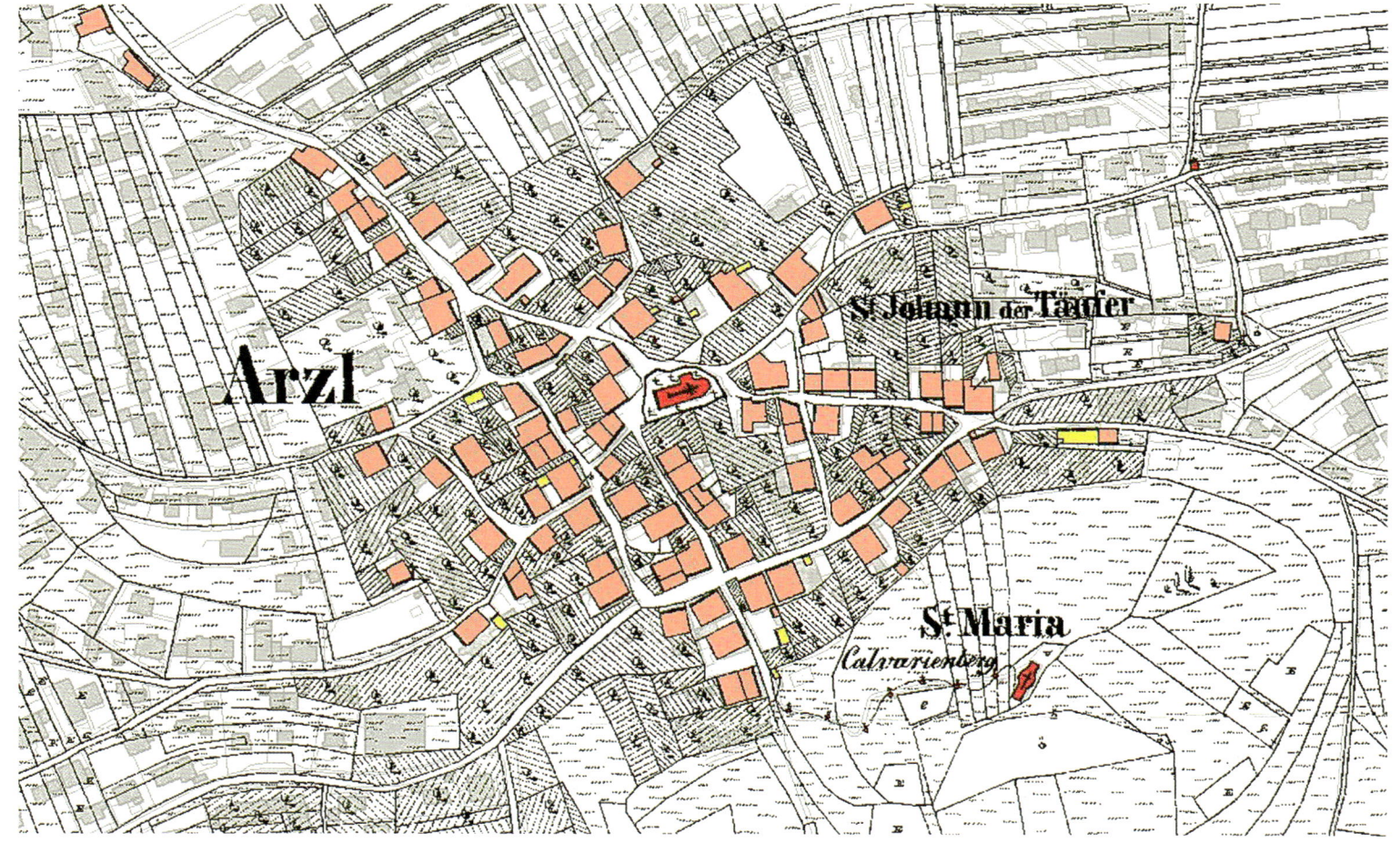

Digitaler Franziszeischer Kataster unterlegt mit dem Lageplan 2013, *tiris*-Kartendienste – Land Tirol (K96)

Auffallend ist die Orientierung auch der heutigen Gebäude an den alten Flurgrenzen und Feldwegen. Arzl liegt an zwei Landstraßen, das Dorf selbst an der alten Straße, die erst nach 1893 entstandene Siedlung Neu-Arzl hingegen an der jüngeren Landstraße durch die Haller Au.

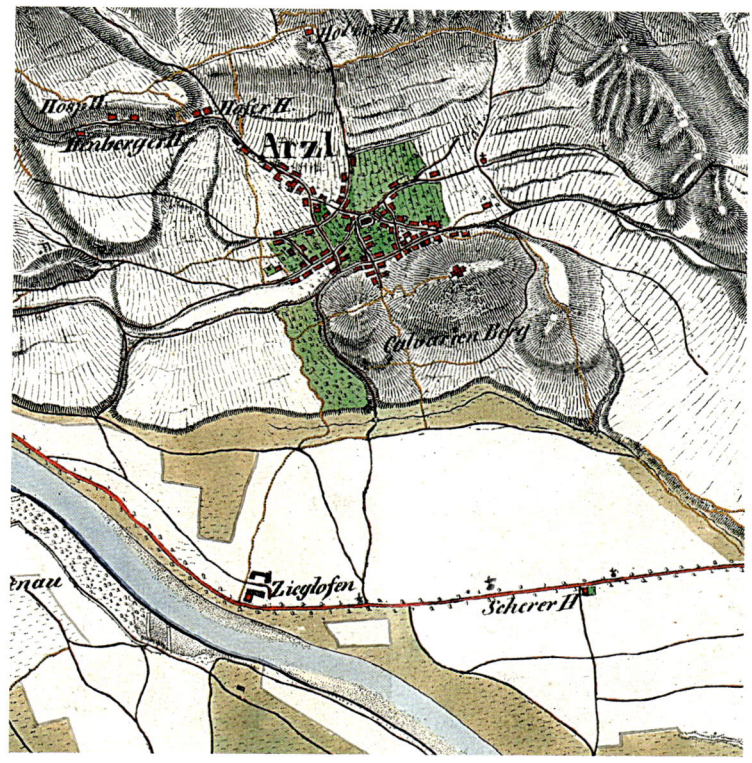

Urban, 1840/43 (K43)

Die Straße durch die Haller Au führt am Ziegelofen (um 1826 errichtet) und am 1789 erbauten Schererhofes vorbei.

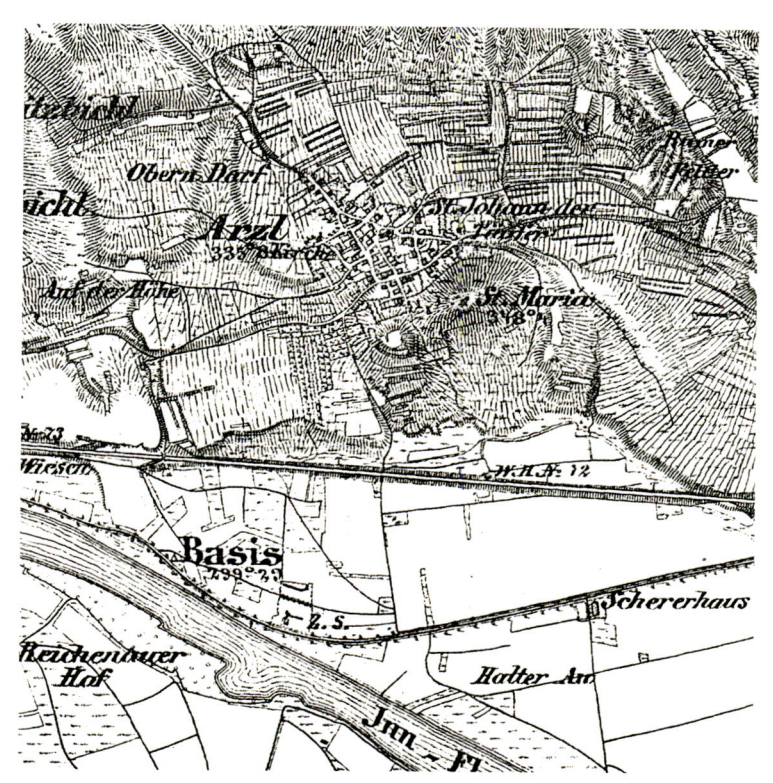

„Plan der Umgebung von Innsbruck", 1866 (K50)

Seit 1858 führt die Bahnlinie durch die Arzler Felder.
Der Basispunkt verweist auf den linken Ausgangspunkt der im Kapitel II/5 beschriebenen Basislinie für die katastrale Vermessung von 1856.

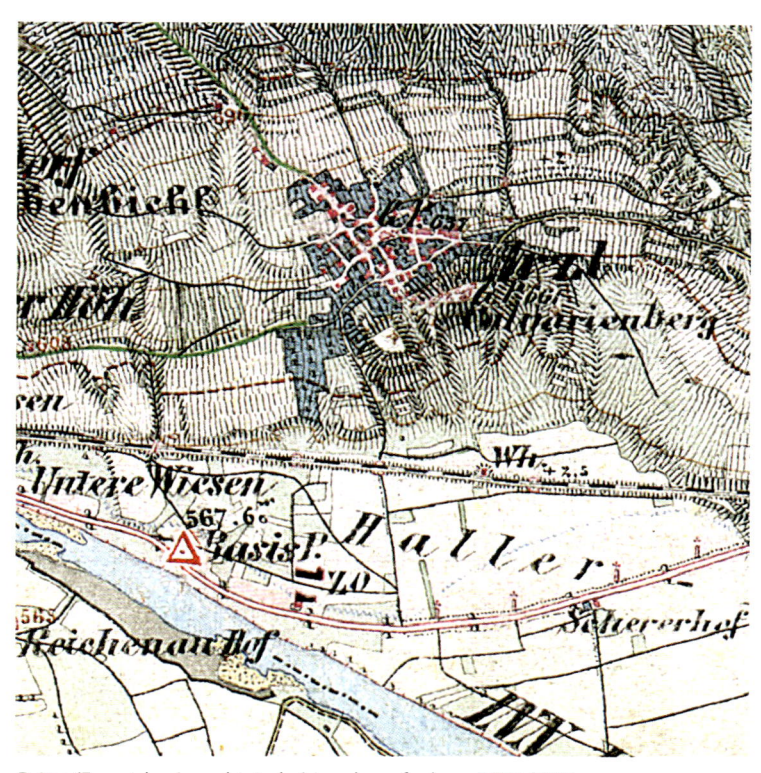

Dritte (Fransisko-Josephinische) Landesaufnahme, 1871 (K90)

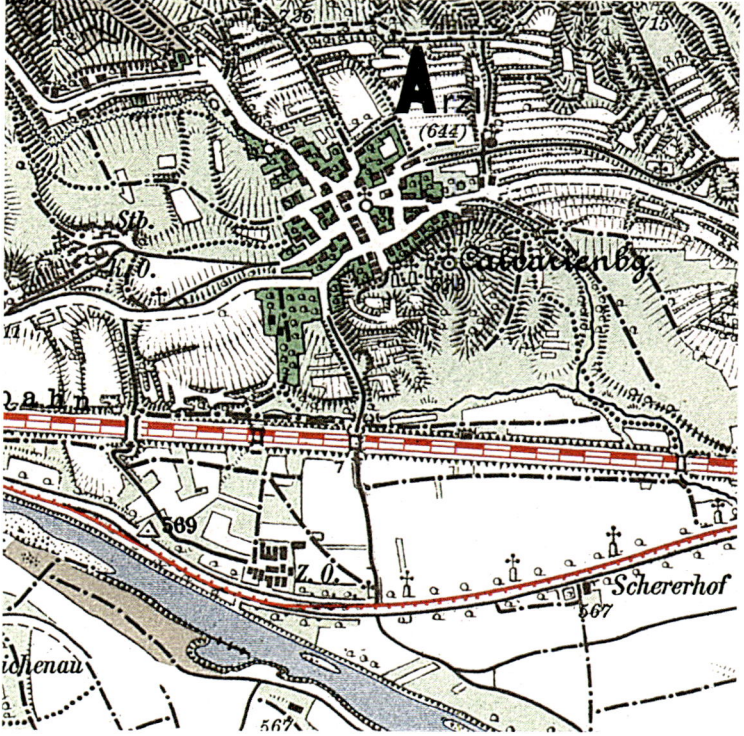

Schober, 1893 (K73)

Parallel zur Haller Straße verläuft die Trasse der 1891 erbauten Lokalbahn Innsbruck–Hall. Der 1893 neu errichtete Landesschießstand ist noch nicht eingezeichnet.

Der neue k. k. Landeshauptschießstand in Neu-Arzl

„Innsbruck und Umgebung", 1909 (K91)

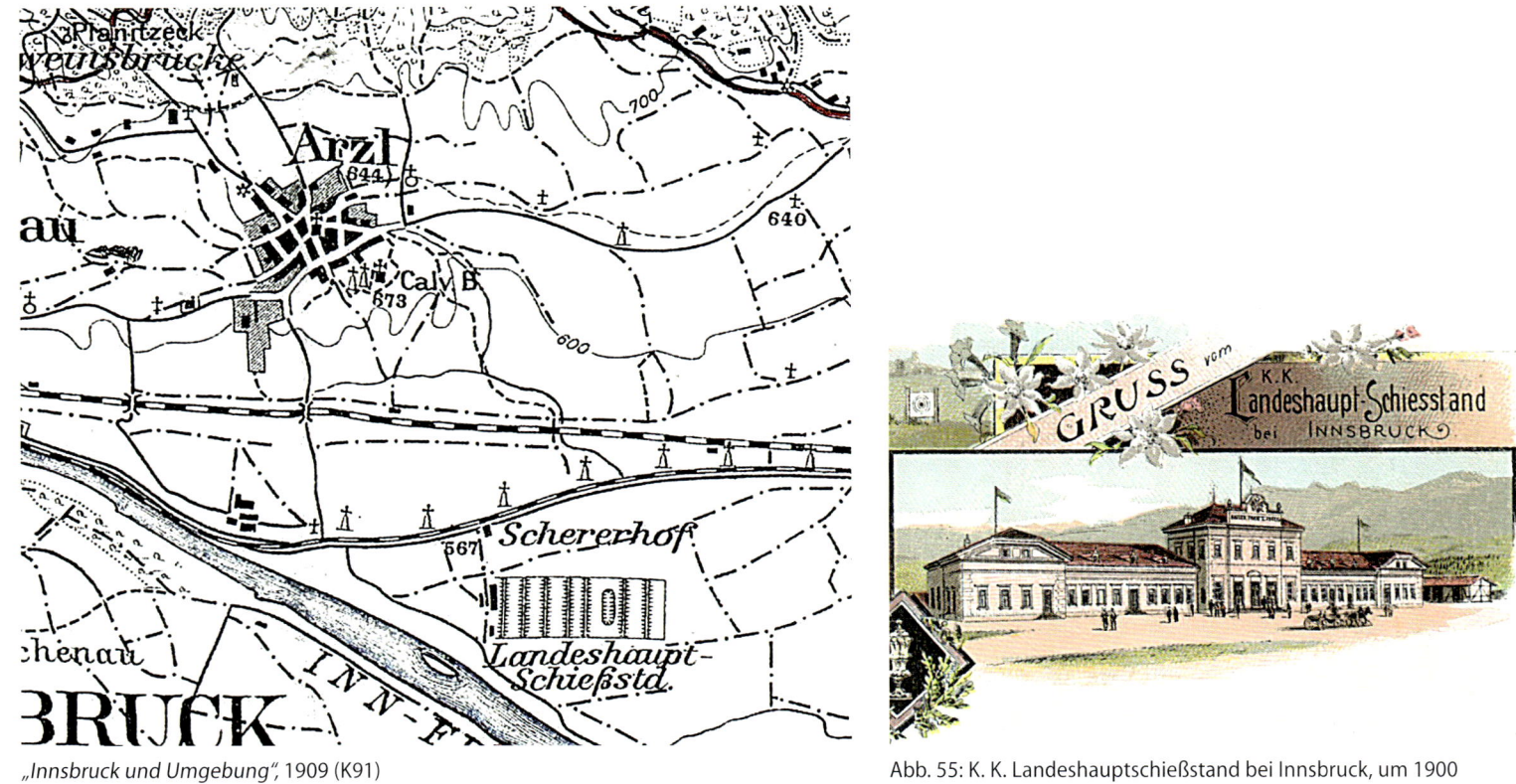

Abb. 55: K. K. Landeshauptschießstand bei Innsbruck, um 1900

Im Jahr 1893 wurde die Anlage des Landeshauptschießstandes in Neu-Arzl als neuer Standort für den in Hötting-Mariahilf aufgelassenen errichtet. An seine östliche Begrenzung werden auch noch künftige Generationen durch den Straßennamen „Kugelfangweg" erinnert. Auf dem einstigen Schussfeld dieser Sportstätte erheben sich seit 1964 die Wohnblöcke des „Olympischen Dorfs". (*Hye* [50])

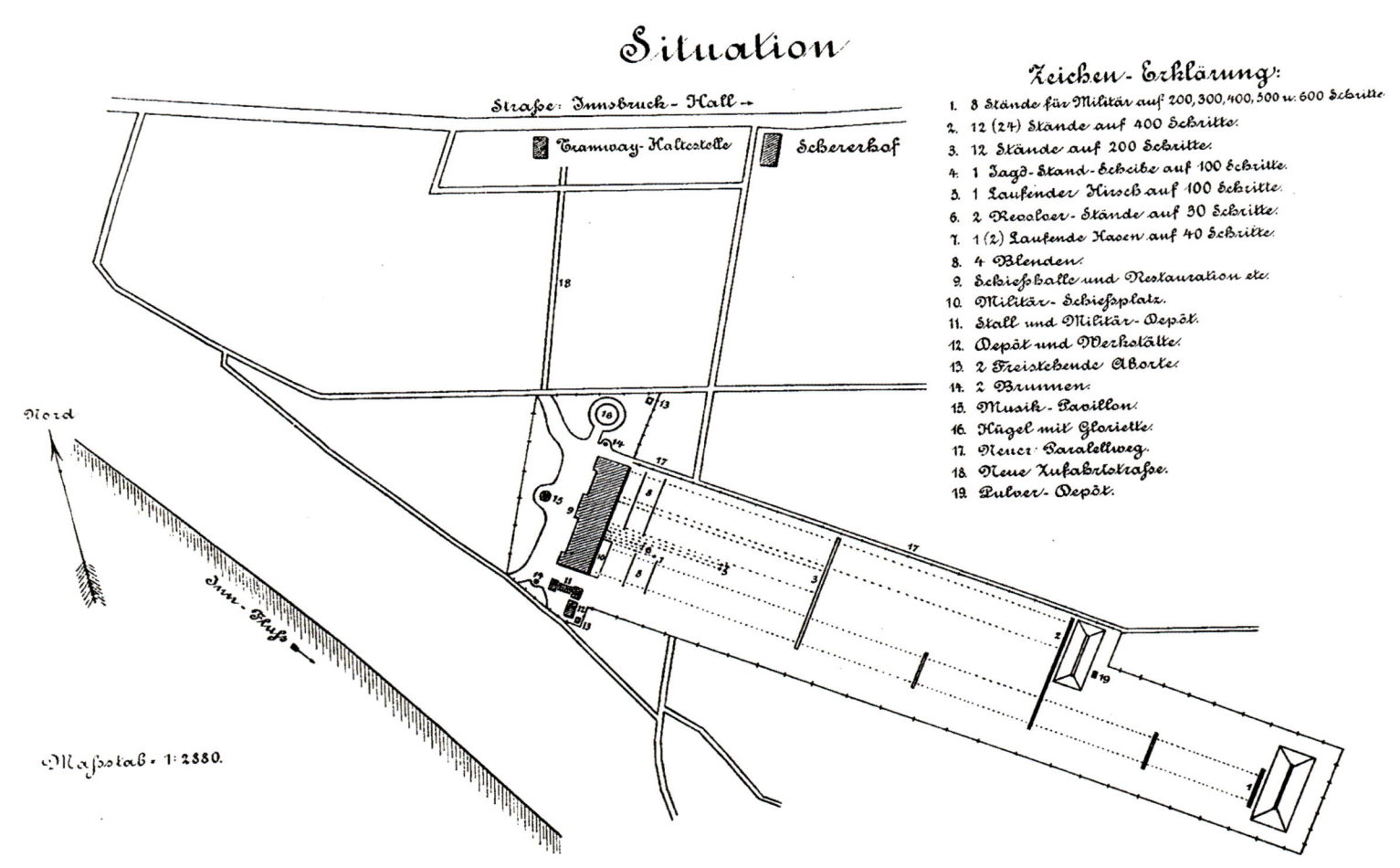

Situation

Zeichen-Erklärung:

1. 8 Stände für Militär auf 200, 300, 400, 500 u. 600 Schritte
2. 12 (24) Stände auf 400 Schritte
3. 12 Stände auf 200 Schritte
4. 1 Jagd-Stand-Scheibe auf 100 Schritte
5. 1 Laufender Hirsch auf 100 Schritte
6. 2 Revolver-Stände auf 30 Schritte
7. 1 (2) Laufende Hasen auf 40 Schritte
8. 4 Blenden
9. Schießhalle und Restauration etc.
10. Militär-Schießplatz
11. Stall und Militär-Depôt
12. Depôt und Werkstätte
13. 2 Freistehende Aborte
14. 2 Brunnen
15. Musik-Pavillon
16. Hügel mit Gloriette
17. Neuer Paralellweg
18. Neue Zufahrtstraße
19. Pulver-Depôt

Situationsplan des k. k. Landesschießstandes, 1893 (Kartenverzeichnis T93)

Arzl und Neu-Arzl heute:

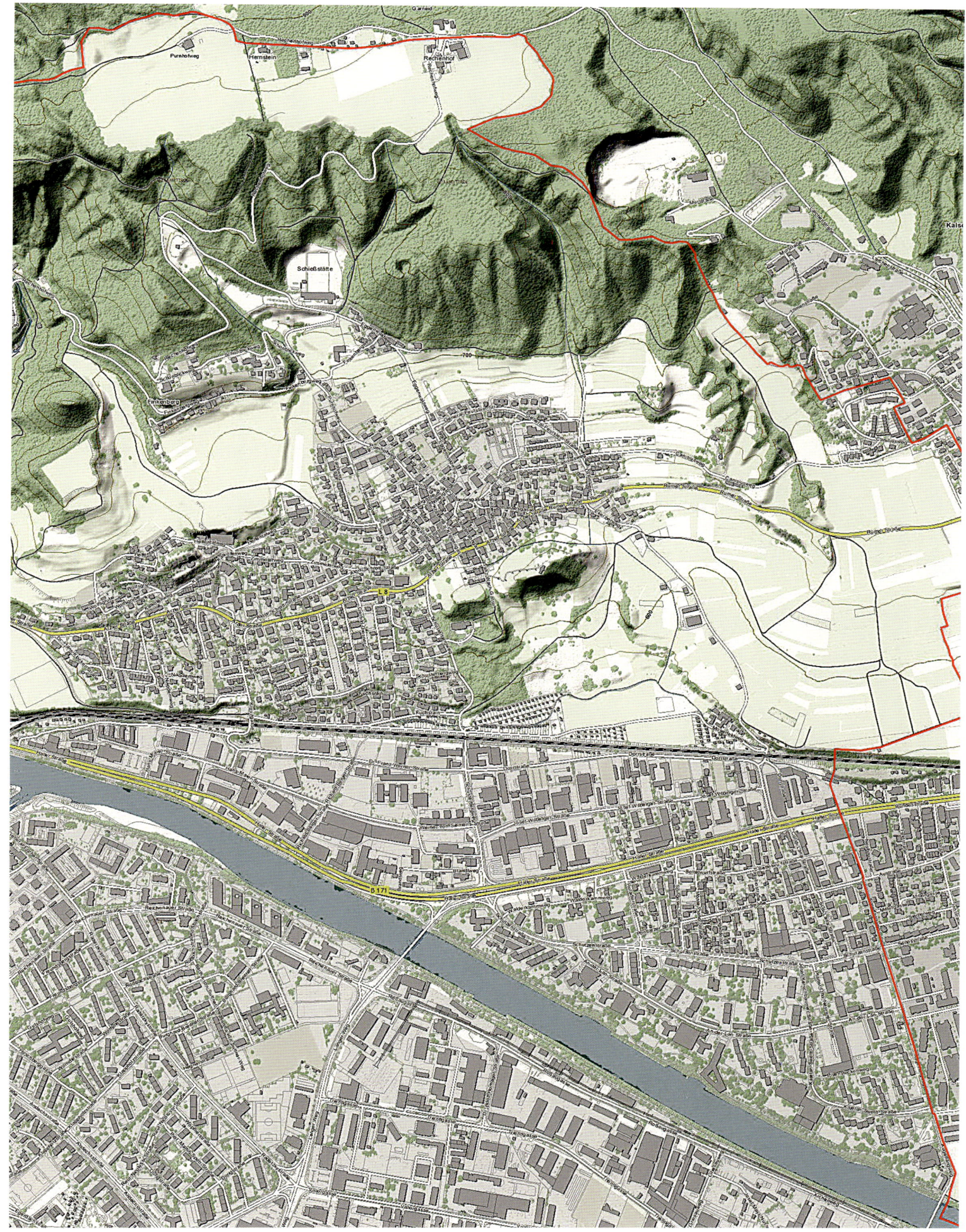

BaseMap-Tirol, 2016 (K97)

Die rote Linie markiert die heutige Gemeindegrenze gegen Rum.

15. Vill und Igls

tiris, Orthofoto 2013 (K95)

Digitaler Franziszeischer Kataster, 1856 (K48)

Vill und Igls, als letzte eigenständige Dörfer 1942 nach Innsbruck eingemeindet, sind die beiden einzigen Stadtteile Innsbrucks, die weder am Talboden des Inntals liegen, noch in unmittelbarer Verbindung mit der Innenstadt stehen, wie dies etwa bei den Stadtteilen Hötting, Mühlau und Arzl der Fall ist. Vill und Igls liegen vielmehr, vom Weichbild der Stadt durch den ca. drei Kilometer breiten Waldgürtel des Paschbergs getrennt, in einer Höhe von 860 bzw. 817 m auf der südlichen Mittelgebirgsterrasse am Fuße des Patscherkofels. Diese Eigenart der Lage der beiden ehemaligen Dörfer fernab vom Hauptdurchzugsverkehr der Händler und Fuhrleute auf der alten Römerstraße von Hall über Lans und Patsch nach Matrei oder der Brennerstraße links der Sill hatte auch zur Folge, dass es bis zur Mitte des vorigen Jahrhunderts weder in Igls noch in Vill einen Beherbergungsbetrieb (Gasthaus) gab, sondern lediglich einen „Bierwirt" (Bierausschank) in Igls. Für die Dorfbewohner allein war dies völlig ausreichend. Die nächstgelegenen Gasthäuser befanden sich in und bei Patsch sowie in Lans. Bis Ende des 18. Jahrhunderts gab es für beide Orte nur einen gemeinschaftlichen Dorfmeister in Igls, der von allen Gemeindemitgliedern alljährlich bei dem unter dem Vorsitz des Landrichters von Sonnenburg abgehaltenen „Maien-Ehafttaiding" gewählt wurde. Neben dem Dorfmeister wurden bei diesem Taiding auch zwei „Holzrieger" (Waldaufseher), und zwar ebenfalls als gemeinsame Amtsträger für beide Gemeinden, gewählt. Während Vill seinen ländlich-dörflichen Charakter bis weit ins 20. Jahrhundert beibehielt, änderte sich der Charakter von Igls ab dem letzten Viertel des 19. Jahrhunderts vom Bauerndorf zu einem internationalen Luftkurort. (*Hye* [49])

Aus kartographischer Sicht sind in den Archiven außer den Plänen des Franziszeischen Katasters nur kleinmaßstäbige Karten der Österreichischen Landesaufnahmen 1:28.800 und 1:25.000 sowie einige militärischen Pläne im Maßstab 1:14.400 vorhanden. Daher sind bei diesen Maßstäben topographische Veränderungen im Laufe des 19. Jahrhunderts kaum feststellbar. Eine Ausnahme bildet der Viller See, der sprichwörtlich von der Landkarte verschwand.

Der Viller See

Urkundlich seit 1270 bekannt, war dieser „*lacus situs inter loca dicta Ville et Igels et lacum dictum Altse*" (das ist der Lanser See) von 1328 bis 1807 als landesfürstliches Geschenk im Besitz des Klosters Wilten. Durch diesen See waren die Geistlichen stets ausreichend mit Fischen versorgt. Nach Aufhebung des Klosters Wilten durch die königlich-bayerische Regierung im Jahre 1807 gelangte der See zur öffentlichen Versteigerung und wurde dabei von den Viller Bauern um 246 Gulden erworben. Die neuen Besitzer waren nicht am See und seinen Fischen interessiert. Sie wollten den See ablassen, trockenlegen und an seiner Stelle zusätzliche landwirtschaftliche Kulturflächen gewinnen, zumal das Dorf Vill von der Natur nur mit wenigen ebenen Flächen ausgestattet war. Der Durchstich des Dammes soll dann aber erst im Jahre 1813 erfolgt sein. (*Hye* [49] und [66], S. 43)

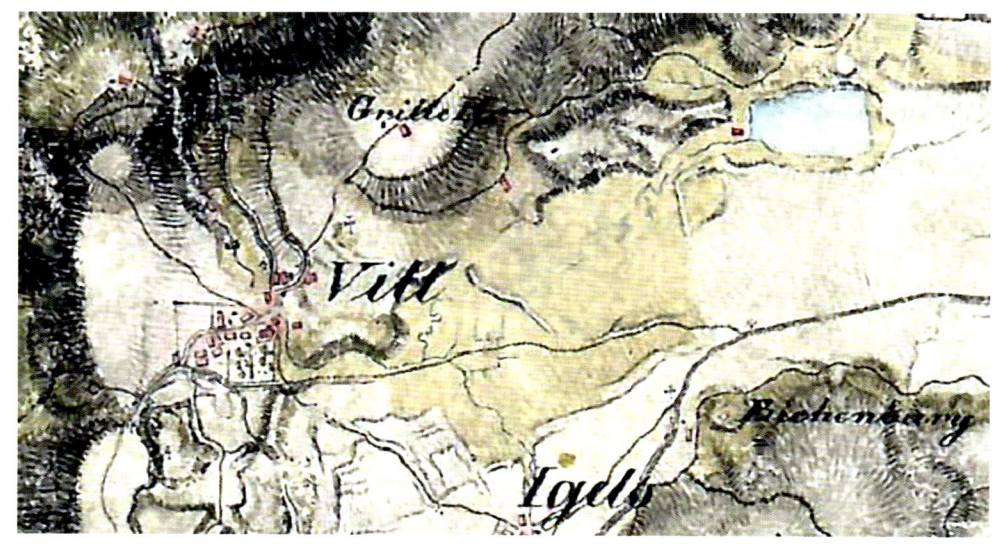

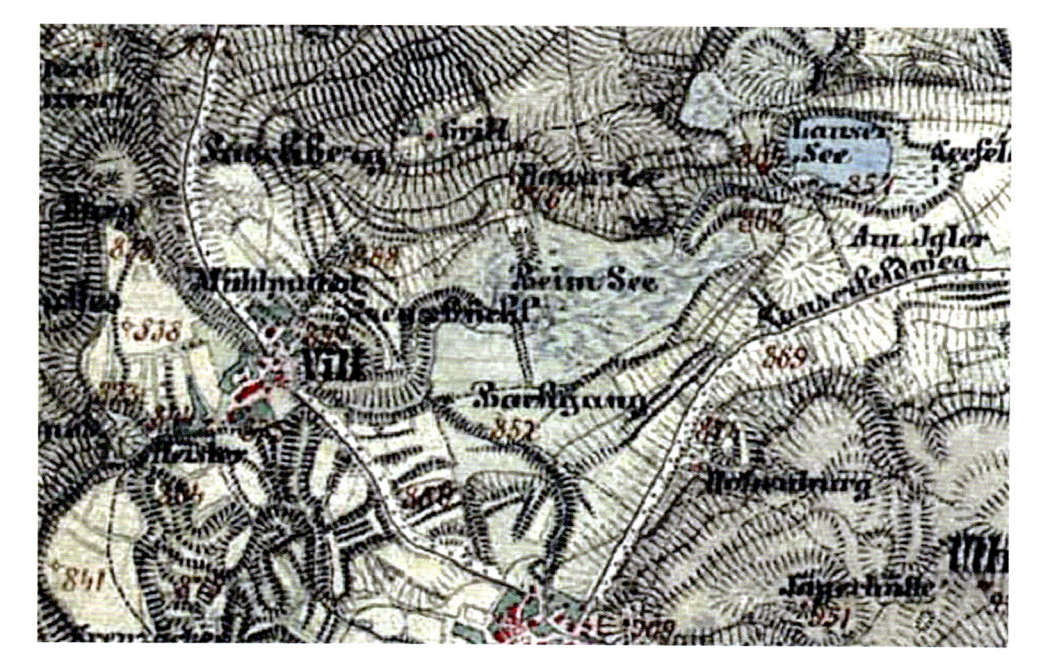

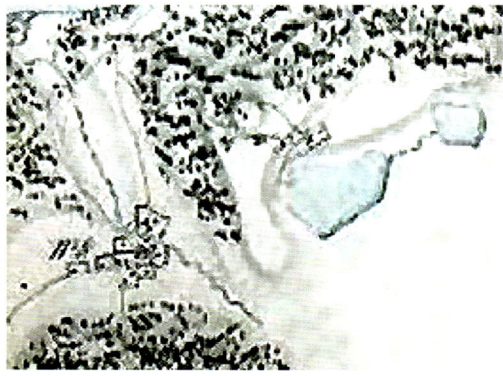

Abb. 56: Hohenburg in Igls über dem Viller See, um 1800

Horn, 1809/10 (K15)

Erste (Josephinische) Landesaufnahme, 1801 (K87)

Um 1820 war der Viller See bereits abgelassen worden. Der westseitige Damm und die Umrisslinie des Sees sind auf der Karte der Zweiten (franziszeischen) Landesaufnahme teilweise noch erkennbar.

Zweite (Franziszeische) Landesaufnahme, 1820 (K88)

Das ehemalige Seegebiet („*Beim See*") wird auf der Darstellung der Landesaufnahme in den den 1870er Jahren – fünfzig Jahre nach der Trockenlegung – als Sumpfgebiet ausgewiesen.

Dritte (Franzisco-Josephinische) Landesaufnahme, 1871/72 (K89)

Vill

Beda Weber schreibt 1837: „*Vill, kaum eine viertel Stunde tiefer als Igls, dreiviertel Stunden ob Wilten abgeschieden hinter Wald und Hügeln, mit 176 Einwohnern in 27 Häusern, besitzt ein Gemeindegebieth von 55 Jauch Ackerfeld, 183 Morgen Wiesen, 1 Morgen Gartenland, 9 Morgen Sümpfe und 6 Morgen Oeden und Hutweiden, und ernährt viehzüchtlich 11 Pferde 3 Ochsen, 67 Kühe 53 Schafe und Ziegen, und 17 Schweine. Die Gemeindeflur im Osten des Dorfes enthält weit gedehnte Torflager, die noch unausgebeutet, dagegen die Versuche auf Alaunschiefer erfolglos geblieben sind.*" (Beda Weber [100], S. 419)

Abb. 57: Vill gegen Süden, um 1820

Sowohl die Anzahl der Einwohner als auch die der Häuser blieb im Laufe des 19. Jahrhunderts auf einem fast gleichbleibenden Stand. Daher lassen sich in diesem Zeitraum mit Ausnahme des Bereichs des Viller Sees auch in der Kartographie des Ortes kaum Veränderungen feststellen.

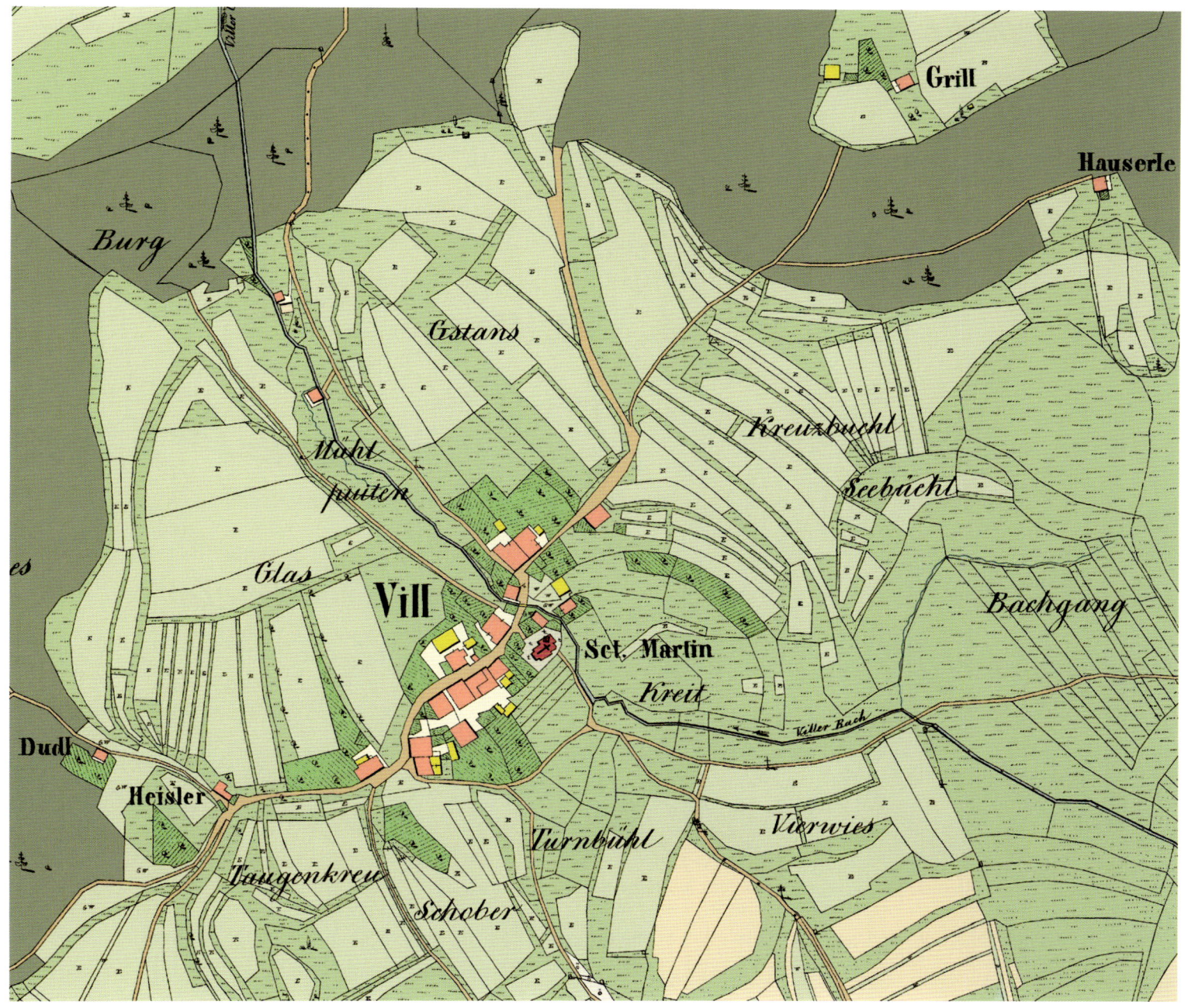

Digitaler Franziszeischer Kataster, 1856 (K48)

Vill 1856 und heute:

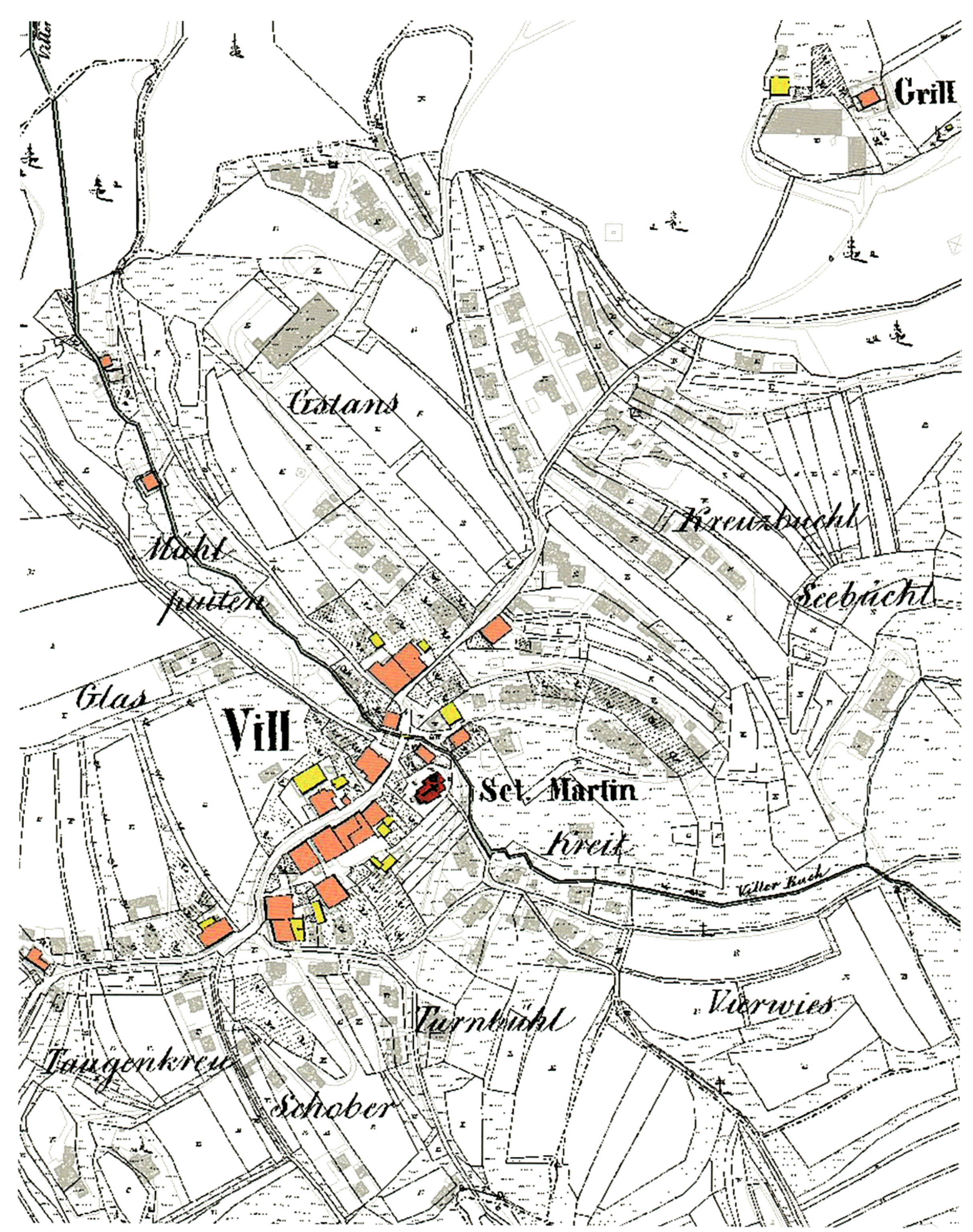

Digitaler Franziszeischer Kataster unterlegt mit dem Lageplan 2013, *tiris*-Kartendienste – Land Tirol (K96)

Deutlich erkennbar ist an dieser Überlagerung der Pläne die Orientierung auch der heutigen Gebäude an den alten Flurgrenzen und Feldwegen.

Igls

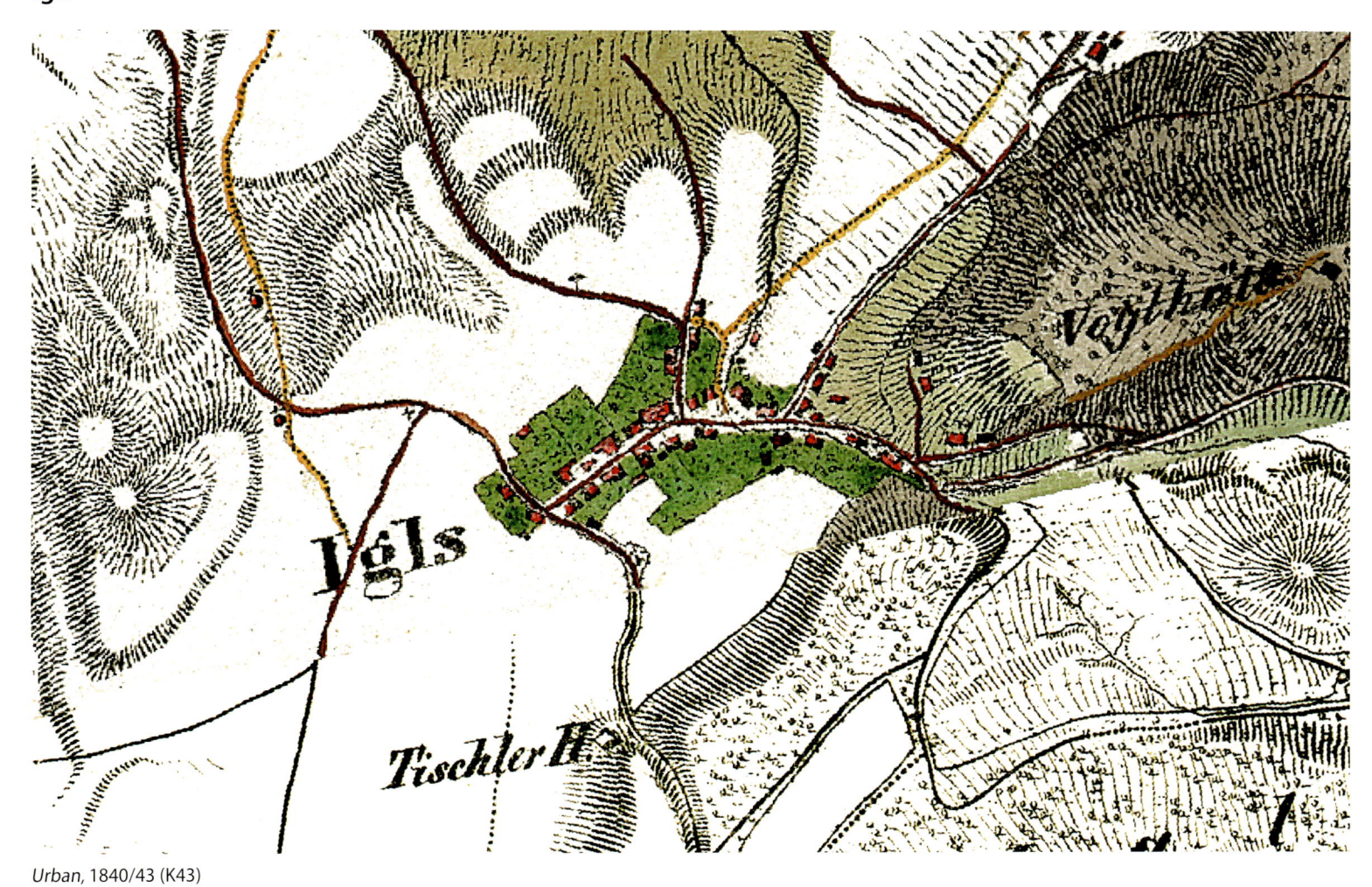

Urban, 1840/43 (K43)

„Igls, auf einer freien, äusserst reitzenden Feldebene […], unweit der Ellbögnerstrasse, zählt 244 Einwohner in 39 Häusern mit dem Wohnsitze des Seelsorgers und der gemeinschaftlichen Schule für die Kinder beider Dörfer auf einem nutzbaren Flächenraum, der ungefähr doppelt so gross, als der von Vill, auch um die Hälfte mehr Vieh zu überwintern im Stande ist. In der Nachbarschaft dieser beiden Dörfer stehen die Schlösser Strassfried und Hohenburg, das erstere bei Vill, das letztere bei Igls, beide bereits im Verfalle." (Beda Weber [100])

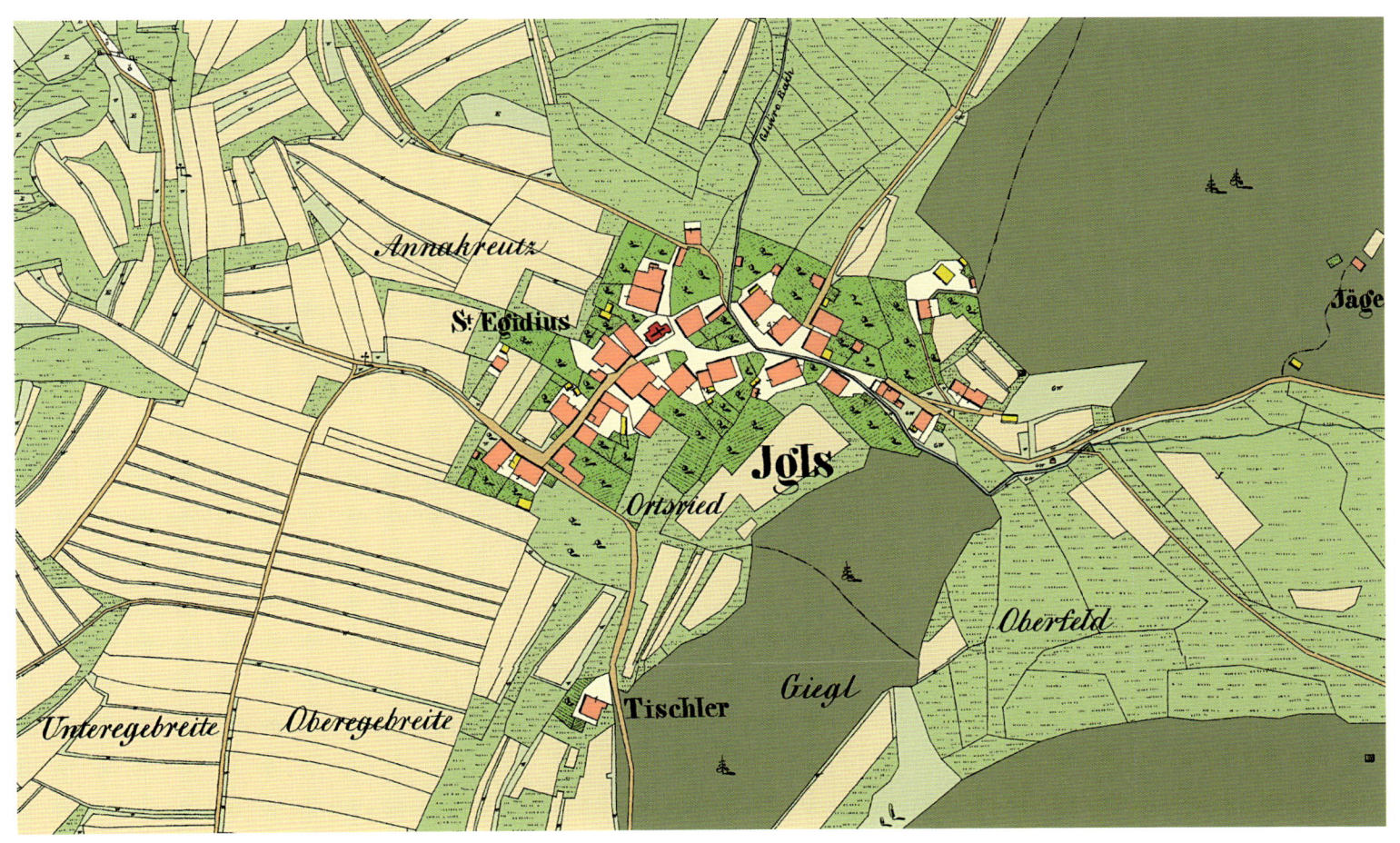

Digitaler Franziszeischer Kataster, 1856 (K48)

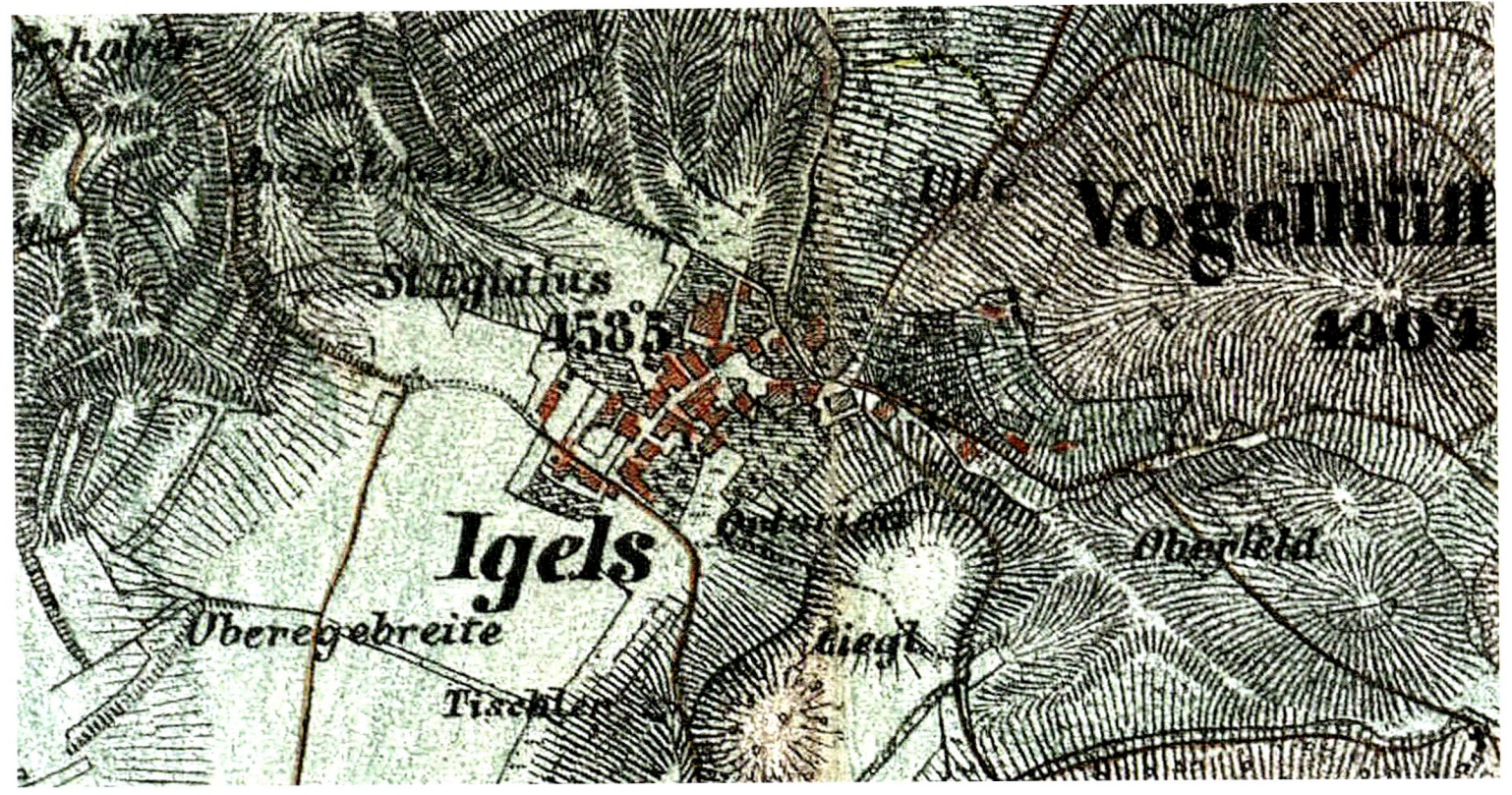

„Plan der Umgebung von Innsbruck", 1866 (K51)

Dritte (Franzisco-Josephinische Landesaufnahme), 1871 (K89)

Abseits des Hauptverkehrs liegend, war Igls bis Ende des 19. Jahrhunderts ein reines Bauerndorf und besaß bis zum Bau des Hotels „Iglerhof" im Jahre 1881 nur eine, den bäuerlichen Bedürfnissen leicht entsprechende, Gastwirtschaft. Während der Nachbarort Lans in Baedekers Reisehandbuch Anfang der 1870er Jahre als „Sommerfrische von Innsbruck" Erwähnung fand sowie die Lanser Köpfe, Heiligwasser und der Patscherkofel als Ausflugsziele angeführt wurden, fand sich noch kein Wort über das damals noch gänzlich unbeachtete Dörfchen Igls.

Erst in den 1870er Jahren entwickelte sich Igls zu einem Ausflugs- und Sommerfrischeort der Innsbrucker, wie ein Wanderer schilderte: Igls habe „*eine hübsche, freie Lage und ist, wie mehrere Villen beweisen, ein beliebter Sommeraufenthalt der Innsbrucker*". Zu diesem Zeitpunkt war Igls bereits zu einem Sommerfrischort avanciert, doch entstammte das Publikum allein dem gehobenen Bürgerstand Innsbrucks, der sich hier eigene Villen baute und keinerlei Beherbergungsbetrieb benötigte. Diese Gruppe der Innsbrucker Bürgerschaft war es dann allerdings auch, die die besondere Eignung von Igls als Luftkurort erkannte und die ersten und grundlegenden Schritte zur weiteren Entwicklung von Igls setzten. Namentlich wird der Innsbrucker Kaufmann Michael Obexer als der Begründer des Luftkurortes bezeichnet. Er schuf durch den Bau des Großgasthofes „Iglerhof" als erster die Möglichkeit, dass auch auswärtige Erholungsuchende in Igls logieren konnten. Im Sommer 1883 hielten sich bereits weit über 300 Sommergäste in Igls auf. Es war dies, wie der „Bote für Tirol" am 29. August 1883 berichtete, „*die glänzendste Sommersaison, welche das als Sommerfrischort in stetem Aufschwunge befindlich gewesene Igls zu verzeichnen gehabt hat.*" (Hye [49])

Abb. 58: Igls gegen Süden, um 1900

Einen schweren Schlag für Igls und seine landwirtschaftliche Struktur bedeutete es, als in der Nacht zum 28. August 1883 ein Großbrand 14 alte Bauernhäuser im Bereich der westlichen Dorfstraße in Schutt und Asche legte. Der Wiederaufbau der betroffenen Objekte erfolgte nämlich, dem damaligen Kurortstil entsprechend, fast ausnahmslos in städtischer Bauweise, wodurch der Ortskern von Igls weitgehend seinen alten bäuerlichen Charakter verlor. (*Hye* [49])

Dritte (Franzisco-Josephinische) Landesaufnahme), reambulierte Ausgabe um 1890 (K90)

Insgesamt konnte Igls im Zeitraum von 1870 bis 1910 einen Zuwachs von 65 Gebäuden verzeichnen. Im Zuge seiner rasanten, nicht ohne schwere Spannungen mit den Bauern und Villenbesitzern vollzogenen Entwicklung zum mondänen Fremdenverkehrsort wuchs der Siedlungswachstum von Igls in diesem Zeitraum um mehr als 150 Prozent. (*Hye* [49])

Igls 1856 und heute:

Digitaler Franziszeischer Kataster unterlegt mit dem Lageplan 2013, *tiris*-Kartendienste – Land Tirol (K96)

Ein Blick auf Vill und Igls um 1900:

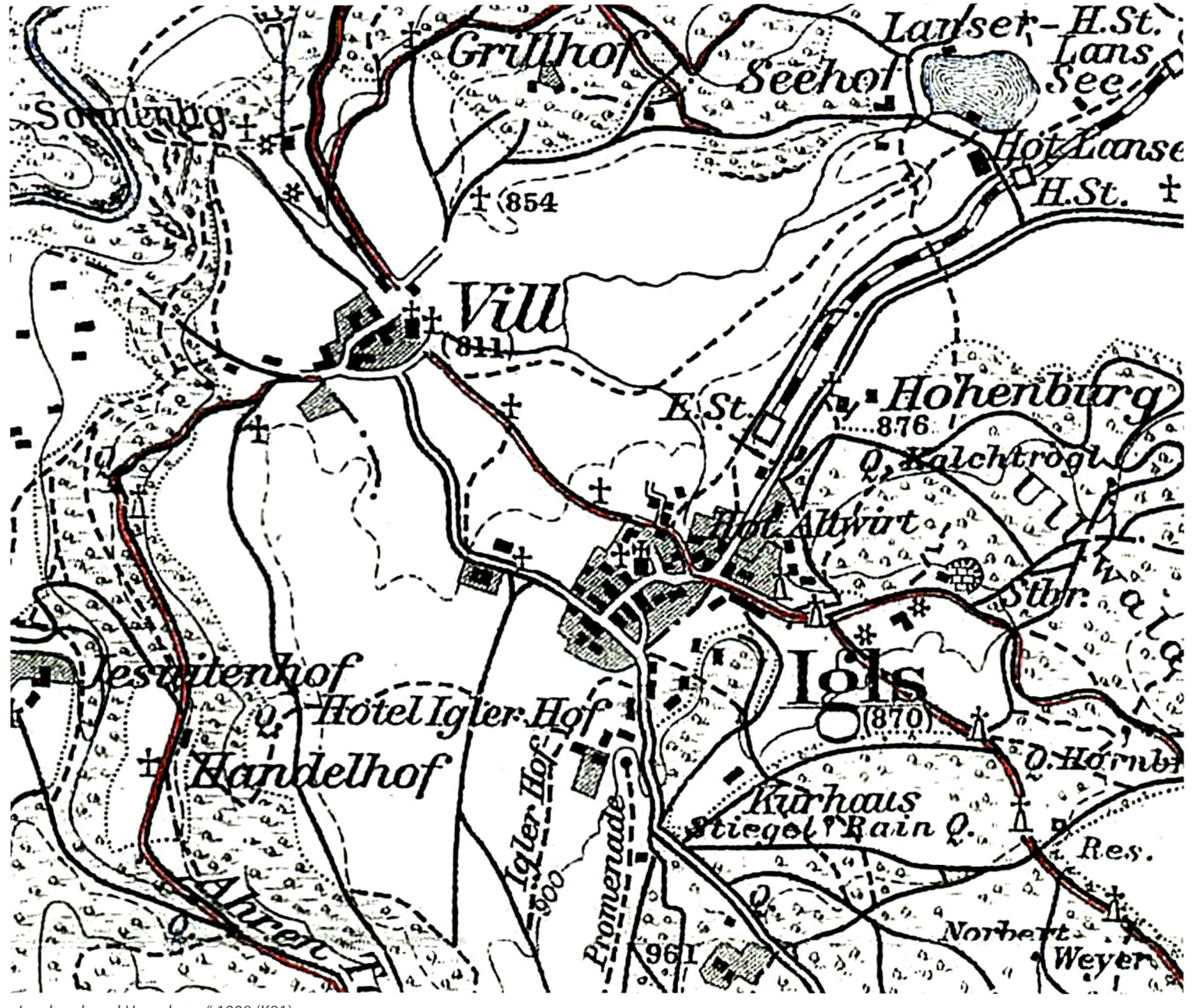

„*Innsbruck und Umgebung*", 1909 (K91)

Die Mittelgebirgsbahn Wilten – Igls

Eine bedeutende Rolle in der Entwicklung von Igls zum Fremdenverkehrsort spielte der Bau der Mittelgebirgs-Lokalbahn von Wilten nach Igls. Erste Projekte zum Bau einer derartigen direkten Verbindung des Kurortes Igls mit dem internationalen Verkehrsknotenpunkt Innsbruck wurden bereits in den Jahren 1887 und 1895/96 vorgestellt. Der letzte Projektentwurf (T94) sah eine Trassenführung von Wilten in einer weiten Schleife am Amraser Tummelplatz vorbei in die Nähe der Poltenhütte, von hier nach Vill und schließlich in einer zweiten Schleife am Lanser See vorbei nach Igls vor. Er hätte die übrigen Orte des Mittelgebirges nicht berücksichtigt.

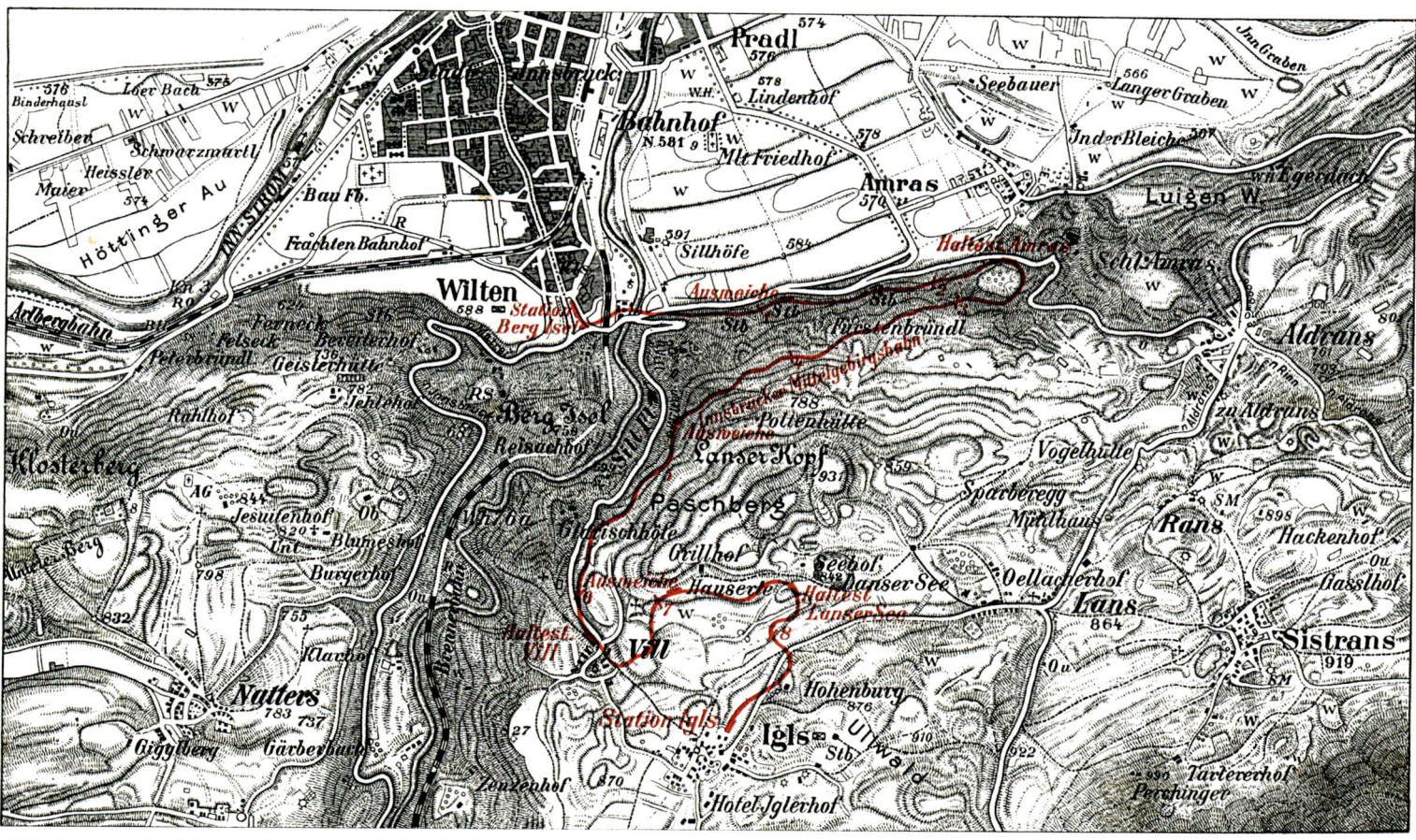

„Mittelgebirgsbahn Wilten – Igls nach dem Project des R. v. Schwind", 1896 (T94)

Die endgültige Streckenführung nach dem Plan von Ing. Josef Riehl führt von Wilten über Schloss Ambras, Ampass, Aldrans und Lans nach Igls. Nach Beginn der Bauarbeiten im Jänner 1900 konnte die Eröffnung bereits am 27. Juni 1900 stattfinden.

Bis zur Elektrifizierung der Bahn im Jahr 1936 wurde sie mit Dampflokomotiven betrieben.

Abb. 59: Die Igler Bahn an der Wiltener Sillbrücke mit Blick auf den Berg Isel, um 1900

Schmidhuber, um 1900 (K78)

15. Die Eisenbahn kommt in Innsbruck an

Der Beginn der neuen revolutionären Entwicklung des nationalen und internationalen Verkehrswesens durch den Bau maschinell betriebener Eisenbahnen war der 27. September 1825 mit der Fahrt der Lokomotive Nr. 1 Stephensons in England auf der Strecke zwischen Stockton und Darlington. Zehn Jahre später, am 7. Dezember 1835, wurde zwischen Nürnberg und Fürth in Mitteleuropa die erste Eisenbahn eröffnet. Nur zwei Jahre später konstituierte sich in Innsbruck ein privater Verein zur Erstellung einer „*Eisenbahn von Innsbruck bis an die königl. Baier. Gränze nächst Kufstein*". Dieser bat den inzwischen in der Schweiz für das dort im Aufbau begriffene Eisenbahnwesen arbeitenden A. Negrelli um eine Machbarkeitsstudie dieses Projektes. Anfang 1838 bereiste Negrelli das Unterinntal und erstellte folgendes Gutachten – hier auszugsweise für den Stationsplatz („Eisenbahnkopf") Innsbruck wiedergegeben (Negrelli [82], Schadelbauer [90]):

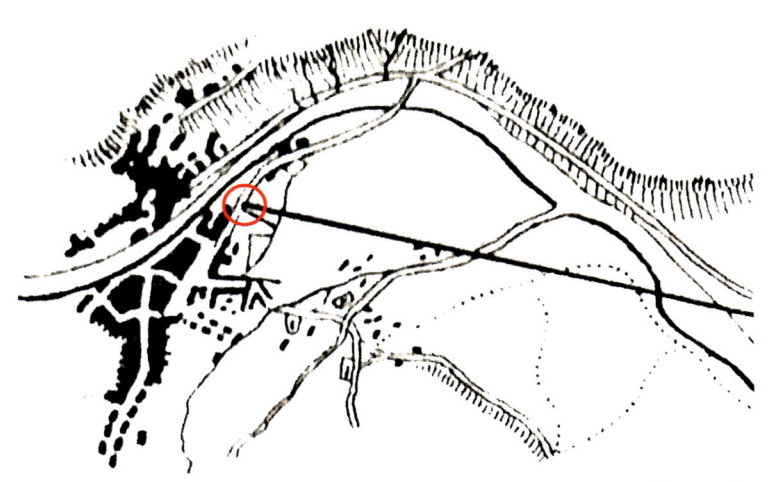

Alois Negrelli: „Karte ueber den Zug einer Eisenbahn von Innsbruck bis an die königl. baierische Gränze unter Kufstein", 1838 (E1)

„*Anfang der Eisenbahn.*
Bei der flachen Lage in der sich Innsbruck befindet, könnte die Eisenbahn an mehreren Stellen ihren Anfang nehmen; nämlich neben der Triumphpforte, im Franzikanergarten, in der Wiese neben dem von Anreiterschen Hause unter den Kapuzinern, und endlich **am untern Ende des Hofgartens und der englischen Anlage**. *Alle diese Stellen und die Richtungen, welche die Eisenbahn aus denselben gegen Hall zu nehmen würde, hat Unterzeichneter reiflich erwogen und gefunden, daß die letztere weitaus vor den drei anderen den Vorzug verdient.*
Vor allem befindet sich dieser Platz in einer der besuchtesten Lagen Innsbrucks, und ganz in der Nähe der k. k. Burg, der Douane, des Rennplatzes und des Innstromes, welcher ungefähr 12' tiefer als das Ufer liegt, was die Möglichkeit zuläßt einige Werkstätten der Eisenbahn, durch Benützung und Vertiefung der kleinen Wasserleitung, die sich am Ende der englischen Anlage in den Inn ergißt, mit hinreichender Wasserkraft zu versehen, ein Vorzug, den keine der dem Unterzeichneten bekannten Eisenbahnen noch genießt.
Dieser Platz ist an drei Seiten von breiten fahrbaren Straßen, wovon eine die Hauptstraße ist, umgeben, und bildet für sich ein völlig abgeschlossenes Ganze. Alle zum Betriebe einer Eisenbahn nothwendigen Bauten können da auf das Vortheilhafteste geordnet werden, und alle Magazine und Werkstätten sind mit ihrer Hauptfronte gegen Süden gerichtet." (Negrelli [82], S. 3)

Das Blatt 58 der Innstromkarte verwendete *Negrelli*, um eine detaillierten Plan seines Bahnhofsprojekts am nördlichen Ende des Hofgartens einzuzeichnen. Auch die von der Sill kommende Bahnlinie ist eingetragen.

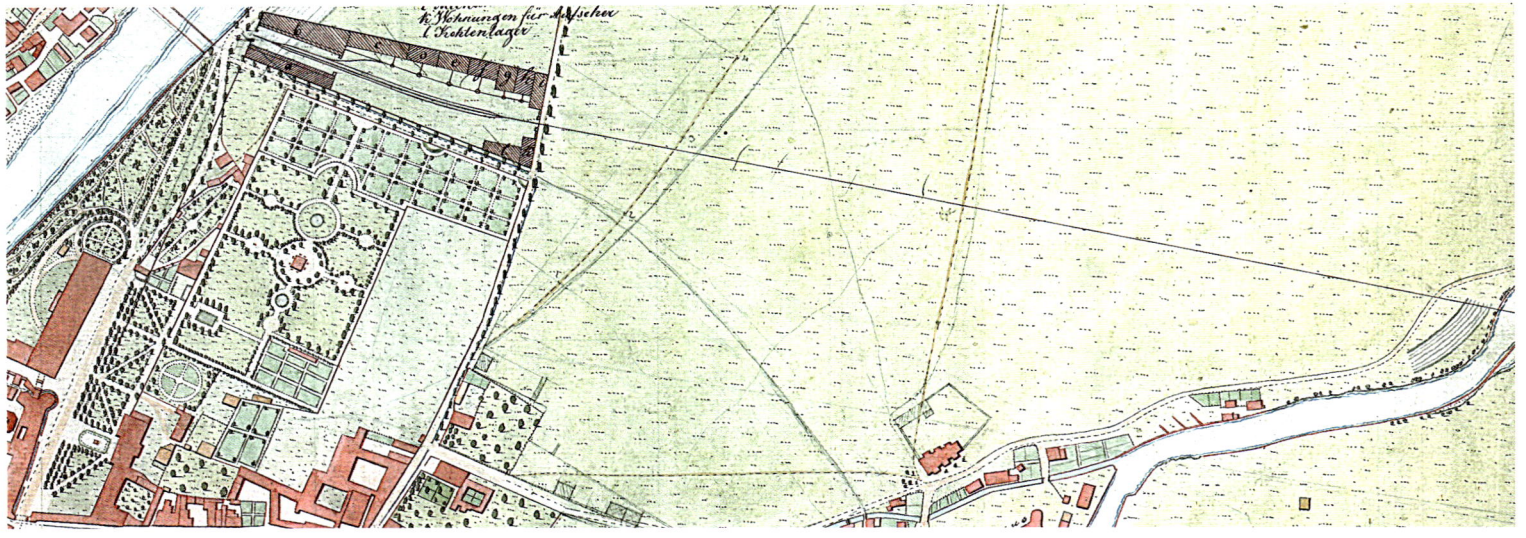

Innstromkarte K3, Blatt 58, 1822/24 (K28)

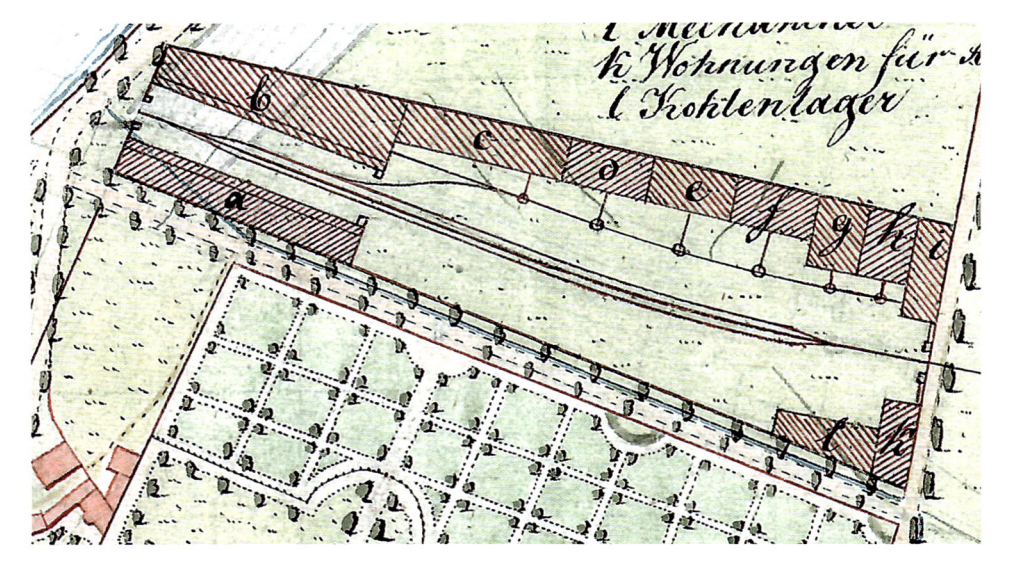

Legende:
a. Bureau und Paßagierhallen
b. Waarenhalle
c. Remise
d. Zimerleute-Werkstatt
e. Schreiner do
f. Wagner do
g. Schmiede do
h. Schloßer do
i. Mechaniker do
k. Wohnungen für Aufseher
l. Kohlenlager

Der weitere Text bestätigt die Korrektheit der Annahme, dass *Negrelli* diesen Plan selbst gezeichnet hat: „*Der Hof für Remisen und Werkstätte ist ganz abgeschlossen von dem Hofe, in welchen die Passagiere treten, und für die Waarenhalle ist ein besonderer Zweig der Eisenbahn angebracht, welche die Waaren unmittelbar in dieselben bringt. Die Länge des Bureaugebäudes und der gedeckten Passagierhalle in Sektionen eingetheilt, wie die Wägen selbst, gestattet, daß Auf- und Absteigen leicht und ohne Unordnung und Gefahr vor sich gehe. Diese Disposition des Eisenbahnkopfes dürfte dann die Verlängerung des Rennplatzes, und die Rektifikation der Hauptlandstraße bis zur Eisenbahn, wie auch die Herstellung einer zweiten Brücke über den Inn früher oder später nach sich ziehen, welche bei dem geregelten Laufe des Flusses nicht schwer zu bauen seyn, und der sich jährlich mehr und mehr verschönernden Hauptstadt der Provinz zur Zierde, dem Verkehr zum Nutzen, und der Kohlstadt zur Erhebung gereichen würde. Eine solche Umgebung mitten an den besuchtesten Lagen der Stadt, und doch ohne alle Störung des gegenwärtigen Verkehrs, findet sich bei Eisenbahnen nicht leicht vor.*" (*Negrelli* [82])

Die Realisierung dieses Stationsplatzes wäre für die zukünftige Entwicklung der Stadt wohl eher hinderlich gewesen! – Dem Projekt standen aber in Folge andere Schwierigkeiten ins Haus: Die Bayern stellten für ihre Zulaufstrecke nach Kufstein zusätzliche Forderungen in den Raum (Fortführung über den Brenner) und auch die Hofkanzlei in Wien änderte die Konzessionsnormen, sodass der „Privat-Verein zur Errichtung einer Eisenbahn von Innsbruck bis Kufstein" 1839 seine Tätigkeit einstellte. (*Zwanowetz* [104], S. 92 f.)

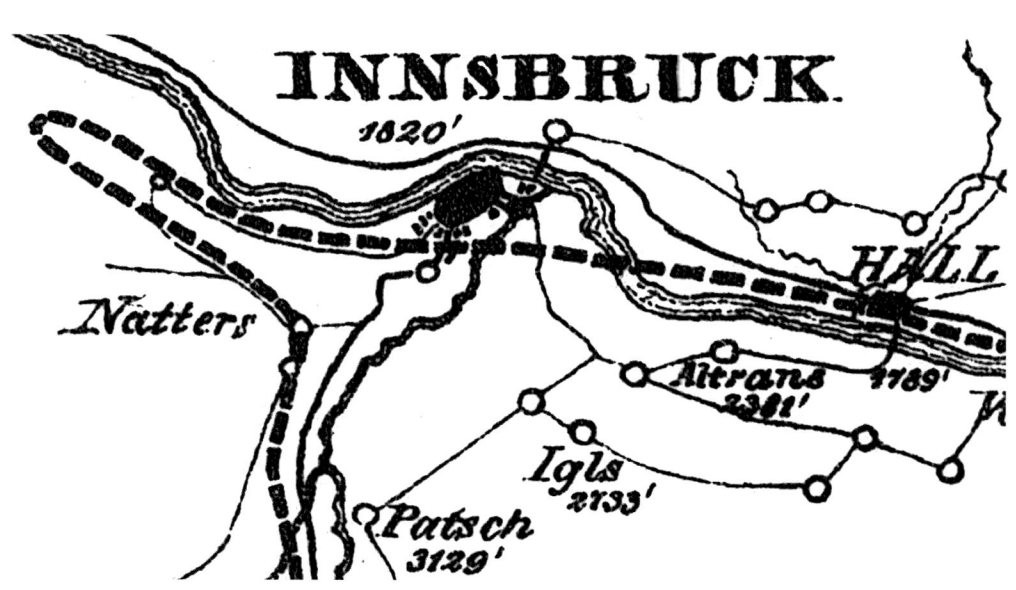

Am 1. Juni 1847 stellte der venezianische Bankier Levi einen Plan des von ihm beauftragten Ingenieurs *Qualizza* in Innsbruck vor (*Pusch* [87]): „*Heute Nachmittag legte der Venezianische Ingenieur Qualizza – im Auftrag seines Pricipals Levi – im Landhause einen vollständig ausgearbeiteten Plan über die Anlegung einer Eisenbahn von Verona bis Hall einem zu diesem Ende erscheinenden Publicum vor.*" Dieses Projekt fand in der Tiroler Öffentlichkeit großes Interesse und entsprach den wiederholten Eingaben der Tiroler Stände und des Innsbrucker Magistrats. Der entsprechende Antrag an die Wiener Hof.kanzlei wurde allerdings vom Hofkammerpräsidenten Baron Kübeck am 4. September 1847 abgelehnt. (*Zwanowetz* [104], S. 147 f.) Die Begründung war wohl eher politisch als sachlich motiviert, denn die Hofkanzlei bevorzugte natürlich die Linie Wien–Triest gegenüber der Trasse Venedig–Verona–Innsbruck–München.

Levi/Qualizza, „Karte der Tiroler Eisenbahn", 1847 (E2) – Um für den Brennerpass Höhe zu gewinnen, beginnt die Steigung bereits ab Hall über Paschberg, Götzens und Natters. Innsbruck wäre ohne Bahnstation geblieben!

Auch für die Stadt Innsbruck hätte dieses Projekt wohl unabsehbare Folgen gehabt, denn der Bahnhof wäre in Hall positioniert gelegen und der weitere Verlauf der Trasse südlich von Innsbruck über die Sillschlucht verlaufen. Innsbruck wäre daher 25 Jahre lang per Eisenbahn bis zum Bau der Arlbergbahn nur über eine Stichbahn von Hall erreichbar gewesen. (*Held* [41], S. 430 f.)

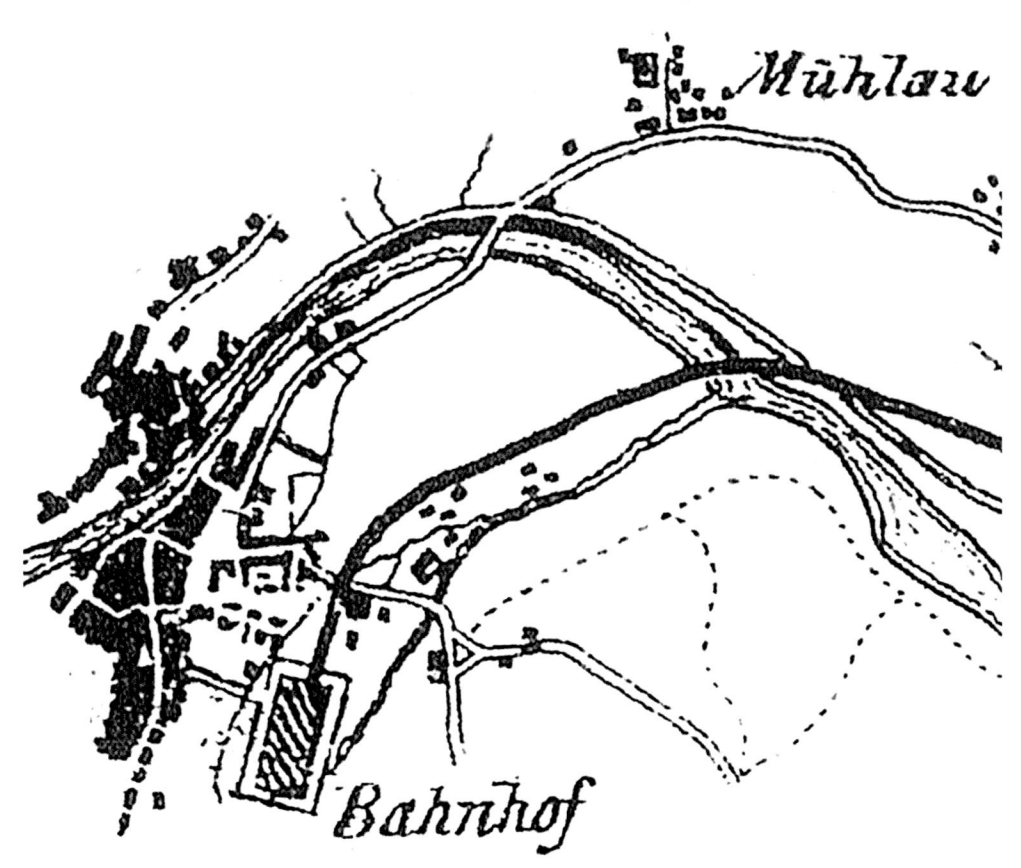

Erst nach Abschluss des ersten Staatsvertrages mit Bayern am 21. Juni 1851 über den Bau einer Eisenbahn von Innsbruck bis zur Staatsgrenze bei Kufstein hat man in Österreich mit den Vorarbeiten für diesen Bahnbau begonnen. In personeller Hinsicht hatte Ritter Karl von Ghega die Federführung für diese Arbeiten übernommen. (*Dultinger* [14], S. 27)

Für die Stadt Innsbruck war dabei besonders die Auswahl dreier Varianten für den Abschnitt I Innsbruck – Hall bedeutsam. Für die Trasse ab der neuen Mühlauer Bahnbrücke trat Ghega für eine Viaduktreihe anstelle eines Erddammes ein. In weiser Voraussicht hinsichtlich der künftigen Stadtentwicklung hatte er damit einen Entschluss gefasst, der der Stadt heute noch zum Vorteil gereicht. Man stelle sich nur vor, wie es aussehen würde, wenn mitten durch das verbaute Stadtgebiet ein sieben bis acht Meter hoher Erddamm führte. (*Dultinger* [14], S. 29. *Held* [41], S. 442)

Nach Erledigung der letzten Grundablöseprobleme für die Bahntrasse – unter anderem auch die für 1855 geplante Auflassung des „Gottesackers" der Dreiheiligenkirche – begann man 1853 mit dem Bau des Bahnviadukts.

Winter/Ghega, „Karte der Eisenbahn von Innsbruck bis Windhausen an der k. k. Gränze", 1851/52 (E4)

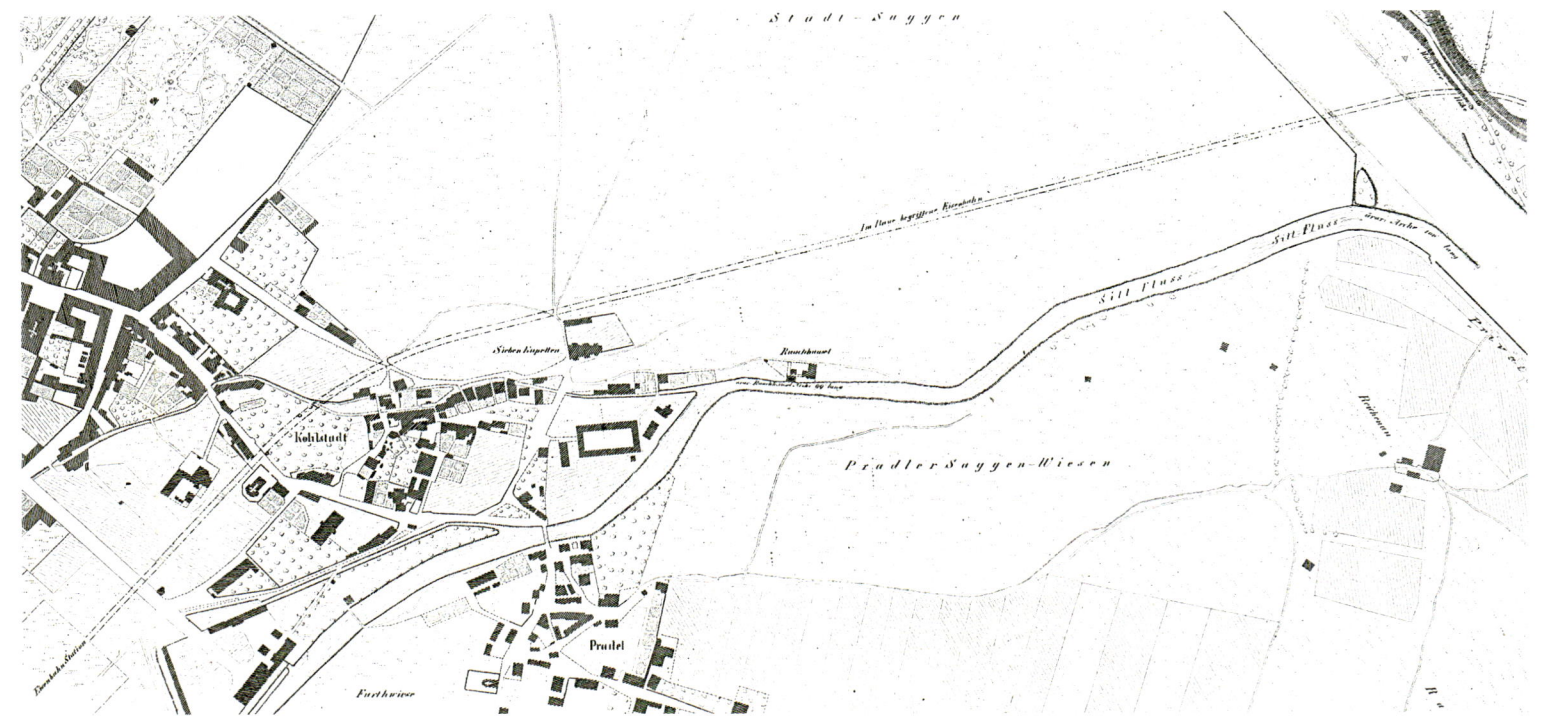

Claricini: "Innstromkarte", 1855 (K46) mit der Darstellung der "im Bau begriffenen Eisenbahn".

Mit 1. Juni 1856 wurden die letzten sechs Bögen des Bahnviaduktes sowie die Überbrückung der Dreiheiligenstraße und Museumstraße vollendet. (*IN* 1. Juni 1856, S. 1012)

Abb. 60: *Armani, "Innsbruck"* – Im Vordergrund ist die neue Mühlauer Eisenbahnbrücke dargestellt, dahinter erstreckt sich der 1740 Meter lange Bahnviadukt mit 174 Viaduktbögen. Im Hintergrund ist die Kettenbrücke zu sehen.

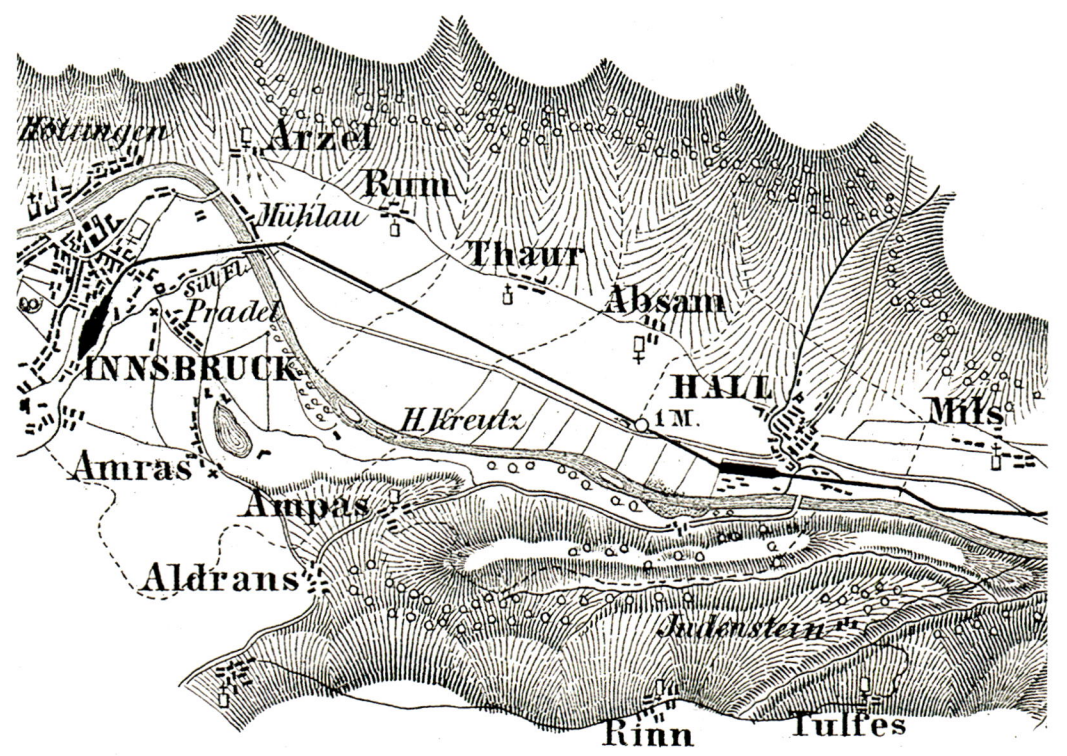

Der Plan zur Eröffnung der Eisenbahn in Tirol im November 1858.

Zanbauer, "Situations-Plan der kaiserl. Königl. Staats-Eisenbahnstrecke von Innsbruck über Kufstein an die bairische Grenze", 1858 (E5)

Das Gebiet vom Innsbrucker Bahnhof bis zur Eisenbahnbrücke über den Inn 1856 und heute:

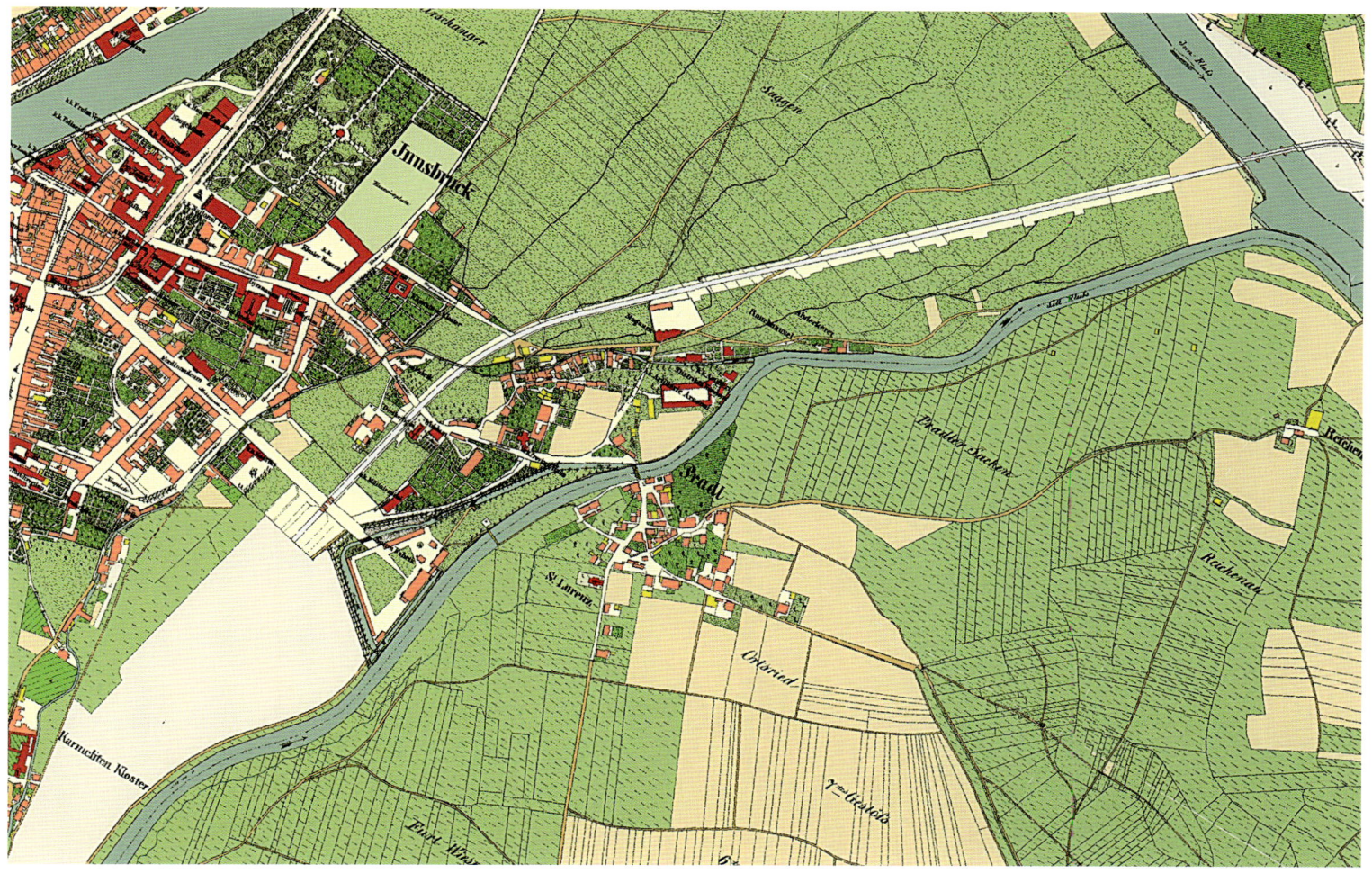

Digitaler Franziszeischer Kataster, 1856 (K48)

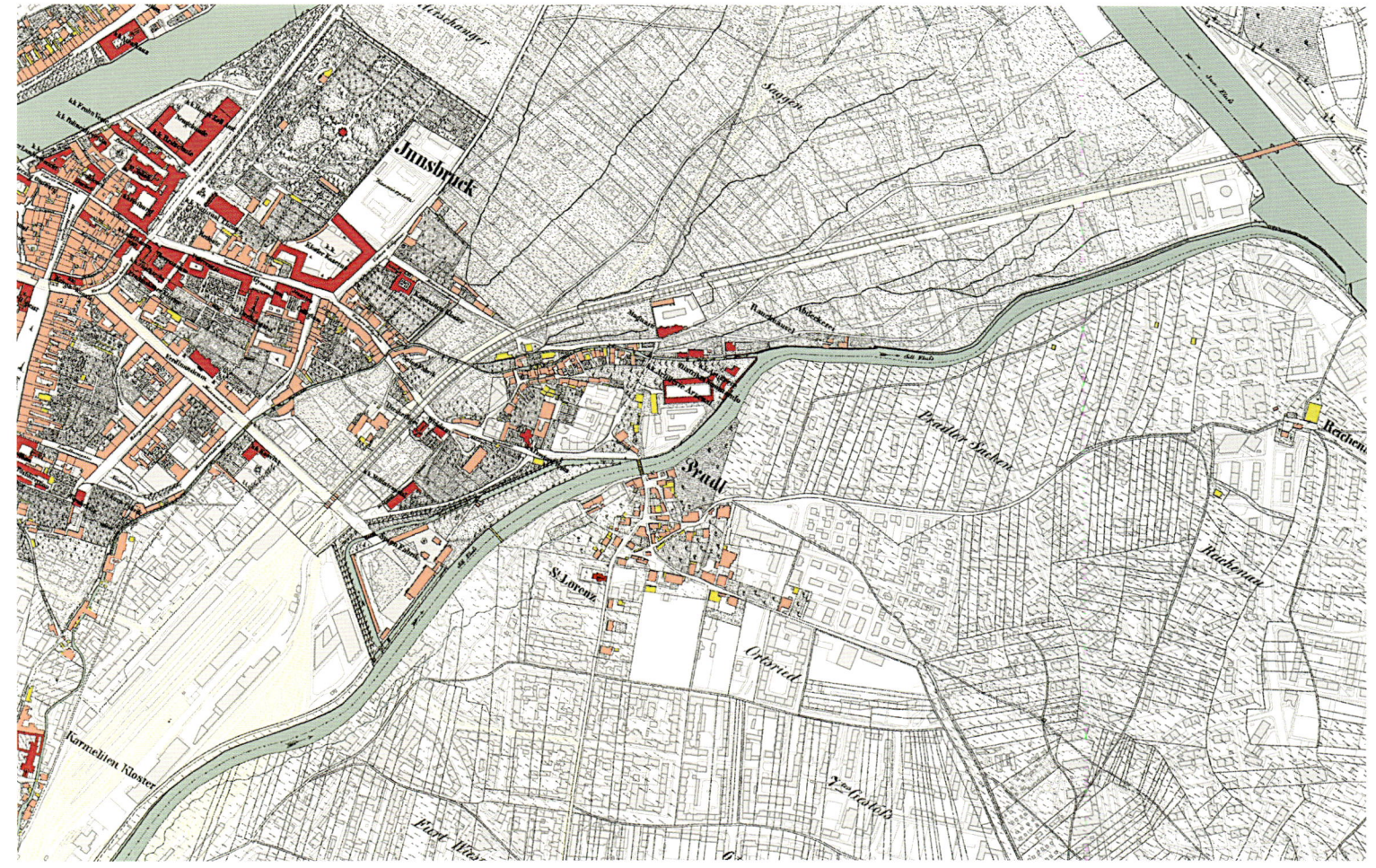

Digitaler Franziszeischer Kataster unterlegt mit dem Lageplan 2013, *tiris*-Kartendienste – Land Tirol (K96)

Armani, Panorama von Innsbruck, um 1860 (P9)

In dieser Ansicht gegen Norden ist noch einmal eindrucksvoll die gesamte Länge des Bahnviaduktes von der Eisenbahnbrücke über den Inn bis zur Bahnstation dargestellt.

Detailansicht bei *Armani:* Ankunft eines Eisenbahnzuges im Bahnhof

Der Blick von der gegenüberliegenden Seite:

Isser-Großrubatscher, „Innsbruck gegen Süden", um 1860 (P10)

Der Bahnhof

Gleichzeitig mit dem Bau des Viadukts begann 1853 auch die Errichtung des Bahnhofs und des Stationsplatzes, damals noch auf Wiltener Grund. Für den Bau musste das Terrain erst eingeebnet werden, wozu sowohl Abgrabungen wie vor allem auch umfangreiche Aufschüttungen notwendig waren. Der Stationsplatz blieb auch noch lange Zeit (bis 1867 zur Eröffnung der Brennerbahn) eine weite Wiesenfläche mit Zufahrtswegen zu den Bahnhofsgebäuden. (*Forcher* [26])

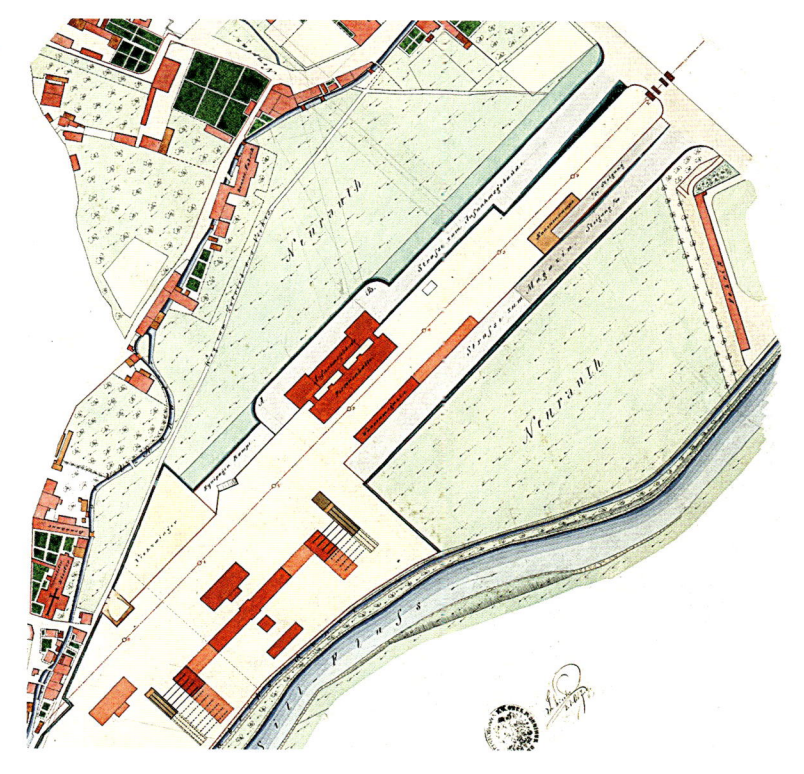

Mittig, „Uibersichtsplan der Station Innsbruck", 1855 (T96)

Der Weg links vorne stellt die Verbindungsstraße vom Neuplatz (Boznerplatz) zum Bahnhof dar.

Abb. 61: *Zachaniewicz, „Bahnhof Innsbruck", um 1859*

Ch. Steinicken, um 1860, Ausschnitt – Bereich der Bahnstation (P8)

Die Pläne

Alois M. Negrelli: „**Karte ueber den Zug einer Eisenbahn von Innsbruck bis an die königl. baierische Gränze unter Kufstein**", 1838
(Kartenverzeichnis E1)

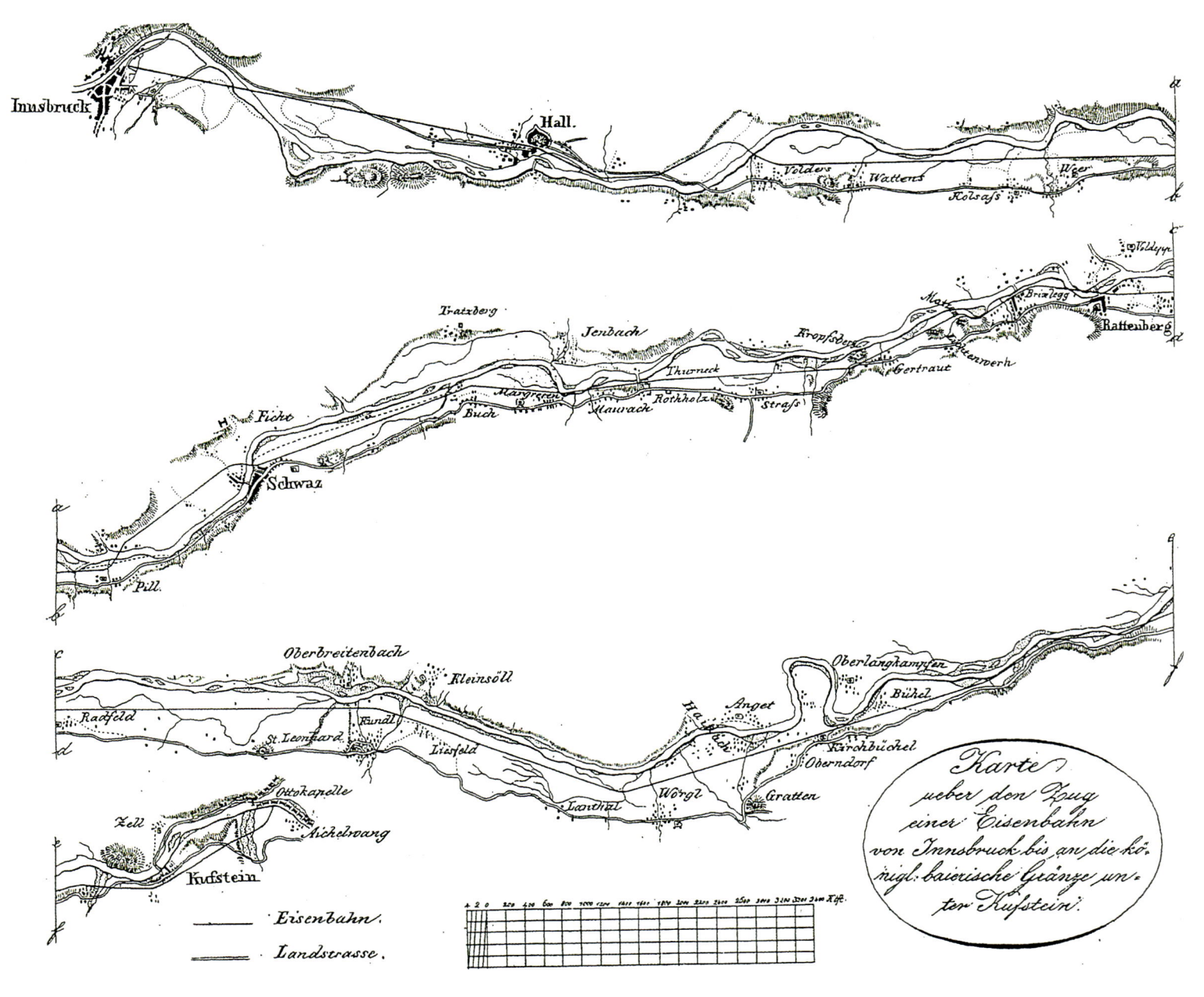

Das erste Bahnprojekt für Tirol.

Ausschnitt Innsbruck – Hall:

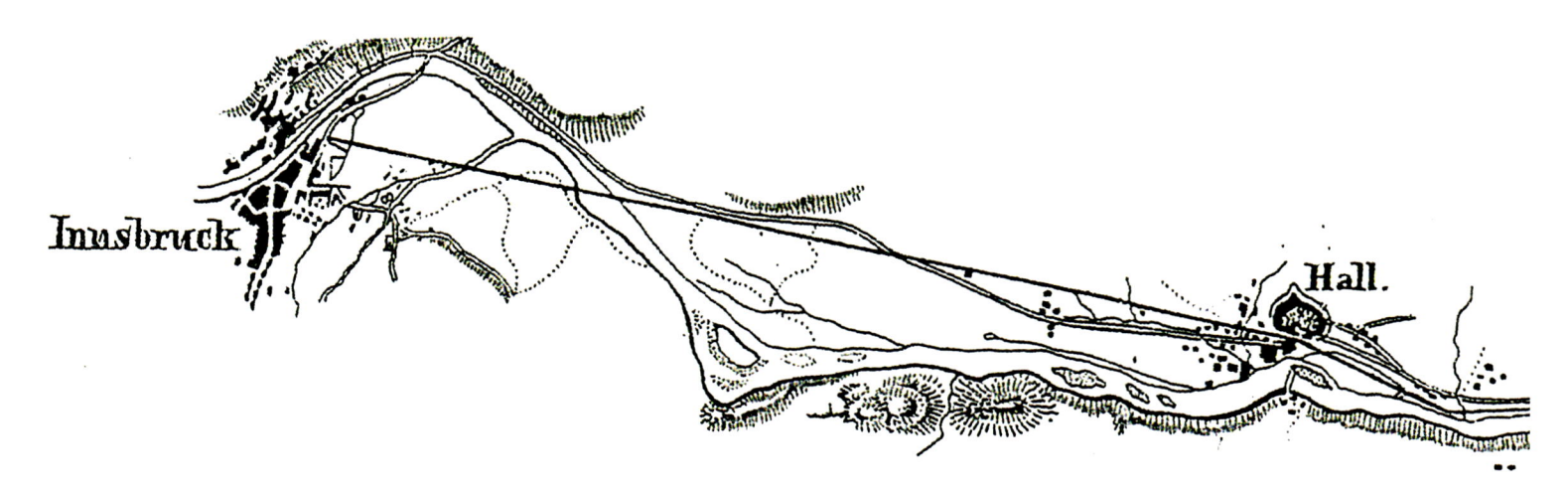

Ing. Qualizza: „**Karte der Tiroler Eisenbahn nach dem Projekte des Ingenieurs Qualizza von Verona bis Hall, und nach jenem des Gen. Insp. Negrelli von Hall bis Kufstein**", 1847 (Kartenverzeichnis E2)

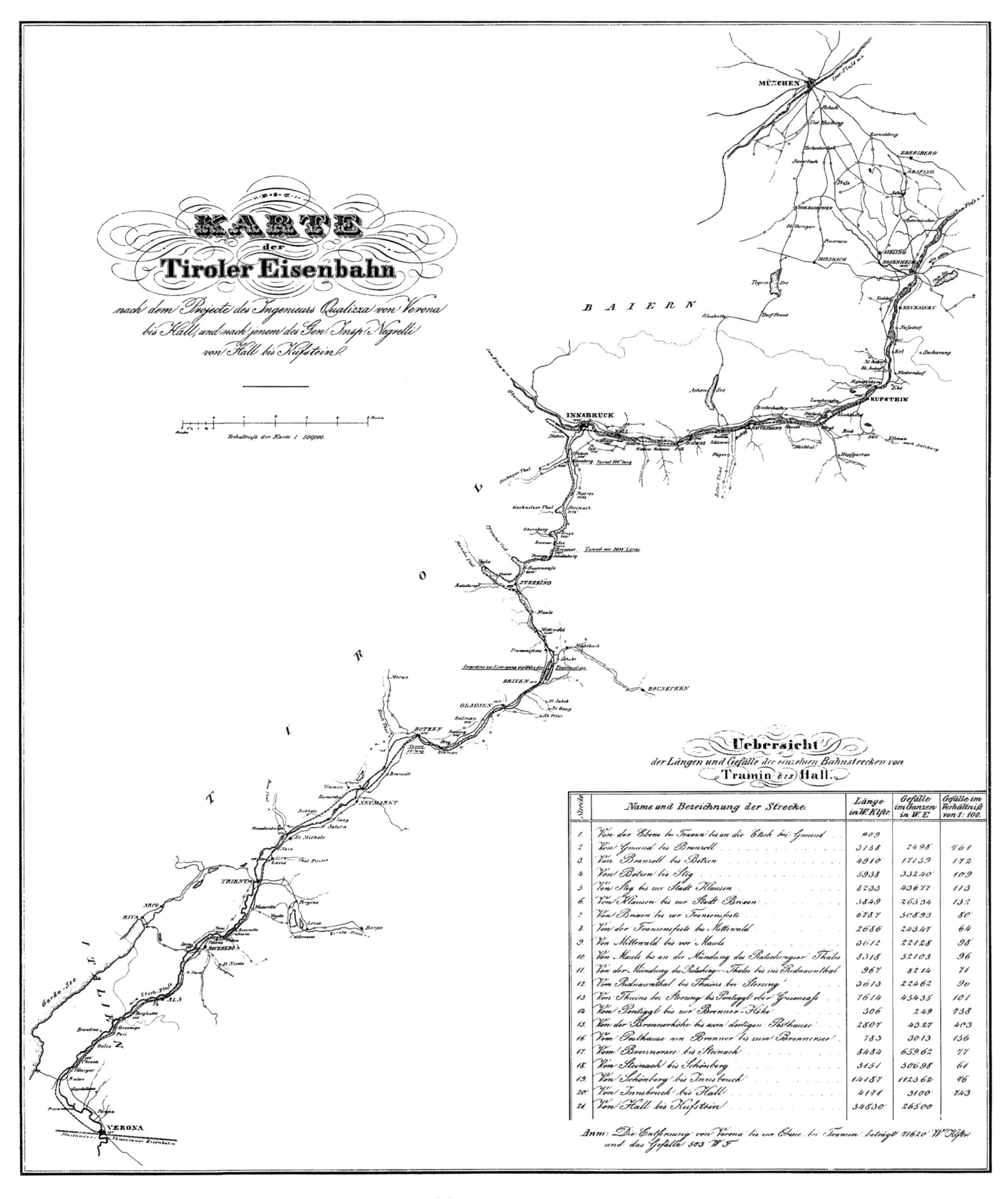

Auch dieser Projektentwurf von *Qualizza* kam nicht zur Ausführung.

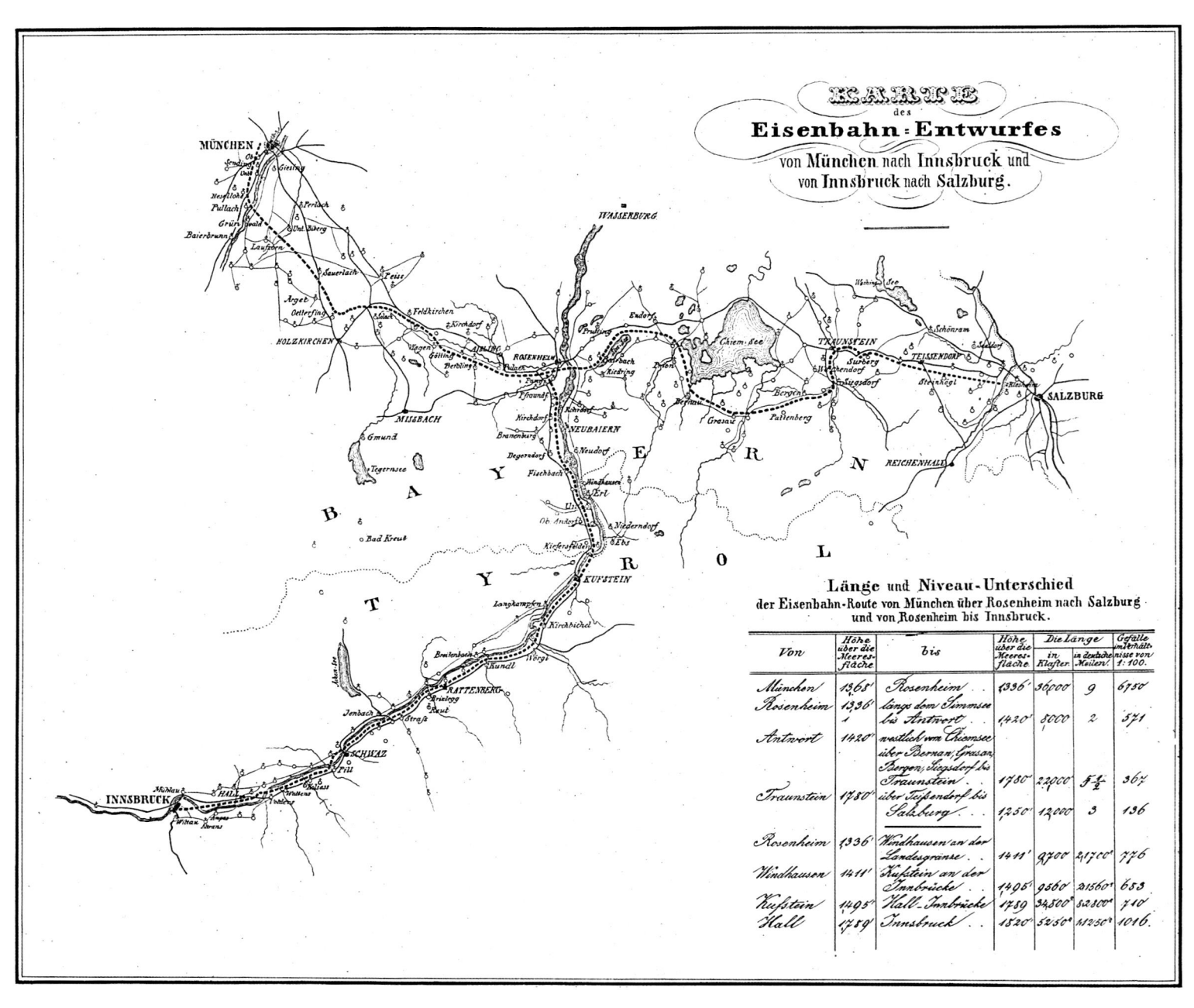

C. A. CZICHNA: **„Karte des Eisenbahn-Entwurfes von München nach Innsbruck und von Innsbruck nach Salzburg"**, 1850/51
(Kartenverzeichnis E3)

Im Unterinntal gibt diese Karte von *Czichna* die Linienführung gemäß der Studie von Negrelli aus dem Jahr 1838 wieder. Auch die Maximiliansbahn nimmt zwischen München und Rosenheim einen etwas von der Realisierung abweichenden Verlauf, weil Holzkirchen nicht erreicht wird. Es ist anzunehmen, dass die Karte im Zusammenhang mit dem Staatsvertrag zwischen Bayern und Österreich vom 21. Juni 1851 entstanden ist. (*Held* [41], S. 859)

Ausschnitt Innsbruck–Hall

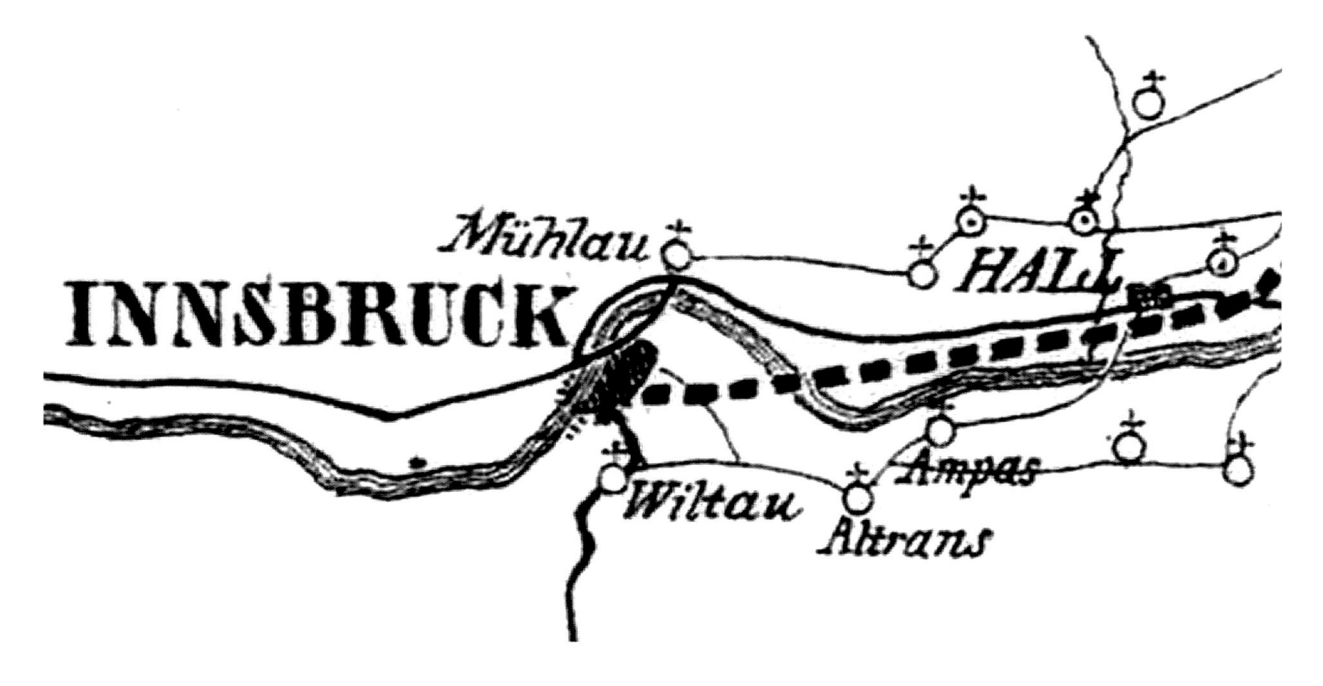

K. Winter/von Ghega: **„Karte der Eisenbahn von Innsbruck bis Windhausen an der k. k. Gränze"**, 1851/52
(Kartenverzeichnis E4)

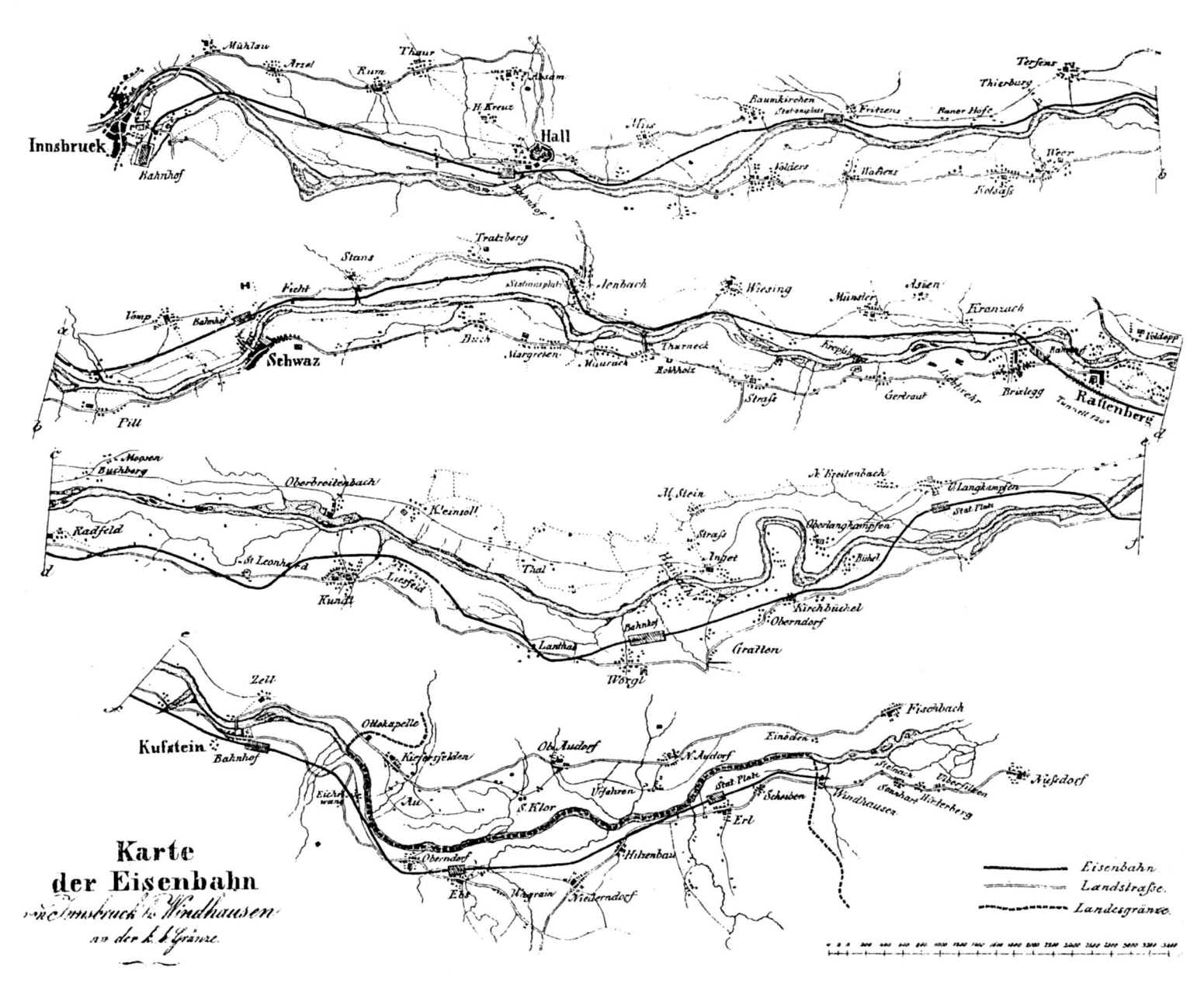

Der Plan entspricht dem Entwurf für das endgültige Bahnprojekt für Tirol.

Ausschnitt Innsbruck–Hall:

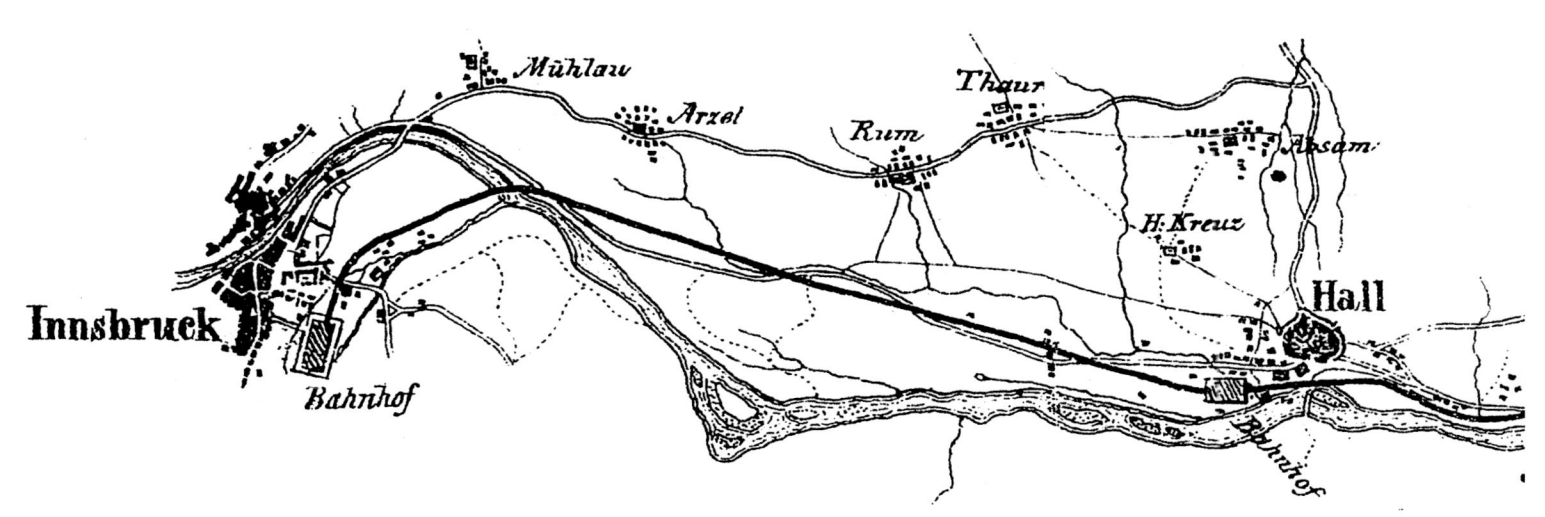

August Zanbauer: „**Situations-Plan der kaiserl. königl. Staats-Eisenbahnstrecke von Innsbruck über Kufstein an die bairische Grenze**", 1858 (Kartenverzeichnis E5)

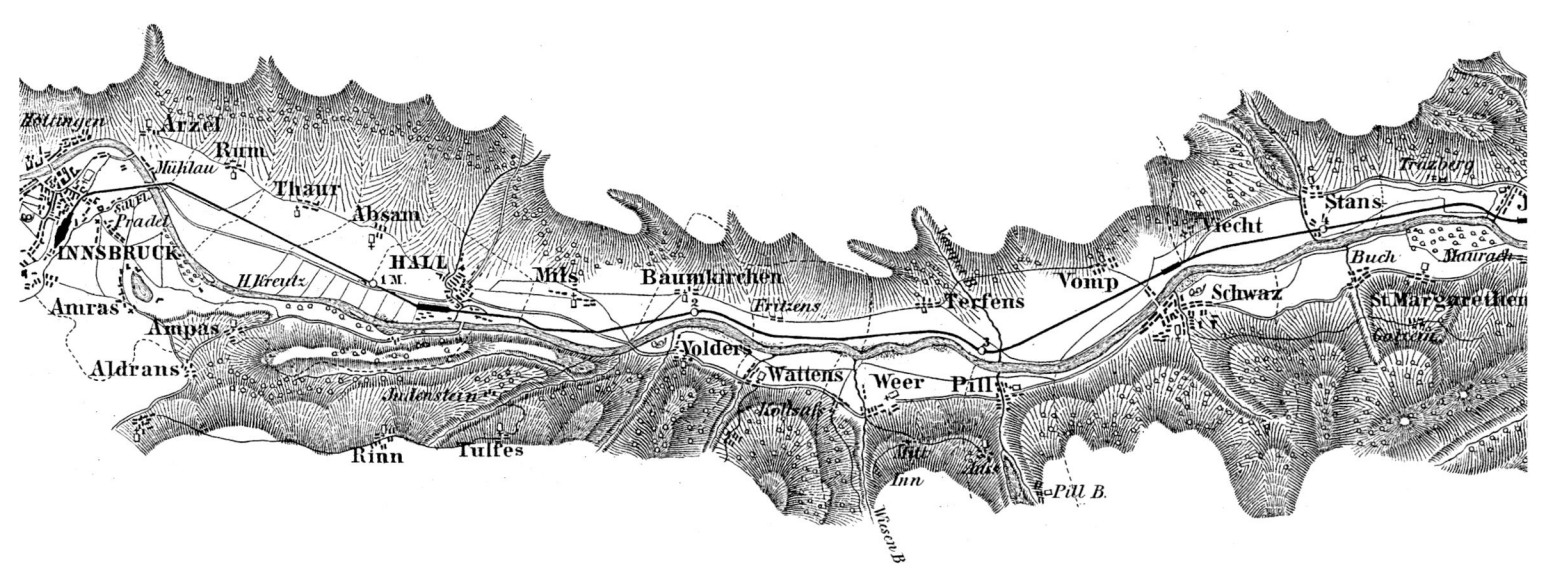

Linker Abschnitt

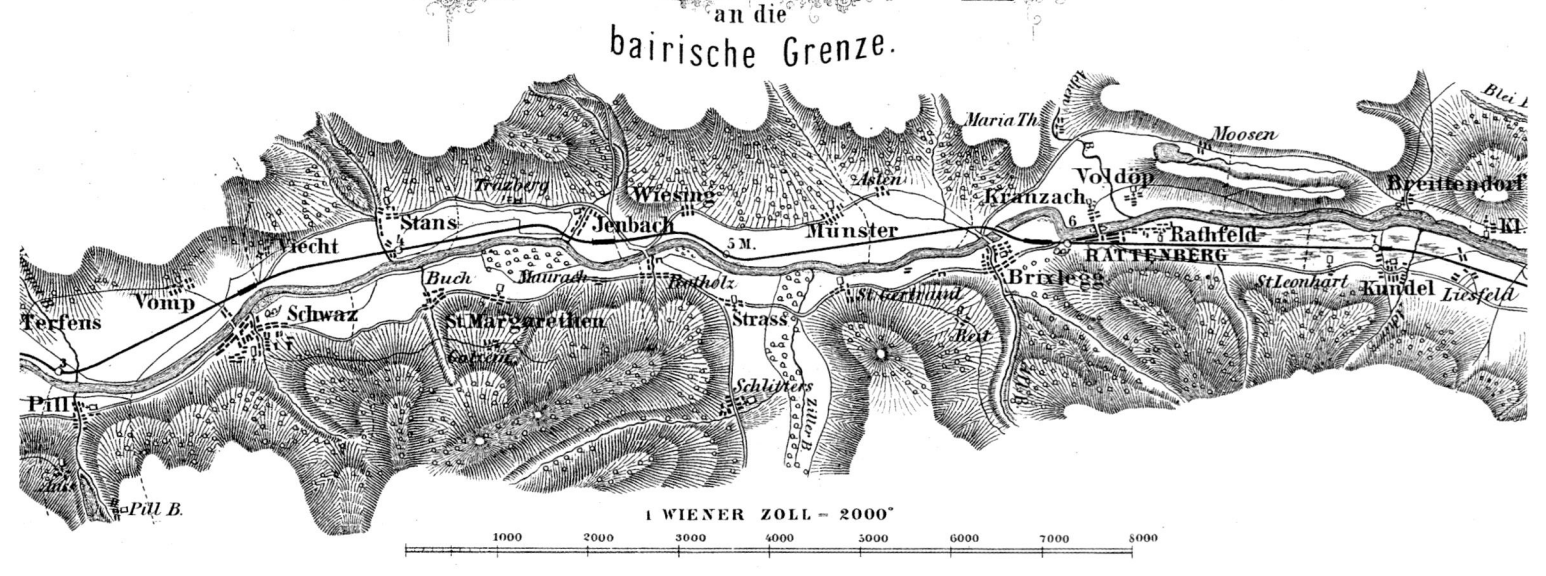

Mittlerer Abschnitt

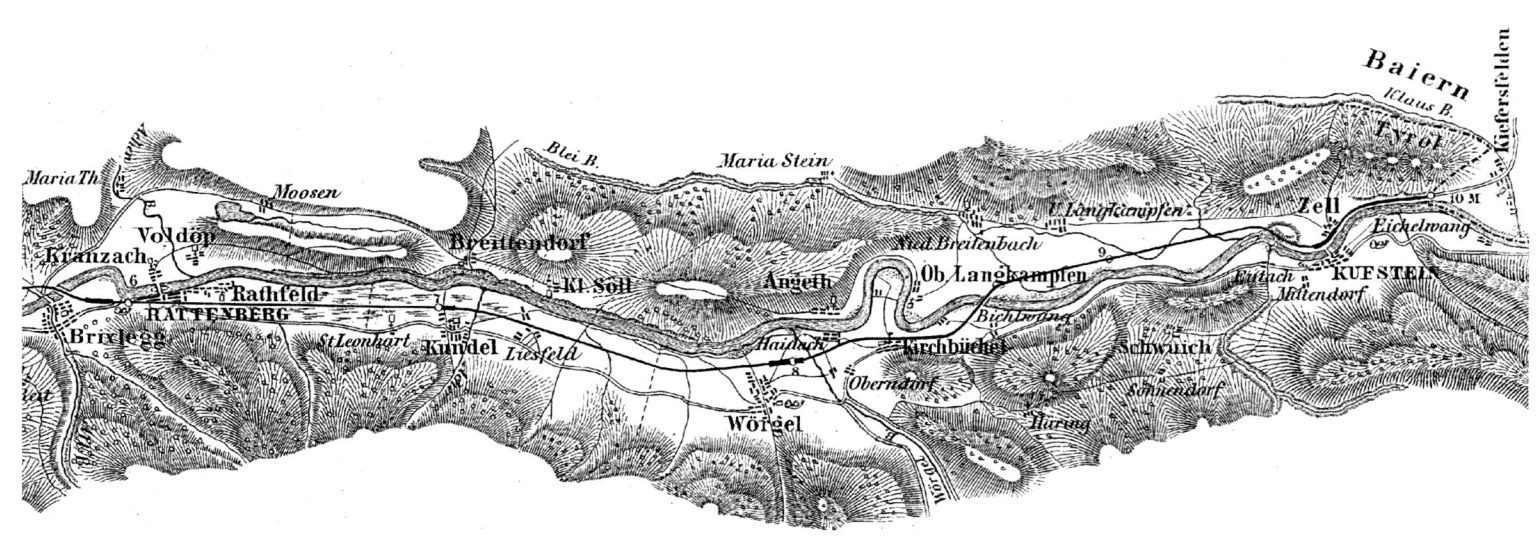

Rechter Abschnitt

SCHIESTL, PEGGER: **Projektierte Trasse der Eisenbahn in Innsbruck und Mühlau, um 1855**
(Kartenverzeichnis T95)

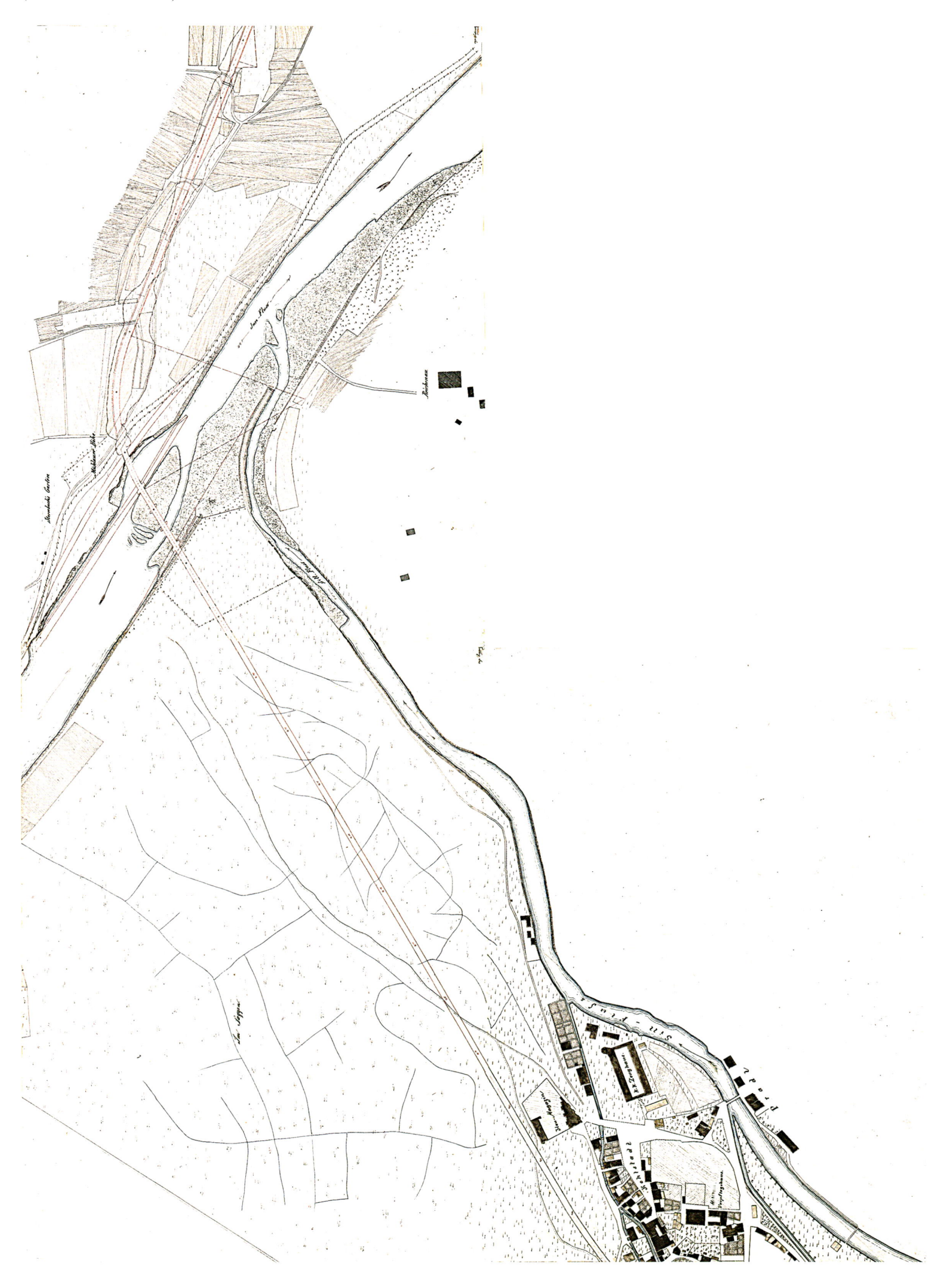

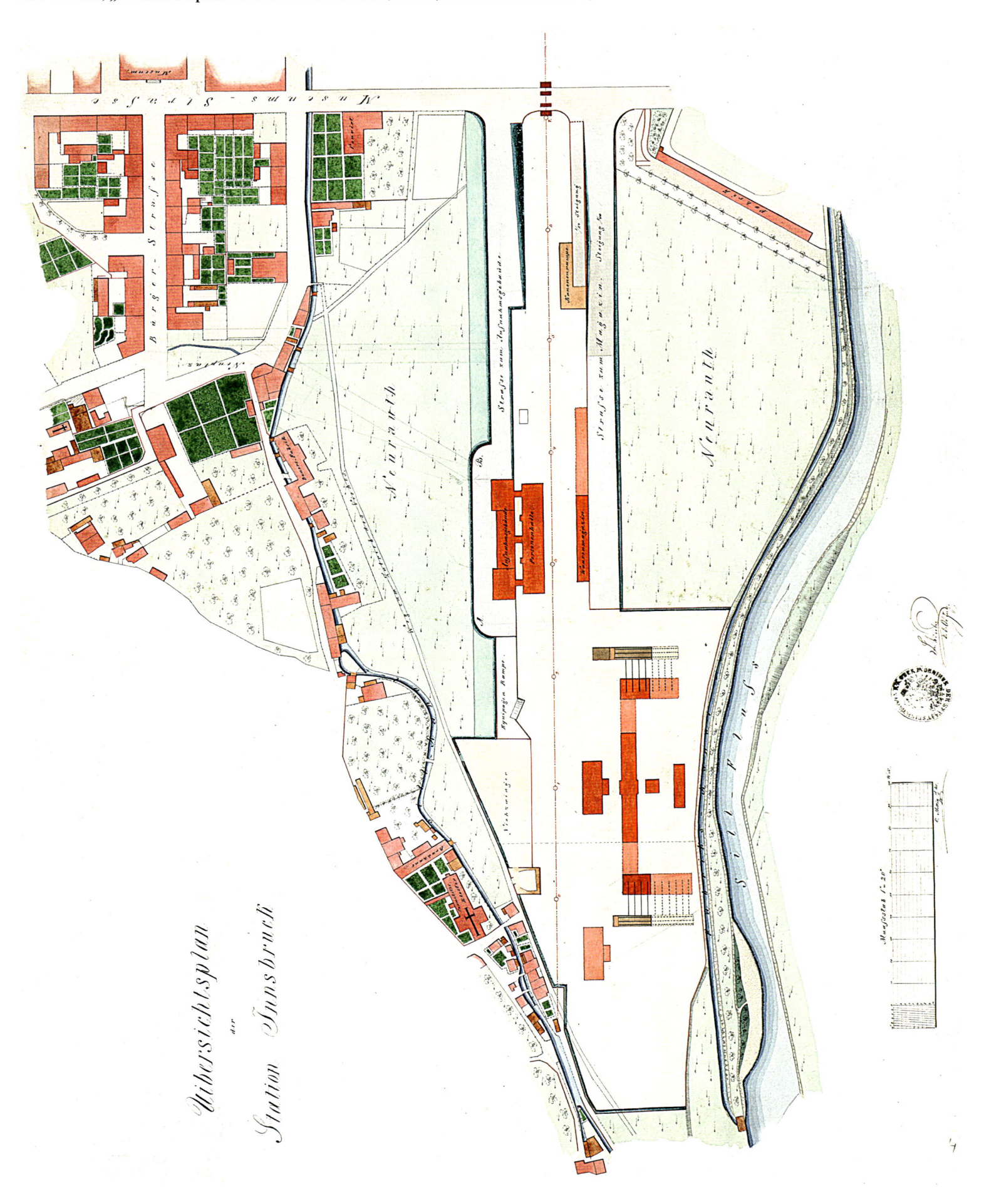

Carl MITTIG, „Uibersichtsplan der Station Innsbruck", 1855 (Kartenverzeichnis T96)

Plan der Eisenbahnstation in Innsbruck

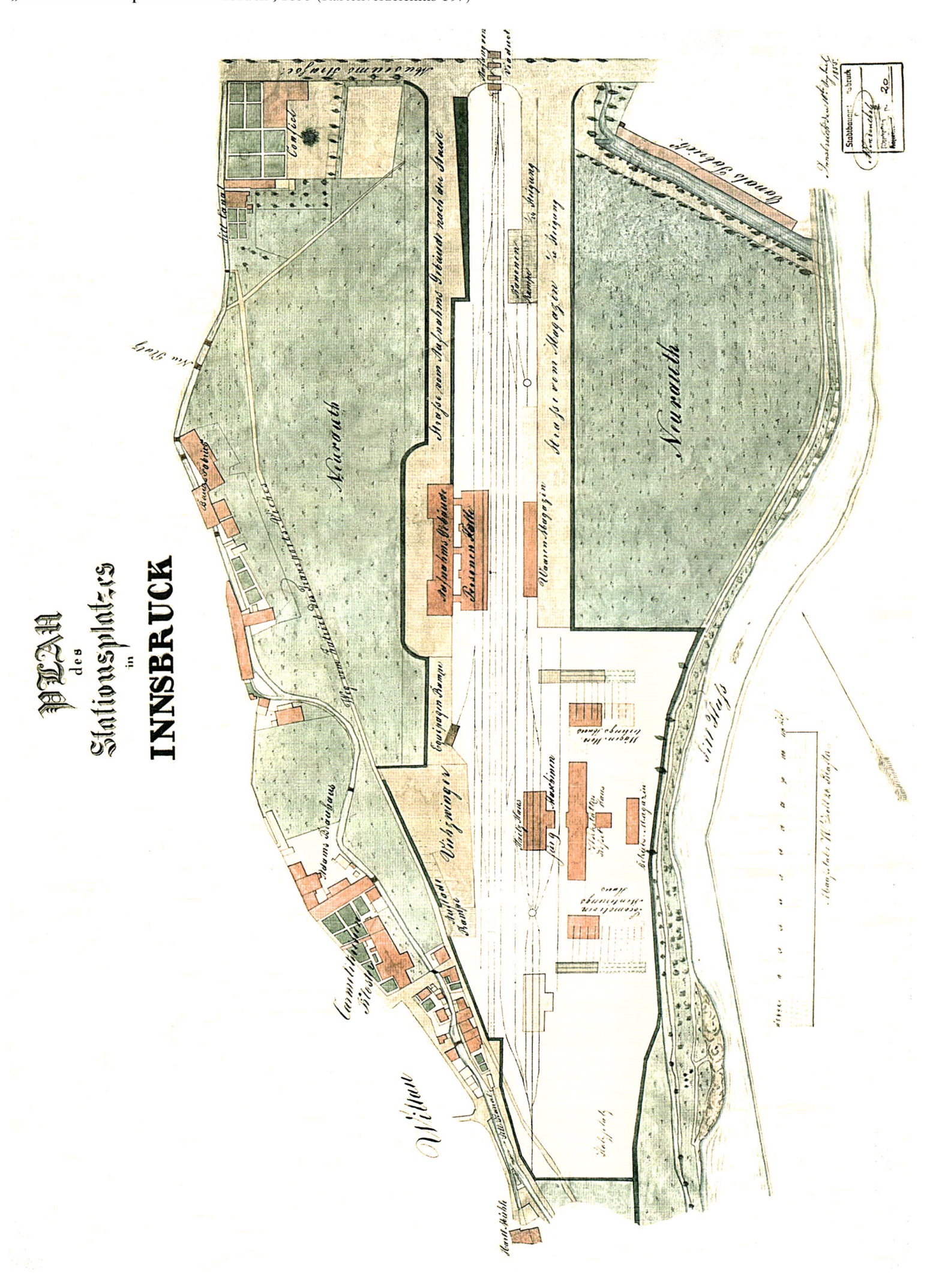

„Plan des Stationsplatzes in Innsbruck", 1855 (Kartenverzeichnis T97)

Ähnlich dem vorhergehenden Plan, aber mit bereits eingezeichneter Bahnhofsbinnenstruktur.

16. Innsbrucks Gemeindegrenzen im 19. Jahrhundert

Die Gemeindegrenzen der Stadt Innsbruck und ihrer Nachbargemeinden 1856:

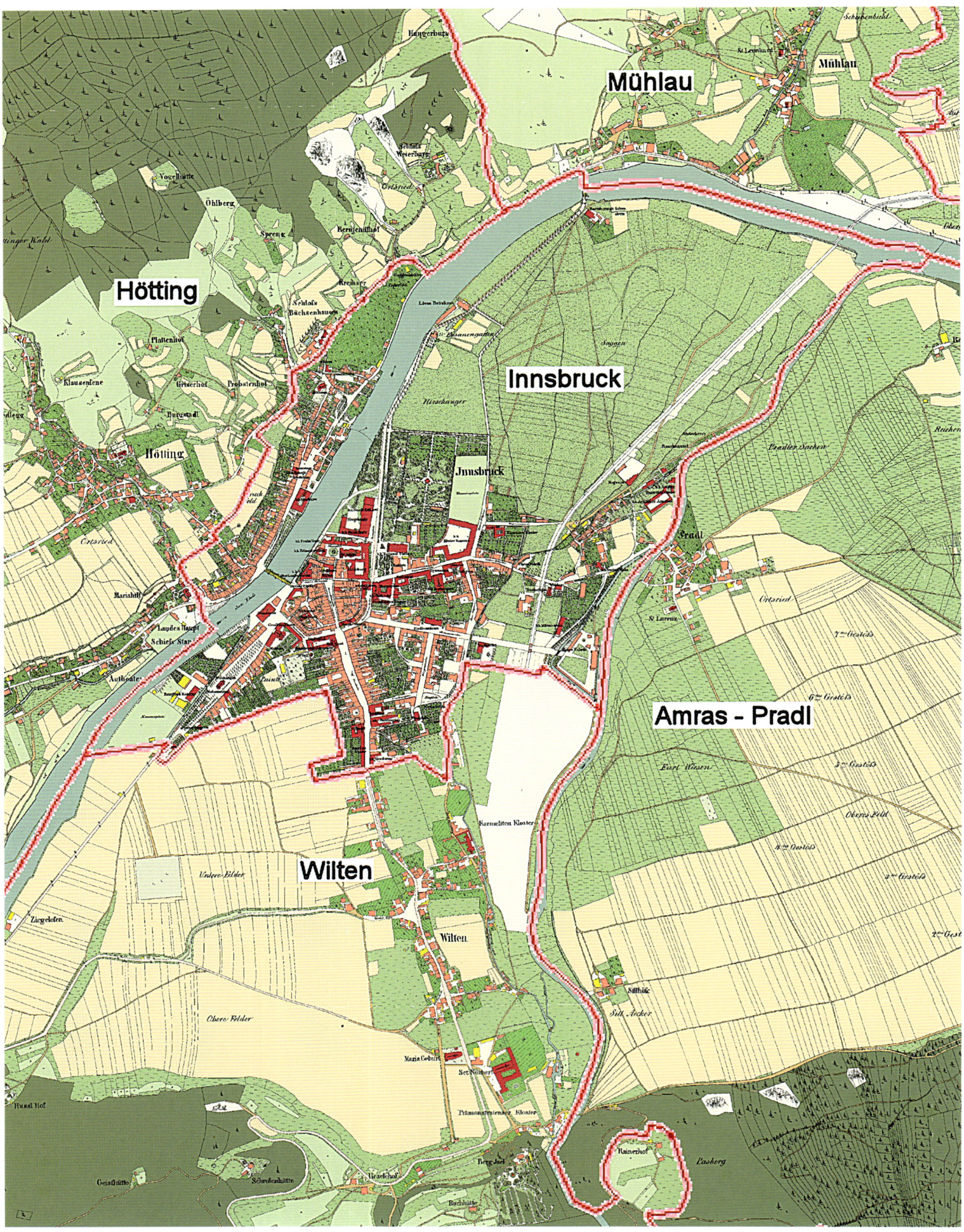

Digitaler Franziszeischer Kataster, 1856 (K48)

Die Grenzen der Gemeinden von 1856 entsprechen weitgehend den heutigen Katastralgemeindegrenzen. Ausnahmen bilden die im folgenden dargestellten Grenzverschiebungen zwischen Innsbruck, Pradl und Wilten.

Schon bei oberflächlicher Betrachtung der Karten und Pläne von Innsbruck fällt auf, dass viele davon das Gebiet nur innerhalb der eigenen Gemeindegrenze darstellen, die damaligen Nachbargemeinden dagegen ausgeblendet bleiben. Vor allem betrifft dies die Stadtpläne in der Nachfolge von Duile (siehe Kapitel II/1), aber auch später, wie zum Beispiel die Neujahrsentschuldigungskarte von Innsbruck für das Jahr 1889. Es ist daher wichtig, auch einen Blick auf die Grenzverschiebungen im Verlauf des Jahrhunderts zu werfen, da sie einen wesentlichen Einfluss auf den Inhalt der Pläne haben. Während es zur Gemeinde Mühlau gar keine, zu Hötting nur geringfügige Grenzänderungen gab, waren die Grenzen zu Amras mit der Fraktion Pradl und zu Wilten gerade im 19. Jahrhundert starken Veränderungen unterworfen.

Am Beginn des Jahrhunderts stellt sich das Gebiet der Gemeinde Innsbruck wie auf diesem (historisierenden) Plan von 1800 dar.

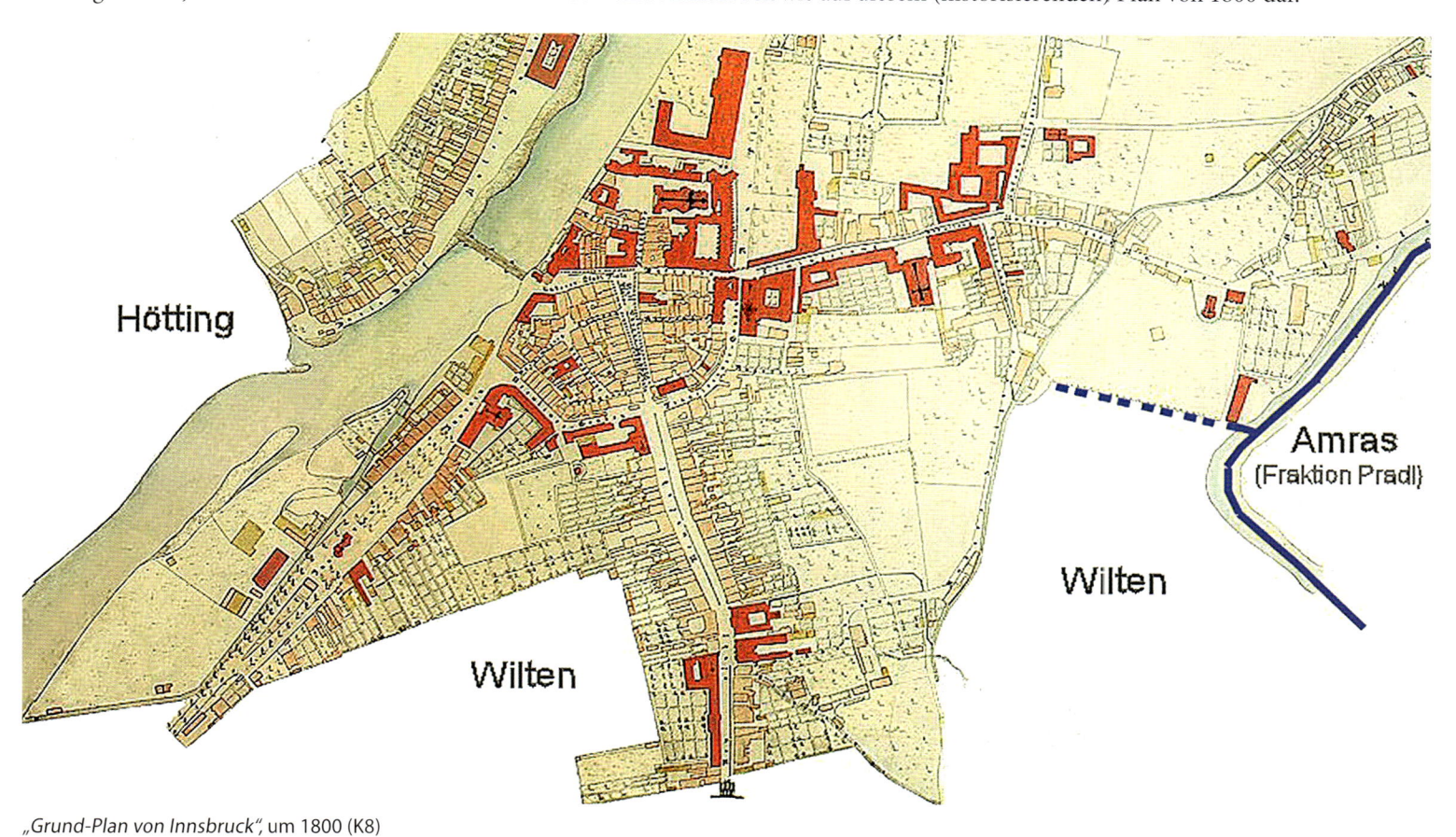

„Grund-Plan von Innsbruck", um 1800 (K8)

Die Grenze zwischen Amras und Innsbruck bzw. Wilten bildete die Sillmitte (am Plan blau eingezeichnet), zwischen Innsbruck und Wilten in gerader Linie vom Militärspital an der Sill bis zur Hofmühle am Sillkanal (blau strichliert) und weiters entlang des Sillkanals gegen Süden. Eine Gebietserweiterung Innsbrucks auf altem Pradler Grund ergab sich mehr oder weniger stillschweigend als Folge der in den Jahren 1823/24 im Bereich zwischen der heutigen Gaswerkbrücke und der alten Pradler Brücke durchgeführten Flussbettbegradigung der Sill (siehe Kapitel IV/5 Sill). Bis zum Jahre 1823 verlief der Fluss und damit die in der Mitte des Gewässers verlaufende Grenze zwischen Amras–Pradl einerseits, sowie Wilten und Innsbruck andererseits entlang der dunkelblauen Linie. Die hellblaue Linie zeigt den neuen Grenzverlauf nach der erfolgten Flussregulierung. Das Schotterbett war nun im Besitz von Innsbruck.

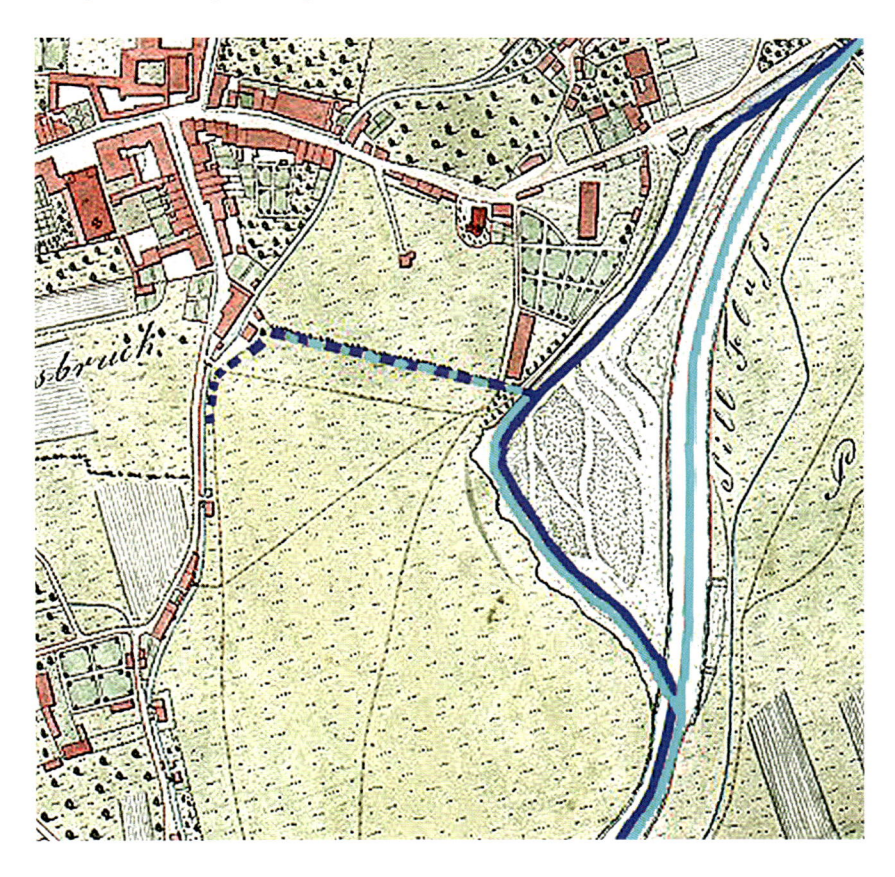

„Obgleich nun im Zuge der Sillregulierung zwar niemand an eine Grenzveränderung gedacht hatte, hat sich tatsächlich aber doch eine solche ergeben. Als nämlich 1837 die Firma Ganahl-Rhomberg den Grund des alten Sillbettes bzw. jenen ursprünglichen Pradler Grund, der nun aber links der Sill lag, zur Anlage ihrer noch heute hier bestehenden Fabrik ankaufte, ergab sich die Notwendigkeit festzustellen, zu welcher Gemeinde bzw. zu welchem Gerichtsbezirk dieses Areal gehöre, wobei offenbar niemand mehr an Amras-Pradl dachte. Der vom Gericht um Auskunft angeschriebene Stadtmagistrat erklärte dazu am 30. Juni 1838, ‚daß nach gepflogenen Erhebungen das alte Sillbett, welches von den Fabrikanten v.Ganahl und Romberg hinter dem Militärlazarete angekauft wurde, größtentheils, nemlich von der (Pradler) Sillbrücke aufwärts bis einschließlich des Terrains, auf welchem die Gebäude gestellt werden, zum Stadtbezirke, der übrige Theil von den Gebäuden der Sill nach aufwärts aber vor der Hand zum Landgerichtsbezirke Wilten gehöre. Der ganze Terrain ist aber noch in keinem Kataster vorgemerkt. Es wird jedoch, sobald der Fabriks-Kanal einmal förmlich wird hergestellt sein, welcher Kanal dann zugleich die natürlichste Gränze bildet, diese Gränze auch näher bezeichnet und der ganze Grund im Kataster vorgemerkt werden'."
(Hye [48])

Innstromkarte K3, 1825, Blatt 58 (K28)

Die formelle Entscheidung dieser fraglichen Grenzlinie zog sich bis zum Jahre 1844 hin und wurde gleichzeitig mit den zur Anlage der Museumstraße nötigen Grundabtretungen von Wilten geregelt. Laut der Eintragung zum 14. April 1844 in Gottfried Puschs Tagebuch bzw. Innsbrucker Chronik wurde damals „*hinsichtlich der Erweiterung des Weichbildes der Stadt Innsbruck folgendes bestimmt: Die Gränze zwischen dem Stadt-Weichbilde und dem Landgerichtsbezirke von Sonnenburg wird der Art festgesetzt, daß sowohl das neue Convict der P.P. Jesuiten mit allen dazu gehörigen Grundstücken (es ist dies das Mädchenheim, Museumstraße 30) als auch die Gebäude der von Ganahlischen Fabrik samt Zugehör und der außerhalb derselben längs des Sandkanals von der Stadt herzustellende Weg bis zur großen Sill zum Stadtgebiethe gehören soll. Die Stadtgränze wird hiennach unter dem Hause des Joseph Reiter an der kleinen Sill (= Meinhardstraße 1, am Sillkanal) anfangen und längs der Mauer des Gartens des Jesuiten Convicts in gerader Linie fortlaufen […] Vom Feldwege, welcher den Convicts Garten begränzt, wird die Stadt oberhalb ihres Sandkanals über den Fabrik Kanal einen Weg zur großen Sill führen, und an diesem städtischen Weg zieht sich die Gränze zur großen Sill, welche das Stadt-Weichbild von der Gemeinde Pradl scheidet.*" (*Hye* [48], *Pusch* [87])

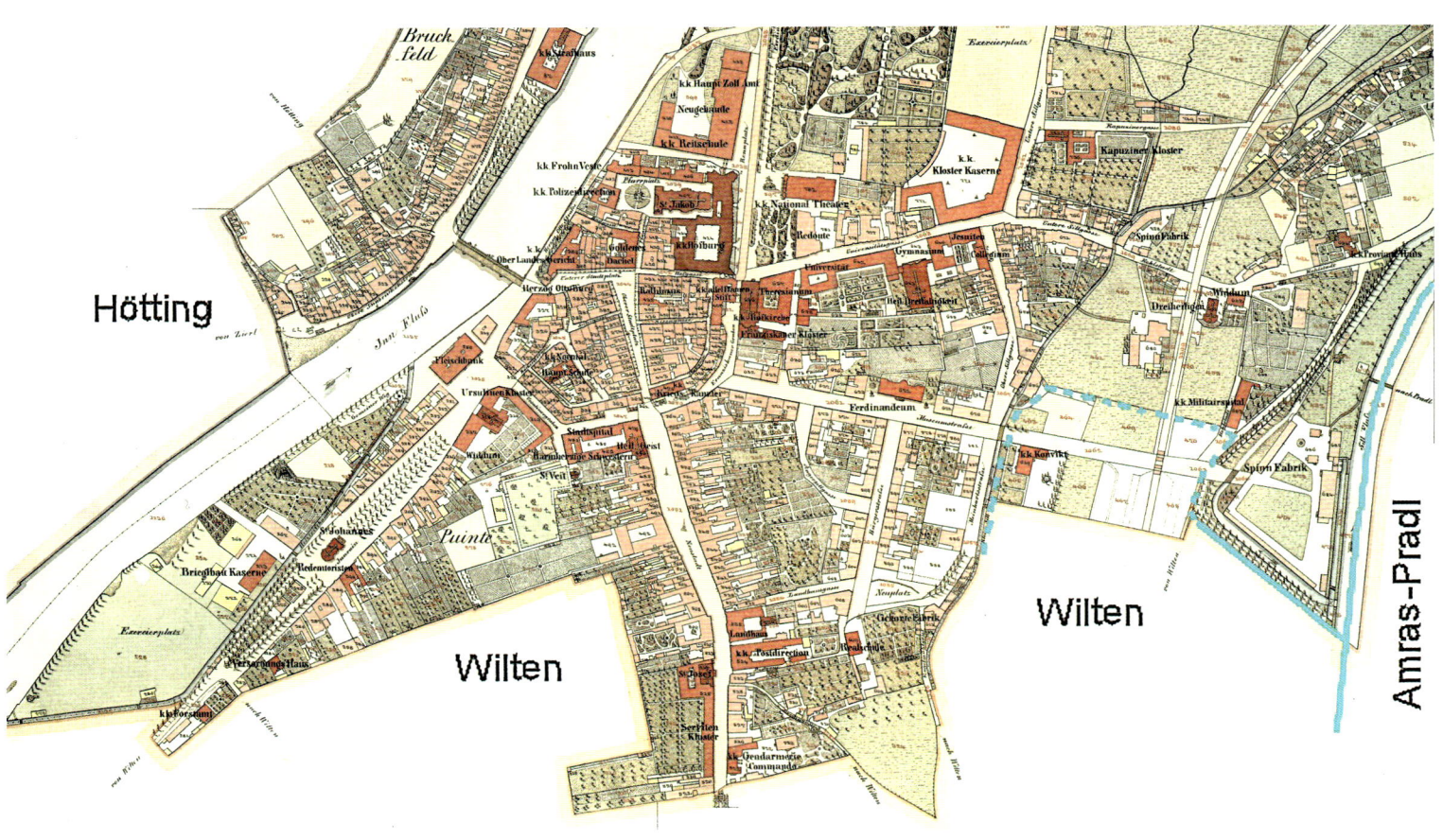

Franziszeischer Kataster, 1856 (K47)

Die hellblaue Linie zeigt den Grenzverlauf vor der Revidierung von 1844 und einer weiteren von 1854 (*Unterkircher* [98], 2924) seit der Sillregulierung von 1824. Wie man sieht, lag 1856 das gesamte Bahnhofsareal ab dem Ende der Viaduktbögen auf Wiltener Gebiet. 1861, bald nach Eröffnung des Bahnhofes 1858 und noch vor dem Weiterbau der Bahnlinie nach Süden über den Brenner, erwarb die Stadt Innsbruck von der Gemeinde Wilten das verbaute Bahnhofsareal und einige der davorliegenden Grundstücke. Grenzschwierigkeiten hatten davor mehrere Jahre lang die Anlegung der projektierten Verbindungsstraße zwischen dem Stadtteil um die Museumstraße und dem Bahnhof verzögert. Erst 1861 konnte daher die Bahnhofstraße (ab 1873 Rudolfstraße, heute Brixner Straße) vollendet werden. (*Nachtragsprotokoll vom 10.10.1872 bezüglich der Vereinbarung vom 6.7.1861 der beiden Nachbargemeinden Innsbruck und Wilten beim BEV-Innsbruck sowie Forcher* [26], *Stolz* [97]) Hinsichtlich der Ausdehnung der Neustadt gegen Osten und Westen lässt uns noch die Katastermappe von 1856 (oben) erkennen, dass die Grenze zwischen Innsbruck und Wilten von 1281 bis zur Mitte des 19.Jahrhunderts westlich der Maria-Theresien-Straße entlang jener Gärten verlief, die zu den Häusern an der Westseite der Maria-Theresien-Straße gehört haben. Gleich hinter diesen Gärten erstreckte sich das sogenannte „Wiltener Feld". (*Hye* [64])

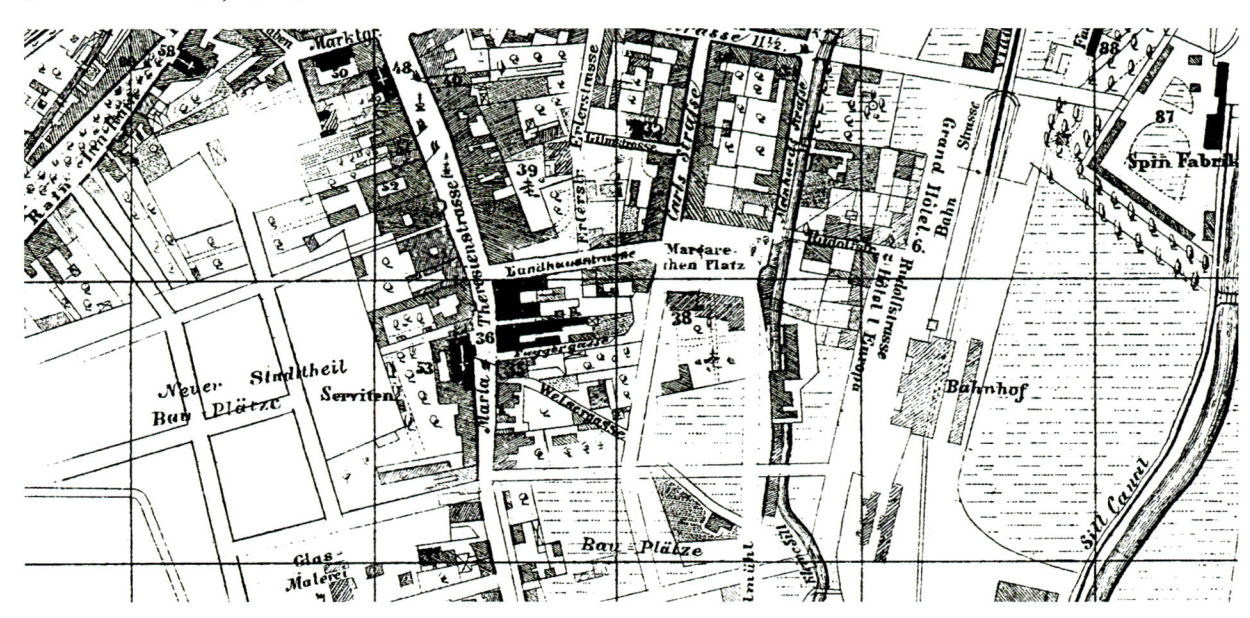

Bereits 1874 wurde auf den Wiltener Feldern ein projektierter „*Neuer Stadttheil*" rund um die zukünftige Anichstraße ausgewiesen.

A. Guberner, 1874 (K58)

Die endgültige Abtretung der Wiltener Felder um die Anichstraße bis zur heutigen Maximilianstraße an Innsbruck erfolgte 1878. „*(**Erweiterung des Magistratsbezirkes.**) Das zwischen der Stadtgemeinde Innsbruck und der Gemeinde Wilten abgeschlossene Uebereinkommen, nach welchem die Gemeindegemarkung künftig derartig bestellt ist, daß eine bei der Triumphpforte die Hauptstraße durchschneidende gerade Linie, welche östlich zur Sill und westlich zum Inn führt, die Grenze zwischen beiden Gemeinden bilden soll, wogegen die Stadtgemeinde Innsbruck der Gemeinde Wilten eine Abfindungssumme von 40.000 fl. zahlt, hat die kais. Sanktion erhalten.*" (Innsbrucker Nachrichten vom 1. September 1878)

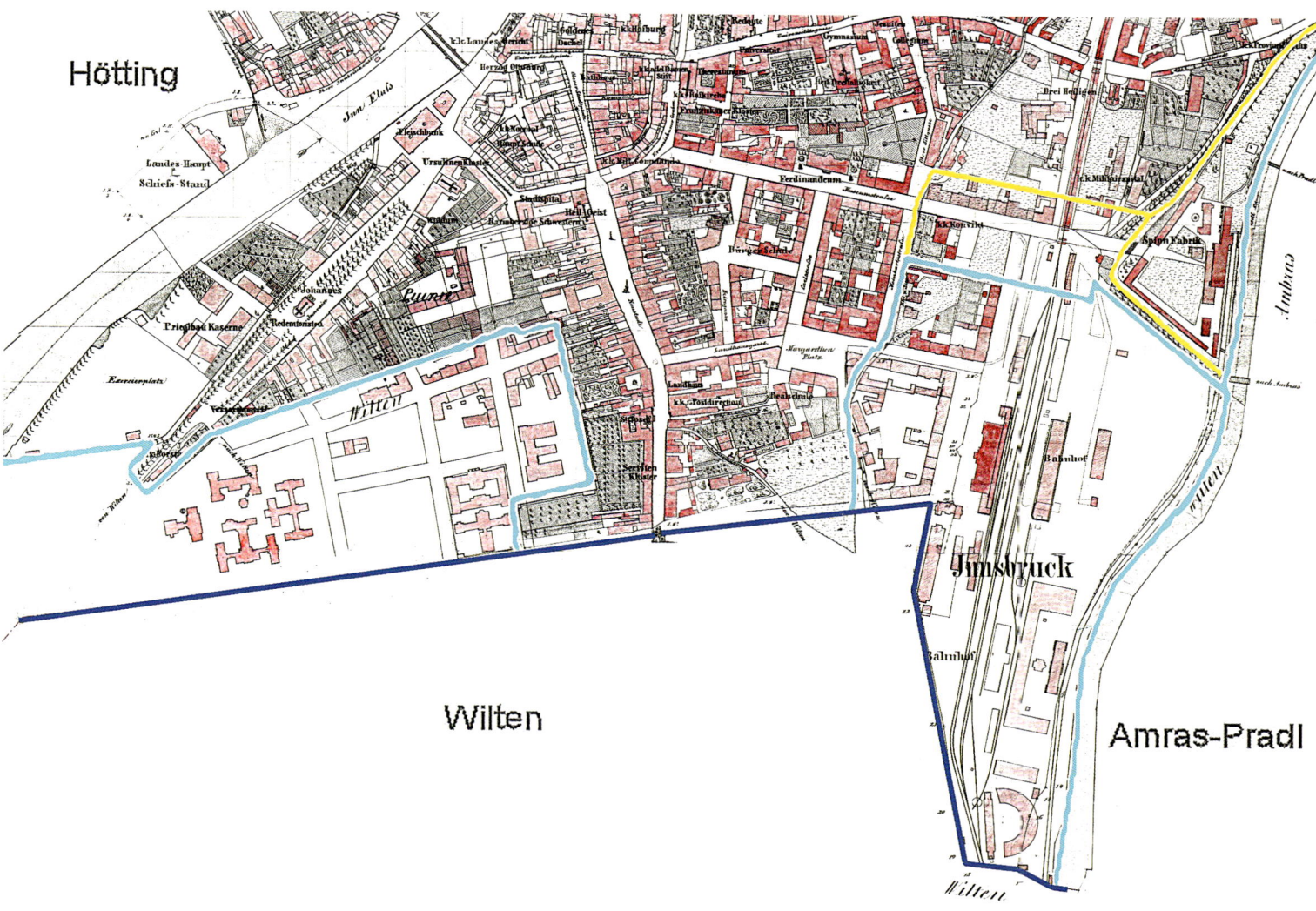

Katasterplan der Gemeinde Innsbruck, 1872/1889 (K70)

Die gelbe Linie zeigt die Grenzen bis vor der Sillregulierung 1823, hellblau sind die Grenzen im Katasterplan 1856 und dunkelblau der 1878 festgelegte neue Grenzverlauf zwischen Innsbruck und Wilten, wobei das Bahnhofsareal rechts bereits seit 1861 zu Innsbruck gehörte. Während das 1861 von Wilten erworbene Bahnhofsareal bereits auf dem ursprünglichen Plan von 1872 eingezeichnet ist, betreffen die Überzeichnungen den Teil westlich der Maria-Theresien-Straße, wie im unteren Detailausschnitt deutlich zu sehen ist.

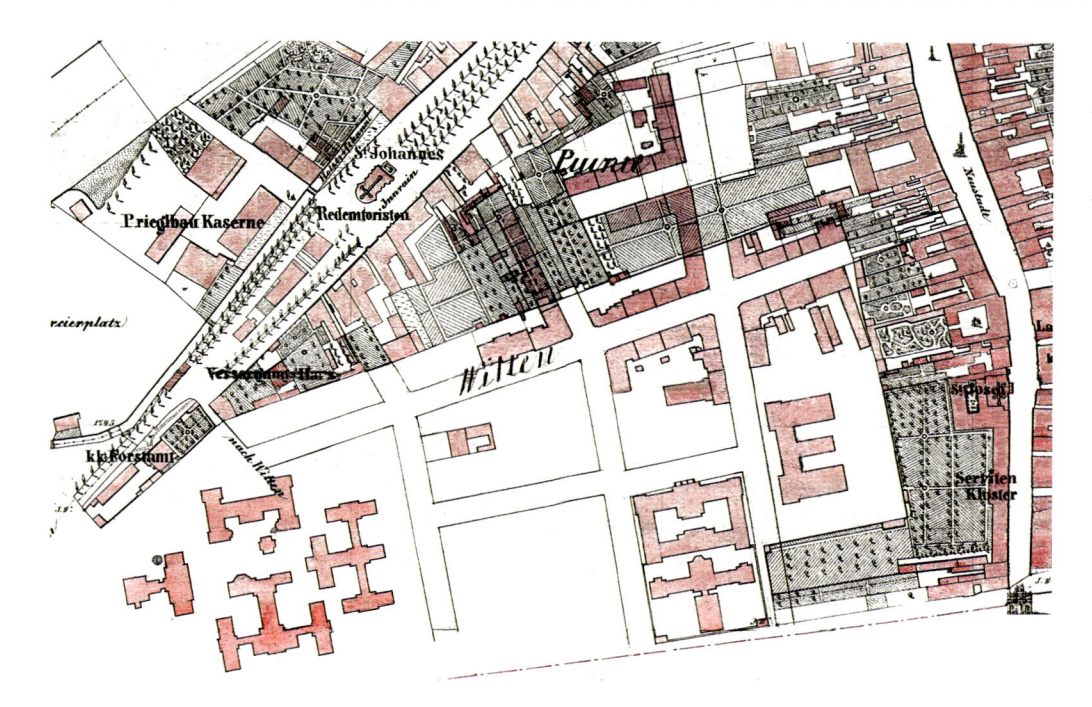

Westlich der Maria-Theresien-Straße steht die Bezeichnung Wilten noch über der späteren Anichstraße. Händische Eintragungen und Überzeichnungen über die Gärten und Hinterhöfe südlich des Innrains zeigen die bis zum Jahr 1889 gebauten Straßen und Gebäude.

Am 1. Jänner 1904 trat das Landesgesetz vom 23. Dezember 1903 in Kraft, durch das nach mehrjährigen Verhandlungen und freien, demokratischen Gemeinderatsbeschlüssen die ehemalige Dorfgemeinde Wilten sowie die Fraktion Pradl der Dorfgemeinde Amras sich der Stadt Innsbruck angeschlossen haben. Damit waren alle Grenzfestlegungen obsolet. (*Hye* [70])

V. Die Zeichner und ihre Karten und Pläne

Zeichner	Jahr	Nr.	Titel
Christian Carl André	1827	K33	„Plan von Innsbruck"
Jogann Baumgartner	1866	K52	„Plan der Stadt Innsbruck nebst Theilen …"
Max von Baur	1821	T38	„Situations Plan der Sill bey dem hiesigen Milit. Spital"
	1821	T35	„Situations-Plan d. auf d. Ackergrunde bei d. k. k. Zeughaus …"
Jan van Call	1813	K17	„Plan von Innsbruck"
	1813	K18	„Plan von Innsbruck"
Leopold N. von Call	1846	T48	„Situations Plan d. neuen Stadt Theiles samt den nächsten Gassen"
Leopold von Claricini	1855	K46	„Innstromkarte"
Carl A. Czichna	1851	K45	„Plan von Innsbruck 1851"
	1853	T43	„Situation von der k. k. priv. Maschinen- und Spinnfabrik …"
	1858	T51	„Situation des neuen Stadt Theiles nach der beantragten Reform"
	1889	K69	„Plan der Stadt Innsbruck"
	1900	K77	„Plan von Innsbruck und Wilten"
Anton Dossi	1839	T24	„Situations-Plan der k. k. Hofgebäude zu Innsbruck"
Joseph Duile	1802	K11	„Grund-Plan der k. k. Haupt- und Residenzstadt Innsbruck …"
	1803	K12	„Grund-Plan der k. k. Haupt- und Residenzstadt Innsbruck"
Johann Eberle	1846	T48	„Situations Plan des neuen Stadt Theiles samt den nächsten …"
	1846	T49	„Situations Plan des neuen Stadt Theiles samt den nächsten …"
Karl Engelbrecht	um 1861	T69	„Situationsplan eines Theiles der Stadt Innsbruck …"
Engl	1818	T9	„Grund-Plan sämtlicher K. K. Hof Garten"
d'Ertsel	1786	T80	„Situations Plan. Von der ohnweit der Stadt Innsbruck liegenden …"
P. Fabrizi	1749	T88	Planansicht von Mühlau
Heinrich Förster	1858	T59	„K. K. Schloss Amras Situations Plan"
	1858	T60	„K. K. Schloss Amras Situations Plan"
Josef Maria Galvagni	1826	T10	Plankarte von Innsbruck
Johann Ganser	1822	K32	„Plan der Provinzial Haupt Stadt Innsbruck mit einem Theil …"
Philipp Gasparini	1821	K26	Innstromkarte
Johann Gintner	1827/36	K37	Plankarte von Innsbruck
Johann Gross	1835/40	K38	„Plan der k. k. Provinzial Hauptstadt Innsbruck"
Johann Gruber	1832	T19	Situationsplan der Ritschen im Bereich Rennweg u. Hofgarten
A. Guberner	1864	K49	„Plan von Innsbruck und Umgebung"
	1874	K58	„Plan der Stadt Innsbruck und Umgebung"
	1880	K62	„Neuester Plan von Innsbruck und Umgebung"
Johann M. Gumpp	um 1690	T75	Plankarte von Hötting
Alois Haas	1838	T4	„Situation-Plan zum Spitalbau in Innsbruck 1838"
Johann Haberla	1837	T42	„Situationsplan des alten und neuen Sillbettes …"
Georg Hämmerle	1830/40	T22	„Plan eines Theils der Stadt Innsbruck"
Albert Hauryk	1864	T61	„Situationsplan des k. k. Schlosses Amras samt Park"
Josef Heim	1816/17	K22	„Plan der Haupt- und Residenz Stadt Innsbruck"
Hellrigl	1851	T27	„Situations Plan des Innsbrucker Stadttheiles in welchen sich …"
E. Hettwer	1872	K54	„Stadtplan von Innsbruck"

Zeichner	Jahr	Nr.	Titel
Hörmann	1824	T3	„Situation des hofbauämtlichen Grundes"
Wilhelm Horn	1809/10	K15	„Plan der Bestürmung des Berges Isel ..."
Arthur von Hübl	1830/45	K39	„Innsbruck um 1809"
Carl Huebmann	1834	T41	„Situations Plan des Sill Flusses ..."
Cassian von Jenner	1834	T83	„Situationsplan des berühmtes Schlosses Weyerburg"
Knauschner	1859	T31	„Situations Plan des Innsbrucker Stadttheiles in welchen sich ..."
Joseph Kolp	1834	T16	„Strom-Karte des Innflusses bei Innsbruck ..."
	1837	T20	„Situationsplan Neue Quai-Straße, Rennweg und Hofgarten"
	1851	T58	„Situations Plan d. Schlosses Amras u. s. dazugehörigen ..."
Johann Kravogl	1846	T67	„Situationsplan mit der Erweiterung des Klosters der..."
Joseph Lenardini	1789	T2	„Situations Plann. Von einem Theil des sogenanten Innrainn ..."
Johann von Liebe	1825	K29	Plankarte von Innsbruck
A. Lindenthaler	Um 1860	T84	„Projekt zur Anlegung der neuen u. Reglung der alten Ritsche ..."
	1861	T5	„Situations-Plan des zum löbl. Statdspital gehörigen Grundes"
Theodor Macharth	1813	K19	„Grund-Plan der Baierischen Haupt- u. Residenz-Stadt Innsbruck"
Josef Mayr	1844	T66	Situationsplan vor Errichtung der Klosterbauten der Karmelitinnen
	Um 1850	T68	Situationsplan von Wilten
Philipp Miller	1802	K9	„Situations-Plan der Haupt- und Residenz-Stadt Innsbruck in Tirol"
	1822	K30	Regulierung des Inn von Völs bis Volders (Inn-Karte VI)
	1822/27	K31	„Plan der Provinzial Haupt Stadt Innsbruck mit einem Theil ..."
	um 1825	K24	„Grundplan d. größeren Theils der K. K. Haupt u. Residenz Staadt ..."
	um 1840	K41	Innsbruck und Umgebung
	1829	T12	„Vorlaufige Skitze zu einer neuen natirlichen Anlage ..."
	1829	T82	Situationsplan von St. Nikolaus in Innsbruck
	1825	T63	„Situationsplan v. der Umgebung Innsbruck ob d. Triumphporte"
Carl Mittig	1855	T96	„Uibersichtsplan der Station Innsbruck"
Georg Müllbauer	1839/44	T25	„Situations-Plan der k. k. Hofgebäude zu Innsbruck"
Hyronimus Mumb	1802	K10	„Plan der Kaiserich Königlichen Haupt Stadt Innsbruck in Tirol"
Münzer	Um 1800	K5b	„Plan von Insbruck"
Anton Mutschlechner	1843	T46	„Situationsplan des neuen Stadtviertels auf dem Fischnaller ..."
	1846	T47	„Innsbruck 1845 Situationsplan über die Bauplätze ..."
Alois Negrelli	1820	K26	Innstromkarte
	1838	E1	„Karte ueber den Zug einer Eisenbahn von Innsbruck bis ..."
	1820	T98	Allegorische Zeichnung
	1821	T55	„Situations Plan d. Schlosses Amras u. d. dazugehörigen ..."
Johann M. Neuner	1768	T1	„Mappa Ciff A: Umb der Refier von Innspruk ..."
Ignaz Paulas	1846	T49	„Situationsplan d. neuen Stadt Theiles samt d. nächsten Gassen"
Mathias Perathoner	1772	T78	Plankarte des Stadtteils St. Nikolaus in Innsbruck
	1776	K4	Plan von Innsbruck
	1788	K5	Plan von Innsbruck
Perger	1803	K10	„Plan der Kaiserich Königlichen Haupt Stadt Innsbruck in Tirol"
Johann Piva	1821	K21	Innstromkarte
Praxmarer	1840	T36	„Situations Plan A. Dem Hofmühler ..."

Zeichner	Jahr	Nr.	Titel
Carl Prissmann	1825	K26	Innstromkarte
	1827	K29	Plankarte von Innsbruck
	1827	K37	Plankarte von Innsbruck
	1830	T17	Innsbruck im Bereich zwischen Franziskanergraben und …
	1843	K44	„Innsbrucker Plan und dessen Umgebung"
Qualizza	1847	E2	„Karte d. Tiroler Eisenbahn nach dem Projekte des Ing. Qualizza"
Franz Anton Rangger	1763	K3	„Plan von der Situation des Yn-Strohms …"
Carl Redlich	1874	K57	„Plan von Innsbruck"
	1878	K60	„Plan der Stadt Innsbruck"
	1878	K61	„Plan von Innsbruck im Jahre 1878"
Josef Redlich	1894	K74	„Plan von Innsbruck und Wilten"
	1897	K80	„Innsbruck"
	1898	K76	„Plan von Innsbruck und Wilten"
	1900	K80	„Plan von Innsbruck und Wilten"
	1902	K81	„Plan von Innsbruck und Wilten"
	1903	K83	„Plan von Innsbruck"
	1904	K86	„Plan von Innsbruck"
von Reininger	1820	K88	Zweite (Franziszeische) Landesaufnahme, Blatt 32
Franz H. Rindler	1712	P1	„Firstliche Haupt und Residenz Stat Ynsprug …"
	1723	P2	„Ware Abbildung der kaiserlichen Haubt und Residenz Stat Ynsprugg …"
Julius Röck	1898	T85	„Projekt zur Parzellierung der unteren und oberen Felder"
Friedrich L. von Sckell	1810	T11	„Vorlaufige Skitze zu einer neuen natirlichen Anlage …"
Carl August von Sckell	1828	T13	„Plan zur Umwandlung des symmetrischen Schloßgartens zu …"
Max Schammler	1897	P12	„Panorama von Innsbruck aus der Vogelschau"
Johann N. Schiestl	1855	T95	Projektierte Trasse der Eisenbahn in Innsbruck und Mühlau
C. Schmit	um 1820	K25	„Innsbruck und die umliegende Gegend"
Josef Schmidhuber	Um 1900	K78	„Umgebungskarte von Innsbruck"
Karl Schober	1899	K73	„Innsbruck und Umgebung"
Schweighofer	1825	T81	„Situations Plan der Kranewitter Senke bey Innsbruck"
Johann Soucup	1846/49	T25	„Situations-Plan der Kais. Königl. Hofgebäude zu Innsbruck"
	1845/55	T57	„Situations Plan d. Schlosses Amras u. d. dazugehörigen Grund …"
Josef Teplý	um 1842	K40	„Plan u. Ansichten d. kaiserl. königlich. Haupt und Residenzstadt"
Jakob Trieth	1793	T7	Hofgarten
Rudolf Tschamler	1880	T72	„Wilten im Jahre 1880"
	1893	T73	„Wilten im Jahre 1893"
Ujhazi	1803	T34	„Situations Plan von der Gegend der Kohlstadt und …"
Carl von Urban	1840/43	K42	„Innthal von Zirl bis zur Brücke bei Volders"
	1840/43	K43	„Innthal von Zirl bis zur Brücke bei Volders"
Leonhard de Vaux	1823	K23	„Grundplan d. größeren Theils der K. K. Haupt u. Residenz Stadt"
Carl Ludwig F. Viehbeck	1804	K13	„Plan der Haupt und Res. Stadt Innsbruck mit einem Theil …"
Ing. Franz Voglsanger	1830	T17	Innsbruck im Bereich zwischen Franziskanergraben und …
Franz Werner	1886	T91	„Projekt zur oestlichen Stadterweiterung am Saggen"
Karl Winter	1851/52	E3	„Karte der Eisenbahn von Innsbruck bis Windhausen …"
Antoni Würtenberger	1774	T79	„Diese Mappa zeiget an dem Landesfürstlichen Ulfis-Wüsen Thiergarten"
Jos. Zitterbergen	1806	K14	„Dessein de la ville capitale royale de Baviere Innsbruck en Tirol"

Nachdem der größte Anteil der hier behandelten Karten und Pläne aus dem Wirkungsbereich der **k. k. Baudirektion** von Tirol und Vorarlberg stammt, ist es vor allem auch für die zeitliche Zuordnung derselben wichtig, einen Blick auf die Beschäftigungsjahre der namentlich bekannten Planer und Zeichner im Betrachtungszeitraum zu werfen. Ermöglicht wird das durch die jährlich vorliegenden Bücher des Amtsschematismus für Tirol und Vorarlberg für die Jahre 1800 bis 1850, wobei während der bayrischen Zeit von 1805–1814 keine Daten vorliegen und erst ab 1819 ein neuer Schematismus eingeführt wurde.

Ein Auszug aus dem **Schematismus von Tirol und Vorarlberg für das Jahr 1826**:

Kaiserl. Königl. Landes-Baudirektion.

(Ist im Universitäts-Gebäude 254.)

Baudirektor.

Herr Aloys v. Reisach auf Kirchdorf, Graf zu Steinberg, Herr zu Tieffenbach und Altenschneeberg, k. k. Gubernial-Rath, k. k. wirkl. Kämmerer, des Johanniter-Ordens Ritter, und tirol. Landmann, wohnt in der Neustadt 225.

Adjunkten.

Herr Joseph Duile, wohnt am Innrain 146.
— Joseph Steinacher, wohnt am Innrain 145.
(Eine Stelle unbesetzt.)

Baudirektions-Ingenieur.

Herr Franz Voglsanger, wohnt auf dem Stadtplatze 89.

Rechnungsführer, Cassier und Material-Verwalter.

Herr Mathias Kaschau, wohnt im Hofbauamts-Gebäude 156½.

Zeichner.

Herr Philipp Miller, wohnt am Innrain 167.
— Joseph Kolp, wohnt in der Neustadt 189.

Kanzellisten.

Herr Joseph Balthefer, wohnt in der Judengasse 104.
— Johann Dinghofen, wohnt in der Neustadt 192.

Baudirektions-Praktikanten.

Herr Johann v. Hörmann, wohnt am Innrain 152.
— Aloys Negrelli, wohnt am Stadtplatz 10.
— Ernest Graf v. Wolkenstein, wohnt in der Neustadt 232.
— Philipp Gasperini, wohnt am Stadtplatz 10.
— Franz Mayr, wohnt am Innrain 162.
— Johann Piva, wohnt am Stadtplatz 10.
— Ignaz Leeb, wohnt in Wiltau.
— Joseph v. Leutner, (mit der Verwendung beym Kreis-Ingenieur in Roveredo.)
— Florian Menapace, (mit der Verwendung beym Kreis-Ingenieur in Botzen.)
— Joseph Maria Galvagni, (mit der Verwendung beym Kreis-Ingenieur zu Botzen.)
— Carl Prißmann, wohnt in der Kaiserstraße 522.
— Leopold v. Peiffer (mit der Verwendung beym Kreis-Ingenieur in Botzen.)
— Amatore Ratti.
— Martin Sohm, wohnt in der Hofgasse 30.
— Johann Gintner, wohnt in der Riesengasse 56.
— Johann Liebe, wohnt in der untern Sillgasse 326.

Amtsdiener.

Anton Wild, wohnt im Universitäts-Gebäude 254.

Brückenbaumeister.

Herr Johann Mayer, wohnt am Innrain 146.

Beschäftigungszeit der Planer und Zeichner zwischen 1800 und 1850:

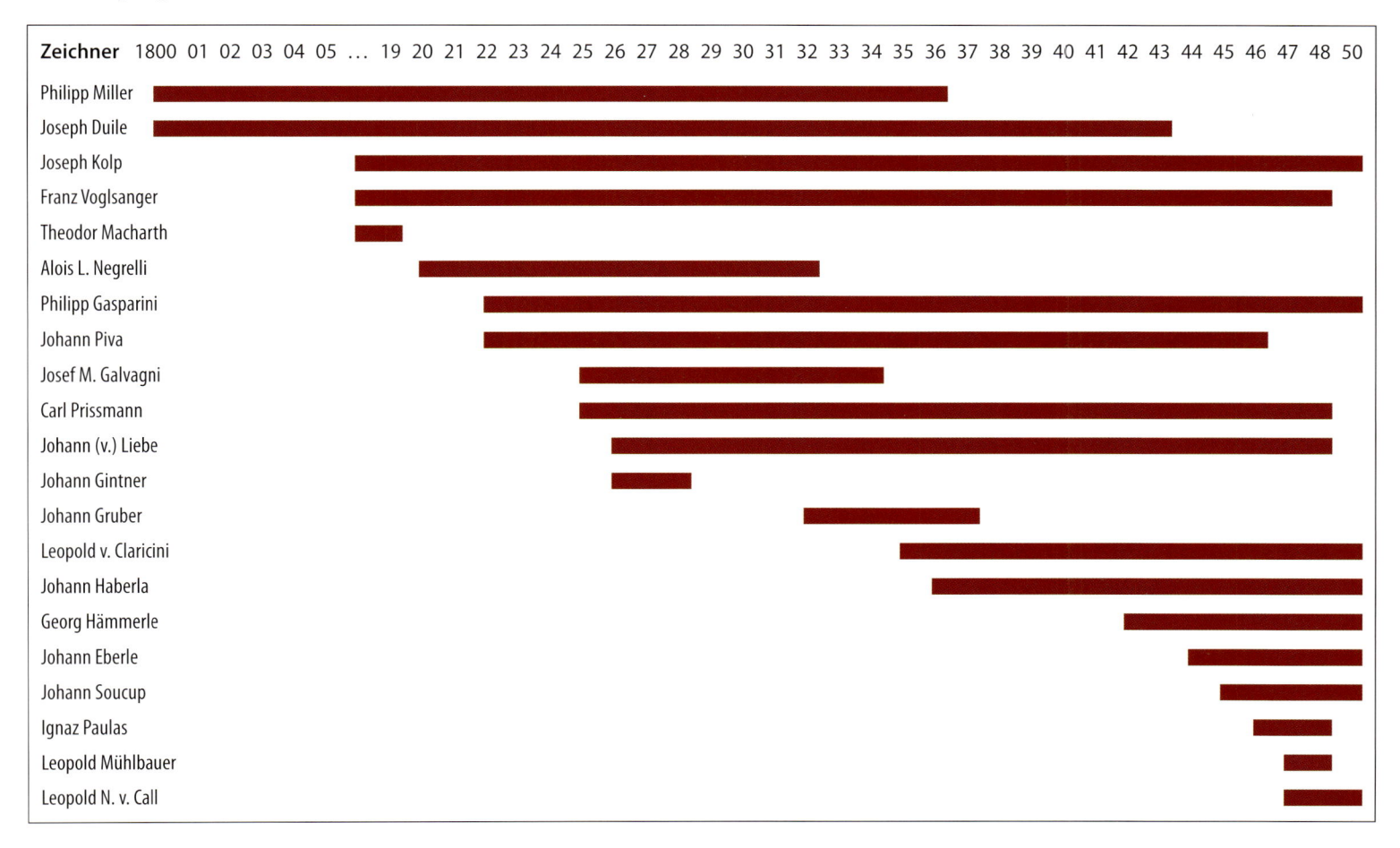

Zeichner	Beschäftigungszeitraum
Philipp Miller	ca. 1800–1837
Joseph Duile	ca. 1800–1843
Joseph Kolp	ca. 1819–1850
Franz Voglsanger	ca. 1819–1849
Theodor Macharth	ca. 1819–1821
Alois L. Negrelli	ca. 1821–1834
Philipp Gasparini	ca. 1822–1850
Johann Piva	ca. 1823–1847
Josef M. Galvagni	ca. 1824–1834
Carl Prissmann	ca. 1825–1850
Johann (v.) Liebe	ca. 1826–1850
Johann Gintner	ca. 1826–1828
Johann Gruber	ca. 1833–1839
Leopold v. Claricini	ca. 1840–1850
Johann Haberla	ca. 1840–1850
Georg Hämmerle	ca. 1844–1850
Johann Eberle	ca. 1847–1850
Johann Soucup	ca. 1847–1850
Ignaz Paulas	ca. 1848–1850
Leopold Mühlbauer	ca. 1848–1850
Leopold N. v. Call	ca. 1848–1850

Namentlich ragen zwei Persönlichkeiten als Planer und Zeichner heraus:

Philipp Miller

Miller war erster k. k. Baudirektionsdessinateur (= Musterzeichner). Geboren 1771 in Innsbruck, stand er von 1792 bis zu seinem Tod 1836 im Dienste der Baudirektion. Im Tiroler Landesarchiv liegen über 30 von ihm signierte Karten und Pläne. Viele der unsignierten Pläne dürften wohl ebenfalls aus seiner Feder stammen. Er schuf anfänglich vorwiegend Pläne für den Wasserbau zu Fluss- und Wildbachregulierungen. Ähnlich wie Oberarcheninspektor Anton Rangger, der verdienstvolle Schöpfer zahlreicher Karten und Gewässerpläne zur Zeit Maria Theresias, begnügte sich Miller fast nie mit der Wiedergabe nur des Gewässers und unmittelbaren Ufers, sondern bezog meist die ganze Talsohle mit ein. Später hat Miller, entsprechend seiner amtlichen Stellung, Pläne für alle Sparten der Baudirektion gezeichnet und es dabei zu hervorragender Fertigkeit gebracht. Wie einige seiner Mitarbeiter führte er auch selbst Vermessungen im Gelände durch. Bekannt ist seine 1805 gezeichnete „Dioezesan-Karte der gefürsteten Grafschaft Tirol" (TLMF K IX/2), die er auf Grundlage der Karte von Johann Anton Pfaundler von 1792 neu *„gezeichnet, vermehrt und verbessert"* hat. Während der zweiten bayrischen Besatzungszeit 1810–1814 war er offensichtlich nach Imst strafversetzt worden. Nach der Wiedervereinigung Tirols mit Österreich 1814, als die Baubehörde die schon im 18. Jahrhundert systematisch angegangene Innregulierung wieder aufgriff, wurde ihm die Neubearbeitung der „großen Haupt-Mappe des Inn-Stroms" von Rangger übertragen. (*Dörrer* [13])

Alois Negrelli

Geboren 1799 als sechstes von elf Kindern einer nicht sehr wohlhabenden Familie in Fiera di Primiero, deutsch Primör, am Fuße der Dolomiten, war Negrelli in Feltre einer der auffallendsten Schüler. Er war der beste Mathematiker, und seine architektonischen Zeichnungen wurden bei einer Reihe von Ausstellungen mit Preisen bedacht. Bei einer Audienz von Kaiser Franz in Venedig für 20 erfolgreiche Sprösslinge der Provinz Venetien wurde auch der junge Negrelli vorgestellt. Der Kaiser soll damals zum Knaben gesagt haben: *„Sag deinem Rektor, daß die Kosten deines weiteren Studiums meiner Privatschatulle anzulasten sind. Darüber hinaus übernehme ich die Kosten einer vierwöchigen Studienreise nach Padua. Mach die Augen auf, Bub, sieh dir alles gut an, was die alten Meister geschaffen haben und bleib brav."* Dank des kaiserlichen Stipendiums vermochte der junge Negrelli seine Studien in Feltre fortzusetzen. Er widmete sich seinen Lieblingsfächern Mathematik und Physik, überragte im architektonischen Zeichnen alle seine Klassenkameraden und fand in steigendem Maße die Anerkennung seiner Lehrer. Mit dem Abschluss seiner Studien in Feltre begab sich Negrelli nach Innsbruck und trat am 20. Februar 1818 zunächst als unbesoldeter Praktikant in den Dienst der k. k. Baudirektion für Tirol und Vorarlberg. Von Beginn an bereiste Negrelli das gesamte Gebiet Tirols und führte auch Vermessungsarbeiten sowie kleinere Projektierungsarbeiten im Straßen- und Wasserbau durch. Diese Tätigkeit war nicht nur für die spätere Praxis von Bedeutung, sondern auch in finanzieller Hinsicht wichtig, weil er für seine Reisetätigkeit Reisegebühren erhielt, die er als unbesoldeter Praktikant für seinen Lebensunterhalt dringend nötig hatte. Außerdem musste er sich für die wichtigste Fachprüfung vorbereiten, die er innerhalb von zwei Jahren abzulegen hatte. Erst nach erfolgreicher Ablegung dieser Prüfung erhielt er den Status eines

Abb. 62: Selbstportrait als Baupraktikant in Innsbruck 1818

Ingenieurs. Negrelli bestand sie im Jahr 1820 mit ausgezeichnetem Erfolg, sodass er schon als Einundzwanzigjähriger besoldeter Ingenieur der k. k. Landesbaudirektion in Innsbruck wurde. Neben weiteren selbständigen Trassierungs- und Vermessungsarbeiten wurde er auch nach Wien zum Studium von Eisenbrücken gesandt. Dort lernte er bereits das Projekt der Eisenbahn, hier noch die Pferdeeisenbahn von Linz nach Budweis, kennen.

Aus finanziellen Gründen – er musste nämlich für den Unterhalt seiner eigenen Familie sorgen und auch seine Eltern und Geschwister unterstützen – nahm Negrelli 1932 ein Angebot aus der Schweiz an. Anfangs hatte er noch Bedenken, Österreich zu verlassen, da er sein Studium Kaiser Franz verdankte. 1836/38 baute er in Zürich die Limmatbrücke. In der Zwischenzeit hatte er Studienreisen nach England, Frankreich und Belgien unternommen, um sich über den damaligen Stand der Eisenbahntechnik zu informieren. Im Jahre 1837 unterstützte er die Bemühungen Tirols, vom Eisenbahnbau in Österreich nicht ausgeschlossen zu werden (siehe dazu Kapitel IV/15).

Nach 1840 kehrte Negrelli nach Österreich zurück, nachdem ihm mehr als das zehnfache Gehalt geboten wurde, und avancierte zum Generalinspektor für die nördlichen Staatsbahnen. In dieser Eigenschaft baute er die Eisenbahnstrecken in Böhmen und Mähren.

1848 holte Feldmarschall Radetzky Negrelli nach Italien, um die in den Kriegswirren zerstörten Eisenbahnen, Straßen und Brücken wieder herzustellen. Nach dem erfolgreichen Kampf gegen die Aufständischen in Mailand und gegen das Königreich Sardinien-Piemont, das auf Seite der Aufständischen in den Krieg eintrat, gratulierte Radetzky Negrelli mit den Worten: *„Ich habe nie vergessen, dass ich nur Ihren Bahnbauten den Sieg über Venedig verdanke."* Negrelli wurde zum Vorstand der Baudirektion für Wasser-, Straßen- und Eisenbahnbau des Königreichs Lombardo-Venetien in Verona bestellt, wo er sich dem weiteren Ausbau der Verkehrswege in Oberitalien widmete. 1850 wurde er außerdem Präsident der internationalen Po-Schifffahrtskommission und kurz danach auch Präsident der internationalen Kommission für die Zentralbahnen Mittelitaliens. Im selben Jahr wurde Negrelli von Kaiser Franz Joseph für seine Verdienste in den österreichischen Ritterstand erhoben. 1854 begannen unter seiner Leitung die Bauarbeiten für die Bahnstrecke Verona–Bozen.

Negrelli hatte sich inzwischen einen internationalen Ruf erworben und sein Plan für den Bau des Suezkanals sollte den Höhepunkt seiner Karriere bilden, dessen Bau er allerdings krankheitsbedingt nicht mehr selbst erleben durfte. Er starb am 1. Oktober 1858, ein halbes Jahr vor Beginn der Bauarbeiten. (*Dultinger* [14])

Eine Hommage an seine Tätigkeit als Baudirektionspraktikant, die Negrelli wohl anlässlich der nach seiner bestandenen Ingenieurprüfung erfolgten Aufnahme in den regulären Dienst der k. k. Baudirektion Ende 1820 anfertigte – er signiert sie erstmals auch als k. k. Ing. Pract. – zeigt neben seinen technischen, auch die künstlerischen Qualitäten: eine allegorische Arbeit über die Tätigkeit eines Ingenieurs als Planer, Vermesser und Zeichner (siehe nächste Seite).

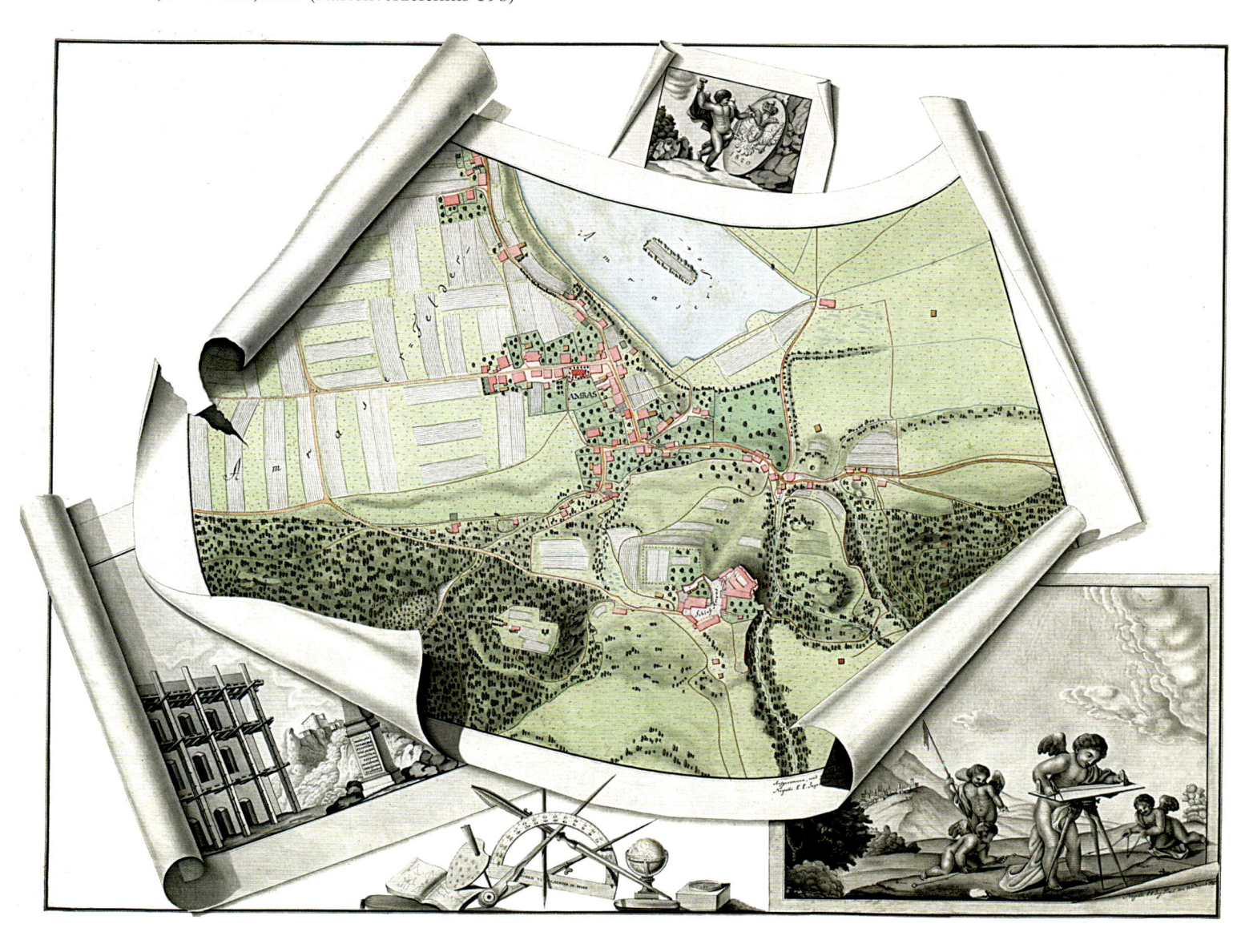

Alois NEGRELLI, ohne Titel, 1820 (Kartenverzeichnis T98)

Der farbige Plan von Amras, wie Negrelli ihn im Zuge der Innstromkartierung selbst aufgenommen und gezeichnet hat, wird umrahmt von schwarzweißen Zeichnungen, die das Umfeld seiner Tätigkeit beschreiben.

Im Bild oberhalb der Karte huldigt Alois Negrelli seinem verehrten Kaiser Franz I.

Rechts unten arbeiten Putten an einer Feldaufnahme im südlichen Tirol: in der Mitte als Geometer an einem Messtisch mit Diopterlineal und Stechzirkel, die Putten dahinter messen eine Strecke mittels Feldmesskette und Messnagel.

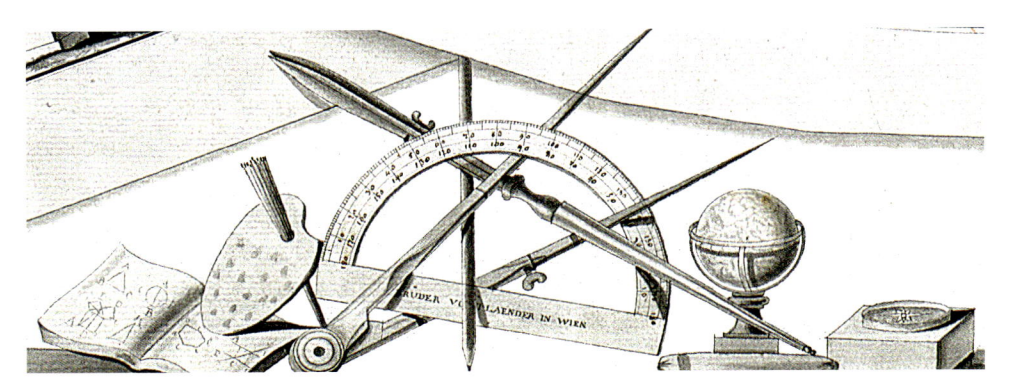

In der Mitte liegen die Werkzeuge, die der Kartograph zum Zeichnen der Pläne benötigt.

Neben dem eingerüsteten Gebäude (wahrscheinlich die k. k. Baudirektion – Negrelli fertigte 1819 den Plan (Abb. 18) für die neue Fassadengestaltung an) – zeichnet er ein von ihm selbst errichtetes Denkmal für den damaligen Baudirektor Alois von Reisach.

Merito singulari praestantissimi viri Aloisii comitis A. Raisach. Aloisius Negrelli posuit anno 1820.

Zeittafel der für die Planerstellung relevanten Ereignisse

Jahr	Österreich–Tirol	Innsbruck	Kartographie
1700	Bayrischer Rummel	Errichtung der Annasäule	
	Pragmatische Sanktion	Neubau Stadtpfarrkirche St.Jakob	Rindler-Plan 1712
1720	Tirol wird Bestandteil		Rindler-Plan 1723
	der habsburgischen Erbländer		
1730			
		Errichtung der Johanneskirche	
1740	Maria-Theresia		
	Regierungszeit (1740–1780)		Rangger-Innkarten
1750		Abbruch der Wiltener Pfarrkirche	Plan de la Ville 1750
		Hofgarten wird barocker Ziergarten	Strickner-Panorama
1760		Neubau der Wiltener Basilika	
		Abriss Spitalstor, Triumphpforte wird errichtet	Rangger Innsbruck 1763
1770			
	Theresianischer Kataster	Abriss Piktentor	Perathoner Stadtpläne
1780	Joseph II. (1780–1790)	Auflassung des Servitinnenklosters und der 7-Kapellen-Kirche	Innsbruck-Panorama 1780
	Leopold II. (1790–1792)	Umbau der Hofburg. Das Inntor wird abgerissen	
1790	Franz II./I. (1792–1835)	Neubau der Innbrücke	
	Krieg mit Frankreich	Schloss Ambras wird Lazarett	Hofbrunnenkarte
1800			
			Pläne von Duile, Mumb, Miller
			Viehbeck-Plan
1805	Tirol muss an Bayern		Erste Landesaufnahme
	abgetreten werden		Plan von Zitterbergen
	Aufstand unter Andreas Hofer		
1810			
	Wiedervereinigung Tirols		
1815	mit Österreich		Macharth-Plan
	Neuer Amtsschematismus		
			Zweite Landesaufnahme
1820			Innstromkarten
			Rehberg-Panorama
		Sillregulierung	Milller Pläne
1825		Bürger- und Adambräu gegründet	Neujahrsentschuldigungskarten Stadtpläne
			Prissmann 1:1.100
		Abriss der Stallungen in der Sillgasse	
1830		Beginn Umbau Hofgarten	
		Militärfriedhof in Pradl	
		Baubeginn Neue-Quai-Straße, Schwimmbad Höttinger Au	
1835	Ferdinand I. (1835–1848)	Bau der Herrengasse	Miller-Plan um 1840
		Erste Eisenbahnpläne	Lithographien von Gross und Teplÿ
			Eisenbahnplan von Negrelli
1840		Neue Brennerstraße	
		Stadterweiterung im Angerzell (Museumstraße)	Urban-Plan Zirl–Hall
		Neue Fleischbank am Marktplatz, Spinnfabrik Rhomberg	Prissmann-Plan 1843
		Rennweg, Mühlauer Kettenbrücke	
		Neues Nationaltheater, Neubau Klosterkaserne	
1845	Revolution in Wien		
	Franz Joseph I. (1848–1916)	„Memminger Schlössl" wird zum Karmelitinnenkloster umgebaut	
1850		Bau des Bahnviaduktes und des Bahnhofes	Czichna-Stadtplan 1851
		Neuplatz-Margarethenplatz (Boznerplatz)	
		Umbau Schloss Ambras, Erweiterung Landesschießstand	
1855		Mariahilf, Hauptfriedhof	Claricini-Innkarte
		Eisenbahn in Innsbruck, Hofgarten als englischer Park angelegt	Franziszeischer Kataster
1860			Panoramen von Armani
		Bau der Brennerbahn	und Isser-Großrubatscher
		Kirche Heilige Anbetung	Guberner/Czichna
1870		Glasmalereianstalt, Müllerstraße bis Glasmalereianstalt	Innsbruck-Umgebung-Karte 1866
		Glasfabrik in Wilten, Innsteg	Dritte Landesaufnahme
		Lehrerbildungsanstalt Fallmerayerstraße	
1880		Verbauung Anichstraße – Fallmerayerstraße – Colingasse	Pläne der Verlage
		Gewerbeschule (HTL), Arlbergbahn, neuer Friedhof Mariahilf	Baedeker, Wagner'sche, Unterberger,
		Bürgerstraße, Gerichtsgebäude Schmerlingstraße, Klinikbauten,	Amthor, Redlich, Lampe
1890		Gebäranstalt Michael-Gaismair-Straße	
		Waisenhaus (Siebererschule), Straßenbahn Innsbruck-Hall	
		Herz-Jesu-Kirche, Radstadion, Bundesbahndirektion	
1900		Mittelgebirgsbahn Innsbruck-Igls	
		Handelsakademie, Stubaitalbahn	
1904		Eingemeindung von Wilten und Pradl	

Verzeichnis der Karten, Pläne und Panoramen
Großmaßstäbige Pläne von Innsbruck

(K1) Franz Anton Rangger
„Plan des Yhn-Stroms Nr. 20, Anfangend von dem Bettler Brünndl bis zu nächst oberhalb der Kränewitter-Plaicken"
Innsbruck 1746
Aquarellierte Federzeichnung auf Leinwand aufgezogen, 187 x 67 cm
Maßstab ca. 1:2.500
TLA: Karten und Pläne 435
S. **292**, 320, 321

(K2) „Plan de la Ville et des Environs d'Innsprug Capitale du Tyrol"
1750
Aquarellierte Tuschezeichnung,
2 Blätter je 168 x 68 cm
Maßstab ca. 1:1.500
ÖStA: Inland C II Enveloppe 1 Nr. 1
S. **14**, 16, 19, 148, 150, 155, 160, 168, 175, 214, 222, 252, 279, 308, 313

(K3) Franz Anton Rangger
„Plan von der Situation des Yn-Strohms Mit Anfang des Kayserlich Königlichen Thiergartens nebst der Stadt Ynsprugg bis Ende des Landsfürstlichen Lebenbrey Haus *(= Löwenbräuhaus)* daselbs."
Innsbruck 1763
Kolorierte Federzeichnung, 179 x 59 cm
Maßstab ca. 1:2.500
TLA: Karten und Pläne 154/1
S. **17**, 18, 19, 148, 155, 160, 168, 174, 175, 209, 211, 307

(K4) Mathias Perathoner
Plan von Innsbruck
Innsbruck 1776
Aquarellierte Tuschezeichnung, 105 x 71,3 cm
Maßstab ca. 1:1.700
TLA: Karten und Pläne 2816
S. **20**, 33, 149, 160, 176, 209

(K5) Mathias Perathoner, Wieser
Plan von Innsbruck
Innsbruck ca. 1788, Kopie des Planes von M. Perathoner von 1784 in der Fideikommiss-Bibliothek in Wien von D. I. Wieser (?)
Aquarellierte Tuschezeichnung, 118 x 56,5 cm
Maßstab ca. 1:1.700
TLMF: K 9/13
S. **21**

(K6) Johann Zimmermann
Innsbrucker Hofbrunnenkarte
Innsbruck 1796/1816
Tuschezeichnung, 140 x 130 cm
StAI: Pl-94
S. **22**, 339

(K7) Münzer, Fähnrich
„Plan von Insbruck"
Innsbruck um 1800
kolorierte Handzeichnung, 17 x 21cm
Maßstab ca. 1:14.000
ÖNB: Kartensammlung AB 241[4] Kar
S. **78**

(K8) „Grund-Plan von Innsbruck aus dem Jahr 1800"
Kolorierter Kupferstich, 72,3 x 72,6 cm
Maßstab 1:2.880
StAI: Pl-660
S. **70**, 71, 387

(K9) Phillip Miller
„Situations-Plan der Haupt- und Residenz-Stadt Innsbruck in Tirol"
Innsbruck 1802
kolorierte Handzeichnung, 58 x 47 cm
Maßstab ca. 1:2.000
ÖNB: Kartensammlung AB 241 [3] Kar
S. **79**, 149, 151, 161, 168, 210, 311

(K10) Hyronimus Mumb, Hauptmann / Perger, Oberlieutnant
„Plan der Kaiserich Königlichen Haupt Stadt Innsbruck in Tirol und der umliegenden Gegend welche im Sommer 1802 unter der Leitung des Herrn Hauptmann von Mumb durch Herrn Hauptmann von Kirn, Oberlieut. Graf Borell, Lieut. Metzen, Henrici, Perger von K. K. Feldjäger Rgt., dann durch Herrn Oberlieut. Schreiber und Fähnrich Minzel von Churprinz Würthenberg Inf. Regt. nebst mehreren Cadeten geometrisch aufgenommen, und durch obbenannten Lieut. Perger im Jahr 1803 gezeichnet worden"
Wien 1802/03
Getönte Tuschfederzeichnung, 63 x 47,8 cm
Maßstab ca. 1:14.400
TLMF: K 5/75
S. **34**, 37, 339, 343

(K11) Joseph Duile, Ing., k.k. Baudir. Prakt. (1776–1863)
„Grund-Plan der k. k. Haupt- und Residenzstadt Innsbruck mit ihrem Burgfr."
(*„aufgenommen und gezeichnet von Joseph Duile Ingenieur und k.k. Baudireckzions Praktic. im Jahr 1802")*
Innsbruck 1802
aquarellierte Tuschfederzeichnung,
190 x 132,5 cm
Maßstab ca. 1:1.100
TLA: Karten und Pläne 5005
S. **23**, 71

(K12) Joseph Duile
„Grund-Plan der k. k. Haupt- und Residenzstadt Innsbruck"
(*„aus der Originalaufnahme reduziert und gezeichnet von Jos. Duile k. k. Ingenieur im Jahr 1803")*
Innsbruck 1803
aquarellierte Tuschfederzeichnung, 80 x 46 cm
Maßstab ca. 1:3.300
TLMF: K 9/6
S. **24**, 156, 215

(K13) Carl Ludwig Friedrich Viehbeck, k. k. Oberlieut. (1769–1827)
„Plan der Haupt und Res. Stadt Innsbruck mit einem Theil der umliegenden Gegend"
Wien 1804
Kupferstich, 28,8 x 23 cm
Maßstab 1:11.600
StAI: Ka-267, TLMF Dip. 1351 und Dip. 1370
S. **38**, 40, 44, 67, 73, 77, 259, 280, 284, 310, 311, 314

(K14) Jos. Zitterbergen
„Dessein de la ville capitale royale de Baviere Innsbruck en Tirol"
Maßstab ca. 1:9.400
1806
Getönte Tuschfederzeichnung, 53 x 36 cm
Maßstab ca. 1:14.400
Bibliothèque nationale de France: GED-7632
S. **35**, 37, 77, 294, 322

(K15) Wilhelm Horn, Freiherr von
„Plan der Bestürmung des Berges Isel durch die königl. baier'sche 2te Armée Division unter Commando Sr. Exzellenz des Herrn Général Lieutenant Reichsgrafen von Wrede am 1ten November 1809"
1809/10
Aquarellierte Tuschzeichnung. 56,3 x 49,4 cm
Maßstab ca. 1:14.400
Priv.: Antiquariat Inprimis
S. **394**

(K16) Plan von Innsbruck
In: „Neueste Kunde von dem Königreiche Baiern",
Geographisches Institut Weimar
Weimar 1812
Kupferstich, 19,5 x 17,5 cm
Maßstab ca. 1:11.600
TLMF: W 25445
S. **40**

(K17) Jan van Call
„Plan von Innsbruck"
Prag 1813
Kupferstich, 23,6 x 19,7 cm
Maßstab ca. 1:11.600
TLA: Karten und Pläne 2966, TLMF: K 1/235
S. **41**

(K18) Jan van Call
„Plan von Innsbruck"
Prag 1813
Kolorierter Kupferstich, 23,6 x 19,7 cm
Maßstab ca. 1:11.600
StAI: Pl-466
S. **41**

(K19) Theodor Macharth
„Grund-Plan der Baierischen Haupt, und Residenz-Stadt Innsbruck des Inn-Kreises mit ihren Burgfrieden"
Innsbruck 1813
Kolorierte Handzeichnung,
Kartensatz mit 4 Blättern, je 92 x 61 cm,
Gesamtgröße 184 x 122 cm
Maßstab ca. 1:1.100
TLA: Karten und Pläne 541/3
S. **25**, 156, 215, 217, 308

(K20) Petrovitch
„Grundplan der Königl. Bayerischen Haupt, und Residenz-Stadt – Innsbruck aus dem Jahre 1813"
(*„copiert von der Copie Theodor Macharth Juli 1929")*
Innsbruck 1929
Kolorierte Handzeichnung,
Kartensatz mit 4 Blättern, je 92 x 61 cm,
Gesamtgröße 184 x 122 cm
Maßstab ca. 1:1.100
StAI: Pl-56, 57, 58, 59
S. **26**

(K21) „Plan der Provinzial Haupt Stadt Innsbruck mit einem Theil der umliegenden Gegend"
Innsbruck um 1815
Kolorierte Federzeichnung, 28 x 22 cm
Maßstab ca. 1:11.600
TLMF: K 1/113
S. **42**, 45, 311, 314

(K22) Josef Heim, Hauptmann des k. k. Kaiser-Jaeger Regiments
„Plan der Haupt- und Residenz Stadt Innsbruck mit denen nächsten, durch die Epoche des Sandwirths Hofer merkwürdig gewordenen Umgebungen am rechten Inn Ufer"
Innsbruck um 1816/17
Kolorierte Zeichnung, 43 x 23 cm
Maßstab ca. 1:23.000
TLMF: W 2174/10
S. **36**, 262, 280

(K23) Leonhard Baron de Vaux
„Grundplan des größeren Theils der Kaiserlich Königl. Haupt und Residenz Stadt Innsbruck"
Innsbruck 1823
Kolorierte Federzeichnung, 65 x 46 cm
Maßstab ca. 1:2.200
ÖNB: Kartensammlung FKB C.48.e.2 Kar
S. **27**

(K24) Philipp Miller (1771–1836)
„Grundplan des größeren Theils der Kaiserlich Königlichen Haupt und Residenz Staadt Innsbruck"
Innsbruck um 1825
Kolorierte Federzeichnung, 66 x 49 cm
Maßstab ca. 1:2.200
TLA: Karten und Pläne 147
S. **28**, 211

(K25) C. Schmit
„Innsbruck und die umliegende Gegend"
Innsbruck um 1820
Kupferstich, 17 x 21cm
Maßstab ca. 1:14.000
TLMF: W 2174/9
S. 74, **80**

(K26) Philipp Gasparini,
Alois M. Negrelli (1799–1858),
Carl Prissmann, Fr. Schweighofer u. a.
Innstromkarte K4
Innsbruck 1820/21
Aquarellierte Federzeichnung, je 58 x 46 cm
Maßstab ca. 1:3.600
TLA: Baudirektionspläne K4, Blätter 58, 59
S. **47**, 222, 254

(K27) Zeichner wie (K26)
Innstromkarte K5
Innsbruck 1821/22
Aquarellierte Federzeichnung, je 58 x 46 cm
Maßstab ca. 1:3.600
TLA: Baudirektionspläne K5, Blätter 58, 59, 60, 61
S. **48**, 61, 64, 73, 151, 179, 215, 234, 259, 263, 266, 280, 284, 310, 347

(K28) Zeichner wie (K26)
Innstromkarte K3
Aquarellierte Federzeichnung, je 58 x 46 cm
Maßstab ca. 1:3.600
Innsbruck, 1822/26
TLA: Baudirektionspläne K3, Blätter 58, 59, 60, 61
S. **49**, 223, 269, 310, 311, 314, 322, 340, 370, 387

(K29) Johann von Liebe, Carl Prissmann,
k. k. Baudirektionspraktikanten
Plankarte von Innsbruck
Innsbruck 1825/1827, von Liebe (1825),
C. Prissmann (1827 kopiert)
Kolorierte Handzeichnungen,
Kartensatz mit 14 Bl., je 58 x 46 cm
Maßstab ca. 1:1.100
TLA: Karten und Pläne 541/1
S. **29**, 179, 286

(K30) Philipp Miller
**Regulierung des Inn von Völs bis Volders
(Inn-Karte VI)**, Innsbruck 1822
Kolorierte Federzeichnung, 235 x 81 cm
Maßstab ca. 1:7.200
TLA: Karten und Pläne 5206
S. **50**, 222

(K31) Philipp Miller, Joseph Schleich Stecher
„Plan der Provinzial Haupt Stadt Innsbruck mit einem Theil der umliegenden Gegend"
Innsbruck 1822/1827/1838
Beilage in: „Allgemeiner National-Kalender für Tirol und Vorarlberg auf das Jahr 1822"; Neuauflage 1827 als eigenständiger Plan; 1838 Beilage in Beda Webers „Innsbruck. Ein historisch-topographisch-statistisches Gebilde dieser Stadt, nebst Ausflügen in die nahen Umgebungen. Ein Wegweiser für Einheimische und Fremde"
Kupferstich, 28,8 x 23 cm
Maßstab 1:11.600
TLMF: Z 1878 (1822), W 2174/12 (1827),
StAI: B-3813 (1838)
S. **43**, 45, 343

(K32) Johann Ganser, „Erziehungsknab des Jäger Regiments Kaiser"
„Plan der Provinzial Haupt Stadt Innsbruck mit einem Theil der umliegenden Gegend"
Innsbruck 1822
Kolorierte Handzeichnung, 28 x 22 cm
Maßstab 1:11.600
ÖNB: Kartensammlung FKB C.48.e.3 Kar
S. **44**, 45

(K33) Christian Carl André
„Plan von Innsbruck"
Beilage in: „Die gefürstete Graffschaft Tirol, Historisch, statistisch und topographisch beschrieben", Innsbruck 1827
Kupferstich, 19 x 17 cm
Maßstab ca. 1:11.600
TLMF: W 4015
S. **42**

(K34) Plankarte von Innsbruck
Innsbruck um 1830
Kolorierte Handzeichnung, 58 x 46 cm
Maßstab ca. 1:3.300
TLA: Baudirektionspläne K5, unsigniert
S. **30**, 71, 156, 161, 169, 180, 210, 211, 217, 234, 284, 308

(K35) „Innsbruck"
Innsbruck 1835
Federzeichnung, 23 x 30 cm
Maßstab ca. 1:7.200
StAI: Bi-2992
S. **56**

(K36) „Plan und statistische Uibersicht der Provinzial Hauptstadt Innsbruck für das Jahr 1835"
Innsbruck 1835
Kupferstich, 23 x 30 cm
Maßstab ca. 1:7.200
TLMF: K 1/152
S. **57**, 66, 180

(K37) Johann Gintner und Carl Prissmann,
k. k. Baudirektionspraktikanten
Plankarte von Innsbruck, Innsbruck 1827
Datenstand durch Ergänzungen um 1836
Blatt 6+7 (Altstadt + Hofgarten) wie (K27)
Prissmann 1827, alle anderen J. Gintner
Kolorierte Handzeichnungen (13 Bl.), je 58 x 46 cm
Maßstab ca. 1:1.100
TLA: Karten und Pläne 2945
S. **31**, 211, 216, 217, 234, 284

(K38) Verlag Johann Gross
„Plan der kaiserl. königlich. Provinzial Hauptstadt Innsbruck u. der nächsten Umgebungen"
Innsbruck 1835/1840
Tableau mit 17 Veduten und „Topographisch-statistische Notizen und Angabe der Sehenswürdigkeiten"
Stahlstich, Karte 22 x 21 cm, gesamt 40 x 43 cm
Kartenmaßstab ca. 1:14.400
StAI: Bi/g-390, TLMF: K 1/29
S. **52**, 61, 62, 63, 66, 67, 74, 77, 180, 211, 224, 254, 259, 280, 284, 286, 293, 310, 314

(K39) Oberst Baron Arthur von Hübl
(1853–1932)
„Innsbruck um 1809"
Beilage zu Josef Hirn:
„Tirols Erhebung im Jahre 1809"
Innsbruck 1909
Photolithographie und Druck des k. u. k. Militärgeographischen Instituts, Wien 1908
Karte: 21,5 x 20,3 cm
Kartenmaßstab ca. 1:14.400
Priv. M. Forcher
S. **53**, 62

(K40) Josef Teplý, Verlag Kunsthandlung Franz Unterberger
„Plan und Ansichten der kaiserl. königlich. Haupt und Provinzialstadt Innsbruck"
Innsbruck 1835/1842
Tableau mit 18 Veduten
und „Topographisch-statistische Notizen"
Kupferstich, Karte 21 x 23,5 cm,
gesamt 41 x 52 cm
Kartenmaßstab ca. 1:14.400
Priv. M. Forcher, TLMF: FB 7180
S. **55**, 63, 74, 161, 211, 281, 284, 342

(K41) Philipp Miller
Innsbruck und Umgebung
Innsbruck um 1840
Aquarellierte Federzeichnung, 93,5 x 98 cm
Maßstab ca. 1:3.600
TLA: Karten und Pläne 5200
S. **58**, 64, 65, 152, 172, 181, 210, 211, 224, 239, 259, 281, 284, 286, 308, 311, 315, 342

(K42) Hauptmann Carl von Urban (1802–1877),
Eduard von Gutrath, Anton Mayr
„Innthal von Zirl bis zur Brücke bei Volders"
Innsbruck 1840/43
Lithographie, 9 Blätter 34,8 x 52 cm
Maßstab ca. 1:14.400
TLA: Karten und Pläne, 800/1–9
S. **81**

(K43) Hauptmann Carl von Urban,
Eduard von Gutrath, Anton Mayr
„Innthal von Zirl bis zur Brücke bei Volders"
Kolorierte Version von K31 (Blätter 1–8),
auf Leinen aufgezogen
Innsbruck 1840/43
Kolorierte Lithographie 178 x 51,5 cm
Maßstab ca. 1:14.400
StAI: Ka-5
S. **82**, 234, 263, 281, 311, 318, 322, 339, 342, 359, 367

(K44) Carl Prissmann
„Innsbrucker Plan und dessen Umgebung"
Innsbruck 1843
Aquarellierte Federzeichnung, 93,5 x 98 cm
Maßstab ca. 1:3.600
TLA: L7, Sammelmappe 7, unsigniert
S. **44**, 65, 71, 157, 173, 181, 239, 254, 284, 287, 288

(K45) Carl Alexander Czichna
„Plan von Innsbruck 1851"
In: „Innsbruck im Jahre 1852. Neuestes nach den besten Quellen bearbeitetes Handbuch für Einheimische und Fremde"
Innsbruck 1852
Farbdruck, 45 x 34,7 cm
Maßstab ca. 1:4.500
StAI: A-1256, TLMF: K 1/12
S. **32**, 71, 152, 173, 182, 210, 240, 308

(K46) Leopold von Claricini,
Verlag Carl A. Czichna
„Innstromkarte"
Untertitel „Uferzustand des Inn im Jahre 1855"
Innsbruck 1855
Lithographie, 49 Blätter, je 52,5 x 42,3 cm
Maßstab 1:3.600
TLA: L3, Blatt 7, 8, 9
S. **83**, 182, 240, 311, 374

(K47) „Innsbruck in Tirol
Innsbrucker Kreis 1856"
Franziszeischer Kataster,
Katastralgemeinde Innsbruck
Wien 1856
Faksimileausgabe anlässlich der Geodätentagung 1991 in Innsbruck, 75,8 x 61,2 cm
Maßstab 1:2.880
BEV, StAI: Pl-673, TLA: Karten und Pläne 2968
S. **69**, 70, 71, 72, 388

(K48) Digitaler Franziszeischer Kataster 1856
Maßstab 1:2.880
tiris-Kartendienste des Amtes der Tiroler Landesregierung
S. **72**, 153, 157, 161, 168, 173, 183, 210, 211, 216, 240, 254, 255, 259, 263, 268, 269, 281, 284, 287, 288, 295, 308, 310, 311, 315, 318, 321, 323, 340, 341, 342, 343, 348, 358, 363, 365, 367, 375, 386

(K49) A. Guberner, Verlag Carl A. Czichna
„Plan von Innsbruck und Umgebung"
Innsbruck 1864
Lithographie, 43 x 55,5 cm
Maßstab 1:8.640
TLMF: FB 1673/84, K 3/93
S. **101**, 254

(K50) „Plan der Umgebung von Innsbruck"
Wien 1866
Lithographie, Bätter 2a, 2b, 2c, 2d, je 29,5 x 26 cm
Maßstab 1:14.400
TLMF: K 1/49
S. **102**, 295, 359

(K51) „Plan der Umgebung von Innsbruck"
Wien 1866
Handkolorierte Lithographie 29,5 x 26 cm
Maßstab 1:14.400
TLMF: K 1/51f
S. **368**

(K52) Johann Baumgartner,
Hauptmann im Geniestabe
„Plan der Stadt Innsbruck nebst Theilen der angränzenden Gemeinden Hötting, Mühlau, Ambras, Wilten"
Wien 1866
Farblithographie, 74 x 53 cm
Maßstab 1:5.760
ÖStA: Inland C II Enveloppe 1 Nr. 3
S. **103**, 153, 225, 241

(K53) Karl Baedeker
„Innsbruck"
In: „Südbayern, Tirol und Salzburg, Steiermark, Kärnten, Krain und Istrien. Handbuch für Reisende"
Coblenz 1872, Kartenstand um 1870
Lithographie, 11 x 18 cm
Maßstab 1:21.400
Priv: J. Schönegger
S. **104**

(K54) E. Hettwer / Eduard G. Amthor
„Stadtplan von Innsbruck"
In: „Kunstbeilagen zu Amthor's Tiroler Führer"
Gera 1872
Farblithographie, 29,5 x 39 cm
Maßstab 1:9.360
StAI: Pl-676
S. **105**, 289

(K55) „Situations Plan der k. k. Provinzial Hauptstadt Innsbruck"
Innsbruck 1867/74
Kolorierte Federzeichnung, 84 x 61 cm
Maßstab 1:3.600
TLMF: K 4/137
S. **106**

(K56) Karl Baedeker
„Innsbruck"
In: „Südbaiern, Tirol und Salzburg, Steiermark, Kärnten, Krain und Istrien. Handbuch für Reisende"
Leipzig 1874
Lithographie 11 x 18 cm
Maßstab 1:21.400
Priv: J. Schönegger
S. **107**

(K57) C. Redlich, Wagner'sche Lithographie
„Plan von Innsbruck"
Innsbruck 1874
Lithographie, 10,5 x 14 cm
Maßstab ca. 1:25.000
TLMF: W 2174/13, K 1/228, K 1/229
S. **108**, 289

(K58) A. Guberner / C. A. Czichna
„Plan der Stadt Innsbruck und Umgebung"
Innsbruck 1874
Lithographie, 44 x 53,5 cm
Maßstab 1:8.640
StAI: Pl-1120
S. **109**, 388

(K59) „Lageplan Innsbruck um 1870"
Innsbruck um 1877
Kolorierte Zeichnung, 44,4 x 56,6 cm
Maßstab 1:10.000
StAI: Pl-53
S. **110**

(K60) Carl Redlich
„Plan der Stadt Innsbruck"
Innsbruck 1878
Lithographie, 41,5 x 56,6 cm
Maßstab 1:6.400
TLMF: K 1/6
S. **111**

(K61) Carl Redlich
„Plan von Innsbruck im Jahre 1878"
Neujahrsentschuldigungskarte der Stadt Innsbruck für das Jahr 1879, Innsbruck 1879
Lithographie, 41,5 x 56,6 cm
Maßstab 1:6.400
StAI: Bi/g-4-1879, TLMF: K 3/66
S. **112**, 157, 242

(K62) A. Guberner / C. A. Czichna
„Neuester Plan von Innsbruck und Umgebung"
Innsbruck 1880
Lithographie, 43 x 55,5 cm
Maßstab 1:8.640
TLA: Karten und Pläne 2718
S. **113**, 114, 290

(K63) C. Redlich, Wagner'sche Lithographie
„Plan von Innsbruck"
In: Dr. Franz Gwercher, „Innsbruck und dessen nächste Umgebung. Eine statistisch-topographische Studie. Für Einheimische und Fremde"
Innsbruck 1880
Lithographie, 10,5 x 14 cm
Maßstab ca. 1:25.000
StAI: A-1877/D
S. **115**

(K64) E. Hettwer / Eduard G. Amthor
„Stadtplan von Innsbruck"
In: „Kunstbeilagen zu Amthor's Tiroler Führer"
Gera 1883
Farblithographie, 29,5 x 39 cm
Maßstab 1:9.360
StAI: Pl-560
S. **116**, 290, 343

(K65) Plan von Innsbruck
Innsbruck 1883
Federzeichnung, 21 x 28 cm
Maßstab ca. 1:13.000
TLMF: K 1/230
S. **117**

(K66) „Plan von Innsbruck"
In: „Touristen-Führer herausgegeben vom Oesterreichischen Touristen Club", XIX. Heft, „Innsbruck und seine Umgebung"
Innsbruck 1885
Lithographie, 10,5 x 14 cm
Maßstab ca. 1:25.000
StAI: A-1938
S. **118**, 119

(K67) Carl Redlich
„Plan von Innsbruck"
Innsbruck um 1885
Farblithographie, 15 x 20 cm
Maßstab ca. 1:14.000
TLMF: K 1/214
S. **120**

(K68) Karl Baedeker
„Innsbruck"
In: „Österreich – Ungarn. Handbuch für Reisende"
Leipzig 1887
Farblithographie 15 x 20cm
Maßstab 1:16.600
Priv: J. Schönegger
S. **121**, 288, 291

(K69) C. A. Czichna
„Plan der Stadt Innsbruck"
Neujahrsentschuldigungskarte der Stadt Innsbruck für das Jahr 1889
Innsbruck 1888
Lithographie, 52,5 x 37,8 cm
Maßstab 1:8.000
StAI: Bi/g-4-1889
S. **122**, 153, 240, 348

(K70) Katasterplan der Gemeinde Innsbruck
Innsbruck 1872/1889
Lithographie, 48,5 x 52 cm
Maßstab 1:2.880
StAI: Bl-661
S. **123**, 168, 389

(K71) Carl REDLICH,
Wagner'sche Lithographie
„**Innsbruck**"
In: Heinrich Noë, „Innsbruck
Landeshauptstadt von Tirol"
Innsbruck 1889
Lithographie, 25,5 x 38 cm
Maßstab 1:10.000
TLMF: W 5491/2
S. **124**, 158, 256, 291
(
K72) FREYTAG & BERNDT / Carl LANDSEE
„**Innsbruck**"
In: Carl Landsee, „Neuester Führer
durch Innsbruck und Umgebung"
Innsbruck 1893
Lithographie, 16 x 21,5 cm
Maßstab 1:15.000
TLMF: W 5491/1
S. **125**, 288, 291

(K73) Karl SCHOBER,
k. k. Landesschulinspektor
„**Innsbruck und Umgebung**"
Teilplan der „Schulwandkarte der
gefürsteten Grafschaft Tirol
mit dem Lande Vorarlberg"
Ausgeführt und herausgegeben
vom kaiserl. und königl. Militär-
geographischen Institute
Wien 1899, Datenstand 1893/94
Farblithographie, 50,5 x 38 cm
Maßstab 1:15.000
TLMF: K 11/36f
S. **126**, 359

(K74) Josef REDLICH
„**Plan von Innsbruck und Wilten**"
Neujahrsentschuldigungskarte der Stadt
Innsbruck und Gemeinde Wilten
für das Jahr 1894
Innsbruck 1894
Lithographie, 50 x 67 cm,
Ausschnitt 43 x 55 cm
Maßstab 1:5.760
TLA: Karten und Pläne 1895, TLMF: K 8/74
S. **127**, 288, 291, 350

(K75) Josef REDLICH
„**Innsbruck**"
Innsbruck 1897
Farblithographie, 25,5 x 37 cm
Maßstab 1:10.000
TLMF: K 24/1
S. **128**, 216, 290, 350

(K76) Josef REDLICH
„**Plan von Innsbruck und Wilten**"
Innsbruck 1898
Lithographie, 27 x 42,5 cm
Maßstab 1:5.760
TLMF: K 1/18
S. **131**, 292, 353

(K77) C. A. CZICHNA
„**Plan von Innsbruck und Wilten**"
In: Fr. König's Hofbuchhandlung in Hanau:
„Kleiner Führer durch Innsbruck
u. Umgebung", Verlag C. A. Czichna
Innsbruck 1900
Farblithographie, 27,5 x 39 cm
Maßstab 1:10.000
StAI: A-1355
S. **132**

(K78) Josef SCHMIDHUBER
„**Umgebungskarte von Innsbruck
im Auftrag des Stadtschulrathes
in Innsbruck**"
Innsbruck um 1900
Farblithographie,
4 Blätter zu 75 x 55 cm
Maßstab 1:15.000
TLFM: K 11/46
S. **133**, 371

(K79) FREYTAG & BERNDT
Übersichtsplan von Innsbruck
Wien um 1900
Farbdruck, 2 Blätter (9, 10),
60,2 x 87,5 cm
Maßstab 1:2.500
TLA: Karten und Pläne 2950/1, 2
S. **134**, 153, 158, 243

(K80) Josef REDLICH
„**Plan von Innsbruck und Wilten**"
Innsbruck 1900
Lithographie, 27 x 42,5 cm
Maßstab 1:5.760
TLMF: K 1/19
S. **135**, 292, 353

(K81) Josef REDLICH
„**Plan von Innsbruck und Wilten**"
In: „Adressbuch der Landeshauptstadt
Innsbruck"
Innsbruck 1902
Lithographie, 27 x 42,5 cm
Maßstab 1:5.760
StAI: A-2422
S. **136**, 292

(K82) FREYTAG & BERNDT / Heinrich NOË
„**Innsbruck**"
in: H. Noë, „Neuester Führer
durch Innsbruck und Umgebung"
Innsbruck 1903
Lithographie, x 21,5 cm
Maßstab 1:15.000
StAI: P-180-1902
S. **137**

(K83) Josef REDLICH
„**Plan von Innsbruck**"
In: „Noë's llustrirter Führer
durch Innsbruck und Umgebung"
Innsbruck 1903
Farblithographie, 25,5 x 37 cm
Maßstab 1:10.000
ULB: 790/42323
S. **138**, 343, 354

(K84) Verlag C. LAMPE
„**Plan von Innsbruck und Hötting**"
In: „Adressbuch der Landeshauptstadt
Innsbruck"
Innsbruck 1904
Farblithographie, 44 x 44,5 cm
Maßstab 1:8.000
StAI: P-180-1904
S. **139**, 315, 316

(K85) „**Innsbruck**"
Innsbruck um 1904
Farblithographie, 18,5 x 22 cm
Maßstab 1:15.000
StAI: Ka-277
S. **140**

(K86) Josef REDLICH
„**Plan von Innsbruck**"
Innsbruck 1904
Farblithographie, 40,5 x 48 cm
Maßstab 1:8.000
TLMF: K 24/2
S. **141**, 142, 144, 217, 257, 293, 308, 310, 315, 354

Ausschnitte aus kleinmaßstäbigen Kartenwerken (Militärische Landesaufnahmen)

(K87) Erste (Josephinische) Landesaufnahme
Wien 1801/05
Kolorierter Kupferstich, 63 x 42,5 cm
Maßstab 1:28.800
TLA: Baudirektionspläne A16, Blatt 33
S. 73, **84**, 357, 36

(K88) Major von REININGER
Zweite (Franziszeische) Landesaufnahme reambuliert und gezeichnet durch Lieutenant Hauslab des Ing. Corps
Wien 1820
Kolorierter Kupferstich, 63 x 42,5 cm
ÖStA: B IX a 362, Blatt 32
S. **85**, 357, 364

(K89) Major Josef SKUPPA,
Major Ad. FILDLER v. ISARBORN
Dritte (Franzisko-Josephinische) Landesaufnahme, Gradkartenblatt Zone 16 Colonne V Section SW
Wien 1872
mit nachgetragener Arlbergbahn um 1883
Kolorierte Federzeichnung, 81,5 x 62,5 cm
Maßstab 1:25.000
BEV
S. **86**, 296, 364, 368

(K90) Dritte (Franzisko-Josephinische) Landesaufnahme
Blatt 5047/3 und 5147/1
Wien, reambulierte Ausgabe, Datenstrand um 1890; Kopie, angefertigt von der Hauptvermessungsabteilung XIV, Wien um 1940
Lithographie, 80,5 x 60,5 cm
Maßstab 1:25.000
TLA: Bibliothek
S. **87**, 297, 359, 369

(K91) „Innsbruck und Umgebung"
(„Bearbeitet im Auftrage und unter Mitwirkung des Innsbrucker Verschönerungs-Vereins zum 100-jährigen Jubiläum [1809/1909] der Befreiungskämpfe Tirols unter Andreas Hofer")
Innsbruck 1909
Farblithographie, 57,5 x 45 cm
Maßstab 1:40.000
TLA: Bibliothek
S. 297, 360, 370

Sonstige Karten und Pläne

(K92) Mathias BURGKLECHNER
„Die F(i)r(stliche) Grafschaft Tirol"
Augsburg 1611
Holzschnitt, 12 Blatt
(Gesamtformat 165 x 155 cm)
Faksimileausgabe von Nachdruck 1902
mittlerer Maßstab ca. 1:160.000
TLA: Bibliothek
S. 7, 318

(K93) „Übersicht der sämtlichen Catastral-Gemeinden in Tirol und Vorarlberg 1861"
Innsbruck 1861
Lithographie nachkoloriert,
Ausschnitt von Blatt 2, 70,5 x 65,5 cm
Maßstab 1:144.000
TLA: Karten und Pläne 779
S. 68

(K94) Fridolin DÖRRER
„Übersichtskarte zur großen Rangger'schen Innkarte (1746)"
Innsbruck 1957
TLA: Karten und Pläne 435a
S. **16**

(K95) Orthofoto
Innsbruck 2013
tiris-Kartendienste – Land Tirol
S. **146**

(K96) Digitaler Franziszeischer Kataster unterlegt mit dem Lageplan 2013
Innsbruck 2013
Maßstab 1:5.000
tiris-Kartendienste – Land Tirol
S. 88, 255, 264, 283, 316, 325, 340, 358, 366, 370, 375

(K97) BaseMap
Innsbruck 2016
Maßstab 1:5.000
tiris-Kartendienste – Land Tirol
S. 143, 145, 158, 168, 210, 217, 225, 243, 258, 264, 293, 297, 317, 323, 355, 361

Eisenbahnpläne

(E1) Alois M. NEGRELLI
„Karte ueber den Zug einer Eisenbahn von Innsbruck bis an die königl. baierische Gränze unter Kufstein"
Innsbruck 1838
Beilage in:
„Allgemeiner National-Kalender für Tirol und Vorarlberg auf das gemeine Jahr 1846"
Federzeichnung, ca. 25 x 20 cm
TLMF: Z 1878
S. 369, **375**

(E2) Ing. QUALIZZA
„Karte der Tiroler Eisenbahn nach dem Projekte des Ingenieurs Qualizza von Verona bis Hall, und nach jenem des Gen. Insp. Negrelli von Hall bis Kufstein"
Innsbruck 1847
Lithographie, ca. 31 x 38 cm
Maßstab 1:500.000
TLMF: K 4/88, K 4/89
S. 373, **379**

(E3) C. A. CZICHNA
„Karte des Eisenbahn- Entwurfes von München nach Innsbruck und von Innsbruck nach Salzburg"
Innsbruck 1851/52
Druck, ca. 32 x 27,5 cm
TLMF: K 2/58
S. **380**

(E4) Karl WINTER / von GHEGA
„Karte der Eisenbahn von Innsbruck bis Windhausen an der k. k. Gränze"
1851/52
Druck, ca. 31 x 38 cm
TLMF
S. 373, **381**

(E5) August ZANBAUER
„Situations-Plan der kaiserl. königl. Staats-Eisenbahnstrecke von Innsbruck über Kufstein an die bairische Grenze"
Wien 1858
aus dem „Album der nordtyroler Eisenbahn" in der Festschrift anlässlich der Eröffnung im November 1858
Lithographie, 58 x 32 cm
TLMF: FB 4144
S. 374, **382**

Pläne von Teilbereichen der Stadt Innsbruck

(T1) Johann Michael Neuner, Bauschreiber
„Mappa Ciff A: Umb der Refier von Innspruk Anfang des Zucht Hauses bis Wiltauer Schrofen und Petler Prindl"
Innsbruck 1768
Aquarellierte Federzeichnung
auf Leinwand aufgezogen, 46 x 67 cm
TLA: Karten und Pläne 12
S. 155, **162**

(T1a) „Innsprugger-Bruggen, so den 11. July 1762 zwischen 4 und 5 Uhr von dem ohngemeinen Hoch Wasser, mitgeführten Bruggen, Baum, Stöck und Wurzen, auch an durch verursachten Verleg- und Schwöllung hinwek gerissen worden ist"
Innsbruck 1762
Kolorierte Federzeichnung, 72 x 26 cm
TLA: Karten und Pläne 156
S. **167**

(T2) Joseph Lenardini, von Neugebauer
„Situations Plann. Von einem Theil des sogenanten Innrainn, und der außer denselben befindlichen Gebaeuden, auf der Insel, zwischen den Fluß, und Floesungs Holz Canale. Pro Anno 1798"
Innsbruck 1789
Kolorierte Federzeichnung, 66,5 x 47 cm
TLA: Karten und Pläne 2257
S. **163**

(T3) Hörmann
„Situation des hofbauämtlichen Grundes"
Innsbruck 1824
Kolorierte Federzeichnung, 42 x 30 cm
TLA: Karten und Pläne 495/2
S. **163**

(T4) Alois Haas
„Situation-Plan zum Spitalbau in Innsbruck 1838"
Innsbruck 1838
Kolorierte Federzeichnung, 74 x 53 cm
StAI: Pl-229
S. **164**

(T5) A. Lindenthaler
„Situations-Plan des zum löbl. Stadtspital gehörigen Grundes"
Innsbruck 1861
Kolorierte Federzeichnung, 83 x 54,5 cm
StAI: Pl-234
S. **164**

(T6) „Situations Plan"
Ausschnitt vom „Projekt zur Herstellung einer neuen Ritsche im Innrain"
Innsbruck um 1860
Kolorierte Federzeichnung,
Ausschnitt 29,5 x 19 cm
StAI: Pl-303
S. **165**

(T7) Jakob Trieth
Hofgarten
Innsbruck 1793
Kolorierte Federzeichnung, 117,5 x 41,4 cm
TLA: Karten und Pläne 529/1
S. 177, **184**

(T8) Hofgartenplan
Innsbruck 1790/97
Kopie in *Frenzel* [28]
ULB: ohne Signatur
S. 176, **185**

(T9) Engl
„Grund-Plan sämtlicher Kaiserl. Königl. Hof-Garten"
Innsbruck 1818
Kolorierte Federzeichnung, 75 x 62 cm
TLA: Karten und Pläne 529/6
S. 178, **186**

(T10) Josef Maria Galvagni
Plankarte von Innsbruck
Innsbruck 1826
Kolorierte Federzeichnung, 100 x 65 cm
TLA: Karten und Pläne 148
S. **187**

(T11) Friedrich Ludwig von Sckell
„Vorläufige Skitze zu einer neuen natürlichen Garten-Anlage bei der Königlichen Residenz zu Innsbruck"
München 1810
Kolorierte Federzeichnung, 88 x 62 cm
Bayer. Verwaltung der Schlösser, Gärten u. Seen, Pläne der Gartenabt. / österr. Gärten: SV C 30/12
S. 177, **188**

(T12) Philipp Miller
„Vorlaufige Skitze zu einer neuen natirlichen Anlage bey der Kaiserlich Königlichen Residenz zu Innsbruck"
Kopie des Planes von F. L. Sckell 1810,
in München 1829 angefertigt
Kolorierte Federzeichnung, 88 x 62 cm
TLA: Karten und Pläne 529/11
S. 179, **189**

(T13) Carl August von Sckell
„Plan zur Umwandlung des symmetrischen Schloßgartens zu Innsbruck in eine natürliche Anlage, entworfen nach einem Situationsplan im Jahre 1828"
München 1828
Kolorierte Federzeichnung
Bayer. Verwaltung der Schlösser, Gärten u. Seen, Pläne der Gartenabt. / österr. Gärten: SV C 30/14
S. **190**

(T14) „Plan zur Umwandlung des symmetrischen Schloßgartens zu Innsbruck in eine natürliche Anlage, entworfen nach einem Situationsplan im Jahre 1828"
Kopie des Planes von C. A. Sckell 1810,
in München 1828 angefertigt
Kolorierte Federzeichnung, 57 x 47 cm
TLA: Karten und Pläne 529/10
S. 179, **190**

(T15) Innsbrucker Hofgarten
Innsbruck 1829
Kolorierte Federzeichnung, 62 x 49 cm
TLA: Karten und Pläne 529/12
S. 180, **191**

(T16) Joseph Kolp
„Strom-Karte des Innflusses bei Innsbruck im Zustande des Spätjahres 1833"
Innsbruck 1834
Kolorierte Handzeichnung, 101 x 50 cm
TLA: Karten und Pläne 617/3
S. **192**

(T17) Ing. Franz Voglsanger, Carl Prissmann,
Innsbruck im Bereich zwischen Franziskanergraben und Jesuitengasse (Burggraben – Universitätsstraße)
Innsbruck 1830
Aquarellierte Federzeichnung, 52,2 x 36 cm
TLA: Karten und Pläne 2761a
S. **193**

(T18) „Plan von der Provinzial Haupt-Stadt Innsbruck mit dem Vorschlage zur Erleichterung des Handlungsfuhrwerkes und der innern Communication"
Innsbruck um 1830
Federzeichnung, 80 x 58 cm
TLA: Karten und Pläne 414
S. 169, **194**

(T19) Johann Gruber
Situationsplan der Ritschen im Bereich Rennweg und Hofgarten in Innsbruck
Innsbruck 1832
Kolorierte Federzeichnung, 60 x 47 cm
TLA: Karten und Pläne 524/5
S. 174, **195**

(T20) Joseph Kolp
Situationsplan Neue Quai-Straße, Rennweg und Hofgarten in Innsbruck
Innsbruck 1837
Kolorierte Federzeichnung, 70 x 47 cm
TLA: Karten und Pläne 525/8
S. 170, **196**, 306

(T21) **Straßenprojekt östlich der Herrengasse in Innsbruck**
Innsbruck 1839
Handzeichnung, 64 x 39 cm
TLA: Karten und Pläne 617/8
S. 170, **197**

(T22) **Straßenprojekt östlich der Herrengasse in Innsbruck**
Innsbruck um 1840
Kolorierte Federzeichnung, 59 x 34 cm
TLA: Karten und Pläne 529/17
S. 171, **198**

(T23) Georg Hämmerle
„Plan eines Theils der Stadt Innsbruck"
Innsbruck 1830/40
Federzeichnung auf Leinwand aufgez., 58 x 47 cm
TLA: Karten und Pläne 529/16
S. 171, **199**

(T24) Anton Dossi
„Situations-Plan der k. k. Hofgebäude zu Innsbruck"
Innsbruck 1839
Handzeichnung, 72 x 52 cm
TLA: Karten und Pläne 487/32
S. 180, **200**

(T25) Georg Müllbauer
„Situations-Plan der k. k. Hofgebäude zu Innsbruck"
Innsbruck 1839/44
Handzeichnung, 71 x 50 cm
TLA: Karten und Pläne 529/15, BHÖ: 6600/173
S. 172, **201**

(T26) Johann Soucup
„Situations-Plan der Kais. Königl. Hofgebäude zu Innsbruck"
Innsbruck 1846/49
Handzeichnung, 105 x 65 cm
BHÖ: 6600/080 Foto Schönegger
S. 181, **202**

(T27) Hellrigl
„Situations-Plan des Innsbrucker Stadttheiles, in welchem sich die zum Hofe gehörigen Realitäten befinden"
Innsbruck 1851
Handzeichnung, 70 x 52 cm
BHÖ: 6600/172 Foto Schönegger
S. 182, **203**

(T28) „Situation eines Theiles der Stadt Innsbruck"
Innsbruck 1856
Federzeichnung, 63 x 45 cm
TLA: Karten und Pläne 524/6
S. **204**

(T29) „Plan des k. k. Hofgartens in Innsbruck"
Innsbruck 1856
Kolorierte Federzeichnung, 83,6 x 47 cm
HGA: Plan 16
S. **205**

(T30) „Plan des k. k. Hofgartens in Innsbruck wie derselbe im Jahr 1857–58 angelegt wurde"
Innsbruck 1857/58
Kolorierte Federzeichnung, 83,6 x 47 cm
HGA: Plan 17
S. 183, **206**

(T31) KNAUSCHNER, Bau Eleve d. k. k. Baudirection
„Situations Plan des Innsbrucker Stadttheiles, in welchem sich die k. k. Hof Realitäten befinden"
Innsbruck 1859
Kolorierte Federzeichnung, 72 x 53 cm
BHÖ: 6600/168 Foto Schönegger
S. **207**

(T32) Herbert BACHER
„Der Innsbrucker Hofgarten"
Innsbruck 2013
Digitaler Plan
HGA
S. **183**

(T33) Planskizze für den Bau der Dreiheiligenkirche mit umliegenden Häusern
Innsbruck 1612
Aquarellierte Tuschpinselzeichnung, 37 x 31,3 cm
Der Plan der Kohlstatt ist den Akten für den Bau der Dreiheiligenkirche entnommen, die von der Innsbrucker Bürgerschaft als Pestverlöbnis gestiftet wurde.
TLMF: Graph. Slg./UBar/510
S. **212**

(T34) UJHAZI, Ing. Major
„Situations Plan von der Gegend der Kohlstadt und Sieben Kapellen allwo sich gegenwärtig das Zeugheus nebst an dem Artillerie Gebäuden befindet"
Innsbruck 1803
Aquarellierte Federzeichnung, 67,7 x 49,5 cm
ÖStA: Inland C II Enveloppe 1 Nr. 4
S. 214, **218**

(T35) Max von BAUR, Hptm.,
K. u. K. Mil.-Bau-Abt. d. Mil.-Territorial-Kdo. Innsbruck Nr. 13
„Situations-Plan des auf dem Ackergrunde bei dem k. k. Zeughaus zu erbauen angetragenen Fortifikations Bauhofes sammt Schupfen, Aufsehers Wohnung, sammt den Niveu-Cotten des Terrain"
Innsbruck 1821
Aquarellierte Federzeichnung, 49,4 x 31,1 cm
TLA: Karten und Pläne 2214
S. **219**

(T36) PRAXMARER,
k. k. p. Hof und Landesbaudirections Practik.
„Situations Plan A. Dem Hofmühler And. Glatzl B. Dem Wohlenweber Math. Weyerer Gehörig und Bestimmung des Wasser Einlasses der laut Protocollirten Puncten, nach dem Nivo Punct. o. Aufgenommen Nivelliert und gezeichnet, zur Verhinderung aller seinerzeitig Entstehenden Streitigkeiten"
Innsbruck 1840
Aquarellierte Federzeichnung, 37 x 31,3 cm
TLA: Karten und Pläne 751
S. 213, **220**

(T37) Wasserschutzverbauungen an der Sill
Innsbruck 1751
Kolorierte Federzeichnung, 119 x 44,8 cm
TLA: Karten und Pläne 347
S. 16, **226**

(T38) Max von BAUR, Hptm. D. von MÜLLER, Major im k. k. Genie Corps.
„Situations Plan der Sill bey dem hiesigen Milit. Spital, aufgenommen nach dem großen Wasserstand zu Ende des Monat Mai letzten Jahres"
Innsbruck 1821
Kolorierte Federzeichnung, 48 x 45,8
TLA: Karten und Pläne 2195
S. 223, **227**

(T39) „Situation des Sillflusses zwischen der Wildauer und Pradler Brücke, mit den angrenzenden Gründen"
Innsbruck 1822
Kolorierte Federzeichnung, 53 x 125 cm
TLA: Karten und Pläne 523/4
S. **228**

(T40) Regulierung der Sill auf Höhe der Pradler Kirche in Innsbruck
Innsbruck um 1823
Kolorierte Federzeichnung, 46 x 32 cm
TLA: Karten und Pläne 523/2
S. 223, **229**

(T41) Carl HUEBMANN, Ing. Oberlt.
„Situations Plan des Sill Flusses und des verlassenen Flussarmes"
Innsbruck 1834
Aquarellierte Federzeichnung, 61,2 x 35 cm
TLA: Karten und Pläne 2207
S. **230**

(T42) Johann HABERLA k. k. B. D. Pract.
„Situationsplan des alten und neuen Sillbettes samt den nächsten Umgebungen"
Innsbruck 1837
Kolorierte Federzeichnung, 68 x 47 cm
TLA: Karten und Pläne 594
S. 224, **231**

(T43) C. A. CZICHNA
„Situation von der k. k. priv. Maschinen- und Spinn-Fabrik und dessen nächste Umgebung zu Innsbruck"
Innsbruck 1853
Lithographie, 31,7 x 23,7 cm
StAI: Bi/g-649-02
S. 225, **232**

(T44) Situationsplan der geplanten Museumstraße in Innsbruck
Innsbruck 1839
Federzeichnung, 83 x 63 cm
TLA: Karten und Pläne 528
S. 235, **244**

(T45) „Situationsplan von der Angerzell samt den nächsten Umgebungen zu Innsbruck"
Innsbruck um 1840
Federzeichnung, 83 x 62 cm
TLA: Karten und Pläne 589
S. **245**

(T46) Anton MUTSCHLECHNER, Architect und Stadtbaumeister
„Situationsplan des neuen Stadtviertels auf dem Fischnaller'schen Territorium in der sogenannten Angerzell in Innsbruck"
Innsbruck 1843
Lithographie, 44,5 x 36 cm
TLMF: K 1/9, FB 9163, FB 8056
S. 236, **246**

(T47) Anton MUTSCHLECHNER
„Innsbruck 1845 Situationsplan über die Bauplätze nach Wegräumung des Hauses Tschurtschenthaler nunmehr Fischnaller"
Innsbruck 1846
Kolorierte Federzeichnung, 45 x 32 cm
StAI: Pl-68
S. 237, **247**

(T48) Leopold Nepomuk von CALL und Johann EBERLE
„Situations Plan des neuen Stadt Theiles samt der nächsten Gassen in Innsbruck"
Innsbruck 1846
Kolorierte Handzeichnung, 77 x 61 cm
StAI: Pl-55
S. 238, **248**

(T49) Johann EBERLE und Ignaz PAULAS
„Situationsplan des neuen Stadt Theiles samt der nächsten Gassen"
Innsbruck 1846
Kolorierte Handzeichnung, 77 x 61 cm
TLA: Karten und Pläne 597
S. 238, **249**

(T50) Situationsplan von Innsbruck östlich der heutigen Maria-Theresien-Straße
Innsbruck um 1850
Handzeichnung, 58 x 70 cm
TLA: Karten und Pläne 596
S. 217, **250**

(T51) C. A. CZICHNA
„Situation des neuen Stadt Theiles nach der beantragten Reform"
Innsbruck 1858
Lithographie, 51 x 42 cm
StAI: Pl-67, TLMF: K 1/10
S. 241, **251**

(T52) Plankarte von Wilten und Umgebung
Innsbruck 1815
Kolorierte Handzeichnung,
2 Blätter, je 62 x 83 cm
Ausschnitt von Blatt 1, 180° gedreht
TLA: Karten und Pläne 541/10
S. **282**, 286

(T53) „Baulinienplan für die Fraction Pradl"
Innsbruck 1903
Kolorierte Lithographie, 76,5 x 78 cm
StAI: Pl-191
S. 256, 258, **260**

(T54) „Grund Riß von Schloß Amraß"
(zwecks Adaptierung als Zuchthaus)
Innsbruck um 1780
Kolorierte Federzeichnung, ca. 50 x 70 cm
TLA: Karten und Pläne 626/4
S. **270**

(T55) Alois M. NEGRELLI
„Situations Plan des Schlosses Amras und der dazugehörigen Grund-Stücke"
Innsbruck 1821
Kolorierte Federzeichnung, 71,5 x 50 cm
TLA: Karten und Pläne 626/6
S. 265, **271**

(T56) Projekt einer Straße entlang des Paschberges ins Wipptal
Innsbruck 1830
Kolorierte Federzeichnung, 58 x 64 cm
TLA: Baudirektionspläne A4, Bl. b
S. **266**

(T57) Johann Soucup
„Situations Plan des Schlosses Amras und der dazugehörigen Grundstücke"
Innsbruck 1845/55
Kolorierte Federzeichnung, 104,5 x 65,5 cm
Schloss Ambras Innsbruck, Inv.-Nr. A65
Foto Schönegger
S. 266, **272**

(T58) Joseph Kolp
„Situations Plan des Schlosses Amras und seiner dazugehörigen Grundstücke"
Innsbruck 1851
Kolorierte Federzeichnung, 68 x 52 cm
Schloss Ambras Innsbruck: Inv.-Nr. A64
Foto Schönegger
S. 267, **273**

(T59) Heinrich Förster
„K. K. Schloss Amras Situationsplan"
Wien 1858
Kolorierte Federzeichnung, 100 x 78 cm
Schloss Ambras Innsbruck: Inv.-Nr. A 71
Foto Schönegger
S. 267, **274**

(T60) Heinrich Förster
„K. K. Schloss Amras Situationsplan"
Wien 1858
Kolorierte Federzeichnung, 100 x 78 cm
Schloss Ambras Innsbruck: Inv.-Nr. A 72
Foto Schönegger
S. 267, **274**

(T61) Albert Hauryk, k. k. Hofgärtner
„Situations Plan des k. k. Schlosses Amras samt Park."
Innsbruck 1864
Kolorierte Federzeichnung, 69 x 50 cm
Schloss Ambras Innsbruck: Inv.-Nr. A 73
Foto Schönegger
S. 268, **275**

(T62) A. Guberner, Verlag Carl A. Czichna
Ausschnitt Amras im „**Plan von Innsbruck und Umgebung**" (K49)
Innsbruck 1864
TLMF: FB 1673/84, K 3/93
S. **276**

(T63) Philipp Miller
Situationsplan von der Umgebung Innsbruck ob der Triumphporte
Innsbruck 1825
Kolorierte Handzeichnung, 29 x 46 cm
TLA: Karten und Pläne 590
S. 284, **298**

(T64) Situationsplan von Wilten
Innsbruck 1825/1830
Kolorierte Handzeichnung, 71 x 51 cm
TLA: Karten und Pläne 595
S. 285, **299**

(T65) Situationsplan der Ritschen im Dorf Wilten
Innsbruck 1844
Federzeichnung, 86 x 62 cm
TLA: Karten und Pläne 524/1
S. **300**

(T66) Josef Mayr
Situationsplan vor der Errichtung der Klosterbauten der Karmelitinnen
Innsbruck 1844
Kolorierte Federzeichnung, 58,5 x 91 cm
Archiv des Karmelitinnenklosters, ohne Signatur
S. 287, **301**

(T67) Johann Nepomuk Kravogl, Blasius Purtscheller, Josef Mayr
„Situationsplan mit der Erweiterung des Klosters der Carmelitterinnen im Dorfe Wiltau"
Innsbruck 1846
Kolorierte Federzeichnung, 51,5 x 46 cm
Archiv des Karmelitinnenklosters, ohne Signatur
S. 287, **301**

(T68) Josef Mayr
Situationsplan von Wilten im Bereich des Karmelitinnenklosters
Innsbruck um 1850
Kolorierte Federzeichnung, 47 x 64 cm
Archiv des Karmelitinnenklosters, ohne Signatur
S. 287, **302**

(T69) Karl Engelbrecht
„Situationsplan eines Theiles der Stadt Innsbruck und der Gemeinde Wilten"
Innsbruck um 1861
Kolorierte Handzeichnung, 62 x 48 cm
TLA: Karten und Pläne 400
S. **303**

(T70) Franziszeischer Kataster der Gemeinde Wilten
Innsbruck 1856
Lithographie mit Retuschen, 2 Blätter,
01 49 x 40, 02 22 x 40 cm
TLA: Kreis Innsbruck 271-01, 271-02
S. **289**

(T71) Carl Gerok
„Plan für den Bau von 10–12 Villen neben dem Peterbrünnl"
Ulm 1879
Aquarellierte Federzeichnung 110,5 x 77,5 cm
StAI: Pl-506
S. **296**

(T72) Rudolf Tschamler
„Wilten im Jahre 1880"
Innsbruck 1893
Kolorierte Federzeichnung,
4 Blätter je 67 x 50 cm,
Gesamtgröße 134 x 100
StAI: Pl-271
S. **304**

(T73) Rudolf Tschamler
„Wilten im Jahre 1893"
Innsbruck 1893
Kolorierte Federzeichnung,
4 Blätter je 67 x 50 cm,
Gesamtgröße 134 x 100
StAI: Pl-272
S. **304**

(T74) Carl Lampe, Verlag
„Neujahrs-Entschuldigungskarte der Gemeinde Wilten 1897"
Innsbruck 1897
Farblithographie, 61,2 x 42 cm
StAI: Bi/g-4/1897
S. **305**

(T75) Johann Martin Gumpp d. Ältere
Planansicht von Hötting
Innsbruck 1693
Aquarellierte Federzeichnung, 20,5 x 93 cm
StAI: Pl-191
S. **313**

(T76) „Der Tiergarten nach 1676"
Innsbruck um 1700
nach der Originalskizze im Stadtarchiv
in K. Fischnaler [25] Bd.V, S. 305
StAI
S. **320**

(T77) „Delineation der o. ö. landtsfürstlichen Hofpurch- und Paanwaldung negst ober Höttingen bis zu der Clam und der Lindeben, auch an der Haubt-Landstrassen den so genanten Meilstain" (Höttinger Hofwaldplan)
Innsbruck 1714
Kolorierte Federzeichnung, 134,5 x 34 cm
StAI: Pl-192
S. 324, **326**

(T78) Matthias Perathoner
Plankarte des Stadtteils St. Nikolaus in Innsbruck
Innsbruck 1772
Aquarellierte Federzeichnung, 119 x 44 cm
TLA: Karten und Pläne 155
S. 311, **329**

(T79) Antoni Würtenberger
„Diese Mappa zeigt an dem Landesfürstlichen Ulfis-Wüsen Thiergarten welcher wie zu sechen in 114½ Jauch die Jauch zu 1000. quadra(t) Clafftern auf gemessen worden"
Innsbruck 1774
Kolorierte Federzeichnung, 67 x 67 cm
TLA: Beilage zu Baudirektions-Akten 86/1
S. **327**

(T80) d'Ertsel
„Situations Plan. Von dem ohnweit der Stadt Innspruck liegenden, so genannten Thirgarthen", auf der Rückseite geänderter Kartentitel: „Situations-Plan von den Thür-Garten zu Jnspruck nach der Beföstigung (?) 1786", bezieht sich auf die Überzeichnungen des Umbaus der Gebäude um den Pulverturm
Innsbruck 1783/86
Aquarellierte Federzeichnung, 59 x 47,5 cm
TLA: Karten und Pläne 2258
S. 320, 321, **328**

(T81) Schweighofer
„Situations Plan der Kranewitter Senke bey Innsbruck"
Innsbruck 1825
Aquarellierte Federzeichnung, 60 x 49 cm
TLA: L7, Sammelmappe 4
S. 325, **330**

(T82) Philipp Miller
Situationsplan von St. Nikolaus in Innsbruck
Innsbruck 1829
Aquarellierte Federzeichnung, 51,9 x 34,5 cm
TLA: Karten und Pläne 541/8-1
S. **331**

(T83) Cassian von Jenner
„Situationsplan des berühmten Schlosses Weyerburg"
Innsbruck 1834
Kolorierte Federzeichnung, 50 x 70,5 cm
StAI: Bi-145
S. **332, 343**

(T84) A. Lindenthaler
„Projekt zur Anlegung der neuen und Reglung der alten Ritsche in der Höttiger Gasse, sowie zur Reglung und Pflasterung der Gasse selbst"
Innsbruck 1860
Aquarellierte Federzeichnung, 64,5 x 39,5 cm
StAI: Pl-218
S. **333**

(T85) Julius Röck, C. Lampe
„Plan von Hötting"
Neujahrsentschuldigungskarte der Gemeinde Hötting für das Jahr 1899
Innsbruck-Imst 1898
Farblithographie, 62,8 x 47,8 cm
StAI: Bi/g-1899, TLMF: K 4/100
S. 310, 315, 318, **334**

(T86) E. Gogl und Leopold Heiss
„Projekt zur Parzellierung der unteren und oberen Felder"
Neujahrsentschuldigungskarte der Gemeinde Hötting für das Jahr 1903
Innsbruck 1902
Farblithographie, 63 x 48 cm
TLMF: K 24/3
S. 317, **335**

(T87) „Innsbruck"
Luftbildaufnahme 1:5.000, Blatt 11
Sonderluftbildabteilung des R.L.M.
München 1940
Orthofoto, 77,5 x 57 cm
StAI: Pl-650-10
S. 321, 323

(T88) P. Fabrizi
Planansicht von Mühlau
Innsbruck 1749
Federzeichnung, 56 x 48 cm
Priv. Dr. Bernhard Liphart
S. **337**, 341

(T89) Jörg Költderer:
Plan der Gebäude entlang des Mühlauer Baches
Innsbruck 1534
(*Felmayer* [21], S. 546: von späterer Hand)
Federzeichnung 26 x 31,5
TLA: Karten und Pläne 2873
S. **344**

(T90) „Situationsplan der Mühlauer Bachthalgegend bis zur Wurmbach-Quelle"
Innsbruck 1838
Kolorierte Federzeichnung, 47,5 x 65,4 cm
TLA: Baudirektionspläne Q21
S. 341, **345**

(T91) Franz Werner
„Projekt zur oestlichen Stadterweiterung am Saggen"
Innsbruck 1886
Federzeichnung, 52 x 59,5 cm
StAI: Pl-219
S. **349**

(T92) „Situations & Nivelierungs-Plan für die Verbauung des Stadtsaggens in Innsbruck"
Innsbruck 1896
Kolorierte Federzeichnung, 52 x 59,5 cm
TLMF: K 3/82
S. **351**

(T93) Situationsplan des k. k. Landesschießstandes
Innsbruck 1893
Federzeichnung
StAI: Ph-9905
S. **360**

(T94) „Mittelgebirgsbahn Wilten – Igls nach dem Project des R. v. Schwind"
Entschuldigungskarte der Gemeinde Wilten für das Jahr 1896
Innsbruck 1896
Lithographie, 37 x 31 cm
StAI: Ph-25682, TLMF: K 2/21
S. **371**

(T95) Schiestl, Pegger
Projektierte Trasse der Eisenbahn in Innsbruck und Mühlau
Innsbruck um 1855
Handzeichnung, 3 Blätter, 64 x 51 cm
TLA: Karten und Pläne 617/9
S. **383**

(T96) Carl Mittig
„Uibersichtsplan der Station Innsbruck"
Innsbruck 1855
Kolorierte Federzeichnung, 69 x 57 cm
TLA: Karten und Pläne 526
S. 287, 377, **384**

(T97) „Plan des Stationsplatzes in Innsbruck"
Innsbruck 1855
Kolorierte Federzeichnung, 67,5 x 46 cm
StAI: Pl-233
S. **385**

(T98) Alois M. Negrelli
Allegorische Zeichnung über einen Plan von Amras
Innsbruck 1820
Kolorierte Federzeichnungen, 69 x 53 cm
TLA: Karten und Pläne 626/1
S. **394**, 395

Panoramen

(P1) Franz Hieronymus Rindler
„Firstliche Haupt und Residenz Stat Ynsprug in der gefirstete Grafshaft Tyrol ligent"
Innsbruck 1712
Aquarell gefirnisst, 68 x 63 cm
TLMF: K 14/1
S. **12**, 13, 150, 154

(P2) Franz Hieronymus Rindler
„Ware Abbildung der kaiserlichen Haubt und Residenz Stat Ynsprugg in der gefÿrsten Grafshaft Tyrol ligent per Franc. Hieroymo Rindler p. Anno 1723 "
Innsbruck 1723
Aquarell gefirnisst, 71,5 x 57,3 cm
TLMF: K 14/2
S. **13**, 154, 286

(P3) Kasimir Grustner
Klosterareal von Wilten mit Panoramablick gegen Innsbruck
Innsbruck 1736
lavierte Federzeichnung, 45 x 36 cm
TLMF: W 23405
S. **278**

(P4) Johann Michael Strickner
Innsbruck von Norden
Innsbruck 1755/56
Kolorierter Kupferstich, 31,7 x 21,7 cm
StAI: Bi/g-317
S. 89, 90, **148**, 154

(P5) „Die Haupt- und Residenz Stadt Innsbruck in Tyrol"
Innsbruck um 1780
Kupferstich, 45,5 x 34,7 cm
TLA: Karten und Pläne 2759
S. 89, 90, **149**, 159, 209, 286

(P6) Friedrich R. Rehberg, lithographiert von Franz Xaver Schweighofer
Panorama von Innsbruck
Innsbruck 1820
Lithographie, 5 Blätter, 51 x 35,5 cm
StAI: Ph-25546, Ph-25547, Ph-25548, Ph-25549, Ph-25552
TLMF: W 23593, W 23594, W 23596, W 23597
S. **91**, 92, 93, 285

(P7) Frederic Martens, gedruckt bei F. Unterberger
„Ansicht von Innsbruck vom Berg Isel aufgenommen"
Innsbruck um 1846
Aquatinta-Radierung, 30 x 23 cm
TLMF: Bi/g-160, FB 7111
S. **94**, 95, 282

(P8) Christian Steinicken, gedruckt bei F. Unterberger,
„Innsbruck aufgenommen vom Berge Isel"
Innsbruck um 1860
Stahlstich, 20,2 x 15,8 cm
StAI: Bi/g-178, TLMF: W 10856
S. **94**, 95, 283, 287, 377

(P9) Basilio Armani
„Panorama von Innsbruck"
Innsbruck um 1860
Kolorierte Lithographie, 276 x 58 cm
StAI: Bi/g-683
S. **96**, 97, 253, 259, 268, 288, 311, 377

(P10) Johanna Isser-Grossrubatscher
„Innsbruck"
Innsbruck um 1860
Bleistiftzeichnung, 185 x 61 cm
StAI Bi-2791
S. **98**, 99, 311, 312, 338, 376

(P11) Eduard Amthor
„Panorama des Lanserkopfes bei Innsbruck"
In: „Kunstbeilagen zu Amthor's Tiroler Führer"
Gera 1872
Federlithographie, 71 x 13 cm
StAI Bi/g-351, TLMF: W 5044
S. **100**, 319

(P12) Max Schammler
„Panorama von Innsbruck aus der Vogelschau"
mit Kalender des Jahres 1898
Innsbruck und Imst 1897
Farblithographie, 60 x 53 cm
TLMF: K 3/126
S. **129**, 130, 311, 352

Verwendete Abkürzungen

BDA   Bundesdenkmalamt
BEV   Bundesamt für Eich- und Vermessungswesen
BHÖ   Archiv der Burghauptmannschaft in Österreich, Abteilung 202 Hofburg Innsbruck
HGA   Archiv der Bundesgärtenverwaltung Innsbruck
IN   Innsbrucker Nachrichten
ÖNB   Österreichische Nationalbibliothek
ÖStA   Österreichisches Staatsarchiv, Kartensammlung des Kriegsarchivs
StAI   Stadtarchiv / Stadtmuseum Innsbruck
TLA   Tiroler Landesarchiv
TLMF   Tiroler Landesmuseum Ferdinandeum
ULB   Universitäts- und Landesbibliothek Tirol

Verzeichnis der Abbildungen

1. Messtischaufnahme, Schematische Darstellung, In: *Fuhrmann* [34]
2. Johann Jakob Marinoni: Skizze zum Messtischverfahren, In: de re ichnographica S. 84, 1751, ÖNB: Kartensammlung, 396.575-C.K
3. Mathäus Merian: „Oenipons Insbruckh", 1649, In: Topographia Provinciarum Austriacarum, Kupferstich, StAI: Bi-3104
4. Gabriel Bodenehr: „Die Ertz Hertzogliche Haupt- und Residenz Statt Insbruck in Tyrol", In: „Atlas Curieux oder Neuer und Compendieuser Atlas", Augsburg 1703, TLMF: Dip. 1351/13
5. Gedenktafel am Südturm des Innsbrucker Domes, Foto J. Schönegger
6. Joseph Leopold Strickner: „Die Alte Innsbruckerische oder sogenannte Maximilianische Residenz und Hofkapelle auf dem Rennplatz erbaut v. Maximil. I.", um 1810, TLMF: FB 1673/20
7. Anton Rangger: „Façade von der erneüerten Kaÿserl. Königl. Hof-Burg zu Ÿnnsprugg in Tÿrol, wie solche gegen dem Renn Platz […] anzusechen, und anno 1770 beendiget worden", zeitgenössische Kopie der Gegenüberstellung der Aufrisse der Rennwegfassade, 1765 und 1773 von C. J. Walter, Edler von Pfeilsberg, 1773, TLA: Karten und Pläne 487/16
8. G. Schädler: „Triumphpforte in Innsbruck.", um 1820, StAI: Bi/k-1260
9. F. Furtbauer: Neustadt, um 1820, TLMF: W 23090
10. Josef Teplý: „Der Innrain mit dem Marktplatz", um 1804, TLMF: W 2320
11. Peter u. Joseph Schaffer: „Ansicht von Innspruck der Hauptstadt in Tyrol", 1786, Ausschnitt Innbrücke, TLMF: FB 1673/1
12. C. A. Czichna: Die neue Fleischbank am Marktplatz, 1847, Neujahrsentschuldigungskarte 1847, StAI: Bi/k-1-1847
13. Ludwig Lässl, Jörg Kolber?: Schwazer Bergwerksbuch, Blatt 15 Innsbruck, 1556, TLMF: Codex. Dip. 856, Bl. 1510.5
14. Innsbruck. Innbrücke gegen Frau Hitt Gebirge, 1907, Postkarte, StAI: Ph-25339
15. J. G. Schedler: K. K. Burg zu Innsbruck, um 1840, StAI: Bi/g-1192
16. „Fröhlichsgang", TLMF: Pfaundler'sche Sammlung
17. Johann M. Strickner: Statthaltereigebäude, Aquarell, 1809, TLMF: FB 1673/13a
18. Alois M. Negrelli: Aufriss der gesamten Front in der Herrengasse und Schnitt des nördlichen Treppenhauses, 1819, TLA: Karten und Pläne 525/4
19. Plan des Gouverneursgartens, 1785–1800, ÖNB: F KB VUES Innsbruck 8
20. Das Regelhaus mit der Kirche zu Maria Opferung und dem versperrten Kloster, Druckstock der Serviten (Klosterbibliothek)
21. Johann M. Strickner: „Regelhaus, versperrtes Kloster u. Kirche Maria Opferung", Aquarell, um 1810, TLMF: FB 1673
22. Philipp Miller: Aufriss der Maultierstallungen in der Unteren Sillgasse, um 1800, TLA: Karten und Pläne 519
23. Jörg Kölderer: Das Kaiserliche Zeughaus in Innsbruck, um 1507, ÖNB: im Codex Vind. 10.824
24. C. A. Czichna: Maschinen- und Spinnfabrik Ganahl-Rhomberg auf einem Vertragsformular, 1853, StAI: Bi/g-649-01
25. C. A. Czichna: Ansicht der Museumstraße mit Front des Museumsgebäudes 1845, Neujahrsentschuldigungskarte 1845, TLMF: FB 4965
26. Georg von Pfaundler: „Raichenau bei Bradl", um 1820, TLMF: W 10093
27. Johann G. Schädler: „Schloss Amras nächst Innsbruck in Tirol", 1806, TLMF: W 23579
28. Wolfgang Hohenleiter: „See zu Ombras", aus dem Tiroler Fischereibuch Maximilians I, S. 8/9, 1504, ÖNB: Codex 7962, Fassung der Ausgabe von Michael Mayr, 1901
29. Gabriel Bodenehr: „Das Ertz-Herzogliche Lust-Schloss Ombras oder Umbras bey Inspruck", nach einem Stich von M. Merian, 1703, In: „Atlas Curieux oder Neuer und Compendieuser Atlas", Augsburg 1703, TLMF: Dip. 1351/16
30. Titelvignette des Spendenaufrufes für den Bau der zweiten bzw. großen Kreuzkapelle anlässlich des 100jährigen Bestehens des Tummelplatzes 1797–1897, StAI: Ph-11136
31. Ignaz Burglechner: Grundriss und Südansicht der alten Pfarrkirche, um 1750/51, Stiftsarchiv Wilten, Lade 77, Lit. W
32. S. Grün: Grundriss d. Basilika Wilten nach 1755, BDA
33. Johann G. Schädler: „Ansicht ausser der Triumphpforte gegen Süden bei Innsbruck", 1824, TLMF: FB 17006
34. Kunstanstalt Eckert & Pflug: „Adambrauerei Innsbruck", Chromolithographie, um 1900, TLMF: Pl/83
35. „Vue Generale d'Inspruck (Tyrol)/Vue prise du Weierburg", um 1875, StAI: Bi/g-182
36. Edmund von Wörndle: „Austritt der Arlbergbahn aus Innsbruck – Kreuzung der Wiltener Hauptstraße", um 1885, TLMF: W 22316
37. Johann G. Schädler: Gallwiese mit Mentlberger Hof, um 1820, StAI: Bi/k-971
38. Carl Gerok: Peterbründl mit projektierten Villen, 1879, StAI: Bi-281
39. Martin Mayer: Blick von Wiltenberg Richtung Höttinger Au, um 1885, StAI: Bi/k-1388
40. Panorama von Innsbruck, um 1820, Ölgemälde nach F. Rehberg, Wikimedia Commons
41. Andreas Ziegler: „Die Innüberfuhr in Innsbruck", um 1840, TLMF: Graph. Slg. 19.Jh/Z/33
42. Georg von Pfaundler: „Der Schießstand zu Mariahilf", 1852, TLMF
43. Georg von Pfaundler: „Adelssitz Lichtenthurn 1560, Hötting einst Schloß", 1834, TLMF: W 9380
44. Jörg Kölderer, „Der Weiher auf der Langen Wiesen", In: Tiroler Fischereibuch Kaiser Maximilians, 1504, ÖNB: Codex 7962
45. Georg von Pfaundler: „Thiergarten und Pulverthurm bei Innsbruck", 1820, TLMF: W 6489
46. Pulverturm bei Innsbruck, Ansicht von Nordnordwest, Foto Kunstkataster Tirol
47. „Ansicht der Stadt Innsbruck von der Südseite", 1834, TLMF: FB 7109
48. Josef Schaffer: „Ansicht der unteren Innbrücke und des Guts Silend ohnweit Innsbruck", herausgegeben von Franz Xaver Stöckl, um 1810, TLMF: W 20884
49. C. A. Czichna: „Kettenbrücke nächst Innsbruck", Altkolorierte Lithographie, um 1845, Priv.
50. Wie Abb. 47, Ausschnitt des Saggens, 1834, TLMF: FB 7109
51. B. Weinmann: „Panorama von Innsbruck", Stahlstich, um 1860, TLMF: FB 6719
52. Radrennen in Innsbruck, Photo, um 1998, StAI: Ph-10059
53. „Innsbruck von der Weiherburg", linke Seite einer kolorierten Doppelpostkarte, um 1900, StAI: Ph-24782/1
54. Arzl, um 1700, Fresko am sogenannte Canisius-Haus, Canisiusweg Nr. 7, Photo StAI
55. „Gruss vom K. K. Landesschießstand bei Innsbruck", Postkarte, um 1900, StAI: Sommer 5-163-2
56. Hohenburg in Igls über dem Viller See, um 1800, StAI: Ph-26731
57. Vill gegen Süden, Getönte Tuschfederzeichnung, um 1820, TLMF: W 1544
58. Igls gegen Süden, um 1900, Postkarte, StAI: Bi/K-226
59. Die Igler Bahn an der Wiltener Sillbrücke mit Blick auf den Berg Isel, Postkarte, um 1900, StAI: Ph-24926
60. Basilio Armani: „Innsbruck", um 1859, StAI: Bi/g-159, TLMF: W 10988
61. Zachaniewicz: „Bahnhof Innsbruck", um 1859, TLMF: W 2334/1
62. Alois Negrelli: Selbstportrait, 1818, In: *Dultinger* [15]

Die Quellen

Tiroler Landesarchiv (TLA)
(K1) K&P 435, (K3) K&P 154/1, (K4) K&P 2816, (K11) K&P 5005, (K17) K&P 296, (K19) K&P 541/3, (K24) K&P 147, (K26) BdPl K4, (K27) BdPl K5, (K28) BdPl K3, (K29) K&P 541/1, (K30) K&P 5206, (K34) BdPl K5, unsign., (K37) K&P 2945, (K41) K&P 5200, (K42) K&P, 800, (K44) BdPl L7, Sammelmappe 7, (K46) BdPl L3, Bl. 7,8,9, (K62) K&P 2718, (K74) K&P 1895, (K79) K&P 2950, (K87) BdPl A16, Bl. 33, (K90), (K91), (K92), (K93) K&P 779, (K94) K&P435a, (K97) K&P 435, (T1) K&P 12, (T1a) K&P156, (T2) K&P 2257, (T3) K&P 495/2, (T7) K&P 529/1, (T9) K&P 529/6, (T10) K&P 148, (T12) K&P 529/11, (T14) K&P 529/10, (T15) K&P 529/12, (T16) K&P 617/3, (T17) K&P 2761a, (T18) K&P 414, (T19) K&P 524/5, (T20) K&P 525/8, (T21) K&P 617/8, (T22) K&P 529/17, (T23) K&P 529/16, (T24) K&P 487/32, (T25) K&P 529/15, (T28) K&P 524/6, (T35) K&P 2214, (T36) K&P 751, (T37) K&P 347, (T38) K&P 2195, (T39) K&P 523/4, (T40) K&P 523/2, (T41) K&P 2207, (T42) K&P 594, (T44) K&P 528, (T45) K&P 589, (T49) K&P 597, (T50) K&P 596, (T52) K&P 541/10, (T54) K&P 626/4, (T55) K&P 626/6, (T56) BDPl A4, Bl. b, (T63) K&P 590, (T64) K&P 595, (T65) K&P 524/1, (T69) K&P 400, (T70) Kreis Innsbruck 271-01, 271-02, (T78) K&P 155, (T79) Beilage zu Baudirektions-Akten 86/1, (T80) K&P 2258, (T81) Sammelmappe 4, (T82) K&P 541/8-1, (T89) K&P 2873, (T90) BDPl Q21, (T95) K&P 617/9, (T96) K&P 526, (T98) K&P 626/1, (P5) K&P 2759, (Abb 7) K&P 487/16, (Abb. 18) K&P 525/4, (Abb. 22) K&P 519
(K&P = Karten und Pläne), BdPl = Baudirektionspläne)

Stadtarchiv / Stadtmuseum Innsbruck (StAI)
(K6) Pl-94, (K8) Pl-660, (K13) Ka-267, (K18) Pl-46, (K20) Pl-56, 57, 58, 59, (K35) Bi-2992, (K38) StAI: Bi/g-390, (K43) Ka-5, (K45) A-1256, (K47) Pl-673, (K54) Pl-676, (K58) Pl-1120, (K59) Pl-53, (K61) Bi/g-4-1879, (K63) A-1877/D, (K64) Pl-560, (K66) A-1938, (K69) Bi/g-4-1889, (K70) Bl-661, (K77) A-1355, (K81) A-2422, (K82) P-180-1902, (K84) P-180-1904, (K85) Ka-277, (T4) Pl-229, (T5) Pl-234, (T6) Pl-303, (T43) Bi/g-649-02, (T47) Pl-68, (T48) Pl-55, (T51) Pl-67, (T53) Pl-191, (T71) Pl-506, (T72) Pl-271, (T73) Pl-272, (T74) Bi/g-4/1897, (T75) Pl-191, (T76), (T77) Pl-192, (T83) Bi/g-145, (T84) Pl-218, T(85) Bi/g-1899, (T87) Pl-650-10, (T91) Pl-219, (T93) Ph-9905, (T94) Ph-25682, (T97) Pl-233, (P4) Bi/g-317, (P6) Ph-25546-25549, Ph-25552, (P7) Bi/g-160, (P8) Bi/g-178, (P9) Bi/g-683, (P10) Bi-2791, (P11) Bi/g-351, (Abb. 3) Bi-3104, (Abb. 8) Bi/k-1260, (Abb. 12) Bi/k-1-1847, (Abb. 14) Ph-25339, (Abb. 15) Bi/g-1192, (Abb. 24) Bi/g-649-01, (Abb. 30) Ph-11136, (Abb. 35) Bi/g-182, (Abb. 37) Bi/k-971, (Abb. 38) Bi-281, (Abb. 39) Bi/k-1388, (Abb. 52) Ph-10059, (Abb. 53) Ph-24782/1, (Abb. 54), (Abb. 55) Sommer 5-163-2, (Abb. 56) Ph-26731, (Abb. 58) Bi/K-226, (Abb. 59) Ph-24926, (Abb. 60) Bi/g-159

Tiroler Landesmuseum Ferdinandeum (TLMF)
(K5) K 9/13, (K10) K 5/75, (K12) K 9/6, (K16) W 25445, (K21) K 1/113, (K22) W 2174/10, (K25) W 2174/9, (K31) W 2174/12, (K33) W 4015, (K36) K 1/152, (K49) FB 1673/84, (K50) K 1/49, (K51) K 1/51f, (K55) K 4/137, (K57) W 2174/13, (K60) K 1/6, (K65) K 1/230, (K67) K 1/214, (K71) W 5491/2, (K72) W 5491/1, (K73) K 11/36f, (K75) K 24/1, (K76) K 1/18, (K78) K 11/46, (K80) K 1/19, (K86) K 24/2, (P3) W 23405, (P12) K 3/126, (E1) Z 1878, (E2) K 4/88, (E3) K 2/58, (E4), (E5) FB 4144, (T33) Graph. Slg. UBar/510, (T46) K 1/9, T(86) K 24/3, (T92) K3/82, (Abb. 4), Dip. 1351/13, (Abb. 6) FB 1673/20, (Abb. 9) W 23090, (Abb. 10) W 23206, (Abb. 11) FB 1673/1, (Abb. 13) Dip. 856, Bl. 15, (Abb. 16) Pfaundler's Slg., (Abb. 17) FB 1673/13a, (Abb. 20) FB 1673, (Abb. 25) FB 4965, (Abb. 26) W 10093, (Abb. 27) W 23579, (Abb. 29) Dip. 1351/16, (Abb. 33) FB 17006, (Abb. 34) Pl/83, (Abb. 36) W 22316, (Abb. 41) Graph. Slg. 19.Jh/Z/33, (Abb. 42), (Abb. 43) W 9380, (Abb. 45) W 6489, (Abb. 47) FB 7109, (Abb. 48) W 20884, (Abb. 51) FB 6719, (Abb. 57) W 1544, (Abb. 61) W 2335/1

Österreichische Nationalbibliothek (ÖNB)
(K7) Kartensammlung AB 241[4] Kar, (K9) Kartensammlung AB 241[3] Kar, (K23) Kartensammlung FKB C.48.e.2 Kar, (K32) Kartensammlung FKB C.48.e.3 Kar, (Abb. 2) Kartensammlung 396.575-C.K, (Abb. 19) F KB VUES Innsbruck 8, (Abb. 23) Codex Vind. 10.824, (Abb. 44) Codex 7962

Staatsarchiv, Kartensammlung des Kriegsarchivs (ÖStA)
(K2) Inland C II Enveloppe 1 Nr. 1, (K52) Inland C II Enveloppe 1 Nr. 3, (K88) B IX a 362, Bl. 32, (T34) Inland C II Enveloppe 1 Nr. 4

Archiv der Burghauptmannschaft in Österreich, Abteilung 202 Hofburg Innsbruck (BHÖ)
(T26) 6600/080, (T27) 6600/172, (T31) 6600/168

Schloss Ambras Innsbruck
(T57) Inv.-Nr. A65, (T58) Inv.-Nr. A64, (T59) Inv.-Nr. A71, (T60) Inv.-Nr. A72, (T61) Inv.-Nr. A73

Archiv der Bundesgärtenverwaltung Innsbruck (HGA)
(T29) Plan 16, (T30) Plan 17, (T32) ohne Signatur

Bundesamt für Eich- und Vermessungswesen (BEV)
(K47), (K89), (Abb. 1)

Bayer. Verwaltung der Schlösser, Gärten u. Seen, Pläne der Gartenabteilung / österr. Gärten
(T11) SV C 30/12, (T13) SV C 30/14

Archiv des Karmelitinnenklosters
(T66), (T67), (T68) ohne Signatur

Universitäts- und Landesbibliothek Tirol (ULB)
(K83) 790/42323, (T8) ohne Signatur

Stiftsarchiv Wilten
(Abb. 26) Lade 77, Lit. W

Bibliothèque nationale de France
(K14) GED-7632

Sonstige
(K39), (K40) Forcher, (K15) Inlibris, (T88) Liphart, (Abb. 32) BDA, (Abb. 40) Wikimedia Commons, (Abb. 46) Tiroler Kunstkataster, (Abb. 62) Dultinger, (K53), (K56), (K68), (Abb. 6), (Abb. 41), (Abb. 49) J. Schönegger

***tiris*-Kartendienste – Land Tirol**
(K48), (K89), (K95), (K96), (K97)

Glossar

Adjunkt
Gehilfe oder Assistent eines Beamten

Ärar
Staatsvermögen, aus materiellen und immateriellen Werten bestehend

Arche
Wasserschutzverbauung, Arche = Holzkasten

Archeninspektor
Leiter der Wasserabteilung

Cotten
Höhenmesswerte (Koten)

Geniecorps
Entspricht der heutigen Pionierabteilung des Heeres, auch für die Kartenerstellung im Feld zuständig.

Gottesacker
Friedhof

Gubernium
Regierung einer Provinz des Kaiserreiches

historische Flächenmaße
Jauch entsprach der Fläche, die mit einem Joch Ochsen an einem Tag bearbeitet werden konnte. 1 (Tiroler) **Jauch** = 1000 Quadratklafter = ca. 36 ar. 1 **Joch** = 1,6 Jauch, 1 **Morgen** = ½ Jauch (*W. Rothleuthner* [89a])

historische Längenmaße
Seit Mitte des 18. Jahrhunderts wurden für die Erstellung von Plänen und Karten in Österreich vor allem **Zoll** (1 Wiener Zoll = 2,634 cm) und **Klafter** (1 Wiener Klafter = 189,65 cm) als Längeneinheiten verwendet. Daraus ergaben sich die häufigsten Plan- und Kartenmaßstäbe: 1 Zoll : 20 Klafter = 1:1.400, 1:40 = 1:2.800, 1:50 = 1:3.600, 1:100 = 1:7.200, 1:200 = 1:14.400, 1:400 = 1:28.800

historisierender Plan
Kartographische Rekonstruktion einer Situation aus vergangener Zeit, die in bestimmten Details nicht mit dem Original übereinstimmt und die beim Laien den Eindruck erweckt, eine historisch belegte Rekonstruktion zu sein.

k. k.
Kaiserlich–königlich; stand im Kaisertum Österreich bis zum Österreichisch-Ungarischen Ausgleich im Jahr 1867 für die Behörden und staatlichen Einrichtungen des gesamten Reiches.

k. u. k.
Kaiserlich und königlich, wurde in der 1867 aus dem Kaisertum Österreich entstandenen Österreichisch-Ungarischen Monarchie für die gemeinsamen Einrichtungen beider Reichshälften, also der Gesamtmonarchie, eingeführt.

Karte → siehe **Plan – Karte**

Katastralgemeinde
Verwaltungseinheit, für die jeweils ein Grundbuch angelegt ist, seit 1770 (Häusernummerierung) errichtet. Eine oder mehrere Katastralgemeinden bilden eine Ortsgemeinde.

Messtisch
Ein seit dem frühen 17. Jahrhundert verwendetes Instrument zur terrestrischen Aufnahme topographischer Karten und Pläne. Er bestand anfangs aus einer quadratischen Tischplatte auf einem dreibeinigen Gestell, zu dem als notwendiges Zubehör eine kleine Bussole (zur Orientierung), ein Diopterlineal (Visierinstrument), eine Lotgabel (zum Abloten eines kartierten Punktes auf einem Geländepunkt) sowie eine Vorrichtung zum Horizontalstellen der Tischplatte gehörten (*I. Kretschmer* [78])

Neujahrsentschuldigungskarte
Zu Beginn des 19. Jahrhunderts entwickelte sich der Brauch der sogenannten „Neujahrsentschuldigungskarte", die die Bürger der jeweiligen Gemeinde einsetzten, um sich von Neujahrsbesuchen freizukaufen. Aus dem Erlös wurden wohltätige Projekte finanziert. Die Bürger hefteten die Karten an die Tür und signalisierten somit, ihre „Ent-Schuldigung" von der gesellschaftlichen Verpflichtung Bekannten und Nachbarn einen Neujahrsbesuch abzustatten. Die ersten Neujahrsentschuldigungskarten wurden von der Stadt Innsbruck 1820 ausgegeben. Nach dem Ersten Weltkrieg wurden sie endgültig durch eine einfache Mitteilungskarte ersetzt.

Parterres
Geometrisch angeordnete Beete und Rabatte (von französisch *par terre*, „zur Erde"). Parterres waren wesentliche Elemente der Gartengestaltung von der Renaissance bis zum Rokoko.

Plan – Karte
Die Unterscheidung ergibt sich aus dem zugrunde liegenden Maßstab. Kartenskizzen bis etwa zum Maßstab 1:10.000 gelten als Plan. Die begriffliche Abgrenzung zur Karte ist maßstäblich jedoch nicht starr aufzufassen, der Übergang ist fließend. Die Pläne sind u. a. dadurch gekennzeichnet, dass Objekte (vor allem Gebäude) noch in maßstabs- und lagegetreuen Grundrissen dargestellt sind. In den kleineren Maßstäben, den Karten, setzt in zunehmendem Maße die Verallgemeinerung (Generalisierung) des Inhalts und der Form ein, ausgewählte Gegenstände werden durch bildhafte Symbole oder abstrakte Signaturen dargestellt.

Reambulierung
Revidierung einer Landkarte auf Grund neuerlicher Begehung des Geländes

Ritschen
System von Abzugsrinnen zur Entsorgung der Abwässer und Löschwasserzuführung ohne eigenen Hausanschluss

Schmalkaldischer Bund
Zusammenschluss mehrerer evangelischer Reichsstände, der 1531 als Verteidigungsbündnis gegen die Religionspolitik des katholischen Kaisers Karl V. gegründet wurde. Nach der Niederlage des protestantischen Bundes gegen Karl V. im Schmalkaldischen Religionskrieg 1546/47 gab es 1552 noch einmal Feldzüge der Schmalkalden unter Herzog Moritz von Sachsen in Bayern und Tirol, wobei sich in Innsbruck nacheinander sowohl Karl V. als auch die Schmalkaldischen Bundesgenossen aufhielten.

Präzisionsnivellement
In der Vermessungstechnik angewandte Methode zur exakten Höhenmessung.

Vedute
Topographisch getreue Wiedergabe einer Landschaft, eines Platzes, eines Stadtpanoramas in Malerei und Grafik mit Hilfe mathematischer Perspektive

Verklausung
Teilweiser oder vollständiger Verschluss eines Fließgewässerquerschnitts infolge angeschwemmten Treibguts.

Literaturverzeichnis

[1] Peter ADELSBERGER: Die Stadtvedute Innsbruck in der Druckgraphik, Geschichte der druckgraphischen Gesamtansichten Innsbrucks von 1470 bis 1980, Innsbruck 1995

[2] Michaela AIGNER: Die Archivierung des Plan- und Photoarchivs der Schlossverwaltung zu Innsbruck und Ambras, Dissertation, Innsbruck 2000

[3] Sr. Maria ANNUNTIATA vom Kreuz OCD: Lieben – Schweigen – Zeugnis geben, Innsbruck 1991

[4] Sr. Maria ANNUNTIATA vom Kreuz OCD: Ort der Stille in einer lauten Stadt, Innsbruck 1996

[5] Harwick W. ARCH: Die Malerfamilie Redlich in Innsbruck, Veröffentlichungen des TLMF 79/1999 S. 55–78

[6] Wilfried BEIMROHR: Die Innstromkarte 1800–1828, https://maps.tirol.gv.at/HIK/media/georef/Detailkarten/1800_Innstromkarte_JPG/Hinweistexte/1800_Innstromkarte_HT.pdf

[7] Wilfried BEIMROHR: Die Erste und die Zweite Landesaufnahme von Tirol, https://www.tirol.gv.at/fileadmin/themen/kunst-kultur/landesarchiv/downloads/Erste_Zweite_Landesaufnahme-Tirol.pdf

[8] Hans BOBEK: Innsbruck eine Gebirgsstadt, ihr Lebensraum und ihre Erscheinung, Stuttgart 1928

[9] Ingrid BUBESTINGER, Gertraud ZEINDL: Zur Stadtgeschichte Innsbrucks, Innsbruck 2008

[10] Hans BRUNER: Die Sillregulierung 1823–1824 und die Anfänge der Innsbrucker Spinnfabrik, In: Tiroler Heimatblätter 12 (1934), Heft 2/3, S. 148 f.

[11] Franz CARAMELLE. Das Innsbrucker Riesenrundgemälde, Innsbruck 2011, http://riesenrundgemaelde.at

[12] Johannes DÖRFLINGER: Das 18. Jahrhundert, In: DÖRFLINGER, WAGNER, WAWRIK (Hg.): Descriptio Austriae, Österreich und seine Nachbarn im Kartenbild von der Spätantike bis ins 19. Jahrhundert, Wien 1977, S. 28–35

[12a] Johannes DÖRFLINGER: Vom Aufstieg der Militärkartographie bis zum Wiener Kongress, In: KRETSCHMER, DÖRFLINGER, WAWRIK (Hg.): Österreichische Kartographie, Wiener Schriften zur Geographie und Kartographie, Band 15, Wien 2004, S. 75–168

[13] Fridolin DÖRRER, Innsbruck um 1840. Ein Plan der Stadt vor ihrer größten baugeschichtlichen Wende. Aus dem Schaffen des Kartographen Philipp Miller (1771–1836). In: Veröffentlichungen des Innsbrucker Stadtarchivs, Neue Folge, Band 3, Festschrift für Karl Schadelbauer zur Vollendung des 70. Lebensjahres, Innsbruck 1972, S. 23–38

[14] Josef DULTINGER: 125 Jahre k. k. Nordtiroler Staatseisenbahn. Ein Rückblick auf den Beginn des Eisenbahnalters in Tirol, Rum 1983

[15] Josef DULTINGER: Alois Negrelli, Ritter von Moldelbe, das Schicksal eines großen Südtirolers, Innsbruck 1993

[16] Erich EGG, Wolfgang PFAUNDLER, Meinrad PIZZININI: Von allerley Werkleuten und Gewerben. Eine Bildgeschichte der Tiroler Wirtschaft. Innsbruck–Wien–München 1976

[17] Gerhard L. FASCHING: Vom „Staatsgeheimnis" zur Zivil-Militärischen Karte im 21. Jahrhundert. In: 250 Jahre Landesaufnahme – Festschrift, Wien 2014

[17a] Gerhard L. FASCHING, Franz WAWRIK: Landesaufnahme und Militärkarten, In: Austria Picta Österreich auf alten Karten und Ansichten, Wien 1989, S. 115 f.

[18] Dietrich FEIL: Arzl bei Innsbruck, Innsbruck-Arzl 2002, http://www.arzl-innsbruck.at

[19] Johanna FELMAYER: Die Profanen Kunstdenkmäler der Stadt Innsbruck, ÖKT S. XXXVIII, 1972

[20] Johanna FELMAYER: Innsbruck, In: DEHIO Tirol, Wien 1980

[21] Johanna FELMAYER: Innsbruck, Profanbauten, 2. Teil, ÖKT XLV, Wien 1981

[22] Johanna FELMAYER Die Kunstdenkmäler der Stadt Innsbruck – Die Hofbauten, ÖKT XLVII, Wien 1986

[23] Johanna FELMAYER Die sakralen Kunstdenkmäler der Stadt Innsbruck – Teil I – Innere Stadtteile, ÖKT XLII/1, Wien 1995

[24] Johanna FELMAYER Die sakralen Kunstdenkmäler der Stadt Innsbruck – Teil II – Äußere Stadtteile, ÖKT XLII/2, Wien 1995

[25] Konrad FISCHNALLER: Innsbrucker Chronik, I–V, Innsbruck 1929–1934

[26] Michael FORCHER: Zwischen rauchenden Zügen und vornehmen Hotels, In: Tip 1979, Nr. 5, Innsbruck 1979

[27] Michael FORCHER: Die Geschichte der Stadt Innsbruck, Innsbruck 2008

[28] Monika FRENZEL: Historische Gartenanlagen und Gartenpavillons in Innsbruck, Dissertation, Innsbruck 1978

[29] Monika FRENZEL: Hofgarten, In: Johanna FELMAYER [22], S. 449–464, 1986

[30] Monika FRENZEL: Gärten in Tirol – von der Renaissance bis heute, Innsbruck 1998

[31] Michael FRITZ: Hötting, http://www.geschichte-tirol.com/orte/nordtirol/bezirk-innsbruck-stadt/1132-hng.html

[32] Michael FRITZ: Wilten, http://www.geschichte-tirol.com/orte/nordtirol/bezirk-innsbruck-stadt/1151-wilten.html

[33] Michael FRITZ: Saggen, http://www.geschichte-tirol.com/orte/nordtirol/bezirk-innsbruck-stadt/1144-saggen.html

[34] Susanne FUHRMANN: Digitale Historische Geobasisdaten im Bundesamt für Eich- und Vermessungswesen (BEV). Die Urmappe des Franziszeischen Katasters, Wien 2007, In: Vermessung und Geoinformation 1/2007 S. 24–35

[35] Christian GRIMM: Geschichte der Gemeinde Hötting. Dissertation, Innsbruck 1939

[36] Georg GROSJEAN, Rudolf KINAUER: Kartenkunst und Kartentechnik vom Altertum bis zum Barock, Bern 1970

[37] Veronika GRUBER: Die bauliche Entwicklung Innsbrucks im neunzehnten Jahrhundert (Veröffentlichungen des Innsbrucker Stadtarchivs, Neue Folge, Band 7), Innsbruck 1976

[38] Heinrich HAMMER: Die baugeschichtliche Entwicklung Innsbrucks, In: Forschungen und Mitteilungen zur Geschichte Tirols und Vorarlbergs 1919

[39] Heinrich HAMMER: Alt-Innsbrucker Studien, Innsbruck 1942

[40] Ferdinand HECHENBERGER: Die Vergrößerung Innsbrucks in den letzten 120 Jahren, In: Innsbrucker Nachrichten vom 17.5.1884, Nr. 20

[41] Hubert HELD: Idee und Ausführung der Schienenverkehrsachse von München über Tirol nach Venedig unter den politischen, ökonomischen und technischen Bedingungen in der Mitte des 19. Jahrhunderts, Dissertation, Innsbruck 2010

[42] Josef HIRN: Tirols Erhebung im Jahre 1809, Innsbruck 1909

[43] Hans HÖRTNAGL: Erinnerungen aus der Innsbrucker Stadtgeschichte, In: Innsbrucker Nachrichten 1921, Nr. 137, S. 5 f.

[44] Hans HÖRTNAGL: Das Erzfürstliche Lusthaus auf der langen Wiesen bei Innsbruck, In: Mitteilungen des Vereins für Heimatschutz, Innsbruck 1923

[45] Hans HÖRTNAGL: Ynnsprugg Bürger Bauten Brauchtum, Gesammelte heimatkundliche Schilderungen, Innsbruck 1932

[46] Franz-Heinz HYE: Die einstige Radrennbahn im Saggen, In: Amtsblatt der Landeshauptstadt Innsbruck, 1972, Nr. 8/9, S. 14

[47] Franz-Heinz HYE: Pradl und die Reichenau, In: Das Fenster 12, S. 1177 f., Innsbruck 1973

[48] Franz-Heinz HYE: Innsbrucks Stadterweiterung auf Pradler und Wiltener Grund im Jahre 1844, In: Amtsblatt der Landeshauptstadt Innsbruck, 36 (Juni 1973), S. 14

[49] Franz-Heinz HYE: Igls und Vill, In: Das Fenster 13 (1973), S. 1317 f.

[50] Franz-Heinz HYE: Arzl, In: Das Fenster 15 S. 1567 f., Innsbruck 1974/75

[51] Franz-Heinz HYE: St. Nikolaus und Mariahilf, In: Das Fenster 16 (1975), S. 1682 f.

[52] Franz-Heinz HYE: Die älteste Plan-Ansicht von Mühlau aus dem Jahre 1749, In: Amtsblatt der Landeshauptstadt Innsbruck, 1975, Nr. 11, S. 16

[53] Franz-Heinz HYE: Mühlau, In: Das Fenster 17 (1975/76), S. 1795 f.

[54] Franz-Heinz HYE: Sillgasse und Kohlstatt, In: Das Fenster 18 (1976), S. 1889 f.

[55] Franz-Heinz HYE: Die Neustadt, In: Das Fenster 21 (1977), S. 2179 f.

[56] Franz-Heinz HYE: Der Pulverturm in der Höttinger Au, In: Tiroler Heimatblätter 52 (1977), S. 122 f.

[57] Franz-Heinz HYE: Der Saggen, In: Das Fenster 24 (1979), S. 2450 f.

[58] Franz-Heinz HYE: Innsbruck – Geschichte und Stadtbild, Sonderband der „Tiroler Heimatblätter" zum Stadtjubiläum, Innsbruck 1980

[59] Franz-Heinz HYE: Das Dorf Wilten und seine Bauten vor 200 Jahren, In: Die Wiltener Schützen, Innsbruck 1983, S. 81 f.

[60] Franz-Heinz HYE: Der Innsbrucker Sillkanal, In: Veröffentlichungen der Universität Innsbruck, Band 142 (Festschrift für Georg Zwanowetz), Innsbruck 1984, S. 71 f.

[61] Franz-Heinz HYE: Der Innrain – als Stadtviertel, In: Diözesanausstellung – Die Johannes von Nepomuk-Kirche am Innrain und die Baumeisterfamilie Gumpp in Innsbruck. Innsbruck 1985, S. 56 f.

[62] Franz-Heinz HYE: Vom Amtsgebäude des Hofbauamtes zum Landesgendarmeriekommando. Ein Beitrag zur Baugeschichte des Innrain zu Innsbruck, In: Tiroler Heimatblätter 61 (1986), S. 62 f.

[63] Franz-Heinz Hye: Von der Gallwiese zum Sieglanger, In: Festschrift 25 Jahre Pfarrkirche Maria am Gestade 1962–1987, Innsbruck 1987

[64] Franz-Heinz Hye: Wilten und Innsbruck – Geschichte einer mehrschichtigen Zweierbeziehung, In: 850 Jahre Prämonstratenser-Chorherrenstift Wilten, Innsbruck 1988, S. 103–128

[65] Franz-Heinz Hye: Amras Geschichte und Gegenwart (Die Stadtteile Innsbrucks 4), Innsbruck 1989

[66] Franz-Heinz Hye: Vill vom Dorf zum Stadtteil (Die Stadtteile Innsbrucks 5), Innsbruck 1992

[67] Franz-Heinz Hye: Geschichte der Trinkwasserversorgung der Landeshauptstadt Innsbruck, Innsbruck 1993

[68] Franz-Heinz Hye: Das Stadtteilwappen des Saggen. In: Innsbrucker Stadtnachrichten August 1893, S. 27

[69] Franz-Heinz Hye: Igls und Innsbruck – Aspekte einer alten Wechselbeziehung, In: Innsbrugger Stadtnachrichten, Nr. 11/2, Innsbruck 1893, S. 8

[70] Franz-Heinz Hye: Wilten – Kloster, Dorf und seit 90 Jahren Stadtteil, In: Tip 1994, Nr. 2, S. 8

[71] Franz-Heinz Hye: Die Stadt Innsbruck im Zeitraum von 1490 bis 1665, In: Ruhm und Sinnlichkeit. Innsbrucker Bronzeguß 1500–1650 von Kaiser Maximilian I. bis Erzherzog Ferdinand Karl, Innsbruck 1996, S. 17–39

[72] Franz-Heinz Hye: 150 Jahre Karmeliterinnenkloster in Innsbruck (1846–1996), In: Innsbruck – die Landeshauptstadt informiert, 1996, Nr. 7/8, S. 22

[73] Franz-Heinz Hye: Innsbruck und seine Stadtteile in historischen Bildquellen, Innsbruck 1996

[74] Bert Imsalz: Von der Hofmark zur Schlafstadt Wilten West, unveröffentlichte Studie, Innsbruck 2016

[75] Josefine Justic: Tiergarten auf der Langen Wiesen, In: Innsbruck informiert 1979/4, S. 12

[76] Josefine Justic: Schwimmbad am Gießen, Innsbruck (Höttinger Au), http://www.sagen.at/doku/quellen/quellen_tirol/innsbruck_giessen.html

[77] Josefine Justic: Innsbrucker Straßennamen, Innsbruck 2012

[78] Ingrid Kretschmer, Johannes Dörflinger, Franz Wawrik: Lexikon zur Geschichte der Kartographie, Wien 1986

[79] Martin Kriechbaum, Josef Schönegger: Ein Kopfbahnhof für Innsbruck von Alois Negrelli. In: Zeit – Raum – Innsbruck 15, Innsbruck 2019

[80] Lukas Morscher: Eine unbekannte Stadtansicht – Versuch der Datierung über Baudenkmäler, In: Beachten und Bewahren, Festschrift zum 60. Geburtstag von Franz Caramelle, Innsbruck 2005, S. 189–194

[81] Heinz Moser: Stadtplanung um die Jahrhundertwende, In: Amtsblatt der Landeshauptstadt Innsbruck, 38 (August 1975), S. 12

[82] Alois M. Negrelli: Ueber den Zug und den Bau einer Eisenbahn von Innsbruck bis an die königl. Baierischen Gränze unter Kufstein, In: Allgemeiner National-Kalender für Tirol und Vorarlberg auf das gemeine Jahr 1846, S. 1–11

[83] Wolfgang Pfaundler, Die schönsten Bilder von Innsbruck 1500–1822, Innsbruck 1972

[84] Meinrad Pizzinini: Innsbruck im 19. Jahrhundert. Pläne und Ansichten, Sonderausstellung im Innsbrucker Zeughaus, Innsbruck 1980

[85] Meinrad Pizzinini: Das Bürgerliche Brauhaus in Innsbruck mit einem Blick auf das Brauwesen in Tirol, Innbruck 1976

[86] Meinrad Pizzinini: Vom „Land mallen" zur k. k. Vermessung des 19. Jahrhunderts, In: Österr. Zeitschrift für Vermessungswesen und Photogrammetrie 79 (2/1991), S. 131–139

[87] Georg Pusch: Chronik von Innsbruck, Bd. IV, Manuskript, 1840–1848, TLMF FB1226

[88] Reinhard Rampold: 140 Jahre Tiroler Glasmalerei- und Mosaikanstalt 1861–2001, Innsbruck 2002

[89] Eduard Riedmayr: Die Museumstraße in Innsbruck, ihre Entstehungsgeschichte, In: Innsbrucker Nachrichten 1909, Nr. 266, S. 17 f., 1910, Nr. 34, S. 17 f. und Nr. 52, S. 17 f.

[89a] Wilhelm Rothleuthner: Die alten Lokalmaße und Gewichte nebst den Aichungsvorschriften bis zur Einführung des metrischen Maß- und Gewichtsystems und der Staatsaichämter in Tirol und Vorarlberg, Innsbruck 1883

[90] Karl Schadelbauer: Ein Brief Alois von Negrelli's, In: Innsbrucker Geschichts-Almanach, Innsbruck 1948, S. 40–43

[91] Elisabeth Scheicher: Schloss Ambras, In: Johanna Felmayer [22], S. 505–623, 1986

[92] Josef Schönegger: Der Pulverturm der Höttinger Au – doch ein Bau Erzherzog Ferdinands II., in: Tiroler Heimatblätter, 93. Jg., Heft 2018/2, S. 68–74

[93] Veronika Schönegger: Der digitale Franziszeische Kataster, in: RO-Info 28, Innsbruck 2004

[94] Veronika Schönegger: Historische Lawinenabgänge in den heutigen Katastralgemeinden Hötting und Mühlau, unveröffentlichte Studie für die WLV-Tirol, Innsbruck 2006

[95] Fritz Steinegger: Aus der Geschichte des Innsbrucker Hofgartens, in: Schlern-Schriften 231, Innsbruck 1964, S. 13–33

[96] Otto Stolz: Geschichtskunde der Gewässer Tirols. Schlern-Schriften 32, Innsbruck 1936

[97] Otto Stolz: Geschichte der Raum- und Grenzbildung der Stadtgemeinde Innsbruck, (Veröffentlichungen aus dem Stadtarchiv Innsbruck 18), Innsbruck 1957

[97a] Otto Stolz: Geschichte der Stadt Innsbruck, Innsbruck 1959

[98] Karl Unterkircher: Chronik von Innsbruck, Innsbruck 1897

[99] Nora G. Vorderwinkler: Adambräu. Industriearchitektur ungenutzt, In: 20er vom 15.2.2005, S. 22/23

[100] Beda Weber: Das Land Tirol, Ein Handbuch für Reisende, Bd. 1, Innsbruck, 1837

[101] Theodor Wührer: Die militärischen Aufnahmen von Tirol in den Jahren 1801–1805 und 1816–1821, In: Veröffentlichungen des TLMF Bd. 74, 1994, S. 113 f.

[102] Gertraud Zeindl: Igls/Vill (Stadtvielfalten), Innsbruck 2008

[103] Gertraud Zeindl: Ist alles ein Werk Gottes, Zur Geschichte des Karmel St. Josef zu Innsbruck, Innsbruck 2009

[104] Georg Zwanowetz: Die Anfänge der Tiroler Eisenbahngeschichte. Ein Beitrag zur Verkehrs- und Wirtschaftsgeschichte Österreichs in den Jahren 1835 bis 1859 (Tiroler Wirtschaftsstudien 12), Innsbruck 1962

[105] Tiroler Kunstkataster: https://www.tirol.gv.at/kunst-kultur/kunstkataster

Dank

An dieser Stelle möchte ich allen danken, die mir in vielen Diskussionen wertvolle Anregungen gegeben haben: Wilfried Beimrohr, Gerhard Hackl und Meinrad Pizzinini. Sie haben mich dazu verführt, aus einem kleinen Aufsatz über „verwandtschaftliche" Zusammenhänge von gedruckten und gezeichneten Plänen eine umfassende Studie über alle die Stadt Innsbruck betreffenden Karten und Pläne des 18. und 19. Jahrhunderts zu verfassen.

Wilfried Beimrohr war mir vor allem auch bei der Transkription von alten Texten und der Entzifferung der vielen, für mich als Nichthistoriker kaum lesbaren Kartenbeschriftungen eine unersetzliche Hilfe. Meinrad Pizzinini stellte mir viele seiner privaten Dokumente zur Verfügung, die unter anderem auch zur Entdeckung des so wichtigen Planes von 1750 führten. Roland Zust stand mir mit fotografischen Aufnahmen von nicht scanbaren Objekten hilfreich zur Seite.

Wertvolle Informationen über Veduten und Panoramen und über deren Künstler und ihre Zeichen- und Drucktechniken erhielt ich von Peter Adelsberger.

Mein Dank geht auch an Monika Frenzel, die mir die Geschichte des Hofgartens nahegebracht hat, sowie an Andreas Rauch, der mir wichtige Hinweise zum Mühlauer Stadtteil gab, und mich auch dazu anregte, kartographische Lebenszeichen des alten jüdischen Friedhofs zu erkunden.

Informationen zur Militärkartographie des 19. Jahrhunderts sowie wertvolle Tipps zur Gestaltung einiger Seiten erhielt ich von Gerhard Fasching, der mir auch bei den Ermittlungen im Österreichischen Staatsarchiv behilflich war.

Eine wertvolle Unterstützung waren mir auch Karin Schmid-Pittl und Karl Wiesauer vom Tiroler Kunstkataster sowie Peter Zerlauth von der Universitäts- und Landesbibliothek Tirol.

Die treibende Kraft für das Projekt wurde immer mehr Lukas Morscher, der mich ständig zu neuen Recherchen anspornte.

Für das bereitwillige Zurverfügungstellen ihrer Karten und Pläne danke ich Roland Sila und Claudia Sporer-Heis vom Tiroler Landesmuseum Ferdinandeum, sowie Maria Moser, die mit mir geduldig die Kartenbestände des Zeughauses sichtete.

Im Tiroler Landesarchiv hatte ich dank Christoph Haidacher und seinem Mitarbeiter Wilfried Haim die Möglichkeit, monatelang die Kartenarchive zu durchforsten.

Im Innsbrucker Stadtarchiv unterstützten mich neben Lukas Morscher auch die Mitarbeiter bei meinen Nachforschungen. Für mich am bedeutendsten war dabei die begleitende Hilfe von Roland Kubanda, sodass aus einem Manuskript schlussendlich auch das vorliegende Buch entstand. Für das Lektorat der letzten Kapitel danke ich Gerhard Siegl. Ein besonderer Dank gilt auch Karin Berner für die hervorragende grafische Umsetzung meiner ursprünglichen Seitengestaltung, die nicht immer den Vorgaben der klassischen Buchdruckkunst entsprach.

Unverzichtbar war auch die Bereitschaft der übrigen kartenhaltenden Stellen in Innsbruck, mir ihre zum Teil privaten Pläne zur Verfügung zu stellen: Viktoria Hammer von der Burghauptmannschaft in Innsbruck, Herbert Bacher von der Bundesgartenverwaltung Innsbruck, Veronika Sandbichler und Katharina Seidl vom Schloss Ambras, Sr. Letizia vom Orden der Karmelitinnen sowie Michael Forcher und Bernhard Liphart.

Mein besonderer Dank gilt nicht zuletzt meiner Familie, die mir während des gesamten Projektes mit Kraft, Geduld und Verständnis zur Seite stand.

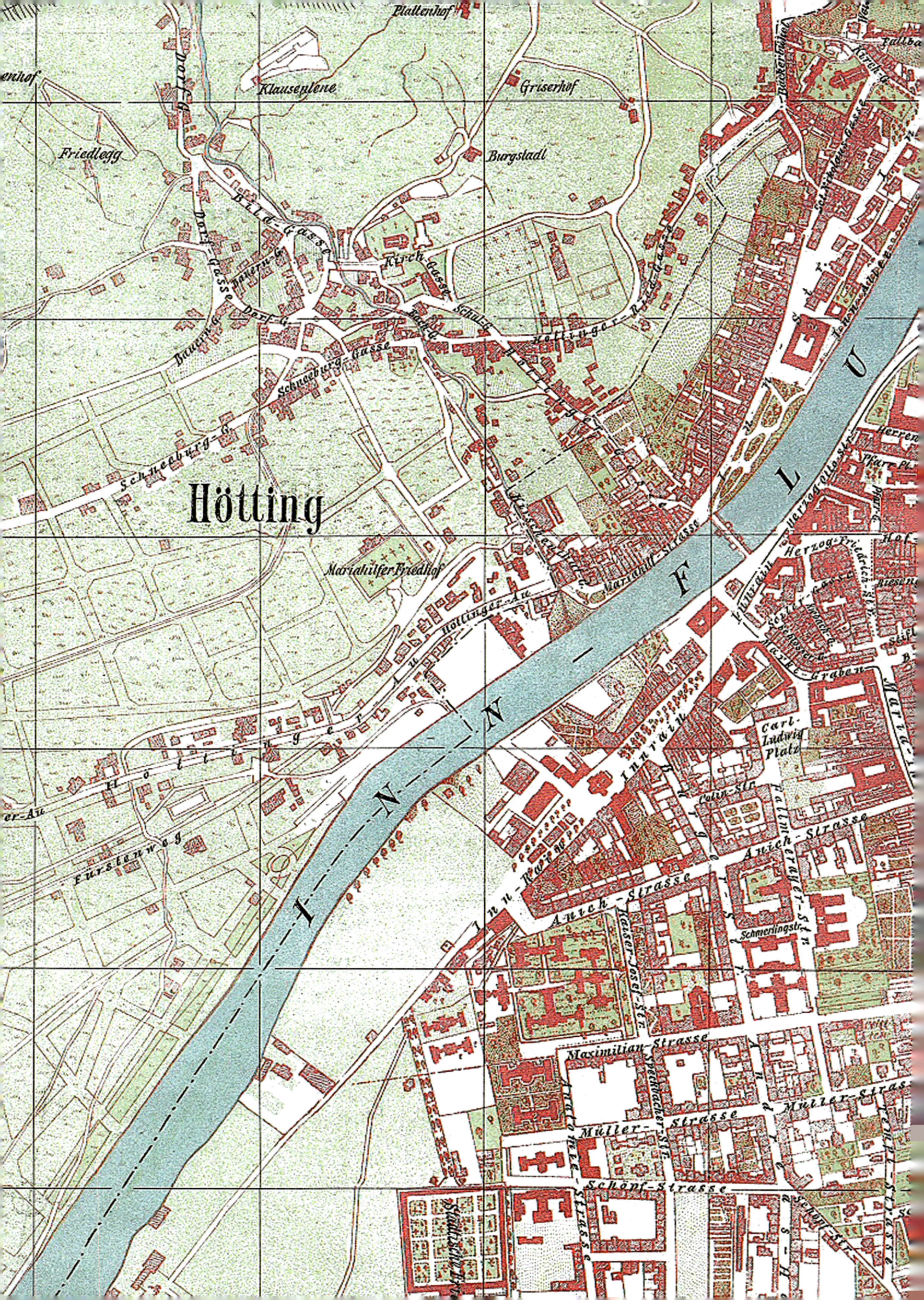

Hötting

Chemin au pont des Mühle